Prof. Dr. Georg Borges | Dr. Ulrich Keil [Hrsg.]

Big Data

Grundlagen | Rechtsfragen
Vertragspraxis

Rechtshandbuch

Dr. Matthias Berberich, LL.M. (Cambridge) | Prof. Dr. Georg Borges | Dr. Hannah Bug, LL.M. (Edinburgh) | Dr. Andreas Demleitner | Dr. Michael Dorner | Dr. Alexander Duisberg | Dr. Verena Grentzenberg | Prof. Dr. Franz Hofmann, LL.M. (Cambridge) | Dr. Ulrich Keil | Dr. Jens Kirchner | PD Dr. Carsten König, LL.M. (Harvard) | Prof. Dr. Wolfgang Maaß | Prof. Dr. Michael Olbrich | Prof. Dr. David J. Rapp | Dr. Christoph Rieken, LL.M. (London) | PD Dr. Andreas Sattler, LL.M. (Nottingham) | Anahita Thoms, LL.M. (Nottingham) | Dr. Stefan Weidert, LL.M. (Cornell)

 Nomos

Zitiervorschlag: Borges/Keil Big Data-HdB/Bearbeiter § ... Rn. ...

Die Deutsche Nationalbibliothek verzeichnet diese Publikation in
der Deutschen Nationalbibliografie; detaillierte bibliografische
Daten sind im Internet über http://dnb.d-nb.de abrufbar.

ISBN 978-3-8487-7196-7

1. Auflage 2024
© Nomos Verlagsgesellschaft, Baden-Baden 2024. Gesamtverantwortung für Druck und Herstellung
bei der Nomos Verlagsgesellschaft mbH & Co. KG.

Vorwort

Big Data ist eine Grundlage der datenbasierten Wirtschaft. Entsprechend sind die mit der Auswertung großer Datenmengen verbundenen Rechtsfragen von hoher praktischer Relevanz. Ein Handbuch, das die Erörterung wesentlicher Rechtsfragen von Big Data in einem Werk zusammenfasst, fehlte bisher allerdings. Das mag auch daran liegen, dass sich sowohl der Gegenstand der Betrachtung als auch sein rechtliches Umfeld in den derzeit erst entstehenden Rechtsgebieten zu Daten und zur künstlichen Intelligenz hoch dynamisch entwickeln. Weder die endgültige Entwicklungsrichtung noch das Ende der Entwicklung sind derzeit auch nur annähernd abzusehen.

Diese Lücke soll mit vorliegendem Handbuch geschlossen werden, dessen Ziel es ist, die Bedürfnisse der juristischen Praxis nach einer gut zugänglichen und zugleich hochklassigen Information zu praxisrelevanten Fragen zu erfüllen.

Aus der Perspektive der Praxis erfolgten auch der Aufbau und die Auswahl der inhaltlichen Schwerpunkte des Werkes: Mit einem ersten Teil zu rechtlichen, technischen und ökonomischen Grundlagen zu Big Data und Data Sharing, einem zweiten großen Teil zu zentralen Rechtsgebieten und einem dritten Teil zur Vertragspraxis sollen die verschiedenen, für die Rechtsanwendung und Rechtsberatung relevanten Dimensionen des Themengebiets erfasst werden. Verlag und Herausgeber freuen sich sehr, als Verfasser einen Kreis hochkarätiger Expertinnen und Experten aus Wissenschaft und Praxis gewonnen zu haben, so dass die zentralen Rechtsfragen aus unterschiedlichen Perspektiven beleuchtet werden.

Das erste Handbuch zu einem hochdynamischen Thema hat notwendig auch einen experimentellen Charakter. Die Herausgeber danken dem Verlag und insbesondere Herrn Thomas Gottlöber, der dieses Werk vorangetrieben und bestens unterstützt hat, für die Bereitschaft, dieses Experiment zu wagen. Großer Dank geht weiterhin an die Mitarbeiterinnen und Mitarbeiter der Herausgeber, am Lehrstuhl Borges vor allem an die wiss. Mitarbeiter(innen) Julian Sartorio, Christina Digeser und Carmen Martin für die Unterstützung im Kampf um die Herstellung eines stimmigen Werkes, sowie in der Rechtsabteilung der Schaeffler-Gruppe für den Bereich „Commercial & Technology" an StA Priska Schimming und RA Bastian Full. Den Leserinnen und Lesern wünschen wir, dass das Wagnis geglückt sei und eine gute Unterstützung in der rechtlichen Befassung mit dem anspruchsvollen Themengebiet Big Data bietet.

Das Werk ist auf dem Rechtsstand 31.01.2023. In einigen Bereichen, insb. der Darstellung der aktuellen Gesetzgebung, ist es auf dem Rechtszustand 30.06.2023.

Georg Borges   *Ulrich Keil*

Inhaltsverzeichnis

Autorinnen und Autoren

Dr. Matthias Berberich, LL.M. (Cambridge) §3
Rechtsanwalt, Berlin

Prof. Dr. Georg Borges §§ 1, 5, 7
Lehrstuhl für Bürgerliches Recht, Rechtsinformatik, deutsches und internationales Wirtschaftsrecht sowie Rechtstheorie der Universität des Saarlandes

Dr. Hannah Bug, LL.M. (Edinburgh) § 16 (gem. mit *Weidert*)
Rechtsanwältin, Berlin

Dr. Andreas Demleitner § 13
Rechtsanwalt, Steuerberater, Nürnberg

Dr. Michael Dorner § 17
Syndikusrechtsanwalt, München

Dr. Alexander Duisberg § 6
Rechtsanwalt, München

Dr. Verena Grentzenberg § 8 (gem. mit *Kirchner*)
Rechtsanwältin, Hamburg

Prof. Dr. Franz Hofmann, LL.M. (Cambridge) § 11
Lehrstuhl für Bürgerliches Recht, Recht des Geistigen Eigentums und Technikrecht, Friedrich-Alexander-Universität Erlangen-Nürnberg

Dr. Ulrich Keil § 15
General Counsel Commercial & Technology Schaeffler Group, Schweinfurt

Dr. Jens Kirchner § 8 (gem. mit *Grentzenberg*)
Rechtsanwalt, Frankfurt am Main

PD Dr. Carsten König, LL.M. (Harvard) § 12
Universität zu Köln

Prof. Dr. Wolfgang Maaß § 2
Lehrstuhl für Betriebswirtschaftslehre, insbesondere Wirtschaftsinformatik im Dienstleistungsbereich der Universität des Saarlandes

Prof. Dr. Michael Olbrich § 4 (gem. mit *Rapp*)
Direktor des Instituts für Wirtschaftsprüfung an der Universität des Saarlandes

Prof. Dr. David J. Rapp § 4 (gem. mit *Olbrich*)
Professur für Rechnungswesen, Steuern und Unternehmertum an der ISG International Business School Paris

Dr. Christoph Rieken, LL. M. (London)   § 9
Rechtanwalt, München

PD Dr. Andreas Sattler, LL.M. (Nottingham)   § 10
Vertretung des Lehrstuhls für Recht und Informatik am
Karlsruher Institut für Technologie

Anahita Thoms, LL.M. (Nottingham)   § 14
Rechtsanwältin, Berlin

Dr. Stefan Weidert, LL.M. (Cornell)   § 16 (gem. mit *Bug*)
Rechtsanwalt, Berlin

Literaturverzeichnis

Auer-Reinsdorff, Astrid/Conrad, Isabell (Hrsg.), Handbuch IT- und Datenschutzrecht, 3. Auflage 2019 (zit.: Auer-Reinsdorff/Conrad IT-R-HdB/Bearbeiter).

Borges, Georg/Hilber, Marc (Hrsg.), Beck'scher Online-Kommentar IT-Recht, 11. Edition Stand 1.7.2023 (zit.: BeckOK IT-Recht/Bearbeiter).

Bräutigam, Peter/Kraul, Torsten (Hrsg.), Internet of Things – Rechtshandbuch, 2021 (zit.: Bräutigam/Kraul IoT-HdB/Bearbeiter).

Czychowski, Christian/Winzek, Marie: Rechtliche Struktur und Inhalt von Datennutzungsverträgen, Datenwirtschaftsrecht III: Der Vertrag über ein neues Elementarteilchen?, ZD 2022, 81–90.

Dorner, Michael, Big Data und „Dateneigentum": Grundfragen des modernen Daten- und Informationshandels, CR 2014, 617–628.

Dorschel, Joachim, Praxishandbuch Big Data Wirtschaft – Recht – Technik, 2015.

Dreier, Thomas/Schulze, Gernot (Hrsg.): Urheberrechtsgesetz Kommentar, 7. Auflage 2022 (zit.: Dreier/Schulze/Bearbeiter).

Ebers, Martin/Heinze, Christian/Krügel, Tina/Steinrötter, Björn (Hrsg.): Künstliche Intelligenz und Robotik – Rechtshandbuch, 2020 (zit.: EHKS KI/Bearbeiter).

Erman, Walter (Begr.), *Westermann, Harm Peter/Grunewald, Barbara/Maier-Reimer, Georg* (Hrsg.), Bürgerliches Gesetzbuch Kommentar, Band 2, 16. Auflage 2020 (zit.: Erman/Bearbeiter).

Fries, Martin/Scheufen, Marc, Märkte für Maschinendaten – Eine rechtliche und rechtsökonomische Standortbestimmung, MMR 2019, 721–726.

Grüneberg, Christian (Hrsg.), Bürgerliches Gesetzbuch Kommentar, 82. Auflage 2023 (zit.: Grüneberg/Bearbeiter).

Gola, Peter/Heckmann, Dirk, Datenschutz-Grundverordnung, Bundesdatenschutzgesetz: DS-GVO/BDSG – Kommentar, 3. Auflage 2022 (zit.: Gola/Heckmann DS-GVO/BDSG/Bearbeiter).

Hau, Wolfgang/Poseck, Roman (Hrsg.), Beck-Online Kommentar Bürgerliches Gesetzbuch, 67. Edition, Stand: 1.8.2023 (zit.: BeckOK BGB/Bearbeiter).

Hennemann, Moritz/Steinrötter, Björn, Data Act – Fundament des neuen EU-Datenwirtschaftsrechts?, NJW 2022, 1481–1486.

Hennemann, Moritz, Datenlizenzverträge, RDi 2021, 61–70.

Hessel, Stefan/Leffer, Lena, Rechtlicher Schutz maschinengenerierter Daten – Schutz durch das GeschGehG, MMR 2020, 647–650.

Hoeren, Thomas/Sieber, Ulrich/Holznagel, Bernd (Hrsg.), Handbuch Multimediarecht – Rechtsfragen des elektronischen Geschäftsverkehrs, 58. Ergänzungslieferung 2022 (zit.: HSH MMR-HdB/Bearbeiter).

Hornung, Gerrit (Hrsg.), Rechtsfragen der Industrie 4.0, 2018 (zit.: Hornung/*Bearbeiter*, Rechtsfragen der Industrie 4.0).

Kraus, Michael, Datenlizenzverträge, DSRITB 2015, 537–551.

Krüger, Stefan/Wiencke, Julia/Koch, André, Der Datenpool als Geschäftsgeheimnis, GRUR 2020, 578–584.

Kühling, Jürgen/Buchner, Benedikt, Datenschutz-Grundverordnung Bundesdatenschutzgesetz: DS-GVO/BDSG – Kommentar, 3. Auflage 2020 (zit.: Kühling/Buchner/Bearbeiter).

Leistner, Matthias/Antoine, Lucie/Sagstetter, Thomas, Big Data – Rahmenbedingungen im europäischen Datenschutz- und Immaterialgüterrecht und übergreifende Reformperspektive, 2021.

Leupold, Andreas/Wiebe, Andreas/Glossner, Silke, IT-Recht, 4. Auflage 2021
(zit.: LWG IT-R/Bearbeiter).

Lohsse, Sebastian/Schulze, Reiner/Staudenmayer, Dirk (Hrsg.), Trading Data in the Digital Economy: Legal Concepts and Tools, 2017.

Marly, Jochen, Praxishandbuch Softwarerecht, 7. Auflage 2018
(zit.: Marly SoftwareR-HdB/Bearbeiter).

Martini, Mario/Kolain, Michael/Neumann, Katja/Rehorst, Tobias/Wagner, David, Datenhoheit: Annäherung an einen offenen Leitbegriff, MMR–Beil. 2021, 3–25.

Moos, Flemming (Hrsg.), Datenschutz und Datennutzung, 3. Auflage 2021
(zit.: Moos Datenschutz/Bearbeiter).

Rixecker, Roland/Oetker, Hartmut/Limperg, Bettina (Hrsg.), Münchener Kommentar zum Bürgerlichen Gesetzbuch (zit.: MüKoBGB/Bearbeiter).
– Band 1: Allgemeiner Teil. §§ 1–240 BGB, ProstG, AGG, 9. Auflage 2021.
– Band 2: Schuldrecht – Allgemeiner Teil I, 9. Auflage 2022.
– Band 3: Schuldrecht – Allgemeiner Teil II. §§ 311–432 BGB, 9. Auflage 2022.
– Band 4: Schuldrecht – Besonderer Teil I, 8. Auflage 2019.
– Band 6: Schuldrecht – Besonderer Teil III, 9. Auflage 2023.
– Band 13: Internationales Privatrecht II, 8. Auflage 2021.

Nägele, Thomas/Apel, Simon (Hrsg.), Beck'sche Online-Formulare IT- und Datenrecht, 14. Edition 2023 (zit.: BeckOF IT-R/Bearbeiter).

Paal, Boris P./Pauly, Daniel A., Datenschutz-Grundverordnung, Bundesdatenschutzgesetz: DS-GVO/BDSG – Kommentar, 3. Auflage 2021 (zit.: Paal/Pauly/Bearbeiter).

Podszun, Rupprecht/Pfeifer, Clemens, Datenzugang nach dem EU Data Act: Der Entwurf der Europäischen Kommission, GRUR 2022, 953–961.

Riehm, Thomas, Rechte an Daten – Die Perspektive des Haftungsrechts, VersR 2019, 714–724.

Rosenkranz, Frank/Scheufen, Marc, Die Lizenzierung von nicht-personenbezogenen Daten: Eine rechtliche und rechtsökonomische Analyse, ZfDR 2022, 159–198.

Sassenberg, Thomas/Faber, Tobias (Hrsg.), Rechtshandbuch Industrie 4.0 und Internet of Things, 2. Auflage 2020 (zit.: Sassenberg/Faber Industrie 4.0 und Internet-HdB/Bearbeiter).

Schefzig, Jens, Die Datenlizenz, DSRITB 2015, 551–567.

Schricker, Gerhard/Loewenheim, Ulrich (Hrsg.), Urheberrecht Kommentar, 6. Auflage 2020
(zit.: Schricker/Loewenheim/Bearbeiter)

Schuster, Fabian/Grützmacher, Malte (Hrsg.), IT-Recht Kommentar, 2020
(zit.: Schuster/Grützmacher/Bearbeiter).

Schur, Nico, Die Lizenzierung von Daten – Der Datenhandel auf Grundlage von vertraglichen Zugangs- und Nutzungsrechten als rechtspolitische Perspektive, GRUR 2020, 1142–1152.

Schweitzer, Heike, Datenzugang in der Datenökonomie: Eckpfeiler einer neuen Informationsordnung, GRUR 2019, 569–580.

Schweitzer, Heike/Peitz, Martin, Ein neuer europäischer Ordnungsrahmen für Datenmärkte?, NJW 2018, 275–280.

Stender-Vorwachs, Jutta/Steege, Hans, Wem gehören unsere Daten? – Zivilrechtliche Analyse zur Notwendigkeit eines dinglichen Eigentums an Daten, der Datenzuordnung und des Datenzugangs, NJOZ 2018, 1361–1367.

Taeger, Jürgen/Pohle, Jan, (Hrsg.), Computerrechts-Handbuch, 37. Ergänzungslieferung 2022
(zit.: Taeger/Pohle ComputerR-HdB/*Bearbeiter*).

Wandtke, Artur-Axel/Bullinger, Winfried (Hrsg.), Praxiskommentar Urheberrecht, 6. Auflage 2022,
(zit.: Wandtke/Bullinger/Bearbeiter).

Wolff, Heinrich Amadeus/Brink, Stefan (Hrsg.), Beck'scher Online-Kommentar Datenschutzrecht, 43. Edition, Stand: 1.2.2023. (zit.: BeckOK DatenschutzR/Bearbeiter).

Zech, Herbert, Information als Schutzgegenstand, 2012.

Zech, Herbert, Daten als Wirtschaftsgut – Überlegungen zu einem „Recht des Datenerzeugers", CR 2015, 137–146.

Zech, Herbert, „Industrie 4.0" – Rechtsrahmen für eine Datenwirtschaft im digitalen Binnenmarkt, GRUR 2015, 1151–1160.

Abkürzungsverzeichnis

aA	andere(r) Ansicht/Auffassung
AA	Auswärtiges Amt
aaO	am angegebenen Ort
ABl.	Amtsblatt
abl.	ablehnend
Abs.	Absatz
Abschn.	Abschnitt
aE	am Ende
AEUV	Vertrag über die Arbeitsweise der Europäischen Union
aF	alte Fassung
AG	Amtsgericht
AGG	allgemeine Ausfuhrgenehmigung
allg.	allgemein
Alt.	Alternative
aM	andere Meinung
amtl.	amtlich
Anm.	Anmerkung
AO	Abgabenordnung
Art.	Artikel
Aufl.	Auflage
ausf.	ausführlich
AWG	Außenwirtschaftsgesetz
AWV	Außenwirtschaftsverordnung
Az.	Aktenzeichen
B2B	„business to busienss"
B2C	„busienss to consumer"
BAFA	Bundesamt für Wirtschaft und Ausfuhrkontrolle
BAnz.	Bundesanzeiger
Bd.	Band
begr.	begründet
Beil.	Beilage
Bek.	Bekanntmachung
Beschl.	Beschluss
bespr.	besprochen
BGBl.	Bundesgesetzblatt

BGH	Bundesgerichtshof
BKartA	Bundeskartellamt
BMWK	Bundesministerium für Wirtschaft und Klimaschutz
BR	Bundesrat
BR-Drs.	Bundesrats-Drucksache
BSI	Bundesamt für Sicherheit in der Informationstechnik
bspw.	beispielsweise
BT	Bundestag
BT-Drs.	Bundestags-Drucksache
BVerfG	Bundesverfassungsgericht
bzgl.	bezüglich
bzw.	beziehungsweise
ca.	circa
CB	Compliance Berater
CCZ	Corporate Compliance Zeitschrift
DGA	Data Governance Act
dh	das heißt
DMA	Digital Markets Act
Dok.	Dokument
Drs.	Drucksache
dt.	deutsch
E	Entwurf
e.V.	eingetragener Verein
EAG	Einzelausfuhrgenehmigung
Ed.	Edition
EDV	Elektronische Datenverarbeitung
Einf.	Einführung
einf.	einführend
Einl.	Einleitung
EL	Ergänzungslieferung
endg.	endgültig
engl.	englisch
Ergbd.	Ergänzungsband
Erwgr.	Erwägungsgrund
etc	et cetera (und so weiter)
EuG	Gericht erster Instanz der Europäischen Gemeinschaften
EuGH	Europäischer Gerichtshof

EuZW	Europäische Zeitschrift für Wirtschaftsrecht
evtl.	eventuell
EWG	Europäische Wirtschaftsgemeinschaft
EWR	Europäischer Wirtschaftsraum
f., ff.	folgende Seite bzw. Seiten
FKVO	Fusionskontrollverordnung
Fn.	Fußnote
FRAND	Fair, Reasonable and Non-Discriminatory
FS	Festschrift
G	Gesetz
gem.	gemäß
ggf.	gegebenenfalls
ggü.	gegenüber
grds.	grundsätzlich
GWB	Gesetz gegen Wettbewerbsbeschränkungen
HdB	Handbuch
HGB	Handelsgesetzbuch
hM	herrschende Meinung
Hrsg.	Herausgeber
hrsg.	herausgegeben
Hs.	Halbsatz
IAS	International Accounting Standard(s)
ICP	Internes Compliance Programm
idR	in der Regel
idS	in diesem Sinne
iE	im Einzelnen
IFRS	International Financial Reporting Standard(s)
iHv	in Höhe von
insbes.	insbesondere
int.	international
IoT	Internet of Things
iRd	im Rahmen des/der
iRv	im Rahmen von
iS	im Sinne
iSd	im Sinne des/der
iSv	im Sinne von
IT	Informationstechnik

iVm	in Verbindung mit
iW	im Wesentlichen
jew.	jeweils
Jg.	Jahrgang
Kap.	Kapitel, Kapital
krit.	kritisch
LG	Landgericht
Lit.	Literatur
lit.	litera
Ls.	Leitsatz
lt.	laut
mAnm	mit Anmerkung
maW	mit anderen Worten
mE	meines Erachtens
Mio.	Million(en)
Mitt.	Mitteilung(en)
Mrd.	Milliarde(n)
mwN	mit weiteren Nachweisen
mWv	mit Wirkung vom
neu gef.	neu gefasst
nF	neue Fassung
Nov.	Novelle
Nr.	Nummer
o.	oben, oder
oÄ	oder Ähnliche/s
OLG	Oberlandesgericht
OWiG	Gesetz über Ordnungswidrigkeiten
PM	Pressemitteilung
RefE	Referentenentwurf
RegE	Regierungsentwurf
RL	Richtlinie
Rn.	Randnummer
Rs.	Rechtssache
Rspr.	Rechtsprechung
S.	Seite(n), Satz
s.	siehe
s. auch	siehe auch

SAG	Sammelausfuhrgenehmigung
sog.	sogenannt
st.	ständig
u.	und, unter, unten
u. a.	und andere, unter anderem
uÄ	und Ähnliches
UAbs.	Unterabsatz
unstr.	unstreitig
Urt.	Urteil
usw	und so weiter
uU	unter Umständen
v.	vom, von
v. a.	vor allem
Verf.	Verfasser, Verfassung, Verfahren
vgl.	vergleiche
VO	Verordnung
Vol., vol.	volume (Band)
Vorb.	Vorbemerkung
vs.	versus
VwVfG	Verwaltungsverfahrensgesetz
WTO	World Trade Organization
zB	zum Beispiel
Ziff.	Ziffer
zit.	zitiert
zT	zum Teil
zul.	zuletzt
zzgl.	zuzüglich

Teil 1: Big Data und das Recht

§ 1 Begriff und rechtlicher Rahmen von Big Data

Literatur: *Adelberg, Philipp*, Perspektiven der Haftung für Fehler von Software und softwaregestützten Produkten nach dem Änderungsentwurf zur EU-Produkthaftungsrichtlinie, ZfPC 2023, 59; *Bomhard, David/Merkle, Marieke*, Europäische KI-Verordnung, RDi 2021, 276; *Bomhard, David/Siglmüller, Jonas*, Europäische KI-Haftungsrichtlinie, RDi 2022, 506; *Borges, Georg*, Haftung für selbstfahrende Autos, CR 2016, 272; *Borges, Georg*, Rechtliche Rahmenbedingungen für autonome Systeme, NJW 2018, 977; *Borges, Georg*, AI Systems and Product Liability, ICAIL 2021, 32; *Borges, Georg*, Potenziale von Künstlicher Intelligenz mit Blick auf das Datenschutzrecht, 2021, abrufbar unter: https://stif tungdatenschutz.org/fileadmin/Redaktion/Dokumente/Gutachten-Studien/Stiftung-Datens chutz_Gutachten-Georg-Borges-Potenziale-Kuenstliche-Intelligenz-Datenschutzrecht-2021-12. pdf (letzter Zugriff 26.5.2023) (zit.: Borges, Potenziale von KI und Datenschutzrecht, 2021); *Borges, Georg*, Der Entwurf einer neuen Produkthaftungsrichtlinie, DB 2022, 2650; *Borges, Georg*, Haftung für KI-Systeme, CR 2022, 553; *Borges, Georg*, Liability for AI Systems Under Current and Future Law, CRi 2023, 1; *Borges, Georg*, Der Mann mit der Brille und die DSGVO – Der Begriff des Gesundheitsdatums, RW 2023, 159; *Borges, Georg*, Der Begriff des KI-Systems, CR 2023, 706; *Boyd, Danah/Crawford, Kate*, Critical Questions for Big Data, Information, Communication & Society, 15:5, 662; *Busche, Daniel*, Einführung in die Rechtsfragen der künstlichen Intelligenz, JA 2023, 441; *Burri, Thomas/von Bothmer, Frederik*, The New EU Legislation on Artificial Intelligence: A Primer, 2021, abrufbar unter: https://ssrn.com/abstract=3831424 (letzter Zugriff 9.8.2023) (zit.: Burri/von Bothmer, New EU Legislation on AI, 2021); *Buyya, Rajkumar/Calheiros, Rodrigo Neves/Dasjerdi, Amir Vahid (Hrsg.)*, Big Data Principles and Paradigms, 2016; *Chen, Min/Mao, Shiwen/Liu, Yunhao*, Big Data, A Survey, Mobile Networks and Applications, Vol. 19 No. 2 (2014), 171; *Denga, Michael*, Die Nutzungsgovernance im European Health Data Space als Problem eines Immaterialgütermarkts, EuZW 2023, 25; *Denga, Michael*, Unternehmenshaftung für KI – zur Konformitätsbewertung in Permanenz, CR 2023, 277; *Dettling, Heinz-Uwe/Krüger, Stefan*, Erste Schritte im Recht der Künstlichen Intelligenz, MMR 2019, 211; *Dewenter, Ralf/Lüth, Hendrik*, Datenhandel und Plattformen (ABIDA-Gutachten), 2018; *Diebold, Francis Xavier*, On the Origin(s) and Development of the Term 'Big Data', PIER Working Paper, 12-037, 2012, abrufbar unter: https://papers.ssrn.com/sol3/papers.cfm?abstract_id=2152421 (letzter Zugriff 17.8.2023) (zit.: Diebold, Origin(s) Development Big Data, 2012); *Diedrich, Kay*, Mängelrechte bei KI: Wann sind lernende Systeme fehlerhaft?, CR 2021, 289; *Dierks, Christian*, European Health Data Space – Anforderungen und Chancen für die pharmazeutische Industrie, PharmR 2023, 369; *D'Onofrio, Sara/Meier, Andreas (Hrsg.)*, Big Data Analytics – Grundlagen, Fallbeispiele und Nutzungspotenziale, 2021 (zit.: D'Onofrio/Meier Big Data Analytics/Bearbeiter); *Dregelies, Max*, Digital Services Act, MMR 2022, 1033; *Ebers, Martin/Hoch, Veronica R. S./Rosenkranz, Frank/Ruschemeier, Hannah/Steinrötter, Björn*, Der Entwurf für eine EU-KI-Verordnung: Richtige Richtung mit Optimierungsbedarf, RDi 2021, 528; *Ebert, Andreas/Spiecker, Indra*, Der Kommissionsentwurf für eine KI-Verordnung der EU, NVwZ 2021, 1188; *Ehinger, Patrick/Stiemerling, Oliver*, Die urheberrechtliche Schutzfähigkeit von Künstlicher Intelligenz am Beispiel von Neuronalen Netzen, CR 2018, 761; *Ertel, Wolfgang (Hrsg.)*, Grundkurs Künstliche Intelligenz, 5. Aufl. 2021; *Europäischer Datenschutzausschuss/Europäischer Datenschutzbeauftragte*, Gemeinsame Stellungnahme 3/2022 des EDSA und des EDSB zum Vorschlag für eine Verordnung über den europäischen Raum für Gesundheitsdaten, 2022, abrufbar unter: https://edpb.europa.eu/sys tem/files/2023-04/edpb_edps_jointopinion_202203_europeanhealthdataspace_de.pdf (letzter Zugriff 4.9.2023) (zit.: EDSA/EDSB, Gemeinsame Stellungnahme 3/2022, 2022); *Expert Group on Liability and New Technologies – New Technologies Formation*, Liability for Artificial Intelligence and other emerging digital technologies, 2019, abrufbar unter: https://www.europarl.europa.eu/meetdocs/2014_2019/pl mrep/COMMITTEES/JURI/DV/2020/01-09/AI-report_EN.pdf (letzter Zugriff 17.8.2023) (zit.: Expert Group New Technologies Formation, Report on Liability for AI, 2019); *Forgó, Nikolaus/Helfrich, Marcus/Schneider, Jochen (Hrsg.)*, Betrieblicher Datenschutz, 2014; *Funke, Michael*, Data Trusts, Das Daten-Governance-Gesetz und die DSGVO – ein Triumvirat für den Datenmarkt, DSRITB 2021, 365; *Gassner, Ulrich M.*, Forschung und Innovation im europäischen Gesundheitsdatenraum – Zur künftigen Sekundärnutzung elektronischer Gesundheitsdaten, DuD 2022, 739; *Gerdemann, Simon/Spindler, Gerald*, Das Gesetz über digitale Dienste (Digital Services Act) (Teil 1), GRUR 2023, 3; *Gerdemann, Simon/Spindler, Gerald*, Das Gesetz über digitale Dienste (Digital Services Act) (Teil 2), GRUR 2023, 115; *Grützmacher, Malte/Heckmann, Jörn*, Autonome Systeme und KI – vom vollautomatisierten zum autonomen Vertragsschluss?, CR 2019, 553; *Grützmacher, Malte/Füllsack, Anna Lena,* Der Entwurf einer EU-KI-Verordnung, ITRB 2021, 159; *Grützner, Thomas/Jakob, Alexander (Hrsg.),* Compliance von A–Z, 2. Aufl. 2015; *Guggenberger, Leonid,* Einsatz künstlicher Intelligenz in der Verwaltung, NVwZ 2019, 844; *Günther-Burmeister, Jan Philipp,* Europäische Verordnungsentwürfe zur Regulierung Künstlicher Intelligenz, DB 2021, 1858; *Gupta, Itisha/Nagpal, Garima,* Artificial Intelligence and Expert Systems, 2020; *Haase, Martin S.,* Der Begriff der „Gesundheitsdaten" nach der Datenschutz-Grundverordnung (DSGVO), InTeR 2022, 94; *Heiderhoff, Bettina/Gramsch, Kilian,* Klassische Haftungsregimes und autonome Systeme – genügt „functional equivalence" oder bedarf es eigenständiger Maßstäbe?, ZIP 2020, 1937; *Heil, Maria,* Ketten oder Flügel, PharmR 2022, 473; *Hennemann, Moritz/von Ditfurth, Lukas,* Datenintermediäre und Data Governance Act, NJW 2022, 1905; *Herberger, Maximilian,* „Künstliche Intelligenz" und Recht, NJW 2018, 2825; *Holthausen, Joachim,* Big Data, People Analytics, KI und Gestaltung von Betriebsvereinbarungen – Grund-, arbeits- und datenschutzrechtliche An- und Herausforderungen, RdA 2021, 19; *Hornung, Gerrit/Schomberg, Sabrina,* Datensouveränität im Spannungsfeld zwischen Datenschutz und Datennutzung: das Beispiel des Data Governance Acts, CR 2022, 508; *Jaeckel, Liv,* Künstliche Intelligenz im Europäischen Datenraum am Beispiel der Medizinprodukte, SächsVBl 2023, 194; *Jandt, Silke/Steidle, Roland,* Datenschutz im Internet, 2018; *Kaboré, Mariam/Kinast, Karsten,* Übermittlung von Gesundheitsdaten zwischen Krankenkassen und privaten Versicherungsunternehmen – Mögliche Rechtsgrundlagen bei der Abwicklung von Regressansprüchen, ZD 2019, 441; *Katzenmeier, Christian,* KI in der Medizin – Haftungsfragen, MedR 2021, 859; *King, Stefanie,* Big Data: Potential und Barrieren der Nutzung im Unternehmenskontext, 2014 (zit.: King Big Data); *Kipker, Dennis-Kenji (Hrsg.),* Cybersecurity, 2. Aufl. 2023 (zit.: Kipker Cybersecurity-HdB/Bearbeiter); *Kleinkopf, Felicitas Lea,* Text- und Data-Mining, 2022; *Knorre, Susanne/Müller-Peters, Horst/Wagner, Fred,* Die Big-Data-Debatte – Chancen und Risiken der digital vernetzten Gesellschaft, 2020; *Koch, Robert,* Herausforderungen für die Haftpflichtversicherung autonomer Systeme und der Sharing Economy, VersR 2020, 741; *Kollmann, Tobias (Hrsg.),* Handbuch Digitale Wirtschaft, 2020 (zit.: Kollmann Handbuch Digitale Wirtschaft/Bearbeiter); *Laney, Doug,* 3D Data Management: Controlling Data Volume, Velocity, and Variety, META Group Research Note 6, 2001, abrufbar unter: https://studylib.net/doc/8647594/3d-data-management--controlling-data-volume--velocity--an… (letzter Zugriff 17.8.2023) (zit.: Laney, 3D Data Management, 2001); *Lauscher, Anne/Legner, Sarah,* Künstliche Intelligenz und Diskriminierung, ZfDR 2022, 367; *Linardatos, Dimitros,* Künstliche Intelligenz und Verantwortung, ZIP 2019, 504; *Linardatos, Dimitros,* Autonome und vernetzte Aktanten im Zivilrecht, 2021; *Marx, Katja/Gladkov, Natalie,* Gut gedacht und auch gut gemacht?, MPR 2022, 37; *Marx, Simon,* Verhaltenspflichten für Anbieter von Datenvermittlungsdiensten – Das Verhältnis zwischen DGA und DS-GVO, ZD 2023, 430; *Matejek, Michael/Mäusezahl, Steffen,* Gewöhnliche vs. sensible personenbezogene Daten – Abgrenzung und Verarbeitungsrahmen von Daten gem. Art. 9 DS-GVO, ZD 2019, 551; *Niemann, Fabian/Kevekordes, Johannes,* Machine Learning und Datenschutz (Teil 1), CR 2020, 17; *Niemann, Fabian/Kevekordes, Johannes,* Machine Learning und Datenschutz (Teil 2), CR 2020, 179; *Ohrtmann, Jan-Peter/Schwiering, Sebastian,* Big Data und Datenschutz – Rechtliche Herausforderungen und Lösungsansätze, NJW 2014, 2984; *Paal, Boris P./Hennemann, Moritz,* Big Data im Recht, Wettbewerbs- und daten(schutz)rechtliche Herausforderungen, NJW 2017, 1697; *Papastefanou, Stefan,* KI-gestützte Schöpfungsprozesse im geistigen Eigentum, WRP 2020, 290; *Petri, Thomas,* Die primäre und sekundäre Nutzung elektronischer Gesundheitsdaten – Zum Vorschlag der EU-Kommission für einen Europäischen Gesundheitsdatenraum, DuD 2022, 413; *Pfeiffer, Lars/Helmke, Torben Jan,* Die Digitalrechtsakte der EU, Teil 1, ZD-Aktuell 2023, 01125; *Pfeiffer, Lars/Helmke, Torben Jan,* Die Digitalrechtsakte der EU, Teil 2, ZD-Aktuell 2023, 01162; *Pietsch, Wolfgang,* Big Data, 2021; *Plaue, Matthias,* Data Science, 2021; *Raji, Behrang,* Datenräume in der Europäischen Datenstrategie am Beispiel des European Health Data Space, ZD 2023, 3; *Raue, Benjamin/Heesen, Hendrik,* Der Digital Services Act, NJW 2022, 3537; *Reiberg, Abel/Niebel, Crispin/Kraemer, Peter,* Was ist ein Datenraum? – Definition des Konzeptes Datenraum, White Paper 1/2022, abrufbar unter: https://www.bmwk.de/Redaktion/DE/Publikationen/Digitale-Welt/whitepaper-definition-des-konzeptes-datenraum.pdf?__blob=publicationFile&v=6 (letzter Zugriff 6.7.2023) (zit.: Reiberg/Niebel/Kraemer, Whitepaper Datenraum, 2022); *Richter, Heiko,* Looking at the Data Governance Act and Beyond: How to Better Integrate Data Intermediaries in the Market Order for Data Sharing, GRUR Int. 2023, 458; *Röhl, Klaus-Heiner/Bolwin, Lennart/Hüttl, Paula,* Datenwirtschaft in Deutschland – Wo stehen die Unternehmen in der Datennutzung und was sind ihre größten Hemmnisse?, Gutachten im Auftrag des Bundesverbands der Deutschen Industrie e.V. (BDI), 2021; *Roos, Philipp/Maddaloni, John-Markus*, Regulierter Datenaustausch zur Gesundheitsforschung – Die legislativen Vorhaben für einen Europäischen Gesundheitsdatenraum und ein Gesundheitsdatennutzungsgesetz, RDi 2023, 225; *Rössel, Markus*, Digital Services Act: Haftungsprivilegierungen, Überwachung und Blockadeanordnungen, ITRB 2023, 12; *Russel, Stuart/Norvig, Peter*, Artificial Intelligence: A Modern Approach, Global Edition, 2016; *Säcker, Franz/Rixecker, Roland/Oetker, Hartmut/Limperg, Bettina (Hrsg.)*, Münchener Kommentar zum Bürgerlichen Gesetzbuch: BGB, Band 7, 8. Aufl. 2020; *Santos, Maribel Yasmina/Costa, Carlos*, Big Data – Concepts, Warehousing, and Analytics, 2020 (zit.: Santos/Costa Big Data/Bearbeiter); *Schütrumpf, Moritz*, Anbieter von Datenvermittlungsdiensten als neue Intermediäre, RDi 2023, 373; *Schreitmüller, Zeynep/Schucht, Carsten*, Künstliche Intelligenz im Arbeitsschutz – Das künftige EU-Haftungsregime für Anbieter, Nutzer und Wirtschaftsakteure, ARP 2023, 226; *Sommer, Martin*, Haftung für autonome Systeme, 2020; *Specht-Riemenschneider, Louisa*, Der Entwurf des Data Act, MMR 2022, 809; *Specht-Riemenschneider, Louisa*, Datennutz und Datenschutz: Zum Verhältnis zwischen Datenwirtschaftsrecht und DSGVO, ZEuP 2023, 638; *Spindler, Gerald*, Automation, künstliche Intelligenz, selbststeuernde Kfz – Braucht das Recht neue Haftungskategorien?, CR 2015, 766; *Spindler, Gerald*, Der Vorschlag der EU-Kommission für eine Verordnung zur Regulierung der Künstlichen Intelligenz, CR 2021, 361; *Spindler, Gerald*, Schritte zur europaweiten Datenwirtschaft – der Vorschlag einer Verordnung zur europäischen Data Governance, CR 2021, 98; *Spindler, Gerald*, IT und Software: Die Vorschläge der EU-Kommission zu einer neuen Produkthaftung und zur Haftung von Herstellern und Betreibern Künstlicher Intelligenz, CR 2022, 689; *Spindler, Gerald*, Die Zukunft des europäischen Haftungsrechts für Internet-Provider – der Digital Services Act, MMR 2023, 73; *Staudenmayer, Dirk*, Haftung für Künstliche Intelligenz – Die deliktsrechtliche Anpassung des europäischen Privatrechts an die Digitalisierung, NJW 2023, 894; *Steege, Hans*, Definition von Künstlicher Intelligenz in Art. 3 Nr. 1 KI-VO-E, MMR 2022, 926; *Stiftung Datenschutz (Hrsg.)*, Dateneigentum und Datenhandel, 2019 (zit.: Stiftung Datenschutz Dateneigentum und Datenhandel/Bearbeiter); *Ströbel, Lukas/Grau, Robert*, KI-gestützte Medizin-Apps – Rechtliche Herausforderungen eines interdisziplinären Produkts, ZD 2022, 599; *Thöne, Mike*, Autonome Systeme und deliktische Haftung, 2020; *Tolks, Daniel*, Die finale Fassung des Data Governance Act, Erste Schritte in Richtung einer europäischen Datenwirtschaft, MMR 2022, 444; *Wagner, Gerhard*, Produkthaftung für autonome Systeme, AcP 217 (2017), 707; *Weber, Klaus*, Rechtswörterbuch, 30. Aufl. 2023 (zit.: Weber Rechtswörterbuch/Bearbeiter); *Weth, Stephan/Herberger, Maximilian/Wächter, Michael/Sorge, Christoph*, Daten- und Persönlichkeitsschutz im Arbeitsverhältnis, 2. Aufl. 2019; *Zech, Herbert*, Künstliche Intelligenz und Haftungsfragen, ZfPW 2019, 198; *Zech, Herbert*, Verhandlungen des 73. Deutschen Juristentages I 2020, Entscheidungen digitaler autonomer Systeme: Empfehlen sich Regelungen zu Verantwortung und Haftung?, 2020.

A. Big Data als Gegenstand rechtlicher Regelung

I. Begriff und Aspekte von Big Data

1 Die Nutzung von Daten wird schon seit einigen Jahren als zentrales Element der Wirtschaft in der digitalen Gesellschaft angesehen. Daten werden als „das neue Öl"[1], also als Grundlage für die **Entwicklung neuer Wirtschaftszweige** bezeichnet, das vielfach verwendete Stichwort vom „Datenschatz"[2] drückt die Erwartung eines enormen wirtschaftlichen Potentials[3] der Datennutzung aus. Die wirtschaftliche Nutzung von Daten ist ein ausgesprochen facettenreiches Themenfeld, das sowohl im Bereich der originären Gewinnung von Daten, etwa dem Schutz personenbezogener Daten (→ § 6) sowie nicht-personenbezogener Daten (→ § 3 Rn. 27 ff. sowie § 10 Rn. 5 ff.) als auch im Handel mit Daten und, damit zusammenhängend, der Gestaltung von Datenmärkten[4], zahlreiche rechtliche Fragen aufwirft.

2 Das Potential der Nutzung von Daten bezieht sich häufig auf die Nutzung ausgesprochen **großer Datenmengen**. So ist der wesentliche Treiber der aktuellen KI-Begeisterung, das Machine Learning, ausgesprochen „datenhungrig" (→ Rn. 19). Dabei geht es nicht selten um etliche Millionen von Datensätzen, die für das Training neuronaler Netze eingesetzt werden.

3 Die Erwartung eines enormen wirtschaftlichen Potentials der Nutzung von Daten wird häufig mit dem Begriff **„Big Data"** ausgedrückt. „Big" steht dabei gewissermaßen sowohl für den Umfang des Nutzens aus der Datennutzung als auch für die Menge der hierzu erforderlichen Daten.

4 Mit der Datennutzung gehen auch **Risiken** einher, der Begriff „Big Data" ist durchaus nicht nur positiv konnotiert und wird im Zusammenhang mit Risiken für Persönlichkeitsrechte und Freiheiten des Einzelnen verwendet.[5]

5 Der **Begriff** „Big Data", der wohl kurz vor der Jahrtausendwende gebildet wurde[6], wird seit Beginn dieses Jahrhunderts stark zunehmend und in verschiedenen wissenschaftlichen Disziplinen wie im politischen und gesellschaftlichen Diskurs verwendet. Dabei wird dem Begriff eine

---

1 Umfassend zu diesem Ausspruch Arlinghaus/Kus/Kajüter/Teuteberg HMD 58 (2021), 565 (566).
2 Paal/Hennemann NJW 2017, 1697; Spindler/Seidel NJW 2018, 2153.
3 Siehe dazu Kollmann Handbuch Digitale Wirtschaft/Volk/Staegemann/Tuchowksi S. 1042 (1046 ff.); Röhl/Bolwin/Hüttl, Datenwirtschaft in Deutschland, 2021, S. 6 ff.
4 Dazu im Überblick etwa Stiftung Datenschutz Dateneigentum und Datenhandel/Jentzsch, 177 (182 f.).
5 Vgl. Kipker Cybersecurity-HdB/Von dem Bussche Kap. 6 Rn. 92; Knorre/Müller-Peters/Wagner, Die Big-Data-Debatte, 2020, S. 196 ff.
6 Dazu Diebold, Origin(s) Development Big Data, 2012 S. 2 ff.

Vielzahl unterschiedlicher Bedeutungsgehalte beigemessen, die sich in drei große Gruppen gliedern lassen.

Ein erstes Verständnis versteht Big Data als Bezeichnung großer Mengen an Daten oder 6 großer Datensätze. Sehr deutlich wird das etwa in der Definition von *Pietsch*, der Big Data ausdrücklich auf einen Datensatz bezieht und die maßgebliche Größe des Datensatzes wie folgt definiert: „A data set is 'big' if it is large enough to allow for reliable predictions based on inductive methods in a domain comprising complex phenomena."[7]

Ein solches, auf die Menge an Daten oder Größe eines Datensatzes bezogenes Begriffsver- 7 ständnisses liegt Beschreibungen zugrunde, die sich auf die von *Laney*[8] eingeführten „drei V" stützen: **Volume, Velocity, Variety.** Die drei V werden oft um ein viertes ergänzt, meist Veracity,[9] teilweise auch um ein fünftes oder mehr V[10] und weitere Buchstaben.[11] Es geht also um Datensätze, deren Umfang besondere Herausforderungen an die Verarbeitung stellt. Es ist nicht überraschend, dass sich dieses Verständnis vor allem in technisch orientierten Veröffentlichungen findet, da sich bei der Verarbeitung von enorm großen Datenmengen besondere technische Anforderungen ergeben.[12]

Vielfach wird der Begriff „Big Data" nicht auf die Menge der Daten, sondern auf die **Auswer-** 8 **tung von Daten** zur Erzielung neuen Wissens bezogen. Big Data ist in diesem Verständnis die Auswertung großer Mengen an Daten zur Erzielung neuer Informationen. Dieses Begriffsverständnis überwiegt, wenig überraschend, in der juristischen Diskussion,[13] da sich die rechtlichen Spezifika aus der Verarbeitung von Daten ergeben, weniger hingegen aus der Menge an Daten, die als solche aus rechtlicher Sicht in aller Regel unerheblich ist.

In diesem Sinne wird der Begriff auch in diesem Rechtshandbuch verwendet.[14] Zur Beschrei- 9 bung der auf die Informationsgewinnung durch Auswertung großer Mengen an Daten gerichteten Tätigkeit wird in diesem Abschnitt von der **Big-Data-Analyse** gesprochen.

In einer dritten Bedeutung, die den Blick auf die Auswirkungen auf Wirtschaft und Gesell- 10 schaft insgesamt richtet, wird der Begriff Big Data auch als Schlagwort für die Beschreibung eines technologischen Trends oder ähnlichem verwendet.[15]

Das Erzielen neuen Wissens oder neuer Information durch Auswertung großer Datenbestände 11 eröffnet aus ökonomischer Sicht Chancen durch **neue Geschäftsmodelle** (→ § 2 Rn. 18 ff.). Die Auswertung von Datenmengen zur Ableitung neuer Informationen wird teilweise, etwa im Zusammenhang mit der medizinischen Forschung, als positiv und förderungswürdig, in anderen Zusammenhang, etwa mit staatlicher Überwachung oder Manipulation zur Verfol-

---

7 Außerdem mit ausführlicher Diskussion des Datenbegriffs Pietsch Big Data S. 4 ff.
8 Laney, 3D Data Management, 2001.
9 Vgl. Dorschel Big Data-HdB/Dorschel S. 8; King Big Data S. 35; siehe aber auch Chen/Mao/Liu Mobile Networks and Applications 19 (2014), 171 (173); Gola/Heckmann DS-GVO/BDSG/Schulz DS-GVO Art. 6 Rn. 151 [„Value"].
10 Vgl. D'Onofrio/Meier Big Data Analytics/Meier S. 3, 5 f.; Buyya/Calheiros/Dasjerdi Big Data: Principles and Paradigms/Wu/Buyya/Ramamohanarao S. 3, 11 ff.
11 Vgl. Kollmann Handbuch Digitale Wirtschaft/Kollmann S. 4, 12 [„Analytics"]; Santos/Costa Big Data S. 14 f. [„Virality, Viscosity, Complexity, Ambiguity"].
12 Vgl. Pietsch Big Data S. 13; Kollmann Handbuch Digitale Wirtschaft/Volk/Staegemann/Tuchowksi S. 1042 f.
13 Vgl. Weber Rechtswörterbuch/Groh Eintrag „Künstliche Intelligenz"; Grützner/Jakob Compliance von A–Z Eintrag „Big-Data"; BeckOK DatenschutzR/Gusy/Eichenhofer BDSG § 1 Rn. 12a; Holthausen, RdA 2021, 19 (20); HSH MMR-HdB/Kolany-Raiser, Teil 15 Rn. 1; Leistner/Antoine/Sagstetter Big Data S. 5 f.; Ohrtmann/Schwiering NJW 2014, 2984; Jandt/Steidle Datenschutz im Internet/Richter B. III. Rn. 241; Forgó/Helfrich/Schneider Betrieblicher Datenschutz/Schneider, Teil VII Rn. 28; Gola/Heckmann DS-GVO/BDSG/Schulz DS-GVO Art. 6 Rn. 151.
14 Vgl. etwa § 7 Rn. 1; § 10 Rn. 2; § 14 Rn. 1; § 15 Rn. 1.
15 Vgl. dazu etwa Boyd/Crawford Information, Communication & Society 15 (2012), 662 (663) [„phenomenon"]; Buyya/Calheiros/Dasjerdi Big Data: Principles and Paradigms S. xxi [„paradigm"]; Dorschel Big Data-HdB/Dorschel S. 2 [„Erscheinung"]; HSH MMR-HdB/Kolany-Raiser Teil 15 Rn. 1 [„Phänomen"]; Paal/Hennemann NJW 2017, 1697 [„Technologiekomplex"]; Auer-Reinsdorff/Conrad IT-R-HdB/Sarre/Pruß § 2 Rn. 186 ff.

gung von Geschäftsinteressen, als problematisch und einschränkungsbedürftig, angesehen. Aus rechtlicher Sicht ergeben sich Fragen nach dem Schutz der neuen Erkenntnisse, der Qualität und der Verantwortlichkeit für die Erkenntnisse und die aus den Informationen gezogenen Schlüsse sowie dem Schutz gegen Verwendung der Erkenntnisse (→ Rn. 21.).

12   Die Erzeugung neuen Wissens oder neuer Information durch Auswertung von Daten ist als solches nichts Neues. Dies lässt aus rechtlicher Sicht vermuten, dass Big Data durch das geltende Recht bereits intensiv erfasst ist. Das neue Element von Big Data, der Zugriff auf große Datenmengen, führt indes aus einem anderen Grund zum Bedarf an ergänzenden Regeln: Der Zugriff auf die Daten, konkret auf hinreichend große Mengen an Daten, wird zu einer zentralen ökonomischen Grundlage, die nicht einzelnen Akteuren vorbehalten sein sollte. Die aktuelle, rege Gesetzgebungsaktivität des europäischen Gesetzgebers hat daher zu Recht einen Schwerpunkt auf der Gewährleistung des **Zugangs zu Daten** (→ Rn. 30 ff.).

II. Tätigkeiten und Rollen im Zusammenhang mit Big-Data-Analysen

13   Für viele Rechtsfragen im Zusammenhang mit Big Data sind unterschiedliche Tätigkeiten und entsprechend verschiedene Beteiligte von Bedeutung. Die Zahl der Tätigkeiten und Rollen kann kaum abschließend festgestellt werden und ändert sich mit dem technischen und organisatorischen Wandel. Für die rechtliche Analyse ist eine Zuordnung der unterschiedlichen Tätigkeiten zu bestimmten Phasen von Big Data sinnvoll, die freilich wiederum für verschiedene rechtliche Bereiche unterschiedlich ausfallen wird. In vielen Rechtsfragen ist folgende Unterscheidung der **Phasen von Big Data** von Bedeutung:

(1) Das **Sammeln und Erzeugen von Daten**, also alle Tätigkeiten, die sich auf die Herstellung der Verfügbarkeit von Daten beziehen. Im Datenschutzrecht können diese Tätigkeiten etwa als Erheben personenbezogener Daten zu qualifizieren sein (→ § 6 Rn. 9 ff.).[16]

(2) Die Unterhaltung der tatsächlichen Verfügbarkeit, also insbesondere das (fortlaufende) Bereithalten von Daten in einer Weise, die einen Datenzugriff generell ermöglicht.

(3) Das Bereitstellen (Liefern) von Daten, insbes. für die Analyse, also die Tätigkeit, durch welche die Daten für die eigentliche Analyse zur Verfügung gestellt werden. Diese Tätigkeit ist technisch vom Sammeln oder Erzeugen von Daten zu unterscheiden und rechtlich indes vor allem relevant, wenn die Bereitstellung durch eine andere Person erfolgt als diejenige, die die Analyse durchführt. In diesem Fall ergeben sich Beziehungen zwischen dem Lieferanten und dem Empfänger der Daten, ggf. auch zwischen diesen Beteiligten und Dritten, etwa Betroffenen iSd Datenschutzrechts oder Inhaber von Rechten an Daten etc

(4) Die Durchführung der Analyse, also die Tätigkeiten, die sich auf das Erzielen neuer Informationen durch Verarbeitung der Daten beziehen und ein Analyseergebnis hervorbringen.

(5) Die Bereitstellung des Analyseergebnisses, also die Tätigkeit, durch die das Analyseergebnis einem Dritten zur Verfügung gestellt wird, schließt sich, ähnlich wie bei der Bereitstellung von Daten, an die Erstellung der Analyse an.

(6) Die Verwendung des Analyseergebnisses, also die Tätigkeit, die die neu gewonnen Informationen oder Erkenntnisse in den nachfolgenden Schritten nutzt. Dies kann sich in der schlichten Weitergabe, zB der Veröffentlichung von Ergebnissen, erschöpfen, oder aber das Ableiten weiterer Schlüsse oder Erkenntnisse umfassen, etwa wenn eine Analyse erzeugt wird, um eine Person zu bewerten, und ggf. aus der Bewertung weitere Folgen abzuleiten, oder um den Zustand einer Maschine zu analysieren und Entscheidungen über deren weitere Nutzung, etwa über Wartung und Reparatur, zu treffen.

---

16   Siehe dazu auch Jandt/Steidle Datenschutz im Internet/Richter B. III. Rn. 252.

In allen Phasen erfolgt typischerweise die **Speicherung von Daten**, die eine rechtlich relevante 14
Verarbeitung darstellen kann.

Die Unterscheidung und **Bezeichnung** der verschiedenen Tätigkeiten und der daran anknüp- 15
fenden Rollen ist nicht einheitlich, auch nicht im Gesetz. Die Tätigkeit des Sammelns von
Daten, also die erste der hier genannten Tätigkeiten, wird im Datenschutzrecht (als Erheben
von Daten), nicht aber in den europäischen Gesetzen zum Datenaustausch, namentlich im **Data Governance Act** und im **Entwurf des Datengesetzes**, erfasst. Der DGA und der Entwurf
des DatenG definieren den Begriff des **Dateninhabers** mit unterschiedlichen Formulierungen,
aber in der Sache wohl gleichbedeutend als die Person, die berechtigt und in der Lage ist,
Daten (durch Lieferung oder Bereitstellung) verfügbar zu machen. Diese Rolle bezieht sich auf
die Verfügungsmacht an Daten, also die zweite der hier unterschiedenen Tätigkeiten. Aus datenschutzrechtlicher Perspektive wäre diese Person, da sie Daten speichert, der Verantwortliche,
aus immaterialgüterrechtlicher Perspektive ggf. der Inhaber (Urheber, Lizenzinhaber) eines
Nutzungsrechts an den Daten etc.

Die Tätigkeit des Bereitstellens, also die dritte Tätigkeit in der hier gewählten Unterscheidung, 16
wird im DGA und im DatenG-E der typisierten Rolle des Dateninhabers zugeschrieben. Im
Hinblick auf die vertragsrechtlichen Aspekte wird die Person, die Daten bereitstellt, in der
Literatur oft als **Datengeber** oder als Datenlieferant, teilweise auch, im Anschluss an den DGA,
als **Dateninhaber**, bezeichnet.

Entsprechend divergieren die Beschreibungen von Tätigkeiten und Rollen auch in diesem
Rechtshandbuch.

III. Big Data und Künstliche Intelligenz

Mit Big Data eng verbunden ist die **Künstliche Intelligenz**. Der **Begriff** der Künstlichen Intel- 17
ligenz wird seinerseits im heteronomen Verständnis verwendet. Nach einem ersten, klassischeren Begriffsverständnis bezeichnet der Begriff ein Teilgebiet der Informatik[17], das seinerseits
eine Reihe von Teildisziplinen umfasst.[18] In der gesellschaftlichen, politischen und rechtlichen
Diskussion dient er meist als Bezeichnung von Technologien, die auf Methoden der KI, insbes.
auf machine learning, beruhen und gewaltige Auswirkungen in allen Lebensbereichen, nicht
zuletzt in Wirtschaft und Gesellschaft, haben.

Eine einheitliche rechtliche Definition des Begriffes besteht nicht.[19] Der **Vorschlag eines KI-** 18
Gesetzes verzichtet klugerweise auf eine Definition des Begriffes und führt stattdessen den
Begriff des **KI-Systems** (→ Rn. 110 ff.) ein, der in der aktuellen rechtspolitischen Diskussion
zum rechtlichen Schüsselbegriff geworden ist.[20]

KI und Big Data sind eng miteinander verbunden, nicht zuletzt durch eine gegenseitige 19
Zweck-Mittel-Beziehung. Das **maschinelle Lernen** als ein zentraler Bereich der KI erfolgt
durch eine Form der Analyse von Daten mit dem Ziel der Gewinnung neuer Erkenntnis,
wenn man insoweit auf die Veränderung des trainierten Modells abstellt.[21] Das Training setzt
die Verfügbarkeit geeigneter Daten voraus; diese kann durch die Bereitstellung von Daten, oft
auch durch deren Erzeugung und/oder eine Aufbereitung von Daten hergestellt werden.[22] Das
maschinelle Lernen benötigt häufig große Mengen an Daten; man sagt, machine learning sei

---

17 Weber Rechtswörterbuch/Groh Eintrag „Künstliche Intelligenz"; Gupta/Nagpal Artificial Intelligence and
    Expert Systems S. xiii.
18 Ertel Grundkurs KI S. 4; Russel/Norvig AI: A Modern Approach S. 19 ff.
19 Siehe einen Überblick zum Begriff der KI etwa bei Herberger NJW 2018, 2825; Kleinkopf Text- und Data-Mi-
    ning S. 38 ff.; SWK-Legal Tech/Yuan KI Rn. 11 ff.
20 Borges CR 2022, 553 (555); ders., Potenziale von KI und Datenschutzrecht, 2021, S. 9 ff.
21 Vgl. Ertel Grundkurs KI S. 204 ff.
22 Russel/Norvig AI: A Modern Approach S. 723 ff.; SWK-Legal Tech/Yuan/Szypulka Maschinelles Lernen Rn. 27.

„datenhungrig".[23] Big Data, hier verstanden als große Datenmenge, liefert also oftmals den Grundstoff zum machine learning. Stellt man bei Big Data auf die Erzielung von Erkenntnis ab, ist **machine learning** sogar ein **Anwendungsfall** von „Big Data".

20 **KI-Systeme** werden andererseits häufig als Mittel zur Verarbeitung großer Datenmengen genutzt, konkret zur Klassifikation von Daten, zur Mustererkennung etc.[24] KI ist also ein Mittel für Big Data und Big Data eines für KI. Daher sind Überschneidungen in der rechtlichen Diskussion nicht vermeidbar. Aus rechtlicher Sicht liegt der Fokus indes häufig auf unterschiedlichen Aspekten. Die rechtliche Betrachtung von Big Data zielt vor allem auf die **Verwendung von Daten** ab, während die rechtliche Diskussion zur KI den Fokus zum einen auf der **Verwendung der KI-gestützt erzeugten Ergebnisse** (zB Wahrscheinlichkeitsvorhersagen, Klassifikationen) und den Auswirkungen dieses sog. Outputs in nachfolgenden Verarbeitungsschritten, etwa der Steuerung einer Maschine, der Bewertung von Personen etc und zum anderen in dem Risikomanagement für KI-Systeme hat. In der Analyse von Daten besteht eine notwendige Schnittmenge.

In diesem Handbuch werden daher auch Rechtsfragen der Künstlichen Intelligenz erörtert, indes nur insoweit, als sie für spezifische Aspekte von Big Data von Bedeutung sind (→ Rn. 89 ff., § 7 Rn. 28 ff., 149 ff.; § 8 Rn. 123 ff.).

IV. Rechtsfragen von Big Data

21 Ein Rechtsgebiet „Big Data" existiert nicht.[25] Big Data, insbesondere im Sinne der Erzielung neuer Erkenntnisse durch Analyse großer Datenbestände, berührt **zahlreiche Rechtsgebiete**, die Beteiligten unterliegen den entsprechenden Regeln. In der rechtlichen Diskussion sind klare Schwerpunkte erkennbar, etwa im Datenschutz, im Immaterialgüterrecht und im Vertragsrecht.

22 Dessen ungeachtet ist, wesentlich getrieben durch den europäischen Gesetzgeber, die Entwicklung eines spezifischen Rahmens für Daten und ihre Verarbeitung zu beobachten, der insbesondere Rechte an Daten, vor allem aber Rechte des Zugangs zu Daten und die gemeinsame Nutzung von Daten, das **Data Sharing**, betrifft, und damit den Kern von Big Data.

23 Der (hier) entstehende Rechtsrahmen für Daten ist damit in gewisser Weise auch das spezifische Recht für Big Data, auch wenn weitere Teilbereiche, etwa die Verantwortung für die Analysen, bisher allenfalls in Randbereichen Gegenstand spezifischer Regeln sind.

24 Der spezifische Rechtsrahmen von Big Data umfasst unterschiedliche Aspekte und Stoßrichtungen. Ein wesentlicher Bereich betrifft den Schutz von Daten als Wirtschaftsgut (→ § 3 Rn. 27 ff.), der wohl am besten durch die Diskussion um die Einführung eines **„Dateneigentums"** (→ § 3 Rn. 51 ff.) charakterisiert wird. Dieser Schutz wird maßgeblich durch das Immaterialgüterrecht sowie flankierende Regelungen etwa im Wettbewerbsrecht bewirkt.

25 Ein zweiter Bereich betrifft die Verfügbarkeit von und den Zugang zu Daten (→ § 3 Rn. 62 ff.), die bisher nur in Teilbereichen geregelt sind und durch das künftige Europäische Datengesetz (Data Act, DatenG) (→ Rn. 60 ff.; § 3 Rn. 93 ff.) eine deutlich breitere Regelung erfahren werden.

26 Ein dritter Bereich betrifft den Schutz von Rechtsgütern gegen die Verarbeitung von Daten, der vor allem durch das **Datenschutzrecht** (→ § 6 Rn. 1 ff.) als Recht des Schutzes der Persönlichkeit des Betroffenen vor Gefahren aus der automatisierten Verarbeitung der ihn betreffenden Daten bewirkt wird.

---

23 Borges, Potenziale von KI und Datenschutzrecht, 2021, S. 5; vgl. SWK-Legal Tech/Szypulka Maschinelles Lernen Rn. 27.
24 Übersicht etwa bei SWK-Legal Tech/Yuan KI Rn. 25 ff.; ausführliche Beispiele bei Plaue Data Science S. 283 ff.
25 Vgl. auch SWK-Legal Tech/Braun Big Data Rn. 16; Leistner/Antoine/Sagstetter Big Data S. 38 f.

Schließlich umfasst der Rechtsrahmen **datenbezogene Dienstleistungen** oder, enger, die Tätigkeit von Intermediären zur Vermittlung der gemeinsamen Datennutzung, in dessen Zentrum der neue Europäische Data Governance Act (→ Rn. 46 ff.; → § 5 Rn. 207 ff.), teils auch das künftige DatenG (→ Rn. Rn. 60 ff.; § 3 Rn. 93 ff.) stehen. 27

Wegen der engen Verbindung zur Künstlichen Intelligenz hat auch der parallel entstehende Rechtsrahmen für Künstliche Intelligenz hohe Relevanz für Big Data. 28

Beide Entwicklungen, die Entstehung eines Rechtsrahmens für Daten einerseits, für Künstliche Intelligenz andererseits, sind wesentlich getrieben durch den europäischen Gesetzgeber und lassen sich als Teil der **Digitalisierung des Rechts** verstehen. 29

Nachfolgend wird die Entstehung des Rechtsrahmens für Daten (→ Rn. 30 ff.) und für Künstliche Intelligenz (→ Rn. 89 ff.) kurz skizziert. Die einzelnen Elemente des Rechtsrahmens werden im Rahmen der Erörterung der Rechtsgebiete erörtert.

B. Die Entwicklung des Rechtsrahmens für Big Data

I. Überblick

Die Entwicklung eines spezifischen Rechtsrahmens für Big Data wird in der EU seit Beginn der 2010er Jahre vorangetrieben. Als erste Etappe ist wohl die Mitteilung „**Offene Daten: Ein Motor für Innovation, Wachstum und transparente Verwaltung**"[26] der EU-Kommission von 2011 anzusehen, die auf die Verfügbarkeit von Daten abzielte, die von öffentlichen Stellen produziert werden bzw. bei diesen vorhanden sind. In diesem Bereich wurde die bereits aus dem Jahr 2003 stammende **PSI-Richtlinie**[27] im Jahr 2019 durch eine Neufassung[28] ersetzt und durch den **Data Governance Act**[29] ergänzt. 30

In der Mitteilung „**Für eine florierende datengesteuerte Wirtschaft**"[30] von 2014 formulierte die Kommission als wesentliche Elemente der datengesteuerten Wirtschaft u.a. die Verfügbarkeit von hochwertigen, verlässlichen und interoperablen Daten, um verbesserte Rahmenbedingungen für die Wertschöpfung aus Datensätzen zu schaffen.[31] Als maßgebliche Rechtsfragen werden hier u.a. der Datenschutz, Aspekte des Data-Mining und der IT-Sicherheit, ebenso des Eigentums an Daten genannt.[32] 31

In der „**Strategie für einen digitalen Binnenmarkt in Europa**"[33] der EU-Kommission von 2015 nimmt der rechtliche Rahmen der digitalen Wirtschaft eine bedeutende Rolle ein. So benannte die Kommission die Schaffung von Rahmenbedingungen für digitale Netze und Dienste (u.a. das Datenschutzrecht) als eine von drei zentralen Säulen des digitalen Binnen- 32

---

26 Europäische Kommission, Offene Daten: Ein Motor für Innovation, Wachstum und transparente Verwaltung, Mitteilung vom 12.12.2011, KOM(2011) 882 endg.
27 Richtlinie 2003/98/EG des Europäischen Parlaments und des Rates vom 17. November 2003 über die Weiterverwendung von Informationen des öffentlichen Sektors (PSI-Richtlinie), ABl. EU L 345 vom 31.12.2003, S. 90.
28 Richtlinie (EU) 2019/1024 des Europäischen Parlaments und des Rates vom 20. Juni 2019 über offene Daten und die Weiterverwendung von Informationen des öffentlichen Sektors (Neufassung), ABl. EU L 172 vom 26.06.2019, S. 56.
29 Verordnung (EU) 2022/868 des Europäischen Parlaments und des Rates vom 30. Mai 2022 über europäische Daten-Governance und zur Änderung der Verordnung (EU) 2018/1724 (Daten-Governance-Rechtsakt), ABl. EU L 152 vom 3.6.2022, S. 1.
30 Europäische Kommission, Für eine florierende datengesteuerte Wirtschaft, Mitteilung vom 2.7.2014, COM(2014) 442 final.
31 Europäische Kommission, Für eine florierende datengesteuerte Wirtschaft, Mitteilung vom 2.7.2014, COM(2014) 442 final, Ziff. 3.
32 Europäische Kommission, Für eine florierende datengesteuerte Wirtschaft, Mitteilung vom 2.7.2014, COM(2014) 442 final, Ziff. 4.2.3.
33 Europäische Kommission, Strategie für einen digitalen Binnenmarkt für Europa, Mitteilung vom 6.5.2015, COM(2015) 192 final.

markts.[34] Als Bestandteil der zweiten Säule, des sog. Online-Zugangs, werden u.a. Regeln für den grenzüberschreitenden elektronischen Handel, rechtliche Einschränkung des Geoblocking und die Modernisierung des Urheberrechts genannt.[35]

33 Eineinhalb Jahre später legte die Kommission in der Mitteilung „**Aufbau einer europäischen Datenwirtschaft**"[36] vom Januar 2017 ihre Strategie zur Verwirklichung des freien Datenverkehrs vor. Ein wesentliches Element der Strategie war die Schaffung eines Rechtsrahmens für Datenverkehr mit den Elementen des Zugangs zu sowie der Übertragbarkeit von Daten, sowie der Haftung und Sicherheit im Zusammenhang mit datenverarbeitenden Technologien.[37] In der Mitteilung wurden bereits wesentliche Elemente des späteren Data Act genannt: die Verbesserung des Zugangs zu maschinengenerierten Daten, die Anreize für das Teilen maschinengenerierter Daten, die Vermeidung von Lock-In-Effekten, Standardklauseln für datenbezogene Verträge, Zugang zu Daten für öffentliche Zwecke und das Recht des Nutzers eines datenerzeugenden Geräts zur Nutzung der Daten.[38]

34 In der „**Europäischen Datenstrategie**"[39] von 2020 fasst die Kommission ihre Überlegungen zur Bedeutung von Daten für die wirtschaftliche Entwicklung zusammen[40] (S. 2 ff.) und entwirft die Vision eines einheitlichen EU-Datenraumes als echten Binnenmarkts für Daten, der sich durch vier Merkmale auszeichnet: die Möglichkeit der sektor- und grenzüberschreitenden Weitergabe von Daten innerhalb der EU, die Verfügbarkeit von Daten von hoher Qualität, die Wahrung europäischer Regeln und Werte, sowie ein Rechtsrahmen für den Zugang zu und die Nutzung von Daten unter Einschluss von Mechanismen für die Daten-Governance.[41] Dieses Ziel will die Kommission durch eine stark rechtlich geprägte, aus **vier Säulen** bestehende Strategie erreichen[42]: einen sektorübergreifenden Governance-Rahmen für Datenzugang und Datennutzung (A)[43], die Förderung von Investitionen in Daten und die Stärkung der Kapazitäten für die Verarbeitung und Nutzung von Daten (B),[44] die Stärkung von Handlungskompetenzen, insbes. des Einzelnen sowie von KMU (C),[45] sowie die Errichtung sektorspezifischer europäischer Datenräume (D).[46]

35 In der Gesamtschau zeigt sich, dass der europäische Gesetzgeber in den letzten zehn Jahren die Regelung einer Reihe unterschiedlicher Aspekte der Datennutzung in Angriff genommen und teilweise auch schon stark vorangetrieben hat.

---

34 Europäische Kommission, Strategie für einen digitalen Binnenmarkt für Europa, Mitteilung vom 6.5.2015, COM(2015) 192 final, Ziff. 3.
35 Europäische Kommission, Strategie für einen digitalen Binnenmarkt für Europa, Mitteilung vom 6.5.2015, COM(2015) 192 final, Ziff. 2.
36 Europäische Kommission, Aufbau einer europäischen Datenwirtschaft, Mitteilung vom 10.1.2017, COM(2017) 9 final.
37 Europäische Kommission, Aufbau einer europäischen Datenwirtschaft, Mitteilung vom 10.1.2017, COM(2017) 9 final, Ziff. 1.
38 Europäische Kommission, Aufbau einer europäischen Datenwirtschaft, Mitteilung vom 10.1.2017, COM(2017) 9 final, Ziff. 3.5.
39 Europäische Kommission, Eine europäische Datenstrategie, Mitteilung vom 19.2.2020, COM(2020) 66 final.
40 Europäische Kommission, Eine europäische Datenstrategie, Mitteilung vom 19.2.2020, COM(2020) 66 final, Ziff. 2, Unterabschnitt "Die Bedeutung von Daten für Wirtschaft und Gesellschaft").
41 Europäische Kommission, Eine europäische Datenstrategie, Mitteilung vom 19.2.2020, COM(2020) 66 final, Ziff. 3.
42 Europäische Kommission, Eine europäische Datenstrategie, Mitteilung vom 19.2.2020, COM(2020) 66 final, Ziff. 5.
43 Europäische Kommission, Eine europäische Datenstrategie, Mitteilung vom 19.2.2020, COM(2020) 66 final, Ziff. 5 A.
44 Europäische Kommission, Eine europäische Datenstrategie, Mitteilung vom 19.2.2020, COM(2020) 66 final, Ziff. 5 B.
45 Europäische Kommission, Eine europäische Datenstrategie, Mitteilung vom 19.2.2020, COM(2020) 66 final, Ziff. 5 C.
46 Europäische Kommission, Eine europäische Datenstrategie, Mitteilung vom 19.2.2020, COM(2020) 66 final, Ziff. 5 D.

Der Schwerpunkt der Regelung liegt zweifellos auf der Regelung der Verfügbarkeit von und 36 des Zugangs zu Daten, der in der Novelle der PSI-Richtlinie, vor allem aber im Entwurf des Datengesetzes und dem Konzept der Datenräume, zum Ausdruck kommt.

Am stärksten vorangeschritten ist die Regelung zum Schutz von Persönlichkeitsrechten durch 37 Verarbeitung von Daten, die in Gestalt des Datenschutzrechts schon bestand, mit der **DSGVO** und begleitenden Rechtsakten wie der Richtlinie (EU) 2016/680[47] auf eine neue, modernisierte Grundlage gehoben wurde und künftig[48] weiter ausgebaut werden soll.

Eine wichtige Rolle nehmen Regeln für datenbezogene Intermediäre (→ § 5 Rn. 15) ein, die 38 vor allem im Data Governance Act (→ Rn. 46 ff.), aber auch im Entwurf des Datengesetzes (→ Rn. 60 ff.) zum Ausdruck kommen. Ein neues Element ist das von der Kommission in der Datenstrategie von 2020 ins Spiel gebrachte Konzept der **Datenräume** (→ Rn. 74 ff.).

Auffallend ruhig geworden ist es hingegen um den überaus wichtigen Aspekt des Schutzes 39 von Daten durch Gewährung von **Inhaberrechten an Daten** (→ § 3 Rn. 27 ff.). Hier wurden Ansätze zur Schaffung eines Dateneigentums (→ § 3 Rn. 51 ff.), die gegen Mitte des letzten Jahrzehnts auf europäischer Ebene, nicht zuletzt aber auch in Deutschland, durchaus eine gewisse Popularität hatten, sowohl im autonomen deutschen Recht als auch auf der Ebene des Unionsrechts zugunsten der Rechte zur Nutzung von Daten zurückgedrängt, was eine wichtige und richtige Grundlagenentscheidung darstellt. Diese Trendwende wird in der Datenstrategie der Kommission von 2020 sehr deutlich, die ausführlich von Datenzugang und gemeinsamer Datennutzung, aber kaum von Rechten an Daten spricht.

Daneben wurde im Rahmen der Digitalisierung des Rechts eine Reihe weiterer Bereiche gere- 40 gelt, die für Big Data nicht spezifisch sind, aber durchaus praktische Bedeutung haben. Dazu gehört vor allem die Tätigkeit von **Intermediären** und Plattformen.

Die Regelung von Intermediären, insbesondere von **Plattformen**, ist ein wichtiger Bereich 41 in der Digitalisierungsstrategie der Kommission. Der Plattformregulierung, die zur ersten Säule der Strategie für den digitalen Binnenmarkt (→ Rn. 32) zählt, sind mehrere Rechtsakte gewidmet. Die Verordnung zur Förderung von Fairness und Transparenz[49] von 2019, auch **Platform-to-Business-Verordnung** (P2B-VO) genannt, verpflichtet Anbieter von Online-Vermittlungsdiensten sowie Online-Suchmaschinen, in ihren allgemeinen Geschäftsbedingungen gegenüber gewerblichen Nutzern für hinreichende Transparenz zu sorgen.[50]

Die wichtigsten Regeln zum Rechtsrahmen für Internetplattformen umfasst der **Digital Ser-** 42 **vices Act** (DSA)[51] von 2022. Der DSA enthält insbesondere die aus der **E-Commerce-Richtli-** **nie**[52] bekannte Regelung zur Haftungsprivilegierung bestimmter Diensteanbieter (reine Durch-

---

47 Richtlinie (EU) 2016/680 des Europäischen Parlaments und des Rates vom 27. April 2016 zum Schutz natürlicher Personen bei der Verarbeitung personenbezogener Daten durch die zuständigen Behörden zum Zwecke der Verhütung, Ermittlung, Aufdeckung oder Verfolgung von Straftaten oder der Strafvollstreckung sowie zum freien Datenverkehr und zur Aufhebung des Rahmenbeschlusses 2008/977/JI des Rates, ABl. EU L 119 vom 4.5.2016, S. 89.

48 Richtlinie (EU) 2002/58 des Europäischen Parlaments und des Rates vom 12. Juli 2002 über die Verarbeitung personenbezogener Daten und den Schutz der Privatsphäre in der elektronischen Kommunikation (Datenschutzrichtlinie für elektronische Kommunikation), ABl. EG L 201 vom 31.7.2002, S. 37.

49 Verordnung (EU) 2019/1150 des Europäischen Parlaments und des Rates vom 20. Juni 2019 zur Förderung von Fairness und Transparenz für gewerbliche Nutzer von Online-Vermittlungsdiensten, ABl. EU L 186 vom 11.7.2019, S. 57.

50 Vgl. Art. 9 Abs. 1 P2B-VO; zur Abgrenzung von den Pflichten des DSA etwa BeckOK IT-Recht/Sesing-Wagenpfeil DSA Art. 2 Rn. 93 ff.

51 Verordnung (EU) 2022/2065 des Europäischen Parlaments und des Rates vom 19. Oktober 2022 über einen Binnenmarkt für digitale Dienste und zur Änderung der Richtlinie 2000/31/EG (Gesetz über digitale Dienste), ABl. EU L 277 vom 27.10.2022, S. 1.

52 Richtlinie (EU) 2000/31/EG des Europäischen Parlaments und des Rates vom 8. Juni 2000 über bestimmte rechtliche Aspekte der Dienste der Informationsgesellschaft, insbesondere des elektronischen Geschäftsver-

leitung, Caching, Hosting)[53] sowie ein abgestuftes System weiterer Pflichten für Vermittlungsdienste.[54]

43 Für Anbieter von sehr großen Online-Plattformen und sehr großen Online-Suchmaschinen enthält Abschnitt 5 des DSA mit den Art. 33–43 Sonderregeln,[55] etwa eine Pflicht zur Risikominderung (Art. 35 DSA), die Pflicht zu einer jährlichen Prüfung durch unabhängige Prüfer (Art. 37 DSA), die Pflicht zur Einrichtung einer Compliance-Abteilung (Art. 41 DSA) sowie eine spezifische Berichtspflicht (Art. 42 DSA).

44 Der im September 2022 erlassene, seit Mai 2023[56] zeitlich anwendbare **Digital Markets Act (DMA)**[57] enthält spezifische Regeln für zentrale Plattformdienste, sog. „Torwächter" (vgl. Art. 1 Abs. 1 DMA). Zentrale Plattformdienste sind etwa Vermittlungsdienste, zahlreiche Formen von Hostprovidern (zB soziale Netzwerke, Videoplattformen, Cloud-Dienste), aber auch Suchmaschinen, Betriebssysteme und andere Dienste.[58]

45 Das Regelungskonzept des DMA, der an die Marktmacht von „Torwächtern" anknüpft,[59] setzt vor allen auf die Gewährung von Rechten, insbesondere der (potentiellen) Konkurrenten der zentralen Dienstleister. Dazu gehörten etwa der Zugang zu bestimmten Hardware- und Software-Funktionen (Art. 6 Abs. 7 DMA), der Zugang zu Instrumenten zur Leistungsmessung und den zu deren Nutzung erforderlichen Daten (Art. 6 Abs. 8 DMA), die Datenübertragbarkeit (Art. 6 Abs. 9 DMA), und der Zugang zu Nutzungsdaten (Art. 6 Abs. 10 und 11 DMA).

II. Der Data Governance Act

46 Ein wichtiges Element der Datenstrategie der europäischen Kommission ist der **Daten-Governance-Rechtsakt**[60] (**DGA**) von 2022.[61] Die Kommission hatte den Entwurf des DGA[62] am 25.11.2020 vorgelegt. Die am 30.5.2022 erlassene Verordnung[63] ist gemäß ihrem Art. 38 S. 2 seit dem 24.9.2023 zeitlich anwendbar und gilt unmittelbar in der gesamten europäischen Union.

47 Der DGA dient, wie die Kommission betont, der Schaffung eines **EU-Binnenmarktes für Daten**, in dem personenbezogene wie nicht-personenbezogene Daten sicher gemeinsam verar-

---

kehrs, im Binnenmarkt („Richtlinie über den elektronischen Geschäftsverkehr"), ABl. EG L 178 vom 17.7.2000, S. 1.

53 Der bisherige Abschnitt 4 der E-Commerce-Richtlinie (Art. 12–15) wird aufgehoben, vgl. Art. 89 Abs. 1 DSA; ausführlich zu den Haftungsregeln des DSA Spindler MMR 2023, 73.

54 Zur Beschreibung des abgestuften Konzepts BeckOK IT-Recht/Sesing-Wagenpfeil Art. 1 DSA Rn. 23 ff.; im Überblick zum DSA etwa Dregelies MMR 2022, 1033; Gerdemann/Spindler GRUR 2023, 3; dies. GRUR 2023, 115; Raue/Heesen NJW 2022, 3537; Rössel ITRB 2023, 12.

55 Maßgeblich für die Anwendbarkeit ist Art. 33 DSA; siehe hierzu *Sesing-Wagenpfeil*, in: BeckOK IT-Recht, 10. Edition (Stand: 1.4.2023), Art. 3 DSA Rn. 87 ff.

56 Vgl. Art. 54 UAbs. 2 DMA; zu Ausnahmen Art. 54 UAbs. 3 DMA.

57 Verordnung (EU) 2022/1925 des Europäischen Parlaments und des Rates vom 14. September 2022 über bestreitbare und faire Märkte in digitalen Sektor und zur Änderung der Richtlinien (EU) 2019/1937 und (EU) 2020/1828 (Gesetz über digitale Märkte), ABl. EU L 265 vom 12.10.2022, S. 1.

58 Zu Einzelheiten siehe Art. 2 Nr. 2 DMA.

59 Siehe zu den einzelnen Kriterien für die Benennung Art. 3 Abs. 1 DMA.

60 Die Gesetzesbezeichnung ist eine missglückte Halbübersetzung des englischen Begriffs „Data Governance Act", der auch in der deutschen Praxis weiterhin verwendet wird.

61 Verordnung (EU) 2022/868 des Europäischen Parlaments und des Rates vom 30. Mai 2022 über europäische Daten-Governance und zur Änderung der Verordnung (EU) 2018/1724 (Daten-Governance-Rechtsakt), ABl. EU L 152 vom 3.6.2022, S. 1; siehe auch Hennemann/von Ditfurth NJW 2022, 1905; Hornung/Schomberg CR 2022, 508 (511 ff.); Marx ZD 2023, 430; Richter GRUR Int. 2023, 458 (461 ff.); Schütrumpf RDi 2023, 373 (375 ff.); Specht-Riemenschneider ZEuP 2023, 638 (644 ff.).

62 Europäische Kommission, Vorschlag für eine Verordnung des Europäischen Parlaments und des Rates über europäische Daten-Governance (Daten-Governance-Gesetz), COM(2020) 767 final; siehe zum Entwurf etwa Richter ZEuP 2021, 634; Spindler CR 2021, 98.

63 Siehe den Überblick zum Gesetzgebungsverfahren, abrufbar unter https://eur-lex.europa.eu/legal-content/DE/HIS/?uri=CELEX:32022R0868.

Borges

beitet und genutzt werden können.[64] Die Aufgabe des DGA ist es in diesem Zusammenhang, die **Verfügbarkeit von Daten** zu fördern, das Vertrauen in **Datenmittler** zu erhöhen und die Mechanismen für die **gemeinsame Datennutzung** in der EU zu stärken.

Der DGA umfasst neun Kapitel mit insgesamt 38 Artikeln. Das Kapitel 1 „Allgemeine Bestimmungen" mit den Art. 1–2 enthält die einleitenden Normen.

In Art. 1 werden in Abs. 1 lit. a)–d) vier Regelungsbereiche des DGA benannt: die Weiterverwendung von Daten im Besitz öffentlicher Stellen (lit. a), den Anmeldungs- und Aufsichtsrahmen für die Erbringung von Datenvermittlungsdiensten (lit. b), den Rahmen für die Eintragung von Einrichtungen, die für altruistische Zwecke zur Verfügung gestellte Daten erheben (lit. c), und den Rahmen für die Einsetzung eines Europäischen Dateninnovationsrats (lit. d).

Kap. 2, Art. 3–9, betitelt mit „Weiterverwendung bestimmter Kategorien geschützter Daten im Besitz öffentlicher Stellen", enthält Regeln zur Verwendung von Daten, die rechtlich geschützt sind. Art. 3 Abs. 1 zählt hierzu Daten, die die Geheimhaltung betreffen, etwa Betriebs- oder Berufsgeheimnisse (lit. a) oder statistische Geheimhaltung (lit. b), oder die geistiges Eigentum Dritter sind (lit. c).

Damit dient es als Ergänzung der PSI-Richtlinie[65], die die Weiterverwendung von Daten im Eigentum der öffentlichen Hand regelt. Die PSI-Richtlinie, die in Deutschland durch das **Datennutzungsgesetz**[66] von 2021 umgesetzt wurde, ist auf Dokumente, an denen Rechte des geistigen Eigentums Dritter bestehen oder die Geschäftsgeheimnisse enthalten, nicht anwendbar (Art. 1 Abs. 2 PSI-RL). Die weitergehende Regelung des DGA beruht auf der Erwägung, dass der „Datenschatz" der öffentlichen Hand der Gesellschaft so weit wie möglich zur Verfügung gestellt werden soll.[67]

Kapitel 3 mit den Art. 10–15 regelt die Anforderungen an **Datenvermittlungsdienste** und ist damit ein zentraler Regelungsbereich zum Datenteilen (Data Sharing) unter Einbeziehung von Intermediären (→ § 5 Rn. 213 ff.). Der zentrale Begriff der Datenvermittlungsdienste (data intermediation services), der im Gesetzgebungsverfahren erheblich geändert wurde,[68] umfasst nach der Definition des Art. 2 Nr. 11 alle Dienste, um Geschäftsbeziehungen zwischen betroffenen Personen oder Dateninhaber einerseits und Datennutzern andererseits über die Datennutzung zu ermöglichen (→ § 5 Rn. 214).

Die Regelung zu Datenvermittlungsdiensten enthält drei wesentliche Elemente: ein Verfahren zur **Anmeldung bestimmter Datenvermittlungsdienste** (Art. 10 f.), materielle Anforderungen an die **Erbringung von Datenvermittlungsdiensten** (Art. 12) sowie eine **staatliche Aufsicht** (Art. 13 f.), die durch Behörden der Mitgliedstaaten erfolgt. Die materiellen, in Art. 12 lit. a)–o) geregelten Anforderungen sind durchaus anspruchsvoll[69] und verlangen etwa, einen fairen, nichtdiskriminierenden Zugang zu den Diensten zu gewährleisten (lit. f) sowie rechtswidrige Übertragungen (lit. j) oder unbefugten Zugriff (lit. k) durch angemessene technische, recht-

48

49

50

51

52

---

64 Siehe zum Ziel eines europäischen Binnenmarktes für Daten die Europäische Kommission, Eine europäische Datenstrategie, Mitteilung vom 19.2.2020, COM(2020) 66 final Ziff. 3; sowie in der Begründung zum Entwurf der Europäischen Kommission für eine Verordnung des Europäischen Parlaments und des Rates über europäische Daten-Governance (Daten-Governance-Gesetz), COM(2020) 767 final, Abschnitt „1. Kontext des Vorschlags".

65 Richtlinie (EU) 2019/1024 des Europäischen Parlaments und des Rates vom 20. Juni 2019 über offene Daten und die Weiterverwendung von Informationen des öffentlichen Sektors (Neufassung), ABl. EU L 172 vom 26.6.2019, S. 56; s. dazu auch oben Rn. 30.

66 Gesetz für die Nutzung von Daten des öffentlichen Sektors (Datennutzungsgesetz – DNG) vom 16.7.2021, BGBl. I 2941.

67 Vgl. EG 6 des DGA.

68 Der Kommissionsentwurf verwendete noch den engeren Begriff der „Dienste für die gemeinsame Datennutzung" (vgl. Überschrift Kap. III, sowie Art. 11 DGA-E, COM(2020) 767 final).

69 So zu Art. 12 lit. j) DGA Hennemann/von Ditfurth NJW 2022, 1905 (1909); kritisch u.a. in Anbetracht der zahlreichen Pflichten gegenüber Datenvermittlungsdiensten Tolks MMR 2022, 444 (448).

liche und organisatorische Maßnahmen zu verhindern. Die Behörden haben nach Art. 14 weitreichende Aufsichtsbefugnisse, insofern die Befugnis, Informationen anzufordern (Art. 14 Abs. 2), die Aussetzung oder Beendigung von Datenvermittlungsdiensten anzuordnen sowie Sanktionen zu verhängen (Art. 14 Abs. 4).

53　Das 4. Kapitel regelt den „**Datenaltruismus**" (→ § 5 Rn. 245 ff.), womit die gemeinsame Nutzung von Daten auf der Grundlage einer unentgeltlichen Erlaubnis des Betroffenen bzw. des Dateninhabers für einen dem allgemeinen Interesse dienenden Zweck gemeint ist,[70] also etwa die Datenbereitstellung für Gesundheitsversorgung oder Forschung.[71] Der Datenaltruismus wird durch den DGA privilegiert, insbesondere sind nach Art. 15 die Regeln des DGA für Datenvermittlungsdienste auf datenaltruistische Organisationen nicht anwendbar. Der Datenaltruismus soll nach dem Konzept des DGA nicht zuletzt durch ein öffentliches Register von anerkannten datenaltruistischen Organisationen gefördert werden (vgl. Art. 17 DGA).

54　Das Kapitel 5 mit den Art. 26–28 regelt Anforderungen an die mitgliedstaatlichen Behörden sowie Aspekte des Verfahrens, etwa ein Beschwerderecht (Art. 27) sowie das Recht auf einen gerichtlichen Rechtsbehelf (Art. 28) gegen Entscheidungen der Behörden.

55　Das Kapitel 6 mit den Art. 29 und 30 regelt die Einführung eines Europäischen Dateninnovationsrates. Der **Dateninnovationsrat** soll nach Art. 30 vor allem die Kommission bei verschiedenen Aufgaben im Zusammenhang mit der Durchführung des DGA unterstützen, nicht zuletzt etwa bei der Festlegung von Leitlinien und einer einheitlichen Praxis.

56　Das kurze Kapitel 7 regelt in seinem einzigen Artikel 31 Einschränkungen für die Übermittlung von Daten in **Drittstaaten** zum Zwecke der Weiterverwendung. Nach Absatz 1 sollen die Beteiligten die Weiterverwendung von nicht personenbezogenen Daten verhindern, wenn diese im Widerspruch zum Unionsrecht oder dem anwendbaren mitgliedstaatlichen Recht steht. Absatz 2 schränkt die Anerkennung von Urteilen aus Drittstaaten in Bezug auf die Weiterverwendung ein. Mit diesen Regeln sollen rechtswidrige Zugriffe aus Drittstaaten effektiv verhindert werden.

57　Kapitel 8 (Art. 32 f.) enthält Rechtssetzungsbefugnisse für die Kommission. Kapitel 9 verlangt von den Mitgliedstaaten **effektive Sanktionen** im Fall von Verstößen gegen den DGA (Art. 34) sowie die üblichen Schlussbestimmungen (Art. 35–38).

58　In der Gesamtschau zeigen sich, wenn man vom Dateninnovationsrat absieht, drei recht unterschiedliche Regelungsschwerpunkte des DGA: die Weiterverwendung geschützter Daten im Besitz öffentlicher Stellen, die Datenvermittlungsdienste sowie der sog. Datenaltruismus.[72]

59　Der DGA regelt viele wichtige Aspekte des Umgangs mit Daten – bewusst – nicht[73]: Insbesondere sind wichtige Regeln dem Data Act vorbehalten, beispielsweise der Zugang zu Daten (vgl. Art. 1 Abs. 2)[74] sowie Bestimmungen über den Rahmen des Datenaustauschs. Gleichwohl werden, vor allem mit den Regeln zu Datenvermittlungsdiensten als zentrales Instrument des Datenaustauschs, wichtige Teilaspekte des europäischen Datenraums erfasst.

70　Vgl. die Legaldefinition in Art. 2 Nr. 16 DGA.
71　Vgl. die Aufzählung a.E. der Legaldefinition in Art. 2 Nr. 16 DGA; kritisch zum Kommissionsentwurf Funke DSRITB 2021, 365 (374).
72　Hennemann/von Ditfurth NJW 2022, 1905.
73　Vgl. Tolks MMR 2022, 444 („Weitgehende Subsidiarität").
74　Vgl. zur Gegenüberstellung des DGA zum Entwurf des Data Act Tolks MMR 2022, 444 (449); sowie synoptisch Pfeiffer/Helmke ZD-Aktuell 2023, 01125 und weiterführend Pfeiffer/Helmke ZD-Aktuell 2023, 01162.

III. Der Entwurf eines Datengesetzes (Data Act)

Die EU-Kommission hat am 23. Februar 2022 den **Entwurf einer Verordnung über fairen Datenzugang und faire Datennutzung**, kurz „Datengesetz" (Data Act)[75] vorgelegt (→ § 3 Rn. 93 ff.). Das Datengesetz ist Teil der Datenstrategie der EU-Kommission (→ Rn. 34). Die Kommission nennt als wesentliche Ziele des Gesetzes die Förderung von Datenzugang und Datennutzung, sowie die gerechte Verteilung der Wertschöpfung aus Daten auf Akteure der Datenwirtschaft.[76]   60

Das Gesetzgebungsverfahren ist weit vorangeschritten. Der Rat legte seinen Standpunkt am 17. März 2023 fest,[77] das Europäische Parlament verabschiedete seinen Standpunkt am 14. März 2023.[78] Sowohl der Rat als auch das Parlament schlagen gegenüber dem Kommissionsentwurf Hunderte an Änderungen vor, folgen aber in den wesentlichen Zielen und Regelungsgegenständen, den wesentlichen Konzepten und der Grundstruktur des Gesetzes dem Kommissionsvorschlag. Der Trilog hat bereits begonnen, es ist mit einem zügigen Abschluss des Gesetzgebungsverfahrens zu rechnen.   61

1. Überblick

Der Verordnungsvorschlag enthält in insgesamt elf Kapiteln mit 42 Artikeln durchaus unterschiedliche **Regelungskomplexe**.[79] Besonders wichtig ist das Kapitel 2, betitelt mit „Datenweitergabe von Unternehmen an Verbraucher und zwischen Unternehmen", das in Art. 3 Abs. 1 eine Pflicht enthält, Produkte und Dienste so zu konzipieren, dass die bei ihrer Nutzung erzeugten Daten für den Nutzer, soweit möglich, direkt zugänglich sind. Soweit das nicht der Fall ist, hat der Nutzer nach Art. 4 Abs. 1 einen Anspruch gegen den Diensteanbieter, dass ihm die Daten zur Verfügung gestellt werden. Darüber hinaus hat der Dateninhaber die Pflicht, die Daten auf Verlangen des Nutzers einem Dritten zur Verfügung zu stellen.   62

Das vorgeschlagene DatenG geht über den Anspruch auf Bereitstellung der aus einem Produkt oder Dienst hervorgehenden Daten weit hinaus. Er regelt, in den Kapiteln 3 und 4, auch den **Datenaustausch** allgemein (→ § 3 Rn. 100 ff.). So regeln die Art. 8 und 9 die Bedingungen des Datenaustauschs in Fällen, in denen ein Dateninhaber rechtlich verpflichtet ist, Daten zur Verfügung zu stellen. Eine solche Verpflichtung kann sich, wie Art. 8 Abs. 1 bestimmt, etwa aus Art. 5, aber auch aus anderen Rechtsvorschriften ergeben. Nach den Grundsätzen des Art. 9 und des Art. 10 muss die Bereitstellung der Daten sowohl hinsichtlich der Leistung als auch der Gegenleistung angemessen sein.   63

Kap. 4 ist mit nur einem Artikel sehr kurz, aber kraftvoll. Gemäß Art. 13 Abs. 1 sind **Klauseln** zur Datennutzung im Vertrag zwischen einem datengebenden Unternehmen und einem KMU nicht bindend, wenn sie missbräuchlich sind. Für die Missbrauchskontrolle gelten im Einzelnen die Abs. 2–4 (→ § 3 Rn. 105 f.; → § 5 Rn. 265 ff.).   64

---

75 Europäische Kommission, Vorschlag für eine Verordnung des Europäischen Parlaments und des Rates über harmonisierte Vorschriften für einen fairen Datenzugang und eine faire Datennutzung (Datengesetz), COM(2022) 68 final.

76 Europäische Kommission, Vorschlag für eine Verordnung des Europäischen Parlaments und des Rates über harmonisierte Vorschriften für einen fairen Datenzugang und eine faire Datennutzung (Datengesetz), COM(2022) 68 final, Begründung, Abschnitt „1. Kontext des Vorschlags", Unterabschnitt „Gründe und Ziele des Vorschlags".

77 Rat der Europäischen Union, Proposal for a Regulation of the European Parliament and of the Council on harmonised rules on fair access to and use of data (Data Act) – Mandate for negotiations with the European Parliament, ST 7413/23.

78 Europäisches Parlament, Abänderungen des Europäischen Parlaments vom 14. März 2023 zu dem Vorschlag für eine Verordnung des Europäischen Parlaments und des Rates über harmonisierte Vorschriften für einen fairen Datenzugang und eine faire Datennutzung (Datengesetz), P9_TA(2023)0069.

79 Siehe einen Überblick über das DatenG-E bei Hennemann/Steinrötter NJW 2022, 1481; Podszun/Pfeifer GRUR 2022, 953 (954 f.); Specht-Riemenschneider ZEuP 2023, 638 (661).

65 Kapitel 5 mit den Art. 14–18 regelt die Pflichten, auf **Verlangen einer öffentlichen Stelle** Daten in Fällen (in Art. 15 definierter) „außergewöhnlicher Notwendigkeit" zu übermitteln, eine potentiell brisante Pflicht. Der Begriff der außergewöhnlichen Notwendigkeit wird in Art. 15 durch einen abschließenden Katalog von drei unterschiedlichen Fallgruppen definiert: Bewältigung eines öffentlichen Notstandes, lit. a), Verhinderung eines öffentlichen Notstandes oder Unterstützung der Erholung von einem öffentlichen Notstand, lit b), zur Erfüllung einer gesetzlichen Aufgabe im öffentlichen Interesse, lit. c), wenn Daten nicht auf andere Weise beschafft werden können oder, überraschend, wenn dies den Verwaltungsaufwand des Dateninhabers oder anderer Unternehmen erheblich verringert.

66 Das Kapitel 6, ein Fremdkörper des Verordnungsvorschlags, der mit der gemeinsamen Datennutzung keine Gemeinsamkeit hat, betrifft den **Wechsel zwischen Datenverarbeitungsdiensten.** Nach dem Grundsatz des Art. 23 Abs. 1 dürfen Anbieter von Datenverarbeitungsdiensten ihren Kunden beim Wechsel zu einem anderen Datenverarbeitungsdienst keine Hindernisse bereiten. Die Regelung, die nicht zuletzt auf Cloud-Dienste abzielt (vgl. EG 69), hat es in sich: Der Wechsel soll mit einer Frist von 30 Kalendertagen möglich sein und, nach Art. 24 Abs. 1, soweit technisch möglich, auch abgeschlossen werden können. Art. 25 verlangt die schrittweise Abschaffung von Wechselentgelten. Diese Regelung dürfte die wirtschaftliche Gestaltung von Datenverarbeitungsdiensten erheblich verändern.[80]

67 Die folgenden Kapitel enthalten weitere Rahmenbedingungen, etwa zum Schutz von nicht personenbezogenen Daten gegenüber Zugriffen aus Drittstaaten (Kapitel 7, Art. 27), zur Interoperabilität (Kapitel 8, Art. 28–30), zum Verhältnis des Data Act zur Datenbank-Richtlinie (Kapitel 10, Art. 35). Auch der Data Act soll Systeme staatlicher Aufsicht (Kapitel 9, Art. 31–34) mit Sanktionscharakter (Art. 33) installieren. Für Verstöße gilt der Bußgeldrahmen der DSGVO entsprechend (vgl. Art. 33 Abs. 3).

68 Die Schlussbestimmungen (Kapitel 11, Art. 36–42) sehen die zeitliche Anwendbarkeit nach Ablauf von 12 Monaten nach Inkrafttreten vor. Bei einem Abschluss des Gesetzgebungsverfahrens in diesem Jahr wird der Data Act also bereits im Laufe des Jahres 2024 anwendbar sein.

2. Die Bedeutung des Datengesetzes

69 Die potentielle Bedeutung des Datengesetzes ist gewaltig. Es vereinigt mindestens drei wesentliche Elemente eines **Rechtsrahmens des Datenaustausches**, und damit des von der Kommission angestrebten europäischen Datenraumes.

70 Das erste wesentliche Konzept ist die **Zuordnung der Daten** aus der Nutzung eines Produkts oder einer Dienstleistung zum Nutzer. Dieses in Art. 3 geregelte Konzept ist angesichts der entgegenstehenden Wirklichkeit von großer Bedeutung und schließt den ausschließlichen Zugriff des Herstellers auf die bei Nutzung des Produkts anfallenden Daten aus. Dieser Grundsatz verdient Zustimmung. Es ist naheliegend, dass der Nutzer, der eine Maschine erwirbt, auch über die Daten aus deren Betrieb verfügen können soll. Dabei setzt das Datengesetz hier einen interessanten Kompromiss: Die Zuordnung der Daten zum Nutzer ist nicht exklusiv. Das Datengesetz schränkt die Möglichkeit des Produzenten oder Dienstleiters, seinerseits die Daten zu erhalten und zu verwerten, in keiner Weise ein. Es entsteht also kein Datenmonopol des Nutzers. Vielmehr werden Daten zum **Gemeingut.** Dies ist nicht unproblematisch,[81] aber ein wesentlicher Grundpfeiler des angestrebten europäischen Datenraums.

71 Das zweite wesentliche Konzept ist die **generalisierte Regelung des Datenaustauschs** hinsichtlich der Fairness von Bedingungen. Die Regelung hat eine zweifache Stoßrichtung mit unterschiedlichen Anwendungsbereichen. Die Pflichten zu fairen Bedingungen nach Art. 8 und 9 gelten nur für die Verwirklichung einer gesetzlichen Pflicht zur Datenherausgabe.

---

80 Vgl. Hennemann/Steinrötter NJW 2022, 1481 (1485) („[v]on erheblicher praktischer Bedeutung").
81 Kritisch zum Entwurf Specht-Riemenschneider MMR 2022, 809 (818 ff.).

Borges

Das dritte zentrale Konzept ist der Grundsatz des **Wechsels zwischen Anbietern von Daten-** **72** **verarbeitungsdiensten** in Kapitel 6. Jeder Nutzer soll quasi jederzeit kostenlos zu anderen Anbietern wechseln können.[82] Damit sollen Lock-in-Effekte bekämpft und der Wettbewerb unter den Dienstleistern gestärkt werden. Die Regelung scheint aber die Schraube zu überdrehen: Nimmt man den Gesetzentwurf beim Wortlaut, kann der Anbieter nicht einmal eine Mindestvertragslaufzeit mit Ausschluss der Kündigung vereinbaren. Wenn das so ist, fragt man sich, wie die erheblichen initialen Kosten eines solchen Dienstes verteilt werden sollen.

Der Data Act enthält auch wichtige Regelungsbestandteile nicht, insbesondere: keine Regelung **73** zur Qualität von Daten und Verantwortlichkeit hierfür. Die damit verbundenen Themen wie „bias in the data"[83] oder Haftung für fehlerhafte Information werden offensichtlich bewusst ausgespart. Dies dürfte zum gegenwärtigen Zeitpunkt richtig sein, da mangels hinreichender Anschauungsbeispiele die hieraus folgenden rechtlichen Fragen nicht vollständig absehbar sind. Mittelfristig werden hier aber wohl weitere Elemente des Rechtsrahmens für den Datenaustausch geschaffen werden müssen.

IV. Das Konzept der europäischen Datenräume

In der „Europäischen Datenstrategie" von 2020 entwirft die Kommission, wie (→ Rn. 34) **74** dargestellt, die Vision eines europäischen Datenraumes als einen Binnenmarkt für Daten. Dieser soll sich durch vier Merkmale auszeichnen, darunter die Möglichkeit der sektor- und grenzüberschreitenden Weitergabe von Daten innerhalb der EU, sowie die Verfügbarkeit von Daten von hoher Qualität.

Ein wesentliches Element der Strategie zur Erreichung dieses Ziels ist die Errichtung **sektor-** **75** **spezifischer europäischer Datenräume**.[84]

Die Verwendung des Begriffs „Datenraum" mit unterschiedlicher Bedeutung in der Datenstra- **76** tegie ist unglücklich. Nachfolgend werden zunächst die verschiedenen Inhalte des Begriffs unterschieden (sogleich) und sodann das Konzept der sektorspezifischen Datenräume skizziert (→ Rn. 80 ff.).

1. Der Begriff des Datenraums

Der Begriff des Datenraums wird mit zahlreichen unterschiedlichen Inhalten verwendet.[85] **77** Traditionell wird der Begriff im Zusammenhang mit einer **Due-Diligence-Prüfung** verwendet und bezeichnet einen geschützten Speicherort, in dem das Objekt der Prüfung, etwa ein zu verkaufendes Unternehmen, einem Dritten, etwa dem Kaufinteressenten, Unterlagen zur Einsicht bereitstellt.[86]

Der Begriff wird von der Europäischen Kommission seit ihrer Mitteilung von 2020 mit anderer **78** Bedeutung verwendet, woraufhin sich weitere Begriffsverständnisse in Bezug auf die gemeinsamen Datennutzung (**Data Sharing**) (→ § 5 Rn. 7 f.) herausgebildet haben. Insgesamt lassen sich in diesem Zusammenhang derzeit wohl vier unterschiedliche Begriffsverständnisse feststellen:

(1) Datenraum als europäischer Binnenmarkt für Daten

Die Kommission verwendet in ihrer Mitteilung von 2020 den Begriff Datenraum (Ziff. 3) explizit als Bezeichnung für einen europäischen Binnenmarkt für Daten.

---

82 Vgl. EG 72–75.
83 Dazu Borges, Potenziale von KI und Datenschutzrecht, 2021, S. 41 ff.
84 Europäische Kommission, Eine europäische Datenstrategie, Mitteilung vom 19.2.2020, COM(2020) 66 final, Ziff. 5 D.
85 Zu den unterschiedlichen Perspektiven Reiberg/Niebel/Kraemer, Whitepaper Datenraum, 2022, S. 8.
86 Vgl. Weber Rechtswörterbuch/Groh Eintrag „due diligence"; Scherer Unternehmensnachfolge/Hübner § 3 Rn. 155 f.; Weth/Herberger/Wächter/Sorge Daten- und Persönlichkeitsschutz im Arbeitsverhältnis/Schmidt Teil B. XIV. Rn. 7.

(2) Datenraum als bereichsspezifische Bedingungen für gemeinsame Datennutzung

Die Kommission verwendet den Begriff explizit auch zur Bezeichnung bereichsspezifischer Bedingungen im soeben dargestellten Sinne, etwa den europäischen Gesundheitsdatenraum (European Health Data Space (→ Rn. 82 ff.)).

(3) Datenraum als konkretes Konzept der gemeinsamen Datennutzung

Die Kommission zielt mit der Regelung bereichsspezifischer Bedingungen für die gemeinsame Datennutzung nicht zuletzt auf die Errichtung von Datenpools oder Mechanismen des Datenteilens ab. Daher bezeichnet der Begriff des Datenraums, von dem Datenraum als Regelungskonzept zu unterscheiden, weiterhin ein **spezifisches Konzept zum Datenteilen** auf der Grundlage der spezifischen Regelungen.

Derartige Konzepte bilden sich derzeit heraus. In Deutschland hat etwa der sogenannte Mobility Data Space als Konzept eines Datenraums im Rahmen des künftigen europäischen **Mobilitätsdatenraums** (→ § 5 Rn. 189 ff.) viel Aufmerksamkeit erfahren.

(4) Datenraum als konkreter Anwendungsfall eines konkreten Konzepts der gemeinsamen Datennutzung

Aus der soeben dargestellten Begriffsverwendung folgt ein weiteres Begriffsverständnis: Der Begriff kann auch eine konkrete Anwendung eines konkreten Konzepts zum Datenteilen bezeichnen. So wird im soeben genannten Beispiel des Mobility Data Space der von der **Mobility Data Space GmbH** konzipierte, errichtete „Datenraum" ein Dienst zur gemeinsamen Datennutzung im Automobilsektor (→ § 5 Rn. 194 ff.).

79 Die beiden letzten Begriffsverständnisse fallen derzeit häufig zusammen, da in der aktuellen Entwicklungsphase viele Anwender ein eigenes Konzept erproben. So ist der Datenraum der Mobility Data Space GmbH in Deutschland, soweit ersichtlich, derzeit der einzige konkrete Anwendungsfall eines Mobilitätsdatenraums. Das Konzept des Mobilitätsdatenraums ist aber nicht auf einen einzigen Anwendungsfall beschränkt, vielmehr können beliebig viele Mobilitätsdatenräume im Sinne konkreter Systeme entstehen.

2. Das Konzept sektorspezifischer Datenräume

80 Als eine von vier Säulen der europäischen Datenstrategie (→ Rn. 34) bezeichnet die Kommission **„Gemeinsame europäische Datenräume"**. Ein solcher Datenraum soll sich durch das Bestehen großer Datenpools, verbunden mit der Möglichkeit der gemeinsamen Nutzung und Weitergabe von Daten durch geeignete technische und Governance-Strukturen, auszeichnen. Diese Datenräume sollen nicht flächendeckend, sondern in bestimmten Sektoren und Bereichen entstehen, in denen die gemeinsame Nutzung von Daten systemische Bedeutung hat.[87]

81 Es handelt sich bei einem Datenraum in diesem Sinne also um ein Konzept zur gemeinsamen Nutzung von Daten mit bereichsspezifischen Regeln.[88] Entsprechend enthält die Mitteilung eine nicht abschließende Liste von Datenräumen (industrielle Fertigung, „Grüner Deal", Mobilität, Gesundheitsdaten, Finanzdaten, Energiedaten, Agrardaten, öffentliche Verwaltung, Kompetenzdatenraum), die in der Anlage zur Mitteilung näher erläutert sind. Ein zentrales Element zur Errichtung solcher Datenräume sind **„sektorspezifische politische Maßnahmen und Rechtsvorschriften"**.[89]

---

87 Europäische Kommission, Eine europäische Datenstrategie, Mitteilung vom 19.2.2020, COM(2020) 66 final, Ziff. 5 D.

88 Siehe einen Überblick über das Konzept gemeinsamer europäischer Datenräume Europäische Kommission, Commission staff working document on Common European Data Spaces, SWD(2022) 45 final, S. 2 ff.

89 Europäische Kommission, Eine europäische Datenstrategie, Mitteilung vom 19.2.2020, COM(2020) 66 final, Ziff. 5 D.

Die enorme Bedeutung des Rechts im Konzept der Datenräume lässt sich am Beispiel des 82
europäischen Gesundheitsdatenraums (**European Health Data Space, EHDS**) erkennen, der
wesentlich durch ein rechtliches Instrument, die von der Kommission 2022 vorgeschlagene
Verordnung über den europäischen Raum für Gesundheitsdaten[90], entstehen soll.

Der Verordnungswurf (EHDS-VO-E) wird derzeit im Rat und im Parlament beraten. Der
mit neun Kapiteln und 72 Artikeln durchaus umfangreiche Entwurf enthält umfangreiche
Sonderregeln zur Nutzung von Gesundheitsdaten, detailreich geregelten Nutzungsrechten bis
hin zu Regeln zur Qualität von Daten.

Der Fokus des EHDS liegt, entsprechend dem Konzept der Datenräume, auf der **Verfügbarkeit** 83
von Gesundheitsdaten. Die Regeln des EHDS-VO-E zielen wesentlich darauf ab, den Austausch
von Gesundheitsdaten und den Zugang zu Gesundheitsdaten zu erleichtern.[91] Die Kommission
betont, u.a. mit einem Verweis auf die COVID-19-Pandemie, die besondere Bedeutung des
Zugangs zu und des Austauschs von Gesundheitsdaten für Zwecke der Forschung und der
Gesundheitsvorsorge.[92]

Der EHDS-VO-E unterscheidet zwischen **Primärnutzung** und Sekundärnutzung von Gesund- 84
heitsdaten. Primärnutzung ist die Verarbeitung zur Erbringung von Gesundheitsdiensten
(Art. 2 Abs. 2 lit. d) EHDS-VO-E), also insbesondere die Datenverarbeitung im Rahmen einer
Heilbehandlung. Der Begriff der **Sekundärnutzung** wird in Art. 2 Abs. 2 lit. e) EHDS-VO-E
als Verarbeitung von elektronischen Gesundheitsdaten „für die Zwecke des Kapitels IV" der
Verordnung definiert. Zu diesen, in Art. 34 Abs. 1 lit. a)–h) EHDS-VO-E genannten Zwecken,
zählt ein recht breites Portfolio an Tätigkeiten, mit Schwerpunkten zum einen in „Tätigkeiten
aus Gründen des öffentlichen Interesses im Bereich der öffentlichen Gesundheit" (lit. a) und
zum anderen in der Forschung (lit. e) und der Entwicklung von Produkten und Diensten
(lit. f, g) im Gesundheitssektor.

Die Nutzung der Daten soll nach dem Konzept des EHDS-VO-E staatlich administriert werden. 85
Die Mitgliedstaaten sollen nach Art. 36 spezielle **Zugangsstellen für Gesundheitsdaten** schaffen, die u.a. über den Zugang zu den Daten entscheiden (Art. 37 EHDS-VO-E). Die Nutzung
der Daten erfolgt auf der Grundlage einer von den Zugangsstellen zu erteilenden Datengeneh-
migung (Art. 46 EHDS-VO-E). Öffentliche Stellen können nach Art. 48 EHDS-VO-E ohne
Genehmigung auf die Daten zugreifen.

Die Sammlung eines großen **Pools an Gesundheitsdaten** soll durch die Regeln der EHDS- 86
VO-E zur Primärnutzung sichergestellt werden. Soweit Daten elektronisch verarbeitet werden,
müssen die Mitgliedstaaten nach Art. 5 Abs. 1 EHDS-VO-E den Zugang zu und den Austausch
von Gesundheitsdaten für die Primärnutzung ermöglichen. Nach Art. 7 EHDS-VO-E sind
Angehörige von Gesundheitsberufen verpflichtet, anfallende Gesundheitsdaten in Bezug auf
die von ihnen für natürliche Personen erbrachte Leistung elektronisch in einem System für
elektronische Patientendaten zu registrieren. Mit diesen Regeln sind sämtliche Daten aus medizinischen Heilbehandlungen, soweit diese elektronisch gespeichert werden, zu registrieren und
der Primär- und Sekundärnutzung zugänglich zu machen. Darüber hinaus sind nach Art. 33
EHDS-VO-E alle Inhaber bestimmter, in Art. 33 Abs. 1 genannter, Arten von Gesundheitsdaten
im weiteren Sinne verpflichtet, die Daten für die Sekundärnutzung zur Verfügung zu stellen.[93]

---

90 Europäische Kommission, Vorschlag für eine Verordnung des Europäischen Parlaments und des Rates über
    den europäischen Raum für Gesundheitsdaten, COM(2022) 197 final.
91 Borges RW 2023, 159 (160); Dierks PharmR 2023, 369 (370 f.); Ströbel/Grau ZD 2022, 599 (602).
92 Europäische Kommission, Vorschlag für eine Verordnung des Europäischen Parlaments und des Rates über
    den europäischen Raum für Gesundheitsdaten, COM(2022) 197 final, Begründung, Abschnitt „**1.** Kontext des
    Vorschlags", Unterabschnitt „Gründe und Ziele des Vorschlags".
93 Dazu Gassner DuD 2022, 739 (740 f.).

87 Diese Regeln führen zu weitreichenden Pflichten zur Bereitstellung von Gesundheitsdaten und ebenso weitreichenden Nutzungsrechten an Gesundheitsdaten. Damit werden Gesundheitsdaten, nicht zuletzt besonders intime Daten wie Daten aus Patientenakten, für weit gefasste Zwecke „vergemeinschaftet".[94]

88 Die vorgeschlagene Verordnung wird kontrovers diskutiert.[95] Bedenken werden nicht zuletzt aus Sicht des Datenschutzes erhoben.[96] Sollte die Verordnung entsprechend des Kommissionsvorschlags erlassen werden, wird sie zweifellos einen **Paradigmenwechsel** in der rechtlichen Sicht von Daten, nicht zuletzt im Datenschutzrecht, bewirken.[97]

C. Die Entwicklung des Rechtsrahmens für Künstliche Intelligenz

I. Überblick

89 Rechtliche Aspekte der Künstlichen Intelligenz werden auf der Ebene der Europäischen Union seit einigen Jahren mit stets zunehmender Intensität diskutiert.[98] Die EU-Kommission hatte schon seit Mitte der vergangenen Dekade auf die Bedeutung von Künstlicher Intelligenz hingewiesen, etwa in ihrer Strategie zur Digitalisierung der europäischen Industrie[99].

90 Einen wesentlichen Impuls für die Diskussion um einen rechtlichen Rahmen für Künstliche Intelligenz setzte das EU-Parlament in seiner weltweit beachteten **Resolution zu zivilrechtlichen Aspekten der Robotik** vom Februar 2017[100], in der zahlreiche grundlegende Rechtsfragen autonomer Systeme, vor allem zur Haftung,[101] bis hin zur Schaffung einer „**E-Person**"[102], aufgeworfen wurden.

91 Die Europäische Kommission nahm den Ball auf und räumte in ihrer **KI-Strategie** 2018 rechtlichen Aspekten der Künstlichen Intelligenz breiten Raum ein.[103] In der Folge berief die Kommission mehrere Expertengruppen zu verschiedenen rechtlichen Aspekten der KI ein.[104]

---

94 Borges RW 2023, 159 (193).
95 Befürwortend etwa Gassner DuD 2022, 739 (746); Dierks PharmR 2023, 369 (375); eher kritisch Denga EuZW 2023, 25 (30); Raji ZD 2023, 3 (8); Roos/Maddaloni RDi 2023, 225 (232).
96 EDSA/EDSB, Gemeinsame Stellungnahme 3/2022, S. 27 f.; Borges, RW 2023, 159 (193); Petri DuD 413 (418); Raji ZD 2023, 3 (8).
97 BorgesRW 2023, 159 (193); Denga EuZW 2023, 25 (30); Jaeckel SächsVBl 2023, 194 (200); Raji ZD 2023, 3 (4).
98 Vgl. etwa Borges CR 2016, 272; ders. NJW 2018, 977; ders. ICAIL 2021, 32; ders. CR 2022, 553; Busche JA 2023, 441; Denga CR 2023, 277; Ehinger/Stiemerling CR 2018, 761; Grützmacher/Heckmann CR 2019, 553; Guggenberger NVwZ 2019, 844; Heiderhoff/Gramsch ZIP 2020, 1937; Katzenmeier MedR 2021, 859; Diedrich CR 2021, 289; Koch VersR 2020, 741; Lauscher/Legner ZfDR 2022, 367; Linardatos ZIP 2019, 504; ders. Autonome und vernetzte Aktanten im Zivilrecht; Niemann/Kevekordes CR 2020, 17; dies. CR 2020, 179; Papastefanou WRP 2020, 290; Sommer Haftung für autonome Systeme; Spindler CR 2015, 766; Staudenmayer NJW 2023, 894; Thöne Autonome Systeme und deliktische Haftung; Wagner AcP 217 (2017), 707; MüKoBGB/Wagner BGB § 823 Rn. 789 ff.; Zech ZfPW 2019, 198; Zech 73. DJT I/A S. 11.
99 Europäische Kommission, Digitalisierung der europäischen Industrie – Die Chancen des digitalen Binnenmarkts in vollem Umfang nutzen, Mitteilung vom 19.4.2016, COM(2016) 180 final, Abschnitt 2, "Digitale Technologien auf dem Vormarsch".
100 Europäisches Parlament, Entschließung des Europäischen Parlaments vom 16. Februar 2017 mit Empfehlungen an die Kommission zu zivilrechtlichen Regelungen im Bereich Robotik (2015/2103(INL)), ABl. EU C 252 vom 18.7.2018, S. 239.
101 Europäisches Parlament, Entschließung des Europäischen Parlaments vom 16. Februar 2017 mit Empfehlungen an die Kommission zu zivilrechtlichen Regelungen im Bereich Robotik (2015/2103(INL)), ABl. EU C 252 vom 18.7.2018, S. 242 f., 249 f., 252.
102 Europäisches Parlament, Entschließung des Europäischen Parlaments vom 16. Februar 2017 mit Empfehlungen an die Kommission zu zivilrechtlichen Regelungen im Bereich Robotik (2015/2103(INL)), ABl. EU C 252 vom 18.7.2018, S. 250, Ziff. 59 lit. f).
103 Europäische Kommission, Künstliche Intelligenz für Europa, Mitteilung vom 25.4.2018, COM(2018) 237 final, Abschnitt 3.3.
104 Europäische Kommission, Künstliche Intelligenz für Europa, Mitteilung vom 25.4.2018, COM(2018) 237 final, Abschnitt 3.3., Unterabschnitt "Sicherheit und Haftung".

Im Oktober 2020 verabschiedete das EU-Parlament drei Resolutionen zu ethischen Aspekten[105], zum Immaterialgüterrecht[106] und zur Haftung für KI-Systeme[107], in denen es jeweils die Kommission aufforderte, den rechtlichen Rahmen für KI weiterzuentwickeln. Die **Resolution zum Immaterialgüterrecht** adressiert nicht zuletzt die Frage nach dem rechtlichen Schutz der Erzeugnisse von KI-Systemen,[108] der Nutzung von Daten durch KI-Systeme[109] und dem Zugang zu Daten sowie der gemeinsamen Datennutzung[110]. Die beiden weiteren Resolutionen enthalten sogar konkrete Regelungsvorschläge. So enthält die **Entschließung zu ethischen Aspekten der KI** den Vorschlag einer Verordnung zu ethischen Grundsätzen für die Entwicklung, das Inverkehrbringen und die Nutzung von Künstlicher Intelligenz, Robotik und ähnlichen Technologien.[111] **Die Entschließung zur Haftung für KI-Systeme** enthält einen Verordnungsvorschlag zur Haftung der Betreiber von KI-Systemen.[112]

92

Im Jahr 2021 folgten Entschließungen des Parlaments zu KI in Bildung, Kultur und audiovisuellen Inhalten[113] sowie zu ihrem Einsatz für Verbraucher.[114] Eine weitere Entschließung betrifft die Verwendung von KI durch Polizei und Justiz in Strafsachen.[115]

93

Die EU-Kommission veröffentlichte im April 2021 den Entwurf eines KI-Gesetzes.[116] Das **KI-Gesetz** ist, entgegen seinem umfassenden Kurztitel, keine umfassende Regelung zur Künstlichen Intelligenz.[117] Es enthält insbesondere keine Regelung zur Haftung für KI-Systeme (→ Rn. 224 ff. sowie § 7 Rn. 47 ff.), die einem eigenständigen Regelwerk vorbehalten ist.[118]

94

Ihm dürfte gleichwohl erhebliche Bedeutung für den Rechtsrahmen für KI zukommen. Im Hinblick auf Big Data hat das KI-Gesetz in mehrfacher Hinsicht Bedeutung, etwa in Bezug auf Aspekte der **Datenqualität** und des **Risikomanagements** für Daten, mittelbar auch in Bezug

95

---

105 Europäisches Parlament, Legislative Entschließung vom 20. Oktober 2020 mit Empfehlungen an die Kommission zu dem Rahmen für die ethischen Aspekte von künstlicher Intelligenz, Robotik und damit zusammenhängenden Technologien (2020/2012(INL)), ABl. EU 2021 C 404 vom 6.10.2021, S. 63.

106 Europäisches Parlament, Entschließung vom 20. Oktober 2020 zu den Rechten des geistigen Eigentums bei der Entwicklung von KI-Technologien (2020/2015(INI)).

107 Europäisches Parlament, Entschließung vom 20. Oktober 2020 mit Empfehlungen an die Kommission für eine Regelung der zivilrechtlichen Haftung beim Einsatz künstlicher Intelligenz (2020/2014(INL)).

108 Europäisches Parlament, Entschließung vom 20. Oktober 2020 zu den Rechten des geistigen Eigentums bei der Entwicklung von KI-Technologien (2020/2015(INI)), Ziff. 9 ff.

109 Europäisches Parlament, Entschließung vom 20. Oktober 2020 zu den Rechten des geistigen Eigentums bei der Entwicklung von KI-Technologien (2020/2015(INI)), Ziff. 17.

110 Europäisches Parlament, Entschließung vom 20. Oktober 2020 zu den Rechten des geistigen Eigentums bei der Entwicklung von KI-Technologien (2020/2015(INI)), Ziff. 18 f.

111 Europäisches Parlament, Legislative Entschließung vom 20. Oktober 2020 mit Empfehlungen an die Kommission zu dem Rahmen für die ethischen Aspekte von künstlicher Intelligenz, Robotik und damit zusammenhängenden Technologien (2020/2012(INL)), ABl. EU 2021 C 404 vom 6.10.2021, S. 86 ff.

112 Europäisches Parlament, Entschließung vom 20. Oktober 2020 mit Empfehlungen an die Kommission für eine Regelung der zivilrechtlichen Haftung beim Einsatz künstlicher Intelligenz (2020/2014(INL)), Anlage.

113 Europäisches Parlament, Entschließung vom 19. Mai 2021 zu künstlicher Intelligenz in der Bildung, der Kultur und dem audiovisuellen Bereich (2020/2017(INI)).

114 Europäisches Parlament, Entschließung vom 20. Mai 2021 zu der Gestaltung der digitalen Zukunft Europas: Beseitigung von Hindernissen für einen funktionierenden digitalen Binnenmarkt und Verbesserung des Einsatzes von KI für europäische Verbraucher (2020/2216(INI)).

115 Europäisches Parlament, Entschließung vom 6. Oktober 2021 zu dem Thema: Künstliche Intelligenz im Strafrecht und ihre Verwendung durch die Polizei und Justizbehörden in Strafsachen (2020/2016(INI)).

116 Europäische Kommission, Vorschlag für eine Verordnung des Europäischen Parlaments und des Rates zur Festlegung harmonisierter Vorschriften für Künstliche Intelligenz (Gesetz über Künstliche Intelligenz) und zur Änderung bestimmter Rechtsakte der Union, COM(2021) 206 final.

117 Kritisch etwa Ebert/Spiecker NVwZ 2021, 1188 (1193); Spindler CR 2021, 361 (374) attestiert dem Vorschlag „zahlreiche offene Flanken".

118 Europäische Kommission, Vorschlag für eine Verordnung des Europäischen Parlaments und des Rates zur Festlegung harmonisierter Vorschriften für Künstliche Intelligenz (Gesetz über Künstliche Intelligenz) und zur Änderung bestimmter Rechtsakte der Union, COM(2021) 206 final, Abschnitt „Kohärenz mit der Politik der Union in anderen Bereichen".

auf die Verantwortung und Haftung für Daten und Big-Data-Analysen. Daher wird das Gesetz nachfolgend kurz skizziert.

II. Das KI-Gesetz

1. Überblick

96　Die EU-Kommission veröffentlichte im April 2021, gemeinsam mit dem Vorschlag einer neuen Maschinenverordnung, den Vorschlag einer Verordnung zur „Festlegung harmonisierter Vorschriften für Künstliche Intelligenz", das sogenannte KI-Gesetz (AI Act).[119]

97　Der Verordnungsvorschlag befindet sich im Gesetzgebungsverfahren, das bereits weit vorangeschritten ist.

98　Im Dezember 2022 formulierte der Rat seinen Standpunkt,[120] im Juni 2023 beschloss das Europäische Parlament seine Position.[121] Es schließen sich nun die abschließenden Verhandlungen zwischen Kommission, Rat und Parlament, der sog. Trilog, an.

99　Es wird damit gerechnet, dass die Verordnung spätestens 2024 erlassen wird. Gemäß Art. 85 KI-Gesetz-E wird das KI-Gesetz 24 (Kommissionsentwurf, Parlament) oder 36 (Rat) Monate nach Inkrafttreten zeitlich anwendbar sein, also im Laufe des Jahres 2026 (ggf. auch schon Ende 2025) oder 2027, und wird dann unmittelbar in der gesamten EU gelten. Die nachfolgenden Ausführungen beziehen sich, soweit nicht ausdrücklich anders angegeben, auf den **Kommissionsvorschlag** von April 2021.

100　Das KI-Gesetz soll auf sog. **KI-Systeme** anwendbar sein. Der in Art. 3 Nr. 1 KI-Gesetz-E definierte Begriff (→ Rn. 110 ff.) wird in einem denkbar weiten Sinne verstanden, so dass der Anwendungsbereich des Gesetzes als solcher sehr groß ist und die Herstellung und Nutzung sämtlicher Arten von Software (und mit Software ausgestatteter Maschinen) umfasst, die in irgendeiner Weise auf Techniken der Künstlichen Intelligenz beruhen.

101　Das KI-Gesetz ist jedenfalls nach dem Kommissionsentwurf von April 2021 nicht als umfassendes Gesetz für KI konzipiert, sondern stellt vor allem ein **spezifisches Produktsicherheitsgesetz** dar,[122] wie die Kommission durch die gemeinsame Veröffentlichung mit dem Vorschlag einer neuen Maschinenverordnung als zentralem Regelungswerk des europäischen Produktsicherheitsrechts deutlich machte.

102　Das KI-Gesetz, das nach dem Kommissionsentwurf zwölf Titel mit insgesamt 85 Artikeln umfasst, sieht recht unterschiedliche Maßnahmen vor. Im Einzelnen lassen sich **vier Regelungsebenen** unterscheiden: Eine Ebene, die insbesondere in der initialen Diskussion viel Aufmerksamkeit erfahren hat, sind die in Titel II Art. 5 KI-Gesetz-E geregelten Verbote und Einschränkungen bestimmter KI-Anwendungen, etwa der biometrischen Fernidentifizierung oder des Social Scoring. Die Verbote des Art. 5 KI-Gesetz-E beschränken sich indes auf wenige Anwendungsfälle, die in Art. 5 Abs. 1 lit. a)–d) KI-Gesetz-E abschließend geregelt sind.

119　Europäische Kommission, Vorschlag für eine Verordnung des Europäischen Parlaments und des Rates zur Festlegung harmonisierter Vorschriften für Künstliche Intelligenz (Gesetz über Künstliche Intelligenz) und zur Änderung bestimmter Rechtsakte der Union, COM(2021) 206 final.

120　Rat der Europäischen Union, Vorschlag für eine Verordnung des Europäischen Parlaments und des Rates zur Festlegung harmonisierter Vorschriften für künstliche Intelligenz (Gesetz über künstliche Intelligenz) und zur Änderung bestimmter Rechtsakte der Union – Allgemeine Ausrichtung (6. Dezember 2022), CONSIL:ST 15698/22.

121　Europäisches Parlament, Gesetz über künstliche Intelligenz, Abänderungen des Europäischen Parlaments vom 14. Juni 2023 zu dem Vorschlag für eine Verordnung des Europäischen Parlaments und des Rates zur Festlegung harmonisierter Vorschriften für künstliche Intelligenz (Gesetz über künstliche Intelligenz) und zur Änderung bestimmter Rechtsakte der Union (COM(2021)0206 – C9-0146/2021 – 2021/0106(COD)), P9_TA(2023)0236.

122　Günther-Burmeister DB 2021, 1858; Spindler CR 2021, 361 (362).

Im Zentrum des KI-Gesetz-Entwurfs stehen besondere Regeln zum **Risikomanagement** für 103
sogenannte **Hochrisiko-KI-Systeme** und weitere Kategorien von KI-Systemen mit besonderen
Risiken, denen der bei weitem umfassendste Abschnitt, der Titel III mit den Art. 6–51, gewidmet ist (→ Rn. 143 ff.). Der Kommissionsentwurf sah diese Regeln lediglich für die Kategorie
der Hochrisiko-KI-Systeme vor. Der Rat ergänzte die Regelung um die Kategorie der „**KI-Systeme mit allgemeinem Verwendungszweck**" (general purpose AI system),[123] das Parlament
übernahm diese[124] und fügte die weitere Kategorie eines „**Basismodells**" (foundation model)
hinzu.[125]

Ein weiteres Element des Kommissionsentwurfs betrifft Transparenzanforderungen an be- 104
stimmte KI-Systeme, die in Titel IV, Art. 52 KI-Gesetz-E, geregelt sind. Diese richten sich vor
allem an KI-Systeme, die unmittelbar mit natürlichen Personen interagieren, etwa **Chatbots**.
Hier ist in der Kommunikation insbesondere klarzustellen, dass diese nicht durch eine natürliche Person, sondern durch einen Automaten erfolgt (Art. 52 Abs. 1 KI-Gesetz-E).

Soweit KI-Systeme nicht in eine dieser drei Regelungsebenen fallen, also nicht von Art. 5 erfasst 105
werden, nicht als Hochrisiko-KI-Systeme einzustufen sind und auch nicht mit natürlichen
Personen kommunizieren, enthält das KI-Gesetz keine besonderen Pflichten. Für diese ande-
ren KI-Systeme gelten lediglich einige (wenige) ergänzende Regeln, etwa zu KI-Reallaboren
(Art. 53 f. KI-Gesetz-E). Für den Großteil der vom Anwendungsbereich des KI-Gesetzes erfassten
Systeme bleibt die Anwendbarkeit des Gesetzes daher ohne wesentliche rechtliche Folgen.

Eine wesentliche Innovation des KI-Gesetzes ist die Bestimmung des **Adressatenkreises** seiner 106
Regeln. Insbesondere erlegt das Gesetz sowohl den sog. Anbietern als auch Nutzern von
KI-Systemen Pflichten auf (→ Rn. 117 ff.).

Das KI-Gesetz wird voraussichtlich in mehrfacher Hinsicht für **Big Data** von Bedeutung sein. 107
Zum einen können und werden häufig KI-Systeme iSd KI-Gesetzes zur Erstellung von Big-Data-Analysen genutzt, und zum anderen können Daten und Analysen zur Herstellung und
Nutzung von KI-Systemen verwendet werden (→ Rn. 17 ff.). Big Data kann auch im Zusammenhang mit Hochrisiko-KI-Systemen oder der Transparenzpflicht unterliegenden Systemen
und sogar im Zusammenhang mit verbotenen Anwendungen eingesetzt werden.

Der Fokus des KI-Gesetzes liegt nicht auf Big Data, sodass eine umfassende Erörterung des KI- 108
Gesetzes hier nicht erfolgen soll. In diesem Abschnitt sollen aber einige grundlegende Aspekte
im Hinblick auf Big Data dargestellt werden, konkret die Anwendbarkeit des KI-Gesetzes auf
Tätigkeiten im Zusammenhang mit Big Data (→ Rn. 125), die Einordnung der Erstellung von
Big-Data-Analysen als Hochrisiko-KI-Anwendung (→ Rn. 143) und die Pflichten der an einer
Big-Data-Analyse Beteiligten als Nutzer von Hochrisiko-KI-Systemen (→ Rn. 216).

2. Der Anwendungsbereich des KI-Gesetzes

Die Regeln des KI-Gesetzes beziehen sich in sachlicher Hinsicht auf **KI-Systeme** (→ Rn. 110 ff.). 109
Die meisten Regeln, insbesondere die Pflichten im Zusammenhang mit dem Risikomanagement für Hochrisiko-KI-Systeme, adressieren in personeller Hinsicht den sogenannten Anbieter und Nutzer von KI-Systemen (→ Rn. 117 ff.).

a) Der Begriff des KI-Systems

Der Begriff des KI-Systems soll in Art. 3 Nr. 1 des KI-Gesetzes geregelt werden. In der Version 110
des Kommissionsvorschlags vom 21.4.2021 werden KI-Systeme als Software definiert, die mit
einer oder mehreren in Anhang I aufgeführten Techniken oder Konzepten entwickelt wurde

---

123 Vgl. Art. 3 Nr. 1b, Art. 4a–4c KI-Gesetz-E in der Fassung des Rates.
124 Vgl. Art. 3 Nr. 1d KI-Gesetz-E in der Fassung des Parlaments.
125 Vgl. Art. 3 Nr. 1c KI-Gesetz-E in der Fassung des Parlaments.

und die in der Lage ist, Ergebnisse (Inhalte jeglicher Art) hervorzubringen, die das Umfeld, mit dem das KI-System interagiert, beeinflussen. Im Anhang I ist eine breite Palette an Techniken genannt, die in der Informatik unter den Begriff der KI gefasst werden. Dies führt zu einem **sehr weiten Anwendungsbereich** des KI-Systems, was in der Literatur verbreitet kritisiert wurde.[126]

111 Im **Standpunkt des Rates** ist die Definition des KI-Systems in Art. 3 Nr. 1[127] im Ausgangspunkt ähnlich gefasst. Der Rat verzichtet indes auf den Anhang I und betont stattdessen das Erfordernis eines Elements an **Autonomie**, mit dem das System ausgestattet sein muss, sowie die Interaktion des Systems mit seiner Umgebung.

112 Auch das **Parlament** schlägt eine vom Kommissionsentwurf abweichende Definition des KI-Systems vor. Ähnlich wie der Rat verzichtet das Parlament in seinem Vorschlag[128] zur Formulierung des Art. 3 Nr. 1 KI-Gesetz-E[129] auf den Anhang I, interessanterweise ebenso auf jede Bezugnahme auf die Verfahren zur Herstellung des Systems.

113 Die Definition ist schwer zu fassen. Sie ist in allen Aspekten **umstritten und unklar**. Es ist bereits ungewiss, wie viele Tatbestandsmerkmale die Definition enthalten soll, und, damit zusammenhängend, welche Tatbestandsmerkmale beschrieben werden und was ihr Inhalt ist. Bis zum Parlamentsbeschluss vom Juni 2023 schien ein Tatbestandsmerkmal unstreitig: Das KI-System musste nach dem Kommissionsentwurf und dem Standpunkt des Rates mit Methoden der Künstlichen Intelligenz hergestellt worden sein. Auch dies ist, da der neue Parlamentsvorschlag hierauf verzichtet, umstritten. Weitere mögliche Tatbestandsmerkmale sind das Element der Autonomie, die Fähigkeit zur Interaktion mit der Umgebung und die Eignung zur Beeinflussung der Umgebung.

114 Die Definition des KI-Systems kann im Rahmen dieses Handbuchs nicht im Einzelnen diskutiert werden.[130] Die von der Kommission, dem Rat und dem Parlament bisher vorgeschlagenen Definitionen dürften trotz ihrer Unterschiede in der Formulierung in der Sache nicht entscheidend voneinander abweichen.

115 Im Ergebnis spricht alles dafür, dass der Begriff des KI-Systems durch **zwei Tatbestandsmerkmale** charakterisiert wird: Es muss sich um ein System handeln, das (1) Ergebnisse erzeugt, die aus Sicht des Empfängers relevante, d.h. dessen eigene Handlung (einschließlich einer Entscheidung oder einer lediglich emotionalen oder gedanklichen Reaktion) bzw. Funktionen beeinflussende Information enthalten, und das (2) diese Ergebnisse mit einer gewissen Autonomie derart erzeugt, dass sie zwar ggf. auf vorgegebenen Eingabewerten beruhen oder durch einen Befehl ausgelöst werden, die konkrete Wahl der Ausgabedaten aber nicht nachvollzogen werden kann.

---

126 Vgl. Bomhard/Merkle RDi 2021, 276 (277); Ebers/Hoch/Rosenkranz/Ruschemeier/Steinrötter RDi 2021, 528 (529); Grützmacher/Füllsack ITRB 2021159 (160); Heil PharmR 2022, 473 (475); Marx/Gladkov MPR 2022, 37 (39); Spindler CR 2021, 361 (373); Steege MMR 2022, 926 (928).

127 Die Bestimmung lautet: "[Der Ausdruck] ‚System der künstlichen Intelligenz' (KI-System) [bezeichnet] ein System, das so konzipiert ist, dass es mit Elementen der Autonomie arbeitet, und das auf der Grundlage maschineller und/oder vom Menschen erzeugter Daten und Eingaben durch maschinelles Lernen und/oder logik- und wissensgestützte Konzepte ableitet, wie eine Reihe von Zielen erreicht wird, und systemgenerierte Ergebnisse wie Inhalte (generative KI-Systeme), Vorhersagen, Empfehlungen oder Entscheidungen hervorbringt, die das Umfeld beeinflussen, mit dem die KI-Systeme interagieren".

128 Europäisches Parlament, Gesetz über künstliche Intelligenz, Abänderungen des Europäischen Parlaments vom 14. Juni 2023 zu dem Vorschlag für eine Verordnung des Europäischen Parlaments und des Rates zur Festlegung harmonisierter Vorschriften für künstliche Intelligenz (Gesetz über künstliche Intelligenz) und zur Änderung bestimmter Rechtsakte der Union (COM(2021)0206 – C9-0146/2021 – 2021/0106(COD)), P9_TA(2023)0236.

129 Die Formulierung lautet: „[Der Ausdruck] ‚System der künstlichen Intelligenz' (KI-System) [bezeichnet] ein maschinengestütztes System, das so konzipiert ist, dass es mit unterschiedlichem Grad an Autonomie operieren kann und das für explizite oder implizite Ziele Ergebnisse wie Vorhersagen, Empfehlungen oder Entscheidungen hervorbringen kann, die das physische oder virtuelle Umfeld beeinflussen".

130 Siehe dazu etwa Borges, CR 2023, 706.ff.

KI-System ist, vereinfacht gesagt, also ein System, das irgendwelche (für Mensch oder Maschi- 116
ne) wahrnehmbaren, für diese relevante Ergebnisse auf eine Weise erzeugt, die **nicht nachvollzogen werden kann**. Da solche Systeme nur dann der Regulierung bedürfen, wenn diese
Ergebnisse geeignet sind, Risiken für geschützte Güter zu begründen, unterwirft das KI-Gesetz
folgerichtig nur einen kleinen Teil dieser Systeme, konkret Hochrisiko-KI-Systeme und ihre
Vorstufen, namentlich KI-Systeme mit allgemeinem Verwendungszweck und Basismodelle,
weiteren Pflichten. Der sehr weite Begriff des KI-Systems im hier beschriebenen Sinne ist in
diesem Regelungskonzept durchaus stimmig.

b) Anbieter und Nutzer von KI-Systemen

Die Regeln des KI-Gesetz-Entwurfs, insbesondere zum Risikomanagement, seinem zentralen 117
Gegenstand, adressieren Anbieter und Nutzer von KI-Systemen.

Anbieter ist nach der Definition des Art. 3 Nr. 2 KI-Gesetz-E, wer ein KI-System entwickelt, 118
um es im eigenen Namen in Verkehr zu bringen oder in Betrieb zu nehmen. Dies ist der
Sache nach der Hersteller eines KI-Systems. Der Anbieter steht im Zentrum der Regeln des
KI-Gesetzes zu Hochrisiko-KI-Systemen. Nur ihn treffen die umfassenden Pflichten des Art. 16
KI-Gesetz-E, insbesondere zum umfassenden Risikomanagement.

Der Entwurf des KI-Gesetzes adressiert, anders als das klassische Produktsicherheitsrecht, auch 119
den **Nutzer** von KI-Systemen. Das Parlament spricht, ohne inhaltliche Änderung, vom **„Betreiber"** des KI-Systems. Nutzer bzw. Betreiber ist nach der Definition des Art. 3 Nr. 4 des
Kommissionsentwurfs[131] und des Parlamentsbeschlusses[132] jeder eigenverantwortliche Verwender eines KI-Systems. Die Verwendung im Bereich der persönlichen und nicht beruflichen
Nutzung ist ausdrücklich ausgenommen. Im Standpunkt des Rates wird der Nutzer ohne diese
Einschränkung als jede natürliche oder juristische Person definiert, unter deren Verantwortung
das System verwendet wird. Indes sollen nach Art. 2 Abs. 8 in der Fassung des Ratsvorschlags
die Nutzerpflichten, mit Ausnahme der Transparenzvorschrift des Art. 52, nicht für natürliche
Personen gelten, die KI-Systeme im Rahmen einer ausschließlich persönlichen und nicht beruflichen Tätigkeit verwenden. Damit soll das KI-Gesetz nach übereinstimmender Auffassung vor
allem für professionelle Nutzer gelten.

Der Begriff des Nutzers adressiert, wie mit der Bezugnahme auf die „Verantwortung" deutlich 120
gemacht wird, den Betreiber eines KI-Systems, also **insbesondere Unternehmen und Behörden**, die KI-Systeme verwenden, nicht die konkrete natürliche Person, die ein KI-System in
Gang setzt oder konkret steuert. Vermutlich deswegen verwendet der Parlamentsbeschluss auch
den Begriff des Betreibers. Die Kommission und der Rat wollten mit dem neu eingeführten
Begriff des Nutzers wohl die Abgrenzung zu demjenigen, der ein System selbst entwickelt hat
oder entwickeln ließ und unter seinem eigenen Namen in Betrieb nimmt, deutlich machen.
Dieser betreibt das System, ist aber, da er auch entwickelt hat, Anbieter iSd Art. 3 Nr. 1 KI-Gesetz-E.

Die Rolle des Nutzers hat in den verschiedenen Regelungsbereichen des KI-Gesetz-E eine 121
unterschiedliche Bedeutung. Die Anwendungsverbote des Art. 5 KI-Gesetz-E differenzieren
folgerichtig nicht zwischen Anbieter und Nutzer, die Transparenzpflichten des Art. 52 KI-Gesetz-E adressieren teils Anbieter (Abs. 1), teils die Verwendung, also den Nutzer (Abs. 2, 3)

---

131 Die Bestimmung lautet im Kommissionsentwurf: „[Der Ausdruck] ‚Nutzer' [bezeichnet] eine natürliche
     oder juristische Person, Behörde, Einrichtung oder sonstige Stelle, die ein KI-System in eigener Verantwor-
     tung verwendet, es sei denn, das KI-System wird im Rahmen einer persönlichen und nicht beruflichen
     Tätigkeit verwendet".
132 Die Bestimmung lautet im Parlamentsbeschluss: „[Der Ausdruck] ‚Betreiber' [bezeichnet] eine natürliche
     oder juristische Person, Behörde, Einrichtung oder sonstige Stelle, die ein KI-System in eigener Verantwor-
     tung verwendet, es sei denn, das KI-System wird im Rahmen einer persönlichen und nicht beruflichen
     Tätigkeit verwendet".

von KI-Systemen. Die **Unterscheidung zwischen Anbieter und Nutzer** ist vor allem bei Hochrisiko-KI-Systemen relevant. Die Pflichten zum Risikomanagement treffen den Anbieter eines Hochrisiko-KI-Systems. Der Nutzer wird ausschließlich in Art. 29 KI-Gesetz-E adressiert. Die wesentlichen Pflichten des Nutzers (→ Rn. 216 ff.) sind in Art. 29 Absatz 1 und Absatz 4 KI-Gesetz-E geregelt. Nach Absatz 1 verwendet der Nutzer das System entsprechend der Gebrauchsanweisung, nach Abs. 4 S. 1 hat er den Betrieb des KI-Systems anhand der Gebrauchsanweisung zu überwachen. Weiterhin hat der Nutzer nach Abs. 3 dafür Sorge zu tragen, dass die Eingabedaten der Zweckbestimmung des Systems entsprechen. Damit werden die Pflichten des Nutzers begrenzt, zugleich wird dieser stark an die vom Anbieter zur Verfügung zu stellende Gebrauchsanweisung gebunden.[133]

122　Aus dieser Regelung ergibt sich eine **konsumentenartige Rolle des Nutzers**. Dieser hat insbesondere keine aktive Rolle im Risikomanagement für KI-Systeme.

123　Jedoch kann ein Nutzer leicht den **strengen Pflichten des Anbieters** unterliegen. Nach Art. 28 Abs. 1 KI-Gesetz-E in der Fassung des Kommissionsentwurfs gelten Nutzer eines Hochrisiko-KI-Systems als Anbieter, wenn sie das System unter ihrem Namen in Verkehr bringen oder in Betrieb nehmen (lit. a), die Zweckbestimmung eines in Verkehr befindlichen Systems ändern (lit. b) oder eine wesentliche Änderung an dem System (lit. c) vornehmen. In den Fällen der Buchstaben b) und c) gilt der Anbieter nach Art. 28 Abs. 2 KI-Gesetz-E nicht mehr als Anbieter, die Verantwortung geht also vom Hersteller auf den Nutzer des KI-Systems über. Dieses Konzepts ist auch im Ratsentwurf, dort in einem neuen Art. 23a, sowie im Parlamentsentwurf enthalten.

124　Dieser **Rollenwechsel** hat drastische Auswirkungen, da der Nutzer die Pflichten des Anbieters in aller Regel nicht erfüllen kann. Ihm drohen also die weiteren Rechtsfolgen bei Verstößen gegen die Anbieterpflichten, nicht zuletzt Maßnahmen der Aufsicht sowie Bußgelder nach Art. 71 KI-Gesetz-E. Mit dieser Norm wird die Bindung des Nutzers an die Vorgaben des Anbieters manifestiert. Das Abweichen von den Vorgaben des Anbieters in der Gebrauchsanweisung wird damit zu einem für den Nutzer untragbaren Risiko. Diese Regelung soll offensichtlich sicherstellen, dass der Nutzer keine eigenmächtige Änderung des Systems oder seiner Einsatzzwecke vornimmt.

3. Anwendbarkeit des KI-Gesetzes im Kontext von Big Data

a) Überblick

125　Für die Anwendbarkeit des künftigen KI-Gesetzes auf Big Data wird es darauf ankommen, ob die Tätigkeiten im Zusammenhang mit Big-Data-Analysen als Herstellung oder Nutzung von KI-Systemen zu qualifizieren sind.

126　Aus rechtlicher Sicht lassen sich, wie dargestellt (→ Rn. 13 ff.), verschiedene Tätigkeitsbereiche im Zusammenhang mit Big-Data-Analysen unterscheiden, die häufig durch verschiedene Beteiligte wahrgenommen werden. Aus Sicht des KI-Gesetzes sind insoweit vor allem das Sammeln und Erzeugen von Daten, die Bereitstellung von Daten für Big-Data-Analysen, die Erzeugung von Big-Data-Analysen und die Verwendung von Ergebnissen aus Big-Data-Analysen von Interesse.

127　Das **Sammeln und Erzeugen von Daten** umfasst alle Tätigkeiten, die sich auf die Herstellung der Verfügbarkeit von Daten beziehen (→ Rn. 13). Soweit der Datenerzeuger KI-Systeme einsetzt, um Daten zu erzeugen oder aufzubereiten, ist er Nutzer des betreffenden KI-Systems.

128　Bei der eigentlichen **Erstellung von Big-Data-Analysen** besteht ein Bezug zu KI-Systemen, wenn die Analyse durch KI-Systeme erfolgt. Dann liegt in der Erstellung der Analyse die Nutzung eines KI-Systems, die vom KI-Gesetz erfasst wird.

133　Vgl. Burri/von Bothmer, New EU Legislation on AI, 2021, S. 4.

Die Frage, ob ein Analysetool zur Erstellung von Big-Data-Analysen ein KI-System darstellt, hängt entscheidend vom soeben dargestellten Begriff des KI-Systems ab. 129

Wollte man etwa, was die Definition des KI-Systems in der Formulierung des Kommissionsentwurfs ja durchaus zulässt, die Fähigkeit des Systems voraussetzen, aktiv mit seiner Umgebung zu **interagieren**, gelangt man zu einem engen Begriff des KI-Systems. Programme zur Erstellung von Big-Data-Analysen wären dann meist keine KI-Systeme, da sie überwiegend nicht aktiv interagieren, sondern lediglich vorgegebene Daten analysieren. 130

Stellt man hingegen, entsprechend dem hier vertretenen Begriff, darauf ab, ob das System in der Lage ist, Ergebnisse zu erzeugen, die (aus Sicht des Empfängers) relevante Ergebnisse in einer Weise erzeugt, dass die konkrete Ermittlung dieser Ergebnisse aus den Eingabedaten **nicht nachvollzogen** werden kann, dann sind jedenfalls Analysesysteme, die auf maschinellem Lernen beruhen, regelmäßig KI-Systeme im Sinne des KI-Gesetz-Entwurfs. 131

Nimmt man (auf der Grundlage eines weiten Verständnisses des KI-Systems) an, dass ein Analysetool ein KI-System darstellt, ist der **Ersteller** einer Big-Data-Analyse der **Nutzer** des Systems. Wiederum gilt, dass die Regeln zum Risikomanagement nur gelten, wenn es sich um die Nutzung eines Hochrisiko-KI-Systems handelt (→ Rn. 144). 132

Der **Verwender der Analyse** wird als solcher nicht adressiert. Soweit er die Analyse in einem KI-System verarbeitet, was durchaus der Fall sein kann, wird er freilich erfasst, aber nicht wegen der Verwendung einer Big-Data-Analyse, sondern wegen Verwendung des jeweiligen Systems. 133

Der Überblick zeigt, dass das KI-Gesetz in wichtigen Phasen der Big-Data-Analyse, konkret beim Sammeln und Aufbereiten von Daten sowie bei der Verwendung von Analysen zur Nutzung von KI-Systemen kommen kann und dass derjenige, der die jeweilige Tätigkeit vornimmt, insoweit als Nutzer des KI-Systems anzusehen ist. 134

b) Bereitstellung von Daten als Herstellung eines KI-Systems?

Die **Bereitstellung von Daten** für Big-Data-Analysen ist, wie dargestellt, eine wichtige Tätigkeit im Rahmen von Big Data. Wie angesprochen (→ Rn. 19), kann die Bereitstellung von Daten zugleich ein wesentlicher Bestandteil der Herstellung von KI-Systemen sein. 135

Das Musterbeispiel ist, wie gesagt (→ Rn. 19), die Bereitstellung von Daten für das machine learning. Das **Training eines neuronalen Netzes** anhand von Daten ist der zentrale Beitrag des Herstellers des darauf beruhenden KI-Systems, da die funktionalen Eigenschaften des KI-Systems entscheidend durch die im Training verwendeten Daten geprägt werden. 136

Die **Herstellung von KI-Systemen** ist zentraler Regelungsgegenstand des KI-Gesetzes, wenn das System ein Hochrisiko-KI-System oder ein General-purpose-System ist, da in diesem Fall die Regeln zum Risikomanagement anwendbar sind. 137

Die entscheidende Frage ist also, ob die Bereitstellung von Daten für das machine learning als Teil der Herstellung eines (Hochrisiko-)KI-Systems anzusehen ist, das anhand dieser Daten trainiert wird. In der deliktischen Produzentenhaftung ist insoweit zu fragen, ob die Lieferung von Daten spezifische Verkehrspflichten auslöst (→ § 7 Rn. 234 ff.) und im Produkthaftungsrecht, ob der Datenlieferant als Hersteller eines Grundstoffes anzusehen ist (→ § 7 Rn. 195 ff.). Das KI-Gesetz enthält, was im Hinblick auf seine Herkunft aus dem Produktsicherheitsrecht verständlich ist, keine solche Regelung zur Lieferung von Grundstoffen oder zur Lieferung von Daten für das machine learning. Maßgeblich ist also in Bezug auf das KI-Gesetz, ob der Lieferant von Daten unter die Definition des **Anbieters** in Art. 3 Nr. 2 subsumiert werden kann, ob also die Lieferung von Daten als Entwicklung des KI-Systems anzusehen ist. 138

Für ein Einbeziehung des Datenlieferanten spricht Art. 10 KI-Gesetz-E, der spezifische Regeln zur **Datenqualität** enthält. So müssen nach Art. 10 Abs. 1 KI-Gesetz-E Hochrisiko-KI-Systeme anhand von Daten trainiert werden, die den in Abs. 2–5 genannten Qualitätskriterien entspre- 139 chen. Abs. 2 adressiert die Datenverwaltungsverfahren, die sich insbesondere auf die Datener-fassung (lit. b) und die Datenaufbereitung (lit. c) beziehen sollen. Diese Anforderungen kön-nen nicht ohne Mitwirkung des Datenlieferanten erfüllt werden.

140 Dessen ungeachtet ist festzustellen, dass der **Datenlieferant vom KI-Gesetz nicht adressiert** wird. Die Entwicklung von KI-Systemen erfasst beim machine learning zweifellos den Trai-ningsprozess als solchen. Dieser ist jedoch von der Lieferung von Daten klar zu unterscheiden. Zu beachten ist weiter, dass der Lieferant von Daten als solcher keinen Einfluss darauf hat, ob die Daten zum Training verwendet werden. Dies ist entscheidend, da die in Art. 10 KI-Gesetz-E zu Recht angestrebte Qualität von Daten nur im Hinblick auf die konkrete Verwendung zu beurteilen ist. So können Daten für ein bestimmtes Trainingsziel geeignet, für ein anderes aber problematisch sein. Die Bestimmung des Trainings und die Auswahl von Daten für den Trainingsprozess sind also als Bestandteil des Trainings, nicht der Lieferung von Daten zu verstehen. Vor allem passen die Regeln für das Risikomanagement nicht zum Datenlieferanten. Der Anbieter iSd KI-Gesetzes ist nach Art. 16 zum umfassenden Risikomanagement und zum Qualitätsmanagement verpflichtet. Diese Pflicht kann der Datenlieferant nicht erfüllen. Es fehlt beim Datenlieferanten auch an der von Art. 3 Nr. 2 KI-Gesetz-E vorausgesetzten Absicht, das System unter eigenem Namen zu nutzen oder in Verkehr zu bringen.

141 In diesem Unterschied etwa zum Produkthaftungsrecht zeigt sich die konzeptionelle Beson-derheit des KI-Gesetzes in seiner **Ähnlichkeit zum Produktsicherheitsrecht**. Auch wenn das KI-Gesetz über dieses hinausgeht, wenn es etwa Pflichten des Nutzers regelt, der nicht Adressat des klassischen Produktsicherheitsrechts ist, ist das KI-Gesetz seiner Herkunft stark verhaftet. Dies gilt vor allem für den Entwurf der Kommission vom April 2021, der als Anbieter ausschließlich den Endhersteller adressiert. Mit der neuen Kategorie des „general purpose AI system" wird dieser Ansatz nur teilweise aufgeweicht, Lieferanten von Teilen und Grundstoffen werden aber nach wie vor wohl nicht angesprochen.

142 Damit ergibt sich, dass der Begriff des Anbieters denjenigen, der Daten zum maschinellen Lernen liefert, nicht umfasst. Art. 10 steht dem nicht entgegen, da sich die Pflicht auch auf denjenigen übertragen lässt, der das Training verantwortet. Dieser muss etwa für eine geeignete Auswahl der Daten Sorge tragen, insbesondere durch vertragliche Bindung der Datenlieferan-ten.

4. Big-Data-Analysen und Hochrisiko-KI-Systeme

143 Die Einordnung einer Software zur Vornahme von Big-Data-Analysen als KI-System bleibt als solche weitgehend folgenlos, da das vorgeschlagene KI-Gesetz an diese Eigenschaft keine besonderen Pflichten knüpft (→ Rn. 105). Die Eigenschaft als KI-System ist insoweit lediglich Eingangstor für die verschiedenen Regelungsabschnitte des KI-Gesetz-Entwurfs, etwa die Ver-bote nach Art. 5 KI-Gesetz-E, die Regeln zu Hochrisiko-KI-Systemen und anderen besonderen KI-Systemen oder die Transparenzanforderungen nach Art. 52 KI-Gesetz-E, für die jeweils zu-sätzliche Anwendungsvoraussetzungen gelten.

144 Für Analysesysteme ist insoweit lediglich die Kategorie der **Hochrisiko-KI-Systeme** von Bedeu-tung. „Basismodell" iSd vom Parlament vorgeschlagenen Definition ist ein „KI-Systemmodell", das „auf eine allgemeine Ausgabe ausgelegt ist und an eine breite Palette unterschiedlicher Aufgaben angepasst werden kann". Hierunter fallen Systeme für Big-Data-Analysen, die für sehr spezifische Aufgaben entwickelt werden, nicht.

Ähnliches gilt für die Kategorie der „KI-Systeme mit allgemeinem Verwendungszweck", die   145
von Rat[134] und Parlament[135], im Kern übereinstimmend, als KI-Systeme verstanden werden,
die für zahlreiche unterschiedliche Anwendungen angepasst und verwendet werden können.
Auch dies gilt nicht für Analysesysteme, die vielmehr häufig auf derartigen KI-Systemen mit
allgemeinem Verwendungszweck aufbauen, aber damit noch nicht selbst zu solchen werden.

Aus Sicht von Big Data ist daher von Interesse, in welchen Fällen die verschiedenen Tätigkeiten   146
im Zusammenhang mit Big-Data-Analysen als Nutzung von Hochrisiko-KI-Systemen einzuordnen sind.

a) Die Regelung des KI-Gesetzes für Hochrisiko-KI-Systeme

Die Regeln für Hochrisiko-KI-Systeme sind komplex. Hier gilt die Pflicht zum **Risikomanage-**   147
ment (Art. 9) mit zahlreichen einzelnen Pflichten (Art. 10 ff.), die eng an das bisherige Produktsicherheitsrecht angelehnt sind, aber auch einige Erweiterungen enthalten. Dabei baut der
Entwurf, in enger Abstimmung mit dem am selben Tag veröffentlichten Entwurf einer neuen
Maschinenverordnung[136], die klassischen Elemente des Produktsicherheitsrechts zu einem umfassenden Risikomanagement aus, das neben der bekannten Konformitätsbewertung (Art. 19)
eine Pflicht des Anbieters zur Unterhaltung eines umfassenden Qualitätsmanagementsystems
(Art. 17) und etwa auch zur Beobachtung von KI-Systemen nach Inverkehrbringen (Art. 61)
einschließt. So besteht eine Pflicht zur Prüfung von KI-Systemen vor Markteintritt, die mit
dem CE-Kennzeichen abzuschließen ist, und eine eigene Pflicht zur Produktbeobachtung.

Die Einhaltung der Anforderungen wird durch das System der **Marktaufsicht** kontrolliert. Die   148
Aufsicht soll nach Maßgabe der Art. 59 ff. KI-Gesetz-E durch Behörden der Mitgliedstaaten erfolgen. Zur Durchsetzung der Anforderungen setzt das KI-Gesetz auf das klassische Instrument
der behördlichen Kontrolle, die durch die Mitgliedstaaten vorgenommen werden soll (Art. 63).
Zu den Durchsetzungsmechanismen gehört u.a. die Möglichkeit des Produktrückrufs (Art. 65),
aber auch die Verhängung von Bußgeldern (Art. 71).

b) Die Definition des Hochrisiko-KI-Systems

Der Anwendungsbereich der Vorschriften über Hochrisiko-KI-Systeme ist in Art. 6 KI-Gesetz-E   149
geregelt. Die Norm enthält in den Absätzen 1 und 2 zwei sehr unterschiedliche Regelungskonzepte zur Bestimmung des Hochrisiko-Charakters eines KI-Systems.

Nach Art. 6 Abs. 1 KI-Gesetz-E ist ein KI-System ein Hochrisiko-KI-System, wenn es ein **Pro-**   150
dukt ist, das unter die in Anhang II genannten Vorschriften des EU-Rechts fällt, oder als
„Sicherheitskomponente" eines solchen Produkts verwendet werden soll (lit. a) und wenn
weiterhin das Produkt oder die Sicherheitskomponente nach den Vorschriften des Anhangs II
einer **Konformitätsbewertung** durch Dritte bedarf (lit. b).

Nach Art. 6 Abs. 2 KI-Gesetz-E ist ein KI-System unabhängig von Abs. 1 ein Hochrisiko-KI-Sys-   151
tem, wenn es in **Anhang III** aufgeführt wird. Durch diesen Katalog, der gem. Art. 7 Abs. 1 KI-

---

134 Art. 3 Nr. 1b KI-Gesetz-E in der Fassung des Ratsentwurfs lautet: „[Der Begriff] ‚KI-System mit allgemeinem
Verwendungszweck' [bezeichnet] ein KI-System, das – unabhängig davon, wie es in Verkehr gebracht oder
in Betrieb genommen wird, auch in Form quelloffener Software – vom Anbieter dazu vorgesehen ist,
allgemein anwendbare Funktionen wie Bild- oder Spracherkennung, Audio- und Videogenerierung, Mustererkennung, Beantwortung von Fragen, Übersetzung und Sonstiges auszuführen; dabei kann ein KI-System
mit allgemeinem Verwendungszweck in einer Vielzahl von Kontexten eingesetzt und in eine Vielzahl
anderer KI-Systeme integriert werden".

135 Art. 3 Nr. 1d KI-Gesetz-E in der Fassung des Parlamentsbeschlusses lautet: „[Der Begriff] ‚KI-System mit
allgemeinem Verwendungszweck' [bezeichnet] ein KI-System, das in einem breiten Spektrum von Anwendungen eingesetzt und an diese angepasst werden kann, für die es nicht absichtlich und speziell entwickelt
wurde".

136 Europäische Kommission, Vorschlag für eine Verordnung des Europäischen Parlaments und des Rates über
Maschinenprodukte vom 21.4.2021, COM(2021) 202 final.

Gesetz-E durch die Europäische Kommission geändert werden kann, sollen vor allem neuartige Risiken erfasst werden, die durch KI-Systeme insbesondere für Persönlichkeitsrechte geschaffen werden.

152 Die beiden Absätze enthalten, auch wenn in beiden Fällen auf Anhänge verwiesen wird, deutlich unterschiedliche Regelungskonzepte. Die Eigenschaft als Hochrisiko-KI-System iSd Absatzes 1 folgt im Wesentlichen den Regeln des in Bezug genommenen **europäischen Produktsicherheitsrechts**. Über die Einordnung als Hochrisiko-KI-System entscheiden also die – teils sehr komplexen – Regeln des Produktsicherheitsrechts. Eigenständig ist hier vor allem der Begriff der „Sicherheitskomponente", der im Gesetzesentwurf geregelt wird.

153 Dagegen enthält der Anhang III in seinen Nummern 1 bis 8 – im Vergleich zu den in Anhang II genannten Rechtsakten der EU auffallend kurze und allgemein gefasste – eigenständige Regeln von Bereichen, die als Hochrisiko-KI-Systeme erfasst werden.

c) Erstellung und Verwendung von Analyseergebnissen

154 Aus Sicht von Big-Data-Analysen ist von Interesse, ob die Durchführung einer Analyse oder die Verwendung des Analyseergebnisses als Nutzung eines Hochrisiko-KI-Systems anzusehen ist.

155 Insoweit ist zwischen der **Erstellung** und der **Verwendung** eines Analyseergebnisses zu unterscheiden, da diese Tätigkeiten häufig durch unterschiedliche Beteiligte erfolgen. Diese Trennung zwischen Erzeugung und Verwendung eines durch ein KI-System erzeugten Ergebnisses ist nicht zwingend. Vielmehr werden die Ergebnisse von KI-Systemen häufig im selben System oder vom selben Beteiligten verwendet. Die im selbstfahrenden Auto erzeugte Klassifikation von Bildelementen als Fußgänger wird innerhalb des Autos verarbeitet. Bei Big-Data-Analysen ist dies häufig anders. So werden Bewertungen von Kandidaten oft von spezialisierten Dienstleistern, nicht vom Entscheidungsträger erstellt. Bei Predictive Maintenance ist das System, das die Analyse erzeugt, mit dem System, auf das sich die Wartungsinformation bezieht, regelmäßig nicht identisch. Vielmehr wird das Ergebnis des KI-Systems für ein anderes System verwendet. Häufig handelt es sich auch um unterschiedliche Personen, etwa wenn die Analyse nicht vom Betreiber des zu wartenden Systems, sondern von einem Dienstleister erstellt wird.

156 Da die Regelungskonzepte des Art. 6 Abs. 1 und Abs. 2 KI-Gesetz-E in Bezug auf diese für Big-Data-Analysen wichtige Trennung zwischen Erstellung und Verarbeitung einer Information unterschiedlich sind, wird die Einordnung von Systemen zur Erstellung von Big-Data-Analysen als Hochrisiko-KI-Systeme für die beiden Absätze nachfolgend separat untersucht.

d) Systeme zur Erstellung von Big-Data-Analysen als Hochrisiko-KI-Systeme nach Art. 6 Abs. 1 KI-Gesetz-E?

157 Hochrisiko-KI-Systeme sind nach Art. 6 Abs. 1 KI-Gesetz-E Produkte, die einer der in Anhang II aufgeführten Harmonisierungsrechtsvorschriften der EU unterliegen oder Sicherheitskomponenten eines solchen Produktes sind und die nach einer der Vorschriften des Anhangs II einer Konformitätsbewertung durch Dritte bedürfen.

158 Für die Frage, ob die Durchführung einer Big-Data-Analyse als Nutzung eines Hochrisiko-KI-Systems anzusehen ist, kommt es mithin darauf an, ob es sich bei dem für die Analyse genutzten KI-System um ein Produkt iSd Anhangs II (→ Rn. 159 ff.) oder um Sicherheitskomponenten eines solchen Produkts (→ Rn. 162 ff.) handelt. Im Fall der Verwendung eines Analyseergebnisses wäre entsprechend auf das System abzustellen, zu dessen Betrieb das Analyseergebnis genutzt wird, etwa um ein System einzustellen. Diese Form der Nutzung von Analyseergebnissen stellt indes **keine Besonderheit von Big-Data-Analysen** dar, da sich die Frage genauso stellt, wenn eine bestimmte Information ohne Einsatz von Big Data erzielt wird. Die nachfolgenden Ausführungen sind daher auf die Durchführung der Analyse, also die Erstellung eines Analyseergebnisses, beschränkt.

aa) Produkte iSd Anhangs II

Hochrisiko-KI-Systeme sind nach Art. 6 Abs. 1 KI-Gesetz-E Produkte, die einer der in Anhang II 159
aufgeführten **Harmonisierungsrechtsvorschriften** der EU unterliegen oder Sicherheitskomponenten eines solchen Produktes sind. Der Anhang II zählt 19 Rechtsakte der EU auf, die zum klassischen europäischen Produktsicherheitsrechts gehören. Dazu zählen auch die derzeit geltende **Maschinenrichtlinie** von 2006[137], die in Deutschland vor allem durch das Produktsicherheitsgesetz umgesetzt wurde und ihre Nachfolgerin, die neue, ab 2027 anwendbare **Maschinenverordnung**[138], die einen sehr weiten Anwendungsbereich aufweisen. Der Anwendungsbereich der in Anhang II aufgeführten Rechtsvorschriften insgesamt ist daher sehr weit.

Die vom europäischen Produktsicherheitsrecht erfassten KI-Systeme sind nach Art. 6 Abs. 1 160
lit. b) KI-Gesetz-E nur dann als Hochrisiko-KI-Systeme anzusehen, wenn sie nach Maßgabe der anwendbaren Rechtsbestimmung einer **Konformitätsbewertung** durch Dritte vor Inverkehrbringen oder Inbetriebnahme unterworfen sind. Da nach der Systematik des Produktsicherheitsrechts eine solche Konformitätsbewertung durch Dritte nur bei Produkten angeordnet wird, von denen besondere, erhöhte Risiken ausgehen, stellt Art. 6 Abs. 1 lit. b) KI-Gesetz-E klar, dass derartige Systeme nicht schon deshalb als Hochrisiko-Systeme gelten sollen, weil sie auf Techniken der Künstlichen Intelligenz beruhen, sondern aufgrund ihrer allgemeinen Gefährlichkeit. Damit wird auch deutlich, dass Abs. 1 ausschließlich solche Produkte adressiert, die schon nach bisherigem Produktsicherheitsrecht – und damit unabhängig vom Einsatz von KI-Systemen – als besonders risikobehaftet erfasst werden.

Systeme zur Analyse von Daten werden von Art. 6 Abs. 1 KI-Gesetz-E typischerweise nicht 161
unmittelbar erfasst sein. So ist ein Analysesystem, das Daten für Predictive Maintenance liefert, nicht Bestandteil einer Maschine iSd Maschinenrichtlinie oder der Maschinenverordnung. Es ist daher anzunehmen, dass Systeme zur Erzeugung von Big-Data-Analysen grundsätzlich nicht von den in Anhang II genannten Rechtsakten erfasst werden.

bb) Der Begriff der Sicherheitskomponente

KI-Systeme sind nach Art. 6 Abs. 1 lit. a) KI-Gesetz-E auch als Hochrisiko-KI-Systeme einzustu- 162
fen, wenn sie eine Sicherheitskomponente eines in Anhang II genannten Produkts sind. Der Begriff der Sicherheitskomponente ist in Art. 3 Ziff. 14 definiert als „Bestandteil eines Produkts oder Systems, der eine Sicherheitsfunktion für dieses Produkt oder System erfüllt oder dessen Ausfall oder Störung die Gesundheit und Sicherheit von Personen oder Sachen gefährdet".

Die Sicherheitskomponente zeichnet sich zunächst dadurch aus, dass es sich um den **Bestand-** 163
teil eines Produkts oder Systems handelt. Damit sollen, wie sich aus EG 32 ergibt, „eigenständige" KI-Systeme nicht erfasst werden. Solche eigenständigen Systeme, in EG 32 beschrieben als Systeme, „bei denen es sich um andere Systeme als Sicherheitskomponenten von Produkten handelt", sollen nach Maßgabe von Art. 6 Abs. 2 KI-Gesetz-E iVm Anhang III als Hochrisiko-KI-Systeme erfasst werden. Zu diesen eigenständigen Systemen gehören, worauf auch EG 34 hinweist, diejenigen in Anhang III Nr. 2 genannten KI-Systeme, die als Sicherheitskomponente für das Management und den Betrieb des Straßenverkehrs sowie für die Wasser-, Gas-, Wärme- und Stromversorgung eingesetzt werden sollen.

Das zweite Element der Sicherheitskomponente ist ihre **Bedeutung für die Sicherheit** des Sys- 164
tems, die sich vor allem darin zeigt, dass der Ausfall oder die Störung des Systems eine Gefahr für Personen oder Sachen begründen kann. Musterbeispiele für solche Sicherheitskomponen-

---

137 Richtlinie 2006/42/EG des Europäischen Parlaments und des Rates vom 17. Mai 2006 über Maschinen und zur Änderung der Richtlinie 95/16/EG, ABl. L 157 vom 9.6.2006, S. 24.

138 Verordnung (EU) 2023/1230 des Europäischen Parlaments und des Rates vom 14. Juni 2023 über Maschinen und zur Aufhebung der Richtlinie 2006/42/EG des Europäischen Parlaments und des Rates und der Richtlinie 73/361/EWG des Rates, ABl. L 165 vom 29.6.2023, S. 1.

ten sind sicher Überwachungs- und Warnsysteme für Maschinen und Anlagen, die Störungen der Maschinen oder Anlagen etwa mit Methoden des maschinellen Lernens erkennen und Schutzmaßnahmen auslösen können.

165   Soweit Big Data zur Erkennung von Störungen etc eingesetzt wird, kann es sich daher um Sicherheitskomponenten iSd Art. 6 Abs. 1 KI-Gesetz-E handeln. Jedoch ist **stets im Einzelfall zu prüfen**, ob die Voraussetzungen der Sicherheitskomponente vorliegen: Das System, das zur Störungserkennung eingesetzt wird, muss Bestandteil des von Anhang II erfassten Systems sein, und es muss zur Gewährleistung der Sicherheit des Systems eingesetzt werden. Dies ist nicht stets der Fall: Werden etwa Störungserkennungssysteme zu anderen Zwecken, etwa der Optimierung von Prozessen, eingesetzt, handelt es sich nicht um eine Sicherheitskomponente.

e) Analysesysteme als Hochrisiko-KI-Systeme nach Art. 6 Abs. 2 KI-Gesetz-E

166   Im Vordergrund des Interesses steht, ob und unter welchen Voraussetzungen die Tätigkeiten im Zusammenhang mit Big-Data-Analysen nach Maßgabe von Art. 6 Abs. 2 KI-Gesetz-E iVm Anhang III als Nutzung von Hochrisiko-KI-Systemen anzusehen sind.

167   Die Herstellung von Systemen zur Vornahme von Big-Data-Analysen steht nicht im Fokus dieses Handbuchs und bleibt daher im Wesentlichen außer Betracht. Es ist jedoch zu beachten, dass die Charakterisierung von Systemen als Hochrisiko-KI-Systeme zu umfassenden Pflichten vor allem des Herstellers führt. Hersteller derartiger Systeme werden sich daher intensiv mit den Regeln des KI-Gesetzes zum Risikomanagement für Hochrisiko-KI-Systeme zu befassen haben.

168   In diesem Handbuch steht die **Erstellung von Big-Data-Analysen und die Verwendung der Analyseergebnisse** im Vordergrund. Soweit diese als Nutzung von Hochrisiko-KI-Systemen anzusehen sind, gelten die besonderen Pflichten für Nutzer ($\rightarrow$ Rn. 216 ff.) und das Risiko, bei Änderungen des Systems oder dessen Einsatzzwecks als Anbieter eingestuft zu werden ($\rightarrow$ Rn. 123 f.).

aa) Die Bestimmung des Hochrisiko-Bereichs nach Anhang III

169   Nach Art. 6 Abs. 2 KI-Gesetz-E in Verbindung mit dem Anhang III unterwirft der Entwurf des KI-Gesetzes bestimmte KI-Systeme den Vorschriften für Hochrisiko-KI-Systeme, die vom sonstigen Produktsicherheitsrecht nicht erfasst sind. Anders als im Fall des Abs. 1 werden keine Systeme erfasst, die nach anderen Rechtsnormen als besonders risikobehaftet eingestuft werden. Vielmehr erfolgt diese Einstufung selbständig durch Einordnung in den Anhang III. Dem europäischen Gesetzgeber geht es hier also um **neuartige Gefahren durch KI.**

170   Der Gesetzgeber geht hier besonders vorsichtig vor: Als Hochrisiko-KI-Systeme gelten nur solche Produkttypen, die in Anhang III **explizit aufgelistet** sind. Die Europäische Kommission soll jedoch nach Art. 7 KI-Gesetz-E die Befugnis haben, die Liste des Anhangs III zu ändern, insbesondere zu ergänzen. Die Einordnung eines KI-Systems soll gemäß Art. 7 Abs. 1 lit. b) KI-Gesetz-E nur erfolgen, wenn es „ein Risiko der Schädigung der Gesundheit oder der Beeinträchtigung der Sicherheit oder nachteiliger Auswirkungen auf die Grundrechte" birgt, das den in Anhang III Ziff. 1–8 genannten Risiken mindestens gleichkommt. Dem europäischen Gesetzgeber geht es, wie schon der Verweis auf die Grundrechte, vor allem aber die in den bisherigen Ziffern des Anhangs III aufgelisteten Bereiche zeigen, um Risiken für Persönlichkeitsrechte sowie um Grundrechtsschutz gegenüber staatlichen Eingriffen.

171   Anhang III umfasst in seinen Ziffern 1–8 **sehr unterschiedliche Arten von KI-Systemen.** Dies sind im Einzelnen Systeme zur biometrischen Fernidentifizierung (Ziff. 1), Systeme zum Betrieb kritischer Infrastrukturen (Ziff. 2), Systeme im Bereich der allgemeinen und beruflichen Bildung (Ziff. 3), Systeme im Bereich Beschäftigung, Personalmanagement und Zugang zur Selbständigkeit (Ziff. 4), Systeme, die den Zugang zu bestimmten Leistungen regeln (Ziff. 5),

Systeme im Bereich der Strafverfolgung (Ziff. 6), Migration, Asyl und Grenzkontrolle (Ziff. 7) sowie Rechtspflege und demokratischer Prozesse (Ziff. 8).

Es handelt sich in diesen Bereichen sehr häufig um Anwendungsfälle von Big Data, da es meist um die Verwertung von Erkenntnissen geht, die aus der Analyse großer Datenmengen gewonnen werden. 172

bb) Maßgeblichkeit der Verwendung eines KI-Systems

Der europäische Gesetzgeber verfolgt in Anhang III ein eigenständiges Konzept zur Bestimmung des Hochrisiko-Charakters eines KI-Systems, das entscheidend auf die **bestimmungsgemäße Verwendung** des KI-Systems abstellt. So sind beispielsweise nach Anhang III Ziff. 8 KI-Systeme, die bestimmungsgemäß Justizbehörden bei der Ermittlung und Auslegung von Sachverhalten und Rechtsvorschriften und bei der Anwendung des Rechts auf konkrete Sachverhalte unterstützen sollen, Hochrisiko-KI-Systeme. Hier kommt es also auf die bestimmungsgemäße Verwendung durch Justizbehörden an. Ein KI-System, das andere Rechtsanwender bei der Auslegung von Rechtsnormen unterstützen soll, wird nicht erfasst. 173

Ziff. 4 lit. a) erfasst KI-Systeme, „die bestimmungsgemäß für die **Einstellung oder Auswahl natürlicher Personen**" eingesetzt werden sollen, und zwar vor allem bei der Auswahl für Beschäftigungsverhältnisse, wie sich aus der Überschrift „Beschäftigung, Personalmanagement und Zugang zur Selbständigkeit" und dem Zusammenhang mit lit. b), der ausdrücklich nur in Beschäftigungsverhältnissen gilt, ergibt. Die Auswahl von Bewerbern für eine Freizeitveranstaltung oder eine Fernsehshow ist hier nicht erfasst. 174

Noch deutlicher wird das Konzept in Ziff. 3 lit. b), der KI-Systeme erfasst, die „bestimmungsgemäß für die Bewertung von Schülern […] verwendet werden sollen", aber nur für die **Bewertung von Schülern** „in Einrichtungen der allgemeinen und beruflichen Bildung". Bewertungen von Schülern im Übrigen, etwa bei der Bildung im Freizeitbereich, sind nicht erfasst. 175

Nach dem Konzept des KI-Gesetzes richtet sich also die Eigenschaft eines KI-Systems als Hochrisiko-KI-Systems nicht nach dessen Eigenschaften, sondern nach seiner Verwendung. 176

Dabei ist maßgeblich auf die **intendierte Verwendung** eines KI-Systems abzustellen. So verweisen die einzelnen Normen des Anhangs III unisono auf die „bestimmungsgemäße" Verwendung des Systems. Dies folgt aus dem Konzept des KI-Gesetzes, das vor allem den Anbieter von KI-Systemen dazu verpflichtet, bei der Herstellung von Hochrisiko-KI-Systemen ein umfassendes Risikomanagement zu betreiben. 177

Eine wichtige, im Kommissionsentwurf nicht ausdrücklich geregelte Frage ist, ob ein KI-System als Hochrisiko-KI-System anzusehen ist, wenn es **abweichend von seiner ursprünglichen Zweckbestimmung** im Hochrisiko-Bereich eingesetzt wird. 178

Die Antwort ergibt sich aus dem besonderen Konzept der Art. 28 und 29 KI-Gesetz-E zur Bestimmung der Eigenschaften als Anbieter oder Nutzer von KI-Systemen. Nach Art. 28 Abs. 1 lit. b) KI-Gesetz-E **wird ein Nutzer zum Anbieter** eines KI-Systems, wenn er ein Hochrisiko-KI-System abweichend von den vorgesehenen Zwecken für einen anderen Zweck einsetzt. 179

Die Regelung bezieht sich nach dem Wortlaut auf die Fälle, in denen der Nutzer ein vom Anbieter als Hochrisiko-KI-System bestimmtes, also für einen bestimmten Hochrisiko-Zweck konzipiertes System, für einen anderen Zweck einsetzt. 180

Die hier interessierende, im Kommissionsentwurf nicht ausdrücklich geregelte Frage ist, ob ein KI-System, das vom Anbieter nicht als Hochrisiko-KI-System konzipiert ist, bei Einsatz für einen in Anhang III genannten Zweck nach Art. 28 Abs. 1 lit. b) KI-Gesetz-E als Hochrisiko-KI-System anzusehen ist. Diese Fälle können leicht auftreten. Wenn etwa ein Richter ein für Anwälte vorgesehenes **System zur Auslegung von Rechtsnormen** einsetzt, um eine entscheidungsrelevante Norm auszulegen, liegt eine Verwendung im Hochrisiko-Bereich vor. 181

182 Diese Frage ist zu bejahen: Nach dem Konzept des KI-Gesetz-Entwurfs sollen KI-Systeme, die für Hochrisiko-Zwecke verwendet werden, ausschließlich unter Beachtung der Anforderungen an solche Systeme hergestellt und genutzt werden. Eine Verwendung von KI-Systemen, die ohne Beachtung der Vorschriften für Hochrisiko-KI-Systeme entwickelt wurden, im Hochrisiko-Bereich will (und muss) das KI-Gesetz verhindern.

183 Nach dem Sinn und Zweck des KI-Gesetzes kann daher kein Zweifel daran bestehen, dass die zweckwidrige tatsächliche Nutzung eines KI-Systems in einem Hochrisiko-Bereich des Anhangs III zur **Einstufung des KI-Systems als Hochrisiko-KI-System** führt und für den Nutzer die Folgen des Art. 28 KI-Gesetz-E auslöst. Der Nutzer eines KI-Systems, der ein KI-System bestimmungswidrig im Hochrisiko-KI-Bereich einsetzt, wird somit nach Art. 28 Abs. 1 lit. b) KI-Gesetz-E als Anbieter dieses Systems angesehen und unterliegt den Anbieterpflichten.

184 Der Rat und das Parlament schlagen in ihren Entwürfen eine ausdrückliche Regelung in diesem Sinne vor. So schlägt das Parlament in seinem Beschluss zu Recht eine Ergänzung des Art. 28 durch einen neuen Abs. 1 lit. ba) vor, die auf dieses Problem Bezug nimmt: Danach wird ein Nutzer eines KI-Systems zum Anbieter, wenn er es so verändert, dass das KI-System zu einem Hochrisiko-KI-System wird.[139] Der Wortlaut der Norm nimmt allerdings auf die **Zweckänderung** nicht Bezug. Diese ist jedoch im Entwurf des Rates ausdrücklich einbezogen. Nach dem Ratsentwurf soll anstelle des Art. 28 ein Art. 23a in das KI-Gesetz eingefügt werden, nach dessen Abs. 1 lit. d) Personen, die „die Zweckbestimmung eines bereits in Verkehr gebrachten oder in Betrieb genommen KI-Systems, das kein hohes Risiko darstellt, auf eine Art und Weise ändern, dass das geänderte System zu einem Hochrisiko-KI-System wird", als Anbieter gelten und den Pflichten des Art. 16 KI-Gesetz-E unterliegen. Die beiden Ergänzungsvorschläge sollten kombiniert werden.

185 Damit ergibt sich, dass der Entwurf des KI-Gesetzes zur Bestimmung des Hochrisiko-Charakters eines KI-Systems sowohl auf die vom Hersteller intendierte („bestimmungsgemäße Verwendung") als auch auf die vom Nutzer tatsächlich vorgenommene Verwendung abstellt. Bei Auseinanderfallen setzt sich die tatsächliche Nutzung durch. Maßgeblich ist also letztlich der **tatsächliche Einsatzzweck** eines KI-Systems.

cc) Maßgeblichkeit der Verwendung des Ergebnisses eines KI-Systems

186 KI-Systeme liefern als Ausgabe regelmäßig eine Information. Diese ist häufig ein Analyseergebnis in Form einer Bewertung oder Prognose. Bewertungen können die unterschiedlichsten Gegenstände betreffen, etwa die Eignung eines Kandidaten für einen bestimmten Arbeitsplatz, die Einordnung einer schulischen Leistung in ein Bewertungsschema, das Vorliegen bestimmter Materialeigenschaften oder von Störungen einer Maschine. Häufig werden, von einer Bewertung mitunter schwer abzugrenzen, Prognosen, etwa über Wetterverläufe, Verschleißverläufe eines Werkzeuges oder Werkstücks oder über mögliche Störungen einer Lieferkette, erzeugt.

187 Das KI-Gesetz stellt, wie soeben dargestellt, für die Einordnung eines KI-Systems als Hochrisiko-KI-System auf die Verwendung des Systems ab. Dabei ist, jedenfalls bei den im Anhang III genannten Systemen, die **Verwendung der Ergebnisse** des Systems entscheidend. Wenn etwa auf die Auswahl von Bewerbern um einen Arbeitsplatz abgestellt wird, so ist maßgeblich, ob das Ergebnis des KI-Systems, etwa eine Bewertung von Kandidaten, bestimmungsgemäß für derartige Auswahlentscheidungen genutzt wird.

188 Für die Eigenschaft als Hochrisiko-KI-System ist folglich die **Nutzung der durch das System erzeugten Information** maßgeblich. Es ist im Beispiel der Kandidatenbewertung unerheblich,

---

139 Europäisches Parlament, Abänderungsvorschlag 394. Die Bestimmung lautet: „ba) wenn sie ein KI-System, einschließlich eines KI-Systems für allgemeine Zwecke, das nicht als Hochrisiko-KI-System eingestuft wurde und bereits in Verkehr gebracht oder in Betrieb genommen wurde, so wesentlich verändern, dass das KI-System zu einem Hochrisiko-KI-System im Sinne von Artikel 6 wird".

Borges

ob die Bewertung durch den Arbeitgeber selbst erzeugt wird oder durch einen Dienstleister, der die Bewertung an den Arbeitgeber für die Auswahlentscheidung übermittelt.

Die von einem KI-System erzeugten Informationen können von diesem KI-System oder einem System, dessen Bestandteil das KI-System ist, selbst genutzt werden, etwa zum Steuern einer Maschine, zB einem selbstfahrenden Auto. Auf diese Fälle stellt Art. 6 Abs. 1 KI-Gesetz-E ab (→ Rn. 157 f.). 189

Die von einem KI-System erzeugten Informationen können auch von Dritten genutzt werden. Die Nutzung einer von einem KI-System erzeugten Information durch Dritte ist der Anwendungsbereich des Art. 6 Abs. 2 KI-Gesetz-E, wie am Beispiel des Anhangs III Nr. 2 deutlich wird: Diese erfasst KI-Systeme, die als Sicherheitselemente in der Verwaltung und im Betrieb kritischer Infrastrukturen verwendet werden sollen. Bei den in Anhang III Nr. 2 genannten Systemen handelt es sich um **„eigenständige KI-Systeme“**. Diese sind, wie EG 32 erläutert, KI-Systeme, die „andere Systeme“ als die von Anhang II erfassten Sicherheitskomponenten von Produkten sind (→ Rn. 163). Diese „eigenständigen“ KI-Systeme sind, wie EG 32 deutlich macht, durch Anhang III erfasst. Entsprechend unterfallen die in Nr. 2 genannten Systeme, obwohl es sich um Sicherheitskomponenten handelt, keiner Rechtsvorschrift in Anhang II, sondern sind in Anhang III genannt. 190

Auch in den übrigen in Anhang III genannten Bereichen werden typischerweise solche eigenständigen KI-Systeme verwendet. Die KI-Systeme, die für die Auswahl von Personen nach Anhang III Nr. 4 a) verwendet werden, treffen in aller Regel nicht die Entscheidung über die Einstellung eines Bewerbers, sondern bereiten diese lediglich vor. Die **eigentliche Entscheidung** erfolgt durch Menschen, ggf. auch automatisiert durch ein weiteres KI-System oder sonstige Software. 191

Die Fälle des Anhangs III sind also, im Gegensatz zu den Fallgruppen des Anhangs II, dadurch charakterisiert, dass die vom KI-System erzeugten Informationen von einem **Dritten**, sei es ein anderes System oder eine natürliche Person, verwendet werden. 192

Maßgeblich für die Einordnung als Hochrisiko-KI-System ist der **Bereich, in dem die Verwendung der Analyseergebnisse durch den Dritten erfolgt**. So kommt es, wie bereits dargestellt, im Rahmen von Nr. 3 lit. b) darauf an, ob die Bewertung eines Schülers im Rahmen einer Einrichtung der allgemeinen oder beruflichen Bildung oder ob eine Schulung für Tätigkeiten zum privaten Bereich erfolgt, im Rahmen von Nr. 4 lit. a), ob die Bewertung von Kandidaten für eine berufliche Beschäftigung, nicht für eine Freizeitbeschäftigung oder im Rahmen einer Partnerschaftsbörse etc erfolgt. 193

Somit hängt der Hochrisiko-Charakter eines KI-Systems, das eine Information zur Verwendung durch Dritte erzeugt, entscheidend von der Verwendung der Information durch den Dritten ab. 194

Dies muss konsequenterweise auch dann gelten, wenn die Erzeugung und die Verwendung dieses Ergebnisses durch **unterschiedliche Personen** erfolgen, da sonst der Schutzzweck des Gesetzes oft leerliefe. Es ist im Beispiel der Kandidatenbewertung unerheblich, ob die Bewertung durch den Arbeitgeber selbst erzeugt wird oder durch einen Dienstleister, der die Bewertung an den Arbeitgeber für die Auswahlentscheidung übermittelt. 195

Fraglich ist daher, wie die Fälle zu behandeln sind, in denen die durch ein KI-System erstellte Information zwar nicht zur Verwendung im Hochrisiko-Bereich erzeugt wurde, aber abredewidrig dort verwendet wird. Beispiele werden möglicherweise selten sein, sind aber denkbar. So könnte ein Persönlichkeitsprofil, das für den privaten Bereich erstellt wurde, von einem Arbeitgeber zur Bewertung eines Mitarbeiters oder eines Arbeitsplatzbewerbers verwendet werden. 196

Soweit die Information nicht durch ein KI-System verwendet wird, ist der **Verwender der Information** nicht Nutzer eines KI-Systems (→ Rn. 213). Der **Ersteller der Information** wie- 197 derum ist nicht Nutzer eines Hochrisiko-KI-Systems, soweit diese Verwendung nicht „bestimmungsgemäß" erfolgt.

dd) Die bestimmungsgemäße Verwendung des Ergebnisses

198 Der Entwurf des KI-Gesetzes stellt für die Einstufung eines KI-Systems als Hochrisiko-KI-System, wie soeben herausgearbeitet, grundsätzlich auf die **bestimmungsgemäße Verwendung** einer von dem KI-System erzeugten Information, etwa des Ergebnisses einer Big-Data-Analyse, ab. Dies gilt sowohl für den Ersteller der Analyse als Nutzer eines KI-Systems als auch für den Hersteller des betreffenden KI-Systems.

199 Wird also beispielsweise ein KI-System zur Durchführung von Analysen hergestellt, anhand derer Mitarbeiter oder Bewerber um einen Arbeits- oder Studienplatz bewertet werden, ist der Hersteller dieses Systems der **Anbieter** eines Hochrisiko-KI-Systems und der Dienstleister, der eine solche Analyse erzeugt, der **Nutzer** eines Hochrisiko-KI-Systems.

200 Wird das KI-System **abweichend von der Zweckbestimmung** des Herstellers zur Erzeugung von Ergebnissen genutzt, die (bestimmungsgemäß) im Hochrisiko-Bereich verwendet werden sollen, setzt sich, wie dargestellt (→ Rn. 178 ff.), die tatsächliche Verwendung des KI-Systems durch mit der Folge, dass der Erzeuger des Ergebnisses nach Art. 28 Abs. 1 KI-Gesetz-E als Anbieter des betreffenden KI-Systems einzustufen ist.

201 Das Konzept des Art. 6 Abs. 2 KI-Gesetz-E führt zu schwierigen Abgrenzungsfragen in zwei Richtungen. Zum einen kann die Auslegung der in Anhang III nur grob beschriebenen Verwendungszwecke schwierig sein. Wenn ein Richter ein KI-System nutzt, um große Dokumentenbestände zu durchsuchen oder ein mit KI ausgestattetes Recherchesystem verwendet (**juristische Expertensysteme** enthalten teilweise KI-Elemente), ist durchaus fraglich, ob hier schon die „Ermittlung und Auslegung von Sachverhalten und Rechtsvorschriften" iS der Ziffer 8 des Anhang III vorliegt.

202 Zum anderen kann es für den Hersteller und Nutzer eines KI-Systems schwierig sein, die Verwendung des Ergebnisses eines KI-Systems im Hochrisiko-Bereich zu antizipieren. Die damit angesprochene Frage, wann eine Verwendung „bestimmungsgemäß" im Sinne des Art. 6 Abs. 2 iVm Anhang III KI-Gesetz-E ist, ist für den Anwendungsbereich der Regeln zu Hochrisiko-KI-Systemen entscheidend. Hier sind unterschiedliche Konzepte denkbar: In einem Ausgangspunkt kann man alle Verwendungszwecke, die nicht eindeutig ausgeschlossen sind, als einbezogen ansehen. Im anderen Ausgangspunkt sind nur Verwendungszwecke erfasst, die eindeutig einbezogen sind. Überzeugend ist es, darauf abzustellen, ob der Hersteller oder der Nutzer mit der Verwendung des Analyseergebnisses **vernünftigerweise rechnen konnte**. Damit sind auch naheliegende Verwendungen außerhalb der intendierten, aber nicht eindeutig ausgeschlossenen Verwendung erfasst.

203 Eine Grenze muss diese Zuordnung finden, soweit der Nutzer eines KI-Systems die Verwendung eines Ergebnisses für einen Hochrisiko-Zweck ausdrücklich oder sonst eindeutig **ausschließt**. Wenn der Empfänger das Ergebnis dann entgegen dieser Bestimmung doch für einen Hochrisiko-Zweck verwendet, ist dies dem Ersteller des Ergebnisses grundsätzlich nicht zuzurechnen. Jedoch muss die Zweckbestimmung seitens des Analyseerstellers auch konsequent erfolgen. Insbesondere darf das Verhalten des Analyseerstellers nicht im Widerspruch zur (vorgeblichen) Zweckbestimmung stehen. Ist dem Analyseersteller etwa bekannt oder drängt sich ihm auf, dass das Analyseergebnis entgegen seiner Bestimmung verwendet werden wird, muss er die Weitergabe des Ergebnisses unterlassen.

204 Für Hersteller von KI-Systemen zur Erstellung von Big-Data-Analysen wie für Dienstleister, die mit KI-Systemen Analysen für Dritte erstellen, bedeutet dies, dass sie sorgfältig darauf zu achten haben, für welche Zwecke das Ergebnis der Analyse erstellt werden soll. Herstellern von KI-Systemen ist daher zur **Vermeidung von Risiken** zu raten, den zugelassenen Verwen-

dungsbereich von KI-Systemen und deren Ergebnisse ausdrücklich festzulegen und andere Verwendungen auszuschließen.

Auch Nutzer von KI-Systemen, die als Dienstleister Ergebnisse zur **Verwendung durch Dritte** 205 erzeugen, sollten dies tun, um nicht dem Risiko ausgesetzt zu sein, ungewollt nach Art. 28 Abs. 1 KI-Gesetz-E den Pflichten eines Anbieters zu unterliegen.

ee) Die Erstellung von Analyseergebnissen als Hochrisiko-KI-Anwendung

Diese Konzeption des KI-Gesetzes zur Bestimmung des Hochrisiko-Charakters eines KI-Systems 206 gilt auch für die **Erstellung von Big-Data-Analysen:** Maßgeblich ist, ob das Analyseergebnis bestimmungsgemäß für einen Zweck verwendet wird, der als Hochrisiko-Zweck einzuordnen ist. Die bestimmungsgemäße Verwendung des Analyseergebnisses entscheidet also über die Einordnung der Erstellung des Analyseergebnisses.

Wird also ein durch ein KI-System erzeugtes Analyseergebnis in einem der in Anhang III 207 genannten Bereiche, etwa zur Kandidatenselektion, bestimmungsgemäß im Justiz-Bereich etc genutzt, handelt es sich bei der Erzeugung des Analyseergebnisses um die **Nutzung eines Hochrisiko-KI-Systems.** Dasselbe gilt für die in Anhang II genannten Systeme.

Wurde das KI-System, das zur Durchführung dieser Analyse verwendet wurde, vom Hersteller 208 für derartige Analysen vorgesehen, ist er Anbieter eines Hochrisiko-KI-Systems und der Dienstleister, der die Analyse erzeugt, der Nutzer eines Hochrisiko-KI-Systems.

Wird ein Analyseergebnis **entgegen der Bestimmung** des Erstellers vom Verwender in einem 209 Hochrisiko-Bereich verwendet, wird der Ersteller des Analyseergebnisses hierdurch weder zum Nutzer noch zum Anbieter eines Hochrisiko-KI-Systems.

Wird ein KI-System bestimmungswidrig zur Erzeugung von Ergebnissen genutzt, die nach der 210 Bestimmung des Analyseerstellers im Hochrisiko-Bereich verwendet werden können, ist das KI-System als Hochrisiko-KI-System zu qualifizieren und wird der Erzeuger des Ergebnisses nach Art. 28 Abs. 1 KI-Gesetz-E als Anbieter dieses Hochrisiko-KI-Systems eingestuft.

Eine Verwendung der Ergebnisse von Big-Data-Analysen für einen Hochrisiko-Zweck dürfte 211 in der Praxis **eher die Ausnahme** sein. Big Data wird für zahlreiche Zwecke genutzt. Die Bewertung natürlicher Personen, um die es im Anhang III schwerpunktmäßig geht, betrifft nur einen kleinen Teilbereich von Big Data. Jedoch sind die Fälle aus Sicht der Anbieter von KI-Systemen wie aus Sicht der Ersteller von Big-Data-Analysen sorgfältig zu beachten, damit die Rolle des Anbieters oder des Nutzers eines Hochrisiko-KI-Systems nicht ungewollt eingenommen wird.

ff) Die Verwendung von Analyseergebnissen zu Hochrisiko-Zwecken

Bei der Verwendung der Ergebnisse einer Big-Data-Analyse ist an **zwei Fallgruppen** zu denken: 212 Die Verwendung kann ihrerseits durch ein KI-System erfolgen, sie kann aber auch durch Software, die nicht als KI-System anzusehen ist, oder manuell, also durch eine natürliche Person, erfolgen. So können die konkreten Wartungszyklen aufgrund einer Predictive-Maintenance-Analyse durch eine natürliche Person festgelegt werden oder die Auswahl von Kandidaten kann durch eine natürliche Person unter Berücksichtigung der Bewertungen aus einer Analyse erfolgen.

Soweit die Verwendung der Analyse nicht durch ein KI-System erfolgt, liegt keine Nutzung 213 eines Hochrisiko-KI-Systems vor. Die Regeln für Hochrisiko-KI-Systeme beziehen sich auf die **spezifischen Risiken** aus der Nutzung von KI-Systemen, nicht auf die Risiken aus menschlichen Entscheidungen und der Entscheidungsgrundlage.

Soweit das Ergebnis einer Big-Data-Analyse seinerseits in ein KI-System eingeht, das in einem 214 Hochrisikobereich eingesetzt wird, ist der Betrieb dieses KI-Systems als Nutzung eines Hochrisiko-KI-Systems anzusehen. Dies hängt aber nicht mit der Analyse zusammen, sondern beruht einzig und allein auf der **Eigenschaft des verwendeten Systems**.

215 Wenn also das Ergebnis einer mittels eines KI-Systems durchgeführten Big-Data-Analyse von einem Unternehmen mittels eines KI-Systems zur Bewertung von Mitarbeitern verwendet wird, ist das Unternehmen der Nutzer eines Hochrisiko-KI-Systems, weil es zur Bewertung von Mitarbeitern ein KI-System einsetzt und nicht etwa, weil die durch eine Big-Data-Analyse erzeugte Information, die in das System des Unternehmens einging, ihrerseits durch ein KI-System erzeugt wurde.

5. Nutzer von KI-Systemen bei Big-Data-Analysen

216 Soweit KI-Systeme bestimmungsgemäß zur Erstellung von Big-Data-Analysen im Hochrisiko-Bereich verwendet werden, ist, wie dargestellt, der Ersteller der Analyse grundsätzlich Nutzer eines Hochrisiko-KI-Systems. Er unterliegt den Art. 28, 29 KI-Gesetz-E.

a) Die Bindung an die Vorgaben des Anbieters des KI-Systems

217 Die Bindung an die Vorgaben des Anbieters, insbesondere hinsichtlich des Einsatzzwecks, sowie das durch Art. 28 Abs. 1 verstärkte, faktische Verbot der Vornahme von Änderungen können für den Nutzer sehr problematisch sein. Dies gilt vor allem, wenn der Nutzer das System für einen bestimmten Zweck anpassen will. Da in der Praxis nicht einfach abzusehen ist, wann aus Sicht einer Aufsichtsbehörde eine **wesentliche Änderung** iSd lit. c) oder eine **Änderung der Zweckbestimmung** vorliegt, wird ein starker Anreiz gesetzt, hier sehr passiv zu bleiben. Dann kann aber das Potential von KI-Systemen nicht vollständig genutzt werden.

218 Ersteller von Big-Data-Analysen, die KI-Systeme im Hochrisiko-Bereich einsetzen wollen, werden daher sehr genau darauf zu achten haben, ob das von dem Anbieter zur Verfügung gestellte System allen Erfordernissen des geplanten Einsatzzwecks entspricht. Anpassungen sollten nicht vom Nutzer vorgenommen werden, sondern nur vom Anbieter des Systems, damit der **Rollenwechsel** nach Art. 28 vermieden wird.

b) Die Pflichten der Nutzer von Hochrisiko-KI-Systemen

219 Soweit der Ersteller einer Big-Data-Analyse als Nutzer eines Hochrisiko-KI-Systems tätig wird, unterliegt er den in Art. 29 KI-Gesetz-E geregelten Pflichten der Nutzer von Hochrisiko-KI-Systemen.

220 Art. 29 KI-Gesetz-E regelt die Pflichten des Nutzers in zweifacher Weise: Nach Abs. 1 sind die Nutzer verpflichtet, Hochrisiko-KI-Systeme nach der dem System beigefügten Gebrauchsanweisung sowie unter Beachtung der gesetzlichen, in Abs. 3–5 genannten Pflichten zu verwenden. Art. 29 Abs. 2 stellt klar, dass das Gesetz sonstige rechtliche Pflichten des Nutzers unberührt lässt.

221 Nach Abs. 3 hat der Nutzer dafür Sorge zu tragen, dass die **Eingabedaten** der Zweckbestimmung des Systems entsprechen. Nach Abs. 4 S. 1 ist der Nutzer verpflichtet, das System anhand der Gebrauchsanweisung zu überwachen. Diese zunächst auf die Gebrauchsanweisung bezogene **Überwachungspflicht** wird durch zwei weitere Pflichten in Abs. 4 S. 2, 3 ergänzt. Führt die Verwendung des KI-Systems gemäß der Gebrauchsanweisung aus Sicht des Nutzers zu einem Gesundheits- oder Sicherheitsrisiko iSd Art. 65 Abs. 1 KI-Gesetz-E oder stellt der Nutzer einen schwerwiegenden Vorfall nach Art. 62 KI-Gesetz-E fest, muss der Nutzer die Nutzung des Systems aussetzen und den Anbieter informieren. Nach Abs. 5 hat der Nutzer die vom System automatisch erzeugten Protokolle für einen angemessenen Zeitraum aufzubewahren, soweit die Protokolle seiner Kontrolle unterliegen. Weitere Protokollierungspflichten regelt Abs. 5 nicht.

Bezüglich der Nutzungspflicht nach Art. 29 KI-Gesetz-E fällt zweierlei auf: Zum ersten sind die   222
Pflichten inhaltlich stark begrenzt. Absatz 1 enthält eine Pflicht, die jedenfalls im Kernbestand
etwa im deutschen Recht gleichermaßen auch als **deliktische Verkehrspflicht** bestehen dürfte.
Dasselbe gilt wohl auch für die Pflichten nach Absätzen 3 und 4. Absatz 5 erlegt wahrlich
keine schweren Lasten auf. Dies dürfte angesichts des Absatz 2 indes unproblematisch sein,
da sonstige Pflichten eben nicht verdrängt werden. Dies gilt auch für Verkehrspflichten. Zum
Zweiten fällt, jedenfalls auf den ersten Blick, die starke Bindung an die Vorgaben des Anbieters
auf. Auch dies erklärt sich freilich vor dem Hintergrund, dass das KI-Gesetz vor allem als
Produktsicherheitsrecht konzipiert wurde und auf den Anbieter fokussiert ist. Die Bindung an
die Gebrauchsanweisung rundet, zumal eigenständige Nutzerpflichten ja nach Absatz 2 nicht
ausgeschlossen sind, vor allem die Verantwortung des Anbieters ab.

Die **Rechtsfolgen** bei Verletzung der Pflichten nach Art. 29 sind im KI-Gesetz-E nicht geregelt.   223
Hier zeigt sich abermals die Fokussierung des KI-Gesetzes auf den Anbieter. Rechtsfolgen können sich freilich aus anderen Normen, etwa der vorgeschlagenen KI-Haftungs-Richtlinie, nicht
zuletzt des mitgliedstaatlichen Rechts ergeben. Im deutschen Recht wird diskutiert, ob Art. 29
KI-Gesetz als Schutzgesetz iSd § 823 Abs. 2 BGB anzusehen ist (→ § 7 Rn. 275 ff.). Wichtiger
dürften, in Bezug auf die Haftung des Nutzers, aber wohl gleichlaufende Verkehrspflichten des
Nutzers sein (→ § 7 Rn. 213 ff.).

III. Haftung für KI-Systeme

1. Überblick

Ein weiterer Schwerpunkt der rechtspolitischen Diskussion zu KI liegt auf der Haftung für   224
KI-Systeme. So hatte bereits die Entschließung des EU-Parlaments vom Februar 2017[140], die
in der öffentlichen Wahrnehmung häufig auf die kurze Passage zur E-Person verkürzt wurde,
ihren Schwerpunkt auf Aspekten der Haftung für autonome Systeme.

Auch die **KI-Strategie** der EU-Kommission von 2018 wies ausdrücklich auf die Bedeutung   225
der Haftung hin. Entsprechend war eine der nachfolgend eingesetzten Expertengruppen
(→ Rn. 91) dem Bereich der Haftung gewidmet. Die **„Expert Group on Liability and New
Technologies"** wurde in zwei Formationen, einer auf Produkthaftung fokussierten Product
Liability Directive Formation und einer auf die Besonderheiten der neuen Technologien gerich-
teten New Technologies Formation, gegründet.[141] Damit brachte die Kommission bereits zum
Ausdruck, dass die Anwendung der Produkthaftung auf KI-Systeme eine wichtige Frage im
Gesamtkomplex der Haftung darstellt.

Der im Dezember 2019 veröffentlichte Abschlussbericht der New Technologies Formation[142]   226
inspirierte erkennbar sowohl den **Bericht der EU-Kommission von Februar 2020**,[143] in dem
sie ihre Überlegungen zur Haftung für KI-Systeme konkretisierte, als auch die **Resolution
des Europäischen Parlaments von Oktober 2020 zur Haftung von KI-Systemen**.[144] Die

---

140 Europäisches Parlament, Entschließung vom 16. Februar 2017 mit Empfehlungen an die Kommission zu
    zivilrechtlichen Regelungen im Bereich Robotik (2015/2103(INL)), ABl. EU C 252 vom 18.7.2018, S. 242 f.,
    249 f., 252.
141 Für nähere Informationen vgl. https://ec.europa.eu/transparency/expert-groups-register/screen/expert-groups
    /consult?do=groupDetail.groupDetail&groupID=3592 (letzter Zugriff 18.08.2023).
142 Abrufbar unter https://www.europarl.europa.eu/meetdocs/2014_2019/plmrep/COMMITTEES/JURI/DV/2020
    /01-09/AI-report_EN.pdf (letzter Zugriff 18.08.2023).
143 Europäische Kommission, Bericht über die Auswirkungen künstlicher Intelligenz, des Internets der Dinge
    und der Robotik in Hinblick auf Sicherheit und Haftung, Bericht vom 19.2.2020, COM(2020) 64 final,
    Fußnote 11 am Ende.
144 Europäisches Parlament, Entschließung vom 20. Oktober 2020 mit Empfehlungen an die Kommission für
    eine Regelung der zivilrechtlichen Haftung beim Einsatz künstlicher Intelligenz (2020/2014(INL)).

Resolution des Europäischen Parlaments ist insoweit von besonderem Interesse, als sie einen Entwurf für eine europäische Verordnung zur Haftung für KI-Systeme enthält.[145]

227 Am 28.9.2022 veröffentlichte die EU-Kommission zwei Vorschläge mit Bedeutung für die Haftung für KI-Systeme: den Entwurf einer Richtlinie zur Haftung für KI-Systeme[146] (i.F. **KI-Haft-RL-E**) sowie den Entwurf einer revidierten Produkthaftungsrichtlinie[147] (i.F. **ProdHaftRL-E**). Die Kommission versteht die beiden Vorschläge als ein inhaltlich zusammengehöriges Paket. So soll die neue Produkthaftungsrichtlinie das Produkthaftungsrecht an den technischen Fortschritt anpassen, nicht zuletzt an die Besonderheiten der Künstlichen Intelligenz.[148]

228 Die beiden Regelungsvorschläge werden nachfolgend in aller Kürze vorgestellt. Eine nähere Erörterung erfolgt im Rahmen der Haftung für Daten, soweit sie dort von Bedeutung sind (→ § 7 Rn. 28 ff., 149 ff.).

2. Der Vorschlag einer KI-Haftungs-Richtlinie

229 Der mit neun Artikeln auffallend kurze Vorschlag der KI-Haft-RL[149] enthält, anders als der Titel erwarten lässt, **keine eigenständige Haftungsregelung.**[150] Damit steht der Richtlinienvorschlag in einem auffallenden Kontrast zu den Empfehlungen der Expert Group on Liability and New Technologies – New Technologies Formation[151] und zur Resolution des Europäischen Parlaments vom Oktober 2020[152], die die Einführung einer spezifischen Gefährdungshaftung für bestimmte KI-Systeme empfohlen hatten.[153]

230 Der aktuelle Richtlinienvorschlag beschränkt sich auf zwei Elemente der Haftung: eine Regelung von **Informationen und Herausgabe von Dokumenten** (Art. 3) einerseits und die Regelung einer **Beweislastumkehr** (Art. 4) andererseits (→ § 7 Rn. 32).

231 Die Kommission verweist damit im Wesentlichen auf die Haftungsregeln der **mitgliedstaatlichen Zivilrechtsordnungen.** Die Richtlinie soll zudem nach Art. 1 Abs. 4 des Entwurfs lediglich eine Mindestharmonisierung herbeiführen.[154] Soweit nicht das geltende Recht, wie etwa im Fall von autonomen Fahr- und Flugzeugen einschließlich Drohnen, bereits eine Gefährdungshaftung des Betreibers vorsieht,[155] bleibt es insoweit bei der Verschuldenshaftung nach allgemeinem Deliktsrecht.

232 Die vorgeschlagene Richtlinie bezieht sich auf „KI-Systeme" (vgl. Art. 2 Nr. 1 des Entwurfs) und trifft eine Unterscheidung zwischen Hochrisiko-KI-Systemen (vgl. Art. 2 Nr. 2 des Entwurfs) und sonstigen KI-Systemen, die in den materiellen Regeln der Art. 3 und 4 von entscheidender Bedeutung ist. Bei beiden Begriffen verweist der Entwurf auf die entsprechenden Definitionen des KI-Gesetzes. Dasselbe gilt für die Begriffe des Anbieters (vgl. Art. 2 Nr. 3 des Entwurfs) und

---

145 Europäisches Parlament, Entschließung vom 20. Oktober 2020 mit Empfehlungen an die Kommission für eine Regelung der zivilrechtlichen Haftung beim Einsatz künstlicher Intelligenz (2020/2014(INL)), Anlage.

146 Europäische Kommission, Vorschlag für eine Richtlinie des Europäischen Parlaments und des Rates zur Anpassung der Vorschriften über außervertragliche zivilrechtliche Haftung an künstliche Intelligenz (Richtlinie über KI-Haftung) vom 28.9.2022, COM(2022) 496 final.

147 Europäische Kommission, Vorschlag für eine Richtlinie des Europäischen Parlaments und des Rates über die Haftung für fehlerhafte Produkte vom 28.9.2022, COM(2022) 495 final.

148 Europäische Kommission, Vorschlag für eine Richtlinie des Europäischen Parlaments und des Rates über die Haftung für fehlerhafte Produkte vom 28.9.2022, COM(2022) 495 final, Abschnitt 1.3.

149 Siehe erste Stellungnahmen bei Bomhard/Siglmüller RDi 2022, 506; Borges CRi 2023, 1 (5 ff.); Spindler CR 2022, 689 (699 ff.).

150 Borges CRi 2023, 1 (5); Staudenmayer NJW 2023, 894 (895).

151 Expert Group New Technologies Formation, Report on Liability for AI, 2019, S. 39 ff.

152 Europäisches Parlament, Entschließung vom 20. Oktober 2020 mit Empfehlungen an die Kommission für eine Regelung der zivilrechtlichen Haftung beim Einsatz künstlicher Intelligenz (2020/2014(INL)), Anhang, Art. 4 des VO-Vorschlags.

153 Näher Borges CRi 2023, 1 (5).

154 Zu den Vor- und Nachteilen dieses Mindestharmonisierungsansatzes Staudenmayer NJW 2023, 894 (895 f.).

155 Vgl. § 7 Abs. 1 StVG und §§ 45 ff. LuftVG.

des Nutzers (vgl. Art. 2 Nr. 4 des Entwurfs) von KI-Systemen. Der Entwurf dockt damit in allen entscheidenden Regeln an das **Konzept des KI-Gesetzes** an.

3. Der Entwurf einer neuen Produkthaftungsrichtlinie

Der Entwurf einer revidierten Produkthaftungsrichtlinie,[156] der eine lange Vorgeschichte[157] hat, soll die aus dem Jahr 1985 stammende Produkthaftungsrichtlinie[158] ersetzen. Mit der Revision will die Kommission das Produkthaftungsrecht an den technischen Fortschritt, nicht zuletzt an die Besonderheiten der Künstlichen Intelligenz, anpassen.[159] Der Novellenentwurf orientiert sich an der bisherigen Produkthaftungsrichtlinie, enthält aber zugleich einige wichtige Modifikationen, nicht zuletzt im Hinblick auf neue Technologien. 233

Eine wichtige Änderung betrifft den **Anwendungsbereich der Produkthaftung**, der durch den Begriff des Produkts (Art. 2 ProdHaftRL 85) beschrieben wird. Dieser bleibt im Wesentlichen unangetastet, erfährt aber wichtige Klarstellungen, die man durchaus auch als materielle Ergänzungen verstehen kann. So schließt der Begriff des Produkts nach Art. 4 (1) S. 2 ProdHaftRL-E ausdrücklich „Software" sowie „digitale Bauunterlagen" ein. 234

Im Bereich der Software werden **Updates und Upgrades** ausdrücklich eingeschlossen, womit die Produkthaftung über das Inverkehrbringen des ursprünglichen Produkts hinaus ausgedehnt wird. Der Entwurf sieht sogar die Haftung für unterlassene Updates vor (Art. 10 Abs. 2 lit. c).[160] 235

Eine wichtige Neuerung führt Art. 8 ProdHaftRL-E mit dem Titel **„Offenlegung von Beweismitteln"** ein. Danach müssen die mitgliedstaatlichen Gerichte die Möglichkeit haben, auf Antrag des Geschädigten vom potentiellen Haftungsadressaten die Herausgabe relevanter Informationen zu verlangen.[161] 236

Wichtige Änderungen ergeben sich schließlich im Bereich der in Art. 9 ProdHaftRL-E geregelten **Beweislast**. Die Regel bleibt im Ausgangspunkt (Abs. 1) bei bisherigem Grundsatz, dass der Geschädigte die Beweislast für den Fehler des Produkts und die Kausalität des Fehlers für den Schaden trägt. Jedoch geht Art. 9 in den Absätzen 2–5, die keine Entsprechung in der ProdHaftRL 85 haben, durch Einführung mehrerer Vermutungen entscheidend über den bisherigen Rechtszustand hinaus (→ § 7 Rn. 45). 237

Die Bedeutung der Produkthaftung für Big Data wird im Zusammenhang mit den Haftungsfragen (→ § 7 Rn. 180 ff.) erörtert. 238

---

156 Europäische Kommission, Vorschlag für eine Richtlinie des Europäischen Parlaments und des Rates über die Haftung für fehlerhafte Produkte vom 28.9.2022, COM(2022) 495 final; siehe dazu etwa Adelberg ZfPC 2023, 59; Borges DB 2022, 2650.

157 Siehe für einen Überblick zur Überarbeitung der Richtlinie 85/374/EWG etwa Arbeitsunterlage der Kommissionsdienststellen „Evaluation of Council Directive 85/374/EEC of 25 July 1985 on the approximation of the laws, regulations and administrative provisions of the Member States concerning liability for defective products", S. 4 f., abrufbar unter https://eur-lex.europa.eu/legal-content/EN/TXT/PDF/?uri=CELEX:52018S C0157, sowie Arbeitsunterlage der Kommissionsdienststellen Impact Assessment Report, Accompanying the document „Proposal for a Directive of the European Parliament and of the Council on liability for defective products", S. 4 f., abrufbar unter https://eur-lex.europa.eu/legal-content/EN/TXT/PDF/?uri=CELEX:52022SC0 316.

158 Richtlinie 85/374/EWG des Rates vom 25.7.1985 zur Angleichung der Rechts- und Verwaltungsvorschriften der Mitgliedstaaten über die Haftung für fehlerhafte Produkte, ABl. EG L 210 vom 7.8.1985, S. 29.

159 Europäische Kommission, Vorschlag für eine Richtlinie des Europäischen Parlaments und des Rates über die Haftung für fehlerhafte Produkte vom 28.9.2022, COM(2022) 495 final, Abschnitt 1.3.

160 Dazu Borges DB 2022, 2650, 2653.

161 Vgl. hierzu Adelberg ZfPC 2023, 59 (61 f.); Borges DB 2022, 2650 (2651).

§ 2 Geschäftsmodelle

Literatur: *Al-Debei, Mutaz/Avison, David*, Developing a unified framework of the business model concept, European Journal of Information Systems 2010, 359 ff.; *Andrews, Kenneth*, The concept of corporate strategy, 3. Auflage 1980; *Andersen, Jesper/Elsborg, Ebbe/Henglein, Fritz/Simonsen, Jakob/ Stefansen, Christian*, Compositional specification of commercial contracts, International Journal on Software Tools for Technology Transfer, 2006, 485 ff.; *Angelov, Samuil/Grefen, Paul*, A conceptual framework for b2b electronic contracting, in: Working Conference on Virtual Enterprises, S. 143 ff.; *Arbeitskreis Smart Service Welt, acatech*, Smart Service Welt: Recom-mendations for the Strategic Initiative Web-based Services for Businesses. Final report, 2015; *Atzori, Luigi/Iera, Antonio/Morabito, Giacomo*, The internet of things: A survey, Computer networks, 2010, 2787 ff.; *Berners-Lee, Tim/Fischetti, Mark*, Weaving the Web: The original design and ultimate destiny of the World Wide Web by its inventor, 1999; *Beverungen, Daniel/Müller, Oliver/Matzner, Martin/Mendling, Jan/Vom Brocke, Jan*, Conceptualizing smart service systems, Electronic Markets, 2019, 29 (1), 7 ff.; *Bommasani, Rishi/Adeli, Ehsan/Altman, Russ ua*, On the Opportunities and Risks of Foundation Models, On the opportunities and risks of foundation models; arXiv:2108.07258; *Botchkarev, Alexei*, Performance metrics (error measures) in machine learning regression, forecasting and prognostics: Properties and typology, arXiv preprint arXiv:1809.03006; *Brynjolfsson, Erik/Hitt, Lorin/Kim, Heekyung*, Strength in numbers: How does data-driven decision making affect firm performance? 2011; *Brynjolfsson, Erik/Malone, Thomas/ Gurbaxani, Vi-jay/Kambil, Ajit*, Does information technology lead to smaller firms?, Management Science 1994, 1628 ff.; *Brynjolfsson, Erik/Hitt, Lorin*, Beyond Computation: Information Technology, Organizational Transformation and Business Performance, Journal of economic perspectives, 2000, 14 (4), 23; *Brynjolfsson, Erik/McElheran, Kristina*, The rapid adoption of data-driven decision-making, American Economic Review, 2016, Vol. 106 (5), 133 ff.; *Brynjolfsson, Erik/Smith, Michael*, Frictionless Commerce? A Comparison of Internet and Conventional Retailers, Management Science, 2000, 563 ff.; *Brynjolfsson, E./Hitt, L. M./Kim, H. H.*, 2011, Strength in numbers: How does data-driven decisionmaking affect firm performance?; *Brynjolfsson, E.*, 1993, The productivity paradox of information technology, Communications of the ACM, 36(12), 66–77; *Bourreau, Marc/Gensollen, Michel/Moreau, François*, The Impact of a Radical In-novation on Business Models: Incremental Adjustments or Big Bang?, Industry and Innovation, 19(5), 415 ff.; *Cai, Li/Zhu, Yangyong*, The challenges of data quality and data quality assessment in the big data era, Data science journal 2015, 14 ff.; *Chesbrough, Henry/Rosenbloom, Richard*, The role of the business model in capturing value from innovation: evidence from Xerox Corporation's. technology spin-off companies, Industrial and Corporate Change, Vol. 11 (3), 2002, 529 ff.; *Chapman, Stephen*, The fundamentals of production planning and control, 2006; *Crainic, Teodor*, Service network design in freight transportation, European journal of operational research, 122 (2), 272 ff.; *Chen, Hsinchun/Chiang, Roger/Storey, Veda*, Business intelligence and analytics: from big data to big impact, MIS Quarterly, Vol. 36 (2012), 1165 ff.; *Drnevich, Paul/Croson, Davis*, MISQ 2013, 483; *Egelund-Müller, Benjamin/Elsman, Martin/Henglein, Fritz/Ross, Omri*, Automated execution of financial contracts on blockchains, Business & Information Systems Engineering, 2017, 59 (6), 457; *Fonseca, Luis/Amaral, António/Oliveira, José*, Quality 4.0: The EFQM 2020 Model and Industry 4.0 Relationships and Implications, Sustainability, 2021, 13(6), 3107 ff.; *Fried, Charles*, Contract as promise: A theory of contractual obligation, 2015; Oxford University Press, USA, 2. Auflage 2015; *Grönroos, Christian/Voima, Päivi*, Critical service logic: making sense of value creation and co-creation, Journal of the academy of marketing science, 2013, 41(2), 133 ff.; *Gudivada, Venkat/Apon, Amy/Ding, Junhua*, Data quality considerations for big data and machine learning: Going beyond data cleaning and transformations, International Journal on Advances in Software, 2017, 10(1), 1 ff.; *Hagel, John*, Spider versus Spider, Are „webs" a new strategy for the information age?, The McKinsey Quarterly, 1996, 71 ff.; *Hass, Berthold*, Hass, Geschäftsmodelle von Medienunternehmen: ökonomische Grundlagen und Veränderungen durch neue Informations- und Kommunikationstechnik, 2002; *Hastie, Trevor/ Tibshirani, Robert/Friedman, Jerome*, The Elements of Statistical Learning, 2. Aufl. 2009; *Hodgson, Geoffrey*, Capitalism, Complexity, and Inequality, Journal of Economic Issues 37(2), 471 ff.; *Hess, Thomas*, What is a Media Company? A Reconceptualization for the Online World, International Journal on Media Manage-ment, 2014, 16 (1), 3 ff.; *Johnson, Mark/Clayton, Christensen/Kagermann, Henning*, Reinventing Your Business Model, Harvard business review, 2008, 86 (12), 57 ff.; *Kenny, Martin/Zysman, John*, The Rise of the Platform Economy, Issues in Science and Technology 2016,

61 ff.; *Karpen, Ingo/Gemser, Gerda*/Calabretta, Giulia, A multilevel consideration of service design conditions: Towards a portfolio of organisational capabilities, interactive practices and individual abilities. Journal of Service Theory and Practice, 2017, 384 ff.; *Kogut, Bruce/Zander, Udo*, Knowledge of the firm, combinative capabilities, and the replication of technology, Organization science, 1993, 383 ff.; *Kollingbaum, Martin/Norman, Timothy*, Supervised interaction: creating a web of trust for contracting agents in electronic environments, in: Proceedings of the first international joint conference on Autonomous agents and multiagent systems, 2002; *Komiak, Sherrie/Benbasat, Izak*, The effects of personalization and familiarity on trust and adoption of recommendation agents, MIS quarterly 2006, 941 ff.; *Krizhevsky, Alex/Sutskever, Ilya/Hinton, Geoffrey*, Imagenet classification with deep convolutional neural networks, Communications of the ACM, 2012, 60(6), 84 ff.; *Kushner, David*, „The real story of Stuxnet," IEEE Spect., 2013, 48 ff.; *Ladleif, Jan/Weske, Matthias*, A unifying model of legal smart contracts, in: International Conference on Conceptual Modeling, 2019; *Laudon, Kenneth/Laudon, Jane*, Management information systems, 2016; *Moeller, Sabine*, Customer Integration – a Key to an Implementation Perspective of Service Provision, Journal of Service Research, 2008, 197 ff.; *Lee, Hau/Padmanabhan, V./Whang, Seungjin*, The bullwhip effect in supply chains. Sloan management review, Sloan management review, 1997, 93 ff.; *Lesser, Victor*, Reflections on the nature of multi-agent coordination and its implications for an agent architec-ture, Autonomous agents and multi-agent systems 1998, 89 ff.; *Liang, Gaoqi/Zhao, Junshua/Luo, Fengji/Weller, Steven/Yang Dong, Zhao*, A Review of False Data Injection Attacks Against Modern Power Systems, IEEE Transactions on Smart Grid, 2016, 8 Nr. 4, 1630 ff.; *Loebbecke, Claudia/Picot, Arnold*, Reflections on societal and business model transformation arising from digitization and big data analytics: A research agenda, The Journal of Strategic Information Systems, 2015, 149 ff.; *Li, Jian-hua*, Cyber security meets artificial intelligence: a survey, Frontiers of Information Technology & Electronic Engineering 2018, 1462 ff.; *Lue, Jie/Liu, Anjin/Gu, Feng/Gama, Joao/Zhang, Guangquan*, Learning under Concept Drift: A Review, IEEE Transactions on Knowledge and Data Engineering, 2018, 2346 ff.; *Maass, Wolfgang/Storey, Veda*, Pairing conceptual modeling with machine learning, Data & Knowledge Engineering, 134 (2021), 101909; *Maass, Wolfgang/Varshney, Upkar*, Preface to the Focus Theme section: ‚Smart Products‘, Electronic Markets, 18(3), 211 ff.; *Maass, Wolfgang*, Contract-based Data-Driven Decision Making in Federated Data Ecosystems, in: Proceedings of the 55th Hawaii International Conference on System Sciences (HICSS), 2022, 1997 ff.; *Mohanta, Bhabendu/Panda, Soumyashree/Jena, Debasish*, An over-view of smart contract and use cases in blockchain technology, in: 2018 9th International Conference on Computing, Communication and Networking Technologies (ICCCNT), S. 1 ff.; *Provost, F./Fawcett, T.*, 2013, Data science and its relationship to big data and data-driven decision making, Big data, 1(1), S. 51–59; *Morris, Michael/Schindehutte, Minet*, The Entrepreneur's. Business Model: Toward a Unified Perspective, Journal of Business Research 58(6), 726 ff.; *Natarajarathinam, Mailini/Capar, Ismail/Narayanan, Arunachalam*, Managing supply chains in times of crisis: a review of literature and insights, International Journal of Physical Distribution & Logistics Management, 2009, 535 ff.; *Osterwalder, Alexander/Pigneur, Yves*, Business Model Generation: A Handbook for Visionaries, Game Changers, and Challengers, 1. Auflage 2010; *Osterwalder, Alexander/Pigneur, Yves/Tucci, Christopher*, Clarifying Business Models: Origins, Present, and Future of the Concept, Comm AIS 16, 1 ff.; *Oster-walder*, The business model ontology a proposition in a design science approach, 2004; *Otto, Boris/Jarke, Matthias*, Designing a multisided data platform: findings from the International Data Spaces case, Electronic Markets, 2019, 561 ff.; *Otto, Boris/ten Hompel, Michael/Wrobel, Stefan*, International Data Spaces, In Digital Transformation 2019, 109; *Porter, Michael*, Competitive advantage of nations: creating and sustaining superior Performance, 2011; *Parasuraman, A Parsu/Zeithaml, Valerie/Berry, Leonhard*, A Conceptual Model of Service Quality and Its Implications for Future Research, Journal of Marketing 1985, 41 ff.; *Provost, Forster/Fawcett, Tom*, Data Science and its Relationship to Big Data and Data-Driven Decision Making, Big data, 1, 51 ff.; *Schmid, Beat* in: Weiber, Rolf, Handbuch Electronic Business, 2. Auflage 2000, S. 211 ff.; *Schmid, Beat/Lindemann, Markus*, Elements of a Reference Model for Electronic Markets, Elements of a reference model for electronic markets, in: Proceedings of the Thirty-First Hawaii International Conference on System Sciences 1998 (4), 193 ff.; *Smith, Reid*, The contract net protocol: High-level communication and control in a distributed problem solver, IEEE Computer Architecture Letters, 29 (1982), 12, 1104 ff.; *Shostack, Lynn*, „How to Design a Service," European Journal of Marketing, 1982, 16 (1), 49 ff.; *Schroeder, Ralph*, Big data business models: Challenges and opportunities, Cogent Social Sciences, 2(1), 1166924; *Teece, David*, Business Models,

Maaß

Business Strategy and Innovation, Long range planning, 43(2), 172 ff.; *Stachowiak*, Allgemeine Modelltheorie, 1973; *Szyperski, Clemens/Gruntz, Dominik/Murer, Stephan*, Component software: beyond object-oriented programming, 2002; *Solaiman, Ellis/Molina-Jiménez/Sfyrakis, Ioannis*, A State Aware Model and Architecture for the Monitoring and Enforcement of Electronic Contracts, in: 2016 IEEE 18th Conference on Business Informatics (CBI), 1 (2016), 55; *Texeira, Jorge/Patrício Lia/Huang, Ko-Hsun/Fisk, Raymond/Nóbrega, Leonel/Constantine, Larry*, The MINDS Method: Integrating Management and Interaction Design Perspectives for Service Design, Journal of Service Research, 20 (3), 240 ff.; *Timmers, Paul*, Business models for electronic markets, Electronic markets, 8(2), 3 ff.; *Spector, Bert/Santos, Jose/Van der Heyden, Ludo*, Toward a theory of business model innovation within incumbent firms, INSEAD, Fontainebleau, France, 2009, 1 ff.; *Van Bon, Jan/de Jong, Arjen/Kolthof, Axel/Pieper, Mike/Tjassing, Ruby/Van der Veen, Annelies/Tieneke Verheijen*, Foundations of IT Service Management Based on ITIL®, 2008, Band 3; *Van Der Aalst, Wil/Van Hee Kees*, Workflow management: models, methods, and systems, 2004; *Stephen/Lusch, Robert*, Service-dominant logic: continuing the evolution, Journal of the Academy of Marketing Science Vol. 36 (2008), S. 1 ff.; *Vargo, Stephan/Lusch, Robert*, Service-dominant logic: continuing the evolution, Journal of the Academy of marketing Science, 2008, 36(1), 1; *Vargo, Stephan/Lusch, Robert*, Evolving to a new dominant logic for marketing. Journal of Marketing, 68(1), 1 ff.; *Varian, Hal*, Computer mediated transactions, American Economic Review, 100(2), 217; *Vink, Josina/Koskela-Huotari, Kaisa/Tronvoll, Bård/Edvardsson, Bo, & Wetter-Edman, Katarina*, Service ecosystem design: Propositions, process model, and future research agenda, 2021, Journal of Service Re-search, 24(2), 168; *Williamson, Oliver*, Franchise bidding for natural monopolies – in general and with respect to CATV, The Bell Journal of Economics 1976, 73 ff.; *Yang, Zhilin/Jun, Minjoon/Peterson, Robin*, Measuring customer perceived online service quality: scale development and managerial implications. International Journal of operations & production Management, 2004 (24) Nr. 11, 1149 ff.; *Zech, Herbert*, Data as a tradeable commodity – implications for contract law, Proceedings of the 18th EIPIN Congress: The New Data Economy between Data Ownership, Privacy and Safeguarding Competition, Edward Elgar Publishing, Forthcoming; *Zhang, Daniel/Maslej, Nestor/Brynjolfsson, Erik/Etchemendy, John/Lyons, Thera/Manyika, James/Ngo, Helen/Niebles, Juan/Sellitto, Michael/Sakhaee, Ellie Shoham, Yoav/Clark, Jack/Perrault, Raymond*, „The AI Index 2022 Annual Report," AI Index Steering Committee, Stanford Institute for Human-Centered AI, Stanford University, 2022.

A. Einleitung

Die Bedeutung von Daten hat im unternehmerischen Gebrauch mehrere Wellen durchlebt. Waren Daten zu Beginn der elektronischen Datenverarbeitung der zentrale Punkt, so standen Prozessbetrachtungen um die Jahrhundertwende im Fokus und Daten wurden als gegeben angenommen. Sie waren einfach nur die Inhalte von Datenbanken, welche über definierte Datenschemata gespeichert und verarbeitet wurden. Mit dem Aufkommen des **World Wide Web** (WWW) waren es Suchmaschinenanbieter und Online-Händler, welche das Potential großer Datenmengen erkannten und nutzen, um damit hochwertige Dienste herstellen zu können. Die Verfügbarkeit großer Datenmengen (allgemein auch Big Data genannt) erlaubte es, auch vollkommen neue Fragestellungen anzugehen, wie beispielsweise Stimmungen in Kommentaren, visuelle Objekterkennung oder auch Produktähnlichkeiten. Durch die Wiederentdeckung bekannter KI-Technologien, insbesondere Neuronaler Netze, wurden ungeahnte Möglichkeiten erkannt, so dass es im Nachgang zu einer großen Umwälzung in der Informatikforschung und praktischen Umsetzung kam. Hervorzuheben ist dabei die Arbeit von Krizhevsky[1], welche die Erkennung visueller Objekte revolutioniert hat.

2 Technologie ist jedoch ein Mittel zum Zweck, weswegen der Entwicklung von **Geschäftsmodellen** eine besondere Bedeutung zukommt, wenn es darum geht, innovative Technologien, wie die der Künstlichen Intelligenz, in wirtschaftlichen Nutzen umzuwandeln. Da digitale Technologien von Natur aus nicht materiell sind, sich zumeist zu geringen Kosten kopieren lassen und sich nicht verbrauchen, sind es vor allem Geschäftslogiken aus dem Dienstleistungsbereich, welche als Basis für die Entwicklung von „Big Data"-Geschäftsmodellen verwendet werden. KI-basierte Datenanalysen erlauben es, Dienste an die individuellen Bedürfnisse anzupassen, woraus der Begriff „Smart Services" resultiert.

3 **Smart Services** dienen häufig der Entscheidungsfindung im Konsumenten- aber auch im Geschäftsbereich. Somit sind Smart Services auf menschliche Aktivitäten ausgerichtet und weniger im Bereich der Maschine-zu-Maschine-Kommunikation, wie man sie im Robotikbereich häufig antrifft. Das Design von Smart Services fokussiert sich einerseits auf die Herstellung eines Dienstes, andererseits auch auf die Schaffung von Situationen, welche ein Nutzer als adäquat und wertschaffend wahrnimmt. Somit passen sich Smart Services an den Nutzer an, anstatt den Nutzer in eine künstliche Anpassung zu zwängen. Solch ein Servicedesign erfordert interdisziplinäres Wissen, um die Bedürfnisse eines Nutzers zielgenau zu erfassen und kontinuierlich zu verbessern.

4 Analog zu Produktplattformen der Automobilindustrie, sind es IT-Plattformen auf denen Big Data in Smart Services wertschöpfend transformiert werden. Große Internetunternehmen haben frühzeitig damit begonnen, IT-Plattformen unter dem Begriff Cloud Computing zu schaffen, auf denen sich klassische Dienste, aber auch Smart Services implementieren, betreiben, aber auch vernetzen lassen. Da Service Designs für unbekannte Vernetzung mit anderen Services offen sein müssen, sind IT-Plattformen besonders dafür geeignet, Ökosysteme für Services zu unterstützen. Dabei kommt es darauf an, dass Daten zwischen Services interoperabel sind, wofür standardisierte Datenschemata und Ontologien dienlich sind. Für eine funktionale Interoperabilität von Services werden standardisierte Kommunikationsprotokolle, wie http/REST, MQTT oder OPC-UA verwendet. Ein wichtiges Element von IT-Plattformen ist die Skalierbarkeit, um Services möglichst elastisch an veränderliche Bedarfsvolumina anzupassen und nutzungsgenau abzurechnen. In Ermangelung großer, europäischer IT-Plattformen werden vor allem verteilte IT-Plattformen (zB GAIA-X) praktisch untersucht.

5 Big Data, Smart Services und IT-Plattformen sind zentrale Bausteine einer Datenwirtschaft für ganze Industrien oder Gesellschaften. Die Bewirtschaftung von Daten erfordert ein Verständnis dafür, dass Daten Vermögenswerte sind, welche gehandelt werden können. Dafür ist der aktuell im Gesetzgebungsverfahren befindliche „Data Act" ein wichtiger, regulatorischer Baustein. Ziel des Data Act ist es, regulatorisch induzierte Anreize zu schaffen, um qualitativ hochwertige Datengüter zu erzeugen und über Datenverträge zu teilen, ohne stark an einzelne IT-Plattformen gebunden zu sein.

B. Geschäftsmodelle und Innovationsmanagement

6 Ein Geschäftsmodell beschreibt das Design oder die Architektur, wie Werte von einer Organisation geschaffen, geliefert und erfasst werden.[2] Unter einem Geschäftsmodell kann aber auch ein Plan verstanden werden, um die Strategie eines Unternehmens in Bezug auf die Erstellung von Produkten oder Dienstleistungen in Werte für Kunden und wirtschaftlichen Erfolg

---

1 Krizhevsky/Sutskever/Hinton, Communications of the ACM, 60(6), 84 ff.
2 Teece, Long range planning, 43(2), 172 ff.

umzusetzen.[3] Somit vermitteln Geschäftsmodelle zwischen Unternehmensstrategie und operativem Geschäft. Gleichfalls dienen Geschäftsmodelle dazu, wertschöpfende Leistungen eines Unternehmens in Bezug zum Markt und zu Kundenbedürfnissen zu setzen. Rein ökonomisch betrachtet dienen Geschäftsmodelle einerseits der effizienten Gestaltung einer Wertschöpfungserstellung und andererseits der Expansion in einem Markt.[4]

Im praktischen Gebrauch dienen Geschäftsmodelle dazu, Geschäftsideen zu konkretisieren   7 und in organisationale Strukturen zu überführen, welche analysiert und kommuniziert werden können. Existierende Geschäftsmodelle können zudem als Blaupausen verwendet werden, um die Modellierung innovativer Geschäftsideen zu unterstützen. Geschäftsmodelle dienen der Entwicklung eines gemeinsamen Verständnisses zu einer Geschäftsidee, um eine Bewertung über die Werthaltigkeit und Notwendigkeit für Veränderungen abzuleiten. Die Form, in der ein Geschäftsmodell beschrieben wird, ist nicht vorgegeben. Somit können Geschäftsmodelle rein verbal, beispielsweise in Kurzpräsentationen für potenzielle Investoren (sog. Pitches) kommuniziert oder auch in formalisierten Strukturen, beispielsweise durch BPMN Diagramme, repräsentiert werden.

Der **Modelltheorie** von Stachowiak folgend, zeichnet sich ein Modell durch drei Merkmale   8 aus[5]:

1. *Abbildungsmerkmal*: Jedes Modell bildet einen Weltausschnitt ab.
2. *Verkürzungsmerkmal*: Jedes Modell abstrahiert, indem es wesentliche Eigenschaften eines Weltausschnitts betrachtet und unwesentliche Eigenschaften weglässt.
3. *Pragmatisches Merkmal*: Jedes Modell wird im Hinblick auf einen Verwendungszweck geschaffen.

Der Anspruch von Geschäftsmodellen ist grundsätzlich, dass sie innovativ und nicht replikativ   9 sind. Die Innovation kann dadurch entstehen, dass durch diese grundsätzlich eine neue Geschäftsidee umgesetzt wird oder dass sie für das jeweilige Unternehmen innovativ ist. Somit ist die Innovation eines Geschäftsmodells entweder extern oder nur intern innovativ. Beispielsweise war das Geschäftsmodell von Netscape Communications Corporation eine externe Innovation, als das Unternehmen im Jahr 1994 gegründet wurde, um den ersten professionellen World Wide Web-Browser zu kommerzialisieren. Die Entwicklung eines eigenen Google-Browsers Mitte der 2000er Jahre kopierte existierende Geschäftsmodelle zu Browser-Technologien, da es bereits mit dem Netscape-Browser und Microsoft-Browser etablierte Lösungen gab. Die Integration neuster Ansätze in den Google Chrome-Browsern zeigte aber, dass Google sehr wohl ein extern innovatives Geschäftsmodell verfolgt mit dem Effekt, dass der Marktanteil auf über 80 % stieg. **Replikative Geschäftsmodelle** wirken meist in Unternehmen nach innen, indem sie die Arbeitsweise und Kultur eines Unternehmens verändern wollen und weniger, indem sie versuchen, direkte Marktvorteile über Produkte oder Dienste zu erlangen. Sie kopieren zumeist bekannte Geschäftsmodelle und adaptieren sie an die Anforderungen des Unternehmens. Die Entwicklung von Geschäftsmodellen, die vollständig extern innovativ sind, ist eher die Ausnahme denn die Regel. Meist werden inkrementell veränderte Geschäftsmodelle entwickelt und umgesetzt, da sie auf bekanntem Wissen aufsetzen und somit geringere Adaptionshürden mit sich bringen.[6] In allgemeiner Weise verstehen Al-Debei and Avison ein Geschäftsmodell als *„eine abstrakte Darstellung einer Organisation, sei es konzeptionell, textlich und/oder grafisch, aller zentralen, miteinander verbundenen architektonischen, kooperativen und finanziellen Regelungen, die von einer Organisation gegenwärtig und in Zukunft entworfen und entwickelt werden, sowie*

---

3 Andrews, The concept of corporate strategy.
4 Hodgson Journal of Economic Issues 37(2), 471 ff.
5 Stachowiak, 131 ff.
6 Bourreau/Gensollen/Moreau, The impact of a radical innovation on business models: Incremental adjustments or big bang? Industry and Innovation, 19(5), 415 ff.

aller zentralen Produkte und/oder Dienstleistungen, die die Organisation auf der Grundlage dieser Regelungen anbietet oder anbieten wird und die zur Erreichung ihrer strategischen Ziele erforderlich sind".[7] Spezifischer besteht der Kern eines Geschäftsmodells aus drei Elementen[8]:

1. Kundenwertaussage: Beschreibung, welches Kundenproblem in besonderer Weise gelöst werden kann.
2. Gewinnformel: Beschreibung, wie Werte über bspw. Umsatzmodelle, Kostenstrukturen oder Gewinnmargen erwirtschaftet werden können.
3. Schlüsselressourcen und -prozesse: Mitarbeiter, Technologien, Produkte, Einrichtungen, Ausrüstung und Marke, die erforderlich sind, um dem Zielkunden ein Wertangebot unterbreiten zu können.

10   Ein Geschäftsmodell ist somit kein Selbstzweck, sondern dient dazu, ein existierendes Kundenproblem auf eine Art und Weise zu lösen, welche werthaltig und innovativ ist. Die grundlegende Geschäftsidee kann sich auf ein Kundenproblem beziehen, für das bestehende Lösungen zu teuer oder ineffizient sind. Es kann jedoch auch auf neuen Technologien beruhen, welche Möglichkeiten für innovative Problemlösungen bieten. Ferner können Geschäftsmodelle auch Lösungen für Probleme liefern, für die bis dato keine Lösungen existierten. Dies fasst Timmers wie folgt zusammen: *[A business model is] „an architecture for the product, service and information flows, including a description of the various business actors and their roles; a description of the potential benefits for the various business actors; a description of the sources of revenue".*[9] Hierdurch wird der Fokus mehr auf die Funktionsweise gelegt, wie eine wirtschaftliche Aktivität organisiert und orchestriert werden soll.[10]

11   Die **Funktionen** eines Geschäftsmodells sind[11]:

- Formulierung eines *Wertversprechens*, dh Beschreibung des Wertes, der für die Nutzer durch das auf der Technologie basierende Angebot geschaffen wird;
- Bestimmung eines *Marktsegments*, dh Beschreibung der Nutzer, für die die Technologie nützlich ist und der zweckbezogenen Nützlichkeit, sowie Festlegung der Mechanismen zur Erzielung von Einnahmen für das Unternehmen;
- Definition der Struktur der *Wertschöpfungskette* innerhalb des Unternehmens, die für die Erstellung und den Vertrieb des Angebots erforderlich ist und die komplementären Vermögenswerte bestimmt, die zur Unterstützung der Position des Unternehmens in dieser Kette erforderlich sind;
- Schätzung der *Kostenstruktur* und des *Gewinnpotenzials* bei der Produktion des Angebots unter Berücksichtigung des Wertversprechens und der gewählten Struktur der Wertschöpfungskette;
- Beschreibung der Position des Unternehmens innerhalb des *Wertschöpfungsnetzes*, das Lieferanten und Kunden miteinander verbindet, einschließlich der Ermittlung potenzieller Komplementäre und Konkurrenten;
- Formulierung der *Wettbewerbsstrategie*, mit der das innovative Unternehmen einen Vorteil gegenüber seinen Konkurrenten erlangen und halten will.

12   Verfügt ein Geschäftsmodell über ausreichende Antworten auf die Fragen zu diesen sechs Attributen und passen diese zur Unternehmensstrategie, so dient das Geschäftsmodell als Be-

---

7   Al-Debei/Avison European Journal of Information Systems 19, 359 (372).
8   Johnson/Christensen/Kagermann, Reinventing Your business model. Harvard business review, 86(12), 57 ff.
9   Timmers, Electronic markets, 8(2), 3 ff.
10   Santos/Spector/Van der Heyden Fontainebleau, France, 2009, 1 ff.
11   Chesbrough/Rosenbloom Industrial and corporate change, 2009, 11(3), 529 ff.

gründung für den Einsatz finanzieller und anderer Ressourcen[12] und als Plan für eine operative Umsetzung.

Durch die rasche Entwicklung innovativer Geschäftsideen im Bereich des Electronic Commerce Ende der 1990er Jahre stellte sich die Frage nach Rahmenmodellen bzw. Metamodellen für Geschäftsmodelle. Unterschiedliche Vorschläge für Metamodelle wurden in der Folge entwickelt.[13] Rahmenmodelle sind Blaupausen, welche die konzeptuelle Sicht der Geschäftsführung und Fachexperten mit der operativen Ebene durch Beschreibungen von Aufbau- und Ablauforganisationen und Infrastrukturen vermitteln.[14] Ein Geschäftsmodell definiert die konzeptuellen Grenzen eines Unternehmens und beschreibt, was innerhalb und außerhalb eines Unternehmens liegt und wie die innere Seite des Unternehmens über Schnittstellen mit dem Äußeren interagiert. Zu unterscheiden ist, ob ein Geschäftsmodell produktzentriert oder dienstleistungszentriert ist.[15] 13

Da die operative Ebene von Unternehmen zunehmend von digitalen Diensten unterstützt wird, werden Geschäftsmodelle auch als eine strukturierte Menge von Anforderungen für die Entwicklung und Anpassung von Informations- und Kommunikationstechnologien verwendet.[16] Während der Anfangszeit des E-Commerce wurden die Konzepte der virtuellen Organisation und der Intermediation in das Zentrum von Geschäftsmodellen gestellt.[17] Das Konzept der virtuellen Organisation wurde insbesondere für elektronische Märkte und soziale Medien eingeführt, um den Onlinecharakter wirtschaftlicher Transaktionen und Zusammenarbeiten zu fokussieren. Die Intermediation ist nicht originär für Geschäftsmodelle des Electronic Commerce konzipiert, da die Ersetzung menschlicher Arbeit durch digitale Dienste spätestens mit der Einführung prozessorientierter Enterprise Ressource Planning (ERP)-Systeme à la SAP in Unternehmen Einzug gehalten hat. 14

Das Verständnis von Timmers führt eine ontologische Zerlegung des Konzepts eines Geschäftsmodells ein. Er betrachtet ein Geschäftsmodell als Architektur für Produkte, Dienste und Informationsflüsse, welche die benannten sechs Attribute eines Geschäftsmodells auf drei Betrachtungsebenen verdichtet: 15

1. Wirtschaftsakteure und ihre Rollen;
2. Potenzieller Nutzen für die verschiedenen Akteure;
3. Einnahmequellen.

In ähnlicher Weise strukturiert Schmid das Geschäftsmodell eines elektronischen Marktes über vier Phasen einer Transaktion mit vier Sichten.[18] 16

1. Transaktion: Wissen, Absicht, Vereinbarung und Abwicklung;
2. Sichten: Gemeinschaft (Rollen und Protokolle), Implementierung (Prozesse), Transaktion und Infrastruktur (insbes. IKT).

Neben der transaktionsorientierten Betrachtung von Geschäftsmodellen dient der Plancharakter eines Geschäftsmodells auch der Kommunikation innerhalb des Unternehmens, aber auch in Richtung aller Anspruchsgruppen eines Unternehmens. Dieser Ansatz wird durch den 17

---

12 Chesbrough, H., & Rosenbloom, R. S. (2002). The role of the business model in capturing value from innovation: evidence from Xerox Corporation's technology spin-off companies. Industrial and corporate change, 11(3), 529–555.
13 Osterwalder/Pigneur; Schmid/Lindemann, in: Proceedings of the Thirty-First Hawaii International Conference on System Sciences, 1998 (4), 193 ff.
14 Morris/Schindehutte/Allen, Journal of Business Research 58, 726 ff.
15 Vargo/Lusch Journal of the Academy of marketing Science, 36(1), 1 ff.
16 Osterwalder/Pigneur Comm AIS 16, 1 ff.
17 Hagel McKinsey Quarterly, 1 (1996), 71 ff.
18 Schmid/Lindemann, 1996 ff.

Business Canvas-Ansatz von Osterwalder und Pigneur[19] verfolgt, der durch neun Blöcke charakterisiert ist:

1. *Kundensegmente*: eine Organisation bedient ein oder mehrere Kundensegmente;
2. *Wertversprechen*: Kundenprobleme lösen und Kundenbedürfnisse befriedigen;
3. *Kanäle*: Wertangebote werden über Kommunikations-, Vertriebs- und Verkaufskanäle an die Kunden geliefert;
4. *Kundenbeziehungen*: Aufbau und Pflege von Kundenbeziehungen zu jedem Kundensegment;
5. *Einkommensströme*: resultieren aus erfolgreich angebotenen Wertangeboten für Kunden;
6. *Schlüsselressourcen*: Vermögenswerte, die erforderlich sind, um die oben genannten Elemente anzubieten und zu liefern;
7. *Schlüsselaktivitäten*
8. *Schlüsselpartnerschaften*: Partner, an die einige Schlüsselaktivitäten ausgelagert sind.
9. *Kostenstruktur*

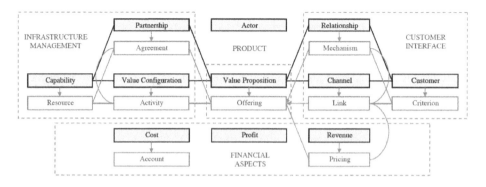

Abbildung 1: Business model ontology (Osterwalder, 2004)

C. Big Data-Geschäftsmodelle

18　Betreiber von Suchmaschinen und sozialen Medien haben in den vergangenen 25 Jahren in einer nie dagewesenen Weise enorme Mengen an Daten (Big Data) eingesammelt und gespeichert, um ihre Dienste mittels des Einsatzes von Technologien der Künstlichen Intelligenz und insbesondere des maschinellen Lernens zu optimieren und besser an Nutzerbedürfnisse anzupassen.[20] Der relative Begriff „Big Data" zeigt die besondere Bedeutung auf, welche durch das relative Volumen, die Heterogenität der Daten (Variabilität), durch die Geschwindigkeit der Erfassung und Verfügbarkeit und die Verlässlichkeit der Daten charakterisiert ist (Chen et al. 2012). Da die Leistung eines Vorhersagemodelle, das über einen maschinellen Lernalgorithmen entwickelt (trainiert) wurde, mit dem Volumen und der Datenqualität steigt, wächst in gleicher Weise die Bedeutung verfügbarer Daten. Somit werden nicht länger Funktionen manuell durch Programmierer entwickelt. Stattdessen werden statistische Zusammenhänge zwischen Dateneingaben und -ausgaben durch zahlreiche Trainingsrunden soweit aus den Daten abgelesen, bis das statistische Modell sich hinreichend gut angepasst hat.[21] Somit wird der funktionale Zusammenhang zwischen Eingaben und Ausgaben über statistische und algebraische Methoden automatisch extrahiert, ohne dass ein Programmierer diese explizit modelliert und über eine

---

19　Osterwalder/Pigneur.
20　Chen/Chiang/Storey MIS Quarterly 36(4), 1165 ff.
21　Hastie/Tibshirani/Friedman/Friedman, 2009, S. 1 ff.

Entwicklungssprache implementiert. Neben diesem überwachten Lernverfahren, bei denen die „korrekte" Ausgabe bekannt ist, kann man auch ohne diese Ausgabedaten Zusammenhänge erkennen und ausnutzen.[22]

Big Data ist Treiber für innovative, **datengetriebene Geschäftsmodelle**[23], welche drei Rollen unterscheiden:

1. *Datennutzer:* Nutzung von Daten als Grundlage für strategische Entscheidungen; Integration von Daten in Produkte

2. *Datenanbieter:* Sammlung von Primärdaten; Aggregation und Aufbereitung von Daten für den Verkauf

3. *Datenvermittler:* Bereitstellung von Infrastruktur; Beratung; ausgelagerte Analyse.

19

Im engeren Sinne ist das Geschäft eines Datennutzers kein eigenständiges Geschäftsmodell, weil ein Datennutzer Daten verwendet, um ein unabhängiges Geschäftsziel zu verfolgen. In diesem Sinne werden Daten verwendet, um mittels KI-Methoden Entscheidungen zu treffen. Hingegen sind die Geschäftsmodelle eines Datenanbieters und eines Datenvermittlers eigenständig. Das Geschäftsmodells eines Datenanbieters ist eine Unterform der Geschäftsmodelle eines Medienunternehmens.[24] Die Bedeutung des Geschäftsmodells eines Datenvermittlers im Sinne eines Unternehmens, welches Dateninfrastrukturen bereitstellt, hat sich in den vergangenen Dekaden zu einem enormen Markt entwickelt. Sogenannte Hyperscaler bieten digitale Plattformen, welche Big Data mit Algorithmen über nahtlos skalierende Infrastrukturen verarbeiten lassen.[25]

20

Nachdem sich herausgestellt hat, dass man für fokussierte Spezialthemen, wie Objekterkennung und Sprachübersetzung einzelner Sätze, sehr gut mittels datengetriebener Ansätze Lösungen entwickeln kann, werden zunehmend komplexere maschinelle Lernmodelle entwickelt.

21

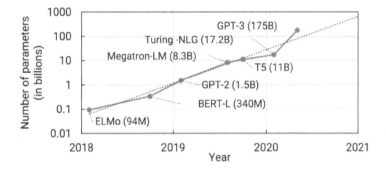

Abbildung 2: Trend of state-of-the-art NLP model sizes with time.

(*Trend of state-of-the-art NLP model sizes with time.* https://developer.nvidia.com/blog/scaling-language-model-training-to-a-trillion-parameters-using-megatron/)

Die Entwicklung extrem großer Modelle wie GPT-3 oder BERT, erlaubt es damit, nicht nur einzelne, sondern ganz unterschiedliche Aufgaben zu unterstützen. Derartige Modelle werden „Foundation Models" genannt[26], da sie aus ganz unterschiedlichen Eingabedaten gespeist

22

22 Bspw. Cluster-Verfahren, cf. Hastie et al., 2009.
23 Schroeder, Cogent Social Sciences, 2(1), 1166924.
24 Hess International Journal on Media Management, 16(1), 3 ff.
25 Kenney/Zysman Issues in science and technology, 32(3), 61 ff.
26 Bommasani ua arXiv:2108.07258.

werden, um dann für Aufgaben, wie beispielsweise Dialogsysteme, Objekterkennung oder Bildgenerierung verwendet werden zu können (vgl. Abbildung 3).

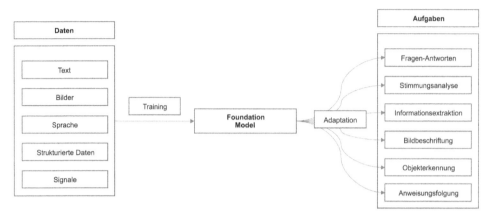

Abbildung 3: Foundation Model

23 KI-Modelle, welche für unterschiedliche Aufgaben eingesetzt werden können, lassen sich deutlich besser in Geschäftsmodelle integrieren, da diese sich an den Markt und das Kundenverhalten anpassen lassen. Es ist zu erwarten, dass die flexible Einsatzmöglichkeit von Personal in Zukunft durch flexible KI-Modelle ergänzt wird, um Werte entsprechend neuen Anforderungen adaptiv zu generieren und auch um Lücken im Geschäftsmodell zu schließen. Dadurch können deutlich resilientere Geschäftsmodelle entwickelt werden.

I. Plattform Geschäftsmodelle

24 Digitale Plattformen sind vor allem darauf spezialisiert, große Datenmengen zu verarbeiten, maschinelle Lernmodelle zu trainieren und zu verwenden, um darauf basierende Dienste (Services) zu unterstützen. **Machine-to-machine Services** werden über Programmierschnittstellen (API) verbunden, wohingegen **nutzerzentrierte Services** mit einer Mensch-Maschine-Schnittstelle (Human-Computer Interaction, HCI) ausgestattet sind.

25 Charakteristische Eigenschaften digitaler Plattformen sind nutzungsgenaue Abrechnung, Skalierbarkeit und Entwicklungsvollständigkeit. Nutzungsgenaue Abrechnung ermöglicht es Unternehmen, IT-Leistungen von Investitionskosten in laufende Kosten umzuwandeln. Es wird nur die IT-Leistung verrechnet, welche auch tatsächlich genutzt worden ist. Dies ist ein fundamentaler Wechsel zu bisherigen Geschäftsmodellen, auf deren Basis IT-Leistungen über teure Investitionen und mittels kostenintensivem Personal vorgehalten werden muss (on premise). Dies führt zu Skalierbarkeit, wodurch bereitgestellte Leistungen von IT-Plattformen für einen Service mit den Anforderungen mitwachsen oder auch schrumpfen. Dies wird durch gekapselte Virtualisierung von IT-Umgebungen über sogenannte *micro-service Architekturen* erreicht (insbes. Basierend auf Docker und Kubernetes).

II. Geschäftsmodelle für Dienstleistungen

26 Dienstleistungsunternehmen unterscheiden sich in charakteristischer Weise von Produktunternehmen. Dienstleistungen haben einen deutlich stärkeren Fokus auf Werte und Werterzeu-

gung während des Gebrauchs.[27] Dienstleistungsunternehmen halten das Potential vor, eine Dienstleistung für einen Kunden bedarfsweise und situativ zu erbringen. In solchen Dienstleistungssituationen tragen das Dienstleistungsunternehmen, als auch der Kunde Ressourcen in kooperativer Weise bei, um eine Dienstleistung erzeugen zu können.[28] Somit schaffen Dienstleistungsunternehmen Situationen, über die Dienstleistungen in Kooperation mit Kunden (co-creation) erbracht werden.[29] Dies steht im Gegensatz zu Produktunternehmen, welche die Produktherstellung zeitlich und räumlich vom Kunden getrennt durchführen.

Nimmt man den Business Canvas Ansatz zur Grundlage[30] so ändern sich vor allem vier Blöcke: 27

1. *Kanäle*: Wertangebote werden über Kommunikations-, Vertriebs- und Verkaufskanäle an die Kunden geliefert.
2. *Kundenbeziehungen*: Aufbau und Pflege von Kundenbeziehungen zu jedem Kundensegment
3. *Einkommensströme*: resultieren aus erfolgreich angebotenen Wertangeboten für Kunden
4. *Schlüsselaktivitäten*

Die Dienstleistungserbringung wird Schlüsselaktivität. Kanäle und Kundenbeziehungen werden zur Dienstleistungserbringung integriert (Abbildung 4). Dies steht im Gegensatz zu Produktunternehmen, welche Schlüsselaktivitäten von Kanälen und Kundenbeziehungen trennen können. Bei Dienstleistungsunternehmen liefern Kanäle das Wissen und die Ressourcen, um eine Dienstleistung als Schlüsselaktivität in Kooperation mit dem Kunden (Kundenbeziehung) zu erzeugen.   28

Zu den Schlüsselaktivitäten eines Dienstleistungsunternehmens gehören: 29

- *Wissensmanagement*: Wissenserzeugung, -vermittlung, und -speicherung
- *Service Design*: Konzeption von Dienstleistungsangeboten
- *Organisation der Dienstleistungserzeugung*: Organisation von Ressourcen (Personal, Hardware, Software, Daten etc) zur zeitlichen und räumlichen Erbringung von Dienstleistungen.

Abbildung 4: Service Business Model Canvas

Für Produkte sind Kanäle Möglichkeiten, um Kunden auf Produkte aufmerksam zu machen und Produkte zu erlangen. Da Dienstleistungen kooperativ erbracht werden, bedarf es der

---

27 Vargo/Lusch Journal of Marketing, 68(1), 1 ff.
28 Moeller Journal of Service Research, 2008, 11 (2), 197 ff.
29 Vargo/Lusch, 5.
30 Osterwalder/Pigneur.

Schaffung passender Situationen. Situationen können physischer Natur (beispielsweise Hotels, Schulen, Arztpraxis, Kanzlei, Bank oder Friseursalons), oder digitaler Natur (beispielsweise Online Shop, Dating App, Email oder Messenger-Dienste) sein. Dienstleistungen werden in Situationen hergestellt, weswegen der Gestaltung einer Dienstleistungssituation fundamentale Bedeutung zukommt. Obschon gerade physische Dienstleistungsunternehmen enorm viel Ressourcen in die Gestaltung von Dienstleistungssituationen investieren, wurde dies erst kürzlich in der Forschung untersucht. Für physische Dienstleistungen wird die Bedeutung der Reise des Kunden (customer journey) betont und die „Service-Evidenz" hervorgehoben, dh der greifbare Beweis für eine Dienstleistung und die Rolle der für den Kunden unsichtbaren betrieblichen Elemente.[31] Beim Service Design stehen vier Kernfragen im Zentrum[32]:

1. Zweck (Warum)
2. Materialien (Was)
3. Prozesse (Wie)
4. und Akteure (Wer).

30 Der Zweck leitet sich aus dem Wertversprechen eines Dienstes ab und erwartet das Vorhandensein dazu passender Erwartungen auf Kundenseite. Materialien und Prozesse sind Teil der Vorbereitung, Ausgestaltung und Nachbereitung der Situationen, in denen die Dienstleistung erbracht wird. Die Akteure sind die Dienstleister, aber auch die Dienstleistungsempfänger. Komplexe Dienstleistungen werden über Netzwerke erbracht, deren Akteure in orchestrierter Weise in die Dienstleistungserbringung integriert werden. Ein Beispiel hierfür sind taktische Operationsplanungen in der Logistik.[33]

31 Erste Arbeiten zum Design von Dienstleistungen (service design) fokussierten auf Methoden, wie ua Personas, Kundenreisen (customer journey maps), Service Blueprints, Erfahrungsmodelle und Anspruchsgruppenkarten.[34] Erweitere Designmethoden zeigen, wie bedeutsam das Erlebnis des Kunden im Umgang mit Dienstleistungen ist, woraus sich Designprinzipien ableiten lassen (Karpen et al. 2017). Design für Dienstleistungen ist:

1. Menschen- und sinnzentriert
2. Co-kreativ und integrativ
3. Transformativ und verbesserungsorientiert
4. Emergent, zielgerichtet und experimentell
5. Explikativ, multimodal und erfahrungsorientiert
6. Ganzheitlich und kontextbezogen.

32 Da Dienstleistungen zunehmend durch digitale Infrastrukturen unterstützt und sogar vollständig automatisiert bereitgestellt werden, bietet es sich an, das Design aus der Perspektive eines Informationssystems zu betrachten. Informationssysteme sind sozio-technische Systeme, welche Informations- und Kommunikationstechnologie mit den Anforderungen auf organisationaler Ebene verbinden (WKWI Definition). Eine dafür hilfreiche Unterteilung wurde von Teixeira et al. 2017[35] vorgeschlagen:

1. *Services Konzept*: konzeptuelle Beschreibung inkl. Kundennutzen
2. *Service System*: Orchestrierung der Komponenten zur Dienstleistungserbringung
3. *Service Begegnung*: Beschreibung der Interaktionspunkte und des Kundenerlebnisses.

33 Im Zeitalter digitaler Dienste ist das Service System eine Kollektion technischer Services, die über unterschiedliche Technologien bereitgestellt werden. Das Design eines digitalen Service

---

31 Shostack Journal of Marketing, 16 (1), 49 ff.
32 Vink/Koskela-Huotari/Tronvoll/Edvardsson/Wetter-Edman Journal of Service Research, 24(2), 168 ff.
33 Crainic European journal of operational research, 122(2), 272 ff.
34 Vgl. Karpen/Gemser/Calabretta Journal of Service Theory and Practice, 2017, 384 ff.
35 Teixeira/Patrício/Huang/Fisk/Nóbrega/Constantine Journal of Service Research, 20 (3), 240 ff.

Systems muss die funktionalen und nicht-funktionalen Anforderungen des Service Konzeptes erfüllen, um den Kunden ein überzeugendes Diensterlebnis zu bieten.

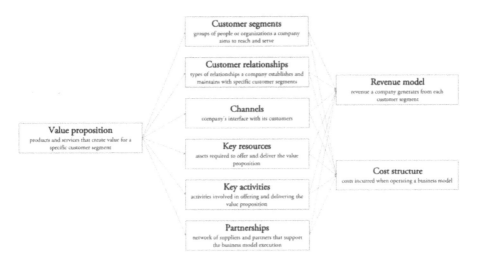

Abbildung 5

Adrodegari, F., Bacchetti, A., Saccani, N., Arnaiz, A., & Meiren, T. (2018). The transition towards service-oriented business models: A European survey on capital goods manufacturers. *International Journal of Engineering Business Management*, 10.

III. Datengetriebene Geschäftsmodelle

Im Grunde ist jedes Informationssystem ein Dienstleistungssystem, welches Eingabedaten verarbeitet, um daraus Ausgabedaten abzuleiten. Klassische Informationssysteme basieren dabei auf Datenbanken und manuell implementierten Programmen, wie beispielsweise ERP-Systeme für betriebswirtschaftliche Aufgaben[36] oder Produktionsplanungs- und -steuerungssysteme für den Betrieb einer Produktionsumgebung.[37]   34

Wie eingeführt, entsteht Wertschöpfung, wenn aus eingesetzten Ressourcen höherwertige Produkte oder Dienstleistungen werden.[38] Zahlreiche Faktoren beeinflussen die Wertschöpfung einer Organisation, wobei das verfügbare Wissen[39] und der Einsatz von Digitalisierungstechnologien[40] eine zentrale Rolle spielen, um Wettbewerbsvorteile zu entwickeln. Theorien zu Geschäftsmodellen haben einerseits den Fokus auf die Herstellung und Lieferung von Produkten bzw. Dienstleistungen (Produktionsfokus), wohingegen marktorientierte Theorien zu Geschäftsmodellen Transaktionen in den Fokus nehmen[41] (Marktfokus). Beim Produktionsfokus werden Koordinationsmechanismen der Organisation, Wissen, Infrastruktur, Finanzen und weitere verfügbare Ressourcen untersucht. Geschäftsmodelle mit Produktionsfokus (lean management, Kernkompetenzen, Wertketten, Strategic Alignment Model, etc) zeigen Muster   35

---

36 Laudon/Laudon, 364 ff.
37 Chapman.
38 Porter, 43 ff.
39 Kogut, B., & Zander, U. (1992). Knowledge of the firm, combinative capabilities, and the replication of technology. Organization science, 3(3), 383-397.
40 Brynjolfsson/Malone/Gurbaxani/Kambil Management Science 40(12), 1628 ff.
41 Choi, S. Y., Stahl, D. O., & Whinston, A. B. (1997). The economics of electronic commerce (p. 626). Indianapolis, IN: Macmillan Technical Publishing.

auf, wie Ressourceneinsatz optimiert oder so eingesetzt werden kann, dass innovative Konfigurationen mit erweitertem Wertschöpfungspotential entstehen. Geschäftsmodelle, die aus einem Marktfokus heraus entwickelt wurden, liefern Muster für die marktorientierte Koordination erzeugter Werte. Im einfachen Fall ist dies die Koordination zwischen Käufer und Verkäufer. In komplexeren Märkten sind Marktteilnehmer wie Marktbetreiber, Finanz- und Versicherungsdienstleister, Notariatsdienstleister oder Treuhänder notwendig, um liquide Angebots- und Nachfragemärkte zu entwickeln.

36 Elektronische Märkte haben Geschäftsmodelle mit Marktfokus und ERP-System solche mit Produktfokus radikal digital transformiert. Jedoch sind Transformationsprozesse nach wie vor nicht abgeschlossen. Marktfokussierte Geschäftsmodelle werden aktuell durch plattform-basierte Geschäftsmodelle transformiert, indem einzelne Anbieter proprietäre, digitale Umgebungen schaffen, welche nicht nur Transaktionen vorgefertigter Dienste koordinieren, sondern die Entwicklung, Bereitstellung und Ausführung digitaler Dienstleistungen von Grund auf unterstützen.

37 Durch die Senkung der Grenzkosten in Märkten mit immer noch beträchtlichen Kosten für die erste Einheit/Fixkosten erhöht die Digitalisierung die positiven Skalenerträge weiter und begünstigt damit eine zentralisierte Produktion, was zu oligopolistischen oder sogar monopolistischen Strukturen führt („winner-takes-all").[42]

1. Datengestützte Entscheidungsfindung

38 Unsicherheit bei Entscheidungen ist ein Fakt des Lebens.[43] Dies gilt für Unternehmensentscheidungen genauso auf strategischer, als auch auf rein operativer Ebene. Unternehmensentscheidungen sind immer Entscheidungen unter der Unsicherheit in Bezug auf die Gültigkeit von Annahmen oder der Konstanz von Umgebungen, in denen unternehmerisches Handeln ausgeführt wird. Annahmen können falsch sein und Umgebungen können sich unerwartet verändern. In vorausschauenden Unternehmen werden neben den getroffenen Entscheidungen auch Notfallpläne für den Fall erarbeitet, dass die Gültigkeit von Annahmen oder unerwartete Ereignisse zu Störungen führen. Unternehmen, welche in dieser Weise vorbereitet sind, sind i. a. resilienter gegenüber internen oder externen Störungen, da sie zumindest zum Teil vorbereitet sind.

39 In der Vergangenheit wurden Unternehmensentscheidungen insbesondere auf Basis von Erfahrungswissen getroffen, welches sich Entscheider über zahlreiche, vergleichbare Situationen angeeignet haben. In einer stabilen Welt ist eine solche erfahrungsbasierte Entscheidungsfindung deutlich wirkungsvoller, als in einer veränderlichen Welt. Durch Globalisierung und Informationsvernetzung werden Veränderungen heutzutage sehr viel schneller transportiert und potenziert, so dass Unternehmen Entscheidungen häufiger und sehr viel schneller in deutlich unsichereren Umgebungen treffen müssen. Unternehmen, welche die richtigen Entscheidungen nicht schnell genug treffen können, sind dabei wettbewerblich unterlegen.[44]

40 Datengestützte Entscheidungsfindung bezieht sich auf die Praxis, in der Entscheidungen auf der Analyse von Daten und nicht auf reiner Intuition beruhen.[45] Brynjolfsson et al. zeigen, dass die Produktivität eines Unternehmen davon abhängt, wie datengestützt es ist.[46] Datengestützte Entscheidungsfindung korreliert zudem mit höherer Kapitalrendite, Eigenkapitalrendite, Ver-

---

42 Loebbecke/Picot The Journal of Strategic Information Systems, 24(3), 149 ff.
43 Varian American Economic Review, 100(2), 1–10, 217.
44 Brynjolfsson/Hitt/Kim Working paper, 2011, http://ssrn.com/abstract=1819486.
45 Provost/Fawcett, Big data, 1(1), 51 ff.
46 Brynjolfsson/Hitt/Kim, 23 ff.

mögensnutzung und Marktwert.[47] Brynjolfsson und McElheran fanden drei Ergebnisse bei der Analyse zum Einsatz datengetriebener Entscheidungsfindung in Unternehmen:

1. **Größenvorteile** (economies of scale): Betriebe mit höherer Beschäftigung und solche, die zu Unternehmen mit mehreren Einheiten gehören, sind deutlich wahrscheinlicher für die Einführung datengetriebener Entscheidungsfindung.
2. **Ausbildung:** In Betrieben mit einem höheren Prozentsatz an Beschäftigten mit Hochschulbildung ist die Wahrscheinlichkeit höher, dass sie ein hohes Maß an datengesteuerter Entscheidungsfindung angeben.
3. **Wissensmanagement:** Die Verbreitung von Praktiken ist nicht nur eine Funktion des Nettonutzens einer datengestützten Entscheidungsfindung, sondern hängt auch von der Verbreitung des Wissens über die Praktiken ab.

Die Effektivität datengestützter Entscheidungsfindung hängt vom methodischen Vorgehen ab, 41 durch das zweckorientiertes Wissen aus Daten extrahiert werden kann, um Geschäftsprobleme zu lösen[48]. Ein generisches Vorgehensmodell ist CRISP-DM, welches Geschäftsanforderungen mit einem datenanalytischen Zyklus verbindet (vgl. Abbildung 6).

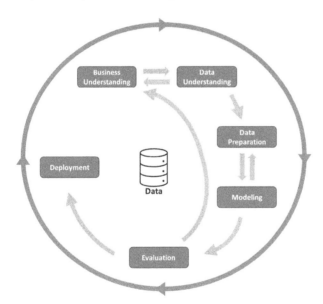

Abbildung 6: CRISP-DM (wikipedia.org)

Eine zentrale Herausforderung besteht darin, Daten ausreichender Qualität verfügbar zu ha- 42 ben, um daraus mithilfe von Technologien der Künstlichen Intelligenz Muster von ausreichender Qualität zu erkennen. Ein wichtiges Kriterium dabei ist, dass die Semantik und Beziehungen der Daten in ausreichender Weise verstanden sind („Know your data!"). Cai und Zhu identifizierten die folgenden **Herausforderungen für Datenqualität**[49]:

1. Datenheterogenität: die Vielfalt der Datenquellen bringt eine Fülle von Datentypen und komplexen Datenstrukturen mit sich und erhöht die Schwierigkeit der Datenintegration.

---

47 Brynjolfsson/McElheran American Economic Review, 106(5), 133 ff.
48 Provost/Fawcett, 52 ff.
49 Cai/Zhu Data science journal 2015, 14.

2. Datenvolumen: das Datenvolumen ist enorm, und es ist schwierig, die Datenqualität innerhalb einer angemessenen Zeitspanne zu beurteilen.

3. Datenveränderungen: Daten ändern sich sehr schnell und die „Aktualität" der Daten ist sehr kurz, was höhere Anforderungen an die Verarbeitungstechnologie erfordert.

4. Datenstandards: es gibt noch keine einheitlichen und anerkannten Datenqualitätsstandards

43 Nach Cai und Zhu lässt sich Datenqualität anhand von **fünf Dimensionen** beschreiben:

1. Verfügbarkeit
2. Verwendbarkeit
3. Zuverlässigkeit
4. Relevanz
5. Darstellungsqualität.

44 Die ersten vier Qualitätsdimensionen sind unverzichtbare, inhärente Merkmale der Datenqualität, während die letzte Dimension zusätzliche Eigenschaften umfasst, die die Kundenzufriedenheit verbessern. Die Verfügbarkeit ist als der Grad der Bequemlichkeit für die Benutzer definiert, Daten und damit verbundene Informationen zu erhalten, und wird in die drei Elemente Zugänglichkeit, Berechtigung und Aktualität unterteilt. Das Konzept der Benutzerfreundlichkeit zeigt an, ob Daten nützlich sind und Benutzerbedürfnissen entsprechen, einschließlich Datendefinition und Dokumentation, Zuverlässigkeit und Metadaten. Die Zuverlässigkeit bezieht sich darauf, ob den Daten vertraut werden kann. Sie besteht aus Genauigkeit, Konsistenz, Vollständigkeit und Aktualität. Relevanz wird verwendet, um den Grad der Korrelation zwischen dem Dateninhalt und den Erwartungen oder Anforderungen der Nutzer zu beschreiben. Die Darstellungsqualität bezieht sich auf eine gültige Beschreibungsmethode für Daten, die es den Nutzern ermöglicht, Daten vollständig zu verstehen. Ihre Dimensionen sind Lesbarkeit und Struktur.

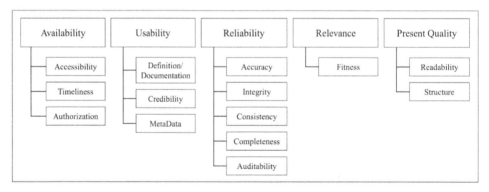

Abbildung 7: Datenqualitätskriterien nach Cai und Zhu (2015)

45 Verschiedene Merkmale sind zur Entwicklung datengestützter Entscheidungssysteme von besonderer Bedeutung. Die Zugänglichkeit von Daten ist im Allgemeinen eines der größten Herausforderungen, obschon Unternehmen sehr große Datenmengen sammeln, können diese Nutzern häufig nur mit großem Aufwand zugänglich gemacht werden. In Bezug auf den Inhalt der Daten sind Glaubwürdigkeit und Korrektheit bedeutsam. Daten sind Modelle der Realität und folglich verkürzt und teilweise verzerrt. Datenverzerrungen können systemisch sein, indem beispielsweise Sensoren verzerrt aufnehmen oder auf bewusste menschliche Entscheidungen zurückgehen. Daten können aber auch veralten und nicht mehr aktuelle

Situationen korrekt widerspiegeln.[50] Verzerrte oder veraltete Daten können zu erheblichen Qualitätsreduktionen in Prognosen führen und damit die Wirksamkeit einer datengestützten Entscheidungsfindung reduzieren.

2. Geschäftsmodelle für datengestützte Entscheidungsfindung

Der Einsatz IT-basierter Entscheidungsunterstützungssysteme ist wohletabliert (insbes. ERP-Systeme). Handelte es sich historisch um Informationssysteme, welche Expertenwissen automatisierten, so sind KI-basierte Informationssysteme zunehmend in der Lage, Entscheidungsgrundlagen zu schaffen, welche einem Menschen nicht direkt zugänglich sind. Dadurch können Empfehlungen nicht mehr unmittelbar überprüfen, weswegen das Vertrauen in Informationssysteme zunehmende Bedeutung gewinnt.[51]   46

IV. Smart Services

Geschäftsmodelle zu KI-basierten Services (Smart Services) basieren auf Geschäftsmodellen für Dienstleistungen. Dienstleistungen entstehen an der Schnittstelle zwischen Kunden und Anbietern (vgl. Abbildung 8[52]). Diese Schnittstelle ist eine Umgebung, in der die Herstellung und Bereitstellung einer Dienstleistung auf der Basis eines Designs erfolgt (joint sphere). Dienstleister bereiten die Fähigkeiten, Dienste und notwendigen Materialien in vorlagerten Bereichen (provider sphere) vor, um sie zielgerichtet einsetzen zu können. Das Erlebnis und die Nutzung einer Dienstleistung kann nachgelagerte Wirkung außerhalb des gemeinsam geteilten Raums haben (customer sphere). Beispielsweise kann eine Rechtsdienstleistung bewirken, dass man Anrecht auf eine finanzielle Vergütung erhält, welche der Kunde nachfolgend für die Beschaffung von Wertgegenständen einsetzen kann.   47

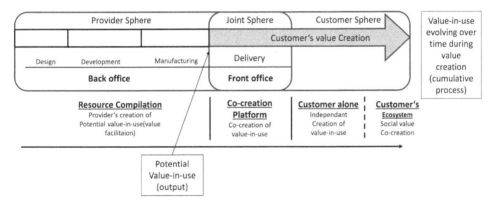

Abbildung 8: Wertgenerierungsprozess (Grönroos und Voima, 2013)

KI-basierte Services sind eine spezifische Dienstleistungsform, welche insbesondere Daten, statistische Modelle und Rechnerinfrastrukturen benötigen. Die Dienstleistungsqualität KI-basierter Services hängt häufig von der Qualität der verwendeten Daten ab, die zum Trainieren von   48

---

50 „concept drift", vgl. Lu/Liu/Dong/Gu/Gama/Zhang IEEE Transactions on Knowledge and Data Engineering, 31(12), 2346 ff.
51 Komiak/Benbasat MIS quarterly 2006, 941 ff.
52 Grönroos/Voima Journal of the academy of marketing science, 2013, 41(2), 133 ff.

KI-Modellen verwendet werden.[53] Daten können rein aus digitalen Umgebungen stammen, wie beispielsweise sozialen Medien oder aber aus der physikalischen Welt abgeleitet werden.[54]

49   Das im Rahmen von acatech entwickelte Referenzmodell für Smart Services basiert auf unterschiedlichen **Architekturebenen**[55]:

> **Smart Spaces:** leistungsfähige technische Infrastruktur, in denen sich intelligente, digital anschlussfähige Gegenstände, Geräte und Maschinen (Smart Products, ink. Produktgedächtnissen) vernetzten lassen/können
>
> **Smart Data:** Daten, die auf den Vernetzten physischen Plattformen entstehen, werden auf software-definierten Plattformen, zusammengeführt und weiterverarbeitet.
>
> **Software-definierte Plattform:** Durch Virtualisierung lösen sie darüber hinaus die Bindung der Serviceplattformen an physische Objekte und damit auch an Smart Products bestimmter Hersteller. Bereitstellung über software-definierte Plattformen und Abstraktion von Plattformen und Smart Products
>
> **Service Engineering:** durch systematische Entwicklung neuer Dienstleistungsangebote werden Daten zu Smart Services veredelt
>
> **Service-Plattformen** dienen als betriebswirtschaftliche Integrationsschicht, da sie den notwendigen Rahmen vorgeben für eine reibungslose, weitgehend automatisch ablaufende rechtssichere Kollaboration der Akteure, den Austausch von Wissen und den Handel von Gütern, Dienstleistungen und Daten.

50   Über diese Ebenen werden Daten über physikalische Umgebungen mittels KI-basierten Diensten (Smart Services) verarbeitet, um daraus Dienstleistungen zu entwickeln, die sich an die Bedürfnisse von Kunden dynamisch anpassen. Hinzu kommt, dass sich Smart Services über das Internet nutzen lassen. Technologisch besteht zudem die grundsätzliche Anforderung, dass sich Smart Services auf allen Ebenen miteinander vernetzen lassen (**Interoperabilität**), um niederschwellig innerhalb von Unternehmen oder aber auch zwischen Unternehmen genutzt werden zu können. Eine wichtige Anforderung ist die Sicherstellung rechtlicher Anforderungen im Gebrauch von Smart Services, was auch die dabei verwendeten Daten einschließt.

51   Das Referenzmodell für Smart Services unterscheidet generische und spezifische Smart Services. Generische Smart Services, wie beispielsweise für die Nachverfolgung physischer Objekte (Track & Trace) insbesondere im Fall von Logistiknetzen, sind häufig verwendete Dienste. Hingegen sind spezifische Smart Services individuell angepasst und integrieren häufig Spezialwissen, wie beispielsweise Preisprognosen. Es ist ein lang gehegter Traum, dass sich Smart Services in einfacher Weise koppeln lassen, um somit höherwertige Smart Service zu entwickeln. Derartige Ansätze sind bereits in der objektorientierten Programmierung und komponentenbasierten Architekturen angelegt.[56] Smart Services liefern **Service-Zugangspunkte** (SZP), welche in die Ablauf- und Aufbauorganisation eines Unternehmens integriert werden können. Eine Integration kann dabei über Benutzerschnittstellen (human-computer interaction) oder aber auch rein technisch (machine-to-machine integration) erfolgen.

52   Häufig sind datengetriebene KI-Modelle der Kern von Smart Services. Um Smart Services strukturiert zu konzipieren, implementieren, evaluieren und weiterzuentwickeln, können praktische Empfehlungen, Modelle und Methoden (beispielsweise ITIL[57]) aus dem Bereich der Dienstleistungsentwicklung verwendet werden. Betrachtet man Methoden des Service Manage-

---

53 Gudivada/Apon/Ding International Journal on Advances in Software, 2017, 10(1), 1 ff.

54 Maass/Varshney Electronic Markets, 2008, 18(3), 211 ff.; Beverungen/Müller/Matzner/Mendling/Vom Brocke Electronic Markets, 2019, 29(1), 7–18.

55 AcatechSmart service welt: recommendations for the strategic initiative web-based services for businesses (short version), 2015.

56 Szyperski/Gruntz/Murer.

57 Van Bon/De Jong/Kolthof/Pieper/Tjassing/Van Der Veen/Verheijen, oder YaSM (https://yasm.com/en/).

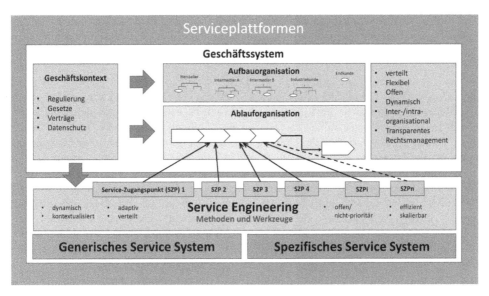

Abbildung 9: acatech Smart Service Referenzmodell basierend auf Maaß (2014)

ment, so lassen sich fünf wesentliche Elemente ableiten, die im Sinne einer kontinuierlichen Verbesserung zyklisch durchlaufen werden:

1. Ableitung strategischer Smart Service-Ziele
2. Smart Service Design
3. Smart Service Realisierung
4. Smart Service-Betrieb
5. Smart Service-Verbesserung.

Aktuell gibt es jedoch bereits auf strategischer Ebene eine große Diskrepanz zwischen den Erwartungen an Smart Service und der tatsächlichen Umsetzung.[58] Glaubten im Jahre 2017 85 % führender Entscheidungsträger, dass durch Künstliche Intelligenz ein nachhaltiger Wettbewerbsvorteil erlangt werden kann, so hatten weniger als 39 % eine Strategie zur Künstlichen Intelligenz. Weltweit ist die Verwendung in Unternehmen in 2021 auf 56 % gewachsen (von 50 % in 2020; 51 % in Europa). Ausschlag für diese verhältnismäßig langsame Innovationsaufnahme sind Risiken in Bezug auf Cybersicherheit (55 % der Befragten), Einhaltung von Vorschriften (48 %), Erklärbarkeit (41 %) und persönlicher/individueller Datenschutz (41 %).[59]   53

Zur Entwicklung strategischer Ziele für Smart Services ist eine Informatik-Strategie inklusive einer Strategie zu Künstlicher Intelligenz und Smart Services die Basis. Eine Informatik-Strategie beinhaltet Aussagen ua zu Kunden, Mitarbeitern, Wissen, Lieferanten, Daten, Services, Technologien, Architekturen, Plattformen Aufbau- und Ablauforganisation und Finanzierung. Zur Erstellung werden Ist-Zustände mit Soll-Zuständen verglichen, um daraus Maßnahmen zur Erreichung, inklusive strategische Ziele für einzelne Smart Service Projekte abzuleiten.   54

Für das Service Design stellen sich, bedingt durch die inhärente Verwendung von Technologien der Künstlichen Intelligenz, neue Anforderungen an eine Smart Service Management   55

---

58 Ransbotham/Kiron/Gerbert/Reeves, M. (2017) Reshaping business with artificial intelligence: Closing the gap between ambition and action. MIT Sloan Management Review, 59(1).
59 Zhang/Maslej/Brynjolfsson/Etchemendy/Lyons/Manyika/Ngo/Niebles/Sellitto/Sakhaee/Shoham/Clark/Perrault, „The AI Index 2022 Annual Report," AI Index Steering Committee, Stanford Institute for Human-Centered AI, Stanford University, March 2022.

Methode, die sich wesentlich von traditionellen Service Management Methoden und Software Entwicklungsmethoden unterscheiden.[60] Im Grundsatz sind Ergebnisse von Smart Services probabilistisch, dh sie sind mit einer Unschärfe verbunden. Somit stellt sich sofort die Frage nach der Genauigkeit und der Verlässlichkeit von Ergebnissen als zentrale Ziele eines Smart Service. Im klassischen Fall kann ein Service Design deterministisch beschrieben werden, da alle Elemente eines Entscheidungsunterstützungssystems definiert werden können. Bei einem Smart Service ist dies nicht der Fall, da die Leistungsfähigkeit und Funktionalität besonders von den verfügbaren Daten abhängt, mit denen ein KI-Modell trainiert wird. Somit bleibt das Smart Service Design bezüglich der Leistung unscharf. Das Service Design ist ein Hypothesenraum, der die Erwartungen an einen Smart Service zusammenfasst. Ein Smart Service Design umfasst somit besondere nicht-funktionale Anforderungen an die Performanz der Ergebnisse.[61] Ein wichtiges Element eines Smart Service Designs ist die Übersetzung von Ergebnissen der KI-Modelle in den Entscheidungsraum des Nutzers. Basierend auf dem Qualitätsmodell für Services SERVQUAL[62] (adressiert dies die Lücke zwischen den Erwartungen des Nutzers und die wahrgenommene Leistung eines Smart Service (Gap 5 in SERVQUAL). Ein Smart Service ist dann effektiv, wenn der Unterschied zwischen beiden Erwartungsarten auf Nutzerseite hinreichend klein ist, dh der Smart Service erfüllt die gestellten Erwartungen.

56 Die Realisierung eines Smart Service umfasst die Implementierung des klassischen Anteils und das Training von KI-Modellen auf der Basis verfügbarer Daten. Da beide Anteile eng miteinander verknüpft sind, jedoch meist unterschiedliche Teams daran arbeiten, empfiehlt es sich, iterative Methoden zu verwenden. Häufig werden Smart Services über agile Methoden entwickelt.

57 Beim Betrieb eines Smart Service ist kontinuierliche Überwachung essenziell, da Veränderung an Eingabedaten zu großen Verhaltensänderungen des Smart Service führen kann. Ein Smart Service Monitoring kontrolliert nicht nur die Verfügbarkeit, sondern auch die Qualität eines Smart Service. Für Online-Services im Konsumentenbereich basiert die Service Qualität auf folgenden Faktoren, die in zwei Kategorien unterteilt sind (1) Service Qualität (Reaktionsfähigkeit, Zuverlässigkeit, Kompetenz, Zugang, Personalisierung, Höflichkeit, Kontinuierliche Verbesserung, Kommunikation, Bequemlichkeit und Kontrolle) und (2) Qualität des Online-Systems (Benutzerfreundlichkeit, Genauigkeit, Sicherheit, Inhalt, Aktualität und Ästhetik[63]).

58 Ein breiteres Verständnis von Service Qualität beschreibt das EFQM 2020 Rahmenmodell der *Europäischen Stiftung für Qualitätsmanagement*, welches auf Smart Services im Kontext Industrie 4.0 adaptiert wurde.[64] Dabei sind die Kriterien zur (5.4) Nutzung von Daten, Information und Wissen, (5.5) Verwalten von Vermögenswerten und Ressourcen und (6) Wahrnehmung der Anspruchsgruppen von besonderem Interesse:

59 (5.4) Nutzung von Daten, Informationen und Wissen

- Sicherstellung, dass die richtigen Daten zur Unterstützung der Transformationspläne sowie die Verwaltung der Produkte, Dienstleistungen und Lösungen vorhanden sind
- Nutzung fortschrittlicher Analysen, einschließlich prädiktiver Modelle, um den Wert aus Daten zu gewinnen, verwertbare Erkenntnisse zu gewinnen und fundierte Entscheidungen zu treffen.
- Ermittlung potenzieller Möglichkeiten zur Schaffung weiterer nachhaltiger Werte aus den Ergebnissen der Datenanalyse

---

60 Maass/Storey Data & Knowledge Engineering, 134 (2021), 101909.
61 Botchkarev arXiv:1809.03006.
62 Parasuraman/Zeithaml/Berry Journal of Marketing 49 (1985), 41 ff.
63 Yang/Jun/Peterson International Journal of operations & production Management, 2004 (24) Nr. 11, 1149 ff.
64 Fonseca/Amaral/Oliveira, Sustainability, 2021, 13(6), 3107.

- Nutzung des Wissens der wichtigsten Stakeholder, um Ideen und Innovationen zu entwickeln und Innovationen zu generieren
- Sicherstellung, dass Daten, Informationen und Wissen auf ethische Weise behandelt und genutzt werden
- Sicherung, Schutz und Maximierung einzigartigen Wissens, wie zB das geistige Eigentum im Besitz des Unternehmens.

(5.5) Verwalten von Vermögenswerten und Ressourcen   60

- Identifiziert und verwaltet verantwortungsbewusst die kritischen Vermögenswerte und Ressourcen, die für die Strategie, die Leistung und den Transformationsbedarf des Unternehmens entscheidend sind, einschließlich finanzieller Vermögenswerte (Bargeld, Kapital, Investitionen), materieller Vermögenswerte (Handelsinfrastruktur, wie Lieferkette, Immobilien, Technologie und Maschinen) und Maschinen) und immaterielle Vermögenswerte (geschützte Daten, selbstentwickelte Software/Technologie, Marke, Firmenwert, Patente).

(6) Wahrnehmung der Anspruchsgruppen   61

- Ergebnisse der Kundenwahrnehmung: Wie ist die Wahrnehmung der Kunden zB in Bezug auf den Einsatz von Technologie durch die Organisation, um einen nachhaltigen Wert zu schaffen.
- Ergebnisse der Menschenwahrnehmung: zum Beispiel die Koexistenz von Menschen und Robotern, der Einsatz von künstlicher Intelligenz sowie von Augmented und Virtual Realität.
- Ergebnisse in der Wahrnehmung von Unternehmen und maßgeblichen Interessengruppen: die Fähigkeit der Organisation, den Horizont zu überblicken, Megatrends zu erkennen und mit ihnen erfolgreich umzugehen.
- Wahrnehmungsergebnisse von Partnern und Zulieferern: Wie die Wahrnehmungen der wichtigsten Partner und Zulieferer sind, zum Beispiel in Bezug auf das Tempo der Umsetzung neuer Technologien und Veränderungen.

Zu diesen klassischen Anforderungen an ein Qualitätsmanagement kommen weitere hinzu,   62
die sich auf die Datensicherheit und Internet-Sicherheit (cyber security) beziehen. Die meisten Internet-Sicherheitsansätze basieren mittlerweile auf Technologien der Künstlichen Intelligenz und insbesondere maschinellem Lernen.[65] Gleichfalls sind es gerade KI-Technologien, welche neue Angriffsmuster und -strategien ermöglichen. KI-spezifische Angriffe können auf vier Ebenen erfolgen:

1. Daten (vgl. Fonseca et al. 2021)
2. KI-Modellen, insbesondere ML-Modellen
3. KI-Technologien zum Trainieren und Inferieren von KI-Modellen
4. Software und Hardware-Versionen

Besonders bekannt wurden ausgefeilte Angriffe auf Industrieanlagen, bei denen Datenströme   63
so manipuliert wurden, dass ganze Produktionsanlagen zerstört werden[66] oder die Elektrizitätsversorgung eines Landes unterbrochen wurde[67] In diesen Fällen wurden manipulierte Daten eingespeist, welche nicht die Realität der Industrieanlage repräsentierten. Auch wenn in diesen Fällen nur Steuerungssysteme manipuliert wurden, so ist erkennbar, welche Auswirkungen manipulierte Daten auf Smart Services haben.

Eine weitere Manipulationsebene betrifft die KI-Modelle. Gerade komplexe ML-Modelle sind   64
in ihrer Architektur, den Werten angepasster Parameter und der Software, auf der diese Model-

---

65 LiCyber security meets artificial intelligence: a survey, Frontiers of Information Technology & Electronic Engineering, 19(12), 1462.
66 Kushner IEEE Spect., 50 (2013), 3, 48.
67 Liang/Weller/Zhao/Luo/Dong IEEE Trans. Power Syst., 32 (2016), 4, 3317.

le ausgeführt werden, nicht transparent. Manipulationen der Architektur oder der Parameterwerte können erhebliche Auswirkungen auf die Ergebnisqualität haben.

65 Ebenso kann auch die Software zum Trainieren und zum nachfolgenden Nutzen von ML-Modellen Gegenstand von Attacken sein. Da häufig Open Source Software eingesetzt wird, kann dies ein schwer zu kontrollierendes Einfallstor sein.[68]

66 Die vierte Ebene betrifft eine Verhaltensänderung von Smart Services auf Basis unterschiedlicher Software-Versionen (Betriebssystem, Datenbanken, KI-Software, Middleware, Cloud-Architekturen, Hardware-nahe Software etc). Um einen Eindruck davon zu bekommen, kann man sich die Historie der unterschiedlichen Versionen für sklearn anschauen, die zu den Eckpfeilern nahezu aller KI-Modelle und Smart Services gehört.[69] Leistungsstarke KI-Modelle laufen auf dedizierter Hardware, wie vor allem Graphical Processing Units (GPU). Die Abstimmung zwischen Hardware, hardware-nahe Software (bspw. Nvidia CUDA) und KI-Technologien ist bei komplexen Modellen eine komplexe Aufgabe mit ausreichenden Möglichkeiten für Angriffe.

67 Eine kontinuierliche Verbesserung von Smart Services basiert auf einer periodischen Erhebung von Änderungswünschen auf Nutzerseite, Identifikation von Innovationspotentialen und Behebung von Qualitätsmängeln.

V. Plattformen für den Datenaustausch

68 Für die Entwicklung von Smart Services sind Daten strategisch bedeutsam. Gerade in industriellen Umgebungen fallen große Datenmengen an, die erst anfänglich genutzt werden. Daten, die in einem Unternehmen anfallen, sind häufig für andere Unternehmen entlang der Wertschöpfungskette interessant, um daraus wirtschaftlich relevante Einsichten ableiten zu können. Beispielsweise ließe sich der Bullwhip-Effekt in Logistiknetzwerken erheblich reduzieren, wenn Daten über Absatzplanungen in Echtzeit zwischen allen Zulieferern geteilt würden.[70]

69 Um Smart Services mit großen Datenmengen betreiben zu können, werden passende IT-Plattformen benötigt. Für die Entwicklung eigener, hoch-skalierender IT-Plattformen, wie sie im Cloud Computing benötigt werden, sind sehr viel Expertise und noch größere finanzielle Ressourcen notwendig. Zahlreiche Konzerne haben in der Vergangenheit sehr große finanzielle Mittel in die Entwicklung eigener IT-Plattformen gesteckt, um dann letztendlich doch auf IT-Plattformen von Internet-Unternehmen umzuschwenken. Beispiele sind Siemens Migration auf Amazon AWS und Microsoft Azure, die Automobilisten BMW mit Amazon AWS und VW mit Microsoft Azure und selbst Salesforce, als einer der Innovatoren des Cloud-Business, lässt seine Services jetzt auf Amazon AWS betreiben.

70 Zentrale IT-Plattformen entstanden aufgrund überproportional schnell wachsender Anforderungen einzelner Internet-Unternehmen, wie beispielsweise Google, Amazon oder Facebook. Sie dienten in der Anfangsphase ausschließlich der Bereitstellung einfacher Service und später von Smart Services des jeweiligen Unternehmens. Die Vorhaltung sehr großer IT-Infrastrukturen zum Betreiben einer IT-Plattform war zu Beginn vor allem an saisonale Spitzen, wie dem Weihnachtsgeschäft oder Black Friday, ausgerichtet. Um im Rest des Jahres brachliegende IT-Ressourcen wirtschaftlich nutzen zu können, wurden Leistungen dieser IT-Plattformen auch Drittanbieter und sogar Konkurrenten angeboten. So wird beispielsweise Netflix auf Amazon AWS betrieben.[71]

---

68 https://www.cnet.com/news/privacy/log4j-software-bug-cisa-issues-emergency-directive-to-federal-agencies/.
69 http://www.devdoc.net/python/sklearn-0.18/whats_new.html#.
70 Lee/Padmanabhan/Whang, Sloan management review, 38, 93.
71 https://aws.amazon.com/de/solutions/case-studies/netflix/.

Liefermodelle	Einsatzmodelle	Infrastruktur	Ressourcen	Attribute
Software as a Service (SaaS)	Public cloud	Verteilte Infrastruktur	Compute & Storage Servers	Massive Infrastruktur
Platform as a Service (PaaS)	Private cloud	Ressourcen Virtualisierung	Network	Utility computing
Infrastructure as a Service (IaaS)	Community cloud	Autonome Systeme	Services	Zugang via Internet
Database as a Service (DaaS)	Hybrid cloud		Anwendungen	Elastizität

Abbildung 10: vgl. Marinescu, D. C. (2022). Cloud computing: theory and practice. Morgan Kaufmann.

Die Attribute großer IT-Plattformen sind für den Erfolg bestimmend. Zum einen ist vor allem 71
die IT-Plattformen von Amazon von enormer Größe. Im zweiten Quartal 2022 machte der
Umsatz von Amazon AWS 34 % (ca. 70 Mrd. USD) des gesamten Cloud-Marktes (12 Monate:
203 Mrd. USD) aus.[72] Umsätze deutscher IT-Plattformanbieter liegen aktuell deutlich unter
200 Mio. EUR pro Jahr. Eine Neuerung für die IT-Branche brachte das „Utility Computing",
dh die präzise Abrechnung nach tatsächlich genutzter Leistung und die vollständige Kontrolle
über das Internet. Sehr viel Energie haben alle Plattformanbieter in die Vereinheitlichung
auf Basis von Virtualisierung gesteckt, so dass Nachfrage nach Rechenleistung „elastisch",
dh ohne Verzug hinzugefügt werden kann, wenn Spitzen auftreten. Die Attribute schaffen
einen enormen Vorteil für Unternehmen und gleichzeitig einen exzellenten „Lock-in"-Faktor
für IT-Plattformanbieter. Um die Hürden für einen Wechsel zwischen IT-Plattformanbieter zu
reduzieren, setzt die Europäische Kommission ihre Digitalstrategie für Daten um, was ua den
Digital Service Act und den Data Act umfasst.[73]

Für den Austausch sehr großer Datenmengen gibt es neben den IT-Plattformen der großen 72
Internet-Unternehmen auch den Ansatz für **dezentrale Plattformen** (bspw. GAIA-X). Neben
großen IT-Plattformen einzelner Unternehmen, werden Möglichkeiten einer verteilten Plattform entwickelt, um Daten zwischen unabhängigen Organisationen austauschen zu können.
Hierdurch lassen sich IT-Plattformen unterschiedlicher Größe integrieren, was auch

IT-Plattformen großer Internet-Unternehmen einschließt. Ein aktueller Vorschlag basiert auf 73
einer organisatorischen Logik (vgl. Abbildung 11), die dem Bankenwesen entlehnt ist, indem
Vermittler (Clearning Houses und Identity Provider) über die Gültigkeit und Qualität von
Datenaustauschtransaktionen wachen.[74]

---

72 https://www.statista.com/chart/18819/worldwide-market-share-of-leading-cloud-infrastructure-service-provid ers/.
73 https://eur-lex.europa.eu/legal-content/EN/TXT/?qid=1593073685620&uri=CELEX:52020DC0066.
74 Otto/Hompel/Wrobel, In Digital Transformation 2019, 109.

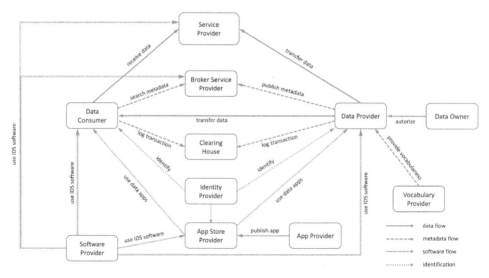

Abbildung 11: Rollen für verteilte Datenaustauschplattformen (Otto et al. 2019)

74 Ein zentrales Element verteilter Datenplattformen ist die Integration von Diensten über **Diensteverzeichnisse** (zB App Stores). Zur Unterstützung interoperabler Dienste werden Schnittstellen spezifiziert. Beispielsweise dient die Schnittstelle „IDS Connector" des International Data Space (IDS) dazu Daten sicher auszutauschen und auf Daten Dienste in sicheren Laufzeitumgebungen auszuführen.[75]

VI. Berechenbare Datenverträge

75 Aufgrund ihres immateriellen Charakters sind die vertraglichen Beziehungen bei Daten komplizierter als bei materiellen Vermögenswerten.[76] Daten können als Ware betrachtet werden, die in einem datenbasierten Dienst gekapselt ist, oder als Daten als Dienst selbst. Bislang gibt es auf europäischer Ebene keine spezifischen Regeln für Datenverträge, aber Standardverträge können zur Senkung der Transaktionskosten beim Verkauf von Daten verwendet werden. Dabei kann man Frieds Verständnis von Verträgen als Versprechen der an wirtschaftlichen Transaktionen beteiligten Parteien folgen.[77] Für den Fall, dass die bereitgestellten Daten nicht mit den vertraglichen Zusagen übereinstimmen, sind Mechanismen zur Rückabwicklung von Transaktionen erforderlich. Dieses Problem wird häufig durch die Einführung von **Treuhändern** als vertrauenswürdige Drittpartei gelöst, so dass Daten und Modelle nur dann freigegeben werden, wenn alle vertraglichen Verpflichtungen erfüllt sind. Formelle Treuhänder bewerten die Daten nur anhand der vertraglichen Verpflichtungen. Fällt die Bewertung positiv aus, gewähren die formalen Treuhänder den empfangenden Stellen Zugang zu den Daten im Sinne einer Dienstleistung.

76 Aktive Treuhänder wenden spezifizierte Algorithmen auf Daten an, zB Training und Anwendung von KI-Modellen, und die Ergebnisse anhand der in den vertraglichen Zusagen festgelegten Anforderungen auswerten. Somit kontrollieren aktive Treuhänder die Ausführung von Datenanalysediensten und die Weitergabe von Ergebnissen gemäß den vertraglichen Zusagen.

---

75 Otto/Jarke Electronic Markets, 2019, 561.
76 Zech.
77 Fried, Contract as promise: A theory of contractual obligation. Oxford University Press, USA, 2015, 7 ff.

Aktive Treuhänder sind gekapselte Agenten, die zB die Einhaltung der vertraglichen Verpflichtungen von Daten, KI-Modellen und Ergebnissen bewerten. Verträge als Rechtsdokumente erfordern deklarative Darstellungen, die von Rechtsexperten geprüft werden können. Ein elektronischer Vertragsprozess besteht aus vier Phasen, nämlich der Informations-, Vorvertrags-, Vertrags- und Durchführungsphase.[78] Es wurden mehrere deklarative Sprachen für Allzweckverträge vorgeschlagen.[79] Vertrauenswürdige Parteien (Treuhänder) werden als normdurchsetzende Einheiten eingeführt.[80] Es werden logische Formalisierungen von Verträgen vorgeschlagen, aber es fehlen rechnerische Infrastrukturen für die Vertragsausführung[81] Vertragsmodelle, die durch Geschäftsprozessmodelle, wie zB BPML, repräsentiert werden, haben keine Semantik für die Prozessausführung, können aber leicht auf Prozessplattformen eingesetzt werden.[82] Verträge mit Schwerpunkt auf Finanztransaktionen werden durch Smart Contracts in **Blockchain-Architekturen** abgebildet.[83] In verteilten Ledger-Systemen des Typs Level-3 wurden Treuhänder eingeführt, die als Vertragsmanager bezeichnet werden.[84] Lee schlug als erster eine Formalisierung von Verträgen durch Prädikatenlogik erster Ordnung vor.[85] Praktischere Ansätze verwenden Geschäftsmodelle oder Zustandsübergangsmodelle als zugrundeliegenden Formalismus. Ladleif und Weske schlagen eine Ontologie für Verträge vor, die Aktionen, Datenquellen und Rechtszustände als Schlüsselelemente enthält.[86] Aktualisierungen von Aktionen ändern rechtliche Zustände, während rechtliche Zustände Aktionen ermöglichen können. Vertragsmodelle, die auf formaler Logik oder nur auf Ontologien basieren, sind theoretisch interessant, während praktische Anwendungen auf Zustandsübergangsmodellen, Prozessmodellen oder regelbasierten Systemen basieren.[87] während in jüngster Zeit Implementierungen von Finite-State-Darstellungen von Verträgen auf Blockchain-Plattformen vorgeschlagen werden.[88]

Auf der Grundlage der Ontologie für intelligente Verträge[89] hat Maass ein **Maklerentwurfsmuster** entwickelt, das aus fünf Elementen besteht[90]: 77

1. **Daten Agent**: ein Agent, der die Kontrolle über die Daten hat
2. **Broker-Agent**: ein Agent, der Verträge ausführt und Datenanalysedienste nutzen kann
3. **Vertrag**: deklarative Darstellung rechtlicher Zusagen, dh Verpflichtungen, Erlaubnisse und Sanktionen, die von einem Makleragenten auf der Grundlage eines rechtlichen Status interpretiert werden können

---

78 Angelov/Grefen, A conceptual framework for b2b electronic contracting, in: Working Conference on Virtual Enterprises, 2002, S. 143 ff.
79 U.a. Smith IEEE Computer Architecture Letters, 29 (1980), no. 12, 1104.
80 Kollingbaum/Norman, „Supervised interaction: creating a web of trust for contracting agents in electronic environments," in Proceedings of the first international joint conference on Autonomous agents and multiagent systems: 2002, Teil 1, S. 272 ff.
81 Ua Andersen/Elsborg/Henglein/Simonsen,
    Stefansen, „Compositional specification of commercial contracts," International Journal on Software Tools for Technology Transfer, 8 (2006), Nr. 6, 485 ff.
82 Van Der Aalst/van Hee/van Hee, Workflow management: models, methods, and systems. 2004, 14 ff.
83 Mohanta/Panda/Jena, An overview of smart contract and use cases in blockchain technology, in: 2018 9th International Conference on Computing, Communication and Networking Technologies (ICCCNT), S. 1 ff., IEEE, 2018.
84 Egelund-Müller/Elsman/Henglein/Ross, „Automated execution of financial contracts on blockchains," Business & Information Systems Engineering, 2017, 59 (6), 457.
85 Lee, Decision support systems, 1988, 4 (1), 27.
86 Ladleif/Weske, A unifying model of legal smart contracts, in: International Conference on Conceptual Modeling, 2019, S. 323 ff.
87 Solaiman/Sfyrakis/Molina-Jimenez, 2016 IEEE 18th Conference on Business Informatics (CBI), 1(2016), 55.
88 Z.B. A. Mavridou and A. Laszka, „Designing secure ethereum smart contracts: A finite state machine based approach," in International Conference on Financial Cryptography and Data Security, pp. 523–540, Springer, 2018.
89 Lesser, Autonomous agents and multi-agent systems, 1998, 1 (1), 89 ff.).
90 Maass, Contract-based Data-Driven Decision Making in Federated Data Ecosystems, in: Proceedings of the 55th Hawaii International Conference on System Sciences (HICSS), 2022, S. 1997 ff.

4. **Datenanalysedienst:** Beschreibung eines Dienstes, der Daten verarbeitet; Teil von Verträgen

5. **Daten** (Input und Output/Ergebnisse): Daten, die von den Akteuren als Input für Datenanalysedienste und als Output einer solchen Verarbeitung gemeinsam genutzt werden

78 Es werden zwei Vertragsarten unterschieden: (1) **Datenanalyseverträge** und (2) **Dienstleistungsverträge.** Ein Datenanalysedienst spezifiziert die Daten, die Datenanalyse und den Umgang mit dem Output. Ein Dienstleistungsvertrag spezifiziert Versprechen auf Dienstimplementierungen.

79 Ein Vertrag $c_d \in C$ ist ein Modell, das durch Akteure, vertragliche Verpflichtungen, Berechtigungen, datenanalytische Funktionen mit Diensverträgen und Eingabe- und Ausgabedaten spezifiziert ist. Ein Vertrag ist wie folgt definiert:

$$c_d = \ < n_c, P, O, R, S, \lambda(X), Q >$$

80 Wobei n_c der Name des Vertrags ist, P die Menge der Teilnehmer dieses Vertrags über den Makler b hinaus ist, O, R, S die Menge der Verpflichtungen, Erlaubnisrechte und Sanktionen sind, die datenanalytische Funktion ist, die auf die Eingabedaten X angewendet werden soll, und Q eine Menge von Qualitätsanforderungen ist. Daten X ist die Integration von Daten $X(p)$, die von Teilnehmer $p \in P$ bereitgestellt werden.

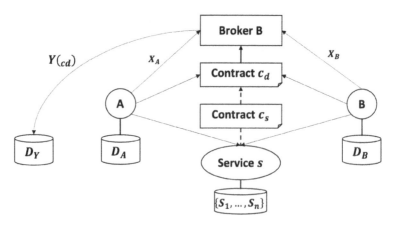

Abbildung 12: Broker Rahmenmodell (Maass, 2022)

81 Der Datenvertrag c_d definiert den Ablauf, welche Daten in welcher Weise verarbeitet werden sollen. Obligationen sind vertragliche Verpflichtungen der Vertragsparteien, Rechte ermöglichen Vertragsparteien etwas einzufordern und Sanktionen dienen dazu, vereinbarte Strafen zu aktivieren. Ein Beispiel für eine Sanktion ist die Aktivierung einer Strafzahlung, falls die zugesagte Datenqualität durch einen Vertragspartner nicht erfüllt wird. Für die Durchführung von Analysen werden im Vertrag Services definiert, deren Nutzung über einen Service-Vertrag c_s vereinbart werden. Über diesen Vertrag werden Services durch Zugriff auf eine Service Bibliothek integriert. Diese Entkopplung ermöglicht eine freie Wahl bei der Nutzung von Services.[91]

---

91 Für Details siehe Maass, 2022, 2000.

D. Datenwirtschaft

Die Ursprünge der heutigen IT-Unterstützung von Unternehmen liegen in der elektronischen 82
Datenverarbeitung (EDV) und den darauf aufsetzenden betrieblichen Informationssystemen.
Zu dieser Zeit waren Daten wohlstrukturiert und wurden von technischen Fachexperten routi-
niert vorbereitet, verarbeitet und das Ergebnis in eine definierte Unternehmensroutine zurück-
gegeben. Prägend war die Verarbeitung klar strukturierter Transaktionen in der Buchhaltung
und von Finanztransaktionen und der damit verbundenen Automatisierung menschlicher
Verarbeitung mittels Taschenrechner („Computer"). Somit liegen die Ursprünge unternehmerischer Informationssysteme in der Kostenoptimierung bestehender, wohlstrukturierter Abläufe
bzw. Prozesse auf Basis funktionaler betriebswirtschaftlicher Verhaltensweisen. Das Design und
die Entwicklung unternehmerischer Informationssysteme oblag weitgehend den Programmier-
experten. Sie bestimmten, welche Information auf welche Weise verarbeitet wurde. Dieses
Design lässt sich als „Software und Daten in Silos" skizzieren, was zum Erfolg sogenannter
Standardsoftware, vor allem SAP, welche funktionale Designs für immer wiederkehrende betriebswirtschaftliche Abläufe in Unternehmen in hoher Qualität liefert.

Die sequentielle Verarbeitung von Daten über programmierte Anwendungen prozeduraler 83
Programme wurde bereits Ende der 70er Jahren durch Tabellenkalkulationsprogramme (Visi-
Calc, Dan Bricklin) erweitert. Hierdurch lassen sich Felder einer Matrix über Funktionen
miteinander vernetzen, so dass Änderungen in einem Feld automatisch zu Änderungen in
anderen Feldern führen. Damit wurde die Datenverarbeitung auf einfachen Arbeitsplatzrech-
nern möglich. Nutzer mussten für Tabellenkalkulationen nicht mehr ihre Anforderungen
in künstlichen Programmiersprachen denken, sondern konnten in gewohnten Tabellen ihre
Lösungen beschreiben und durch leicht erlernbare Funktionen programmatisch realisieren.
Damit wurde die Denk- und Arbeitsweise der Nutzer unterstützt, was auch noch heute den
Erfolg von Tabellenkalkulationsprogrammen erklärt. Durch die Unterstützung eines einzelnen
Arbeiters bzw. Arbeiterin an einem Arbeitsplatz ist gleichwohl das „Arbeiten in Silos" teil des
Designs.

Parallel zur Datenverarbeitung wurden Textverarbeitungsprogramme entwickelt, die mit dem 84
Aufkommen von Arbeitsplatzrechnern ebenfalls für den einzelnen Nutzer konzipiert wurden
(Design: „Arbeiten in Silos"). Im Gegensatz zur Verarbeitung strukturierter Daten durch unter-
nehmerische Informationssysteme, werden unstrukturierte Textdaten über einfache Logiken
verarbeitet. Die Intelligenz liegt beim Nutzer und das Programm unterstützt nur Darstellungs-,
Speicherungs- und Suchprozesse.

I. Internet: Demokratisierung der Datenverarbeitung

Das Internet und seine Vorläufer brachen Silos auf und vernetzten Programme und Nutzer. 85
Das Design kann als „Kommunikation in Netzwerken" beschrieben werden. Durch technische
Abstraktionsschichten wurden technische Knoten miteinander vernetzt, um Daten oder Texte
austauschen zu können. In dieser Zeit wurde die noch heute populäre E-mail entwickelt. An-
dere Entwicklungen des Internets, wie Gopher, Newsgroup und FTP sind aber weitgehend ver-
schwunden. Obschon eine Vernetzung wissenschaftlicher, unternehmerischer und militärischer
Informationssysteme im Zentrum des Interesses stand, nutzen Programmierer und Forscher
frühzeitig das Kreativpotential des Internets, um neue Wege auszuprobieren. Die frühzeitige
Entwicklung von E-Mail-Programmen ermöglichte die Replikation des Postwesens und die
Entwicklung von Newsgroups schuf Umgebungen für den sozialen Austausch zu Themen, wie
man sie aus Diskussionsrunden, Sit-ins und anderen Formen der Interaktion in den 70er Jahre
gut kannte. Diese radikale Weiterentwicklung der elektronischen Datenverarbeitung wurde
aber nicht durch Unternehmensrechner, sondern durch Vernetzung von Einzelplatzrechnern

ermöglicht. Damit demokratisierte sich die Datenverarbeitung und wurde zumindest für Wissenschaftler und Programmierer jederzeit zugänglich.

II. World Wide Web: Datenvernetzung

86 In kongenialer Weise hatte Timothy Berners-Lee Anfang der 90er Jahre eine sehr viel weitreichendere Vorstellung, in der das Internet durch semantische Vernetzung aller Dokumente zu einem digitalen Raum mit freiem Austausch und globaler Zusammenarbeit wird. Dadurch verstand er das Internet als weltumspannenden Raum zur Demokratisierung von Kommunikation und Verarbeitung jeglicher Daten (Design: „Kommunikation und Zusammenarbeit in Freiheit")[92] Alle Teile der Gesellschaft, inkl. Unternehmen und Politik, können frei Information kommunizieren und teilen. Das humanistische Grundverständnis, welches dem World Wide Web zugrunde liegt, gibt dem einzelnen Akteur ursprünglich alle Rechte in die Hände. Diese Situation ist dem Wilden Westen der USA im 19. Jahrhundert vergleichbar. Es brauchte nicht lange, bis „predator designs" diese Freiheit aus unternehmerischen und politischen Gründen auszunutzen suchten, so dass zunehmend Gesetze und Regularien vereinbart werden, die jedoch nur lokal gelten, was mit dem globalen Design des World Wide Webs nur schwer zu vereinbaren ist. Hinzu kommen Abschottungen in Ländern, wie China und zunehmend Russland, so dass im World Wide Web digitale Mauern eingezogen werden, hinter denen unterschiedliche Regeln gelten. Dadurch kommt es zu einer digitalen Nationalisierung, die über Gesetze und bzw. oder digitale Mauern erschaffen werden. Digitale Nationalstaaten können, müssen jedoch nicht mit geographischen Staaten gleichgesetzt werden. So können innerhalb von Staaten unterschiedliche Gesetze gelten, aber auch Gesetze für mehrere Staaten gleichzeitig gelten (bspw. Europäische Union). Hinzu kommt, dass Gesetze auch Wirkung über die definierten Grenzen hinweg zeigen, wie bspw. die DS-GVO für US-amerikanische Unternehmen. Folglich wird auch das Design des World Wide Web in „Freiheitliche Kommunikation" bzw. „Gesetzeskonforme Kommunikation" verändert. Geschäftsmodelle digitaler Unternehmen müssen sich an diesen Wandel des Designprinzips im World Wide Web anpassen.

87 Mit dem World Wide Web wurde eine neue Datenebene entwickelt, welche sich aus den digitalen Spuren der Nutzer vor allem in Social Media und Suchmaschinen ergeben. Parallel entwickelt sich das sogenannte Internet der Dinge.[93], über welches vor allem Sensordaten physischer Objekte erhoben werden. Beide Quellen generieren durch die Vernetzung exponentielles Datenwachstum. Diese Daten sind zumeist heterogen, dh. bestehen aus strukturierten, semi-strukturierten und unstrukturierten Daten. Aus der Verwertung von Verhaltensdaten aus Suchmaschinen und sozialen Medien sind sehr große Unternehmen entstanden, wie ua Google, Facebook und Amazon. Diese Unternehmen werten große Datenbestände aus, um Nutzern gezielte Angebote machen zu können, aber auch um Anbieter über Nutzerverhalten zu informieren, um gezielte Werbung zu nutzen. Dieses zweiseitige Geschäftsmodell ist die digitale Form von Geschäftsmodellen der traditionellen Medienindustrie.[94] Da die Daten in Silos dieser großen IT-Unternehmen liegen und Datenzugriff nur in Ausnahmen oder eingeschränkt gewähren, entwickelt sich ein neues Design: „Datenanalyse in Silos", was als Rückschritt zu den Anfängen des IT-Zeitalters verstanden werden kann. Der Unterschied liegt in der Herkunft der Daten. Erzeugten Unternehmen zu Beginn des IT-Zeitalters ihre Daten selbst, so werden sie für Suchmaschinen und sozialen Medien durch unabhängige Dritte kostenfrei bereitgestellt. So speisen Suchmaschinen sich aus Websites von Individuen, Unternehmen und sonstigen

---

92 Berners-Lee/Fischetti, Weaving the Web: The original design and ultimate destiny of the World Wide Web by its inventor.
93 Atzori/Iera/Morabito, The internet of things: A survey. Computer networks, 2010, 54(15), 2787.
94 Hass, Geschäftsmodelle von Medienunternehmen: ökonomische Grundlagen und Veränderungen durch neue Informations- und Kommunikationstechnik, 2013.

Institutionen und Social Media bieten Plattformen, in die Individuen und Institutionen ihre Inhalte einstellen und verteilen können. Erste regulatorische Ansätze gibt es, kommerzielle Inhaltsanbieter am kommerziellen Erfolg von Suchmaschinenbetreibern zu beteiligen[95], nachdem frühere Gerichtsurteile dies noch abwiesen[96], aber beispielsweise Australien Google und Facebook regulieren und zu Zahlungen verpflichten konnte[97].

Westliche Regierungen haben erkannt, dass der Zugang zu Daten Innovationspotentiale enthält, weswegen sie begonnen haben, Daten der öffentlichen Verwaltung frei zugänglich zu machen (**Open Data**). Auch international werden erste Initiativen gestartet, wie ua „Data for Good" durch Facebook.[98] Die öffentlichen Verwaltungen verfügen über enorme Datenbestände, welche jedoch in vielen Fälle zuerst zu hohen Kosten digitalisiert werden müssen, bevor sie über Schnittstellen unter offenen Lizenzbestimmungen verfügbar gemacht werden können. Eine große Herausforderung liegt für europäische Regierungen darin, die Wertschöpfung öffentlicher Daten zu nationalisieren bzw. zu europäisieren und nicht zu globalisieren. Ein Ökosystem innovativer Unternehmen entwickelt sich jedoch nur, falls die Rahmenbedingungen verlässlich sind, um darüber Vertrauen entwickeln zu können (**economy of trust**). 88

III. Smarte Services als zentraler Baustein einer Datenwirtschaft

Der Erfolg des World Wide Web digitalisierte gesellschaftliche Kommunikation (social media) und wirtschaftliche Zusammenarbeit (electronic commerce). Jedoch stellt sich schnell heraus, dass die Kombination aus World Wide Web und Internet vollständig die Art und Weise neugestaltet wurde, wie Gesellschaften zusammenleben und Ökonomien funktionieren. Da Daten Repräsentationen realer und ideeller Umgebungen sind, kommen Daten dann eine zentrale Bedeutung zu, wenn sie diese Umgebungen mit hoher Qualität abbilden. Diese Entwicklung begann mit betrieblicher Standard-Software, die es ermöglichte, reale Abläufe zeitlich, räumlich und inhaltlich zu erfassen und zu verarbeiten. Durch diese Daten wurden Unternehmen effizienter, indem sie erstmalig Rationalisierungspotentiale mit hoher Genauigkeit identifizieren konnten. Dies sorgte in den 90er Jahren dazu, dass Arbeitsabläufe verschlankt und voneinander entkoppelt wurden. Parallel dazu entwickelte sich in der betriebswirtschaftlichen Forschung Wissen als zentraler Faktor, der über den Erfolg eines Unternehmens wesentlich entschied.[99] Waren frühe Theorien des strategischen Managements vor allem auf die Koordination und Governance des Unternehmens fokussiert[100], so entwickelte danach ein Fokus auf Wissen und Flexibilität[101]. Obschon diese Entwicklung zum strategischen Management nicht ohne den Einfluss der Digitalisierung von Unternehmensprozessen ist, wurde der Zusammenhang erst relativ spät erkannt.[102] Ursächlich dafür war eine Verunsicherung der Informationssysteme-Forschung, die 1978 durch Solows IT-Produktivitätsparadoxon entstand). Solow schien zu belegen, dass steigende IT-Ausgaben nicht zu einem Produktionsanstieg führten. Erst 1993 wiess Brynjolfsson nach, dass Solow einen zu kurzen Zeitraum annahm, indem IT sich auf Produktivität auswirkte und mangelhaftes Management dies zudem einschränkte bzw. verhinderte.[103] Brynjolfsson und Hitt zeigten, dass beim Verhältnis zwischen Produktivitätsgewinn 89

---

95 https://blog.google/around-the-globe/google-europe/google-licenses-content-from-news-publishers-under-the-eu-copyright-directive/.
96 https://www.bundeskartellamt.de/SharedDocs/Entscheidung/DE/Entscheidungen/Missbrauchsaufsicht/2015/B6-126-14.pdf?__blob=publicationFile&v.=2.
97 https://www.wired.com/story/australia-media-code-facebook-google/.
98 Siehe: https://dataforgoodfoundation.com.
99 Kogut/Zander, Organization science, 1992, 3(3), 383 ff.
100 Ua Williamson The Bell Journal of Economics, 1976, 73.
101 Vgl. Drnevich/Croson MISQ 2013, 483; ua Kogut/Zander 1992; Teece et al. 1997.
102 Brynjolfsson & Smith 2000, 2001, Andreu & Ciborra 1996; Bharadwaj 2000; Carr 2004, Bharadwaj et al. 1999; Drnevich & Kriaucunas 2011).
103 Brynjolfsson 1993, 66–77.

und IT-Investitionen ein Herdeneffekt zeigte.[104] Unternehmen zeigten eine positive Korrelation zwischen IT-Investitionen und Produktivitätssteigerung. Es gab jedoch auch Unternehmen, die signifikant unterdurchschnittliche bzw. überdurchschnittliche Produktivitätssteigerungen realisieren konnten. Strassman konnte zeigen, dass IT-Investitionen (Budget) alleine nicht entscheidend für Unternehmenserfolg, sondern das Informationsmanagement verantwortlich ist.[105] Zur gleichen Zeit konnten Stratopolous und Dehning[106] einen positiven Zusammenhang zwischen IT-Investitionen und Unternehmenserfolg nachweisen, sobald die Organisation und das Management dies ermöglichten. Jedoch zeigte sich, dass der Unternehmenserfolg nur kurzfristig ist, da sich IT-Investitionen und IT-Projekte relativ leicht kopieren lassen.

90   Obschon die wissenschaftliche Sachlage über lange Zeit nicht eindeutig war, haben Unternehmen in den 90er Jahren erhebliche Mittel aufgewendet, um ihre betrieblichen Abläufe mittels Standard-Software zu optimieren. Entsprechend einer reinen Produktionslogik standen vor allem Grenzkostenanalysen im Vordergrund, um Geschäftsmodelle möglichst schlank zu gestalten und Abläufe maximal zu optimieren. Dieser Optimierungsdruck wurde durch Produktionsparadigmen des Total Quality Management und Lean Production (Toyota und Honda) noch weiter vorangetrieben. Das Primat der Prozesse hat die Bedeutung der Aufbauorganisation und des Wissens bzw. Erfahrung der Mitarbeiter marginalisiert. Mitarbeiter wurden austauschbar, da das tiefe Wissen und die Kreativität des Einzelnen nicht von Bedeutung waren, sondern nur als standardisierbare Fertigkeiten betrachtet wurden. Auch wenn hierbei die Vergangenheitsform verwendet wird, sind die Geschäftsmodelle vieler Unternehmen nach wie vor durch dieses Paradigma der Grenzkostenoptimierung geprägt. Über Logistiknetzwerke wurde die Grenzkostenoptimierung als Gestaltungsprinzip der Globalisierung verwendet, welche Redundanzen und produktionsorientierte Ineffizienzen permanent eliminiert. Wie man bei lokalen und globalen Krisen erkennt, führt dies zu fragilen Netzwerkstrukturen, welche durch Störungen schnell unterbrochen werden können.[107]

91   Basierend auf diesem grob verkürzten Abriss der Entwicklung von IT-Technologien, lässt sich erkennen, dass Unternehmen sich in einem permanenten Wandel befinden. Zentraler Aspekt dieses Wandels ist, dass durch das Informationsmanagement reale Arbeits- und Lebensumgebungen immer stärker und immer feiner digitalisiert werden. Resultierende Daten dienen der internen Optimierung, werden aber auch zunehmend die Basis für eine Datenwirtschaft. Nachdem die Datenqualität statischer Umgebungen mittlerweile sehr gut ist, werden aktuell vor allem dynamische, dh. zeitlich veränderliche Größen erfasst. Beispiele sind das dynamische Verhalten in Prozessindustrien, Verkehrsströme, Logistikprozesse, veränderliche Klimadaten und vieles mehr. Für diese werden Sensoren benötigt, welche „Datenmessstäbe" sind, über die reale Umgebungen in digitale transferiert werden, die dann durch Smart Services analysiert und wertschöpfend eingesetzt werden. Dem inversen Schritt dienen Roboter, indem sie Entscheidungen in der digitalen Welt in real-weltliche Aktivitäten übertragen.

92   Smart Services sind Treiber der Datenwirtschaft, da sie Daten in wertschöpfende Entscheidungen umsetzen (vgl. Kapitel Smart Services). Da eine Dienstleistungslogik grundsätzlich zu einer Produktlogik unterschiedlich ist[108], ist in vielen Fällen die Entwicklung einer Dienstleistungsstrategie der erste Schritt zur Entwicklung von Smart Services als Einstieg in eine Datenwirtschaft. Gerade für produktorientierte Industrien ist dies ein weiter Weg mit erheblichen Investitionen, der jedoch aufgrund seiner höheren Wertschöpfung alternativlos erscheint.

---

104 Brynjolfsson/Hitt Journal of economic perspectives, 2000, 14 (4), 23.
105 Strassman 1990.
106 Stratopoulos, T., & Dehning, B. (2000). Does successful investment in information technology solve the productivity paradox?. Information & management, 38(2), 103-117.
107 Natarajarathinam/Capar/Narayanan International Journal of Physical Distribution & Logistics Management, 2009, 535.
108 Vargo/Lusch, Journal of the Academy of marketing Science, 2008, 36(1), 1.

E. Zusammenfassung und Ausblick

Geschäftsmodelle im Kontext von Big Data umfassen mehr, als nur den reinen Blick auf das 93
immaterielle Gut Daten. Vielmehr geht es um den wirtschaftlichen Nutzen, der aus Daten
anwendungsspezifisch gewonnen werden kann. Der Nutzen kann innerhalb eines Unternehmens oder direkt für den Kunden erzeugt werden. Datengestützte Geschäftsmodelle sind ein
wirtschaftlicher Rahmen, um diesen Nutzen wirtschaftlich zu verwerten. Diesem Nutzen stehen Kosten gegenüber, die aus der Datenbeschaffung, der Datenanalyse und der Bereitstellung
und Vermarktung eines Smart Service resultieren. Der Wettbewerb der IT-Plattformen (Cloud
Plattformen) scheint weitgehend entschieden zu sein. Somit kommt dem Wettbewerb auf
der Ebene der Smart Services gerade in Europa eine besondere Bedeutung zu. Es erscheint
unabdingbar, dass Unternehmen aus allen Industriezweigen, wie ua Maschinenbau, alle Fer-
tigungsindustrien inklusive Automobil- und Kunststoffindustrie, Chemie und Pharma, Mon-
tanindustrie, Landwirtschaft, aber auch Medien, öffentliche Verwaltung sich intensiv damit
beschäftigen, welche Smart Services sich aus den Unternehmens-, Informatik- und insbesondere KI-Strategien ableiten und am Markt erfolgreich vermarkten lassen.

§ 3 Überblick: Rechte an Daten

Literatur: *Adam, Simon:* Daten als Rechtsobjekte, NJW 2020, 2063–2068; *Alexander, Christian:* Anwendungsbereich, Regelungstechnik und einzelne Transparenzvorgaben der P2B-Verordnung, WRP 2020, 945–954; *Amstutz, Marc:* Dateneigentum, AcP 218 (2018), 438–551; *Arbeitsgruppe „Digitaler Neustart" der Justizministerkonferenz:* Bericht vom 15.5.2017: https://www.justiz.nrw.de/JM/schwerpun kte/digitaler_neustart/zt_bericht_arbeitsgruppe/bericht_ag_dig_neustart.pdf. (zul. abgerufen: 12.4.2023); *Assion, Simon/Mackert, Lea Noemi:* Verträge über Daten: Eine Praxischeckliste, PinG 2016, 161–164; *Balganesh, Shyamkrishna:* Common Law Property Metaphors on the Internet: The Real Problem with the Doctrine of Cybertrespass, Michigan Telecommunications & Technology Law, Vol. 12 (2006), 265–334; *Bechtold, Rainer/Bosch, Wolfgang/Brinker, Ingo (Hrsg.):* EU-Kartellrecht, 4. Auflage, München 2023 (zit. Bechtold/Bosch/Brinker KartellR); *Bechtolf, Hans/Vogt, Niklas:* Datenschutz in der Blockchain – Eine Frage der Technik, ZD 2018, 66–71; *Becker, Christoph:* Schutz von Forderungen durch das Deliktsrecht?, AcP 196 (1996), 439–490; *Becker, Maximilian:* Rights in Data – Industry 4.0 and the IP Rights of the Future, ZGE 2017, 253–265; *Berberich, Matthias/Golla, Sebastian:* Zur Konstruktion eines „Dateneigentums" – Herleitung, Schutzrichtung, Abgrenzung, PinG 2016, 165–176; *Berberich, Matthias/Kanschik, Julian:* Daten in der Insolvenz, NZI 2017, 1–10; *Berberich, Matthias:* Der Content „gehört" nicht Facebook!, MMR 2010, 736–741; *Berberich, Matthias:* Virtuelles Eigentum, Tübingen 2010; *Berger, Christian:* Immaterielle Wirtschaftsgüter in der Insolvenz, ZInsO 2013, 569–578; *Berger, Christian:* Property Rights to Personal Data? – An Exploration of Commercial Data Law, ZGE 2017, 340–355; *Bleckat, Alexander:* Das Dateneigentum und die E-Person, RDV 2019, 114–116; *BMDV:* Digitalstrategie der Bundesregierung, https://bmdv.bund.de/SharedDocs/DE/Anlage/K/presse/063 -digitalstrategie.pdf?__blob=publicationFile, 2022. (zul. abgerufen: 12.4.2023); *BMI:* Gutachten der Datenethikkommission, https://www.bmi.bund.de/SharedDocs/downloads/DE/publikationen/them en/it-digitalpolitik/gutachten-datenethikkommission.pdf?__blob=publicationFile&v.=6, Oktober 2019. (zul. abgerufen: 12.4.2023); *BMVI:* „Eigentumsordnung für Mobilitätsdaten? – Eine Studie aus technischer, ökonomischer und rechtlicher Perspektive", https://www.uni-kassel.de/fb07/index.php? eID=dumpFile&t=f.&f.=4043&token=5408d0e9eac3fa0fda9271f06e5d67cc84b646e8. (zul. abgerufen: 13.4.2023); *Buchholz, Wolf:* Die neue PSI-Richtlinie – Wieviel Datenhoheit verbleibt den öffentlichen Unternehmen?, IR 2019, 197–201; *Bueren, Eckert:* Kartellrecht und Datenschutzrecht – zugleich ein Beitrag zur 10. GWB-Novelle und zum Facebook-Verfahren, ZWeR 2019, 403–453; *Bull, Hans Peter:* Wieviel sind „meine Daten" wert?, CR 2018, 425–432; *Busch, Christoph:* Fairness und Transparenz in der Plattformökonomie. Der Vorschlag für eine EU-Verordnung über Online-Plattformen, IWRZ 2018, 147–152; *Busch, Christoph:* Mehr Fairness und Transparenz in der Plattformökonomie?, GRUR 2019, 788–796; *Bydlinski, Peter:* Der Sachbegriff im elektronischen Zeitalter: zeitlos oder anpassungsbedürftig?, AcP 198 (1998), 287–328; *Canaris, Claus-Wilhelm:* Der Schutz obligatorischer Forderungen nach § 823 I BGB, in: Festschrift für Erich Steffen zum 65. Geburtstag am 28.5.1995, hrsg. von Erwin Deutsch, Ernst Klingmüller und Hans Josef Kullmann; *Christians, Andreas/Liepin, Michael:* The Consequences of Digitalization for German Civil Law from the National Legislator's. Point of View, ZGE 2017, 331–339; *Czychowski, Christian/Winzek, Marie:* Rechtliche Struktur und Inhalt von Datennutzungsverträgen – Datenwirtschaftsrecht III: Der Vertrag über ein neues Elementarteilchen, ZD 2022, 81–90; *Denga, Michael:* Gemengelage privaten Datenrechts, NJW 2018, 1371–1376; *Determann, Lothar:* Gegen Eigentumsrechte an Daten. Warum Gedanken und andere Informationen frei sind und es bleiben sollten, ZD 2018, 503–508; *Determann, Lothar:* Kein Eigentum an Daten, MMR 2018, 277–278; *Domej, Tanja/Dörr, Bianka/Hoffmann-Nowotny, Urs/Vasella, David/Zelger, Ulrich (Hrsg.):* Einheit des Privatrechts, komplexe Welt: Herausforderungen durch fortschreitende Spezialisierung und Interdisziplinarität, Stuttgart, München 2009 (zit. Domej et al. Einheit des Privatrechts); *Dorner, Michael:* Big Data und „Dateneigentum": Grundfragen des modernen Daten- und Informationshandels, CR 2014, 617–628; *Dreier, Thomas/Schulze, Gernot (Hrsg.):* Urheberrechtsgesetz, 7. Auflage, München 2022 (zit. Dreier/Schulze); *Eichberger, Michael:* Verfassungsrechtliches Eigentum an Daten, VersR 2019, 709–714; *Eifert, Martin/Hoffmann-Riem, Wolfgang (Hrsg.):* Innovation und rechtliche Regulierung, Baden-Baden 2002; *Engelbrecht, Kai:* Transparenz von Infektionszahlen COVID-19: Informationszugangsansprüche gegenüber Behörden des Öffentlichen Gesundheitsdienstes, ZD 2020, 611–614; *Erb, Volker/Schäfer, Jürgen (Hrsg.):* Münchener Kommentar zum StGB, Band 6, 4. Auflage, München 2022 (zit. MüKoStGB); *Erbguth, Jörn/Fasching, Jochim Galileo:* Wer ist Verantwortlicher einer Bitcoin-Transaktion?: Anwendbarkeit der DS–GVO auf die Bitcoin-Blockchain, ZD 2017, 560–565; *Erman, Walter (Begr.):* Bürgerliches Gesetzbuch, Kommentar, Band 2, 16. Auflage, Köln 2020 (zit. Erman); *Ernst, Stefan:* Das neue Computerstrafrecht, NJW 2007, 2661–2666; *Ernst, Stefan:* Die Einwilligung nach der Datenschutzgrundverordnung: Anmerkung zur Definition nach Art. 4 Nr. 11 DS-GVO, ZD 2017, 110–114; *Fabricius, Fritz:* Zur Dogmatik des „sonstigen Rechts" gemäß § 823 Abs. I BGB, AcP 160 (1961), 273–336; *Fairfield, Joshua:* Virtual Property, 85 Boston University Law Review 1047 (2005), 1048–1077; *Faustmann, Jörg:* Der deliktische Datenschutz, VuR 2006, 260–263; *Feldmann, Thorsten/Heidrich, Joerg:* Rechtsfragen des Ausschlusses von Usern aus Internetforen – Praktische Analyse der Voraussetzungen eines Anspruchs auf Ausschluss, CR 2006, 406–412; *Fezer, Karl-Heinz:* Data Ownership of the People. An Intrinsic Intellectual Property Law Sui Generis Regarding People's. Behaviour-generated Informational Data, ZGE 2017, 356–370; *Fink, Leonard:* Big Data and Artificial Intelligence, ZGE 2017, 288–289; *Fischer, Thomas:* Strafgesetzbuch, Kommentar, 70. Auflage, München 2023 (zit. Fischer); *Forkel, Hans:* Zur Zulässigkeit beschränkter Übertragungen des Namensrechtes, NJW 1993, 3183–3183; *Frenz, Walter:* EU-Digitalisierungsrecht. Datennutzung – Wettbewerb – Klimaschutz, EuR 2020, 210–237; *Frenz, Walter:* Klimaschutz und Wettbewerb in der digitalen Kreislaufwirtschaft, WRP 2021, 995–1003; *Fries, Martin/Scheufen, Marc:* Märkte für Maschinendaten. Eine rechtliche und rechtsökonomische Standortbestimmung, MMR 2019, 721–726; *Ganea, Peter (Hrsg.):* Urheberrecht. Gestern, Heute, Morgen. Festschrift für Adolf Dietz zum 65. Geburtstag, München 2001. (zit. FS Dietz); *Gerpott, Torsten J./Mikolas, Tobias:* Zugang zu Daten großer Online-Plattformbetreiber nach der 10. GWB-Novelle. Schwachstellen des seit 19.1.2021 geltenden neuen GWB, CR 2021, 137–144; *Gerpott, Torsten J.:* Vorschlag für ein europäisches Datengesetz Überblick und Analyse der Vorgaben für vernetzte Produkte, CR 2022, 271–280; *Gersdorf, Hubertus/Paal, Boris (Hrsg.):* BeckOK Informations- und Medienrecht, 40. Edition, München 2023 (zit. BeckOK MedienR); *Gibson, James:* Re-Reifying Data, Notre Dame Law Review 163 (2004), Vol. 80, 163–242; *Gielen, Nico/Uphues*, Steffen: Digital Markets Act und Digital Services Act. Regulierung von Markt- und Meinungsmacht durch die Europäische Union, EuZW 2021, 627–637; *Gola, Peter/Heckmann, Dirk (Hrsg.):* Datenschutzgrundverordnung, Kommentar, 3. Auflage, München 2022 (zit. Gola/Heckmann); *Göpfert, Burkhard/Wilke, Elena:* Nutzung privater Smartphones für dienstliche Zwecke, NZA 2012, 765–771; *Götz, Christopher:* Big Data und der Schutz von Datenbanken. Überblick und Grenzen, ZD 2014, 563–568; *Gröseling, Nadine/Höfinger, Frank Michael:* Hacking und Computerspionage, Auswirkungen des 41. StrÄndG zur Bekämpfung der Computerkriminalität, MMR 2007, 549–553; *Grüneberg, Christian (Hrsg.):* Bürgerliches Gesetzbuch, Kommentar, 82. Auflage, München 2023 (vormals Palandt; zit. Grüneberg); *Grützmacher, Malte:* Dateneigentum – ein Flickenteppich. Wem gehören die Daten bei Industrie 4.0, Internet der Dinge und Connected Cars?, CR 2016, 485–495; *Hardin, Garrett:* The Tragedy of the Commons, Science (1968), Vol. 162, 1243–1248; *Hardy, Trotter:* Property (and Copyright) in Cyberspace, University of Chicago Legal Forum, Vol. 1996 (1996), 217–260; *Härting, Niko:* „Dateneigentum" – Schutz durch Immaterialgüterrecht?. Was sich aus dem Verständnis von Software für den zivilrechtlichen Umgang mit Daten gewinnen lässt, CR 2016, 646–649; *Hartl, Andreas/Ludin, Anna:* Recht der Datenzugänge. Was die Datenstrategien der EU sowie der Bundesregierung für die Gesetzgebung erwarten lassen, MMR 2021, 534 – 538; *Hau, Wolfgang/Poseck, Roman* (Hrsg.): Beck-Online Kommentar Bürgerliches Gesetzbuch, 66. Edition, München 2023 (zit. BeckOK BGB); *Hauck, Ronny:* Schutz von Geschäftsgeheimnissen und Arbeitnehmerrechte, GRUR 2022, 530–536; *Heger, Martin/Kühl, Kristian (Hrsg.):* Strafgesetzbuch, Kommentar, 30. Auflage, München 2023 (zit. Lackner/Kühl/Heger); *Heider, Matthias/Kutscher, Konstantin:* Die 10. GWB-Novelle und die Missbrauchsaufsicht digitaler Plattformunternehmen, WuW 2022, 134–142; *Heinz, Silke:* Wettbewerbspolitik für das digitale Zeitalter – der Expertenbericht der Europäischen Kommission, WuW 2019, 439–446; *Heller, Michael:* The Tragedy of the Anticommons: Property in the Transition from Marx to Markets, Harvard Law Review, Vol. 111 (1998), 621–688; *Hennemann, Moritz/Steinrötter, Björn:* Data Act – Fundament des neuen EU-Datenwirtschaftsrechts?, NJW 2022,1481–1486; *Herrlinger, Justus:* Der geänderte § 20 GWB – Zwischen Leistungswettbewerb und Netzwerkeffekten –, WuW 2021, 325–330; *Hessel; Stefan/Leffer, Lena:* Rechtlicher Schutz maschinengenerierter Daten. Schutz durch das GeschGehG, MMR 2020, 647–650; *Heun, Sven-Henrik/Assion, Simon:* Internet(recht) der Dinge, CR 2015, 812–818; *Heymann, Thomas:* Der Schutz von Daten bei der Cloud Verarbeitung, CR 2015, 807–811; *Hoeren, Thomas:* Datenbesitz statt Dateneigentum. Erste Ansätze zur Neuausrichtung der Diskussion um die Zuordnung von Daten, MMR 2019, 5–8; *Hoeren, Thomas:* Anmerkung zu EU-Datenbankrichtlinie 96/9/EG v. 11.3.1998 Art. 7, MMR 2005, 29–36; *Hoe-*

ren, Thomas: Big Data und Recht, München 2014; *Hoeren, Thomas:* Dateneigentum. Versuch einer Anwendung von § 303a StGB im Zivilrecht, MMR 2013, 486–491; *Huerkamp, Florian/Nuys, Marcel:* Datenzugang nach § 19 Abs. 2 Nr. 4 GWB nF – Geglückte „Klarstellung"?, NZKart 2021, 327–332; *Immenga, Ulrich/Mestmäcker, Ernst-Joachim (Hrsg.):* Wettbewerbsrecht, 6. Auflage, München 2019; *Irnleitner, Selina/Nohr, Holger:* Die Gerechtigkeitsfrage im Diskurs über die Einführung eines Rechts auf Eigentum an Daten, PinG 2019, 167–172; *Cirener, Gabriele/Radtke, Henning/Rissing-van Saan, Ruth/Rönnau, Thomas/Schluckebier, Wilhelm (Hrsg.):* Leipziger Kommentar zum Strafgesetzbuch, 13. Auflage, Berlin 2023 (zit. LK StGB); *Kahlenberg, Harald/Rahlmeyer, Dietmar/Giese, Peter:* Die 10. GWB-Novelle (GWB-Digitalisierungsgesetz) – der Regierungsentwurf, BB 2020, 2691–2701; *Kaulartz, Markus/Schmid, Alexander:* Rechtliche Aspekte sogenannter Non-Fungible Tokens (NFTs), CB 2021, 298–302; *Kerber, Wolfgang:* Datenrechtliche Aspekte des Digital Markets Act. Datenwirtschaftsrecht I: Vorschlag einer Ex-ante Regulierung von Gatekeeper-Plattformen, ZD 2021, 544–548; *Kerber, Wolfgang:* Datenzugangsansprüche im Referentenentwurf zur 10. GWB-Novelle aus ökonomischer Perspektive, WuW 2020, 249–256; *Kindhäuser, Urs/Neumann, Ulfrid/Paeffgen, Hans-Ullrich/Saliger, Frank (Hrsg-):* Nomos-Kommentar Strafgesetzbuch, 6. Auflage, Baden-Baden 2023 (zit. NK StGB); *Kloos, Bernhard/Wagner, Axel-Michael:* Vom Eigentum zur Verfügbarkeit. Nutzungsorientierte Geschäftskonzepte im IT-Sektor aus vertragsrechtlicher Sicht, CR 2002, 865–872; *Koch, Robert:* Haftung für die Weiterverbreitung von Viren durch E-Mails, NJW 2004, 801–807; *König, Michael:* Software (Computerprogramme) als Sache und deren Erwerb als Sachkauf, NJW 1993, 3121–3124; *Körber, Torsten:* „Digitalisierung" der Missbrauchsaufsicht durch die 10. GWB-Novelle, Macht im Netz IV: Maßvolle Antwort oder übertriebene Regulierung der Digitalwirtschaft, MMR 2020, 290–295; *Kornmeier, Udo/Baranowski, Anne:* Das Eigentum an Daten – Zugang statt Zuordnung, BB 2019, 1219–1225; *Kraft, Dennis/Meister, Johannes:* Rechtsprobleme virtueller Sit-ins, MMR 2003, 366–374; *Kraul, Torsten:* „Recht an Daten": Aktuelle Gesetzeslage und vertragliche Ausgestaltung, GRUR-Prax 2019, 478; *Krüger, Stefan/Wiencke, Julia/Koch, André:* Der Datenpool als Geschäftsgeheimnis, GRUR 2020, 578–584; *Kühling, Jürgen/Buchner, Benedikt (Hrsg.):* DS-GVO BDSG, Kommentar, 3. Auflage, München 2020 (zit. Kühling/Buchner); *Kühling, Jürgen/Klar, Manuel:* Speicherung von IP-Adressen beim Besuch einer Internetseite, ZD 2017, 24–29; *Kühling, Jürgen/Sackmann, Florian:* Datenschutzordnung 2018 – nach der Reform ist vor der Reform?!, NVwZ 2018, 681–686; *Kühling, Jürgen/Sackmann, Florian:* Irrweg „Dateneigentum", Neue Großkonzepte als Hemmnis für die Nutzung und Kommerzialisierung von Daten, ZD 2020, 24–30; *Ladeur, Karl-Heinz:* Ausschluss von Teilnehmern an Diskussionsforen im Internet: Absicherung von Kommunikationsfreiheit durch „netzwerk gerechtes" Privatrecht, MMR 2001, 787–792; *Larenz, Karl:* Allgemeiner Teil des deutschen Bürgerlichen Rechts, 7. Auflage, München 1989 (zit. Larenz BGB AT); *Lehmann, Michael:* Eigentum, geistiges Eigentum, gewerbliche Schutzrechte: Property Rights als Wettbewerbsbeschränkungen zur Förderung des Wettbewerbs, GRUR Int. 1983, 356–362; *Lehmann, Michael:* Anmerkung zu EuGH: Rechtlicher Schutz von Datenbanken – Pferdesportdatenbank, CR 2005, 10–16; *Leible, Stefan/Lehmann, Matthias/Zech, Herbert (Hrsg.):* Unkörperliche Güter im Zivilrecht, Tübingen 2011; *Lemley, Mark:* Property, Intellectual Property, and Free Riding, Texas Law Review, Vol. 83 (2005), 1031–1089; *Lemley, Mark:* Place and Cyberspace, California Law Review, Vol. 91 (2003), 521–542 (zit. Lemley 91 Cal. L. Rev.); *Lessig, Lawrence:* The Law of the Horse: What Cyberlaw Might Teach, Harvard Law Review, Vol. 113 (1999), 501–549; *Lessig, Lawrence:* Code, 2. Auflage, New York 2006; *Leupold, Andreas/Wiebe, Andreas/Glossner, Silke (Hrsg.),* IT-Recht, 4. Auflage, München 2021 (zit. Leupold/Wiebe/Glossner IT-Recht); *Libertus, Michael:* Zivilrechtliche Haftung und strafrechtliche Verantwortlichkeit bei unbeabsichtigter Verbreitung von Computerviren, MMR 2005, 507–512; *Lukas, Arnold:* Nutzungsverträge über Maschinendaten zwischen Unternehmen in der Industrie 4.0, ZdiW 2021, 296–302; *Madison, Michael:* Law as Design: Objects, Concepts, and Digital Things, Case Western Reserve Law Review, Vol. 56 (2005), 381–478; *Mäger, Thorsten/Budde, Stefanie:* Der RefE für die 10. GWB-Novelle: ein Spagat zwischen EU–Rechtsangleichung und deutschem Sonderweg, DB 2020, 378–386; *Mantz, Reto:* Haftung für kompromittierte Computersysteme – § 823 Abs. 1 BGB und Gefahren aus dem Internet, K&R 2007, 566–572; *Markendorf, Merih:* Recht an Daten in der deutschen Rechtsordnung. Blockchain als Lösungsansatz für eine rechtliche Zuordnung?, ZD 2018, 409–413; *Marly, Jochen:* Die Qualifizierung der Computerprogramme als Sache nach § 90 BGB, BB 1991, 432–436; *Marly, Jochen:* Praxishandbuch Softwarerecht, 7. Auflage, München 2018 (zit. Marly SoftwareR); *Martini, Mario/Kolain, Michael/Neumann, Katja/Rehorst, Tobias/Wagner, David:* Datenhoheit: Annäherung an einen offenen Leitbegriff, MMR-Beil. 2021, 3–25; *Mattioli, Michael:* Data

Policy in the United States: New Challenges, ZGE 2017, 299–316; *Maume, Philipp/Fromberger, Mathias:* Die Blockchain-Aktie, ZHR 2021, 507–555; *Maume, Philipp:* Bestehen und Grenzen des virtuellen Hausrechts, MMR 2007, 620–626; *Meehan, Michael:* Virtual Property: Protecting Bits in Context, Richmond Journal of Law & Technology, Vol. 13 (2006), 1–48; *Meier, Klaus/Wehlau, Andreas:* Die zivilrechtliche Haftung für Datenlöschung, Datenverlust und Datenzerstörung, NJW 1998, 1585–1591; *Merges, Robert:* Of Property Rules, Coase, and Intellectual Property, Columbia Law Review, Vol. 94 (1994), 2655–2673; *Michl, Fabian:* „Datenbesitz" – ein grundrechtliches Schutzgut?, NJW 2019, 2729–2733; *Müller, Stephan:* Europäische Regeln für die digitale Plattformwirtschaft, InTeR 2019, 105–106; *Müller-Hengstenberg, Claus/Kirn, Stefan:* Vertragscharakter des Application Service Providing-Vertrags, NJW 2007, 2370–2373; *Müller-Hengstenberg, Claus:* Computersoftware ist keine Sache, NJW 1994, 3128–3134; *Münchener Kommentar zum BGB,* Band 1 (München, 9. Auflage 2021), Band 7 (München. 8. Auflage 2020) (zit. MüKoBGB); *Nelson, Phillip:* Information and Consumer Behavior, 78 Journal pf Political Economy, Vol. 78 (1970), 311–329; *Nemethova, Olivia/Peters, Mark:* „Datenschutz" durch Patentrecht? Schutz für das Direktprodukt eines Verfahrens, InTeR 2019, 59–64; *Nolte, Rüdiger:* Die Gewährleistung des Zugangs zu Daten der Exekutive durch das Grundrecht der Informationsfreiheit, NVwZ 2018, 521–528; *Ohly, Ansgar:* Gibt es einen Numerus Clausus der Immaterialgüterrechte?, in: Ohly, Ansgar/Bodewig, Theo/Dreier, Thomas (Hrsg.): Perspektiven des geistigen Eigentums und Wettbewerbsrecht. Festschrift für Gerhard Schricker zum 70. Geburtstag, München 2005, 105 (zit. Ohly FS Schricker); *Ohly, Ansgar:* Geistiges Eigentum?, JZ 2003, 545–554; *Omlor, Sebastian:* Kryptowährungen im Geldrecht, ZHR 2019, 294–345; *Paulus, Christoph/Berg, Judith:* Daten als insolvenzrechtlicher Vermögenswert des Schuldners, ZIP 2019, 2133–2142; *Peitz, Martin/Schweitzer, Heike:* Ein neuer europäischer Ordnungsrahmen für Datenmärkte?, NJW 2018, 275–280; *Peschel, Cristopher/Rockstroh, Sebastian:* Big Data in der Industrie: Chancen und Risiken neuer datenbasierter Dienste, MMR 2014, 571–576; *Piltz, Carlo/Zwerschke, Johannes:* „Rechte an Daten": Neuere Entwicklungen und Haftungsfragen, GRUR-Prax 2021, 11–14; *Podszun, Rupprecht/Pfeifer, Clemens:* Datenzugang nach dem EU Data Act: Der Entwurf der Europäischen Kommission, GRUR 2022, 953–962; *Raue, Benjamin/v. Ungern-Sternberg, Antje:* Ethische und rechtliche Grundsätze der Datenverwendung, ZRP 2020, 49–52; *Raue, Benjamin:* Die Rechte des Sacheigentümers bei der Erhebung von Daten, NJW 2019, 2425–2430; *Raue, Benjamin:* Haftung für unsichere Software, NJW 2017, 1841–1846; *Redeker, Helmut:* Wer ist Eigentümer von Goethes Werther?, NJW 1992, 1739–1740; *Reidenberg, Joel: Lex Informatica:* The Formulation of Information Policy Rules through Technology, Texas Law Review, Vol. 76 (1997), 553–593; *Richter, Heiko/Slowinsky, Peter:* The Data Sharing Economy: On the Emergence of New Intermediaries, IIC 2019, 4–30; *Richter, Heiko:* „Open Government Data" für Daten des Bundes, Die Open-Data-Regelung der §§ 12 a, 19 E-Government-Gesetz, NVwZ 2017, 1408–1413; *Richter, Heiko:* 2022: Ankunft im Post-Open-Data-Zeitalter Datenwirtschaftsrecht II: Die Zukunft der Regulierung von Daten des öffentlichen Sektors, ZD 2022, 3–8; *Riechert, Anne:* Daten als Gegenleistung, PinG 2019, 234–239; *Riehm, Thomas:* Rechte an Daten – Die Perspektive des Haftungsrechts, VersR 2019, 714–724; *Rosenkranz, Frank/Scheufen, Marc:* Die Lizenzierung von nicht-personenbezogenen Daten: Eine rechtliche und rechtsökonomische Analyse, ZfDR 2022, 159–198; *Sahl, Jan Christian:* Daten als Basis der digitalen Wirtschaft und Gesellschaft, RDV 2015, 236–242; *Sassenberg, Thomas/Faber, Tobias (Hrsg.):* Rechtshandbuch Industrie 4.0 und Internet of Things, 2. Auflage, München 2020 (zit. Sassenberg/Faber Industrie 4.0); *Schildbach, Roman:* Zugang zu Daten der öffentlichen Hand und Datenaltruismus nach dem Entwurf des Daten-Governance-Gesetzes-Datenwirtschaftsrecht IV: Mehrwert für das Teilen von Daten oder leere Hülle?, ZD 2022, 148–153; *Schönke, Adolf/Schröder, Horst (Begr.):* Strafgesetzbuch, Kommentar, 30. Auflage, München 2019 (zit. Schönke/Schröder); *Schrader, Paul T.:* Begrenzung des ergänzenden wettbewerbsrechtlichen Leistungsschutzes, WRP 2005, 562–564; *Schricker, Gerhard/Loewenheim, Ulrich (Hrsg.):* Urheberrecht, Kommentar, 6. Auflage, München 2020. (zit. Schricker/Loewenheim); *Schulz, Sönke:* Dateneigentum in der deutschen Rechtsordnung: Ausgangslage, Argumente, Folgen, PinG 2018, 72–79; *Schumann, Kay:* Das 41. StRÄndG zur Bekämpfung der Computerkriminalität, NStZ 2007, 675–680; *Schuster, Fabian/Grützmacher, Malte (Hrsg.):* IT-Recht, Kommentar, Köln 2020; *Schwartmann, Rolf/Hentsch,* Christian-Henner: Eigentum an Daten – Das Urheberrecht als Pate für ein Datenverwertungsrecht, RDV 2015, 221–230; *Schwarz, Andrew/Bullis, Robert:* Rivalrous Consumption and the Boundaries of Copyright Law: Intellectual Property Lessons from Online Games, Intellectual Property Law Bulletin, Vol. 10 (2005), 13–27; *Schweitzer, Heike:* Datenzugang in der Datenökonomie: Eckpfeiler einer neuen Informationsordnung, GRUR

2019, 569–581; *Seip, Fabian/Berberich, Matthias:* Der Entwurf des Digital Markets Act, GRUR-Prax 2021, 44–48; *Simitis, Spiros/Hornung, Gerrit/Spiecker gen. Döhmann, Indra (Hrsg.):* Datenschutzrecht, Kommentar, Baden-Baden 2019 (zit. Simitis); *Söbbing, Thomas/Groß, Katharin:* Einzelne Rechtsfragen der Digitalisierung in der Automobilbranche. Juristische Herausforderungen zu Updates Over The Air (OTA), Plattformen und Cybersecurity in Fahrzeugen, CR 2022, 613–620; *Soergel, Hans (Begr.):* Bürgerliches Gesetzbuch Kommentar, Band 1 Allgemeiner Teil 1, Band 12 Schuldrecht 10, 13. Auflage, Stuttgart 2000/2005 (zit. Soergel); *Sohm, Rudolph/Hölder, Eduard/Strohal, Emil:* Drei Beiträge zum Bürgerlichen Recht, Leipzig 1905; *Specht, Louisa:* Property Rights Concerning Personal Data, ZGE 2017, 411–415; *Specht-Riemenschneider, Louisa:* Der Entwurf des Data Act. Eine Analyse der vorgesehenen Datenzugangsansprüche im Verhältnis B2B, B2C und B2G, MMR 2022, 809–826; *Spiecker gen. Döhmann, Indra:* Digitale Mobilität: Plattform Governance IT-sicherheits- und datenschutzrechtliche Implikationen, GRUR 2019, 341–352; *Spindler, Gerald:* Das Jahr 2000-Problem in der Produkthaftung – Pflichten der Hersteller und der Softwarenutzer, NJW 1999, 3737–3745; *Spindler, Gerald:* Data and Property Rights, ZGE 2017, 399–405; *Spindler, Gerald:* Die neue EU-Datenschutz-Grundverordnung, DB 2016, 937–948; *Spindler, Gerald:* Zukunft der Digitalisierung – Datenwirtschaft in der Unternehmenspraxis, DB 2018, 41–50; *Staudenmayer, Dirk:* Der Verordnungsvorschlag der Europäischen Kommission zum Datengesetz: Auf dem Weg zum Privatrecht der Datenwirtschaft, EuZW 2022, 596–602; *Staudinger, Julius (Begr.):* Bürgerliches Gesetzbuch Kommentar, Buch 1 Allgemeiner Teil §§ 90-124, Berlin 2017, Buch 2 Recht der Schuldverhältnisse §§ 823 A-D, , Berlin 2021 (zit. Staudinger); *Steinrötter, Björn:* Das „Datenwirtschaftsrecht" als neues Teilrechtsgebiet im Recht der Daten. Einführende Bemerkungen zur neuen ZD-Beitragsreihe, ZD 2021, 543–543; *Stender-Vorwachs, Jutta/Steege, Hans:* Wem gehören unsere Daten? Zivilrechtliche Analyse zur Notwendigkeit eines dinglichen Eigentums an Daten, der Datenzuordnung und des Datenzugangs, NJOZ 2018, 1361–1367; *Stevens, Gunnar/Bossauer, Paul:* Dealing with Personal Data in the Age of Big Data Economies, ZGE 2017, 266–278; *Taeger, Jürgen (Hrsg.):* Die Macht der Daten und der Algorithmen, Bremen 2019; *Thalhofer, Thomas:* Recht an Daten in der Smart Factory, GRUR-Prax 2017, 225–228; *Tolks, Daniel:* Die finale Fassung des Data Governance Act. Erste Schritte in Richtung einer europäischen Datenwirtschaft, MMR 2022, 444–449; *Tribess, Alexander:* Datenzugangsrechte in der Plattformökonomie. Auswirkungen der P2B-Verordnung im Bereich datenschutzrechtlicher Transparenzpflichten, ZD 2020, 440–444; *Troller, Alois:* Immaterialgüterrecht, Band 1, 3. Auflage, Basel 1983; *Völzmann-Stickelbrock, Barbara:* Schöne neue (zweite) Welt? Zum Handel mit virtuellen Gegenständen im Cyberspace, in: Wackenbarth, Ulrich/Vormbau, Thomas/Marutschek, Hans-Peter (Hrsg.): Festschrift für Ulrich Eisenhardt zum 70. Geburtstag, München 2007 (zit. Völzmann-Stickelbrok FS Eisenhardt); *von Ulmenstein, Ulrich:* Korrelationsmuster als Rechtsgegenstand, PinG 2019, 269–276; *von Westphalen, Friedrich:* Datenvertragsrecht – disruptive Technik – disruptives Recht. Kollisionsrecht und Haftungsrecht, IWRZ 2018, 9–21; *von Westphalen, Friedrich:* Disruptive Technology Creates Disrupted Law, Künstliche Intelligenz (KI) – Dateneigentum, Haftung, Bilanzierung, ZIP 2020, 737–745; *Wagner, Manuela/Brecht, Corinna/Raabe, Oliver:* Wettbewerb um Zugang zu Daten – Moderne Regulierung im Informationszeitalter, PinG 2018, 229–237; *Wais, Hannes:* B2B-Klauselkontrolle in der Plattform-Ökonomie: Der Kommissionsvorschlag für eine Verordnung über Online-Vermittlungsdienste, EuZW 2019, 221–228; *Wandtke, Artur-Axel/Bullinger, Winfried:* Praxiskommentar Urheberrecht, 6. Auflage, München 2022 (zit. Wandtke/Bullinger); *Werner, Wibke:* Schutz durch das Grundgesetz im Zeitalter der Digitalisierung, NJOZ 2019, 1041–1046; *Westermann, Benjamin:* Daten als Kreditsicherheiten – eine Analyse des Datenwirtschaftsrechts de lege lata und de lege ferenda aus der Perspektive des Kreditsicherungsrechts, WM 2018, 1205–1210; *Wieacker, Franz:* Sachbegriff, Sacheinheit und Sachzuordnung, AcP 148 (1942), 57–104; *Wiebe, Andreas:* A new European Data Producers' Right for the Digital Economy?, ZGE 2017, 394–398; *Wischmeyer, Thomas/Herzog, Eva:* Daten für alle? – Grundrechtliche Rahmenbedingungen für Datenzugangsrechte, NJW 2020, 288–293; *Wolf, Manfred/Neuner, Jörg:* Allgemeiner Teil des Bürgerlichen Rechts, 13. Auflage, München 2023 (zit. Wolf/Neuner BGB AT); *Wolff, Heinrich/Brink, Stefan/v. Ungern-Sternberg, Antje (Hrsg.):* Beck-Online Kommentar Datenschutzrecht, 44. Edition, München 2023 (zit. BeckOK DatenschutzR); *Zech, Herbert:* Daten als Wirtschaftsgut – Überlegungen zu einem „Recht des Datenerzeugers", CR 2015, 137–146; *Zech, Herbert:* „Industrie 4.0" – Rechtsrahmen für eine Datenwirtschaft im digitalen Binnenmarkt, GRUR 2015, 1151–1160; *Zech, Herbert:* Building a European Data Economy – The European Commission's. Proposal for a Data Producer's Right, ZGE 2017, 317–330; *Zech, Herbert:* Information als Schutzgegenstand, Tübingen 2012.

A. Einleitung und Diskussionstendenzen

1   Die Frage nach „**Rechten an Daten**" berührt eines der wirtschaftlich bedeutsamsten und zugleich **schwierigsten Themen** der digitalen Wirtschaft. Angesichts der umfassenden Nutzung diverser Daten als Grundlage digitaler Geschäftsmodelle sind damit ganz zentrale Weichenstellungen für eine **wirtschaftliche Eigentumsordnung in der digitalen Welt** verbunden. Diese – komplexe – Frage lässt sich für unterschiedliche Arten von Daten, verschiedene beteiligte Akteure bzw. Betroffene mit divergierenden Interessen und auf praktisch jeder Stufe der digitalen Wertschöpfungskette stellen. Im Big-Data-Kontext finden sich Daten sowohl als Ausgangsmaterial (zB ungeordnete Big-Data-Rohdaten) wie auch als Produkt der Wertschöpfung wieder (zB nach Bereinigung, Verknüpfung mit anderen Daten oder sonstiger Aufwertung). Dies führt seit Jahren zu **intensiven Diskussionen** bis auf die gesetzgeberische Ebene in Deutschland und der EU (→ Rn. 4 ff.), inwieweit überhaupt Rechte an Daten bestehen sollten, etwa um deren Monetarisierung rechtssicher zu ermöglichen, wirtschaftliche (Auswertungs-)Leistungen exklu-

siv zuzuweisen oder von den Daten betroffene Personen hinreichend zu schützen. Ohne eine „große Lösung" dieser Frage kann der **Rechtsrahmen** für „Rechte an Daten" derzeit indes nur als komplexes „**Patchwork**" unterschiedlicher einschlägiger Rechtsbereiche und Regelungen bezeichnet werden. Dieses Kapitel des Handbuchs wird – gleichsam vor die Klammer gezogen – im Folgenden einen allgemeinen Überblick und normativen Rahmen für Rechte an Daten ziehen und für jeweilige Details auf die Kapitel des Besonderen Teiles dieses Handbuches verweisen.

Rechte an Daten finden sich teils auf Ebene des nicht harmonisierten deutschen Rechts **2** (insbes. im Zivil- und Strafrecht), teils als deutsche Umsetzung verschiedener EU-Richtlinien (insbes. im Bereich des Geistigen Eigentums) und schließlich auch in Form direkt geltender EU-Rechtsakte (insbes. im Bereich des Datenschutzes sowie bei neuen Regelungen für einen Datenmarkt). Als grobe **Orientierung** kann hier festgehalten werden, dass es zunächst auf die Arten der jeweiligen Daten ankommt, welche die einschlägigen Rechte determinieren (→ Rn. 9 ff.). Zu den de lege lata wichtigsten „Rechten an Daten" gehören jedenfalls das **Geistige Eigentum** an den Inhalten der Daten, ferner die vorwiegend öffentlich-rechtlich determinierten Vorgaben des **Datenschutzes** personenbezogener Daten sowie der bestehende **zivil- und strafrechtliche Integritätsschutz** von Daten (→ Rn. 27 ff.).

Ein darüber hinaus gehendes **generelles Ausschließlichkeitsrecht** mit dem Ziel weitgehender **3** Exklusivität, Kontrolle und Verfügungsmacht an Daten besteht de lege lata im deutschen Recht nicht und wird auch de lege ferenda weitgehend **abgelehnt** (→ Rn. 51 ff.). Die häufig verwendete Terminologie eines sog. „Dateneigentums" zielt hier zwar auf einen rechtspolitisch „starken" Eigentumsbegriff mit der Vorstellung „eigener" Daten, die monetarisiert und anderen gegen Entgelt zur Verfügung gestellt werden können. Im Einzelnen blieb dessen Ausgestaltung mit Blick auf Schutzgegenstand, Inhaber, Reichweite und Schranken bislang jedoch eher vage. Vor allem ist rechtspolitisch hoch umstritten, welche Akteure in einer arbeitsteiligen Datenwirtschaft derartige Rechte halten würden und ob dies tatsächlich zu einer Datenallokation mit wohlfahrtssteigerndem Nutzungspotenzial führt – oder Monopolisierungstendenzen zugunsten ohnehin marktmächtiger Unternehmen verstärkt. Vor diesem Hintergrund hat sich die Diskussion in jüngerer Zeit eher **weg von neuen Ausschließlichkeitsrechten** und **hin zu Datenzugangsrechten** verschoben (→ Rn. 62 ff.).

B. Gesetzgeberische Entwicklungen

Die Diskussion um die Schaffung eines Rechtsrahmens für die Nutzung von Daten ist nicht **4** neu und wird auf legislativer Ebene der **EU**[1] im Rahmen ihrer **Digitalisierungsstrategie** schon seit mehreren Jahren verfolgt. Treiber hierfür dürften nicht zuletzt industriepolitische Erwägungen unter dem Schlagwort der „Digitalen Souveränität" sein, zumal bislang kein europäisches Unternehmen in der Datenwirtschaft wirklich führend ist und auch bei Infrastrukturdiensten eine wachsende Abhängigkeit von nichteuropäischen Anbietern existiert. So forderte schon im Jahr **2014** die EU-Kommission in ihrer Mitteilung „Für eine florierende datengesteuerte Wirtschaft"[2] Maßnahmen der EU zur Schaffung geeigneter datenfreundlicher Rahmenbedingungen für einen Binnenmarkt für Massendaten (Big Data) und Cloud Computing ua mit Blick auf Verfügbarkeit von Daten, Interoperabilität, Datenschutz, Sicherheit und geistiges Eigentum, um die Rechtssicherheit für Unternehmen zu erhöhen und das Vertrauen der Verbraucher in Datentechnik zu stärken.[3] Als Problem wurden ua schleppende und unkoordinierte Aktivitäten unter sehr komplexen rechtlichen Rahmenbedingungen wahr-

---

1 Vgl. zur US-amerikanischen Entwicklung Mattioli ZGE 2017, 299.
2 Mitteilung der EU-Kommission vom 2.7.2014, COM(2014) 442 final.
3 Mitteilung der EU-Kommission vom 2.7.2014, COM(2014) 442 final, 4.

genommen.[4] Die EU-Kommission beschloss die Durchführung einer Konsultation und die Einsetzung einer Expertengruppe ua zu Fragen des **Eigentums an Daten und der Haftung für die Bereitstellung von Daten.**

5 In ihrer „**Strategie für einen digitalen Binnenmarkt** in Europa"[5] im Jahr **2015** skizzierte die EU-Kommission sodann als drei Pfeiler von Maßnahmen die Verbesserung des Online-Zuganges (ua mit einheitlichen Regeln für grenzüberschreitenden elektronischen Handel, gegen Geoblocking und für eine Urheberrechtsmodernisierung), die Schaffung von Rahmenbedingungen für digitale Netze und Dienste (ua mit Blick auf Datenschutz, Plattformregulierung und Bekämpfung illegaler Online-Inhalte) für das Wachstum der europäischen Digitalwirtschaft durch Investitionen sowie Interoperabilität und Normung. Wiederum wurde ua eine **mangelnde Klarheit der Datennutzungsrechte** als Hindernis für die Entwicklung einer grenzüberschreitenden Nutzung von Daten und neuer Technologieanwendungen (zB Text- und Data-Mining) erkannt.[6] Konkretere Vorschläge für den „**Aufbau einer Europäischen Datenwirtschaft**"[7] machte die EU-Kommission sodann **2017**. Um ungerechtfertigten Beschränkungen des freien Datenverkehrs als Hindernisse für eine EU-Datenwirtschaft[8] zu begegnen, rückte sie ua die Themen des freien Datenverkehrs, Zugang zu und Übertragung von Daten in den Fokus.[9] Um den Wert von Daten optimal ausschöpfen zu können, müssten Marktteilnehmer Zugang zu großen und vielfältigen Datensätzen haben. Dieser sei jedoch nicht gewährleistet, wenn Erzeuger Daten für sich behalten[10] oder Unternehmen mit großen Datenmengen interne Datenanalysekapazitäten nutzen und eine etwaige Wiederverwendung dieser Daten auf nachgelagerten Märkten einschränken.[11] Im Rahmen eines Rechtsrahmens für Datenzugang, Haftung und Datenübertragbarkeit[12] schlug die EU-Kommission erstmals ein „**Recht des Datenerzeugers**" in Bezug auf nicht personenbezogene Daten vor[13] (zB für den Eigentümer oder langfristigen Nutzer bzw. Besitzer eines datenproduzierenden Gerätes). Die nachfolgende Konsultation betroffener Unternehmen zeigte **2018** in der Mitteilung zum „Aufbau eines gemeinsamen europäischen Datenraums"[14] jedoch, dass sich die Praxis **gegen** ein solches **Ausschließlichkeitsrecht** aussprach,[15] weil es für eine gemeinsame effiziente Datennutzung zwischen Unternehmen vielmehr auf die Organisation des Zugangs zu Daten ankomme. Im Rahmen dessen schwenkte die (auch rechtswissenschaftliche) Diskussion eher weg von Ausschließlichkeitsrechten **hin zu Zugangsrechten** an Daten, was sich auch in den Maßnahmevorschlägen der EU-Kommission niederschlägt (→ Rn. 93 ff.).

6 Zum übergreifenden Ziel erklärte die EU-Kommission sodann in ihrer „**Europäischen Datenstrategie**"[16] aus dem Jahr **2020** die Entwicklung eines „EU-Datenraums" als Binnenmarkt für Daten, die innerhalb der EU und branchenübergreifend weitergegeben werden können sollen. Dieser „EU-Datenraum" soll über gerechte, praktikable und eindeutige Regeln für Datenzugang und Datennutzung sowie klare und vertrauenswürdige Mechanismen für die Daten-Governance verfügen.[17] Erneut wurden als Hindernisse[18] ua die Fragmentierung und

---

4 Mitteilung der EU-Kommission vom 2.7.2014, COM(2014) 442 final, 3.
5 Mitteilung der EU-Kommission vom 6.5.2015, COM(2015) 192 final.
6 Mitteilung der EU-Kommission vom 6.5.2015, COM(2015) 192 final, 16.
7 Mitteilung der EU-Kommission vom 10.1.2017, COM(2017) 9 final.
8 Mitteilung der EU-Kommission vom 10.1.2017, COM(2017) 9 final, 3.
9 Mitteilung der EU-Kommission vom 10.1.2017, COM(2017) 9 final, 5.
10 Mitteilung der EU-Kommission vom 10.1.2017, COM(2017) 9 final, 9.
11 Mitteilung der EU-Kommission vom 10.1.2017, COM(2017) 9 final, 10.
12 Zu Maßnahmen vgl. Mitteilung der EU-Kommission vom 10.1.2017, COM(2017) 9 final, 12, 15.
13 Mitteilung der EU-Kommission vom 10.1.2017, COM(2017) 9 final, 14.
14 Mitteilung der EU-Kommission vom 25.4.2018, COM(2018) 232 final.
15 Mitteilung der EU-Kommission vom 25.4.2018, COM(2018) 232 final, 11.
16 Mitteilung der EU-Kommission vom 19.2.2020, COM(2020) 66 final.
17 Mitteilung der EU-Kommission vom 19.2.2020, COM(2020) 66 final, 6.
18 Mitteilung der EU-Kommission vom 19.2.2020, COM(2020) 66 final, 7 ff.

zu **geringe Verfügbarkeit von Daten** sowie **ungleiche Marktmacht** zwischen konzentrierten Cloud- und Dateninfrastrukturdiensten gegenüber bspw. KMU beim Datenzugang gesehen. Große Online-Plattformen könnten riesige Datenmengen anhäufen und erlangten aus dem „Datenvorteil" Marktmacht. Die aktuellen Maßnahmenvorschläge der EU-Kommission sehen daher vor allem einen **sektorübergreifenden Governance-Rahmen für Datenzugang und Datennutzung** vor. Daneben stehen industriepolitische Maßnahmen wie Investitionen und Stärkung von Kompetenzen sowie die Entwicklung gemeinsamer europäischer Datenräume in bestimmten Sektoren wie im Bereich der Industriedaten (Fertigung), Klimapolitik, Mobilität, Gesundheit, Finanzen, Energie und Agrarwirtschaft sowie Verwaltung.[19]

Verschiedene gesetzgeberische Maßnahmen haben mittlerweile zu einer steigenden Zahl von **7** sich zT ergänzenden, zT überlappenden **Regelungen auf EU-Ebene** geführt. Die wichtigsten dürften die DS-GVO (für den Umgang mit personenbezogenen Daten) aus 2018 sein, die Verordnung über den freien Verkehr nicht-personenbezogener Daten aus 2018 (vor allem gegen Datenlokalisierungsvorschriften),[20] die PSI-Richtlinie[21] aus 2019 (für den Zugang zu Daten der öffentlichen Hand), der Digital Services Act und der Digital Markets Act aus 2022 (mit zT wettbewerbsrechtlich determinierten Datenzugangsrechten), der Data Governance Act aus 2022 (mit Regelungen ua zu Datentreuhändern und Daten öffentlicher Stellen), und seit kurzem der Entwurf eines Data Act mit weitreichender horizontaler Datenzugangsregulierung. Hinzu kommt eine wachsende Zahl von sektorspezifischen vertikalen Datenzugangsvorschriften.

Parallel dazu – und mit Blick auf die Erforderlichkeit einheitlicher Regelungen für den EU-Bin- **8** nenmarkt verständlich – erweisen sich die Entwicklungen zum Rechtsrahmen für Daten auf **deutscher Ebene** als eher zurückhaltend und betrafen zuvorderst das Zivilrecht oder die Umsetzung von Richtlinien. In einer Studie des BVMI wurde 2017[22] die Frage von sektorbezogenen Ausschließlichkeitsrechten an Daten diskutiert. Eine vom BMJV eingesetzte Arbeitsgruppe[23] sprach sich ähnlich wie die Datenethikkommission[24] gegen eine Art von Dateneigentum aus. Dieser Gedanke wird in der Digitalstrategie der Bundesregierung 2022 jedenfalls nicht mehr aufgegriffen. Stattdessen liegt der Blickpunkt für die rechtliche Gestaltung eines EU-weiten Daten-Ökosystems nunmehr auf dem EU Data Act sowie auf der Weiterentwicklung der nationalen wettbewerbsrechtlichen Regelungen zu Datenzugang, Datenportabilität und Interoperabilität.[25]

C. Datenbegriff und rechtliche Qualifizierung

Von maßgeblicher Bedeutung für die Frage von Rechten an Daten ist im Ausgangspunkt **9** das begriffliche Verständnis von „Daten" als Rechtsobjekt. Angesichts der Vielfältigkeit von Daten (→ Rn. 10 ff.) und je nach Verständnis des Datenbegriffes – und der entscheidenden Abgrenzung von Daten und Informationen (→ Rn. 13 ff.) – können hieran unterschiedliche

---

19 Zu Einzelheiten Mitteilung der EU-Kommission vom 19.2.2020, COM(2020) 66 final, 30 ff.
20 Verordnung (EU) 2018/1807 des Europäischen Parlaments und des Rates vom 14.11.2018 über einen Rahmen für den freien Verkehr nicht-personenbezogener Daten in der Europäischen Union, ABl. (EU), L 303, 28.11.2018, 59.
21 Richtlinie (EU) 2019/1024 des Europäischen Parlaments und des Rates vom 20.6.2019 über offene Daten und die Weiterverwendung von Informationen des öffentlichen Sektors (Neufassung), ABl. (EU) L 172, 26.6.2019, 56.
22 BMVI, „Eigentumsordnung für Mobilitätsdaten? – Eine Studie aus technischer, ökonomischer und rechtlicher Perspektive", 2017.
23 Arbeitsgruppe „Digitaler Neustart" der Justizministerkonferenz im Jahr 2017; dazu der Bericht der Mitglieder Christians/Liepin ZGE 2017, 331 (336); vgl. ferner Bleckat RDV 2019, 114 (116); Hoeren MMR 2019, 5.
24 Gutachten der Datenethikkommission der Bundesregierung, Oktober 2019 (lt. Impressum), 18; Zusammenfassung bei Raue/v. Ungern-Sternberg ZRP 2020, 49 (50).
25 Digitalstrategie der Bundesregierung, 2022, 29 f. (https://bmdv.bund.de/SharedDocs/DE/Anlage/K/presse/063 -digitalstrategie.pdf?blob=publicationFile; Abruf November 2022).

potenzielle Rechte anknüpfen. Als handelbares Rechtsobjekt sind Daten praktisch anerkannt; intensiv diskutiert wird vor allem die normative Rechtfertigung von Ausschließlichkeitsrechten (→ Rn. 18 ff.).

I. Vielfalt von Daten und Klassifizierungsmöglichkeiten

10 Heutzutage sind die Möglichkeiten der Erzeugung, Sammlung, Verarbeitung und Verwendung digitaler Daten immens. Eine immer preiswertere Sensorik und Digitalisierung von Maschinen und Endgeräten führt zunehmend zur raschen Erzeugung großer Mengen von Massendaten („**Big Data**") verschiedener Art aus einer Vielzahl von Quellen.[26] Die **Vielfalt** an Daten bietet verschiedenen Akteuren auf Datenmärkten zahlreiche Möglichkeiten der Auswertung zum Zwecke der Innovation und für neue Produkte und Dienstleistungen. Die Industrie nutzt Daten zunehmend zur Optimierung ihrer Material- und Warenströme. Typische Beispiele sind etwa vollautomatisch maschinell erstellte Daten zB über Betriebsverhalten, Störungen und Vertriebswege, Sensorik und Wetterdaten in der Landwirtschaft zur Ertragsteuerung, Verkehrsdaten zum Verkehrsmanagement oder zur Streckenoptimierung oder „Digital Twins" als virtuelle Nachbildung eines physischen Produkts oder Systems.

11 Diese Erhebung, Sammlung, Auswertung und Verwertung von Daten ist mittlerweile eine eigene **Wertschöpfungskette in der „Datenökonomie"**, deren Akteure ganz unterschiedliche Rollen vom Anbieter der Daten (Produzent oder Händler) über Dienstleister für die Pflege, Aufbereitung oder Handel (zB Plattformen) bis hin zu den Nutzern von Daten (auf Ebene der Industrie zB für die Entwicklung innovativer datengetriebener Produkte und Dienstleistungen) und den Endnutzern haben.[27] Daten vermitteln erhebliche Wettbewerbsvorteile[28] und sind zunehmend unverzichtbar als Grundlage für die Entwicklung neuer Technologien wie **künstlicher Intelligenz** (KI) und des **Internets der Dinge** (IoT).[29] Prägend für die Datenwirtschaft ist damit ein „Ökosystem" **unterschiedlicher Marktteilnehmer**, die durch Zusammenarbeit Daten zugänglich, nutzbar und wertschöpfend machen. Wettbewerblich lassen sich hier Primärmärkte (mit Angeboten von Datenerzeugern) und Sekundärmärkte (durch Data Sharing und Data Pooling) unterscheiden.[30]

12 Vor diesem Hintergrund sind die Arten genutzter Daten vielfältig und in verschiedener Hinsicht **klassifizierbar**. So kann es sich einerseits um **personenbezogene** Daten handeln, welche den strengen datenschutzrechtlichen Regelungen der DS-GVO unterfallen, oder um a priori nicht personenbezogene oder anonymisierte Daten. Ferner variiert die **Herkunft** der Daten von Verbrauchern (insbes. Kundendaten), aus der Industrie, der Forschung oder aus dem öffentlichen Sektor, was ua mit Diskussionen um unterschiedliche Zugangsrechte korreliert. Daten können öffentlich verfügbar oder geheim sein. Sie können ferner je nach **Art ihrer Erzeugung** durch Menschen generiert oder maschinell automatisch erzeugt werden, dabei nur „nebenbei" sensorisch erfasste Rohdaten sein oder mit erheblichen **Investitionen** aus- und aufgewertete Daten. Inhaltlich kann bei Daten zudem nach dem Grad der **Strukturierung** und/oder Aggregation über mehrere Datenquellen differenziert werden. All dies können zentrale Weichenstellungen für ihren immaterialgüterrechtlichen Schutz sein.

---

26 Vgl. nur Mitteilung der EU-Kommission vom 2.7.2014, COM(2014) 442 final, 5.
27 Zur Wertschöpfungskette in der Datenindustrie Fries/Scheufen MMR 2019, 721.
28 Schweitzer GRUR 2019, 569 (570).
29 Mitteilung der EU-Kommission vom 25.4.2018, COM(2018) 232 final, 3.
30 Vgl. zu Datenmärkten Peitz/Schweitzer NJW 2018, 275.

II. Rechtsbegriffliche Erfassung von Daten und Abgrenzung

Die Vielfalt von Daten erfordert je nach Regelungskontext ein uU differenziertes begriffliches 13
Verständnis. Als allgemeiner Ausgangspunkt für eine generell-abstrakte Definition von Daten
wird verbreitet auf den ISO/IEC-Standard 2382:2015 verwiesen, der Daten definiert als „reinter-
pretable representation of information in a formalised manner suitable for communication,
interpretation or processing".[31] Hiernach sind Daten die **technische Abbildung von Informationen.** Während Daten als solche auf einer rein **syntaktischen Ebene** elektronisch verkörpert
sind, finden sich Informationen auf einer inhaltlich **semantischen Ebene** in diesen Daten als
Medium wieder.[32]

Damit sind Daten als solche **strikt zu unterscheiden** von den in ihnen enthaltenen **Infor-** 14
mationen.[33] Diese Differenzierung bei den Rechtsobjekten ist für die Anknüpfung etwaiger
Rechte und die sinnvolle Begrenzung des Schutzgegenstandes von **elementarer Bedeutung,**
auch wenn die Rechtspraxis (vor allem kautelarjuristisch bei „Datenlizenzen") und mitunter
sogar das Gesetz[34] diese Ebenen terminologisch mischen. Insbesondere die DS-GVO knüpft
dabei mit ihrem Datenbegriff eigentlich an die inhaltsbezogene semantische Ebene an[35] (→
Rn. 37).

Gedanklich **zu trennen** sind Daten ebenfalls von dem (meist körperlichen) **Datenträger,** in 15
dem sie als Speicherzustand existieren. Ob diese Daten dort als magnetischer, optischer, elektri-
scher oder anderweitiger Speicherzustand verkörpert sind, ob dies flüchtig oder nicht flüchtig
erfolgt, ändert nichts daran, dass Daten stets in irgendeinem Medium niedergelegt sind. Ohne
ein Trägermedium sind Daten schlechterdings nicht denkbar.[36] Dies führte dazu, dass die
frühere Rechtsprechung zur Sacheigenschaft von Software oftmals an den diese verkörpernden
Datenträger anknüpfte (→ Rn. 40 ff.).

Vor diesem Hintergrund lassen sich für die Anknüpfung und Bestimmung von Rechten an 16
Daten im weiteren Sinne grob **drei Ebenen** unterscheiden,[37] was zu einem mehrschichtigen
Modell etwaig bestehender und sich ggf. überlagernder Rechte führt:

- Am körperlichen **Datenträger** bestehen (nach deutscher lex rei sitae) Rechte des **Sacheigentums** (§ 903 BGB), die bei der Nutzung oder Veränderung dort gespeicherter Daten unter
  gewissen Umständen tangiert sein können (→ Rn. 40 ff.).
- Rechte an gespeicherten **Daten** im engeren Sinne (dh auf der **syntaktischen** Ebene) sind
  umstritten. Nach wohl hM sind Daten zumindest durch das deutsche Zivilrecht und das
  Strafrecht deliktisch gegen **Verletzungen ihrer Integrität** geschützt, ohne dass es jedoch an
  Daten umfassende Ausschließlichkeitsrechte mit exklusiven Auswertungsbefugnissen gäbe
  (→ Rn. 43 ff., 47 ff.).
- Ferner können Daten auf der semantischen Ebene (dh die in Daten enthaltenen **Informa-
  tionen**) Gegenstand von **Immaterialgüterrechten** und anderen Schutzrechten wie denen

---

31 Vgl. nur Mitteilung der EU-Kommission vom 2.7.2014, COM(2014) 442 final, 4; ähnlich Heymann CR 2015,
807 (808); von Westphalen ZIP 2020, 737 (739); Gerpott CR 2022, 271.
32 Zu dieser Differenzierung vgl. nur Zech ZGE 2017, 317 (322); Adam NJW 2020, 2063; Czychowski/Winzek ZD
2022, 81 (85); Denga NJW 2018, 1371 (1372); Riehm VersR 2019, 714 (715); Rosenkranz/Scheufen ZfDR 2022, 159
(164). Grundlegend Zech Information als Schutzgegenstand, 2012.
33 Heymann CR 2015, 807 (808 ff.); Zech GRUR 2015, 1151 (1153); Härting CR 2016, 646 (647); Becker ZGE 2017, 253
(254); Christians/Liepin ZGE 2017, 331 (332); Berberich/Golla PinG 2016, 165 (167); Amstutz AcP 218 (2018), 438
(449 ff.); Paulus/Berg ZIP 2019, 2133 (2137); Zech Information als Schutzgegenstand, 2012, passim.
34 Siehe die Beispiele bei Paulus/Berg ZIP 2019, 2133 (2137).
35 Czychowski/Winzek ZD 2022, 81 (85); Denga NJW 2018, 1371 (1372); Determann ZD 2018, 503 (504); Küh-
ling/Sackmann ZD 2020, 24 (25); Riehm VersR 2019, 714 (715).
36 Bydlinski AcP 198 (1998), 287 (297); Kloos/Wagner CR 2002, 865 (866); Soergel/Marly BGB § 90 Rn. 4; Marly
SoftwareR Rn. 717, 721; Spindler in Leible/Lehmann/Zech Unkörperliche Güter im Zivilrecht, 2011, 261 (271);
Berberich Virtuelles Eigentum, 2010, 96.
37 Vgl. Hoeren/Völkel in Hoeren, Big Data und Recht, 2014, 34 f.; Adam NJW 2020 (2063 f.).

an Geschäftsgeheimnissen sein, sofern sie die jeweiligen Schutzvoraussetzungen erfüllen (→ Rn. 29 ff.).

17 Zudem überwölben und regeln **vertragliche Gestaltungen** alle diese Ebenen im Rahmen der Vertragsfreiheit, die flexibel inter partes konkrete Rechte und Pflichten im Umgang mit Daten regeln können. Diese sollten aus rechtspraktischer Sicht idR auch all diese Schutzgegenstände so miterfassen, dass es zu einem zweckfunktionalen Gleichlauf betroffener Rechte kommt, es einer genauen dogmatischen Differenzierung im Vertrag nicht bedarf und Hold-Ups für die gewünschte Nutzung durch einzelne Rechte vermieden werden (→ Rn. 56 ff.).

III. Insbesondere syntaktischer Datenbegriff

18 Mit Blick auf die vorgenannte Differenzierung soll das Augenmerk im Folgenden vor allem auf den syntaktischen Datenbegriff (dh Daten „als solche") gelegt werden, unter dem die Behandlung von Daten als Rechtsobjekt weniger klar ist als der Umgang mit datenverarbeitender Hardware oder nach allgemeinen immaterialgüterrechtlichen Grundsätzen ggf. schutzfähigen Inhalten von Daten.

1. Grundlegende Eigenschaften von Daten

19 Für die Bestimmung von Rechten an Daten sowie deren ökonomisch-normative Rahmenbedingungen und Zielsetzungen sind die Wesenseigenschaften von Daten – auch in Abgrenzung zu anderen Rechtsobjekten wie körperlichen Datenträgern oder Immaterialgütern – von zentraler Bedeutung. Daten zeichnen sich allgemein aus durch ihre **Unkörperlichkeit**, **Nichttrivalität** in der Nutzung, **fehlende Ausschließlichkeit** und **Abnutzungsfreiheit**.[38] Daten sind daher – anders als körperliche Sachen – idR von einer Vielzahl von Personen ohne gegenseitige Behinderung oder Qualitätseinbußen frei vervielfältigbar, übertragbar und parallel nutzbar. Von Immaterialgütern unterscheiden sie sich dadurch, dass sie – ähnlich wie Strom – tatsächlich als Rechtsgegenstand vorhanden sind und nicht erst durch die Rechtsordnung gebildet werden.[39] Insoweit kann man – ähnlich wie bei Sachen und Eigentum bzw. Werk und Urheberrecht – auch zwischen Daten und an ihnen ggf. bestehenden Rechten unterscheiden.

20 Die Kontrolle über den Umgang mit Daten wird im Regelfall durch denjenigen ausgeübt, der die sie verarbeitenden Datenverarbeitungsanlagen technisch beherrscht, und ist damit eine primär **faktisch geprägte Kontrolle**.[40] Soweit der Datenerzeuger am Anfang der Wertschöpfungskette die (erstmalige) Weitergabe der Daten kontrolliert, kann er sich durch verschlossen gehaltene „Datensilos" eine **De-Facto-Exklusivität** verschaffen und erhalten. Der wirtschaftliche **Wert** von Daten ist sehr kontextabhängig. Relevant ist hier nicht nur die **Quantität** verfügbarer Daten. Wertsteigernd wirkt vor allem die **Qualität**, welche (Roh-)Daten meist erst nach einer Aufbereitung erfahren (wie zB nach Filterung, Bereinigung, Systematisierung oder Kombination mit anderen Daten[41]), die dann zu einem erheblichen Wertzuwachs in der Wertschöpfungskette führt. Da diese Eigenschaften oftmals erst bei einer Nutzung der Daten

---

38 Vgl. nur Adam NJW 2020, 2063 (2067); Czychowski/Winzek ZD 2022, 81 (88); Fries/Scheufen MMR 2019, 721 (725); Gerpott CR 2022, 271; Kornmeier/Baranowski BB 2019, 1219; Leistner in Leible/Lehmann/Zech Unkörperliche Güter im Zivilrecht, 2011, 201 (207); Lukas ZdiW 2021, 296 (297); Stender-Vorwachs/Steege NJOZ 2018, 1361 (1362).

39 Mit Larenz BGB AT § 16 Abs. 1, 281 sind tatsächlich existierende Daten Rechtsgegenstand erster Ordnung (an dem Rechte begründet werden können) und damit unabhängig von den an Daten bestehenden Rechten als Rechtsgegenstand zweiter Ordnung (über den rechtlich verfügt werden kann), dazu Berberich Virtuelles Eigentum, 2010, 89.

40 Von Westphalen ZIP 2020, 737 (739); Krüger/Wiencke/Koch GRUR 2020, 578; Lukas ZdiW 2021, 296 (298).

41 Vgl. dazu Mattioli ZGE 2017, 299 (311 ff.); vgl. auch Fink ZGE 2017, 288 (295) zur Abhängigkeit von Trainingsdaten für eine KI von deren Pflege und Datenqualität.

zutage treten, bilden Daten ökonomisch idR ein **Erfahrungsgut**, dessen Wert nur aufwendig zu bestimmen ist und deswegen auch ein gewisses Risiko des Marktversagens erzeugt.[42]

2. Daten als Rechtsgegenstand

Ungeachtet der Frage von Rechten an Daten existieren Daten als vorrechtlicher Gegenstand   21 und können daher als solche **Handels- und Wirtschaftsgut** sein.[43] Ausgangspunkt ist hierbei, dass Daten unter den Rechtsbegriff des **Gegenstandes** iSd § 90 BGB fallen.[44] Dieser ist denkbar weit und wird zumeist verstanden als ein individualisiertes vermögenswertes Objekt der natürlichen Welt, über das Rechtsmacht geübt werden kann.[45] Das trifft auf Daten ohne Weiteres zu, da sie – technologisch vermittelt[46] – sinnlich wahrnehmbar, abgrenzbar und beherrschbar sind.[47] Mit einer Einordnung von Daten als Gegenstand ist indes noch nicht geklärt, ob und welche Rechte kraft Gesetzes an Daten bestehen (bzw. bestehen sollten), da der Gegenstandsbegriff zu weit und vielfältig ist, um daran konkrete Rechtspositionen zu knüpfen.

3. Zur spezifischen Frage von Ausschließlichkeitsrechten und ihrer ökonomischen Rechtfertigung

Soweit es um die Schaffung absoluter Rechte geht, die entsprechend dem Modellcharakter des   22 Sacheigentums eine positive Nutzen- und eine negative Ausschlussfunktion haben,[48] sind für die Herleitung von Rechten hierbei zwei Stoßrichtungen zu unterscheiden: Einerseits können diese – vergleichbar dem Eigentum an körperlichen Sachen – den Schutz der **Verfügbarkeit** und der **Integrität** zum Ziel haben. Andererseits können Ausschließlichkeitsrechte – wie bei Immaterialgüterrechten – auch umfassend die **wirtschaftliche Verwertung und Nutzung** exklusiv ihrem Inhaber zuweisen.

Institutionenökonomischer Hintergrund für die Zuweisung der ausschließlichen Nutzung   23 des **Sacheigentums** ist die körperliche und rivalisierende Natur von Sachen, bei der jeder Gebrauch durch einen Dritten unmittelbar die – zumindest potenzielle – Nutzbarkeit der Sache für den Inhaber reduziert. Diesen konfligierenden Nutzungen bis hin zur als „Tragedy of the Commons"[49] bekannten Gefahr einer zerstörerischen Übernutzung frei verfügbarer Ressourcen begegnet das Sacheigentum mit einer exklusiven Zuweisung der Nutzungsmöglichkeiten einer Sache an den Eigentümer.[50] Diese umfassen die im Rahmen des § 823 Abs. 1 BGB abwehrfähigen Handlungen von Nutzungsbeeinträchtigung, Zerstörung oder Verfügung,[51] jedoch keine rein wirtschaftlichen Nutzungen, bei denen nicht mehr die eigentliche Sache als Schutzgut betroffen ist.[52]

---

42 Grundlegend Nelson 78 J. Pol. Econ. 311 ff. (1970).
43 Vgl. zu vorrechtlichen Gegenständen auch Zech in Leible/Lehmann/Zech Unkörperliche Güter im Zivilrecht, 2011, 1.
44 Soergel/Marly BGB vor § 90 Rn. 2; Peukert in Leible/Lehmann/Zech Unkörperliche Güter im Zivilrecht, 2011, 95, 96; Berberich Virtuelles Eigentum, 2010, 88 ff. Allgemein für eine Wiederbelebung des Rechtsbegriffes des Gegenstandes bei unkörperlichen Gütern Becker AcP 196 (1996), 439 (470).
45 MüKoBGB/Stresemann BGB § 90 Rn. 1; Soergel/Marly BGB vor § 90 Rn. 2; Wieacker AcP 148 (1942), 57 (65); Sohm in Sohm/Hölder/Strohal Drei Beiträge zum Bürgerlichen Recht 1905, 1 (7, 22).
46 Dies genügt, vgl. dazu im Kontext von körperlichen Sachen MüKoBGB/Stresemann BGB § 90 Rn. 8.
47 Zu diesen Voraussetzungen Amstutz AcP 218 (2018), 438 (545).
48 Dazu Canaris FS Steffen, 1995, 85, 90; Grüneberg/Sprau BGB § 823 Rn. 11; Soergel/Spickhoff BGB § 823 Rn. 86; Staudinger/Hager BGB § 823 Rn. B 124.
49 Vgl. Hardin 162 Science 1243 (1968).
50 Vgl. Ladeur in Eifert/Hoffmann-Riem Innovation und rechtliche Regulierung, 2002, 339 (357); Lehmann GRUR Int. 1983, 356 (358); Lessig Code, 2. Aufl. 2006, 181; Leistner in Leible/Lehmann/Zech Unkörperliche Güter im Zivilrecht, 2011, 201, 208; Berberich/Golla PinG 2016, 165 (168).
51 Grüneberg/Sprau BGB § 823 Rn. 7.
52 Wo die wirtschaftliche Verwertung einer Sache über § 823 Abs. 1 BGB kontrolliert wird, erfordert dies zumindest einen einmaligen Eingriff in das Sacheigentum, vgl. die BGH-Rechtsprechung zur Verwertung urheberrechtsfreier Fotografien, die unter unerlaubter Nutzung des Sacheigentums zustande kamen BGH NJW 2013,

24 Beim Schutz von **Immaterialgütern** durch das **Geistige Eigentum** läuft die Rechtfertigung über konkrete Nutzungskonflikte weitgehend ins Leere, da es bei einem frei verfügbaren Gut mit nichtrivalisierenden Nutzungen im Regelfall zu keiner Beeinträchtigung der konkreten Nutzung durch den Inhaber oder zu einer Übernutzung kommt.[53] Die raison d'être des Geistigen Eigentums beruht darauf, Kreativen ein vorübergehendes Monopol an den Früchten ihrer Arbeit zu gönnen und so im Allgemeininteresse Anreize zu künftiger geistiger, künstlerischer oder erfinderischer Tätigkeit zu schaffen.[54] Dieses Allgemeininteresse an Innovationsförderung ist dabei stets gegen das Allgemeininteresse an ungehinderter wirtschaftlicher Entfaltung abzuwägen, was aus ökonomischer Sicht die Reichweite von Immaterialgüterrechten begrenzen muss. Diese gewährten, zeitlich und inhaltlich beschränkten Monopole stehen seit je her in einem delikaten Spannungsverhältnis zum Allgemeininteresse an wirtschaftlicher Entfaltung.[55]

25 Für Rechte an **Daten** ist vor diesem Hintergrund bei der Herleitung zwischen der semantischen Ebene und der syntaktischen Ebene zu **differenzieren**. Soweit es um Informationen und andere Inhalte von Daten auf der **semantischen Ebene** geht, sind diese ohne Zweifel frei nutzbare Güter und es gelten die für Immaterialgüter genannten Erwägungen. Damit können Inhalte von Daten nach den anerkannten Rechten des Geistigen Eigentums schutzfähig sein (→ Rn. 29 ff.), im Übrigen steht der *numerus clausus* **der Immaterialgüterrechte** jedoch weiteren Ausschließlichkeitsrechten entgegen, insbesondere solchen an Informationen.[56] Auf der **syntaktischen Ebene** von Daten hingegen kann – ähnlich wie bei Sachen – die Integrität und die tatsächliche Nutzbarkeit durch Eingriffe von außen (wie Hacking, Verschlüsselung, Löschung) beeinträchtigt werden. Vor diesem Hintergrund erscheint es angezeigt, Daten einen **Integritätsschutz** nach dem Modell des Sacheigentums zu gewähren (→ Rn. 40 ff.). Für die Rechtfertigung ausschließlicher Rechte nach den Modellen von Geistigem Eigentum bzw. Sacheigentum ist nicht allein die Frage nach Körperlichkeit oder Unkörperlichkeit relevant, sondern vielmehr die Unterscheidung zwischen rivalisierend und nichtrivalisierend nutzbaren Gütern.[57] Zudem werden Daten als Transaktionsgegenstand nicht erst durch die Rechtsordnung erzeugt und stehen insofern körperlichen Sachen durchaus näher als Immaterialgütern.[58] Eine umfassende, wirtschaftlich ausschließliche Verwertungsbefugnis, die sich auch gegen Kopien oder gar gegen die Nutzung identischer, zB neu erhobener Daten richten würde, ist damit jedoch nicht verbunden.

1809 (1810 ff.) – Preußische Gärten und Parkanlagen II; anders BGH GRUR 1990, 390 (391) – Friesenhaus (keine Kontrolle der Vermarktung bei Fotos, die ohne eine Eigentumsverletzung zustande kommen). Ebenso basieren Veranstalterrechte bei nicht urheberrechtlich schutzfähigen Veranstaltungen auf dem Hausrecht am Veranstaltungsort, in das ohne Betreten nicht eingegriffen wird, vgl. BGH NJW 2006, 377 (379) – Hörfunkrechte; Ohly FS Schricker, 105 (113).

53 Zu dieser Unterscheidung vgl. Fairfield 85 B.U. L. Rev. 1047, 1053, 1064 (2005); Lemley 83 Tex. L. Rev. 1031, 1050 (2005); Lemley 91 Cal. L. Rev. 521, 536 (2003); Leistner in Leible/Lehmann/Zech Unkörperliche Güter im Zivilrecht, 2011, 201 (208); Schwarz/Bullis 10 Intell. Prop. L. Bull. 13, 22 ff. (2005).

54 Balganesh 12 Mich. Telecomm. & Tech. L. Rev. 265, 314 f. (2006); Ganea FS Dietz, 2001, 43 (46); Gibson 80 Notre Dame L. Rev. 163, 175 (2004); Hardy U. Chi. Legal F. 217, 254; Lehmann GRUR Int. 1983, 356 (360 f.); Lemley 83 Tex. L. Rev. 1031, 1053 (2005); Lessig 113 Harv. L. Rev. 501, 526 (1999); Merges 94 Colum. L. Rev. 2655, 2661; Ohly JZ 2003, 545 (548).

55 Vgl. Lemley 83 Tex. L. Rev. 1031, 1058 ff. (2005).

56 Maume/Fromberger ZHR 2021, 507 (537); Riechert PinG 2019, 234 (235); Riehm VersR 2019, 714 (721); Berberich/Golla PinG 2016, 165 (173); zu diesem Prinzip allgemein Troller Immaterialgüterrecht, 3. Aufl. 1983, Bd. 1, 59; Schrader WRP 2005, 562 (563); kritisch dazu Forkel NJW 1993, 3183.

57 Eingehend Berberich Virtuelles Eigentum, 2010, 120 ff. Für das Datenschutzrecht mit ähnlicher Analyse Schwartmann/Hentsch RDV 2015, 221 (225).

58 Ohne Rechte des Geistigen Eigentums existiert praktisch kein transaktionsfähiges Immaterialgut, denn seine klar definierte Existenz als Rechtsgut erlangt es erst durch normierte Schutzvoraussetzungen. Ähnlich Ohly JZ 2003, 545 (547); Troller Immaterialgüterrecht, 3. Aufl. 1983, Bd. 1, 49 f., der in diesem Zusammenhang von Lebensgütern spricht, die erst durch ihre rechtliche Ausgestaltung zu Rechtsobjekten werden. Vgl. auch Madison 56 Case Western Res. L. Rev. 381, 386 (2005), der zwischen „things as found by law" und „things as constituted by law" differenziert.

Berberich

Festzuhalten ist ferner, dass auch ohne ein Ausschließlichkeitsrecht an Daten eine **positive Zu- 26 weisung der wirtschaftlichen Nutzung** gewährleistet wäre. Die Möglichkeit der Verarbeitung und Monetarisierung von Daten steht grds. jedem mit faktischer Herrschaftsmacht über Daten offen und ist Ausdruck der allgemeinen Wettbewerbsfreiheit, sofern dem keine Gesetze (wie die DS-GVO bei personenbezogenen Daten) entgegenstehen.[59] Eine vermögenswerte Position des Inhabers wird auch ohne Ausschließlichkeitsrecht angenommen, so dass Daten als Gegenstand zB in die Insolvenzmasse fallen.[60] Für den Handel mit und die Lizenzierung von Daten[61] wird der Rechtsrahmen ohnehin weitgehend vertraglich geprägt.

D. Rechte „an" Daten (Ausschließlichkeitsrechte)

I. Überblick und Kategorisierung

Die Spanne der bei Daten möglichen Handlungen Dritter, die ein Inhaber typischerweise kon- 27 trollieren möchte, reicht gedanklich von Verletzungen der Integrität (insbes. durch Löschung und Veränderung) über Behinderung fremden Zugriffs oder Sicherstellung eigenen Zugriffs auf Daten, die Nutzung bzw. Verarbeitung von Daten bis hin zum Erstellen von neuen Kopien der Daten und deren umfassender wirtschaftlicher Verwertung. Die nachfolgend dargestellten etwaig bestehenden **Rechte an Daten** erfassen indes für sich jeweils **nur einen Ausschnitt** bestimmter Arten von Daten bzw. Verwertungsbefugnissen an diesen und bilden gleichsam einen „**Flickenteppich**"[62] an Regelungen. Ein einheitliches Datenrecht, das für alle Daten gilt und exklusiv alle denkbaren Verwertungsbefugnisse umfasst, gibt es nicht.

An den Inhalten der Daten (dh auf der semantischen Ebene) können die klassischen Rechte 28 des **Geistigen Eigentums** einschlägig sein und umfassende Verwertungsbefugnisse an diesen geben, sofern ihre jeweiligen Schutzvoraussetzungen erfüllt sind[63] (→ Rn. 29-33). Für die Zwecke dieses Kapitels wird der **Geschäftsgeheimnisschutz** mit Blick auf seine Anknüpfung an die semantischen Ebene und seine Verwertungsbefugnisse ebenfalls als Geistiges Eigentum betrachtet (→ Rn. 34-36). Personenbezogene Daten sind Gegenstand des **datenschutzrechtlichen Schutzes** durch die DS-GVO (→ Rn. 37-39). Rechte an Daten im Sinne eines **Integritätsschutzes** auf Grundlage deliktischer Ansprüche werden bereits seit Längerem anerkannt (→ Rn. 40 ff.). Beeinträchtigungen der Daten sind hier auf Ebene des **Datenträgers** erfasst (→ Rn. 40-42). Dieser Ansatz dürfte in Zeiten ubiquitärer Datenverarbeitung im Cloud Computing jedoch an Bedeutung verloren haben. Stattdessen wird vertreten, die Integrität und Verfügbarkeit von **Daten als sonstiges Recht** iSd § 823 Abs. 1 BGB (→ Rn. 43-45) oder neuerdings auch als „Datenbesitz" (→ Rn. 46) anzuerkennen. Zudem gewährt das **Strafrecht** Schutz vor allem gegen Hacking (→ Rn. 47-50). All diese Ansätze sind jedoch streng von einem umfassenden wirtschaftlichen Nutzungsrecht an Daten bzw. deren Inhalten de lege ferenda zu unterscheiden (→ Rn. 51-55). Letztlich bilden derzeit vor allem vertragliche Regelungen die Grundlage einer funktionsfähigen Datenwirtschaft (→ Rn. 56-59). Weitere Rechte wie solche aus dem UWG spielen nur eine Nebenrolle bzw. sind nicht datenspezifisch (→ Rn. 60-61).

---

59 Fries/Scheufen MMR 2019, 721 (724); Kühling/Sackmann ZD 2020, 24 (26).
60 Vgl. nur Berberich/Kanschik NZI 2017, 1 (1 ff.); Berger ZInsO 2013, 569 (570 f.); Paulus/Berg ZIP 2019, 2133 (2134 ff.).
61 Vgl. zu den ökonomischen Aspekten Stevens/Bossauer ZGE 2017, 266 (270 f.).
62 Becker ZGE 2017, 253 (253); Christians/Liepin ZGE 2017, 331 (336); Czychowski/Winzek ZD 2022, 81 (88); Hoeren MMR 2019, 5; Kraul GRUR-Prax 2019, 478; Krüger/Wiencke/Koch GRUR 2020, 578; Peitz/Schweitzer NJW 2018, 275 (276); Raue NJW 2019, 2425; Schulz PinG 2018, 72 (75). Zum verfassungsrechtlichen Eigentumsschutz von Daten iSd Art. 14 GG Eichberger VersR 2019, 709 (711).
63 Vgl. Möllenkamp in Taeger Die Macht der Daten und der Algorithmen, 2019, 687 (691 f.).

II. Einzelne Rechte

1. Immaterialgüterrechte an Dateninhalten

a) Urheberrechte

29 An Daten werden im Regelfall **keine Urheberrechte** bestehen. Als urheberrechtliche Werke schutzfähig sind nur persönlich-geistige Schöpfungen iSd § 2 Abs. 2 UrhG. Ob solche vorliegen, lässt sich nur mit Blick auf den Inhalt dieser Daten (semantische Ebene) beurteilen, so dass ein Schutz für **Daten** als solche (dh auf der **syntaktischen Ebene**) a priori **ausscheidet**. Mit Blick auf den **Inhalt** dieser Daten gelten allgemeine urheberrechtliche Grundsätze: Mangels **persönlich-geistiger Schöpfung** eines Menschen sind maschinenerzeugte Daten (gleich ob sensorisch aufgezeichnet oder maschinell zB durch machine learning erzeugt) keine urheberrechtlichen Werke.[64] Ebenso wird idR mangels Schöpfungshöhe kein urheberrechtlicher Schutz eines einzelnen Datums bestehen.[65] Diese Anforderungen gelten grds. für alle Werkarten einschließlich Computerprogrammen[66] als Sprachwerke (§ 2 Abs. 1 Nr. 1 UrhG) oder Datenbankwerken (§ 4 Abs. 2 UrhG). Insbesondere bei **Datenbankwerken** erfordert dies eine menschliche Tätigkeit mit individueller schöpferischer Leistung bei der Auswahl und der Anordnung der enthaltenen Inhalte.[67] Dies erfasst weder einzelne Daten noch eine automatische Zusammenstellung nach (oder ganz ohne) vorgegebenen Ordnungskriterien.[68] Zu **Einzelheiten** vgl. → § 10 Rn. 39 ff.

b) Leistungsschutzrecht an Datenbanken

30 Von größerer praktischer Bedeutung als die vorgenannten Datenbankwerke ist das – davon zu unterscheidende – originäre **Leistungsschutzrecht** an **Datenbanken** iSd §§ 87a ff. UrhG. **Schutzgegenstand** iSd § 87a Abs. 1 UrhG ist eine Datenbank als Sammlung von Daten in Form für sich unabhängiger Elemente, welche in bestimmter Weise systematisch oder methodisch angeordnet und mithilfe elektronischer Mittel oder anderswie einzeln zugänglich sind. Zudem muss deren Beschaffung, Überprüfung oder Darstellung eine nach Art oder Umfang wesentliche Investition erfordern. Rechtsinhaber ist als Hersteller der Datenbank derjenige, der diese Investition vorgenommen hat, § 87a Abs. 2 UrhG. Das Recht des Datenbankherstellers schützt dessen wirtschaftlich-organisatorische Leistung.

31 Für die **Reichweite** des Schutzes wesentlich ist zum einen, dass §§ 87a ff. UrhG nur die Datenbank als solche erfasst, **nicht** jedoch die Nutzung darin enthaltener **Einzeldaten**.[69] Deren Inhalte können unter den jeweiligen Voraussetzungen ihrerseits eigenständig schutzfähig sein[70] (wie zB eine Datenbank mit Lichtbildern, die als solche jeweils von § 72 UrhG geschützt sein können), sind aber nicht vom Schutz der Datenbank erfasst. Die §§ 87a ff. UrhG stehen damit einer wirtschaftlichen Verwertung der Einzelinhalte nicht im Wege, sofern diese nicht vollständig oder in wesentlichem Umfang der Datenbank entnommen werden. Auch eine eigenständige **unabhängige Erzeugung** einer neuen Datenbank mit den gleichen Daten durch Dritte (zB durch parallele Datenquellen) ist möglich, da die §§ 87a ff. UrhG kein Monopol auf die Existenz einer einzigen Datenbank geben, sondern nur gegen deren unberechtigte Verwertung

---

64 Mitteilung der EU-Kommission vom 10.1.2017, COM(2017) 9 final, 11; Czychowski/Winzek ZD 2022, 81 (88); Determann ZD 2018, 503 (505); Eichberger VersR 2019, 709 (710); Kornmeier/Baranowski BB 2019, 1219 (1222); Hessel/Leffer MMR 2020, 647 (648); Lukas ZdiW 2021, 296 (297); Riehm VersR 2019, 714 (718); von Westphalen ZIP 2020, 737 (739).

65 Czychowski/Winzek ZD 2022, 81 (85); Kraul GRUR-Prax 2019, 478.

66 Eine Einordnung als Computerprogramme scheidet zudem deswegen aus, weil Daten idR keine Steuerbefehle enthalten.

67 Wandtke/Bullinger/Marquardt UrhG § 4 Rn. 8; Dreier/Schulze/Dreier UrhG § 4 Rn. 19.

68 Hessel/Leffer MMR 2020, 647 (648); Lukas ZdiW 2021, 296 (297).

69 Schricker/Loewenheim/Leistner UrhG § 4 Rn. 41; Czychowski/Winzek ZD 2022, 81 (88); Lukas ZdiW 2021, 296 (297); Riehm VersR 2019, 714 (719); Stender-Vorwachs/Steege NJOZ 2018, 1361 (1364).

70 Fries/Scheufen MMR 2019, 721 (723).

Berberich

schützen. Erst recht gilt dies für die erneute Erhebung derselben Daten.[71] Datenbankrechte erfassen somit nicht eine bestimmte Datenquelle, sondern nur deren Zusammenstellung.[72]

Im Kontext von **Big Data** und einer bloßen **Sammlung von Rohdaten** am Beginn der 32 Wertschöpfungskette stellen sich zumeist zwei Fragen. Zum einen wird diskutiert, ob diese dem **Datenbankbegriff** der §§ 87a ff. UrhG unterfällt, wenn anfallende Daten **ohne systematische oder methodische Anordnung** bloß massenweise in der Erwartung späterer Ordnungs- und Auswertungsmöglichkeiten gesammelt werden.[73] Zum Zweiten kann ein Datenbankrecht mangels **Investitionsaufwand** fraglich sein. Die von § 87a ff. UrhG vorausgesetzte wesentliche Investition muss gerade für die Beschaffung, Überprüfung oder Darstellung der Daten erfolgt sein; Investitionen für die Datenerzeugung spielen hier keine Rolle.[74] Ob dies bei automatisiert erhobenen und ohne größere Pflege zunächst gesammelten Rohdaten der Fall ist, wird einzelfallabhängig zu bestimmen und zumindest nicht der Regelfall sein.[75] Prägend für als „Big Data" anfallende Daten dürfte meist die Sammlung ohnehin anfallender oder durch zusätzliche Sensorik mit idR geringem (Mehr-)Aufwand erfasster Daten in Erwartung später werthaltiger Auswertungsmöglichkeiten sein. Zu **Einzelheiten** vgl. → § 10 Rn. 52 ff.

c) Patentrecht

Ein patentrechtlicher Schutz wird in eng gelagerten **Sonderfällen** (wie einer Datenfolge in 33 einem durch ein patentiertes Verfahren unmittelbar hergestelltem Erzeugnis mit Patentschutz gemäß § 1 Abs. 3 Nr. 4, § 9 S. 2 Nr. 3 PatG) diskutiert,[76] jedoch dürfte der Anwendungsbereich im Ergebnis sehr begrenzt sein. Es gilt der Grundsatz, dass Datensammlungen als solche **grds. nicht patentierbar** sind. Zu **Einzelheiten** vgl. → § 10 Rn. 14 ff.

d) Geschäftsgeheimnisse

Daten können zudem als **Geschäftsgeheimnisse** geschützt sein, denen das GeschGehG (als 34 Umsetzung der europäischen Know-How RL (EU) 2016/943) einen gegen Dritte rechtlich durchsetzbaren und damit quasi-absoluten Schutz verleiht. Zwar ist der rechtliche Schutz weitgehend **faktisch determiniert**[77] und hängt von der fortbestehenden hinreichenden **Geheimhaltung des Schutzgutes** ab. Ist diese indes gewährleistet, wird das GeschGehG als ein Instrument gesehen, den derzeit primär durch Verträge gezogenen Rechtsrahmen der Datenverwertung auch mit Schutzwirkung gegenüber unberechtigten Dritten zu versehen.[78]

Geschäftsgeheimnisse iSd § 2 Nr. 1 GeschGehG sind alle Informationen, die üblicherweise 35 damit befassten Kreisen nicht allgemein bekannt und deswegen kommerziell wertvoll sind, Gegenstand umstandsangemessener Geheimhaltungsmaßnahmen sind und an deren Geheimhaltung ein berechtigtes Interesse besteht. Dies kann grds. auch die Inhalte von Daten (dh deren semantische Ebene[79]) umfassen, nicht aber Daten als solche auf der syntaktischen Ebene

71 Becker ZGE 2017, 253 (254).
72 Wandtke/Bullinger/Hermes UrhG vor §§ 87a ff. Rn. 27.
73 Zweifelnd Fries/Scheufen MMR 2019, 721 (722); Thalhofer GRUR-Prax 2017, 225 (226); Westermann WM 2018, 1205 (1206); zur Abgrenzung von einer Datenbank zu „bloßen Datenhaufen" vgl. Götz ZD 2014, 563 (565); großzügiger von Ulmenstein PinG 2019, 269 (274 f.).
74 EuGH GRUR 2005, 244 (247) – Pferdewetten; Hoeren MMR 2005, 29 (32); Götz ZD 2014, 563 (566); Wandtke/Bullinger/Hermes UrhG § 87a Rn. 35 ff.; kritisch Lehmann CR 2005, 10 (16).
75 Zweifelnd Mitteilung der EU-Kommission vom 10.1.2017, COM(2017) 9 final, 11; Hessel/Leffer MMR 2020, 647 (648); Riehm VersR 2019, 714 (719). Zu Abgrenzungsproblemen auch Sassenberg/Faber Industrie 4.0/Sattler § 2 Rn. 35.
76 Dazu Nemethova/Peters InTeR 2019, 59; Lukas ZdiW 2021, 296 (297); Piltz/Zwerschke GRUR-Prax 2021, 11; Riehm VersR 2019, 714 (719).
77 Von Westphalen ZIP 2020, 737 (739); Krüger/Wiencke/Koch GRUR 2020, 578; Lukas ZdiW 2021, 296 (298).
78 Peschel/Rockstroh MMR 2014, 571 (574); Berberich/Golla PinG 2016, 165 (174); zurückhaltender Becker ZGE 2017, 253 (254).
79 Stender-Vorwachs/Steege NJOZ 2018, 1361 (1364); Krüger/Wiencke/Koch GRUR 2020, 578 (580).

oder generell alle Einzeldaten.[80] Ob die betroffenen Daten geschützt sind, ist damit abhängig von der Art der jeweils verkörperten Informationen.[81] Denkbar sind hier beispielsweise maschinengenerierte Daten wie Messdaten der Sensorik zu Umgebung oder Maschinenzuständen als **technische Geschäftsgeheimnisse** oder, soweit Rückschlüsse zB auf Produktionskapazitäten oder Zulieferer oder Abnehmer möglich sind, als **kaufmännische Geschäftsgeheimnisse.**[82] Auch im Grundsatz öffentlich zugängliche und daher nicht schutzfähige[83] (Einzel-)Daten können, wenn sie nicht allgemein verfügbar sind, in ihrer spezifischen und systematischen Sammlung bzw. Aggregation schutzfähig sein.[84] Von zentraler praktischer Bedeutung ist die Anforderung, dass diese Daten durch angemessene technische, organisatorische und rechtliche Maßnahmen hinreichend geschützt sein müssen.[85] Art und Umfang erforderlicher **Geheimhaltungsmaßnahmen** bemessen sich je nach den konkreten Umständen in einer Gesamtschau von Faktoren wie zB Wert der Daten, Größe und Leistungsfähigkeit des Unternehmens, Branchenüblichkeit, Aufwand und Schutzniveau. Konkrete zu treffende Maßnahmen umfassen idR technische (zB Verschlüsselung und Zugangsschutz), organisatorische (zB interne Prozesse wie Information Security Policies und Need-To-Know-Prinzip) sowie rechtliche Mittel (zB Geheimhaltungsverpflichtungen der Arbeitnehmer und etwaiger Vertragspartner; Vorgehen gegen Datenlecks[86]).

36 **Inhaber** eines Geschäftsgeheimnisses ist derjenige, welcher die **rechtmäßige Kontrolle** über ein Geschäftsgeheimnis innehat; dh die Möglichkeit, den Zugriff auf das Geschäftsgeheimnis gegenüber anderen zu bestimmen, einzuschränken oder auszuschließen.[87] Bei maschinengenerierten Daten soll diese tatsächliche Herrschaft idR dem Eigentümer der Maschine zukommen.[88] Im Rahmen der **Verletzungstatbestände** kann der Inhaber eines Geschäftsgeheimnisses gegen die **unbefugte Erlangung** der Daten als Geschäftsgeheimnisse ohne seine Zustimmung vorgehen (§ 4 Abs. 1 GeschGehG), ebenso gegen die **Folgenutzung** oder **Offenlegung** eines derart erworbenen Geheimnisses (§ 4 Abs. 2 Nr. 1 GeschGehG) oder ein **Verstoß gegen vertragliche Geheimhaltungspflichten** oder Nutzungsbeschränkungen (§ 4 Abs. 2 Nr. 2 und 3 GeschGehG). Nicht erfasst und rechtmäßig ist jedoch ua die Nutzung von unabhängig erneut erhobenen Daten (§ 3 Abs. 1 Nr. 1 GeschGehG) und die Datengewinnung durch nicht verbotene Untersuchungen öffentlich verfügbarer oder in rechtmäßigem Besitz befindlicher Gegenstände (§ 3 Abs. 1 Nr. 2 GeschGehG). Zu **Einzelheiten** vgl. → § 11.

2. Datenschutz personenbezogener Daten

37 Rechtspositionen an **personenbezogenen Daten** vermittelt das Datenschutzrecht vornehmlich in Gestalt der DS-GVO nebst deutschem BDSG als Begleitgesetz.[89] Hierfür müssen die verarbeiteten Daten hinreichenden Personenbezug iSd Art. 4 Nr. 1 DS-GVO aufweisen und sich auf eine identifizierte oder – sei es auch nur indirekt – **identifizierbare natürliche Person** beziehen. Die DS-GVO knüpft mit ihrem Datenbegriff damit nicht an die syntaktische, sondern an

---

80 Riehm VersR 2019, 714 (719).
81 Zweifelnd EU-Kommission vom 10.1.2017, COM(2017) 9 final, 11; zurückhaltend auch Czychowski/Winzek ZD 2022, 81 (85).
82 Bierekoven CR 2021, 217 (219); Hessel/Leffer MMR 2020, 647 (648).
83 Becker ZGE 2017, 253 (254).
84 Krüger/Wiencke/Koch GRUR 2020, 578 (581).
85 Bierekoven CR 2021, 217 (219); Hessel/Leffer MMR 2020, 647 (649). Zweifel an der Eignung wegen Abhängigkeit des Schutzes von faktischer Geheimhaltung bei Zech GRUR 2015, 1151 (1156).
86 Vgl. den Überblick bei Hauck GRUR 2022, 530; zu Mindeststandards OLG Stuttgart GRUR-Prax 2021, 91.
87 Hessel/Leffer MMR 2020, 647 (650); Krüger/Wiencke/Koch GRUR 2020, 578 (582).
88 Hessel/Leffer MMR 2020, 647 (650); Krüger/Wiencke/Koch GRUR 2020, 578 (582).
89 Zudem kann die derzeit immer noch im Gesetzgebungsprozess befindliche ePrivacy-VO zur Anwendung kommen. Diese wird die ePrivacy-Richtlinie 2002/58/EG ablösen und in ihrem Anwendungsbereich neben die DS-GVO treten.

die **semantische Ebene** der Dateninhalte an.[90] Für diese Einordnung als personenbezogen sind alle Mittel zu berücksichtigen, die von dem Verantwortlichen oder einer anderen Person nach allgemeinem Ermessen wahrscheinlich unter Berücksichtigung zB von Kosten, Zeitaufwand, verfügbaren Technologien und Art der Daten zur Identifikation genutzt werden.[91] Ob dies noch der Fall ist oder ob die betroffene Person nicht mehr bestimmbar ist und die Daten derart anonymisiert sind, dass die DS-GVO keine Anwendung findet,[92] ist Frage des Einzelfalls und bildet die ganz **zentrale Weichenstellung** für die Verwertbarkeit von Daten. Vor allem für reine sog. „**Maschinendaten**" ohne Personenbezug in der Industrie 4.0 (zB industrielle Fertigungsdaten) dürfte im Regelfall **nicht** von einem Personenbezug auszugehen sein.[93]

Der Schutz als personenbezogene Daten erfasst damit nur einen **Teilbereich aller Daten**. In diesem bedürfen **Datenverarbeitungsvorgänge** indes der **Rechtfertigung** – entweder durch informierte, ausdrückliche, wirksame[94] und widerrufbare **Einwilligung** der Betroffenen gem. Art. 6 Abs. 1 lit. a) DS-GVO oder[95] kraft eines gesetzlichen **Erlaubnistatbestandes** wie beispielsweise zur Erfüllung eines **Schuldverhältnisses** (Art. 6 Abs. 1 lit. b) DS-GVO) oder einer **Interessenabwägung** (Art. 6 Abs. 1 lit. f) DS-GVO), welche rechtspraktisch die Generalklausel[96] für Datenverarbeitungsvorgänge darstellen dürfte. **38**

Kern des Datenschutzrechts ist damit die Regulierung personenbezogener Datenverarbeitung, im Zuge derer die betroffenen Datensubjekte auch individuelle **Ansprüche und Abwehrrechte** aus der DS-GVO haben. Gleichwohl ist das Datenschutzrecht **keine Grundlage** für die Begründung allgemeiner **zivilrechtlicher Ausschließlichkeitsrechte** an Daten.[97] Gerade umgekehrt begrenzt das Datenschutzrecht die Verwertungsmöglichkeiten personenbezogener Daten und fungiert gleichsam als **Schranke** für etwaige andere Ausschließlichkeitsrechte[98] – nicht anders als § 903 S. 1 BGB dies auch für Rechte Dritter beim Sacheigentum klarstellt.[99] Zu **Einzelheiten** vgl. → § 6. **39**

3. Deliktischer Integritätsschutz

a) Sacheigentum am Datenträger

Allgemeiner Konsens ist, dass Daten als solche mangels Körperlichkeit **keine Sachen** iSd § 90 BGB sind und daher auch **kein** tauglicher Gegenstand der Rechte des **Sacheigentums** iSd § 903 BGB sein können.[100] Gleichwohl sind Daten (gleich ob flüchtig oder nicht) bei deren Übertragung, Speicherung und Verarbeitung stets als elektrische, optische oder magnetische **40**

---

90 Czychowski/Winzek ZD 2022, 81 (85); Kühling/Sackmann ZD 2020, 24 (25); Riehm VersR 2019, 714 (715).
91 ErwG 26 DS-GVO; zu Konkretisierungen vgl. auch EuGH NJW 2016, 3579 (3580 f.) – Breyer/Deutschland; Bechtolf/Vogt ZD 2018, 66 (68); Kühling/Klar ZD 2017, 24 (28); Erbguth/Fasching ZD 2017, 560 (562).
92 ErwG 26 DS-GVO; Spindler DB 2016, 937 (938).
93 Sahl RDV 2015, 236 (241); Sassenberg/Faber Industrie 4.0/Sattler § 2 Rn. 9.
94 Zu den Voraussetzungen der Art. 4 Nr. 11, Art. 7 DS-GVO vgl. nur Ernst ZD 2017, 110.
95 Für den Rückgriff auf gesetzliche Rechtfertigungstatbestände bei (unwirksamen) Einwilligungen oder nach Widerruf zu Recht Simitis/Klement DS-GVO Art. 7 Rn. 34; Gola/Heckmann/Schulz DS-GVO Art. 6 Rn. 11; zurückhaltender BeckOK DatenschutzR/Albers/Veit DS-GVO Art. 6 Rn. 27 f.; aA Kühling/Buchner DS-GVO Art. 7 Rn. 18 mwN.
96 Peitz/Schweitzer NJW 2018, 275 (276).
97 Bleckat RDV 2019, 114 (115); Krüger/Wiencke/Koch GRUR 2020, 578 (579).
98 Becker ZGE 2017, 253 (259); Berberich/Golla PinG 2016, 165 (167); Specht ZGE 2017, 410 (413); für den allgemeinen Charakter von Persönlichkeitsrechten an Fotografien als Schranke des Sacheigentums des Fotografen vgl. BGH NJW 2016, 1094 ff.
99 Ähnlich wie Persönlichkeitsrechte gegenüber dem Sacheigentum BGH NJW 2016, 1094 ff.
100 Vgl. nur OLG Brandenburg NJW-RR 2020, 54 (56); LG Konstanz NJW 1996, 2662; Czychowski/Winzek ZD 2022, 81 (88); Determann ZD 2018, 503 (505); Kornmeier/Baranowski BB 2019, 1219 (1220); Stender-Vorwachs/Steege NJOZ 2018, 1361 (1362); Riehm VersR 2019, 714 (717); Schwartmann/Hentsch RDV 2015, 221 (224); von Westphalen ZIP 2020, 737 (739); MüKoBGB/Stresemann BGB § 90 Rn. 25; BeckOK BGB/Fritzsche BGB § 90 Rn. 26.

Zustände **denknotwendig** an einen Datenträger gebunden und mit diesem **verkörpert**,[101] so dass in sich in gewissen Grenzen für Einwirkungen auf Daten (ähnlich wie bei Software[102]) dogmatisch auch an das Sacheigentum am **Datenträger** iSd § 903 BGB anknüpfen lässt.[103] Auch wenn Daten und Datenträger streng zu trennen sind,[104] beinhaltet der Schutz des Datenträgers **reflexartig** einen **Integritätsschutz** für die dort verkörperten Daten.[105] Unabhängig von der Frage nach dem Integritätsschutz von Daten als solchen (→ Rn. 44) können daher Rechte an der körperlichen Infrastruktur insoweit eine Rolle für die dort stattfindenden Datenverarbeitungsvorgänge spielen, als sie einen dogmatischen Anknüpfungspunkt für den **deliktischen Schutz** der dort gespeicherten Daten gegen **Löschung und Veränderung**[106] (nicht aber gegen Kopien und wirtschaftliche Nutzung[107]) bieten. Eine Verletzung der Sachsubstanz ist nicht erforderlich, so dass die elektronische Einwirkung auf und Veränderung des Speichermediums für die Eröffnung des Schutzbereiches des § 823 Abs. 1 BGB genügen kann.[108]

41   Ob dieser Ansatz für die Ausbildung allgemeiner Rechte an Daten von größerer **praktischer Relevanz** ist, wird in **Zweifel** gezogen, weil der Großteil der heutigen Datenverarbeitungsvorgänge in externen Rechenzentren und im **Cloud Computing** erfolgt.[109] Wenn die Infrastruktur der Datenverarbeitung (Server etc) einschließlich Belegenheit und Inhaberschaft kaum mehr feststellbar sind, wird man aus rechtspraktischer Sicht schon die für eine Aktivlegitimation erforderlichen Umstände kaum vortragen können. Die „**Inhaber**" der Daten und Eigentümer der verarbeitenden Hardware im Cloud Computing oder anderer serverbasierter Infrastruktur fallen regelmäßig auseinander.[110] Auch dogmatisch birgt die **fehlende Konvergenz von Anknüp-**

---

101 BydlinskiAcP 198 (1998), 287 (297); Kloos/Wagner CR 2002, 865 (866); Soergel/Marly BGB § 90 Rn. 4; Marly SoftwareR Rn. 717, 721; Spindler in Leible/Lehmann/Zech Unkörperliche Güter im Zivilrecht, 2011, 261, 271; speziell für Software Berberich Virtuelles Eigentum, 2010, 96; Völzmann-Stickelbrock FS Eisenhardt, 327, 336.

102 Vgl. für die parallele Diskussion zur Sacheigenschaft von verkörperter Software über ihre Verkörperung im Datenträger Bydlinski AcP 198 (1998), 287 (306); Faustmann VuR 2006, 260 f.; Feldmann/Heidrich CR 2006, 406 (408); Koch NJW 2004, 801 (802); König NJW 1993, 3121 (3124); Marly BB 1991, 432 ff.; Maume MMR 2007, 620 (622); Meier/Wehlau NJW 1998, 1585 (1588); MüKoBGB/Wagner BGB § 823 Rn. 245 f.; Soergel/Spickhoff BGB § 823 Rn. 79; Spindler NJW 1999, 3737 (3738); vgl. zur Einordnung aus schuldrechtlicher Sicht BGH NJW 1988, 406 (408); BGH NJW 1990, 320 (321); BGH NJW 1993, 2436 (2437 f.); BGH NJW 2007, 2394; aA LG Konstanz NJW 1996, 2662; AG Brandenburg CR 2002, 721; Müller-Hengstenberg NJW 1994, 3128 ff.; Redeker NJW 1992, 1739 f.; Müller-Hengstenberg/Kirn NJW 2007, 2370 (2372 f.).

103 Berger ZGE 2017, 340 (348); Spindler in Leible/Lehmann/Zech Unkörperliche Güter im Zivilrecht, 2011, 261 (277).

104 Bleckat RDV 2019, 114 (114 f.); Czychowski/Winzek ZD 2022, 81 (88); Kornmeier/Baranowski BB 2019, 1219 (1220); Lukas ZdiW 2021, 296 (297).

105 OLG Dresden MMR 2021, 813; OLG Oldenburg ZD 2012, 177; OLG Karlsruhe NJW 1996, 200 (201); Adam NJW 2020, 2063; Bartsch in Leible/Lehmann/Zech Unkörperliche Güter im Zivilrecht, 2011, 247 (248); Denga NJW 2018, 1371 (1372); Kornmeier/Baranowski BB 2019, 1219 (1223); Riehm VersR 2019, 714 (717); Raue NJW 2019, 2425 (2426) spricht vom „Recht am Datenzugriff an der eigenen Sache"; Spickhoff in Leible/Lehmann/Zech Unkörperliche Güter im Zivilrecht, 2011, 233 (236).

106 OLG Dresden MMR 2021, 813; OLG Karlsruhe NJW 1996, 200 (201); Libertus MMR 2005, 507 (508); Mantz K&R 2007, 566 (567); MüKoBGB/Wagner BGB § 823 Rn. 246; Grüneberg/Sprau BGB § 823 Rn. 9; Sorgel BGB/Spickhoff, § 823 Rn. 79; Staudinger/Hager BGB § 823 Rn. B 60; Möllenkamp in Taeger Die Macht der Daten und der Algorithmen, 2019, 687 (693).

107 Determann MMR 2018, 277.

108 OLG Dresden MMR 2021, 813.

109 Adam NJW 2020, 2063 (2064); Bierekoven CR 2021, 217 (219); Amstutz AcP 218 (2018), 438 (473); Berberich/Golla PinG 2016, 165 (171).

110 Eichberger VersR 2019, 709 (710); Riehm VersR 2019, 714 (717); Berberich Virtuelles Eigentum, 2010, 139 ff.; ähnlich im Rahmen des virtuellen Hausrechts Faustmann VuR 2006, 261; Feldmann/Heinrich CR 2006, 409. Dies gilt auch für einen etwaigen (Mit-)besitz an der Hardware, wie er vereinzelt vertreten wird (LG München CR 2007, 264). Ein (Mit-)Besitz an Servern in Rechenzentren im Sinne einer tatsächlichen Sachherrschaft (§ 854 BGB) ist schon nach der Verkehrsauffassung für Nutzer ohne Zugang fraglich (Berberich Virtuelles Eigentum, 2010, 158 ff.); vor allem läuft dieser Ansatz rechtspraktisch bei einer lex rei sitae außerhalb Deutschlands ebenfalls ins Leere.

fungs- und Schutzgegenstand[111] Begründungsaufwand für die Abgrenzung von erlaubten und unerlaubten Datenverarbeitungsvorgängen. Auf Ebene der Hardware ist die Art und Weise der Interaktion mit bzw. Einwirkung auf diese nicht sonderlich unterschiedlich, wenn Daten durch Berechtigte oder durch Unberechtigte verändert oder gelöscht werden.[112] Daher setzt dieser Ansatz voraus, für die Frage eines Eingriffes in die Hardware ohnehin auch die syntaktische Ebene der verarbeiteten Daten mit in den Blick zu nehmen. Derartige **Hilfskonstruktionen** mit Anknüpfung an das Sachenrecht zur Erfassung ganz anderer Wirtschaftsgüter sind dem Recht zwar nicht fremd, wie etwa die sachenrechtlich determinierte Girosammelverwahrung im Wertpapierrecht, die Verwertung urheberrechtsfreier Sachfotografien[113] oder die Verwertung von Sportrechten auf Grundlage des Veranstalterhausrechts[114] zeigen. Dann aber lässt sich jedoch auch gleich auf einen Eingriff in Daten als sonstiges Recht iSd § 823 Abs. 1 BGB abstellen.

Praktisch bedeutsam bleibt ein über die Hardware vermittelter deliktischer Integritäts- und **42** Verfügbarkeitsschutz für Daten jedoch bei der Datenverarbeitung auf **Endgeräten**. Wenn etwa ein App Store Provider eigenmächtig auf Endkundengeräten erworbene Apps und **Daten ändern oder löschen** würde, spricht viel dafür, dass es sich um eine abwehrfähige **Eigentumsverletzung** an den Endgeräten handelt (§§ 1004, 823 Abs. 1 BGB),[115] deren Rechtfertigung ua von den jeweiligen Nutzungsverträgen abhängen würde. Ob dort enthaltene etwaige Befugnisse zur Fernlöschung einer AGB-Kontrolle gemäß §§ 307 ff. BGB standhalten, ist angesichts des Leitbildcharakters des Sacheigentums (§ 903 BGB) sehr zweifelhaft.[116] Dies gilt gegenüber deutschen Verbrauchern über Art. 6 Rom-I VO auch bei ausländischer Rechtswahl.[117]

b) Sonstiges Recht iSd § 823 Abs. 1 BGB

Wurde früher für Daten noch an ihren körperlichen Träger angeknüpft, dürfte heutzutage da- **43** von auszugehen sein, dass Daten auch *als solche* bereits de lege lata Gegenstand eines sonstigen Rechts iSd § 823 Abs. 1 BGB sein können, und zwar unabhängig von ihrer Verkörperung in einem spezifischen Datenträger und diesem bestehenden Rechten.[118] Indes ist zu beachten, dass ein solches Recht nach dem Modellcharakter des Sacheigentums richtigerweise nur den Schutz der **Integrität und Verfügbarkeit von Daten** zum Gegenstand hat und kein umfassendes, ausschließliches, immaterialgüterrechtsähnliches Nutzungsrecht an Daten oder gar deren Inhalten gewähren kann.[119]

---

111 Berberich Virtuelles Eigentum, 2010, 131 ff.; Leistner in Leible/Lehmann/Zech Unkörperliche Güter im Zivilrecht, 2011, 201 (213).

112 Vgl. aus US-amerikanischer Sicht Meehan, Virtual Property: Protecting Bits in Context, 2006, 7 (40).

113 Vgl. zu Ausschließlichkeitsrechten an der Verwertung urheberrechtsfreier Fotografien, die unter Eingriff in das Sacheigentum am Motiv zustande kamen BGH NJW 2011, 749 – Preußische Gärten und Parkanlagen; BGH NJW 2013, 1809 (1810 ff.) – Preußische Gärten und Parkanlagen II.

114 BGH NJW 2006, 377 (379) – Hörfunkrechte; Ohly FS Schricker, 105 (113).

115 OLG Dresden MMR 2021, 813; im arbeitsrechtlichen Kontext bei der Nutzung privater Endgeräte auch Göpfert/Wilke NZA 2012, 765 (767); enger wohl Raue NJW 2019, 2425 (2429 f.) bei physischer Fühlungnahme.

116 Ähnlich gelagert zum gesetzlichen Leitbild des Besitzschutzes gegen Abschaltung durch Fernzugriff OLG Düsseldorf CR 2022, 15.

117 Zum zwingenden verbraucherschützenden Charakter der §§ 305 ff. BGB vgl. LG Hamburg CR 2010, 53 (54); Berberich MMR 2010, 736 (740); BeckOK BGB/Spickhoff Rom-I VO Art. 6 Rn. 33.

118 Dafür Paulus/Berg ZIP 2019, 2133 (2140); Berberich/Golla PinG 2016, 165 (170 ff.); Spindler in Leible/Lehmann/Zech Unkörperliche Güter im Zivilrecht, 2011, 261 (277); MüKoBGB/Wagner BGB § 823 Rn. 332 ff. (terminologisch als „Dateneigentum"); Möllenkamp in Taeger Die Macht der Daten und der Algorithmen, 2019, 687 (697); Riehm VersR 2019, 714 (720); wohl iE auch Westermann WM 2018, 1205 (1208); speziell für NFTs Kaulartz/Schmid CB 2021, 298 (300); aA Eichberger VersR 2019, 709 (710); Kornmeier/Baranowski BB 2019, 1219 (1223); Spickhoff in Leible/Lehmann/Zech Unkörperliche Güter im Zivilrecht, 2011, 233 (244); Stender-Vorwachs/Steege NJOZ 2018, 1361 (1364).

119 Berberich/Golla PinG 2016, 165 (172 ff.); Hoeren/Völkel in Hoeren, Big Data und Recht 2014, 34 f.; Kühling/Sackmann ZD 2020, 24 (26).

44   Die **Herleitung** eines solchen deliktischen Integritätsschutzes von Daten als sonstiges Recht
folgt ähnlichen Erwägungen, wie sie in früheren vergleichbaren Zusammenhängen kontextua-
lisierter Daten unter den Stichworten „Recht am Datenbestand",[120] „virtuelles Hausrecht"[121]
oder „virtuelles Eigentum"[122] bereits Gegenstand rechtswissenschaftlicher Erörterungen waren.
Die Anerkennung eines „sonstigen Rechts" iSd § 823 Abs. 1 BGB erfordert stets eine besondere
Begründung, um nicht den im Grundsatz beschränkten Katalog deliktisch geschützter Rechtsgüter zu unterlaufen. Letztlich muss sich ein sonstiges Recht iSd § 823 Abs. 1 BGB am **Modellcharakter des Sacheigentums** messen lassen.[123] Mit Blick auf das erfasste **Rechtsobjekt** ist der
Sachbegriff des § 90 BGB – in seiner historisch gewachsenen Körperlichkeit[124] – geprägt durch
die Voraussetzungen sinnlicher **Wahrnehmbarkeit, Abgrenzbarkeit und Beherrschbarkeit**.[125]
Alle diese Erfordernisse zielen auf die klare und für den Verkehr erkennbare Abgrenzung
eines Herrschaftsgegenstandes von der ihn umgebenden Sphäre als Voraussetzung seiner eindeutigen Zuordnung.[126] Abgesehen von der Körperlichkeit sind diese Voraussetzungen bei
Daten als Gegenstand im Rechtssinne idR erfüllt. Im Kontext des jeweiligen Datenverarbei-
tungssystems existieren sie für den Verkehr als wahrnehmbare, abgrenzbare und beherrschbare
Objekte.[127] Dass sie dafür technische Hilfsmittel benötigen, ist – ebenso wie beim Sachbegriff[128]
– unschädlich. Damit ist zugleich die **sozialtypische Offenkundigkeit** gegeben, welche ein
deliktischer Rechtsschutz voraussetzt.[129] Auch bei einer auf den Integritäts- und Zugangsschutz
beschränkten Schutzreichweite orientiert sich § 823 Abs. 1 BGB für Daten am Sacheigentum.
Insbesondere **Kopien** von Daten sind **keine Eingriffe** in § 823 Abs. 1 BGB, sondern erzeugen
ihrerseits neue geschützte Rechtsobjekte.[130] Gerade diese sacheigentumsrechtlich determinierte
und beschränkte Schutzreichweite unterscheidet ein solches Recht von spezialgesetzlich abschließend normierten Immaterialgüterrechten mit exklusiven, weitgehenden Nutzungs- und
Verwertungsbefugnissen. Daher würde diesem Recht auch nicht der **numerus clausus der
Immaterialgüterrechte** entgegenstehen.[131]

45   Für die **Inhaberschaft** an einem solchen Recht lässt sich grds. auf den Skripturakt abstellen,
der allerdings in arbeitsteiligen Verhältnissen eine wertende Zuordnung erfordert (zB Auftraggeber, Arbeitgeber, Träger der wirtschaftlich-organisatorischen Verantwortung und Wertschöp-
fungsaspekte vergleichbar § 950 BGB).[132] Insbesondere bei **technischen Dienstleistern** oder in
Plattformmodellen, in denen der Betreiber lediglich für ihn fremde Inhalte bereitstellt (vgl.
auf Haftungssicht § 10 TMG für Host Provider), kann es zu komplexeren Gemengelagen kommen. Im Außenverhältnis müssen sowohl der technische Betreiber als auch die Plattformnutzer

---

120   Meier/Wehlau NJW 1998, 1585 (1588); Beurskens in Domej et al. Einheit des Privatrechts, 443 (446 ff.);
        Faustmann VuR 2006, 260 (262).
121   Vgl. LG Bonn MMR 2000, 109; OLG Köln MMR 2001, 52, LG Hamburg BeckRS 2009, 10331; dafür auch
        Ladeur MMR 2001, 788; Maume MMR 2007, 622 f.
122   Berberich Virtuelles Eigentum, 2010, passim.
123   RGZ 57, 353 (356); Erman/Wilhelmi BGB § 823 Rn. 35; Grüneberg/Sprau BGB § 823 Rn. 11.
124   Vgl. zur Entwicklung des Sachbegriffes vor dem BGB Baldus in Leible/Lehmann/Zech Unkörperliche
        Güter im Zivilrecht, 2011, 7 ff. zu den res incorporales des römischen Rechts sowie Rüfner aaO, 33 ff. zum
        Gemeinen Recht und der Verengung des Sachbegriffs durch Savigny.
125   Bydlinski AcP 198 (1998), 287 (304); MüKoBGB/Stresemann BGB § 90 Rn. 8; Soergel/Marly BGB § 90 Rn. 1;
        Staudinger/Stieper BGB § 90 Rn. 1 f.; Wieacker AcP 148 (1942), 73.
126   Bydlinski AcP 198 (1998), 287 (303). Vgl. zur Bedeutung der Verkehrsanschauung für den Sachbegriff MüKo-
        BGB/Stresemann BGB § 90 Rn. 8.
127   Berberich Virtuelles Eigentum, 2010, 90 ff. mwN.
128   Dazu MüKoBGB/Stresemann BGB § 90 Rn. 8; Wolf/Neuner BGB AT § 25 Rn. 2.
129   Vgl. Fabricius AcP 160 (1961), 292 (289 ff.); Erman/Wilhelmi BGB § 823 Rn. 35.
130   So auch Riehm VersR 2019, 714 (723); MüKoBGB/Wagner BGB § 823 Rn. 335.
131   Riehm VersR 2019, 714 (721).
132   Riehm VersR 2019, 714 (722). Insofern greifen ähnliche Erwägungen wie beim „Datenbesitz"; im Strafrecht
        oder einem originären „Virtuellen Eigentum", wobei jedoch die Frage der Inhaberschaft bei einem reinen
        Integritätsschutz von Daten auf ihrer syntaktischen Ebene weitaus weniger kritisch ist als bei einem imma-
        terialgüterrechtsähnlichen Ausschließlichkeitsrecht an den Inhalten von Daten auf der semantischen Ebene.

mit Blick auf seine Inhalte gegenüber unerlaubt auf diese Daten einwirkenden Dritten eine „stärkere" Stellung beim Integritätsschutz haben. Im Innenverhältnis zwischen Plattformnutzer und Plattformbetreiber ist dies schon weniger klar. Grundsätzlich spricht in Auftragsverhältnissen mit Arbeitsteilung zwischen einem inhaltlich verantwortlichen Plattformnutzer und einem (gerade deswegen auch haftungsprivilegiertem) technischen Dienstleister viel dafür, dass etwaige Rechtspositionen originär dem Plattformnutzer zugewiesen sind.[133] Allerdings wird diese Verteilung durch vertragliche Nutzungsbedingungen grundsätzlich in den Grenzen gelten Rechts (insbes. §§ 305 ff. BGB) disponibel sein müssen,[134] um eine flexible und für das jeweilige Geschäftsmodell passende Rechteallokation sicherzustellen. Zentraler Maßstab ist hierbei, dass diese Allokation von Rechten an Daten auf der syntaktischen Ebene denen der semantischen Ebene (dh etwaigen Immaterialgüterrechten am Inhalt) nicht zuwiderlaufen und deren Auswertung behindern darf. So wie der Plattformbetreiber grundsätzlich alle für den ordnungsgemäßen Betrieb der Plattform erforderlichen Lizenzen an Rechten des Geistigen Eigentums benötigt, wird sich ein Plattformnutzer bei technisch notwendigen und üblichen Datenverarbeitungsvorgängen hiergegen auch nicht über § 823 BGB mit Blick auf Verarbeitungsvorgänge seiner Daten berufen können. Ob eine Verwertung von Inhalten der Plattformnutzer hingegen dem Plattformbetreiber zugewiesen ist, steht auf einem anderen Blatt.[135]

c) „Datenbesitz"

Mangels Sacheigenschaft kann an Daten als solchen auch kein Besitz iSd § 854 BGB bestehen. **46** Mitunter wird im Schrifttum in jüngerer Zeit für einen „Datenbesitz" argumentiert, unter dem Daten einen faktisch verankerten, **besitzähnlichen Schutz** genießen sollen,[136] der auf dem faktisch-technischen Zugriff auf einen Datenbestand (entweder vermittelt über den Datenträger oder technisch durch Zugriffsrechte)[137] basiert und dessen Inhaberschaft sich nach dem Skripturakt beurteilt.[138] Eine Einwirkung auf die Daten soll Besitzschutzansprüche gem. §§ 858 ff. BGB auslösen.[139] Publizitätserfordernisse[140] sind hierbei ebenso ungeklärt wie die Frage, ob sich diese Ansprüche auch gegen die Anfertigung von Kopien richten.[141] Mit Blick auf den bestehenden deliktischen Integritätsschutz von Daten über den Datenträger und als sonstiges Recht über § 823 Abs. 1 BGB ist indes **fragwürdig**, ob es dieser weiteren Konstruktion überhaupt bedarf. Soweit diese dazu dienen sollte, mehr als nur Integritätsschutz zu liefern, wäre sie jedenfalls denselben Einwendungen wie ein originäres „Dateneigentum" ausgesetzt (→ Rn. 52 ff.).

d) Strafrecht

Der strafrechtliche **Schutz von Datenverfügungsbefugnis und Datenintegrität** durch das **47** StGB vermittelt in gewissem Umfang auch Rechte an Daten. Potenziell einschlägig sind hier

---

133 Vgl. für den Verlust des Haftungsprivilegs beim Zueigenmachen von Inhalten, wobei der Rechteerwerb ein Kriterium ist, BGH GRUR 2010, 616 – marions-kochbuch.de.

134 Hierbei wird man sich fragen müssen, welchen Einfluss dies als Leitbild in einer AGB-Kontrolle iSd §§ 305 ff. BGB hat. Ein Leitbildcharakter kommt nicht nur Gesetzen im formellen Sinne zu, sondern auch im Wege der Rechtsfortbildung entwickelten Rechtsfiguren, vgl. BGHZ 121, 13 (18); BGHZ 100, 158 (163).

135 Vgl. zu AGB-rechtlichen Aspekten der Rechteeinräumung an nutzergenerierten Inhalten auf einer Plattform etwa Berberich MMR 2010, 736.

136 Adam NJW 2020, 2063; Hoeren MMR 2019, 5 (6); dagegen Kühling/Sackmann ZD 2020, 24 (26); Michl NJW 2019, 2729; OLG Brandenburg NJW-RR 2020, 54 (56).

137 Adam NJW 2020, 2063 (2065).

138 Hoeren MMR 2019, 5 (7).

139 Adam NJW 2020, 2063 (2066 f.).

140 Für Publizität Adam NJW 2020, 2063 (2067); zurückhaltender Hoeren MMR 2019, 5 (7); aA Michl NJW 2019, 2729 (2730).

141 Dafür Adam NJW 2020, 2063 (2066); dagegen zu Recht Martini/Kolain/Neumann/Rehorst/Wagner MMR-Beil. 2021, 3 (14); OLG Brandenburg NJW-RR 2020, 54 (56); offen Michl NJW 2019, 2729 (2730).

vor allem das – mitunter als „elektronischer Hausfriedensbruch"[142] bezeichnete – Ausspähen von Daten (§ 202a StGB) und die Datenveränderung (§ 303a StGB) als „virtuelle Sachbeschädigung".[143] Diese richten sich – grob klassifiziert – in ihrer Stoßrichtung einerseits gegen die Verschaffung **unbefugten Zugangs** zu und andererseits gegen die **unbefugte Einwirkung** auf Daten. Schutzgegenstand ist in diesen Fällen ein **weiter Datenbegriff** auf syntaktischer Ebene ohne inhaltliche Einschränkung auf bestimmte Informationen auf der semantischen Ebene.[144] Letztlich gewährt das Strafrecht als ultima ratio einen **Schutz der formellen Datenverfügungsbefugnis und Datenintegrität** in besonders schweren und strafrechtlich sanktionswürdigen Fällen, die bei Erfüllung der jeweiligen Tatbestandsvoraussetzungen auch in das Zivilrecht transponiert werden können. So kann eine Verletzung dieser Normen als Schutzgesetz auch **zivilrechtliche Abwehransprüche** (§ 1004 BGB) und **Schadenersatzansprüche** (§ 823 Abs. 2 BGB)[145] auslösen. Der ersatzfähige Schaden beinhaltet den Ersatz von Aufwendungen zB zur Analyse des Eingriffs, seiner Behebung und der Wiederherstellung der Daten.[146]

48 **§ 202a Abs. 1 StGB** schützt das Interesse des formell Verfügungsbefugten gegen einen **unerlaubten Datenzugriff**[147] und stellt das unberechtigte Verschaffen des Zuganges zu nicht für den Täter bestimmten gespeicherten oder übermittelten Daten unter Überwindung einer besonderen Zugangssicherung unter Strafe. Insbesondere soll diese Norm das Hacking erfassen,[148] welches eine Verschlüsselung oder einen Passwortschutz als besondere zugangshindernde Sicherungsmechanismen[149] überwindet. Die Frage, ob die Daten für den Täter „bestimmt" sind, richtet sich nach der **Verfügungsbefugnis** über die Daten. Details hierzu sind nach wie vor nicht abschließend geklärt. Auf die Verfügungsbefugnis über den Datenträger kommt es nicht an,[150] ebenso wenig auf das Betroffensein vom Inhalt der Daten.[151] Wohl überwiegend wird für die Begründung originärer Verfügungsmacht auf die Erstabspeicherung der Daten als sog. **Skripturakt** abgestellt.[152]

49 **§ 303a Abs. 1 StGB** erfasst eine **schädigende Einwirkung** auf Daten und sanktioniert das rechtswidrige Löschen, Unterdrücken, Unbrauchbarmachen oder Verändern (nicht aber Kopieren[153]) von Daten. Schutzzweck ist damit die unversehrte Verwendbarkeit[154] von bzw. die Verfügungsgewalt[155] über gespeicherte Informationen. Um die verfassungsrechtlich gebotene

---

142 Ernst NJW 2007, 2661; Gröseling/Höfinger MMR 2007, 549 (551).
143 Ernst NJW 2007, 2661 (2664).
144 Schönke/Schröder/Eisele StGB § 202a Rn. 3; Leupold/Wiebe/Glossner IT-Recht/Wiebe Teil 6.7 Rn. 41; von Westphalen ZIP 2020, 737 (738).
145 OLG Naumburg ZD 2014, 628 (629); OLG Celle NJW-RR 2011, 1047; Schuster/Grützmacher/Beck IT-Recht StGB § 202a Rn. 7; Söbbing/Groß CR 2022, 613 (614); Spickhoff in Leible/Lehmann/Zech Unkörperliche Güter im Zivilrecht, 2011, 233 (238).
146 Vgl. OLG Celle NJW-RR 2011, 1047.
147 Fischer StGB § 202a Rn. 2; Schönke/Schröder/Eisele StGB § 202a Rn. 1a.
148 Vgl. Ernst NJW 2007, 2661; Fischer StGB § 202a Rn. 10; Gröseling/Höfinger MMR 2007, 549 (551); Schumann NStZ 2007, 675 (676).
149 Vgl. zu Einzelheiten von Sicherheitsmechanismen Fischer StGB § 202a Rn. 9a; Lackner/Kühl/Heger StGB § 202a Rn. 4 f.; LK StGB/Hilgendorf StGB § 202a Rn. 34 ff.; NK-StGB/Kargl StGB § 202a Rn. 10; Schönke/Schröder/Eisele StGB § 202a Rn. 15 f.
150 LK StGB/Hilgendorf StGB § 202a Rn. 26; NK-StGB/Kargl StGB § 202a Rn. 9; Kornmeier/Baranowski BB 2019, 1219 (1223); für eine mögliche Indizwirkung MüKoStGB/Graf StGB § 202a Rn. 22.
151 Lackner/Kühl/Heger StGB § 202a Rn. 1; LK StGB/Hilgendorf StGB § 202a Rn. 24; NK-StGB/Kargl StGB § 202a Rn. 8; Schönke/Schröder/Eisele StGB § 202a Rn. 10.
152 OLG Naumburg CR 2016, 83; Fischer StGB § 202a Rn. 7a; Kraft/Meister MMR 2003, 366 (372); LK StGB/Hilgendorf StGB § 202a Rn. 26; MüKoStGB/Graf StGB § 202a Rn. 21; auf Einwirkungsmöglichkeiten zur Sicherung abstellend NK-StGB/Kargl StGB § 202a Rn. 9.
153 Martini/Kolain/Neumann/Rehorst/Wagner MMR-Beil. 2021, 3 (15); Fischer StGB § 303a Rn. 12.
154 Ernst NJW 2007, 2661 (2664); NK-StGB/Kargl StGB § 303a Rn. 3; Schönke/Schröder/Hecker StGB § 303a Rn. 1; Lackner/Kühl/Heger StGB § 303a Rn. 1; LK StGB/Goeckenjan StGB § 303a Rn. 1.
155 Fischer StGB § 303a Rn. 2.

Bestimmtheit zu wahren,[156] bedarf die Norm nach allgemeiner Ansicht einer teleologischen Reduktion, so dass nur **fremde Daten** dem Tatbestand unterfallen, an denen ein anderer eine **eigentümerähnliche Stellung** hat.[157] Für die **schwierige Bestimmung** der Verfügungsbefugnis an Daten werden im Zusammenwirken verschiedener Beurteilungskriterien zT sachenrechtliche Anknüpfungspunkte bemüht, wie der unerlaubte Zugriff auf täterfremde Speichermedien,[158] bzw. bei Auseinanderfallen von Speichermedium und Datenherrschaft auf zugrunde liegende (meist vertragliche) Nutzungsverhältnisse wie den Besitz am Datenträger oder Nutzungsrechte an Daten[159] oder auf modifizierte Maßstäbe bei der dezentralen Datenspeicherung abgestellt;[160] im Fall einer Auftragsverarbeitung wird die Verfügungsbefugnis (auch) beim Auftraggeber gesehen.[161] Vordringend ist jedoch auch hier (wie bei § 202a StGB) eine Bestimmung nach dem formalen Kriterium des **Skripturaktes.**[162] In beiden Fällen §§ 202a und 303a StGB gilt, dass diese richtigerweise **keine reinen Vertragsverletzungen** (wie zB Überschreitung eines vereinbarten Lizenzumfanges oder Nutzungszweckes) erfassen, weil bei einem bestehendem Vertrag die überlassenen Daten (auch) für den Vertragspartner bestimmt sind (§ 202a StGB)[163] bzw. Einwirkungshandlungen auf erlaubterweise zugängliche Daten nicht rechtswidrig sind (§ 303a StGB).[164] Ebenfalls **nicht** erfasst sind rein **fahrlässige** Verletzungen.[165] Richtet sich die Einwirkung weniger auf konkrete Daten, sondern betrifft darüber hinaus eine Gesamtheit datenverarbeitender Vorgänge, kommt **Computersabotage iSd § 303b** StGB in Betracht, welche die ordnungsgemäße und störungsfreie Funktion der Datenverarbeitung schützt.[166]

Letztlich bilden die genannten Strafrechtsnormen über die dort geregelten Fälle hinaus jedoch **keine allgemein geeignete Grundlage für Rechte an Daten** aus Sicht eines zivilrechtlichen Systems von Verfügungsrechten. Zwar wird teilweise vertreten, ein „Dateneigentum" auch im Sinne des Zivilrechts nach dem Vorbild **strafrechtlicher** Regelungen zu konstruieren.[167] Dies wäre für die Schaffung von Verfügungsrechten in einer Wertschöpfungskette aus mehreren Gründen ungeeignet.[168] Schon im Ausgangspunkt setzen die Strafrechtsnormen gerade eine eigentümerähnliche Verfügungsbefugnis über Daten voraus. Mit Blick auf die – wenngleich gelockerte – **Zivilrechtsakzessorietät** zentraler Tatbestandsvoraussetzungen können diese nicht gleichzeitig vom Zivilrecht abhängen und dieses prägen.[169] Hinzu tritt die mitunter sogar als verfassungswidrig monierte **Unbestimmtheit** zentraler Tatbestandsmerkmale.[170] All dies führt dazu, dass die strafrechtliche Sanktionswirkung auch rechtspraktisch mitunter als unzu-

50

---

156 Bedenken bei Lackner/Kühl/Heger StGB § 303a Rn. 4; LK StGB/Goeckenjan § 303a Rn. 3; NK-StGB/Kargl StGB § 303a Rn. 5 (für Verfassungswidrigkeit Zaczyk aaO 5. Aufl. Rn. 1).

157 So Schönke/Schröder/Hecker StGB § 303a Rn. 3; Lackner/Kühl/Heger StGB § 303a Rn. 4; MüKoStGB/Wieck-Noodt StGB § 303a Rn. 9; Leupold/Wiebe/Glossner IT-Recht/Wiebe Teil 6.7 Rn. 43.

158 Fischer StGB § 303a Rn. 5; NK-StGB/Kargl StGB § 303a Rn. 7; Schönke/Schröder/Hecker StGB § 303a Rn. 3; MüKoStGB/Wieck-Noodt StGB § 303a Rn. 10.

159 Lackner/Kühl/Heger StGB § 303a Rn. 4; NK-StGB/Kargl StGB § 303a Rn. 7; Schönke/Schröder/Hecker StGB § 303a Rn. 3.

160 Vgl. Fischer StGB § 303a Rn. 7 für E-Mails, die dem Inhaber einer Mailbox für die Zwecke des § 303a StGB „gehören".

161 Lackner/Kühl/Heger StGB § 303a Rn. 4; Schönke/Schröder/Hecker StGB § 303a Rn. 3.

162 Fischer StGB § 303a Rn. 6, Hoeren MMR 2019, 5 (6 f.); Hoeren MMR 2013, 486 (487); Zech CR 2015, 137 (143 f.); Leupold/Wiebe/Glossner IT-Recht/Wiebe Teil 6.7 Rn. 43.

163 Schönke/Schröder/Eisele StGB § 202a Rn. 11; Czychowski/Winzek ZD 2022, 81 (85); Hessel/Leffer MMR 2020, 647 (648); Kraul GRUR-Prax 2019, 478; Sassenberg/Faber Industrie 4.0/Sattler § 2 Rn. 92.

164 Sassenberg/Faber Industrie 4.0/Sattler § 2 Rn. 93.

165 Möllenkamp in Taeger Die Macht der Daten und der Algorithmen, 2019, 687 (693); Riehm VersR 2019, 714 (718).

166 Schönke/Schröder/Hecker StGB § 303b Rn. 1; Schumann NStZ 2007, 675 (679).

167 Vor allem Hoeren MMR 2013, 486 (487 ff.).

168 Berberich/Golla PinG 2016, 165 (171); Eichberger VersR 2019, 709 (710); Heymann CR 2015, 807 (809 f.); Heun/Assion CR 2015, 812 (813 f.).

169 Berberich/Golla PinG 2016, 165 (171); Eichberger VersR 2019, 709 (710).

170 Oben Fn. 156.

reichend angesehen wird.[171] Vor allem aber wäre ein strafrechtlicher Ansatz zur Begründung eines Ausschließlichkeitsrechts aus rechtspraktischer Sicht strukturell verfehlt, weil er sich auf Sanktionen für Fälle hoher krimineller Energie wie beim Hacking beschränkt, aber **keinen generellen Rechtsrahmen** für Verträge und Transaktionen über Rechte bieten kann. Schon das formelle strafrechtliche Konzept des Skripturaktes ist zu eng für eine zivilrechtliche Anknüpfung der Rechtsinhaberschaft. Darüber hinaus entzieht das strafrechtliche Legalitätsprinzip Streitigkeiten weitgehend der Kontrolle der Parteien. In der Praxis übliche Vergleiche oder Abgrenzungsvereinbarungen im Nachhinein bei Unklarheiten über die „Datenherrschaft" (zB bei Kooperationspartnern) könnten mit der nötigen Rechtssicherheit nicht mehr geschlossen werden. Ein strafrechtlich geprägtes und in seiner Reichweite unklares „Dateneigentum" drohte, vom Verfügungsrecht zum zentralen Compliance-Faktor zu werden und auf eine Vielzahl datenrelevanter Tätigkeiten in der gesamten Wertschöpfungskette eher lähmend zu wirken.

4. Dateneigentum und Ausschließlichkeitsrechte sui generis?

51 Über den deliktischen Schutz von Daten hinaus ist ein originäres Ausschließlichkeitsrecht an Daten (syntaktische Ebene) und erst recht an den durch Daten abgebildeten Informationen (semantische Ebene) dem **deutschen und europäischen Recht de lege lata fremd**.[172] Ein solches Recht an Daten mit ausschließlicher Zuweisung wird allerdings – mit unterschiedlichen Ansätzen – **de lege ferenda** im Schrifttum verschiedentlich vorgeschlagen[173] und wurde vom deutschen Gesetzgeber[174] sowie von der EU-Kommission[175] als „**Recht des Datenerzeugers**" diskutiert. So solle ein derartiges Recht eine Art „Data Ownership" entlang der Wertschöpfungskette erschaffen und die wirtschaftliche Auswertung von Daten (einschließlich Vervielfältigungen und Analysen)[176] ihrem Inhaber exklusiv zuweisen. Ein derartiges Ausschließlichkeitsrecht könne Daten als Transaktionsgegenstand klarer fassbar machen und eine rechtssichere Einbringung zB in Joint Ventures ebenso ermöglichen wie eine Lizenzierung oder Nutzung („right to monetize"). Nach breiter Diskussion wird ein solches Recht jedoch mittlerweile im Schrifttum überwiegend **abgelehnt**.[177]

52 Schon die Anknüpfung des **Schutzgegenstandes** birgt Probleme. Dieser bestünde der Idee nach zwar in Daten als solchen (dh der syntaktischen Ebene) und nicht in den darin enthaltenen Informationen (dh der inhaltlich-semantische Ebene).[178] Eine solche feinsinnige Unterscheidung zwischen Medium und Inhalt ist dem Immaterialgüterrecht zwar nicht fremd.[179]

---

171 Raue NJW 2017, 1841 (1842).

172 Vgl. nur Mitteilung der EU-Kommission vom 10.1.2017, COM(2017) 9 final, 11.

173 Dafür de lege ferenda vor allem Hoeren MMR 2013, 486 (488 ff.); Zech CR 2015, 137 (146); s. a. Bleckat RDV 2019, 114; Frenz EuR 2020, 210 (216 ff.); Schulz PinG 2018, 72 (76); Werner NJOZ 2019, 1041 (1044); im Kontext Blockchain Markendorf ZD 2018, 409; Omlor ZHR 2019, 294 (341); Westermann WM 2018, 1205 (1207); mit Sonderkonzepten Amstutz AcP 218 (2018), 438 (548) („mediales Dateneigentum") und Fezer ZGE 2017, 356 („Dateneigentum der Bürger"); zu eigentumstheoretischen Erwägungen vgl. auch Irnleitner/Nohr PinG 2019, 167; vgl. zum Konzept einer faktischen „Datenhoheit" Martini/Kolain/Neumann/Rehorst/Wagner MMR-Beil. 2021, 3.

174 Arbeitsgruppe „Digitaler Neustart" der Justizministerkonferenz im Jahr 2017; vgl. dazu den Bericht Christians/Liepin ZGE 2017, 331.

175 Mitteilung der EU-Kommission vom 10.1.2017, COM(2017) 9 final, 14.

176 Zech ZGE 2017, 317 (318).

177 Dorner CR 2014, 617 (626 f.); Berger ZGE 2017, 340 (351); Christians/Liepin ZGE 2017, 331 (336); Czychowski/Winzek ZD 2022, 81 (88); Determann MMR 2018, 277; Determann ZD 2018, 503; Eichberger VersR 2019, 709 (714); Fries/Scheufen MMR 2019, 721 (725); Hartl/Ludin MMR 2021, 534; Hennemann/Steinrötter NJW 2022,1481; Kornmeier/Baranowski BB 2019, 1219 (1223); Kühling/Sackmann NVwZ 2018, 681 (685); Kühling/Sackmann ZD 2020, 24; Peitz/Schweitzer NJW 2018, 275 (278 f.); Raue NJW 2019, 2425; Schweitzer GRUR 2019, 569 (570); Specht-Riemenschneider MMR 2022, 809 (810); Spindler ZGE 2017, 399; Stender-Vorwachs/Steege NJOZ 2018, 1361 (1364); von Westphalen IWRZ 2018, 9 (13); Wiebe ZGE 2017, 394.

178 Zech ZGE 2017, 317 (322); i. E. ebenso Amstutz AcP 218 (2018), 438 (470 ff.).

179 Vgl. Berberich/Golla PinG 2016, 165 (175) zur Unterscheidung zwischen Signalschutzrechten und Rechten an Inhalten bei den Leistungsschutzrechten des UrhG.

Allerdings ist zu befürchten, dass dies in der Rechtspraxis (schon über die Abschreckungswirkung etwa bei Abmahnungen) die **semantische Ebene indirekt mit erfassen kann** und so als eine Art „Super-IP-Recht" eine Gefahr der Monopolisierung von Informationen schafft.[180]

Weitere Unklarheiten bestehen bei der (Primär-)Allokation der **Inhaberschaft** eines solchen Rechts,[181] für die es keine klaren normativen Kriterien gibt. Abgestellt wird mit ganz verschiedenen Ansätzen etwa auf einen technisch verantworteten **Skripturakt** der Datenerzeugung,[182] auf wesentliche **Investitionen** und wirtschaftliches Risiko,[183] auf eine Orientierung an der sachenrechtlichen **Rechtezuweisung** nach Wertschöpfung **bei Verarbeitung** bzw. Erzeugung (vgl. § 950 BGB),[184] auf einen Bezug zu den Inhalten der Daten im Sinne einer Art **Datenbetroffenheit**[185] oder eine **Kombination** dieser Ansätze.[186] In jedem Fall müsste die Inhaberschaft nachvollziehbaren und praktikablen Regeln folgen. Dies wird jedoch schon durch das **arbeitsteilige Zusammenwirken** in der Datenökonomie in Frage gestellt, die eine auch vom Gesetzgeber nur schwer auflösbare **komplexe Gemengelage** erzeugt. Dies zeigt sich beispielhaft an der Datenökonomie eines vernetzten Fahrzeugs, das nur exemplarisch für eine Vielzahl von Ökosystemen und Infrastruktur- Plattformmodellen steht. So könnten denkbare Prätendenten all dieser Ansätze etwa der Fahrer oder Halter sein, wenn man die Datenbetroffenheit oder den Skripturakt zum Anknüpfungspunkt nimmt, oder ein KFZ-Hersteller, der wesentliche Investitionen in die Erzeugung der Daten (oder ihrer Infrastruktur) erbracht hat oder gar ein von diesem zu unterscheidender Plattform- bzw. Infrastrukturbetreiber.[187] Auch müsste eine Abgrenzung gezogen werden zwischen demjenigen, der den für die Datenerzeugung technisch-wirtschaftlichen Aufwand sowie das wirtschaftliche Risiko trägt, und einem bloßen Auftragnehmer wie dem Betreiber eines Systems, auf dem die Daten lediglich gespeichert sind oder durch das sie übertragen werden.[188] Wer von all diesen Akteuren durch eine exklusive Nutzungsbefugnis privilegiert sein sollte, ist rechtspolitisch völlig offen, zumal der Wert von Daten oftmals auch erst mit ihrer „Veredelung" auf späterer Wirtschaftsstufe als der Erhebung generiert wird, zB durch Filterung, Systematisierung, Aufbereitung, Zusammenführung mit anderen Daten uä.[189] So gehen auch die Vorstellungen der in der Wertschöpfungskette beteiligten Akteure darüber deutlich auseinander, wem eine – wie auch immer geartete – Herrschaft über Daten zustehen sollte. Vor diesem Hintergrund müssten komplexe **„multiple entitlement"**-Situationen aufgelöst werden,[190] was die Datenverwertung mit weiteren Transaktionskosten belastet und sie bei

53

---

180 Becker ZGE 2017, 253 (255); Denga NJW 2018, 1371 (1372); Heymann CR 2015, 807 (809); Kornmeier/Baranowski BB 2019, 1219 (1221); Riehm VersR 2019, 714 (716); Wiebe ZGE 2017, 394 (396); generell kritisch dazu Bull CR 2018, 425 (430).

181 Vgl. nur Becker ZGE 2017, 253 (255); Determann ZD 2018, 503 (504, 506); Kraul GRUR-Prax 2019, 478; Wiebe ZGE 2017, 394 (395); zu technischen Lösungsansätzen über Blockchains Markendorf ZD 2018, 409.

182 Grützmacher CR 2016, 485 (490 f.); Hoeren MMR 2013, 486 (487); Hoeren MMR 2019, 5 (6 f.); Markendorf ZD 2018, 409 (410); Riehm VersR 2019, 714 (722); Westermann WM 2018, 1205 (1207); vgl. für den Skripturakt bei § 202a StGB OLG Naumburg ZD 2014, 628 (629).

183 Zech CR 2015, 137 ff.; Zech ZGE 2017, 317 (324) mit Anlehnung an Leistungsschutzrechte im UrhG.

184 Frenz EuR 2020, 210 (222); Berberich/Golla PinG 2016, 165 (175).; für den Investitionsgedanken Kornmeier/Baranowski BB 2019, 1219 (1222); vgl. auch Amstutz AcP 218 (2018), 438 (526); krit. Westermann WM 2018, 1205 (1207); vgl. zu derartigen Wertungen bei der Datenverarbeitung auch LAG Chemnitz MMR 2008, 416; OLG Karlsruhe BeckRS 2014, 17343.

185 Paulus/Berg ZIP 2019, 2133 (2142); Fezer ZGE 2017, 356 (360).

186 Schulz PinG 2018, 72 (78).

187 Vgl. Becker ZGE 2017, 253 (255); Wiebe ZGE 2017, 394 (395).

188 Schulz PinG 2018, 72 (78); In Auftragnehmerverhältnissen sollten Daten grundsätzlich dem Auftraggeber als Inhaber der wirtschaftlich-organisatorischer Verantwortung, nicht aber einem reinen technischen Dienstleister zustehen. Vgl. für das ähnlich gelagerte Thema echter und unechter Auftragsproduktionen im Filmbereich Dreier/Schulze/Schulze UrhG § 94 Rn. 8 ff.

189 Dazu Mattioli ZGE 2017, 299 (311 ff.).

190 Berger ZGE 2017, 340 (350).

prohibitiver Höhe uU auch blockieren kann.[191] Erschwerend kommt hinzu, dass ein solches Recht zum einen **neben andere Rechte** – wie Immaterialgüterrechte am Inhalt der Daten – treten würde und zum anderen auch durch das ggf. anwendbare **Datenschutzrecht** überlagert und in seiner Reichweite beschränkt werden würde. Insbesondere würde ein „Dateneigentum" an den praktischen Herausforderungen der Einhaltung datenschutzrechtlicher Vorgaben nichts ändern. Für die Verarbeitung und Monetarisierung personenbezogener Daten wäre weiterhin die Einholung erforderlicher Einwilligungen oder die Prüfung gesetzlicher Erlaubnistatbestände erforderlich. Hinzu kommen kaum lösbare **kollisionsrechtliche Probleme** der Belegenheit von Daten.[192]

54 Letztlich ist auch die **normative ökonomische Rechtfertigung** eines allgemeinen Ausschließlichkeitsrechts an Daten eher zweifelhaft und wäre als Regelungsbedarf zumindest vom Gesetzgeber aufzuzeigen. Im Ausgangspunkt schränkt jedes Ausschließlichkeitsrecht die Wettbewerbsfreiheit ein und bedarf daher der Rechtfertigung.[193] Bei den Ausschließlichkeitsrechten an den körperlichen Gegenständen des Sacheigentums besteht dieses bekanntlich darin, konfligierende Nutzungen abzuwehren und eine Übernutzung zu vermeiden, die als „Tragedy of the Commons" eine der Grundlagen der ökonomischen Rechtfertigung des Eigentums ist (→ Rn. 23). Jedoch deckt das Sacheigentum primär den Integritätsschutz ab und verleiht insbesondere keine Nutzungsbefugnis für sämtliche wirtschaftlichen Verwertungen etwa durch Kopien in der Wertschöpfungskette. Für unkörperliche Gegenstände wie Immaterialgüter oder Daten, die sich nicht abnutzen und einer nichttrivialisierenden Nutzung durch mehrere Akteure zugänglich sind,[194] ist die eigentlich **effizienteste Allokation** demgegenüber der **freie Zugang.**[195] Insoweit verschiebt sich die Rechtfertigung der Ausschließlichkeit weg von konfligierender (Über-)nutzung hin zum Marktversagen durch fehlende **Innovationsanreize.** Gerade für die reine Gewinnung von Daten als „Big Data" mittels IT-gestützter Erfassung und Sensorik lässt sich ein solches Marktversagen mangelnder Datenproduktion allerdings **empirisch in Frage stellen.**[196] Die reine Datenerzeugung wird oft keinen hohen **Aufwand** erfordern (zB bei verbauter Sensorik und Maschinendaten[197]) – anderes mag für Innovationsanreize auf späterer Stufe der Wertschöpfungskette wie aufwendig gewonnene Analyseergebnisse gelten.[198] Hier gilt es indes zu beachten, dass es dort um den *Inhalt* der Daten geht und dieser auch immaterialgüterrechtlich oder als Geschäftsgeheimnisse bereits de lege lata Schutz genießen kann. Auch dass die Kontrolle über Daten zunehmend **technisch** flankiert wird, stellt die Notwendigkeit eines rechtlichen Schutzes in Frage.[199] Gleiches gilt für den rege stattfindenden **Handel** mit Daten, für den ein Rechtsrahmen von Ausschließlichkeitsrechten offenbar empirisch auch nicht erfor-

---

191 Zur sog. „Tragedy of the Anticommons" als transaktionskostenbedingtem Marktversagen vgl. Heller 111 Harv. L. Rev. 621 (1998).
192 Vgl. dazu von Westphalen IWRZ 2018, 9 (18).
193 Christians/Liepin ZGE 2017, 331 (333).
194 Lemley 83 Tex. L. Rev. (2005) 1031 (1050); Ladeur in Eifert/Hoffmann-Riem Innovation und rechtliche Regulierung, 2002, 339 (357); Lehmann GRUR Int. 1983, 356 (358); Berberich Virtuelles Eigentum, 120 ff.; speziell für Daten Spindler ZGE 2017, 399 (400 f.); Fries/Scheufen MMR 2019, 721 (725).
195 Ohne Knappheitsbedingungen wäre selbst ein Markt als kostenverursachender Allokationsmechanismus überflüssig, Lehmann GRUR Int. 1983, 356 (361); Spindler DB 2018, 41 (42).
196 Becker ZGE 2017, 253 (256 f.); Berberich/Golla PinG 2016, 165 (175); Christians/Liepin ZGE 2017, 331 (335); Czychowski/Winzek ZD 2022, 81 (88); Denga NJW 2018, 1371 (1374 f.); Determann ZD 2018, 503 (506); Fries/Scheufen MMR 2019, 721 (725); Kühling/Sackmann NVwZ 2018, 681 (685); Peitz/Schweitzer NJW 2018, 275 (278 f.); Spindler ZGE 2017, 399 (401); Spindler DB 2018, 41 (42); Schweitzer GRUR 2019, 569 (570).
197 Zur Entwicklung von Datenquellen im Zeitablauf vgl. Stevens/Bossauer ZGE 2017, 266 (269).
198 Differenzierend Becker ZGE 2017, 253 (256).
199 Vgl. zum Verhältnis von Technik und Recht allgemein Lessig 113 Harv. L. Rev. 501, 509, 522 (1999); Reidenberg 76 Tex. L. Rev. 553 (1997).

derlich ist und ganz im Gegenteil Gefahr liefen, bei Unsicherheit über deren Reichweite eher noch zusätzliche Transaktionskosten auszulösen.[200]

Letztlich ist für den Diskussionstopos der Innovationsanreize festzuhalten, dass das vielgenannte **„right to monetize"** für Daten und Informationen im Grunde bereits heute besteht – und zwar im Rahmen der allgemeinen **Wettbewerbsfreiheit** für alle Unternehmen,[201] soweit Rechte Dritter, wie insbesondere das Datenschutzrecht, Persönlichkeitsrechte oder Geistiges Eigentum, dem nicht entgegenstehen. Es ist daher nicht zielführend, in der Diskussion um Ausschließlichkeitsrechte an Daten bestehende Verwertungshindernisse mit noch mehr Monopolisierung in der Wertschöpfungskette beheben zu wollen. Zu Recht hat sich die Diskussion um eine regulatorisch **optimale Datennutzung** daher zu **Zugangsrechten** verschoben, um das Potential noch verschlossener „Datensilos" zu heben (→ Rn. 62 ff.).   55

5. Vertrag

Einen **belastbaren Rechtsrahmen** für die Überlassung, Nutzung und Verwertung von Daten bildet seit jeher das Vertragsrecht. Verträge ermöglichen einzelfallangemessene und (jedenfalls inter partes) durchsetzungsfähige Regelungen für den Umgang mit Daten. Ihre Grundlage ist idR die **faktische Ausschließlichkeit** der Daten,[202] auf die ihr Inhaber den Zugriff des Vertragspartners zu **vereinbarten Zugangs- und Nutzungsregeln** eröffnet. Die erga omnes immaterialgüterrechtlich schwierigen Fragen zB von Inhaberschaft, Nutzungsumfang und Schranken lassen sich inter partes vertragsrechtlich passend abbilden. Die Existenz von **Ausschließlichkeitsrechten** als gesetzlich ausdefiniertes „Rechtebündel" an Daten ist dafür auch **nicht nötig**, weil Verträge als Verpflichtungsgeschäfte als Teil der Vertragsfreiheit über jegliche Gegenstände schließbar sind und konkrete Handlungs- und Unterlassungspflichten für die jeweiligen Rechtssubjekte aus sich heraus begründen.[203] Ähnlich wie bei Know-How-Lizenzen sind daher Datenüberlassungs- und -nutzungsverträge in der Rechtspraxis völlig gängig.[204]   56

Ein typologisches **Leitbild** eines einheitlichen Datenvertrages konnte sich hierbei nicht herausbilden, weil die Regelungen bei unterschiedlichen Akteuren in der Wertschöpfungskette vom Produzenten über Datenhändler und wertschöpfendem Aufbereiter (zB Datenanalysen oder Bereinigung) bis hin zum Nutzer zu vielgestaltig sind.[205] **Übliche und notwendige vertragliche Regelungen**[206] betreffen regelmäßig (i) die genaue Umschreibung und Erfassung der vertragsgegenständlichen Daten, (ii) die Zuweisung originärer „Inhaberschaft",[207] auch an bearbei-   57

---

200 Peukert in Leible/Lehmann/Zech Unkörperliche Güter im Zivilrecht, 2011, 95 (119); ähnlich Determann MMR 2018, 277 (278).

201 Ebenso Schweitzer GRUR 2019, 569 (575).

202 Czychowski/Winzek ZD 2022, 81 (86); Denga NJW 2018, 1371 (1372); Fries/Scheufen MMR 2019, 721 (724); Richter/Slowinsky IIC 2019, 4 (21); Kühling/Sackmann NVwZ 2018, 681 (685); Peitz/Schweitzer NJW 2018, 275 (278); Schulz PinG 2018, 72 (75); Thalhofer GRUR-Prax 2017, 225 (227).

203 Czychowski/Winzek ZD 2022, 81 (83); Peukert in Leible/Lehmann/Zech Unkörperliche Güter im Zivilrecht, 2011, 95 (109 f.); vgl. allerdings zur transaktionskostensenkenden Natur von Ausschließlichkeitsrechten Spindler ZGE 2022, 399 (401).

204 Ebenso Czychowski/Winzek ZD 2022, 81; Riehm VersR 2019, 714 (716); Schweitzer GRUR 2019, 569 (570); Mitteilung der EU-Kommission vom 10.1.2017, COM(2017) 9 final, 11.

205 Czychowski/Winzek ZD 2022, 81 (83); von Westphalen IWRZ 2018, 9 (15).

206 Zum Inhalt vgl. etwa Assion/Mackert PinG 2016, 161; Czychowski/Winzek ZD 2022, 81 (86 ff.); Frenz EuR 2020, 210 (212 f.); Bleckat RDV 2019, 114; Fries/Scheufen MMR 2019, 721 (724); Kraul GRUR-Prax 2019, 478 (479); Lukas ZdiW 2021, 296 (298); Rosenkranz/Scheufen ZfDR 2022, 159 (170); vgl. auch den Leitfaden der EU-Kommission für die gemeinsame Nutzung von Daten des Privatsektors in der europäischen Datenwirtschaft SWD (2018) 232 final.

207 Es spricht einiges für die Möglichkeit, in einer arbeitsteiligen Wertschöpfungskette die originäre Inhaberschaft entstehender Daten ähnliche wie klassische „Herstellerklauseln" iSd § 950 BGB vertraglich zuzuweisen.

teten oder abgeleiteten Daten, (iii) den vereinbarten Umfang der Auswertung idR als Lizenz[208] mit üblichen räumlichen, zeitlichen und inhaltlichen Beschränkungen sowie Zweckbestimmung, „Field of Use"-Vorgaben und Weitergaberegelungen, (iv) technische Regelungen v. a. zu Art und Weise der Überlassung, Verfügbarkeiten, Zugriff, Schnittstellenanforderungen und IT Sicherheit[209] (v) Qualitätssicherung, Geheimhaltung, Gewährleistung und Haftung sowie last but not least (vi) datenschutzrechtlichen Regelungen, die im Fall von personenbezogenen Daten die Rechtmäßigkeit der Verarbeitung sicherstellen (zB datenschutzrechtlich erforderliche Einwilligungen oder Auftragsverarbeitungsvereinbarungen).[210] Die **Schranken** vertraglicher Gestaltungen bilden zuvorderst die **AGB**-Inhaltskontrolle[211] und das **Wettbewerbsrecht**.[212] Für kautelarjuristische **Einzelheiten** kann auf → § 15 und § 16 verwiesen werden.

58 Welche Rechte an den lizenzierten Daten im Einzelnen noch bestehen mögen, ist aus rechtspraktischer Sicht für die vertragliche Umsetzung zweitrangig, solange der Vertrag all diese Schutzrechte miterfasst und es zu einem **zweckfunktionalen Gleichlauf** etwaig betroffener Rechte im Rahmen der Lizenzierung kommt. Auch wenn dies nicht ausdrücklich geregelt ist, wird die Auslegung eines Datenlizenzvertrages dies im Regelfall ergeben, weil ansonsten die von beiden Vertragsparteien bezweckte Nutzung durch einzelne „vergessene" Rechte behindert würde. Aus diesem Grund ist es auch kein Problem, wenn vertraglich **bei Daten nicht streng zwischen syntaktischer Ebene und semantischer Ebene getrennt** wird,[213] solange nur die Rechte und Pflichten der Parteien im Vertrag klar ausdefiniert sind.

59 Da der Vertrag ohne gesetzliche Ausschließlichkeitsrechte nur inter partes wirkt,[214] stößt er an seine **Grenzen** dort, wo **Dritte** diese Daten unerlaubt nutzen. Soweit dies Unterlizenznehmer betrifft, können die Pflichten des Erstlizenznehmers ohne Weiteres – ähnlich den Weitergabeverpflichtungen in Auftragsverarbeitungsvereinbarungen iSd Art. 28 Abs. 4 DS-GVO – in **durchlaufenden Vertragsketten** gegenüber Dritten perpetuiert werden. Im Übrigen lässt sich eine hinreichende Kontrolle von Drittnutzungen über die **Kombination von Verträgen, technischen Maßnahmen und Geschäftsgeheimnisschutz** hinreichend abbilden.[215] Besonders schwere Fälle sind strafrechtlich erfasst. Auch rechtspraktischer Sicht kann daher auch ohne absolute Ausschließlichkeitsrechte ein inter partes wirkender Vertrag eine Art **Datenherrschaft** in der Wertschöpfungskette durch Verwendungsbeschränkungen, Geheimhaltungsvereinbarungen und Vorgaben für die Weitergabe ermöglichen.

6. Weitere Rechte

60 Soweit kein vorrangiger deliktischer Anspruch besteht, könnte die Vorenthaltung oder das Löschen unternehmenskritischer Daten im Einzelfall auch einen Eingriff in das (subsidiäre)

---

208 Ohne Ausschließlichkeitsrechte wäre diese mit Czychowski/Winzek ZD 2022, 81 (86) eine „unechte" Lizenz. Zur Lizenz auch Berger ZGE 2017, 340 (352 f.).

209 Vereinbarungen für die Integrität von Daten und IT-Systemen sind entweder ausdrücklich (zB als Teil der Vorgaben für IT Sicherheit) vereinbart, sonst jedenfalls eine Nebenpflicht gemäß § 241 Abs. 2 BGB, vgl. OLG Hamburg NJW-RR 2018, 1175 (1176); Möllenkamp in Taeger Die Macht der Daten und der Algorithmen, 2019, 687 (689 f.).

210 Für eine vertraglich klare Trennung zwischen personenbezogenen und nicht personenbezogenen Daten Czychowski/Winzek ZD 2022, 81 (84); zu Verfügungen über personenbezogene Daten vgl. Bull CR 2018, 425 (431).

211 Vgl. dazu Zech ZGE 2017, 317 (327); Spindler ZGE 2017, 399 (402).

212 Becker ZGE 2017, 253 (260); Czychowski/Winzek ZD 2022, 81 (83); Adam NJW 2020, 2063 (2066); Fries/Scheufen MMR 2019, 721 (724); von Westphalen IWRZ 2018, 9 (15).

213 Ebenso Czychowski/Winzek ZD 2022, 81 (85).

214 Adam NJW 2020, 2063 (2066); Czychowski/Winzek ZD 2022, 81 (83); Hessel/Leffer MMR 2020, 647 (648); Kornmeier/Baranowski BB 2019, 1219 (1221); Kühling/Sackmann ZD 2020, 24 (27); Riehm VersR 2019, 714 (717); Thalhofer GRUR-Prax 2017, 225 (226); Stender-Vorwachs/Steege NJOZ 2018, 1361 (1363); Vgl. zur Drittschadensliquidation Möllenkamp in Taeger Die Macht der Daten und der Algorithmen, 2019, 687 (694).

215 So auch Fries/Scheufen MMR 2019, 721 (724, 726); Thalhofer GRUR-Prax 2017, 225 (227); Berberich/Golla PinG 2016, 165 (174).

Recht am eingerichteten und ausgeübten **Gewerbebetrieb** iSd § 823 Abs. 1 BGB darstellen, sofern dieser Eingriff unmittelbar unternehmensbezogen ist.[216]

Im Hinblick auf Daten kann zudem das **UWG** Anwendung finden, das jedoch keine spezifi- 61 schen Rechte an Daten vermittelt, sondern den Umgang (auch) mit Daten im Wettbewerb nur den allgemeinen lauterkeitsrechtlichen Pflichten unterwirft. Zwar wird mitunter ein **ergänzender wettbewerblicher Leistungsschutz** von Daten gemäß § 4 Nr. 3 UWG im Einzelfall diskutiert; jedoch dürfte dieser idR an fehlender wettbewerblicher Eigenart scheitern,[217] welche durch spezifische Gestaltungsmerkmale geeignet sein muss, im angesprochenen Verkehrskreis auf eine bestimmte betriebliche Herkunft oder auf die Besonderheit des jeweiligen Erzeugnisses hinzuweisen.[218] Daten (bzw. genauer: ihre Inhalte auf der semantischen Ebene) sind hier als Schutzgegenstand zwar **nicht a priori ausgeschlossen**, wie die Rspr. zu Börsendaten zeigt;[219] jedoch dürfte es sich hier um eine nicht auf Daten verallgemeinerungsfähige **Ausnahme** handeln, die auf der Bekanntheit einer ganz bestimmten Methodik zur Erstellung eines Index beruhte. Normalerweise wird mit dem Inhalt von Daten gerade kein Herkunftshinweis verbunden sein. Zudem wären für einen wettbewerbsrechtlichen Leistungsschutz auch **weitere unlauterkeitsbegründende Merkmale** erforderlich, wie beispielsweise eine Irreführung über die Herkunft, Rufausbeutung oder unlautere Erlangung von Information.[220] In keinem Fall erfasst ist die syntaktische Ebene von Daten.

E. Rechte „auf" Daten (Zugangsrechte)

I. Allgemeine ökonomische Wertungsfaktoren

Zugangsrechte zu Daten lassen sich rechtsystematisch als **Regulierungsinstrument** begreifen 62 und von Ausschließlichkeitsrechten als Gegenstand des Datenprivatrechts abgrenzen.[221] Dass das Ziel der **Sicherung freier und offener Märkte** für Daten besser durch Zugangsrechte als durch Ausschließlichkeitsrechte als Abwehrrechte erreicht werden kann, dürfte heute der überwiegenden Ansicht entsprechen und hat die Diskussion um ein „Dateneigentum" deutlich verschoben.[222] Gleichwohl sind Anwendungsbereich und Reichweite von Zugangsrechten nach wie vor Gegenstand intensiver rechtspolitischer Diskussionen und juristischer Systematisierungsbemühungen. Von immenser Bedeutung ist hierbei die Erkenntnis, dass sich bei Rechten auf Datenzugang jede **pauschale Lösung verbietet**[223] und deren **ökonomische Rechtfertigung im Einzelfall** sowohl bei Erlass von Normen als auch bei der Anwendung von Datenzugangsrechten mit wertungsoffenen Tatbeständen auf den Prüfstand gestellt werden muss.

---

216 Bierekoven CR 2021, 217 (220).
217 Zweifelnd Czychowski/Winzek ZD 2022, 81 (88) mangels wettbewerblicher Eigenart von Daten; dazu auch Wagner/Brecht/Raabe PinG 2018, 229 (232 ff.).
218 St Rspr. BGH WRP 1976, 370 (372) – Ovalpuderdose; BGH GRUR 1999, 923 (927) – Tele-Info-CD; BGH GRUR 2007, 795 Rn. 25 – Handtaschen.
219 OLG Hamburg GRUR 2000, 319 – Börsendaten; OLG Frankfurt GRUR-RR 2007, 104. Die wettbewerbliche Eigenart bei der Nutzung selbsterzeugter Daten für eine Dienstleistung knüpft an die Besonderheit der Daten und/oder an die Besonderheit der Dienstleistung an, vgl. BGHZ 181, 77 Rn. 40 f. – DAX.
220 Vgl. BGH GRUR 2017, 79 Rn. 40 – Segmentstruktur; OLG Köln GRUR-RR 2018, 207 Rn. 90 – Jeanshose mit V-Naht.
221 Steinrötter ZD 2021, 543.
222 Vgl. ErwG 6 DA-E COM(2022) 68 final; Hartl/Ludin MMR 2021, 534; Fries/Scheufen MMR 2019, 721 (725); Heinz WuW 2019, 439 (445). Kornmeier/Baranowski BB 2019, 1219 (1224); Kühling/Sackmann ZD 2020, 24 (26 f.); Peitz/Schweitzer NJW 2018, 275 (276); Richter/Slowinsky IIC 2019, 4 (6 ff.); Schweitzer GRUR 2019, 569 (570); Wiebe ZGE 2017, 394 (397); zu Grundrechtsfragen in diesem Zusammenhang Wischmeyer/Herzog NJW 2020, 288.
223 Kerber WuW 2020, 249 (251); Schweitzer GRUR 2019, 569 (571).

63 Als Ausgangspunkt für Datenzugangsrechte werden die oben unter → B. umrissenen Datenzugangsprobleme gesehen, die bspw. in digitalen (IoT-)Ökosystemen **Wettbewerb und Innovation** für diejenigen Unternehmen behindern können, welche auf ihnen faktisch nicht zugängliche Daten als Grundlage von Innovation angewiesen sind.[224] Gleichwohl ist auch mit Blick auf potenziell Zugangsverpflichtete zu beachten, dass dort befindliche Daten nicht nur nebenbei erfasste Rohdaten sind, sondern uU auch mit erheblichen **Investitionen** ausgewertete und aufgewertete Daten sein können, bei denen allzu weitgehende Zugangsrechte aus Anreizgesichtspunkten ebenso innovationshinderlich sind. Ähnlich wie bei Immaterialgüterrechten muss eine Regulierung von Zugangsrechten daher klar umgrenzt sein und eine sorgfältige **Abwägung** zwischen hinreichenden Innovationsmöglichkeiten der Zugangspetenten und hinreichenden Innovationsanreizen durch Exklusivität für den Zugangsverpflichteten treffen.[225] Datenzugangsrechte sind ökonomisch nur sinnvoll, wenn die Vorteile einer solchen Zugangsverpflichtung in Form von mehr Wettbewerb und Innovation ihre Nachteile überwiegen.[226]

64 Diese schwierige Abwägung ist zunächst sehr abhängig von der **Art der betroffenen Daten** (dazu oben → Rn. 10 ff.).[227] Sehr grob skizziert wird man für maschinengenerierte Rohdaten eher auf die Interessen des Zugangspetenten schauen können als für aufwendig ausgewertete Daten, bei denen die Innovationsanreize des Zugangsverpflichteten ein erhebliches Gegengewicht bilden.[228] Bei freiwillig zugänglich gemachten Daten, die unschwer jeder erheben kann, besteht – im Gegensatz zu nicht frei verfügbaren „Datensilos" – für Zugangsrechte ein geringes Bedürfnis. Auch die jeweilige Marktstellung von Zugangspetent und -verpflichtetem ist von elementarer Bedeutung. Das derzeit wohl am häufigsten diskutierte Szenario sind Zugangspetenten auf **vor- oder nachgelagerten Märkten** in digitalen Ökosystemen. So werden insbesondere im „Internet of Things", in dem ein Unternehmen (wie der Hersteller von „smarten" Geräten) sensorisch erfasste Daten zu einem bestimmten Produkt kontrolliert, während andere Unternehmen diese komplementäre Dienste (wie Wartung und Reparatur) benötigen, ohne selbst auf dem Primärmarkt des Produktes tätig zu sein, Datenzugangsrechte für die Innovationsförderung bei Komplementärprodukten für sinnvoll gehalten.[229] Daneben kann ein Datenzugang auch dazu dienen, selbst in den Primärmarkt einzutreten oder Daten zu ganz anderen Zwecken zu nutzen.[230] Für den Gesetzgeber (bzw. auch für Gerichte bei auslegungsbedürftigen offenen Tatbeständen) dürfte die Ausgestaltung von Zugangsrechten mit Blick auf Adressaten, Zugangsumfang, Ausnahmen, Gegenleistung und Bedingungen zur Bewahrung von Geheimhaltung und Sicherheit absehbare Herausforderungen bergen. Nicht zuletzt wegen der Risiken des Verlustes der Kontrolle und Unklarheiten über eigene Verwertungsmöglichkeiten zeigen sich Unternehmen beim „Teilen" ihrer Daten bislang durchaus zurückhaltend.[231]

65 Vor dem Hintergrund der je nach wirtschaftlichem Kontext angezeigten Einzelabwägung überrascht es wenig, dass sich Datenzugangsrechte derzeit vor allem in spezifischen sektoralen oder datenbezogenen Regelungen finden (→ Rn. 60 ff.) bzw. für wettbewerblich bedenkliche Marktmachtkonstellationen diskutiert bzw. geschaffen werden (→ Rn. 81 ff.). Ein weitgehendes horizontales Datenzugangsrecht ist indes mit dem Entwurf des EU Data Act geplant (→ Rn. 93 ff.). Neben einer Regulierung von Datenzugangsansprüchen kommt im Bereich der

---

224 Mitteilung der EU-Kommission vom 10.1.2017, COM(2017) 9 final, 9; Mitteilung der EU-Kommission vom 19.2.2020, COM(2020) 66 final, 7 ff.
225 Ebenso Kerber WuW 2020, 249 (252); Schweitzer GRUR 2019, 569 (571).
226 Kerber WuW 2020, 249 (251).
227 Zu Systematisierungsansätzen Schweitzer GRUR 2019, 569 (573).
228 Schweitzer GRUR 2019, 569 (571).
229 Dazu Gerpott/Mikolas CR 2021, 137 (138 f.); Kerber WuW 2020, 249 (251); Schweitzer GRUR 2019, 569 (573).
230 Zurückhaltend hier Kerber WuW 2020, 249 (252).
231 Hartl/Ludin MMR 2021, 534 (536); Peitz/Schweitzer NJW 2018, 275; Schweitzer GRUR 2019, 569 (575).

Datenwirtschaft auch dem „Soft Law" in Gestalt von Leitfäden und Empfehlungen eine wachsende Bedeutung zu.[232]

II. Spezielle bzw. sektorale (vertikale) Datenzugangsrechte

Datenzugangsrechte existieren derzeit für bestimmte Arten von Daten wie zB personenbezogene Daten (→ Rn. 67) oder Daten der öffentlichen Hand mit verschiedenen begleitenden Regulierungsinstrumenten (→ Rn. 68 ff.). Für den Bereich der Online-Vermittlungsdienste enthält die P2B-VO keine spezifischen Datenzugangsrechte (→ Rn. 77). Eine Vielzahl eng umgrenzter Zugangsrechte birgt vor allem das sektorspezifische Regulierungsrecht (→ Rn. 78). 66

1. Personenbezogene Daten (DS-GVO)

Die DS-GVO bietet eine nur sehr **begrenzte** Grundlage für Rechte auf Datenzugang. Zum einen haben nur **Datensubjekte selbst** mit ihren Ansprüchen auf **Auskunft** gemäß Art. 15 Abs. 1 DS-GVO gleichsam ein Recht auf Zugang zu den sie betreffenden personenbezogenen Daten. Zum anderen ist das Recht auf **Datenübertragbarkeit** (Art. 20 DS-GVO)[233] relevant. Hiernach kann der Betroffene die ihn betreffenden und von ihm bereitgestellten personenbezogenen Daten vom Verantwortlichen in einem strukturierten, gängigen und maschinenlesbaren Format erhalten und diese Daten einem anderen Verantwortlichen übermitteln. Dies betrifft indes nur einen sehr engen Bereich von Daten, weil personenbezogene Daten anderer Datensubjekte ebenso ausgenommen sind wie sensorisch erfasste Maschinendaten.[234] Zudem ermöglicht Art. 20 DS-GVO keine echte Interoperabilität, wie sie etwa für Multi-Homing und den Echtzeit-Zugang zu anderen Angeboten erforderlich wäre.[235] Auch in Zukunft dürfte die DS-GVO daher im Bereich der personenbezogenen Daten in der Praxis weniger als Rechtsgrundlage sondern eher als **Schranke für Datenzugangsrechte** fungieren (dazu ausführlich → § 6). 67

2. Daten des öffentlichen Sektors

Der Zugang zu Daten des öffentlichen Sektors ist wesentlicher Teil der Datenstrategie der EU.[236] Ziel ist es im Einklang mit dem Open-Data-Gedanken, dass mit **öffentlichen Mitteln (mit-)finanzierte Daten** soweit möglich auch ohne Beschränkungen der **Allgemeinheit zugute kommen** sollen und der Zugang zu diesen eröffnet wird, um die Verwendung offener Daten zu fördern und Anreize für die Innovation bei Produkten und Dienstleistungen zu vermitteln.[237] Mit Blick auf konkrete Zugangsrechte, deren Ausgestaltung und Grenzen existieren hier verschiedene, einander zT ergänzende Regelungen sowohl auf EU-Ebene als auch auf Ebene der EU-Mitgliedsstaaten. Zudem unterscheiden diese Regelungen – grob klassifiziert – nach der Art der jeweiligen Daten, ob es sich um frei verwendbare Daten handelt (→ Rn. 69 ff.) oder nicht, weil deren Verwendung zB durch Rechte Dritter beschränkt ist (→ Rn. 74 ff.). 68

---

232 Vgl. Leitfaden der EU-Kommission für die gemeinsame Nutzung von Daten des Privatsektors in der europäischen Datenwirtschaft SWD (2018) 125 final.
233 Zur wettbewerblichen Wirkung vgl. Peitz/Schweitzer NJW 2018, 275 (276).
234 Schweitzer GRUR 2019, 569 (575).
235 Huerkamp/Nuys NZKart 2021, 327 (331); Heinz WuW 2019, 439 (442); Spiecker gen. Döhmann GRUR 2019, 341 (348).
236 Oben → Rn. 6.
237 Dazu Hartl/Ludin MMR 2021, 534 (535); Richter ZD 2022, 3.

a) PSI Richtlinie und nationale Vorschriften für frei verwendbare Daten des öffentlichen Sektors

69   Die Neufassung der PSI-RL 2019/1024 (auch Open Data RL)[238] soll einen **einheitlichen Rahmen von Regelungen** für die Nutzung von **Daten der öffentlichen Hand** schaffen. Die PSI-RL enthält Mindestvorschriften für die Weiterverwendung von im Besitz des öffentlichen Sektors befindlichen Daten mit dem Ziel, diese öffentlich finanzierten Daten ua für datenbasierte Geschäftsmodelle nutzbar zu machen.[239] In ihren Anwendungsbereich fallen Daten (als Teil des Begriffs der „Dokumente" Art. 2 Nr. 6 PSI-RL) im Besitz öffentlicher Stellen der EU Mitgliedstaaten oder öffentlicher Unternehmen[240] sowie öffentlich finanzierte Forschungsdaten[241] (Art. 1 Abs. 1 lit. a) – c) iVm Art. 10 PSI-RL). **Ausgenommen** sind bestimmte Arten von Daten ua mit besonders sensiblen Inhalten (zB nationale Sicherheit, Geschäftsgeheimnisse) oder Rechten Dritter (zB geistiges Eigentum oder personenbezogene Daten), welche die Weiterverbreitung einschränken könnten (Art. 1 Abs. 2 PSI-RL). Die PSI-RL bezieht sich demnach **nur auf frei verwendbare Daten.**

70   Die PSI-RL selbst **gewährt keine Datenzugangsrechte**, sondern **setzt diese voraus** (Art. 1 Abs. 3 PSI-RL).[242] Diese können sich beispielsweise aus mitgliedsstaatlichen Regelungen ergeben, wie hierzulande den Informationsfreiheitsgesetzen (**IFG**) des Bundes und der Länder,[243] dem Umweltinformationsgesetz (**UIG**) oder auch **presserechtlichen** Ansprüchen.[244] Zudem hat der Bund die Verpflichtung der proaktiven Bereitstellung strukturierter, unbearbeiteter Daten in § 12a EGovG[245] im Sommer 2021 auf alle Behörden des Bundes einschließlich der bundesunmittelbaren Körperschaften, Anstalten und Stiftungen des öffentlichen Rechts ausgeweitet.[246]

71   Wesentlicher Regelungsgehalt der PSI-RL ist die Harmonisierung des **Rechtsrahmens für die Weiterverwendung** der Daten mit Blick auf die Art und Weise der Weiterverwendung zu anderen als dem ursprünglichen öffentlichen Zweck (Art. 1 Abs. 1, 2 Nr. 11 PSI-RL). Hierzu statuiert die PSI-RL ua Grundsätze für die Behandlung von **Anträgen** auf Weiterverwendung durch öffentliche Stellen (wie Entscheidung innerhalb angemessener Fristen, Begründungen, Rechtsbehelfe, Art. 4 PSI-RL). Mit Blick auf die **Nutzungsbedingungen** für eine Weiterverwendung enthält die PSI-RL verschiedene Vorgaben ua zu verfügbaren Formaten und Schnittstellen[247] (Art. 5 PSI-RL), Entgeltberechnung (Art. 6 PSI-RL), Transparenz (Art. 7 PSI-RL), Standardlizenzen (Art. 8 PSI-RL) und praktischen Vorkehrungen für die Ausübung der Weiterverwendung, wie zB Suchfunktionen und Metadaten (Art. 9 PSI-RL). Von entscheidender Bedeutung für die Schaffung eines offenen europäischen Datenraums und den Zugang aller potenziellen Marktteilnehmer sind Verpflichtungen zur **Nichtdiskriminierung** beim Datenzugang (Art. 11 PSI-RL) sowie das grundsätzliche **Verbot von Ausschließlichkeitsvereinbarungen** für Datenbestände (Art. 12 Abs. 1 PSI-RL). Sind für die Bereitstellung eines Dienstes im öffentlichen

---

238   Richtlinie (EU) 2019/1024 des Europäischen Parlaments und des Rates vom 20.6.2019 über offene Daten und die Weiterverwendung von Informationen des öffentlichen Sektors, ABl. EU L Nr. 172, 56.
239   Hartl/Ludin MMR 2021, 534 (535).
240   Zum Begriff siehe Art. 2 Nr. 3 PSI -RL; insbesondere dies stellt eine substanzielle Erweiterung zur Vorgängerregelung dar, siehe im Detail Buchholz IR 2019, 197 (198).
241   Zum Begriff siehe Art. 2 Nr. 9, Art. 10 Abs. 2 PSI-RL.
242   Buchholz IR 2019, 197 (199 f.); Hartl/Ludin MMR 2021, 534.
243   Zu Datenzugangsrechten auf Grundlage der Informationsfreiheitsgesetze des Bundes und der Länder vgl. Nolte NVwZ 2018, 521.
244   Dazu Engelbrecht ZD 2020, 611.
245   Dazu eingehend Richter NVwZ 2017, 1408. Aus der Pflicht zur Bereitstellung der Daten folgt indes kein individueller Anspruch auf Bereitstellung (aaO S. 1410).
246   BT-Drs. 19/27442, 19.
247   Dynamische Daten iSd Art. 2 Nr. 8 PSI-RL), die häufig oder in Echtzeit aktualisiert werden, müssen grds. mittels geeigneter Schnittstellen (APIs) unmittelbar bereitgestellt werden, sofern dies keinen unverhältnismäßigen Aufwand erfordert (Art. 5 Abs. 5, 6 PSI-RL).

Interesse ausschließliche Rechte erforderlich, so müssen diese transparent gemacht und mindestens alle drei Jahre überprüft werden (Art. 12 Abs. 2 PSI-RL). Für die Digitalisierung von Kulturbeständen gelten spezifische Regeln. Diese Regeln sollen Wettbewerbsverzerrungen durch die öffentliche Hand mit Blick auf die Entwicklung und das Angebot neuer Dienste verhindern, welche auf Daten des öffentlichen Sektors aufsetzen.[248]

Schließlich sieht die PSI-RL **Sonderregeln für hochwertige Datensätze** (Art. 13 f. iVm Art. 2   72
Nr. 10 PSI-RL) der Kategorien Georaum, Erdbeobachtung und Umwelt, Meteorologie, Statistik, Unternehmen und Mobilität vor (Anhang I PSI-RL), die als besonders nützlich für die europäische Datenwirtschaft angesehen werden.[249] An die Bereitstellung dieser Daten knüpft Art. 14 PSI-RL besondere Anforderungen, etwa ein unionsweit grundsätzlich kostenloser Zugang, Maschinenlesbarkeit sowie Verfügbarkeiten über Schnittstellen (APIs) und ggf. als Massen-Download. Ein Recht auf Datenzugang folgt hieraus jedoch ebenfalls nicht.[250] Die grobe Kategorisierung von hochwertigen Daten und Anforderungen wird durch eine **Durchführungsrechtsverordnung** der EU-Kommission **konkretisiert.**[251]

Der **deutsche Gesetzgeber** hat die PSI-RL im Sommer 2021 durch das **Gesetz für die Nutzung**   73
von Daten des öffentlichen Sektors (DNG)[252] weitgehend wortgleich[253] mit kleinen Detailanpassungen[254] umgesetzt. Das DNG hat hierbei das frühere Informationsweiterverwendungsgesetz (IWG) abgelöst und ist nun maßgeblich. Auch das DNG schafft keine Datenzugangsrechte, sondern setzt insoweit voraus, dass ein anderes Gesetz einen Anspruch auf Datenzugang gewährt (§ 1 Abs. 2 DNG).[255]

b) Data Governance Act für nicht frei verwendbare Daten

Mit Blick auf Daten des öffentlichen Sektors werden die Regelungen der PSI-RL durch den   74
Data Governance Act (DGA)[256] **ergänzt.** Dieser regelt verschiedene Aspekte der Verwendung von Daten zur Entwicklung europäischer Datenräume (vgl. Art. 1 Abs. 1 DGA). In der Wahrnehmung des DGA von größerer Bedeutung sind dabei vermutlich die Regeln für die Erleichterung der gemeinsamen Nutzung von Daten in der EU mit Vorgaben für Prozesse und Strukturen zur **Erleichterung des Datenaustauschs,** insbesondere über die Etablierung sog. **Datenvermittlungsdienste**[257] (Kapitel III DGA). Diese Regelungen können auch für Daten des öffentlichen Sektors genutzt werden, gelten jedoch nicht spezifisch für diese und sind daher im Einzelnen in → § 5 Rn. 212 ff. dargestellt.

Im hiesigen Kontext von Daten der öffentlichen Hand enthält der DGA Regeln für die **Nut-**   75
zung nicht oder nur beschränkt zugänglicher Daten, die vom Anwendungsbereich der

---

248 Hartl/Ludin MMR 2021, 534 (535).
249 ErwG 66 PSI-RL.
250 Hartl/Ludin MMR 2021, 534 (536); Buchholz IR 2019, 197 (200).
251 Anhang I PSI-RL und die am 09.02.2023 in Kraft getretene Durchführungsrechtsverordnung zur Spezifizierung der hochwertigen Daten (EU) 2023/138.
252 Gesetz zur Änderung des E-Government-Gesetzes und zur Einführung des Gesetzes für die Nutzung von Daten des öffentlichen Sektors BGBl. 2021 I 2941.
253 BeckOK MedienR/Debus DNG § 1 Rn. 18; Hartl/Ludin MMR 2021, 534 (535); Richter ZD 2022, 3.
254 Wie etwa die Vorgaben für Behandlung von Anträgen (Art. 4 PSI-RL), Details bei BeckOK MedienR/Debus DNG Rn. 19 ff.
255 Hartl/Ludin MMR 2021, 534 (535).
256 Verordnung (EU) 2022/868 des Europäischen Parlamentes und des Rates vom 30.5.2022 über europäische Daten-Governance und zur Änderung der Verordnung (EU) 2018/1724 (Daten-Governance-Rechtsakt).
257 So enthält der DGA vor allem einen regulatorischen Rahmen für das Geschäftsmodell von Datenvermittlungsdiensten (zB Datenmarktplätze und -plattformen, Datentreuhänder) einschließlich Anmeldeverfahren und besonderen Anbieterpflichten wie Neutralität, Zweckbindung, treuhänderische Pflichten, Gewährleistung eines fairen, transparenten und diskriminierungsfreien Datenzugangs und die Sicherstellung des Datenzugangs in der Insolvenz; vgl. dazu Richter ZD 2022, 3; Hartl/Ludin MMR 2021, 534 (537); Schildbach ZD 2022, 148.

PSI-RL ausgenommen sind, etwa weil sie Geschäftsgeheimnisse oder geistiges Eigentum Dritter enthalten oder personenbezogene Daten sind (Art. 3 Abs. 1 DGA). Der DGA kann daher als Komplementärregelung zur PSI-RL gesehen werden.[258] Ausgenommen sind (auch hier) ua Daten, welche die öffentliche Sicherheit berühren und – anders als in der PSI-RL – Daten im Besitz öffentlicher Unternehmen (Art. 3 Abs. 2 DGA).

76 Auch der **DGA harmonisiert** die Bedingungen für die Nutzung derartiger Daten des öffentlichen Sektors für die **Weiterverwendung**, regelt aber keine materiellen Rechte an Daten und auch **keine Zugangs- bzw. Bereitstellungspflichten** (Art. 1 Abs. 2 DGA).[259] Vielmehr setzt Kapitel II des DGA voraus, dass Zugang zu und Weiterverwendung von Daten erlaubt sind. Es besteht – insoweit abweichend von der PSI-RL – auch keine Verpflichtung für Mitgliedsstaaten, die Weiterverwendung dieser Daten zu gestatten.[260] Ähnlich wie die PSI-RL statuiert der DGA das grundsätzliche Verbot von **Ausschließlichkeitsvereinbarungen** (Art. 4), bestimmt **Bedingungen für die Weiterverwendung** (Art. 5) und regelt **Zugangsentgelte** (Art. 6). Relevant sind im Rahmen der Weiterverwendungsbedingungen vor allem Vorgaben für den Umgang mit geschützten Daten und die Sicherstellung der Rechte und Interessen betroffener Dritter. So müssen öffentliche Stellen den **Schutz der Daten** sicherstellen (Art. 5 Abs. 3 S. 1 DGA) und können dabei ua die Anonymisierung personenbezogener Daten oder die Veränderung bzw. Aggregation von Daten zur Entfernung von Geschäftsgeheimnissen oder geistigem Eigentum Dritter vorschreiben sowie einen Zugriff in einer kontrollierten sicheren Verarbeitungsumgebung im Fernzugriff oder, wenn nicht möglich, auch physisch verlangen (Art. 5 Abs. 3 S. 2, Abs. 4 DGA). Zudem sind Geheimhaltungspflichten zu vereinbaren (Art. 5 Abs. 5 S. 1 Abs. 8). Inhaltlich dürfen diese zur Erreichung ihres Ziels nicht hinter den Anforderungen zurückbleiben, die für angemessene rechtliche Schutzmaßnahmen für Geschäftsgeheimnisse entwickelt wurden (→ § 11 Rn. 26 ff.). Können diese Anforderungen nicht erfüllt werden, erschöpft sich die Pflicht der öffentlichen Hand in dem Bemühen, den Datenpetenten bei der Einholung erforderlicher Einwilligungen Dritter zu unterstützen (Art. 5 Abs. 6 DGA).

3. Online-Vermittlungsdienste (P2B-VO)

77 Für Online-Vermittlungsdienste (zB **Handelsplätze** oder **Suchmaschinen**), auf denen gewerbliche Anbieter Produkte und Dienstleistungen für Endverbraucher anbieten, enthält die Verordnung 2019/1150/EU für die Förderung von Fairness und Transparenz für gewerbliche Nutzer von Online-Vermittlungsdiensten (P2B-VO) spezielle Regelungen. Ziel der P2B-VO ist die Ergänzung des Wettbewerbsschutzes sowie (mittelbarer) Verbraucherschutz.[261] Gewerblichen Nutzern soll auf Plattformen ein faires, vorhersehbares und vertrauenswürdiges Online-Geschäftsumfeld gewährleistet werden.[262] Mit Blick auf Datenzugang und Datenverwendung sah die EU-Kommission das Problem, dass häufig unklar ist, wer Zugang zu personenbezogenen oder sonstigen Daten hat, welche gewerbliche Nutzer oder Verbraucher bereitstellen oder welche durch die Nutzung einer Plattform generiert werden.[263] Art. 9 P2B-VO statuiert daher **Transparenzerfordernisse** und verpflichtet Anbieter von Online-Vermittlungsdiensten dazu,

---

258 Hartl/Ludin MMR 2021, 534 (535); Richter ZD 2022, 3 (4).
259 Hartl/Ludin MMR 2021, 534 (535); Richter ZD 2022, 3 (4); Schildbach ZD 2022, 148 (149); Tolks MMR 2022, 444.
260 Hartl/Ludin MMR 2021, 534 (535); Richter ZD 2022, 3 (5).
261 ErwG 3 P2B-VO; ablehnend in Bezug auf den Verbraucherschutz Wais EuZW 2019, 221 (222).
262 ErwG 51, Art. 1 Abs. 1 P2B-VO.
263 EU-Kommission FWC ENTR/300/PP/2013/FC-WIFO, 22.5.2017, 28; Schweitzer GRUR 2019, 569.

in ihren AGB gewerblichen Nutzern zu erläutern, wer Zugang zu diesen Daten hat.[264] Ein spezifisches **Zugangsrecht** zu Daten selbst enthält die P2B-VO allerdings **nicht**.[265]

4. Spezielle sektorale Vorschriften

Darüber hinaus gewährt auch eine wachsende Zahl sektorspezifischer, zT gemeinschaftsrecht-   78
lich vertikal harmonisierter Regulierungen Zugangsrechte zu bestimmten Arten von Daten. Da diese Zugangsrechte mit Blick auf ihren Anwendungsbereich, Voraussetzungen, Verpflichteten und Rechtsfolgen jeweils sehr speziell sind, sei an dieser Stelle lediglich eine Auswahl überblicksartig skizziert:

Norm	Datenart	Verpflichteter	Voraussetzungen / Zugangspetent
Umwelt			
§ 11 GeoZG Allgemeine Nutzung (Grundlage: INSPIRE-RL 2007/2/EG)	Geodaten und Geodatendienste (§ 4 GeoZG)	Öffentliche Stellen, Private nach Verpflichtung (§ 2 GeoZG)	Grundsätzlich keine, da öffentliche Zurverfügungstellung (§ 11 Abs. 1 GeoZG), aber Schutz öffentlicher/sonstiger Belange, § 12 GeoZG
Energie			
Art. 23 Abs. 4 UAbs. 1 Elektrizitätsbinnenmarkt-VO (EU) 2019/943	Daten, die ENTSO (Strom) (= Verband europäischer Übertragungsnetzbetreiber) braucht, um das Maß benötigter Elektrizität in den Mitgliedstaaten (angemessene Ressourcen) zu bestimmen	Übertragungsnetzbetreiber	Berechtigter: ENTSO (Strom)
Art. 23 Abs. 4 UAbs. 2 Elektrizitätsbinnenmarkt-VO (EU) 2019/943	Daten über die voraussichtliche Nutzung von Elektrizität für ein Jahr	Erzeuger und andere Marktteilnehmer im Energiesektor	Berechtigter: Übertragungsnetzbetreiber
Art. 50 Abs. 4 Elektrizitätsbinnenmarkt-VO (EU) 2019/943	Umfassende erzeugungs- und netzbezogene Daten	Übertragungsnetzbetreiber	Keine, da öffentliche Zurverfügungstellung
Art. 50 Abs. 5 Elektrizitätsbinnenmarkt-VO (EU) 2019/943	Umfassende erzeugungs- und netzbezogene Daten	Marktteilnehmer, welche die Daten erzeugen, die die Übertra-	Berechtigter: Übertragungsnetzbetreiber

---

264 Kritisch Busch GRUR 2019, 788 (794). Zum Datenzugang auf wettbewerbsrechtlicher Grundlage vgl. auch Schweitzer GRUR 2019, 569 (580).
265 Alexander WRP 2020, 945 (953); Busch GRUR 2019, 788 (794); Busch IWRZ 2018, 147 (150 f.); Müller InTeR 2019, 105 (106); Tribess ZD 2020, 440 (441).

Norm	Datenart	Verpflichteter	Voraussetzungen / Zugangspetent
		gungsnetzbe-treiber für die Erstellung des Berichts nach Art. 50 Abs. 4 brauchen	
Art. 50 Abs. 7 Elektrizitäts-binnenmarkt-VO (EU) 2019/943	Netz- und Lastfluss-daten	Übertragungs-netzbetreiber	Berechtigter: Andere Übertra-gungsnetzbetreiber / Regulie-rungsbehörde, EU-Kommissi-on, Mitgliedstaaten auf Anfra-ge; Zugriff auf die in Art. 50 Abs. 7 Elektrizitätsbinnenmarkt-VO (EU) 2019/943 aufgelisteten Da-ten
Art. 57 Abs. 1 Elektrizitäts-binnenmarkt-VO (EU) 2019/943	Erforderliche Daten für einen kosten-wirksamen, siche-ren und effizien-ten Netzbetrieb und -ausbau	Übertragungs- und Verteiler-netzbetreiber	Berechtigter: Übertragungs- und Verteilernetzbetreiber; Zugriff auf die in Art. 57 Abs. 1 Elektrizitätsbinnen-markt-VO (EU) 2019/943 aufgelisteten Da-ten
§ 41e Abs. 2 EnWG (Grund-lage: Art. 13 Abs. 3 Elektri-zitätsbinnenmarkt-RL (EU) 2019/944)	Den Letztverbrau-cher betreffen-de Laststeuerungs-daten, Daten über die gelieferte und verkaufte Energie	Aggregatoren (§ 3 Nr. 1a EnWG)	Berechtigter: Letztverbraucher (§ 3 Nr. 25 EnWG); Zugriff auf die in § 41e EnWG aufgelisteten Daten
§§ 60 – 70 MsbG	Umfassende Daten rund um Smart Me-ter	Verschiedene	Verschiedene; Zugriff auf die jeweils aufgelis-teten Daten (siehe dort)
§ 10e Abs. 2 S. 7 EnWG	Daten, um Überprüfung der Einhaltung der Gleichbehand-lungsprogramme zu prüfen	Transportnetz-betreiber (§ 3 Nr. 31e EnWG), also Übertragungs-netzbetreiber (Strom) und Fernleitungs-netzbetreiber (Gas)	Berechtigter: Gleichbehand-lungsbeauftragter des unabhän-gigen Transportnetzbetreibers; Zugriff zur Erfüllung der Nach-prüfung der Einhaltung des Gleichbehandlungsprogramms

Norm	Datenart	Verpflichteter	Voraussetzungen / Zugangspetent
Zahlungsdienstleistungen			
§ 675d Abs. 1 BGB iVm Art. 248 EGBGB (Grundlage: Zahlungsdienstrichtlinie 2 (EU) 2015/2366)	Informationen rund um Zahlungsdienstleistungen	Zahlungsdienstleister	Berechtigter: Vertragspartner mit (vor-) vertraglicher Beziehung zu Zahlungsdienstleister; Für bestimmte (vor-)vertragliche Handlungen Zugriff auf die genannten Daten
Art. 30 ff. VO (EU) 2018/389 Datenaustausch über Schnittstellen („Open Banking")	Daten rund um Zahlungsvorgänge	Kontoführender Zahlungsdienstleister	Berechtigter: Kontoinformationsdienstleister; Zahlungsauslösedienstleister; Zahlungsdienstleister; Voraussetzungen je nach anfragendem Zugangspetenten für Zugriff auf die in Art. 30 ff. VO (EU) 2018/389 genannten Daten
Verkehr			
Art. 13 Abs. 10 VO (EU) 2018/858	Daten, um Einhaltung der Vorschriften der Verordnung prüfen zu können	Hersteller von Fahrzeugen	Berechtigter: Dritte, die Nachprüfungen von Durchführungen der Vorschriften durchführen; Zugriff auf die genannten Daten
Art. 61 Abs. 9 VO (EU) 2018/858	Reparatur- und Wartungsaufzeichnungsdaten in zentralen Datenbanken	Hersteller von Fahrzeugen	Berechtigter: Unabhängige Reparaturbetriebe; Unentgeltlicher Zugang zu den Daten; Möglichkeit, Informationen über von ihnen durchgeführte Reparatur- und Wartungsarbeiten einzugeben
Art. 7 Delegierte VO (EU) Nr. 886/2013	Daten über Ereignisse und Bedingungen (Art. 3, 4 der VO, zB: Falschfahrer, ungesicherte Unfallstellen) sowie die für die Straßenverkehrssicherheit relevanten Verkehrsdaten (Art. 2 lit. m der VO)	Öffentliche und/oder private Straßenbetreiber und/oder Dienstleister	Berechtigter: Andere öffentliche und/oder private Straßenbetreiber und/oder Dienstleister, zudem Bereitstellung über einen nationalen Zugangspunkt, Art. 7 Abs. 2 der VO

Norm	Datenart	Verpflichteter	Voraussetzungen / Zugangspetent
Delegierte Verordnung (EU) 2017/1926; § 3a Abs. 1 PBefG	Statische und dynamische Daten sowie Metadaten im Zusammenhang mit der Beförderung von Personen (Anbieter, Fahrpläne, Haltestellen, Tarife, Ausfälle etc)	Unternehmer zur Personenbeförderung und deren Vermittler (außer Einzelunternehmer)	Berechtigter: Andere Unternehmer oder Vermittler und Behörden (§ 5 Abs. 1 Mobilitätsdatenverordnung); Meldung an Systeme auf Länderebene zur Zusammenführung dieser Mobilitätsdaten
Flugverkehr			
Art. 13 VO (EG) Nr. 550/2004	Relevante Betriebsdaten zur Erfüllung der betrieblichen Erfordernisse der Beteiligten	Flugsicherungsorganisationen, Luftraumnutzer, Flughäfen	Berechtigter: Zuständige Behörden, Flugsicherungsorganisationen, Luftraumnutzer, Flughäfen (Art. 13 Abs. 2 der VO)
Telekommunikation			
§§ 78 – 86 TKG	Daten über Infrastruktur, Breitbandausbau, künftigen Netzausbau, Baustellen, Liegenschaften, Gebiete mit Ausbaudefizit	Verschiedene, je nach Informationspflicht	Verschiedene, je nach Informationspflicht; Zugriff auf die Daten über Datenportal, das bei der zentralen Informationsstelle des Bundes geführt wird (Bundesnetzagentur, vgl. § 78 Abs. 1, 2 TKG)

5. Forschung und Sonstiges

79   Spezifische Datenzugangsrechte für öffentliche Stellen und **Forschungsinstitutionen** enthält Art. 40 Abs. 4 Digital Services Act (DSA). Hiernach müssen die **Anbieter sehr großer Online-Plattformen** auf begründetes Verlangen des Koordinators für digitale Dienste am Niederlassungsort bestimmten zugelassenen Forschern über geeignete Schnittstellen Zugang zu Daten gewähren, um Forschungsarbeiten zur Aufspürung, zur Ermittlung und zum **Verständnis systemischer Risiken** gemäß Art. 34 Abs. 1 DSA zu ermöglichen. Die Anbieter können beantragen das Verlangen zu ändern, wenn der Zugang zu den Daten mangels eigener Zugriffsmöglichkeit oder wegen Risiken für die Sicherheit des Dienstes oder den Schutz vertraulicher Informationen nicht gewährt werden kann.

80   **Verbraucher** haben gemäß Art. 16 Abs. 4 RL 2019/770 über vertragsrechtliche Aspekte der **Bereitstellung digitaler Inhalte und digitaler Dienstleistungen** einen Anspruch auf Herausgabe nicht-personenbezogener Daten, die sie im Rahmen des Vertragsverhältnisses über den jeweiligen digitalen Dienst bereitgestellt oder erstellt haben. Zudem werden im Rahmen bestehender Verträge Zugangsinteresse als **vertragliche Nebenpflicht** gemäß § 241 Abs. 2 BGB diskutiert.[266] Ohne vertragliche Regelung ist mit der Annahme solch ungeschriebener Zugangsrechte indes Zurückhaltung geboten.

---

266 Vgl. Raue/v. Ungern-Sternberg ZRP 2020, 49 (50).

III. Wettbewerbsrechtliche Zugangsrechte

Wettbewerbsrechtliche Datenzugangsrechte auf Grundlage des Marktmissbrauchsverbotes 81
Art. 102 AEUV werden schon seit längerem diskutiert (→ Rn. 82 ff.). Mit Blick auf die praktischen Schwierigkeiten[267] ua zur Feststellung der Voraussetzungen bzw. der Durchsetzung hat der deutsche Gesetzgeber im Zuge der 10. GWB-Novelle die Fallgruppe des Datenzugangs im nationalen Recht geschärft (→ Rn. 84 ff.). Spezifische Zugangsrechte gegenüber zentralen Plattformdiensten als „Gatekeepern" sieht zudem der DMA als Marktregulierungsinstrument vor (→ Rn. 89 ff.). Diesen Regelungen ist gemeinsam, dass sie von den jeweiligen Marktstellungen des Datenzugangspetenten und -verpflichteten abhängen. Zudem bilden sie keine Rechtsgrundlage für die Verarbeitung personenbezogener Daten.[268]

1. Marktmachtmissbrauch Art. 102 AEUV

Ein Datenzugangsrecht gegenüber marktbeherrschenden Unternehmen wird zunächst auf der 82
Grundlage des Marktmissbrauchsverbotes Art. 102 AEUV diskutiert.[269] Hiernach kann eine **Verweigerung des Datenzugangs grds. den Missbrauch einer marktbeherrschenden Stellung** darstellen, wenn dadurch Wettbewerb auf vor- oder nachgelagerten Märkten verschlossen wird.[270] Relevante Fälle betreffen neben der Öffnung von Softwareschnittstellen sowie Plattform- und Cloudzugang vor allem die Industrie 4.0 mit datenerzeugenden Geräten, bei der Anbieter von ergänzenden Dienstleistungen (zB Wartungs- und Reparaturdienstleistungen für die sog. Predictive Maintenance) idR Maschinennutzungsdaten benötigen. Hierbei ist insbesondere die – vom EuGH auch auf Daten angewandte[271] – **Essential Facilities-Doktrin** von Bedeutung, nach der ein Zugangsrecht für solche Einrichtungen bestehen kann, die für den Eintritt in einen nachgelagerten Markt unerlässlich sind und nicht dupliziert werden können. Dies ist der Fall, wenn aus Sicht des Zugangspetenten kein tatsächlicher oder potenzieller Ersatz für die Einrichtung als unerlässliche Voraussetzung des Marktzutritts besteht, die Zugangsverweigerung zur Ausschaltung des Wettbewerbs auf dem nachgelagerten Markt geeignet und nicht objektiv gerechtfertigt ist.[272] Beim Zugang zu immaterialgüterrechtlich geschützten Leistungen verlangt der EuGH zudem, dass die Lizenzverweigerung das Angebot neuer Erzeugnisse oder Dienstleistungen verbietet.[273]

Mit Blick auf Zugangsansprüche auf Daten sind diese Voraussetzungen einzelfallabhängig und 83
mitunter hoch. Ganz abgesehen von der **Hürde** der Darlegung einer marktbeherrschenden Stellung[274] lässt sich je nach Art der Daten durchaus fragen, ob der Zugang tatsächlich unerlässlich für die begehrte Nutzung ist. Für die Missbräuchlichkeit einer ungerechtfertigten Zugangsverweigerung ist zudem eine **Interessenabwägung** vorzunehmen, die je nach Art der Daten und Besonderheiten der Zugangsszenarien im Einzelfall unterschiedlich ausfallen kann.[275] Auch ob die Verhinderung neuer Produkte auf dem Sekundärmarkt für nicht immate-

---

267 Vgl. nur ErwG 5 DMA, Kerber WuW 2020, 249 (252); Denga NJW 2018, 1371 (1372); Stender-Vorwachs/Steege NJOZ 2018, 1361 (1366).
268 Vgl. nur für das GWB Bueren ZWeR 2019, 403 (430); Gerpott/Mikolas CR 2021, 137 (140); Huerkamp/Nuys NZKart 2021, 327 (332).
269 Vgl. EU-Kommission Competition Policy for the digital era, 2019, 98 ff.; dazu auch Heinz WuW 2019, 439 (445); Kornmeier/Baranowski BB 2019, 1219 (1225); Schweitzer GRUR 2019, 569 (576 ff.); Fries/Scheufen MMR 2019, 721 (726); speziell zu FRAND-Lizenzbedingungen Richter/Slowinsky IIC 2019, 4 (17 ff.).
270 Busch GRUR 2019, 788 (794 f.).
271 EuGH GRUR 2004, 524 – IMS Health.
272 Zu den Voraussetzungen vgl. EuGH GRUR Int. 1999, 262 – Bronner; Immenga/Mestmäcker WettbR/Fuchs, AEUV Art. 102 Rn. 333 ff.; Bechtold/Bosch/Brinker KartellR AEUV Art. 102 Rn. 69 ff.; Frenz EuR 2020, 210 (224).
273 EuGH GRUR 2004, 524 – IMS Health.
274 Zu diesen Schwierigkeiten vgl. ErwG 5 DMA.
275 Vgl. mit typisierten Szenarien Schweitzer GRUR 2019, 569 (577 ff.); Huerkamp/Nuys NZKart 2021, 327 (330).

rialgüterrechtlich geschützte Daten zur Voraussetzung erhoben werden kann, ist umstritten.[276] Investitionen in die Datengewinnung und Datenanalyse sind allerdings als Abwägungsfaktor zu berücksichtigen.[277] Zu **Einzelheiten** vgl. → § 12 Rn. 94 ff.

2. Datenzugangstatbestände des GWB

a) Zugangsverweigerung als Marktmachtmissbrauch (§ 19 Abs. 2 Nr. 4 GWB)

84 Im nationalen Recht hat der Gesetzgeber mit der 10. GWB-Novelle die Anwendung der **Essential Facilities**-Doktrin auf Daten nun ausdrücklich geregelt.[278] In der Neufassung des § 19 Abs. 2 Nr. 4 GWB liegt ein **Missbrauch** (ua) vor, wenn ein **marktbeherrschendes Unternehmen** sich weigert, einem anderen Unternehmen **Zugang zu Daten**, zu Netzen oder anderen Infrastruktureinrichtungen gegen angemessenes Entgelt zu gewähren, der Zugang für eine Tätigkeit auf einem **vor- oder nachgelagerten Markt**[279] objektiv notwendig ist, die Weigerung den wirksamen Wettbewerb auf diesem Markt auszuschalten droht und auch nicht sachlich gerechtfertigt ist. Für die Bestimmung der marktbeherrschenden Stellung sind ua auch der Zugang zu wettbewerbsrelevanten Daten[280] (§ 18 Abs. 3 Nr. 3 GWB) sowie in Plattformmodellen die Spezifika mehrseitiger Märkte (§ 18 Abs. 3a GWB) zu berücksichtigen.

85 Unter den genannten Voraussetzungen können Unternehmen auf vor- und nachgelagerten Märkten (zB Reparaturdienstleister; Ergänzungsdienste) den Zugang zu Daten des auf dem Primärmarkt marktbeherrschenden Unternehmens (zB große Plattformbetreiber oder Hersteller „smarter" Produkte) beanspruchen. Hiermit sollen insbesondere die Datennutzungsmöglichkeiten im zukunftsträchtigen Bereich der Industrie 4.0 gestärkt werden.[281] Schwierig bleiben gleichwohl die Bestimmung des relevanten Marktes, der Marktbeherrschung und die Erfüllung der genannten Voraussetzungen im Einzelfall.[282] Zu **Einzelheiten** vgl. → § 12 Rn. 97.

b) Zugangsverweigerung bei relativer Marktmacht durch datenbedingte Abhängigkeit (§ 20 Abs. 1a GWB)

86 Auch vor dem Hintergrund der hohen Anforderungen des § 19 GWB hat der deutsche Gesetzgeber im Zuge der 10. GWB-Novelle eine neue Datenzugangsregelung im Bereich der **relativen Marktmacht** als Missbrauch bei **datenbedingter Abhängigkeit**[283] geschaffen (§ 20 Abs. 1a iVm Abs. 1 GWB). So kann sich eine relative Marktmacht iSd § 20 Abs. 1 GWB auch daraus ergeben, dass ein Unternehmen für die eigene Tätigkeit auf den Zugang zu Daten angewiesen ist, die von einem anderen Unternehmen kontrolliert werden.[284] Das gilt unabhängig davon, ob ein Geschäftsverkehr für diese Daten bislang eröffnet ist[285] oder ob es sich beim Datenpetenten um ein kleines oder mittleres Unternehmen handelt.[286] Mit Blick auf den Verpflichteten greift § 20

---

276 Dagegen Spindler ZGE 2017, 399 (404); Schweitzer GRUR 2019, 569 (578); Huerkamp/Nuys NZKart 2021, 327 (329); dafür (im Rahmen des § 19 GWB) Mäger/Budde DB 2020, 378 (383 f.).

277 Schweitzer GRUR 2019, 569 (577) mit Differenzierung nach Zugangsszenarien.

278 Frenz WRP 2021, 995 (1002). Ob ein Datenzugang schon zuvor unter „andere Infrastruktureinrichtungen" iSd § 19 Abs. 2 Nr. 4 GWB aF subsumierbar war oder nicht, ist nicht mehr entscheidend. Nach Ansicht des Gesetzgebers ist die Änderung klarstellend (Gerpott/Mikolas CR 2021, 137 (139); Kahlenberg/Rahlmeyer/Giese BB 2020, 2691 (2692); Körber MMR 2020, 290 (291); aA Mäger/Budde DB 2020, 378 (383); vgl. dazu auch Bueren ZweR 2019, 403 (421) mwN; Huerkamp/Nuys NZKart 2021, 327 mwN).

279 Krit. Gerpott/Mikolas CR 2021, 137 (140); Kerber WuW 2020, 249 (253) wegen der überkommenen Betrachtung traditioneller linearer Wertschöpfungsketten in digitalen Ökosystemen.

280 Dazu Kahlenberg/Rahlmeyer/Giese BB 2020, 2691 (2692).

281 Heider/Kutscher WuW 2022, 134 (138).

282 Dazu etwa Gerpott/Mikolas CR 2021, 137 (140); Huerkamp/Nuys NZKart 2021, 327 (328 f.); Kerber WuW 2020, 249 (253); Körber MMR 2020, 290 (292).

283 Kerber WuW 2020, 249 (254); Gerpott/Mikolas CR 2021, 137 (141).

284 Dazu Bueren ZweR 2019, 403 (430 f.); Heider/Kutscher WuW 2022, 134 (139).

285 Gerpott/Mikolas CR 2021, 137 (142); anders noch der RefE, dazu krit. Kerber WuW 2020, 249 (254).

286 Kerber WuW 2020, 249 (250).

GWB unabhängig davon, ob eine marktbeherrschende bzw. marktmächtige Stellung vorliegt, sofern nur der Zugangspetent für seine eigene Tätigkeit auf die Datenmitbenutzung infolge fehlender ausreichender und zumutbarer Ausweichmöglichkeiten (Lock-In-Effekte) auf ihn angewiesen ist. Relevant dürfte dies vor allem gegenüber Vermittlern auf mehrseitigen Märkten mit **Intermediationsmacht** iSd § 20 Abs. 1 S. 2 GWB werden.

Die **Verweigerung des Zugangs** zu solchen Daten gegen angemessenes Entgelt kann in diesem [87] Fall eine **unbillige Behinderung** gemäß § 20 Abs. 1 iVm § 19 Abs. 1, Abs. 2 Nr. 1 GWB darstellen. Im Rahmen der Unbilligkeit sind in jedem Einzelfall die Interessen des Zugangspetenten am Datenzugang einerseits mit dem Interesse des Normadressaten an exklusiver Nutzung (auch unter Berücksichtigung von Investitionen, Verfügbarkeit und Kosten) abzuwägen.[287] Angesichts des Überschneidungsbereiches mit § 19 Abs. 2 Nr. 4 GWB und den diesem gegenüber niedrigeren Voraussetzungen[288] dürfte die praktische Bedeutung des § 20 Abs. 1a GWB wachsen.[289] Gleichwohl sind zahlreiche praktische Folgeprobleme noch klärungsbedürftig, etwa welche Daten genau in welchem Format zu welchem Zeitpunkt zur Verfügung gestellt werden müssen und welcher Preis ein angemessenes Entgelt ist.[290] Zu **Einzelheiten** vgl. → § 12 Rn. 98 ff.

c) Untersagung der Zugangsverweigerung bei überragender marktübergreifender Bedeutung (§ 19a Abs. 2 S. 1 Nr. 5 GWB)

Ebenfalls im Zuge der 10. GWB-Novelle neu geschaffen wurde § 19a GWB, der spezielle [88] Eingriffsmöglichkeiten des BKartA für Unternehmen mit überragender marktübergreifender Bedeutung für den Wettbewerb eröffnet. Dessen **Regelungen zu Interoperabilität und Datenportabilität** werden ebenfalls als Grundlage für Datenzugangsrechte gesehen.[291] Voraussetzung hierfür ist zunächst die **Feststellung** einer **überragenden marktübergreifenden Bedeutung** des Dateninhabers durch das BKartA (§ 19a Abs. 1 S. 1 GWB), weil das Unternehmen auf mehrseitigen Märkten iSd § 18 Abs. 3a GWB – und damit den typischen Plattform-Geschäftsmodellen – tätig ist und ihm dort eine überragende marktübergreifende Bedeutung nach den Kriterien des § 19a Abs. 1 S. 2 GWB zukommt. Ist dies der Fall, sind dem BKartA über die Missbrauchstatbestände hinausgehende Eingriffsmöglichkeiten eröffnet. So kann das **BKartA** nach § 19a Abs. 2 S. 1 Nr. 5 GWB **untersagen**, die Interoperabilität von Produkten oder Leistungen oder die Portabilität von Daten zu verweigern oder zu erschweren und damit den Wettbewerb zu behindern. Art und Umfang der hierdurch spiegelbildlich etablierten Zugangsrechte dürften indes sehr einzelfallabhängig sein.[292] Dies kann auf die diskriminierungsfreie Öffnung von Schnittstellen zum Datenaustausch hinauslaufen. Zu **Einzelheiten** vgl. → § 12 Rn. 17 ff.

3. Art. 6 DMA

Zugangsrechte zu bestimmten Daten von Torwächtern („Gatekeeper") der Onlinewirtschaft [89] gewährt nunmehr auch der 2022 beschlossene Digital Markets Act (DMA). Ziel des DMA ist es, trotz der Präsenz von Gatekeepern **bestreitbare und faire digitale Märkte** in der EU zu gewährleisten (Art. 1 Abs. 1 DMA),[293] wozu diesen – anders als und in Ergänzung zur kartellrechtlichen Missbrauchsaufsicht *ex post* – bereits *ex ante* bestimmte marktbewahrende Verhaltens-

---

287 Heider/Kutscher WuW 2022, 134 (139); Herrlinger WuW 2021, 325 (328); Kerber WuW 2020, 249 (254).
288 Zu Vergleichen mit § 19 Abs. 2 Nr. 4 GWB vgl. Gerpott/Mikolas CR 2021, 137 (142); Herrlinger WuW 2021, 325 (328).
289 Gerpott/Mikolas CR 2021, 137 (142); Huerkamp/Nuys NZKart 2021, 327 (332); Kerber WuW 2020, 249 (254).
290 Kerber WuW 2020, 249 (255 f.); Podszun/Pfeifer GRUR 2022, 953 (954).
291 Gerpott/Mikolas CR 2021, 137 (142); generell krit. Gegenüber § 19a GWB Mäger/Budde DB 2020, 378, (383).
292 Vgl. zum Konkretisierungsbedarf Gerpott/Mikolas CR 2021, 137 (142 f.).
293 Vgl. ErwG 11 DMA; zum DMA im Überblick auch Gielen/Uphues EuZW 2021, 627; Seip/Berberich GRUR-Prax 2021, 44.

pflichten aufgegeben werden.[294] Mit Blick auf diesen nicht industriesektorspezifischen Ansatz zur **Online-Markregulierung**[295] kann man im hiesigen Zusammenhang auch die Regelungen zu Datenzugängen als wettbewerbsrechtlich determinierte Datenzugangsrechte betrachten. Es bleibt abzuwarten, inwieweit der vollharmonisierende DMA in seinem Regelungsbereich die Regelungen des § 19a GWB verdrängen könnte;[296] Art. 102 AEUV bleibt hingegen unberührt.[297]

a) Erforderliche Stellung als „Gatekeeper"

90 Der DMA gilt in sachlicher Hinsicht für **zentrale Plattformdienste** gegenüber Geschäftskunden oder Endnutzern in der EU. Unter diesen weiten Begriff fallen die in Art. 2 Nr. 2 DMA aufgelisteten digitalen Dienste, wie etwa Online-Vermittlungsdienste, Online-Suchmaschinen, Soziale Netzwerke, Video-Sharing-Plattformdienste, Betriebssysteme, Webbrowser, Cloud-Computing-Dienste, Online-Werbedienste (einschließlich Werbe-Netzwerke). In seinem personellen Anwendungsbereich setzt der DMA eine **Stellung als „Torwächter"** mit erheblichem Einfluss auf den Binnenmarkt und einer bestehenden oder absehbar erlangbaren gefestigten und dauerhaften Marktposition eines zentralen Plattformdienstes als wichtiges Zugangstor von Geschäftskunden zu Endnutzern voraus (Art. 3 Abs. 1 DMA). Diese Voraussetzungen werden – ähnlich wie im EU-Wettbewerbsrecht – als Vermutungen durch die **Schwellenwerte** des Art. 3 Abs. 2 DMA konkretisiert, die eine **Anzeigepflicht** gegenüber der EU-Kommission auslösen (Art. 3 Abs. 3 DMA). Eine Marktabgrenzung oder Feststellung von Marktmacht ist hierfür nicht erforderlich.[298] Bei Erfüllung der Voraussetzungen **benennt die EU-Kommission** Torwächter (Art. 3 Abs. 4 DMA). Zusätzlich kann die EU-Kommission auch unterhalb dieser quantitativen Schwellenwerten Unternehmen nach einer Reihe ökonomisch-prognostischer Kriterien (wie zB Größe, Skalen- und Netzwerkeffekte, Datenvorteile, Marktzutrittsschranken) zu Gatekeepern erklären (Art. 3 Abs. 8 iVm Art. 17 DMA).

b) Einzelne Datenzugangsrechte

91 Als **konkrete Verhaltenspflichten** für Gatekeeper enthält Art. 5 DMA eine „Blacklist" von ohne Weiteres untersagten Geschäftspraktiken und Art. 6 DMA eine „Greylist" von Verhaltenspflichten, die durch Durchführungsrechtsakte gemäß Art. 8 Abs. 2 Unterabs. 2 näher konkretisiert werden können.[299] Diese beinhaltet ua **verschiedene Datenzugangsrechte:**

- Art. 6 Abs. 10 DMA gibt **gewerblichen Nutzern** und von diesen zugelassenen Dritten auf Antrag ein Zugangsrecht zu **Daten**, die **im Zusammenhang mit der Dienstnutzung** durch diese gewerblichen Nutzer oder durch deren Leistungen in Anspruch nehmende Endnutzer bereitgestellt oder generiert werden und erlaubt deren Nutzung. Diese Regelung soll – flankierend zur P2B-VO – das Problem lösen, dass gewerbliche Plattformnutzer auf diese Daten idR sehr beschränkt zugreifen und diese nicht zur Verbesserung ihrer Leistungen nutzen können.[300] Gatekeeper müssen diesen unter dem DMA einen kostenlosen, effektiven, hochwertigen und permanenten Echtzeitzugang zu aggregierten und nichtaggregierten Daten gewähren. Technisch dürfte der Echtzeitzugang die Etablierung und Öffnung von Schnittstellen (APIs) erfordern.[301] Dies schließt personenbezogene Daten grds. ein, allerdings nur sofern diese unmittelbar mit der Nutzung der plattformvermittelten Leistungen des

---

294 Kerber ZD 2021, 544.
295 Zur Entwurfsfassung Seip/Berberich GRUR-Prax 2021, 44 (47).
296 Heider/Kutscher WuW 2022, 134 (141); Gielen/Uphues EuZW 2021, 627 (631 f.).
297 ErwG 5 und 10 DMA; Art. 1 Abs. 6 S. 1 DMA.
298 Kerber ZD 2021, 545.
299 Gielen/Uphues EuZW 2021, 627 (629).
300 Kerber ZD 2021, 545 (546).
301 Kerber ZD 2021, 545 (546).

gewerblichen Nutzers im Zusammenhang stehen und betroffene Endnutzer der Weitergabe durch Einwilligung zustimmen.

- Art. 6 Abs. 9 DMA gewährleistet die laufende **Übertragbarkeit von Endnutzerdaten**. Ziel ist ein effektiver und freier Zugang zu (eigenen) Kundendaten. Auf Antrag von Endnutzern und beauftragten Dritten muss der Torwächter kostenlos die effektive Übertragbarkeit der vom Endnutzer bereitgestellten oder bei seiner **Dienstnutzung** generierten Daten ermöglichen. Hierzu muss er auch kostenlos Instrumente bereitstellen, welche die effektive Nutzung der Datenübertragbarkeit erleichtern (zB leicht zu bedienende Export-Schnittstellen), und einen permanenten Echtzeitzugang gewährleisten.
- Art. 6 Abs. 8 DMA regelt einen Datenzugang zur **Überprüfung des Werbeinventars und Leistungsmessung.** Im Zentrum steht hier weniger die Zurverfügungstellung für den Wettbewerb benötigter Daten, sondern spezifische Transparenzpflichten gegen Informationsasymmetrien im Werbesektor.[302] Berechtigte Datenpetenten sind Werbetreibende, Herausgeber sowie beauftragte Dritte. Auf Antrag hin ist diesen ein kostenloser Zugang zu Instrumenten der Leistungsmessung und zu Daten, die für eine eigene unabhängige Überprüfung des Werbeinventars benötigt werden, zu gewähren. Das beinhaltet aggregierte und nichtaggregierte Daten. Diese sind so bereitzustellen, dass eigene Überprüfungs- und Messinstrumente der Werbetreibenden und Herausgeber zur Leistungsbewertung eingesetzt werden können.
- Schließlich öffnet Art. 6 Abs. 11 DMA einen **FRAND-Datenzugang für konkurrierende Suchmaschinen.** Dieses Zugangsrecht ist recht weitgehend, weil es nicht auf die Datennutzung in vor- oder nachgelagerten Märkten zielt, sondern auf einen direkten Datenzugang für Konkurrenten auf nach Ansicht der EU-Kommission beherrschten und nur schwer angreifbaren Märkten großer Suchmaschinenbetreiber.[303] Drittunternehmen, welche Online-Suchmaschinen bereitstellen, wird auf deren Antrag der Zugang zu Ranking-, Anfrage-, Klick- und Ansichtsdaten für (unbezahlte und bezahlte) Suchergebnisse gewährt, die von Endnutzern auf der Online-Suchmaschine des Torwächters generiert werden. Dieser Zugang erfolgt zu fairen, zumutbaren und diskriminierungsfreien Bedingungen, wobei personenbezogene Anfrage-, Klick- und Ansichtsdaten anonymisiert werden müssen.

Zur **Konkretisierung und Durchsetzung** dieser Pflichten bietet der DMA ein gewisses Instrumentarium für ein Tätigwerden der EU-Kommission. So kann die EU-Kommission **Maßnahmen festlegen**, die ein Torwächter zu ergreifen hat, um seinen Verpflichtungen nachzukommen (Art. 8 Abs. 2 DMA). Sie kann auf Antrag des Torwächters auch **feststellen**, ob das Ziel der Verpflichtung durch die getroffenen Maßnahmen erreicht wird (Art. 8 Abs. 3 DMA). Soweit die Einhaltung einer Verpflichtung aufgrund außergewöhnlicher Umstände, auf die der Torwächter keinen Einfluss hat, die Rentabilität seiner Geschäftstätigkeit in der EU gefährden würde, kann die EU-Kommission diese Verpflichtung auch ganz oder teilweise **aussetzen** (Art. 9 Abs. 1 DMA, in dringenden Fällen Abs. 3). Schließlich kann die EU-Kommission Torwächter auch ganz oder teilweise von einer Verpflichtung **befreien**, falls dies aus Gründen der öffentlichen Gesundheit oder der öffentlichen Sicherheit gerechtfertigt ist (Art. 10 Abs. 1, 3 DMA sowie in dringenden Fällen Abs. 4). 92

IV. Allgemeine (horizontale) Zugangsrechte: Entwurf des EU Data Act

1. Ziele und Überblick

Von maßgeblicher Bedeutung für die Regelung von Datenzugang und Datennutzung im privatwirtschaftlichen Sektor wird der neue EU Data Act sein, dessen Entwurf die EU-Kommission 93

---

302 Kerber ZD 2021, 545 (547).
303 ErwG 61; Kerber ZD 2021, 545 (547).

im Februar 2022 vorgestellt hat (in dieser Fassung nachfolgend „Data Act").[304] Die privatwirtschaftlichen Zugangsrechte des Data Act gelten für **Daten, die bei der Nutzung vernetzter Produkte** (dh Produkte, die Nutzungs- oder Umgebungsdaten erzeugen, sammeln und übermitteln können) und der in diesen Produkten integrierten verbundener Dienste durch deren (End-)Nutzer anfallen (vgl. Art. 2 Nr. 2 und 3 Data Act). Erfasst davon sind vor allem Geräte im „Internet of Things" mit automatisierter Datenerzeugung, vernetzte Fahrzeuge, Haushalts- und andere „Smart Home"-Geräte, landwirtschaftliche und industrielle Maschinen, virtuelle Assistenzsysteme,[305] nicht aber originär datenverarbeitende Geräte wie Computer, Smartphones oder Kameras, die Daten auf menschlichen Beitrag hin erstellen[306] und auch keine reinen Onlinedienste wie Streaming und Downloads.[307] Auf die von vernetzten Produkten erzeugten Daten hat idR der **Hersteller** der Geräte – bzw. wenn abweichend[308] der Dateninhaber (Data Holder) – **oftmals exklusiven Zugriff**, nicht aber deren Nutzer oder Unternehmen, welche zB komplementäre Dienste (wie etwa Wartung) auf nachgelagerten und benachbarten Märkten erbringen.

94 Die EU-Kommission hält Regelungen zum Zugang und zur Nutzung von derart erzeugten Daten als zentraler Bestandteil eines **wettbewerbsfähigen Datenmarkts** für erforderlich, um durch die Öffnung von Datensilos **datengetriebene Innovationen** zu fördern. Die **Hauptziele** bzw. Regelungskomplexe des Data Act umfassen erstens die Erleichterung des Datenzugangs und der Datennutzung für Verbraucher und andere Unternehmen durch **direkte Datenzugangsrechte** für **Verbraucher** (B2C) und zwischen **Unternehmen** des privaten Sektors (B2B) (Kapitel II-IV Data Act, → Rn. 96-106), zweitens die Einführung eines **Datenzugangsrechts für öffentliche Stellen** gegenüber Unternehmen in bestimmten Ausnahmefällen außergewöhnlicher Notwendigkeit (Kapitel V Data Act, → Rn. 107-109), drittens die **Erleichterung des Wechsels** zwischen Datenverarbeitungsdiensten (Kapitel VI Data Act, → Rn. 110-112) sowie die Entwicklung von **Interoperabilitätsstandards** für Daten (Kapitel VIII Data Act, → Rn. 113 f.), und viertens die Einführung von Schutzvorkehrungen für nicht personenbezogene Daten bei **Datenübermittlungen im internationalen Umfeld** (Kapitel VII Data Act, → Rn. 115) Der Data Act beabsichtigt eine **horizontale Harmonisierung** in Bezug auf Datennutzungsrechte durch allgemeine Vorschriften für alle Sektoren,[309] lässt aber Raum für speziellere, vertikal harmonisierende **sektorspezifische Regelungen**.[310] Die Bestimmungen der **DS-GVO** bleiben **unberührt** (Art. 1 Abs. 3 Data Act), so dass die hier existierenden Beschränkungen zum Umgang mit personenbezogenen Daten weiterhin parallel beachtet werden müssen und auch nicht durch den Data Act gelockert werden. Insbesondere schafft der Data Act selbst keine Rechtsgrundlage für Verarbeitungsvorgänge personenbezogener Daten.[311] Für Verstöße gegen die Pflichten zu den Datenzugangsrechten der Kapitel II., III. und V. sollen erhebliche **Geldbußen** entsprechend der Regelungen des Art. 83 DS-GVO möglich sein (Art. 33 Abs. 3 und 4).

---

304 COM(2022) 68 final. Im März 2023 brachten das EU Parlament und der Rat verschiedene Änderungsvorschläge ein. Im Juni 2023 einigten sich Kommission, Europäisches Parlament und Rat im Trilog über die Änderungen. Die auf dem Trilog beruhende offizielle deutsche Entwurfsfassung des Data Act war zum Zeitpunkt der Drucklegung noch nicht öffentlich verfügbar, sodass im Folgenden der Kommissionsentwurf zugrunde gelegt wird.

305 Vgl. ErwG 14, 22 Data Act COM(2022) 68 final; vgl. auch Podszun/Pfeifer GRUR 2022, 953 (955); Gerpott CR 2022, 271 (274); Hennemann/Steinrötter NJW 2022,1481 (1483).

306 ErwG 15 Data Act COM(2022) 68 final.

307 Gerpott CR 2022, 271 (274); Specht-Riemenschneider MMR 2022, 809 (814).

308 Häufig wird der Hersteller auch Dateninhaber sein, Gerpott CR 2022, 271 (275); Specht-Riemenschneider MMR 2022, 809 (813) mit Hinweis auf das Erfordernis, dass der Hersteller dazu auch technisch-faktische Kontrolle über die Daten haben muss.

309 Podszun/Pfeifer GRUR 2022, 953 (955).

310 Specht-Riemenschneider MMR 2022, 809 (810).

311 Hennemann/Steinrötter NJW 2022,1481 (1482 f.); differenzierend Specht-Riemenschneider MMR 2022, 809 (810).

Mit Blick auf die weitreichenden Zugangsrechte, Rechtsunsicherheit bei Anwendungsbereich 95
und Pflichten, den Umgang mit Geschäftsgeheimnissen und die industriepolitisch sensible Abwägung zwischen Innovationsförderung auf Primär- und Sekundärmärkten sowie die Gefahr
allumfassender Datensammlungen des Staates ist der Data Act bereits gegenwärtig Gegenstand
intensiver Debatten und Überarbeitungsvorschlägen.[312] Daher wird abzuwarten sein, mit Änderungen im Detail der Data Act nach dem Trilog letztlich in Kraft tritt. Im Folgenden wird der
Data Act in der Fassung des Kommissionsentwurfes dargestellt.

2. Datenzugang für Nutzer

Kern des Data Act sind die in Art. 3 ff. Data Act geregelten **Datenzugangsrechte für Nutzer** 96
von vernetzten Geräten zu den von diesen erzeugten Daten. Der Data Act erfasst hierbei nur
die von diesen Produkten direkt erzeugten **(Roh-) Daten**, jedoch keine davon abgeleiteten
Daten[313] (zB KI-Lernergebnisse). Nutzer können sowohl Verbraucher (**B2C**) als auch Unter-
nehmen (**B2B**) sein.[314] Mit den Zugangsrechten korrespondieren umfassende **Pflichten der**
Produkthersteller und Anbieter verbundener Dienste bzw. (wenn davon abweichend[315]) der
Dateninhaber. Generell **ausgenommen** sind Produkte und Dienstleistungen von **Kleinst- oder**
Kleinunternehmen als Verpflichtete (Art. 7 Abs. 1 Data Act).

Zur Schaffung der technischen Rahmenbedingungen von Zugangsrechten statuiert Art. 3 97
Abs. 1 Data Act zunächst grundlegende **Herstellungsanforderungen,** nach denen Produkte
schon so hergestellt und verbundene Dienste so erbracht werden müssen, dass die bei ihrer
Nutzung erzeugten Daten standardmäßig für Nutzer einfach, sicher und – soweit relevant
und angemessen – direkt zugänglich sind (**Access-by-Design**). Ein solch direkter technischer
Zugang zu den Daten muss **nur den Nutzern** der Produkte eröffnet werden, nicht aber
Dritten.[316] Für den Zugang reicht die Zugänglichmachung zB auf dem Gerät; eine weitergehende Übermittlung ist nicht erforderlich.[317] Ob der Nutzer von dieser Möglichkeit Gebrauch
macht, ist ihm überlassen. Für die praktische Ausübung der Zugangsrechte werden zudem
vorvertragliche Informationspflichten geschaffen, die Nutzer in klarer und verständlicher
Weise ua über Art und Umfang der erzeugten Daten, Zugangsmöglichkeiten, Zwecke einer
etwaigen Datennutzung durch den Anbieter selbst oder (wenn abweichend) den Dateninhaber,
Kommunikationskanäle und Weisungsmöglichkeiten für eine Weitergabe an Dritte aufklären
(Art. 3 Abs. 2 Data Act).[318] Sofern ein Nutzer mangels Umsetzung der Access-By-Design-Vorga-
ben nicht bereits Zugang zu den Daten hat, (und nur dann) kann er vom Dateninhaber die
unverzügliche, kostenlose und gegebenenfalls kontinuierliche sowie in Echtzeit erfolgende **Zu-**
gänglichmachung der erzeugten Daten beanspruchen (Art. 4 Abs. 1 Data Act). Eine Aufbereitung der Daten oder die Zugänglichmachung auch abgeleiteter Daten ist nicht erforderlich.[319]
Ebenso sind nur Daten erfasst, die beim Dateninhaber vorhanden sind[320] und über die er
Kontrolle hat.

---

312 Zusammenfassend und jeweils mit Kritik etwa Podszun/Pfeifer GRUR 2022, 953 (960 ff.); Gerpott CR 2022,
271; Hennemann/Steinrötter NJW 2022,1481; Specht-Riemenschneider MMR 2022, 809. Siehe auch Fn. 304.
313 ErwG 17 Data Act COM(2022) 68 final.
314 Gerpott CR 2022, 271 (274); Hennemann/Steinrötter NJW 2022,1481 (1482); Specht-Riemenschneider MMR
2022, 809 (813).
315 Hersteller und Dateninhaber können sich durchaus überschneiden; die Abgrenzung zwischen Hersteller
und Dateninhaber im Data Act ist nicht trennscharf, vgl. Podszun/Pfeifer GRUR 2022, 953 (956).
316 Damit können Hersteller – unbeschadet Art. 5 Data Act – auch nur durch Nutzer des Produkts zu öffnende
Zugriffsschranken implementieren, Podszun/Pfeifer GRUR 2022, 953 (956).
317 ErwG 21 Data Act COM(2022) 68 final; krit. dazu Specht-Riemenschneider MMR 2022, 809 (815).
318 Krit. zum „Information Overload" Gerpott CR 2022, 271 (275); Hennemann/Steinrötter NJW 2022,1481
(1483); Specht-Riemenschneider MMR 2022, 809 (817).
319 Gerpott CR 2022, 271 (275); Specht-Riemenschneider MMR 2022, 809 (815).
320 Specht-Riemenschneider MMR 2022, 809 (813, 815).

98 Für den **Dateninhaber** selbst bestehen für die im Produkt generierten nutzungsbezogenen Daten gewisse **Verwendungsbeschränkungen:** Dieser darf anfallende (nicht personenbezogene[321]) Daten von Nutzern nur dann für seine Zwecke verwenden, wenn er einen konkreten **Vertrag** hierüber mit dem Nutzer geschlossen hat.[322] Auch darf er **keine Einblicke** in die wirtschaftliche Lage, das Vermögen und die Produktionsmethoden gewerblicher Nutzer nehmen, wenn dies deren **Marktposition untergraben** könnte (Art. 4 Abs. 6 S. 2 Data Act).

99 **Einschränkungen** für den Zugang der **Nutzer** sieht der Data Act zunächst bei **Geschäftsgeheimnissen** vor. Diese brauchen nur bei Umsetzung aller erforderlichen Maßnahmen zur Wahrung der Vertraulichkeit (insbesondere gegenüber Dritten) offengelegt werden; hierzu können Dateninhaber und Nutzer konkrete Maßnahmen vereinbaren (Art. 4 Abs. 3 Data Act).[323] Zudem gelten auch für Nutzer Verwendungsbeschränkungen wie das **Verbot** der Entwicklung von **Konkurrenzprodukten**[324] zum Datenquellenprodukt (Art. 4 Abs. 4 Data Act) sowie bei betroffenen **personenbezogenen Daten** anderer Datensubjekte die von der DS-GVO vorgegebenen Beschränkungen und erforderlichen Rechtsgrundlagen für eine Verarbeitung (Art. 4 Abs. 5 Data Act).[325]

3. Datenweitergabe an Dritte

100 Mit Blick auf die Ziele des Data Act werden die Zugangsrechte der unmittelbaren Nutzer ergänzt um deren **Recht auf Weitergabe** von Daten an von ihnen **bestimmte Dritte** (Art. 5 Data Act). Die EU-Kommission hat hierbei vor allem die Anbieter von Komplementär- und Ergänzungsdiensten (wie etwa Reparaturdienste[326]) im Sinn. Aus wettbewerblicher Sicht will die EU-Kommission Unternehmen Zugang zu mehr Daten verschaffen und so einen **Wettbewerbsmarkt für Daten** stärken, auf denen Anbieter komplementärer oder ergänzender Dienste diese besser auf den Kundenbedarf zuschneiden und auf nachgelagerten oder benachbarten Märkten konkurrieren können. Die Zusammenführung von Daten soll zudem die Entwicklung neuer digitaler Dienste ermöglichen. Hierzu hat der Nutzer (oder bevollmächtigter Dritter) einen **Anspruch gegen den Dateninhaber,** die bei Produkt- oder Dienstnutzung erzeugten Daten auch **Dritten bereit zu stellen.** Ausschlaggebend ist hierbei jedoch ein entsprechendes **Verlangen des Nutzers;** ohne dieses hat der Dritte keine Zugangsrechte.[327] Der Datenzugang soll unverzüglich, für den Nutzer kostenlos, in derselben Qualität wie für den Dateninhaber und – wenn technisch möglich und auch so für den Dateninhaber vorgesehen – gegebenenfalls kontinuierlich und in Echtzeit (Art. 5 Abs. 1 Data Act) erfolgen. Die Art und Weise der Bereitstellung an Dritte geht nicht über die an den Nutzer selbst nach Art. 4 Data Act hinaus.[328] Als designierte Dritte **ausgeschlossen** sind Unternehmen, die als **Gatekeeper** zentrale Plattformdienste iSd Art. 3 DMA erbringen;[329] diese dürften Nutzer ebenso wenig zur

---

321 Für erzeugte personenbezogene Daten gelten die Anforderungen der DS-GVO.

322 Hennemann/Steinrötter NJW 2022, 1481 (1483) bezeichnen das Vertragserfordernis als „Revolution"; ausführlich dazu Staudenmayer EuZW 2022, 596. Vorgaben für diesen Vertrag im B2C Verhältnis enthält der Data Act nicht; hier gilt allgemeines AGB-Recht und es sind in dessen Grenzen auch Buyout-Verträge möglich (krit. Specht-Riemenschneider MMR 2022, 809 (817)).

323 Mindestens dürften hier Geheimhaltungsvereinbarungen nötig sein. Zudem dürfte nach hier vertretener Ansicht der Umfang der Maßnahmen nicht hinter dem zurückbleiben, was für den fortbestehenden Schutz von Geschäftsgeheimnissen erforderlich ist (→ Rn. 35). Kritisch wegen des unzureichenden Schutzes des Dateninhabers Specht-Riemenschneider MMR 2022, 809 (816, 819).

324 Kritisch wegen Rechtsunsicherheit und unzureichendem Schutz des Herstellers Gerpott CR 2022, 271 (276).

325 Insbesondere schafft der Data Act selbst keine Rechtsgrundlage für die Verarbeitung personenbezogener Daten, ErwG 24 Data Act COM(2022) 68 final.

326 ErwG 19 Data Act COM(2022) 68 final.

327 ErwG 31 Data Act COM(2022) 68 final; Podszun/Pfeifer GRUR 2022, 953 (957); Hennemann/Steinrötter NJW 2022, 1481 (1483); Specht-Riemenschneider MMR 2022, 809 (820).

328 Specht-Riemenschneider MMR 2022, 809 (816).

329 Kritisch wegen der erheblichen Anreize für Gatekeeper zur Eigenentwicklung Gerpott CR 2022, 271 (276).

Bereitstellung auffordern, dazu Anreize setzen oder diese Daten erhalten (Art. 5 Abs. 2 Data Act).

Zum Schutz der Interessen des Dritten darf der Dateninhaber mit den von ihm kontrollierten   101
Daten **keine Einblicke in die wirtschaftliche Lage**, Vermögen und Produktionsmethoden des Dritten nehmen, wenn dies dessen **Marktposition untergraben** könnte und der Dritte nicht (jederzeit widerrufbar) zugestimmt hat (Art. 5 Abs. 5 Data Act).

Wie auch beim Zugangsrecht der Nutzer nach Art. 4 Data Act unterliegen benannte Dritte   102
bei deren Datennutzung verschiedenen **Einschränkungen** zum Schutz der Dateninhaber. Dass Dritte **keine Zwangsmittel** einsetzen oder offensichtliche **Lücken** in der **technischen Datenschutzinfrastruktur** des Dateninhabers ausnutzen dürfen (Art. 5 Abs. 4 Data Act), versteht sich von selbst. **Geschäftsgeheimnisse** werden einem Dritten nur offengelegt, soweit dies für den zwischen Nutzer und Dritten vereinbarten Zweck unbedingt erforderlich ist[330] und der Dritte alle mit dem Dateninhaber zu vereinbarenden erforderlichen Schutzmaßnahmen auch umgesetzt hat (Art. 5 Abs. 8 Data Act). Bei **personenbezogenen Daten** gilt ebenfalls die DS-GVO, so dass der Dritte die anwendbaren Rechtsgrundlagen beachten und Nutzerrechte wahren muss (Art. 5 Abs. 6, 7 Data Act). Weitere Pflichten der empfangenden Dritten statuiert Art. 6 Data Act: So unterliegen die Daten bei der Verarbeitung einer **Zweckbindung** entsprechend den Vereinbarungen mit dem Nutzer und unter Einhaltung der DS-GVO-Vorgaben (Art. 6 Abs. 1 Data Act). Ferner enthält Art. 6 Abs. 2 Data Act einen umfassenden Katalog von Verboten. Diese betreffen die **unzulässige Beeinflussung** der Nutzer, ein Profiling oder die **Weitergabe** der Daten an Dritte (als Rohdaten, aber auch aggregierte und abgeleitete Daten), soweit dies nicht für die Diensterbringung erforderliches ist. Gatekeeper iSd Art. 3 DMA sind wiederum als Empfänger generell ausgeschlossen. Zum Schutz der Dateninhaber enthält der Data Act ein Wettbewerbsverbot auf dem Primärmarkt des datenerzeugenden Produktes und untersagt dem Dritten die Entwicklung **konkurrierender Produkte** oder die Weitergabe zu diesen Zwecken. Um für die vom Data Act zu erschließenden vor- oder nachgelagerten Märkte offen zu halten, darf der Dritte seinerseits Nutzer bei der Weitergabe an **andere Dritte** als Datenempfänger **nicht behindern**.

4. Konditionen der Datenbereitstellung

Kapitel III Data Act enthält Regelungen zur Art und Weise der **Datenbereitstellung durch**   103
Dateninhaber an Datenempfänger. Diese gelten nur bei einer Bereitstellung an dritte designierte Datenempfänger, nicht aber an die Nutzer selbst. Die Bereitstellung muss zu fairen, angemessenen und nichtdiskriminierenden Bedingungen (**FRAND**) und in transparenter Weise (Art. 8 Abs. 1 Data Act) erfolgen[331] und insbesondere eine **angemessene Gegenleistung** an den Dateninhaber vorsehen (Art. 9 Abs. 1 Data Act). Diese soll jedoch bei Kleinstunternehmen oder kleinen oder mittleren Unternehmen auf die Bereitstellungskosten **gedeckelt** sein (Art. 9 Abs. 2 Data Act).[332]

Einzelheiten zu den Bedingungen der Datenbereitstellung sollen zwischen Dateninhaber und   104
Datenempfänger **vertraglich vereinbart** werden. Die hierbei eröffnete Vertragsfreiheit[333] wird jedoch durch eine weitreichende **Inhaltskontrolle** für missbräuchliche Klauseln beschränkt (Art. 8 Abs. 2 iVm Art. 13 Data Act; dazu unten 5.). **Nicht bindend** sind vertragliche Einschrän-

---

330 Mit Podszun/Pfeifer GRUR 2022, 953 (955) dürfte dies in der Tat eine „Gratwanderung" zwischen der Innovationsförderung auf Primärmärkten und Sekundärmärkten sein. Die Bedeutung von Innovationsanreizen auf dem Primärmarkt der datenerzeugenden Produkte betont auch ErwG 28 Data Act COM(2022) 68 final.

331 Kritisch wegen der erheblichen Rechtsunsicherheit Gerpott CR 2022, 271 (277 f.).

332 Neben den Kosten des einzelnen Datenzugangsverlangens dürften auch anteilig die Betriebskosten für Schnittstellen, Software und Netzanbindung berücksichtigungsfähig sein, so wohl ErwG 45 Data Act COM(2022) 68 final.

333 ErwG 39 Data Act COM(2022) 68 final.

kungen der in Kapitel II vorgesehenen Nutzerrechte (Art. 8 Abs. 2 Data Act). Dasselbe gilt für Vertragsklauseln in Datenlizenzverträgen bei Abweichungen von den Vorgaben des Kapitels III (Art. 12 Abs. 2 Data Act). Bei der Bereitstellung von Daten unterliegt der Dateninhaber einem **Diskriminierungsverbot** gegenüber vergleichbaren Kategorien von Datenempfängern (Art. 8 Abs. 3 Data Act). Ebenso ist **Exklusivität** der Bereitstellung für nur einen Datenempfänger ausgeschlossen, außer dies geschieht auf Nutzerwunsch (Art. 8 Abs. 4 Data Act). Nicht offengelegt werden **Geschäftsgeheimnisse**, außer dies ist gesetzlich vorgesehen (Art. 8 Abs. 6 Data Act).[334] Weiterhin regelt der Data Act den Einsatz **technischer Schutzmaßnahmen** durch Dateninhaber, welche jedoch die Rechte der Nutzer oder Dritter nach dem Data Act nicht einschränken dürfen (Art. 11 Data Act). In bestimmten Fällen technischen Missbrauchs sowie bei Verstoß gegen eine bestehende Zweckbindung hat der Dateninhaber einen **Vernichtungsanspruch** gegen Dritte. Schließlich folgt auch der Data Act der allgemeinen Tendenz neuerer EU-Rechtsakte im Digitalbereich zur **außergerichtlichen Streitbeilegung** durch einzurichtende unparteiische und unabhängige Streitbeilegungsstellen (Art. 10 Data Act).

5. B2B Klauselkontrolle

105 In Verträgen über eine gemeinsame Datennutzung befürchtet die EU-Kommission Ungleichgewichte zulasten von kleineren Unternehmen und schlägt zur Stärkung von deren Verhandlungsmacht eine sektorale **Inhaltskontrolle für missbräuchliche Vertragsklauseln in B2B Datenlizenzverträgen** ähnlich einer AGB-Inhaltskontrolle[335] vor (Kapitel IV Data Act). In deren **Anwendungsbereich** fallen nicht der ganze Vertrag, sondern nur Vertragsklauseln zu Datenzugang und Datennutzung sowie darauf bezogene Haftung und Rechtsbehelfe.[336] Die Inhaltskontrolle nimmt dabei Hauptleistungen aus, führt zur **Undurchsetzbarkeit** missbräuchlicher Klauseln zulasten des Vertragspartners und lässt den Bestand des Restvertrages unberührt (Art. 13 Abs. 6, 7 Data Act). Personell gilt Art. 13 Data Act nur im Verhältnis zu Kleinstunternehmen, kleinen oder mittleren Unternehmen (Art. 13 Abs. 1 Data Act). Im **B2C-Bereich** gilt Art. 13 Data Act gar nicht, jedoch ist die AGB-Kontrolle der RL 93/13/EWG (und damit die §§ 305 ff. BGB) anwendbar.[337]

106 Ähnlich wie die **Regelungstechnik** der AGB-Inhaltskontrolle gemäß §§ 305 ff. BGB sieht der Data Act eine große Generalklausel vor, die durch verschiedene stets missbräuchliche sowie wertungsoffene vermutet missbräuchliche Regelbeispiele konkretisiert werden soll.[338] Nach der **Generalklausel** des Art. 13 Abs. 2 Data Act ist eine Vertragsklausel missbräuchlich, wenn ihre Verwendung gröblich von der guten Geschäftspraxis beim Datenzugang und der Datennutzung abweicht und gegen das Gebot von Treu und Glauben und des redlichen Geschäftsverkehrs verstößt. Diese offene Formulierung, die im B2B Bereich absehbar die Gefahr erheblicher Rechtsunsicherheit birgt,[339] wird durch die **Regelbeispiele** des Art. 13 Abs. 3 Data Act ergänzt, die jedenfalls den Ausschluss oder die Beschränkung der **Haftung** für Vorsatz, für grobe Fahrlässigkeit und bei **Nichterfüllung** sowie einseitige **Leistungsbestimmungsrechte** stets als missbräuchlich ansehen. Eine weitere Konkretisierung soll durch die ausfüllungsbedürftigen Regelbeispiele des Art. 13 Abs. 4 Data Act erfolgen. Nach diesen sind missbräuchlich zB auch eine unangemessene Beschränkung der **Rechtsmittel** bei Nichterfüllung oder der Haftung,

---

334 Für einen Vorrang des Geschäftsgeheimnisschutzes nach Art. 8 Abs. 6 und abweichend von Art. 5 Abs. 8 Data Act Specht-Riemenschneider MMR 2022, 809 (821).
335 Podszun/Pfeifer GRUR 2022, 953 (958).
336 Insofern ist der Kontrollgegenstand beschränkt und enger als bei der allgemeinen AGB-Kontrolle, ErwG 53 Data Act COM(2022) 68 final. Ausführlich zur B2B Klauselkontrolle und deren Auslegung Staudenmayer EuZW 2022, 596 (597 ff.).
337 ErwG 26 Data Act COM(2022) 68 final; Hennemann/Steinrötter NJW 2022, 1481 (1485); krit. Specht-Riemenschneider MMR 2022, 809 (816 f.).
338 Vgl. ErwG 55 Data Act COM(2022) 68 final.
339 Ebenso Hennemann/Steinrötter NJW 2022, 1481 (1485).

die Gewährung von **Zugangs- und Nutzungsrechten** an Daten für den Klauselverwender, welche den berechtigten Interessen der anderen Vertragspartei erheblich schaden, bestimmte **Nutzungsbeschränkungen** für Datenerzeuger, das Verbot von Kopien oder unangemessen kurze **Kündigungsfristen** für Verwender unter Berücksichtigung technischer Migrationsmöglichkeiten zu anderen Diensten. Die geplante Regelung soll durch **Mustervertragsbedingungen** der EU-Kommission zu Verträgen über gemeinsame Datennutzungen begleitet werden (Art. 34 Data Act).

6. Staatliche Zugangsrechte

Über marktbezogene Zugangsrechte hinaus soll der Data Act auch **staatlichen Behörden** einen weitreichenden **Zugang zu Datenbeständen des Privatsektors** eröffnen,[340] die unter besonderen Umständen – vor allem bei öffentlichen Notständen – benötigt werden und nicht anderweitig verfügbar sind. So soll ein Dateninhaber (ausgenommen kleine Unternehmen und Kleinstunternehmen) auf Verlangen einer öffentlichen Stelle produktgenerierte Daten[341] bereitstellen müssen, wenn diese eine außergewöhnliche Notwendigkeit der Nutzung der verlangten Daten nachweist (Art. 14 Data Act). Diese „**außergewöhnliche Notwendigkeit**" ergibt sich aus Art. 15 Data Act und setzt voraus, dass die Daten erforderlich sind (i) zur Bewältigung eines **öffentlichen Notstandes** (vgl. Art. 2 Nr. 10 Data Act, zB Naturkatastrophen, öffentliche Gesundheitsnotlagen oder Cybersicherheitsvorfälle[342]), oder (ii) zur Verhinderung oder zur Erholung von einem Notstand, wobei das Herausgabeverlangen zeitlich befristet und inhaltlich begrenzt sein muss. Daneben soll (iii) eine Datenherausgabe auch dann in Betracht kommen, wenn sie für eine gesetzlich vorgesehene **Aufgabe im öffentlichen Interesse** erforderlich ist, welche die öffentliche Stelle mangels verfügbarer Daten nicht erfüllen kann und diese Daten nicht auf andere Weise erlangen kann oder deren Erlangung nach Art. 14 Data Act den Verwaltungsaufwand der Dateninhaber oder anderer Unternehmen erheblich verringern würde. Dieses sehr weitgehende Zugangsrecht[343] wird zu Recht **kritisiert**.[344] Es besteht jedenfalls ausdrücklich nicht im Zusammenhang mit Straftaten, Ordnungswidrigkeiten, Strafvollstreckung sowie Zolloder Steuerverwaltung (Art. 16 Abs. 2 Data Act).

Spezifische Vorgaben gibt es für das Verfahren und den **formellen Mindestinhalt** eines Datenbereitstellungsverlangens, welches ua konkrete Angaben zu den verlangten Daten, der Zugangsnotwendigkeit, der Rechtsgrundlage und etwaigen Fristen erfordert (Art. 17 Abs. 1 Data Act). Hinzu kommen spezifische **materielle Anforderungen**, ua ein angemessenes Verhältnis zwischen Granularität, Umfang sowie Häufigkeit des Zugangs zu den verlangten Daten und geltend gemachter außergewöhnlicher Notwendigkeit, die Achtung der rechtmäßigen Ziele des Dateninhabers unter Berücksichtigung des Schutzes von Geschäftsgeheimnissen sowie Kosten und Aufwand der Datenbereitstellung sowie die Erfassung möglichst nur nicht personenbezogener Daten (Art. 17 Abs. 2 Data Act). **Dateninhaber** müssen ein Herausgabeverlangen unverzüglich erfüllen und sollen nur **ablehnen** können, wenn die Daten nicht verfügbar sind, das Verlangen die vorgenannten formellen oder materiellen Anforderungen iSd Art. 17 Abs. 1 und 2 Data Act nicht erfüllt oder die Daten zur Bewältigung eines Öffentlichen Notstandes einer anderen öffentlichen Stelle bereits vorliegen (Art. 18 Abs. 2 und 3 Data Act). Personenbezogene Daten sind zu pseudonymisieren (Art. 18 Abs. 5 Data Act).

107

108

---

340 Dieser ist nicht auf Daten vernetzter Produkte beschränkt, vgl. Gerpott CR 2022, 271. Zu staatlichen Zugangsrechten allgemein vgl. auch Richter ZRP 2020, 245.
341 Im Anwendungsbereich des Data Act ist das Zugangsrecht auf Daten vernetzter Produkte begrenzt und geht nicht darüber hinaus; so wohl auch Podszun/Pfeifer GRUR 2022, 953 (956).
342 Vgl. ErwG 57 Data Act COM(2022) 68 final.
343 ErwG 58 Data Act COM(2022) 68 final nennt gar die rechtzeitige Erstellung amtlicher Statistiken als Beispielsfall.
344 Podszun/Pfeifer GRUR 2022, 953 (960).

109 Die anfordernden öffentlichen Stellen unterliegen für die **Nutzung** der Daten bestimmten **Pflichten.** So besteht für die erlangten Daten eine **Zweckbindung**; auch müssen für personenbezogene Daten technische und organisatorische Maßnahmen zur Wahrung der Rechte der Datenbetroffenen eingerichtet und diese Daten nach Zweckerreichung **vernichtet** werden (Art. 19 Abs. 1 Data Act). **Geschäftsgeheimnisse** dürfen nur offengelegt werden, wenn dies unerlässlich ist und geeignete Maßnahmen zur Wahrung der Vertraulichkeit getroffen wurden (Art. 19 Abs. 2 Data Act). Ein **Austausch** mit anderen öffentlichen Stellen ist nur für die genannten Zwecke zulässig (Art. 17 Abs. 4 Data Act), ebenso wie die Weitergabe an gemeinnützige oder im öffentlichen Interesse handelnde Forschungseinrichtungen und Statistikbehörden (Art. 21 Data Act). Mit Blick auf **Entgelte** soll die Datenbereitstellung für die Bewältigung eines öffentlichen Notstandes kostenlos erfolgen, im Übrigen ist auf Antrag ein Ausgleich in Höhe der technischen und organisatorischen Kosten zzgl. angemessener Marge zu zahlen (Art. 20 Data Act).

7. Technische Vorgaben zu Datenmigration, Interoperabilität und Smart Contracts

110 Kapitel VI Data Act will Nutzern einen **Wechsel** zwischen Anbietern von **Cloud-Datenverarbeitungsdiensten** (zB Cloud-Dienste, Online-Speicherplätze, Edge-Services und andere Datendienstleister) in **derselben Dienstart** erleichtern. Dazu sollen Anbieter von Datenverarbeitungsdiensten insbesondere **gewerbliche, technische, vertragliche und organisatorische Hindernisse beseitigen**, welche Kunden daran hindern, den jetzigen Dienst mit einer Kündigungsfrist von höchstens 30 Kalendertagen zu kündigen, neue Verträge mit einem anderen Anbieter derselben Dienstart zu schließen, ihre Daten, Anwendungen und digitalen Vermögenswerte (nachfolgend nur „Daten") zu migrieren und die Funktionsäquivalenz im IT-Umfeld anderer Anbieter gemäß Art. 26 Data Act aufrechtzuerhalten. Mit Blick auf diese im Wortlaut sehr weitreichenden Pflichten, insbesondere bei Herstellung der technischen Voraussetzungen, stellt Art. 23 Abs. 2 Data Act klar, dass Abs. 1 nur für Hindernisse im Zusammenhang mit den Dienstleistungen, Verträgen oder Geschäftspraktiken des ursprünglichen Anbieters gilt. So kann es – wie auch Art. 26 Data Act sogleich zeigt – nach hier vertretener Ansicht realistischerweise nur darum gehen, **Daten in standardisierten Formaten zeit- und schnittstellengerecht bereit zu stellen**; dem jetzigen Dienstleister können **keine umfassenden Migrationsbemühungen** auf einen neuen Dienst und insbesondere **keine Erfolgspflicht** für eine erfolgreiche Datenübernahme oder gar Funktionsäquivalenz auferlegt werden, da dies maßgeblich in der Risikosphäre des neuen Anbieters liegt.[345] Der simple Regelungsvorschlag der EU-Kommission ist sichtlich von der Vorstellung standardisierter und einfach kopierbarer Daten geprägt, wie sie bei Verbraucherdaten existieren mögen, aber im Kontext der Migration von komplexen Industriedaten oftmals schwierige Verhandlungen zur **Abgrenzung der Datensphären**, Übertragungsformaten und **Übernahme von Schnittstellenrisiken** mit sich bringen, wie die Komplexität von IT-Carve-Outs und Transitional Services Agreements mit Migrationsklauseln regelmäßig zeigen.

111 In rechtlicher Hinsicht erfordert Art. 24 Abs. 1 Data Act **vertragliche Regelungen** zur Datenbereitstellung in Schriftform und gibt deren **Mindestinhalte** vor: So müssen Klauseln zur Übernahme des Dienstes durch einen Dritten oder zur Migration aller Daten zum Kunden selbst eine **Übergangsfrist von höchstens 30 Kalendertagen** vorsehen, in welcher der Anbieter den Wechsel unterstützt, soweit technisch machbar abschließt und die Kontinuität seiner Dienste sicherstellt. Ist dies aus technischen Gründen nicht möglich, kann diese Frist bei entsprechender Begründung und fortgesetzter Erbringung des Dienstes gegen ermäßigtes Entgelt auf maximal sechs Monate verlängert werden (Art. 24 Abs. 2 Data Act). Der Vertrag muss

---

345 ErwG 74 Data Act COM(2022) 68 final stellt klar, dass der Verpflichtete selbst keine neuen Dienste für die Funktionsäquivalenz auf Drittplattformen entwickeln braucht.

zudem eine **vollständige Spezifizierung** aller exportierbaren Daten (inkl. anfangs übernommener, während des Dienstes entstandener Daten und Metadaten, Konfigurationsparameter etc.) enthalten und eine **Datenabruffrist von mindestens 30 Kalendertagen** ab Ende der vorgenannten Übergangsfrist vorsehen. Etwaige **Entgelte** für einen solchen Wechsel sollen schrittweise abgeschafft werden und dürfen schließlich die in unmittelbaren Zusammenhang mit dem betreffenden Wechselvorgang entstehenden Kosten nicht übersteigen (Art. 25 Data Act).

Spezifische technische Vorgaben für einen Wechsel finden sich in Art. 26: Anbieter von skalierbaren infrastrukturbezogenen Datenverarbeitungsdiensten („IaaS" zB virtuelle Server), nicht aber von Anwendungssoftware, sollen bei einem Wechsel zu einem anderen Anbieter derselben Dienstart für **Funktionsäquivalenz** sorgen (Art. 26 Abs. 1 Data Act). Im Übrigen müssen Anbieter nur **offene Schnittstellen** für den Datenexport öffentlich und kostenlos bereitstellen (Art. 26 Abs. 2 Data Act), welche etwaig einschlägigen Interoperabilitätsspezifikationen[346] genügen (Art. 26 Abs. 3 Data Act). Ohne solche Spezifikationen müssen die dort abrufbaren Daten zumindest in einem strukturierten, gängigen und maschinenlesbaren Format bereitstehen (Art. 26 Abs. 4 Data Act).   112

Kapitel VIII Data Act enthält weitere **Vorgaben für Interoperabilität** von Daten und Datennutzungsdiensten. So müssen Betreiber von „Datenräumen"[347] ua hinreichende Transparenz für einen technischen Zugriff durch Beschreibung von Datensatzinhalten, Nutzungsbeschränkungen, Lizenzen, Datenerhebungsmethoden und Datenqualität, Datenstrukturen und Datenformaten sowie der technischen Mittel für den automatisierten Datenzugang (zB API-Dokumentation) schaffen (Art. 28 Abs. 1 Data Act). Dies soll auch die Bereitstellung von Mitteln für die Interoperabilität intelligenter Verträge (Smart Contracts) beinhalten. Diese abstrakten Vorgaben bedürfen absehbar einer Konkretisierung durch delegierte Rechtsakte der EU-Kommission (Art. 28 Abs. 2 iVm Art. 38 Data Act) bzw. einer Spezifizierung durch Normierungsorganisationen oder durch Leitlinien.   113

Grundsätzliche inhaltliche **Anforderungen an offene Interoperabilitätsspezifikationen** und europäische Normen enthält Art. 29 Data Act, wonach diese ua die Interoperabilität zwischen verschiedenen Datenverarbeitungsdiensten derselben Dienstart herstellen, die Übertragbarkeit digitaler Vermögenswerte verbessern und, soweit technisch machbar, eine Funktionsäquivalenz zwischen verschiedenen Datenverarbeitungsdiensten derselben Dienstart gewährleisten sollen. Konkrete Anforderungen wird man hier wohl ebenfalls nur durch delegierte Rechtsakte und Standardisierungsnormen gewinnen (Art. 29 Abs. 4 und 5 Data Act). Schließlich stellt Art. 30 Data Act (ähnlich abstrakte) Anforderungen an intelligente Verträge (**Smart Contracts**) für die gemeinsame Datennutzung, die im Wesentlichen auf deren Sicherheit, Beendbarkeit, Prüfbarkeit und Zugriffskontrolle zielen. Geplant ist für diese eine Konformitätsbewertung durch den Anbieter und die Erlangung einer EU-Konformitätserklärung.   114

8. Internationale Datentransfers

Als Sonderthema sieht Kapitel VII Data Act bestimmte Schutzvorkehrungen für den internationalen Transfer nicht personenbezogener Daten vor. So wird Anbietern von Datenverarbeitungsdiensten aufgegeben, alle angemessenen **technischen, rechtlichen und organisatorischen Maßnahmen**[348] zu treffen, um eine internationale Übermittlung oder einen internationalen staatlichen Zugriff zu in der EU gespeicherten nicht personenbezogenen Daten zu verhin-   115

---

346 Vgl. etwa Anhang II Nrn. 3 und 4 VO (EU) 1025/2021 sowie ISO/IEC 19941:2017.

347 Zum Konzept europäischer Datenräume vgl. Mitteilung der EU-Kommission vom 19.2.2020, COM(2020) 66 final, 30 ff. sowie oben → Rn. 6.

348 Als Beispiele nennt ErwG 78 Data Act COM(2022) 68 final Verschlüsselung, Audits, Sicherheitszertifizierungen, aber auch eine „Änderung der Unternehmenspolitik".

dern, wenn dies im **Widerspruch zum Recht der EU oder eines Mitgliedstaats**[349] stünde (Art. 27 Abs. 1 Data Act). Mit Blick auf etwaige Pflichtenkollisionen[350] der Anbieter dürfen auch **Gerichtsurteile und Verwaltungsentscheidungen** über Datenzugang in einem Drittland grundsätzlich nur auf Grundlage einer geltenden internationalen Übereinkunft (zB eines **Rechtshilfeabkommens**) anerkannt oder vollstreckbar werden (Art. 27 Abs. 2 Data Act). Ohne ein solches darf eine Zugangsgewährung, welche im Widerspruch zum Recht der EU oder eines Mitgliedstaats stünde, nur erfolgen, wenn das anwendbare Recht vorsieht, dass Urteil bzw. Entscheidungen begründet, verhältnismäßig und hinreichend bestimmt sein müssen, Einwände überprüft werden und die Interessen des Adressaten gebührend berücksichtigt werden (Art. 27 Abs. 3 Data Act). Für diese Einschätzung der Äquivalenz sollen die für den Data Act zuständigen Behörden auf Antrag eine Stellungnahme abgeben. Zudem muss der Anbieter von Datenverarbeitungsdiensten den Dateninhaber vor jeglichen Weitergaben **vorab informieren**, außer zu Strafverfolgungszwecken (Art. 27 Abs. 5 Data Act).

---

349 Das können mit ErwG 77 Data Act COM(2022) 68 final etwa Grundrechte des Einzelnen, Regelungen zur nationalen Sicherheit, Geistiges Eigentum oder Geschäftsgeheimnisse betreffen.
350 ErwG 77 Data Act COM(2022) 68 final.

Berberich

§ 4 Bewertung und Bilanzierung von Massendaten

Literatur: *Arbeitsgruppe „Digitaler Neustart"* der Konferenz der Justizministerinnen und Justizminister der Länder, Bericht vom 15.5.2017, abrufbar unter https://www.justiz.nrw.de/JM/schwerpunkte/di gitaler_neustart/zt_bericht_arbeitsgruppe/bericht_ag_dig_neustart.pdf; *v. Böhm-Bawerk, Eugen*, Kapital und Kapitalzins, Abteilung II, Band I: Positive Theorie des Kapitals, 4. Aufl. 1921; *Brösel, Gerrit/Olbrich, Michael*, § 253 HGB, Zugangs- und Folgebewertung, in: Dusemond, Michael/Küting, Peter/Weber, Claus-Peter/Wirth, Johannes (Hrsg.), Handbuch der Rechnungslegung Einzelabschluss Band II, 5. Aufl. 2018, 1–115 (zit.: HdR-E/Bearbeiter); *Brösel, Gerrit/Scheren, Thomas/Wasmuth, Jörg*, § 253 HGB, in: Petersen, Karl/Zwirner, Christian/Brösel, Gerrit (Hrsg.), Systematischer Praxiskommentar Bilanzrecht, 3. Aufl. 2016, 391–463; *Bylund, Per L./Packard, Mark D.*, Subjective value in entrepreneurship, in: Small Business Economics, 58. Jg. 2022, 1243–1260; *Bysikiewicz, Marcus/Zwirner, Christian*, § 248 HGB, in: Petersen, Karl/Zwirner, Christian/Brösel, Gerrit (Hrsg.), Systematischer Praxiskommentar Bilanzrecht, 3. Aufl. 2016, 162–171; *Coase, Ronald H.*, The Nature of the Firm, in: Economica, 16. Jg. 1937, 386–405; *Coenenberg, Adolf G.*, Unternehmungsbewertung mithilfe der Monte-Carlo-Simulation, in: Zeitschrift für Betriebswirtschaft, 40. Jg. 1970, S. 793–804; *Coenenberg, Adolf G./Schultze, Wolfgang*, Unternehmensbewertung: Konzeption und Perspektiven, in: Die Betriebswirtschaft, 62. Jg. 2002, 597–621; *Determann, Lothar*, No One Owns Data, in: Hastings Law Journal, 70 Jg. 2019, 1–44; *Follert, Florian/Herbener, Jeffrey M./Olbrich, Michael/Rapp, David J.*, Agree or Disagree? On the Role of Negotiations for the Valuation of Business Enterprises, in: Quarterly Journal of Austrian Economics, 21. Jg. 2018, 315–338; *Grünert, Lars/Seiter, Mischa/Bayrle, Christoph/Berlin, Sebastian*, Vorwort, in: Schmalenbachs Zeitschrift für betriebswirtschaftliche Forschung, 69. Jg. 2017, Sonderheft 71/17, V–X; *Hares, Christoph*, Außerplanmäßige Ab- und Zuschreibung nach HGB und IFRS, 2008; *Heinen, Edmund*, Umlaufvermögen, Bewertung des, in: Kosiol, Erich (Hrsg.), Handwörterbuch des Rechnungswesens, 1970, Sp. 1657–1665; *Herbener, Jeffrey M./Rapp, David J.*, Toward a Subjective Approach to Investment Appraisal in Light of Austrian Value Theory, in: Quarterly Journal of Austrian Economics, 19. Jg. 2016, 3–28; *Hering, Thomas*, Investitionstheorie, 6. Aufl. 2022; *Hering, Thomas*, Unternehmensbewertung, 4. Aufl. 2021; *Hering, Thomas/Olbrich, Michael/Rapp, David J.*, Net Present Value, Duration, and CAPM in Light of Investment Theory: A Comment on Kruk, in: Quarterly Journal of Austrian Economics, 24. Jg. 2021, 348–359; *Hertz, David B.*, Risk analysis in capital investment, in: Harvard Business Review, 42. Jg. 1964, 95–106; *Hoffmann, Wolf-Dieter/Lüdenbach, Norbert*, Neues zur voraussichtlich dauernden Wertminderung des abnutzbaren Anlagevermögens, in: Der Betrieb, 62. Jg. 2009, 577–580; *Hütten, Christoph/Lorson, Peter*, § 247 HGB, Inhalt der Bilanz, in: Dusemond, Michael/Küting, Peter/Weber, Claus-Peter/Wirth, Johannes (Hrsg.), Handbuch der Rechnungslegung Einzelabschluss Band I, 5. Aufl. 2018, 1–19; *Institut der Wirtschaftsprüfer eV*, IDW Standard: Grundsätze zur Bewertung immaterieller Vermögenswerte (IDW S 5), 2015; *Knight, Frank H.*, Risk, Uncertainty, and Profit, 1921; *Knobbe-Keuk, Brigitte*, Bilanz- und Unternehmenssteuerrecht, 9. Aufl. 1993; *Kornmeier, Udo/Baranowski, Anne*, Das Eigentum an Daten – Zugang statt Zuordnung, in: Betriebs-Berater, 74. Jg. 2019, 1219–1225; *Krotova, Alevtina/Rusche, Christian/Spiekermann, Markus*, IW-Analysen 129, Die ökonomische Bewertung von Daten, 2019, abrufbar unter https://www.iwkoeln.de/studien/alevtina-krotova-chri stian-rusche-die-oekonomische-bewertung-von-daten.html; *Krotova, Alevtina/Spiekermann, Markus*, Data Valuation Model, Handbuch für Bewertung von Daten in Unternehmen, 2020, abrufbar unter https://www.demand-projekt.de/paper/Krotova,%20Alevtina;%20Spiekermann,%20Markus,% 202020,%20Data%20Valuation%20Model,%20Handbuch%20f%C3%BCr%20Bewertung%20vo n%20Daten%20in%20Unternehmen,%20DEMAND-Bericht.pdf; *Kußmaul, Heinz*, Bilanzierungsfähigkeit und Bilanzierungspflicht, in: Dusemond, Michael/Küting, Peter/Weber, Claus-Peter/Wirth, Johannes (Hrsg.), Handbuch der Rechnungslegung Einzelabschluss Band I, 5. Aufl. 2018, 5–32/3; *Kußmaul, Heinz*, Wirtschaftsgut/Vermögensgegenstand/Schuld, in: Kußmaul, Heinz/Müller, Stefan (Hrsg.), Handbuch der Bilanzierung, 5. Aufl. 2020, Kap. 146; *v. Lewinski, Kai*, Wert von personenbezogenen Daten, in: Stiftung Datenschutz (Hrsg.), Dateneigentum und Datenhandel, 2019, 209–219; *Li, Wendy C.Y./Nirei, Makoto/Yamana, Kazufumi*, Value of Data: There's No Such Thing as a Free Lunch in the Digital Economy, RIETI Discussion Paper Series 19-E-022, 2019; *Matschke, Manfred J.*, Der Entscheidungswert der Unternehmung, 1975; *Matschke, Manfred J.*, Der Argumentationswert der Unternehmung – Unternehmungsbewertung als Instrument der Beeinflussung in der Verhandlung, in: Betriebswirtschaftliche Forschung und Praxis, 28. Jg. 1976, 517–524; *Matschke, Manfred J.*, Der Arbitriumwert der Unternehmung, 1979; *Matschke, Manfred J./Brösel, Gerrit*, Unternehmensbewertung, 4. Aufl. 2013; *Matschke, Manfred J./Brösel, Gerrit/Matschke, Xenia*, Fundamentals of Functional Business Valuation, in: Journal of Business Valuation and Economic Loss Analysis, 5. Jg. 2010, Heft 1, Artikel 7; *Mindermann, Torsten*, Wissen in der Rechnungslegung, 2008; *v. Mises, Ludwig*, Die Wirtschaftsrechnung im sozialistischen Gemeinwesen, in: Archiv für Sozialwissenschaft und Sozialpolitik, 47. Jg. 1920, 86–121; *v. Mises, Ludwig*, Human Action, Scholar's Edition, 1998; *Moxter, Adolf*, Aktivierungsgrenzen bei immateriellen Anlagewerten, in: Betriebs-Berater, 33. Jg. 1978, 821–825; *Moxter, Adolf*, Selbständige Bewertbarkeit als Aktivierungsvoraussetzung, in: Betriebs-Berater, 42. Jg. 1987, 1846–1851; *Mülhaupt, Ludwig*, Anlagevermögen, Bewertung des, in: Kosiol, Erich (Hrsg.), Handwörterbuch des Rechnungswesens, 1970, Sp. 49–64; *Nell, Phillip C./Foss, Nicolai J./Klein, Peter G./Schmitt, Jan*, Avoiding digitalization traps: Tools for top managers, in: Business Horizons, 64. Jg. 2021, 163–169; OECD, Exploring the Economics of Personal Data: A Survey of Methodologies for Measuring Monetary Value, OECD Digital Economy Papers, Nr. 220, 2013; *Olbrich, Michael*, Zur Bedeutung des Börsenkurses für die Bewertung von Unternehmungen und Unternehmungsanteilen, in: Betriebswirtschaftliche Forschung und Praxis, 52. Jg. 2000, 454–465; *Olbrich, Michael*, Wertorientiertes Controlling auf Basis des IAS 36?, in: Zeitschrift für internationale und kapitalmarktorientierte Rechnungslegung, 6. Jg. 2006, 43–44; *Olbrich, Michael*, Nochmals: zur Fragwürdigkeit eines wertorientierten Controllings auf Basis des IAS 36, in: Zeitschrift für internationale und kapitalmarktorientierte Rechnungslegung, 6. Jg. 2006, 685–687; *Olbrich, Michael/Nikolis, Anna E.*, IFRS-Rechnungslegung im Licht der Unternehmensbewertung, in: Küting, Karlheinz/Pfitzer, Norbert/Weber, Claus-Peter (Hrsg.), Brennpunkte der Bilanzierungspraxis nach IFRS und HGB, Tagungsband der 11. Fachtagung: Das Rechnungswesen im Konzern, 2012, 117–132; *Olbrich, Michael/Quill, Tobias/Rapp, David J.*, Business Valuation Inspired by the Austrian School, in: Journal of Business Valuation and Economic Loss Analysis, 10. Jg. 2015, Heft 1, 1–43; *Rapp, David J./Olbrich, Michael*, From Knightian uncertainty to real-structuredness: Further opening the judgment black box, in: Strategic Entrepreneurship Journal, 17. Jg. 2023, 186–209; *Rapp, David J./Olbrich, Michael/Venitz, Christoph*, Subjectivity, Arbitrariness, Austrian Value Theory, and a Reply to Leithner, in: Quarterly Journal of Austrian Economics, 21. Jg. 2018, 60–70; *Richter, Lutz/Künkele, Kai P./Zwirner, Christian*, § 255 HGB, in: Petersen, Karl/Zwirner, Christian/Brösel, Gerrit (Hrsg.), Systematischer Praxiskommentar Bilanzrecht, 3. Aufl. 2016, 478–593; *Schwarz, Angelica M.*, Die handels- und steuerrechtliche Behandlung von Daten, 2019; *Schwarz, Angelica M.*, Bilanzierung von Daten, 2020; *Sieben, Günter*, Funktionen der Bewertung ganzer Unternehmen und von Unternehmensanteilen, in: Das Wirtschaftsstudium, 12. Jg. 1983, 539–542; *Spiekermann, Markus/Wenzel, Sven/Otto, Boris*, A Conceptual Model of Benchmarking Data and its Implications for Data Mapping in the Data Economy, in: Drews, Paul/Funk, Burkhardt/Niemeyer, Peter/Xie, Lin (Hrsg.), Multikonferenz Wirtschaftsinformatik 2018, Data driven X — Turning Data into Value Band I, 2018, 314–325; *Stein, Hanna/Maaß, Wolfgang*, Monetäre Bewertung von Daten im Kontext der Rechnungslegung. Ansätze zur Datenbilanzierung, in: Trauth, Daniel/Bergs, Thomas/Prinz, Wolfgang (Hrsg.), Monetarisierung von technischen Daten. Innovationen aus Industrie und Forschung, 2021, 115–130; *Tanski, Joachim S.*, § 246 HGB, in: Petersen, Karl/Zwirner, Christian/Brösel, Gerrit (Hrsg.), Systematischer Praxiskommentar Bilanzrecht, 3. Aufl. 2016, 97–119; *Waschbusch, Gerd*, § 247 HGB, in: Petersen, Karl/Zwirner, Christian/Brösel, Gerrit (Hrsg.), Systematischer Praxiskommentar Bilanzrecht, 3. Aufl. 2016, 120–161; *Zech, Herbert*, Daten als Wirtschaftsgut – Überlegungen zu einem „Recht des Datenerzeugers", in: Computer und Recht, 31. Jg. 2015, 137–146; *Zechmann, Andreas/Möller, Klaus*, Finanzielle Bewertung von Daten als Vermögenswerte, in: Controlling – Zeitschrift für erfolgsorientierte Unternehmenssteuerung, 28. Jg. 2016, 558–566.

A. Massendaten in der Unternehmensrechnung

Unternehmensrechnung ist von herausragender Bedeutung für eine arbeitsteilige Marktwirt- 1
schaft, denn sie ermöglicht eine ökonomisch sinnvolle Koordination der Handlungen der
Marktteilnehmer inklusive Allokation vorhandener Ressourcen durch das Preissystem sowie
das System von Gewinn und Verlust.[1] Hierzu trägt die Unternehmensrechnung auf zweierlei
Weise bei: Erstens, indem sie ex ante, im Vorfeld (unternehmerischer) Entscheidungen, Entscheidungsunterstützung gewährt; und zweitens, indem sie Erfolg (Gewinn) oder Misserfolg
(Verlust) getroffener (unternehmerischer) Entscheidungen ex post sichtbar werden lässt und
entsprechende Anpassungsprozesse in Gang setzt.[2]

Die zentrale Rolle, die die Unternehmensrechnung für die Funktionsfähigkeit einer Markt- 2
wirtschaft spielt, ist dabei unabhängig von deren konkreter Ausgestaltung. Sie bestand nicht
nur in einer primär von industrieller Produktion geprägten Marktwirtschaft und deren eher
dienstleistungsorientiertem Pendant, sondern sie besteht auch in einer zunehmend durch
Informationen und Daten gekennzeichneten Ökonomie fort. Große Datenmengen, sog. Massendaten („Big Data"), sind insbesondere in zweifacher Hinsicht Gegenstand der Unternehmensrechnung: Einerseits stellt sich im Rahmen unternehmerischer Entscheidungen die Frage,
welcher **Wert** Massendaten beizumessen ist, beispielsweise und insbesondere dann, wenn ein
entsprechendes Datenpaket – bzw. der Zugang zu diesem – erworben oder veräußert werden
soll. Andererseits spiegelt sich die wachsende Bedeutung von Massendaten in betrieblichen
Prozessen auch zunehmend in der externen Berichterstattung, der **Rechnungslegung**, von
Unternehmen wider.

Dieses Kapitel greift diese zwei zentralen Facetten auf. Es veranschaulicht nicht nur, welche Er- 3
kenntnisse sich aus der betriebswirtschaftlichen Bewertungstheorie[3] für die unternehmerische
Bewertung von Massendaten ableiten lassen, um das bestehende Vakuum adäquater Datenbewertung zu füllen, sondern auch, wie eben solche Daten Eingang in die Rechnungslegung von
Unternehmen finden, sowohl nach handelsrechtlichen Normen als auch nach den internationalen Rechnungslegungsstandards, den IAS/IFRS.

B. Bewertung

I. Datenbewertung zu Entscheidungszwecken

Menschen handeln.[4] Sie handeln zielgerichtet. Menschen handeln mit der Absicht, ihr Emp- 4
finden, ihre Wohlfahrt zu verbessern. Menschliches Handeln folgt einer Gesetzmäßigkeit.
Menschen wählen denjenigen der ihnen bekannten Handlungspfade, von dem sie sich, im
Vergleich zu seinen Alternativen, im Zeitpunkt der Entscheidung den größtmöglichen Beitrag
zur Zielerreichung versprechen. Ihre Handlungen sind insofern Ausdruck ihrer Wertungen, dh
ihrer abwägenden Beurteilung zur Verfügung stehender Handlungsalternativen in Anbetracht
ihrer Ziele.

---

1 v. Mises ArchSozWiss 1920, 86.
2 v. Mises Human Action, 1998, 211 f.
3 Matschke/Brösel Unternehmensbewertung, 4. Aufl. 2013.
4 Zu diesem Absatz v. Mises Human Action, 1998, 13 f., 94 f.

5 Menschliche Handlungen lassen sich in verschiedener Hinsicht differenzieren, unter anderem dahin gehend, welche Zielkategorie, finanziell und/oder nicht-finanziell, ihnen zugrunde liegt und – damit einhergehend – inwieweit explizit Maßnahmen zur Entscheidungsunterstützung erforderlich erscheinen.[5] Einfach strukturierte Alltagsabwägungen, bei denen es lediglich um die Erfüllung nicht-finanzieller Absichten geht, bedürfen keiner expliziten Entscheidungsrechnung und insofern keiner finanzwirtschaftlichen Bewertung.[6] Die Auswahl eines Gerichts von einer Speisekarte stellt beispielsweise eine solche Abwägung dar. Der Restaurantgast wählt aus den vorhandenen Optionen – den in der Speisekarte aufgeführten Gerichten – diejenige, welche er zur Erreichung seines nicht-finanziellen Ziels – das Stillen seines Hungers – in Anbetracht seiner Präferenzen (mediterran, scharf, vegetarisch, Fleisch, Fisch etc) als beste Alternative einschätzt – und zwar grundsätzlich, ohne hierfür finanzwirtschaftliche Entscheidungsrechnungen anzustellen. Diese Auswahl folgt insofern der oben beschriebenen Gesetzmäßigkeit menschlichen Handelns. Der Restaurantgast wählt das Gericht, das er – in Anbetracht der Alternativen – für seine persönliche Zielerfüllung für am geeignetsten hält. Da er aus einer ex-ante-Perspektive entscheiden und handeln muss, können seine Erwartungen an das gewählte Gericht indes selbstredend auch enttäuscht werden (das Steak ist durchgebraten, aber kalt, die Beilage versalzen), so dass er – allerdings erst aus der ex-post-Perspektive – seine Wahl bereuen kann.[7]

6 Deutlich komplexer gestalten sich Entscheidungen, die ausschließlich oder zumindest primär auf finanzielle Erwägungen abzielen. Beispielsweise ist die Frage, ob eine Investition in ein durch Sammlung und/oder Nutzung von Massendaten geprägtes Unternehmen zu einem gewissen Preis als vorteilhaft erscheint, nicht so einfach und intuitiv zu beantworten wie die Frage nach der Wahl eines Gerichts im Restaurant.[8] Es sind genau derartige Abwägungen, auf die die betriebswirtschaftliche Bewertungstheorie ausgerichtet ist. Ihre Erkenntnisse sind anwendbar für all jene Bewertungsanlässe, die ein Bewertungsobjekt betreffen, dem Zahlungsströme beigemessen werden können.[9]

7 Eine zentrale Erkenntnis der Bewertungstheorie besteht darin, dass *der* Wert eines Gutes nicht existiert; vielmehr besitzt ein und dasselbe Gut zahlreiche Werte, je nach dem, aus wessen Sicht die Bewertung durchgeführt wird und zu welchem Zweck.[10] Die betriebswirtschaftliche Bewertungstheorie unterscheidet Bewertungsanlässe grundlegend dahin gehend, ob mit ihnen eine Veränderung der Eigentumsverhältnisse am Bewertungsobjekt avisiert ist oder nicht.[11] Ist dies der Fall, liegt der Bewertungsanlass im Anwendungsbereich der **Hauptfunktionen** der Bewertung;[12] ist es indes nicht der Fall, betrifft der Anlass oftmals nicht eine der Haupt-, sondern eine der **Nebenfunktionen** der Bewertung, etwa die Steuerbemessungs- oder Vertragsgestaltungsfunktion.[13]

8 Der Katalog der Hauptfunktionen der Bewertung ist abschließend formuliert; er umfasst drei Elemente:[14] (1) Die Bewertung zu Entscheidungszwecken (**Entscheidungsfunktion**), (2) die Bewertung zu Argumentations- bzw. Verhandlungszwecken (**Argumentationsfunktion**) sowie (3) die Bewertung zu Vermittlungszwecken (**Vermittlungsfunktion**).

---

5 Herbener/Rapp QJAE 2016, 3 (8 ff.).
6 Herbener/Rapp QJAE 2016, 3 (8).
7 Bylund/Packard SBEJ 2022, 1243 (1245).
8 Herbener/Rapp QJAE 2016, 3 (9 f.).
9 Hering Unternehmensbewertung, 4. Aufl. 2021, 3.
10 Hering Unternehmensbewertung, 4. Aufl. 2021, 7.
11 Matschke/Brösel Unternehmensbewertung, 4. Aufl. 2013, 52 f.
12 Matschke Der Arbitriumwert der Unternehmung, 1979, 17.
13 Matschke/Brösel Unternehmensbewertung, 4. Aufl. 2013, 61–81.
14 Etwa Sieben WISU 1983, 539 (539); Matschke/Brösel Unternehmensbewertung, 4. Aufl. 2013, 24.

Ausgangspunkt der Bewertung anlässlich einer avisierten Veränderung der Eigentumsverhält- 9
nisse am Bewertungsobjekt ist die **Entscheidungsfunktion** der Bewertung.[15] Sie verfolgt den
Zweck, unter Berücksichtigung der individuellen wertrelevanten Facetten des Entscheidungssubjekts eine kritische Grenze zu ermitteln, die vorteilhafte (positiver Kapitalwert) von nachteiligen (negativer Kapitalwert) Konstellationen trennt und somit als sinnvolle Entscheidungsgrundlage dient. Diese kritische Größe wird allgemein als **Entscheidungswert** bezeichnet.

Handelt es sich beim zugrunde liegenden Anlass um einen Kauf bzw. Verkauf oder lässt sich 10
der Anlass – etwa, wenn er originär rechtlich begründet ist – zumindest wirtschaftlich als
solcher charakterisieren, liegt der Entscheidungswert – im einfachen Fall einer rein finanziellen
Zielsetzung – in Form einer Preisgrenze bzw. eines **Grenzpreises** vor.[16] Dieser informiert das
Entscheidungssubjekt darüber, welchen Preis es gerade noch bereit sein kann, für einen Kauf
oder Verkauf zu akzeptieren, ohne sich durch die Einigung auf die Transaktion schlechter
zu stellen als bei deren Unterlassung. Das bewertungstheoretische Pendant des Kaufs bzw.
Verkaufs sind all die Anlässe, die sich als Fusion oder Spaltung interpretieren lassen; bei diesen
liegt der Entscheidungswert in Form einer **Grenzquote** anstelle eines Grenzpreises vor.[17]

In komplexeren Bewertungskonstellationen geht es nicht nur um den Preis (Kauf/Verkauf) 11
oder die Quotenverteilung (Fusion/Spaltung) an sich, sondern es können zudem auch diverse
nicht-finanzielle Sachverhalte Gegenstand der Bewertung und Verhandlung sein, beispielsweise
Arbeitsplatzgarantien oder der Erhalt der Firma bei einem Unternehmensverkauf. In solchen
Situationen entspricht der Entscheidungswert derjenigen Kombination bzw. – sollten mehrere
gleichartige vorliegen – denjenigen Kombinationen aus Grenzpreis/-quote und Ausprägungen
nicht-preislicher/-quotenbezogener Sachverhalte, die das Entscheidungssubjekt gerade noch
bereit sein kann, zu akzeptieren, ohne einen ökonomischen Schaden zu erleiden.[18]

Bewertungsanlässe vom Typ Fusion oder Spaltung sind im Hinblick auf die Bewertung von 12
Daten – mit Ausnahme von Fusionen oder Spaltungen, die Unternehmen betreffen, deren
Geschäftsmodell maßgeblich auf der Sammlung und/oder Nutzung großer Datenbestände
basiert – tendenziell zu vernachlässigen, so dass sich die Ausführungen im Folgenden auf Kauf-/
Verkaufskonstellationen – und insofern Grenzpreiserwägungen – konzentrieren werden.

Die Bewertung von Massendaten zu Entscheidungszwecken ist insbesondere in zwei Fällen von 13
Relevanz: Erstens, im Falle eines avisierten Kaufs oder Verkaufs eines ganzen Unternehmens
(oder von Anteilen an einem Unternehmen), sofern dessen Geschäftsmodell maßgeblich durch
die Erhebung und/oder Nutzung von Massendaten charakterisiert ist, da diese dann zentrale
Werttreiber sind. Zweitens, im Falle der unternehmerischen Entscheidung, Massendatenpake-
te an sich bzw. zumindest den Zugang zu diesen zu erwerben bzw. zu veräußern.[19] Diese
beiden Konstellationen unterscheiden sich allerdings im Hinblick auf ihre rechtliche Natur:
Im Falle des Kaufs/Verkaufs von Unternehmen(santeilen) geht es rechtlich um Eigentum am
Unternehmen und dessen Übertragung von einer Vertragspartei auf eine andere. Beim Erwerb
des Zugangs zu Daten an sich kommt es indes nicht zu einer Übertragung von **Eigentum** →
§ 3 Rn. 51 – 55 an diesen Daten, denn ein solches existiert im deutschen Recht nicht.[20] Zugang,
Umfang, Möglichkeiten und Grenzen der Nutzung, evtl. Löschung etc sind – mangels rechtlichen Eigentums und somit einer eindeutigen Zuordnung – insofern auf vertraglicher Ebene zu

---

15 Etwa Hering Unternehmensbewertung, 4. Aufl. 2021, 7.
16 Matschke/Brösel Unternehmensbewertung, 4. Aufl. 2013, 135.
17 Matschke Der Entscheidungswert der Unternehmung, 1975, 327–336.
18 Matschke Der Entscheidungswert der Unternehmung, 1975, 357.
19 Etwa Grünert/Seiter/Bayrle/Berlin ZfbF 2017, V (IX).
20 Etwa Determann HLJ 2019, 1; Kornmeier/Baranowski BB 2019, 1219 (1223).

regeln.[21] Wirtschaftlich betrachtet sind beide Konstellationen einander indes durchaus ähnlich; in beiden Fällen geht es darum abzuwägen, zu welchen Konditionen der Erwerb bzw. die Veräußerung des Eigentums am Unternehmen bzw. des Zugangs zu den Daten als wirtschaftlich gerade noch lohnenswert erscheint. Insofern ist auf beide Fälle das Instrumentarium der Entscheidungswertermittlung anwendbar, trotz der divergierenden rechtlichen Natur. Unmittelbare Implikationen des unterschiedlichen rechtlichen Charakters schlagen sich grundsätzlich erst auf der Detailebene der Grenzpreisberechnung nieder, beispielsweise dahin gehend, dass – aufgrund des mangelnden Eigentums und gegebenenfalls vertraglicher Untersagung – kein Verkaufserlös durch Weitergabe der Daten erzielt werden kann, anders als im Falle des Erwerbs und späteren Verkaufs des Eigentums an Unternehmen.

14   Die Beantwortung der Frage, welcher wirtschaftliche Wert im Sinne der Entscheidungsfunktion der Bewertung Massendaten beizumessen ist, ist maßgeblich davon abhängig, welche zukünftigen **Zahlungsströme** ihrer Nutzung zugeordnet werden können (Erwerb) bzw. auf welche zukünftigen Zahlungsströme aus Nutzung im Zweifel verzichtet würde (Veräußerung). Inwieweit Letzteres überhaupt der Fall ist, ist indes von der konkreten Vertragsgestaltung im Einzelfall abhängig. Da Daten im technischen Sinne das Kriterium der **Nicht-Rivalität** erfüllen, können sie grundsätzlich von beliebig vielen Akteuren gleichzeitig genutzt werden.[22] Insofern verzichtet diejenige Partei, die Zugang zu Daten gegen Entgelt gewährt, nicht zwangsläufig auf die eigene Nutzung der Daten und den aus dieser realisierbaren Zahlungsstrom. Allerdings kann bereits die Nutzung derselben Datenpakete durch unterschiedliche Akteure dazu führen, dass der künftige Zahlungsstrom des originären Datennutzers dadurch geschmälert wird, dass er nun nicht mehr exklusiv Zugang zu den Informationen hat, sondern diese auch durch weitere Spieler zu wirtschaftlichen Zwecken genutzt werden können. Technische Nicht-Rivalität ist insofern nicht zwingend gleichbedeutend mit wirtschaftlicher Nicht-Rivalität.

15   Ein theoretisch fundierter und gleichsam praktikabler Ansatz zur Ermittlung des individuellen Entscheidungswerts besteht in der Berechnung des **Zukunftserfolgswerts**.[23] Dieser ergibt sich als Barwert der geschätzten künftigen Zahlungsüberschüsse ZÜ in Periode t, diskontiert mit dem internen Zinsfuß der besten Alternativverwendung des Kapitals, dem endogenen Grenzzins i, und somit – beispielsweise – anhand der folgenden Formel:

$$ZEW = \sum\nolimits_{t=1}^{T} \frac{Z\ddot{U}_t}{(1+i)^t}$$

16   Der Zukunftserfolgswert drückt aus, welchen zukünftigen Nutzen sich das Entscheidungssubjekt aus dem Bewertungsobjekt verspricht (Erwerb) bzw. auf welchen Nutzen es im Zweifel verzichtete (Veräußerung), und zwar in Form einer Gegenwartsgröße. Letzteres ist unabdingbar, möchte man den erwarteten, ergo erst in der Zukunft potentiell anfallenden Nutzen sinnvoll mit dem dafür in der Gegenwart zu zahlenden Preis vergleichen, um den **Kapitalwert** der avisierten Handlung zu ermitteln. Ist der Zukunftserfolgswert höher als der zu zahlende Kaufpreis, ergibt sich aus Sicht eines Erwerbers ein positiver Kapitalwert, im anderen Fall ein negativer. Spiegelbildlich verhält es sich aus Sicht eines Veräußerers: Ist der ihm zufließende Verkaufspreis höher als der erwartete Nutzenverlust, hat seine mögliche Handlung einen posi-

---

21   Etwa Arbeitsgruppe „Digitaler Neustart" der Konferenz der Justizministerinnen und Justizminister der Länder, Bericht vom 15.5.2017, abrufbar unter https://www.justiz.nrw.de/JM/schwerpunkte/digitaler_neustart/zt_b ericht_arbeitsgruppe/bericht_ag_dig_neustart.pdf, 8.

22   Zech CR 2015, 137 (139); Arbeitsgruppe „Digitaler Neustart" der Konferenz der Justizministerinnen und Justizminister der Länder, Bericht vom 15.5.2017, abrufbar unter https://www.justiz.nrw.de/JM/schwerpunkte/digitaler_neustart/zt_bericht_arbeitsgruppe/bericht_ag_dig_neustart.pdf, 30; Kornmeier/Baranowski BB 2019, 1219 (1219).

23   Sieben/Schildbach DStR 1979, 455 (459–461); Matschke/Brösel Unternehmensbewertung, 4. Aufl. 2013, 245–276.

tiven Kapitalwert, im anderen Fall einen negativen. Der Kapitalwert drückt ob des Vergleichs des diskontierten zukünftigen Nutzens mit dem in der Gegenwart zu zahlenden Preis aus, welchen Vermögenszuwachs bzw. welche Vermögensminderung sich das Entscheidungssubjekt – in gegenwärtigen Größen ausgedrückt – aus seiner möglichen Handlung erwartet.[24]

Von zentraler Bedeutung für die Höhe des Grenzpreises ist das Ausmaß zukünftiger Einzah- 17 lungsüberschüsse, die das Entscheidungssubjekt aufgrund seiner individuellen Zukunftserwartungen antizipiert. Diese können sich – je nach Einzelfall – aus unterschiedlichen Quellen speisen. Ist das Bewertungsobjekt ein Unternehmen, dessen Geschäftsmodell in der Monetarisierung von Daten besteht, sind künftige Ausschüttungen an die Unternehmenseigner, die sich infolge der unternehmerischen Tätigkeit einstellen, Quell der Zahlungsüberschüsse. Soll hingegen ein Massendatenpaket an sich finanzwirtschaftlich bewertet werden, können sich Zahlungsüberschüsse beispielsweise aufgrund der Gewährung des Zugangs zu den Daten gegen Entgelt oder aber auch durch Kombinationseffekte ergeben. Letztere vermögen insbesondere dann aufzutreten, wenn ein erworbenes Datenpaket dazu genutzt werden kann, Prozesse in bestimmten Unternehmensbereichen, etwa der Produktion oder des Absatzes, effektiver zu gestalten und die in diesen Bereichen anfallenden Zahlungsströme zu verbreitern.

Der entscheidungs- und bewertungstheoretisch einzig sachgerechte Kapitalisierungszinssatz 18 zur Diskontierung der geschätzten zukünftigen Zahlungsüberschüsse ist der subjektspezifische **endogene Grenzzins**, dh die interne Verzinsung der individuell besten Alternativhandlung, die dem Entscheidungssubjekt zur Verfügung steht.[25] Bei rein finanzieller Zielsetzung kann diese entweder eine Investition oder die – zumindest partielle – Tilgung einer Fremdfinanzierung sein. Welches Investitions- oder Finanzierungsobjekt im Einzelfall die beste Alternative darstellt, hängt vom gesamten finanzwirtschaftlichen Handlungsprogramm des Entscheidungssubjekts ab: Je nachdem, welche Zielsetzung verfolgt wird und welche Handlungsoptionen und -restriktionen vorliegen, wird entweder ein Investitions- oder ein Finanzierungsobjekt zu demjenigen Objekt, das gerade noch Bestandteil des gesamten finanzwirtschaftlichen Handlungsprogramms des Entscheidungssubjekts ist, das also gerade noch durchgeführt wird, und zwar oftmals nur partiell. Das aufgrund dieser Eigenschaft als **Grenzobjekt** bezeichnete Projekt determiniert über seine interne Verzinsung denjenigen Vergleichsmaßstab, mit dem die geschätzten Einzahlungsüberschüsse, die dem Bewertungsobjekt zugeschrieben werden, in Relation gesetzt werden.

Die auf diese Weise diskontierten prognostizierten Einzahlungsüberschüsse entsprechen dem 19 individuellen Grenzpreis des Entscheidungssubjekts. Dieser zeigt die Grenze der **Konzessionsbereitschaft** an, also diejenige Einigungsbedingung, zu der sich ein potentieller Erwerber oder Veräußerer gerade weder schlechter noch besserstellt als ohne die avisierte Handlung des Erwerbs bzw. der Veräußerung. Aus Sicht eines präsumtiven Erwerbers ist der Grenzpreis also der maximal zahlbare Preis, aus Sicht eines Veräußerers der mindestens zu verlangende Preis, bei dessen Unterschreiten (Erwerber) bzw. Überschreiten (Veräußerer) die Transaktion einen positiven Kapitalwert aufweist. Der Grenzpreis ist insofern von zentraler Bedeutung bei komplexen, finanzielle Erwägungen einbeziehenden unternehmerischen Entscheidungen;[26] ohne seine Kenntnis ist das Entscheidungssubjekt gewissermaßen orientierungslos dahin gehend, zu welchem Preis es einem Erwerb oder einer Veräußerung etwa eines Datenpakets sinnvollerweise zustimmen kann.

Aufgrund der für unternehmerische Entscheidungen charakteristischen **Unsicherheit**[27] ist es 20 indes nicht sinnvoll, den individuellen Entscheidungswert unmittelbar als Punktwert zu be-

---

24 Coenenberg/Schultze DBW 2002, 597 (600).
25 Sieben/Schildbach DStR 1979, 455 (460 f.).
26 Matschke Der Entscheidungswert der Unternehmung, 1975, 59.
27 Knight, Risk, Uncertainty and Profit, 1921.

stimmen. Um die in den Zukunftsschätzungen insbesondere der Zahlungsströme inhärente Unsicherheit transparent abzubilden, bietet sich zunächst eine Entscheidungswertermittlung in Form von Bandbreiten oder Verteilungen an.[28] Eine Möglichkeit, entsprechend zu verfahren, ist die Monte-Carlo-Simulation.[29] Bei deren Anwendung werden – basierend auf den Verteilungsschätzungen des Entscheidungssubjekts im Hinblick auf Zahlungsströme und Diskontierungszinssätze – in hoher Anzahl Kombinationen von Zahlungsstromprognosen und Zinssatzannahmen simuliert; der daraus jeweils resultierende Entscheidungswert wird gespeichert. Im Ergebnis liefert die Simulation eine auf den individuellen Zukunftserwägungen des Entscheidungssubjekts basierende Verteilung möglicher Entscheidungswerte. Die finale Auswahl eines konkreten Punktwerts aus dieser Verteilung obliegt dem Entscheidungssubjekt; es ist dessen ureigene unternehmerische Abwägung.[30]

II. Datenbewertung zu Verhandlungs- und Vermittlungszwecken

21   Die Kenntnis des Grenzpreises ist für eine zielsetzungsgerechte unternehmerische Entscheidung unabdingbar.[31] Diese Kenntnis allein ist indes nicht hinreichend, um eine Transaktion, beispielsweise den Erwerb des Zugangs zu einem Datenpaket, schlussendlich auch zu vollziehen. Jedem präsumtiven Erwerber steht zumindest ein präsumtiver Veräußerer gegenüber, der einer möglichen Transaktion seinerseits zustimmen muss. Insofern ist es weder für den potentiellen Erwerber eines Zugangs zu Daten noch für den potentiellen Veräußerer eines solchen Zugangs ausreichend, die eigene Konzessionsgrenze zu bestimmen. Vielmehr müssen sich beide Konfliktparteien im Wege einer **Verhandlung** auf einen beiderseits akzeptablen Preis bzw. – in realistischeren, über reine Entgeltregelungen hinausgehenden Fällen – auf beiderseits akzeptable Einigungsbedingungen verständigen.[32] Unter diese Bedingungen können beispielsweise Spezifika des Zugangs zu den in Rede stehenden Daten, wie etwa dessen Fristigkeit, oder die zugestandenen Zwecke und Grenzen der Datennutzung fallen.

22   Inwieweit sich überhaupt ein Spielraum für Preisverhandlungen ergibt, hängt allerdings von den individuellen Grenzpreisen der beteiligten Parteien ab. Schätzt der präsumtive Veräußerer den Wert des in Rede stehenden Objekts, etwa das Eigentum an einem auf Sammlung und Monetarisierung von Massendaten spezialisierten Unternehmen, höher ein als sein an einem Erwerb interessierter Gegenüber, existiert kein für beide Seiten zugleich akzeptabler Preis.[33] Die Verhandlung kann nicht zu einer Einigungslösung kommen, wenn der präsumtive Veräußerer einen höheren Grenzpreis für sich bestimmt als der potentielle Erwerber, da der von Ersterem mindestens zu verlangende Preis den aus Sicht des möglichen Erwerbers maximal zahlbaren übersteigt. Eine der Parteien würde sich bei Einigung auf einen Preis insofern zwangsläufig schlechterstellen (müssen) als ohne die Transaktion. Entweder würde der Erwerber oberhalb seines Grenzpreises kaufen oder der Veräußerer verkaufte unterhalb seines Mindestpreises. Es ist davon auszugehen, dass keine Konfliktpartei dies in einer freiwilligen unternehmerischen Entscheidung täte;[34] es käme schlicht nicht zu einer Transaktion.

23   Voraussetzung für eine Übereinkunft zwischen Erwerber und Veräußerer, die beiden Seiten eine Wohlfahrtssteigerung in Form eines positiven Kapitalwerts in Aussicht stellt, ist, dass der

---

28 Etwa Hering/Olbrich/Rapp QJAE 2021, 348 (355).
29 Hertz HBR 1964, 95; Coenenberg ZfB 1970, 793. Hering, Investitionstheorie, 6. Aufl. 2022, 334–353 veranschaulicht diesen Ansatz mit einem Zahlenbeispiel.
30 Hering/Olbrich/Rapp QJAE 2021, 348 (356).
31 Matschke Der Entscheidungswert der Unternehmung, 1975, 59; Herbener/Rapp QJAE 2016, 3 (10).
32 Matschke Der Arbitriumwert der Unternehmung, 1979, 18.
33 Etwa Follert/Herbener/Olbrich/Rapp QJAE 2018, 52 (63).
34 Matschke Der Arbitriumwert der Unternehmung, 1979, 48.

Grenzpreis des präsumtiven Erwerbers denjenigen des präsumtiven Veräußerers übersteigt.[35] Ist diese notwendige Bedingung erfüllt, existiert ein Spielraum für Verhandlungen, innerhalb dessen jeder erdenkliche Preis für beide Vertragsparteien akzeptabel ist. Auf welche Weise der gemeinsam realisierbare Vorteil aus der Transaktion zwischen den Parteien aufgeteilt wird, hängt maßgeblich von der Verhandlungsposition sowie den -fähigkeiten der Beteiligten ab.[36]

Auf dem Weg zur finalen Einigung auf einen **Vermittlungswert** – einen einfachen Preis oder einen über diesen hinausgehende Aspekte beinhaltenden Vertrag – suchen an der Verhandlung Beteiligte mittels **Argumentationswerten** das Ergebnis der Verhandlung zu ihren Gunsten zu beeinflussen. Als Argumentationswerte werden alle vorgebrachten Argumente, die der Stärkung der eigenen Stellung oder der Schwächung der Position des Gegenübers dienen, bezeichnet.[37] Es kann sich dabei um simple, nicht näher begründete Preis- bzw. Einigungsvorschläge handeln; daneben können die an der Transaktion interessierten Parteien auch über konkrete Eingangsdaten in ein finanzwirtschaftliches Bewertungskalkül verhandeln, um so zu einem für beide Seiten akzeptablen Einigungswert zu gelangen.[38]   24

Wenngleich es keine allgemeingültigen Regeln für die Wahl eines Verfahrens für die Verhandlung gibt und diese letztlich Gegenstand einer freien Einigungsentscheidung der im Einzelfall beteiligten Parteien ist,[39] haben sich **marktwertorientierte Verfahren** als besonders geeignet für Argumentationszwecke erwiesen.[40] Dieser Kategorie werden sowohl finanzierungstheoretische als auch vergleichsorientierte Verfahren subsumiert.[41] Während Erstere geschätzte Nutzenströme, die in Form von „cashflows" operationalisiert werden, unter stark von der Realität abweichenden, „idealisierten" Bedingungen zu einem Barwert diskontieren („discounted cashflow", DCF),[42] zielen Letztere darauf ab, den Wert des in Rede stehenden Objekts aus am Markt beobachtbaren (Vergleichs-)Preisen abzuleiten.[43] Ein Beispiel für ein vergleichsorientiertes Verfahren zur Bewertung lizenzierbarer Daten ist das Lizenzpreisanalogieverfahren, das den Datenwert derivativ aus den Lizenzgebühren möglichst vergleichbarer Datenpakete ermitteln möchte.[44] Beide Verfahrenstypen sind zwar insbesondere wegen ihres **mangelnden Subjektbezugs** sowie weiterer Mängel für Entscheidungszwecke gänzlich unbrauchbar,[45] eignen sich aber vor allem aufgrund ihrer Flexibilität, Eingängigkeit und scheinbaren Fundiertheit hervorragend für Verhandlungszwecke.[46] Eine vertrauenerweckende Anwendung von auf Marktpreise vergleichbarer Daten abstellenden Verfahren setzt selbstredend die Existenz aktiver Märkte voraus, auf denen sich kontinuierlich Preise für mehr oder minder vergleichbare Daten bilden. Die Entwicklung hin zu einer **Datenökonomie** mit entsprechenden Handelsmärkten erlaubt insofern zunehmend eine glaubwürdige Argumentation auf Basis beobachtbarer Marktpreise,[47]   25

---

35 Etwa v. Böhm-Bawerk Kapital und Kapitalzins, Bd. I Abt 2: Positive Theorie des Kapitals, 4. Aufl. 1921, 267; Matschke/Brösel/Matschke JBVELA 2010, Artikel 7; Follert/Herbener/Olbrich/Rapp QJAE 2018, 52 (65 f.).
36 Matschke/Brösel Unternehmensbewertung, 4. Aufl. 2013, 625.
37 Matschke Der Arbitriumwert der Unternehmung, 1979, 18; Matschke/Brösel Unternehmensbewertung, 4. Aufl. 2013, 609.
38 Matschke BFuP 1976, 517 (520); Matschke/Brösel Unternehmensbewertung, 4. Aufl. 2013, 615–616.
39 Institut der Wirtschaftsprüfer IDW Standard: Grundsätze zur Bewertung immaterieller Vermögenswerte (IDW S 5), 2015, Rn. 53.
40 Follert/Herbener/Olbrich/Rapp QJAE 2018, 52 (68–71).
41 Matschke/Brösel Unternehmensbewertung, 4. Aufl. 2013, 125 f.
42 Etwa Hering Unternehmensbewertung, 4. Aufl. 2021, 264–290.
43 Olbrich BFuP 2000, 454.
44 Krotova/Rusche/Spiekermann Die ökonomische Bewertung von Daten, 2019, abrufbar unter https://www.iwk oeln.de/studien/alevtina-krotova-christian-rusche-die-oekonomische-bewertung-von-daten.html, 31.
45 Olbrich BFuP 2000, 454 (458 f.); Olbrich/Quill/Rapp JBVELA 2015, 1 (12–17); Herbener/Rapp QJAE 2016, 3 (20–23); Zechmann/Möller Controlling 2016, 448 (559).
46 Matschke/Brösel Unternehmensbewertung, 4. Aufl. 2013, 624; Follert/Herbener/Olbrich/Rapp QJAE 2018, 52 (69).
47 Etwa Spiekermann/Wenzel/Otto A Conceptual Model of Benchmarking Data and its Implications for Data Mapping in the Data Economy, in: Drews/Funk/Niemeyer/Xie (Hrsg.), Multikonferenz Wirtschaftsinformatik

auch wenn die Frage nach der Vergleichbarkeit einzelner Datenpakete auch zukünftig nur schwierig zu beantworten sein wird. Nicht zuletzt können auch Ansätze, die den Wert der Daten aus den für diese anfallenden Kosten herzuleiten suchen, zur Erreichung einer vorteilhaften Einigung Einsatz finden, insbesondere wegen des vermeintlich nachvollziehbaren, objektiven Charakters der Kosten und der damit einhergehenden Akzeptanz der Verfahren.[48]

26 Um eine möglichst vorteilhafte Übereinkunft zu erreichen, ist zweierlei essentiell: Erstens bedarf es der Kenntnis des Bewertungsverfahrens, unter dessen Zugrundelegung verhandelt wird, sowie der Wirkung, die mit der Änderung von Eingangsdaten in den Kalkül einhergehen.[49] Die Verhandlungsparteien müssen sich im Klaren darüber sein, wie sich eine Änderung von Eingangsdaten, beispielsweise eine angepasste „cashflow"-Prognose oder eine alternative Wahl eines Vergleichsobjekts, letztlich auf den zu ermittelnden Wert auswirkt, um einen Einigungsvorschlag sinnvoll beurteilen und entsprechend bejahen oder verneinen zu können. Zweitens gilt es, stets seinen eigenen Entscheidungswert zu achten.[50] Der Entscheidungswert begrenzt den Spielraum für (Preis-)Zugeständnisse einseitig und sollte – bei einer freien unternehmerischen Entscheidung – unter keinen Umständen unter- (Veräußerer) bzw. überschritten (Erwerber) werden – anderenfalls ließe sich die Verhandlungspartei sehenden Auges auf einen negativen Kapitalwert und somit eine erwartete Vermögensminderung durch ihre Handlung ein.

III. Besonderheiten der Bewertung von Daten

27 Die Bewertung von (Massen-)Daten weist im Vergleich zu anderen Anlässen bestimmte Spezifika auf. Drei dieser Besonderheiten seien im Folgenden skizziert:

28 1. *Komplexität und Unsicherheitsausmaß:* Die Bewertung von Massendaten ist ein komplexes Unterfangen,[51] das sich durch ein hohes Maß an **Unsicherheit** auszeichnet. Daten und ihre Fähigkeit, (zusätzliche) Zahlungsströme zu generieren, sind aufgrund der immateriellen Datennatur nur sehr schwierig fassbar, eine angemessene Zuordnung von Zahlungsströmen zur Datennutzung daher noch anspruchsvoller als dies bereits bei klassischeren, physischen Bewertungsobjekten der Fall ist. Zudem ist die Vision einer Datenökonomie und die mit ihr einhergehende vermehrte Sammlung und Nutzung von Massendaten zu wirtschaftlichen Zwecken ein noch vergleichsweise junges Phänomen. Es existiert insofern keine ausgeprägte Historie, aus der man zumindest grundlegende Erkenntnisse im Hinblick auf zukünftige Erfolgspotentiale der Datennutzung ableiten könnte. Ob sich beispielsweise aus der Auswertung von Massendatensätzen, die das Konsumentenverhalten betreffen, tatsächlich kausale Aussagen zu künftigem Konsumentenverhalten ableiten lassen, ist fraglich, da das Verhalten von Konsumenten im Zeitverlauf nicht zwingend von Konstanz geprägt ist. Eine umfassen-

---

2018, Data driven X — Turning Data into Value Bd. I, 2018, 314; Krotova/Spiekermann Data Valuation Model. Handbuch für Bewertung von Daten in Unternehmen, 2020, abrufbar unter https://www.demand-projekt.de/paper/Krotova,%20Alevtina;%20Spiekermann,%20Markus,%202020,%20Data%20Valuation%20Model,%20Handbuch%20f%C3%BCr%20Bewertung%20von%20Daten%20in%20Unternehmen,%20DEMAND-Bericht.pdf, 30.

48 Krotova/Rusche/Spiekermann Die ökonomische Bewertung von Daten, 2019, abrufbar unter https://www.iwkoeln.de/studien/alevtina-krotova-christian-rusche-die-oekonomische-bewertung-von-daten.html, 28 mwN. Tatsächlich sind kostenbasierte Bewertungsverfahren alles andere als objektiv, man denke nur an die hochgradig subjektive Zuschlüsselung von Gemeinkostenbestandteilen. Rapp/Olbrich/Venitz QJAE 2018, 60 (65 f.).

49 Matschke/Brösel Unternehmensbewertung, 4. Aufl. 2013, 626 f.

50 Dieser ist „letzte Rückzugslinie für die einzusetzenden Argumentationswerte", so Matschke/Brösel Unternehmensbewertung, 4. Aufl. 2013, 622.

51 Krotova/Spiekermann Data Valuation Model. Handbuch für Bewertung von Daten in Unternehmen, 2020, abrufbar unter https://www.demand-projekt.de/paper/Krotova,%20Alevtina;%20Spiekermann,%20Markus,%202020,%20Data%20Valuation%20Model,%20Handbuch%20f%C3%BCr%20Bewertung%20von%20Daten%20in%20Unternehmen,%20DEMAND-Bericht.pdf, 15.

dere Datenlage zu vergangenem Verhalten ist insofern nicht notwendigerweise ein Garant für eine bessere Beurteilung und Abschätzung zukünftigen Verhaltens.[52] Nicht zuletzt schüren etwa Fragen des Datenhandels auf dafür vorgesehenen Plattformen im Hinblick auf deren Funktionsfähigkeit und Resilienz sowie der (technischen) Sicherheit des Datenhandels weitere Unsicherheiten, die das Entscheidungssubjekt vor ein anspruchsvolles Bewertungsproblem stellen.

2. *Mangelndes Eigentum und Nicht-Rivalität:* Ein bereits angeklungenes Spezifikum von Daten ist, dass kein Eigentum per se an ihnen existiert. Insofern unterscheidet sich das Bewertungsobjekt Daten von zahlreichen anderen Bewertungsobjekten wie Unternehmensanteilen oder einer Sammlung historischer Gemälde. Im Gegensatz zu einer Transaktion von Anteilen an einem Unternehmen geht bei einem Erwerb beispielsweise von Massendatenpaketen kein Eigentum vom Veräußerer auf den Erwerber über; es wird lediglich Zugang zu den Daten gewährt. Ein Grund für den Mangel an Eigentum ist der Umstand, dass Daten schwierig fassbar sind und nicht zwingend exklusiv einer Partei zugeordnet werden können. Daten haben die Eigenschaft der **Nicht-Rivalität**, sie können also von mehreren Parteien gleichzeitig genutzt werden, ohne, dass dies die (technische) Nutzbarkeit durch die jeweiligen Parteien beeinträchtigte. Aus diesem Grund kann es bei der Bewertung von Daten zu dem außergewöhnlichen Fall kommen, dass der Grenzpreis eines Veräußerers eines Zugangs zu Daten null Euro entspricht, nämlich dann, wenn die technische Nicht-Rivalität zugleich mit einer wirtschaftlichen Nicht-Rivalität einhergeht. Dies ist insbesondere dann gegeben, wenn die Daten mit Akteuren geteilt werden, deren Nutzung den eigenen Zahlungsstrom nicht negativ zu beeinflussen imstande ist, etwa, weil der Erwerber des Zugangs zu den Daten in einem anderen Wirtschaftszweig aktiv ist. Der Veräußerergrenzpreis kann im Einzelfall auch negativ sein, beispielsweise dann, wenn die Weitergabe der Daten etwa an einen Hersteller von Vorprodukten Effektivitätssteigerungen in der eigenen Produktion ermöglicht. Ein negativer Grenzpreis signalisiert, dass der Veräußerer nicht nur bereit sein kann, jeden positiven Vermittlungswert zu akzeptieren, sondern sogar auch, für die Veräußerung noch ein Entgelt an den Erwerber zu leisten, denn er stellte sich selbst in diesem Fall besser als ohne die Gewährung des Datenzugangs.

3. *Datenhandel und Intermediäre:* Die Bewertung von (Massen-)Daten weist nicht nur im Hinblick auf die Entscheidungswertermittlung Spezifika in Form großer Komplexität, eines hohen Ausmaßes an Unsicherheit sowie aufgrund des Mangels an Dateneigentum auf; auch im Hinblick auf Verhandlungen und somit Argumentationswerte kann es bei der Datenbewertung zu einer Besonderheit kommen, die indes auch in bestimmten alternativen Szenarien, etwa der Bewertung von Anteilen börsennotierter Unternehmen, anzutreffen ist: Um einen möglichst reibungslosen Datenaustausch mit geringen Transaktionskosten[53] (insbesondere in Form von Suchkosten) zu ermöglichen, erfolgt dieser nicht zuletzt über spezifische **Datenhandelsplätze**, die als neutrale Intermediäre zwischen die an einer Transaktion interessierten Parteien geschaltet sind. Die Funktion und offenbar als notwendig erachtete Regulierung solcher Datenvermittlungsdienste ist ein Kernaspekt des **Data Governance Act**,[54] der ein wesentlicher Pfeiler der europäischen Datenstrategie ist. Der Handel mit Daten über derartige Plattformen erfolgt regelmäßig ohne explizite Verhandlung zwischen präsumtiven Erwerbern und präsumtiven Veräußerern. Insofern wird die Argumentationsfunktion der Bewertung gewissermaßen übersprungen. Potenzielle Erwerber und Veräußerer entscheiden

29

30

---

52 Nell/Foss/Klein/Schmitt Bus. Horiz. 2021, 163 identifizieren Digitalisierungsfallen – inklusive des naiven Verlassens auf algorithmisch ausgewertete Massendaten zur Entscheidungsfindung – und geben Handlungsempfehlungen zu deren Vermeidung.
53 Coase Economica 1936, 386.
54 VO (EU) 2022/868.

letztlich nur in Anbetracht bestimmter Preisvorschläge unter Berücksichtigung ihrer individuellen Entscheidungswerte, ob sie einer Transaktion zuzustimmen gewillt sind oder nicht.

C. Bilanzierung

I. Rechnungslegung nach HGB

1. Bilanzierung dem Grunde nach

a) Abstrakte Aktivierungsfähigkeit

31 Hinsichtlich der Frage der Bilanzierung von Massendaten ist für den handelsrechtlichen Jahresabschluss zunächst einmal § 247 Abs. 1 HGB zu beachten, der besagt, dass in der Bilanz das Anlage- und Umlaufvermögen auszuweisen sind. Massendaten finden daher folglich grundsätzlich dann Eingang in die Bilanz, wenn es sich bei ihnen um Vermögen aus handelsrechtlicher Sicht, also um **Vermögensgegenstände** handelt. Der Begriff des Vermögensgegenstands wird im HGB selbst nicht definiert, so dass er einer Interpretation auf Basis der Grundsätze ordnungsmäßiger Buchführung bedarf; ein Gut stellt danach dann einen Vermögensgegenstand dar, wenn es die Kriterien der **abstrakten Aktivierungsfähigkeit** kumulativ erfüllt.[55] Gemäß diesen Kriterien sind Massendaten immer dann ein Vermögensgegenstand, wenn sie dem Kaufmann sowohl einen zukünftigen Nutzen versprechen als auch selbstständig bewertbar und zudem selbstständig verwertbar sind.[56]

32 Das **Nutzenpotential** von Massendaten ist dann zu bejahen, wenn diese vom Kaufmann im Rahmen seiner Wertschöpfung zum Einsatz kommen, sei es nun durch Eigennutzung oder durch Zugangsüberlassung an Dritte und einem damit einhergehenden wirtschaftlichen Vorteil. Es bedarf in diesem Kontext in den allermeisten Fällen keiner lückenlos geführten betriebswirtschaftlich-technischen Beweiskette, um das Nutzenpotential zu bejahen; die Tatsache, dass der Kaufmann aktiv einen Bestand an Massendaten aufbaut oder einen vorhandenen Datensatz bzw. den Zugang zu diesem erwirbt, wird in den allermeisten Fällen bereits den Schluss zulassen, dass besagten Daten ein Nutzenpotential beigemessen wird.

33 Das auf dem Grundsatz der **Einzelbewertung** fußende Merkmal der selbstständigen Bewertbarkeit von Massendaten ist stets in all den Fällen zweifelsfrei gegeben, in denen dem Kaufmann pagatorische Kosten entstanden sind, um den Massendatenbestand selbst aufzubauen oder einen (Zugang zu einem) bestehenden Massendatenbestand zu erwerben.[57]

34 Die **selbstständige Verwertbarkeit** beschränkt sich nicht auf eine selbstständige Veräußerbarkeit, sondern ist bereits dann zu bejahen, wenn das Gut eigenständig, ohne Verbindung mit dem restlichen Geschäftsbetrieb des Kaufmanns, einer Verwertung zugeführt werden kann.[58] Massendaten, bei denen zB eine Verwertung mittels entgeltlicher Überlassung eines Zugangs für Dritte möglich ist, und dies losgelöst vom Rest des Unternehmens des Kaufmanns, weisen damit eine solche selbstständige Verwertbarkeit auf.

---

55 Waschbusch Systematischer Praxiskommentar Bilanzrecht, 3. Aufl. 2016, HGB § 247 Rn. 24; HdR-E/Kußmaul Bilanzierungsfähigkeit und Bilanzierungspflicht Rn. 1 f.

56 Die Kriterien der abstrakten Aktivierungsfähigkeit werden im Schrifttum teilweise inhaltlich unterschiedlich abgegrenzt und ausgelegt, Moxter BB 1978, 821; Moxter BB 1987, 1846; Mindermann Wissen in der Rechnungslegung, 2008, 44–47; Waschbusch Systematischer Praxiskommentar Bilanzrecht, 3. Aufl. 2016, HGB § 247 Rn. 24; HdR-E/Kußmaul Bilanzierungsfähigkeit und Bilanzierungspflicht Rn. 1–15.

57 Schwarz Bilanzierung von Daten, 2020, 14 f.; Stein/Maaß Monetäre Bewertung von Daten im Kontext der Rechnungslegung. Ansätze zur Datenbilanzierung in: Trauth/Prinz/Bergs Monetarisierung von technischen Daten, 2021, 123.

58 HdR-E/Kußmaul Bilanzierungsfähigkeit und Bilanzierungspflicht Rn. 1–15.

b) Konkrete Aktivierungsfähigkeit

Erfüllen Massendaten die drei Kriterien der abstrakten Aktivierungsfähigkeit, stellen sie Vermögensgegenstände dar, so dass damit ihre Aktivierungspflicht im handelsrechtlichen Jahresabschluss im Raum steht. Allerdings sind zunächst drei weitere Kriterien zu prüfen, um zu einem abschließenden Urteil über die Aktivierung von Massendaten zu kommen. Diese Prüfung betrifft die konkrete Aktivierungsfähigkeit, die wirtschaftliche Zurechnung und die Zugehörigkeit zum Betriebsvermögen. 35

Die **konkrete Aktivierungsfähigkeit**[59] betrifft die Frage, ob das Handelsrecht dem Kaufmann die Aktivierung von Massendaten untersagt oder ihm ein Wahlrecht für die Aktivierung einräumt, die wegen des Grundsatzes der Vollständigkeit aus dem Bejahen der abstrakten Aktivierungsfähigkeit und damit dem Vorliegen der Vermögensgegenstandseigenschaft resultierende Aktivierungspflicht also umwandelt in ein Aktivierungsverbot oder eine Aktivierungsoption. Massendaten stellen immaterielle Positionen dar,[60] so dass § 248 Abs. 2 S. 1 HGB ein Aktivierungswahlrecht für all jene Massendatenbestände des Kaufmanns einräumt, die er selbst geschaffen hat und dazu bestimmt sind, dauerhaft seinem Geschäftsbetrieb zu dienen, also dem Anlagevermögen subsumiert werden (§ 247 Abs. 2 HGB).[61] Voraussetzung zur Ausübung besagten Wahlrechts ist freilich gemäß § 255 Abs. 2a S. 4 HGB, dass der Prozess der Eigenerstellung des Massendatenbestands verläßlich in eine Forschungsphase einerseits und eine Entwicklungsphase andererseits zerlegt werden kann. Ist dies nicht der Fall, wandelt sich das Aktivierungswahlrecht in ein Aktivierungsverbot jener Massendaten, die sowohl selbst erstellt sind als auch dem Geschäftsbetrieb dauerhaft dienen sollen. 36

Voraussetzung für eine Aktivierung ist zudem, dass die Massendaten dem Kaufmann **wirtschaftlich zuzurechnen** sind:[62] Das Handelsrecht, konkret § 246 Abs. 1 S. 2 HGB, stützt sich hinsichtlich dieses Kriteriums auf § 39 AO, wonach Wirtschaftsgüter dem Eigentümer zuzurechnen sind (Abs. 1), es sei denn, ein anderes Wirtschaftssubjekt als besagter Eigentümer übt die tatsächliche Herrschaft über ein Wirtschaftsgut dergestalt aus, dass es den Eigentümer für die gewöhnliche Nutzungsdauer von der Einwirkung auf das Wirtschaftsgut ausschließen kann; in diesem Falle ist diesem Wirtschaftssubjekt dann das Wirtschaftsgut zuzurechnen (Abs. 2 S. 1).[63] Die Betriebswirtschaftslehre spricht in diesem Kontext vom wirtschaftlichen Eigentümer; er wird oftmals mit dem juristischen Terminus des Besitzers gemäß § 854 BGB deckungsgleich sein.[64] 37

Nicht zuletzt ist Voraussetzung für die Aktivierung von Massendaten ihre Zugehörigkeit zum **Betriebsvermögen**. Während die Abgrenzung zwischen Privat- und Betriebsvermögen bei Kaufleuten in der Rechtsform der Kapitalgesellschaften (und Genossenschaften) keine Rolle spielt, ist sie bei Einzelkaufleuten und Personengesellschaften von Bedeutung, denn ist ein Vermögensgegenstand dem Privatvermögen des Kaufmanns zugeordnet, schließt dies die Aktivierung im handelsrechtlichen Jahresabschluss aus.[65] 38

---

59 Mindermann Wissen in der Rechnungslegung, 2008, 47 f.; Waschbusch Systematischer Praxiskommentar Bilanzrecht, 3. Aufl. 2016, HGB § 247 Rn. 25–28; HdR-E/Kußmaul Bilanzierungsfähigkeit und Bilanzierungspflicht Rn. 16–22.
60 Schwarz Bilanzierung von Daten, 2020, 15–17. Siehe hierzu näher Abschnitt C.I.2.a) → Rn. 40.
61 Bysikiewicz/Zwirner Systematischer Praxiskommentar Bilanzrecht, 3. Aufl. 2016, HGB § 248 Rn. 12–16. Siehe hierzu näher Abschnitt C.I.2.b) → Rn. 41.
62 Tanski Systematischer Praxiskommentar Bilanzrecht, 3. Aufl. 2016, HGB § 246 Rn. 56–59; Waschbusch Systematischer Praxiskommentar Bilanzrecht, 3. Aufl. 2016, HGB § 247 Rn. 27 f.
63 Ausführlich zum Verhältnis zwischen § 39 AO und wirtschaftlicher Vermögenszurechnung in der Handelsbilanz Knobbe-Keuk Bilanz- und Unternehmenssteuerrecht, 9. Aufl. 1993, 71–77.
64 Tanski Systematischer Praxiskommentar Bilanzrecht, 3. Aufl. 2016, HGB § 246 Rn. 56.
65 Heinz/Müller/Kußmaul Kap. 146 Rn. 12; Waschbusch Systematischer Praxiskommentar Bilanzrecht, 3. Aufl. 2016, HGB § 247 Rn. 30.H

39 Einen synoptischen Überblick über die möglichen Aktivierungskonsequenzen für Massendaten gibt die folgende Tabelle.

Fälle unter Annahme, dass sowohl wirtschaftliche Zurechnung als auch Zugehörigkeit zum Betriebsvermögen gegeben sind	Aktivierungsfolge
Massendaten erfüllen alle drei Kriterien der abstrakten Aktivierungsfähigkeit und sind nicht selbst geschaffen worden.	Aktivierungspflicht
Massendaten erfüllen alle drei Kriterien der abstrakten Aktivierungsfähigkeit, sind selbst geschaffen worden und nicht dazu bestimmt, dauerhaft dem Geschäftsbetrieb zu dienen.	
Massendaten erfüllen alle drei Kriterien der abstrakten Aktivierungsfähigkeit, sind selbst geschaffen worden, dazu bestimmt, dauerhaft dem Geschäftsbetrieb zu dienen, und Forschungs- und Entwicklungsphase lassen sich verlässlich voneinander unterscheiden.	Aktivierungswahlrecht
Massendaten erfüllen alle drei Kriterien der abstrakten Aktivierungsfähigkeit, sind selbst geschaffen worden, dazu bestimmt, dauerhaft dem Geschäftsbetrieb zu dienen, und Forschungs- und Entwicklungsphase lassen sich nicht verlässlich voneinander unterscheiden.	Aktivierungsverbot

Tabelle: Denkbare Fälle von Massendaten im Unternehmen und ihre jeweiligen Aktivierungsfolgen

2. Bilanzierung dem Ausweis nach

a) Immaterielle Vermögensgegenstände

40 Eine Legaldefinition immateriellen Vermögens findet sich im HGB nicht, so dass die Abgrenzung zwischen materiellen und immateriellen Positionen Gegenstand des Schrifttums und der Rechtsprechung ist.[66] Charakteristisch für immaterielle Güter ist zunächst einmal ihre Unkörperlichkeit, wobei diese weiter nach dem **Grad ihrer Unkörperlichkeit** differenziert werden können. Mindermann unterscheidet in diesem Kontext insbesondere in rein immaterielle Güter und materialisierte immaterielle Güter:[67] Während erstere keinerlei körperliche Substanz aufweisen, besitzen letztere materielle und immaterielle Bestandteile, doch „ist [...] die materielle Komponente im Vergleich zur immateriellen Komponente von untergeordneter Bedeutung und dient vorrangig Transport-, Dokumentations-, Speicherungs- oder Lagerfunktionen (wie zB ein EDV-Programm, das auf einer Diskette als Datenträger gespeichert wurde)"[68] Massendaten sind von Unkörperlichkeit geprägt und damit **immaterieller Natur**, auch wenn sie auf einem körperlichen Trägermedium abgespeichert sind.[69] Es handelt sich bei Massendaten also um immaterielle Positionen und, sollten alle Kriterien der abstrakten Aktivierungsfähigkeit erfüllt sein, zudem um immaterielle Vermögensgegenstände. Muss oder

---

66 Einen eingängigen Überblick über die Diskussion geben Knobbe-Keuk Bilanz- und Unternehmenssteuerrecht, 9. Aufl. 1993, 90–94 sowie Mindermann Wissen in der Rechnungslegung, 2008, 48 f.
67 Mindermann Wissen in der Rechnungslegung, 2008, 48 f.
68 Mindermann Wissen in der Rechnungslegung, 2008, 49.
69 Dem Ergebnis von Schwarz Bilanzierung von Daten, 2020, 17, „dass der immaterielle Charakter von Daten auch dann bestehen bleibt, wenn der jeweilige Datenträger [...] eine körperliche Substanz aufweist" ist somit uneingeschränkt zuzustimmen. Auch Stein/Maaß Monetäre Bewertung von Daten im Kontext der Rechnungslegung. Ansätze zur Datenbilanzierung, in: Trauth/Prinz/Bergs Monetarisierung von technischen Daten, 2021, 116 subsumieren Daten den immateriellen Vermögensgegenständen.

kann eine Aktivierung erfolgen, wird sie damit in der Kategorie der immateriellen Vermögensgegenstände auf der Aktivseite erfolgen.

b) Anlage- versus Umlaufvermögen

Ob eine Aktivierung als immaterieller Vermögensgegenstand dabei in der Kategorie des Anla- 41
gevermögens oder aber des Umlaufvermögens vorgenommen wird, hängt ab von der individuellen Entscheidung des Kaufmanns. Beabsichtigt er, den Massendatenbestand dauernd in seinem Betrieb einzusetzen, ist er gem. § 247 Abs. 2 HGB dem Anlagevermögen zu subsumieren;
anderenfalls handelt es sich hingegen um Umlaufvermögen. Eine konkrete Abgrenzung, wann
Dauerhaftigkeit gegeben ist und wann nicht, findet sich im HGB nicht;[70] für gewöhnlich
wird dann eine dauerhafte Nutzung durch den Kaufmann anzunehmen sein, wenn diese zwölf
Monate übersteigt.[71]

3. Bilanzierung der Höhe nach

a) Erstbewertung

Im Jahr ihres Zugangs in den Betrieb werden Massendaten gem. § 253 Abs. 1 S. 1 HGB ent- 42
weder in Höhe der Herstellungskosten oder in Höhe der Anschaffungskosten bewertet. Die
Bewertung zu **Herstellungskosten** erfolgt stets dann, wenn der Kaufmann den Datenbestand
selbst erstellt hat. Der Umfang der Herstellungskosten ergibt sich dabei grundsätzlich aus § 255
Abs. 2 HGB, der zwischen Kosten unterscheidet, die in die Herstellungskosten einbezogen
werden müssen (Pflichtbestandteile der Herstellungskosten) und solchen, die in die Herstellungskosten einbezogen werden können (Wahlbestandteile der Herstellungskosten). *Verpflichtet*
ist der Kaufmann gem. § 255 Abs. 2 S. 2 HGB zunächst zur Einbeziehung der Einzelkosten in
Form von Material- und Fertigungseinzelkosten sowie Sondereinzelkosten der Fertigung, die
bei Aufbau des Datenbestandes anfallen. Zur Verdeutlichung soll die Schaffung eines Bestan-
des an Kundendaten durch einen Baumarkt angeführt werden, der die Daten mittels eines
Kundenbindungsprogramms und einer im Zuge dieses Programms ausgegebenen Kundenkarte sammelt: Materialeinzelkosten sind beispielsweise die Aufwendungen für die Produktion
der Karten und die Aufwendungen für das Speichermedium, wenn dieses ausschließlich zur
Aufbewahrung der Kundendaten dient, wie zB USB-Speicher. Fertigungseinzelkosten sind die
Gehälter von Mitarbeitern, die sich ausschließlich mit dem Aufbau des Kundendatenbestandes befassen. Sondereinzelkosten der Fertigung sind beispielsweise Aufwendungen, die im
Rahmen von Testläufen entstehen, mit denen vor der Kartenausgabe an Kunden die Stabilität
der technischen Infrastruktur von Karten und Kartenlesegeräten geprüft wird. Weitere Pflichtbestandteile sind angemessene Teile der Materialgemeinkosten, der Fertigungsgemeinkosten
und des Werteverzehrs des Anlagevermögens, soweit er durch die Fertigung veranlasst ist.[72]
Ein Beispiel von Materialgemeinkosten ist der Fall, dass die Kundendaten auf einem Medium
gespeichert werden, das zugleich anderen betrieblichen Zwecken dient, wie eine Festplatte, die
zugleich von der Buchhaltung verwendet wird. Exemplarische Fertigungsgemeinkosten sind

---

70 „Die Zeitkomponente, die im Kriterium der Dauerhaftigkeit zum Ausdruck kommt, ist nicht definiert.
   Dauerhaftigkeit ergibt sich aus den vor und nach dem Bil[anz-]St[ichtag] gegebenen Umständen" so HdR-E/
   Hütten/Lorson HGB § 247 Rn. 48 (im Original teilweise fett), treffend. Heinen spricht von einer „weitgefaß-
   ten Begriffsbestimmung", Kosiol Handwörterbuch des Rechnungswesens, 1970, Stichwort Umlaufvermögen,
   Bewertung des, Sp. 1657.
71 HdR-E/Hütten/Lorson HGB § 247 Rn. 43–52; Waschbusch Systematischer Praxiskommentar Bilanzrecht,
   3. Aufl. 2016, HGB § 247 Rn. 139. Mülhaupt rechnet zum Anlagevermögen alle jene Vermögensgegenstände,
   „deren Nutzungsdauer sich über das Anschaffungsjahr hinaus erstreckt", Kosiol Handwörterbuch des Rechnungswesens, 1970, Anlagevermögen, Bewertung des, Sp. 50.
72 Zur Abgrenzung zwischen Einzel- und Gemeinkosten und der Beschränkung der Herstellungskosten auf
   pagatorische Kostenbestandteile treffend Richter/Künkele/Zwirner Systematischer Praxiskommentar Bilanzrecht, 3. Aufl. 2016, HGB § 255 Rn. 135–143.

die im Baumarkt anfallenden Aufwendungen der Stromversorgung, da Strom zur Sammlung und Aufbereitung der Daten, gleichzeitig aber auch für die Beleuchtung des Baumarktes, den Betrieb der Kassen und ähnliches verwendet wird. Erfolgt der Einsatz der Kundenkarte in Kombination mit Lesegeräten, die auch andere Funktionen erfüllen, wie zB das Einlösen von Gutscheinen o. ä., so ist der Werteverzehr des Anlagevermögensgegenstands „Lesegerät" ebenfalls den Herstellungskosten hinzuzurechnen, soweit er durch die Erstellung des Kundendatenbestandes – neben anderen Verwendungen der Geräte – veranlasst ist. Die *Wahlbestandteile* ergeben sich aus Satz 3 der Norm, dies sind Kosten der allgemeinen Verwaltung, Aufwendungen für soziale Einrichtungen des Betriebs, Aufwendungen in Form freiwilliger sozialer Leistungen und Aufwendungen für die betriebliche Altersversorgung, soweit diese auf den Herstellungszeitraum entfallen. Zudem dürfen gem. § 255 Abs. 3 S. 1 HGB Zinsen für Fremdkapital, das zur Finanzierung der Herstellung des Massendatenbestands verwendet wird, in die Herstellungskosten einbezogen werden, soweit sie auf den Zeitraum der Herstellung entfallen. *Verboten* sind gem. § 255 Abs. 2 S. 4 HGB die Einbeziehung von Forschungskosten und die Einbeziehung von Vertriebskosten. Dieses Verbot der Einbeziehung von Forschungskosten wird für den Fall der Herstellungskosten eines selbst geschaffenen immateriellen Vermögensgegenstandes des Anlagevermögens durch § 255 Abs. 2a HGB betont, der feststellt, dass für solche Vermögensgegenstände nur die in Abs. 2 der Norm angeführten Aufwendungen als Herstellungskosten Berücksichtigung finden, die bei seiner **Entwicklung** anfallen; Aufwendungen der der Entwicklung vorausgehenden **Forschung** dürfen hingegen keinen Eingang in die Herstellungskosten finden. „Entwicklung" wird dabei durch § 255 Abs. 2a S. 2 HGB definiert als „Anwendung von Forschungsergebnissen oder von anderem Wissen für die Neuentwicklung von Gütern oder Verfahren oder die Weiterentwicklung von Gütern oder Verfahren mittels wesentlicher Änderungen", wohingegen Satz 3 der Norm unter „Forschung" die „eigenständige und planmäßige Suche nach neuen wissenschaftlichen oder technischen Erkenntnissen oder Erfahrungen allgemeiner Art, über deren technische Verwertbarkeit und wirtschaftliche Erfolgsaussichten grundsätzlich keine Aussagen gemacht werden können", versteht. Nicht in die Herstellungskosten einzubeziehende Forschungsaufwendungen werden dabei insbesondere jene Aufwendungen sein, die sich mit der Planung der Massendatenstrategie und dabei auch der Planung der Anwendungsarchitektur des angestrebten Datenbestandes befassen.[73]

43 Wird der Kaufmann nicht durch Eigenerstellung, sondern Erwerb (wirtschaftlicher) Eigentümer eines Massendatenbestands oder eines Zugangs zu einem solchen, ist dieser nicht mit Herstellungs-, sondern mit Anschaffungskosten gem. § 255 Abs. 1 HGB zu bewerten. Die **Anschaffungskosten** umfassen dabei neben dem Anschaffungspreis auch Anschaffungsnebenkosten (wie zB Aufwendungen für die Vertragsanbahnung) sowie nachträgliche Anschaffungskosten (bspw. Aufwendungen, um den Datenbestand zielgerichtet zu strukturieren und einer Verwertung zuzuführen), so Satz 2 der Norm.[74] Abzuziehen von den Anschaffungskosten sind gem. Satz 3 zudem Anschaffungspreisminderungen, wie Rabatte und Skonti.[75]

---

73 Schwarz Die handels- und steuerrechtliche Behandlung von Daten, 2019, 277.
74 Schwarz Die handels- und steuerrechtliche Behandlung von Daten, 2019, 13 spricht in diesem Kontext von „Datenveredelung".
75 § 255 Abs. 1 S. 3 HGB konkretisiert die von den Anschaffungskosten abzuziehenden Anschaffungspreisminderungen als jene, die dem Vermögensgegenstand einzeln zugeordnet werden können, so dass unter anderem Rabatte und Skonti, nicht aber Boni diesen Minderungen zu subsumieren sind.

b) Folgebewertung

aa) Abschreibung

(1) Planmäßige Abschreibung

Handelt es sich bei den aktivierten Massendaten um Anlagevermögen, ist für die Bewertung 44 in den Folgejahren durch den Kaufmann zu prüfen, ob der Datenbestand einer **begrenzten Nutzungsdauer** unterliegt. So ist es beispielsweise denkbar, dass die Daten einen bestimmten Kundenkreis umfassen oder sich auf ein bestimmtes Fertigungsaggregat beziehen.[76] Aufgrund der biologisch bedingten Endlichkeit einer konkreten Kundengruppe oder der technisch, wirtschaftlich oder rechtlich bedingten begrenzten Nutzungsdauer eines Aggregates im Rahmen einer Fertigungsstraße wird der Kaufmann in diesen Fällen auch für den darauf beruhenden Datensatz eine begrenzte[77] Nutzbarkeit annehmen. Unmittelbare Folge dieser Annahme ist, dass der Massendatenbestand dann über die Wirtschaftsjahre, in denen er voraussichtlich genutzt werden wird, **planmäßig abzuschreiben** ist (§ 253 Abs. 3 S. 1 und 2 HGB). Ist die voraussichtliche Nutzungsdauer nicht verlässlich schätzbar, greift Satz 3 der Norm, der in diesem Fall eine typisierte planmäßige Abschreibung der Massendaten über einen Zeitraum von zehn Jahren verlangt.

Hinsichtlich der Wahl der bei der planmäßigen Abschreibung eines Massendatenbestandes 45 zum Einsatz kommenden **Abschreibungsmethode** ist der Kaufmann in seiner Entscheidung frei, doch muss das gewählte Verfahren den Grundsätzen ordnungsmäßiger Buchführung entsprechen.[78] Im Einzelnen bedeutet dies, dass Massendaten sowohl linear als auch degressiv abgeschrieben werden können. Die leistungsbezogene Abschreibung wird hingegen in den meisten Fällen nicht sachgerecht sein, da bei Datenbeständen oftmals weder der gesamte Leistungsvorrat geschätzt noch die tatsächlich im Wirtschaftsjahr verbrauchte Leistung bestimmt werden kann.[79]

(2) Außerplanmäßige Abschreibung

Unabhängig von der Frage, ob eine planmäßige Abschreibung der Massendaten zu erfolgen 46 hat, kann eine **außerplanmäßige Abschreibung** des Datenbestandes geboten sein, wenn sein Wert am Bilanzstichtag unterhalb seines Buchwertes liegt.[80] Handelt es sich bei den Daten um Anlagevermögen, gilt das **gemilderte Niederstwertprinzip**: Gem. § 253 Abs. 3 S. 5 HGB muss eine außerplanmäßige Abschreibung des Buchwertes auf den niedrigeren Stichtagswert in Gestalt des beizulegenden Wertes nur dann vorgenommen werden, wenn der Kaufmann zu der Einschätzung kommt, dass diese Wertminderung dauerhafter Natur sein wird. Die Dauerhaftigkeit ist ein unbestimmter Rechtsbegriff; die hM geht im Falle von Vermögensgegenständen mit begrenzter Nutzungsdauer davon aus, dass eine Wertminderung dann als dauerhaft anzusehen ist, wenn sie voraussichtlich für die halbe Restnutzungsdauer des Vermögensgegenstandes

---

76 Stein/Maaß Monetäre Bewertung von Daten im Kontext der Rechnungslegung. Ansätze zur Datenbilanzierung, in: Trauth/Prinz/Bergs Monetarisierung von technischen Daten, 2021, 127 differenzieren exemplarisch in Kunden- und Maschinendaten.

77 Zur Nutzungsdauer von Daten Stein/Maaß Monetäre Bewertung von Daten im Kontext der Rechnungslegung. Ansätze zur Datenbilanzierung, in: Trauth/Prinz/Bergs Monetarisierung von technischen Daten, 2021, 121 f. sowie Schwarz Die handels- und steuerrechtliche Behandlung von Daten, 2019, 294 f., die zu dem Ergebnis kommt: „Nach der hier vertretenen Auffassung dürfte es in der Praxis somit schwierig sein, für Daten eine unbegrenzte Nutzungsdauer zu begründen und wird vorliegend mithin abgelehnt".

78 HdR-E/Brösel/Olbrich HGB § 253 Rn. 496.

79 HdR-E/Brösel/Olbrich HGB § 253 Rn. 497.

80 Handelt es sich um Massendaten des Anlagevermögens mit einer begrenzten Nutzungsdauer, ist zunächst die planmäßige Abschreibung zu vollziehen, bevor zur Prüfung einer etwaigen Notwendigkeit einer außerplanmäßigen Abschreibung ein Vergleich zwischen Buch- und beizulegendem Wert erfolgt, HdR-E/Brösel/Olbrich HGB § 253 Rn. 573; Hoffmann/Lüdenbach DB 2009, 577 (577).

gegeben sein wird.[81] Keine Rolle spielt das Dauerhaftigkeitskriterium, wenn es sich bei den Massendaten um Umlaufvermögen handelt; hier gilt das **strenge Niederstwertprinzip**: Der Kaufmann muss eine außerplanmäßige Abschreibung auf den niedrigeren Stichtagswert in Gestalt des Börsen- oder Marktpreises bzw. beizulegenden Wertes vornehmen, unabhängig von der voraussichtlichen Dauer der Wertminderung (§ 253 Abs. 4 S. 1 und 2). Ursachen eines unter den Buchwert gesunkenen Stichtagswerts können beispielsweise sein, dass ein Datensatz durch einen Hackerangriff manipuliert oder raubkopiert und an Wettbewerber weitergegeben wird oder geänderte rechtliche Rahmenbedingungen (Datenschutzinnovationen o. ä.) seine Nutzbarkeit einschränken.[82]

bb) Zuschreibung

47   Stellt der Kaufmann nach einer außerplanmäßigen Abschreibung seines Datenbestandes in einem späteren Wirtschaftsjahr fest, dass die damalige Wertminderung, die Ursache für die außerplanmäßige Wertkorrektur war, mittlerweile gar nicht mehr oder zumindest nicht im damaligen Ausmaß besteht, ist die außerplanmäßige Abschreibung durch eine entsprechende **Zuschreibung** auf den gestiegenen Stichtagswert rückgängig zu machen (§ 253 Abs. 5 S. 1 HGB).[83] Aufgrund des Realisationsprinzips ist die Obergrenze der Zuschreibung dabei der historische Buchwert bzw. – im Falle planmäßig abgeschriebener Daten des Anlagevermögens – der historische, durch planmäßige Wertkorrekturen fortgeführte Buchwert.

II. Rechnungslegung nach IFRS

1. IAS 38 Immaterielle Vermögenswerte

a) Bilanzierung dem Grunde nach

48   In der internationalen Rechnungslegung (International Accounting Standards, IAS, International Financial Reporting Standards, IFRS) fallen Massendaten aufgrund ihrer Immaterialität und ihrer voraussichtlichen Nutzungsdauer insbesondere in die Bereiche des IAS 38 *Immaterielle Vermögenswerte* und des IAS 2 *Vorräte*.[84] Hinsichtlich der Fristigkeit der Nutzung differenziert IAS 1.60 zwischen kurz- und langfristigen Vermögenswerten. Vermögenswerte sind gem. IAS 1.66 als **kurzfristig** einzustufen, wenn a) ihre Realisierung innerhalb des gewöhnlichen Geschäftsverlaufs angenommen wird oder sie zur Veräußerung oder zum Verbrauch innerhalb dieses gewöhnlichen Geschäftsverlaufs gehalten werden oder b) der Vermögenswert dem Handel dienen soll oder c) die Realisierung des Vermögenswertes innerhalb eines Jahres nach dem Abschlussstichtag angenommen wird oder d) der Vermögenswert ein Zahlungsmittel oder Zahlungsmitteläquivalent ist. Vermögenswerte, die keines dieser Kriterien erfüllen, sind, so IAS 1.66, letzter Satz, als **langfristig** zu klassifizieren.

---

81   Exemplarisch HdR-E/Brösel/Olbrich HGB § 253 Rn. 600; Brösel/Scheren/Wasmuth Systematischer Praxiskommentar Bilanzrecht, 3. Aufl. 2016, HGB § 253 Rn. 101; Hoffmann/Lüdenbach DB 2009, 577 (578), jeweils mit weiteren Nachweisen.

82   Ausführlich zu Wesen und Ermittlung des Stichtagswertes, auf den die Abschreibung erfolgt, Hares Außerplanmäßige Ab- und Zuschreibung nach HGB und IFRS, 2008, 8–12 und 23–27; Brösel/Scheren/Wasmuth Systematischer Praxiskommentar Bilanzrecht, 3. Aufl. 2016, HGB § 253 Rn. 87–99 und 114–122; HdR-E/Brösel/Olbrich HGB § 253 Rn. 576–588 und 636–644.

83   Zu Recht weisen Brösel/Scheren/Wasmuth Systematischer Praxiskommentar Bilanzrecht, 3. Aufl. 2016, HGB § 253 Rn. 106 darauf hin, dass eine Zuschreibung nicht nur bei einem Anstieg des Stichtagswertes vorgenommen werden muss, sondern im Falle von außerplanmäßig abgeschriebenem Anlagevermögen auch dann, wenn der Kaufmann aufgrund neuer Erkenntnisse zu dem Schluss kommt, dass die Wertminderung nicht dauerhaft sein wird.

84   Schwarz Die handels- und steuerrechtliche Behandlung von Daten, 2019, 280–284, arbeitet heraus, dass neben IAS 38 und IAS 2 auch IFRS 15 Erlöse aus Verträgen mit Kunden für die bilanzielle Erfassung von Daten von Bedeutung sein kann.

Werden Massendaten vom Kaufmann als langfristig nutzbar eingestuft, ist zu prüfen, ob eine **Aktivierungspflicht nach IAS 38** gegeben ist. Eine solche Aktivierungspflicht liegt gem. IAS 38.21 vor, wenn es sich bei dem Datenbestand zum einen um einen immateriellen Vermögenswert handelt und es zum anderen sowohl wahrscheinlich ist, dass dem Unternehmen der erwartete wirtschaftliche Nutzen aus dem Vermögenswert zukünftig zufließen wird, als auch eine verlässliche Quantifizierung der Anschaffungs- oder Herstellungskosten des Vermögenswertes möglich ist. 49

Im ersten Schritt, der Prüfung des Vorliegens eines immateriellen Vermögenswertes, ist zu klären, ob der dem Kaufmann vorliegende Datenbestand die Voraussetzungen der Identifizierbarkeit, der Beherrschung und des künftigen wirtschaftlichen Nutzens erfüllt, IAS 38.10. Identifizierbarkeit ist gem. IAS 38.11 gegeben, wenn die Daten vom Geschäfts- und Firmenwert unterschieden werden können in dem Sinne, dass sie vom restlichen Betrieb getrennt und veräußert, übertragen, lizenziert, vermietet oder getauscht werden können (IAS 38.11 und.12 (a)) oder sie aus vertraglichen oder anderen Rechten entstehen (IAS 38.12 (b)). Das Kriterium der Beherrschung ist erfüllt, wenn der Kaufmann Verfügungsgewalt über den Datenbestand hat und er in der Lage ist, den Nutzen zu vereinnahmen, der zukünftig aus den Daten fließen wird, und den Zugriff Dritter auf diesen Nutzen zu beschränken (IAS 38.13 S. 1). IAS 38.13 S. 4 betont in diesem Kontext, dass dabei die juristische Durchsetzbarkeit eines Rechts keine notwendige Bedingung für eben jene Verfügungsgewalt ist, da der Kaufmann diese auch auf andere Weise ausüben kann.[85] Die Voraussetzung des künftigen wirtschaftlichen Nutzens ist zu bejahen, wenn der Kaufmann durch den Einsatz der Massendaten Ertragssteigerungen oder Aufwandsverringerungen erzielen kann, IAS 38.17. Nicht zuletzt präzisiert IAS 38.8 den Begriff des *immateriellen* Vermögenswertes, in dem er neben der Identifizierbarkeit abstellt auf das nichtmonetäre Wesen der Position und ihre fehlende physische Substanz. Kommt der Kaufmann bei der Beurteilung seiner Datenbestände zu dem Ergebnis, dass die Voraussetzungen der Identifizierbarkeit, der Beherrschung und des künftigen wirtschaftlichen Nutzens erfüllt sind, handelt es sich damit bei seinen Daten um immaterielle[86] Vermögenswerte. 50

Gemäß IAS 38.21 folgt daraus eine Aktivierungspflicht für die Daten, wenn der Kaufmann zu dem Urteil kommt, dass sowohl der künftige wirtschaftliche Nutzenzufluss wahrscheinlich ist als auch die Anschaffungs- oder Herstellungskosten verlässlich quantifizierbar sind. Verneint der Kaufmann mindestens eine der beiden Bedingungen, ergibt sich daraus ein **Aktivierungsverbot**. 51

b) Bilanzierung der Höhe nach

Die Erstbewertung erfolgt zu **Anschaffungskosten** oder, im Falle der Eigenerstellung, zu **Herstellungskosten** (IAS 38.24). Erstere resultieren gem. IAS 38.27 im Fall des gesonderten Erwerbs eines Datenbestands(zugangs) aus dem Anschaffungspreis, reduziert um Anschaffungspreisminderungen (wie Rabatte und Skonti) und ergänzt sowohl um Erwerbsnebenkosten (zB Zölle) als auch um direkt zurechenbare Kosten, die anfallen, um die Daten auf ihre beabsichtigte Nutzung vorzubereiten (bspw. aufgrund einer notwendigen Strukturierung oder Verschlüsselung der Daten). Hinsichtlich der Herstellungskosten ist gem. IAS 38.53, strukturgleich wie oben → Rn. 42 für die deutsche handelsrechtliche Rechnungslegung in Bezug auf § 255 Abs. 2a HGB herausgearbeitet, die Eigenerstellung des Datensatzes in eine **Forschungs-** und eine **Entwicklungsphase** zu trennen. Ist eine solche Differenzierung nicht möglich, verbietet 52

---

85 Beispiele hierfür geben IAS 38.14 – 16.
86 Wie im Kontext der HGB-Rechnungslegung (siehe Abschnitt C.I.2.a) → Rn. 40) stellen Daten auch in der Internationalen Rechnungslegung immaterielle Positionen dar, auch wenn sie auf einem materiellen Trägermedium gespeichert sind, IAS 38.4, ebenso auch Schwarz Die handels- und steuerrechtliche Behandlung von Daten, 2019, 260 f.

IAS 38.54 die Aktivierung des Datenbestandes; die Kosten seiner Erstellung dürfen damit nicht als Herstellungskosten aktiviert werden, sondern sind als Aufwand zu erfassen. Ist hingegen die Trennung zwischen Forschung und Entwicklung möglich, und sind die von IAS 38.57 verlangten weiteren Aktivierungsvoraussetzungen[87] erfüllt, muss[88] der Datensatz in Höhe seiner in der Entwicklungsphase angefallenen Herstellungskosten aktiviert werden. Diese umfassen gem. IAS 38.66 alle direkt zurechenbaren Kosten, die erforderlich sind, um ihn zu entwerfen, herzustellen und in einen betriebsbereiten Zustand zu versetzen.[89]

53 Die Folgebewertung wird regelmäßig dem **Anschaffungskostenmodell** des IAS 38.74 folgen, da die Anwendung des alternativen Neubewertungsmodells gem. IAS 38.75 die Existenz eines aktiven Marktes für den immateriellen Vermögenswert voraussetzt, der im Falle von Massendaten nicht gegeben ist. Kommt der Kaufmann zu dem Ergebnis, dass der Datenbestand einer begrenzten Nutzungsdauer[90] unterliegt, ist er gem. IAS 38.97 planmäßig abzuschreiben. Hinsichtlich der zu verwendenden Abschreibungsmethode räumt IAS 38.98 ein Wahlrecht ein und erwähnt in diesem Zusammenhang explizit lineare, degressive und leistungsabhängige Abschreibungsmodelle. Wie bereits oben in Bezug auf die Wahl der Abschreibungsmethode im deutschen Handelsrecht angeführt, ist die leistungsbezogene Abschreibung als nicht sachgerecht zu beurteilen, da die für ihre Anwendung notwendige Schätzung des gesamten Leistungspotentials und die Bemessung der im Wirtschaftsjahr tatsächlich verbrauchten Leistung bei Datenbeständen nicht möglich sein werden.

54 Für **außerplanmäßige Wertkorrekturen** der IAS 38 subsumierten immateriellen Vermögenswerte gilt, dass der Kaufmann gem. IAS 36.9 f. im Falle von Positionen, die nicht planmäßig abgeschrieben werden, jährlich untersuchen muss, ob sie eine Wertminderung aufweisen. Planmäßig abgeschriebene immaterielle Positionen müssen hingegen nur dann auf eine Wertminderung geprüft werden, wenn dem Kaufmann Anhaltspunkte für eine solche vorliegen. Gegenstand der Prüfung ist dabei der Vergleich zwischen dem Buchwert des Datenbestandes und seinem im Rahmen des **Niederstwerttests**[91] gem. IAS 36.18 – 57 ermittelten erzielbaren Betrag.[92] Kommt der Kaufmann zu dem Ergebnis, dass der erzielbare Betrag der Massendaten geringer als ihr Buchwert ist, müssen diese auf ihren erzielbaren Betrag außerplanmäßig abgeschrieben werden, IAS 36.59. Erfolgte eine solche außerplanmäßige Abschreibung, geht sie gem. IAS 36.110 für den Kaufmann mit der Verpflichtung einher, zukünftig zu jedem Bilanzstichtag zu klären, ob die in der Vergangenheit festgestellte Wertminderung noch immer gegeben ist. Ist dies nicht der Fall, muss gem. IAS 36.114 eine **Zuschreibung** erfolgen, und

---

87 IAS 38.57 nennt sechs Voraussetzungen, die kumulativ erfüllt sein müssen, so zum Beispiel, dass der Kaufmann fähig ist, den immateriellen Vermögenswert, in dem hier betrachteten Fall also den Datenbestand, selbst zu nutzen oder aber zu verkaufen (IAS 38.57 (c)).

88 Die Trennbarkeit zwischen der Forschungsphase einerseits und der Entwicklungsphase andererseits wird also sowohl von dem deutschen handelsrechtlichen wie auch der internationalen Rechnungslegung verlangt. Liegt sie vor, knüpfen sich je nach Normensystem aber unterschiedliche Konsequenzen daran: Gem. IAS 38.57 muss eine Aktivierung erfolgen, wenn die sechs zusätzlichen Voraussetzungen erfüllt sind (Aktivierungspflicht), gem. § 248 Abs. 2 S. 1 HGB hingegen kann sie erfolgen (Aktivierungswahlrecht).

89 Der Einbezug von Fremdkapitalzinsen in die Herstellungskosten ergibt sich dabei aus IAS 38.66, letzter Satz iVm IAS 23.

90 Zur Nutzungsdauer von Daten Stein/Maaß Monetäre Bewertung von Daten im Kontext der Rechnungslegung. Ansätze zur Datenbilanzierung, in: Trauth/Prinz/Bergs Monetarisierung von technischen Daten, 2021, 121 f. sowie Schwarz Die handels- und steuerrechtliche Behandlung von Daten, 2019, 294 f.

91 Ausführlich zum Niederstwerttest und seinen Komponenten Hares Außerplanmäßige Ab- und Zuschreibung nach HGB und IFRS, 2008, 13–23 und 36–51; Olbrich KoR 2006, 43; Olbrich KoR 2006, 685; Olbrich/Nikolis IFRS-Rechnungslegung im Licht der Unternehmensbewertung, in: Küting/Pfitzer/Weber (Hrsg.) Brennpunkte der Bilanzierungspraxis nach IFRS und HGB, 2012, 117–132.

92 Es wird in der Praxis regelmäßig vorkommen, dass Massendaten nur in Verbindung mit anderen Vermögenspositionen des Kaufmanns Mittelzuflüsse erzeugen, so dass der erzielbare Betrag nicht für den Datenbestand allein ermittelt werden kann, sondern nur für die zahlungsmittelgenerierende Einheit, zu der der Datenbestand gehört, IAS 36.66 f.

zwar höchstens, so IAS 36.117, bis zu dem Buchwert, der sich ohne die damalige Wertminderung ergeben hätte.

2. IAS 2 Vorräte

Will der Kaufmann Massendaten kurzfristig nutzen, ist zu prüfen, ob sie als Vorräte zu qua- 55 lifizieren sind und daher eine **Aktivierungspflicht nach IAS 2** gegeben ist. IAS 2.6 (a)-(c) subsumiert dem Begriff der Vorräte solche Vermögenswerte, die zum Zwecke der Veräußerung im normalen Geschäftsbetrieb gehalten werden, die sich in der Fertigung für eine solche Veräußerung befinden oder die Roh-, Hilfs- und Betriebsstoffe im Herstellungs- oder Leistungserstellungsprozess darstellen. Den Begriff des Vermögenswerts definiert IAS 2 nicht, so dass der Kaufmann zunächst beurteilen muss, ob sein Datenbestand die Vermögenswert- und weiteren Ansatzkriterien des Rahmenkonzeptes erfüllt.[93] Ist dies der Fall, müssen die Massendaten als Vorräte aktiviert werden. Die **Erstbewertung** erfolgt gem. IAS 2.9 in Höhe des niedrigeren Wertes aus Anschaffungs- oder Herstellungskosten und Nettoveräußerungswert. IAS 2.10 stellt dabei fest, dass die **Anschaffungs- oder Herstellungskosten** alle Kosten des Erwerbs und der Herstellung enthalten zuzüglich jener Kosten, die entstanden, um die Vorräte an bzw. in ihren derzeitigen Ort und Zustand zu versetzen.[94] Den Begriff des **Nettoveräußerungswertes** definiert IAS 2.6 als den unter der Annahme des normalen Geschäftsgangs vermuteten Veräußerungserlös, verringert um die geschätzten Kosten für die weitere Fertigstellung und den Vertrieb. Hinsichtlich der **Folgebewertung** ist eine **außerplanmäßige Abschreibung** auf den Nettoveräußerungswert vorzunehmen, wenn dieser den Buchwert unterschreitet, IAS 2.28. Grundsätzlich hat dies gem. IAS 2.29 in Form der Einzelwertberichtigung zu erfolgen, doch kann in Ausnahmefällen auch eine Pauschalwertberichtigung angemessen sein. Ersteres ist geboten zB im Fall eines Veraltens der in einem bestimmten Datenbestand enthaltenen Informationen.[95] Letzteres ist beispielsweise dann gerechtfertigt, wenn Datenschutzvorschriften verschärft werden und sich dies wertmindernd nicht nur auf einen, sondern alle Datensätze auswirkt, die der Kaufmann im Vorratsvermögen hält. Hat sich der Nettoveräußerungswert später wieder erhöht, muss eine **Zuschreibung** auf den niedrigeren Wert aus Anschaffungs- oder Herstellungskosten und neuem Nettoveräußerungswert erfolgen, IAS 2.33.

D. Fazit und Ausblick

Im Ergebnis ist festzuhalten, dass Daten aus wirtschaftswissenschaftlicher Sicht Güter darstel- 56 len, die sich durch Besonderheiten wie einer hohen Unsicherheit ihres Nutzenpotentials aufgrund ihrer Immaterialität, einer möglichen Nicht-Rivalität der Nutzung oder offener Fragen hinsichtlich des Eigentums auszeichnen. Zugleich ist freilich der in Teilen des Schrifttums[96] anzutreffenden Auffassung, es bedürfe aufgrund dieser Besonderheiten neuer Rechnungslegungsregeln und Bewertungsmodelle, um die Bilanzierung und Bewertung von Daten sicher-

---

93 Gem. CF 4.3 ist ein Vermögenswert eine gegenwärtige wirtschaftliche Ressource, die vom Kaufmann als Ergebnis vergangener Ereignisse kontrolliert wird, wobei der Terminus der wirtschaftlichen Ressource verstanden wird als Recht, das wirtschaftlichen Nutzen zu generieren vermag, CF 4.4. Wenn die Bilanzierung des Vermögenswerts relevante Informationen liefert und seine wirklichkeitsgetreue Darstellung gewährleistet ist, ist er zu aktivieren, CF 5.12 und 5.18.

94 Auch typisierte Verfahren zur Ermittlung der Anschaffungs- und Herstellungskosten können gem. IAS 2.21 ff. unter bestimmten Bedingungen zum Einsatz kommen.

95 Schwarz Die handels- und steuerrechtliche Behandlung von Daten, 2019, 296.

96 So zB OECD Exploring the Economics of Personal Data: A Survey of Methodologies for Measuring Monetary Value, OECD Digital Economy Papers, Nr. 220, 2013; Krotova/Rusche/Spiekermann Die ökonomische Bewertung von Daten, 2019, abrufbar unter https://www.iwkoeln.de/studien/alevtina-krotova-christian-rusche-die-oekonomische-bewertung-von-daten.html, 8; v. Lewinski Wert von personenbezogenen Daten, in: Stiftung Datenschutz (Hrsg.), Dateneigentum und Datenhandel, 2019, 212; Li/Nirei/Yamana Value of Data: There's No Such Thing as a Free Lunch in the Digital Economy, RIETI Discussion Paper Series 19-E-022, 2019, 22.

zustellen, entschieden zu widersprechen. Aus Sicht der **Bewertungstheorie** sind Massendaten wie jedes andere Investitionsobjekt ein Zahlungsstrom, dessen Bewertung im Rahmen der Entscheidungsfunktion auf Basis der sattsam bekannten investitionstheoretischen Partial- und Totalmodelle erfolgt; an den so ermittelten Entscheidungswert können sich, wenn sich dies im Zuge einer Verhandlungssituation anbietet, Schiedswert- und Argumentationswertvorschläge anschließen. Die Frage, ob und wenn ja, wie, Datenbestände **bilanziell** zu erfassen sind, ergibt sich zunächst aus den Prüfschritten, ob Daten Vermögensgegenstände (HGB) oder Vermögenswerte (IFRS) darstellen und ob daraus im Anschluss eine Aktivierungspflicht oder ein Aktivierungswahlrecht resultiert. Erfolgt die Aktivierung, ergibt sich die Erstbewertung insbesondere aus der Art des Zugangs der Daten (Herstellungs- oder Anschaffungskosten), die Folgebewertung aus der Einordnung als Anlage- oder Umlaufvermögen und der Beurteilung, ob die Nutzungsdauer im Falle der Klassifizierung als Anlagevermögen begrenzt ist (planmäßige Abschreibung, außerplanmäßige Wertkorrekturen in Form von Abschreibung oder Zuschreibung).

57 Auch wenn die genannten Besonderheiten von Daten also nichts an der grundsätzlichen Anwendbarkeit der Bewertungstheorie und der Rechnungslegungsregeln im Falle der Bewertung und Bilanzierung von Datenbeständen ändern, können sie in einzelnen Punkten durchaus mit Herausforderungen für den Kaufmann einhergehen und bedürfen daher der unternehmerischen Beurteilung.[97] Dies gilt für die investitionstheoretische Bewertung zum Beispiel für den Umgang mit der erhöhten Unsicherheit aufgrund der Immaterialität und der Eigentumsfrage von Daten und daraus resultierende Konsequenzen für die Unsicherheitsaufdeckung im Zuge von Simulationen. Auch für die Bilanzierung ergeben sich anspruchsvolle Fragestellungen, zB hinsichtlich der Prüfung der selbstständigen Verwertbarkeit im Kontext der abstrakten Aktivierungsfähigkeit, der Abgrenzung von Forschungs- und Entwicklungskosten in der Erstbewertung, der Schätzung von Nutzungsdauern vor dem Hintergrund einer planmäßigen Abschreibung und der Bemessung des beizulegenden Wertes im Kontext außerplanmäßiger Wertberichtigungen. Es ist abzuwarten, wie intensiv sich die Wissenschaft künftig diesen Problemstellungen annehmen wird. Angesichts der enormen und auch in Zukunft weiter zunehmenden Bedeutung von Daten besteht die berechtigte Hoffnung, dass sich diese Relevanz der Daten künftig auch in einer breiten Diskussion ihrer Spezifika im Bewertungs- und Bilanzierungsschrifttum niederschlagen wird.

---

97 Rapp/Olbrich SEJ 2023.

§ 5 Gemeinsame Datennutzung (Data Sharing) durch Intermediäre

Literatur: *Appenzeller, Carmen*, Die europäische AGB-Kontrolle, 2017 (zit.: Appenzeller Europäische AGB); *Arlinghaus, Tim/Kus, Kevin/Kajüter, Patricia/Teuteberg, Frank*, Datentreuhandstellen gestalten: Status quo und Perspektiven für Geschäftsmodelle, HMD 58 (2021), 565; *Arnaut, Catarina/Pont, Marta/Scaria, Elizabeth/Berghmans, Arnaud/Leconte, Sophie*, Study on data sharing between companies in Europe, 2018, abrufbar unter: https://op.europa.eu/de/publication-detail/-/publication/8b87 76ff-4834-11e8-be1d-01aa75ed71a1/language-en; *Ballwieser, Wolfang/Hachmeister, Dirk*, Unternehmensbewertung – Prozess, Methoden und Probleme, 6. Aufl. 2021; *Basu, Arindrajit*, Why Microsoft's ‚Data Trustee' Model is a Potential Game-changer in the Privacy War, abrufbar unter: https://the wire.in/external-affairs/why-microsofts-data-trustee-model-is-a-potential-game-changer-in-the -privacy-war; *BDI*, Datenzugang – Rahmenbedingungen für eine effiziente Datenwirtschaft, 2020, abrufbar unter: https://bdi.eu/publikation/news/datenzugang/; *Beise, Clara*, Datensouveränität und Datentreuhand, RdI 2021, 588; *Beyerle, Franz*, Die Treuhand im Grundriss des deutschen Privatrechts, 1932; *Bisges, Marcel*, Urheberrechtliche Aspekte des Cloud Computing – Wirtschaftlicher Vorteil gegenüber herkömmlicher Softwareüberlassung?, MMR 2012, 574; *Bitkom eV*, Bitkom Position Paper EU Data Act Proposal, 2022, abrufbar unter: https://www.bitkom.org/sites/main/files/2022-04/ 2204-Bitkom-DataAct-PositionPaper-long.pdf; *Bizer, Johannes*, Der Datentreuhänder, DuD 1999, 392; *Blankertz, Aline*, Vertrauliche Datentreuhand, DuD 2021, 789; *BMBF*, Richtlinie zur Förderung von Projekten zur Entwicklung und praktischen Erprobung von Datentreuhandmodellen in den Bereichen Forschung und Wirtschaft, 20.11.2020, BAnz. AT; *BMBF*, Datentreuhandmodelle: BMBF fördert Pilotvorhaben, 2022, abrufbar unter: https://www.bildung-forschung.digital/digitalezuku nft/de/technologie/daten/datentreuhandmodelle_pilotvorhaben/datentreuhandmodelle_pilo tvorhaben.html; *Boehm, Sabine*, Herausforderungen von Cloud Computing-Verträgen: Vertragstypologische Einordnung, Haftung und Eigentum an Daten, ZEuP 2016, 358; *Borges, Georg/Meents, Jan Geert (Hrsg.)*, Cloud Computing, 2016 (zit.: Borges/Meents Cloud Computing/Bearbeiter); *Boruch, Robert F./Cecil, Joe S.*, Assuring the Confidentiality of Social Research Data, 1979 (zit.: Boruch/Cecil Confidentiality Social Research Data); *Botta, Jonas*, Delegierte Selbstbestimmung?, MMR 2021, 946; *Brauneck, Jens*, Der Data Governance Act, das geistige Eigentum und das Europäische Wettbewerbsrecht, WRP 2023, 28; *Buchheim, Johannes/Augsberg, Steffen/Gehring, Petra*, Transaktionsbasierte Datentreuhand. Nutzungsszenarien, Kennzeichen und spezifische Leistungen eines neuen Modells gemeinsamer Datennutzung, JZ 2022, 1139; *Buchholtz, Gabriele/Brauneck, Alissa/Schmalhorst, Louisa*, Gelingensbedingungen der Datentreuhand – rechtliche und technische Aspekte, NVwZ 2023, 206; *Buchholtz, Gabriele/Brauneck, Alissa/Schmalhorst, Louisa*, Was ist eigentlich … eine Datentreuhand?, JuS 2023, 414; *Buchner, Benedikt*, Informationelle Selbstbestimmung im Privatrecht, 2006; *Buchner, Benedikt/Haber, Anna/Hahn, Horst/Kusch, Harald/Prasser, Fabian/Sax, Ulrich/Schmidt, Carsten*, Das Modell der Datentreuhand in der medizinischen Forschung, DuD 2021, 806; *Chadwick, Jason/Berg, Kåre*, Solidarity and equity: new ethical frameworks for genetic databases, Nat Rev Genet 2 (2001), 318; *Chen, Dachuang*, Die Treuhand als Rechtsform für Sondervermögen, 2020; *Coing Helmut*, Die Treuhand kraft privaten Rechtsgeschäfts, 1973; *Datenethikkommission*, Gutachten, 2019, abrufbar unter: https:/ /www.bmi.bund.de/SharedDocs/downloads/DE/publikationen/themen/it-digitalpolitik/gutach ten-datenethikkommission.pdf?__blob=publicationFile&v=6; *Deiwick, Hartmut*, Droht das Aus für Google Analytics in der EU?, ZD-Aktuell 2022, 01125; *Deutscher Bundestag, Ausschuss für Bildung, Forschung und Technikfolgenabschätzung (18. Ausschuss)*, Bericht Technikfolgenabschätzung (TA) Data Mining – gesellschaftspolitische und rechtliche Herausforderungen, BT-Drs. 20/5149 (zit.: Deutscher Bundestag, BT-Drs. 20/5149); *Deutscher Ethikrat*, Big Data und Gesundheit – Datensouveränität als informationelle Freiheitsgestaltung, 2017, abrufbar unter: https://www.ethikrat.org/fileadmin/Publikati onen/Stellungnahmen/deutsch/stellungnahme-big-data-und-gesundheit.pdf (letzter Zugriff 10.8.2023) (zit.: Deutscher Ethikrat, Stellungnahme, 2017); *Dewenter, Ralf/Lüth, Hendrik*, Datenhandel und Plattformen (ABIDA-Gutachten), 2018; *Dochow, Carsten*, Das Patienten-Datenschutz-Gesetz (Teil 3) – Die Datenspende, MedR 2021, 115; *Doll, Nikolaus*, Ringen um die Daten der Roboterautos, 2019, abrufbar unter: https://www.welt.de/print/welt_kompakt/print_wirtschaft/article187463858/Ringen-um-die-Da ten-der-Roboterautos.html; *Drabinski, Annika*, Die vertragliche Datenüberlassung und das Kaufrecht, 2022 (zit.: Drabinski Datenüberlassung und Kaufrecht); *Druey, Jean Nicolas*, Information als Gegenstand des Rechts, 1995; *Europäische Kommission*, Commission staff working document on Common

European Data Spaces, SWD(2022) 45 final; *Europäische Kommission*, Mitteilung der Kommission an das Europäische Parlament, den Rat, den Europäischen Wirtschafts- und Sozialausschuss und den Ausschuss der Regionen – Eine europäische Datenstrategie, COM(2020) 66 final; *Falkhofen, Benedikt*, Infrastrukturrecht des digitalen Raums. Data Governance Act, Data Act und Gaia-X, EuZW 2021, 787; *Feldmann, Sebastian/Herweg, Oliver/Rauen, Hartmut/Synek, Peter-Michael*, Predictive Maintenance, Service der Zukunft – und wo er wirklich steht, 2017, abrufbar unter: https://www.rolandberger.co m/en/Insights/Publications/Predictive-Maintenance.html; *Fraunhofer-Gesellschaft e.V.*, Anreizsysteme und Ökonomie des Data Sharing -- Status Quo der deutschen Datenwirtschaft und Anwendung von unternehmensübergreifendem Datenaustausch, 2023, abrufbar unter: https://publica.fraunhofer.de/ entities/publication/409a5ac7-843e-41ab-bd33-cdb7c1823140/details (letzter Zugriff 02.06.2023) (zit.: Fraunhofer-Gesellschaft e.V., Anreizsysteme Data Sharing, 2023); *Gaßner, Otto*, Rechtsanwendung beim doppeltypischen Vertrag am Beispiel der Werkdienstwohnung, AcP 186 (1986), 325; *Geibel, Stefan*, Treuhandrecht als Gesellschaftsrecht, 2008; *Gerling, Rainer*, Datenschutzprobleme der Forschung. Ein Erfahrungsbericht mit Lösungen und Regelungsvorschlägen, DuD 1999, 384; *Gernhuber, Joachim*, Die fiduziarische Treuhand, JuS 1988, 355; *Gerpott, Torsten*, Vorschlag für ein europäisches Datengesetz. Überblick und Analyse der Vorgaben für vernetzte Produkte, CR 2022, 271; *Glenn, Noah*, Intro to Data Taxonomy: Definition and Uses, abrufbar unter: https://analystanswers.com/ intro-to-data-taxonomy-definition-and-uses/; *Golland, Alexander*, Das Telekommunikation-Telemedi en-Datenschutzgesetz. Cookies und PIMS als Herausforderungen für Website-Betreiber, NJW 2021, 2238; *Gsell, Beate/Krüger, Wolfgang/Lorenz, Stephan/Reymann, Christoph (Hrsg.)*, BeckOGK, Beck-online Großkommentar BGB, Stand: 2023, Buch 2 (zit.: BeckOGK/Bearbeiter); *Hacker, Philipp*, Daten als Gegenleistung: Rechtsgeschäfte im Spannungsfeld von DS-GVO und allgemeinem Vertragsrecht, ZfPW 2019, 148; *Hartl, Andreas/Ludin, Anna*, Recht der Datenzugänge. Was die Datenstrategien der EU sowie der Bundesregierung für die Gesetzgebung erwarten lassen, MMR 2021, 534; *Hartung, Thomas*, Making big sense from big data in toxicology by read-across, ALTEX 2016, 33(2), 83; *Hauck, Ronny*, Gebrauchthandel mit digitalen Gütern, NJW 2014, 3616; *Heinzke, Philippe*, Data Act: Auf dem Weg zur europäischen Datenwirtschaft, BB 2023, 201; *Hennemann, Moritz/Steinrötter, Björn*, Data Act – Fundament des neuen EU-Datenwirtschaftsrechts?, NJW 2022, 1481; *Hennemann, Moritz/von Ditfurth, Lukas*, Datenintermediäre und Data Governance Act, NJW 2022, 1905; *von Staudinger, Julius* (Begr.), J. von Staudingers Kommentar zum Bürgerlichen Gesetzbuch mit Einführungsgesetz 18. Aufl. 2018 (zit.: Staudinger/Bearbeiter); *Heydn, Truiken*, Software as a Service (SaaS): Probleme und Vertragsgestaltung, MMR 2020, 435; *Hildebrand, Knut/Gebauer, Marcus/Hinrichs, Holger/Mielke, Michael*, Daten- und Informationsqualität, 5. Aufl. 2020; *Hoeniger, Heinrich*, Untersuchungen zum Problem der gemischten Verträge – Erster Band: Die gemischten Verträge in ihren Grundformen, 1910 (zit.: Hoeniger Gemischte Verträge); *Hoeren, Thomas*, Dateneigentum. Versuch einer Anwendung von § 303a StGB im Zivilrecht, MMR 2013, 486; *Hoeren, Thomas*, Thesen zum Verhältnis von Big Data und Datenqualität. Erste Raster zum Erstellen juristischer Standards, MMR 2016, 8; *Hornung, Gerrit/Schomberg, Sabrina*, Datensouveränität im Spannungsfeld zwischen Datenschutz und Datennutzung: das Beispiel des Data Governance Acts, CR 2022, 508; *Hutzschenreuter, Thomas*, Allgemeine Betriebswirtschaftslehre, 7. Aufl. 2022; *Institute of Medicine*, Sharing Clinical Research Data: Workshop Summary, 2013, abrufbar unter: https://www.ncbi.nlm.nih.gov/books/NBK131772/pdf/Book shelf_NBK131772.pdf (zit.: Institute of Medicine Sharing Clinical Data); *Jauernig, Othmar (Hrsg.)*, Bürgerliches Gesetzbuch: BGB, 18. Aufl. 2021 (zit.: Jauernig/Bearbeiter); *Jentzsch, Nicola*, Datenhandel und Datenmonetarisierung: Ein Überblick, in: Stiftung Datenschutz (Hrsg.), Dateneigentum und Datenhandel, 2019, S. 177 (zit.: Stiftung Datenschutz Dateneigentum und Datenhandel/Jentzsch); *Jöns, Johanna*, Daten als Handelsware – Zur verfassungskonformen Ausgestaltung des Datenrechts nach dem Vorbild des Immaterialgüterrechts, 2019; *Jussen, Ilka/Schweihoff, Julia/Dahms, Valentin/Möller, Frederik/Otto Boris*, Data Sharing Fundamentals: Definition and Characteristics, 2023, abrufbar unter: https://www.researchgate.net/publication/363769417, (zit.: Jussen/Schweihoff/Dahms/Möller/Otto Data Sharing Fundamentals); *Kaase, Max/Krupp, Hans-Jürgen/Pflanz, Manfred/Scheuch, Erwin K./Simitis, Spiros (Hrsg.)*, Datenzugang und Datennutzung, 1980 (zit.: Kaase/Krupp/Pflanz/Scheuch/ Simitis Datenzugang und Datennutzung/Bearbeiter); *Kästner, Lena/Schomäcker, Astrid*, KI-Systeme in der modernen Gesellschaft: Potenziale und Grenzen, ZUM 2023, 558; *Kaulartz, Markus/Braegelmann, Tom Hinrich (Hrsg.)*, Rechtshandbuch Artificial Intelligence und Machine Learning, 2020; *Kelber, Ulrich*, „Alle meine Daten" – der Abschlussbericht der Datenethikkommission. Forderung nach einem starken Datenschutz im digitalen Zeitalter, ZD 2020, 73; *Kempny, Simon/Krüger, Heike/Spindler, Martin*, Rechtliche Gestaltung von Datentreuhändern. Ein interdisziplinärer Blick auf „Data Trusts", NJW 2022, 1646; *Kraemer, Peter/Appelt, Dennis/Reiberg, Abel/Smoleń, Adam*, Datentreuhänder, Datenvermittlungsdienste und Gaia-X, Whitepaper 2/2023 Version 2.0, abrufbar unter: https://gaia-x-hub.de/wp-content/uploads/2023/06/WP23.2_Datentreuhaender_DE.pdf (letzter Zugriff 30.6.2023) (zit.: Kraemer/Appelt/Reiberg/Smoleń, Whitepaper Datentreuhänder, 2023); *Krawczak, Michael/Semler, Sebastian/Strech, Daniel/von Kielmansegg, Sebastian/Zenker, Sven*, „Datenspende" – Bedarf für die Forschung, ethische Bewertung, rechtliche, informationstechnologische und organisatorische Rahmenbedingungen, 2020, abrufbar unter: https://www.bundesgesundheitsministerium.de/fileadmin/Dateien/5_Publikationen/Ministerium/Berichte/Gutachten_Datenspende.pdf (zit.: Krawczak/Semler/Strech/von Kielmansegg/Zenker, Gutachten Datenspende, 2020); *Kühling, Jürgen*, Der datenschutzrechtliche Rahmen für Datentreuhänder, ZfDR 2021, 1; *Larenz, Karl (Begr.)/Canaris, Claus-Wilhelm*, Lehrbuch des Schuldrechts Band 2/2: Besonderer Teil, 13. Aufl. 1994 (zit.: Larenz/Canaris SchuldR BT II/2); *Lecher, Thomas*, Datenschutz und psychologische Forschung, 1988 (zit.: Lecher Psychologische Forschung); *Liebler, Raizel/Chaney, Keidra*, Google Analytics: Analyzing the Latest Wave of Legal Concerns for Google in the U.S. and the E.U., Buffalo Intellectual Property Law Journal, Vol. 7 No. 2, S. 13 ff.; *Lindner, Maximilian/Straub, Sebastian/Kühne, Bettina*, How to share data? Data Sharing-Plattformen für Unternehmen, 2021, abrufbar unter: https://www.iit-berlin.de/wp-content/uploads/2021/04/SDW_Studie_DataSharing_ES-1.pdf; *Löhnig, Martin*, Treuhand: Interessenwahrnehmung und Interessenkonflikte, 2006; *Loewenheim, Ulrich (Hrsg.)*, Handbuch des Urheberrechts, 3. Aufl. 2021 (zit.: Loewenheim UrhR-HdB/Bearbeiter); *Lorenz, Stephan*, Grundwissen – Zivilrecht: Die Sicherungsübereignung, JuS 2011, 493; *Lotmar, Philipp*, Der Arbeitsvertrag nach dem Privatrecht des Deutschen Reiches – Erster Band, 1902 (zit.: Lotmar Arbeitsvertrag); *Martini, Mario/Hohmann, Matthias*, Der gläserne Patient: Dystopie oder Zukunftsrealität?, NJW 2020, 3573; *Marx, Simon*, Verhaltenspflichten für Anbieter von Datenvermittlungsdiensten – Das Verhältnis zwischen DGA und DS-GVO, ZD 2023, 430; *Mentel, Susanne*, Predictive Analytic und die Haftung für fehlerhafte Ergebnisse gegenüber betroffenen Einzelpersonen, 2019 (zit.: Mentel Predictive Analytic); *Morr, Ulrike*, Zulässigkeit von Biobanken aus verfassungsrechtlicher Sicht, 2005 (zit.: Morr Biobanken); *Müller, Paul J./Robbin, Alice/Martinotti, Guido (Hrsg.)*, Forschungsfreiheit und Datenschutz im internationalen Vergleich – Endbericht Teil II, 1983 (zit.: Müller/Robbin/Martinotti Forschungsfreiheit und Datenschutz/Bearbeiter); *Müller-Hengstenberg, Claus/Kirn, Stefan*, Vertragscharakter des Application Service Providing-Vertrags, NJW 2007, 2370; *Nägele, Thomas/Jacobs, Sven*, Rechtsfragen des Cloud Computing, ZUM 2010, 281; Oechsler, Jürgen, Vertragliche Schuldverhältnisse, 2. Aufl. 2017 (zit.: Oechsler VertraglSchuldverhältnisse); *Paal, Boris P./Hennemann, Moritz*, Big Data im Recht, Wettbewerbs- und daten(schutz)rechtliche Herausforderungen, NJW 2017, 1697; *Patzak, Andrea/Beyerlein Thorsten*, Adressdatenhandel zu Telefonmarketingzwecken – Vertragstypologische Einordnung unter Berücksichtigung der Haftungsfragen, MMR 2007, 687; *Pertot, Tereza/Schmidt-Kessel, Martin/Padovini, Fabio (Hrsg.)*, Rechte an Daten, 2020 (zit.: Pertot Rechte an Daten/Bearbeiter); *Picht, Peter Georg/Richter, Heiko*, EU Digital Regulation 2022: Data Desiderata, GRUR Int. 2022, 395; *Rath, Michael/Kuß, Christian/Maiworm, Christoph*, Die neue Microsoft Cloud in Deutschland mit Datentreuhand als Schutzschild gegen NSA & Co.? Eine erste Analyse des von Microsoft vorgestellten Datentreuhänder-Modells, CR 2016, 98; *Rat für Informationsinfrastrukturen*, Workshop-Bericht der AG Datentreuhänderschaft – Datentreuhänder: Potenziale, Erwartungen, Umsetzung, 2021, abrufbar unter: https://rfii.de/?p=4652 (letzter Zugriff 21.04.2023) (zit.: RfII, Workshop-Bericht, 2021); *Redeker, Helmut*, Software – ein besonderes Gut, NJOZ 2008, 2917; *Redeker, Helmut*, IT-Recht, 7. Aufl. 2020 (zit.: Redeker IT-R); *Regul, Maximilian*, Grundschulden und Treuhandverhältnisse, 2014; *Reiberg, Abel/Niebel, Crispin/Kraemer, Peter*, Was ist ein Datenraum - Definition des Konzeptes des Datenraumes, White Paper 1/2022, abrufbar unter: https://www.bmwk.de/Redaktion/DE/Publikationen/Digitale-Welt/whitepaper-definition-des-konzeptes-datenraum.pdf?__blob=publicationFile&v=6 (zit.: Reiberg/Niebel/Kraemer, Whitepaper Datenraum, 2022); *Reichard, Oliver*, Die neue fiducie des französischen Code civil im Vergleich mit der deutschen Treuhand kraft privaten Rechtsgeschäfts, 2013; *Richter, Heiko*, Europäisches Datenprivatrecht: Lehren aus dem Kommissionsvorschlag für eine „Verordnung über europäische Daten-Governance", ZEuP 2021, 634; *Richter, Heiko*, Looking at the Data Governance Act and Beyond: How to Better Integrate Data Intermediaries in the Market Order for Data Sharing, GRUR Int. 2023, 458; *Richter, Heiko/Slowinski, Peter*, The Data Sharing Economy: On the Emergence of New

Intermediaries, IIC 2019, 4; *Rümelin, Gustav*, Dienstvertrag und Werkvertrag, 1905; *Schawe, Nadine*, Blockchain und Smart Contracts in der Kreativwirtschaft – mehr Probleme als Lösungen?, MMW 2019, 218; *Schneidereit, Peter*, Haftung für Datenverlust im Cloud Computing, 2017; *Schulte-Nölke, Hans (Hrsg.)*, Schulze, Bürgerliches Gesetzbuch, Buch 2, 11. Aufl. 2021, (zit.: HK-BGB/Bearbeiter); *Schur, Nico B.*, Die Lizenzierung von Daten, 2020 (zit.: Schur Datenlizenz); *Schütrumpf, Moritz*, Anbieter von Datenvermittlungsdiensten als neue Intermediäre, RDi 2023, 373; *Schwartz, Paul/Pfeifer, Karl-Nikolaus*, Datentreuhändermodelle – Sicherheit vor Herausgabeverlangen US-amerikanischer Behörden und Gerichte?, CR 2017, 165; *Sedlmeier, Tobias/Kolk, Daniel*, ASP – Eine vertragstypologische Einordnung, MMR 2002, 75; *Specht, Louisa*, Konsequenzen der Ökonomisierung informationeller Selbstbestimmung, 2011; *Specht, Louisa*, Ausschließlichkeitsrechte an Daten – Notwendigkeit, Schutzumfang, Alternativen, CR 2016, 288; *Specht-Riemenschneider, Louisa*, Datennutz und Datenschutz: Zum Verhältnis zwischen Datenwirtschaftsrecht und DSGVO, ZEuP 2023, 638; *Specht-Riemenschneider, Louisa*, Der Entwurf des Data Act – Eine Analyse der vorgesehenen Datenzugangsansprüche im Verhältnis B2B, B2C und B2G, MMR 2022, 809; *Specht-Riemenschneider, Louisa/Blankertz, Aline/Sierek, Pascal/Schneider, Ruben/Knapp, Jacob/Henne, Theresa*, Die Datentreuhand – Ein Beitrag zur Modellbildung und rechtlichen Strukturierung zwecks Identifizierung der Regulierungserfordernisse für Datentreuhandmodelle, MMR-Beil. 2021, 25; *Spindler, Gerald*, Big Data und Forschung mit Gesundheitsdaten in der gesetzlichen Krankenversicherung, MedR 2016, 691; *Spindler, Gerald/Schuster, Fabian (Hrsg.)*, Recht der elektronischen Medien, 4. Aufl. 2019 (zit.: Spindler/Schuster/Bearbeiter); *Spindler, Gerald/Seidel, Andreas*, Die zivilrechtlichen Konsequenzen von Big Data für Wissenszurechnung und Aufklärungspflichten, NJW 2018, 2153; *Stancke, Fabian*, Zur Berechnung eines „angemessenen Entgelts" bei Datenzugangsansprüchen, WuW 2023, 264; *Staudenmayer, Dirk*, Der Verordnungsvorschlag der Europäischen Kommission zum Datengesetz. Auf dem Weg zum Privatrecht der Datenwirtschaft, EuZW 2022, 596; *Steinrötter, Björn*, Datenaltruismus, ZD 2021, 61; *Strech, Daniel*, Verantwortungsvolle Sekundärnutzung von Patientendaten, in: Dössel/Schäffter/Rutert (Hrsg.), Künstliche Intelligenz in der Medizin, 2023, 87; *Szabo, Nick*, Smart Contracts, Extropy #16 (1996), 50; *Szabo, Nick*, Smart Contracts: Formalizing and Securing Relationships on Public Networks, First Monday, Vol. 2 No. 9 (1997), abrufbar unter: https://firstmonday.org/ojs/index.php/fm/article/view/548/469 (zit.: Szabo, Smart Contracts, 1997); *Taeger, Jürgen (Hrsg.)*, Tagungsband Herbstakademie, 2021 (zit.: DSRITB 2021/Bearbeiter); *Tenta, Jason*, Rechte an Daten – bloße Macht des Faktischen?, ZdiW 2022, 447; *Thalhofer, Thomas/Wilmer, Stefan*, Praktische Herausforderungen bei der Abgrenzung von AGB und Individualvertrag bei IT-Projekten - Sind angesichts von Best Practices und standardisierten Vertragsmustern überhaupt noch Individualvereinbarungen möglich?, CR 2014, 765; *Tolks, Daniel*, Die finale Fassung des Data Governance Act. Erste Schritte in Richtung einer europäischen Datenwirtschaft, MMR 2022, 444; *Veil, Winfried*, Datenaltruismus: Wie die EU-Kommission eine gute Idee versemmelt, 2020, abrufbar unter: https://www.cr-online.de/blog/2020/12/01/datenaltruismus-wie-die-eu-kommission-eine-gute-idee-versemmelt/; *Vesselkov, Alexandr/Hämmäinen, Heikki/Töyli, Juuso*, Design and Governance of mHealth Data Sharing, Communications of the Association for Information Systems 45 (2019), 299; *Weitbrecht, Jannik*, Die Doppeltreuhand – Grundstruktur, Insolvenzfestigkeit, Verwertung, NZI 2017, 553; *Wendehorst/Schamberger/Grinzinger*, Datentreuhand – wie hilfreich sind sachenrechtliche Konzepte?, in: Pertot (Hrsg.), Rechte an Daten, 2020, 112 eBook PDF; *Westermann, Harm Peter/Grunewald, Barbara/Maier-Reimer, Georg (Hrsg.)*, Erman (Begr.), Kommentar zum Bürgerlichen Gesetzbuch, 16. Aufl. 2020 (zit.: Erman/Bearbeiter); *Witzel, Michaela*, Der Entwurf des Data Act und seine Vorgaben an die Vertragsgestaltung, CR 2022, 561; *Wolters, Klaus*, Datenschutz und medizinische Forschungsfreiheit, 1988 (zit.: Wolters Medizinische Forschung); *Zech, Herbert*, Haftung für Trainingsdaten Künstlicher Intelligenz, NJW 2022, 502; *Ziegler, Nicolas/Nagl, Sebastian*, Zugang zu Industriedaten für KMU. Gleichzeitig eine rechtliche und technische Analyse des Entwurfs des Data Acts als KMU-Instrument, ZfDR 2023, 57.

A. Einleitung

I. Gemeinsame Datennutzung als Lösung für Datenmangel

1 Die **Nutzung von Daten** wird schon seit einigen Jahren als zentrales Element der Wirtschaft in der digitalen Gesellschaft angesehen, die damit einhergehende Erwartungen großen wirtschaftlichen Nutzens werden teilweise mit Begriffen wie dem „**Datenschatz**" beschrieben (→ § 1 Rn. 1 ff.). Nicht zuletzt durch Big Data im Sinne der Erzielung neuer Erkenntnisse durch Auswertung von (großen Mengen an) Daten (→ § 1 Rn. 8 f.) sollen enorme **Wohlstandsgewinne** erzielt werden. Dabei wird der Besitz an bzw. die Möglichkeit zur Nutzung von Daten der Schüsselfaktor, um den Datenschatz zu heben.

2 Das angesprochene Potential der Nutzung von Daten bezieht sich häufig auf die **Nutzung großer Datenmengen**. So gilt etwa der wesentliche Treiber der aktuellen KI-Begeisterung, das **Machine Learning**, als äußerst „datenhungrig" (→ § 1 Rn. 19). Aber auch zahlreiche andere Anwendungen, etwa Wettervorhersagen, Klimaforschung etc. benötigen extrem große Datenmengen.

3 Die Beschaffung hinreichender Mengen an Daten indes kann für einen einzelnen Akteur sehr aufwendig oder gar unmöglich sein. Wenn etwa Daten für das maschinelle Lernen manuell annotiert werden müssen, wenn für jede Analyse Daten separat erhoben werden müssen, stoßen effiziente Forschung und Entwicklung schnell an Grenzen.

4 Eine naheliegende Lösung – wenngleich derzeit noch mehr theoretische Zielvorstellung denn gelebte Praxis – für diese Probleme liegt in der **Nutzung derselben Datenbestände durch mehrere Akteure**. Diese bietet sich an, weil Daten mehrfach genutzt werden können, ohne dass die Nutzungen einander unmittelbar einschränken. Daten können insbesondere, ohne dass sie etwa an Informationsgehalt verlieren, durch mehrere Nutzer verwendet werden.[1]

Dieser Effekt, der in den Wirtschaftswissenschaften – mit im Einzelnen durchaus divergierenden Definitionen – als **Nicht-Rivalität** im Konsum bezeichnet wird,[2] unterscheidet die Nutzung von Daten wesentlich etwa gegenüber der Nutzung von Sachen und ist Grundlage für wesentliche Chancen, aber auch Risiken der Nutzung von Daten (→ Rn. 18 ff.).

Durch die mehrfache Nutzung von Daten können die Kosten der Datenbeschaffung gesenkt werden; Forschung und Entwicklung werden hierdurch mitunter überhaupt erst möglich, weil Daten für einen einzelnen Akteur anderenfalls gar nicht verfügbar wären.

5 Daher werden etwa im Bereich der medizinischen Forschung schon seit Langem Konzepte zur Errichtung großer **Datenpools** entwickelt.[3] Das Potential der gemeinsamen Datennutzung für die medizinische Forschung wird allgemein als sehr hoch angesehen[4]. Wohl daher steht die Sekundärnutzung von Patientendaten im Fokus der **Datenstrategie** der Europäischen Kommission (→ § 1 Rn. 34), die als ersten bereichsspezifischen Datenraum (→ § 1 Rn. 80 f.) einen **europäischen Gesundheitsdatenraum** errichten will (→ § 1 Rn. 82 ff.).

6 Die Nutzung von Datenbeständen durch mehrere Akteure setzt voraus, dass eine Entität, die über Daten verfügt, anderen Akteuren die Daten oder jedenfalls die Möglichkeit der Nutzung dieser Daten zur Verfügung stellt. Dies kann einseitig oder wechselseitig und in ganz unterschiedlichen Formen erfolgen.

---

1 Dewenter/Lüth, Datenhandel und Plattformen, 2018, S. 10.
2 Dewenter/Lüth, Datenhandel und Plattformen, 2018, S. 10; Jöns, Daten als Handelsware, 2019, S. 35.
3 Siehe dazu etwa Chadwick/Berg Nat Rev Genet 2001, 318; Morr Biobanken S. 3.
4 Hierzu umfassend Institute of Medicine, Sharing Clinical Data, 2013, S. 1, 9 ff.

Zur Bezeichnung der Nutzung derselben Datenbestände durch mehrere Akteure werden unterschiedliche Begriffe verwendet, die häufig bestimmte Aspekte betonen. Die Nutzung von Datenbeständen durch mehrere Entitäten wird in der englischen Sprache mit dem Begriff des „**data sharing**"[5] bezeichnet, der auch in deutschsprachigen Texten als Fremdwort „Data Sharing"[6] häufig verwendet wird. 7

Teilweise wird auch von „**Datenaustausch**"[7] oder, als wohl genauere Übersetzung des englischen Begriffs, vom „**Datenteilen**"[8] gesprochen. Der europäische Data Governance Act (DGA) (→ § 1 Rn. 46 ff.), der in der englischen Fassung von data sharing spricht, verwendet in der deutschen Fassung den Begriff der „**gemeinsamen Datennutzung**". Der Begriff der gemeinsamen Datennutzung erscheint zwar unglücklich, da er ein Zusammenwirken der Beteiligten in Bezug auf die Nutzung der Daten suggeriert,[9] das gerade nicht erfolgt. Als gesetzlicher Begriff und deutschsprachiges Pendant zum Begriff des Data Sharings wird er in diesem Abschnitt gleichwohl zugrunde gelegt, die übrigen Begriffe werden hier **synonym** verwendet. 8

Die Überlassung von Daten und die Einräumung einer Möglichkeit zur Datennutzung involviert zumindest zwei Beteiligte (→ Rn. 12 ff.): die Person, die Daten oder die Möglichkeit ihrer Nutzung bereitstellt, den **Datengeber**, und die Person, die den Zugriff auf die Daten oder die Nutzungsmöglichkeit erhält, den **Datenempfänger**. 9

Eine gemeinsame Datennutzung kann unmittelbar zwischen Datengeber und Datenempfänger vereinbart und durchgeführt werden, etwa durch schlichte Weitergabe der Daten oder Gewährung des Zugriffs auf Daten. Solcher Datenaustausch ist vielfache Praxis in unterschiedlichsten Bereichen, nicht zuletzt der öffentlichen Verwaltung, soweit (nicht zuletzt datenschutzrechtlich) zulässig.

Die gemeinsame Datennutzung durch unterschiedliche Akteure benötigt in vielen Fällen – aus verschiedenen Gründen (→ Rn. 18 ff.) – die Einschaltung Dritter, die als **Intermediäre** für beide Beteiligte oder als Dienstleister für einen der Beteiligten tätig werden. Die Bedeutung der Intermediäre für die gemeinsame Datennutzung wird nicht zuletzt im europäischen **Data Governance Act** (→ § 1 Rn. 46 ff.) deutlich, der, als ein Baustein des „**Binnenmarktes für Daten**" (→ § 1 Rn. 32 ff.), den Datenaustausch fördern soll. Ein wesentlicher Regelungsgegenstand des DGA ist der Intermediär. 10

Dieses Kapitel ist den rechtlichen Grundlagen der gemeinsamen Datennutzung unter Beteiligung von Intermediären gewidmet. Zunächst werden Grundlagen und Herausforderungen der gemeinsamen Datennutzung (→ Rn. 18 ff.) und Modelle der gemeinsamen Datennutzung unter Einbeziehung von Intermediären dargestellt (→ Rn. 117 ff.). Sodann werden die Bedeutung des Data Governance Act und des künftigen Datengesetzes für die gemeinsame Datennutzung (→ Rn. 211 ff.) und schließlich die Rechtsnatur der Datentreuhand und die Vertragsbeziehungen der Beteiligten bei gemeinsamer Datennutzung im B2B-Bereich untersucht (→ Rn. 291 ff.). 11

II. Beteiligte und Rollen in der gemeinsamen Datennutzung

Die gemeinsame Datennutzung durch unterschiedliche Akteure kann eine große Zahl an Beteiligten in unterschiedlichen Rollen einbeziehen. Die Beschreibung und Bezeichnung der 12

---

5 Jussen/Schweihoff/Dahms/Möller/Otto, Data Sharing Fundamentals, 2023, S. 3 ff.; Richter/Slowinski IIC 2019, 4 (8 ff.); Vesselkov/Hämmäinen/Töyli Communications of the Association for Information Systems 45 (2019), 299 (303).

6 Fraunhofer-Gesellschaft e.V., Anreizsysteme Data Sharing, 2023, S. 10.

7 Hennemann/von Ditfurth NJW 2022, 1905 (1906); differenzierend Fraunhofer-Gesellschaft e.V., Anreizsysteme Data Sharing, 2023, S. 11.

8 Hartl/Ludin MMR 2021, 534 (537).

9 So im Fall des datenschutzrechtlichen Begriffs der „gemeinsamen Verantwortlichkeit" (Art. 26 DS-GVO), vgl. BeckOK IT-Recht/Borges DSGVO Art. 26 Rn. 9 ff.

Rollen ist bisher recht divers. Dies dürfte auch daran liegen, dass die Gestaltungen des Datenaustauschs sehr unterschiedlich sind.[10] Die wesentlichen Beteiligten werden daher kurz beschrieben:

13 (1) Der Datengeber

Ein wesentlicher Beteiligter ist die Person, die Daten oder deren Nutzung einem Dritten zur Verfügung stellt oder sich dazu verpflichtet. Diese Rolle wird hier als „**Datengeber**"[11] bezeichnet. Alternative Bezeichnung wie „Datenlieferant"[12] werden etwa im Zusammenhang mit vertraglichen Pflichten zur Bereitstellung von Daten verwendet.

Als Synonym wird häufig der Begriff des „Dateninhabers"[13] verwendet. Dieser Begriff wird im DGA und im Entwurf des DatenG verwendet, wobei sich die Definitionen interessanterweise im Wortlaut und ggf. auch in ihrer Bedeutung merklich unterscheiden.

Dateninhaber ist nach der Definition des Art. 2 Nr. 8 DGA eine „Person [...], welche [...] berechtigt ist, Zugang zu bestimmten personenbezogenen Daten oder nicht personenbezogenen Daten zu gewähren oder diese Daten weiterzugeben".

Nach der Definition des Art. 2 Nr. 6 DatenG-E hingegen ist Dateninhaber eine „Person, die [...] berechtigt oder verpflichtet bzw. im Falle nicht personenbezogener Daten und durch die Kontrolle über die technische Konzeption des Produktes und damit verbundener Dienste in der Lage ist, bestimmte Daten bereitzustellen". Die Definition des DGA stellt damit allein auf die Berechtigung, die des DatenG-E – nach seinem Regelungsansatz zu Recht – zusätzlich auch auf die Fähigkeit zur Bereitstellung von Daten ab.

Beide Definitionen unterscheiden sich von dem Begriff des Datengebers in der hier verwendeten Definition, die entscheidend auf die tatsächliche Bereitstellung bzw. die Verpflichtung dazu abstellt. Daher wird der Begriff des Dateninhabers hier bewusst im Sinne des DGA verwendet und für die Rolle dessen, **der Daten bereitstellt**, der Begriff des Datengebers verwendet.

14 (2) Der Datenempfänger

Der weitere wesentliche Beteiligte ist die Person, die die Daten oder die Möglichkeit zur Nutzung erhält. Dieser wird teilweise als „**Datenempfänger**"[14] bezeichnet. Als Synonym wird häufig der Begriff des „**Datennutzers**"[15] verwendet.

Der DGA verwendet den Begriff des Datennutzers und definiert diesen in Art. 2 Nr. 9 als eine „Person, die rechtmäßig Zugang zu [...] Daten hat und [...] berechtigt ist, diese Daten [...] zu nutzen". Der Entwurf des DatenG definiert den Begriff des Datenempfängers in Art. 2 Nr. 7 DatenG-E als eine Person, der innerhalb ihrer unternehmerischen Tätigkeit Daten vom Dateninhaber bereitgestellt werden.[16]

---

10 Czychowski/Winzek ZD 2022, 81 (83); Schur GRUR 2020, 1142 (1143).

11 So auch Buchheim/Augsberg/Gehring JZ 2022, 1139 (1140 ff.); Buchholtz/Brauneck/Schmalhorst NVwZ 2023, 206; Czychowski/Winzek ZD 2022, 81 (84); Kempny/Krüger/Spindler NJW 2022, 1646 (1648 f.); Rosenkranz/Scheufen ZfDR 2022, 159 (179 f.).

12 Moos Datenschutz/Moos/Arning § 15 Rn. 15.1 ff.; sowie im Kontext der Bereitstellung von KI-Trainingsdaten Zech NJW 2022, 502.

13 Hennemann RDi 2021, 61 (64); Schur GRUR 2020, 1142 (1143); Stancke WuW 2023, 264.

14 Fraunhofer-Gesellschaft e.V., Anreizsysteme Data Sharing, 2023, S. 11.

15 Buchholtz/Brauneck/Schmalhorst NVwZ 2023, 206; Czychowski/Winzek, ZD 2022, 81 (83); Kempny/Krüger/Spindler NJW 2022, 1646 (1648 f.); Moos Datenschutz/Moos/Arning § 15 Rn. 15.1 ff.

16 Art. 2 Nr. 7 DatenG-E lautet: „Datenempfänger" [bezeichnet] eine juristische oder natürliche Person, die zu Zwecken innerhalb ihrer gewerblichen, geschäftlichen, handwerklichen oder beruflichen Tätigkeit handelt, ohne Nutzer eines Produktes oder verbundenen Dienstes zu sein, und der vom Dateninhaber Daten bereitgestellt werden, einschließlich eines Dritten, dem der Dateninhaber auf Verlangen des Nutzers oder im Einklang mit einer Rechtspflicht aus anderen Rechtsvorschriften der Union oder aus nationalen Rechtsvorschriften zur Umsetzung des Unionsrechts Daten bereitstellt".

Hier wird der Begriff des **Datenempfängers**, in Übereinstimmung mit der Definition des DatenG-E, für die Rolle dessen verwendet, **dem Daten bereitgestellt werden**. Weitere Beteiligte sind häufig Intermediäre sowie Dienstleister unterschiedlicher Art.

(3) Intermediäre   15

Ein Dritter, der in den Datenteilungsvorgang zwischen Datengeber und Datenempfänger in der Weise einbezogen ist, dass er zu beiden Parteien in vertragliche Beziehungen tritt, wird hier, in Anlehnung an die Begrifflichkeit des DGA, als „**Intermediär**" bezeichnet. Mit dieser Definition wird der Intermediär insbesondere von Dienstleistern (→ Rn. 16 f.) abgegrenzt, die nur für einen der (übrigen) Beteiligten tätig werden.

Der DGA verwendet den Begriff des „**Anbieters von Datenvermittlungsdiensten**" und definiert den Begriff des Datenvermittlungsdienstes in Art. 2 Nr. 11 Satz 1 im Kern als einen Dienst, mit dem Geschäftsbeziehungen zwischen Datengebern und Datenempfängern im hiesigen Verständnis „hergestellt werden sollen, um die gemeinsame Datennutzung [...] zu ermöglichen".[17] Diese Definition wird im Folgenden durch eine umfangreiche Negativabgrenzung geschärft, die der Sache nach vor allem der Einschränkung des Anwendungsbereichs der Regeln über Datenvermittlungsdienste dient.

Mit dem Begriff des **Datenvermittlungsdiensteanbieters** erfasst der DGA vor allem Vermittler der Geschäftsbeziehungen. Ob Intermediäre, die – auf der Grundlage bestehender Geschäftsbeziehungen – Unterstützung für den Datenaustausch anbieten, einbezogen sind, ist unklar (→ Rn. 225 ff.).

Die Abgrenzung des Intermediärs von anderen Beteiligten kann schwierig sein; dies gilt sowohl für die Abgrenzung von einem Datenempfänger (→ Rn. 119 ff.), insbesondere bei Fällen der sog. Datentreuhand (→ Rn. 146 ff.), als auch für die Abgrenzung von Dienstleistern.

(4) Dienstleister   16

Dienstleister sind Beteiligte, die Leistungen im Rahmen des Datenaustauschs erbringen, ohne als Datengeber, Datenempfänger oder Intermediäre beteiligt zu sein. Dienstleister in diesem Sinne erbringen eine erhebliche Vielfalt an Diensten, insbesondere Dienste auf Seiten des Datengebers oder des Datenempfängers sowie der Beteiligten, die Infrastruktur bereitstellen.

Der DGA erfasst mit dem Begriff des Datenvermittlungsdiensteanbieters einige dieser Beteiligten, indes nicht alle. **Datenvermittlungsdiensteanbieter** sind insbesondere Vermittler der Geschäftsbeziehung. Sonstige Intermediäre und Dienstleister sind wohl nicht erfasst.

Die gemeinsame Datennutzung unter Einbeziehung von Dritten, insb. Intermediären, wird   17
häufig durch Begriffe wie „**Datentreuhand**" (→ Rn. 146 ff.) und „**Datenraum**" (→ Rn. 158 ff.) bezeichnet. Dabei bezieht sich jedenfalls diese aus jüngster Zeit stammende Begriffsverwendung des „Datenraums" erkennbar auf die entsprechende Begrifflichkeit der Europäischen Kommission seit 2020 (→ § 1 Rn. 80 ff.). Mit der allgemeinen Bezeichnung des Intermediärs werden die zentralen Beteiligten sowohl in Fällen der Datentreuhand als auch der Datenräume erfasst.

B. Herausforderungen der gemeinsamen Datennutzung

I. Überblick

Die Nutzung von Daten durch mehrere Entitäten kann in sehr unterschiedlicher Form erfolgen. So können etwa Daten kopiert und an andere Nutzer weitergegeben werden. Es können aber auch mehrere Nutzer, etwa in einer Cloud, auf einen bestimmten Datensatz zugreifen und einen **Datenpool** teilen. Das Spektrum des Data Sharings reicht also von der **Überlassung**

---

17 Siehe zum Vergleich der Begriffe des Datenintermediärs und des Datenvermittlungsdienstes Richter GRUR Int. 2023, 458 (461 f.).

einer Datenkopie zur freien Verfügung und ggf. Einräumung und Übertragung von Rechten an den Daten bis zur Einräumung einer technisch und organisatorisch eingeschränkten Nutzungsmöglichkeit an Daten.

19 Das Potential der gemeinsamen Datennutzung ist, wie dargestellt (→ Rn. 1 ff.), gewaltig, denn es kann das **Problem der Datenknappheit** lösen und die **Kosten der Datenbeschaffung** signifikant senken. Die gemeinsame Nutzung von Daten durch mehrere, ggf. konkurrierende, Akteure, birgt aber auch zahlreiche Herausforderungen.

20 Werden Daten an einen Dritten weitergegeben oder erhält dieser uneingeschränkten Zugriff auf die Daten, erhält der Datenempfänger **dieselbe faktische Verfügungsmacht** über die Daten wie der Datengeber und kann den Wert der Daten faktisch ebenso nutzen.

21 Der Datengeber verliert also mit der Weitergabe oder der Einräumung einer uneingeschränkten Zugriffsmöglichkeit die **Kontrolle über die weitere Datennutzung** (→ Rn. 27 ff.).

22 Auch auf Seiten des Datenempfängers können durch die gemeinsame Datennutzung **Risiken** entstehen. Wenn die Nutzung der Daten auf Systemen unter Kontrolle des Datengebers erfolgt, kann der Datenempfänger die Kontrolle über die Analyse verlieren und der Datengeber Zugriff auf die Analyseergebnisse erhalten.

23 Wenn die Überlassung der Daten oder die Einräumung einer Nutzungsmöglichkeit entgeltlich erfolgt oder sonst mit relevanten Kosten für den Datenempfänger verbunden ist, ergeben sich Herausforderungen auch hinsichtlich der **Bemessung des Wertes** der Datennutzung (→ Rn. 47 ff.).

24 Herausforderungen können sich im Hinblick auf die **Verantwortung für die Qualität der Daten** ergeben (→ Rn 59 ff.). Dies gilt nicht nur in Bezug auf den Wert der Datennutzung, sondern auch und insbesondere hinsichtlich der tatsächlichen und rechtlichen **Risiken aus der Nutzung der Daten**. So kann die Nutzung der Daten aufgrund deren Eigenschaften gegen Rechtsnormen (z.B. das Datenschutzrecht oder das Immaterialgüterrecht) verstoßen. Die Nutzung kann auch eine deliktische oder gar strafrechtliche Haftung des Datennutzers auslösen, wenn fehlerhafte oder unzulässige Ergebnisse erzielt werden (→ § 7 Rn. 145 ff.). Soweit diese Fehler oder Unzulässigkeit auf Eigenschaften der Daten beruhen, ist die Qualität der Daten von enormer Bedeutung.

25 Soweit die Nutzung von Daten unter Einschaltung eines Intermediärs erfolgt, kann das **Vertrauen** des Dateninhabers sowie des Datennutzers in den Intermediär eine entscheidende Voraussetzung für den Datenaustausch sein.[18]

26 Diese Herausforderungen und mögliche Lösungen werfen, wenngleich in unterschiedlichem Maße, Rechtsfragen auf. Daher werden sie nachfolgend aus rechtlicher Perspektive erörtert.

II. Kontrolle über Daten

27 Eine besondere Eigenschaft von **Daten** im Vergleich zu Sachen liegt nicht zuletzt in der Möglichkeit, diese **ohne Qualitätsverlust zu vervielfältigen**.[19] Solange Daten nicht technisch, etwa durch Verschlüsselung, besonders geschützt sind, geht die Zugriffsmöglichkeit auf eine **Datenkopie** – traditionell vermittelt durch den Besitz an einem Datenträger – mit der vollen Nutzungsmöglichkeit einher. Hierin liegt das besondere Potential des „Datenschatzes" aus gesamtgesellschaftlicher Sicht.

28 Aus Sicht des Datengebers liegt darin aber auch das größte Problem: Jeder, der über die Möglichkeit verfügt, eine Kopie zu fertigen, kann jedenfalls tatsächlich den vollen Wert der Daten

---

18 Siehe zur Schlüsselrolle der Vertraulichkeit in der Forschung Boruch/Cecil Confidentiality Social Research Data, S. 60 ff.
19 Drabinski Datenüberlassung und Kaufrecht S. 51; Hauck NJW 2014, 3616; Zech CR 2015, 137 (139).

für sich nutzen. Ohne entsprechende Vorkehrungen geht mit der Bereitstellung von Daten daher ein „**Kontrollverlust**"[20] des **Datengebers** einher, da dieser die faktische Möglichkeit verliert, über die Daten und ihre Nutzung ausschließlich zu bestimmen. Da die Exklusivität an Daten oder ihrer Nutzung als solche auch nicht per se rechtlich geschützt ist (→ § 3 Rn. 27 ff.) und vertraglich nicht mit Wirkung gegenüber jedermann geschützt werden kann, ist ein solcher Kontrollverlust oft umfassend.

Dies ist insbesondere dann problematisch, wenn der Datengeber selbst **hohe Aufwendungen** **29** **für die Beschaffung** seines Datenbestands hatte und diese Aufwendungen durch die Steuerung der Datennutzung, sei es durch exklusive Nutzung, sei es durch entgeltliche Überlassung, amortisieren möchte. Daher hat der Datengeber in vielen Fällen ein starkes Interesse, die Daten niemandem zu überlassen, um das Anfertigen einer Kopie durch den Datenempfänger oder Dritte auszuschließen.

In der gegenwärtigen Praxis der Wirtschaft lässt sich eine **sehr starke Zurückhaltung** von **30** Dateninhabern beobachten, Daten zum Austausch zur Verfügung zu stellen.[21] Dies dürfte teilweise auf die damit verbunden rechtlichen Risiken, insb. bei personenbezogenen Daten,[22] zum anderen aber auf die **Furcht vor Kontrollverlust** zurückzuführen sein.[23]

Aus beiden Gründen gilt die Zurückhaltung nicht nur hinsichtlich der Überlassung einer **31** Datenkopie. Vielmehr wird der Dateninhaber regelmäßig auch den **Zugriff auf die Daten** einschränken wollen. Dabei ist hinsichtlich der mit dem Zugriff verbundenen Risiken aus rechtlicher Perspektive zu differenzieren:

Soweit es sich um personenbezogene Daten handelt, wird eine datenschutzrechtlich **rechtfer-** **32** **tigungsbedürftige Offenlegung** von Daten wohl schon dann vorliegen, wenn die Daten in einer Weise ausgewertet werden können, dass Informationen, aus denen sich ein Personenbezug ergibt, erkennbar sind. Dies wird bei der Ermöglichung von Big-Data-Analysen an unverschlüsselten Daten typischerweise der Fall sein. Soweit Daten in einer Weise zur Verfügung gestellt werden, dass der Nutzer, etwa zu Analysezwecken, frei auf diese zugreifen kann, kann dieser die Daten auch auf eigene Datenträger herunterladen, soweit dies nicht technisch oder organisatorisch eingeschränkt oder ausgeschlossen wird.

Ein Konzept zur **Vermeidung eines solchen Kontrollverlusts** besteht darin, dass nicht die Da- **33** ten selbst überlassen, sondern lediglich eine **Nutzungsmöglichkeit** an den Daten eingeräumt wird, ohne die Möglichkeit, Daten zu kopieren.

Da eine Analyse von Daten bei den bisher bekannten Möglichkeiten des Kopierschutzes einge- **34** schränkt wird, richtet sich der Fokus auf eine organisatorische Lösung: die Nutzung der Daten außerhalb der Kontrolle des Datennutzers.

Die Möglichkeit, dass der **Datengeber** die Daten **im Auftrag des Datennutzers** verarbeitet, **35** wird in der Praxis regelmäßig nicht erwogen. Eine solche Lösung ist oftmals nicht attraktiv für den Datenempfänger, da die aus der Nutzung gezogenen Erkenntnisse sowie sein Knowhow hinsichtlich der Datenauswertung mit dem Datengeber geteilt werden müssten. Hinzu kommt eine Reihe weiterer, kaum überwindbarer Hürden, da der Datengeber alle Voraussetzungen der Datenanalyse, von Knowhow bis zu entsprechenden Analysetools, beschaffen müsste. Insbeson-

---

20 Richter/Slowinski IIC 2019, 4 (7).
21 Hennemann/von Ditfurth, NJW 2022, 1905, 1906; Ziegler/Nagl ZfDR 2023, 57 (59); nach einer Untersuchung im Auftrag der Europäischen Kommission tauschen lediglich 39 % der befragten Unternehmen ihre Daten aus, von denen wiederum 52 % von Hindernissen berichteten, vgl. Arnaut/Pont/Scaria/Berghmans/Leconte Study on data sharing between companies in Europe, 2018, S. 74 ff.
22 Vgl. BDI, Datenzugang – Rahmenbedingungen für eine effiziente Datenwirtschaft, 2020, S. 2 (Kartell- und Datenschutzrecht als Hemmnis für Datenpartnerschaften oder -kooperationen); Fraunhofer-Gesellschaft e.V., Anreizsysteme Data Sharing, 2023, S. 19 (Bedenken hinsichtlich des Datenschutzes, Urheberrechts und/oder Kartellrechts 64 % von befragten 1.024 Industrieunternehmen und industrienahen Dienstleistern).
23 Richter/Slowinski IIC 2019, 4 (7); Ziegler/Nagl ZfDR 2023, 57 (59).

dere wenn nicht die Daten eines einzelnen, sondern zahlreicher Datengeber analysiert werden sollen, wäre dies ineffizient.

36 Als Lösung bietet sich daher die **Einschaltung eines neutralen Dritten** an, der die Kontrolle der Datenanalyse für beide Seiten vermittelt. Diese Aufgabe kann die zentrale Funktion der sog. Datentreuhand beim Data Sharing von Unternehmen sein (→ Rn. 141, 363 ff.).

37 Im Hinblick auf das Problem des Kontrollverlustes lassen sich die unbeschränkte und die beschränkte Überlassung von Daten an den Datenempfänger als zwei grundlegend unterschiedliche Modelle der gemeinsamen Datennutzung unter **Einbeziehung eines Intermediärs** unterscheiden. Im Fall der **unbeschränkten Überlassung** werden die Daten dem Datenempfänger durch Überlassung einer Kopie oder Einräumung einer uneingeschränkten Nutzungsmöglichkeit (insbesondere mit der Möglichkeit, eine Datenkopie zu fertigen) ohne faktische Einschränkungen überlassen. Rechtliche Einschränkungen hinsichtlich der Nutzung sind möglich, werden aber nicht technisch-organisatorisch erzwungen. Im Fall der **beschränkten Überlassung** erhält der Datenempfänger einen technisch beschränkten Zugriff auf die Daten, insbesondere mit Einschränkungen hinsichtlich der Verarbeitung (z.B. Beschränkung der Möglichkeiten zum Kopieren der Daten).

38 Im erstgenannten Modell ist die Einbeziehung eines Intermediärs in die Bereitstellung jedenfalls nicht für die Einschränkung des Zugriffs erforderlich, kann aber aus anderen Gründen, insbesondere der Prüfung und Bewertung der Daten, erfolgen.

39 Im zweiten Modell kann der Intermediär in recht unterschiedlichem Maße die Kontrolle über die Nutzung der Daten ausüben. Eine Möglichkeit, die derzeit in Projekten erkundet wird (→ Rn. 200 ff.), besteht etwa darin, die **Analyse nur unter Kontrolle des Intermediärs** zu ermöglichen. Dabei wird die Analyse im Kern auf einer Infrastruktur und durch Software außerhalb der Kontrolle des Datenempfängers durchgeführt und protokolliert. Der Datenempfänger kann die Analyse inhaltlich, aber nicht technisch kontrollieren. Damit wird das Risiko unerwünschter Datenkopien oder unkontrollierter Analysen ausgeschlossen.

40 Als Mischform kann man wohl eine **dritte Option** benennen: die Einräumung einer unbeschränkten Datennutzungsmöglichkeit durch den Datengeber an einen Intermediär und die Einräumung einer beschränkten Datennutzung durch den Intermediär an den Datenempfänger. Dieses Modell bietet sich an, wenn der Datengeber in den Prozess der Bereitstellung der Daten nicht involviert sein möchte, etwa weil der für ihn zu erwartende Ertrag im Verhältnis zum Verwaltungsaufwand gering ist. Wenn der Datengeber dem Intermediär vertraut, hat der damit einhergehende Kontrollverlust für ihn keine entscheidende Bedeutung.

41 Alle Modelle haben praktische Bedeutung. Die Überlassung von Daten mit voller Datennutzungsmöglichkeit findet in der Praxis seit jeher statt, oft, ohne dass man hierin einen besonderen Tatbestand gesehen hätte. Die Einräumung eines beschränkten Zugriffs unmittelbar zwischen Dateninhaber und Datennutzer dürfte eher selten erfolgen, soweit es um technische Einschränkungen des Zugriffs geht. Häufiger dürften rechtliche Einschränkungen, etwa vertraglicher Art, anzutreffen sein.

42 Im Vordergrund der aktuellen Diskussion steht die Vermittlung der Zugangsmöglichkeit durch Intermediäre. Diese erfolgt sowohl im Fall der Datenspende (→ Rn. 147 ff.) als auch in Modellen der gemeinsamen Datennutzung im B2B-Bereich (→ Rn. 184 ff.).

III. Kontrolle über die Nutzung der Daten

43 Beim Datenaustausch sind die Perspektive des Datenempfängers und dessen Interessenlage von Bedeutung. Das Interesse des Datenempfängers geht dahin, Daten **effizient und zu möglichst minimalen Kosten** nutzen zu können. Diese Interessenlage bestätigt das Potential gemeinsa-

mer Datennutzung, denn ausschließlicher Besitz oder Inhaberschaft an Daten ist keine Voraussetzung für effiziente Datennutzung.

Der Datenempfänger hat darüber hinaus auch Interessen, die etwa einem Modell, wonach die   44
Analyse in der Infrastruktur des Datengebers erfolgt, entgegenstehen können: Mitunter möchte
der Datenempfänger den genauen Gegenstand und Inhalt der Datennutzung nicht mitteilen,
ebenso wenig möchte er womöglich die Ergebnisse der Analyse teilen. Stellt man sich etwa
vor, dass ein Datengeber die Möglichkeit anböte, Analysen zu minimalen Kosten für Datenempfänger jeglicher Art auf der eigenen Infrastruktur durchzuführen, sich aber vorbehielte, die
Analyseergebnisse auch für sich selbst zu nutzen – so etwa ein Aspekt des Geschäftsmodells
von Google[24] – so wird dies nicht in allen Fällen, im B2B-Bereich aber doch regelmäßig, mit
den Interessen des Datenempfängers unvereinbar sein. Wenn etwa beim Machine Learning ein
neuronales Netz trainiert wird, wird man das Ergebnis nicht unbedingt teilen wollen.

Dieser **Interessengegensatz** kann im bilateralen Verhältnis von Dateninhaber und Datennut-   45
zer nicht oder nicht vollständig aufgehoben werden. Dies führt derzeit dazu, dass das Potential
von Big Data und Data Sharing nicht in vollem Umfang gehoben werden kann.

Ein naheliegender Lösungsansatz, der oft mit dem Begriff der **Datentreuhand** gekennzeichnet   46
wird, weist auf die Einbeziehung eines vertrauenswürdigen, unabhängigen Dritten in die
Datennutzung: Wenn die Analyse der Daten nicht beim Dateninhaber, sondern bei einem
Dritten, dem Datentreuhänder, erfolgt, der die beiderseitigen Interessen wahrnimmt, kann der
Dateninhaber darauf vertrauen, dass keine unerlaubten Datenkopien erzeugt werden und ggfs.
auch darauf, dass keine aus rechtlichen oder sonstigen Gründen problematischen Analysen
durchgeführt werden. Zugleich kann der Datennutzer darauf vertrauen, dass der Dateninhaber
keine Kenntnis von den Details der Datenverarbeitung und vor allem keine Kenntnis der
Ergebnisse erlangt.

IV. Bewertung der Datennutzung

Wenn die Überlassung der Datennutzung mit einer **Gegenleistung** verbunden ist, stellen   47
sich weitere Herausforderungen hinsichtlich der Bemessung des Wertes der Daten bzw. der
eingeräumten Nutzungsmöglichkeit.

Hier ergeben sich derzeit erhebliche Schwierigkeiten. Klassische Möglichkeiten zur Bestim-   48
mung des Wertes eines Gutes sind die Bestimmung nach den Gestehungskosten und nach dem
Wert der durch das Gut ermöglichten Nutzung, dem sog. Ertragswert.[25]

Beide Berechnungsmethoden haben bei Daten Schwierigkeiten. Hinsichtlich der Gestehungs-   49
kosten macht sich das Problem der verlustfreien Kopiermöglichkeit bemerkbar. Wenn Daten
sowieso entstehen, kann man die Gestehungskosten des Dateninhabers mit Null oder einem
marginalen, zu vernachlässigenden Wert versehen. In der Praxis gibt es Modelle, die von
zu vernachlässigenden Werten der Datenerzeugung auf Seiten des Dateninhabers ausgehen,
etwa wenn als Gegenleistung zur Datenüberlassung Analysen angeboten werden, die der Datengeber gar nicht nachgefragt hätte oder deren Wert er nicht gut einschätzen kann. Wenn
Gestehungskosten vorliegen, stellt sich angesichts der Möglichkeit der verlustfreien Vervielfältigung die Frage, ob bei der Bewertung die einmalige oder aber die vielfache Nutzung zu
berücksichtigen ist.

Bei der **Ermittlung des Werts** aus der Nutzung der Daten, dem Ertragswert, besteht das   50
Problem, dass bei Daten derzeit allenfalls sehr eingeschränkt eine allgemeine akzeptierte oder

---

24 Vgl. Deiwick ZD-Aktuell 2022, 01125; Liebler/Chaney Buffalo Intellectual Properly Law Journal Vol 7:2, 135
    (140 ff.).
25 Vgl. zur Unternehmensbewertung, Ballwieser/Hachmeister, Unternehmensbewertung, 6. Aufl. 2021, S. 15 ff.;
    Hutzschenreuter, Allgemeine Betriebswirtschaftslehre, 7. Aufl. 2022, S. 351 ff.

verbreitete Vorstellung für die Berechnung eines solchen Ertragswerts vorliegt. Daher kann zwar der Datennutzer, nicht aber der Dateninhaber den Wert der Datennutzung einschätzen.

51 Die Bestimmung eines für beide Seiten akzeptablen Preises für die Datennutzung bereitet daher derzeit noch erhebliche Schwierigkeiten. Darin dürfte ein wesentlicher Grund für das schwierige Anlaufen des Datenaustauschs liegen. Dies ist indes jedenfalls im Kern kein rechtliches Problem und wird daher hier nicht weiter behandelt.

V. Risiken der gemeinsamen Datennutzung

52 Die Parteien werden eine gemeinsame Datennutzung vornehmen, wenn ihr Nutzen die Kosten übersteigt. Als Teil der Kosten können die mit der gemeinsamen Datennutzung verbundenen **Risiken** angesehen werden. Aus rechtlicher Sicht sind vor allem die rechtlichen Risiken von Interesse.

53 Aus **Sicht des Datengebers** sind insoweit die Risiken aus Gewährleistung und Haftung ($\rightarrow$ § 7 Rn. 115 ff., § 7 Rn. 181 ff., § 7 Rn. 234 ff.) für Eigenschaften der Daten ($\rightarrow$ Rn. 59 ff.) sowie aus möglichen Rechtsverstößen, mitunter ausgedrückt als Compliance-Kosten, zu betrachten. Derartige Rechtsverstöße können, je nach Art der Daten, in den unterschiedlichsten Rechtsbereichen auftreten. Im Vordergrund stehen dabei Datenschutzverstöße ($\rightarrow$ § 6 Rn. 9 ff.), mitunter auch Verstöße durch Verletzung von Immaterialgüterrechten ($\rightarrow$ § 10 Rn. 5 ff.) oder von Persönlichkeitsrechten an den Daten.

54 Aus **Sicht des Datenempfängers** sind typischerweise gleichartige Risiken maßgeblich, wenngleich es, vor allem im Rahmen von Haftung und Gewährleistung, teilweise nicht um die Verantwortlichkeit für die Eigenschaften von Daten, sondern für die Qualität der Datenanalyse ($\rightarrow$ § 7 Rn. 7 ff.) geht.

55 Für Intermediäre ist typischerweise wichtig, möglichst keine Risiken einzugehen. Auch aus diesem Grund vermeiden Intermediäre es häufig, in die Bereitstellung der Daten als solche involviert zu werden. Gewährleistung und Haftung werden gegenüber Datengeber und Datenempfänger typischerweise, soweit rechtlich zulässig, **ausgeschlossen**.

56 Bei der **Ermittlung der Risiken** sind auch mögliche Maßnahmen zur Vermeidung oder Verringerung von Risiken in Betracht zu ziehen. Die Kosten der Risikoverringerung, zu denen auch ein Versicherungsschutz gehören kann, gehen in die Kosten-Nutzen-Analyse ein.

57 Datengeber und Datenempfänger werden die Risiken aus der gemeinsamen Datennutzung im Rahmen einer **Risikoanalyse** bewerten und diese in die Entscheidung über die Datennutzung, gegebenenfalls als Teil der Kosten, einbeziehen.

58 Gegenwärtig scheint es, als seien in der Praxis auch die wahrgenommenen rechtlichen Risiken ein Aspekt, der der gemeinsamen Datennutzung entgegensteht. So erfolgt die gemeinsame Datennutzung derzeit offenbar vor allem, wenn Datengeber und Datenempfänger zu dem Ergebnis kommen, dass erhebliche Risiken durch Eigenschaften von Daten nicht bestehen, oder wenn auf eine Untersuchung im Wesentlichen verzichtet werden kann.

VI. Datenqualität

1. Aspekte der Datenqualität

Eine zentrale Herausforderung für Big Data betrifft die Qualität der Daten.[26] Nicht nur im **Machine Learning**, bei dem das bekannte Sprichwort „trash in, trash out"[27] auf die Bedeutung der Qualität der verwendeten Daten für das Ergebnis des Lernprozesses hinweist, sondern auch bei **Big-Data-Analysen** wird intuitiv deutlich, dass die Qualität der Analyse regelmäßig entscheidend von der Qualität der verwendeten Daten abhängt.[28] Es gilt daher, die Datenqualität zu sichern, was sehr aufwendig sein kann.

Die Qualität der Daten ist auch für den Datenaustausch von entscheidender Bedeutung: Zum einen geht es, eng verbunden mit dem Wert der Daten bzw. der Nutzungsmöglichkeit, um die **Eignung der Daten** für die vom Datennutzer beabsichtigte Nutzung, und zum anderen um Fragen der Verantwortung, nicht zuletzt der **Haftung**, der Beteiligen für die Datenqualität.

Die Frage nach der Qualität der Daten betrifft im Einzelnen eine Reihe unterschiedlicher Aspekte. So sind zum einen **tatsächliche Eigenschaften** von Daten von Bedeutung, etwa der Gegenstand ihrer Aufzeichnung (Maschine, ggf. welchen Typs oder atmosphärischer Luftdruck), Zeit und Ort der Aufzeichnung, Merkmale der Aufzeichnung (Messqualität) oder der Bearbeitung, etwa einer Annotation von Daten. Von spezifisch rechtlichem Interesse sind die **rechtlichen Verhältnisse** von Daten, etwa hinsichtlich des Immaterialgüterrechts, des Datenschutzrechts und sonstiger Rechtsbereiche (Geheimnisschutz, Strafrecht, Antidiskriminierungsrecht etc.). Auch **ethische Aspekte** von Daten, etwa im Hinblick auf „Fairness" und Vermeidung von „Bias", aber auch im Hinblick auf die Herkunft und sonstige Umstände ihrer Erhebung oder Verarbeitung, sind Aspekte der Datenqualität in diesem Sinne.

Im Zusammenhang mit der Datenqualität bestehen ähnliche Probleme wie in Bezug auf den Wert der Daten. Die Anforderungen an die Datenqualität ergeben sich aus der intendierten Nutzung der Daten. Der Datenempfänger hat diese Anforderungen zu bestimmen, wenngleich unter Umständen nur unvollständig, kennt aber die Qualität der Daten nicht. Der Datengeber wiederum kennt die Qualität der Daten, wenngleich unter Umständen unvollständig, nicht aber die Anforderungen an die Daten, soweit sie ihm nicht mitgeteilt werden.

Bei der gemeinsamen Datennutzung hat der Datenempfänger jedoch nicht die volle Herrschaft über die Datenqualität, selbst wenn er die Daten ohne Zugriffsbeschränkungen vom Datengeber erhält, da er die **Herkunft der Daten** nicht aus eigener Anschauung kennt. Je mehr der Zugriff auf die Daten zum Schutz des Datengebers eingeschränkt ist, desto geringere Möglichkeiten hat der Datenempfänger, die Daten selbst zu sichten.

Die Problematik ist vielschichtig und betrifft insbesondere Aspekte der Beschreibung (→ Rn. 65 ff.) und der Feststellung (→ Rn. 81 ff.) von Eigenschaften der Daten sowie die Verantwortung für das Vorliegen oder Nichtvorliegen vereinbarter Eigenschaften (→ Rn. 110 ff.).

2. Informationen über die Eigenschaften von Daten

a) Die Beschreibung von Daten

Informationen über die Eigenschaften von Daten sind für die gemeinsame Datennutzung von entscheidender Bedeutung. Sie sind notwendig, um den Gegenstand der Bereitstellung von Daten zu beschreiben, und, soweit diese mit einer Gegenleistung verbunden ist, werden die

---

26 Zum Begriff sowie Merkmalen der Datenqualität etwa Druey Information als Gegenstand des Rechts S. 243 ff.; Hildebrand/Gebauer/Hinrichs/Mielke Daten- und Informationsqualität S. 88 ff.; Auer-Reinsdorff/Conrad IT-R-HdB/Sarre/Pruß § 2 Rn. 51 ff.; sowie zur Datenqualität im Zusammenhang von Big Data Hoeren/Sieber/Holznagel MMR-HdB/Bitter Teil 15.4 Rn. 6; Hoeren MMR 2016, 8.
27 Hartung ALTEX 2016, 33(2), 83 (86); Kästner/Schomäcker ZUM 2023, 558 (563) („garbage in, garbage out").
28 Hartung ALTEX 2016, 33(2), 83 (85) („Making sense of big data starts with having good big data!").

Informationen der Parteien über Dateneigenschaften auch Grundlage für die Bestimmung der beiderseitigen Leistungen sein.

66 Der Vorgang, durch den einem Datenbestand bestimmte Eigenschaften zugeschrieben werden, wird hier als **Beschreibung von Daten** bezeichnet. Dabei handelt es sich zunächst nur um einen internen Akt des Beteiligten, der diese Zuschreibung vornimmt.

67 Eine solche Beschreibung der Daten kann insbesondere durch den Datengeber erfolgen. Dieser wird jedenfalls in gewissem Umfang Informationen zu **Quantität und Qualität** des von ihm zur Verfügung gestellten Datenbestands haben. Ob er diese mitteilt, ist freilich eine andere Frage, die nicht zuletzt mit der damit verbundenen Verantwortung zusammenhängt. Wenn mit der gemeinsamen Datennutzung ein Geschäftsmodell des Datengebers einhergeht, wird der Datengeber aber häufig im eigenen Interesse Angaben machen, um den Ertrag zu maximieren.

68 Die Angaben zu Daten können auch durch Dritte, etwa Dienstleister oder Intermediäre, erfolgen. Ebenso erfolgen Datenbeschreibungen durch den Datenempfänger, wenn er seine Anforderungen formuliert. In der Praxis werden Datenbeschreibungen durch **alle Beteiligten** erfolgen.

69 Damit ist eine erste, zentrale Herausforderung bereits erkennbar. Die Beschreibung der Daten durch unterschiedliche Akteure sollte idealerweise in einer Weise erfolgen, dass sie von allen Beteiligten gleichermaßen verstanden wird. Es bedarf damit einer **gemeinsamen Terminologie** zur Beschreibung von Daten, die von unterschiedlichen Beteiligten zugrunde gelegt wird.

70 Darüber hinaus ist auch eine Klassifizierung von Daten hilfreich, die durch **Ontologien oder Taxonomien** erreicht werden kann. In Bezug auf Daten sind vor allem Datentaxonomien von Interesse. Versteht man die Taxonomie als ein Verfahren oder Modell, mit dem Objekte nach bestimmten Kriterien in Kategorien oder Klassen eingeordnet (klassifiziert) werden können, ist eine **Datentaxonomie** ein systematisches **Klassifizierungsschema** für Daten, das die Einordnung von Daten in verschiedenen Klassen nach bestimmten Kriterien erlaubt.[29]

71 Ob eine Taxonomie begrifflich eine **hierarchische Ordnung** voraussetzt oder eine eindeutige Klassifizierung nach einem einheitlichen Schema bereits als Taxonomie bezeichnet werden kann, ist für das Konzept einer „Datentaxonomie" von entscheidender Bedeutung, da eine allgemeine hierarchische Ordnung von Daten bisher nicht existiert und nur schwer vorstellbar ist.

72 Erforderlich und für die gemeinsame Datennutzung ausreichend ist ein (jedenfalls unter den Beteiligten) **einheitliches Bezeichnungsschema**, bei dem es sich um ein System der eindeutigen Bezeichnung von Daten anhand zuvor festgelegter Kriterien handelt.

Anhand eines solchen Bezeichnungsschemas kann jedes Datum oder jeder Datensatz beschrieben werden. Versteht man jede in Betracht kommende Kombination von Kriterien als Klasse, kann damit jedes Datum auch klassifiziert werden. Es entsteht, wenn man vom Erfordernis einer hierarchischen Ordnung absieht, eine Datentaxonomie.

73 Ein allgemeines Datenbezeichnungsschema oder eine Datentaxonomie **existiert bisher nicht**. Beschreibungen von Daten existieren in Teilbereichen der Forschung oder des Datenaustauschs, nicht aber als allgemein anerkannte Grundlage des Datenaustauschs.

74 Die Existenz eines Bezeichnungsschemas wird oft als wesentliche Voraussetzung einer effizienten gemeinsamen Datennutzung angesehen. Interessant ist insoweit das Konzept des **Mobility Data Space** (→ Rn. 189 ff.), in dem eine zentrale Leistung des Intermediärs die Bereitstellung einer Klassifikation für Daten in der Automobilindustrie ist.

---

29 Der Sache nach ebenso Glenn, Intro to Data Taxonomy: Definition and Uses.

c) Erklärungen über Dateneigenschaften

Aus rechtlicher Sicht ist von Interesse, welcher Beteiligte bei der gemeinsamen Datennutzung 75 eine Erklärung über die Eigenschaften von Daten abgibt, da hieran etliche rechtliche Wertungen anknüpfen.

Die Erklärung über die Eigenschaften von Daten ist von der hier als interner Akt definierten 76 Beschreibung der Daten (→ Rn. 65 ff.) zu unterscheiden und besteht wesentlich in einer Äußerung über die Eigenschaften bestimmter Daten. Eine solche Erklärung kann als **Wissenserklärung** (etwa eines Intermediärs) sowie als Teil einer **Willenserklärung** (der Parteien eines Rechtsgeschäfts über Daten) erfolgen.

Eine Erklärung über die Eigenschaften von Daten kann **durch jeden Beteiligten** der gemeinsamen Datennutzung sowie **durch beliebige Dritte** erfolgen. Die Erklärung kann unter Verwendung einer Taxonomie oder eines bestimmten Beschreibungsschemas oder nach frei gewählten Begriffen abgegeben werden. Bei der gemeinsamen Datennutzung wird sich die Erklärung häufig nach einem von einem Dritten, ggf. einem Intermediär, vorgegebenen Bezeichnungsschema richten. Denkbar ist auch, dass sich der Datengeber nach Vorgaben des Datenempfängers richtet.

Eine Erklärung über Dateneigenschaften erfolgt jedenfalls durch den Datengeber, ggf. konklu- 78 dent, häufig auch dadurch, dass der Datengeber sich die Erklärung eines Dritten, etwa eines Dienstleisters, zu eigen macht. Beim Abschluss eines Vertrags über die Bereitstellung von Daten erfolgt typischerweise eine **Willenserklärung** des Datengebers über Dateneigenschaften, in anderen Fällen, etwa bei der Bereitstellung als Erfüllung einer solchen Verpflichtung, als Erklärung ohne rechtsgeschäftlichen Charakter, also als **Wissenserklärung**.

Erklärungen über Dateneigenschaften können auch durch einen Intermediär abgegeben wer- 79 den, etwa wenn dieser als Vermittler auftritt oder im Interesse eines oder mehrerer Beteiligter eine Prüfung der Daten vornimmt. Dies ist insbesondere von Interesse, wenn der Datenempfänger auf die Bezeichnung der Daten **vertrauen** soll oder der Datengeber **Garantien für die Datenqualität** übernimmt.

Erklärungen über Dateneigenschaften werden typischerweise auch durch den Datenempfänger 80 abgegeben, etwa beim Abschluss eines Vertrags über die Bereitstellung bestimmter Daten.

3. Die Feststellung der Eigenschaften von Daten

a) Bedeutung und Herausforderungen bei der Feststellung von Datenqualität

Die Beschreibung von Tatsachen und ihre Feststellung hängen eng zusammen, sind aber sorg- 81 fältig voneinander zu unterscheiden.

Mit dem Begriff der Feststellung ist im juristischen Diskurs häufig die verbindliche Feststel- 82 lung, etwa durch ein Gericht, gemeint. Hier wird mit diesem Begriff in einem allgemeineren Sinne ein Vorgang bezeichnet, durch den sich ein Beteiligter eine Vorstellung von dem tatsächlichen Vorliegen bestimmter Eigenschaften von Daten bildet.

Die Feststellung in diesem Sinne umfasst im Einzelnen eine **Prüfung** (Untersuchung) von Da- 83 ten und die **Auswertung** der Untersuchungsergebnisse einschließlich der **Meinungsbildung** über die Eigenschaften.

Eine solche Feststellung kann entweder nur für den jeweiligen Beteiligten relevant sein oder 84 durch Vereinbarung zwischen mehreren Beteiligten als maßgeblich festgelegt werden oder von einem Beteiligten, dem diese Macht zugewiesen wurde (z.B. einem Gericht oder einem Schiedsgutachter), mit Wirkung für andere Beteiligte getroffen werden.

Die Feststellung kann **durch jeden Beteiligten**, also Datengeber, Datenempfänger, Intermedi- 85 är, Dienstleister, oder Dritte, etwa Geschädigte, Behörden etc. erfolgen. Sie kann in jedem Stadium der gemeinsamen Datennutzung, einmalig oder mehrmalig und durch jeden der

Beteiligten oder Dritten erfolgen oder auch gänzlich unterbleiben. Alle diese Modelle haben in der gemeinsamen Datennutzung auch praktische Relevanz.

86 Die **rechtliche Bedeutung** einer solchen Feststellung kann vielfältig sein. Notwendig ist sie im Rahmen der Gewährleistung oder Haftung eines Beteiligten für fehlerhafte Eigenschaften oder zur Erfüllung rechtlicher Anforderungen (Compliance) unterschiedlichster Art, etwa des Datenschutzrechts, des Sanktionenrechts, des Geheimnisschutzrechts oder des künftigen KI-Gesetzes.

87 Das Recht sichert die Vornahme einer sorgfältigen Feststellung der Eigenschaften von Vertragsgegenständen durch eine Vielzahl von Instrumenten und Normen, etwa durch die Regeln zur **Gewährleistung**, also die Verantwortung des Lieferanten für die Übereinstimmung der tatsächlichen mit den beschriebenen Angaben der Ware. Sie wird ebenso durch die **Rügeobliegenheit** des Erwerbers gesichert, die ja vor allem eine Obliegenheit zur Feststellung jener Übereinstimmung enthält. Eine Vielzahl weiterer Instrumente gibt einen starken Anreiz insbesondere für eine sorgfältige Feststellung vor der Abgabe von Erklärungen über Gegenstände des Rechtsverkehrs: Wer hierauf verzichtet, also Angaben ins Blaue hinein macht, kann bei (auch bedingtem) Vorsatz wegen Betrugs (§ 263 StGB) oder sittenwidriger Schädigung (§ 826 BGB) **straf- oder haftbar** sein, verletzt im Rahmen von schuldrechtlichen Ansprüchen eine rechtliche **Haupt- oder Nebenpflicht** und verursacht, bei (bedingtem) Vorsatz eine Täuschung i.S. des § 123 BGB, die eine Vertragspartei zur **Anfechtung** berechtigt.

88 Die Feststellung der Eigenschaften von Daten kann bei der gemeinsamen Datennutzung vor spezifischen Herausforderungen stehen. Diese ergeben sich vor allem durch Einschränkungen zur Vornahme einer Feststellung, insb. einer Untersuchung der Daten, und den damit verbundenen Aufwand.

89 Die Möglichkeit zur Untersuchung kann für einen konkreten Beteiligten aus vielen Gründen eingeschränkt sein.

90 Die naheliegende Überprüfung von Daten durch den Datenempfänger, eine **Data Due Diligence**, ist nicht oder nur eingeschränkt möglich, soweit der Datengeber – etwa zur Beibehaltung der Kontrolle an den Daten – die Einsicht in diese beschränkt. In diesem Fall kann die Datenprüfung durch den Datenempfänger nur mit den sich daraus ergebenden Einschränkungen erfolgen und sich im Extremfall auf die Kenntnisnahme von Angaben des Datengebers zur Datenqualität beschränken.

91 Auch der Intermediär hat in vielen Gestaltungen keine oder keine umfassende Möglichkeit zur Untersuchung der Daten.

92 Der Aufwand insbesondere für die Untersuchung von Daten kann ein schwerwiegendes Problem darstellen. Da der Wert der Nutzung einzelner Daten oft gering ist, steht der Aufwand für eine Untersuchung oft in einem **ungünstigen Verhältnis** zum Wert einer Feststellung. Dies gilt insbesondere bei großen, nur einmalig genutzten Datenmengen, etwa Wetterdaten, Verkehrsdaten oder sonstigen Vorgangsdaten.

93 Die Feststellung durch mehrere Beteiligte kann zudem durch das Fehlen eines einheitlichen Bezeichnungsschemas für Dateneigenschaften (Datenqualität) erschwert werden.

b) Reduktion des Umfangs und Konzentration der Datenuntersuchung

94 Zur Reduzierung des Aufwands kann die Feststellung von Dateneigenschaften beim Data Sharing anhand zweier Stellschrauben variiert werden. Zum einen kann der Umfang der Untersuchung und damit die Qualität einer einzelnen Feststellung variiert, insbesondere verringert werden. Zum anderen kann die Zahl der Feststellungen oder Untersuchungen, insbesondere durch Konzentration auf wenige Vorgänge, idealerweise nur einen, minimiert werden.

aa) Umfang der Datenuntersuchung

Eine Minimierung des Aufwands für eine Untersuchung von Daten würde durch einen **vollständigen Verzicht** hierauf erreicht. Der vollständige Verzicht auf eine Untersuchung ist bei strenger Betrachtung nicht möglich, soweit diese Voraussetzung einer Beschreibung der Daten ist. Auch erfolgen diverse Untersuchungen aus anderen Gründen, etwa der IT-Sicherheit oder schlicht zur Datenübermittlung als solcher oder sonstigen Verarbeitung. 95

Dies kann für die Praxis dahinstehen, da eine **Minimalbeschreibung** ohne relevanten Aufwand erfolgen kann, und soll daher außer Acht bleiben, so dass hier von einem Verzicht auf eine Untersuchung in dem Sinne gesprochen wird, dass Tätigkeiten unterbleiben, die nicht ohnehin anfallen. Ein solcher Verzicht, der bei der gemeinsamen Datennutzung weithin, etwa bei den genannten großen Datenmengen zur einmaligen Verwendung, praktiziert wird, bietet sich an, wenn keiner der Beteiligten ein Interesse an einer Feststellung hat. 96

Wenn etwa Messdaten zur Wetterlage für eine Wetterprognose übermittelt werden, dürfte das Interesse an einer genauen Feststellung der Datenqualität gering sein. Auch bei Daten, die in Anomaliedetektion zu unterschiedlichsten Zwecken eingehen, genügt die Feststellung einzelner, ohnehin bekannter Merkmale, typischerweise der Zeitpunkt und der Gegenstand der Daten.

bb) Konzentration der Datenuntersuchung

Eine besonders interessante Maßnahme zur Minimierung des Aufwands für die Feststellung von Dateneigenschaften, insbesondere die Untersuchung von Daten, ist die **Konzentration der Datenuntersuchung** auf möglichst eine einzige Prüfung. 97

Insoweit kommen mehrere Modelle in Betracht, die in der Praxis auch in großer Vielfalt eingesetzt werden: Die einzige Untersuchung kann durch den Datengeber, den Datenempfänger oder durch einen Dritten, insbesondere einen Intermediär, erfolgen. Diese Konzentration kann auch auf Teilbereiche der Feststellung, etwa auf Compliance-Aspekte, beschränkt sein. Die Konzentration kann auch für verschiedene Aspekte der Untersuchung unterschiedlich erfolgen, etwa in der Weise, dass die Untersuchung von Dateneigenschaften jeweils teilweise durch Datengeber, Datenempfänger und Intermediär erfolgt. 98

Im Fall einer solchen Konzentration sind **zusätzliche Maßnahmen** erforderlich, um den Interessen sowohl des Datengebers als auch des Datenempfängers gerecht zu werden. Wenn etwa der Datenempfänger auf eine eigene Untersuchung verzichtet, obwohl er daran ein Interesse hat, können Garantien des Datengebers ein probates Mittel sein, und umgekehrt. 99

Die Wahl des Beteiligten, durch den die Feststellung erfolgen soll, hängt im Verhältnis von Datengeber und Datenempfänger typischerweise vom Ausmaß des Interesses an der Feststellung ab. In der Regel ist es effizient, wenn die Feststellung jeweils durch den Beteiligten erfolgt, der das größere Interesse daran hat. 100

Die Feststellung von Dateneigenschaften durch einen Intermediär als neutralen Dritten ist häufig die effiziente Strategie. Wenn etwa ein **Intermediär als spezialisierter Dienstleister für die Feststellung von Dateneigenschaften** tätig wird, kann er die Feststellung oft mit minimalen Kosten treffen. Dieser Fall bietet sich vor allem bei fachspezifischen Modellen der gemeinsamen Datennutzung an. Neben der Expertise des Intermediärs ergibt sich ein weiterer wesentlicher Vorteil durch dessen Neutralität: Soweit Datengeber und -empfänger auf die Feststellung vertrauen können, werden ansonsten notwendige Risikominimierungsmaßnahmen entbehrlich. 101

Eine interessante Maßnahme zur Minimierung der Kosten für die Untersuchung von Daten zwischen den Beteiligten kann auch die Ersetzung durch eine **vorangegangene Untersuchung**, etwa im Rahmen einer Zertifizierung, oder durch einen Datenlieferanten des Datengebers sein. 102

c) Das Interesse an der Feststellung der Dateneigenschaften

103 Das Interesse der Beteiligten, insbesondere des Datengebers und des Datenempfängers, an der Feststellung der Dateneigenschaften hängt von einer Vielzahl von Faktoren ab und kann höchst unterschiedlich sein.

104 Das Interesse an der Feststellung der Dateneigenschaften ist **auf Seiten des Datenempfängers** insbesondere dann gering oder fehlt gar, wenn die Datenqualität für die spezifische Verwendung der Daten durch den Datenempfänger unerheblich ist. Unerheblich in diesem Sinne ist die Datenqualität auch, wenn sie aus anderen Gründen bereits festgestellt wurde und diese Feststellung für die Zwecke der Analyse ausreicht.

105 In vielen Fällen werden die Dateneigenschaften für den Datenempfänger jedoch durchaus von Bedeutung sein. Das Interesse des Datenempfängers an der Feststellung richtet sich meist nach zwei wesentlichen Kriterien: Kenntnis von der Qualität der Daten benötigt er zum einen, um den **Wert der Daten** oder deren Nutzung, und zum anderen, um die **Risiken aus der Verarbeitung** der Daten einschätzen zu können.

106 Die auf den Dateneigenschaften beruhenden Risiken aus der Verarbeitung beziehen sich vor allem auf die Eignung der Daten für die Analyse und auf rechtliche Aspekte, etwa die Erfüllung gesetzlicher Anforderungen (Datenschutz etc.) sowie die Haftung für die Analyse.

107 Dieselben Kriterien gelten **spiegelbildlich auf Seiten des Datengebers**: Auch er wird den Wert der Daten oder ihrer Nutzung und die Risiken aus ihrer Bereitstellung einschätzen wollen.

108 Die Risiken aus der Bereitstellung können sehr unterschiedlich sein und hängen wesentlich von der Art der Bereitstellung ab (→ Rn. 135 f.). Neben dem Risiko des Kontrollverlusts bestehen bei einer Bereitstellung auch rechtliche Risiken, etwa des Datenschutzrechts, die von den Eigenschaften der Daten abhängen, oder Risiken der Gewährleistung (dazu § 7 Rn. 121 ff.) und Haftung (→ § 7 Rn. 115 ff., § 7 Rn. 115 ff., § 7 Rn. 234 ff.) für fehlerhafte Eigenschaften der Daten.

109 Auf beiden Seiten kann das Interesse an der Feststellung der Dateneigenschaften in Abhängigkeit von der jeweiligen Situation sehr unterschiedlich stark ausgeprägt sein. Die Beteiligten werden ihr jeweiliges Interesse an der Feststellung im Rahmen der Analyse der Risiken der gemeinsamen Datennutzung bewerten. Die mit der Feststellung verbundenen Kosten gehen in die **Kosten-Nutzen-Analyse** der gemeinsamen Datennutzung ein. In der Praxis werden bisher offenbar häufig schon die Kosten dieses Prozesses als den Nutzen der gemeinsamen Datennutzung übersteigend eingeschätzt, so dass eine gemeinsame Datennutzung oft wegen etwaiger Risiken unterbleibt.

4. Gestaltungsoptionen in der gemeinsamen Datennutzung

110 Für die gemeinsame Datennutzung ist von besonderem Interesse, durch welche Maßnahmen die Risiken und die damit verbundenen Kosten minimiert werden können. Aus rechtlicher Sicht sind dabei die rechtlichen Maßnahmen für die Minimierung der Risiken und ihrer Kosten von besonderem Interesse. Dabei können, wie soeben herausgearbeitet, die Kosten der Feststellung der Dateneigenschaften eine besondere Rolle spielen.

111 Ein zentraler Ansatz betrifft die **Verringerung von Risiken für die Beteiligten durch Vereinbarung** zwischen Datengeber und Datenempfänger. Zugunsten des Datengebers kann insbesondere die Gewährleistung eingeschränkt werden. Auch die Haftung kann eingeschränkt werden, wenngleich nicht im Verhältnis zu Dritten.

112 Umgekehrt kann der Datengeber zugunsten des Datenempfängers **Garantien** für Dateneigenschaften geben, etwa in Form von Vertragsstrafen oder dem Nichtausschluss der Gewährleistung. Die Gewährung derartiger Garantien ist vor allem dann von Interesse, wenn der Zugriff

auf die Daten und damit die Möglichkeit der Untersuchung der Daten für den Datenempfänger eingeschränkt ist.

Garantiegeber ist insofern der Beteiligte, der Verantwortung für die Datenqualität übernimmt, letztlich also der **Datengeber**. Die Anforderungen an die Garantien ergeben sich aus den Interessen des Datenempfängers. Das Erfordernis und die Ausgestaltung solcher Garantien hängt entscheidend von den Anforderungen an die Datennutzung ab und wird differenziert erfolgen.

Ein wesentliches Element derartiger Garantien dürften **Freistellungsklauseln** hinsichtlich der Verletzung von Rechten Dritter durch die überlassenen Daten darstellen. Dasselbe gilt für Compliance-Anforderungen unterschiedlicher Art, etwa des Datenschutzrechts etc.

Garantien hinsichtlich der **Eignung der Daten** für die Analyse wird der Datengeber typischerweise allenfalls im Rahmen der gesetzlichen Gewährleistung übernehmen, auch diese wird typischerweise beschränkt sein, insbesondere dem Umfang nach.

Individuelle Vereinbarungen zwischen Datengeber und Datenempfänger bieten sich in vielen Fällen angesichts des geringen Geschäftsvolumens von Datennutzungen nicht an. Praktisch vorstellbar ist allein ein Modell, vermutlich orchestriert vom Datengeber oder vom Intermediär, in dem verschiedene Formen von Garantien zur Wahl gestellt und bei Vertragsschluss über die gemeinsame Datennutzung zwischen Datengeber und Datenempfänger (automatisch) ausgehandelt werden.

C. Leistungen und Modelle in der gemeinsamen Datennutzung durch Intermediäre

Für die Darstellung der Rechtsfragen der gemeinsamen Datennutzung erscheint es sinnvoll, eine **Systematisierung** ausgehend von den verschiedenen Leistungen der Beteiligten vorzunehmen. Nachfolgend werden daher zunächst die Leistungen der Intermediäre in der gemeinsamen Datennutzung beschrieben. Sodann werden zentrale Modelle der Praxis, insbesondere die sog. Datentreuhand und der Datenraum, im Überblick dargestellt (→ Rn. 145 ff.). Auf dieser Grundlage wird eine Systematisierung versucht (→ Rn. 160 ff.). Abschließend erfolgt eine Darstellung typischer Merkmale der hier im Vordergrund stehenden gemeinsamen Datennutzung im B2B-Bereich (→ Rn. 184 ff.).

I. Leistungen in der gemeinsamen Datennutzung

Die gemeinsame Datennutzung kann eine Vielzahl einzelner Leistungen umfassen. Nachfolgend werden die für die Datennutzung unter Einbeziehung von Intermediären charakteristischen Leistungen kurz beschrieben.

1. Abgrenzung zum Datenhandel

Eine gemeinsame Datennutzung im hier (→ Rn. 7 f.) definierten Sinne der Nutzung desselben Datenbestands durch mehrere Beteiligte kann (und wird in der Praxis vielfach) durch Datenhandel erfolgen.

Der in divergierenden Bedeutungen verwendete Begriff des Datenhandels bezieht sich als Oberbegriff auf sämtliche Formen der Überlassung von Daten (oder der Möglichkeit deren Nutzung) aufgrund privatrechtlicher Verträge.[30] Der Handel mit Daten existiert seit langem und in vielfacher Form[31]

---

30 Vgl. Jöns, Daten als Handelsware, S. 34; Specht, Konsequenzen der Ökonomisierung informationeller Selbstbestimmung, S. 11; Buchner, Informationelle Selbstbestimmung im Privatrecht, S. 153.
31 Dazu etwa Dewenter/Lüth, Datenhandel und Plattformen, 2018, S. 20, S. 50 ff.

120 Oft handelt es sich um ein **bilaterales Austauschgeschäft**,[32] bei dem die Überlassung der Daten oder die Möglichkeit zu deren Nutzung zwischen dem Datengeber und dem Datenempfänger vereinbart und durchgeführt wird und letzterer über die Weitergabe von Daten (oder der Nutzungsmöglichkeit) selbst und auf eigenes Risiko entscheidet.

121 Solche bilateralen Austauschgeschäfte liegen aus rechtlicher Sicht auch vor, wenn Datenhändler, auch als Daten-Broker bezeichnet,[33] Daten nur erwerben und veräußern, um aus der Veräußerung Erträge zu erzielen, nicht aber, um die Daten selbst auszuwerten. Die Abgrenzung ist freilich schwierig, da Daten in solchen Fällen häufig in irgendeiner Form aufbereitet werden.

122 Aus wirtschaftlicher Sicht kann man einen solchen Datenhändler durchaus als Intermediär verstehen, soweit er Daten weder erzeugt noch zur Informationsgewinnung auswertet. Aus rechtlicher Sicht ist diese Form des bilateralen Datenhandels von einer gemeinsamen Datennutzung unter Einbeziehung eines Intermediärs jedoch abzugrenzen, da der Händler weder rechtlich noch technisch oder ökonomisch in die Beziehung zwischen Datengeber und dem Nutzer (i.S. der Auswertung) der Daten involviert ist.

123 Die Abgrenzung zwischen bilateralem Datenhandel und der Einbeziehung von Intermediären kann je nach Gestaltung schwierig sein. Dies gilt nicht zuletzt für die Treuhand, bei der unmittelbare rechtliche oder sonstige Beziehungen zwischen dem Treugeber und dem Dritten nicht entstehen. Modelle der Datentreuhand sind aber, etwa im Data Governance Act, auch rechtlich relevante Modelle der gemeinsamen Datennutzung unter Einbeziehung von Intermediären. Daher wird in dieser Darstellung der Datenhandel von der „Datenverwaltung" unterschieden, der als ein Fall der gemeinsamen Datennutzung unter Einbeziehung von Intermediären eingeordnet wird (→ Rn. 125 ff.).

2. Die Vermittlung der Bereitstellung von Daten

124 Eine zentrale Leistung von Intermediären in der gemeinsamen Datennutzung, die in höchst unterschiedlicher Weise erbracht werden kann, stellt die Vermittlung der Bereitstellung von Daten dar. Ziel dieser Leistung, ist es, Angebot und Nachfrage nach Daten zusammenzuführen.

Diese Leistung kann in sehr unterschiedlicher Weise erbracht werden. Nachfolgend werden die „Datenverwaltung" und die Vermittlung von Geschäftsbeziehungen unterschieden.

a) Datenverwaltung

125 Die intensivste Form der Beteiligung des Intermediärs beim Zusammenführen von Angebot und Nachfrage liegt bei Modellen vor, die hier als Datenverwaltung und Handel im Auftrag bezeichnet werden. In diesen Fällen erwirbt der Intermediär Daten vom Datengeber und stellt diese Dritten bereit. Der Intermediär ist hier also sowohl Datenempfänger als auch Datengeber.

126 Von einer **Datenverwaltung** wird hier gesprochen, wenn der Intermediär einen Datenbestand für einen Berechtigten verwaltet, sei es mit dem Ziel der bestmöglichen ökonomischen Verwertung (Monetarisierung der Daten) oder, relevant vor allem bei personenbezogenen Daten, einem bestmöglichen Schutz der Daten bei deren – aus anderen Gründen gewünschten – Verwendung.

127 Eine solche Verwaltung kann geberzentriert sein, sich also auf den Datenbestand eines bestimmten Nutzers beziehen, oder datenzentriert, also auf Daten einer bestimmten Art, die der Verwalter typischerweise von zahlreichen Datengebern zur Verwertung erhält.

---

32 Siehe einen Überblick zu Gestaltungsformen bei Stiftung Datenschutz Dateneigentum und Datenhandel/Jentzsch, S. 171 (178 ff.).
33 Vgl. Stiftung Datenschutz Dateneigentum und Datenhandel/Jentzsch, S. 171 (186).

Das charakteristische Merkmal der Datenverwaltung in Abgrenzung zum Datenhandel ist die 128
Bindung des Verwalters an Vorgaben des Datengebers hinsichtlich der Verwendung der
Daten. Je nach Verständnis des Begriffs der „Treuhand" liegt hier ein Fall der Datentreuhand im
engeren Sinne vor (→ Rn. 146 ff.). Eine solche Datenverwaltung kann etwa bei sog. PIMS (→
Rn. 150) vorliegen.

Die Abgrenzung der Datenverwaltung zum Datenhandel (→ Rn. 119 ff.) kann schwierig sein.
Eine Datenverwaltung als Form der gemeinsamen Datennutzung unter Einschaltung eines
Intermediärs liegt nur vor, wenn der Verwalter, etwa als Kommissionär oder Treuhänder, an
Weisungen des Datengebers gebunden ist oder die Verwaltung in dessen Interesse vornimmt.

Die wesentliche Gemeinsamkeit dieser im Einzelnen durchaus unterschiedlichen Geschäftsmo- 129
delle liegt in dem Umstand, dass der Intermediär gegenüber den Datenempfängern **im eigenen Namen** auftritt und selbst über die Bereitstellung und deren Modalitäten, insbesondere
Preise, entscheidet.

b) Vermittlung von Geschäftsbeziehungen

Die Tätigkeit des Intermediärs kann auch auf den **Abschluss von Geschäftsbeziehungen** un- 130
mittelbar zwischen Datengeber und Datenempfänger gerichtet sein, also auf eine Vermittlung
(Matchmaking) im engeren Sinne.

Diese Leistung kann durch eine **aktive Tätigkeit**, etwa als Makler, erbracht werden, bei der 131
der Intermediär nach potentiellen Datengebern oder -empfängern sucht oder Angebote weiterleitet oder durch Vergleich von Angebot und Nachfrage Übereinstimmungen ermittelt.

Diese Leistung kann auch durch das schlichte **Bereitstellen von Infrastruktur**, eines digitalen 132
Marktplatzes, einer Datenbörse oder Ähnlichem erbracht werden. In diesem Fall stellt der
Intermediär lediglich einen Dienst bereit. Als Intermediär wird er nur insoweit tätig, als die
Nutzung der Plattform typischerweise einen Vertrag zwischen dem Plattformbetreiber und den
Nutzern der Plattform voraussetzt.

Der Plattformbetreiber kann weitere Leistungen anbieten, etwa einen Katalog oder ein Daten- 133
beschreibungsschema zur Beschreibung der Daten. Er kann auch in die Bereitstellung der
Daten oder die Prüfung von Daten einbezogen sein.

Plattformen für gemeinsame Datennutzung haben in der Praxis große Bedeutung, vor allem 134
für den Datenaustausch im B2B-Bereich (→ Rn. 189 ff.).

3. Die Bereitstellung von Daten

Die gemeinsame Datennutzung setzt, wie dargestellt, als Minimalleistung eine Bereitstellung 135
von Daten durch einen Datengeber an den Datenempfänger voraus. Die Einbeziehung eines
Intermediärs kann sich auf die zugrundeliegende Geschäftsbeziehung oder die eigentliche
Bereitstellung der Daten beziehen.

Die Bereitstellung von Daten im Sinne der **Verschaffung einer Nutzungsmöglichkeit** durch
Dritte unter Einbeziehung eines Intermediärs kann technisch, organisatorisch und rechtlich in
sehr unterschiedlicher Form erfolgen. Für viele Rechtsfragen, insbesondere die vertraglichen
Pflichten der Beteiligten, ist von Bedeutung, ob sich der Intermediär selbst gegenüber dem
Datenempfänger zur Bereitstellung von Daten verpflichtet oder nur Unterstützung für die
Bereitstellung leistet.

Die rechtliche Abgrenzung kann sehr schwierig sein, insbesondere bei einigen Formen der 136
Datentreuhand. Daher umfasst der Begriff der Bereitstellung, dem DGA folgend, hier grundsätzlich auch Formen der **mittelbaren Bereitstellung**, bei denen ein Intermediär selbst in die
Rolle des Datengebers eintritt. Abzugrenzen ist eine solche mittelbare Bereitstellung durch
einen Intermediär aber vom **Datenhändler**, der Daten von Datengebern erwirbt und auf

eigene Rechnung und ohne Bindung an Vorgaben des Datengebers seinerseits, nunmehr selbst in der Rolle des Datengebers, die Daten oder ihre Nutzung Dritten bereitstellt.

137 Neben der Bereitstellung von Daten als Nukleus des Datenaustauschs besteht eine Vielzahl möglicher weiterer Leistungen, die auch typischer Bestandteil der gemeinsamen Datennutzung sind.

4. Die Prüfung von Daten

138 Ein wichtiger Bestandteil insbesondere von Datentreuhandmodellen ist die Prüfung der Daten durch den Intermediär.[34]

Eine solche Prüfung kann als **Dienstleistung** im Auftrag eines der Beteiligten erfolgen. Von einem Intermediär ist jedenfalls dann zu sprechen, wenn die Prüfung im Interesse oder gar im Auftrag mehrerer Beteiligter erfolgt (siehe zur Abgrenzung zwischen Dienstleister und Intermediär unten Rn. 173 ff.).

139 Die Art und rechtliche Bedeutung dieser „Prüfung" kann sehr unterschiedlich sein. Der Intermediär übernimmt nach den meisten bisher bekannten Modellen **keine Garantien für bestimmte Eigenschaften** von Daten. Als Leistung findet sich aber meist eine Überprüfung bestimmter äußerer Merkmale von Daten, etwa anhand von Metadaten eines Datensatzes, wie Menge, Format, Gegenstand der Daten etc. Derartige Bezeichnungen sind notwendig für die gemeinsame Datennutzung und ihre rechtliche Abwicklung, vor allem der Feststellung der Erfüllung und etwaiger Schlechtleistung.

140 Mit dieser Leistung können unterschiedliche Interessen verfolgt werden. Sie dient einerseits, als Minimalfunktion, der **Klarheit der Abwicklung** des Datenbereitstellungsvertrags durch Einbeziehung eines vertrauenswürdigen Dritten, der die Vertragserfüllung überprüft und dokumentiert. Sie kann, insbesondere wenn intensivere Prüfungen erfolgen, zugunsten des Datennutzers den **Wert der Analyse** stärken, da dieser wesentlich von der Qualität der Datengrundlage abhängt. Eine solche intensive inhaltliche Prüfung der Daten wird insbesondere in den Modellen wichtig, bei denen der Zugriff des Datenempfängers auf die Daten eingeschränkt ist.

5. Die Kontrolle der Datennutzung

141 Soweit die Verwendung der Daten eingeschränkt wird, kann eine weitere wichtige Leistung des Intermediärs in der Kontrolle der Datennutzung bestehen. In diesem Fall erfolgt die Datennutzung typischerweise unter Kontrolle des Intermediärs. Deutlich umgesetzt wird dieses Konzept etwa im Projekt EuroDaT (→ Rn. 200 ff.), bei dem die Analyse ausschließlich in einer vom Datentreuhänder bereitgestellten und kontrollierten Infrastruktur erfolgt. Diese Leistung dient dem Interesse des Datengebers an **Schutz vor unkontrollierter Verwendung** der Daten.

6. Weitere Leistungen

142 Darüber hinaus kann eine Vielzahl weiterer Leistungen im Zusammenhang mit der Bereitstellung von Daten vermittelt und erbracht werden, etwa die Aufbereitung von Daten für die Analyse, oder die Analyse als solche.

143 Die **Aufbereitung von Daten** erfolgt typischerweise bereits beim Datengeber im Vorfeld, ggf. durch einen Dienstleister in seinem Auftrag. Ein wichtiges Beispiel ist die Anonymisierung von Daten.[35] Derartige Aufbereitungen können aber auch von Intermediären oder von Dienst-

---

34 So übernimmt das Forschungsdatenzentrum des Bundesgesundheitsministeriums (FDZ) als Datentreuhänder u.a. die Aufgabe der Überprüfung der Datenqualität, Buchner/Haber/Hahn/Kusch/Prasser/Sax/Schmid DuD 2021, 806 (809).

35 Richter/Slowinski IIC 2019, 4 (12).

leistern im Auftrag des Datenempfängers erfolgen, vor allem wenn Daten gleich nach ihrer Erzeugung ausgetauscht werden sollen. Dies hat bei Maschinendaten große Relevanz.

Wesentliche Bedeutung hat weiterhin die **Bereitstellung von technischer und organisierter Infrastruktur.** Diese kann sich auf die Vermittlung von Bereitstellungsgeschäften beziehen, etwa in Form einer Plattform für Datenspende oder einer Börse für Daten, auf die Bereitstellung von Daten als solche, sowie auf weitere Vorgänge, etwa die Prüfung oder die Aufbereitung von Daten. 144

II. Datentreuhand und Datenräume

Die Nutzung von Daten durch mehrere Personen unter Einschaltung von Intermediären erfolgt in einer Vielzahl unterschiedlicher Modelle. Entsprechend divergieren auch die Bezeichnungen und die systematische Einordnung der Modelle. Nachfolgend werden zentrale Modelle, die sog. Datentreuhand (sogleich) und der Datenraum (→ Rn. 158 ff.), im Überblick dargestellt. 145

1. Die Datentreuhand

Der Begriff der Datentreuhand wird in Deutschland schon seit den 80er Jahren zur Bezeichnung von Modellen der (gemeinsamen) Datennutzung verwendet.[36] Hintergrund war zu diesem Zeitpunkt vor allem die Nutzung personenbezogener Daten für die medizinische Forschung.[37] Hier stand die Figur des Datentreuhänders als ein besonders vertrauenswürdiger, neutraler Dritter im Vordergrund, der für den Betroffenen über die Verwaltung wachen sollte. 146

Dieser Gedanke der Verwaltung personenbezogener Daten kam später im Zusammenhang mit der sog. **Datenspende**[38] auf, die vor allem im Zusammenhang mit der medizinischen Forschung diskutiert wurde. Das Schlagwort der „Datenspende", das vor allem in Bezug auf persönliche Daten (z.B. Gesundheitsdaten) häufig anzutreffen ist, bezeichnet eine größere Vielfalt an Vorgängen und Geschäftsmodellen, bei denen die betroffene Person die Einwilligung zur Nutzung ihrer Daten erteilt.[39] Dabei wird die Einwilligung regelmäßig für bestimmte Zwecke, meist der Forschung, erteilt. 147

Wenn etwa Patienten im Rahmen einer Heilbehandlung einwilligen, dass ihre Daten für Zwecke der Forschung verwendet werden, so erfolgt die Forschung typischerweise nicht durch die Entität, die im Besitz der Daten ist (z.B. behandelnder Arzt, Krankenhaus). Vielmehr werden die Daten an Dritte weitergegeben. 148

Die als Datenspende bezeichneten Vorgänge sind ausgesprochen vielfältig. Mitunter erklärt die betroffene Person schlicht eine datenschutzrechtliche Einwilligung **gegenüber jedermann,** meist freilich mit einer Zweckbestimmung als Grenze der Einwilligung. Die „Datenspende" kann aber auch mit einem **konkreten Empfänger** vereinbar werden und mit weiteren Bedingungen, insbesondere einer **Gegenleistung,** etwa in Bezug auf eine Heilbehandlung, verknüpft werden. 149

---

36 So etwa Kaase/Krupp/Pflanz/Scheuch/Simitis Datenzugang und Datennutzung/Müller S. 225; Lecher Psychologische Forschung S. 16; Müller/Robbin/Martinotti Forschungsfreiheit und Datenschutz/Müller S. 917; Wolters Medizinische Forschung S. 69 ff.

37 Lecher Psychologische Forschung S. 16; kritisch dazu Wolters Medizinische Forschung S. 69 ff. („Informationsbündelung (…), die den Zielen des Datenschutzes zuwiderläuft").

38 Zum Begriff der Datenspende etwa Dochow MedR 2021, 115 (116); im Kontext medizinischer Forschung Deutscher Ethikrat, Stellungnahme 2017, S. 44, 266 f.

39 Vgl. etwa von Hagen/Völzmann MMR 2022, 176; Schildbach ZD 2022, 148 (151).

150 Unter dem Gesichtspunkt des Datenschutzes werden auch sog. **Personal Information Management Systems (PIMS)** diskutiert.[40] Es handelt sich um Dienste, die der betroffenen Person eine bessere Kontrolle der Verarbeitung ihrer personenbezogenen Daten, vor allem durch ein Einwilligungsmanagement, ermöglichen sollen.[41] Als Dienste sind sie von Software zur Verwaltung personenbezogener Daten, oft **Privacy Management Tools (PMT)** genannt, zu unterscheiden.[42] Die Modelle von PIMS und der angebotenen Dienste sind durchaus vielfältig und reichen von Single-Sign-On-Diensten bis hin zu einer umfassenden Fremdverwaltung personenbezogener Daten.[43]

151 In einem ganz anderen Zusammenhang wurde der Begriff der Datentreuhand ab 2015 von Microsoft genutzt. Hier ging es um die Bezeichnung eines besonders vertrauensvollen Cloud-Dienstes.[44] Mit dem Begriff der Datentreuhand wurde also lediglich auf die **Vertrauenswürdigkeit des Dienstanbieters** hingewiesen, eine gemeinsame Datennutzung war nicht vorgesehen.

152 Der Begriff der Datentreuhand wurde 2019 von der Versicherungswirtschaft im Zusammenhang mit der Verarbeitung von Nutzungsdaten aus Fahrzeugen ins Spiel gebracht.[45] Dabei stand das Interesse der Versicherer an dem Zugang zu den **Fahrzeugnutzungsdaten** im Vordergrund, also das Interesse an der Partizipation der Daten in Abgrenzung zu einer exklusiven Nutzung durch den Fahrzeughersteller.

153 Die Spannweite der Datentreuhand wird anhand des 2020 vom BMBF ins Leben gerufenen Förderprogramms[46] für Datentreuhandmodelle deutlich. Hier wurden Datentreuhandmodelle für die **Anwendung in unterschiedlichsten Bereichen** gefördert,[47] etwa in der Medizin[48],

---

40 Zum Begriff der Personal Information Management Systems (PIMS) etwa Botta MMR 2021, 946; Golland NJW 2021, 2238 (2241); Kelber ZD 2020, 73 (75); Pertot Rechte an Daten/Wendehorst/Schwamberger/Grinzinger S. 103 (105).

41 Buchheim/Augsberg/Gehring JZ 2022, 1139 (1141); Kühling ZfDR 2021, 1 (7); Pertot Rechte an Daten/Wendehorst/Schwamberger/Grinzinger S. 103 (105); sowie allgemein zu PIMS als Dienste der Einwilligungsverwaltung Botta MMR 2021, 946; Golland NJW 2021, 2238 (2241).

42 Datenethikkommission, Gutachten, 2019, S. 133; Pertot Rechte an Daten/Wendehorst/Schwamberger/Grinzinger S. 103 (105).

43 Datenethikkommission, Gutachten, 2019, S. 133; Pertot Rechte an Daten/Wendehorst/Schwamberger/Grinzinger S. 103 (105).

44 Vgl. etwa auszugsweise aus der Fachliteratur und Presse Basu, Why Microsoft's 'Data Trustee' Model is a Potential Game-changer in the Privacy War; Rath/Kuß/Maiworm CR 2016, 98; Schwarz/Pfeifer CR 2017, 165 (169 f.).

45 Vgl. hierzu etwa aus der Presse Doll, Ringen um die Daten der Roboterautos, abrufbar unter https://www.welt.de/print/welt_kompakt/print_wirtschaft/article187463858/Ringen-um-die-Daten-der-Roboterautos.html; sowie ein Interview mit dem Vorstandsvorsitzenden der Allianz Versicherungs-AG Joachim Müller, abrufbar unter https://versicherungswirtschaft-heute.de/unternehmen-und-management/2019-09-27/joachim-mueller-allianz-treuhaender-soll-schnittstelle-fuer-datenauskunftsansprueche-sein/.

46 Vgl. hierzu BMBF, Richtlinie zur Förderung von Projekten zur Entwicklung und praktischen Erprobung von Datentreuhandmodellen in den Bereichen Forschung und Wirtschaft, 20.11.2020, BAnz. AT, S. 1 f.

47 Siehe einen Überblick über die geförderten Projekte bei BMBF, Datentreuhandmodelle: BMBF fördert Pilotvorhaben, https://www.bildung-forschung.digital/digitalezukunft/de/technologie/daten/datentreuhandmodelle_pilotvorhaben/datentreuhandmodelle_pilotvorhaben.html.

48 Vgl. die Angaben in den Webseiten der Verbundprojekte „TreuMed" zur Entwicklung eines dezentralen Datenmanagementsystems in der molekularen Epidemiologie, Genetik und Stoffwechselforschung, abrufbar unter https://www.hsba.de/forschung/forschungsprojekte/treumed; sowie „DaRe" zur Entwicklung eines Datentreuhandmodells im Anwendungsfeld der Radiologie unter stärkerer Einbindung der Datengebenden medizinischer Daten, abrufbar unter https://www.isst.fraunhofer.de/de/geschaeftsfelder/gesundheitswesen/projekte/DaRe.html.

der Mobilitätsbranche[49], im Kontext von Umwelt- und Energiedaten[50], der Logistik[51] oder im Zusammenhang der sog. „Smart City"[52].

In den letzten Jahren wurde, getrieben durch die Entwicklung der künstlichen Intelligenz und der Industrie 4.0, die gemeinsame Nutzung von Daten in der industriellen Forschung und Produktion, also das **Datenteilen im B2B-Bereich**, auf breiter Fläche diskutiert und in zahlreichen Projekten und Anwendungsfeldern erprobt.   154

Bei diesen Formen der gemeinsamen Datennutzung, die typischerweise unter Einbeziehung von Intermediären erfolgt, wird teilweise ebenfalls von Datentreuhand gesprochen.[53] Ein Beispiel liefert etwa der in einem aktuellen Projekt entwickelte European Data Trustee (→ Rn. 200 ff.), bei dem ein allgemeines Konzept zur gemeinsamen Datennutzung entwickelt und zur Anwendung gebracht wird.

Der Begriff der Datentreuhand hat, wie sich aus dem Überblick seiner Verwendungen ergibt, bisher **keine klare Kontur**. Im Hinblick auf den Rechtsbegriff der Treuhand (→ Rn. 386 ff.) läge es nahe, eine Datentreuhand anzunehmen, wenn der „Datentreuhänder" eine rechtliche Verfügungsmacht über die Daten hat und diese im Interesse des Datengebers verwalten soll.   155

In diesem Sinne definiert die Studie von *Specht-Riemenschneider/Blankertz/Sierek/Schneider/Knapp/Henne* die Datentreuhand als einen Akteur (gemeint ist wohl der Treuhänder), der „den Zugang zu von Datentreugebern bereitgestellten oder bereitgehaltenen Daten nach vertraglich vereinbarten oder gesetzlich vorgegebenen Daten-Governance-Regelungen im Fremdinteresse mittelt".[54]   156

Da auch insoweit aber weder ein Konsens noch eine deutlich überwiegende Begriffsverwendung festzustellen ist,[55] wird der Begriff in diesem Paragraphen nicht zur Bezeichnung einer bestimmten rechtlichen Gestaltung oder eines konkreten Geschäftsmodells, sondern lediglich verwendet, um auf andernorts als Datentreuhand bezeichnete Modelle oder Rechtsfragen hinzuweisen.   157

2. Datenräume

In jüngster Zeit kommt, beruhend auf entsprechenden Konzepten der Europäischen Kommission, den sogenannten Datenräumen erhebliche Bedeutung zu (→ § 1 Rn. 80 ff.) Der Begriff des Datenraums wird in sehr unterschiedlichen Zusammenhängen mit deutlich unterschiedlichen Inhalten verwendet (→ § 1 Rn. 77 ff.). Im Zusammenhang mit gemeinsamer Datennutzung   158

---

49   Vgl. die Angaben im Internetauftritt des Verbundsprojekts „TreuMoDa" zur Errichtung einer Treuhandstelle mit dem Ziel, Mobilitätsdaten datenschutzkonform bereitzustellen und zu nutzen, abrufbar unter https://www.treumoda.de/services/.

50   Vgl. die Angaben im Internetauftritt des Verbundsprojekts „FAIRWinDS", um die Betriebsdaten unter Einbindung einzelner Windkraftanlagen eines Datentreuhänders verfügbar zu machen und standardisiert aufzubereiten, abrufbar unter https://www.cines.fraunhofer.de/en/projects/FAIRWinDS.html.

51   Vgl. die Angaben im Internetauftritt des Verbundsprojekts „TRANSIT" zum Einsatz eines Datentreuhandmodells für Logistikunternehmen, abrufbar unter https://transit-project.de/.

52   Vgl. die Angaben im Internetauftritt der Verbundsprojekte „MobiDataSol" zur Entwicklung eines Datentreuhandmodells, sodass Mobilitäts- und Umweltdaten ausgetauscht und ein Datenökosystems auf kommunaler Ebene entstünde, abrufbar unter https://solingen.digital/projekte/mobi-data-sol; sowie „KomDatIS" für den sicheren und souveränen städtischen Datenaustausch am Beispiel von Parkleitsystemen, der Parkraumüberwachung und der Parkraumanalyse, abrufbar unter https://komdatis.tu-dortmund.de/.

53   Vgl. Beise RDi 2021, 597; Buchholtz/Brauneck/Schmalhorst NVwZ 2023, 206; Kempny/Krüger/Spindler NJW 2022, 1646.

54   Specht-Riemenschneider/Blankertz/Sierek/Schneider/Knapp/Henne MMR-Beil. 2021, 25 (27).

55   Arlinghaus/Kus/Kajüter/Teuteberg HMD 58 (2021), 565, 568 („nicht klar definiert"); Blankertz DuD 2021, 789; Buchheim/Augsberg/Gehring JZ 2022, 1139 (1141); Buchholtz/Brauneck/Schmalhorst JuS 2023, 414; Falkhofen EuZW 2021, 787 (790); Kempny/Krüger/Spindler NJW 2022, 1646 (1650) („(noch) kein festgefügter Rechtsbegriff"); Kraemer/Appelt/Reiberg/Smoleń, Whitepaper Datentreuhänder, 2023, S. 5 („in unterschiedlicher Weise (…) mit unterschiedlicher Konnotation"); Kühling ZfDR 2021, 1 (4) („sehr unterschiedliche Vorstellungen"); Specht-Riemenschneider/Blankertz/Sierek/Schneider/Knapp/Henne MMR-Beil. 2021, 25.

lassen sich vier unterschiedliche Begriffsinhalte unterscheiden: Datenraum als Binnenmarkt für Daten, Datenraum als bereichspezifische Bedingungen für gemeinsame Datennutzung (etwa den europäischen Health Data Space), Datenraum als ein konkretes Konzept der gemeinsamen Datennutzung und schließlich Datenraum als konkreter Anwendungsfall eines spezifischen Konzepts der gemeinsamen Datennutzung (→ § 1 Rn. 78).

159 Der Begriff des Datenraums als Konzept der gemeinsamen Datennutzung bezieht sich dabei auf Modelle der gemeinsamen **Datennutzung unter Einbeziehung von Intermediären**[56], die auch unter dem Begriff der Datentreuhand subsumiert werden können.

III. Systematisierung der Modelle

1. Ansätze zur Systematisierung der Datentreuhand

160 Die Vielfalt des Datenteilens wurde in den letzten Jahren in mehreren Untersuchungen dargestellt, in Deutschland vor allem durch eine ausführliche Studie von *Specht-Riemenschneider/Blankertz/Sierek/Schneider/Knapp/Henne*[57] und weitere, kürzere Beiträge[58]. Die Studien verwenden durchaus unterschiedliche Kriterien zur Systematisierung der Modelle und ebenso divergierende Bezeichnungen und Beschreibungen für einzelne Anwendungsfälle, was angesichts des Pioniercharakters dieser ersten Untersuchungen nicht verwunderlich ist.[59]

161 So wird von *Wendehorst/Schamberger/Grinzinger* im Hinblick auf die Datentreuhand eine Unterscheidung zwischen einer **Management-Funktion** und dem Lösen eines „echten" **Datenzugangsproblems** vorgenommen.[60] Eine Management-Funktion wird etwa bei PIMS (Rn. 150) oder Personal Management Tools (PMT) (Rn. 150) sowie bei Data Escrow[61] gesehen, während bei einem data trustee die Aufgabe eines kontrollierten Datenzugangs im Vordergrund stehe.[62]

162 Die Studie von *Specht-Riemenschneider/Blankertz/Sierek/Schneider/Knapp/Henne* stellt für die Zwecke der Regulierung eine **„risikobasierte Systematisierung"** von Datentreuhandmodellen vor, die vor allem an der Risikogeneigtheit des jeweiligen Modells ansetzen soll.[63] Danach soll zunächst zwischen freiwilligen und verpflichtenden Datentreuhandmodellen und sodann danach unterschieden werden, ob eine zentrale Speicherung beim Datentreuhänder oder eine dezentrale Speicherung beim Datengeber bzw. -empfänger erfolgt.[64] Auf dieser Grundlage unterscheiden die Autoren „vier wesentliche Formen der Datentreuhand": den fakultativen Data-Cache, den obligatorischen Data-Cache, den fakultativen Data Host und den obligatorischen Data Host.[65] Die Unterscheidung zwischen zentraler und dezentraler Speicherung wird auch von weiteren Veröffentlichungen aufgegriffen.[66]

163 Andere unterscheiden zwischen **eigennützigen und fremdnützigen** Datentreuhandmodellen, wobei der eigennützige Datentreuhänder, eine vertrauenswürdige juristische Person, zugleich als datenhaltende und als datennutzende Stelle fungiert, wogegen der fremdnützige Datentreu-

---

56 Vgl. Reiberg/Niebel/Kraemer, Whitepaper Datenraum, 2022, S. 12 f.
57 Specht-Riemenschneider/Blankertz/Sierek/Schneider/Knapp/Henne MMR-Beil. 2021, 25.
58 Pertot Rechte an Daten/Wendehorst/Schwamberger/Grinzinger S. 103 (103 ff.); RfII, Workshop-Bericht, 2021, S. 4.
59 Einen Überblick unterschiedlicher Klassifikationsansätze in der Literatur bietet Kraemer/Appelt/Reiberg/Smoleń, Whitepaper Datentreuhänder, 2023, S. 9 f.
60 Pertot Rechte an Daten/Wendehorst/Schwamberger/Grinzinger S. 103 (104 ff.).
61 So etwa Specht-Riemenschneider/Blankertz/Sierek/Schneider/Knapp/Henne MMR-Beil. 2021, 25 (29).
62 So anhand der Beispiele der Microsoft Cloud und Fahrzeugdaten Pertot Rechte an Daten/Wendehorst/Schwamberger/Grinzinger S. 109 f.
63 Specht-Riemenschneider/Blankertz/Sierek/Schneider/Knapp/Henne MMR-Beil. 2021, 25 (29).
64 Specht-Riemenschneider/Blankertz/Sierek/Schneider/Knapp/Henne MMR-Beil. 2021, 25 (29 f.); zu den Gefahren einer dezentralisierten Verarbeitung bereits Wolters Medizinische Forschung S. 70 f.
65 Specht-Riemenschneider/Blankertz/Sierek/Schneider/Knapp/Henne MMR-Beil. 2021, 25 (31).
66 Etwa bei Blankertz DuD 2021, 719, 721; sowie bereits Wolters Medizinische Forschung S. 70 f.

händer neutral zwischen datengebenden und -nutzenden Akteuren tätig wird, um entgegengesetzte Interessen uneigennützig auszugleichen.[67]

Schon diese wenigen Beispiele und die hier zutage tretenden Unterschiede in der Systematisierung belegen das **Fehlen einer allgemein anerkannten Begrifflichkeit** und einer anerkannten Systematisierung, erst recht einer Taxonomie. | 164

2. Systematisierung und Fallgruppen

Die Abgrenzung und Systematisierung der verschiedenen Konzepte im Zusammenhang mit der gemeinsamen Datennutzung ist überaus schwierig. Dies beruht auch auf dem Umstand, dass es an einer einheitlichen Begrifflichkeit zur gemeinsamen Datennutzung fehlt und in der derzeitigen Entstehungsphase des Datenteilens durch Intermediäre bestimmte Begriffe wie Datentreuhand und Datenraum in einer Vielzahl unterschiedlicher Bedeutungen verwendet werden. Zudem werden die Begriffe nicht nur im Rahmen einer fachlichen Diskussion, sondern auch zu Zwecken des Marketings oder der rechtlichen Diskussion verwendet. | 165

Aus rechtlicher Sicht können eine Systematik und die Bildung von Fallgruppen in der gemeinsamen Datennutzung durch Intermediäre hilfreich sein, um relevante Unterschiede zwischen den einzelnen Konzepten deutlich zu machen. Hier wird eine **Unterscheidung vor allem nach der Rolle des Intermediärs** getroffen, da diese Rolle das Spezifikum der gemeinsamen Datennutzung durch Intermediäre darstellt. | 166

a) Einbeziehung eines Intermediärs in die gemeinsame Datennutzung

Zunächst ist danach zu unterscheiden, ob die gemeinsame Datennutzung unmittelbar zwischen Datengeber und Datenempfänger oder unter Einbeziehung von Intermediären erfolgt. Als Intermediäre werden hier (→ Rn. 15) solche Dritte betrachtet, die **Leistungen für beide Parteien** erbringen. Davon sind Dienstleister abzugrenzen, die nur für einen der (übrigen) Beteiligten tätig werden (→ Rn. 16). | 167

Eine gemeinsame Datennutzung erfolgt vielfach ohne jede Einbeziehung Dritter, etwa wenn der Datengeber dem Datenempfänger Daten unmittelbar bereitstellt (→ Rn. 9). Die **Abgrenzung zwischen einer unmittelbaren Bereitstellung und der Einbeziehung eines Intermediärs** kann schwierig sein und hängt entscheidend davon ab, wann man von einer solchen Einbeziehung spricht. Dies gilt vor allem in Fällen, in denen Daten an einen Dritten übermittelt werden und dieser die Daten seinerseits Dritten bereitstellt, etwa beim Datenhandel (dazu oben Rn. 119 ff.). | 168

Der **klassische Datenhändler** ist nicht als Intermediär anzusehen (→ Rn. 122). Anders ist dies aber etwa bei vielen Gestaltungen, die im Zusammenhang mit der Datentreuhand genannt werden. Beispiele liefert etwa die sog. Datenspende (→ Rn. 147 ff.). Hier liegt oft ein Fall vor, in dem eine betroffene Person einem Dritten die Einwilligung zur Nutzung ihrer Daten erteilt und der Empfänger die Daten nicht selbst nutzt, sondern an Dritte zur Nutzung weitergibt. In diesen Fällen kann man mitunter schon darüber streiten, ob die betroffene Person als Datengeber anzusehen ist, da der Empfänger aufgrund der Einwilligung oft selbständig über die Daten verfügt. Es gibt aber auch Fälle der Datenspende, in denen die betroffene Person Daten im hier beschriebenen Sinne bereitstellt. In diesen Fällen stellt sich die Frage, ob der Empfänger der Daten als Intermediär oder als Datenhändler und damit als Datenempfänger im Sinne der hier unterschiedenen Rollen anzusehen ist. | 169

Eine Abgrenzung danach, ob der Empfänger die **volle rechtliche oder tatsächliche Verfügungsmacht** über die Daten erhält oder in die Bereitstellung der Daten nicht oder nur unter- | 170

---

67 Deutscher Bundestag, BT-Drucks. 20/5149, S. 78; Pertot Rechte an Daten/Wendehorst/Schwamberger/Grinzinger S. 103 (112).

stützend eingebunden ist, könnte hier nicht überzeugen. Die Abgrenzung hängt sehr stark von filigranen rechtlichen Gestaltungen ab, wäre mit erheblichen Abgrenzungsschwierigkeiten verbunden und würde einen großen Teil der Datentreuhand ausschließen. Auch der DGA, der die Tätigkeiten von Intermediären regeln soll, bezieht derartige Fälle jedenfalls im Fall des Datenaltruismus ein.

171 Überzeugender ist es daher, danach abzugrenzen, ob der Empfänger die Daten **auf eigene Rechnung und im eigenen Interesse** weitergeben kann oder ob er die Bereitstellung (oder deren Vermittlung) an Dritte unter Bindung an die Interessen des Datengebers (einschließlich einer betroffenen Person) vornehmen soll.

172 Bei der schlichten Erteilung der datenschutzrechtlichen Einwilligung mit einer Zweckbestimmung (z.B. „Forschung") liegt keine derartige Bindung an die Interessen der betroffenen Person vor, so dass sich die Bindung an die Zwecke aus dem Gesetz, nicht aus einer Vereinbarung mit der betroffenen Person ergibt. Im Beispiel der als PIMS bezeichneten Dienste, die die Verwertung und Nutzung von Daten für den Dateninhaber kontrollieren, ist eine solche Bindung meist gegeben. Hier wird der Dienst also als Intermediär tätig.

173 Auch die **Abgrenzung eines Intermediärs von einem Dienstleister** kann schwierig sein. Eine Entität kann sowohl als Dienstleister wie als Intermediär tätig sein; dies kommt in der Praxis auch häufig vor. Zur Vermeidung von Interessenkonflikten können Einschränkungen hinsichtlich einer Beteiligung als Intermediäre in Bezug auf eine konkrete Transaktion oder einen Geschäftsbereich bestehen. Es wäre etwa nicht glücklich, wenn ein Dienstleister, der für einen Dateninhaber aktiv Geschäftsbeziehungen sucht, zugleich als neutraler Dritter die Datennutzung überwacht. Grundsätzlich schließen sich beide Rollen nicht gegenseitig aus. So kann etwa eine Entität als Intermediär den Datenaustausch unterstützen und zugleich für eine oder beide Parteien unterschiedliche Leistungen erbringen, etwa das Hosting von Daten oder die Bereitstellung von Analysetools.

174 Diese grundlegende Unterscheidung zwischen Intermediär und Dienstleister, die auch dem Data Governance Act zugrunde liegt, basiert auf der Überlegung, dass die typischen Rechtsfragen einer **Dreiecksbeziehung**, die bei Intermediären vorliegt, bei Diensten, die nur für einen Beteiligten erbracht werden, nicht auftreten.

175 Diese Unterscheidung schließt auch einige Anbieter, die ihre Leistung als „Treuhand" bezeichnen, aus der Rolle des Intermediärs aus. In dem Beispiel der von Microsoft angebotenen Treuhand (→ Rn. 151) wurde Microsoft als Dienstleister (für Leistungen des Cloud Computing), nicht als Intermediär tätig.

b) Leistung des Intermediärs in der gemeinsamen Datennutzung

176 Bei der gemeinsamen Datennutzung durch Intermediäre werden hier, ohne Anspruch auf Vollständigkeit, verschiedene Modelle nach dem Schwerpunkt der Leistung des Intermediärs unterschieden.

aa) Maklermodell

177 Das erste Modell, das man als Brokermodell[68] oder Maklermodell charakterisieren kann, ist auf die **Vermittlung der Geschäftsbeziehung** zwischen Datengeber und Datenempfänger fokussiert. Es handelt sich um eine reine Vermittlungstätigkeit, die freilich auch durch den DGA erfasst wird.

---

68 Vgl. Stiftung Datenschutz Dateneigentum und Datenhandel/Jentzsch S. 177 (188).

bb) Eigenhandelsmodell

Ein weiteres Modell kann als Eigenhandelsmodell charakterisiert werden. Hier erwirbt der 178 Intermediär Daten vom Datengeber und entscheidet, unter Beachtung der Vorgaben des Datengebers, selbst über die Bereitstellung an Dritte. Im Unterschied zur Treuhand wird der Intermediär im Wesentlichen **im eigenen Interesse** tätig und trägt das **wirtschaftliche Risiko.**

Dieses Modell ist etwa bei der Datenspende und anderen, als Datentreuhand bezeichneten 179 Geschäftsmodellen von großer Bedeutung. Die Abgrenzung zu anderen Formen des Datensammelns und -verwertens, insbesondere des Datenhandels, ist indes schwierig.

cc) Dienstleistungsmodell

Bei einem reinen „Dienstleistungsmodell" stellt der Intermediär **lediglich Infrastruktur** zur 180 Verfügung. Diese Infrastruktur kann sich auf das Zustandekommen von Geschäftsbeziehungen beziehen, wie etwa bei einer Datenbörse oder einem Marktplatz für Daten, oder auf die eigentliche Bereitstellung von Daten, wenn etwa Analyseumgebungen zur Verfügung gestellt werden etc.

Die wichtigste Fallgruppe sind insoweit Plattformen, die von Datengebern und Datenempfängern zum Abschluss von Verträgen über gemeinsame Datennutzung oder zur Durchführung der Nutzung bzw. einzelner Leistungen im Zusammenhang mit dem Datenaustausch zusammengeführt werden. 181

dd) Treuhandmodell

Von einem Treuhandmodell wird hier gesprochen, wenn die Nutzung der Daten unter **Kontrolle des Intermediärs** erfolgt. Ob in dieser Gestaltung zwar eine Treuhand im rechtlichen Sinne vorliegt, ist durchaus fraglich (→ Rn. 384 ff.). Der Intermediär hat aber eine sehr intensive Einwirkungsmöglichkeit auf die Daten, die der Inhaberschaft in faktischer Hinsicht nahekommt. 182

Diese Leistungen müssen nicht notwendig gemeinsam erfolgen und können auch durch unterschiedliche Intermediäre erbracht werden. Tatsächlich beschränken sich wichtige Anwendungen auf die die Vermittlung der Geschäftsbeziehung, gegebenenfalls einschließlich der Prüfung der Daten, durch den Intermediär und lassen die Datenbereitstellung dezentral im Verhältnis zwischen Datengeber und Datenempfänger erfolgen. 183

IV. Modelle der gemeinsamen Datennutzung im B2B-Bereich

1. Überblick

Die gemeinsame Datennutzung im B2B-Bereich erfolgt bisher, soweit ersichtlich, vor allem in 184 einer begrenzten Zahl von Modellen.[69]

Soweit Intermediäre involviert sind, werden vor allem Ansätze einer Plattform genutzt. Nach 185 dem Nutzerkreis kann dabei zwischen offenen Plattformen, die jedermann offenstehen, und geschlossenen Plattformen bestimmter Nutzerkreise unterschieden werden.[70] **Offene Plattformen** werden mitunter als Datenmarktplätze bezeichnet.[71] **Geschlossene Plattformen** finden sich vor allem in der Industrie, die Teilnahme setzt hier typischerweise eine Zulassung durch den Plattformbetreiber voraus. Teils wird hier von „industriellen Datenplattformen"[72] gesprochen.

---

69 Siehe dazu auch Hennemann/von Ditfurth NJW 2022, 1905 (1906 f.); Richter/Slowinski IIC 2019, 4 (10 ff.).
70 Hennemann/von Ditfurth NJW 2022, 1905 (1907); Richter/Slowinski IIC 2019, 4 (12).
71 So Hennemann/von Ditfurth NJW 2022, 1905 (1906 f.); Richter/Slowinski IIC 2019, 4 (11).
72 So Hennemann/von Ditfurth NJW 2022, 1905 (1906 f.); ähnlich Richter/Slowinski IIC 2019, 4 (11 f.).

186 Die zentrale Leistung derartiger Plattformen besteht in einer zweiseitigen **Matchmaking-Funktion**.[73] Eine zentrale Leistung ist das Unterhalten eines Katalogs oder einer Taxonomie von Daten, die es den potentiellen Datenempfängern ermöglicht, die gewünschten Daten zu finden.[74]

187 Eine andere Form der gemeinsamen Datennutzung in geschlossenen Nutzerkreisen sind **Datenpools**.[75] Datenpools sind dadurch gekennzeichnet, dass die Teilnehmer Daten in den Pool eingeben und im Gegenzug Zugriff auf durch andere Teilnehmer bereitgestellte Daten erhalten.[76]

188 Bei solchen Datenpools erfolgt der Zugriff auf die Daten meist auf der Infrastruktur eines Poolbetreibers. Dessen Rolle kann sich auf die Bereitstellung von Infrastruktur beschränken, aber auch die Kontrolle des Zugriffs umfassen. Die Abgrenzung kann hier schwierig sein.

2. Anwendungsbeispiele

a) Die industrielle Datenplattform am Beispiel des Mobility Data Space

189 Die gemeinsame Datennutzung wird in der Praxis aller Voraussicht nach vor allem über Plattformen erfolgen. Dies gilt insbesondere für die gemeinsame Datennutzung zwischen Unternehmen. Im Vordergrund derartiger Plattformen steht die Vermittlung der Bereitstellung von Daten, das Matchmaking von Angebot und Nachfrage nach Daten.

190 In der gemeinsamen Datennutzung im B2B-Bereich haben sog. industrielle Datenplattformen mit geschlossenem Nutzerkreis (→ Rn. 185 ff.) große Bedeutung. Als Beispiel für eine solche industrielle Datenplattform wird hier kurz der **Mobility Data Space** der Mobility Data Space GmbH dargestellt.

191 Der Begriff des Mobilitätsdatenraums, englisch mobility data space, hat mehrere Bedeutungen. Der Mobilitätsdatenraum ist, wie der bekannte europäische Gesundheitsdatenraum (European Health Data Space) (→ § 1 Rn. 82 ff.) zunächst ein Datenraum i.S. des Konzepts zu sektorspezifischen Datenräumen (→ § 1 Rn. 80 ff.), das die Europäische Kommission in ihrer Datenstrategie von 2020 (→ § 1 Rn. 34) vorgestellt hat. In der Datenstrategie werden neun Datenräume, darunter der Mobilitätsdatenraum, beispielhaft genannt. Es handelt sich bei einem Datenraum in diesem Sinne also um ein **Konzept zur gemeinsamen Nutzung von Daten mit bereichsspezifischen Regeln** (→ § 1 Rn. 80 f.). Eine derartige Regelung eines Mobilitätsdatenraums existiert bisher nicht. Anders als im Fall des europäischen Gesundheitsdatenraums liegt auch noch kein Regelungsentwurf vor.

192 Der Begriff des Datenraums, der mit sehr unterschiedlicher Bedeutung verwendet wird (→ § 1 Rn. 77 f.), bezeichnet weiterhin ein spezifisches Konzept für einen solchen sektorspezifischen Datenraum, das in verschiedenen konkreten Anwendungen, wiederum oft Datenraum genannt, umgesetzt werden kann. Der hier interessierende Mobility Data Space der Mobility Data Space GmbH ist ein solcher konkreter Anwendungsfall für einen Mobilitätsdatenraum im Sinne eines Konzepts zur Datennutzung im Mobilitätsbereich.[77]

193 Der Mobility Data Space ist ein deutsches Projekt, das als sog. Leuchtturmprojekt der Digitalstrategie der Bundesregierung vom Bundesministerium für Digitales und Verkehr (BMDV)

---

73 Hennemann/von Ditfurth NJW 2022, 1905 (1906 f.); Richter/Slowinski IIC 2019, 4 (13).
74 Hennemann/von Ditfurth NJW 2022, 1905 (1906 f.).
75 Ebenso Richter/Slowinski IIC 2019, 4 (11).
76 Hennemann/von Ditfurth NJW 2022, 1905 (1907).
77 Reiberg/Niebel/Kraemer, Whitepaper Datenraum, 2022, S. 7.

gefördert wird.[78] Das Projekt soll einen **Mobilitätsdatenraum im Sinne des Konzepts der EU-Kommission** aufbauen und mit anderen Datenräumen kompatibel sein.[79]

Der **Begriff des Mobilitätsdatenraums** wird in diesem Mobility Data Space in einem weiten Sinne verstanden und umfasst alle Daten, an deren Verfügbarkeit ein wirtschafts- und verkehrs-politisches Interesse besteht,[80] etwa Verkehrsinformationen, Verkehrsflussinformationen, Informationen zum öffentlichen Verkehr, Wetterinformationen etc.[81] 194

Der Mobility Data Space zeichnet sich durch folgende wesentliche Merkmale aus: Es handelt sich um eine **Plattform**, die von der Mobility Data Space GmbH betrieben wird. Ziel der Plattform ist es, Angebot und Nachfrage nach **Mobilitätsdaten** zusammenzuführen. Die wesentlichen Leistungen der Plattform sind der Aufbau und die Pflege eines **Katalogs zur Datenbezeichnung** als Gegenstand der gemeinsamen Datennutzung.[82] Die Plattform unterhält **keinen Datenspeicher**, wird also nicht etwa als Datenpool oder ähnliches tätig.[83] 195

Weiterhin bietet die Plattform den Nutzern die Möglichkeit, mit anderen Nutzern Kontakt aufzunehmen. Ein Tool zum Vertragsabschluss bietet die Plattform bisher offenbar nicht an. Vielmehr erfolgt die Vereinbarung einer konkreten Bereitstellung unmittelbar zwischen den betreffenden Nutzern als Datengeber und Datenempfänger.[84] 196

Die Bereitstellung von Daten erfolgt wiederum unmittelbar zwischen Datengeber und Datenempfänger. Die Daten werden auch für die Bereitstellung nicht auf Servern des Mobility Data Space gespeichert.[85] 197

Der Mobility Data Space steht einem **geschlossenem Nutzerkreis** zur Verfügung. Die Mobility Data Space GmbH als Betreiber entscheidet über die Zulassung von Nutzern.[86] Durch diese Maßnahme soll offensichtlich ein gegenseitiges Vertrauen der Nutzer ermöglicht werden. Zugleich wird, da die Zulassung offenbar auch entzogen werden kann, ein erheblicher Anreiz für alle Nutzer geschaffen, nicht gegen die Vereinbarungen zur Datennutzung zu verstoßen. 198

Aus wissenschaftlicher Sicht ist besonders interessant, dass ein derart großes, mit öffentlichen Mitteln gefördertes Projekt als wesentliche Leistung die Beschränkung des Nutzerkreises und vor allem das Anbieten eines Bezeichnungsschemas für Daten (Katalog) erbringt. Dies belegt die **enorme Bedeutung des Bezeichnungsschemas** (→ Rn. 69 ff.) für die gemeinsame Datennutzung. 199

b) Die Kontrolle des Datenzugriffs am Beispiel des European Data Trustee (EuroDaT)

Eine besonders interessante Leistung von Intermediären liegt in der **Kontrolle der Datennutzung**, mit der grundlegende Probleme der gemeinsamen Datennutzung, der Kontrollverlust an 200

---

78 Vgl. die Angaben im Internetauftritt des BMDV, abrufbar unter https://bmdv.bund.de/DE/Themen/Digitales/ Mobility-Data-Space/mds.html.
79 FAQ zum MDS, S. 2, abrufbar unter https://mobility-dataspace.eu/fileadmin/05_presse_medien/220524_faq_pr esseinfo_en.pdf.
80 Vgl. die Angaben im Internetauftritt des BMDV, abrufbar unter https://bmdv.bund.de/DE/Themen/Digitales/ Mobility-Data-Space/mds.html.
81 FAQ zum MDS, S. 3, abrufbar unter https://mobility-dataspace.eu/fileadmin/05_presse_medien/220524_fa q_presseinfo_en.pdf; vgl. die Angaben im Internetauftritt des Webseite des BMDV, abrufbar unter https://b mdv.bund.de/DE/Themen/Digitales/Mobility-Data-Space/mds.html; Reiberg/Niebel/Kraemer, Whitepaper Datenraum, 2022, S. 7, 11; zu den einzelnen Anwendungsfeldern in der Praxis https://mobility-dataspace.eu/de /business-cases; sowie das Video „Vorstellung des MDS", abrufbar unter https://mobility-dataspace.eu/mobility -data-space.
82 Siehe dazu die Angaben von MDS, abrufbar unter https://mobility-dataspace.eu/de/datenkatalog.
83 Fraunhofer-Gesellschaft e.V., Anreizsysteme Data Sharing, 2023, S. 16; Reiberg/Niebel/Kraemer, Whitepaper Datenraum, 2022, S. 7.
84 Siehe dazu die Angaben von MDS, abrufbar unter https://mobility-dataspace.eu/de/datenkatalog#c3258.
85 Siehe dazu die Angaben von MDS, abrufbar unter https://mobility-dataspace.eu/de/datenkatalog#c3258.
86 Siehe dazu die Angaben von MDS, abrufbar unter https://mobility-dataspace.eu/de/mobility-data-space#c3146.

den Daten (→ Rn. 27 ff.) sowie der Kontrollverlust an den Analyseergebnissen (→ Rn. 43 ff.), gelöst werden sollen.

201 Da die Sorge von Dateninhabern vor Kontrollverlust derzeit ein wesentliches, wohl das wichtigste Hindernis für die gemeinsame Datennutzung darstellt (→ Rn. 30), kann sich mit einer Lösung des Problems durch Einbeziehung von Intermediären ein **völlig neuer Bereich der gemeinsamen Datennutzung** ergeben und deren Potential entscheidend besser ausgeschöpft werden. Das Konzept eines Intermediärs zur Kontrolle der Datennutzung wird nachfolgend am Beispiel des European Data Trustee erläutert.

202 Der **European Data Trustee (EuroDaT)**[87] ist derzeit[88] ein vom BMWK gefördertes Projekt, das von einem Konsortium aus Wissenschaft und Wirtschaft unter maßgeblicher Beteiligung des hessischen Wirtschaftsministeriums durchgeführt wird.[89]

203 Ziel des Projekts ist die Errichtung eines Datentreuhänders als neutraler Intermediär. Im Projekt wird, neben der Erforschung technischer und rechtlicher Aspekte der Datentreuhand, ein Dienst zur Bereitstellung von Daten entwickelt und von der EuroDaT GmbH angeboten.

204 Das Projekt umfasst einen sog. Basis Use Case, der die grundlegende Funktionalität umfasst, sowie mehrere Anwendungsprojekte. Die wesentliche Leistung im Basis Use Case ist ein Dienst zur **Kontrolle der Datenbereitstellung**. Durch diesen soll zum einen ein Kontrollverlust des Datengebers an den Daten, zum anderen ein Kontrollverlust des Datenempfängers an den Analyseergebnissen verhindert werden.

205 Die Bereitstellung von Daten erfolgt daher über die **Infrastruktur des Datentreuhänders**, der European Data Trustee GmbH. Die Daten werden für die Durchführung der Analyse in einem speziellen Container gespeichert. In diesem Container wird die Analyse durchgeführt, indem die jeweilige Analysesoftware auf den Daten ausgeführt wird und ein Analyseergebnis erzeugt. Die Analyseergebnisse werden sodann automatisiert an den Datenempfänger weitergegeben.

206 Der Datenempfänger erhält **keinen unmittelbaren Zugriff** auf die Daten. Er wählt die Analysesoftware aus und steuert die Analyse inhaltlich, indem er die Befehle zur Anwendung der Analysesoftware gibt. Die Analyse wird durch den Datentreuhänder protokolliert. Damit soll insbesondere sichergestellt werden, dass eine Analyse ausschließlich in dem zwischen Datengeber und Datenempfänger vereinbarten Umfang erfolgt.

207 Die Daten werden im Grundsatz nicht auf der Infrastruktur des Datentreuhänders gespeichert, sondern können für die Analyse unmittelbar vom Datengeber eingespielt werden. Die Speicherung von Daten für den Datengeber auf Infrastruktur des Datentreuhänders wird als Zusatzleistung angeboten. Dies ist insbesondere von Interesse, wenn mehrere Datengeber, wie im Anwendungsprojekt Anomalieerkennung,[90] von mehreren Datengebern zusammengeführt werden.

208 Der Dienst von EuroDaT zielt primär auf den **Schutz von Daten und Analyseergebnissen** ab. An Leistungen wie der **Sicherung der Datenqualität** wird im Projekt ebenfalls gearbeitet, insbesondere in Form eines Konzeptes für ein **Datenbezeichnungsschema** sowie zur Untersuchung von Daten. Weitere Leistungen, wie **Anonymisierung von Daten**, können ebenfalls angeschlossen werden.

209 Der Dienst von EuroDaT enthält nicht notwendig eine Vermittlungskomponente, sondern setzt, jedenfalls im Rahmen des geförderten Projekts, den Abschluss einer entsprechenden Vereinbarung zwischen Datengeber und Datenempfänger voraus.

---

87 Siehe zum Projekt den Internetauftritt des Projektes, abrufbar unter https://www.eurodat.org/.
88 Das Projekt läuft vom 1.1.22 – 31.12.23, danach soll ein operativer Betrieb folgen.
89 Die Universität des Saarlandes ist durch den Lehrstuhl des Verfassers am Projekt beteiligt.
90 Siehe dazu den Internetauftritt des Projektes, abrufbar unter https://www.eurodat.org/.

Der Dienst soll grundsätzlich jedermann offenstehen. Damit kann der Dienst perspektivisch   210
auch modular in Zusammenarbeit mit einem anderen Intermediär angeboten werden, der die
Vermittlung der Geschäftsbeziehung anbietet.

D. Data Governance Act und DatenG-E

Der Datenaustausch unter Einbeziehung von Datentreuhändern oder anderen Intermediären   211
unterliegt neben den allgemeinen Regeln den spezifischen Regeln des entstehenden europäischen Datenraums (→ § 1 Rn. 74 ff.). Von Bedeutung sind insbesondere der Data Governance
Act (→ § 1 Rn. 46 ff.)[91] und der noch im Gesetzgebungsverfahren befindliche Data Act (DatenG-E) (→ § 1 Rn. 60 ff.)[92]. Diese werden nachfolgend skizziert, soweit sie für den Datenaustausch durch Datentreuhänder von Bedeutung sind.

I. Die Bedeutung des Data Governance Acts für die Datentreuhand

Der Data Governance Act hat einen Schwerpunkt in der Regelung von Datenvermittlungs-   212
diensten[93] und soll nicht zuletzt die Datentreuhand regeln. Daher wird das einschlägige Kapitel
III des Data Governance Act teilweise auch als gesetzliche Regelung der Datentreuhand angesehen.[94] Auch wenn der Data Governance Act keine umfassende Regelung der Datentreuhand
enthält, sondern lediglich einzelne Aspekte regelt, ist das Gesetz für die Datenvermittlung und
speziell für die Datentreuhand von großer Bedeutung. Daher werden nachfolgend die für die
gemeinsame Datennutzung zentralen Aspekte des DGA[95] erörtert.

1. Anwendungsbereich des Kapitels III: Datenvermittlungsdienste

Das Kapitel III regelt ab Art. 10 DGA bestimmte **„Datenvermittlungsdienste"**. Der zentrale   213
Begriff des Datenvermittlungsdienstes (data intermediation service) ist in Art. 2 Nr. 11 DGA
definiert. Die Regelung weicht gegenüber dem ursprünglichen Kommissionsentwurf, der noch
von „Diensten für die gemeinsame Datennutzung"[96] gesprochen hatte, erheblich ab.[97]

a) Die Regelung des Anwendungsbereichs

Die ausführliche Definition des Art. 2 Nr. 11 DGA arbeitet mit einer weiten Begriffsbestim-   214
mung: Datenvermittlungsdienste sind nach Art. 2 Nr. 11 DGA zunächst Dienste, mit denen
durch technische, rechtliche oder sonstige Mittel Geschäftsbeziehungen zwischen einer unbestimmten Anzahl von betroffenen Personen oder Dateninhabern einerseits und Datennutzern
andererseits vermittelt werden, um die gemeinsame Datennutzung zu ermöglichen.

---

91 Verordnung (EU) 2022/868 des Europäischen Parlaments und des Rates vom 30. Mai 2022 über europäi-
    sche Daten-Governance und zur Änderung der Verordnung (EU) 2018/1724 (Daten-Governance-Rechtsakt),
    ABl. EU L 152 vom 3.6.2022, S. 1.
92 Europäische Kommission, Vorschlag für eine Verordnung des Europäischen Parlaments und des Rates
    über harmonisierte Vorschriften für einen fairen Datenzugang und eine faire Datennutzung (Datengesetz),
    COM(2022) 68 final.
93 Siehe einen Überblick über die Regeln des DGA für Datenvermittlungsdienste des DGA etwa bei Henne-
    mann/von Ditfurth NJW 2022, 1905 (1907 ff.); Richter GRUR Int. 2023, 458 (461 ff.); Schütrumpf RDi 2023, 373
    (375 ff.).
94 Falkhofen EuZW 2021, 787 (790); Tolks MMR 2022, 444 (446).
95 Siehe zum DGA allgemein auch Brauneck WRP 2023, 28; Hennemann/von Ditfurth NJW 2022, 1905; Hor-
    nung/Schomberg CR 2022, 508; Marx ZD 2023, 430; Richter GRUR Int. 2023, 458 (461 ff.); Schütrumpf RDi
    2023, 373 (375 ff.); Specht-Riemenschneider ZEuP 2023, 638 (644 ff.); Tolks MMR 2022, 444.
96 Zwar findet sich in Art. 2 des VO-E keine entsprechende Begriffsbestimmung, doch adressiert Kapitel III des
    VO-E Anforderungen sog. „Dienste für die gemeinsame Datennutzung".
97 Tolks MMR 2022, 444 (446).

215 Dieser weite Begriff ist nach Art. 2 Nr. 11 DGA eingeschränkt, wobei vier – nicht abschließende[98] – Ausnahmen ausdrücklich genannt werden:

- Dienste, die von Dateninhabern genutzt werden, um den Wert von Daten zu steigern, ohne Geschäftsbeziehung zwischen Dateninhaber und Datennutzer herzustellen, lit a);
- Dienste zur Vermittlung urheberrechtlich geschützter Inhalte, lit. b);
- Dienste, die nur vom Dateninhaber zur Verwendung seiner Daten, oder nur innerhalb vertraglich festgelegter Kooperationen, insbesondere zur Gewährleistung der Funktion vernetzter Geräte im sog. Internet der Dinge, genutzt werden, lit. c);
- Dienste, die von öffentlichen Stellen ohne Absicht der Herstellung von Geschäftsbeziehungen angeboten werden, lit. d).

216 EG 28 nennt Beispiele für Dienste, die nicht als Datenvermittlung angesehen werden sollen, etwa Cloud-Dienste, Analysedienste, Software zur gemeinsamen Datennutzung, Webbrowser, E-Mail-Dienste. Dagegen sollen Datenmarktplätze erfasst werden.[99] Die Definition ist insgesamt recht ungenau; es sind **Abgrenzungsschwierigkeiten** zu erwarten.

217 Die von Art. 2 Nr. 11 DGA verwendeten Begriffe des **Dateninhabers** und **Datennutzers** sind ihrerseits in Art. 2 definiert. Dateninhaber ist nach Art. 2 Nr. 8 DGA eine Person, die in Bezug auf die betroffenen Daten „berechtigt ist, Zugang zu bestimmten personenbezogenen Daten oder nicht personenbezogenen Daten" zu gewähren oder diese weiterzugeben. Datennutzer ist nach Art. 2 Nr. 9 DGA, wer rechtmäßig Zugang zu Daten hat oder berechtigt ist, die Daten zu nutzen. Auch hier wird auf den rechtmäßigen Zugang oder die berechtigte Nutzung der Daten abgestellt.

218 Diese Definitionsnormen sind problematisch. Da sie ausdrücklich auf die Rechtmäßigkeit des Zugangs und der Berechtigung zur Zugangsgewährung abstellen, implizieren sie die Notwendigkeit einer umfassenden rechtlichen Prüfung, ob die Voraussetzungen der Norm vorliegen. Da insoweit aber in vielen Fällen erhebliche Rechtsunsicherheit besteht, wird diese auf die Anwendbarkeit des Data Governance Acts bzw. des Kapitels III übertragen. Es erscheint auch nicht glücklich, die Anwendbarkeit des DGA insgesamt oder des Kapitels III davon abhängig zu machen, ob eine Berechtigung vorliegt. Eine Regulierung, nicht zuletzt die staatliche Aufsicht, sollte erst recht Dienste umfassen, die den Datenzugang ohne Rücksicht auf die Berechtigung des faktischen Inhabers vermitteln oder unterstützen.

219 Ein weiteres Problem besteht insoweit, als ein Beteiligter nach diesen Definitionen **zugleich als Dateninhaber und als Datennutzer** angesehen werden kann. Wenn man etwa den Betreiber einer Maschine als Dateninhaber in Bezug auf die von der Maschine erzeugten Daten ansieht und dieser aufgrund vertraglicher Vereinbarung umfassende Nutzungsrechte an den Hersteller der Maschine überträgt, der diese Daten wiederum einem Dritten zur Aggregation und Auswertung überlässt, dann erfüllt der Hersteller sowohl die Merkmale eines Datennutzers wie auch die eines Dateninhabers.

220 Der Anwendungsbereich des Kapitels III wird in Art. 10 DGA weiter eingeschränkt. Danach sollen nur die in Art. 10 lit. a) – c) DGA genannten Datenvermittlungsdienste erfasst werden, konkret Vermittlungsdienste zwischen Dateninhabern und potentiellen Datennutzern (lit. a), Vermittlungsdienste zwischen betroffenen Personen und potentiellen Datennutzern (lit. b) sowie Datengenossenschaften (lit. c).

221 Art. 10 lit. a) und b) DGA enthalten insoweit eine wichtige Klarstellung. Danach sind auch **Dienste zur Bereitstellung der technischen oder sonstigen Mittel** als Voraussetzung von Vermittlungsdiensten erfasst. Als Beispiele werden Plattformen sowie Datenbanken, Einrich-

---

98 Vgl. zum Kompromissvorschlag des Rats (14606/21 LIMITE) Picht/Richter GRUR Int. 2022, 395 (399).
99 Hennemann/von Ditfurth NJW 2022, 1905 (1908).

tungen und spezielle Infrastrukturen für die Vernetzung von Dateninhabern mit Datennutzern ausdrücklich genannt.

Damit wird auch eine wesentliche Interpretationshilfe für die Definition der Vermittlungs- 222 dienste in Art. 2 Nr. 11 DGA gegeben. Die Regelung erfasst auch solche Dienste, die technische Unterstützung bereitstellen. Damit sollen insbesondere industrielle Datenplattformen wie **Datenpools** und **Datenräume** erfasst werden, wie in EG 28 verdeutlicht wird.[100]

b) Anwendbarkeit des Kapitel III auf Intermediäre

Das Gesetz erfasst also alle Dienste, die die **Herstellung einer Geschäftsbeziehung zur Da-** 223 **tennutzung** durch einen anderen als den Betroffenen oder Dateninhaber ermöglichen oder unterstützen sollen. Damit werden, in der hier verwendeten Terminologie, die Intermediäre erfasst.

Davon abzugrenzen sind sonstige Akteure. So fallen etwa **Datenhändler** (Datenbroker[101]), die 224 Daten sammeln, ggf. aufbereiten und aggregieren und dann die Nutzung an Dritte im eigenen Namen bereitstellen, nicht unter diese Definition. Im Übrigen ist diese Tätigkeit, zur Klarstellung, nach Art. 2 Nr. 11 lit. a) DGA ausdrücklich vom Begriff des Datenvermittlungsdiensts ausgenommen.[102]

Schwierigkeiten ergeben sich bei Vermittlungsdiensten, die nicht auf die Vermittlung einer 225 Geschäftsbeziehung im kommerziellen Sinne abzielen, aber eine **Infrastruktur** für das Datenteilen bereitstellen und ggf. weitere Leistungen in diesem Zusammenhang erbringen. Ein Beispiel für einen solchen technischen Vermittlungsdienst stellt etwa das Projekt European Data Trustee (→ Rn. 200 ff.) dar, bei dem der Datentreuhänder die Unterstützung des Datenteilens völlig losgelöst von der kommerziellen Einigung erbringt. Dabei wird die technische Leistung grundsätzlich auf der Grundlage einer bereits bestehenden Vereinbarung zwischen Datengeber und Datenempfänger über das Datenteilen erbracht. Da es sich bei einer solchen bestehenden Vereinbarung auch um eine Rahmenvereinbarung, ggf. zwischen mehreren Beteiligten, handeln kann, kann man durchaus annehmen, dass mit einem konkreten Vorgang des Datenteilens keine separate Geschäftsbeziehung zwischen Datengeber und Datenempfänger einhergeht.

Damit ist die Frage aufgeworfen, ob eine solche technische Unterstützung des Datenaustauschs 226 durch einen Intermediär, die eine Vereinbarung über den Datenaustausch bereits voraussetzt, überhaupt als Datenvermittlungsdienst i.S. des Art. 2 Nr. 11 DGA anzusehen ist. Diese Frage ist nach dem Sinn und Zweck sowie der Systematik des Gesetzes zu bejahen. Aus systematischer Sicht gilt, dass die Regeln des Kapitels III gemäß Art. 10 DGA auch für solche Dienste gelten sollen, die technische oder sonstige Mittel für den Datenaustausch bereitstellen. Art. 10 DGA bezieht sich ausdrücklich auf „Datenvermittlungsdienste", sodass Dienste zur technischen Unterstützung des Datenaustauschs unter diesen Begriff fallen müssen. Auch nach dem Ziel des DGA, die Tätigkeit von Intermediären in der gemeinsamen Datennutzung zu regeln, muss diese zentrale Leistung erfasst sein.

Dienstleister sollen weitgehend ausgenommen sein. Dies gilt, wie EG 28 klarstellt, insbesonde- 227 re für Anbieter von Infrastruktur, die etwa eine Datenplattform hosten, sowie für Dienstleister, die Analysetools bereitstellen. Nicht erfasst werden auch sonstige Dienstleistungen. Wenn ein Dienstleister Maschinendaten für den Hersteller einer Maschine sammelt, fehlt es bereits am Merkmal des Herstellens von Geschäftsbeziehungen zwischen Dateninhaber und Datennutzern, wenn man den Hersteller insoweit als Dateninhaber ansieht.

Die Abgrenzung bleibt in praktisch wichtigen Fällen schwierig. Wenn man im soeben genann- 228 ten Beispiel den Betreiber der Maschine als Dateninhaber ansieht, dann wäre der Hersteller,

---

100 Hennemann/von Ditfurth NJW 2022, 1905 (1908).
101 Vgl. diese Begriffsverwendung etwa bei Hennemann/von Ditfurth NJW 2022, 1905 (1908).
102 Vgl. Hennemann/von Ditfurth NJW 2022, 1905 (1908).

der aufgrund vertraglicher Abrede die Daten nutzen darf, Datennutzer, und der Dienstleister, der die Daten für den Hersteller sammelt, fiele wohl nicht unter den Begriff des Datenvermittlungsdienstes, da die Geschäftsbeziehung, aufgrund derer der Dienstleister tätig wird, schon vor Einschaltung des Dienstleisters bestand. Initiiert der Dienstleister hingegen die Nutzungsvereinbarung zwischen Betreiber und Hersteller der Maschine, liegt ein Datenvermittlungsdienst vor. Wenn nun eine bestehende Nutzungsvereinbarung aufgrund eines Vorschlags des Dienstleisters geändert (z.B. erweitert) wird, sind die Abgrenzungsschwierigkeiten offensichtlich.

229 Abgrenzungsschwierigkeiten können sich auch bei Leistungen eines Intermediärs im Rahmen der gemeinsamen Datennutzung ergeben. Beispiele für derartige Dienstleistungen sind etwa die Prüfung oder Bewertung von Daten (→ Rn. 138 ff.) durch einen Intermediär.

Derartige Dienstleistungen des Intermediärs werden von Art. 10 lit. a) und b) DGA wohl nicht erfasst, da ausdrücklich die „Bereitstellung" von Mitteln adressiert wird. Auch die genannten Beispiele (Plattformen, Datenbanken, Einrichtungen und spezielle Infrastrukturen) beziehen sich eindeutig auf Infrastruktur, die von den Beteiligten genutzt werden können, nicht aber auf Dienstleistungen, die für eine oder beide Parteien der gemeinsamen Datennutzung erbracht werden. Dienstleistungen wie die Prüfung von Daten (Rn. 138 ff.) oder deren Bewertung durch einen Intermediär sind daher kein Vermittlungsdienst i.S. des DGA.

c) Die Ausnahme für Datenaltruismus

230 Das Kapitel III soll nicht für **Datenaltruismus** und vergleichbare Dienste gelten. Nach Art. 15 DGA findet das Kapitel keine Anwendung auf „anerkannte datenaltruistische Organisationen und andere Einrichtungen ohne Erwerbszweck", die Daten erheben, die von anderen im Wege des Datenaltruismus zur Verfügung gestellt werden. Eine Rückausnahme gilt, wenn Organisationen Geschäftsbeziehungen zwischen Dateninhaber und Datennutzer herstellen möchten.

231 Datentreuhandmodelle (→ Rn. 146 ff.) fallen nicht notwendig unter die Definition des Datenvermittlungsdienstes.[103] Dies gilt vor allem in Fällen, in denen der Begriff der **Datentreuhand für Dienstleistungen** verwendet wird, die keinen unmittelbaren Bezug zur gemeinsamen Datennutzung haben. So handelt es sich etwa bei den von Microsoft erbrachten Cloud-Diensten (→ Rn. 151) nicht um einen Datenvermittlungsdienst.

232 Ebenfalls nicht erfasst werden typischerweise Dienste im Zusammenhang mit der **Datenspende** (→ Rn. 147 ff.). Hier fehlt es meist an der Vermittlung einer Geschäftsbeziehung zwischen der betroffenen Person bzw. dem Datengeber und dem Datenempfänger.

233 Die **typischen Fälle der Datentreuhand**, in denen Intermediäre Geschäftsbeziehungen vermitteln, werden hingegen umfassend erfasst. Insbesondere werden alle typischen Rollen in der gemeinsamen Datennutzung erfasst, also sowohl der Datentreuhänder, der Daten verwaltet und diese oder deren Nutzung zur Verfügung stellt, als auch Dienstleister zur Vermittlung der Datennutzung. Hier können sich freilich die soeben erörterten Abgrenzungsschwierigkeiten ergeben.

2. Die Regeln des DGA für Datenvermittlungsdienste

234 Das dritte Kapitel des DGA enthält drei Regelungskomplexe, die für die Datentreuhand sämtlich von Bedeutung sind: eine Registrierung (sogleich), materielle Anforderungen an die Dienste (→ Rn. 238 f.) und eine staatliche Aufsicht (→ Rn. 240 ff.).

---

103 Kraemer/Appelt/Reiberg/Smoleń, Whitepaper Datentreuhänder, 2023, S. 11 f.

a) Die Anmeldepflicht

Nach Art. 11 Abs. 1 sind Anbieter von Datenvermittlungsdiensten für die in Art. 10 genannten Dienste verpflichtet, sich bei der zuständigen Behörde anzumelden. Die Anmeldung ist als Zulässigkeitsvoraussetzung ausgestaltet. Nach Art. 11 Abs. 4 dürfen Anbieter ihre Tätigkeit erst nach Anmeldung aufnehmen.[104] Zulässigkeitsvoraussetzung ist indes ausschließlich die **Anmeldung**, eine Genehmigung oder Erlaubnis ist nicht vorgesehen. 235

Die Anmeldung als solche ist in Art. 11 DGA geregelt. Sie erfolgt bei der zuständigen Behörde im Sitzstaat (Art. 11 Abs. 1, 2 DGA). Die erforderlichen Angaben sind in Art. 11 Abs. 6 DGA genannt. Anzugeben sind der Name des Anbieters, (lit. a), dessen Rechtsform (lit. b) und Anschrift (lit. c), eine Website mit Informationen (lit. d), die Kontaktpersonen (lit. e), der Gegenstand des Dienstes (lit. f) und der Tag der Aufnahme der Tätigkeit (lit. g). 236

Art. 11 DGA regelt ausdrücklich ein Anmeldungs-, kein Zulassungserfordernis.[105] Nach Art. 11 Abs. 9 DGA bestätigt die Behörde auf Antrag, dass der Dienst die Anforderungen der Art. 11 und 12 DGA erfüllt.[106] Es handelt sich also um eine äußerst **niedrigschwellige Pflicht**, die dazu dient, sowohl der Aufsicht als auch Nutzern die Durchsetzung von Rechten zu ermöglichen.[107] 237

b) Die materiellen Anforderungen an Datenvermittlungsdienste

Die materiellen Anforderungen an Datenvermittlungsdienste sind in Art. 12 lit. a) – o) DGA geregelt.[108] Besonders wichtig dürfte lit. a) sein. Danach dürfen Anbieter von Datenvermittlungsdiensten die von ihren Diensten betroffenen Daten nur für den Zweck verwenden, sie den Datennutzern zur Verfügung zu stellen, und müssen die Daten durch eine gesonderte juristische Person bereitstellen. Damit soll gewährleistet werden, dass Datenvermittlungsdienste von anderen Aktivitäten getrennt sind. Da lit. a) aber keine Anforderungen an den Kreis der Inhaber der juristischen Person stellt, handelt es sich nicht um eine nennenswerte Einschränkung, sondern lediglich um das Erfordernis, durch Gründung einer Tochtergesellschaft eine **klare Trennung** zwischen der Datenvermittlung und sonstigen Tätigkeiten zu ziehen.[109] 238

Zu den zentralen Pflichten – mit denen eine angemessene Qualität der Dienste sichergestellt werden soll – zählen auch die **Pflicht zum fairen, nicht-diskriminierenden Zugang** zu den Daten (lit. f) sowie, zur Ergreifung von **technischen Schutzmaßnahmen** (lit. l)[110] sowie zum **Schutz gegenüber rechtswidrigem Zugriff** auf die Daten (lit. j). Die Erfüllung dieser Pflichten ist durchaus anspruchsvoll.[111] 239

c) Die staatliche Aufsicht

Das dritte wesentliche Element der Regelung für Datenvermittlungsdienste ist die Überwachung der Dienste durch die zuständige Behörde. Die Überwachung lässt Befugnisse anderer Behörden unberührt (Art. 13 Abs. 3 DGA), besteht also neben etwa der Datenschutzaufsicht. Die Aufsicht erfasst alle Dienste im Anwendungsbereich des Kapitels 3 (→ Rn. 213 ff.), gilt also 240

---

104 In der Literatur wird der Mechanismus des Art. 11 mitunter - wenig überzeugend - als „Verbot mit Anmeldevorbehalt" bezeichnet, vgl. Hennemann/von Ditfurth NJW 2022, 1905 (1907); Tolks MMR 2022, 444 (446).

105 Hornung/Schomberg CR 2022, 508 (512); sowie zum Kommissionsvorschlag, COM(2020) 767 final, Richter ZEuP 2021, 634 (648).

106 Hornung/Schomberg CR 2022, 508 (512) („Kompromiss").

107 So zum Kommissionsvorschlag, COM(2020) 767 final, DSRTBI 2021/Funke S. 365 (370).

108 Siehe einen Überblick bei Hennemann/von Ditfurth NJW 2022, 1905 (1908 ff.); Marx ZD 2023, 430 (432 ff.).

109 Insbesondere kann der Datenvermittlungsdienst von der Muttergesellschaft weiterhin abhängig sein, vgl. etwa Hennemann/von Ditfurth NJW 2022, 1905 (1908 f.); sowie zum Kommissionsvorschlag, COM(2020) 767 final, DSRTBI 2021/Funke S. 365 (371); Richter ZEuP 2021, 634 (654); Spindler CR 2021, 98 (104).

110 Kritisch zu dieser Pflicht Marx ZD 2023, 430 (433).

111 Marx ZD 2023, 430 (434 f.); ebenso Schütrumpf RDi 2023, 373 (380 f.), der in dem DGA ein mögliches Innovationshemmnis aufgrund umfangreicher Anforderungen und Umsetzungskosten sieht.

nicht für datenaltruistische Organisationen. Die zuständige Behörde ist nach Art. 13 Abs. 1 DGA von den Mitgliedstaaten zu benennen.

241 Die internationale Zuständigkeit der Behörde erstreckt sich gemäß Art. 11 Abs. 2 DGA auf die Anbieter von Datenvermittlungsdiensten mit Hauptniederlassung in ihrem Hoheitsgebiet.

242 Die Aufgaben der Behörde und der Gegenstand der Überwachung sind in Art. 14 DGA geregelt. Aufgabe der Behörde ist nach Art. 14 Abs. 1 DGA die Überwachung und Aufsicht über **Einhaltung der Anforderungen der Art. 11 und 12 DGA** durch die Datenvermittlungsdienste. Die Behörde hat, ähnlich wie etwa die Datenschutzaufsicht, umfangreiche Befugnisse. Sie kann vom Diensteanbieter alle zur Wahrnehmung der Aufsicht erforderlichen **Informationen anfordern** (Art 14 Abs. 2 S. 1 DGA). Zum Schutz der Anbieter sind Informationsverlangen zu begründen (Art. 14 Abs. 2 S. 2 DGA).

243 Stellt die Behörde Verstöße gegen die Anforderungen des DGA fest, hat sie dies dem Diensteanbieter nach Abs. 14 Abs. 3 DGA mitzuteilen und Gelegenheit zur Stellungnahme innerhalb einer Frist von 30 Tagen zu gewähren.

244 Bei Verstößen kann die Behörde weiterhin Maßnahmen nach Art. 14 Abs. 4 DGA ergreifen. Insbesondere kann sie nach Abs. 4 S. 1 die **Beseitigung des Verstoßes** verlangen. Dazu ist grundsätzlich eine angemessene Frist zu gewähren, bei schwerwiegenden Verstößen kann unverzügliche Beseitigung angeordnet werden. Weiterhin kann die Behörde die Durchsetzung der Beseitigung durch verschiedene Maßnahmen sicherstellen. Dazu gehören Sanktionen, wie etwa die **Verhängung eines Bußgeldes** (lit. a). Derartige Bußgelder müssen nach lit. a) abschreckend sein, Einzelheiten, insb. ein Bußgeldrahmen, sind im DGA nicht geregelt. Die Behörde kann auch eine **Aussetzung des Dienstes** (lit. b) oder, wenn schwerwiegende Mängel nicht behoben wurden, die **Einstellung des Dienstes** anordnen (lit. c).

3. Datenaltruismus

245 Das vierte Kapitel des DGA regelt den sog. Datenaltruismus.[112] Damit soll im Wesentlichen die sog. Datenspende (→ Rn. 147 ff.) erfasst werden.

a) Begriff und Regelungskonzept

246 Der Begriff des Datenaltruismus ist in Art. 2 Nr. 16 durch **vier Merkmale** definiert: Es muss sich (1) um die gemeinsame Nutzung von Daten aufgrund einer Einwilligung des Betroffenen oder Dateninhabers handeln, (2) die gemeinsame Nutzung und die Einwilligung müssen freiwillig und (3) unentgeltlich erfolgen, und die Daten müssen (4) für Ziele von allgemeinem Interesse zur Verfügung gestellt werden. Als Beispiele für solche Ziele von allgemeinem Interesse nennt Art. 2 Nr. 16 die Gesundheitsversorgung und die Forschung, also die bisher typischen Anwendungsfälle der Datenspende[113].

247 Die Regelung zielt darauf ab, den Datenaltruismus durch spezifische gesetzliche Regeln zu fördern. Konkret stellt der DGA auf zwei Elemente ab. Ein Element der Förderung ist eine **rechtliche Privilegierung**: So sind datenaltruistische Organisationen gemäß Art. 15 DGA von den Anforderungen des Kapitels III ausgenommen.

248 Das zweite Element setzt auf **Stärkung des Vertrauens** in datenaltruistische Organisationen, die bestimmte, gesetzlich geregelte Anforderungen erfüllen. Diese sollen sich als anerkannte datenaltruistische Organisation bezeichnen und ein entsprechendes Logo führen dürfen. Mit diesem besonderen Status soll eine Grundlage für Vertrauen der Datenspender in die jeweilige Organisation geschaffen werden. Da das Vertrauen in den sorgfältigen Umgang mit Daten

---

112 Siehe dazu etwa Tolks MMR 2022, 444 (447 f.).
113 Zur Datenspende in Forschung und Gesundheitsversorgung etwa Dochow MedR 2021, 115; Krawczak/Semler/Strech/von Kielmansegg/Zenker, Gutachten Datenspende, 2020.

insbesondere im Fall von natürlichen Personen eine zentrale Voraussetzung der Datenspende ist, ergibt sich hierdurch möglicherweise eine wesentliche Förderung der Bereitschaft zur Datenspende.[114]

b) Die Registrierung

Die Registrierung datenaltruistischer Organisationen erfolgt durch ein System öffentlicher, von Behörden geführter **Register** (Art. 17 DGA). Die Mitgliedstaaten müssen eine zuständige Behörde benennen (Art. 23 DGA), Anforderungen an das Register und das Verfahren sind in den Art. 18 ff. DGA geregelt.[115]   249

Die Voraussetzung für die Eintragung als anerkannte Organisation ergeben sich aus Art. 18 lit. a) – e) DGA. Eintragungsfähig sind Organisationen mit Rechtspersönlichkeit (lit. b), die datenaltruistische Tätigkeiten i.S. des Art. 2 Nr. 16 durchführen (lit. a), selbst ohne Erwerbszweck tätig sind und rechtlich unabhängig von zu Erwerbszwecken tätigen Organisationen sind (lit. c), für ihre Datenaltruismus-Tätigkeit eine eigene Struktur haben (lit. d) und den Anforderungen des von der Kommission nach Art. 22 erlassenen Regelwerks entsprechen (lit. e).   250

Der Begriff des **Erwerbszwecks** in Art. 18 lit. c) DGA dürfte im Sinne der Gewinnerzielungsabsicht zu verstehen sein.[116] Da die Tätigkeit zur Kostendeckung entgeltlich ausgeübt werden darf, wie Art. 2 Nr. 16 DGA klarstellt, ist der Begriff nicht im Sinne der Gewerblichkeit zu verstehen; ausgeschlossen sind damit nur Tätigkeiten, die zur Erzielung von Gewinnen ausgeübt werden. Die arg unklare Regelung, die volle Kostendeckung einschließlich der Gemeinkosten erlauben dürfte, ermöglicht erheblichen Gestaltungsspielraum, dürfte aber, etwa im Hinblick auf Rücklagen, viel Rechtsunsicherheit bringen.   251

Das in Art. 19 DGA geregelte Eintragungsverfahren schließt gemäß Art. 19 Abs. 5 DGA eine Prüfung der Behörde ein, ob die Voraussetzungen nach Art. 18 DGA vorliegen. Die von der Behörde vorzunehmende Registrierung gilt in allen Mitgliedstaaten (Art. 19 Abs. 5 S. 2 DGA).   252

Rechtsfolge der Registrierung ist nach Art. 17 Abs. 2 S. 2 DGA das Recht der eingetragenen Organisationen, die Bezeichnung „in der Union anerkannte datenaltruistische Organisation" und ein entsprechendes, von der Kommission festzulegendes Logo zu führen.   253

Weiterhin gilt gemäß Art. 15 DGA das Kapitel III des DGA nicht (→ Rn. 230 ff.). Die dort geregelten Inhalte entfallen jedoch nicht ersatzlos. Vielmehr gelten spezifische, in Kapitel IV geregelte Pflichten (sogleich) sowie eine spezielle Aufsicht (→ Rn. 258 ff.).   254

c) Die Pflichten anerkannter datenaltruistischer Organisationen

Mit der Registrierung gehen auch besondere **Pflichten der anerkannten datenaltruistischen Organisation** einher. So gelten besondere, in Art. 20 DGA geregelte Transparenzpflichten.   255

Art. 21 DGA regelt verschiedene Pflichten der anerkannten datenaltruistischen Organisation zum Schutz der Rechte und Interessen betroffener Personen und Dateninhaber im Hinblick auf ihre Daten.[117] Sie hat insbesondere die Betroffenen und die Dateninhaber klar und verständlich über die beabsichtigte Verwendung der Daten zu informieren (Art. 21 Abs. 1 DGA) und darf, wohl die wichtigste Pflicht, die Daten nicht für andere als jene Ziele verwenden, für wel-   256

---

114 Hornung/Schomberg CR 2022, 508 (513); Tolks MMR 2022, 444 (447) („Vorteil eines faktischen Vertrauensvorschusses"); sowie zum Kommissionsvorschlag, COM(2020) 767 final, DSRTBI 2021/Funke S. 365 (374).
115 Vgl. Tolks MMR 2022, 444 (447).
116 Kritisch zu dieser Voraussetzung zum Kommissionsvorschlag, COM(2020) 767 final, Hartl/Ludin MMR 2021, 534 (537).
117 Kritisch zu den Anforderungen zum Kommissionsvorschlag, COM(2020) 767 final, Steinrötter ZD 2021, 61 (62); Veil, Datenaltruismus: Wie die EU-Kommission eine gute Idee versemmelt („erheblichen Erfüllungsaufwand"), abrufbar unter https://www.cr-online.de/blog/2020/12/01/datenaltruismus-wie-die-eu-kommission-eine-gute-idee-versemmelt/; a.A. DSRTBI 2021/Funke S. 365 (375).

che die Einwilligung erteilt wurde (Art. 21 Abs. 2 DGA). Die Einwilligung muss widerruflich sein, den Dateninhabern müssen Werkzeuge zum einfachen Widerruf zur Verfügung gestellt werden (Art. 21 Abs. 3 DGA). Schließlich müssen die Daten angemessen gesichert werden (Art. 21 Abs. 4 DGA). Bei unbefugter Verwendung der Daten sind die Betroffenen und Dateninhaber unverzüglich zu benachrichtigen (Art. 21 Abs. 5 DGA).

257　Die Kommission kann gemäß Art. 22 DGA durch delegierte Rechtsakte Regelwerke für datenaltruistische Organisationen erlassen.

d) Aufsicht und Rechtsfolgen bei Pflichtverstößen

258　Anerkannte datenaltruistische Organisationen unterliegen einer gesonderten, in Art. 24 DGA geregelten Aufsicht durch die registerführende Behörde. Die Behörde überwacht nach Art. 24 Abs. 1 DGA die Einhaltung der Anforderungen an datenaltruistische Organisationen. Ihr stehen nach Art. 24 Abs. 2-5 DGA ähnliche Mittel wie der Aufsicht nach Kap. IIIs zur Verfügung, insbesondere ein **Recht zur Information** (Art. 24 Abs. 2 DGA) und das Recht, **Beseitigung von festgestellten Mängeln** zu verlangen (Art. 24 Abs. 3 DGA).

259　Erfolgt die Beseitigung nicht, **widerruft** die zuständige Behörde das Recht, die Bezeichnung als anerkannte datenaltruistische Organisation zu führen (Art. 24 Abs. 5 S. 1 lit. a) DGA), und streicht die Organisation aus dem Register der datenaltruistischen Organisationen (Art. 24 Abs. 5 S. 1 lit. b) DGA). Der Widerruf wird nach Art. 24 Abs. 5 S. 2 DGA von der Behörde öffentlich zugänglich gemacht.

260　Weitere Sanktionen regelt Art. 25 DGA nicht. Da die Streichung aus dem Register indes den Verlust des Status als anerkannte datenaltruistische Organisation zur Folge hat, entfällt jedoch die Befreiung nach Art. 15 DGA und es gelten folglich die allgemeinen Regeln des Kapitels III einschließlich der Sanktionsmöglichkeiten nach Art. 14 DGA.

e) Nicht-registrierte datenaltruistische Organisationen

261　Art. 15 DGA nimmt die Anwendung des Kapitels III nicht nur für anerkannte datenaltruistische Organisationen, sondern auch für nicht-eingetragene datenaltruistische Organisationen aus. Allerdings gilt für derartige Organisationen eine **Rückausnahme**. Die Ausnahme soll nicht gelten, wenn die Organisation bestrebt ist, Geschäftsbeziehungen zwischen Dateninhabern und Datennutzern herzustellen. Die Formulierung dieser Rückausnahme, die an die Definition des Datenvermittlungsdienstes in Art. 2 Nr. 11 DGA angelehnt ist, soll wohl verhindern, dass Datenvermittlungsdienste die Anwendbarkeit des Kapitels III umgehen.

262　Dessen ungeachtet verbleibt ein Bereich der nicht-eingetragenen datenaltruistischen Organisation, die der Regulierung des DGA weitgehend entzogen ist. Dies leuchtet auf den ersten Blick nicht ein, wird aber verständlich im Hinblick darauf, dass im Fall von personenbezogenen Daten die Regeln des Datenschutzrechts ohnehin gelten, sodass ein Schutzdefizit nicht besteht. Die etwaige Regulierungslücke betrifft also ausschließlich nicht-personenbezogene Daten. Hier ist der Verzicht auf durchgreifende Regulierung zu begrüßen.

II. DatenG-E und gemeinsame Datennutzung

263　Das vorgeschlagene Datengesetz (DatenG-E) (→ § 1 Rn. 60 ff., § 3 Rn. 93 ff.) bezieht sich nicht ausdrücklich auf Big Data oder die gemeinsame Datennutzung. Es enthält jedoch Regeln, die wichtige Grundlagen des Datenaustauschs festlegen, etwa die in Art. 4 DatenG-E festgelegte Zuordnung der Daten aus der Nutzung eines Produkts oder einer Dienstleistung zum Nutzer (→ § 1 Rn. 62, § 3 Rn. 96 ff.).

Auch die Regeln zum Wechsel zwischen Anbietern von Datenverarbeitungsdiensten im Kapitel VI (→ § 1 Rn. 72, § 3 Rn. 110 ff.) sind auf Dienste der gemeinsamen Datennutzung anwendbar und haben insoweit praktische Bedeutung.

Bedeutung haben vor allem die Regeln zur Bereitstellung von Daten an Nutzer und Dritte, soweit Dienste zur Verwirklichung dieses Anspruchs genutzt werden (→ § 3 Rn. 96 ff.). Dasselbe gilt für die **Pflichten zu fairen Bedingungen** nach Art. 8 und 9 DatenG-E, die nur für die Verwirklichung einer gesetzlichen Pflicht zur Datenherausgabe gelten. Die Regeln zur **Klauselkontrolle** (Art. 13 DatenG-E) haben unmittelbar Bedeutung für die Gestaltung der gemeinsamen Datennutzung. Dasselbe gilt für die Regeln zu **Smart Contracts**, da für die Bereitstellung durch Intermediäre typischerweise Smart Contracts genutzt werden.

Nachfolgend werden daher die Regeln zur Klauselkontrolle, zur Interoperabilität und zum Smart Contract kurz skizziert.

1. Die Klauselkontrolle nach dem DatenG-E

Art. 13 DatenG-E regelt eine Klauselkontrolle für Verträge über Zugang zu Daten und Datennutzung (→ § 3 Rn. 105 ff.), die im Verhältnis zwischen **Unternehmen als Klauselverwender und KMU als Vertragspartner** gilt.[118] Dies ist ein aus Sicht des Gemeinschaftsrechts innovatives Element der Vertragsregulierung, da das Gemeinschaftsrecht die Klauselkontrolle bisher als Instrument des Verbraucherschutzrechts eingesetzt hat.[119] Aus Sicht des deutschen Rechts, das seit jeher die Klauselkontrolle auch auf Verträge zwischen Unternehmen angewendet hat und seit dem AGB-Gesetz von 1976 eine gesetzliche Regelung enthält, ändert sich freilich wenig.

Die Klauselkontrolle ist dem aus dem Verbraucherschutzrecht bekannten Konzept nachgebildet.[120] Sie gilt für einseitig auferlegte Klauseln, die in Art. 13 Abs. 5 DatenG-E als solche Klauseln definiert werden, die von einer Partei eingebracht werden, deren Inhalte die andere Vertragspartei trotz des Versuchs, hierüber zu verhandeln, nicht beeinflussen kann. Dies entspricht der bekannten Definition der gemeinschaftsrechtlichen Klauselkontrolle[121].

Aus Sicht des deutschen AGB-Rechts, das grundsätzlich nur auf Vertragsbestimmungen anwendbar ist, die zur mehrfachen Verwendung bestimmt sind (§ 305 Abs. 1 S. 1 BGB) und sich nur bei Verbraucherverträgen auch auf einmalig verwendete Klauseln erstreckt (§ 310 Abs. 3 Nr. 2 BGB),[122] besteht hier die Besonderheit, dass es auch im B2B-Bereich nicht auf eine mehrfache Verwendung der Klausel ankommt.

Die Beschränkung der Klauselkontrolle auf KMU ist systematisch nicht überzeugend[123] und wohl Ergebnis eines rechtspolitischen Kompromisses.

Die Klauselkontrolle kann nach Art. 13 Abs. 5 DatenG-E vermieden werden, wenn die Klausel **ausgehandelt** wird. Die Beweislast für das Aushandeln trägt nach Art. 13 Abs. 5 S. 2 DatenG-E der Verwender der Klausel. Die Schwierigkeit, bei Verträgen ein Aushandeln bezüglich aller Klauseln nachzuweisen, ist aus dem AGB-Recht bekannt[124], darauf ist zu verweisen. Bei Verträgen über Datennutzung, die beidseitig oder seitens des Verwenders automatisiert geschlossen werden sollen – was nach vielen Konzepten und derzeitig entstehenden Projekten der Fall ist – spitzt sich die Fragestellung in gewisser Weise zu. Die hier relevante Frage, ob die Möglichkeit der Wahl zwischen mehreren Klauseln ein Aushandeln darstellen kann, ist bisher nicht geklärt. In der Praxis wird die Klauselkontrolle oft nicht zu vermeiden sein, so dass in der Praxis wohl versucht werden wird, die Anforderungen des Art. 13 DatenG-E zu wahren. Davon dürften bei Standardverträgen auch Unternehmen jenseits der KMU-Grenze profitieren.

264

265

266

267

118 Specht-Riemenschneider MMR 2022, 809 (812, 822); Witzel CR 2022, 561 (562 f.).
119 Hierzu Witzel CR 2022, 561 (562).
120 Heinzke BB 2023, 201 (207); Staudenmayer EuZW 2022, 596 (598).
121 Siehe dazu MüKoBGB/Fornasier BGB Vor § 305 Rn. 17 ff., § 305 BGB Rn. 21.
122 Dazu MüKoBGB/Fornasier BGB § 310 Rn. 98.
123 Ebenso Bitkom e.V., Position Paper Data Act Proposal, 2022, S. 6; Witzel CR 2022, 561 (565).
124 Dazu etwa Thalhofer/Wilmer CR 2014, 765 (771); BeckOK IT-Recht/Munz BGB § 305 Rn. 9.

268 Der Anwendungsbereich der Klauselkontrolle ist auf Vertragsbestimmungen in Bezug auf den **Datenzugang und die Datennutzung** beschränkt.[125] Die Begriffe, die nicht definiert werden, sind wohl in einem weiten Sinne zu verstehen und dürften die Vertragsbeziehungen zwischen Dateninhaber und Datennutzer umfassen. Da der DatenG-E nach seinem Art. 1 Abs. 2 für Dateninhaber und Datenempfänger gilt und Intermediäre im Gesetz an keiner Stelle adressiert werden, spricht dies dafür, dass die Vertragsbeziehung zu Intermediären nicht erfasst werden soll.[126]

269 Hinsichtlich der **Missbrauchskontrolle** enthält Art. 13 das aus der allgemeinen Klauselkontrolle bekannte, schon im deutschen AGB-Gesetz von 1976 enthaltene Konzept: Missbräuchliche Klauseln sind nach Art. 13 Abs. 1 DatenG-E unwirksam. Die Unwirksamkeit der Klauseln berührt gemäß Art. 13 Abs. 6 DatenG-E die Wirksamkeit des Vertrags im Übrigen nicht.[127] Zur Feststellung der Missbräuchlichkeit gilt eine dreistufige Prüfung. Art. 13 Abs. 3 DatenG-E enthält einen Katalog unwirksamer Klauseln, also eine Blacklist[128], der inhaltlich dem aus der Verbraucherrichtlinie und aus § 309 BGB bekannten Katalog ähnlich ist, aber kurz gefasst und auf die für Datenaustausch wesentlichen Aspekte beschränkt ist. Enthalten ist etwa das Verbot der Haftungsbeschränkung für Vorsatz oder grobe Fahrlässigkeit.

270 Art. 13 Abs. 4 DatenG-E zählt Klauseln auf, hinsichtlich derer die **Missbräuchlichkeit vermutet** wird. Die deutsche Sprachfassung („gilt als missbräuchlich") ist unglücklich, in der englischen Fassung „presumed unfair" ist die Regelung klar. Die einzelnen Elemente des Abs. 4 sind sehr spezifisch geregelt, was im Grundsatz erfreulich, aber nicht sämtlich gelungen ist. Nach Abs. 4 lit. a) wird der Missbrauch vermutet, wenn die Klausel eine unangemessene Beschränkung der Rechtsmittel bei Nichterfüllung von Vertragspflichten oder Verletzung der Vertragspflichten vorsieht. Hier wird ein unbestimmter Rechtsbegriff durch einen anderen, im Wesentlichen gleichbedeutenden ersetzt.[129]

271 Die allgemeine Bestimmung der Missbräuchlichkeit der Klausel ist in Art. 13 Abs. 2 DatenG-E durch **zwei Merkmale** definiert.[130] Die Klausel muss erheblich („gröblich") von der guten Geschäftspraxis abweichen und gegen das Gebot von Treu und Glauben verstoßen.

272 Hier kommt Art. 34 DatenG-E ins Spiel, wonach die Kommission **unverbindliche Mustervertragsbedingungen** für den Datenzugang und die Datennutzung erstellt und empfiehlt.[131] Die Kommission hat mit der Umsetzung der Aufgabe bereits begonnen: Die von ihr eingesetzte **Expert Group B2B Data Sharing and Cloud Contracts**[132] arbeitet an derartigen Mustervertragsbestimmungen, die von der Kommission für den Erlass der in Art. 34 DatenG-E genannten Bedingungen genutzt werden können. Die nach Art. 34 DatenG-E herauszugebenden, „unverbindlichen" Musterbedingungen sollen nach der Intention der Kommission, so darf vermutet werden, als Maßstab für die in Art. 13 Abs. 2 DatenG-E genannte **„gute Geschäftspraxis"** dienen.

273 Als zweite Voraussetzung nennt Art. 13 Abs. 2 DatenG-E den **Verstoß gegen Treu und Glauben.** Anders als § 305 BGB sieht Art. 13 Abs. 1 DatenG-E eine Vermutung für einen Treueverstoß nicht bei Abweichung von der guten Geschäftspraxis vor. Es ist aber damit zu rechnen, dass

---

125 EG 53 DatenG-E; Witzel CR 2022, 561 (563).
126 A.A. Heinzke BB 2023, 201 (207); Staudenmayer EuZW 2022, 596 (597).
127 Witzel CR 2022, 561 (565).
128 Gerpott CR 2022, 271 (278); Specht-Riemenschneider MMR 2022, 809 (822); Staudenmayer EuZW 2022, 596 (598); Witzel CR 2022, 561 (563 f.).
129 Ähnlich (kritisch zur Verwendung unbestimmter Rechtsbegriffe in den einzelnen Klauselverboten) Hennemann/Steinrötter NJW 2022, 1481 (1485); Witzel CR 2022, 561 (565).
130 Staudenmayer EuZW 2022, 596 (599).
131 Dazu Podszun/Pfeifer GRUR 2022, 953 (958); Witzel CR 2022, 561 (566).
132 Vgl. für nähere Informationen zur Expertengruppe https://ec.europa.eu/transparency/expert-groups-register/screen/expert-groups/consult?lang=en&groupID=3840.

Gerichte eine solche Vermutung ggf. auch de facto anwenden. Das letzte Wort wird insoweit der EuGH haben.

2. Interoperabilität

Das Kapitel VIII regelt in den Art. 28 und 29 DatenG-E Anforderungen an Interoperabilität von 274 Datenräumen (Art. 28 DatenG-E) und Datenverarbeitungsdiensten (Art. 29 DatenG-E).

Der Begriff des Datenraums wird im DatenG-E nicht definiert, meint aber die in der Daten- 275 strategie der Kommission (→ § 1 Rn. 34) vorgesehenen Datenräume. Im bereits vorliegenden Vorschlag eines europäischen Gesundheitsdatenraums (European Health Data Space)[133] wird der Begriff des Datenraums ebenfalls nicht definiert. Art. 52 Abs. 12 der vorgeschlagenen Verordnung zum Europäischen Gesundheitsdatenraum verweist ausdrücklich auf die Interoperabilität nach Maßgabe des DatenG-E.

Art. 28 Abs. 1 S. 1 DatenG-E regelt in seinen lit. a) – d) **Pflichten der Betreiber von Datenräu-** 276 **men zur Herstellung der Interoperabilität**, die von der Kommission nach Art. 28 Abs. 2 DatenG-E durch delegierte Rechtsakte nach Art. 38 DatenG-E spezifiziert werden können.

Art. 29 DatenG-E adressiert Datenverarbeitungsdienste, die in Art. 2 Nr. 12 DatenG-E definiert 277 sind als Dienste, die Verwaltung auf Abruf und Fernzugang zu einem Pool gemeinsam nutzbarer Rechenressourcen ermöglichen. Ausgenommen sind Online-Inhaltedienste i.S. des Art. 2 Abs. 5 der Verordnung 2017/1128. Gemeint sind also Cloud-Dienste.

Dienste zur gemeinsamen Datennutzung, nicht zuletzt die Datentreuhand, sind also nicht 278 spezifisch adressiert, werden aber typischerweise als Cloud-Dienst angeboten, können damit unter die Definition des Art. 2 Nr. 12 DatenG-E fallen, sofern der Dienst nicht als Online-Inhaltedienst zu verstehen ist. Wenn ein Dienst, etwa auch ein Datentreuhänder, im Kern Daten bereitstellt, wäre diese Ausnahme wohl einschlägig.

Die Regelung steht vor allem im Zusammenhang mit den Regeln des Kapitels VI, die den 279 **Wechsel zwischen Cloud-Diensten** erleichterten sollen. In diesem Zusammenhang regelt Art. 29 Abs. 1 und 2 DatenG-E Anforderungen an Interoperabilitätsspezifikationen sowie an Normen zur Interoperabilität. Art. 29 Abs. 4 und 5 DatenG-E gibt der Kommission die Möglichkeit, Normen für Datenverarbeitungsdienste ausarbeiten zu lassen und delegierte Rechtsakte zu erlassen.

3. Anforderungen an Smart Contracts für das Data Sharing

Art. 30 DatenG-E regelt Anforderungen an „intelligente Verträge" für die gemeinsame Daten- 280 nutzung. Ob sich die deutsche Begrifflichkeit „intelligenter Vertrag", die man nur versteht, wenn man den englischen, längst eingedeutschten Begriff des Smart Contracts im Sinne hat, in der Praxis durchsetzen wird, ist eine interessante Frage.

Der **Begriff des intelligenten Vertrags** ist in Art. 2 Nr. 16 DatenG-E definiert als „ein in einem 281 elektronischen Vorgangsregistersystem gespeichertes Computerprogramm, bei dem das Ergebnis der Programmausführung in dem elektronischen Vorgangsregister aufgezeichnet wird". Das englischsprachige Pendant lautet: „'smart contract' means a computer program stored in an electronic ledger system wherein the outcome of the execution of the program is recorded on the electronic ledger".

---

133 Europäische Kommission, Vorschlag für eine Verordnung des Europäischen Parlaments und des Rates über den europäischen Raum für Gesundheitsdaten, COM(2022) 197 final; sowie zum Verhältnis des Entwurfes des European Health Data Space Acts zum DA-E Specht-Riemenschneider MMR 2022, 809 (811).

282 Der **Begriff des elektronischen Vorgangsregisters** (**electronic ledger**) ist in Art. 2 Nr. 17 DatenG-E durch (fehlerhaften) Verweis auf Art. 3 Nr. 53 der eIDAs-Verordnung[134] definiert. Der Verweis in Art. 2 Nr. 17 DatenG-E bezieht sich auf Art. 1 Abs. 3 lit. i) Nr. 53 des Vorschlags der Verordnung zur Schaffung einer europäischen digitalen Identität.[135]

283 Das Konzept von Smart Contracts ist indes nicht auf die Verwendung von **Blockchain-Technologien** beschränkt. Zwar stehen in der jüngeren Vergangenheit blockchainbasierte Smart Contracts im Vordergrund des Interesses.[136] Das von *Nick Szabo*[137] mit dem Begriff des smart contract bezeichnete Konzept bezieht sich auf die **automatisierte Ausführung** rechtlich relevanter Vorgänge, insbesondere im Rahmen der Durchführung von Verträgen[138] und ist von der Verwendung von Blockchain-Technologien unabhängig.[139] Blockchain-basierte Systeme können freilich für Smart Contracts genutzt werden[140] und bieten hier wichtige Vorteile.[141] Es existieren indes auch zahlreiche Konzepte für Smart Contracts, die ohne Blockchain auskommen, und der gegenwärtige Trend in der Automatisierung von Vertragsbeziehungen scheint sich von der vor wenigen Jahren existierenden Blockchain-Euphorie eher abzukoppeln.

284 Die Kommission sieht offenbar besondere Dringlichkeit der Regelung von blockchainbasierten Smart Contracts. Ob dies in Bezug auf Datenaustauschverträge zutrifft, ist zweifelhaft. Die spezifischen Risiken der gemeinsamen Datennutzung, insb. der Kontrollverlust an Daten, haben keinen erkennbaren Bezug zu den Charakteristika der Blockchain.

285 Art. 30 DatenG-E ist der Sache nach ein **spezifisches Produktsicherheitsrecht** für Smart Contracts zum Datenaustausch. Art. 30 DatenG-E regelt in Abs. 1 vier Anforderungen an Smart Contracts, die der Sache nach durchaus richtig sind. Smart Contracts müssen ein hinreichendes Maß an Robustheit aufweisen (lit. a), über Maßnahmen zur Unterbrechung verfügen, um unbeabsichtigte Ausführungen zu vermeiden (lit. b), die Möglichkeit der Archivierung von Transaktionsdaten, der Logik und des Programms des Smart Contracts enthalten (lit. c) und über eine strenge Zugriffskontrolle verfügen (lit. d).

286 Art. 30 DatenG-E adressiert in der sprachlich missglücken deutschen Fassung den „**Anbieter**" eines Smart Contracts oder, falls kein Anbieter vorhanden ist, die Person, die Smart Contracts für datenbasierte Dienste verwendet. Auch hier hilft die englische Fassung, die in den „**vendor of an application using smart contracts**", andernfalls die „person whose trade, business or profession involves the deployment of smart contracts for others in the context of an agreement to make data available", als Adressaten nennt.

287 Die Wahl und die Definition des Adressaten des Art. 30 DatenG-E überzeugen nicht. Warum Art. 30 DatenG-E den Verkäufer anstelle des Herstellers eines Smart Contracts adressiert, ist unklar. Mit dem Begriff des deployment sollen wohl die Fälle erfasst werden, in denen ein Smart Contract, der im Rahmen einer Dienstleistung eingesetzt wird, vom Dienstleister selbst entwickelt wurde. Dies ist durchaus der Fall. In der derzeitigen Entwicklungsphase des

---

134 Verordnung (EU) 910/2014 des Europäischen Parlaments und des Rates vom 23. Juli 2014 über elektronische Identifizierung und Vertrauensdienste für elektronische Transaktionen im Binnenmarkt und zur Aufhebung der Richtlinie 1999/93/EG, ABl. EU L 257 vom 28.8.2014, S. 73.

135 Europäische Kommission, Vorschlag für eine Verordnung des Europäischen Parlaments und des Rates zur Änderung der Verordnung (EU) Nr. 910/2014 im Hinblick auf die Schaffung eines Rahmens für eine europäische digitale Identität, COM (2021) 281 final.

136 Paulus/Matzke, ZfPW 2018, 431, 435 f.

137 Szabo Extropy #16 (1996), 50; Szabo, Smart Contracts, 1997.

138 Vgl. etwa Berberich DSRITB 2019, 221 f.; Guggenberger in Hoeren/Sieber/Holznagel, Multimedia-Recht, Teil 13.7, Rn. 1; Hähnchen/Schrader/Weiler/Wischmeyer JuS 2020, 625 (631); Kaulartz/Heckmann CR 2016, 618 f.; Paulus/Matzke, ZfPW 2018, 431 (433 f.); Schawe, MMR 2019, 218.

139 Heckelmann NJW 2018, 504 (505); Guggenberger in Hoeren/Sieber/Holznagel, Multimedia-Recht, Teil 13.7, Rn. 1; Hähnchen/Schrader/Weiler/Wischmeyer JuS 2020, 625 (631); Schawe MMR 2019, 218.

140 Schrey/Thalhofer NJW 2017, 1431 (1432).

141 Berberich DSRITB 2019, 221 mwN; Guggenberger in Hoeren/Sieber/Holznagel, Multimedia-Recht, Teil 13.7, Rn. 1; Heckelmann NJW 2018, 504 (505).

Datenaustauschs und der Datentreuhand werden die für die automatische Vertragsdurchführung verwendeten Programme häufig speziell für den Diensteanbieter oder von diesem selbst entwickelt. Im Beispiel des European Data Trustee (→ Rn. 200 ff.), der freilich keine Distributed-Ledger-Technologie verwendet, ist die Entwicklung der Vertragsdurchführungssoftware ein Bestandteil des Projekts.

Nach Art. 30 Abs. 2 DatenG-E hat der Anbieter eines Smart Contracts eine **Konformitätsbewertung** durchzuführen und eine **Konformitätserklärung** auszustellen. Mit Ausstellung der Konformitätserklärung übernimmt der Anbieter gemäß Art. 30 Abs. 3 DatenG-E die Verantwortung für die Erfüllung der Anforderungen nach Abs. 1.

288

Art. 30 Abs. 4-6 DatenG-E enthalten typische Regeln des Produktsicherheitsrechts: Soweit ein Smart Contract von der EU veröffentlichten harmonisierten Normen entspricht, wird die Einhaltung der Anforderungen des Abs. 1 gemäß Abs. 4 vermutet. Die Kommission kann Normungsgremien mit dem Entwurf derartiger harmonisierter Normen beauftragen (Abs. 5) oder Spezifikationen für die Anforderungen nach Abs. 1 im Wege des Durchführungsrechtsakts selbst erlassen (Abs. 6).

289

Das Anliegen des Art. 30 DatenG-E ist berechtigt. Ob die **Beschränkung der Regelung auf blockchaingestützte Smart Contracts** sinnvoll ist, lässt sich durchaus bestreiten. Die Kommission hatte offenbar die besonderen Gefahren der öffentlichen Blockchain vor Augen, insbesondere des Risiko von Fehlfunktion oder Missbräuchen bei nicht ohne Weiteres abschaltbaren Systemen. Jedoch sind die in Art. 30 DatenG-E geregelten Pflichten ebenso sinnvoll, wenn ein Diensteanbieter ein System zur automatisierten Vertragsdurchführung verwendet, das auf den Einsatz von distributed ledger verzichtet. Es mag zwar in der derzeitigen Phase der Entwicklung von Datenaustauschdiensten und den dazugehörigen Smart Contracts hilfreich sein, wenn die Anbieter von der Pflicht zur Konformitätsprüfung befreit sind. Letztlich sollen die Anforderungen des Art. 30 Abs. 1 DatenG-E aber bei jedem Smart Contract erfüllt sein, so dass es überzeugender wäre, die Norm auf alle Arten von Smart Contracts für den Datenaustausch zu erweitern.

290

E. Vertragsbeziehungen in der gemeinsamen Datennutzung

I. Überblick

Die gemeinsame Datennutzung unter Einbeziehung von Intermediären erfolgt auf der Grundlage vertraglicher Beziehungen zwischen den Beteiligten.[142] In die gemeinsame Datennutzung als Gesamtprozess können, wie bereits dargestellt (→ Rn. 12 ff.), je nach Gestaltung, eine Vielzahl von Beteiligten, insbesondere mehrere Intermediäre sowie Dienstleister auf Seiten der jeweils unmittelbar Beteiligten eingebunden sein. Entsprechend **vielfältig und unterschiedlich** sind auch die vertraglichen Beziehungen der Beteiligten.

291

Diese Vielfalt zeigt sich nicht nur im Vergleich unterschiedlicher Modelle der Datentreuhand (→ Rn. 160 ff.), sondern auch in einzelnen Diensten selbst, die nicht selten **modular aufgebaut** sind. Dabei können häufig einer Grundfunktionalität weitere Dienste hinzugefügt werden, sei es über den zentralen Intermediär, der diese selbst anbietet oder aufgrund bestehender Rahmenvereinbarungen einbinden kann, sei es durch Initiative des Datengebers oder des Datenempfängers. Diese Gestaltung ist sinnvoll, um die unterschiedlichen Bedürfnisse der Datengeber und Datenempfänger effizient zu erfüllen.

292

Die gemeinsame Datennutzung als Gesamtvorgang enthält eine Vielzahl von Leistungen und möglichen Beteiligten und folglich auch eine Vielzahl möglicher Vertragsbeziehungen. Für die

293

---

142 Schweitzer GRUR 2019, 569 (570); so etwa zu fakultativen Datentreuhandmodellen Specht-Riemenschneider/Blankertz/Sierek/Schneider/Knapp/Henne MMR-Beil. 2021, 25 (29).

rechtliche Betrachtung ist es daher sinnvoll, diese Modularität – entsprechend der allgemeinen juristischen Methodik, die vom einzelnen Rechtsgeschäft ausgeht – auch in der rechtlichen Analyse vorzunehmen.

294 Daher werden nachfolgend die vertraglichen Beziehungen zwischen Datengeber und Datenempfänger (sogleich) sowie die Vertragsverhältnisse mit dem Intermediär (→ Rn. 337 ff.) im Zusammenhang mit der gemeinsamen Datennutzung als die charakteristischen Leistungsbeziehungen erörtert. Neben einer vertragstypologischen Einordnung der jeweiligen Leistung erfolgt auch eine Beschreibung des rechtlichen Rahmens der Leistung, soweit er nicht in anderen Abschnitten des Handbuchs beschrieben wird, insbesondere im Hinblick auf Verbraucherschutzrecht, den DGA und das künftige DatenG. Abschließend erfolgt eine Bewertung der Rechtsnatur der Datentreuhand (→ Rn. 382 ff.).

II. Die Verpflichtung zur Bereitstellung von Daten oder Datennutzung

295 Die Bereitstellung von Daten erfolgt im Verhältnis zwischen Datengeber und Datenempfänger (→ Rn. 13 f.). Dabei ist zwischen der **Verpflichtung zur Bereitstellung** und der **tatsächlichen Bereitstellung**, die typischerweise zur Erfüllung einer entsprechenden Pflicht erfolgt, zu unterscheiden.

1. Die Bereitstellung von Daten

296 Der Begriff der Bereitstellung von Daten bezeichnet, wie dargestellt (→ Rn. 135 ff.), den Vorgang, durch den der Datengeber dem Datenempfänger die Möglichkeit zur Nutzung der Daten verschafft. Diese Möglichkeit zur Datennutzung kann sowohl in rechtlicher als auch in tatsächlicher Hinsicht umfassend oder eingeschränkt sein.

297 Die Bereitstellung von Daten erfordert **tatsächliche Handlungen** seitens des Datengebers, mit denen er dem Datenempfänger die Möglichkeit zur Nutzung der Daten verschafft. Dies wird typischerweise die Übermittlung von Daten an den Datengeber oder in eine Infrastruktur sein, die zur Nutzung der Daten durch den Datenempfänger genutzt werden soll, oder die Ermöglichung des Zugriffs auf Daten.

298 Die Bereitstellung geht ihrerseits häufig mit Rechtsgeschäften einher. Soweit Immaterialgüterrechte an den Daten bestehen oder bestehen können (→ § 3 Rn. 29 ff., 51 ff., § 10 Rn. 5 ff.), geht mit der Bereitstellung typischerweise die Übertragung oder Einräumung derartiger Rechte an den Daten einher. Es handelt sich dann um **klassische Verfügungsgeschäfte**.

299 Soweit keine Immaterialgüterrechte übertragen oder eingeräumt werden, können **schuldrechtliche Nutzungsrechte an den Daten** eingeräumt werden. Dies erfolgt indes meist bereits im zugrundeliegenden Verpflichtungsgeschäft.

300 Nicht selten unterliegt die Nutzung von Daten **rechtlichen Einschränkungen**, so dass die Nutzung einer Erlaubnis des Berechtigten bedarf. Das wohl wichtigste Beispiel sind personenbezogene Daten, die nur aufgrund einer datenschutzrechtlichen Rechtfertigung verarbeitet werden dürfen.

301 Soweit sich die Rechtfertigung aus einer Einwilligung des Betroffenen ergeben soll, muss diese nach Maßgabe des Datenschutzrechts erfolgen (→ § 6 Rn. 171 ff.). Diese wird der Datengeber typischerweise vor Abschluss des Verpflichtungsgeschäfts einholen, um die eingegangene Verpflichtung auch erfüllen zu können.

2. Die Verpflichtung zur Bereitstellung von Daten

302 Rechtliche Grundlage der Bereitstellung von Daten ist **typischerweise eine vertragliche Vereinbarung** zwischen Datengeber und Datenempfänger. Auch wenn die Bereitstellung von Daten aufgrund einer rechtlichen Verpflichtung erfolgt, etwa nach dem künftigen DatenG,

wird typischerweise ein Vertrag geschlossen, wie es Art. 8 DatenG-E (→ Rn. 264, § 3 Rn. 103 f.) vorsieht. Die rechtliche Grundlage kann auch in einer Weisung oder einem öffentlichen Rechtsinstrument liegen. Diese bleibt im Folgenden indes außer Betracht.

Parteien des Verpflichtungsgeschäfts zur Bereitstellung von Daten sind jedenfalls Datengeber   303
und Datenempfänger. Ein solcher Vertrag kann **bilateral oder multilateral** geschlossen werden. Typischerweise wird ein bilateraler Vertrag auf der Grundlage einer Rahmenvereinbarung geschlossen, wie es die meisten der derzeit bestehenden Modelle vorsehen.

Die Vereinbarung kann unterschiedliche Inhalte umfassen.[143] Wesentlich ist die Pflicht zur   304
Bereitstellung der Daten oder ihrer Nutzung. Diese Verpflichtung kann sehr unterschiedlich ausgestaltet sein. Die Möglichkeit zur Nutzung der Daten kann dauerhaft oder zeitweise, inhaltlich umfassend oder eingeschränkt, entgeltlich oder unentgeltlich sein.

Eine wichtige Unterscheidung für die Vertragsgestaltung ergibt sich auch daraus, ob die Be-   305
reitstellung zur Erfüllung einer gesetzlichen Pflicht, etwa aus dem künftigen DatenG, oder freiwillig erfolgt.

Die Einordnung der Bereitstellungsverpflichtung in die Vertragstypen des BGB richtet sich   306
nach dem Umfang der eingeräumten Nutzung[144] sowie weiteren Merkmalen des Vertrags. Die wesentliche Unterscheidung betrifft den **Umfang der Nutzung**: Bei Einräumung einer dauerhaften, unbeschränkten Nutzungsmöglichkeit an bereits vorhandenen Daten handelt es sich, wenn diese entgeltlich erfolgt, um einen **Kauf** i.S. des § 433 BGB.[145] Nach § 453 BGB können Gegenstand eines Kaufvertrags auch andere Gegenstände als Sachen sein. Entsprechend kann etwa Software gem. § 453 BGB Gegenstand eines Kaufvertrags sein.[146] Daten als Gegenstand des Rechtsverkehrs sind von § 453 ebenfalls erfasst.[147]

Richtet sich die Verpflichtung auf eine unentgeltliche Überlassung zur unbeschränkten Nut-   307
zung, handelt es sich um eine **Schenkung** i.S. der §§ 516 ff. BGB.[148] § 516 beschreibt den Gegenstand der Zuwendung ausschließlich über die Zugehörigkeit zum Vermögen, ist also offen für alle vermögenswerten Positionen.[149] Daten können also subsumiert werden, da sie eine solche vermögenswerte Position darstellen.

Richtet sich der Vertrag auf die (dauerhafte) Bereitstellung noch zu erhebender oder zu er-   308
zeugender Daten, kann ein Werkvertrag oder ein Dienstvertrag vorliegen. Die Abgrenzung zwischen Dienst- und Werkvertrag bei Verträgen über die Bereitstellung von Daten, die nicht zuletzt für die AGB-Kontrolle von Bedeutung ist, wird bisher kaum diskutiert.[150] Nach vereinzelt vertretener Ansicht soll regelmäßig ein Dienstvertrag vorliegen,[151] andere verweisen zutreffend auf die Notwendigkeit einer detaillierten Analyse der Interessen und Vereinbarungen im Einzelfall.[152]

Maßgeblich ist neben der Struktur der Vergütungsregelung vor allem, ob der Lieferant nach   309
dem Inhalt der Vereinbarung einen bestimmten Erfolg, sei es die Bereitstellung einer bestimmten Quantität oder Qualität von Daten, gewährleisten (dann eher Werkvertrag) oder ob das Erfolgsrisiko beim Empfänger der Daten (dann eher Dienstvertrag) liegen soll.

---

143 Czychowski/Winzek ZD 2022, 81 (83); Schur GRUR 2020, 1142 (1143).
144 So auch Czychowski/Winzek ZD 2022, 81 (84).
145 Hennemann RDi 2021, 61 (64); Czychowski/Winzek ZD 2022, 81 (84); Zech NJW 2022, 502 (505).
146 Taeger/Pohle ComputerR-HdB/Ammann 32.2 Rn. 46; Redeker IT-R Rn. 545 ff.
147 Jauernig/Berger BGB § 453 Rn. 11; Hoeren MMR 2013, 486 (489); Stender-Vorwachs/Steege NJOZ 2018, 1361 (1363 f.); BeckOGK/Wilhelmi BGB § 453 Rn. 161.
148 Vgl. BeckOGK/Harke BGB § 516 Rn. 17; Zech NJW 2022, 502 (505).
149 MünchKomm/Koch BGB § 516 Rn. 5; Staudinger/Chiusi BGB § 516 Rn. 10.
150 Siehe dazu etwa Bräutigam/Kraul IoT-HdB/Wiebe/Schur § 6 Rn. 72 ff.
151 Roßnagel NJW 2017, 10 (12).
152 Leupold/Wiebe/Glossner IT-R/Schur Teil 6.9 Rn. 31; Bräutigam/Kraul IoT-HdB/Wiebe/Schur § 6 Rn. 72.

310 Ob ein Vertrag über die Bereitstellung zu erzeugender Daten als **Werklieferungsvertrag** anzusehen ist und daher analog § 650 Abs. 1 BGB dem Kaufrecht unterliegt, scheint bisher nicht diskutiert zu werden. Die Anwendbarkeit des § 650 BGB auf nichtkörperliche Gegenstände, die insbesondere in den 90er Jahren im Hinblick auf Software diskutiert wurde,[153] ist nach wie vor umstritten. Der Gesetzgeber hat zwar in der Neufassung des § 650 BGB zum 1.1.2022 in den Abs. 2-4 zur Umsetzung europarechtlicher Vorgaben eine Sonderregel betreffend Verbraucherverträge über digitale Produkte eingefügt, die Grundfrage aber nicht berührt.

Für die Anwendung der werkvertraglichen Regeln anstelle der kaufrechtlichen Gewährleistung besteht im Fall von Daten, anders als bei Individualsoftware, kein Anlass, sodass die analoge Anwendung des § 650 Abs. 1 BGB gerechtfertigt ist. Verträge über die Lieferung von Daten unterliegen daher dem Kaufrecht auch dann, wenn die Daten vom Datengeber erst noch zu erheben oder zu erzeugen sind.

311 Häufig werden Daten nicht zur dauerhaften und umfassenden Nutzung bereitgestellt. Vielmehr wird nur eine beschränkte Nutzungsmöglichkeit eingeräumt. Insoweit kommen verschiedene Vertragstypen in Betracht. Zu denken ist, insbesondere wenn Immaterialgüterrechte an den Daten bestehen, an die **Lizenz**[154], aber auch an die **Miete**[155] oder **Pacht**[156], an den **Werkvertrag**[157], wenn man die Verschaffung der Nutzungsmöglichkeit als geschuldeten Leistungserfolg definiert, oder an einen Vertrag **sui generis**[158].

312 Die Einordnung von Verträgen über die Überlassung immaterieller Gegenstände zur zeitlich beschränkten Nutzung war viele Jahrzehnte umstritten. Der Streit wurde vor allem am Beispiel der Einordnung von Verträgen über die zeitlich begrenzte Überlassung von Software geführt. In dieser Diskussion, die im Zusammenhang mit Cloud Computing, konkret dem **Software as a Service (SaaS)**[159], entscheidend belebt wurde, hat sich die zuletzt wohl einhellig vertretene Auffassung herausgebildet, dass Verträge über die zeitlich beschränkte Einräumung der Nutzung von Software als **Miete** anzusehen sind.[160]

313 Der Umstand, dass es sich, da Software regelmäßig urheberrechtlich geschützt wird, **zugleich um eine Einräumung eines Nutzungsrechts** an der Software handelt, also eine Lizenz vorliegt, hindert die Anwendbarkeit des Mietrechts nicht.[161] Den Regeln zur Lizenz unterliegen die Abreden hinsichtlich der urheberrechtlichen Befugnis zur Nutzung der Software, dem Mietrecht Aspekte wie Gebrauchsfähigkeit der Software.[162]

Datenbestände sind, ähnlich wie Sachen und Computerprogramme, im Hinblick auf tatsächliche Merkmale (wie Gegenstand, Ort, Zeit und weitere Umstände der Erzeugung etc.) von Bedeutung, die ihre Brauchbarkeit für den Zweck, hier der Analyse, ausmachen. Insoweit liegt es nicht anders als beim Kauf von Daten und bei der Miete von Sachen, so dass die

---

153 Siehe eine Kurzdarstellung etwa bei Borges, FS Martinek, S. 45 ff.
154 Dazu Hennemann RDi 2021, 61; Schur Datenlizenz S. 112 ff.
155 In Betracht ziehend Hoeren MMR 2013, 486 (489); Zech NJW 2022, 502 (505).
156 Vgl. Patzak/Beyerlein MMR 2007, 687 (689 f.); Auer-Reinsdorff/Conrad IT-R-HdB/Roth-Neuschild § 13 Rn. 22 ff.
157 So auch hinsichtlich der individuellen Anpassung und Zusammenstellung von Daten Czychowski/Winzek ZD 2022, 81 (84).
158 Hennemann RDi 2021, 61 (64); Schur GRUR 2020, 1142 (1147); Stender-Vorwachs/Steege NJOZ 2018, 1361 (1363).
159 Vgl. zum Begriff SaaS Heydn MMR 2020, 435; BeckOK IT-Recht/Hilber BGB § 535 Rn. 17; Borges/Meents Cloud Computing/Krcmar § 2 Rn. 31 ff.; Nägele/Jacobs ZUM 2010, 281 (282).
160 Borges/Meents Cloud Computing/Meents, § 4 Rn. 45 f. mwN.
161 Borges/Meents Cloud Computing/Meents, § 189 ff., insb. Rn. 193.; siehe zur urheberrechtlichen Einordnung der Nutzung der Anwendungssoftware bei SaaS durch den Cloud-Anbieter vgl. Bisges MMR 2012, 574 (575 ff.); Nägele/Jacobs ZUM 2010, 281 (286); Schricker/Loewenheim/Spindler Vor UrhG § 69a Rn. 69.
162 Borges/Meents Cloud Computing/Meents, § 4 Rn. 128 f.; Loewenheim UrhR-HdB/Lehmann/Spindler § 82 Rn. 45 ff.

Gesichtspunkte, die für eine Anwendung des Mietrechts auf Software sprechen, auf Verträge über die Überlassung von Daten übertragen werden können.

Diese Frage hat der Gesetzgeber inzwischen geklärt. Nach § 548a BGB, der zur Umsetzung der 314 **Digitale-Inhalte-Richtlinie** zum 1.1.2022 neu eingeführt wurde, ist das Mietrecht auf digitale Produkte i.S. des § 327 BGB anwendbar.

Der Begriff des **digitalen Produkts** umfasst gemäß § 327 Abs. 1 BGB sowohl digitale Inhalte als 315 auch digitale Dienstleistungen. Digitale Inhalte sind in § 327 Abs. 2 S. 1 BGB definiert als Daten, die in digitaler Form erstellt und bereitgestellt werden. Der im Gesetz nicht definierte Begriff der Daten ist in einem weiten Sinne zu verstehen[163] und meint „maschinenlesbare, kodierte Information".[164] „Digital" sind elektronisch gespeicherte Daten.

Daten als Gegenstand der Bereitstellung sind damit digitale Produkte i.S. des § 327 BGB. Auf 316 Verträge über die zeitlich beschränkte Nutzung von Daten ist nach § 548a BGB das **Mietrecht** anwendbar.

Bei unentgeltlicher befristeter Bereitstellung gilt, auch wenn es hier an einer ausdrücklichen 317 gesetzlichen Anordnung fehlt, das Recht der **Leihe**.

Die Einordnung der Datenbereitstellung in die Vertragstypen des BGB hat vor allem für 318 die **AGB-Kontrolle** praktische Bedeutung. Angesichts der erheblichen Besonderheiten von Daten gegenüber Sachen und der sehr spezifischen und einzelfallbezogenen Interessenlage bei Verträgen über die Bereitstellung von Daten empfiehlt sich eine genaue vertragliche Regelung (→ § 15 Rn. 34 ff., 111 ff.).

3. Der rechtliche Rahmen des Verpflichtungsgeschäfts

Den rechtlichen Rahmen des Verpflichtungsgeschäfts stellt vor allem das BGB. Maßgeblich 319 sind die Bestimmungen des jeweiligen Vertragstyps. Unter den allgemeinen Regeln hat nicht zuletzt die Klauselkontrolle nach Maßgabe der §§ 305 ff. BGB Bedeutung.

a) Die Anwendbarkeit verbraucherschutzrechtlicher Vorschriften

Die Regeln des **Verbraucherschutzrechts** können auf Verträge über Datenbereitstellung an- 320 wendbar sein, wenn Verbraucher i.S. des § 13 BGB beteiligt sind. Im Übrigen kommt es auf die vertragliche Rolle des Verbrauchers an.

Im Rahmen des § 312 BGB als Eingangstor für das allgemeine vertragliche Verbraucherschutz- 321 recht ist danach zu differenzieren, ob der Verbraucher die Nutzung von Daten als Gegenleis-tung, meist in Form der datenschutzrechtlichen Einwilligung, ermöglicht, oder ob die Bereit-stellung von Daten die **charakteristische Leistung** darstellt.

§ 312 BGB wurde durch das Gesetz zur Umsetzung der RL (EU) 2019/770 über bestimmte 322 vertragsrechtliche Aspekte der Bereitstellung digitaler Inhalte und digitaler Dienstleistungen[165] mit Wirkung zum 1.1.2022 geändert. Dabei wurde Absatz 1 neugefasst und ein neuer Absatz 1a eingefügt.[166] Nach § 312 Abs. 1 BGB sind die Verbraucherschutzvorschriften anwendbar, wenn sich ein Verbraucher zur Zahlung eines Preises verpflichtet. Dies gilt nach § 312 Abs. 1a BGB auch, wenn der Verbraucher dem Unternehmer personenbezogene Daten bereitstellt oder sich dazu verpflichtet.

Diese Regelung zielt auf die Fälle ab, in denen ein Verbraucher als Gegenleistung für eine Leis- 323 tung die Nutzung seiner personenbezogenen Daten ermöglicht oder die datenschutzrechtliche

---

163 MüKoBGB/Metzger, BGB § 327 Rn. 7.
164 MüKoBGB/Metzger, BGB § 327 Rn. 7; ebenso BeckOK IT-Recht/Föhlisch BGB § 327 Rn. 24.
165 Gesetz zur Umsetzung der Richtlinie über bestimmte vertragsrechtliche Aspekte der Bereitstellung digitaler Inhalte und digitaler Dienstleistungen vom 25.6.2021, BGBl. 2021 I 2123.
166 BeckOK IT-Recht/Föhlisch BGB § 312 Rn. 2.

Einwilligung in die Nutzung seiner Daten erteilt. Diese zweifellos wichtige Fallgruppe, die von § 312 Abs. 1a BGB erfasst wird,[167] hat Bedeutung für das **Sammeln von Daten**, betrifft aber nicht die hier interessierenden Fälle, in denen die Bereitstellung von Daten die vertragscharakteristische Leistung darstellt.

324 Nach dem weit gefassten Wortlaut des § 312 Abs. 1a BGB ist die Norm indes auch anwendbar, wenn die Bereitstellung seiner personenbezogenen Daten durch einen Verbraucher die charakteristische Leistung des Vertrags darstellt. Diese Deutung ist mit der Richtlinie 2019/770 nicht vereinbar. Nach Art. 3 Abs. 1 Unterabs. 2 der Richtlinie, der durch § 312 Abs. 1a n.F. BGB umgesetzt wird, gilt die Richtline, wenn der Unternehmer dem Verbraucher digitale Inhalte und der Verbraucher dem Unternehmer personenbezogene Daten bereitstellt. Die Bereitstellung der Daten ist also die **Gegenleistung** für die Leistung des Unternehmers. Da der deutsche Gesetzgeber mit § 312 Abs. 1a BGB nicht etwa eine völlig neue Regelung zur Datenbereitstellung schaffen, sondern lediglich die Richtline umsetzen wollte, ist die Norm im Sinne der Richtlinie auszulegen und umfasst Verträge, bei denen die Bereitstellung der Daten die charakteristische Leistung darstellt, nicht.

325 Eine parallele Fragestellung ergibt sich in Bezug auf § 327 Abs. 3 BGB. Auch hier sind die verbraucherschützenden Vorschriften anzuwenden, wenn ein Verbraucher sich zur Bereitstellung seiner personenbezogenen Daten verpflichtet. Hier macht der Gesetzeswortlaut des § 327 Abs. 3 BGB indes deutlich, dass es nur um Fälle geht, in denen der Unternehmer **digitale Produkte** bereitstellt.

b) Die Bedeutung des Data Governance Act

326 Der Data Governance Act regelt, wie dargestellt (→ Rn. 238 f.), in seinen Art. 12 ff. Anforderungen an Datenvermittlungsdienste. Der Begriff des Datenvermittlungsdienstes ist in Art. 2 Nr. 11 DGA durch eine recht komplexe Definition beschrieben. Es handelt sich um Dienste, die Geschäftsbeziehungen zwischen **Betroffenen oder Dateninhabers einerseits, Datennutzern andererseits** herstellen. Die Geschäftsbeziehung zwischen Dateninhaber und Datennutzer fällt nicht unter diesen Begriff.

327 Soweit der Datengeber ein Dateninhaber i.S. des DGA (→ Rn. 13, § 1 Rn. 15 f.) ist, wird die Geschäftsbeziehung zwischen Dateninhaber und Datenempfänger also nicht erfasst. Die Bereitstellung von Daten durch den Datengeber stellt in diesem Fall keinen Datenvermittlungsdienst dar. Ein Datenvermittlungsdienst kann aber vorliegen, wenn eine betroffene Person Daten unmittelbar an einen Intermediär, etwa einen Datentreuhänder, gibt und dieser die Daten für Dritte bereitstellt. Jedoch setzt die Definition des Art. 2 Nr. 11 DGA auch in diesem Fall voraus, dass der Dienstleister die Geschäftsbeziehung vermittelt.

328 Dies spricht dagegen, die **Gewährung der Datennutzung im eigenen Namen** als Datenvermittlungsdienst anzusehen. Aus Art. 10 lit. b) DGA ergibt sich nichts anders. Zwar sind danach Vermittlungsdienste zwischen betroffenen Personen und Datennutzern ausdrücklich einbezogen, jedoch spricht der Wortlaut des „Vermittlungsdienstes" gegen die Anwendung auf Eigengeschäfte und schließt an die Definition des Art. 2 Nr. 11, wenn man diese dem Wortlaut entsprechend auf Vermittlungsdienste beschränkt, bruchlos an.

329 Schließlich stellt Art. 15 DGA in Bezug auf den Datenaltruismus klar, dass die Bereitstellung von Daten für Ziele von allgemeinem Interesse nur dann dem Kapitel III unterworfen sein soll, wenn Geschäftsbeziehungen zwischen betroffener Person und Datennutzer hergestellt werden sollen.

---

167 BeckOK IT-Recht/Föhlisch BGB § 312 Rn. 3a.

Daraus kann wohl geschlossen werden, dass der DGA die Geschäftsbeziehung zwischen dem 330
Datengeber und dem Datenempfänger nur unter dem Gesichtspunkt des Datenaltruismus
erfasst und im Übrigen diese Rechtsbeziehung nicht berührt.

c) Die Bedeutung des künftigen Datengesetzes

Das künftige DatenG wird für die Rechtsbeziehung zwischen Datengeber und Datenempfän- 331
ger in mehrfacher Hinsicht Bedeutung haben. Zunächst gibt das Gesetz **Anlass zur Bereitstellung von Daten**, insbesondere durch das Recht auf Zugang zu Daten nach Art. 4 DatenG-E
(→ § 3 Rn. 96 ff.), und das Recht auf Weitergabe von Daten an Dritte nach Art. 5 DatenG-E (→
§ 3 Rn. 100 ff.). Für den Datenempfänger gelten in diesen Fällen die besonderen Pflichten nach
Art. 6 DatenG-E.

Unmittelbare Bedeutung haben vor allem die Bestimmungen des Kapitels III des DatenG, die 332
Art. 8 und 9. Diese greifen nach Art. 12 Abs. 1 DatenG-E ein. Anwendbar sind sie danach,
soweit Dateninhaber nach Maßgabe des Art. 5 DatenG-E oder anderen unionsrechtlichen
Rechtsvorschriften verpflichtet sind, Daten bereitzustellen. Art. 8 Abs. 2 DatenG-E, wonach
der Dateninhaber mit dem Datengeber die Bedingungen für die Bereitstellung der Daten vereinbaren muss, verpflichtet die Beteiligten im Ergebnis zum Abschluss eines Vertrags über die
Datenbereitstellung. Für diesen Vertrag gegelten die besonderen Regeln des Art. 9 DatenG-E,
zudem ist die Klauselkontrolle nach Art. 13 DatenG-E anwendbar.

Auch soweit die Datenbereitstellung nicht gemäß Art. 12 Abs. 1 DatenG-E den Vorschriften der 333
Art. 8 ff. DatenG-E unterliegt, kann die **Klauselkontrolle** nach Art. 13 DatenG-E anwendbar
sein (→ Rn. 265 ff.). Diese greift gemäß Art. 13 Abs. 1 DatenG-E bei Verträgen in Bezug auf den
Datenzugang oder die Datennutzung. Diese liegen bei Verträgen über die Bereitstellung von
Daten vor.

4. Pflichten und Haftung des Datengebers

Die Pflichten des Datengebers ergeben sich aus der jeweiligen Vereinbarung und den Regeln 334
des jeweiligen Vertragstyps. Im Vordergrund steht die Pflicht zur Bereitstellung der Daten mit
den vereinbarten Eigenschaften (→ Rn. 296 ff., siehe auch § 15 Rn. 8 ff.).

Soweit der Datengeber seine Pflicht zur Bereitstellung der Daten nicht erfüllt, gelten die
allgemeinen Regeln zur Nichterfüllung. Von besonderem Interesse ist die Gewährleistung für
Mängel von Daten. Diese wird im Zusammenhang mit der Haftung für Daten dargestellt (→
§ 7 Rn. 121 ff., siehe auch § 15 Rn. 67 ff.); darauf ist zu verweisen.

Die vertragliche Haftung des Datengebers für fehlerhafte Daten hat nicht zuletzt Bedeutung, 335
wenn der Datenempfänger aufgrund der fehlerhaften Daten Analysen erzeugt, die ihrerseits
fehlerhaft sind. Hier können sich, abhängig von der Verwendung der Analysen, komplexe
Schadensverläufe ergeben. Daher wird die vertragliche Haftung des Datengebers für Schäden
durch fehlerhafte Daten im Zusammenhang mit der Haftung für Daten separat erörtert (→ § 7
Rn. 115 ff.)

Neben der vertraglichen Haftung kann auch eine deliktische Haftung des Datengebers für 336
fehlerhafte Daten bestehen (dazu § 7 Rn. 145 ff.).

III. Die Leistungen des Intermediärs

Bei der gemeinsamen Datennutzung unter Beteiligung eines Intermediärs (oder einer Mehrheit 337
von Intermediären) kann dieser verschiedene Leistungen für Datengeber und Datenempfänger
erbringen. Dabei steht der Intermediär typischerweise **sowohl zum Datengeber als auch zum
Datenempfänger** in einem Vertragsverhältnis, das wesentlich durch die AGB des Intermediärs
geprägt ist.

338 Als **wesentliche Leistungen** werden nachfolgend die Vermittlung der Geschäftsbeziehung (sogleich), die Bereitstellung von Infrastruktur (→ Rn. 342 ff.), die Prüfung von Daten (→ Rn. 355 ff.) und die Kontrolle des Zugriffs auf die Daten (→ Rn. 363 ff.) vertragstypologisch eingeordnet und sodann die Gesamtheit der Unterstützungsleistungen als typengemischter Vertrag eingeordnet, und auf Besonderheiten des Gesamtpaketes der Leistungen des Intermediärs durch einen typengemischten Vertrag hingewiesen (→ Rn. 368 ff.). Abschließend werden wichtige rechtliche Rahmenbedingungen, insbesondere des DGA und des künftigen DatenG (→ Rn. 377 ff.) sowie die Pflichten und Haftung des Intermediärs (→ Rn. 381) beschrieben.

1. Die Vermittlung der Geschäftsbeziehung

339 Ein wesentlicher Bestandteil der gemeinsamen Datennutzung als Gesamtvorgang ist die **Zusammenführung von Angebot und Nachfrage** an Daten. Hier können Intermediäre, wie dargestellt (→ Rn. 117 ff.), auf sehr unterschiedliche Weise involviert sein. Soweit der Intermediär als Verwalter (→ Rn. 126 ff.) für den Datengeber auftritt, handelt er typischerweise auf der Grundlage eines **Geschäftsbesorgungsvertrags**. Eine aktive Vermittlung, die offenbar nur selten angeboten wird, kann auch auf der Grundlage eines **Maklervertrags** i.S. des § 652 BGB erbracht werden.

340 In der Praxis werden zum Zusammenführen von Angebot und Nachfrage vielfach **Plattformen** genutzt. Teils können potentielle Datengeber und Datenempfänger über die Plattform einen Vertrag über die Bereitstellung von Daten schließen, teils schließen sie, im Anschluss an eine Kontaktaufnahme über die Plattform, einen solchen Vertrag bilateral durch Kommunikation außerhalb der Plattform. In beiden Fällen gleichermaßen kommt der Vertrag unmittelbar zwischen Datengeber und Datenempfänger zustande.

2. Die Unterstützung bei der Bereitstellung von Daten

341 Eine wesentliche Leistung des Intermediärs besteht in der **Unterstützung bei der Bereitstellung von Daten** (→ Rn. 341ff.). Wie dargestellt (→ Rn. 182 f), kann sich die Rolle des Intermediärs hierauf beschränken. Bei den hier als Maklermodell (→ Rn. 177) bezeichneten Gestaltungen kann diese Leistung auch fehlen.

a) Die Bereitstellung von Infrastruktur

342 Die Unterstützung bei der Bereitstellung von Daten kann aus rechtlicher Sicht durch zwei unterschiedliche Leistungen erfolgten: durch Bereitstellung von Infrastruktur zum einen, durch Vornahme von (anderen) Handlungen zum anderen. Diese Unterscheidung ist rechtlich von Bedeutung, da Bereitstellung von Infrastruktur durch den Vertragstyp der Miete bzw. der Leihe, die Vornahme von Handlungen durch andere Verträge, konkret Werkverträge, Dienstverträge sowie Geschäftsbesorgung, geregelt sind. In einigen Fällen, vor allem bei der Speicherung von Daten, kann die Einordnung schwierig sein, da eine technisch identische Leistung rechtlich unterschiedlich zu qualifizieren sein kann.

343 Die Diskussion zur rechtlichen Einordnung technischer Unterstützungen bei der Datenverarbeitung wurde zuletzt am Beispiel des **Cloud Computing** geführt. Die dort geführte Diskussion ist für die hier thematisierte Fragestellung sehr lehrreich. Eine wesentliche Leistung des Cloud Computing besteht in der vom Cloud-Anbieter zur Verfügung gestellten Möglichkeit, Daten auf der Infrastruktur des Cloud-Anbieters zu speichern und zu verarbeiten.

344 Die rechtliche Einordnung dieser Grundlagenleistungen wurde beim Cloud Computing kontrovers diskutiert; es wurden zahlreiche unterschiedliche Einordnungen vertreten, etwa als Miete bzw. Leihe, Werkleistung, Dienstleistung, Verwahrung.[168]

---

168 Siehe dazu den Überblick bei Borges/Meents Cloud Computing/Meents § 4 Rn. 45 ff. mwN.

Heute ist weitgehend anerkannt, dass es sich bei Cloud-Diensten häufig um **Verträge mit Ele-** 345
menten mehrerer Vertragstypen handelt.[169] Die Bereitstellung der Speichermöglichkeit wird
als Miete,[170] bei unentgeltlichen Verträgen auch als Leihe[171] qualifiziert, auch wenn diese durch
weitere Leistungen, etwa die Prüfung auf Malware oder die Nutzung von Software ergänzt
wird. Auch die Bereitstellung von Computersystemen, etwa bei Software-as-a-Service-Diensten
wird als Miete eingeordnet.[172]

Diese Einordnung beruht wesentlich auf der Erwägung, dass die Nutzung von Software und 346
die Speicherung von Daten beim Cloud Computing vom Cloud-Nutzer ausgeht, der die Speicherung und die Nutzung der Software veranlasst und über das Ob der Speicherung bzw. des
Laufenlassens der Software entscheidet.[173] Dagegen liegt der Schwerpunkt der Leistung des
Cloud-Anbieters in der **Bereitstellung von Gegenständen** (Software, Speicherplatz, Rechner-
leistung) zur Nutzung durch den Cloud-Nutzer.

Diese Überlegungen helfen auch für die Einordnung der Leistungen des Intermediärs. Maß- 347
geblich für die Abgrenzung ist also, ob der Intermediär die **Möglichkeit zur Nutzung von**
Infrastruktur, etwa zur Speicherung oder Übermittlung von Daten oder zur Durchführung
von Analysen, bereitstellt oder ob der Intermediär diese **Tätigkeiten im Auftrag der Beteilig-**
ten vornimmt. Zu fragen ist also etwa, ob die Speicherung der Daten durch den Datengeber
ausgelöst wird oder ob der Intermediär die Daten entgegennimmt und über die Speicherung
entscheidet (→ Rn. 350).

Entsprechendes gilt für die eigentliche Bereitstellung (→ Rn. 135 ff.), also die Übermittlung der 348
Daten an den Empfänger oder die Gewährung des Zugriffs auf die Daten. Auch hier kann
danach unterschieden werden, ob der Datengeber oder der Intermediär diese Vorgänge auslöst.

Auch bei der Unterstützung der Analyse ist maßgeblich, ob der Intermediär (oder ein Dritter) 349
Software für die Durchführung der Analyse bereitstellt oder ob der Intermediär die Analyse
nach Weisung des Datenempfängers durchführt.

b) Die Speicherung und Übermittlung von Daten

Die Unterstützung der Bereitstellung von Daten durch den Intermediär kann eine Speicherung 350
der Daten in der Infrastruktur des Intermediärs enthalten. Entsprechend den soeben herausge-
arbeiteten Aspekten ist zu fragen, ob die Speicherung vom Datengeber ausgelöst wird oder
vom Intermediär. Löst der Datengeber die Speicherung aus, beschränkt sich die Leistung des
Intermediärs auf die Bereitstellung von Infrastruktur.

Liegt die Kontrolle hierüber beim Intermediär, liegt eine **handlungsbezogene Einordnung** 351
nahe. So kann es sich bei der Speicherung der Daten um eine **Verwahrung** i.S. des § 688 BGB
(analog) handeln. Der Gesetzestext bezieht die Aufbewahrung nur auf bewegliche Sachen, daher ist ein erweitertes Verständnis bzw. eine Analogie erforderlich, um die Norm anzuwenden.

Der Aufbewahrer schuldet die sichere Verwahrung der hinterlegten Gegenstände.[174] Eine Ver- 352
änderung des Gegenstands darf der Aufbewahrer nicht vornehmen, auch diesen nicht verbrauchen. Schließlich muss der Aufbewahrer den Gegenstand dem Hinterleger unversehrt wieder
herausgeben.[175]

---

169 Borges/Meents Cloud Computing/Meents § 4 Rn. 45 ff.; Redeker IT-R Rn. 1234; Schneidereit Haftung für
   Datenverlust im Cloud Computing S. 79 f.; LWG IT-R/Stögmüller Teil 11.4.3 Rn. 6 f.; Auer-Reinsdorff/Conrad
   IT-R-HdB/Strittmatter § 22 Rn. 35.
170 Schneidereit Haftung für Datenverlust im Cloud Computing S. 84; LWG IT-R/Stögmüller Teil 11.4.3 Rn. 7.
171 Vgl. Boehm ZEuP 2016, 358 (366); Borges/Meents Cloud Computing/Meents § 4 Rn. 64.
172 Schneidereit Haftung für Datenverlust im Cloud Computing S. 81 ff.; LWG IT-R/Stögmüller Teil 11.4.3 Rn. 7;
   Auer-Reinsdorff/Conrad IT-R-HdB/Strittmatter § 22 Rn. 32 ff.
173 Schneidereit Haftung für Datenverlust im Cloud Computing S. 83.
174 BGH NJW 1951, 957; OLG München NJOZ 2018, 621 (624); MüKoBGB/Henssler BGB § 688 Rn. 7.
175 MüKoBGB/Henssler BGB § 688 Rn. 16.

353   Bei der Aufbewahrung steht die sichere Verwahrung im Vordergrund. Die Aufbewahrung ist darauf gerichtet, die hinterlegten Gegenstände an den Hinterleger herauszugeben (§ 695 S. 1 BGB). Dies passt nicht zur Leistung des Intermediärs, der die Daten ja zur Weitergabe an Dritte verwahrt. Daher dürfte die Speicherung wohl eher als Annex zur eigentlichen Bereitstellung anzusehen sein und letztere den prägenden Vertragsbestandteil darstellen.

354   In einigen Fällen erfolgt die Bereitstellung von Daten durch eine **Übermittlung der Daten** an den Datenempfänger, an der der Intermediär beteiligt sein kann. In diesen Fällen liegt, wenn diese Aktion vom Intermediär ausgelöst wird, ein Werkvertrag oder eine Geschäftsbesorgung (bei Unentgeltlichkeit: Auftrag) zwischen ihm und dem Datengeber vor. Die Unterscheidung ist hier stark von der konkreten Gestaltung abhängig. Wenn der Intermediär für den Datengeber mit dem Datenempfänger Kontakt aufnimmt und für einen Vertragsschluss sorgt, handelt es sich um eine Geschäftsbesorgung. Die bloße Übermittlung der Daten hingegen ist eine Werkleistung.

3. Prüfung und Bearbeitung von Daten durch Intermediäre

355   Eine wesentliche Leistung beim Datenaustausch, insbesondere bei der Datentreuhand, kann in der Prüfung der bereitgestellten Daten durch den Intermediär (→ Rn. 138 ff.) liegen. Dies gilt insbesondere beim Datenaustausch im Treuhändermodell (→ Rn. 182). Diese Leistung ist oft von wesentlicher Bedeutung für den Datenaustausch und kann auch die einzige Leistung eines eingeschalteten Intermediärs sein, etwa wenn mehrere Intermediäre beteiligt sind.

356   Die Prüfung der Daten durch den Intermediär kann sehr unterschiedlich ausgestaltet sein (→ Rn. 139). Die Prüfung kann sich auf **äußere Merkmale** des Datensatzes beziehen, wie Art und Zahl der Daten oder Metadaten, oder eine **inhaltliche Prüfung** umfassen.

357   Eine **Prüfung der rechtlichen Verhältnisse** von Daten durch den Intermediär ist ebenfalls möglich, dürfte aber eher selten vereinbart werden, am ehesten wohl in Bezug auf den Personenbezug von Daten.

358   Die Prüfung kann mit einer gutachterlichen Tätigkeit verbunden sein. Dies hat Bedeutung, wenn beide Parteien aus der Beurteilung der Daten durch den Intermediär Rechtsfolgen für ihr Vertragsverhältnis ableiten.

359   Die Prüfung kann von weiteren Leistungen begleitet werden, die mit der Prüfung im Zusammenhang stehen, etwa der **Anonymisierung**.

360   Die Prüfung kann auch in einen umfassenderen Leistungskatalog einbezogen sein, die auch die **Beschreibung, ggf. auch die Bewertung von Daten** im Hinblick auf Eignung für bestimmte Zwecke, umfasst.

361   Die Leistung kann **entgeltlich oder unentgeltlich** erfolgen. Sie wird typischerweise gegen Entgelt, teilweise auch nur zur Kostendeckung, angeboten.

362   Die Prüfung erfordert eine Handlung des Intermediärs, die erfolgsbezogen ist. Es handelt sich also um eine typische **Werkleistung**. Die Vereinbarung zwischen Intermediär und den Parteien hat insoweit werkvertraglichen Charakter.

4. Kontrolle des Zugriffs auf Daten

363   Eine zentrale Aufgabe des Intermediärs kann die Kontrolle des Zugriffs auf die Daten und ggf. auch des Analysevorgangs, also der Verarbeitung der Daten als solcher, sein (→ Rn. 141). Diese Aufgabe ist abzugrenzen von der Kontrolle des Zugriffs auf die Infrastruktur, die insbesondere erfolgt, wenn der Intermediär lediglich die Infrastruktur bereitstellt, auch wenn sie technisch sehr ähnlich umgesetzt werden kann.

364   Die Kontrolle des Zugriffs auf die Daten kann auf sehr unterschiedliche Weise erfolgen. So ist der technische Ablauf im Fall der Übermittlung von Daten auf Infrastruktur des Empfängers

anders als bei der Bereitstellung von Daten zur Verarbeitung auf Infrastruktur des Intermediärs. In beiden Fällen besteht die Kontrolle vor allem in der sorgfältigen **Prüfung der Identität des Empfängers** und seiner Berechtigung.

In diesem Fall gewährt der Intermediär den Zugriff auf die Daten nach Maßgabe des ihm von den Parteien (meist aufgrund der Vereinbarung über die Datenbereitstellung (→ Rn. 302 ff.)) erteilte Weisung. Denkbar ist auch, dass der Intermediär den Zugriff auf Weisung eines Dritten oder in eigener Verantwortung erteilt.   365

Die Vereinbarung über die Zugriffskontrolle, die als solche typischerweise eine erfolgsbezogene Handlung, also eine **Werkleistung**, ist, kann vertraglich durchaus unterschiedlich gestaltet und eingebettet sein.   366

Die Kontrolle kann sich über den Zugriff hinaus auch auf die eigentliche Analyse erstrecken. Diese ist typischerweise auf Fälle beschränkt, in denen die Analyse auf der Infrastruktur des Intermediärs erfolgt. Typische Elemente einer solchen Kontrolle sind die Auswahl oder Identifizierung der zur Analyse eingesetzten Software sowie die Protokollierung der Analyse. Damit kann der Datengeber feststellen, ob die Analyse etwaige vertragliche Einschränkungen der Nutzung einhält.   367

5. Die Unterstützung des Datenaustauschs als typengemischte Verträge

Die Vertragsbeziehungen zwischen dem Intermediär und dem Datengeber einerseits, dem Datenempfänger andererseits enthalten, wie soeben dargestellt, **mehrere typisierende Elemente**, die je nach dem Geschäftsmodell des Intermediärs und den Bedürfnissen des Datengebers und des -empfängers in unterschiedlicher Zusammenstellung vereinbart werden, z.T. auch flexibel, durch „Buchung" zusätzlicher Leistungen, verändert werden.   368

Im Hinblick auf die vertragliche Einordnung des Gesamtvertrags in die Vertragstypen des BGB stellt sich die aus anderen Bereichen der Erbringung von Leistungen im IT-Bereich bekannte Frage, ob ein einheitlicher Vertragstyp vorliegt oder ob von einem typengemischten Vertrag auszugehen ist.   369

Der Begriff „typengemischter Vertrag" wird nicht einheitlich verwendet.[176] Teilweise dient der Begriff zur Bezeichnung eines Vertrags, der mehrere Elemente mit unterschiedlich einzuordnenden Leistungen enthält, bezieht sich also auf den **Tatbestand**. Teilweise wird der Begriff zur Bezeichnung eines Vertrags bezeichnet, auf dessen Leistungen die Regeln des BGB zu unterschiedlichen Vertragstypen anwendbar sind, bezieht sich insofern also auf die **Rechtsfolge**.   370

Die Einordnung derartiger Verträge mit unterschiedlichen Leistungen ist umstritten[177], wobei letztlich zwei Konzepte konkurrieren, die auch durchaus kombiniert werden können. Nach einem Konzept unterliegt der Vertrag einem einheitlichen Vertragstypus, der nach dem Schwerpunkt der Leistung zu bestimmen ist (sog. Absorptionsmethode).[178] Liegt also der **Schwerpunkt der Leistung** auf der entgeltlichen Bereitstellung von Infrastruktur, unterliegt der Vertragstyp dem Mietrecht.   371

Das Konzept kann, wenn man es strikt anwenden wollte, nicht überzeugen, denn es leuchtet nicht ein, warum eine Dienstleistung den Regeln des Mietvertrags folgen sollte und umgekehrt. Eine strikte Anwendung ist daher abzulehnen.   372

Nach einem anderen Konzept unterliegt der Vertrag für jede Leistung dem **Vertragstyp, dem die jeweilige Leistung entspricht**.[179] Bezieht sich ein Vertrag also auf mehrere Leistungen   373

---

176 MüKoBGB/Emmerich BGB § 311 Rn. 29.
177 Siehe einen Überblick bei MüKoBGB/Emmerich BGB § 311 Rn. 29; Oechsler Vertrag|Schuldverhältnisse S. 16 ff.; Staudinger/Feldmann BGB § 311 Rn. 38; Borges/Meents Cloud Computing/Meents, § 4 Rn. 42.
178 Grundlegend Lotmar Arbeitsvertrag, insb. S. 183 ff., 189, 191, 193.
179 Grundlegend Hoeniger Gemischte Verträge, insb. S. 382 ff.; Rümelin S. 320 ff.

mit unterschiedlichem Charakter, etwa Gebrauchsüberlassung, Werkerstellung, Dienstleistung, gelten das Recht des Miet-, des Werk- und des Dienstvertrags für die jeweiligen Elemente. Dieses Konzept ist im Grundsatz sachgerecht[180], hat aber auch Grenzen, wenn mehrere Leistungselemente betroffen sind. Daher ist dieses Konzept mit dem Konzept des Schwerpunkts zu kombinieren.[181] Für Fragen, die den Vertrag insgesamt betreffen, gilt das Recht des Leistungsschwerpunkts, ggf. des allgemeinen Schuldrechts.[182]

374 Diese Lösung wird, soweit ersichtlich, für Verträge über IT-Leistungen, etwa im Cloud Computing, von der ganz herrschenden, vielleicht sogar einhelligen Auffassung vertreten.[183] Sie ist auch für Datenaustauschverträge sachgerecht.

375 Für die **Leistungen der Intermediäre im Datenaustausch** bedeutet dies, dass die Bereitstellung von Infrastruktur dem Mietrecht unterliegt. Soweit Daten verwahrt werden, gilt das Recht der Verwahrung. Die Prüfung von Daten folgt dem Werkvertragsrecht, ebenso die Kontrolle des Zugriffs auf die Daten und der Datenverarbeitung. Die Vermittlung von Geschäftsbeziehungen kann Gegenstand eines Maklervertrags sein, ist aber in der gegenwärtigen Praxis oft auf Bereitstellung von Infrastruktur beschränkt.

376 Die Suche nach dem Schwerpunkt verschiedener Leistungen des Intermediärs kann mitunter schwierig sein. Soweit es an – sehr zu empfehlenden – ausdrücklichen vertraglichen Regelungen fehlt, sind für die Rechtsfolgen des Vertrages insgesamt, also vor allem die Kündigung des Vertrags insgesamt sowie Schadensersatz für den Vertrag insgesamt, die **Regeln des allgemeinen Schuldrechts** maßgeblich.

6. Der rechtliche Rahmen der Leistungen von Intermediären

377 Die Leistungen der Intermediäre für Datengeber und Datenempfänger beim Leistungsaustausch unterliegen den allgemeinen rechtlichen Regeln. Maßgeblich sind, soweit die Parteien nicht etwas anderes vereinbart haben, für die vertragliche Beziehung die Regeln des Vertragsrechts. Die AGB-Kontrolle hat hier zweifellos besondere Bedeutung.

378 Soweit Leistungen an Verbraucher erbracht werden, kann auch Verbraucherschutzrecht, insbesondere das Fernabsatzrecht anwendbar sein. Insoweit gelten keine Besonderheiten.

379 Als spezielle Regeln des Datenaustauschs durch Einbeziehung von Intermediären hat der DGA große Bedeutung (→ Rn. 212 ff.). In aller Regel handelt sich bei den Leistungen des Intermediärs um einen **Datenvermittlungsdienstleister** i.S. des DGA.

380 Das künftige Datengesetz hat für die Beziehung zwischen dem Intermediär einerseits, dem Datengeber und dem Datenempfänger andererseits keine unmittelbare Bedeutung.

7. Pflichten und Haftung des Intermediärs

381 Die Pflichten des Intermediärs ergeben sich aus der jeweiligen Vereinbarung und den Regeln des jeweiligen Vertragstyps.

Soweit der Intermediär seine Pflichten nicht erfüllt, gelten die allgemeinen Regeln zur Nichterfüllung. In Bezug auf die Gewährleistung ergeben sich zahlreiche Besonderheiten je nach der konkreten Leistung, die hier nicht erörtert werden können. Soweit die Leistung des Intermediärs mehrere, unterschiedlichen Vertragstypen zuzuordnende Leistungen umfasst, gelten die Besonderheiten bei typengemischten Verträgen (→ Rn. 368 ff.).

---

180 Ebenso Larenz/Canaris SchuldR BT II/2 S. 44 („Vorrang der Kombinationsmethode"); Jauernig/Stadler BGB § 311 Rn. 33 („Häufig … sachgerechte Lösung").
181 Gaßner AcP 186 (1986), 325 (332 ff.); so auch MüKoBGB/Emmerich BGB § 311 Rn. 29 ff.; Staudinger/Feldmann BGB § 311 Rn. 41 ff.; Larenz/Canaris SchuldR BT II/2 S. 44 f.; Borges/Meents Cloud Computing/Meents, § 4 Rn. 41 f.; Nägele/Jacobs ZUM 2010, 281 (284); HSH MMR-HdB/Roos Teil 12 Rn. 29 f.
182 Gaßner AcP 186 (1986), 325 (334, 337 f.).
183 Borges/Meents Cloud Computing/Meents, § 4 Rn. 42.

IV. Die Rechtsnatur der Datentreuhand

Der Data Governance Act (DGA), enthält, wie dargestellt (→ Rn. 212 ff.), keine Regelung speziell zur Datentreuhand und ebenso keine Regeln zu zivilrechtlichen Aspekten von Verträgen, die im Rahmen des Datenaustausches geschlossen werden. Die vertraglichen Beziehungen der Beteiligten und die Rechtsnatur der Datentreuhand richten sich also nach dem jeweils anwendbaren nationalen Recht. 382

Da, wie dargestellt (→ Rn. 117 ff.), die Modelle und die Gestaltung der gemeinsamen Datennutzung unter Einbeziehung von Intermediären sehr unterschiedlich sein können, können auch sehr unterschiedliche Rechtsbeziehungen und entscheidend **verschiedene Vertragstypen** vorliegen. 383

In der Literatur wird diskutiert, ob die Datentreuhand als ein Fall der **Treuhand** anzusehen sei.[184] Dies wird teilweise angenommen, etwa wenn behauptet wird, die Datentreuhand könne „als treuhänderisches Rechtsverhältnis"[185] eingeordnet werden. 384

Ob diese Annahme zutrifft, ist schon deswegen eine ausgesprochen schwierige Frage, weil Treuhand selbst im deutschen Recht ein schwieriges und sehr umstrittenes Konzept ist.[186] Überwiegend wird kurz festgestellt, die Datentreuhand sei keine Treuhand im Rechtssinne.[187] 385

Die Treuhand ist im deutschen Zivilrecht nicht geregelt, insbesondere gibt es im deutschen Recht keinen gesetzlich geregelten Vertragstyp des Treuhandvertrags.[188] Die Existenz der Treuhand wird in einigen gesetzlichen Bestimmungen vorausgesetzt, ohne geregelt zu werden, z.B. § 42 DepotG, § 165 Abs. 2 ZVG.[189] 386

Die Treuhand ist – unstreitig – in unterschiedlichen Rechtsverhältnissen von Bedeutung, insbesondere bei Auftrag und Geschäftsbesorgung[190], im Bereicherungsrecht[191] und in der Sicherungsübertragung[192]. Die Treuhand ist in nahezu allen Aspekten umstritten. Die Treuhand ist insofern wohl nach einhelliger Auffassung gekennzeichnet durch ein **Innenverhältnis zwischen Treugeber und Treuhänder**, aufgrund dessen der Treuhänder Rechtsmacht erhält, die im Interesse des Treugebers auszuüben ist.[193] 387

Die Treuhand hat demnach zwei charakteristische Elemente: die **Einräumung von Rechtsmacht** durch den Treugeber an den Treuhänder zum einen[194], die **Pflicht zur Interessenwahrnehmung** des Treuhänders zugunsten des Treugebers zum anderen.[195] 388

---

184 Hierzu etwa Buchholtz/Brauneck/Schmalhorst NVwZ 2023, 206 (207); Specht-Riemenschneider/Blankertz/Sierek/Schneider/Knapp/Henne MMR-Beil. 2021, 25 (33 f.).
185 So Beise RDi 2021, 597 (602).
186 Siehe aus der umfangreichen Literatur zur Treuhand etwa Beyerle Die Treuhand im Grundriss des deutschen Privatrechts S. 5 ff.; Coing Die Treuhand kraft privaten Rechtsgeschäfts S. 85 ff.; Geibel Treuhandrecht als Gesellschaftsrecht S. 7 ff.; Gernhuber JuS 1988, 355 ff.; Löhnig Treuhand S. 115 ff.; Erman/Maier-Reimer/Finkenauer BGB Vorb. vor § 164 Rn. 16 ff.; Regul Grundschulden und Treuhandverhältnisse S. 28 ff.; MüKoBGB/Schubert BGB § 164 Rn. 59 ff.
187 So etwa Blankertz DuD 2021, 789.
188 Buchholtz/Brauneck/Schmalhorst NVwZ 2023, 206 (207); Geibel Treuhandrecht als Gesellschaftsrecht S. 85; MüKoBGB/Schäfer BGB § 662 Rn. 38; Weitbrecht NZI 2017, 553; Pertot Rechte an Daten/Wendehorst/Schwamberger/Grinzinger S. 103 (112).
189 MüKoBGB/Schäfer BGB § 662 Rn. 38.
190 Beise RDi 2021, 597 (602); Buchholtz/Brauneck/Schmalhorst NVwZ 2023, 206 (208); Coing Die Treuhand kraft privaten Rechtsgeschäfts S. 99, 111; Löhnig Treuhand S. 135 (§ 675 Abs. 1 BGB als Kern eines allgemeinen Treuhandrechts); Reichard Fiducie und deutsche Treuhand S. 101, 104; MüKoBGB/Schäfer BGB § 662 Rn. 38.
191 BGH NZI 2015, 704; MüKoBGB/Schwab BGB § 812 Rn. 183.
192 Jauernig/Berger BGB § 930 Rn. 21; Lorenz JuS 2011, 493 (495).
193 Beise RDi 2021, 597 (602); Coing Die Treuhand kraft privaten Rechtsgeschäfts S. 2, 85; Löhnig Treuhand S. 118; Specht-Riemenschneider/Blankertz/Sierek/Schneider/Knapp/Henne MMR-Beil. 2021, 25 (33).
194 Coing Die Treuhand kraft privaten Rechtsgeschäfts S. 2, 94 ff.; MüKoBGB/Schubert BGB § 164 Rn. 59.
195 Buchholtz/Brauneck/Schmalhorst NVwZ 2023, 206 (207); Löhnig Treuhand S. 116 ff.; Staudinger/Schilken BGB Vorb. zu §§ 164 ff. Rn. 48; MüKoBGB/Schubert BGB § 164 Rn. 59; Specht-Riemenschneider/Blankertz/Sierek/Schneider/Knapp/Henne MMR-Beil. 2021, 25 (34).

389 Hinsichtlich der Voraussetzungen eines solchen Treuhandcharakters eines Rechtsverhältnisses gehen die Ansichten stark auseinander. Bei grober Charakterisierung lassen sich **ein enges und ein weites Verständnis** unterscheiden[196], wobei die Treuhand bei engerem Verständnis die Inhaberschaft an Rechten voraussetzt.[197] Dabei ist der Treuhänder Inhaber eines Rechts, das im Interesse des Treugebers auszuüben ist.[198] Bei einem weiteren Verständnis genügt zur Entstehung einer treuhänderischen Pflicht eine besondere Einwirkungsmöglichkeit des Treuhänders auf Rechte des Treugebers.[199]

390 Die **Rechtsfolge der Treuhand** wird ebenfalls unterschiedlich beschrieben. Die Pflicht zur Interessenwahrnehmung wird man wohl nicht als Rechtfolge der Treuhand bezeichnen können, weil sie als charakteristisches Element eher zum Tatbestand zu zählen ist.

391 Die Rechtsfolgen der Treuhand sind nicht einheitlich geregelt, sondern werden unter gesonderten Bestimmungen wirksam. So steht dem Treugeber, der die Inhaberschaft an den Treuhänder übertragen hat, in der Zwangsvollstreckung in das Vermögen des Treuhänders das **Interventionsrecht** nach § 771 ZPO und bei dessen Insolvenz das **Aussonderungsrecht** nach § 47 InsO zu.[200] Auch kann die Verfügung des Treuhänders über das Treugut nach § 138 BGB unwirksam sein.[201]

392 Ob und in welchen Fällen bei der Datentreuhand eine Treuhand oder ein treuhänderischer Charakter eines Rechtsgeschäfts vorliegt, lässt sich hinsichtlich etlicher Aspekte diskutieren. Setzt man die Einräumung der Inhaberschaft an Rechten voraus, ist schon die Frage relevant, welche Rechte an Daten bestehen. Eine faktische Einwirkungsmöglichkeit hat der Datentreuhänder freilich, soweit er die Befugnis hat, die Daten zu löschen oder an Dritte zu übertragen. Mit Blick auf die Rechtsfolgen der Treuhand sind sowohl das **Bestehen von Aussonderungsrechten** als auch die **Sittenwidrigkeit** einer vertraglichen Vereinbarung zwischen Datentreuhänder und Dritten über die Daten des Datengebers durchaus von Interesse.

393 Für die Praxis dürften diese Fragen aber wohl weitgehend dahinstehen können, da diese Rechtsfolgen aus der jeweiligen Norm, wohl auch ohne Feststellung eines treuhänderischen Charakters der Rechtsbeziehung, hergeleitet werden können.

394 Allemal hängt die Feststellung eines treuhänderischen Charakters einer Rechtsbeziehung im Zusammenhang mit der Datentreuhand stets von der **konkreten Gestaltung** der „Datentreuhand" ab.

Soweit der Dateninhaber dem Datentreuhänder die Daten zur Verwertung in seinem, des Dateninhabers, Interesse, überlässt, liegen die beiden Kernelemente der Treuhand vor, auch wenn, mangels eines sonstigen derartigen Rechts an Daten, keine absoluten Rechte an den Daten übertragen werden[202], aber im Übrigen jene Einwirkungsmöglichkeit eingeräumt wird,

---

196 In der Literatur lässt sich kein einheitlicher Sprachgebrauch ausmachen und es finden sich vielerlei Begriffspaare („echt-unecht"/„eigentlich-uneigentlich"/„eng-weit"), vgl. etwa Coing Die Treuhand kraft privaten Rechtsgeschäfts S. 88 f.; Geibel Treuhandrecht als Gesellschaftsrecht S. 8; MüKoBGB/Schubert BGB § 164 Rn. 61 f.; Specht-Riemenschneider/Blankertz/Sierek/Schneider/Knapp/Henne MMR-Beil. 2021, 25 (33 f.).
197 Chen Die Treuhand als Rechtsform für Sondervermögen S. 32; Specht-Riemenschneider/Blankertz/Sierek/Schneider/Knapp/Henne MMR-Beil. 2021, 25 (33 f.).
198 Chen Die Treuhand als Rechtsform für Sondervermögen S. 32; Erman/Maier-Reimer/Finkenauer BGB Vorb. vor § 164 BGB Rn. 17; Regul Grundschulden und Treuhandverhältnisse S. 29; MüKoBGB/Schubert BGB § 164 Rn. 61.
199 Chen Die Treuhand als Rechtsform für Sondervermögen S. 32 f.; Erman/Maier-Reimer/Finkenauer BGB Vorb. vor § 164 Rn. 17; MüKoBGB/Schubert BGB § 164 Rn. 62.
200 Regul Grundschulden und Treuhandverhältnisse S. 32; MüKoBGB/Schäfer BGB § 662 Rn. 37; Weitbrecht NZI 2017, 553; sowie übereinstimmend noch zu § 43 KO Gernhuber JuS 1988, 355 (359); zwischen Verwaltungs- und Sicherungstreuhand unterscheidend Erman/Maier-Reimer/Finkenauer BGB Vorb. vor § 164 Rn. 20 f.
201 Erman/Maier-Reimer/Finkenauer BGB Vorb. vor § 164 Rn. 18; MüKoBGB/Schäfer BGB § 662 Rn. 37.
202 Pertot Rechte an Daten/Hofmann S. 9 (19 ff.); Specht CR 2016, 288 (289); Specht-Riemenschneider/Blankertz/Sierek/Schneider/Knapp/Henne MMR-Beil. 2021, 25 (33); Stender-Vorwachs/Steege NJOZ 2018, 1361

die bei dem Rechtsinhaber typisch ist, denn die Eignung als Gut mit wirtschaftlichem Wert und entsprechendem Schutzbedürfnis des Dateninhabers liegt insofern vor.[203]

In diesem Fall liegen die Merkmale der Treuhand vor, so dass eine entsprechende treuhänderische Bindung des Intermediärs anzunehmen ist. 395

Die **sichere Aufbewahrung der Daten** begründet keine Treuhändereigenschaft, die für die Aufbewahrung i.S. des § 700 BGB nicht anerkannt ist und auch beim Hosting von Daten zu Recht nicht bejaht wird. 396

Fraglich ist, ob die **Zugriffskontrolle des Intermediärs** eine derartige Treuhänderstellung begründet, insbesondere wenn sie mit der Speicherung der Daten verbunden ist. Ein solcher Fall liegt im genannten Modell des Projekts „EuroDaT" vor (→ Rn. 200 ff.). 397

Indes geht die Rolle des Datentreuhänders in der Gestaltung von EuroDaT über das Bereitstellen einer technischen Infrastruktur und auch über diese Aufbewahrung hinaus, weil der Datentreuhänder den Zugang zu den Daten im Interesse des Dateninhabers verwaltet. Auch ist er zur Wahrung der Interessen des Dateninhabers verpflichtet, insbesondere dazu, die Daten nicht Dritten zur Verfügung zu stellen. 398

Entscheidend dürfte sein, ob die Anforderungen an eine Treuhand vorliegen. Die von der herrschenden Meinung vorausgesetzte **überschießende Rechtsmacht** liegt nicht vor. Der Intermediär kann keine Rechte an den Daten verleihen, sondern lediglich eine faktische Einwirkungsmöglichkeit in Form des Zugriffs. 399

Insoweit ähnelt die Stellung des Intermediärs der eines Hausverwalters, der ebenfalls den Besitz an einer Sache Dritten einräumt. Die **Möglichkeit zur Besitzverschaffung** wird nicht als eine Einwirkungsmöglichkeit gesehen, die einen treuhänderischen Charakter eines solchen Rechtsverhältnisses begründet. Bei Daten, die nicht besitzfähig sind, kann der Erwerber einer Nutzungsmöglichkeit an Daten auch keinen Besitzschutz erlangen. Dies spricht gegen die Treuhandstellung. 400

Indes führt die Verwaltung der Möglichkeit der Speicherung bei Daten, soweit an diesen keine Zugriffsrechte bestehen, zu einer Stellung, die letztlich zu einer **vollständigen Verfügungsmöglichkeit** führt: Mangels absoluter Rechte an Daten kann der Datengeber, sowie die Daten an Dritte weitergegeben wurden, gegenüber diesen regelmäßig keine Rechte geltend machen. Dies spricht dafür, den treuhänderischen Charakter der Datenverwaltung im Auftrag des Dateninhabers zu bejahen. Dies kann auch bei einem Intermediär gegeben sein, der Daten für den Datengeber speichert und Dritten den Zugriff auf die Daten eröffnet. 401

(1362 ff.); a.A. MüKoBGB/Wagner BGB § 823 Rn. 338, der das Recht an den eigenen Daten als „sonstiges Recht" iSv § 823 Abs. 1 BGB anerkennt.

203 Beise RDi 2021, 597 (602 f.); wohl auch auf einen weiten Treuhandbegriff beschränkend Specht-Riemenschneider/Blankertz/Sierek/Schneider/Knapp/Henne MMR-Beil. 2021, 25 (34 f.).

Teil 2: Rechtsgebiete

§ 6 Big Data und Datenschutz

Literatur: *Bartsch, Alexander/Behnke, Elaine,* Dynamische IP-Adressen können personenbezogene Daten sein – ein rechtliches Interesse des Website-Betreibers rechtfertigt deren Speicherung, IR 2017, 22; *Behm, Frank,* Scoringverfahren unter Einbeziehung von Geodaten, RDV 2010, 61; *Benedikt, Kirstin/Kranig, Thomas/Schwartmann, Rolf,* Microsoft 365 – so sollte Datenschutzaufsicht nicht sein, in: Frankfurter Allgemeine Zeitung, 13.12.2022; *Bottis, Maria/Bouchagiar, George,* Personal Data v. Big Data in the EU: Control Lost, Discrimination Found, Open Journal of Philosophy 2018, 192; *Brink, Stefan/Oetjen, Jan/Schwartmann, Rolf/Voss, Axel,* So war die DSGVO nicht gemeint, in: Frankfurter Allgemeine Zeitung, 18.7.2022; *Canellopoulou-Bottis, Maria/Bouchagiar, George,* Personal Data v. Big Data in the EU: Control Lost, Discrimination Found, Open Journal of Philosophy 2018 (8), p. 192; *Conrad, Conrad S.,* Künstliche Intelligenz: Neue Einwilligungslösungen zum Datenschutz, InTeR 2021, 147; *Conrad, Sebastian,* Die Verantwortlichkeit in der Realität, DuD 2019, 563; *Determann, Lothar/Lutz, Holger/Nebel, Michaela,* Internationale Datenübermittlungen, IWRZ 2022, 204; *Diersk, Christian /Roßnagel, Alexander /Geminn, Christian,* Sekundärnutzung von Sozial- und Gesundheitsdaten – Rechtliche Rahmenbedingungen 2019; *Finck, Michèle/Pallas, Frank,* They who must not be identified – distinguishing personal from non-personal data under the GDPR, SSRN Electronic Journal 2020; *Geminn, Christian,* Wissenschaftliche Forschung und Datenschutz, DuD 2018, 640; *Hamann, Christian,* Corona-Exit oder Datenschutz? CNL 2020, 4; *Hammer, Volker/Knopp, Michael,* Datenschutzinstrumente Anonymisierung, Pseudonyme und Verschlüsselung, DuD 39, 503; *Hansen, Hauke/Struwe, Dario,* Speicherung von IP-Adressen zur Abwehr von Cyberattacken zulässig, GRUR-Prax 2016, 503; *Härting, Niko,* Was ist eigentlich eine „Kopie"? — Zur Auslegung des Art. 15 Abs. 3 S. 1 DS-GVO, CR 2019, 219 *Hofmann, Kai,* Autonomes Fahren – kein Problem des Datenschutzes, ZD 2023, 18; *Hornung, Gerrit/Wagner, Bernd,* Der schleichende Personenbezug – Die Zwickmühle der Re-Identifizierbarkeit in Zeiten von Big Data und Ubiquitous Computing, CR 2019, 565; *Karg, Moritz,* IP-Adressen sind personenbezogene Verkehrsdaten, MMR-Aktuell 2011, 315811; *Kerber, Wolfgang,* Data Governance in Connected Cars, The Problem of Access to In-Vehicle Data, JIPITEC 2018, 310; *Klink-Straub, Judith/Straub, Tobias,* Nächste Ausfahrt DS-GVO – Datenschutzrechtliche Herausforderungen beim automatisierten Fahren, NJW 2018, 3201; *Kloth, Maximilian,* Blockchain basierte Smart Contracts im Lichte des Verbraucherrechts, VuR 2022, 214; *Köllmann, Thomas,* Die Corona-Warn-App, NZA 2020, 831; *Kühling, Jürgen/Klar, Manuel,* Speicherung von IP-Adressen beim Besuch einer Internetseite, ZD 2017, 24; *Leibold, Kevin,* Reichweite, Umfang und Bedeutung des Auskunftsrechts nach Art. 15 DSGVO – Entscheidungsübersicht, ZD-Aktuell 2021, 05313; *Leistner, Matthias/Antoine, Lucie/Sagstetter, Thomas,* Big Data, Rahmenbedingungen im europäischen Datenschutz- und Immaterialgüterrecht und übergreifende Reformperspektive 2021; *Lembke, Mark/Fischels, André,* Datenschutzrechtlicher Auskunfts- und Kopieanspruch im Fokus von Rechtsprechung und Praxis, NZA 2022, 513; *Mantz, Reto,* LG Berlin: Allein (dynamische) IP-Adresse mit Zugriffszeitpunkt beim Website-Betreiber kein personenbezogenes Datum, ZD 2013, 618; *Mantz, Reto/Spittka, Jan,* Speicherung von IP-Adressen beim Besuch einer Website, NJW 2016, 3579; *Meinshausen, Dominik,* Smart Contracts auf Basis der Blockchain-Technologie: Eine zivilrechtliche und datenschutzrechtliche Betrachtung, LRZ 2022, Rn. 1028; *Moos, Flemming/Rothkegel, Tobias/Clarke, Osborne,* Speicherung von IP-Adressen beim Besuch einer Internetseite, MMR 2016, 842; *Niemann, Fabian/Kevekordes, Johannes,* Machine Learning und Datenschutz (Teil 1), Grundsätzliche datenschutzrechtliche Zulässigkeit, CR 2020, 17; *Niemann, Fabian/Kevekordes, Johannes,* Machine Learning und Datenschutz (Teil 2), Grundsätzliche datenschutzrechtliche Zulässigkeit, CR 2020, 183; *Nink, Judith/Müller, Katharina,* Beschäftigtendaten im Konzern – Wie die Mutter so die Tochter? – Arbeits- und datenschutzrechtliche Aspekte einer zentralen Personalverwaltung, ZD 2012, 505; *Pahlen-Brandt, Ingrid,* Datenschutz braucht scharfe Instrumente Beitrag zur Diskussion um „personenbezogene Daten", DuD 2008, 34; *Pfeifer, Markus,* Auswirkungen der EU-Datenschutz-Grundverordnung auf öffentliche Stellen, GewArch 2014, 142; *Picht, Peter Georg,* Towards an Access Regime for Mobility Data, IIC 2020, 940; *Richter, Frederick,* Aus Sicht der Stiftung Datenschutz – Macht die Anonymisierung attraktiv, PinG 2020, 181; *Richter, Heiko,* Datenschutzrecht: Speicherung von IP-Adressen beim Besuch einer Website, EuZW 2016, 909; *Roßnagel, Alexander,* Pseudonymisierung personenbezogener Daten – ein zentrales Instrument im Datenschutz nach der DSGVO, ZD 2018, 243; *Roßnagel, Alexander,* Datenschutz in der Forschung, ZD 2019, 157; *Roßnagel, Alexander/Scholz, Philip,* Datenschutz durch Anonymität und Pseudonymität – Rechtsfolgen der Verwendung anonymer und pseudonymer Daten, MMR 2000, 721; *Sassenberg, Thomas/Faber, Tobias*, Rechtshandbuch Industrie 4.0 und Internet of Things, 2020; *Schantz, Peter*, Die Datenschutz-Grundverordnung – Beginn einer neuen Zeitrechnung im Datenschutzrecht, NJW 2016, 1841; *Schürmann, Kathrin*, Datenschutz-Folgenabschätzung beim Einsatz Künstlicher Intelligenz, ZD 2022, 316; *Schwartmann/Jaspers/Lepperhoff/Weiß/Meier* in: Stiftung Datenschutz (Hrsg.), Praxisleitfaden zum Anonymisieren personenbezogener Daten, 7 ff. (zit. Schwartmann/Jaspers/Lepperhoff/Weiß/Meier); *Schweitzer, Heike*, Datenzugang in der Datenökonomie: Eckpfeiler einer neuen Informationsordnung, GRUR 2019, 569; *Specht, Louisa*, Das Verhältnis möglicher Datenrechte zum Datenschutzrecht, GRUR Int 2017, 1045; *Steinrötter, Björn*, Datenschutz als Gretchenfrage für autonome Mobilität, ZD 2021, 513; *Stück, Volker*, Dynamische IP-Adressen sind personenbezogene Daten, CCZ 2017, 228; *Vásquez, Sheila*, Privacy by Design und das autonome Fahrzeug, DuD 2022, 98; *Voigt, Paul*, Neue Standardvertragsklauseln für internationale Datentransfers — Überblick und Praxistauglichkeit, CR 2021, 458; *Weichert, Thilo*, Der Personenbezug von Geodaten, DuD 2007, 113; *Weichert, Thilo*, Der Personenbezug von Kfz-Daten, NZV 2017, 507; *Winter, Christian/Battis, Verena/Halvani, Oren*, Herausforderungen für die Anonymisierung von Daten, ZD 2019, 489; *Ziegenhorn, Gero*, Speicherung von IP-Adressen beim Besuch einer Website, NVwZ 2017, 213.

A. Einleitung

„So war die DS-GVO nicht gemeint" – mit diesem klaren, kraftvollen Warnruf ist Stefan [1]
Brink, Leiter der Landesdatenschutzaufsicht Baden-Württemberg 2022 an die Öffentlichkeit
getreten.[1] Er und seine Co-Autoren adressieren neun zentrale Punkte, in denen das Pendel
des Datenschutzrechts zu weit ausgeschlagen hat. Die Auslegung und Anwendung der auf
europäischen Werten beruhenden Datenschutzgrundverordnung erweist sich zunehmend als
Hürde und Hemmschuh für Innovation und Fortschritt der europäische Digitalwirtschaft –
gerade im globalen Wettbewerb mit Amerika und China, für die die Autoren die folgenden
Kernziele eines modernen Datenschutzrechts begreifen:

(1) Verständnis der DS-GVO als Wirtschaftsverfassung des Datenbinnenmarktes;

(2) Mut zur Freiheit bei den Verantwortlichen,

(3) Umdenken bei der Datenschutzaufsicht;

(4) Kurswechsel beim EuGH;

---

1 Brink/Oetjen/Schwartmann/Voss FAZ 18.7.2022.

(5) sinnvolle wirtschaftliche Rahmenbedingungen für Datenteilung;

(6) praxisgerechte Regulierung künstlicher Intelligenz;

(7) Stärkung der Datensouveränität;

(8) faire Standards für fairen Wettbewerb;

(9) Medienrecht ist Digitalisierungsrecht: Herausforderung für Bund und Länder.

Die ersten sechs Punkte haben eine unmittelbare Relevanz für Big Data. Ihnen kommt auch für diesen Beitrag prägende Wirkung zu.

2 Nirgendwo sonst als in der Realität des exponentiellen Datenwachstums (Big Data) zeigt sich das Spannungsverhältnis zwischen einer auf Schutz und Abwehr von Eingriffen ausgerichteten Auslegung des Datenschutzrechts und der mit Datenanalyse, maschinellem Lernen („ML") und künstlicher Intelligenz („KI") verbundenen Erwartung auf Innovation aus Daten. Der datenschutzrechtliche Webfehler des – im Wesentlichen nur in Deutschland so verstandenen und zum Ausdruck gebrachten – „Verbots mit Erlaubnisvorbehalt" und dem Gebot der Datenminimierung (Art. 5 Abs. 1 lit. c) DS-GVO) stehen für eine Tektonik, in der die DS-GVO als Gesetzeswerk Gefahr läuft, weniger die Leitplanken als vielmehr die schwer zu überwindenden Hürden der europäischen Datenwirtschaft zu setzen.

3 Zugleich hat sich die DS-GVO den Ruf des „Goldstandard" des Datenschutzrechts erworben, an dem sich etliche Staaten außerhalb der EU für die Erschaffung ihrer nationalen Datenschutzgesetze orientiert haben. Wenn die DS-GVO mithin für einen Wertekatalog steht, der übergreifende Akzeptanz beansprucht und erzielen soll, muss sie ein belastbarer, innovationsorientierter Stützpfeiler der EU Digitalstrategie[2] sein, um Big Data nicht nur zu ermöglichen, sondern auch zu erleichtern und zu beschleunigen.

4 Daran sind derzeit weitreichende Zweifel berechtigt. Es entspricht vielmehr einer verbreiteten Wahrnehmung, dass Big Data vor allem dann funktioniert, wenn man der Anwendbarkeit des Datenschutzrechts entkommt, indem man entweder vor vornherein keine personenbezogenen Daten verarbeitet oder aber diese vollständig anonymisiert. Allein diese Maßgaben sind schwer genug zu erfüllen: Der maximal ausgedehnte Begriff personenbezogener Daten nach der DS-GVO und das Fehlen verlässlicher Standards zur erfolgreichen Anonymisierung stellen den Rechtsanwender – insbesondere innovationsorientierte Unternehmen – vor erhebliche Umsetzungsprobleme und verbleibende Rechtsunsicherheit.

5 Hinzu kommt der unvollkommene Rechtsrahmen, Datenanalysen auf der Grundlage pseudonymisierter Daten zu betreiben. Die Möglichkeiten, das Band der Zweckbindung (Art. 6 Abs. 4 lit. e) DS-GVO) zu erweitern und flexibler zu agieren, behindern schon im Ansatz, Wertschöpfung durch Korrelation heterogener Datenquellen und nicht deterministische Analyseergebnisse zu erzielen.

6 Wer aber nicht weiß, ob die Anwendbarkeit der DS-GVO verlässlich ausgeschlossen ist, steht vor der Wahl, sich um Datenschutzkonformität bestmöglich oder zumindest annähernd zu bemühen, etwaige Restrisiken in Kauf zu nehmen oder es gleich ganz bleiben zu lassen. Ersteres entspricht grundsätzlich der Zielsetzung der DS-GVO, nach dem Motto: „Im Zweifel immer den Datenschutz vollumfänglich realisieren". Es bestehen aber auch bei bestem Bemühen erhebliche praktische Umsetzungsschwierigkeiten, Wertschöpfung aus Daten zu betreiben und dabei – etwa im Rahmen des maschinellen Lernens und dem Trainieren von Algorithmen der künstlichen Intelligenz[3] – z.B. den Informationspflichten und Betroffenenrechten umfassend zu genügen.

---

2 Europäische Kommission Digitalstrategie der Europäischen Kommission vom 21. 11.2018, COM(2018) 7118 final; fortgesetzt in Europäische Kommission Digitalstrategie der Europäischen Kommission. Digitale Kommission der nächsten Generation vom 30.6.2022, C(2022) 4388 final.

3 Vgl. Schürmann ZD 2022, 316 (317).

Vor diesem Hintergrund sollen die nachfolgenden Überlegungen diejenigen Stellschrauben der DS-GVO näher beleuchten, die für Ausmaß und Erfolg von Big Data-Anwendungen maßgeblich sind bzw. die der Verantwortliche zu beachten hat. Dabei stellt die Betrachtung auf die Rechtslage von heute ab (*de lege lata*), will aber auch einen Beitrag zur Fortentwicklung an einigen wesentlichen Stellen leisten (*de lege ferenda*). Letzteres gilt auch mit Blick darauf, dass die EU-Kommission nach derzeitiger Wahrnehmung keinen Anpassungsbedarf der DS-GVO hat erkennen lassen.

B. Grundsätze der Datenverarbeitung bei Big Data

I. Personenbezogene Daten

Dreh- und Angelpunkt der Anwendbarkeit der DS-GVO sind die personenbezogenen Daten und deren Verarbeitung, wobei der räumlich Anwendungsbereich an der Niederlassung des Verantwortlichen oder eines Auftragsverarbeiters anknüpft, unabhängig vom tatsächlichen Ort der Verarbeitung (Art. 3 Abs. 1 DS-GVO).[4] Es sind aber auch solche Verarbeitungen von Verantwortlichen oder Auftragsverarbeitern außerhalb der EU bzw. des EWR erfasst, wenn die Datenverarbeitung in Zusammenhang mit dem Angebot von Waren oder Dienstleistungen an betroffene Personen steht, „die sich in der Union befinden" oder darauf abzielen, „das Verhalten betroffener Personen zu beobachten, soweit ihr Verhalten in der Union erfolgt" (Art. 3 Abs. 2 DS-GVO).

1. Personenbezogene und personenbeziehbare Daten

Der Gesetzgeber hat sich bewusst für einen möglichst weiten Anwendungsrahmen entschieden, indem der Begriff personenbezogener Daten alle „Informationen [erfasst], die sich auf eine identifizierte oder identifizierbare natürliche Person beziehen: als identifizierbar wird eine natürliche Person angesehen, die direkt oder indirekt, insbesondere mittels Zuordnung zu einer Kennung wie einem Namen, zu einer Kennnummer, Zusatzstandortdaten, zu einer online Kennung oder zu einem oder mehreren besonderen Merkmalen, die Ausdruck der physischen, physiologischen, genetischen, psychischen, wirtschaftlichen, kulturellen oder sozialen Identität dieser natürlichen Person sind, identifiziert werden kann" (Art. 4 Nr. 1 DS-GVO). Dazu führt ErwGr. 26 S. 3 DS-GVO näher aus: „Um festzustellen, ob eine natürliche Person identifizierbar ist, sollten alle Mittel berücksichtigt werden, die von dem Verantwortlichen oder einer anderen Person nach allgemeinem Ermessen wahrscheinlich genutzt werden, um die natürliche Person direkt oder indirekt zu identifizieren, wie beispielsweise das Aussondern. Bei der Feststellung, ob Mittel nach allgemeinem Ermessen wahrscheinlich zur Identifizierung der natürlichen Person genutzt werden, sollten alle objektiven Faktoren, wie die Kosten der Identifizierung und der dafür erforderliche Zeitaufwand, herangezogen werden, wobei die zum Zeitpunkt der Verarbeitung verfügbare Technologie und technologische Entwicklungen zu berücksichtigen sind."

Mit diesen Maßgaben stellt die DS-GVO den Rechtsanwender vor die Frage, wie im Einzelfall die Identifizierbarkeit zu bewerten und rechtsverbindlich festzustellen ist. Umgekehrt folgt daraus im Reflex, dass die DS-GVO „nicht für anonyme Informationen [gilt], dh für Informationen, die sich nicht auf eine identifizierte oder identifizierbare natürliche Person beziehen, oder personenbezogene Daten, die in einer Weise anonymisiert worden sind, dass die betroffene Person nicht oder nicht mehr identifiziert werden kann. Diese Verordnung betrifft somit nicht die Verarbeitung solcher anonymen Daten, auch für statistische oder für Forschungszwecke" (ErwGr 26 Satz 5 und 6 DS-GVO).

---

4 Dazu näher EDSA, Leitlinien 05/2021 vom 24.02.2023 zum Zusammenspiel von Art. 3 und den Regelungen zum internationalen Datentransfer nach Kapitel V DS-GVO.

11 Indem der zentrale Adressat der DS-GVO der Verantwortliche ist, der „allein oder gemeinsam mit anderen über die Mittel und Zwecke" der Datenverarbeitung entscheidet (Art. 4 Nr. 7 DS-GVO), weist die DS-GVO ihm zugleich das Risiko zu, die Personenbeziehbarkeit von Informationen im Einzelfall zu bewerten und festzustellen. Mit Blick auf Big Data erweitert sich diese Herausforderung dadurch, dass Daten ohne direkten Personenbezug (zB Wetterdaten, Maschinendaten, Verkehrsflussdaten, etc) oder reine Sachinformationen (Unternehmensdaten) in isolierter Betrachtung zu einem gegebenen Zeitpunkt keinen Personenbezug aufweisen, durch Korrelation und/oder auch zeitliche Weiterentwicklung die Qualität personenbeziehbare Informationen bekommen können.[5]

12 Vor diesem Hintergrund gewinnt die Frage der rechtssicheren und verlässlichen Anonymisierung von personenbezogenen Daten, sowie eine belastbare, rechtskonforme Möglichkeit der Durchführung von Datenanalysen mit pseudonymisierten Daten zentrale Bedeutung für jede Art der Datenanalyse, des maschinellen Lernens und des Trainierens von Algorithmen, um das Potenzial von Big Data zu erschließen → Rn. 82 ff.

2. Breyer-Entscheidung des EuGH

a) Dynamische IP-Adresse als personenbezogenes Datum

13 Das Urteil des EuGH vom 19.10.2016 im Falle Breyer[6] beendete bis auf Weiteres die vor Inkrafttreten der DS-GVO jahrelange Streitfrage hinsichtlich der Reichweite des Begriffs personenbezogener Daten in Bezug auf Internet Protokoll Adressen (IP-Adressen), einschließlich der (eher akademischen) Frage, ob die Definition „personenbezogener Daten" sich an einem „relativen" oder „absoluten" Begriff personenbezogener Daten zu orientieren habe. Nach der „relativen" Theorie war der Personenbezug dann zu verneinen, wenn der Verantwortliche bzw. der Datenhalter selber keine Möglichkeit hatte, den Personenbezug (selbst unter angemessenen wirtschaftlichen Anstrengungen) herzustellen, unabhängig davon, ob dies ggf. Dritten möglich sein könnte.[7] Die Vertreter einer „absoluten" Theorie stellten hingegen darauf ab, ob überhaupt irgendjemand in der Lage sei, unter Einsatz angemessener Anstrengungen einem Einzeldaten bzw. Datensatz einen konkreten Personenbezug zuzuweisen bzw. den Personenbezug herzustellen.[8]

14 Der EuGH hat sich im Ergebnis (ohne das Begriffspaar „relativer" bzw. „absoluter" Personenbezug aufzugreifen) für den umfassenden Begriff personenbezogener Daten entschieden und die potenzielle Möglichkeit einer Rückführung einer dynamischen IP-Adresse auf den dahinterstehenden Nutzer mittels des Internet Service Provider (ISP) bejaht.[9] Der Entscheidung im Rahmen eines Vorlageverfahrens ua zu Art. 2 lit. a) der EU Datenschutzrichtlinie 95/46/EG lag folgender Sachverhalt zugrunde: Der Kläger Patrick Breyer hatte gegen die Bundesrepublik Deutschland auf Unterlassung der Erhebung und Speicherung seiner IP-Adresse geklagt, die bundesbehördliche Stellen im Rahmen des Zugriffs auf mehrere Informationsangebote auf Websites von Einrichtungen des Bundes speicherten.[10] Die Erfassung der dynamischen

---

5 Grundlegend: Hornung/Wagner CR 2019, 565.
6 EuGH GRUR Int. 2016, 1169.
7 Siehe ua Gola/Schomerus BDSG, 11. Aufl. 2012, § 3 Rn. 10.; Mantz ZD 2013, 618 (625); Schantz NJW 2016, 1841 (1842 f.); Simitis/Dammann BDSG, 8. Aufl. 2014, § 3 Rn. 23; Roßnagel/Scholz MMR 2000, 721 (723).
8 Darstellend seinerzeit: Saelzer DuD 2004, 219; Behm RDV 2010, 61 (63 f.); Karg MMR-Aktuell 2011, 315811; Pahlen-Brandt DuD 2008, 34 (35); Pfeifer GewArch 2014, 142 (143); Weichert DuD 2007, 113 (115); in Bezug auf dynamische IP-Adressen AG Berlin ZUM 2008, 83; VG Wiesbaden MMR 2009, 428 Rn. 37; Positionspapier des BfDi zur Anonymisierung unter der DS-GVO unter besonderer Berücksichtigung der TK-Branche v. 29.6.2020, 4.
9 EuGH GRUR Int. 2016, 1169.
10 EuGH GRUR Int. 2016, 1169.

IP-Adresse diente nach Angaben der Beklagten dem Zweck, Cyber-Angriffe abzuwehren und gegebenenfalls die strafrechtliche Verfolgung von Angreifern zu ermöglichen.[11]

Nach Klageabweisungen in den Unterinstanzen legte der BGH dem EuGH ua folgende Frage   15 im Vorlageverfahren nach Art. 267 AEUV vor: „Ist Art. 2 lit. a DS-Richtlinie zum Schutz natürlicher Personen bei der Verarbeitung personenbezogener Daten und zum freien Datenverkehr dahin auszulegen, dass eine IP-Adresse, die ein Dienstanbieter im Zusammenhang mit einem Zugriff auf seine Internetseite speichert, für diesen schon dann ein personenbezogenes Datum darstellt, wenn ein Dritter (hier: Zugangsanbieter) über das zur Identifizierung der betroffenen Person erforderliche Zusatzwissen verfügt?"[12]

Der EuGH bejahte die Frage mit der Begründung, dass es der Beklagten mit rechtlichen   16 Mitteln möglich sei, unter Zuhilfenahme eines Dritten (des ISP) die dynamische IP-Adresse auf den konkreten Nutzers der Website zurückzuführen und ihn zu identifizieren.[13] Dem lag die Feststellung zugrunde, dass es sich bei den gespeicherten IP-Adressen zumindest im Kontext mit den weiteren in den Protokolldateien gespeicherten Daten um Einzelangaben über sachliche Verhältnisse des Klägers handelte, indem sie Aufschluss über seinen Besuch bestimmter Internetseiten bzw. des Aufrufs betreffender Dateien zu bestimmten Zeitpunkten gaben.[14] Zwar könne grundsätzlich allein aus diesen gespeicherten Daten kein unmittelbarer Rückschluss auf die Identität des Nutzers bzw. Klägers gezogen werden. Es komme vielmehr auf die Bestimmbarkeit der Identität des Nutzers an.[15] Bei Zugrundelegung eines objektiven Kriteriums seien IP-Adressen jedoch als personenbezogene Daten anzusehen, selbst wenn dazu ausschließlich ein Dritter (hier der ISP) in der Lage sei, die Identität des Betroffenen festzustellen.[16]

Die Schlussfolgerung ist bemerkenswert, da der EuGH zunächst festgestellt hatte, dass die dy-   17 namische IP-Adresse für die Beklagte (als Betreiberin der Website) eben kein personenbezogenes Datum darstelle, wenn der Nutzer selbst keine Personalien oder andere personenbezogene Daten angebe und der Betreiber der Website mithin nicht über ausreichende Informationen verfüge, um Herrn Breyer ohne unverhältnismäßigen Aufwand identifizieren zu können.[17]

Allein die Tatsache, dass der Anbieter von Online-Mediendiensten nicht über die erforderli-   18 chen Zusatzinformationen verfügt, um einen Nutzer seiner Website identifizieren zu können, schließe es grundsätzlich nicht aus, dass die von ihm gespeicherten dynamischen IP-Adressen als personenbezogene Daten anzusehen sein.[18]

Zuvor hatte der BGH in seiner Vorlageentscheidung festgestellt, dass das deutsche Recht es   19 dem ISP *nicht* erlaube, die zur Identifizierung von Herrn Breyer erforderlichen Zusatzinformationen direkt an die Bundesrepublik Deutschland als Anbieter von Online-Mediendiensten zu übermitteln. Insbesondere im Fall von Cyber-Angriffen stünden Anbietern von Online-Mediendiensten allerdings rechtliche Möglichkeiten offen, sich an die zuständige Behörde zu wenden, die dann die nötigen Schritte unternehme, die fraglichen Informationen von dem ISP zu erlangen.[19]

---

11 EuGH GRUR Int. 2016, 1169.
12 BGH GRUR 2015, 192 (193).
13 EuGH GRUR Int. 2016, 1169.
14 EuGH GRUR Int. 2016, 1169 Rn. 23. Während statische IP-Adressen unveränderlich sind und eine dauerhafte Identifizierung des an das Netz angeschlossenen Geräts ermöglichen, sind dynamische IP-Adressen nur vorübergehende Adressen, die bei jeder Internetverbindung zugewiesen und bei späteren Verbindungen ersetzt werden.
15 EuGH GRUR Int. 2016, 1169.
16 EuGH GRUR Int. 2016, 1169.
17 EuGH GRUR Int. 2016, 1169.
18 EuGH GRUR Int. 2016, 1169.
19 EuGH GRUR Int. 2016, 1169.

20 Entsprechend setzte der EuGH die abstrakt-generellen Anforderungen an den Personenbezug niedrig an, auch wenn tatsächlich etliche Hürden der Herstellung des Personenbezugs (für den Verantwortlichen) im Weg stehen können. Es komme insbesondere nicht auf einen direkten Auskunftsanspruch des Verantwortlichen gegen den Dritten an. Der Personenbezug scheide lediglich dann aus, wenn der erforderliche tatsächliche Aufwand praktisch nicht durchführbar oder eine Identifizierung gesetzlich verboten wäre.[20] Im Ergebnis hat der EuGH mithin den Anwendungsrahmen des Personenbezugs sehr weit gezogen, allerdings zugleich die Einzelfallprüfung hinsichtlich der Identifizierbarkeit des einzelnen Betroffenen gefordert und als Kriterium auf die Frage des ggf. unverhältnismäßigen Aufwands zur Herstellung des Personenbezugs abgestellt.[21]

b) Stellungnahmen des Generalanwalts und der Literatur

21 Generalanwalt Manuel Campos Sánchez-Bordona wies in seinem Schlussantrag darauf hin, dass die vom EuGH intendierte Formulierung bzgl. der „Mittel …, die vernünftigerweise … von einem Dritten eingesetzt werden könnten" so ausgelegt werden könnte, dass letztlich jede Möglichkeit ausreiche, um den Personenbezug herzustellen, solange irgendeine dritte Person die nötigen Zusatzinformationen beschaffen könne.[22] In der Praxis würde eine so weite Auslegung des Begriffs der personenbezogenen Daten dazu führen, „dass jede Art von Informationen als personenbezogenes Datum einzuordnen wäre, so unzureichend sie für sich genommen auch wäre, um einen Nutzer bestimmen zu können."[23] Es stelle sich für den Verantwortlichen mithin das Problem, dass dieser kaum mit Sicherheit ausschließen könne, dass es nicht eine dritte Person gebe, die „im Besitz von Zusatzwissen ist, das mit der fraglichen Information verbunden werden kann und es damit ermöglicht, die Identität einer Person festzustellen."[24]

22 Technische Mittel würden sich in Zukunft wohl dahin gehend entwickeln, dass sie den Zugang zu personenbezogenen Daten deutlich vereinfachen, so dass der Einsatz von Schutzmaßnahmen, die die Privatsphäre des Betroffenen bereits im Voraus schützen, durchaus gerechtfertigt erscheine.[25] Entscheidend sei, dass unter die „Mittel …, die vernünftigerweise … von einem Dritten eingesetzt werden könnten", der – aus der objektivierten Sicht des Verantwortlichen – „vernünftigerweise" zu erwartende Mitteleinsatz falle und es sich auch nur um solche „Dritte" handeln könne, an die sich der Verantwortliche vernünftigerweise wenden könnte, um an die nötigen Zusatzinformationen zu gelangen.[26] Er betonte in dem Zusammenhang – gewissermaßen als Evidenzargument gegen die gegenteilige Auffassung – die spezifische Natur der dynamischen IP-Adressen und das damit verbundene Risiko der ubiquitären Identifizierbarkeit des einzelnen Nutzerverhaltens.[27]

23 Das Schrifttum hat sich ganz überwiegend der Auffassung des EuGH angeschlossen – wohlgemerkt zu einem Zeitpunkt, in dem die Debatte um den Personenbezug von IP-Adressen und die Umsetzung der ePrivacy-Richtlinie im Fluss war.[28] Richtigerweise habe der EuGH es unterlassen, den Personenbezug anhand einer absoluten/objektiven oder einer relativen/subjektiven

---

20 EuGH GRUR Int. 2016, 1169.
21 EuGH GRUR Int. 2016, 1169.
22 Schlussantrag GA Sánchez-Bordona v. 12.5.2016 – C 582/14, BeckRS 2016, 81027 Rn. 64.
23 Schlussantrag GA Sánchez-Bordona v. 12.5.2016 – C 582/14, BeckRS 2016, 81027 Rn. 65.
24 Schlussantrag GA Sánchez-Bordona v. 12.5.2016 – C 582/14, BeckRS 2016, 81027 Rn. 65.
25 Schlussantrag GA Sánchez-Bordona v. 12.5.2016 – C 582/14, BeckRS 2016, 81027 Rn. 65.
26 Schlussantrag GA Sánchez-Bordona v. 12.5.2016 – C 582/14, BeckRS 2016, 81027 Rn. 65.
27 „Wenn dynamische IP-Adressen nicht als personenbezogene Daten für den Internetdienstanbieter anzusehen wären, könnte dieser sie unbegrenzt speichern und jederzeit den Internetzugangsanbieter um die zusätzlichen Daten bitten, um sie mit der IP-Adresse zur Identifizierung des Nutzers zu verbinden." Schlussantrag GA Sánchez-Bordona v. 12. 05.2016 – C 582/14, BeckRS 2016, 81027 Rn. 75.
28 Siehe ua Bartsch/Behnke IR 2017, 22 (24); Hansen/Struwe GRUR-Prax 2016, 503; Moos/Rothkegel/Clarke MMR 2016, 842 (845); Stück CCZ 2017, 228 (230); Ziegenhorn NVwZ 2017, 213 (216).

Theorie zu beurteilen, und damit der Gefahr vorgebeugt, „durch eine pauschale Verschlagwortung den Blick auf eine fallspezifische Grenzjustierung zu versperren, zumal auch innerhalb der Theorien graduelle Unterschiede herrschen."[29] Stattdessen nehme die Entscheidung eine vermittelnde Ansicht ein: Das absolute Element, wonach für den Personenbezug ausreichen würde, dass – abstrakt betrachtet – irgendein Dritter IP-Adressen bestimmten Personen zuordnen kann, wird durch eine relativierende Voraussetzung ergänzt, indem es für den Verantwortlichen auf den vernünftigen Mitteleinsatz und die rechtliche und faktische Erreichbarkeit des Dritten ankomme.[30]

In der weiteren Analyse hat das Schrifttum teilweise die Frage aufgeworfen, ob die abstrakt-generelle Herstellbarkeit des Personenbezugs dynamischer IP-Adressen verallgemeinerungsfähig sei oder eben doch auf die Zweckspezifik der Abwehr von Cyber-Risiken bzw. Verfolgung von entsprechenden Straftatbeständen durch entsprechende Strafanzeigen des Verantwortlichen auszurichten bzw. auf diese Konstellationen begrenzt sei.[31] Es sei offen geblieben, ob die abstrakt-generelle Möglichkeit der rechtlichen Mittel zur Beschaffung der Zusatzinformationen dem Verantwortlichen auch in der konkreten Situation zur Verfügung stehen müssten (und ggf. allein daraus auch der Mitteleinsatz „vernünftigerweise" zu prognostizieren sei) und ob dazu auch der konkrete Zeit- und Kostenaufwand des Verantwortlichen in Betracht zu ziehen sei.[32]

Im Ergebnis sieht die Kommentarliteratur in der Breyer-Entscheidung einen absoluten Ansatz mit relativierenden Elementen oder einen relativen Ansatz mit Einschränkungen/objektivierenden Elementen.[33] Der Personenbezug könne in Bezug auf dynamische IP-Adressen nur dann *verneint* werden, „wenn der Aufwand den Informationswert so wesentlich übertrifft, dass man vernünftigerweise davon ausgehen muss, dass niemand den Versuch der Bestimmung der Person unter Verwendung der vorhandenen Daten unternehmen wird."[34] Dem ISP stünde diese Möglichkeit aber typischerweise ohne großen Aufwand zur Verfügung, da er die gespeicherte IP-Adresse mit weiteren gespeicherten Daten wie Datum, Zeitpunkt und Dauer der Internetseite bzw. des Internetseitenaufrufes zusammenführen könnte.

c) Relevanz für Big Data

Die Breyer-Entscheidung und ihre Rezeption im Schrifttum erlauben mehrere Feststellungen und Schlussfolgerungen:

Die Breyer-Entscheidung ist spezifisch zur Frage der Herstellbarkeit des Personenbezugs dynamischer IP-Adressen mittels des Rückgriffs auf den umfassenden Informationsstand der ISP ergangen. Es hängt von einer Einzelfallprüfung ab, ob der Mitteleinsatz aufgrund rechtlich verfügbarer Auskunfts- oder in sonstiger Weise durchsetzbarer Informationsansprüche „vernünftigerweise" zu einer Herstellung des Personenbezugs führt. Die abstrakt-generelle Möglichkeit, dass irgendjemand irgendwann mit welchem Aufwand auch immer den Personenbezug einer dynamischen IP-Adresse herstellen könnte, genügt nicht, um daraus abzuleiten, dass eine dynamische IP-Adresse immer und jederzeit ein personenbezogenes Datum darstellt.

24

25

26

27

---

29 Richter EuZW 2016, 909 (912).
30 EuGH GRUR Int. 2016, 1169. Rn. 43; Hansen/Struwe GRUR-Prax 2016, 503; Mantz/Spittka NJW 2016, 3579 (3582); Moos/Rothkegel/Clarke MMR 2016, 842 (845); Sydow/Marsch/Ziebarth DS-GVO Art. 4 Rn. 37.
31 Hansen/Struwe GRUR-Prax 2016, 503; Moos/Rothkegel/Clarke MMR 2016, 842 (846 f.); vgl. auch Skistims/Vogt BB 2016, 2830 (2834).
32 Kühling/Klar ZD 2017, 24 (28); Richter EuZW 2016, 909 (913).
33 Taeger/Gabel/Aring/Rothkegel DS-GVO Art. 4 Rn. 34; siehe auch Paal/Pauly/Ernst DS-GVO Art. 4 Rn. 8–13; Sydow/Marsch/Ziebarth DS-GVO Art. 4 Rn. 37.
34 Simitis/Dammann BDSG (aF) § 3 Rn. 25; BeckOK DatenschutzR/Schild DS-GVO Art. 4 Rn. 20; für den weiten Begriff personenbezogener Daten „mit unterschiedlicher Relevanz" BeckOK DatenschutzR/Gusy/Eichenhofer BDSG § 1 Rn. 48.

28 Es bedarf im Sinne des ErwGr 26 S. 3 DS-GVO im Zeitpunkt der Erhebung und/oder weiterer Verarbeitung einer objektivierten prognostischen Entscheidung („nach allgemeinem Ermessen wahrscheinlich"), ob die verfügbaren Mittel dazu führen *werden*, dass der Personenbezug im Sinne der Identifizierbarkeit der betroffenen Person gegeben ist bzw. entsteht.

29 Es obliegt dem Verantwortlichen zu prüfen, ob Daten, die *per se* keinen Personenbezug aufweisen, aufgrund des Hinzutretens weiterer Umstände die Qualität personenbezogener Daten erhalten werden bzw. – im Sinne der Identifizierbarkeit – erhalten können. Es führt dabei zu weit, dem Verantwortlichen auch nur jede theoretische Möglichkeit der Herstellbarkeit des Personenbezugs zuzurechnen, wenn er weder objektiv über die rechtlichen Mittel verfügt, noch in Bezug auf seine konkreten Umstände der Datenverarbeitung vernünftigerweise damit zu rechnen ist, dass er (oder ein Dritter)[35] diese Mittel einsetzen könnte, um den Personenbezug herzustellen.

30 Soweit der Ersterheber (als potenziell Verantwortlicher) solche Daten mit einem Dritten teilt, hat dieser – unter Berücksichtigung seiner konkreten Umstände – die Prüfung nach den vorstehenden Maßstäben durchzuführen. Diese Prüfung kann bei dem Dritten zu einer anderen Bewertung als bei dem Ersterheber führen.

II. Verantwortlicher, Auftragsverarbeiter und gemeinsam Verantwortliche

1. Bestimmung der Zwecke und Mittel der Datenverarbeitung

31 Zentraler Normadressat der DS-GVO ist der Verantwortliche, der „allein oder mit gemeinsam mit anderen über die Zwecke und Mittel der Verarbeitung von personenbezogenen Daten entscheidet" (Art. 4 Nr. 7 DS-GVO). Um die datenschutzrechtliche Verantwortlichkeit einschließlich aller daraus resultierenden Pflichten des Verantwortlichen zu wahren, ist mithin maßgeblich, dass der Verantwortliche „Herr der Daten" sein und bleiben muss. Das gilt sowohl hinsichtlich der von ihm bestimmten Zwecke als auch der Mittel, für die der Verantwortliche nach der tatsächlichen Anschauung jeweils eine entsprechende Entscheidungsbefugnis[36] (rechtlicher oder faktischer Natur) innehat, also mithin über das „Warum" und das „Wie" entscheidet.[37] Als Zweck definiert der EDSA „ein erwartetes Ergebnis, an dem sich ihre geplanten Maßnahmen ausrichten"[38]. Hinsichtlich der Mittel erwartet der EDSA, dass der Verantwortliche die wesentlichen Mittel bestimmt und steuert.[39] Dazu ist festzustellen, dass diese Mittel eingrenzen bzw. festlegen, welche Daten verarbeitet werden, wie lange sie verarbeitet werden, wer Zugang zu ihnen hat sowie wessen personenbezogene Daten verarbeitet werden. Naturgemäß besteht also eine enge Verknüpfung mit dem Zweck der Verarbeitung und damit auch verbunden der Frage nach der Rechtmäßigkeit der Verarbeitungszwecke.[40]

32 Bemerkenswerterweise ist hingegen nicht erforderlich (und zugleich fragwürdig), dass jeder Verantwortliche tatsächlich Zugang zu den Daten hat (so die Auffassung des EDSA; siehe sogleich zur Auffassung des EuGH im Rahmen der gemeinsamen Verantwortlichkeit → Rn. 37).[41]

---

35 EuGH GRUR Int. 2016, 1169.
36 Vgl. Taeger/Gabel/Aring/Rothkegel DS-GVO Art. 4 Rn. 181 f.
37 EDSA Leitlinien 07/2020 zu den Begriffen „Verantwortlicher" und Auftragsverarbeiter" in der DS-GVO, Version 2.0 vom 7.7.2021 Rn. 29.
38 EDSA Leitlinien 07/2020 zu den Begriffen „Verantwortlicher" und Auftragsverarbeiter" in der DS-GVO, Version 2.0 vom 7.7.2021 Rn. 33.
39 EDSA Leitlinien 07/2020 zu den Begriffen „Verantwortlicher" und Auftragsverarbeiter" in der DS-GVO, Version 2.0 vom 7.7.2021 Rn. 33, 39 f.
40 EDSA Leitlinien 07/2020 zu den Begriffen „Verantwortlicher" und Auftragsverarbeiter" in der DS-GVO, Version 2.0 vom 7.7.2021 Rn. 40.
41 So die Auffassung des EDSA Leitlinien 07/2020 zu den Begriffen „Verantwortlicher" und Auftragsverarbeiter" in der DS-GVO, Version 2.0 vom 7.7.2021 Rn. 45; siehe aber auch EuGH zur gemeinsamen Verantwortlichkeit,

Der Verantwortliche handelt in Abgrenzung zum Auftragsverarbeiter (Art. 4 Nr. 8 DS-GVO) 33
nicht weisungsgebunden im Interesse eines anderen Verantwortlichen. Entsprechend darf dagegen der Auftragsverarbeiter allenfalls über „unwesentliche Mittel"[42] der Datenverarbeitung
selbstständig entscheiden.[43] Die weitere Abgrenzung besteht gegenüber einem „Dritten" (Art. 4
Nr. 10 DS-GVO), der selbst eben nicht Verantwortlicher (oder Auftragsverarbeiter) ist, sondern
ggf. reflexartig personenbezogene Daten erhält und für den ggf. die Frage der Rechtsgrundlage
einer Übermittlung (an diesen Dritten) zu klären ist.[44]

Schon in Konzernstrukturen ist die in der DS-GVO angelegte Dichtomie Verantwortlicher vs. 34
Auftragsverarbeiter kaum trennscharf durchzuführen. Die Rollen des Verantwortlichen und
des Auftragsverarbeiters sind in der Realität vielmehr fluide und können, je nach Art der
Datenkategorien und Verarbeitungszwecke, wechselseitig invers ausfallen.[45] Das resultiert oft
in hoch-komplexen Intercompany-Datenaustausch-Verträgen, bei den eine lokalen Tochtergesellschaft bezüglich der Personaldaten ihrer Mitarbeiter als Verantwortliche im Verhältnis zur
Konzernmutter agiert, soweit es sich um die Durchführung von Anstellungsverträgen handelt.
Zudem agiert die Konzernmutter (oder eine eigene IT Services Gesellschaft) häufig als wei-
sungsgebundener Auftragsverarbeiter für technischen Dienstleistungen (was die Konzernmutter zuweilen als „kontraintuitiv" zur Kenntnis nehmen muss). Hingegen hat sie im Rahmen
globaler Mitarbeiterentwicklungsprogramme oft die Rolle des (gemeinsam) Verantwortlichen,
wohingegen sie in Fragen globaler IT Sicherheit nicht selten die Rolle des alleinigen Verantwortlichen einnimmt. Ähnliche Beobachtungen greifen in der Praxis auch für die Verarbeitung
von Kundendaten im Konzern, wenn zB unterschiedliche Segmente verarbeitet werden und
die Konzernmuttergesellschaft zT Auftragsverarbeiter, zT (Allein-)Verantwortlicher und zT mit
einer oder mehreren Tochtergesellschaften gemeinsam Verantwortlicher ist.

2. Gemeinsame Verantwortlichkeit in vernetzten Strukturen

Zunehmende Bedeutung gewinnt in vernetzten Strukturen der Datenverarbeitung die Frage 35
der gemeinsamen Verantwortlichkeit der Datenverarbeitung („Joint Controllership" bzw. „JC";
Art. 26 DS-GVO). Die als Ausnahme konzipierte Regelung könnte über Zeit zum Regelfall
werden, einschließlich der damit verbundenen, von den Beteiligten eher unerwünschten Folgen (gesamtschuldnerische Haftung etc), die der ursprünglich intendierten Zielsetzung der
Zusammenarbeit zuwiderlaufen könnten.[46]

Wesensmerkmal der gemeinsamen Verantwortlichkeit ist die gemeinsame Zweckabrede meh- 36
rerer Verantwortlicher, die diese schriftlich zu dokumentieren und auf Verlangen auch der
betroffenen Person vorzulegen haben (Art. 26 Abs. 1 S. 2 Abs. 2 DS-GVO). Damit ist zugleich
das Abgrenzungskriterium gegenüber einer Datenübermittlung von einem Verantwortlichen
an den nächsten Verantwortlichen beschrieben („Controller to Controller"), bei dem der
neue Verantwortliche eigene und nur vom ihm bestimmte Zwecke verfolgt, die nicht mit
denjenigen des Erst-Verantwortlichen überstimmen müssen (immer vorausgesetzt, dass der
Erst-Verantwortliche eine Rechtsgrundlage für die Datenübermittlung begründen kann).

---

wobei die Bezugnahme auf den EuGH GRUR Int. 2018, 853 Rn. 38 insoweit fraglich ist, als der EuGH dort
feststellte, dass nicht jeden der Verantwortlichen eine gleichwertige Verantwortung trifft.

42 EDSA Leitlinien 07/2020 zu den Begriffen „Verantwortlicher" und Auftragsverarbeiter" in der DS-GVO,
Version 2.0 vom 7.7.2021 Rn. 41.

43 Spindler/Schuster/Nink DS-GVO Art. 28; Rn. 2; BeckOK DatenschutzR/Spoerr DS-GVO Art. 28 Rn. 18 f.; Sy-
dow/Marsch/Ingold DS-GVO Art. 28 Rn. 11–14.

44 Siehe BeckOK DatenschutzR/ Wolff/Brink/v. Ungern-Sternberg, Art. 4 DS-GVO Rn. 121a zu der Problemstel-
lung, ob der Betriebsrat im selben Unternehmen Dritter sein könnte; weitere Konstellationen betreffen
konzernverbundene Unternehmen, die eben auch immer als „Dritte" einzuordnen sind.

45 Dazu Nink/Müller ZD 2012, 505.

46 Grundlegend Conrad DuD 2019, 563 (564); Leistner/Antoine/Sagstetter Big Data, 240 ff.; Niemann/Kevekordes
CR 2020, 183 ff.

37 Spätestens mit der „Wirtschaftsakademie"-Entscheidung des EuGH[47] (besser bekannt als *Facebook-Fanpages* Entscheidung) ist klar, dass ein arbeitsteiliges Vorgehen mit Blick auf die Mittel der Datenverarbeitung wie auch insgesamt der Aufteilung der Rollen der gemeinsamen Verantwortlichen möglich ist. Im Kern ist damit die gemeinsame Zweckbestimmung das maßgebliche Zurechnungskriterium der gemeinsamen Verantwortlichkeit. In seiner darauffolgenden „Fashion ID"-Entscheidung führt der EuGH aus, dass eine gemeinsame Verantwortlichkeit für die Verarbeitung personenbezogener Daten nur für solche Vorgänge bestehen kann, bei denen Zweck und Mittel der Verarbeitung gemeinsam entschieden wurden.[48] Es ist demnach auf das gemeinsame Festlegen der Zweckbestimmung abzustellen. Ergänzend ergibt sich aus der Opinion 03/2013 der Artikel 29 Datenschutzgruppe, dass die gemeinsame Zweckbestimmung der Verantwortlichen dem Betroffenen gegenüber offengelegt werden muss.[49] Dies umfasst eine verständliche Beschreibung des Zwecks der Verarbeitung.

38 In der Praxis führt dies – auch nach Auffassung der Datenschutzbehörden – dazu, dass es in einer Verarbeitungskette zwischen dem Erst-Verantwortlichen und einem weiteren Verantwortlichen (auch wenn diese übergreifend eine Datenübermittlung vereinbart haben) zu einem überlappenden Prozessabschnitt kommen kann, in dem die gemeinsame Verantwortlichkeit mit allen Folgen der Art. 26, 82 Abs. 4 DS-GVO (Erfordernis eines entsprechenden Vertrages, gesamtschuldnerische Haftung im Außenverhältnis) anzunehmen ist, wohingegen vor- und nachgelagerte Verarbeitungsschritte der alleinigen Verantwortlichkeit einer der Beteiligten untersteht.[50] Im Sinne dieser Arbeitsteilung ist es dann nicht erforderlich, dass beide Verantwortliche jeweils über dieselben Mittel der Datenverarbeitung tatsächlich verfügen oder auch beide jeweils Zugang zu den verarbeiteten Daten haben.[51]

39 Problematisch ist dieser zuletzt genannte Aspekt insbesondere dann, wenn aufgrund eines asymmetrischen Marktgefälles – wie etwa im Fall der Facebook Fanpages – die tatsächliche Entscheidungsbefugnis über die Verarbeitungszwecke zwischen den gemeinsamen Verantwortlichen nicht weiter verhandelbar ist und sich letztlich auf ein „take it or leave it" reduziert. Anders gesagt wird damit der marktschwächere Partner notwendigerweise in die gesamtschuldnerische Haftung des Art. 82 Abs. 4 DS-GVO gedrängt, wenn er die vom stärkeren Marktteilnehmer vorgegebenen Zwecke akzeptiert, indem er sich die Mittel der Verarbeitung zu eigen macht, auch ohne dass er Zugriff auf die der gemeinsamen Verantwortlichkeit unterstellten Verarbeitungsprozesse hat. Mit Blick auf das Rechtsdurchsetzungsinteresse mag dies ein opportuner Schritt der Datenschutzbehörden sein, den Marktstärkeren „auf DS-GVO-Kurs zu bringen". Rechtsdogmatisch bleibt es aber eine fragwürdige Annahme bzw. Schlussfolgerung, dass hier der marktschwächere Verantwortliche in dem konkreten Verarbeitungsprozess noch „Herr der Daten" sein soll.[52]

40 Noch komplexer wird die Frage der Verantwortlichkeit, wechselseitiger Controller-Processor Verhältnisse („C2P") und gemeinsamer Verantwortlichkeit in Datenräumen, Datenpools und anderen Formen der konsortialen Datenverarbeitung und -nutzung, oder – noch einen Schritt weitergehend – im Rahmen eines „offenen Internets der Dinge"[53] und, ultimativ, in verteilten Netzwerk- und Datenablagestrukturen wie der Blockchain bzw. „Distributed Ledger Technologie" („DLT"). Bei multilateralen Datenaustauschverhältnissen kann der einzelne Teilnehmer

---

47 EuGH GRUR Int. 2018, 853 Rn. 43.
48 EuGH NJW 2019, 2755 Rn. 74.
49 Opinion 03/2013 on purpose limitation III.1.2, 17 (diese Stellungnahme wurde nicht von dem EDSA gebilligt; ihr kommt somit allenfalls eine indikative Wirkung zu).
50 EDSA Leitlinien 07/2020 zu den Begriffen „Verantwortlicher" und Auftragsverarbeiter" in der DS-GVO, Version 2.0 vom 7.7.2021 Rn. 57 ff.
51 EuGH GRUR Int. 2018, 853 Rn. 38; EuGH NJW 2019, 285 Rn. 69.
52 Ebenfalls kritisch Niemann/Kevekordes CR 2020, 183.
53 Darstellend Auer-Reinsdorff/Conrad IT-R-HdB/Schmidt/Pruß § 3 Rn. 431 ff.

sowohl Datengeber als auch Datennutzer und/oder die Rolle eines Daten-Intermediärs einnehmen.[54] Hier führt der Abschluss von bilateralen Datenübermittlungsverträgen („C2C"), Auftragsverarbeitungsverträgen („C2P") und Verträgen über die gemeinsame Verantwortlichkeit zu einer Gemengelage und in der Praxis kaum noch handhabbaren Umsetzungsanforderungen, wenn diese Verträge individuell ausverhandelt und abgeschlossen werden sollen. Während sich auf Datenaustausch-Plattformen und in Datenräumen eine entsprechende Datennutzungsstruktur durch Teilnahmebedingungen umsetzen lässt,[55] tritt im Fall der DLT erschwerend hinzu, dass die Identität der Verantwortlichen oft genug im Dunklen bleibt und es definitionsgemäß keine Zentralinstanz gibt, die übergreifend einheitliche Nutzungsbedingungen vorgeben und verwalten könnte. Damit stößt das Ausgangsverständnis der Verantwortlichkeit einschließlich der zugehörigen Rechenschaftspflicht (Art. 5 Abs. 2 DS-GVO) an eine natürliche Grenze.[56] Etwas anderes kann allenfalls gelten, wenn die Blockchain-Technologie bzw. Smart Contracts dazu genutzt werden, um diese – im Rahmen einer konsortialen Datennutzung vorher gemeinsam vereinbarte – Technologie zur Implementierung bestimmter Datenverarbeitungen unter einem ggf. durch Teilnahme- und Registrierungsbedingungen festgelegten Nutzerkreis einzusetzen.[57]

3. Offene Fragen und Folgen für Big Data-Anwendungen

Die vorstehenden Überlegungen werfen einige wichtige Fragen mit Blick auf Big Data-Anwendungen auf, die hier näher zu beleuchten sind, auch wenn es dazu noch keine abschließenden Antworten geben mag. Dazu gehören: **41**

Kann überhaupt die Rolle des Verantwortlichen definitionsgemäß festgelegt werden, wenn der Einsatz von Big Data-Analysenmethoden zu keinem „erwarteten Ergebnis" iS der EDSA Leitlinien[58], führen wird oder gerade darauf angelegt ist, „unerwartete Ergebnisse" zu erzielen? Anders gefragt: Kann und darf der Verantwortliche die Verarbeitungszwecke so offen und flexibel festlegen, so dass nicht-deterministische Auswertungsergebnisse, also auch das „unerwartete Ergebnis" in den Rahmen einer zulässigen, zweckgebundenen Datenverarbeitung fällt? **42**

Umgekehrt schließt sich daran die – vor allem im Bereich des Trainierens von Algorithmen relevante – Frage an, ob der Einsatz von Big Data-Tools *per se* datenschutzwidrig ist und damit jede Form der „starken KI"[59] (bzw. einer KI, deren Funktionalität über ein selbst lernend-verbesserndes, binäres Entscheidungsmodell wie etwa die Bilderkennung hinausgeht) vor vornherein ausgeschlossen ist. **43**

Die Antworten dürfen nicht dazu führen, dass der Einsatz von Big Data-Analytics-Technologien an der Vorfestlegung einer von den Datenschutzbehörden artikulierten, aber nicht unmittel- **44**

---

54 Zur Grundstruktur des Industrial Data Space, siehe Otto/ten Hompel/Wrobel/Duisberg Designing Data Spaces, 2022, 78 ff.

55 Siehe zu ersterem: Teilnahmebedingungen für eine Industrie 4.0 Plattform (https://www.plattform-i40.de/IP/Redaktion/DE/Downloads/Publikation/RTB%20-%20Mustervertrag.html) nebst zugehörigem Vertragsleitfaden https://www.plattform-i40.de/IP/Redaktion/DE/Downloads/Publikation/Leitfaden-Musterve rtrag.html); alternativ dazu das Modell der Datentreuhänder in diesem Buch → Kap. § 4 Daten- Treuhand.

56 Zur Datenschutzproblematik in der Blockchain, siehe insbesondere Sydow/Marsch/Sydow DS-GVO Einl. Rn. 117 ff.

57 Hierzu wegweisend das Recht-Testbed der Plattform Industrie 4.0 (www.legaltestbed.org).

58 EDSA Leitlinien 07/2020 zu den Begriffen „Verantwortlicher" und Auftragsverarbeiter" in der DS-GVO, Version 2.0 vom 7.7.2021 Rn. 33.

59 Eine starke KI soll in ihrer Intelligenz einem Menschen gleichen, wohingegen die schwache KI lediglich konkrete Problemlösungen bereitstellt, siehe dazu Gemin ZD 2021, 354 (355); weiterführende Überlegungen anhand der EDSA-EDSB Gemeinsame Stellungnahme 5/2021 zum Vorschlag für ein Gesetz über künstliche Intelligenz vom 18.6.2021; Positionspapier der DSK zu empfohlenen technischen und organisatorischen Maßnahmen bei der Entwicklung und dem Betrieb von KI-Systemen vom 6.11.2019.

bar im Gesetz verankerten Zweckdefinition im Ansatz scheitert.[60] Vielmehr kommt es im Rahmen der Zweckfestlegung entscheidend darauf an, dass dieser hinreichend bestimmt, aber eben auch innovationsoffen formuliert werden kann. Dem entspricht das in ErwGr 15 S. 1 DS-GVO angelegte Gebot der Technologieneutralität. Daraus folgt, dass sich die Zuordnung der Verantwortlichkeit allein daraus herleitet, wer die Entscheidung über einen legitimen, hinreichend bestimmten Verarbeitungszweck trifft und die daraus folgende Rechenschaftspflicht übernimmt (Art. 5 Abs. 2 DS-GVO), nicht hingegen aus der Qualität bzw. Legitimität des Verarbeitungszwecks selbst.

45 Die Reduktion auf Verarbeitungszwecke eines *a priori* „erwarteten Ergebnisses" verkürzt den Entscheidungs- und Wertungsspielraum eines Verantwortlichen zur datenschutzkonformen Realisierung von Big Data-Analytics-Modellen und ist DS-GVO-inhärent nicht mit dem Gebot der Technologieneutralität (ErwGr 15 S. 1 DS-GVO) vereinbar. Auch eine darüber hinausgehende Grundrechtsabwägung hinsichtlich der unternehmerischen Handlungsfreiheit und Berufsfreiheit dürfte entgegenstehen, *a priori* eine Festlegung auf ein „erwartetes Ergebnis" zu fordern.[61]

III. Zweckbindung und Datenminimierung im Spannungsverhältnis

46 Das größte Spannungsverhältnis besteht zwischen Big Data und den Grundsätzen der Datenminimierung (Art. 5 Abs. 1 lit. c) DS-GVO) und dem damit eng verbundenen, zentralen Grundsatz der Zweckbindung (Art. 5 Abs. 1 lit. b) DS-GVO).[62] Danach erscheint bereits die Erhebung und Verarbeitung großer Datenmengen für Big Data Analysen – und erst recht mit dem Ziel der Bildung von Korrelationen aus heterogenen Datenquellen – in einem offenen Zielkonflikt mit diesen Grundsätzen zu stehen. Immerhin lassen sich einige Aspekte bei näherer Betrachtung auflösen.

1. Überkommenes Gebot der Datenminimierung

47 Der Grundsatz der Datenminimierung steht im unmittelbaren Bezug zum Grundsatz der Zweckbindung und entfaltet ohne diesen keine eigenständige Relevanz; er ist in der Praxis nicht mehr als ein Annex zur Bestätigung der Zweckbindung. Gemäß Art. 5 Abs. 1 lit. c) DS-GVO gilt für jede Verarbeitung (einschließlich der Erhebung und Speicherung), dass sie „angemessen und erheblich, sowie auf das für die Zwecke der Verarbeitung notwendige Maß beschränkt" sein muss. Eine Datenerhebung ohne einen klar umrissenen Zweck wie auch eine Datenverarbeitung, die quantitativ unbegrenzte Datenverarbeitung postuliert, ist mithin rechtswidrig (wie dies bei einer Datenerhebung „auf Vorrat" der Fall wäre).[63]

48 Der Grundsatz der Datenminimierung unterscheidet sich vom früher „absoluten" Geltungsanspruch der „Datensparsamkeit" gemäß § 3 lit. a S. 1 BDSG (alt), der forderte: „Die Erhebung, Verarbeitung und Nutzung personenbezogener Daten und die Auswahl und Gestaltung von Datenverarbeitungssystemen sind an dem Ziel auszurichten, so wenig personenbezogene Da-

---

60 EDSA Leitlinien 07/2020 zu den Begriffen „Verantwortlicher" und Auftragsverarbeiter" in der DS-GVO, Version 2.0 vom 7.7.2021 Rn. 33.

61 EDSA Leitlinien 07/2020 zu den Begriffen „Verantwortlicher" und Auftragsverarbeiter" in der DS-GVO, Version 2.0 vom 7.7.2021 Rn. 33.

62 Leistner/Antoine/Sagstetter Big Data, 282 ff. sprechen zurecht von einem „diametralen Gegensatz". Das Postulat der „Datenvielfalt" und des „Datenreichtums", das ua im Rahmen der „Leitplanken Digitaler Souveränität" 2015 vom Bundesministerium für Wirtschaft und Klimaschutz formuliert wurde, fand keinen Eingang in die DS-GVO (Text nicht mehr öffentlich verfügbar; siehe https://www.datenschutzzentrum.de/artikel/1000-Die-Zukunft-der-informationellen-Selbstbestimmung-mit-Datensparsamkeit-UND-digitaler-Souveraenitaet.html), ebenso wie das Postulat von „Datenreichtum und Datensouveränität"), digitale Souveränität (https://www.bmwk.de/Redaktion/DE/Veranstaltungsarchiv/20170503-smart-data-dialog.html).

63 Ehmann/Selmayr/Heberlein DS-GVO Art. 5 Rn. 13.

ten wie möglich zu erheben, zu verarbeiten oder zu nutzen." Das darin manifestierte Datenschutzverständnis gründete „weitgehend auf dem Stand von 1995."[64]

Über den in der Definition angelegten engen Bezug auf die Zweckbindung bleibt allenfalls   49
Raum für eine – auf den konkreten Verarbeitungsvorgang bezogene – weitere Verhältnismäßigkeitsprüfung hinsichtlich der Datenverarbeitung, die eben den konkreten Verarbeitungszweck darauf zu prüfen hat, ob dieser „angemessen und erheblich, sowie auf das für die Zwecke der Verarbeitung notwendige Maß beschränkt" ist (Art. 5 Abs. 1 lit. c) DS-GVO). Es ist aber fraglich, ob für die im deutschen Verfassungsrecht verankerte strenge Verhältnismäßigkeitsprüfung (Eignung, Erforderlichkeit, Verhältnismäßigkeit im engeren Sinne)[65] über den Fall der eigentlichen Grundrechtseingriffe staatlicher Institutionen bzw. im Rahmen der EU-Grundrechte Charta[66] hinaus ein umfassender eigenständiger Anwendungsbereich für das Gebot der Datenminimierung besteht. Denn schon bei der sorgfältigen Begründung des legitimen Zwecks der Verarbeitung muss der Verantwortliche, ebenso wie bei den Rechtfertigungstatbeständen (Art. 6 Abs. 1 DS-GVO) jeweils im Einzelnen prüfen, ob die Verarbeitung durch den Zweck gedeckt ist und die Verarbeitung die Schutzinteressen der betroffenen Personen im Sinne aller daraus folgenden Pflichten (Informationspflichten, Rechenschaftspflicht einschließlich Dokumentationspflichten, Betroffenenrechte, etc.) umfassend berücksichtigt – zumal mit dem Grundsatz der Speicherbegrenzung (Art. 5 Abs. 1 lit. e) DS-GVO) nach Zweckerfüllung die Datenlöschung vorgesehen ist. Daraus folgt nach hiesiger Auffassung für den Grundsatz der Datenminimierung bereits *de lege lata* allenfalls die Funktion einer „mahnenden Leitplanke", ohne die Qualität einer eigenständig durchsetzbaren Rechtsnorm zu haben.

Wenn man dem realen Phänomen des exponentiellen Datenwachstums, dem Potenzial von Big   50
Data und dem Ziel einer darauf basierenden Datenwirtschaft angemessen Rechnung tragen möchte, spricht *de lege ferenda* alles dafür, sich vom Gebot der Datenminimierung als „altem Zopf" bei nächster Gelegenheit zu verabschieden.

2. Anforderungen an die Zweckbestimmung

Der Verantwortliche darf personenbezogene Daten nur „für festgelegte, eindeutige und legiti-   51
me Zwecke" erheben und jede Weiterverarbeitung muss grundsätzlich mit diesen Zwecken in Übereinstimmung stehen (Art. 5 Abs. 1 lit. b) DS-GVO. Etwas anderes gilt lediglich für im öffentlichen Interesse liegende Archivzwecke, für wissenschaftliche oder historische Forschungszwecke oder für statistische Zwecke (Art. 5 Abs. 1 lit. b) S. 2 DS-GVO).

Damit stellt sich für Big Data vornehmlich die Frage, wie weit der Verantwortliche die Verarbei-   52
tungszwecke fassen darf bzw. wie sehr er diese vorab eingrenzen muss, um Wertschöpfung aus Daten zu betreiben. Dazu ist in mehrfacher Hinsicht zu unterscheiden:

Wie bereits ausgeführt, ist die Auffassung des EDSA als zu eng abzulehnen, dass nur solche Ver-   53
arbeitungszwecke statthaft sind, die ein „erwartetes Ergebnis, an dem sich ihre geplanten Maßnahmen ausrichten",[67] erzeugen. Das gilt jedenfalls, wenn man erkenntnistheoretisch als „erwartete Ergebnisse" nur solche Resultate akzeptieren soll, die sich aus einer deterministischen Steuerung der Auswahl unterschiedlicher Entscheidungsalternativen nach zuvor festgelegten

---

64 Erfahrungsbericht der unabhängigen Datenschutzaufsichtsbehörden des Bundes und der Länder zur Anwendung der DSVGO, November 2019, 24.
65 Grundlegend zum Grundsatz der Verhältnismäßigkeit Dürig/Herzog/Scholz/Grzeszick GG Art. 20 Rn. 109 ff.; Jarass/Pieroth/Jarass GG Art. 3 Rn. 20–23; in Bezug auf die DS-GVO Ehmann/Selmayr/Schiff DS-GVO Art. 9 Rn. 56, 57.
66 Zum Grundsatz der Verhältnismäßigkeit im Rahmen der EU-Grundrechte Charta Calliess/Ruffert/Kingreen EU-GRCharta Art. 52 Rn. 65 ff.; Jarass GrCh EU-Grundrechte-Charta Art. 52 Rn. 41, 42; Stern/Sachs/Krämer GRCh Art. 52 Rn. 52–54.
67 EDSA Leitlinien 07/2020 zu den Begriffen „Verantwortlicher" und Auftragsverarbeiter" in der DS-GVO, Version 2.0 vom 7.7.2021 Rn. 33.

Parametern ergeben. Das Beispiel der automatisierten Bilderkennung (Tiergesicht vs. Muffin) mit binärem ja/nein Entscheidungsausgang ist im Bereich der selbstlernenden Algorithmen das dazu passende Beispiel. Damit käme man zwangläufig zu einem *a priori* Ausschluss jeder Art des Maschinellen Lernens, das unvorhergesehene Auswertungen, Entscheidungs- und Handlungsalternativen als Ergebnisse produziert bzw. produzieren soll.

54 Immerhin hat der EDSA zur Zweckbestimmung einen weiteren Weg aufgezeigt, indem es für die Beschreibung des Verarbeitungszwecks genügen soll, „wie ein Ergebnis erzielt oder ein Ziel erreicht wird."[68] Eine innovationsorientierte Auslegung sollte danach auch die Definition eines solchen Verarbeitungszwecks mittragen, um beispielsweise die Durchführung einer Datenanalyse aus Datenquelle A anhand der Parameter α, β, γ mit dem Ziel der Aufdeckung bestimmter Korrelationen unter Berücksichtigung der Datenquelle B anhand der Parameter α1, β1, γ1 durchzuführen (jedenfalls, soweit jeweils eine Rechtfertigungsgrundlage besteht, die einzelnen Datenbestände aus den Datenquellen einer solchen Analyse zu unterziehen).[69]

55 Darüber hinaus ist gerade im Bereich des Maschinellen Lernens streng zu trennen zwischen der Datenverarbeitung, die lediglich dem Trainieren eines Algorithmus dient, und möglichen Ergebnissen, die der (spätere) Einsatz des trainierten Algorithmus hinsichtlich einzelner Betroffener möglicherweise im Sinne einer Profilbildung erzeugt.[70]

56 Des Weiteren ist anzuerkennen, dass Daten für mehr als einen Zweck erhoben werden können, ohne dass die Zwecke zwangsläufig in einem Zusammenhang stehen.[71]

57 Als zusätzliches Korrektiv ist – auf der Ebene der Zweckbindung (nicht nur bei Auslegung der Rechtfertigungsgrundlage) – der Verhältnismäßigkeitsgrundsatz zu beachten. Für eine legitime Zweckbindung (eng/streng vs. offen/flexibel) muss also eine angemessene Zweck-Mittel-Relation im Verhältnis zu den möglichen Einschränkungen für die Rechte und Freiheiten der Betroffenen bestimmt und formuliert werden. Ist das Risiko bzw. die Eingriffstiefe nach Art der verarbeiteten Daten und nach den mit der Verarbeitung verfolgten Zielen für den einzelnen Betroffenen gering, ist ein offener und flexibler formulierter Verarbeitungszweck legitim, wohingegen der Verarbeitungszweck bei einer höheren Risikolatenz für den Betroffenen enger gefasst werden muss.[72]

IV. Zweckänderung

58 Mit der Zweckbindung nach Art. 5 Abs. 1 lit. b) DS-GVO geht einher, dass die Weiterverarbeitung grundsätzlich nicht den ursprünglich festgelegten Zweck („Primärzweck") überschreiten darf. Kommt es gleichwohl zu einer Verarbeitung in Überschreitung des festgelegten Verarbeitungszwecks, ist die Verarbeitung grundsätzlich rechtswidrig. Der Verantwortliche muss ggf. den Verarbeitungsvorgang neu aufsetzen, dafür einen eigenen Verarbeitungszweck definieren und alle übrigen Pflichten vollumfänglich erfüllen (Bestimmung der Rechtfertigungsgrundlage, Rechenschaftspflicht, Informationspflichten, Wahrung der Betroffenenrechte etc). In der Praxis kommt dies vor allem zum Tragen, wenn die Zwecküberschreitung sich in einer Weiterverarbeitungskette realisiert, da es dem Verantwortlichen – zumindest theoretisch – bei einer Verarbeitung „nur bei sich" ja freistünde, einigermaßen unkompliziert neu aufzusetzen.

---

68 EDSA Leitlinien 07/2020 zu den Begriffen „Verantwortlicher" und Auftragsverarbeiter" in der DS-GVO, Version 2.0 vom 7.7.2021 Rn. 33.

69 Ähnlich auch Specht GRUR Int. 2017, 1040 (1043); aA Simitis/Hornung/Spiecker/Roßnagel DS-GVO Art. 5 Rn. 115, der mit einem engeren Verständnis der Zweckbindung die Erzeugung von Korrelationen für grundsätzlich ausgeschlossen zu halten scheint.

70 Niemann/Kevekordes CR 2020, 21.

71 Leistner/Antoine/Sagstetter Big Data, 283; siehe auch EDSA Leitlinien 07/2020 zu den Begriffen „Verantwortlicher" und Auftragsverarbeiter" in der DS-GVO, Version 2.0 vom 7.7.2021 Rn. 43.

72 Ausführlich und hilfreich Niemann/Kevekordes CR 2020, 17 (Teil 1); Niemann/Kevkordes CR 2020, 183 (Teil 2).

Eine Ausnahme formuliert das Gesetz lediglich für Weiterverarbeitungen „im öffentlichen 59
Interesse liegende Archivzwecke, für wissenschaftliche oder historischen Forschungszwecke
oder für statistische Zwecke" (Art. 5 Abs. 1 lit. b), Art. 89 Abs. 1 DS-GVO).

Darüber hinaus eröffnet Art. 6 Abs. 4 DS-GVO die Möglichkeit, unter bestimmten Vorausset- 60
zungen die Verarbeitung zu „anverwandten Zwecken" fortzuführen, die in einer inhaltlichen
Nähe zum Primärzweck stehen.

Der Verantwortliche muss dazu einen „Kompatibilitätstest"[73] nach den unter Art. 6 Abs. 4 61
lit. a)-e) DS-GVO (nicht abschließend) genannten Kriterien durchführen. Im Ergebnis bedeutet
es, dass der bzw. die neue(n) Verarbeitungszweck(e) eine „Verbindung" zu dem Primärzweck
der Datenerhebung haben (lit. a)) und/oder ein „Zusammenhang, in dem die personenbezogenen Daten erhoben wurden, insbesondere hinsichtlich der Verhältnisse zwischen den betroffenen Personen und dem Verantwortlichen" (lit. b)) bestehen muss. Zudem ist zu prüfen, ob
insbesondere sensitive Daten (iS der Art. 9 oder 10 DS-GVO) betroffen sind (lit. c)). Der Verantwortliche hat die Folgen der Weiterverarbeitung für die betroffenen Personen zu bewerten
(lit. d)) und sich von vorhandenen Garantien (etwa Verschlüsselung oder Pseudonymisierung)
zu überzeugen (lit. e)).

Die zweckändernde Weiterverarbeitung erfordert mithin eine sorgfältige Betrachtung des Ein- 62
zelfalls, um eine zulässige Zweckerweiterung unter Berücksichtigung und Abwägung der in
lit. b)-e) Schutzinteressen des bzw. der Betroffenen festzustellen (siehe auch ErwGr 50 DS-
GVO). Nach richtiger Auffassung handelt es sich nicht um einen Vorgang, der wie die Ersterhebung die Feststellung einer eigenen Rechtfertigungsgrundlage erfordert;[74] er ist vielmehr
durch die Nähebeziehung zum Primärzweck und die ihm zugrunde liegende Rechtfertigungsgrundlage gedeckt.[75] Aus ErwGr 50 DS-GVO ergibt sich, dass eine zweite Prüfung eben nicht
erforderlich ist, soweit der Verantwortliche den Korridor der (engen) Prüfkriterien des Art. 6
Abs. 4 durchlaufen hat.[76]

Mit Blick auf Big Data verschafft die Norm aber nur begrenzten Spielraum, insbesondere wenn 63
der Verantwortliche den Primärzweck eng gefasst hat, er nicht vorausschauend geplant hat oder
es ihm aus anderen Gründen nicht möglich ist, in die Verarbeitungszwecke auch das Ziel der
Datenauswertung durch Korrelationen aufzunehmen. In einem solchen Fall bleibt ihm derzeit
der Weg zu einer erweiterten Datenanalyse nach Maßgabe des Art. 6 Abs. 4 DS-GVO versagt,
selbst wenn er zB Mittel der Pseudonymisierung einsetzt und sonstige Garantien übernimmt.

Soweit der Verantwortliche „neu aufsetzen" kann (indem er eine entsprechende Einwilligung 64
der Betroffenen einholt oder, soweit möglich, ein berechtigtes Interesse neu formuliert), mag
dies zu einem hinnehmbaren Mehraufwand führen. Anders ist es aber, wenn die Daten zB mit
anderen Nutzern (etwa im Rahmen einer konsortialen Datennutzung in einem Datenraum)
geteilt sind. Big Data ist dann *de lege lata* allenfalls möglich, wenn es sich um eine oder
mehrere Weiterverarbeitung(en) handelt, die sich im Rahmen der zulässigen Sonderzwecke
des Art. 5 Abs. 1 lit. b) 2. Halbsatz DS-GVO bewegen (dh im öffentlichen Interesse liegende
Archivzwecke, wissenschaftliche oder historische Forschung oder statistische Zwecke).

Hier zeigt sich die Schwäche der derzeitigen Rechtslage hinsichtlich einer notwendigen Flexi- 65
bilisierung der Datenverarbeitung, insbesondere soweit es dem Verantwortlichen und ggf.

---

73 Leistner/Antoine/Sagstetter Big Data, 285 mwN.
74 Zustimmend Bitkom, Stellungnahme Anonymisierung unter der DS-GVO unter besonderer Berücksichti-
    gung der TK- Branche, 5 f.; Deutsche Telekom, Stellungnahme anlässlich des öffentlichen Konsultationsver-
    fahrens des Bundesbeauftragten für den Datenschutz und die Informationsfreiheit zum Thema: Anonymisie-
    rung unter der DS-GVO unter besonderer Berücksichtigung der TK- Branche, 6.
75 Leistner/Antoine/Sagstetter Big Data, 286 mwN; aA Datenschutzkonferenz, Erfahrungsbericht zur Anwen-
    dung der DS-GVO, November 2019, 13 f., die die Bestimmung einer separaten Rechtfertigung der Verarbei-
    tung verlangen.
76 Ausführlich Niemann/Kevekordes CR 2020, 17; ebenso Specht GRUR Int 2017, 1045.

weiteren Datennutzern möglich ist, mit pseudonymisierten Daten Datenanalyse – auch für kommerzielle Zwecke (also außerhalb der Sonderzwecke des Art. 5 Abs. 1 lit. b) DS-GVO) – zu betreiben.

66 Im Übrigen kann nicht genug betont werden, dass es in einer Vielzahl von Big Data-Prozessen eben nicht um die Erstellung von Profilen des einzelnen Betroffenen, sondern zum einen um das Trainieren von Algorithmen,[77] zum anderen um die Entwicklung von Mustern und Erzielen neuer Erkenntnisse aus hochskalierten Datenauswertungen geht, die sich jenseits einer rein statistischen Auswertung iSd Art. 5 Abs. 1 lit. b) 2. Halbsatz bewegen.

67 *De lege ferenda* ist zu wünschen, dass die in Art. 6 Abs. 4 DS-GVO durchzuführende Interessenabwägung auch die Verarbeitung zu nicht zusammenhängenden Zwecken (iS der lit. a) und b)) ermöglicht, wenn der Verantwortliche die Daten pseudonymisiert und er sowie ggf. weitere Verarbeiter sich durch geeignete Garantien gegen eine Ent-Pseudonymisierung während der Big Data-Analysephase absichern (Verschlüsselung der Verarbeitung, Unzugänglichkeit des Schlüssels für andere Weiterverarbeiter, Selbstverpflichtungen der Verarbeiter).

68 Hierzu lohnt sich ein Rückblick in die Historie: Die Entwurfsfassung des Rates vom 11.6.2015[78] zeigt, dass die Diskussion schonmal einen innovationsorientierteren Stand erreicht hatte. Danach sah der Entwurf des Art. 6 Abs. 3a DS-GVO eine überwiegend ähnliche Formulierung zum Abs. 4 vor, wobei dem heutigen Abs. 4 lit. b) noch der (einschränkende) Bezug „insbesondere hinsichtlich des Verhältnisses zwischen den betroffenen Personen und dem Verantwortlichen" und dem Abs. 4 lit. e) in Ergänzung zu den Garantien „wozu Verschlüsselung oder Pseudonymisierung gehören kann" hinzugefügt wurden.[79]

69 Bemerkenswert ist jedoch vor allem der seinerzeit diskutierte Abs. 4, der in dieser Form nicht in die DS-GVO Eingang fand (dort insbesondere Satz 2)*:* „Wenn der Zweck der Weiterverarbeitung mit dem Zweck, für den die personenbezogenen Daten von demselben für die Verarbeitung Verantwortlichen erhoben wurden, nicht vereinbar ist, muss auf die Weiterverarbeitung mindestens eine der in Abs. 1 Buchstaben a bis e genannten Gründe zutreffen. Die Weiterverarbeitung durch denselben für die Verarbeitung Verantwortlichen für nichtkonforme Zwecke aufgrund der berechtigten Interessen dieses für die Verarbeitung Verantwortlichen oder eines Dritten ist rechtmäßig, wenn diese Interessen die Interessen der betroffenen Person überwiegen."

70 Dieser letzte Satz enthält das Postulat der Weiterverarbeitung auch für geänderte Zwecke – und zwar sowohl durch den für die Ersterhebung Verantwortlichen als auch Dritte –, solange diese neuen („nicht konformen")[80] Zwecke wiederum auf eine Rechtfertigungsgrundlage des Art. 6 Abs. 1 lit. a)-e) DS-GVO[81] gestützt werden können. In ihr kam ein weitaus fortschrittlicheres, geradezu visionäres Datenschutzverständnis zum Ausdruck. Dem Gesetzgeber fehlte seinerzeit offenbar der Mut, über die jetzige „Engführung" hinaus nach vorne zu blicken, obwohl das Thema des Datenreichtums und der Datenvielfalt bereits sehr präsent war.[82] Die seinerzeitige Absage an Big Data stellt sich insoweit als verpasste Chance und korrekturbedürftig dar.

---

77 Dazu Niemann/Kevekordes CR 2020, 17 (21) Rn. 29 „Es ist […] streng zu trennen zwischen ML, das nur ein geringes Risiko für Betroffene auslöst, und der nachfolgenden Anwendung trainierter Algorithmen zur Verarbeitung personenbezogener Daten, die oft nur mit Einwilligung des Betroffenen erfolgen können wird."

78 Interinstitutionelles Dossier 2012/0011 (COD), 9565/15 vom 11.6.2015, abrufbar unter https://data.consilium.euro pa.eu/doc/document/ST-9565-2015-INIT/de/pdf.

79 Interinstitutionelles Dossier 2012/0011 (COD), 9565/15 vom 11.6.2015.

80 Also nicht konform mit dem Primärzweck.

81 Diese entsprechen im Wesentlichen dem Wortlaut der geltenden Fassung; siehe https://data.consilium.europa. eu/doc/document/ST-9565-2015-INIT/de/pdf.

82 ZB Bitkom, Leitlinien für den Big-Data-Einsatz (September 2015), abrufbar unter https://www.bitkom.or g/sites/default/files/file/import/150901-Bitkom-Positionspapier-Big-Data-Leitlinien.pdf; Peter Schaar, Datensparsamkeit und Datenreichtum – ein Widerspruch?, in Die Zukunft des Datenschutzes im Kontext von

V. Privilegierte Verarbeitungszwecke

1. Forschungszwecke

Das Potenzial für Big Data-Anwendungen ist gerade im Bereich von Wissenschaft und Forschung außerordentlich hoch.[83] Soweit es dabei zur Verarbeitung personenbezogener Daten kommt, gelten wissenschaftliche und historische Forschungszwecke, sowie die Datenverarbeitung für statistische Zwecke als von vornherein mit dem Primärzweck vereinbar („Annex-Zwecke"). Sie stellen als solche keine – oder jedenfalls keine mit dem Primärzweck unvereinbare – Zweckänderung der Verarbeitung dar, selbst wenn der Verantwortliche diese nicht ausdrücklich in den Primärzweck aufgenommen hat (Art. 5 Abs. 1 lit. b) 2. Halbsatz DS-GVO). Allerdings unterliegt eine solche Verarbeitung dem Vorbehalt mitgliedstaatlicher Regelungen, die insbesondere zu Erleichterungen für den Verantwortlichen hinsichtlich der Informationspflichten und Betroffenenrechte führen können. Zudem muss der Verantwortliche Garantien zum Schutz der betroffenen Personen übernehmen, die durch mitgliedstaatliches Recht weiter konkretisiert werden können (Art. 89 Abs. 1–5 DS-GVO). 71

Nach überwiegender Auffassung hat der Verantwortliche (gleichwohl) für die konkreten Forschungs- bzw. statistischen Zwecke eine gesonderte Rechtsgrundlage festzustellen, wobei hier im Regelfall das berechtigte Interesse bei „einfachen" personenbezogene Daten greift (Art. 6 Abs. 1 lit. f) DS-GVO). Bei den für die Wissenschaft und Anwendungsforschung zum Teil besonders wichtigen besonderen Arten personenbezogener Daten (Art. 9 DS-GVO) steht diese Rechtfertigungsgrundlage (zB im Bereich der medizinischen Forschung)[84] allerdings nicht zur Verfügung. Hier bedarf es eines Rückgriffs auf gesetzliche Sondertatbestände im Rahmen des Art. 9 Abs. 2 lit. g)-j) DS-GVO iVm mitgliedstaatlichen Datenschutzregeln.[85] 72

Für den – durch die DS-GVO nicht definierten – Begriff der „wissenschaftlichen Forschung" ist zunächst festzuhalten (soweit er nicht ohnehin ein Pleonasmus ist),[86] dass er keine Festlegung auf die Forschungsaktivitäten öffentlicher Forschungseinrichtungen trifft. Er ist vielmehr weit auszulegen und umfasst zB auch interessengebundene Auftragsforschung ebenso wie anwendungsorientierte, kommerzielle Industrieforschung.[87] Maßgeblich ist insoweit die inhaltliche Zielsetzung, durch eine methodische, systematische und nachprüfbare Vorgehensweise Erkenntnisgewinne zu erzielen.[88] Demgemäß betont ErwGr 159 S. 2–5 DS-GVO die besondere Bedeutung der Forschung im Bereich des öffentlichen Gesundheitswesens. 73

Gerade mit Blick auf Big Data und den Nutzen von Korrelationen aus der Verknüpfung mit anderen Datenquellen sieht ErwGr 157 vor, dass „Informationen aus Registern" eine entscheidende Bedeutung für Erkenntnisgewinne der medizinischen Forschung (etwa im Bereich Herz-Kreislauferkrankungen, Krebs und Depression) haben könnten; auch der Bereich der Sozialforschung wird ausdrücklich adressiert. Allerdings deutet der Bezug auf den (dort ebenfalls nicht definierten) Begriff der „Register" darauf hin, dass es sich dabei um institutionell geführte Datenverzeichnisse bzw. Datenbänke handeln sollte. Indem das Forschungsprivileg nicht auf 74

Forschung und Smart Data (2016): https://www.digitale-technologien.de/DT/Redaktion/DE/Downloads/Publikation/smart-data-brosch%C3%BCre_zukunft_datenschutz.pdf%3F__blob%3DpublicationFile%26v%3D7.

83 Vgl. Bundesministerium für Bildung und Forschung, Big Data – Management und Analyse großer Datenmengen.

84 Dazu grundlegend Roßnagel ZD 2019, 157 ff.; Dierks/Roßnagel Sekundärnutzung von Sozial- und Gesundheitsdaten – Rechtliche Rahmenbedingungen, 2019, 198.

85 Siehe dazu im Einzelnen → Rn. 207 ff.

86 Ähnlich Niemann/Kovekedes CR 2020, 179.

87 Leistner/Antoine/Sagstetter Big Data, 287 f.; Niemann/Kevekordes CR 2020, 180; Roßnagel ZD 2019, 157 (159); Werkmeister/Schwaab CR 2019, 85; Geminn DuD 2018, 640 (643).

88 BeckOK DatenschutzR/Albers/Veit DS-GVO Art. 9 Rn.101; Geminn DuD 2018, 640 (643); Gola/Heckmann/Schulz DS-GVO Art. 9 Rn. 47; Kühling/Buchner/Weichert DS-GVO Art. 9 Rn., 126 f.; Leistner/Antoine/Sagstetter Big Data, 288; Niemann/Kevekordes CR 2020, 180; Sydow/Marsch/Kampert DS-GVO Art. 9 Rn. 51; dazu auch Rossnagel ZD 2019, 157 (158 f.).

öffentliche Einrichtungen beschränkt ist, wird man im Ergebnis wohl allenfalls verlangen können, dass es sich bei solchen „Registern" nicht lediglich um Zugriffsmöglichkeiten auf *ad hoc* zusammengestellte Datenbestände oder unstrukturierte Databestände („Data Lakes") handelt, sondern um Datenbanken iS der EU-Datenbank-Richtline 96/9/EG (bzw. der §§ 87 lit. a UrhG), aus denen definitionsgemäß ein methodisch-systematischer Abgleich mit Einzelelementen der Datenbank möglich ist. Auch das könnte angesichts der Tatbestandsvoraussetzung einer wesentlichen Investition (Art. 7 Abs. 1 Datenbank-Richtline bzw. § 87 lit. a Abs. 1 UrhG) zu einer wahrnehmbaren Einschränkung des Big Data-Potenzials durch Korrelationen führen und ist zu überdenken – zumal, wenn der Schutz von Datenbanken angesichts der im Entstehen befindlichen KI-Verordnung und des Data Act ohnehin eine möglicherweise schwindende Rolle einnimmt.[89]

75 Letztlich sollte auch hier die Grundüberlegung greifen, dass das Potenzial der Wertschöpfung aus Daten nicht an Eingangsdefinitionen scheitert, sondern im Rahmen der DS-GVO anhand einer sorgfältigen Interessenabwägung zu bestimmen, zu erschließen und mit entsprechenden Garantien (insbesondere Pseudonymisierung) abzusichern ist.[90]

76 Darauf zielt § 27 BDSG Abs. 3 für den Bereich der Gesundheits- und medizinischen Forschungsdaten ab, der gemäß der Öffnungsklausel des Art. 9 Abs. 1 lit. h) DS-GVO vorrangig die Anonymisierung der personenbezogenen Daten vorschreibt und, soweit dies nach der Art des Forschungszwecks nicht möglich ist, andernfalls die Pseudonymisierung verlangt.[91]

2. Statistische Zwecke

77 Die Weiterverarbeitung von personenbezogenen Daten für statistische Zwecke fällt ebenfalls unter die Privilegierung als „Annex-Zweck" zum Primärzweck (Art. 5 Abs. 1 lit. b) 2. Halbsatz DS-GVO). Damit öffnet sich ein bedeutsames Feld für Big Data-Anwendungen. Die DS-GVO führt dazu aus: „Unter dem Begriff „statistische Zwecke" ist jeder für die Durchführung statistischer Untersuchungen und die Erstellung statistischer Ergebnisse erforderliche Vorgang der Erhebung und Verarbeitung personenbezogener Daten zu verstehen. Diese statistischen Ergebnisse können für verschiedene Zwecke, so auch für wissenschaftliche Forschungszwecke, weiterverwendet werden. Im Zusammenhang mit den statistischen Zwecken wird vorausgesetzt, dass die Ergebnisse der Verarbeitung zu statistischen Zwecken keine personenbezogenen Daten, sondern aggregierten Daten sind und diese Ergebnisse oder personenbezogenen Daten nicht für Maßnahmen oder Entscheidungen gegenüber einzelnen natürlichen Personen verwendet werden" (ErwGr 162 DS-GVO).

78 Auch wenn diese Definition durch mehrfache Selbstreferenzierung nah an einem hermeneutischen Zirkelschluss steht (statistische Zwecke sind, was statistischen Zwecken genügt), so treten doch einige wesentliche Unterscheidungsmerkmale hervor. Charakteristisch ist, dass das Ergebnis der Verarbeitung eine Aggregation von Daten und nicht die Erstellung von – durch die Aggregation verfeinerten bzw. angereicherten – Datenprofilen ist. Entsprechend dürfen die erzielten Ergebnisse weder dazu verwendet werden, Einzelprofile zu erstellen noch Maßnahmen oder Entscheidungen gegenüber einzelnen Personen zu treffen (nicht nur im Sinne des Art. 22 DS-GVO).

---

89 Vgl. Europäisches Parlament Vorläufige Übereinkunft aus den Inter-Institutionellen Verhandlungen für ein Datengesetz COM (2022) 68 final v.14.7.2023, ErwGr (84); Europäische Kommission Vorschlag für eine KI-Verordnung COM(2021) 206 final v. 21.4.2021, Kontext des Vorschlages 5.2.6, Art. 60.

90 So auch Leistner/Antoine/Sagstetter Big Data, 288 f.; Art. 29 Data Protection Working Party WP 203 Opinion 03/2013 on purpose limitation, III.2.3, 29 ; Spindler/Schuster/Spindler/Dalby DS-GVO Art. 9 Rn. 25.

91 Zur Anonymisierung und Pseudonymisierung → Rn. 82 zu beispielhaften Anwendungsszenarien im Gesundheitsbereich siehe unter → Rn. 204 ff.).

Zugleich ergibt sich daraus, dass der statistischen Auswertung als solcher in aller Regel, 79
wenn nicht sogar *per definitionem* der Personenbezug abzusprechen ist. Denn die für ein statis-
tisches Verfahren gesetzten Parameter müssen notwendigerweise eine gewisse Allgemeinheit
aufweisen, um überhaupt zu einer über eine Vergleichsgruppe erstreckten bzw. erstreckbaren
statistischen Aussage zu gelangen[92] bzw. ein über eine rein individualisierte Aussage hinaus
gerichtetes Ergebnis zu erzielen (die Vergleichsgruppe n=1 taugt ebenso wenig für eine statistische Auswertung wie n=10, wenn darin 10 einzigartige, jeweils nur einmal auftauchende Parameter gesetzt werden). Folglich ist auch die Varianz möglicher Zwecke, zu denen statistischen
Verarbeitungen erfolgen dürfen, offen und weit (eben „verschiedene Zwecke" iSd ErwGr 162
S. 4). Es besteht insbesondere keine Beschränkung auf Forschungszwecke und tatsächlich sind
die statistischen Auswertungen in einer Vielzahl kommerzieller Anwendungen von zentraler
Bedeutung (zB Web-Traffic Analysen, Analysen von Bewegungsströmen von Personen und
Objekten anhand von aggregierten Geolokations-Daten aus mobilen Endgeräten, Analysen von
Maschinendaten im Bereich Industrie 4.0, etc).

Auch im Fall der statistischen Zwecke hat der Verantwortliche entsprechend der mitgliedstaat- 80
lichen Öffnungsklausel geeignete Garantien für die Rechte und Freiheiten der betroffenen Personen aufzusetzen (Art. 89 DS-GVO). Indem das Ergebnis der Verarbeitung eine Aggregierung
von Daten ist, das selbst keine personenbezogenen Daten enthält, ist an sich bereits darin die
entsprechende Garantie enthalten: Das Ergebnis der Verarbeitung für statistische Zwecke stellt
keine Gefährdung der Rechte und Freiheiten der betroffenen Personen dar. Aus ErwGr 162 S. 4
ist mithin abzuleiten, dass die Garantien vor allem eine – ggf. zu dokumentierende – Selbstbe-
schränkung und/oder Maßnahmen des Privacy by Design (Art. 25 DS-GVO) enthalten sollten,
damit eine Verwendung der statistischen Auswertung zur Datenanreicherung unterbleibt.

Eine davon abweichende Weiterarbeitung (also zB Anreicherung der Ausgangsdaten mit statis- 81
tischen Auswertungen) ist dann als anders geartete Weiterverarbeitung nicht vom Primärzweck
iSd Art. 5 Abs. 1 lit. b) DS-GVO gedeckt ist und muss ggf. als neue, separate Verarbeitung
einer eigenständigen Prüfung auf Datenschutzkonformität (Definition eines neuen Verarbeitungszwecks, eigen Rechtfertigungsgrundlage, etc) unterzogen werden.

C. Anonymisierung und Pseudonymisierung – Schlüssel zu Big Data

Für eine Vielzahl von Big Data-Anwendungen ist die Frage einer verlässlichen Anonymisie- 82
rung die entscheidende Vorfrage, um die Folgeanforderungen der DS-GVO von vornherein
auszuschließen. Das gilt insbesondere in den Themenstellungen, in denen die Rechtfertigungsgrundlage des berechtigten Interesses nicht zur Verfügung steht (also bei besonderen Arten
personenbezogener Daten iSd Art. 9 DS-GVO).

Darüber hinaus besteht erheblicher Aufklärungs- und Weiterentwicklungsbedarf, nach wel- 83
chen Anforderungen Verantwortliche Big Data-Anwendungen auf der Grundlage pseudonymisierter Daten betreiben bzw. umsetzen können.

I. Anonymisierung

Die DS-GVO findet *per definitionem* keine Anwendung, wenn entweder gar keine personenge- 84
zogenen Daten verarbeitet werden oder vormals personenbezogene Daten vollständig anonymisiert worden sind. So wichtig die verlässliche Anonymisierung von personenbezogenen
Daten in der Praxis ist, so sehr erstaunt es, dass die Datenschutzbehörden sich bislang zurückhaltend mit dem Thema dieser zwingend erforderlichen Abgrenzung zur Anwendbarkeit der

---

92 Leistner/Antoine/Sagstetter Big Data, 288.

DS-GVO befasst haben. Auf die Stellungnahme der Art. 29-Datenschutzgruppe vom 10.4.2014,[93] dessen Fortgeltung der EDSA im Rahmen der DS-GVO nicht bestätigt hat, ist bislang keine einheitliche europäische Stellungnahme ergangen, was *per se* zu erheblicher Rechtsunsicherheit führt. Diese erhöht sich durch einige Stellungnahmen verschiedener nationaler Datenschutz-behörden mit unterschiedlichen Schwerpunkten, Anforderungen und Aussagegehalten.[94] So sind der Leitfaden der Irischen Data Protection Commission („DPC") vom Juni 2019,[95] ebenso wie das Kurzpapier der französischen Aufsichtsbehörde CNIL vom 19.5.2020[96] zu erwähnen → Rn. 99). Besondere Beachtung verdient aus deutscher Sicht naturgemäß das „Positionspapier zur Anonymisierung nach der DS-GVO unter besonderer Berücksichtigung der TK-Branche" des Bundesbeauftragen für den Datenschutz und die Informationsfreiheit (BfDI) vom 29.6.2020 → Rn. 101. Auf diese sowie die ergänzenden Überlegungen aus der Praxis ist näher einzugehen.

85   Eine einheitliche Maßgabe einschließlich verbindlich referenzierbarer technischer Standards zur erfolgreichen Anonymisierung ist daraus jedoch nicht zu entnehmen, auch wenn die gene-rellen Prinzipien in den verschiedenen Stellungnahmen der Aufsichtsbehörden wiederkehrend genannt werden.[97] Es verbleibt damit schon im Ansatz für die Verantwortlichen und andere Rechtsanwender eine erhebliche Rechtsunsicherheit über die Anforderungen zur Anonymisie-rung – und zwar unabhängig von dem „Big Data-Dilemma", dass die anonymen Daten von heute durch verbesserte Analysemethoden und Korrelation personen-identifizierbar werden könnten. Hier besteht erheblicher Bedarf nach verbindlichen Rahmenbedingungen und tech-nischen Maßgaben.

1. Wahrscheinlichkeit der Re-Identifizierung als Anknüpfungskriterium

86   Zwar enthielt die EU Datenschutzrichtlinie 95/46/EU keine Definition, sondern beschränkte sich zur Feststellung der Bestimmbarkeit einer Person in ErwGr 26 S. 2 darauf, dass „alle Mittel berücksichtigt werden, die vernünftigerweise entweder von dem Verantwortlichen für die Verarbeitung oder einem Dritten eingesetzt werden könnten, um die betreffende Person zu bestimmen." Die englische Fassung bringt dies mit „reasonably likely" klarer zum Ausdruck. Anonymisierung liege dann vor, „wenn die betroffene Person nicht mehr identifiziert werden kann." Klarer und trennschärfer war die Legaldefinition des § 3 Abs. 6 BDSG (alt), wonach als Anonymisierung der Ausschluss der Re-Identifizierung einer Person galt, wenn die Einzelanga-ben „nicht mehr oder nur mit einem unverhältnismäßig großen Aufwand an Zeit, Kosten und Arbeitskreis Kraft einer bestimmten oder bestimmbaren natürlichen Person zugeordnet werden können."[98] Demgegenüber stellt Erwägungsgrund 26 S. 3 DS-GVO darauf ab, „alle Mit-tel [zu berücksichtigen, die] ... nach allgemeinem Ermessen wahrscheinlich zur Identifizierung der natürlichen Person genutzt werden" (in der englischen Fassung: „reasonably likely"). Dazu müssen „alle objektiven Faktoren, wie die Kosten der Identifizierung und der dafür erforderli-che Zeitaufwand, herangezogen werden, wobei die zum Zeitpunkt der Verarbeitung verfügbare Technologie und technologische Entwicklungen zu berücksichtigen sind." Demnach soll die DS-GVO nicht anwendbar sein, wenn die Anonymisierung so erfolgt ist, dass „die betroffene Person nicht oder nicht mehr identifiziert werden kann."

---

93   Artikel 29 Datenschutzgruppe Stellungnahme WP216 Opinion 05/2014 zu Anonymisierungstechniken v. 10.4.2014.
94   BfDI Positionspapier zur Anonymisierung unter der DS-GVO vom 29.6.2020.
95   DPC Guidance on Anonymisation and Pseudonymisation, June 2019 (https://www.dataprotection.ie/sites/defa ult/files/uploads/2022-04/Anonymisation%20and%20Pseudonymisation%20-%20latest%20April%202022.pdf).
96   L'anonymisation de données personnelles vom 19.5.2020 (https://www.cnil.fr/fr/lanonymisation-de-donnees-pe rsonnelles).
97   Siehe nachfolgende Darstellungen; siehe zudem die von der Aufsichtsbehörde Nordrhein-Westfalen offiziell benannten Anonymisierungsdienste, https://www.ldi.nrw.de/anonymisierungsdienste.
98   Dazu Erbs/Kohlhaas/Ambs BDSG, Stand 2016, § 3 Rn. 29–31.

Die Feststellung einer erfolgreichen Anonymisierung ergibt sich nach der DS-GVO mithin 87
nicht aus der Feststellung der faktischen Unmöglichkeit oder der Bestimmung des unverhältnismäßigen Aufwands an Zeit, Kosten und Arbeitskraft. Vielmehr bedarf es einer prognostischen Betrachtung, ob verfügbare Mittel wahrscheinlich zu einer Re-Identifizierung genutzt
werden, wobei als Ergebnis dieser Prüfung die definitive Feststellung stehen muss, dass die
betroffene Person „nicht oder nicht mehr identifiziert werden kann". Wenn aber die Wahrscheinlichkeit des Eintritts der Re-Identifizierung das maßgebliche Anknüpfungskriterium ist,
kann die reine Hypothese bzw. theoretische Möglichkeit, dass irgendjemand irgendwo irgendwann in naher oder ferner Zukunft eine Re-Identifizierung durchführen könnte, nicht die
erfolgreiche Anonymisierung im Rechtssinne ausschließen.[99]

Zwar trifft ErwGr 26 S. 3 DS-GVO keine Aussage zu einem statistisch messbaren Grad der 88
Wahrscheinlichkeit (sehr gering, gering, hinreichend, überwiegend, sehr wahrscheinlich), erfordert aber immerhin eine Prognose als „nach allgemeinem Ermessen wahrscheinlich"; in der
englischen Fassung ist das „reasonably likely" griffiger. Ebenso wenig erfolgt die Eingrenzung
auf einen Personenkreis derjenigen, die mit einer gewissen Wahrscheinlichkeit die Re-Identifizierung erfolgreich durchführen könnten (Verantwortlicher, Auftragsverarbeiter, (nahestehen-
de) Dritte), wie dies ErwGr 26 der EU Datenschutzrichtlinie 95/46/EG immerhin ansatzweise
adressierte („Verantwortlicher oder ein Dritter"). Wenn aber überhaupt Raum für erfolgreiche
Anonymisierung im Rechtssinne bestehen soll (und den muss es schon kraft der gesetzlichen
Abgrenzung „identifizierbar" versus „nicht-identifizierbar" geben!), dann muss eine ergebnisof-
fene, interessengerechte Auslegung der „Wahrscheinlichkeit" der Re-Identifizierung zwingend
alle maßgeblichen Umstände des Einzelfalls in Betracht ziehen. Dazu sind insbesondere diejenigen Umstände (einschließlich aller konkret einschlägigen technischen Möglichkeiten und
rechtlichen Beschränkungen) zu berücksichtigen, die dem Verantwortlichen und/oder den mit
ihm in einer Verbindung stehenden Dritten im Rahmen der Ersterhebung, Weiterverarbeitung
und/oder Durchführung der Anonymisierung über einen abgrenzbaren Zeitraum zur Verfügung stehen.

Nur wenn sich hieraus eine mehr als geringe bzw. „hinreichende" Wahrscheinlichkeit der 89
erfolgreichen Re-Identifizierung in einem auf die zu erwartende bzw. übliche Nutzungsdauer der (zu anonymisierenden bzw. anonymisierten) Daten feststellen lässt, ist die Annahme
einer erfolgreichen Anonymisierung ausgeschlossen. Nimmt man den englischen Wortlaut des
„reasonably likely", dürfte die „hinreichende" oder sogar „überwiegende" Wahrscheinlichkeit
den Sinngehalt des ErwGr 26 besser treffen. Dabei ist der Kreis der mit dem Verantwortlichen in einer Verbindung stehenden Dritten weit zu ziehen, jedenfalls soweit diese mit dem
Verantwortlichen der Ersterhebung, Weiterverarbeitung und/oder Durchführung der Anonymisierung („Primär-Verantwortlicher") in einer rechtlichen Beziehung (kraft Vertrags oder
Gesetzes) stehen und dem Primär-Verantwortlichen aufgrund der eingesetzten technischen
Mittel der Anonymisierung und ggf. zusätzlicher rechtlicher Beschränkungen eine faktische
Steuerungsmöglichkeit zusteht, die Wahrscheinlichkeit der Re-Identifizierung vollständig aus-
zuschließen oder als „sehr gering" einzustufen. Dies gilt grundsätzlich im Verhältnis zu Auftragsverarbeitern und deren Unterauftragsverarbeitern, Datenempfängern aufgrund eines C2C
Transfers, sowie gemeinsam Verantwortliche aufgrund der vertraglichen Bindungen sowie ggf.
zusätzlich absichernder Selbstverpflichtungserklärungen der Beteiligten. Daraus folgt, dass eine
Anonymisierung in bilateralen und konsortialen Datennutzungsstrukturen (C2P, C2C, JC, sowie auf Datenaustausch-Plattformen und in Datenräumen) unter Wahrung der erforderlichen
technischen Anonymisierungsmaßnahmen auch durch zusätzliche rechtliche Beschränkungen

---

99 Siehe zu dem Grundproblem Bottis/Bouchagiar Open Journal of Philosophy 2018, 192 (196) mwN; grundle-
    gend auch Finck/Pallas International Data Privacy Law, 2020, 11 ff.

(unter Zugrundelegung der vernünftigen Annahme des rechtstreuen Verhaltens) erfolgreich und nachhaltig durchgeführt werden kann.

90   Gegenüber anderen Dritten entfällt die Steuerungsmöglichkeit des Primär-Verantwortlichen, wenn die Zugriffe und Möglichkeiten einer Re-Identifizierung zB aufgrund staatlicher Eingriffsbefugnisse (wie iRv behördlichen Überwachungsmaßnahmen, zB dem „Staats-Trojaner") oder schlicht rechtswidrige Eingriffe (Hacking bzw. Computerstraftaten iS §§ 202 lit. a-c StGB) erfolgen.

91   Zwar kann sich der Verantwortliche selbstverständlich nicht auf eine erfolgreiche Anonymisierung (und damit Entledigung seiner datenschutzrechtlichen Verpflichtungen) gegenüber solchen Dritten allein schon deswegen berufen, weil er iSd § 32 DS-GVO die üblichen technischen und organisatorischen Maßnahmen zum Schutz personenbezogener Daten gegen unberechtigte Zugriffe getroffen habe. Sehr wohl muss es ihm aber möglich sein, eine Prognose über die Wahrscheinlichkeit der Re-Identifizierung („reasonably likely") des zuvor von ihm mit erforderlichen technischen Mitteln anonymisierten Daten anzustellen. Er darf in dem Sinne auf den Erfolg seiner Anonymisierung vertrauen, wenn er – nach pflichtgemäßer Sorgfalt in Ansehung der in Rede stehenden Daten und deren Schutzbedürftigkeit („Sensitivität"), der diesbezüglich getroffenen konkreten Anonymisierungsmaßnahmen und der konkret zu erwartenden Bedrohungsszenarien –während der erwarteten Verarbeitungs- und Nutzungsdauer allenfalls eine geringe Wahrscheinlichkeit anzunehmen hat, dass zB ein Hacker im Rahmen eines Angriffs die anonymisierten Datenbestände tatsächlich (nicht rein hypothetisch!) re-identifizieren wird.[100]

2. Art. 29-Datenschutzgruppe zu Anonymisierungstechniken

92   Das Positionspapier 05/2014 vom 10.4.2014 der Art. 29-Datenschutzgruppe zu Anonymisierungstechniken setzte einen ersten behördlichen Meilenstein zum Thema. Es stand in dem Bemühen, den Verantwortlichen im Rahmen der EU Datenschutzrichtlinie verlässliche Kriterien zur erfolgreichen Anonymisierung personenbezogener Daten an die Hand zu geben. Der EDSA hat dieses Papier bei Inkrafttreten der DS-GVO nicht in den Katalog der bestätigten Leitlinien aufgenommen – allein schon, weil die Ausführungen der Art. 29-Datenschutzgruppe zur Pseudonymisierung unter der EU Datenschutzrichtlinie 95/46/EU (im Gegensatz zur DS-GVO) keine Stütze im Gesetz hatten und entsprechend nicht vorbehaltlos hätten übernommen werden können.[101] Entsprechend bietet das Positionspapier keine vergleichbare Auslegungshilfe wie dies für die verabschiedeten Leitlinien des EDSA oder auch die Leitlinien und Kurzpapiere der Datenschutzkonferenz (DSK) der Fall ist. Dessen ungeachtet hat das Positionspapier eine gewisse Aussagekraft zur Datenanonymisierungslehre behalten, soweit es darin um die Prinzipien, technischen Möglichkeiten und Methoden zur Anonymisierung personenbezogener Daten (im damaligen Kenntnisstand) und die Risiken der Re-Identifizierung betroffener Personen geht – wobei die Übergänge zu Fragen der Pseudonymisierung iSd Art. 4 Nr. 5 DS-GVO fließend sein können. Die drei dort genannten Kriterien einer Identifizierung bzw. Risiken der Auflösung einer Anonymisierung von Datensätzen aus einer Sammlung von Datensätzen liegen in (a) der Individualisierung eines Datensatzes („Singling-Out"), der die Identifizierung einer betroffenen Person ermöglicht; (b) die Verknüpfbarkeit von Datensätzen („Linkability"), aufgrund derer die Zusammenführung von Attributen einer Einzelperson aus unterschiedlichen Datensätzen möglich ist und erst diese Verknüpfung zur Re-Identifizierung der Person führt; (c) Inferenz,

---

100   Siehe auch mit ähnlichen Schlussfolgerungen Finck/Pallas International Data Privacy Law, 2020, 11–20, 34.

101   Zur Übersicht der vom EDSA in seiner ersten konstituierenden Sitzung bestätigten Leitlinien der Art. 29-Datenschutzgruppe, sieh https://edpb.europa.eu/our-work-tools/general-guidance/endorsed-wp29-guidelines _en.

das die (überwiegend wahrscheinliche) Ableitbarkeit des Wertes eines Attributs aus den Werten anderer Attribute und damit die Möglichkeit der (mittelbaren) Identifzierbarkeit beschreibt.[102]

Daran anknüpfend arbeitet die Art. 29-Datenschutzgruppe (neben der eigentlichen Pseudonymisierung) zwei Schlüsseltechnologien zur Anonymisierung bzw. dem Schutz gegen die Risiken zur Re-Identifizierung personenbezogener Daten heraus: (a) die Randomisierung durch Mittel der (i) Verrauschung, (ii) der Permutation und (iii) der differentiellen Privatsphäre (mit dem Ziel der Maximierung von Antworten aus Datenbanken bei gleichzeitiger Minimierung der Wahrscheinlichkeit, die zur Beantwortung verwendeten Datensätze identifizieren zu können);[103] und (b) die Generalisierung, bei der die Attribute von Datensätzen durch (i) Aggregierung und K-Anonymität[104] oder (ii) sog. L-Vielfalt (l-diversity) und T-Nachbarschaft (t-closeness) verallgemeinert oder verwässert werden, indem sie in eine höhere bzw. abstraktere Attributsklasse überführt werden, um die Individualisierung auszuschließen (Region statt Gemeinde, Monat statt Tag etc).[105] 93

3. Leitlinien und Hinweise europäischer Datenschutzbehörden

a) Leitlinien der Irischen Datenschutzbehörde (DPC)

Mit ihren Leitlinien vom Juni 2019 hat die irische Datenschutzbehörde „Data Protection Commission" (DPC) – unter ausdrücklichem Verweis auf das Positionspapier 05/2014 der Art. 29-Datenschutzgruppe – die Grundanforderungen zur Anonymisierung von personenbezogenen Daten bzw. zur Verhinderung der Re-Identifizierung aufgegriffen und in einigen Punkten ergänzt.[106] Danach ist grundsätzlich die Unumkehrbarkeit der Anonymisierung sicherzustellen, wobei die DPC (wohl widerleglich) vermutet, dass der Verantwortliche, der die Anonymisierung durchführt und die ursprüngliche Datenquelle bzw. Klardaten weiter behält, typischerweise zu einer Re-Identifizierung in der Lage sein wird. Dabei geht die DPC davon aus, dass die Möglichkeiten der Re-Identifizierung durch beliebige Dritte in der Zukunft erheblich zunehmen, indem verbesserte Datenanalyse-Verfahren die zunehmende Veröffentlichung bzw. Allgemeinzugänglichkeit weiterer Datenquellen und damit eröffnete Korrelationsmöglichkeiten zu einer größeren Datenverfügbarkeit und -dichte auch für Dritte führen. 94

Die DPC stellt klar, dass es deswegen nicht auf einen absoluten Maßstab ankommen kann, sondern der Verantwortliche eine Prognose darüber anzustellen hat, ob ein zielgerichtet agierender Dritter als „Eindringling" („Intruder") oder Person mit Sonderkenntnis („Insider") mit hinreichender Wahrscheinlichkeit die Re-Identifizierung durchführen wird. Zur Bestimmung eines „Eindringlings" hat der Verantwortliche den möglichen „Täterkreis" festzulegen und die Sensitivität der Daten, einschließlich der Bedeutung für den Intruder oder weiterer Dritter einzuschätzen, die über den Eindringling Zugang zu den Daten erhalten könnten. Je höher die Wahrscheinlichkeit, dass bestimmte Daten für einen Intruder von Interesse sein könnten, desto 95

---

102 Artikel 29 Datenschutzgruppe Stellungsnahme WP216 05/2014 zu Anonymisierungstechniken v. 10.4.2014, 11 f.; siehe auch Müller-Quade/Achenbach, Leitfaden: Anonymisierungstechniken, Begleitforschung Smart-Data-Progamm des BMWK, https://www.digitale-technologien.de/DT/Redaktion/DE/Downloads/Publikation/2018_10_18_Smart_Data_Leitfaden_Anonymisierung.pdf?__blob=publicationFile&v.=5.

103 Zu letzterem siehe WikiPedia https://de.wikipedia.org/wiki/Differential_Privacy#:~:text=Differential%20Privacy%20(englisch%20f%C3%BCr%20E%E2%80%9Adifferentielle,verwendeten%20Datens%C3%A4tze%20identifizieren%20zu%20k%C3%B6nnen.

104 K-Anonymität beschreibt eine Datenmenge in der die Daten jeder einzelnen Person mit mindestens k-1 anderen Personen übereinstimmt, wobei K eine natürliche Zahl ist, Stiftung Datenschutz Grundsatzregeln für die Anonymisierung personenbezogener Daten, 1.

105 Artikel 29 Datenschutzgruppe Stellungsnahme WP216 05/2014 zu Anonymisierungstechniken v. 10.4.2014, 116 ff.1 f.; siehe grundlegend auch Winter/Battis/Halvani ZD 2019, 489 (490 f.).; dazu auch DPC Guidance on Anonymisation and Pseudonymisation, June 2019, 12; für weitere Erläuterungen zur praktischen Umsetzung der Anonymisierung, siehe darüber hinaus maßgeblich Schwartmann/Jaspers/Lepperhoff/Weiß/Meier, 7 ff., 31 ff.

106 DPC Guidance on Anonymisation and Pseudonymisation, June 2019.

stärker fallen die Anforderungen an die Anonymisierung aus. Die DPC stellt klar, dass der Intruder nicht nur der zielgerichtet vorgehende Angreifer ist, sondern auch Personen umfasst, die eine Zugangsberechtigung zu den anonymen Daten haben und absichtlich oder auch beiläufig eine betroffene Person re-identifizieren.

96   Die DPC erkennt an, dass es je nach Organisation und Kontext hilfreich sein kann, in abgegrenzten Nutzergruppen mittels zusätzlicher organisatorischer Maßnahmen das Risiko der Re-Identifizierung durch Verknüpfung unterschiedlicher Datensätze und Datenquellen so weit einzugrenzen, dass die Anonymisierung nachhaltig ist.[107]

97   Die Ausführungen bestätigen, dass die erfolgreiche Anonymisierung keinem absoluten Maßstab „auf alle Zeiten" oder einer rein hypothetischen Betrachtung unterliegt, sondern die konkreten Umstände des Einzelfalls zu bewerten sind. Die Figur des Intruders gibt dabei gerade für Big Data-Anwendungen die hilfreiche Orientierung, dass der Verantwortliche sein Bezugsumfeld, in denen die Verarbeitung der von ihm anonymisierter Daten erfolgen soll, sowie das an der Sensitivität der zugrunde liegenden personenbezogenen Daten zu bestimmende Risiko des Datenzugriffs eines Intruders realistisch einzuschätzen. Zugleich darf der Verantwortliche im Umkehrschluss von einer nachhaltigen Anonymisierung ausgehen, wenn – im Zeitpunkt der Anonymisierung unter Berücksichtigung des Stands der Technik und mutmaßlichen Kenntnistandes des Intruders – keine hinreichende Wahrscheinlichkeit („reasonable likelihood") der Re-Identifizierung besteht. Die dazu geeigneten Anonymisierungstechniken umfassen – je nach Bedarf – die Randomisierung (Verrauschung, Permutation) oder Generalisierung (K-Anonymität), wohingegen die DPC zB Schwärzungstechniken („Masking") als Unterfall der Pseudonymisierung einordnet.[108]

b) Kurzpapier der französischen Datenschutzbehörde (CNIL)

98   Die französische Datenschutzbehörde CNIL betont in ihrem Kurzpapier vom 19.05.2020, dass die Anonymisierung zum irreversiblen Ausschluss der Re-Identifizierung der personenbezogenen Daten führen muss, wofür sie generell die technischen Verfahren der Randomisierung und der Generalisierung geeignet hält. Zur Feststellung einer erfolgreichen Anonymisierung müssen drei Voraussetzungen vollständig erfüllt sein: (a) Ausschluss der Individualisierung einer Person aus einer Mehrzahl von Datensätzen (wobei zB die bloße Chiffrierung von personenbezogenen Merkmalen in einer Pseudonymisierung resultiert); (b) es dürfen keine Korrelationen unterschiedlicher Daten möglich sein, die den Rückschluss auf einen einzelnen Betroffenen ermöglichen; (c) es darf keine Erzeugung neuer Information mit „Quasi-Gewissheit" („de façon quasi certaine") im Wege der Inferenz möglich sein. Dazu muss der Verantwortliche eine umfassende Risikoanalyse durchführen. Der Verantwortliche unterliegt nach Auffassung der CNIL auch im Sinne einer andauernden Beobachtungspflicht, in der er die gegebenen technischen Möglichkeiten und das Hinzutreten möglicher weiterer Datenquellen zu berücksichtigen hat, um den Schutz der Anonymisierung zu wahren. Soweit hingegen diese Anforderungen nicht erfüllt sind, gilt die Veröffentlichung anonymisierter Daten unmittelbar als Datenschutzverletzung.[109]

99   Damit schlägt die CNIL in aller Kürze – den Weg einer strengen, wenig differenzierten Auslegung ein.

---

107 DPC Guidance on Anonymisation and Pseudonymisation, June 2019, 5–9.
108 DPC Guidance on Anonymisation and Pseudonymisation, June 2019, 11–13.
109 CNIL L'anonymisation de données personnelles, 19.5.2020, https://www.cnil.fr/fr/lanonymisation-de-donnees-personnelles.

c) Position der Britischen Datenschutzbehörde (ICO)

Bereits 2012 hatte die britische Datenschutzbehörde, der Information Commissioner (ICO) einen umfangreichen, mit etlichen Fallbeispielen (Case Studies) ergänzten „Code of Practice" zur Anonymisierung veröffentlicht. Auch hier lagen die Ausführungen weit vor der Unterscheidung der DS-GVO zwischen Anonymisierung und Pseudonymisierung, ebenso wie vor den Erkenntnissen der Breyer-Entscheidung des EuGH zur Reichweite des Begriffs personenbezogener Daten.[110] Der ICO schlug bereits damals einen risikobasierten Ansatz vor, einschließlich einer prognostischen Betrachtung der Wahrscheinlichkeit der Re-Identifizierung anhand eines (der späteren Position des Irischen DPC vergleichbaren) „Motivated Intruder Test".[111] Ferner befasste sich der ICO mit Datentreuhänder-Modellen zur Durchführung der Anonymisierung in gemeinschaftlich verfolgten Forschungsprojekten und ähnlichen Vorhaben.[112]

100

4. Positionspapier des BfDI zur Anonymisierung

Das „Positionspapier zur Anonymisierung unter der DS-GVO unter besonderer Berücksichtigung der TK-Branche" vom 29.6.2020 des Bundesbeauftragten für den Datenschutz und die Informationsfreiheit (BfDI) stellt – soweit ersichtlich – die derzeit ausführlichste Stellungnahme einer nationalen Datenschutzbehörde zum Thema der Anonymisierung personenbezogener Daten dar. Dem Positionspapier war ein ausgiebiger Konsultationsprozess vorausgegangen, in dem sich insgesamt 34 Institutionen, öffentliche Einrichtungen, Verbände, Unternehmen und Einzelteilnehmer mit Stellungnahmen zur Entwurfsfassung des BfDI geäußert hatten.[113] Darauf ergibt sich ein breites Meinungsspektrum zu den rechtlichen und technischen Anforderungen an die Anonymisierung personenbezogener Daten, das eine detaillierte Betrachtung verdient.

101

a) Kernaussagen des BfDI

Der BfDI konstatiert eine unklare Rechtslage angesichts der spärlichen Anhaltspunkte zur Anonymisierung, die sich lediglich an ErwGr 26 S. 3–5 DS-GVO festmachen lassen. Der BfDI hebt hervor, dass es leicht unterschiedliche Verständnisse des Begriffs der Anonymisierung (auch unter Berücksichtigung diverser Definitionen in Datenschutzgesetzen der Bundesländer) gibt. Im Kern gehe es aber stets um eine „hinreichende Anonymisierung", da eine „absolute Anonymisierung" (verstanden als die für niemanden mögliche Wiederherstellung des Personenbezugs) „häufig nicht möglich und […] im Regelfall datenschutzrechtlich auch nicht gefordert" sei.[114] Es komme vielmehr im Regelfall darauf an, „dass eine Re-Identifizierung praktisch nicht durchführbar ist, weil der Personenbezug nur mit einem unverhältnismäßigen Aufwand an Zeit, Kosten und Arbeitskraft wiederhergestellt werden kann".[115] Daraus und in Abgrenzung zum Tatbestand der Pseudonymisierung ergebe sich die „fortwährende Aufgabe des Verantwortlichen", die Validität der Anonymisierung zu überprüfen.[116]

102

---

110 ICO Anonymisation: managing data protection risk, code of practice, November 2012, https://ico.org.uk/media/1061/anonymisation-code.pdf.

111 ICO Anonymisation: managing data protection risk, code of practice, November 2012, 22–24 ff.

112 ICO Anonymisation: managing data protection risk, code of practice, November 2012, 41–43.

113 BfDI Positionspapier zur Anonymisierung unter der DS-GVO unter besonderer Berücksichtigung der TK-Branche, sowie Stellungnahmen der Konsultationsteilnehmer unter https://www.bfdi.bund.de/DE/Fachthemen/Inhalte/Telefon-Internet/Positionen/Positionspapier-Anonymisierung-DS-GVO-TKG.html;jsessionid=671322A4EF9DF3EE85C78EA8E11B86A9.intranet212?nn=251944.

114 BfDI Positionspapier zur Anonymisierung unter der DS-GVO unter besonderer Berücksichtigung der TK-Branche, 4.

115 BfDI Positionspapier zur Anonymisierung unter der DS-GVO unter besonderer Berücksichtigung der TK-Branche, 4.

116 BfDI Positionspapier zur Anonymisierung unter der DS-GVO unter besonderer Berücksichtigung der TK-Branche, 4.

103 Der BfDI führt aus, dass der Vorgang der Anonymisierung als Verarbeitung iSd Art. 4 Nr. 2 DS-GVO zu verstehen ist und zu einer Veränderung personenbezogener Daten führe (Art. 4 Nr. 2 Alt. 7 DS-GVO) oder jedenfalls eine sonstige Form der „Verwendung" darstelle. Entsprechend ist nach Auffassung des BfDI zwingend die Rechtsgrundlage der Verarbeitung zu bestimmen. Dazu komme im Grundsatz jeder Erlaubnistatbestand in Frage. Neben der Einwilligung (Art. 6 Abs. 1 lit. c DSGV) sei vor allem die Frage einer zulässigen, mit dem Primärzweck zu vereinbarenden Weiterverarbeitung iSd Art. 4 Abs. 6 DS-GVO zu klären, wenn man unterstelle, dass andere Zwecke (als der Zweck der Anonymisierung) der ursprünglichen Datenerhebung zugrunde lagen. Es sei zu beachten, „dass der datenschutzrechtlich relevante Zweck der Anonymisierung nicht die Aufhebung des Personenbezugs ist, sondern das dahinterstehende tatsächliche Interesse des Verantwortlichen." Das könne insbesondere auch den Fall der im Zeitpunkt der Anonymisierung noch nicht abschließenden Nutzung im Rahmen von Big Data-Anwendungen umfassen. Mit Blick auf die Vereinbarkeit von Primärzweck und dem Zweck der Anonymisierung sei die Abwägung nach Maßgabe der fünf in Art. 6 Abs. 4 DS-GVO genannten Kriterien erforderlich: (i) Zwecknähe, (ii) Zusammenhang mit der Erhebung bzgl. des Verhältnisses zwischen betroffen Personen und Verantwortlichem, (iii) Art der personenbezogenen Daten, (iv) Folgen der beabsichtigten Weiterverarbeitung und (v) Vorhandensein geeigneter Garantien. Wenn diese jeweils klar begründet seien, könne sich im Wege der Abwägung die Zulässigkeit der Anonymisierung gemäß Art. 6 Abs. 4 DS-GVO ergeben.[117] In etlichen Fällen sei zudem die Anonymisierung in Erfüllung einer rechtlichen Verpflichtung gefordert.

104 Darüber hinaus sei zu beachten, dass die Löschung und Anonymisierung von personenbezogenen Daten begrifflich nicht synonym seien, aber uU die Anonymisierung ein geeignetes Mittel des Verantwortlichen sein könne, seine Löschpflichten nach Zweckerreichung zu erfüllen (Art. 17 Abs. 1 lit. a) DS-GVO). Allerdings könnte gegen die Erfüllung der Löschverpflichtung durch Anonymisierung das verbleibende Restrisiko der Re-Identifizierung sprechen. Im Ergebnis kommt der BfDI dazu, dass „die Verpflichtung zur Löschung personenbezogener Daten nur dann durch die Anonymisierung erfüllt werden [kann], wenn die personenbezogenen Daten rechtmäßig erhoben wurden (vgl. Art. 17 Abs. 1 lit. a) DS-GVO).[118]

105 Abschließend führt der BfDI – neben spezifischen Überlegungen zur Anonymisierung von Standortdaten und TK-Verkehrsdaten im Zusammenhang mit Fragen der weitergehenden Nutzungsmöglichkeiten und zugehörigen Löschpflichten – aus, dass die Transparenzanforderungen der Art. 13, 14 DS-GVO auch die Information über die für die Anonymisierung zugrunde gelegte Rechtsgrundlage erfordert (auch dort, wo es sich um eine Weiterverarbeitung iSd Art. 5 Abs. 1 DS-GVO handelt).[119] Ferner ist im Regelfall bei der Anonymisierung großer Datenmengen einen Folgenabschätzung (Art. 35 Abs.-1 DS-GVO) durchzuführen → Rn. 212 ff.

b) Stellungnahmen der Konsultationsteilnehmer

106 Angesichts der Vielzahl und zT sehr ausführlichen Stellungnahmen zum Erstentwurf im Konsultationsprozess überrascht, wie relativ kurz das finale Positionspapier des BfDI ausgefallen ist. BfDI hätte durchaus die Gelegenheit gehabt, für mehr Rechtssicherheit durch nähere Ausführungen zur Rechtfertigungsgrundlage des berechtigten Interesses (Art. 6 Abs. 1 lit. f) DGVO),

---

117 BfDI Positionspapier zur Anonymisierung unter der DS-GVO unter besonderer Berücksichtigung der TK-Branche, 8.
118 BfDI Positionspapier zur Anonymisierung unter der DS-GVO unter besonderer Berücksichtigung der TK-Branche, 9.
119 BfDI Positionspapier zur Anonymisierung unter der DS-GVO unter besonderer Berücksichtigung der TK-Branche, 9 f.; die dort referenzierten Bestimmungen des TKG (alt) entsprechen nunmehr weitgehend den §§ 10 Abs. 2, 12 Abs. 3 TDDSG; siehe dazu auch Bitkom Stellungnahme: Die Zukunft des automatisierten und vernetzten Fahrens in der deutschen Automobilindustrie – Digitale Technologien als Schlüssel zum Erfolg, Nov. 2022, 10 f.; Bitkom Stellungnahme: Referentenentwurf eines Gesetzes zur Einführung einer Speicherpflicht und Höchstspeicherfrist für Verkehrsdaten, Mai 2015.

den Rechtsgrundlagen der Anonymisierung bei besonderen Arten personenbezogener Daten (Art. 9 DS-GVO), zu den Kriterien für die Bestimmung der Wahrscheinlichkeit der Re-Identifizierung, zur Frage, ob der „Motivated Intruder"[120] ein geeignetes Prüfkriterium sein könnte, wie auch zu den technischen und organisatorischen Anforderungen an die Anonymisierung zu machen. Dieses Versäumnis legt es nahe, einige wichtige Aspekte und Kritikpunkte aus dem Konsultationsprozess hervorzuheben.

aa) Hinreichende statt absoluter Anonymisierung

Durchgehend begrüßt wird die Auffassung des BfDI, dass es nicht auf den Maßstab der „absoluten Anonymisierung" ankommen kann, sondern eine „hinreichende Anonymisierung" genügen muss.[121] Daraus folgt, dass der Verantwortliche eine Abwägung aller maßgeblichen Umstände im Einzelfalls treffen muss, um die erforderlichen, aber eben auch „hinreichenden" Maßnahmen der Anonymisierung zu treffen. Wie diese Abwägung im Einzelnen durchzuführen ist, dh welche Kriterien zu beachten, wie sie zu gewichten und in einem Ergebnis zu dokumentieren sind, dazu sagt das Positionspapier des BfDI allerdings nichts. Die Praxis hat sich dahin gehend entwickelt, Daten dann als anonym einzustufen, wenn es unwahrscheinlich ist, dass die Daten direkt oder indirekt in Zusammenhang mit einer konkreten Person gebracht werden können.[122] Dabei sollen auch zusätzliche Faktoren wie Zeitaufwand, Kosten und Arbeitskraft, auch die Verwertbarkeit der Daten bei der Beurteilung berücksichtigt werden. Mangels einer belastbaren Aussage der Datenschutzaufsichtsbehörde, welches Anonymisierungsverfahren für welche Daten als ausreichend angesehen wird, herrscht weitgehende Rechtsunsicherheit. So wird u.a. eine klare Regelung hinsichtlich des Anonymisierungsniveaus gefordert.[123]

107

bb) Anonymisierung als Datenverarbeitung

Das Meinungsbild ist gespalten, ob die Anonymisierung eine Datenverarbeitung darstellt.

108

Die Befürworter bekräftigen den BfDI darin, dass Artikel 4 Abs. 2 DS-GVO „jeden […] Vorgang oder jede […] Vorgangsreihe im Zusammenhang mit personenbezogenen Daten" als Verarbeitung erfasse.[124] Dieser weite Verarbeitungsbegriff der DS-GVO schließe die Löschung von Daten ein, so dass die Anonymisierung womöglich als Unterfall der Löschung anzusehen sei. Bestärkt werde dieser Gedanke dadurch, dass die Anonymisierung im Vergleich zur Löschung für die Betroffenen mit einem höheren Risiko behaftet sei.[125] Zusätzlich sei darauf hinzuweisen, dass die Auffassung, die Anonymisierung stelle eine Verarbeitung dar und einer Rechtsgrundlage bedürfe, keineswegs neu sei, sondern bereits 2014 seitens der Artikel 29 Datenschutzgruppe vertreten wurde.[126]

109

Auf Kritik stößt die Aussage des BfDI, das Anonymisierungsverfahren erfordere als Verarbeitung eine eigene Rechtfertigungsgrundlage. Vielmehr müsse man – selbst wenn man die Verar-

110

---

120 Siehe dazu Schwartmann/Jaspers/Lepperhoff/Weiß/Meier, 5, 28 f.
121 Siehe beispielsweise BfDI Positionspapier zur Anonymisierung unter der DS-GVO unter besonderer Berücksichtigung der TK-Branche, 3; Sydow/Marsch/Ziebarth DS-GVO Art. 4 Rn. 25; zum Teil kritisch Richter PinG 2020, 181.
122 BDA, Stellungnahme im Öffentlichen Konsultationsverfahren des Bundesbeauftragten für den Datenschutz und die Informationsfreiheit zur Anonymisierung unter der DS-GVO, 1.
123 AWV Stellungnahmen des AWV-Arbeitskreises „Weiterentwicklung des Datenschutzrechts" im Rahmen der Konsultation des Bundesbeauftragten für den Datenschutz und die Informationsfreiheit zur Anonymisierung der DS-GVO unter besonderer Berücksichtigung der TK-Branche vom 11.2.2020, 4; Bitkom, Stellungnahmen vom 23.3.2020, 17; Richter PinG 2020, 181 f.
124 Alexander von Humboldt Institut Anonymisierung aus Sicht des Datenschutzes und des Datenschutzrechts, 2, mwN.
125 Vzbv Anonymisierung unter der DS-GVO, 2.
126 IEN Stellungnahme zum Öffentlichen Konsultationsverfahren des Bundesbeauftragten für den Datenschutz und die Informationsfreiheit zur: Anonymisierung unter der DS-GVO unter besonderer Berücksichtigung der TK-Branche, 2.

beitung annehme – bereits *de lege lata* zu einer Privilegierung der Anonymisierung kommen.[127] Zudem verkenne der BfDI, dass sich ErwGr 26 Sätze 3 und 4 DS-GVO auf die Pseudonymisierung beziehen. Die unterschiedliche Wortwahl des Verordnungsgebers verdeutliche, dass unter beiden Begriffen jeweils etwas anderes zu verstehen und mithin eine pauschalierte Aussage zur Anonymisierung verfehlt sei.[128]

111 So spreche bereits gegen eine Verarbeitung, dass die Anonymisierung letztlich nichts anderes als die Umsetzung des Gebots der Datenminimierung darstelle (Art. 5 Abs. 1 lit. c) DS-GVO). Wenn aber das Ergebnis des Anonymisierungsvorgangs zu nichts anderem als einer Datenminimierung führe, indem zuvor personenbezogene Daten nachher nicht mehr dem Anwendungsbereich der DS-GVO unterstellt seien, unterscheide sich das Anonymisierungsverfahren grundsätzlich von den regulären Verarbeitungsvorgängen iSd Art. 4 Nr. 2 DS-GVO. Weder sei die Anonymisierung in Art. 4 Nr. 2 DS-GVO erwähnt (obwohl ErwGr 26 DS-GVO sich durchaus mit der Anonymisierung befasse und in ErwGr 28–29 DS-GVO die Verarbeitung pseudonymer Daten ausdrücklich behandele), noch unterfalle sie dem Schutzzweck der DS-GVO, weil die Ergebnisse der Anonymisierung definitionsgemäß nicht mehr der DS-GVO entfalle. Hätte der Gesetzgeber die Anonymisierung als Verarbeitung angesehen, hätte er sie als eigenen Punkt neben der Pseudonymisierung (Art. 4 Nr. 5 DS-GVO) definieren und gesondert regeln müssen.[129] Hingegen liege allen regulären Verarbeitungtätigkeiten nach Art. 4 Nr. 2 DS-GVO zugrunde, dass der Verantwortliche (oder ggf. nach einer Datenübermittlung ein neuer Verantwortlicher) den Pflichtenkatalog des Verantwortlichen zu erfüllen habe.[130] Weiter ließe sich argumentieren, dass etwa bei einer verteilten Datenhaltung die Daten in einem Silo für sich alleine keinen Personenbezug aufweisen und mithin diese Daten auch von einem Dritten ohne Verarbeitung nach Art. 4 Nr. 2 DS-GVO anonym genutzt werden können.[131] Es sei kontraproduktiv und innovationshemmend, jede Anonymisierung stets als Verarbeitung anzusehen, vielmehr sei die konkrete technische Gestaltung und Umsetzung im Einzelfall maßgeblich.[132]

112 Weitere Stimmen betonen, dass bei der Anonymisierung nicht die Verarbeitungtätigkeit an sich, sondern allein deren Ergebnis entscheidend sei, nämlich das Nichtvorhandensein von personenbezogenen Daten.[133] Mithin stelle die Anonymisierung von Daten keinen Eingriff in die Privatsphäre dar, wenn das Ergebnis anonymisierte Daten sind. Würde die Anonymisierung unter die DS-GVO fallen, hätte dies keinen positiven Effekt für den Schutz der Privatsphäre der Betroffenen und würde zu einer formalistischen Verkomplizierung der Prozesse und zusätz-

---

127 Siehe beispielsweise Deutsche Telekom Stellungnahme anlässlich des öffentlichen Konsultationsverfahrens des Bundesbeauftragten für den Datenschutz und die Informationsfreiheit zum Thema: Anonymisierung unter der DS-GVO unter besonderer Berücksichtigung der TK- Branche, 2; Telefónica Öffentliche Konsultation zum Thema: „Anonymisierung unter der DS-GVO unter besonderer Berücksichtigung der TK-Branche"; 5; Differenzierend: Plattform Industrie 4.0 Diskussionspapier Anonymisierung im Datenschutz als Chance für Industrie und Wirtschaft, 7.; anders dagegen: IEN Stellungnahme zum Öffentlichen Konsultationsverfahren des Bundesbeauftragten für den Datenschutz und die Informationsfreiheit zur: Anonymisierung unter der DS-GVO unter besonderer Berücksichtigung der TK-Branche, 1; AWV Stellungnahmen des AWV-Arbeitskreises „Weiterentwicklung des Datenschutzrechts" im Rahmen der Konsultation des Bundesbeauftragten für den Datenschutz und die Informationsfreiheit zur Anonymisierung der DS-GVO unter besonderer Berücksichtigung der TK-Branche vom 11.2.2020, 5.
128 Eco Stellungnahme zur Anonymisierung gem. DS-GVO, insbesondere für den TK- Sektor, 1.
129 Bitkom BfDI Konsultation zur Anonymisierung, 3.
130 Deutschen Telekom Stellungnahme anlässlich des öffentlichen Konsultationsverfahrens des Bundesbeauftragten für den Datenschutz und die Informationsfreiheit zum Thema: Anonymisierung unter der DS-GVO unter besonderer Berücksichtigung der TK- Branche, 6.
131 Plattform Industrie 4.0 Diskussionspapier Anonymisierung im Datenschutz als Chance für Industrie und Wirtschaft, 5.
132 Plattform Industrie 4.0 Diskussionspapier Anonymisierung im Datenschutz als Chance für Industrie und Wirtschaft, 5.
133 Taylor Wessing (Mostly AI) Stellungnahme im Konsultationsverfahren zum Entwurf des Positionspapiers zur Anonymisierung unter der DS-GVO unter Berücksichtigung der TK- Branche des Bundesbeauftragten für den Datenschutz und die Informationsfreiheit, 4.

lichem administrativen Aufwand führen.[134] Nach alter Rechtslage sei nach Auffassung des BfDI die Anonymisierung jedenfalls im Bereich der TK-Daten ausdrücklich von den Verarbeitungstätigkeiten ausgenommen gewesen; für eine Änderung dieser Rechtsauffassung bestehe keine Veranlassung.[135]

In den kritischen Diskussionsbeiträgen wird auch vertreten, die Anonymisierung sei im Sinne der Grundsätze aus Art. 5, 32 DS-GVO als Maßnahme bzw. als Erfordernis im Rahmen einer risikobasierten Ausgestaltung der DS-GVO zu verstehen, die eine Verarbeitung erst ermögliche.[136] Damit sei sie eine technische Bedingung und somit Bestandteil einer (intendierten) Datenverarbeitung und bedürfe daher keiner eigenständigen Rechtsgrundlage.[137] Auch Art. 6 und 9 der ePrivacy-Richtlinie (2002/58/EG) (Verkehrs- und Standortdaten) zeigten, dass eine Anonymisierung ohne Rechtsgrundlage möglich sein müsse. Diese Bestimmungen legten jeweils fest, dass personenbeziehbare Daten zu löschen oder zu anonymisieren sind, sobald sie nicht mehr benötigt werden, ohne dafür eine Rechtsgrundlage aufzuführen.[138]

Unter der Annahme, dass das Anonymisierungsverfahren eine Verarbeitung darstellt, sprechen sich etliche Stellungnahmen dafür aus, in der Anonymisierung eine privilegierte Verarbeitung zu sehen, die *de lege lata* keiner weiteren oder spezifischen Rechtsgrundlage bedarf.[139] Sie kritisieren insbesondere die Auffassung des BfDI, dass die Anonymisierung lediglich eine vom Primärzweck umfasste Weiterverarbeitung iSd Art. 6 Abs. 4 DS-GVO darstellen dürfe, sofern der mit der Anonymisierung zusätzlich verfolgte Zweck mit dem Primärzweck nach Maßgabe der Prüfkriterien des Art. 6 Abs. 4 DS-GVO vergleichbar bzw. kompatibel ist.[140] Indem der BfDI einen Vergleich zwischen dem Primärzweck und dem der Anonymisierung nachgelagerten Verarbeitungszweck verlange, erstrecke er die Geltungswirkung der DS-GVO auf die anonymisierten Daten, was aber einen systematischen und mit dem Schutzgedanken der DS-GVO unvereinbaren Bruch darstelle.[141] In diesem Zusammenhang wird eine einheitliche europäische Regelung gefordert, die die Anonymisierung „als Ausprägung der datenschutzrechtlichen Grundprinzipien der Datenminimierung ohne Erfordernis einer ausdrücklichen Rechtsgrundlage privilegiert".[142] Nur so sei die einheitliche Datennutzung in der europäischen Praxis möglich.

113

114

---

134 DDV Öffentliches Konsultationsverfahren: Anonymisierung unter der DS-GVO, 2; Deutsche Telekom Stellungnahme anlässlich des öffentlichen Konsultationsverfahrens des Bundesbeauftragten für den Datenschutz und die Informationsfreiheit zum Thema: Anonymisierung unter der DS-GVO unter besonderer Berücksichtigung der TK- Branche, 6.

135 Siehe ua Bitkom Stellungnahmen vom 23.3.2020, 2 f.; BVDW, Stellungnahme zur Konsultation des Bundesbeauftragten für den Datenschutz und die Informationsfreiheit (BfDI) zum Thema Anonymisierung unter der DS-GVO unter besonderer Berücksichtigung der TK- Branche, 3 f.; Deutsche Telekom Stellungnahme anlässlich des öffentlichen Konsultationsverfahrens des Bundesbeauftragten für den Datenschutz und die Informationsfreiheit zum Thema: Anonymisierung unter der DS-GVO unter besonderer Berücksichtigung der TK- Branche, 2; Taylor Wessing (Mostly AI) Stellungnahme im Konsultationsverfahren zum Entwurf des Positionspapiers zur Anonymisierung unter der DS-GVO unter Berücksichtigung der TK- Branche des Bundesbeauftragten für den Datenschutz und die Informationsfreiheit, 14–17 mwN.

136 Bitkom BfDI Konsultation zur Anonymisierung, 3.

137 Bitkom BfDI Konsultation zur Anonymisierung, 3.

138 Vgl. Plattform Industrie 4.0 Diskussionspapier Anonymisierung im Datenschutz als Chance für Industrie und Wirtschaft, 5 f.

139 Bitkom BfDI Konsultation zur Anonymisierung, 3; a. A.: vzbv Anonymisierung unter der DS-GVO, 2.

140 BD Stellungnahme zum öffentlichen Konsultationsverfahren des BfDI „Anonymisierung personenbezogener Daten", 4 f.; Bitkom BfDI Konsultation zur Anonymisierung, 5.

141 Besonders deutlich Bitkom Stellungnahme vom 23.3.2020, 5; Taylor Wessing (Mostly AI) Stellungnahme im Konsultationsverfahren zum Entwurf des Positionspapiers zur Anonymisierung unter der DS-GVO unter Berücksichtigung der TK- Branche des Bundesbeauftragten für den Datenschutz und die Informationsfreiheit, 20.

142 Bitkom BfDI Konsultation zur Anonymisierung, 7.

cc) Vergleich zur Datenlöschung; keine nacheilende Beobachtungspflicht

115 Eine Reihe von Stellungnahmen ziehen nach dem Schutzgedanken die Vergleichbarkeit zur Datenlöschung heran, um eine privilegierten Verarbeitungszweck zu begründen und berufen sich dazu ua auf die Auffassung der österreichischen Datenschutzbehörde, wonach die Löschung ein mögliches Mittel der Löschung darstelle.[143] Wenn die Löschung dem maximalen Schutzinteresse des Betroffenen diene, indem die Daten danach nicht mehr existierten, so müsse dies gleichermaßen für die erfolgreiche Anonymisierung gelten, da durch sie die Anwendbarkeit der DS-GVO ebenfalls entfalle. Entsprechend könne es für den Verantwortlichen keine nacheilende Beobachtungspflicht geben, ob die von ihm einem Dritten überlassenen Daten einem Re-Identifizierungsrisiko ausgesetzt sind.[144]

116 Weitere Gegenstimmen verweisen darauf, dass die Anonymisierung nach dem Schutzrechtsgedanken ein „Weniger" als die ausdrücklich genannten Verarbeitungen der Löschung und Vernichtung von Daten darstellten, und ziehen daraus einen „erst recht"-Schluss.[145] Diese Schlussfolgerung „ad maiorem ad minus" ist allerdings keineswegs zwingend, wenn es an der Vergleichbarkeit der unterschiedlichen Verarbeitungen bzw. Maßnahmen fehlt. Versteht man die Löschung als die Entfernung der Daten von Speichermedien des Verantwortlichen, ist damit nicht zugleich die Frage der Zugänglichkeit für Dritte abschließend geklärt. Ein Gleichlauf von Vernichtung und Anonymisierung sei dann nicht zwingend, wenn das Anonymisierungsverfahren eine einzelfallbezogene Abwägung zur Erzielung der „hinreichenden Anonymisierung" erfordert, wohingegen die Vernichtung ein rein technischer Vorgang ist.[146]

5. Praxisleitfaden der Stiftung Datenschutz zum Anonymisieren personenbezogener Daten

117 Die Stiftung Datenschutz hat mit ihrem „Praxisleitfaden zum Anonymisieren personenbezogener Daten" sowie den zugehörigen „Grundsatzregeln für die Anonymisierung personenbezogener Daten" im Dezember 2022 einen wichtigen Beitrag zur Rechtsfortentwicklung geleistet, in denen sich weder eine rein akademische Perspektive noch die aufsichtsbehördliche oder eine nur von Industrieinteressen geprägte Betrachtungsweise niederschlägt.

118 Aus der Feststellung, dass Daten im Zentrum des digitalen Wandels stehen und mithin der rechtskonforme Umgang mit personenbezogenen Daten unverzichtbar ist, entwickelt der Praxisleitfaden das Postulat, das Ziel der DS-GVO sei es nicht, Datenverarbeitung zu verhindern, sondern ganz im Gegenteil diese in einem sicheren Rechtsrahmen zu fördern. Das Datenschutzrecht erlaube nicht nur die Verarbeitung vollständig anonymisierter Daten, sondern sehe den Einsatz technischer Hilfsmittel wie Verschlüsselung und Pseudonymisierung ausdrücklich vor, um die Rechte der Betroffenen zu schützen, gleichzeitig jedoch eine Verarbeitung nicht anonymer Daten zu gestatten.[147]

119 Der Praxisleitfaden betont zur Veranschaulichung den besonders wichtigen Anwendungsfall des europäischen Datenaustauschs, der Nutzung und Weiterverarbeitung von Gesundheitsda-

---

143 Österreichische Datenschutzbehörde Bescheid v. 5.12.2018, Gz. DSB-D123.270/0009-DSB/2018: „Rechtlich entspreche die [...] dargestellte Anonymisierung personenbezogener Daten einer dauerhaften Löschung, da die Daten damit nicht mehr personenbezogen und sohin dem Anwendungsbereich der DS-GVO entzogen wären."; Alexander von Humboldt Institut Anonymisierung aus Sicht des Datenschutzes und des Datenschutzrechts, 4.
144 Vgl. Plattform Industrie 4.0 Diskussionspapier Anonymisierung im Datenschutz als Chance für Industrie und Wirtschaft, 9 f.
145 GDD Stellungnahme zur Konsultation des BfDI zum Thema „Anonymisierung unter der DS-GVO unter besonderer Berücksichtigung der TK-Brache", 1.
146 Anders und auch gut vertretbar für den Gleichlauf von Anonymisierung, Löschung und Vernichtung, Hornung/Wagner ZD 2020, 223 (227 f.).
147 Schwartmann/Jaspers/Lepperhoff/Weiß/Meier, 1.

ten für eine bessere medizinische Versorgung und Forschung, dem ein politisch ausdrücklich erwünschte, EU-weite Zielsetzung zugrunde liege.[148]

Mit Blick auf die flexiblere Verarbeitung solcher Daten stelle die Anonymisierung eine maß- 120 gebliche Stütze dar. Der Praxisleitfaden entwickelt ein Modell von vier „Einsatzklassen" der Anonymisierung.[149] In der Einsatzklasse 1 wird jeder Personenbezug aus einem Datensatz gelöscht, um die restlichen Daten weiterhin nutzen zu können. Einsatzklasse 2 beschreibt die Weitergabe anonymisierter Daten. Einsatzklasse 3 betrifft die Anonymisierung für den Zweck des Trainierens von Algorithmen im Rahmen des Maschinellen Lernens. Mittels einer stufenweisen Verwendung von anonymisierten Datensätzen sollen nur diejenigen Datensätze verarbeitet bzw. einem Algorithmus zugeführt werden, die unter Berücksichtigung der vorigen Ergebnisse zur weiteren Präzisierung der Lernergebnisse nützlich sind („Federated Learning" Methode). Die Einsatzklasse 4 betrifft das Testen von Software mit Testdaten, die nach dem Vorbild von Echtdaten synthetisch nachgebildet werden, ohne dass der Bezug derart stark wäre, dass ein Re-Identifizierung möglich sei.[150]

Nach Ansicht des Praxisleitfadens folgt aus der Nutzung anonymisierter Daten eine kontinuier- 121 liche Pflicht des Verantwortlichen, die Anonymisierung auf das Risiko der Re-Identifizierung zu prüfen. Dafür sei bereits die Möglichkeit der Re-Identifizierung mit einer gewissen Wahrscheinlichkeit ausreichend.[151]

Zur Überprüfung dieses Risikos biete sich – entsprechend dem „Intruder Test" der Irischen Da- 122 tenschutzbehörde (DPC → Rn. 95 ff.) – das „Angreifermodell" an.[152] Dazu hat der Verantwortliche die Perspektive eines hypothetischen Angreifers einzunehmen, der versucht die anonymisierten Daten zu re-identifizieren. Die Kenntnisse und Fähigkeiten eines solchen Angreifers richten sich nach dem konkreten Verwendungskontext der Daten.[153]

Soweit ein Auftragsverarbeiter die Anonymisierung für den Verantwortlichen weisungsgebun- 123 den durchführt (Art. 28 DS-GVO), bedürfe es neben dem Praxisleitfaden weiterer vertraglicher Absicherungen, dass der Verantwortliche nicht durch eine Weisung die Offenlegung der Anonymisierungstechnik und deren Durchführungsschritte herbeiführt. Möchte dagegen ein Auftragsverarbeiter die Daten für eigene Zwecke anonymisieren und anschließend verarbeiten, wird er selbst zum (neuen) Verantwortlichen und benötigt dafür eine eigene Rechtsgrundlage; der ursprünglich Verantwortliche muss seinerseits die Kompatibilität der Zweckänderung prüfen (Art. 6 Abs. 4 DS-GVO).[154]

Im Rahmen von Konzernstrukturen kommt nach dem Praxisleitfaden eine wirksame Anonymi- 124 sierung bzw. eine Weiternutzung anonymisierter Daten außerhalb des Anwendungsbereichs der DS-GVO in Betracht, da es kein Konzernprivileg gibt und mithin auch keine Zurechnung der Re-Identifizierbarkeit innerhalb des Konzerns an andere Konzerngesellschaften erfolgt, die ggf. nur dem ursprünglich Verantwortlichen möglich ist. Allerdings weist der Praxisleitfaden auf ein verbleibendes Risiko hin, dass theoretisch eine Konzernmuttergesellschaft die Anonymisierung durch eine entsprechende Weisung an die betreffende Tochtergesellschaft auf Datenherausgabe an den ursprünglich Verantwortlichen durchbrechen bzw. die Wahrscheinlichkeit der Re-Identifizierung damit erhöhen könnte.[155]

Im Rahmen einer Datenweitergabe habe der Empfänger anonymisierter Daten zu prüfen, ob 125 die Daten für ihn unter Berücksichtigung der ihm zur Verfügung stehenden Mittel tatsächlich

---

148 Schwartmann/Jaspers/Lepperhoff/Weiß/Meier, 1.
149 Schwartmann/Jaspers/Lepperhoff/Weiß/Meier, 40.
150 Schwartmann/Jaspers/Lepperhoff/Weiß/Meier, 7 f.
151 Schwartmann/Jaspers/Lepperhoff/Weiß/Meier, 61, 9.
152 Schwartmann/Jaspers/Lepperhoff/Weiß/Meier, 5 f.
153 Schwartmann/Jaspers/Lepperhoff/Weiß/Meier, 5.
154 Schwartmann/Jaspers/Lepperhoff/Weiß/Meier, 38 f.
155 Schwartmann/Jaspers/Lepperhoff/Weiß/Meier, 40.

anonym sind bzw. das Risiko der Re-Identifizierung bei ihm (im Unterschied zum Übermittler der Daten) bestehe. Ohne zusätzliche Begründung führt der Praxisleitfaden sodann aus, dass vertragliche Verbote der Re-Identifizierung „im Rahmen dieser objektiven Prüfung kein Kriterium [sind], um eine solche Re-Identifizierung *per se* auszuschließen.“[156]

126 Der Praxisleitfaden ist ausdrücklich zu begrüßen. Er enthält eine Vielzahl wichtiger Ausführungen (einschließlich technischer und organisatorischer Umsetzungsfragen),[157] die für die weitere Anonymisierungspraxis erhebliche Bedeutung haben.

6. Kritische Würdigung

a) Mehr Flexibilität bei der Anonymisierung

127 Ein dem Datenwachstum, den Möglichkeiten von Big Data und den Potenzialen der Datenökonomie angemessenes Verständnis der Anonymisierung muss Bewegungsspielräume eröffnen, in denen Verantwortliche, Betroffene und Dritte rechtssicher agieren können.

128 Die „absolute Anonymisierung“ ist nicht zu verlangen. Es genügt die „hinreichende Anonymisierung“ personenbezogener Daten, um den Anwendungsbereich der DS-GVO zu verlassen. Entscheidend ist der angemessene, aber auch erforderliche Schutz vor einer Re-Identifizierung der anonymisierten Daten. Dazu hat der Verantwortliche die nach den konkreten Umständen des Einzelfalls gebotenen technischen Maßnahmen zur Anonymisierung festzulegen, die mit Blick auf die Art und Sensitivität der betroffenen Daten erforderlich sind und damit die Anonymisierung durchzuführen.

129 Die für die Anonymisierung erforderlichen Vorbereitungshandlungen (Abwägung des Schutzbedarfs im Einzelfall und Bestimmung der erforderlichen technischen Maßnahmen zur Anonymisierung) legen es nahe, den eigentlichen Anonymisierungsvorgang als Datenverarbeitung anzusehen. Trotz ausdrücklicher Erwähnung unter den in Art. 2 Nr. 4 DS-GVO (nicht abschließend zu verstehenden) Verarbeitungsformen besteht eine gewisse Vergleichbarkeit zur Verarbeitungsform der Veränderung wie auch, normativ, der Löschung.

130 Allerdings folgt daraus nicht, dass die Anonymisierung zwingend und umfassend vergleichbar einer Rechtfertigungsgrundlage wie die anderen Verarbeitungsformen mit allen damit verbundenen Konsequenzen bedarf. Zwar entfällt bei Annahme einer Verarbeitung das Argument, dass die Anonymisierung als Ausdruck der Datenminimierung *a priori* keine Rechtfertigungsgrundlage benötigt. Die Anonymisierung muss – einschließlich des in der Abwägung der erforderlichen technischen Mittel zu berücksichtigenden Schutzes vor Re-Identifizierung – aber privilegiert sein, weil sie als „Erst-Verarbeitung“ im Ergebnis dazu führt, dass die Anwendbarkeit der DS-GVO entfällt.[158] Damit unterscheidet sie sich – mit Ausnahme der Löschung und Vernichtung – grundlegend von allen anderen Verarbeitungsformen. Genau darin liegt zugleich der fundamentale Unterschied zur Pseudonymisierung → Rn. 144 ff. Anders gesagt: Die Pseudonymisierung kann systematisch nur dann im Rahmen der DS-GVO sinnvoll Bestand haben, wenn die erfolgreiche Anonymisierung zu einer vollständigen Entäußerung der datenschutzrechtlichen Verpflichtungen des Verantwortlichen führt. Zugleich wird damit dem Schutz des Betroffenen umfassend genüge getan. Wenn seinen Daten erfolgreich anonymisiert sind, kann er allenfalls ein nachhaltiges Interesse am Schutz vor der Re-Identifizierung im Rahmen von Big Data-Anwendungen haben.[159] Indem der Verantwortliche dieses Schutzinteresse bereits

---

156 Schwartmann/Jaspers/Lepperhoff/Weiß/Meier, 6; siehe dagegen → Rn. 139 ff.
157 Dazu insbesondere auch die Stiftung Datenschutz Grundsatzregeln für die Anonymisierung personenbezogener Daten.
158 So auch Telefónica Öffentliche Konsultation zum Thema: „Anonymisierung unter der DS-GVO unter besonderer Berücksichtigung der TK-Branche“,7.
159 Zum Schutz vor Re-Identifizierung Plattform Industrie 4.0 Diskussionspapier Anonymisierung im Datenschutz als Chance für Wirtschaft und Innovation, 10.

bei der Begründung der erforderlichen Anonymisierungsmaßnahmen eingehend geprüft hat, kann dieser Verantwortliche keiner Pflicht zur erneuten Prüfung oder gar eine fortlaufende „Monitoring-Pflicht" unterliegen, jedenfalls solange er keine zwingenden Anhaltspunkte für ein offensichtliches Risiko der Re-Identifizierung im Rahmen der von ihm durchgeführten Nutzung der anonymisierten Daten erkennt bzw. erkennen muss (widerlegliche Vermutung).

Die Annahme, dass die Anonymisierung im Regelfall auf die Voraussetzungen des Art. 6 Abs. 4   131 DS-GVO gestützt werden könne oder müsse,[160] führt deswegen in die Irre. Es kann für die Anonymisierung nicht darauf ankommen, dass eine Kompatibilität der Zwecke der Ersterhebung und Weiterverarbeitung hinsichtlich der über die Anonymisierung hinausgehenden Nutzung festzustellen ist. Zwar muss der Verantwortliche prüfen, ob die Art der Daten angesichts der geplanten Verarbeitung nach der Anonymisierung ein bestimmtes technisches Umsetzungsniveau erfordert (Beispiel Gesundheitsdaten vs. Webtracking-Daten im E-commerce Bereich). Es würde aber die Anforderungen eindeutig überstrapazieren und dem Gedanken der außerhalb des Anwendungsbereichs der DS-GVO freien Verarbeitbarkeit anonymisierter Daten zuwiderlaufen, wenn die Verarbeitungszwecke nach Anonymisierung einer Legitimitätsprüfung nach den Maßstäben der DS-GVO (wie in Art. 6 Abs. 4 lit. a) DS-GVO formuliert) unterliegen würden.

Zudem stößt sich ein solcher Gedanke an praktischen Umsetzungsfragen: Wie sollte ein Ver-   132 antwortlicher die Nutzung anonymisierter Daten (etwa durch Dritte) nachverfolgen, wenn er gerade sämtliche Personenbezüge entfernt hat? Das wäre nur möglich, wenn er ein „Anonymisierungsprotokoll" für jeden einzelnen Datensatz vorhält, mit dem er den Personenbezug der Daten rekonstruieren könnte – was aber im Ergebnis dann das ganze Konstrukt (anonymisierter Datensatz und auf den einzelnen Datensatz herunterbrechbares Anonymisierungsprotokoll) in den Bereich de pseudonymisierten Datensätze überführt.

Zudem verkürzt der Rückgriff auf Art. 6 Abs. 4 DS-GVO die Perspektive auf die Rechtsgrundla-   133 ge zur Anonymisierung besonderer Arten personenbezogener Daten, für die Art. 9 DS-GVO keine äquivalente Regelung trifft. Das würde zu dem paradoxen Ergebnis führen, dass die Anonymisierung einfacher personenbezogener Daten bei Zweckkompatibilität grundsätzlich nach Maßgabe des Art. 6 Abs. 4 lit. a)-e) DS-GVO) zulässig ist, eine Anonymisierung besonderer Arten personenbezogener Daten nicht einmal dann möglich ist (bzw. allenfalls aufgrund einer Einwilligung zulässig wäre), obwohl der Schutz des Betroffenen mit der Anonymisierung und dem Schutz vor Re-Identifizierung ja gerade maximiert wird.

b) Anonymisierung ohne Rückgriff auf Art. 6 Abs. 4 DS-GVO

Es drängt sich auf, die Rechtsgrundlage der Anonymisierung außerhalb des Art. 6 Abs. 4 DS-   134 GVO zu suchen. Bei den einfachen personenbezogenen Daten kommt grundsätzlich ohnehin das berechtigte Interesse in Betracht (Art. 6 Abs. 1 lit. f) DS-GVO). Dazu genügt jedes rechtliche, wirtschaftliche oder ideelle (objektiv begründete) Interesse des Verantwortlichen, soweit die Interessen zum Schutz der Rechte und Freiheiten des Betroffenen nicht überwiegen.[161] Es ist schon im Ansatz nicht zu erkennen, weswegen die Rechte und Freiheiten des Betroffenen im Einzelfall einer Anonymisierung entgegenstehen oder sogar überwiegen sollten, wenn – nach entsprechender Einzelabwägung und Konkretisierung der erforderlichen Maßnahmen– der Erfolg der Anonymisierung darin besteht, dass ein weitergehender Schutz durch die DS-GVO entfällt bzw. nicht weiter benötigt wird. Anders gesagt: Wenn die Schutzinteressen des Betroffenen auf der Ebene der Auswahl der erforderlichen Maßnahmen die Anonymisierung erlauben, bedarf es keiner zusätzlichen Abwägung eines darüber hinausgehenden Interesses des Betroffenen.

---

160 So letztlich der BfDI Positionspapier zur Anonymisierung unter der DS-GVO unter besonderer Berücksichtigung der TK-Branche, 6 f.
161 Gola/Heckmann/Schulz Art. 6 DS-GVO Rn. 61 f. mwN.

135 Das gilt dann, wenn der Verantwortliche richtigerweise nicht einer „nacheilenden Monitoring-Pflicht" hinsichtlich der Nachhaltigkeit seiner Anonymisierungsmaßnahme unterworfen ist. Letzteres kann aber nicht richtig sein, wenn aus der rechtlich wirksamen Anonymisierung zugleich – mithin außerhalb des Anwendungsbereichs der DS-GVO – eine erhöhte Verkehrsfähigkeit der anonymisierten Daten einhergeht. Dann muss zwangsläufig der Vorgang der Re-Identifizierung selbst als neue Erhebung von Daten durch (denselben oder einen anderen) Verantwortlichen gelten, für die der Verantwortliche die Rechtsgrundlage prüfen und alle sich daraus ergebenden Anwendungsfolgen der DS-GVO seinerseits tragen und umsetzen muss.

136 Allerdings stößt der Rechtfertigungsgrund des berechtigten Interesses immer dann an seine natürliche Grenze (ebenso wie die Betrachtung zu Art. 6 Abs. 4 DS-GVO), wenn es um die Verarbeitung zum Zweck der Anonymisierung mit Blick auf besondere Arten personenbezogener Daten geht → Rn. 201 ff. Wenn hier grundsätzlich auf die Einwilligung zur Rechtfertigung der Anonymisierung abzustellen ist (Art. 9 Abs. 2 lit. a) DS-GVO), läuft der Verantwortliche in die Mühen des Einwilligungsmanagements. Das führt zu dem sinnwidrigen Ergebnis, dass der Verantwortliche im Fall des Widerrufs in die Verarbeitung die anonymisierten (nicht: pseudonymisierten!) Daten aus einem Datenpool weiterer anonymisierter Daten „herausziehen" müsste. Wie sollte er das tun? Soweit es sich nicht um Sondersituationen der ggf. mitgliedstaatlich besonders normierten Verarbeitungen etwa im Bereich des Gesundheitswesens, der wissenschaftlichen Forschung oder statistischer Zwecke handelt (Art. 9 Abs. 2 lit. h)-j) DS-GVO bzw. § 27 BDSG), erscheint der Weg in die Anonymisierung solcher Daten quasi versperrt. Auch hier führt dies in die paradoxe Situation, dass der den Schutz maximierende Ansatz einer rechtswirksamen Anonymisierung bei den besonders schutzbedürftigen Daten – außerhalb solcher Sondertatbestände – praktisch ausgeschlossen erscheint.

137 Das deutet auf eine planwidrige Regelungslücke hin, für die *de lege ferenda* über eine gesetzliche Ergänzung nachzudenken ist. Es würde allen Beteiligten im Rechtsverkehr helfen, die erforderliche Zwischenverarbeitung (einschließlich, aber nicht begrenzt auf kurzfristige Erhebungsformen, wie etwa im Bereich der Zwischenspeicherung im Bereich der Fahrzeugdaten) zum Zweck der Durchführung einer – nach den oben stehenden Kriterien sorgfältig abgewogenen und vorbereiteten – Anonymisierung gesetzlich ausdrücklich zu gestatten.[162] Dazu wäre ein Erlaubnistatbestand ähnlich § 44a UrhG wünschenswert, der im Einzelnen noch weiter zu diskutieren ist.[163] Danach wären (vorübergehende) Verarbeitungsmaßnahmen erlaubt, die flüchtig oder begleitend als integraler Teil eines technischen (Anonymisierungs-)Verfahrens zum alleinigen Zweck eingesetzt werden, die hinreichende Anonymisierung nach Maßgabe einer zuvor erfolgten und zu dokumentierenden Abwägung durchzuführen.

c) Technische Standards der Zertifizierung

138 Dringend erforderlich sind technische Standards für den Einsatz von Anonymisierungstechnologien, um einen technisch belastbaren Anonymisierungserfolg herbeiführen. Im Konsultationsprozess des BfDI hat der DIN eV auf wichtige erste Ansätze hingewiesen, nämlich im Bereich der Identitätsmanagement-Technologien auf den Standard für Löschkonzepte (ISO/IEC 27555 „Establishing a PII deletion concept in organizations"), sowie für „De-Identifizierungstechnologien" („ISO/IEC 20889.2018 „Privacy enhancing data de-identification terminology and

---

162 Bitkom BfDI Konsultation zur Anonymisierung, 7, spricht sich für eine einheitliche europäische Regelung aus; im Kern wohl auch AWV, Stellungnahmen des AWV-Arbeitskreises „Weiterentwicklung des Datenschutzrechts" im Rahmen der Konsultation des Bundesbeauftragten für den Datenschutz und die Informationsfreiheit zur Anonymisierung der DS-GVO unter besonderer Berücksichtigung der TK-Branche vom 11.2.2020, 4.

163 Maßgeblich Specht GRUR Int 2017, 1047 f.

classification of techniques") und Anonymsierung (ISO/IEC 27559:2022 „Privacy-enhancing data de-identification framework") als bereits existierende Standards.[164]

d) Selbstverpflichtung als organisatorische Maßnahme

Indem die Anonymisierung eben keinem „absoluten" Maßstab unterliegt, hat der Verantwort- 139
liche neben den technischen Maßnahmen – zumindest flankierend – geeignete organisatorischen Maßnahmen zu ergreifen, um den Erfolg der Anonymisierung nachhaltig zu sichern, indem er mit hinreichender Wahrscheinlichkeit die Re-Identifizierung auszuschließen bzw. ein solches Risiko minimiert.

Dazu gehört die Maßnahme zur Begrenzung des Personenkreises der an einer Anonymisierung 140
Mitwirkenden, die die angewandten Anonymisierungsregeln und -techniken kennen und/oder beherrschen und damit – zumindest theoretisch – die Anonymisierung auch umkehren könnten. Für diese Personen ergibt sich aus der Weisungsgebundenheit ihrer Tätigkeit und der damit verbundenen Verpflichtung auf das Datengeheimnis bzw. der Anforderungen an die datenschutzkonforme Datenverarbeitung (Art. 29, Art. 32 Abs.4 DS-GVO), dass der Verantwortliche auf die besonders hohe Relevanz und Folgewirkungen einer erfolgreichen Anonymisierung hinzuweisen und durch entsprechende Verpflichtungserklärungen eine Re-Identifizierung der anonymisierten Daten nach Abschluss des Anonymisierungsvorgangs rechtlich zu verhindern hat. Bei freien Mitarbeitern, die an der Anonymisierung mitwirken, sind dazu separate Verpflichtungserklärungen bzw. ausdrückliche Regelungen im Rahmen der betreffenden Dienstverträge dringend angeraten.

Die entsprechenden Überlegungen setzen sich fort zwischen dem Primär-Verantwortlichen und 141
Empfängern der anonymisierten Daten, um einer Re-Identifizierung entgegenzuwirken. Entsprechend der Sensitivität der Daten und eingesetzter Anonymisierungstechniken ist mithin der organisatorische Schutz gegen eine Re-Identifizierung durch entsprechende Verpflichtungserklärungen der Datenempfänger eine komplementäre (nicht alternative oder substitutive!) Maßnahme, um die Anonymisierung abzusichern. Dazu müssen die rechtlichen Verpflichtungen (ggf. einschließlich entsprechender Durchsetzungsmaßnahmen wie etwa Vertragsstrafen) umso stringenter ausfallen, je höher das Schutzgut und die Risiken für die betroffenen Personen im Fall einer Re-Identifizierung einzustufen sind.

Diese Überlegungen greifen gleichermaßen zwischen unabhängigen Dritten wie auch verbun- 142
denen Unternehmen. Soweit ein Verantwortlicher keine unmittelbare Marktgegenseite hat, können auch Selbstverpflichtungen – etwa im Rahmen der Datenschutzhinweise – eine geeignete rechtliche Bindungswirkung erzeugen und den Datenschutzbehörden wie auch den betroffenen Personen den Ansatzpunkt zur Rechtsdurchsetzung geben.

Entsprechend muss sich ein Dritter, der vom Verantwortlichen anonymisierte Daten erhält, auf 143
die vom Verantwortlichen getroffenen Anonymisierungsmaßnahmen grundsätzlich im Sinne einer widerleglichen Vermutung verlassen können. Soweit das Gesetz oder Aufsichtsbehörden verbindliche Maßstäbe zur erfolgreichen Anonymisierung erlassen, könnte daraus – je nach Reichweite der Maßgaben – womöglich sogar eine nur durch gesetzliche oder behördliche Regulierung außer Kraft setzbare, unwiderlegliche Vermutung erwachsen, auf die sich der Dritte verbindlich verlassen kann. Wenn er hingegen durch eigenständige Maßnahmen eine Re-Identifizierung vornimmt, gilt dies als Ersterhebung personenbezogener Daten, die dem ursprünglichen, die Anonymisierung durchführenden Verantwortlichen nicht zuzurechnen ist.

---

164 DIN eV Normung und Standardisierung im Bereich Anonymisierung personenbezogener Daten" v. Februar 2020; https://www.iso.org/obp/ui/#iso:std:iso-iec:27559:ed-1:v1:en.

II. Pseudonymisierung

144 Pseudonymisierte Daten fallen als personenbezogene Daten in den Anwendungsbereich der DS-GVO (siehe ErwGr 26 DS-GVO). Den Vorgang der Pseudonymisierung definiert Art. 4 Nr. 5 DS-GVO wie folgt:

145 „Pseudonymisierung' ist die Verarbeitung personenbezogener Daten in einer Weise, dass die personenbezogenen Daten ohne Hinzuziehung zusätzlicher Informationen nicht mehr einer spezifischen betroffenen Person zugeordnet werden können, sofern diese zusätzlichen Informationen gesondert aufbewahrt werden und technischen und organisatorischen Maßnahmen unterliegen, die gewährleisten, dass die personenbezogenen Daten nicht einer identifizierten oder identifizierbaren natürlichen Person zugewiesen werden."

146 Der maßgebliche Unterschied zur Anonymisierung liegt im Wesentlichen in der Wiederherstellbarkeit des Personenbezugs mit nicht unverhältnismäßigen Mitteln.[165]

1. Unterentwickelter Rechtsrahmen

147 In der DS-GVO ist die Pseudonymisierung regelungssystematisch vor allem auf der Ebene empfohlener technischer und organisatorischer Maßnahmen platziert, ohne dass ihr ein klarer Verpflichtungscharakter zugeschrieben ist.[166] In dem Sinne dient die Pseudonymisierung dem Verantwortlichen als Mittel, seinen Pflichten aus der DS-GVO nachzukommen und Risiken für den Betroffenen zu verringern, während beispielsweise die Löschpflicht in erster Linie der Durchsetzung von grundlegenden Betroffeneninteressen dient → Rn. 295 ff.[167] Die Pseudonymisierung stellt sich als Ausgestaltungsmöglichkeit des technischen Datenschutzes (Art. 32 Abs. 1 lit. a) DS-GVO) oder beispielhaft genannter Maßnahmen dar, um dem Grundsatz der Datenminimierung im Rahmen der datenschutzkonformen Technikgestaltung („Privacy by Design") zu genügen (Art. 25 Abs. 1 DS-GVO). Die DS-GVO überlässt es den Interessenverbänden, die Anforderungen an die Pseudonymisierung ggf. durch Verhaltensregeln („Codes of Conduct") zu konkretisieren (Art. 40 Abs. 2 lit. (d DS-GVO). Die Regelung zu mitgliedstaatlichen Garantien und Ausnahmen für die Zwecke öffentlicher Archive, wissenschaftlicher und historischer Forschung sowie der Statistik erwähnt die Pseudonymisierung als „geeignete Garantie" um sicherstellen, dass „technische und organisatorische Maßnahmen bestehen, mit denen insbesondere die Achtung des Grundsatzes der Datenminimierung gewährleistet wird" (Art. 89 Abs. 1 DS-GVO, § 22 Abs 2 Nr. 6 BDSG). Im Rahmen der Zweckkompatibilitätsprüfung zur Weiterverarbeitung personenbezogener Daten ist sie ein Unterfall der fünf Abwägungskriterien (Art. 6 Abs. 4 lit. e) DS-GVO). Die Erwägungsgründe unterstreichen jeweils diese Ausrichtung (siehe ErwGr 26, 28, 29, 75, 78, 85, 156).

148 Die Systematik ist dabei nicht ausgereift: Im Rahmen der Zweckkompatibilität (Art. 6 Abs. 4 lit. e) DS-GVO) und der allgemeinen Regelung zu technischen und organisatorischen Maßnahmen (Art. 32 Abs. 1 lit. a) DS-GVO) steht die Pseudonymisierung auf gleicher Stufe mit Verschlüsselungsmaßnahmen; im Rahmen der Privacy by Design Anforderungen (Art. 25 Abs. 1 DS-GVO) und Garantien für Archivierung, Forschung und Statistik (Art. 89 Abs. Abs. 1 DS-GVO) fehlt diese Parallelität – ohne zwingend erkennbaren Grund.

149 Im Sinne der Setzung von Anreizen (ErwGr 29 DS-GVO) versäumt es die DS-GVO hingegen, der Pseudonymisierung bzw. Verarbeitung pseudonymisierter Daten eine privilegierende Wirkung zuzumessen oder andere rechtliche Vorteile für den Verantwortlichen zu konkretisieren,

---

165 Schwartmann/Jaspers/Lepperhoff/Weiß/Meier, 3.
166 Vgl. allgemein Roßnagel ZD 2018, 243 (245 f.).
167 Ähnlich auch bezogen auf die Anonymisierung FIZ Karlsruhe, Stellungnahme zum öffentlichen Konsultationsverfahren des Bundesbeauftragten für den Datenschutz und die Informationsfreiheit zum Thema: Anonymisierung unter der DS-GVO unter besonderer Berücksichtigung der TK-Branche, 10 f.

wie dies etwa bei den Informationspflichten, der Folgenabschätzung oder auch Fragen der Datenübermittlung zur Weiterverarbeitung durch Dritte denkbar wäre.

So würde es auf der Hand liegen, die Pseudonymisierung als eine Maßnahme zu definieren, die bei größerer Eingriffsintensität „normaler" personenbezogener Daten das berechtigte Interesse an der Verarbeitung (Art. 6 Abs. 1 lit. f) DS-GVO) gegen einen etwaigen Widerspruch iSd Art. 21 DS-GVO von vornherein zusätzlich abzusichern.[168] 150

Hier besteht Nachholbedarf gerade mit Blick auf Big Data-Anwendungen und der verbesserten Nutzbarkeit pseudonymisierter Daten in digitalen Ökosystemen wie zB Datenräumen. In etlichen Konstellationen kommt es gerade nicht darauf an, die Verarbeitung auf die Ebene der einzelnen betroffenen Person zurückzuführen, sondern anhand einer Vielzahl von (ggf. personenbezogenen) Datensätzen Muster zu erkennen, Korrelationen zu bilden und allgemein verwertbare Erkenntnisse zu erzielen. Rein technisch bietet sich die Verarbeitung pseudonymisierter Daten für den Verantwortlichen immer dann an, wenn eine Anonymisierung nicht möglich, mit unverhältnismäßigen Kosten verbunden oder – angesichts der benötigten Elemente eines personenbezogenen Datensatzes – nicht zielführend ist. 151

2. Anforderungen an einen Code of Conduct

Indem sich der aktuelle Rechtsrahmen für die Pseudonymisierung zwischen einer Ausgestaltungsoption auf der Ebene Privacy by Design (Art. 25 Abs. 1 DS-GVO) und technischer und organisatorischer Maßnahmen (Art. 32 DS-GVO) einerseits und eines Teilelements zur Bestimmung einer zweckkompatiblen Weiterverarbeitung (Art. 6 Abs. 4 lit. e) DS-GVO) andererseits bewegt, ist der Verantwortliche weitgehend auf sich selbst gestellt zu beurteilen, welche Intensität bzw. Tiefe der Pseudonymisierung er wählt bzw. wählen muss, um daraus einen echten Compliance-Vorteil zu ziehen. 152

Die technischen Varianten der Pseudonymisierung sind vielschichtig und bewegen sich im Wesentlichen im Vorfeld der Anonymisierung, indem der Verantwortliche die erforderlichen Informationen zur Re-Identifizierung bzw. der Zusammenführung der pseudonymisierten Datensätze mit den entsprechenden Zusatzinformationen zur Wiederherstellung des Personenbezugs in der Hand hält.[169] 153

Als Sonderform ist in dem Zusammenhang die Verschlüsselung von Daten zu erwähnen, bei denen der Zugriff auf den einzelnen Datensatz bzw. einer Gesamtheit von Datensätzen an der Verfügungsgewalt über den Schlüssel hängt. Hier hat der Verantwortliche für die Zugriffskontrolle (und damit Möglichkeit der Re-Identifizierung) aus Art. 32 DS-GVO ein Berechtigungskonzept mit Begrenzung auf das Need-to-Know Prinzip und klar definierten Regeln zur Aufdeckung der Pseudonyme aufzusetzen, um die Verlässlichkeit der Pseudonymisierungswirkung gegenüber Dritten abzusichern.[170] 154

Zusätzliche Absicherungen sind denkbar, wenn der Verantwortliche die Daten verschlüsselt, aber den Schlüssel dem Betroffenen oder einem von ihm ermächtigen (oder vom Verantwortlichen beauftragten) Dritten überlässt, wie dies etwa bei einer Vertrauensstelle denkbar ist, die in die Rolle eines Datentreuhänders tritt (siehe auch → § 5, Rn. 146 ff.) und die Pseudonyme verwaltet.[171] 155

---

168 Im Ansatz ähnlich, aber mit derselben Konsequenz: Schwartmann/Weiß BMI, Digital-Gipfel 2018, 9.
169 Grundlegend und ausführlich: Schwartmann/Weiß BMI Digital-Gipfel 2018: Anforderungen an den datenschutzkonformen Einsatz von Pseudonymisierungslösungen, 12–23.
170 Schwartmann/Weiß BMI Digital-Gipfel 2018: Anforderungen an den datenschutzkonformen Einsatz von Pseudonymisierungslösungen, 24.
171 Schwartmann/Weiß BMI Digital-Gipfel 2018: Anforderungen an den datenschutzkonformen Einsatz von Pseudonymisierungslösungen, 30; Schwartmann/Jaspers/Lepperhoff/Weiß/Meier, 14–16.

156 Sehr verdienstvoll wäre es, wenn Rechtsanwender (insbesondere aus dem KMU-Segment) auf Verhaltensregeln vertrauen könnten (Codes of Conduct iSd Art. 40 Abs. 2 lit. d) DS-GVO), die die Leitprinzipien zur Pseudonymisierung weiter ausgestalten. Das Bundesministerium des Innern und für Heimat (BMI) hat zum Digitalgipfel 2019 mit dem „Entwurf für einen Code of Conduct zum Einsatz DS-GVO konformer Pseudonymisierung"[172] wichtige Vorarbeit geleistet.

157 Die eigentliche Umsetzung in einem Code of Conduct erfordert die Adaption durch Verbände oder ähnliche Vereinigungen und die Genehmigung der Aufsichtsbehörden bzw. der EU-Kommission. Verantwortliche, die sich für ihre Pseudonymisierung im Sinne einer Selbstverpflichtung oder anderer rechtsverbindlicher Maßnahmen auf die Einhaltung des Code of Conduct verpflichten, müssen dann im Einzelfall keinen Zusatzaufwand zum Nachweis einer datenschutzkonformen Pseudonymisierung treffen (soweit sie die konkrete Pseudonymisierung in Übereinstimmung mit dem Code of Conduct vorgenommen haben; Art. 40 Abs. 3 S. 2 DS-GVO) – nicht mehr, aber auch nicht weniger als das. Der Entwurf des Code of Conduct wurde zwischenzeitlich weiterentwickelt, allerdings ist nach derzeitigem Kenntnisstand unklar, ob ein Genehmigungsverfahren bei einer Aufsichtsbehörde vorangebracht worden ist.

158 Entsprechend dem begrenzten Regelungsrahmen zur Pseudonymisierung in der DS-GVO kann ein Code of Conduct nur auf verbindliche Vorgaben zur Durchführung einer Pseudonymisierungsmethode, nicht aber die Zwecke der Verarbeitung pseudonymisierter Daten seitens des Verantwortlichen regeln. Der vorgeschlagene Code of Conduct folgt einem dreiteiligen Aufbau und regelt in grober Zusammenfassung die folgenden Themen: (a) Anwendungsbereich der Pseudonymisierung als technisch-organisatorische Maßnahme (Art. 25, 32 DS-GVO) und als Maßnahme bzw. (Teil-)Voraussetzung der zweckkompatiblen Weiterverarbeitung (Art. 6 Abs. 4 DS-GVO); (b) organisatorische Fragen zur Pseudonymisierung; (c) technische Fragen bzw. Möglichkeiten der Umsetzung. Zu den Pflichten des Verantwortlichen unter (b) gehören insbesondere: die Benennung eines Fachverantwortlichen für den Prozess der Pseudonymisierung; die Bestimmung und Dokumentation der Kriterien, die für die Auswahl der geeigneten, technischen Pseudonymisierungsmethode maßgeblich sind; ein dem Risiko des Verarbeitungsvorgangs angemessenes Rechte- und Rollenkonzept (typischerweise basierend auf einem Need-to-Know Prinzip, was die Re-Identifizierungsmerkmale betrifft); Vorgaben für die Re-Identifizierung (die auf den Zweck der intendierten Verarbeitung der pseudonymisierten Daten auszurichten ist); Informationspflichten gegenüber den Betroffenen (Art. 13, 14 DS-GVO); Regelungen für den Fall von Datenschutzverletzungen (Art. 33, 34 DS-GVO); Dokumentation und regelmäßige Bewertung des Pseudonymisierungsprozesses einschließlich der zugrunde liegenden Abwägungen für die Dauer der Nutzung der pseudonymisierten Daten. Zu (c) gehören die technischen Überlegungen einschließlich der technischen Schutzmaßnahmen gegen eine ungewollte Re-Identifizierung.[173]

159 Der Entwurf des Code of Conduct zeigt, dass der Verantwortliche eine Vielzahl von Prüfpunkten und Abwägungskriterien einzuhalten und zu dokumentieren hat, die sich nach der Art der betroffenen Daten und dem mit der Verarbeitung der pseudonymisierten Daten verfolgten Zwecke richten.

160 Mit Blick auf die für Big Data-Anwendungen besonders interessierende Frage der Weiterverarbeitung pseudonymisierter Daten stellt der Code of Conduct vornehmlich auf die Zweckkompatibilität als Hauptanwendungsfall ab (Art. 6 Abs. 4 lit. e) DS-GVO). Er hält allerdings in allgemeiner Form auch fest, dass die Dokumentation unterschiedlicher Verarbeitungszwecke möglich ist, allerdings gegenüber der ursprünglichen Erhebung eben die Zweckbindung

---

172 Schwartmann/Weiß BMI Digital Gipfel 2019, Entwurf für einen Code of Conduct zum Einsatz DS-GVO konformer Pseudonymisierung.
173 Schwartmann/Weiß BMI Digital Gipfel 2019, Entwurf für einen Code of Conduct zum Einsatz DS-GVO konformer Pseudonymisierung, 7, 9–199, 20–22; mit anschließenden Anwendungsbeispielen.

Duisberg

greift.[174] Anders gesagt kommt es also aus der Sicht des Verantwortlichen darauf an, dass er bei der Erhebung der Daten vorausschauend auch einen Verarbeitungszweck nach erfolgter Pseudonymisierung (bspw. im Rahmen eines berechtigten Interesses) in die Zweckbeschreibung aufgenommen hat. Dabei bleibt allerdings mit Blick auf besondere Arten personenbezogener Daten (Art. 9 Abs. 1 DS-GVO) die Frage offen, in welchen Zusammenhängen die Pseudonymisierung nützlich ist, da sie dort keine Erwähnung findet und nach der Gesetzessystematik nicht über Art. 6 Abs. 4 DS-GVO „aktiviert" werden kann.

Der Entwurf des Code of Conduct spricht im Zusammenhang mit den Rechte- und Rollen- 161
konzepten einen für die Praxis besonders wichtigen organisatorischen Aspekt und Vorteil an, der Voraussetzung für eine datenschutzkonforme Pseudonymisierung (als technisch-organisatorische Maßnahme) ist. Neben dem „Alles-in-einer-Hand" Modell (Verantwortlicher und Inhaber der Informationen zur Re-Identifizierung sind identisch) sind verschiedenartige Treuhändermodelle von besonderem Interesse (siehe auch → § 5, Rn. 128 ff.). Hier wird ein „Dritter" entweder mit der Durchführung und Verwaltung der Re-Identifizierungsinformationen betraut, oder der Dritte ist nur mit der Verwahrung und Verwaltung der Re-Identifizierungsinformationen betraut und unterliegt dazu einem entsprechend streng ausgestalteten Rechte- und Rollenkonzept, um Zugriffe Dritter (ggf. auch des Verantwortlichen selber) auszuschließen. Dabei kommen im Fall des Einsatzes von Verschlüsselungstechnologien (und/oder auch der Verwendung von Hashwert-Zuordnungen) je nach Art der Risikoszenarien für die Betroffenen unterschiedliche Re-Identifizierungsszenarien (ex ante, ad hoc, ex post) in Betracht. Je nach Bewertung dieser Risiken kann es sich anbieten, das Rechte- und Rollenkonzept über verschiedenen Hierarchie-Ebenen als zusätzliche organisatorische Sicherungsmaßnahme aufzuteilen.[175]

Für Konzernstrukturen folgt daraus ein ganz entscheidender Aspekt: Es kann sich anbieten, 162
eine eigene, in einem rechtlich separaten Rechtsträger allokierte Datentreuhänderstruktur aufzusetzen, die ggf. nur damit befasst ist, die Zuordnungsregeln der Pseudonymisierung bzw. für die Re-Identifizierung maßgebliche Daten zu verwalten. Für alle anderen Konzernunternehmen sind dann diese Informationen nach Maßgabe des zugrunde gelegten Rechte- und Rollenkonzepts nicht zugänglich. Damit kann – sozusagen spiegelbildlich zum fehlenden Konzernprivileg als Zuordnungsprinzip der Datenübermittlung – der Betroffenenschutz vor einer Re-Identifizierung innerhalb eines Konzerns bestmöglich gesichert werden.

Aus demselben Gedanken lässt sich darüber hinaus ableiten, dass die hinreichende Anonymi- 163
sierung nach den oben genannten Kriterien → Rn. 84 ff. auch innerhalb einer Konzernstruktur realisiert werden kann. Das sollte selbst dann gelten, wenn es theoretisch (aber nicht im Rechte- und Rollenkonzept angelegte) gesellschaftsrechtliche Anordnungsbefugnisse der Konzernleitung geben würde, die einen Durchgriff und die Re-Identifizierung anonymisierter Daten durch einen Abgleich mit den an anderer Stelle im Konzern vorhandenen Klardaten der Betroffenen erzwingen könnten.

3. Pseudonymisierung in bisherigen Leitlinien des EDSA

Von den nicht durch den EDSA bestätigten Leitlinien der Art-29 Datenschutzgruppe 05/2014 164
zu Anonymisierungstechniken abgesehen,[176] hat der EDSA sich bisher nur marginal mit Fragen der Pseudonymisierung befasst. Hier besteht offensichtlich Nachholbedarf, dem sich der EDSA angenommen hat, ohne allerdings die für 2023 angekündigten Leitlinien bisher veröffentlicht zu haben. Die Bundesregierung hat in ihrer Datenstrategie vom August 2023 nochmal aus-

---

174 Schwartmann/Weiß BMI Digital Gipfel 2019, Entwurf für einen Code of Conduct zum Einsatz DS-GVO konformer Pseudonymisierung, 10 f.

175 Schwartmann/Weiß BMI Digital Gipfel 2019, Entwurf für einen Code of Conduct zum Einsatz DS-GVO konformer Pseudonymisierung, 16 f.

176 Artikel 29 Datenschutzgruppe Stellungnahme WP216 Opinion 05/2014 zu Anonymisierungstechniken.

drücklich die Bedeutung verlässlicher Regeln zur Anonymisierung und Pseudonymisierung personenbezogener Daten hervorgehoben und das Handeln des EDSA angemahnt.[177]

165 Dem vorausgehend sind zu erwähnen die „Leitlinien 01/2020 zur Verarbeitung personenbezogener Daten im Zusammenhang mit vernetzten Fahrzeugen und mobilitätsbezogenen Anwendungen", in denen der EDSA bestätigt, dass die Pseudonymisierung dazu beitragen kann, „die durch die Datenverarbeitung entstehenden Risiken zu minimieren, wobei zu berücksichtigen ist, dass in den meisten Fällen direkt identifizierbare Daten nicht notwendig sind, um den Zweck der Verarbeitung zu erreichen. Wenn die Pseudonymisierung durch Sicherheitsvorkehrungen verstärkt wird, verbessert sie den Schutz personenbezogener Daten, indem sie die Risiken des Missbrauchs verringert."[178]

166 Die „Leitlinien 04/2020 zur Verwendung von Standortdaten und Instrumenten zur Ermittlung von Kontaktpersonen im Zusammenhang mit dem Ausbruch von COVID-19" betonen die Verwechslungsrisiken zwischen Anonymisierung und Pseudonymisierung. Bemerkenswert ist die Aussage, dass Daten als solche nicht anonymisiert werden könnten, sondern nur Datensätze als Ganzes. „In diesem Sinne kann jedweder Eingriff an einem einzigen Datenmuster (durch Verschlüsselung oder andere mathematische Transformationen) im besten Falle nur als Pseudonymisierung angesehen werden."[179]

D. Rechtfertigungsgrundlagen

167 Neben der vom Verantwortlichen für die konkrete Datenverarbeitung zu Beginn festzulegenden Zweckbestimmung kommt der Rechtfertigungsgrundlage (und Dokumentation derselben im Rahmen des Verzeichnisses der Verarbeitungstätigkeiten, Art. 30 DS-GVO) zentrale Bedeutung zu. Für die einfachen personenbezogenen Daten kommen im Bereich der Big Data-Anwendungen insbesondere die Einwilligung (Art. 6 Abs. 1 lit. a) DS-GVO) und das berechtigte Interesse (Art. 6 Abs. 1 lit. f DS-GVO) in Betracht. Auch der Zwecke der Vertragserfüllung kann in ausgewählten Situationen für Big Data-Anwendungen von Interesse sein.

168 Im Bereich der besonderen Arten personenbezogener Daten (Art. 9 DS-GVO) ist eine Berufung auf das berechtigte Interesse dagegen ausgeschlossen. Hier greifen – neben der Einwilligung – vor allem die Sondertatbestände der Archiv- und Forschungs-, und Statistikzwecke.

I. Einwilligung

169 Die Einwilligung ist im Prinzip nur eine von mehreren, gleichwertigen Rechtfertigungsgrundlagen, die jedoch nach der Gesetzessystematik eine gewisse Vorrangstellung einnimmt (Art. 6 Abs. 1 lit. a, Art. 9 Abs. 1 lit. a) DS-GVO) und auf dem Grundgedanken aufbaut, der betroffenen Person die bestmögliche Kontrolle über ihre Daten – sowohl hinsichtlich der Erteilung als auch des Widerrufs – einzuräumen. Dementsprechend kann der Verantwortliche nicht subsidiär auf einen anderen Rechtfertigungsgrund für denselben Verarbeitungsvorgang zurückgreifen, wenn der Betroffene eine nach den Umständen des geplanten Verarbeitungsvorgangs erforderliche Einwilligung versagt oder die erteilte Einwilligung widerruft.

1. Anforderungen des EDSA

170 Der EDSA hat in seinen „Leitlinien 05/2020 zur Einwilligung" (Version 1.1 vom 4.5.2020) die zentralen Anforderungen an die rechtswirksame Einwilligung (Freiwilligkeit, Bestimmtheit

---

177 Bundesregierung August 2023, Fortschritt durch Datennutzung 20, 25.

178 Leitlinien 01/2020 zur Verarbeitung personenbezogener Daten im Zusammenhang mit vernetzten Fahrzeugen und mobilitätsbezogenen Anwendungen, Version 2.0 vom 9.3.2021 Rn. 81.

179 Leitlinien 04/2020 zur Verwendung von Standortdaten und Instrumenten zur Ermittlung von Kontaktpersonen im Zusammenhang mit dem Ausbruch von COVID-19 Rn. 18.

für eine konkrete Verarbeitung, Informiertheit, unmissverständliche Willensbekundung) näher beleuchtet und mit Fallbeispielen unterlegt.

Für die Freiwilligkeit der Einwilligung ist in Big Data-Zusammenhängen – neben den Spe- 171 zifika des Arbeitnehmerdatenschutzes → § 8 Rn. 10 ff, 88 ff – insbesondere das allgemeinen Kopplungsverbot zu beachten (Art. 7 Abs. 4 DS-GVO). Danach darf der Verantwortliche die freie Entschlusskraft der betroffenen Person nicht dadurch ungebührlich beeinträchtigen, dass er zB im Zusammenhang mit einer Vertragserfüllung die Einwilligung zur Verarbeitung weiterer, für die Vertragserfüllung nicht erforderlicher personenbezogener Daten zu weiteren Verarbeitungszwecken zur Voraussetzung macht.[180] Zudem hat sich der EDSA mit auf sozialen Netzwerkplattformen anzutreffenden, täuschungsähnlichen Einflussnahmen befasst („Deceptive Design Patterns"), die u.a. die Anforderungen an eine informierte, freiwillige Einwilligung unterwandern.[181]

Der ESDA stellt an die „Granularität" der Verarbeitungszwecke erhebliche Anforderungen. 172 Damit die betroffene Person ihre informierte Einwilligung erteilt, muss der Verantwortliche Informationstransparenz hinsichtlich der erhobenen Datenarten, Verarbeitungszwecke, Empfänger (Identität des Verantwortlichen), Widerrufsrecht, Informationen über eine ggf. geplante Profilbildung zur automatisierten Entscheidungsfindung (Art. 22 Abs. 2 lit. c) DS-GVO) und intendierte Datenübermittlungen außerhalb der EU und Maßnahmen der Risikominimierung enthalten. Der EDSA verlangt in Übereinstimmung mit ErwGr 32 entsprechend, dass unterschiedliche Verarbeitungsvorgänge, auf die sich dieselbe Einwilligung bezieht, ausdrücklich zu benennen sind, ebenso wie dass unterschiedliche Zwecke einer Verarbeitung jeweils einer gesonderten Einwilligung bedürfen.[182]

Bei mehreren Verantwortlichen – wie sie etwa im Rahmen einer konsortialen Big Data-Verar- 173 beitung in Datenräumen in Betracht kommt – müssen allen beteiligten Organisationen als Verantwortliche genannt werden, wohingegen eine ausdrückliche Benennung der eingesetzten Dienstleister bzw. Auftragsverarbeiter nicht erforderlich ist. Die erforderlichen Informationen sind in einfacher, leicht zugänglicher Form bereitzustellen; ein bloßer Verweis auf die Datenschutzhinweise (Art. 13, 14 DS-GVO) genügt dazu nicht.[183]

Für die unmissverständliche Bekundung der Einwilligung ist die Schriftform nicht erforder- 174 lich; es genügen uU auch die elektronische Willensbekundung („Anklicken") oder die Aufzeichnung einer mündlichen Einwilligung (zB bei Call-Center Agenten). Sie muss in jedem Fall separat und deutlich hervorgehoben von anderen Willenserklärungen (wie etwa einem Vertragsschluss, dem Bestätigen von Online-AGB, etc) erfolgen.[184]

Bei den besonderen Arten personenbezogener Daten hat die Einwilligung angesichts des er- 175 höhten Schutzbedarfs eine zentrale Bedeutung (Art. 9 Abs. 1 lit. a) DS-GVO). Hier stellt die Einwilligung den Regelfall der Durchbrechung des grundsätzlichen Verbots nach Art. 9 Abs. 1 DS-GVO dar; die weiteren, sehr spezifischen, an enge Voraussetzungen geknüpften Ausnahmetatbestände der Art. 9 Abs. 2 lit. b)-j) DS-GVO bestätigen die herausgehobene Bedeutung der Einwilligung.

---

180 EDSA Leitlinien 05/2020 zur Einwilligung gemäß Verordnung 2016/679, Version 1.1 vom 4.5.2020 Rn. 13 ff.
181 EDSA Leitlinien 03/2022 zu Deceptive Design Patterns Version 2.0 v. 14.2.2023.
182 EDSA Leitlinien 05/2020 zur Einwilligung gemäß Verordnung 2016/679, Version 1.1 vom 4.5.2020 Rn. 42 ff., 55 ff.
183 Vgl. EDSA Leitlinien 05/2020 zur Einwilligung gemäß Verordnung 2016/679, Version 1.1 vom 4.5.2020 Rn. 66 ff.
184 EDSA Leitlinien 05/2020 zur Einwilligung gemäß Verordnung 2016/679, Version 1.1 vom 4.5.2020 Rn. 42 ff., 55 ff., 75 ff.

176 Liegt keine wirksame Einwilligung vor, so ist die Verarbeitung rechtswidrig. Ein subsidiärer Rückgriff auf andere Rechtfertigungstatbestände ist nicht ohne Weiteres möglich.[185]

177 Neben der Nachweisbarkeit der Einwilligung, die dem Verantwortlichen obliegt, hat der Verantwortliche dem Einwilligenden ein leicht zugängliches Verfahren zum jederzeitigen Widerruf bereitzustellen und den Einwilligenden bereits bei der Abgabe seiner Einwilligung darauf hinzuweisen.[186]

178 Für Einwilligungen zum Zweck der wissenschaftlichen Forschung hält der ESDA fest, dass die in ErwGr 33 ausgeführte Flexibilität („der Zweck der Verarbeitung personenbezogener Daten für Zwecke der wissenschaftlichen Forschung kann zum Zeitpunkt der Erhebung … [oftmals] nicht vollständig angegeben werden") nicht dazu führen darf, dass die Zweckbeschreibung unbestimmt bleibt oder zu einer Umgehung der Anforderung einer hinreichenden Zweckangabe genutzt wird.[187]

2. Herausforderungen bei Big Data-Anwendungen

179 In einem vielschichtigen Umfeld zunehmend komplexer technischer Verarbeitungsvorgänge steht der Verantwortliche vor dem Problem des „Privacy Paradox". Es beschreibt die hohe Besorgnis der Betroffenen, dass der Verantwortliche seinen datenschutzrechtlichen Anforderungen genügt, bei einer zugleich oft beliebigen Freigiebigkeit des einzelnen in die Preisgabe persönlichster Informationen in öffentlichen Netzwerken. Diese verstärkt sich durch die regelmäßig geringe Beachtung, die Betroffene den aufwändigen Einwilligungstexten durch einfaches „Weg-Klicken" beimessen („Consent Fatigue") – womit insgesamt das Ziel der informierten Einwilligung *ad absurdum* geführt wird. Im Rahmen von Big Data-Anwendungen stellen sich darüber hinaus einige spezifische Probleme, die Datenverarbeitung auf die Einwilligung zu stützen.

180 Das beginnt bei dem allgemeinen Problem der Beschreibung der Verarbeitungszwecke, sowohl hinsichtlich der Bündelung mehrerer Verarbeitungsarten in einer Einwilligungserklärung mit hinreichender Granularität als auch – für Big Data noch bedeutsamer – der Abdeckung mehrerer Verarbeitungszwecke in einer bzw. ggf. mehreren Einwilligungserklärungen. Wenn gemäß ErwGr 43 S. 2 DS-GVO unterschiedliche Verarbeitungsvorgänge jeweils einer gesonderten Einwilligungserklärung bedürfen und diese Verarbeitungsvorgänge möglicherweise zu Beginn der Erhebung noch nicht abschließend beschreibbar sind, stößt das Einwilligungskonzept an seine Grenzen.

181 Das Problem tritt verstärkt in multipolaren Strukturen zutage, etwa bei konsortialer Datenverarbeitung unter mehreren Verantwortlichen – und zwar gleichermaßen bei gemeinsam Verantwortlichen (Art. 26 DS-GVO) und bei sequenziell verarbeitenden Verantwortlichen, wie dies zB in Datenräumen der Fall sein kann. Die Einholung von Einzeleinwilligungen pro Verarbeitungsvorgang ist hier ebenso wenig zielführend, wie es umgekehrt kaum realisierbar ist, mit einer „Generaleinwilligung" alle Verarbeitungsvorgänge und -zwecke mit hinreichender Granularität abzubilden.[188]

3. Probleme des Einwilligungsmanagements

182 Zu den Herausforderungen bei der Einholung der Einwilligung tritt – bei Big Data-Anwendungen verstärkt – das Problem des Einwilligungsmanagements hinzu, also der nachhaltigen Reproduzierbarkeit und der Widerruflichkeit der Einwilligung. Für jeden Datensatz, den der

---

185 Siehe EDSA Leitlinien 05/2020 zur Einwilligung gemäß Verordnung 2016/679, Version 1.1 vom 4.5.2020 Rn. 122 f.
186 EDSA Leitlinien 05/2020 zur Einwilligung gemäß Verordnung 2016/679, Version 1.1 vom 4.5.2020 Rn. 113–115.
187 EDSA Leitlinien 05/2020 zur Einwilligung gemäß Verordnung 2016/679, Version 1.1 vom 4.5.2020 Rn. 153–158.
188 Siehe dazu Leistner/Antoine/Sagstetter Big Data, 248 f.; siehe auch Conrad InTeR 2021, 147 (150 ff.).

Verantwortliche einwilligungsbasiert erhoben hat und ggf. auf einer entsprechend tragfähigen Zweckbeschreibung verarbeitet, hat er sicherzustellen, dass der Betroffene jederzeit seine Einwilligung ohne weitere Begründung widerrufen kann. Der Verantwortliche hat dem unverzüglich nachzukommen und den betreffenden Datensatz aus der weiteren Verarbeitung zu entfernen. Die technischen Herausforderungen sind gewaltig und verstärken sich weiter, wenn die Big Data-Anwendungen in multipolaren Verarbeitungsstrukturen eingesetzt werden. Letzteres gilt zudem nicht nur auf der technischen, sondern auch auf der organisatorischen Ebene. Denn die Ausübung der Betroffenenrechte muss gegenüber jedem für die betreffende Verarbeitung zuständigen Verantwortlichen möglich sein – bei einer gemeinsamen Verantwortlichkeit also „gesamtschuldnerisch" von jedem der Verantwortlichen eingelöst werden, bei einer sukzessiven Verantwortlichkeit (aufgrund entsprechender Datenübermittelungen) also von dem für den konkreten Verarbeitungsvorgang gerade zuständigen Verantwortlichen.

Das dürfte sich in komplexen Verarbeitungsstrukturen (zB Datenmarktplätze, Datenräume) allenfalls dadurch realisieren lassen, dass der Betreiber eine einheitliche technische Struktur mit Personal Information Management-Systeme (PIMS) vorhält, auf die die Verantwortlichen zugreifen können oder den Betreiber als Auftragsverarbeiter mit der Durchführung des Widerrufsmanagement beauftragen. 183

Dieses Problem stößt darüber hinaus an systemische Grenzen im Fall der Einwilligung in die Anonymisierung und Pseudonymisierung von personenbezogenen Daten. Bei der Anonymisierung wird der Schutzbereich der DS-GVO verlassen. Hier ist nach richtiger Auffassung davon auszugehen, dass der Widerruf keine Rechtswirkung entfalten kann, zumal wenn die anonymisierten Daten den Einflussbereich des Verantwortlichen verlassen haben und sich bei Dritten bzw. im freien Datenverkehr befinden. Aber auch dann, wenn die anonymisierten Daten sich noch beim Verantwortlichen befinden, der die Anonymisierung durchgeführt hat, bleibt ein Widerruf der Einwilligung in die Anonymisierung folgenlos, indem die Re-Identifizierung des Datensatzes des einzelnen Betroffenen eben definitionsgemäß nicht mehr möglich ist. 184

Anders ist das im Fall der Pseudonymisierung. Soweit die betroffene Person ihre Einwilligung in die pseudonymisierte Datenverarbeitung widerruft, muss der Verantwortliche bzw. die Stelle, die als Auftragsverarbeiter für den Verantwortlichen die Zuordnungsregel für die Pseudonymisierung verwaltet, dafür sorgen, dass der betreffende Datensatz der Verarbeitung entzogen wird. Das setzt wiederum voraus, dass die Nachverfolgung der pseudonymisierten Datensätze jederzeit möglich ist. Für Big Data-Anwendungen, die auf eine Datenteilung in multipolaren Verarbeitungsstrukturen abzielen (einschließlich möglicher Datenübermittlungen an weitere Verantwortliche (C2C)), dürfte das einen sehr hohen technischen und administrativen Aufwand auslösen, der der Zielsetzung einer mehrseitigen, durch die Pseudonymisierung erleichterten Datenverarbeitung und -analyse zuwiderläuft bzw. den potenziellen Nutzen womöglich wirtschaftlich aufhebt. 185

Zudem stellt sich in dem Zusammenhang die Frage, ob und wie der Betroffene seine Rechte (einschließlich des Rechts auf Widerruf seiner Einwilligung) gegenüber einem solchen anderen Verantwortlichen ausüben kann, wenn dieser keinen Zugriff auf die Zuordnungsregel hat. Man müsste hierzu auf den Inhalt der Einwilligung zurückgehen, in der der Erst-Verantwortliche (der die Daten erhoben und pseudonymisiert hat) die Empfänger der pseudonymisierten Daten (also den bzw. die weiteren Verantwortlichen nach einer C2C Übermittlung) identifiziert haben müsste, um die betroffene Person in die Lage zu versetzen, gegenüber jedem Verarbeiter der pseudonymen Daten ihre Rechte auszuüben – die diese aber nur dann erfüllen können, wenn sie für diese Fälle mit dem Erst-Verantwortlichen den Zugriff auf die Zuordnungsregel der Pseudonymisierung oder zumindest eine Anordnungsbefugnis zur Umsetzung der Betroffenenrechte vertraglich vereinbart haben. Das dürfte in etlichen Fällen (wenn nicht sogar im Regelfall) den Sinn und Zweck der pseudonymisierten Datenverarbeitung konterkarieren und letztlich das Vorhaben zum Scheitern bringen. 186

4. Ergebnis

187 Im Ergebnis ist festzuhalten, dass die Einwilligung als Rechtfertigungsgrundlage für Big Data-Anwendungen eine denkbar ungünstige Rechtsgrundlage der Datenverarbeitung darstellt. Dies gilt sowohl hinsichtlich der erforderlichen Granularität der anzugebenden Verarbeitungsarten also auch für dem generellen Problem der unterschiedlichen, im Zeitpunkt der Ersterhebung der Daten noch nicht absehbaren verschiedenen Verarbeitungszwecke. Das erforderliche Einwilligungs- und Widerrufsmanagement führt in kaum vollständig und adäquat abbildbare Umsetzungsprobleme.

188 Bei den besonderen Arten personenbezogener Daten (Art. 9 DS-GVO) verschärft sich das Problem → Rn. 201 ff. Die Einwilligung hat – mangels der Möglichkeit, auf ein berechtigtes Interesse abzustellen – zentrale Bedeutung. Die weiteren Rechtfertigungstatbestände sind an enge Voraussetzungen geknüpft (Art. 6 Abs. 2 lit. b)-j) DS-GVO). Lediglich im Bereich der Archivzwecke, der wissenschaftlichen und historischen Forschungszwecke sowie der statistischen Zwecke bieten die nationalen Ausnahmenbestimmungen bestimmte Erleichterungen (§ 27 Abs. 1 BDSG), die damit zugleich zu den wichtigsten Anwendungsfällen für Big Data Verfahren im Bereich der besonderen Arten personenbezogener Daten werden..

189 Für Big Data-Anwendungen folgt daraus also nach derzeitiger Rechtslage, dass der Verantwortliche bei einfachen personenbezogenen Daten vorzugsweise eine andere Rechtsgrundlage als die Einwilligung zugrunde legen sollte. Bei besonderen Arten personenbezogener Daten spricht alles dafür, die Big Data-Anwendungen auf spezifische Anwendungsszenarien des Art. 9 Abs. 2 lit. h)-J) DS-GVO (Gesundheitsvorsorge, Arbeitsmedizin, etc sowie Archiv- und Forschungszwecke) zu beschränken bzw. in dem Rahmen den Weg in die Anonymisierung der Daten zu beschreiten.

II. Berechtigtes Interesse

1. Jedes rechtliche, wirtschaftliche, ideelle Interesse

190 Für die Verarbeitung einfacher personenbezogener Daten in Big Data-Anwendungen – gleichermaßen, ob als Klardaten oder als pseudonymisierte Daten – ist das berechtigte Interesse die wesentliche Rechtfertigungsnorm (Art. 6 Abs. 1 lit. f) DS-GVO), soweit nicht im Einzelfall die Einwilligung als Rechtfertigung zwingend geboten ist. Als berechtigtes Interesse gilt grundsätzlich jedes rechtliche, wirtschaftliche oder ideelle Interesse des Verantwortlichen.[189]

191 Dazu hat der Verantwortliche vor Beginn der Verarbeitungstätigkeit dreistufig zu prüfen, indem er: (1) sein rechtliches, wirtschaftliches oder ideelles Interesse bestimmt und für die geplante Verarbeitung festlegt; (2) die Erforderlichkeit zur Wahrung dieses Interesses prüft; (3) sodann sein Interesse mit den Interessen, Grundrechten und Grundfreiheiten der betroffenen Person abwägt um festzustellen, dass die Interessen des Betroffenen nicht überwiegen.[190]

192 Neben am Gemeinwohl orientierten Interessen (wie zB die Verfolgung von Forschungszielen) können dies auf der ersten Stufe grundsätzlich auch rein kommerzielle Interessen des Verantwortlichen sein.[191] Unter dem Vorbehalt einer konkreten Interessenabwägung im Einzelfall

---

189 Gola/Heckmann/Schulz DS-GVO Art. 6 Rn. 59 ff.; Sydow/Marsch/Reimer DS-GVO Art. 6 Rn. 75–80; Art. 29-Datenschutz-Gruppe WP 217 Stellungnahme 06/2014, 844/14/EN, 30 f.; Schlussantrag GA Bobek v. 19. 12. 2018 – C 40/17, NJW 2019, 2755 Rn. 112 ff.; DSK, Orientierungshilfe der Aufsichtsbehörden zur Verarbeitung von personenbezogenen Daten für Zwecke der Direktwerbung unter Geltung der Datenschutz-Grundverordnung (DS-GVO), 1.3.1.; DSK, Orientierungshilfe der Aufsichtsbehörden für Anbieter:innen von Telemedien, IV. 3.

190 DSK Positionspapier Interessenabwägung bei Datenverarbeitung auf Grundlage des Art. 6 Abs. lit. f) DS-GVO vom 17.5.2019; DSK Orientierungshilfe der Aufsichtsbehörden für Anbieter:innen von Telemedien, ([Stand: 20.12.2021], S. 30 f.

191 Leistner/Antoine/Sagstetter Big Data, 277 f.

nennt die DSK in ihrer Orientierungshilfe beispielhaft für das berechtigte Interesse eine Vielzahl von Verarbeitungtätigkeiten im Online-Bereich, die (ohne ausdrückliche ERwähnung) auch für Big Data-Anwendungen von besonderem Interesse sind: die Nutzerfreundlichkeit eines Dienstes verbessern; IT Sicherheitsmaßnahmen (einschließlich Betrugsprävention, Verhinderung von DdoS Attacken (Distributed Denial of Service Angriffe); Reichweitenmessung und statistische Analysen; Personalisierung/Individualisierung des Angebots für den jeweiligen Nutzer; Wiederkennen und Merkmalszuordnung der Nutzer bei werbefinanzierten Angeboten einschließlich des Zwecks der Direktwerbung.[192]

Gemäß ErwGr 47 DS-GVO hat der Verantwortliche bei der Interessenabwägung das Nicht- 193 Überwiegen der Interessen der betroffenen Personen eigenverantwortlich festzustellen. Er trägt mithin das Darlegungs- und Beweisrisiko, wofür er tunlichst die Umstände und Gründe der Interessenabwägung im Verzeichnis der Verarbeitungtätigkeiten (Art. 30 DS-GVO) zu dokumentieren hat. ErwGr 47 DGVO legt nahe, dass ua die objektive Erwartungshaltung der betroffenen Person zu bewerten ist, dh ob diese nach den Umständen vernünftigerweise mit der konkreten Verarbeitung zu rechnen hat. Soweit dies nicht der Fall ist, können die Interesse der betroffenen Personen das Interesse des Verantwortlichen an der Datenverarbeitung überwiegen und es könnte damit an einer Rechtsgrundlage der Datenverarbeitung (aus Art. 6 Abs. 1 lit. f) DS-GVO) fehlen.

2. Positive Feststellung oder negative Prüfung?

Indem die Rechtsgrundlage des berechtigten Interesses die Probleme der einwilligungsbasier- 194 ten Datenverarbeitung vermeidet, stellt sich die Frage der Abgrenzung zu einwilligungsbedürftigen Sachverhalten und der Rechtssicherheit, wenn der Verantwortliche die Verarbeitung ohne Weiteres auf das berechtigte Interesse stützen möchte.

In dem Zusammenhang gewinnt die Streitfrage erhebliche Bedeutung, ob zur Feststellung des 195 berechtigten Interesses ein „zum Gesetz gehörendes, gesetzliches und in einem Gesetz festgelegtes Interesse" erforderlich ist (mithin eine „positive Prüfung" zu erfolgen hat), oder ob es genügt festzustellen, dass das vom Verantwortlichen geltend gemachte Interesse keinem Gesetz zuwiderläuft (also lediglich eine „negative Prüfung" nötig ist). Damit wurde der EuGH jüngst durch Vorlagefragen des niederländischen „Rechtbank Amsterdam" befasst.[193] Der Ausgang des Vorlageverfahrens könnte erhebliche Auswirkungen auf die Flexibilität und Reichweite der Rechtfertigungsgrundlage des berechtigten Interesses haben.

Der Königlich-Niederländische Tennisverband (Koninklijke Nederlandse Lawn Tennisbond) 196 wehrte sich als Klägerin gegen ein Bußgeld von EUR 525.000, das die niederländische Aufsichtsbehörde (Autoriteit Persoonsgegevens) Behörde verhängte hatte. Nach den Feststellungen der Behörde hatte es die Klägerin Dritten ermöglicht, Werbung für Sportartikel und anderen Produkten und Dienstleistungen bei den in der Mitgliederdatenbank eingetragenen Mitgliedern zu platzieren. Die Klägerin hatte die Adressdateien eines Teils ihrer Verbandsmitglieder den Sponsoren des Verbandes (der staatlichen, niederländischen Lotterie-Organisation, sowie einem Online-Anbieter von Sportartikeln) gegen Entgelt zur Verfügung gestellt, ohne dass die Mitglieder dazu ihre Einwilligung erteilt hatten. Die Sponsoren führten Werbeaktionen in Form von Werbebriefen und Telefonwerbung durch.

Die Aufsichtsbehörde hielt der Klägerin das Versäumnis einer „positiven Prüfung" in dem Sin- 197 ne vor, dass die Berufung auf ein berechtigtes Interesse ausschließlich für gesetzlich festgelegte

---

192 DSK Orientierungshilfe der Aufsichtsbehörden für Anbieter:innen von Telemedien, (Stand: 20.12.2021), S. 14 f; dazu auch DSK Orientierungshilfe der Aufsichtsbehörden zur Verarbeitung von personenbezogenen Daten für Zwecke der Direktwerbung unter Geltung der Datenschutz-Grundverordnung (DS-GVO), (Stand: Februar 2022), S. 5 ff.
193 EuGH C-621/22, BeckEuRS 2022, 758138.

Interessen möglich sei, es der Klägerin daran bei den durchgeführten Werbeaktionen gemangelt habe und mithin die erforderliche Datenverarbeitung nicht gerechtfertigt sei. Neben der Anforderung aus ErwGr 47 DS-GVO, wonach eine betroffene Person mit einer Verarbeitung aufgrund des berechtigten Interesses rechnen bzw. es sich um ein „im Voraus erkennbares Interesse des Verantwortlichen" handeln müsse, sei mit Blick auf Art. 8 der EU-Grundrechte Charta (der gemäß ErwGR 4 DS-GVO in der DS-GVO seine Umsetzung finde und den Wesensgehalt des dort verankerten Grundrechts auf Schutz personenbezogener Daten abbilde) zu verlangen, dass jede Einschränkung des Rechts auf Schutz personenbezogener Daten „zumindest von der Union anerkannte, dem Gemeinwohl dienende Zielsetzungen berühren oder erforderlich sein [müsse], um die Rechte und Freiheiten anderer zu schützen."[194]

198 Nach Auffassung der Klägerin müsse das berechtigte Interesse hingegen nicht auf einem Grundrecht oder einer Rechtsnorm beruhen; es genüge vielmehr, dass das vom Verantwortlichen festgestellte Interesse an einer Datenverarbeitung nicht dem Gesetz zuwiderlaufe („negative Prüfung"). Dies verdeutliche ErwGr 47 S. 7 DS-GVO mit dem Beispiel der Direktwerbung. Zudem habe Generalanwalt M. Bobek in seinem Schlussantrag in der Sache *Fashion-ID* festgestellt, dass kein Interesse *per se* zur Begründung eines berechtigten Interesses untauglich sei.[195] Ähnlich sei auch die Entscheidung des EuGH C-131/12 (Google Spain) auszulegen, wonach der EuGH ein berechtigtes Interesse anerkannt habe, „das weder einem Grundrecht noch einem Rechtsgrundsatz entspreche".[196] Zudem habe bereits zuvor ein niederländisches Gericht entschieden, dass das berechtigte Interesse auch im Wege einer negativen Prüfung ermittelt werden könne.[197]

199 Es bleibt abzuwarten, wie der EuGH entscheiden wird.[198] Falls er sich der Auffassung der Aufsichtsbehörde anschließt, dürfte dies das Grundverständnis einer auf freien Datenverkehr ausgerichteten Wirtschaftsordnung (ErwGr 3 DS-GVO) einschränken und ua die Frage offenlassen, in welchem Umfang zB ideelle Interessen noch zur Begründung eines berechtigten Interesses taugen. Vor dem Hintergrund des deutschen Grundrechtsverständnisses lassen sich immerhin jeweils Grundrechtspositionen aktivieren, auf die sich der Verantwortliche zur positiven, gesetzlichen Begründung einer Datenverarbeitung auch aus ideellen oder wirtschaftlichen Motiven berufen könnte (zB die Meinungsfreiheit (Art. 5 GG), die Vereinsfreiheit (Art. 9 GG), die Berufsfreiheit (Art. 12 GG) und die allgemeine Handlungsfreiheit (Art. 2 Abs. 1 GG)).

200 Wichtiger dürfte für die Praxis die Frage sein, nach welchen Kriterien der Verantwortliche zu entscheiden hat, ob er bei einfachen personenbezogenen Daten die Einwilligung benötigt, oder er eben ohne Weiteres die Datenverarbeitung auf das berechtigte Interesse stützen darf. Auch wenn dies in den Vorlagefragen so nicht angelegt ist, dürfte das richtige bzw. im Sinne der Rechtssicherheit wünschenswerte Ergebnis sein: Die Einwilligung ist immer dann erforderlich, wenn sie von Gesetzes wegen ausdrücklich angeordnet ist (mithin der Verantwortliche insoweit die positive Prüfung durchführen muss); bei der Berufung auf das berechtigte Interesse bedarf es lediglich der negativen Prüfung, also der Feststellung des Verantwortlichen, dass keine Rechtsnormen die Zugrundelegung des spezifischen Interesses untersagen.

III. Rechtfertigung bei besonderen Arten personenbezogener Daten

1. Einwilligung als primäres Rechtsinstrument

201 Für die Verarbeitung besonderer Arten personenbezogener Daten hat die Einwilligung als Rechtfertigungsgrundlage – mangels der Rechtfertigungsmöglichkeit aufgrund eines berechtig-

---

194 EuGH C-621/22, BeckEuRS 2022, 758138 Rn. 5.
195 Schlussantrag GA Bobek v. 19. 12. 2018 – C 40/17, NJW 2019, 2755 Rn. 122.
196 EuGH C-621/22, BeckEuRS 2022, 758138 Rn. 6.
197 EuGH C-621/22, BeckEuRS 2022, 758138 Rn. 6.
198 Das Verfahren war bei Drucklegung noch nicht abgeschlossen.

ten Interesses und angesichts der eng gefassten Sondertatbestände des Art. 9 Abs. 2 DS-GVO – besonderes Gewicht. Dazu stellen sich dem Verantwortlichen dieselben Herausforderungen (Zweckbestimmung, Granularität der Verarbeitungsarten, Einwilligungsmanagement) wie bei der einwilligungsbasierten Verarbeitung einfacher personenbezogener Daten – mit dem Unterschied, dass wegen der Sensitivität der Daten die Zurückhaltung der betroffenen Personen, ihre Einwilligung zu erteilen, wie auch die Wahrscheinlichkeit, diese zu einem beliebigen Zeitpunkt später zu widerrufen, womöglich deutlich höher ist.

Wie bereits gezeigt, folgt daraus für Big Data-Anwendungen die erhöhte Notwendigkeit zur   202
Anonymisierung solcher Datenarten → Rn. 84 ff. Die bloße Pseudonymisierung solcher Daten entlässt den Verantwortlichen nicht aus seinen Pflichten nach der DS-GVO.

Soweit weder eine Anonymisierung durchführbar ist, noch die Einwilligung die taugliche bzw.   203
gebotene Rechtfertigungsgrundlage zur Datenverarbeitung bietet, sind die weiteren Rechtfertigungstatbestände des Art. 9 Abs. 2 DS-GVO heranzuziehen.

2. Gesundheitsvorsorge, medizinische Diagnostik, Wissenschaft und Forschung

Besondere Bedeutung haben Big Data-Anwendungen im Bereich der Gesundheits- und me-   204
dizinischen Forschung. Hier können die Sondertatbestände des Art. 9 Abs. 2 lit. h) und i) DS-GVO ggf. i. V. mit nationalen Sonderregeln helfen, um Daten ohne eine Einwilligung unter erleichterten Bedingungen zu verarbeiten → Rn. 71 ff.. Der deutsche Gesetzgeber hat die Öffnungsklauseln des Art. 9 Abs. 2 lit. g)-j) DS-GVO dazu genutzt, um spezifische Regelungen zur Gesundheitsvorsorge, medizinischen Diagnostik, etc zu treffen (vgl. § 22 Abs. 1 lit. b)-c) BDSG (neu), in nahezu wortgleicher Übernahme des Art. 9 Abs. 2 lit. h) DS-GVO).

Die spezifischen Regelungen ergeben sich – über den Wortlaut der DS-GVO hinaus – aus den   205
zusätzlichen Anforderungen, die ein Verantwortlicher zur Wahrung der Interessen der betroffenen Person zu erfüllen hat. Dazu gehören „unter Berücksichtigung des Standes der Technik, der Implementierungskosten und der Art, des Umfangs, der Umstände und der Zwecke der Verarbeitung sowie der unterschiedlichen Eintrittswahrscheinlichkeit und Schwere der mit der Verarbeitung verbundenen Risiken für die Rechte und Freiheiten natürlicher Personen" insbesondere geeignete technische organisatorische Maßnahmen; Protokollierungsmaßnahmen über die Eingabe, Änderung und/oder Entfernung der Daten, um dies nachträglich überprüfen und feststellen zu können; Sensibilisierung der an der Verarbeitung beteiligten Personen; Zugriffsbeschränkungen beim Verantwortlichen und dessen Auftragsverarbeitern; Pseudonymisierung; Verschlüsselung; IT Sicherheit inkl. Backup-Systemen zur Wiederherstellung der Daten und regelmäßige Auditierung derselben; sowie spezifische Verfahrensregelungen für Fälle der Datenübermittlung und Verarbeitung zu anderen Zwecken (siehe § 22 Abs. 2 Nr. 1-10 BDSG).

In der Praxis ist dieser Maßnahmenkatalog als Liste von Regelbeispielen und Ausdruck der   206
allgemeinen materiellrechtlichen Anforderungen der DS-GVO zu verstehen, dh der Verantwortliche muss nicht sämtliche dieser Anforderungen bei jeder Verarbeitung sensitiver Daten umsetzen. Er hat vielmehr je nach Art und Zweck der geplanten Verarbeitung und der damit verbundenen Risiken die erforderlichen spezifischen Maßnahmen zu treffen und diese auch im Verzeichnis der Verarbeitungstätigkeiten (Art. 30 DS-GVO) zu dokumentieren.[199]

3. Privilegierte Verarbeitung für Forschung, Statistik und Archive im öffentlichen Interesse

Entsprechend der Öffnungsklausel des Art. 9 Abs. 2 lit. j) DS-GVO hat der deutsche Gesetzge-   207
ber mit § 27 BDSG als zentraler Norm die datenschutzrechtlichen Anforderungen zur Verarbei-

---

[199] BeckOK DatenschutzR, Albers/Veit BDSG § 22 Rn. 39, 40, mwN; zu den Sonderfragen nach der EU Menschenrechts-Charta und der Law Enforcement Richtlinie bei automatisierter Gesichtserkennung und damit verbundener Verarbeitung biometrischer Daten siehe auch EDSA Leitlinien 05/2022 Version 2.0 v. 26.4.2023.

tung sensitiver Daten für wissenschaftliche Forschungs-, Statistik- und Archivzwecke weiter konkretisiert. Sie ist maßgeblich, um Big Data-Anwendungen im Forschungsbereich ohne die Einwilligung der betroffenen Personen durchzuführen, indem sie auf eine Interessenabwägung des Forschungszwecks in Verbindung mit „angemessenen und spezifischen Maßnahmen zur Wahrung der Interessen der betroffenen Person" abstellen (§ 27 Abs. 1 S. 2 BDSG). Zugleich schränkt diese Norm die Betroffenenrechte (auf Auskunft, Berichtigung, Einschränkung der Verarbeitung und das Widerspruchsrecht) ein, wenn diese Rechte „voraussichtlich die Verwirklichung der Forschungs- und Statistikzwecke unmöglich machen oder ernsthaft beeinträchtigen und die Beschränkung für die Erfüllung der Forschungs- und Statistikzwecke notwendig ist" (§ 27 Abs. 2 S. 1 BDSG). Auch bei unverhältnismäßigem Aufwand sind die Auskunftsansprüche eingeschränkt (§ 27 Abs. 1 S. 2 BDSG).

208   Der Gesetzgeber verlangt allerdings, dass die sensitiven Daten zu anonymisieren sind, „sobald dies nach dem Forschungs- oder Statistikzweck möglich ist, es sei denn berechtigte Interessen der betroffenen Personen steht dem entgegen." Bis dahin sind die Zuordnungsregeln einer Pseudonymisierung gesondert aufzubewahren. Die Einzelangaben über eine betroffene Person dürfen nur zusammengeführt werden, soweit dies für den Forschungs- oder Statistikzweck erforderlich ist (§ 27 BDSG). Eine Veröffentlichung der personenbezogenen Daten ist nur mit Einwilligung zulässig, oder falls die Veröffentlichung für die Darstellung von Forschungsergebnissen über Ereignisse der Zeitgeschichte unerlässlich ist (§ 27 Abs. 4 BDSG).

209   Dieser Ausnahmetatbestand vom allgemeinen Verbot der Verarbeitung sensitiver Daten (Art. 9 Abs. 1 DS-GVO) hat erhebliche Bedeutung für Big Data-Anwendungen im Forschungsbereich, einschließlich der Weiterverarbeitung solcher Daten. Gemäß ErwGr 159 DS-GVO ist ein weites Verständnis wissenschaftlicher Forschungszwecke zugrunde zu legen, auf das sich sowohl öffentliche wie private Stellen als Verantwortliche der Datenverarbeitung berufen können. Dazu gehören auch privat-wirtschaftlich motivierte, anwendungsbezogene Forschungsvorhaben, soweit sie eine gewisse Wissenschaftsrelevanz haben, ebenso wie die dazu benötigten Vorbereitungshandlungen.[200] Gerade der letztgenannte Aspekt kann für etliche Big Data-Anwendungen von besonderem Interesse sein, indem die eigentliche wissenschaftliche Erkenntnis erst aus der Auswertung bestimmter Musterbildung und Modellierungen erzielt wird, die der Verantwortliche mithilfe von Big Data-Anwendungen aufbereitet hat. Bei reiner Markt- und Meinungsforschung, die ein Unternehmen ohne zusätzlichen wissenschaftlichen Erkenntnisgewinn betreibt, indem es eine methodische Auswertung bestimmter Sachverhalte mit kommerziellem Bezug mittels Big Data-Anwendungen durchführt, fallen dagegen nicht unter das Forschungsprivileg.[201]

210   Denkbar ist allerdings, dass kommerzielle Big Data-Anwendungen im Einzelfall unter die statistischen Zwecke fallen, die ebenfalls gemäß § 27 BDSG privilegiert sind. Wenn man die Statistik als „methodischen Umgang mit empirischen Daten"[202] versteht, so könnte man schnell zu einer „Blankett-Ermächtigung" für kommerzielle Big Data-Anwendungen im Bereich sensitiver Daten kommen (soweit sie auf empirischen Daten mit Personenbezug aufsetzt), zumal das BVerfG im Zusammenhang mit statistischen Zwecken keine enge Zweckbindung annimmt.[203] Im Ergebnis dürfte das jedoch zu weit gehen. Die Frage bleibt insoweit offen, ob die normative Korrektur über den Begriff der „wissenschaftlichen Forschung" oder lediglich über die Schranken bzgl. einer Profilbildung auf der Ebene der einzelnen betroffenen Person erfolgt.

---

200 BeckOK DatenschutzR, Albers/VeitBDSG § 27 Rn. 15a ff. mwN.
201 BeckOK DatenschutzR, Albers/Veit BDSG § 27 Rn. 19; ähnlich auch Dierks/Roßnagel, Sekundärnutzung von Sozial- und Gesundheitsdaten (Hrsg. TMF 2019), 212 f., der betont, dass die „bloße Anwendung bereist gewonnener Kenntnisse nicht erfasst [ist]".
202 Roßnagel/Richter DS-GVO Handbuch § 4 Rn. 97.
203 BVerfG 15.12. 1983 – 1 BvR 209/83 – Rn. 158, Volkszählungsurteil; siehe auch BeckOK DatenschutzR/Albers/Veit BDSG § 27 Rn. 26.

Gemäß der Öffnungsklausel des Art. 9 Abs. 2 lit. j) DS-GVO sind auch im öffentlichen Interesse 211
liegende Archivzwecke dahin gehend privilegiert, dass eine Datenverarbeitung sensitiver Daten
ohne Einwilligung auskommt und die Betroffenenrechte entsprechend zurückgedrängt sind
(§ 28 BDSG). Maßgeblich ist die im öffentlichen Interesse liegende Archivierung, wozu auch
von privaten Stellen betriebene Online-Archive gehören können.[204] Die rein für kommerzielle
Zwecke im Netz verfügbaren Online-Datenbanken oder Suchmaschinen erfüllen hingegen
nicht diese Funktion. Die Privilegierung greift nur dann, wenn die Datenverarbeitung für die
Archivzwecke erforderlich ist. Der Verantwortliche hat in dem Fall angemessene und spezifische Maßnahmen zur Wahrung der Interessen der betroffenen Personen iSd § 22 Abs. 2 S. 2
BDSG zu ergreifen.[205]

E. Weitere Pflichten des Verantwortlichen

I. Folgenabschätzungen für Big Data-Anwendungen

1. Prüfaufbau und Abfolge

Der Verantwortliche hat eine Datenschutzfolgenabschätzung („DSFA") durchzuführen, wenn 212
die „Form der Verarbeitung, insbesondere bei Verwendung neuer Technologien, aufgrund
der Art, des Umfangs, der Umstände und der Zwecke der Verarbeitung voraussichtlich ein
hohes Risiko für die Rechte und Freiheiten natürlicher Personen zur Folge hat" (Art. 35 Abs. 1
DS-GVO). Gemäß dem risikobasierten Ansatz der DS-GVO dient die DSFA der Klärung und
zugleich Reduzierung eines „voraussichtlich hohen Risikos" vor Beginn der Datenverarbeitung,
wobei der Begriff des „hohen Risikos" unbestimmt ist und einen wertungsoffenen Anwendungsbereich eröffnet.[206]

Auch wenn die DS-GVO die „Verwendung neuer Technologien" nicht weiter definiert oder 213
erläutert, so sind damit im Zweifel Big Data-Anwendungen erfasst, die sich durch eine hochvo-
lumige, hochfrequente und auf Vielfalt ausgerichtete Datenverarbeitung auszeichnen.[207]

Angesichts der komplexen Struktur der Norm empfiehlt sich folgende Reihenfolge, um die 214
Notwendigkeit einer DSFA festzustellen: (1) Prüfung, ob die geplante Verarbeitung auf einer
Liste der Verarbeitungsvorgänge der Aufsichtsbehörden genannt ist (Art. 35 Abs. 4 DS-GVO,
„Positiv-Liste" oder „Muss-Liste", mit der zwingenden Folge, dass eine DFSA erforderlich
ist); (2) Prüfung, ob die geplante Verarbeitung unter eine der freigestellten Verarbeitungen
fällt (Art. 35 Abs. 5 DS-GVO, „Negativ-Liste" oder „weiße Liste", die ausdrücklich keine DSFA
erfordert); (3) Prüfung, ob die Verarbeitung unter eines der Regelbeispiele fällt (Art. 35 Abs. 3
DS-GVO), (4) Prüfung der abstrakten Voraussetzungen, soweit die Schritte (1)-(3) zu keinem
eindeutigen Ergebnis führen.[208]

Mit der sog. „Schwellwertanalyse" hat der Verantwortliche zunächst zu prüfen, ob er eine 215
DSFA durchzuführen hat.[209] Soweit er dies entsprechend vorstehendem Prüfaufbau festgestellt

---

204 BeckOK DatenschutzR/Albers/Veit BDSG § 28 Rn. 6–9.
205 BeckOK DatenschutzR/Albers/Veit BDSG § 28 Rn. 11–14.
206 Paal/Pauly/Martini DS-GVO Art. 35 Rn. 15.
207 „Volume", „Velocity" und „Variety" als die 3 Vs von Big Data, inzwischen zT erweitert um die Attribute des
„Value" (Werthaltigkeit), Veracity („Wahrhaftigkeit") und „Variability" (Variabilität"), https://infos.seibert-me
dia.net/display/GOOGLE/3+V-Definition+von+Big+Data#:~:text=Variety%20%2D%20eine%20hohe%20Vielf
alt%20an,Volumen%20an%20Daten%2C%20das%20aufkommt.
208 Siehe Kühling/Buchner/Jandt DS-GVO Art. 35 Rn. 6.
209 Vgl. Universität Paderborn, NRW-Projektgruppe „EU-DS-GVO- Datenschutzmanagementsysteme", DSFA –
Datenschutz-Folgenabschätzung, 2; nach anderer Ansicht wird vertreten, dass eine DSFA vor jeder Anonymisierung notwendig ist, da sie mit einem Verlust des Schutzes der Grundrechte, Grundfreiheiten und aller
Betroffenenrechte einhergehe, Pohle/Hölzel, Alexander von Humboldt Institut Anonymisierung aus Sicht
des Datenschutzes und des Datenschutzrechts, 5; siehe allgemein zu den Datenschutzmanagementsystemen,
Reichert/Schweda/Shaha Datenschutzmanagement messbar machen und steuern, ZD 2023, 141.

hat, muss er die Mindestmerkmale der DSFA prüfen und dokumentieren: systematische Beschreibung der geplanten Verarbeitungsvorgänge und Verarbeitungszwecke (einschließlich ggf. berechtigter Interessen); Erforderlichkeit und Verhältnismäßigkeit der Verarbeitung bzgl. des Zwecks; Risikobewertung für Rechte und Freiheiten der betroffenen Personen; geplante Abhilfemaßnahmen einschließlich Garantien, Sicherheitsvorkehrungen und Verfahren zur Einhaltung der datenschutzrechtlichen Anforderungen (Art. 35 Abs. 7 DS-GVO).

216 Je nach Art des Verarbeitungsvorgangs kann auch bei bereits bestehenden Prozessen eine erstmalige bzw. nachträgliche Prüfpflicht entstehen, insbesondere bei Änderungen der Prozesse und einer daraus resultierenden Änderung des Risikoprofils.[210] Letzteres kann zB bei Big Data-Anwendungen dann zum Tragen kommen, wenn die Verarbeitung durch weitere, bei der Erstverarbeitung noch nicht eingesetzter, zusätzlicher Datenquellen angereichert wird.[211] Dementsprechend obliegt es dem Verantwortlichen, seine Compliance- und Governance-Prozesse so aufzusetzen, dass eine Korrektur der Risikobewertung möglich ist, bevor er eine wesentliche Änderung der Datenverarbeitung vornimmt.

217 Soweit der Verantwortliche keine Maßnahmen zur Eindämmung des hohen Risikos trifft oder treffen kann, hat er die zuständige Aufsichtsbehörde vor Aufnahme der Verarbeitungstätigkeit zu konsultieren.[212] Diese kann mit entsprechenden Empfehlungen in den vorgesehenen Fristen reagieren, um auf die datenschutzkonforme Verarbeitung hinzuwirken, aber auch von ihren Untersuchungs- und Anordnungsbefugnissen Gebrauch machen (Art. 36 i. V. Art. 58 DS-GVO).[213]

218 Der Verantwortliche hat tunlichst den Datenschutzbeauftragten von Beginn an hinzuziehen, damit er seine beratende Rolle wahrnehmen kann und die Durchführung der DSFA überwacht (Art. 39 Abs. 1 lit. c) DS-GVO). Gemäß seiner beratenden Funktion hat der Datenschutzbeauftragte keine eigenständigen Entscheidungsbefugnisse oder gar ein Vetorecht. Auch eine vollständige Delegation der DSFA an den Datenschutzbeauftragten ist demnach unzulässig. Er kann hingegen sehr wohl dazu eingesetzt werden, im Rahmen seiner beratenden Tätigkeit alle für die Entscheidung des Verantwortlichen maßgeblichen Fragen zum Sachverhalt und der Risikobewertung zusammenzutragen und aufzubereiten. Der bzw. die Entscheidungsträger des Verantwortlichen haben zu gewärtigen, dass eine Datenschutzbehörde die begründete Stellungnahme des Datenschutzbeauftragten im Rahmen einer DSFA auch zulasten des Verantwortlichen gewichten könnte, wenn der Verantwortliche sich über den Rat des Datenschutzbeauftragten hinwegsetzen möchte.[214] In der Praxis ist auch dies häufig der Grund, weswegen die Hinzuziehung weiterer technischer und juristischer Expertise bei komplexen DSFA gängig oder sogar unverzichtbar ist.[215]

2. Leitlinien der Datenschutzbehörden zu Folgenabschätzungen

a) Leitlinien der Art. 29-Datenschutzgruppe bzw. des EDSA

219 Der EDSA hat die Leitlinien der Art. 29-Datenschutzgruppe WP 248 vom 4.10.2017 übernommen und ausdrücklich bestätigt.[216] Diese enthalten nähere Ausführungen zu den Grundlage der „Schwellwertanalyse", sowie den Anforderungen an die Durchführung der DSFA, einschließlich eines Prüfschemas sowie eines Katalogs von Regelbeispielen im Sinne einer ersten

---

210 Ehmann/Selmayr/Baumgartner DS-GVO Art. 35 Rn. 77.
211 Soweit diese Datenanreicherung ggf. iS der Zweckkompatibilität nach Art. 6 Abs. 4 DS-GVO zulässig ist; vgl. Artikel. 29-Datenschutzgruppe Leitlinien DSFA WP 248 rev.01 v. 4.10.2017, 16.
212 Artikel. 29-Datenschutzgruppe Leitlinien DSFA WP248 rev.01 v. 4.10.2017, 23.
213 Näher dazu Kühling/Buchner/Jandt DS-GVO Art. 36 Rn. 4 ff.; siehe auch Sydow/Marsch/Schwendemann DS-GVO Art. 35 Rn. 1.
214 Kühling/Buchner/Jandt DS-GVO Art. 35 Rn. 18.
215 Artikel. 29-Datenschutzgruppe Leitlinien DSFA WP 248 rev.01 v. 4.10.2017, 19.
216 Siehe Beschluss des EDSA vom 25.5.2018, www.edpb.europa.eu.

Orientierung für die Erstellung einer Positiv- und einer Negativ-Liste durch die nationalen Datenschutzbehörden.[217]

Aus den Leitlinien wird deutlich, dass Big Data-Anwendungen – je nach konkreter Ausgestaltung – typischerweise, in vielen Fällen sogar mehrfach unter die genannten neun Kriterien für eine DSFA fallen: Bewertungen einschließlich des Erstellens von Profilen und Prognosen (gemäß ErwGr 71 und 91 DS-GVO); automatisierte Entscheidungsfindung; systematische Überwachung; Verarbeitung vertraulicher oder sensitiver Daten iSd Art. 9 DS-GVO; Datenverarbeitung in großem Umfang; Abgleich oder Zusammenführen von „Datensätzen, die aus zwei oder mehreren Datenverarbeitungsvorgängen stammen, die zu unterschiedlichen Zwecken und/oder von verschiedenen für die Datenverarbeitung Verantwortlichen durchgeführt wurden, und zwar in einer Weise, die über die vernünftigen Erwartungen der betroffenen hinausgeht"; Datenverarbeitung von schutzbedürftigen Betroffenen; innovative Nutzung oder Anwendung neuer technologischer oder organisatorischen Lösungen; Fälle, in denen „die Verarbeitung an sich die Ausübung eines Rechts der betroffenen Person oder der Nutzung einer Dienstleistung bzw. Durchführung eines Vertrags hindert (Artikel 22 und Erwägungsgrund 91)".[218] Soweit mindestens zwei dieser Kriterien erfüllt sind, ist eine DSFA zwingend erforderlich. Die Wahrscheinlichkeit eines hohen Risikos für die betroffenen Personen nimmt entsprechend zu, je mehr dieser Kriterien ein geplanter Verarbeitungsvorgang erfüllt. 220

Der EDSA weist mit Blick auf Art. 35 Abs. 9 DS-GVO darauf hin, dass der Verantwortliche „ggf. den Standpunkt der betroffenen Personen oder ihrer Vertreter" einzuholen bzw. den Verzicht auf die Einholung des Standpunkts der Betroffenen zu begründen hat, zB wenn dies unangemessen wegen einer Verletzung der Geheimhaltungspflichten von Geschäftsplänen, oder unverhältnismäßig oder unpraktikabel wäre.[219] 221

Der ESDA verweist ferner auf EU-weit geltende Rahmenbestimmungen für die DSFA, namentlich das in Deutschland entwickelte Standard-Datenschutzmodell („SDM").[220] 222

b) Kurzpapier Nr. 5 und Positiv-Liste der DSK

Die DSK hat mit ihrem Kurzpapier Nr. 5 vom 17.12.2018 die Grundanforderungen der EDSA Leitlinien zT weiter ausgeführt und näher konkretisiert, etwa mit Blick auf die wiederholte Bewertung der Risiken; die Zusammenstellung eines interdisziplinären Teams zur Durchführung der DSFA; Modellierung der Risikoquellen (insbesondere mit Blick auf zu identifizierende Daten-Missbrauchsszenarien und damit zusammenhängender Eintrittswahrscheinlichkeit der „hohen Risiken"; siehe auch ErwGr 90 S. 1 DS-GVO); der Erstellung des DSFA-Berichts (einschließlich einer Darstellung der Restrisiken); Testen der vorgesehenen Abhilfemaßnahmen und einer Freigabe der Verarbeitungsvorgänge nach vorausgehender, vollständiger Dokumentation; ebenso wie die Überprüfung und Auditierung der DSFA und Fortschreibung derselben.[221] 223

Bereits zuvor hat die DSK am 17.10.2018 eine aktualisierte Positiv-Liste von Verarbeitungstätigkeiten herausgegeben, die eine DSFA – in Konkretisierung der neun Kriterien der EDSA-Leitlinien WP248 Rev. 01 – erfordern.[222] Zu den typischen Fallbeispielen gehören ua biometrische 224

---

217 Gemäß Art. 35 Abs. 4–6 DS-GVO erfolgt die Erstellung nur durch die nationalen Aufsichtsbehörden; der EDSA sorgt über das Kohärenzverfahren für eine vereinheitlichte Rechtsauslegung.

218 Artikel 29-Datenschutzgruppe Leitlinien DSFA WP 248 rev.01 v. 4.10.2017, 11 f., dort auch mit den jeweiligen Direktzitaten.

219 Artikel 29-Datenschutzgruppe Leitlinien DSFA WP 248 rev.01 v. 4.10.2017, 18.

220 Artikel 29-Datenschutzgruppe Leitlinien DSFA WP 248 rev.01 v. 4.10.2017 Anhang 1, 26; www.bfdi.bund.de/DE/Fachthemen/Inhalte/Technik/SDM.html, sowie der Verweis auf entsprechende Rahmenregelwerke der spanischen und französischen Aufsichtsbehörden, sowie des ICO für das Vereinigte Königreich.

221 DSK Kurzpapier Nr. 5 vom 17.12.2018, www.datenschutzkonferenz-online.de.

222 DSK Liste der Verarbeitungstätigkeiten, für die eine DSFA durchzuführen ist vom 17.10.2018, www.bfdi.bund.de.

Systeme für Zutrittskontrollen und Abrechnungssystemen; die Erstellung und Nutzung von genetischen Datenbanken zur Abstammungsforschung und Früherkennung von Erbkrankheiten; umfangreiche Verarbeitung von Daten, die einem besonderen Geheimnisschutz unterliegen (auch ohne, dass es sich um sensitive Daten iSd Art. 9 DS-GVO handelt) etwa durch Sozialeinrichtungen, Anbieter von Verzeichnissen über Privatinsolvenzen, große Rechtsanwaltskanzleien (im Beispiel: bei familienrechtlichen Mandaten); Geolokations-Daten und Umgebungsdaten aus der Fahrzeugdatenverarbeitung wie bei Car-Sharing oder Mobilitätsdiensten (zB für Dienste, die auch Bewegungsmesswerte und Umgebungsbilder erheben und nutzen; verbesserte Algorithmen für automatisiertes Fahren unterstützen, Verkehrsstromanalysen durchführen, etc); Betrugsermittlungs- und Scoring-Systeme, die Daten aus unterschiedlichen Quellen zusammenführen; Datenverarbeitung im Rahmen von Bewertungsportalen (Beispiel: Ärzte- und Lehrerbewertungsportale)[223] und Inkassodienstleistungen (Forderungsmanagement und Factoring); Dating-Portale und der Betrieb von sozialen Netzwerken (jedenfalls, soweit der Verantwortliche die Profilbildung auch zur Erstellung passender Kontaktvorschläge einsetzt); Big-Data Analysen von Kunden, die mit Angaben von Drittquellen angereichert werden, um eine verbesserte Werbeansprache zu erzielen; Kundensupport unter Einsatz von KI-basierter Stimmbild- und Sentimentanalyse; Offline-Tracking von Kundenbewegungen anhand von WLAN-, Bluetooth- und Mobilfunksignalen; Anonymisierung von besonderen Arten personenbezogener Daten (Art. 9 DS-GVO)[224]; Telemedizin-Anwendungen (auch wenn diese nicht „umfangreich" iSd Art. 35 Abs. 3 lit. b) DS-GVO ausfallen); Messdatenaufzeichnung aus sog. „Wearables" (Fitnessarmbänder etc).[225]

225 Diese Verarbeitungstätigkeiten, die jeweils eine DSFA erfordern, werden vorwiegend durch Big Data-Anwendungen unterstützt oder überhaupt erst ermöglicht. Entsprechend formuliert bereits ErwGr 91 DS-GVO, dass eine DSFA bei der Verarbeitung großer Datenmengen auf „regionaler, nationaler oder supranationaler Ebene" unter Einsatz neuer Technologien nach dem Stand der Technik erforderlich sein könne; dies gelte auch für weitere Verarbeitungsvorgänge, wenn diese „den betroffenen Personen die Ausübung ihrer Rechte erschweren" oder auch bei flächendeckenden Überwachungsmaßnahmen im öffentlichen Raum (ErwGr 91 S. 1-3 DS-GVO).

226 Die Positiv-Liste der DSK ist offensichtlich nicht abschließender Natur. Zudem hat die DSK bislang keine „Negativ-Liste" herausgegeben,[226] die eine Abgrenzung zu eindeutig freigestellten Verarbeitungstätigkeiten ermöglichen würde. Zwar wird der Nutzen einer solchen Negativ-Liste zum Teil in der Literatur infrage gestellt, da die konkrete Einschätzung des hohen Risikos letztlich immer eine Einzelfallbetrachtung erfordere.[227] Es wäre aber im Sinne weiterer Rechtssicherheit zu begrüßen, wenn die Datenschutzbehörden Fallgruppen bilden und der Praxis an die Hand geben. Die in ErwGr 91 S. 4 DS-GVO genannten Ausnahmen (Einzelarzt, Einzelanwalt, etc) sind insoweit unzureichend.

---

223 Siehe dazu BGH Urt. v. 15.2.2022 – VI ZR 692/20 (OLG Frankfurt/M., LG Hanau), Ärztebewertungsportal VI; BGH Urt. v. 12.10.2021 – VI ZR 489/19 (OLG Köln), Ärztebewertungsportal V; BGH Urt. v. 20.2.2018 – VI ZR 30/17 (OLG Köln, LG Köln), Ärztebewertungsportal IV; BGH Urt. v. 23. 6. 2009 – VI ZR 196/08 (OLG Köln), spickmich.de.

224 ZT wird vertreten, dass vor jeder Anonymisierung eine DSFA notwendig ist, Pohle/Hölzel, Alexander von Humboldt Institut Anonymisierung aus Sicht des Datenschutzes und des Datenschutzrechts, 5.

225 DSK Liste der Verarbeitungstätigkeiten, für die eine DSFA durchzuführen ist vom 17.10.2018, www.bfdi.bund.de, 1–4.

226 Der Wortlaut des § 35 Abs. 4, 5 DS-GVO legt nahe, dass die Erstellung einer Positivliste für die Aufsichtsbehörde verpflichtend ist, die Erstellung einer Positivliste hingegen optional; vgl. Sydow/Marsch/Schwendemann,3. Aufl. 2022, DS-GVO Art. 35 Rn. 16, vom EDSA kommentierte Negativ-Listen existieren bislang aus Frankreich, Spanien und Tschechien, vgl. Kühling/Buchner/Jandt DS-GVO Art. 35 Rn. 21.

227 BeckOK DatenschutzR/Hansen DS-GVO Art. 35 Rn. 36.

c) Vorgehensweise bei Regelbeispielen (Art. 35 Abs. 2 DS-GVO)

Nach Abschluss der Schwellwertanalyse sind zur Durchführung der DSFA die Phasen der Vorbereitung, Risikobewertung, Umsetzung von Risikobegrenzungsmaßnahmen (unter Berücksichtigung des SDM) und der fortlaufenden Überprüfung der DSFA zu unterscheiden. 227

In der ersten Phase hat der Verantwortliche die benötigte Teamkompetenz zur Durchführung der DSFA zusammenzustellen und den Prüfplan zu erarbeiten, der den Ablauf der DSFA abbildet. Hierzu sind die zu bewertenden Verarbeitungsvorgänge einschließlich der intendierten Verarbeitungszwecke abzugrenzen, sowie ausführlich und abschließend mit allen Datenflüssen und der einzusetzenden technischen Mittel systematisch zu beschreiben.[228] 228

Im Rahmen der anschließenden, umfassenden Risikobewertung hat der Verantwortliche sodann die geplante Verarbeitung der personenbezogenen Daten auf ihre Notwendigkeit und Verhältnismäßigkeit iS der Zweck-Mittel-Relation hin zu prüfen.[229] Dazu gehört die Klärung, ob die geplante Verarbeitung zum Erreichen des Zwecks tatsächlich erforderlich ist und der Eingriff in die Rechte und Freiheiten der Betroffenen im angemessenen Verhältnis zu dem angestrebten Zweck steht; ein wichtiger „Gegen-Check" ist dabei die Frage, ob alternative Vorgehensweisen zur Verfügung stehen, die in die Rechte und Freiheiten der Betroffenen weniger stark eingreifen.[230] 229

Der Verantwortliche hat dazu die konkreten Risikoquellen für die Rechte und Freiheiten der betroffenen Personen zu bestimmen und die Höhe des Risikos zu bewerten. Neben der Einschätzung einer abstrakten Gefährdung der Rechte und Freiheiten gehört auch die Bewertung der Eintrittswahrscheinlichkeit des identifizierten Risikos. 230

Bestätigt sich ein hohes Risiko, hat der Verantwortliche geeignete Abhilfemaßnahmen zur Reduzierung bzw. Minimierung des Risikos zu bestimmen. Diese Abhilfemaßnahmen können in Form von Garantien, Verfahren oder anderen Sicherheitsvorkehrungen ausgestaltet sein.[231] 231

Damit der Verantwortlich auch im Rahmen der DSFA seiner allgemeinen Rechenschaftspflicht genügt (Art. 5 Abs. 2 DS-GVO), hat er die gesamte DSFA in einem entsprechenden DSFA-Bericht zu beschreiben und zu dokumentieren. 232

Auf die Risikobewertungsphase der DSFA folgt deren konkrete Umsetzung, bei der die ermittelten Abhilfemaßnahmen umgesetzt werden und ihre Effektivität zu testen ist. Der Verantwortliche muss dazu feststellen, dass sämtliche Abhilfemaßnahmen funktional geeignet sind, den erforderlichen Schutz der personenbezogenen Daten sicherzustellen, und nachweislich die Anforderungen der DS-GVO – wie ebenfalls im DSFA-Bericht zu dokumentieren ist – erfüllen werden.[232] Erst danach kann der Verantwortliche den Datenverarbeitungsvorgang freigeben.[233] 233

Die Aufsichtsbehörden haben Verantwortliche zwar noch nicht wegen einer Unterlassung, sehr wohl aber bereits wegen einer nicht ordnungsgemäßen DSFA mit Bußgeldern belegt (Katalogverstoß gemäß Art. 83 Abs. 4 DS-GVO mit Bußgeldern bis zu EUR 10 Millionen oder 2 % des weltweit erzielten Jahresumsatzes des vorangegangenen Geschäftsjahres).[234] 234

---

228 Datenschutzkonferenz Kurzpapier Nr. 5 vom 17.12.2018, S. 2.
229 Kühling/Buchner/Jandt DS-GVO Art. 35 Rn. 39.
230 Datenschutzkonferenz Kurzpapier Nr. 5 vom 17.12.2018, S. 3.
231 Erwägungsgrund 90 DS-GVO; Kühling/Buchner/Jandt DS-GVO Art. 35 Rn. 47.
232 Kühling/Buchner/Jandt DS-GVO Art. 35 Rn. 50.
233 Sydow/Marsch/Schwendemann DS-GVO Art. 35 Rn. 28.
234 Siehe spanische Aufsichtsbehörde Agencia Española de Protección de Datos (AEPD), Procedimiento No: PS/00120/2021 mit einem Bußgeld von EUR 2,5 Mio. wegen unzureichender DSFA in Zusammenhang mit Einsatz von Gesichtserkennungssoftware für Personen mit Hausverbot; schwedische Aufsichtsbehörde Swedish Data Protection Authority (IMY), DI-2019–2221 mit einem Bußgeld von EUR 20.000 wegen Einsatz von Gesichtserkennungssoftware zur Anwesenheitskontrolle im Schulunterricht; dazu auch BeckOK DatenschutzR/Hansen, DS-GVO Art. 35 Rn. 76; Sydow/Marsch/Schwendemann DS-GVO Art. 35 Rn. 39.

II. Informationspflichten (Art. 13 / 14 DS-GVO)

1. Allgemeine Grundsätze

235 Der Verantwortliche muss bei Big Data-Anwendungen seinen Informationspflichten gegenüber den betroffenen Personen genügen. Diese Information stellen die maßgebliche Grundlage, damit die betroffenen Personen ihre Rechte nach der DS-GVO ausüben können.

236 Der Verantwortliche hat bei einer direkten Erhebung der Daten „im Zeitpunkt der Erhebung" zu informieren (Art. 13 Abs. 1 DS-GVO) und bei der indirekten Erhebung bzw. Erhebung bei Dritten „unter Berücksichtigung der spezifischen Umstände [...] innerhalb einer angemessenen Frist nach Erlangung der personenbezogenen Daten längstens jedoch innerhalb eines Monats" oder im Fall der geplanten Kommunikation mit der betroffenen Person „spätestens zum Zeitpunkt der Mitteilung" oder bei Offenlegung an einen anderen Empfänger „spätestens zum Zeitpunkt der Offenlegung" (Art. 14 Abs. 3 lit. b) und c) DS-GVO) der Informationspflicht nachzukommen.

237 Das übliche Format im Fall der direkten Erhebung sind die Datenschutzhinweise, die der Verantwortliche öffentlich ins Netz stellt, oder bei der Verarbeitung von Mitarbeiterdaten ggf. separate Datenschutzhinweise, die der Verantwortliche auf einer unternehmensinternen Kommunikationsplattformen mitteilt, wobei auch eine Bereitstellung im Wege der unmittelbaren persönlichen Ansprache der betroffenen Personen denkbar ist.

238 Für die inhaltliche Ausgestaltung hat der Verantwortliche sämtliche Anforderungen gemäß Art. 13 Abs. 1 und 2 DS-GVO zu erfüllen. Leitgedanke ist dazu die „aktive Transparenz",[235] mit der der Verantwortliche seine „faire und transparente Verarbeitung" verdeutlicht (Art. 13. Abs. 2, Art. 5 Abs. 1 lit. a) DS-GVO).

239 Die Informationspflichten bei der indirekten bzw. Dritterhebung entsprechen in weiten Teilen denjenigen der Direkterhebung; insbesondere die Fristenregelung (Art. 14 Abs. 3 DS-GVO) und die Ausnahmetatbestände unterliegen gesonderten Anforderungen (Art. 15 Abs. 5 DS-GVO).

240 Die Datenschutzkonferenz (DSK) hat mit ihrem Kurzpapier Nr. 10 noch vor Inkrafttreten der DS-GVO den Verantwortlichen hilfreiche Klarstellungen an die Hand geben.[236] Besonders mit Blick auf die Dritterhebung betont die DSK, dass „die Information so konkret sein [muss], dass für den Betroffenen erkennbar wird, zu welchen Folgen die Verarbeitung führen kann. Nur dann kann er eine bewusste Entscheidung darüber treffen, ob er ergänzend von seinem Auskunftsrecht nach Art. 15 DS-GVO Gebrauch machen sollte."[237]

2. Herausforderungen bei Big Data-Anwendungen

241 Der EDSA ist bisher nicht mit einer eigenen Orientierungshilfe zur Art. 13, 14 DS-GVO hervorgetreten. Auch wenn dies eine gewisse Indikation für geringen grundsätzlichen Klarstellungsbedarf zur Anwendung dieser Normen gibt, sind die folgenden Probleme – auch mit Blick auf Big Data-Anwendungen – in der Praxis bedeutsam:

242 So stellt sich regelmäßig das Problem der Darstellung von Komplexität, die „präzise, leicht zugänglich und verständlich sowie in klarer und einfacher Sprache" (ErwGr 58 S. 2 DS-GVO) abzufassen ist und die typischerweise im Rahmen eines asymmetrischen Informationsverhältnisses zwischen Verantwortlichem und betroffener Person erfolgt.[238] Damit eng verbunden ist das „Privacy Paradox" (auch außerhalb der Erhebung von datenschutzrechtlichen Einwilli-

---

235 Siehe Gola/Heckmann/Franck DS-GVO Art. 13 Rn. 3.

236 DSK Kurzpapier Nr. 10 Informationspflichten bei Dritt- und Direkterhebung, vom 16.1.2018, https://www.dat enschutzkonferenz-online.de/media/kp/dsk_kpnr_10.pdf.

237 DSK Kurzpapier Nr. 10 Informationspflichten bei Dritt- und Direkterhebung, vom 16.1.2018, 2.

238 Dazu grundsätzlich Paal/Pauly/Paal/Hennemann DS-GVO Art. 13 Rn. 5; Art. 29-Datenschutzgruppe Leitlinien für Transparenz gemäß der Verordnung 2016/679 WP 260, 22 ff.

gungen), also des sehr hohen, abstrakt-generellen Informations- und Schutzbedürfnisses der betroffenen Personen, das diese aber allzu oft, wenn nicht sogar typischerweise durch beliebige Nicht-Zurkenntnisnahme der Datenschutzhinweise des Verantwortlichen bei der konkreten Nutzung von Diensten beiseite stellen – nach dem Motto: Wer liest schon die Datenschutzhinweise, wenn man einfach nur den angebotenen Dienst nutzen möchte?

a) Anonymisierung

Des Weiteren stellt sich mit Blick auf Anonymisierungen die Frage, ob und mit welchem Inhalt der Verantwortliche in seinen Datenschutzhinweisen die auf der Grundlage der Anonymisierung beabsichtigten Verarbeitungszwecke und die Rechtsgrundlage angeben muss, ob ggf. ein Generalvorbehalt zB dahin gehend genügen würde, dass der Verantwortliche die personenbezogenen Daten „für weitergehende Datenanalysezwecke und/oder die Verwendung als Trainingsdaten für KI-Algorithmen", etc verarbeiten möchten oder auch gar keine weiteren Verarbeitungszwecke angeben muss. 243

Während nach Auffassung des BfDI der Verantwortliche der betroffenen Person den Zweck der Anonymisierung (iS der nach der Anonymisierung konkreten Verarbeitungszwecke), sowie die Rechtsgrundlage der Anonymisierung mitzuteilen hat,[239] muss es *de lege lata* nach der hier vertretenen Auffassung – für die einfachen personenbezogenen Daten – genügen, dass der Verantwortliche in die Verarbeitungszwecke (auch) den Zweck der Anonymisierung als solcher aufnimmt und diesem die passende Rechtsgrundlage zuordnet (typischerweise das berechtigte Interesse iSd Art. 6 Abs. 1 lit. f) DS-GVO). Denn mit erfolgter Anonymisierung endet die Anwendbarkeit der DS-GVO; jeder beliebige, nachgelagerte Verarbeitungszweck ist demnach datenschutzrechtlich neutral → Rn. 130 ff. 244

Bei sensiblen Daten iSd Art. 9 DS-GVO muss der Verantwortliche – *de lege lata*, dh solange keine (sehr zu wünschende) spezifische gesetzliche Privilegierung der Anonymisierung besteht (wie dies etwa iS der Duldungsregel für vorübergehende Vervielfältigungen gemäß § 44a UrhG entsprechend abzubilden wäre (→ Rn. 137) – für die Durchführung der Anonymisierung einen näher spezifizierten Zweck angeben. Der Verantwortliche kann den Zweck bereits in Verbindung mit einer spezialgesetzlichen Norm (zB die wissenschaftlichen oder historischen Forschungszwecke bzw. die statistischen Zwecke gemäß § 27 Abs. 3 BDSG) benennen, um die Anonymisierung zu begründen. 245

b) Pseudonymisierung

Bei der Pseudonymisierung ist der Umfang der Informationspflichten im Grundsatz leichter zu bestimmen: Der Verantwortliche hat die betroffene Person über die Zwecke der Weiterverarbeitung der von ihm pseudonymisierten Daten zu informieren. Soweit er diese Zwecke bei der Ersterhebung nicht mitgeteilt hat, hat er die Zweckkompatibilität iSd Art. 6 Abs. 4 DS-GVO zu prüfen. Indem die Pseudonymisierung selbst ein wichtiges Prüfkriterium bzw. Indikator der Zweckkompatibilität ist (Art. 6 Abs. 4 lit. e) DS-GVO), erstrecken sich die Informationspflichten des Verantwortlichen darauf, auch über weitere, ergänzende Aspekte zu informieren, die die Zweckkompatibilität begründen (also Art. 6 Abs. 4 lit. a)-d) DS-GVO), wobei es sich um keine vollständige Auflistung handelt („unter anderem") und mithin nicht sämtliche Merkmale erfüllt sein müssen, um die Zweckkompatibilität festzustellen→ Rn. 60 ff. 246

Sofern die Zweckkompatibilität nicht zu begründen ist, liegt ein neuer Verarbeitungszweck vor, für den der Verantwortliche ggf. entsprechend einer Ersterhebung die Rechtsgrundlage separat zu prüfen und die betroffene Person gemäß Art. 13 DS-GVO (separat) zu informieren hat. 247

---

239 BfDI Positionspapier zur Anonymisierung unter der DS-GVO unter besonderer Berücksichtigung der TK-Branche, 5.

248 Soweit der Verantwortliche die Verwaltung der Zuordnungsregeln für die Pseudonymisierung einem Auftragsverarbeiter bzw. einem Datentreuhänder (→ § 5 Rn. 128 ff.) überlassen hat, dürfte es erforderlich sein, darüber zumindest in generischer Form zu informieren, damit der Betroffene ggf. seine Betroffenenrechte zielgerichtet geltend machen kann.

c) Ausnahmen

249 Die engen Ausnahmen von den Informationspflichten bei Dritterhebung greifen insbesondere im Rahmen der Öffnungsklauseln und entsprechender mitgliedstaatlicher Spezialregelungen (Art. 14 Abs. 5 lit. b)-d) DS-GVO), zusätzlich zu Konstellationen, in denen die betroffene Person bereits über die Informationen verfügt (Art. 14 Abs. 4 lit. a DS-GVO). Für Big Data-Anwendungen sind die Ausnahmen für Forschungs-, Archiv- und statistische Zwecke von besonderem Interesse. Der deutsche Gesetzgeber hat diese per Verweis inkorporiert (§ 33 Abs. 1 BDSG) und – für nicht öffentliche Stellen – insbesondere erweitert auf die Fälle (a) der Beeinträchtigung der Geltendmachung, Ausübung und Verteidigung zivilrechtlicher Ansprüche; (b) soweit es um die Verarbeitung von Daten aus zivilrechtlichen Verträgen geht; und (c) soweit die Verarbeitung der Verhütung von Schäden durch Straftaten dient (zB bei Betrugspräventionsdateien),[240] sofern nicht berechtigte Interessen der betroffenen Person überwiegen (§ 33 Abs. 1 Nr. 2 lit. a) BDSG).

d) Sonderproblem Unternehmenskauf

250 Ein Sonderproblem der Praxis taucht regelmäßig bei Dritterhebungen im Kontext von gesellschaftsrechtlichen Transaktionen auf. Hier ist es typischerweise erforderlich, dass der Verkäufer (als Verantwortlicher) dem Käufer in einem bestimmten Verfahrensstand der Transaktion Übersichten zu Beschäftigtendaten[241] zur Prüfung und/oder Vorbereitung der Mitarbeitereingliederung, Restrukturierung etc mitteilt.[242]. Indem der Käufer diese Informationen für eigene Zwecke verarbeitet, handelt es sich um eine Datenübermittlung an einen neuen Verantwortlichen (C2C). Je nach Verfahrensstand der Transaktion – also vor dem Abschluss des Kaufvertrags während der „Due Diligence" Phase und/oder nach Abschluss, aber vor Vollzug des Unternehmenskaufvertrages (nach dem „Signing", aber vor dem „Closing") – hat der Verkäufer sorgfältig zu prüfen, ob und ggf. in welchem Umfang er ein berechtigtes Interesse (Art. 6 Abs. 1 lit. f) DS-GVO) zur Übermittlung der Mitarbeiterdaten geltend machen kann. Oft genug lässt sich nur dann begründen, wenn die entsprechenden Datensätze aggregiert oder geschwärzt werden – sie also pseudonymisiert werden. Selbst dann hat der Verantwortliche aber die betroffenen Personen grundsätzlich darüber zu informieren (Art. 13 lit. e) DS-GVO), was aber mit der Geheimhaltungsbedürftigkeit der Transaktion – typischerweise bis zu einem späten Stadium vor dem unmittelbaren Vollzug des Unternehmenskaufs – konfligiert.

251 Davon unabhängig stellen sich beim Unternehmenskauf im Wege der Einzelrechtsnachfolge („Asset Deal") datenschutzrechtliche Fragen beim eigentlichen Vollzug der Vermögensübertragung, also der Übermittlung von Kunden- und Mitarbeiterdaten an den Erwerber, die regelmäßig über das berechtigte Interesse (Art. 6 Abs. 1 lit. f) iVm Abs. 4 DS-GVO) zu lösen sind. Die DSK zieht dabei eine Regelgrenze für Bestandskundendaten. Wenn die betreffenden Kunden in den letzten drei Jahren vor der Vermögensübertragung nicht mehr aktiv waren, dürfen die Daten nur noch eingeschränkt mit Blick auf gesetzliche Aufbewahrungsfristen verarbeitet werden (oder sie verbleiben beim Alt-Unternehmen). Bei inaktiven Bestandskunden, die unterhalb der Regelgrenze von 3 Jahren liegen, und prospektiven Kunden im Stadium einer fortgeschrit-

---

240 Vgl. Gola/Heckmann/Franck BDSG § 33 Rn. 9.
241 Zum Thema Beschäftigtendatenschutz und Big Data → Kapitel § 7 F.
242 Wobei man je nach Begriffsverständnis diskutieren kann, ob es sich dabei um „Big Data" oder eher „Small Data" handelt.

tenen Vertragsanbahnung ist eine Opt-Out Lösung mit ausreichend langer Widerspruchsfrist (von zB 6 Wochen) denkbar, wobei die DSK es offen lässt, wer die Kundenkommunikation verantwortet (Alt-Unternehmen, Erwerber oder beide gemeinsam). Für besondere Arten personenbezogener Daten (Art. 9 DS-GVO sieht die DSK hingegen nur die Möglichkeit der einwilligungsbasierten Datenübermittlung.[243]

Zugleich hat der Verantwortliche die schutzbedürftigen Interessen der Mitarbeiter besonders 252 sorgfältig abzuwägen. Das gilt zum einen in der Frühphase von Unternehmenstransaktionen (insbesondere bei Bieterverfahren), in denen die Interessen der Mitarbeiter typischerweise überwiegen, vor einer Transparenz gegenüber (beliebigen) Dritten geschützt zu werden. Zum anderen könnte eine zu hohe Transparenz vor dem Vollzug des Unternehmenskaufs leicht das Risiko einer „vorweggenommenen Sozialauswahl" (bzw. Unterwanderung der dafür vorgesehenen Abstimmungs- und Entscheidungsprozesse) begründen, sofern der Käufer infolge des Unternehmenskaufs eine Umstrukturierung oder Restrukturierung einschließlich eines Abbaus von Mitarbeitern plant, diesen aber erst in der Rolle des Arbeitgebers (nach Vollzug des Unternehmenskaufs) initiieren darf.

Da der Verantwortliche selbst die Daten von den Mitarbeitern direkt erhoben hat, kann er 253 nicht die Ausnahmetatbestände des Art. 14 Abs. 5 DS-GVO geltend machen. Umgekehrt wird der Käufer – jedenfalls hinsichtlich der Mitarbeiter mit Schlüsselqualifikationen – kaum vollständig auf ein gewisses Maß an näheren Informationen über die Mitarbeiter vor Abschluss seiner Kaufentscheidung verzichten wollen.

Derzeit arbeiten die Akteure – was die Mitteilungspflichten nach Art. 13 DS-GVO angeht –in 254 einem rechtlich nicht vollständig abgesicherten Rahmen. Hier ist *de lege lata* zu überlegen, den Ausnahmetatbestand des Art. 15 Abs. 5 DS-GVO dahin gehend zu erweitern, dass eine Weitergabe von personenbezogenen Daten zwischen Trägern von Berufsgeheimnissen (also Verkäuferanwalt an Käuferanwalt) in für die Zwecke der Unternehmensbewertung etc geschützten, strenger Vertraulichkeit unterzogenen (virtuellen) Räumen auch dann gestattet werden sollte, wenn es sich bei dem Empfänger der Daten (Käuferanwalt) nicht um einen Gehilfen iSd § 203 Abs. 3 StGB des für den Erstverantwortlichen tätigen Geheimnisträgers (Verkäuferanwalt) handelt.

III. Dokumentationspflichten (Art. 30 DS-GVO)

Der Verantwortliche hat den Einsatz von Big Data-Anwendungen im Rahmen seines Ver- 255 zeichnisses der Verarbeitungstätigkeiten – für jede Verarbeitungstätigkeit separat – ordnungsgemäß, einschließlich der Verarbeitungszwecke, Rechtfertigungsgrundlage und eingesetzten technischen und organisatorischen Maßnahmen und ggf. durchgeführter Folgenabschätzungen zu dokumentieren (Art. 30). Die DSK hat mit ihrem Kurzpapier Nr. 1 „Verzeichnis von Verarbeitungstätigkeiten" vom 17.12.2018[244] frühzeitig den Schwerpunkt auf diese aus der Rechenschaftspflicht (Art. 5 Abs. 2 DS-GVO) fließenden Dokumentationspflichten gelegt.

Theoretisch kommt der Ausnahmetatbestand des Art. 30 Abs. 5 DS-GVO für Verantwortliche 256 mit weniger als 250 Mitarbeitern in Betracht, um von der Verpflichtung zur Führung eines Verzeichnisses der Verarbeitungstätigkeiten zu befreien. Die Regelung knüpft die Befreiung jedoch an weitere Ausschlussvoraussetzungen, die in der Praxis – jedenfalls bei datenreichen Unternehmen – selten erfüllt sind: Die Verarbeitung darf kein Risiko für die Rechte und Freiheiten begründen (gemeint ist: es darf allenfalls ein geringes Risiko vorliegen); die Verarbeitung „darf nicht nur gelegentlich erfolgen" (gemeint sind wohl infrequente Verarbeitungen, die zB in

---

243 Weiteren Einzelheiten in DSK Beschluss v. 25.5.2019 Asset Deal – Katalog von Fallgruppen.
244 DSK Kurzpapier Nr. 1 „Verzeichnis von Verarbeitungstätigkeiten" vom 17.12.2018; www.datenschutzkonferenz-online.de/media/kp/dsk_kpnr_1.pdf.

Kleinstbetrieben neben der eigentlichen Haupttätigkeit erfolgen; Personalakten, Lohnbuchhaltung etc, fallen nicht darunter); es dürfen keine sensitiven Daten iSd Art. 9 DS-GVO (oder auch über strafrechtliche Verurteilungen (Art. 10 DS-GVO) verarbeitet werden.[245]

257 In Konzernstrukturen entfällt zwar eine Hinzurechnung von Mitarbeiterzahlen aus anderen verbundenen Unternehmen.[246] Die Verarbeitungstätigkeiten unter Einsatz üblicher Datenverarbeitungssysteme für Kunden- und Mitarbeiterdaten werden in aller Regel aber dazu führen, dass die Ausnahme des Art. 30 Abs. 5 DS-GVO nicht greift.

258 Im Regelfall dürfte der Einsatz von Big Data-Anwendungen, die ja definitionsgemäß eine Datenverarbeitungsvorgänge hochskaliert, effizient und vielfältig abzuwickeln, mithin eine Dokumentationspflicht begründen.

IV. Datenschutzverletzungen

1. Risikobewertung

259 Im Fall von Datenschutzverletzungen stellen sich hinsichtlich der Mitteilungspflichten des Verantwortlichen bei Big Data-Anwendungen keine grundsätzlichen rechtlichen Probleme, aber: Es geht naturgemäß um eine hohe Anzahl von Datensätzen und damit latent eine weitaus höhere „Angriffsfläche" sowie ggf. erheblichen Aufwand, den Mitteilungspflichten gegenüber den Aufsichtsbehörden (Art. 33 DS-GVO) und – bei hohen Risiken für die Rechte und Freiheiten – gegenüber den betroffenen Personen (Art. 34 DS-GVO) nachzukommen.

260 Die DS-GVO definiert als Datenschutzverletzung jede „Verletzung der Sicherheit, die, ob unbeabsichtigt oder unrechtmäßig, zur Vernichtung, zum Verlust, zur Veränderung, oder zur unbefugten Offenlegung von beziehungsweise zum unbefugten Zugang zu personenbezogenen Daten führt, die übermittelt, gespeichert oder auf sonstige Weise verarbeitet wurden" (Art. 4 Abs. 12 DS-GVO).

261 Wichtig ist festzuhalten, dass es gemäß dem risikobasierten Ansatz der DS-GVO grundsätzlich nicht auf die Quantität der von einer Datenschutzverletzung erfassten Datensätze ankommt (keine „de minimis Regel"), sondern der Verantwortliche eine Bewertung der materiellen Risiken für die Rechte und Freiheiten der betroffenen Personen vorzunehmen hat. Anders gesagt: Der unberechtigte Zugriff oder eine in sonstiger Weise nicht autorisierte Offenbarung weniger sensibler Datensätze (auch nur einer einzigen betroffenen Person) kann die Mitteilungspflichten nach Art. 33 und 34 DS-GVO auslösen, eine dagegen relativ triviale Aufdeckung von personenbezogenen Daten einer Vielzahl betroffener Personen dagegen nicht (wie zB im Fall einer betriebsintern oder extern fehlgeleiteten Email mit umgehendem Widerruf, ohne dass die mitgeteilten Informationsgehalte eine besondere Datenschutzsensitivität auslösen).

262 ErwGr 75, 85 und 94 S. 2 DS-GVO bieten Erläuterungshilfe zu den „Risiken für die Rechte und Freiheiten der betroffenen Personen". Danach kommt es auf eine Bewertung der Eintrittswahrscheinlichkeit und Schwere möglicher physischer, materieller oder immaterieller Schäden (einschließlich Folgeschäden) oder Beeinträchtigungen für die betroffenen Personen an, die aus einer Datenschutzverletzung entstehen könnten.

263 Die Aufsichtsbehörden haben sich seit Inkrafttreten der DS-GVO – angesichts der in vielen Mitgliedstaaten erstmaligen Einführung von Mitteilungspflichten[247] und der exponentiell angestiegenen, zT auch rein vorsorglichen Mitteilungen und dem damit seitens der Behörden kaum zu bewältigenden Administrationsaufwand – frühzeitig um Hinweise und Leitlinien bemüht, um den Verantwortlichen eine vernünftige Risikoeinschätzung zu ermöglichen. Der

---

245 Siehe Paal/Pauly/Martini DS-GVO Art. 30 Rn. 32.
246 Siehe Paal/Pauly/Martini DS-GVO Art. 30 Rn. 28.
247 Regelungen wie in § 42a BDSG alt waren die europäische Ausnahme.

EDSA hat mit seinen Leitlinien vom 28.3. 2023 drei Grundfälle der Datenschutzverletzung bestimmt, nämlich die Verletzung der Vertraulichkeit, der Integrität und der Verfügbarkeit personenbezogener Daten.[248] Wichtig ist also zu erkennen, dass es nicht auf den Erfolg einer unberechtigten Kenntnisnahme ankommt („niemand hat die Daten missbraucht"). Schon die Nichtverfügbarkeit von personenbezogenen Daten kann etwa im Fall von Schutzgelderpressungen durch Systemblockaden mittels Datenverschlüsselung („Ransomware"-Attacken) oder gezielte Überlastung von Servern („Distributed Denial of Service"-Angriff bzw. „DDoS-Attacke") unmittelbar eine Datenschutzverletzung von ganz erheblicher Tragweite darstellen. Auf ein Verschulden des Verantwortlichen oder der für ihn tätigen Auftragsverarbeiter kommt es ohnehin nicht an.

Entsprechend dem vom EDSA vorgeschlagenen Prüfschema ist zur Bewertung des Risikos für die Rechte und Freiheiten der betroffenen Personen die Schwere und die Schadenslatenz näher zu prüfen. Die Nicht-Verfügbarkeit von kritischen medizinischen Patientendaten ist offensichtlich etwas anders als die Verhinderung eines Medienunternehmens, für einen begrenzten Zeitraum Newsletter aufgrund eines Stromausfalls versenden zu können (woraus ohne weiteren Datenabfluss wohl keine Risiken für die Rechte und Freiheiten der betroffenen Personen entstehen).[249]   **264**

Gemäß ErwGr 87 DS-GVO muss der Verantwortliche das Risiko konkret einschätzen und – gleichermaßen, ob er eine Datenschutzmitteilung für erforderlich hält oder nicht – die maßgeblichen Überlegungen seiner Entscheidung dokumentieren.   **265**

Die DSK hat in ihrem Kurzpapier Nr. 18 vom 26.4.2018 eine Prüfstruktur an die Hand gegeben, um die Risikoeinschätzung – nicht nur in Zusammenhang mit Datenschutzverletzungen – durchzuführen. Die zu prüfenden negativen Folgen für die betroffenen Personen können von Diskriminierung, über Identitätsdiebstahl und -betrug, finanziellen Schäden, Rufschädigung, wirtschaftliche oder gesellschaftliche Nachteile bis hin zu Profil-Erstellungen und körperlichen Schäden auf der Grundlage fehlerhafter oder offengelegter Daten reichen.[250] Damit überschreitet der Schadensbegriff durchaus denjenigen eines zivilrechtlichen, finanziell messbaren Schadens (§ 253 BGB). Hinsichtlich der Eintrittswahrscheinlichkeit und der Schwere möglicher Schäden trifft die DSK Abstufungen von „geringfügig", „überschaubar", „substanziell" bis „groß", um daraus eine Risikomatrix mit Farbskala abzuleiten, die der Verantwortliche als Hilfsmittel und zugleich Teil seiner Dokumentation nutzen kann. Als wesentliche Faktoren zur Bewertung der Schwere einer Datenschutzverletzung zählen ua die Verarbeitung von sensiblen Daten (Art. 9 und 10 DS-GVO); besonders schutzbedürftige Personen (Kinder, Beschäftigte); automatisierte Verarbeitungen; kaum reversible Schäden bzw. begrenzte Möglichkeiten für die betroffene Personen, einen Datenschutzverletzung gerichtlich zu überführen; Fälle, in denen die Anzahl der betroffenen Personen, Anzahl der Datensätze und Anzahl der Merkmale in einem Datensatz sowie die geographische Abdeckung hoch ist.[251] Dieser letztgenannte Faktor führt zu einer Gewichtung des Ausmaßes bzw. der quantitativen Dimension einer Datenschutzverletzung – was wiederum für Big Data-Anwendungen im Ergebnis zu einer *prima facie* Indikation eines erheblichen Risikos und einer entsprechenden (zumindest vorsorglichen) Meldepflicht führt.   **266**

Der EDSA hat mit seinen Leitlinien zu Datenschutzverletzungen vom 28.3.2023 zu einem Gutteil die bereits zuvor ausgeführten Prinzipien der Leitlinien der Art. 29-Datenschutzgrup-   **267**

---

248 EDSA Leitlinien zur Mitteilung von Datenschutzverletzungen nach der DS-GVO Version 2.0 v. 28.3.2023, Rn 17 ff., Art. 29-Datenschutzgruppe Leitlinien für die Meldung von Verletzungen des Schutzes personenbezogener Daten WP 250 rev. 01 v. 3.10.2017, aktual. Fassung 6.2.2018, 8.

249 EDSA Leitlinien zur Mitteilung von Datenschutzverletzungen nach der DS-GVO Version 2.0 v. 28.3.2023, Rn 22.

250 DSK Kurzpapier Nr. 18 Risiko für die Rechte und Freiheiten natürlicher Personen v. 26.4.2018, 3.

251 DSK Kurzpapier Nr. 18 Risiko für die Rechte und Freiheiten natürlicher Personen v. 26.4.2018, 5.

pe bestätigt.[252] Zusätzliche Ausführungen enthalten die Leitlinien vornehmlich in Bezug auf Verantwortliche mit Sitz außerhalb der EU bzw. des EWR. Hier stellt sich der EDSA auf den Standpunkt, dass der Verantwortliche nicht allein deswegen das „One-Stop-Shop"-Prinzip nutzen kann (Art. 58 DS-GVO), wenn er lediglich einen benannten Vertreter (Art. 27 DS-GVO) in einer Jurisdiktion hat.[253] In der Folge muss ein Verantwortlicher in jedem Mitgliedstaat, in dem eine betroffene Person ansässig ist, die zuständige Aufsichtsbehörde über die Datenschutzverletzung informieren. In Deutschland führt das ggf. zu Mitteilungspflichten an alle relevanten Landesaufsichtsbehörden. Aus der Sicht der Praxis ist das ein unglückliches Ergebnis, das zu erheblichem Mehraufwand ohne erkennbaren zusätzlichen Schutz für die betroffenen Personen und im Zweifel zu divergierenden Anforderungen der Aufsichtsbehörden an den Verantwortlichen bei ein und derselben Datenschutzverletzung führt. Für den zusätzlichen Schutz der Betroffenen sollte es genügen, dass der Verantwortliche die betroffenen Personen bei hohen Risiken (Art. 34 DS-GVO) unmittelbar informiert.

2. Umsetzung der Meldepflichten

268 Der Verantwortliche hat seiner Meldepflicht gegenüber der für ihn zuständigen Behörde grundsätzlich unverzüglich und in aller Regel spätestens innerhalb von 72 Stunden ab Kenntnis der die Datenschutzverletzung begründenden Umständen nachzukommen. Die nationalen bzw. in Deutschland die verschiedenen Landesdatenschutzbehörden haben sich bisher nicht auf einheitliche, elektronische Meldeformulare verständigt, so dass zT sehr unterschiedliche formale Anforderungen zu erfüllen sind, um eine Meldung form- und fristgerecht abzusetzen. Hier ist eine Vereinheitlichung durch den EDSA im allseitigen Interesse wünschenswert, um bei Verantwortlichen und Meldebehörden den Verwaltungsaufwand zu vereinfachen und zu reduzieren.

269 Angesichts der erheblichen Zeitnot ab Erstentdeckung einer Datenschutzverletzung hat sich – gerade bei komplexen Cyber-Angriffen –eine übliche Praxis entwickelt, innerhalb der ersten 72 Stunden eine im erzielten Kenntnisstand möglichst umfassende, aber gleichwohl vorläufige Mitteilung bei den Behörden einzureichen.[254] Der Verantwortliche ergänzt diese Mitteilung typischerweise im Verlauf mit den Ergebnissen einer umfassenden forensischen Untersuchung der technischen Gegebenheiten des Vorfalls, die der Verantwortliche bei einem Forensikunternehmen beauftragt. In solchen Fällen ist eine besonders sorgfältige Aufbereitung der in der vorläufigen Meldung und der Folgemeldung mitgeteilten Informationen erforderlich, sowohl um inkorrekte oder gar widersprüchliche Angaben als auch jeden Anschein einer zögerlichen oder „scheibchenweisen" Information zu vermeiden, die die Aufsichtsbehörde als bewusst unvollständige Mitteilung deuten könnte.

270 Gegenüber den betroffenen Personen ist im Falle von Big Data-Anwendungen die Erfüllung der Mitteilungspflichten mit erheblichem Administrationsaufwand verbunden. Hier helfen unter Umständen die Ausnahmeregelungen des Art. 34 Abs. 3 DS-GVO (die alternativ, nicht kumulativ erfüllt sein müssen): Die Mitteilungspflicht gegenüber den betroffenen Personen besteht – trotz des zunächst festgestellten hohen Risikos (Art. 34 Abs. 1 DS-GVO) – nicht (mehr), wenn der Verantwortliche präventiv oder nachträglich geeignete Vorkehrungen in

---

252 EDSA Leitlinien 9/2022 zur Mitteilung von Datenschutzverletzungen Version 2.0 v. 28.3.2023; siehe zuvor Art. 29-Datenschutzgruppe Leitlinien für die Meldung von Verletzungen des Schutzes personenbezogener Daten WP 250 rev. 01 v. 6.2.2018, 8.

253 EDSA Leitlinien 9/2022 zur Mitteilung von Datenschutzverletzungen Version 2.0 v. 28.3.2023, Rn. 73; zur Feststellung der federführenden Aufsichtsbehörde siehe EDSA Leitlinien 8/2022 für die Bestimmung der federführenden Aufsichtsbehörde eines Verantwortlichen oder Auftragsverarbeiters Version 2.0 v. 28.3.2023, Rn. 18 ff.

254 Zumal gezielte, professionell aufgesetzte Cyber-Attacken häufig genug auf Freitag oder ins Wochenende gesetzt werden, was den Zeitlauf zur Aufbereitung der relevanten Informationen noch weiter verkürzt.

Reaktion auf Datenschutzverletzungen getroffen hat (Art. 34 Abs. 1 lit. a) DS-GVO). Zu den präventiven Maßnahmen kann zB die Verschlüsselung der Daten gehören, so dass – trotz eines abstrakt-generellen hohen Risikos des unautorisierten Zugriffs auf entsprechende Datenbanken – die Realisierung eines konkreten Folgeschadens unwahrscheinlich ist. Dazu kann zB im Bereich der Distributed Ledger Technologien (Blockchain, etc) auch die Ersetzung bzw. Pseudonymisierung personenbezogener Daten durch Hashwerte gehören,[255] sofern die Datenbank mit den Hashwerten nicht selbst Gegenstand des unberechtigten Zugriffs ist. Zu den nachträglichen Maßnahmen, die eine Mitteilung an die betroffenen Personen entbehrlich machen (Art. 34 Abs. 3 lit. b) DS-GVO), gehören ua die Löschung der Daten beim Empfänger (typisches Beispiel: unbeabsichtigter Versand eines Emails an nichtberechtigte Empfänger das in einer angehängten Excel-Tabelle sensitiven Daten enthält, wenn diese die Löschung und das Unterlassen der Weitergabe glaubhaft versichern), Zurücksetzung von Passwörtern, etc, wobei es hier immer darauf ankommt, in welchem Umfang der Verantwortliche (und seine Auftragsverarbeiter) diese Maßnahmen selbstständig bzw. ohne Mitwirkung der betroffenen Personen durchführen können.[256]

Besonders bedeutsam, aber angesichts der negativen Publizität im Bereich der Big Data-Anwendungen typischerweise für den Verantwortlichen unangenehm ist die öffentliche Bekanntmachung einer Datenschutzverletzung, wenn die Mitteilung an den Einzelnen mit einem unverhältnismäßigen Aufwand verbunden ist (Art. 34 Abs. 3 lit. c) DS-GVO). Soweit die Kontaktdaten der betroffenen Personen vorhanden sind, dürfte eine unmittelbare Mitteilung dabei typischerweise noch im Rahmen eines angemessenen bzw. nicht unverhältnismäßigen Aufwands liegen.[257] `271`

§ 29 Abs. 1 S. 3 BDSG führt darüber hinaus zu einer Beschränkung der Benachrichtigungspflicht, sofern die mitzuteilende Information „nach einer Rechtsvorschrift oder ihrem Wesen nach, insbesondere wegen der überwiegenden berechtigten Interessen eines Dritten, geheim gehalten werden [muss]." Das gilt allerdings wiederum nicht (Rückausnahme), wenn die Interessen der betroffenen Person „insbesondere unter Berücksichtigung drohender Schäden, gegenüber dem Geheimhaltungsinteresse überwiegen" (§ 29 Abs. 1 S. 4 BDSG). Der praktische Anwendungsfall wird hier regelmäßig bei den Pflichten von Berufsgeheimnisträgern iSd § 203 StGB gesehen, wobei die Europarechtskonformität dieser Ausnahme fraglich ist.[258] `272`

3. Besonderheiten bei Konzernunternehmen

Bei Konzernunternehmen stellt sich die Frage, ob eine Datenschutzverletzung, die sich über mehrere verbundene Unternehmen erstreckt, jeweils einzeln mitzuteilen ist oder nach dem „One-Stop-Shop" Prinzip in die Zuständigkeit der federführenden Aufsichtsbehörde fällt (Art. 56 DS-GVO). Gemäß dem Grundsatz, dass die DS-GVO kein Konzernprivileg kennt, muss der Verantwortliche prüfen, ob die Datenschutzverletzung eine vom Verantwortlichen durchgeführte „grenzüberschreitende Verarbeitung" (Art. 4 Nr. 23 DS-GVO) betrifft. Als grenzüberschreitende Verarbeitung kommen dabei nur solche Verarbeitungstätigkeiten in Betracht, die ein Verantwortlicher oder ein Auftragsverarbeiter in der EU „im Rahmen von Tätigkeiten von Niederlassungen […] in mehr als einem Mitgliedstaat [durchführt], wenn der Verantwortliche oder Auftragsverarbeiter in mehr als einem Mitgliedstaat niedergelassen ist" (Art. 4 Nr. 23 lit. a) DS-GVO) oder wenn die Datenverarbeitung „im Rahmen der Tätigkeiten einer einzelnen `273`

---

255 Siehe Gola/Heckmann/Reif DS-GVO Art. 34 Rn. 14.
256 Siehe Gola/Heckmann/Reif DS-GVO Art. 34 Rn. 15.
257 Zu den Modalitäten der Mitteilung siehe auch EDSA Leitlinien 9/2022 zur Mitteilung von Datenschutzverletzungen Version 2.0 v. 28.3.2023, Rn. 81 ff; insoweit gegenüber Art. 29-Datenschutzgruppe Leitlinien für die Meldung von Verletzungen des Schutzes personenbezogener Daten WP 250 rev. 01 v. 3.10.2017, aktual. Fassung 6.2.2018, im Wesentlichen unverändert.
258 Siehe Gola/Heckmann/Reif DS-GVO Art. 34 Rn. 20.

Niederlassung eines Verantwortlichen oder eines Auftragsverarbeiters in der Union erfolgt, die jedoch erhebliche Auswirkungen auf betroffene Personen in mehr als einem Mitgliedstaat hat oder haben kann" (Art. 4 Nr. 23 lit. b) DS-GVO). Der EDSA hat in seinen Leitlinien zur Bestimmung der federführenden Aufsichtsbehörde[259] für die Feststellung eines Hauptsitzes (in einem EU-Mitgliedstaat) und Niederlassung(en) in anderen Mitgliedstaaten mit Blick auf Datenverarbeitungsvorgänge darauf abgestellt, ob sich die Entscheidungsbefugnisse für Datenverarbeitungsvorgänge zentralisiert am Hauptsitz bündeln oder es in den Niederlassungen lokale Entscheidungsbefugnisse gibt. Dabei ist der Begriff der „Niederlassung" nicht gesellschaftsrechtlich auf eigenständige Rechtsträger, wie zB eine Tochtergesellschaften beschränkt (ErwGr 22).[260]

274 Eine „grenzüberschreitende Verarbeitung" (die also innerhalb der EU bzw. des EWR erfolgt) kommt mithin nur dann zum Tragen, wenn der Verantwortliche am Hauptsitz durchgreifende Entscheidungsbefugnisse über die Datenverarbeitung in den Niederlassungen in anderen Mitgliedstaaten hat (Art. 4 Nr. 23 lit. a) DS-GVO) oder die Datenverarbeitung einer einzelnen Niederlassung erhebliche Auswirkungen auf betroffenen Personen in verschiedenen Mitgliedstaaten hat (Art. 4 Nr. 23 lit. b) DS-GVO). Für den ersten Fall sind zB zentral geführte CRM-Systeme am Hauptsitz des Verantwortlichen zu nennen, an die die Landesgesellschaften als Vertriebsorganisationen des Verantwortlichen in anderen Mitgliedstaaten angebunden sind und auf die Datenbestände laufend zugreifen. Soweit diese Landesgesellschaften aber solche Systeme zur eigenständigen Pflege der von ihnen selbstständig erhobenen Kundendaten nutzen (mithin die Gesellschaft am Hauptsitz nur als Auftragsverarbeiter einsetzen), lässt sich diese Betrachtung nicht mehr belastbar aufrechterhalten. Es findet insoweit eine rein lokale Datenverarbeitung (unter Einsatz eines in einem anderen Mitgliedstaat ansässigen Auftragsverarbeiters) ohne grenzüberschreitenden Bezug iSd Art. 4 Nr. 23 lit. a) DS-GVO statt.

275 Ähnlich kann es sich auch bei Personalverwaltungssystemen verhalten. Hier ist die Tochtergesellschaft als lokaler Arbeitgeber stets Verantwortlicher in eigener Zuständigkeit, selbst wenn sie in die Personalverwaltung einer übergeordneten Konzernmuttergesellschaft einbezogen ist.[261] Wenn ein zentrales System zur Verwaltung von Personaldaten Gegenstand einer Datenschutzverletzung ist, wird sich die Konzernmutter im Zweifel nicht auf die Zuständigkeit einer einzigen federführenden Aufsichtsbehörde berufen können. Vielmehr nutzt die lokale Tochtergesellschaft solche Systeme als Auftraggeber einer Auftragsverarbeitung oder es findet eine Datenübermittlung zwischen zwei Verantwortlichen statt, für die ebenfalls dann grundsätzlich keine grenzüberschreitende Verarbeitung anzunehmen ist. Etwas anderes kann allenfalls gelten, wenn solche Systeme – je nach Lage des Einzelfalls – im Rahmen einer gemeinsamen Verantwortlichkeit genutzt werden.[262]

276 Angesichts der straffen Mitteilungsfristen neigen Verantwortliche daher in der Praxis eher dazu, ihre Mitteilungen bei allen denkbar zuständigen Behörden einzureichen, wenn sich die Datenschutzverletzung über eine Konzernstruktur erstreckt (wie etwa im Fall von Cyber-Angriffen), auch wenn sie einheitliche, in verschiedenen Landesgesellschaften genutzte IT-Systeme betrifft. Auch hierzu wären entsprechende Klarstellungen seitens der Datenschutzbehörden – einschließlich einer weiterzuentwickelnden internen Koordination zwischen den Datenschutzbehörden gerade für Datenschutzverletzungen – wünschenswert, insbesondere um divergierenden Maßgaben hinsichtlich der Risikobewertung und Maßnahmen der Risikobegrenzung für denselben Vorgang entgegenzuwirken.

---

259 EDSA Leitlinien für die Bestimmung der federführenden Aufsichtsbehörde eines Verantwortlichen oder Auftragsverarbeiters Version 2.0 v. 28.3.2023 Rn. 18 ff.
260 Siehe auch Ehmann/Selmayr/Klabunde DS-GVO Art. 4 Rn. 63 ff.
261 Zur Datenschutzverantwortlichkeit des Betriebsrates → § 8 Rn. 83 ff
262 Taeger/Gabel/Arning/Rothkegel DS-GVO Art. 4 Rn. 485.

F. Betroffenenrechte

Der Verantwortliche hat bei Big Data-Anwendungen erheblichen Aufwand in den Blick zu nehmen, um die Betroffenenrechte auf Auskunft, Berichtigung, Löschung, Einschränkung der Verarbeitung, Datenübertragbarkeit und das Widerspruchsrecht zu gewährleisten. Zum Teil stellt die Umsetzung der Betroffenenrechte die Durchführbarkeit von Big Data-Anwendungen ganz in Frage, so dass Verantwortliche auch deswegen im Zweifel den „Weg in die Anonymisierung" bevorzugen. Immerhin hat der (deutsche) Gesetzgeber von der Möglichkeit zur Einschränkung der Betroffenenrechte ua im Bereich der historischen und wissenschaftlichen Forschungsprojekte Gebrauch gemacht, die für Big Data-Anwendungen erhebliche Bedeutung haben (§§ 34–36 BDSG). 277

I. Recht auf Auskunft

1. Umfang, Form und Fristen

Die betroffene Person kann den Verantwortlichen auffordern, ihm Auskunft über die Verarbeitungszwecke, Kategorien der verarbeiteten Daten, Empfänger der Daten, Speicherdauer bzw. Kriterien der Speicherdauer, seine Rechte auf Berichtigung, Löschung, Einschränkung und ggf. sein Widerspruchsrecht, sowie sein Beschwerderecht und bei einer Dritterhebung alle verfügbaren Informationen über die Herkunft der Daten zu erteilen, sowie beim Profiling Auskunft über die zugrunde liegende Entscheidungslogik, Tragweite und Auswirkungen der Verarbeitung zu geben (Art. 15 Abs. 1 lit. a)-h) DS-GVO). Bei Datenübermittlungen in Drittländer oder an internationale Organisationen hat der Verantwortliche über die eingesetzten Garantien zur Absicherung der datenschutzkonformen Verarbeitung zu informieren (Art. 15 Abs. 2 i. V. Art. 46 DS-GVO). 278

Der Umfang der Beauskunftungspflicht ergänzt, konkretisiert und individualisiert für die betroffene Person die bereits in den Informationspflichten (Art. 13, 14 DS-GVO) angelegten allgemeinen Informationen über die Datenverarbeitung, um ihn in die Lage zu versetzen, einen Überblick über die ihn konkret betreffende Datenverarbeitung zu bekommen, deren Rechtmäßigkeit zu überprüfen (ErwGr 63) und seine weiteren Betroffenenrechte auszuüben.[263] Das spiegelt sich in der Anforderung, dass der Verantwortliche eine „Kopie der personenbezogenen Daten, die Gegenstand der Verarbeitung sind" kostenlos zur Verfügung zu stellen hat (Art. 15 Abs. 3 DS-GVO). 279

Schon beim Beschäftigtendatenschutz führt das in der Praxis zu erheblichen Problemen, die inzwischen die deutschen Gerichte auch erkannt haben.[264] Es hat sich noch kein einheitliches Bild entwickelt, ob das „Recht auf eine Kopie" tatsächlich eine vollständige Wiedergabe aller Informationen in kopierter Form umfasst, die ein Beschäftigter jemals generiert oder empfangen hat (also zB Kopien sämtlicher verfasster oder erhaltener Emails bis hin zu Log-In Daten), oder der Verantwortliche eher eine Zusammenstellung bzw. Übersicht bereitzustellen hat, die der betroffenen Person eine Überprüfung der Rechtmäßigkeit der Datenverarbeitung ermöglicht.[265] Die Problematik wird durch zwei weitere rechtliche Problemstellungen bzw. 280

---

263 EuGH NJW 2018, 767 Rn. 57, Nowak; vgl. Leistner/Antoine/Sagstetter Big Data, 297; Paal/Pauly DS-GVO Art. 15 Rn. 33 ff.; Simitis/Hornung/Spiecker gen. Döhmann/Dix DS-GVO Art. 15 Rn. 28; jeweils mwN.

264 Siehe insbesondere zur Frage der Bestimmtheit des Klageantrags BAG v. 16.12.2021 – 2 AZR 235/21 mit Bespr. Franzen, Datenschutzrechtlicher Auskunftsanspruch und Hinweisgeberschutz, ZFA 2023, 100.

265 Zum Streitstand Leistner/Antoine/Sagstetter Big Data, 297 mwN; Paal/Pauly DS-GVO Art. 15 Rn. 33 ff., Kühling/Buchner/Bäcker DS-GVO Art. 15 Rn. 39 ff.; Leibold ZD-Aktuell 2021, 05313; Lembke/Fischel NZA 2022., 513 (516); Simitis/Hornung/Spiecker gen. Döhmann/Dix DS-GVO Art. 15 Rn. 28; BeckOK DatenschutzR/Schmidt-Wudy DS-GVO Art. 15 Rn. 85. Hingegen hält die CNIL in Frankreich, wie auch der ICO im Vereinigten Königreich bislang weitgehend uneingeschränkt daran fest, dass „une copie des données à caractère personnel faisant l'objet d'un traitement" bzw. „a copy of the personal data undergoing processing" eine vollständige Übergabe aller Fotokopien der herauszugebenden Daten umfasst.

Konfliktlagen überlagert: (a) die Abgrenzung zum Recht der Datenübertragbarkeit (Art. 20 DS-GVO, sowie zukünftig noch erweitert durch die Ansprüche auf Datenzugang und Datenweitergabe nach Art. 3-5 Data Act), (b) der zivilprozessuale Konflikt mit den Darlegungs- und Beweisgrundsätzen und dem Verbot des Ausforschungsbeweises, die einem „discovery"-Verfahren nach angelsächsischem Muster durch die „Hintertür" entgegenstehen.[266]

281 Der EDSA hat sich in seinen Leitlinien 01/2022 zu den Betroffenenrechten (Recht aus Auskunft) vom 28.03.2023 näher mit dem Umfang und den Modalitäten der Auskunft befasst.[267] Hinsichtlich des Rechts auf eine Kopie der Daten stellt der EDSA klar, dass der Betroffene damit kein zusätzliches Recht erwirbt und ihm auch nicht eine vollständige Herausgabe sämtlicher Dokumentation mit relevanten personenbezogenen Daten geschuldet ist, sondern er vielmehr mittels der Kopie bzw. einem vom Verantwortlichen bereitzustellenden Zugang zu den relevanten Informationen in die Lage versetzt werden soll, die Datenverarbeitung nachzuvollziehen und deren Rechtmäßigkeit zu überprüfen.[268]

282 Entscheidend ist nach Auffassung des EDSA einerseits die Informationstransparenz in klarer und verständlicher Sprache, sowie bei elektronisch verfügbaren Daten in herunterladbarer Form, andererseits bei umfangreichen Informationen eine abgestufte, für die betroffene Person nachvollziehbare Aufbereitung der Datenverarbeitung („layered approach").[269] Dieses abgeschichtete Vorgehen hält die EDSA ausdrücklich für zulässig. Danach darf der Verantwortliche zunächst eine Übersicht über die Datenverarbeitung und die Betroffenenrechte gemäß Art. 15 Abs. 1 lit. a)-h) DS-GVO mitteilen, um im Anschluss daran auf bestimmte Verarbeitungen der relevanten Daten einzugehen. Der EDSA betont, dass diese Vorgehensweise gerade bei großen Datenmengen der effizienten Aufbereitung der Auskunft dient.[270]

Davon unberührt bleibt das Rückfragerecht des Verantwortlichen, den Betroffenen gemäß ErwGr 63 DS-GVO um eine nähere Bestimmung der ihn interessierenden Daten zu bitten.[271]

283 Der EuGH hat des Weiteren entschieden, dass der Verantwortliche der betroffenen Person auf Anfrage die tatsächliche Identität derjenigen Empfänger mitzuteilen hat, an die der Verantwortliche die personenbezogenen Daten zur Weiterverarbeitung übermittelt hat, soweit ihm dies möglich ist.[272] In diesem Fall ist eine vollständige Wiedergabe der erfragten Informationen geschuldet. Der Verantwortliche kann die Beauskunftung allenfalls verweigern, wenn das Verlangen „offenkundig unbegründet oder exzessiv" ist (gemäß Art. 15 Abs., 5 DS-GVO) → Rn. 287 ff.[273]

284 Die Auskunft hat in der Regel unverzüglich und spätestens innerhalb eines Monats nach Antrag der betroffenen Person zu erfolgen, es sei denn, dass der Verantwortliche der bzw. den betroffenen Person(en) mit Blick auf die Komplexität und Anzahl der Anträge triftige Gründe für eine längere Bearbeitungsdauer anführt, die maximal zwei weitere Monate betragen darf (Art. 12 Abs. 3 und 4 DS-GVO).

285 Verantwortliche, die umfangreich personenbezogene Daten verarbeiten, haben üblicherweise Regelverfahren zur Beauskunftung vorzuhalten und diese im Rahmen ihres Verzeichnisses der Verarbeitungstätigkeiten (Art. 30 DS-GVO) auch entsprechend zu dokumentieren.

---

266 Siehe OLG Hamm ZD 2022, 237; OLG Dresden ZD 2022, 462; Schreiber/Brinke, Der Auskunftsanspruch als discovery-Ersatz, RDi 2023, 232.
267 EDSA Leitlinien 01/2022 zu Betroffenenrechten – Recht auf Auskunft vom 28.03.2023, Version 2.0.
268 EDSA Leitlinien 01/2022 zu Betroffenenrechten – Recht auf Auskunft vom 28.03.2023, Version 2.0, Rn. 23.
269 EDSA Leitlinien 01/2022 zu Betroffenenrechten – Recht auf Auskunft vom 28.03.2022, Version 2.0, Rn. 123-164.
270 EDSA Leitlinien 01/2022 zu Betroffenenrechten – Recht auf Auskunft vom 28.03.2022, Version 2.0, Rn. 143ff.
271 EDSA Leitlinien 01/2022 zu Betroffenenrechten – Recht auf Auskunft vom 28.03.2022, Version 2.0, Rn. 143.
272 EuGH GRUR-RS 2023, 89.
273 EuGH GRUR-RS 2023, 89 Rn. 38 ff.; siehe auch Zhou/Wybitul, DSGVO-Auskunftsansprüche als Vorstufe von Schadensersatzforderungen, BB 2023, 1411 ff.

2. Beschränkungen

Angesichts der hohen Bedeutung des Auskunftsanspruchs im Wertgefüge der DS-GVO stellt   286
sich mit Blick auf Big Data-Anwendungen die Frage, in welchem Umfang der Verantwortliche
Grenzen bzw. Beschränkungen des Auskunftsanspruchs gegenüber der betroffenen Person
einwenden kann.

a) Tendenz zur weiten Auslegung

Zunächst ist festzuhalten, dass Art. 15 DS-GVO selbst (im Gegensatz zu Art. 14 Abs. 5 lit. b)   287
DS-GVO) keine materielle Beschränkung bzgl. eines unverhältnismäßigen Aufwands der Beauskunftung regelt. Allerdings kann der Verantwortliche über eine bloße Fristverlängerung
(Art. 12 Abs. 3 DS-GVO) hinaus die Beauskunftung verweigern, wenn der Antrag „offensichtlich unbegründet oder – insbesondere im Fall von häufiger Wiederholung – exzessiv" ist, oder
in einem solchen Fall dafür ein angemessenes Entgelt verlangen (Art. 12 Abs. 5). Die Rechtsprechung hat darüber hinaus einige Schranken im Rahmen des Art. 15 DS-GVO entwickelt. Dazu
gehört zum einen die prozessuale Anforderung, dass der Antrag auf Auskunft in gerichtlich
vollstreckbarer Form gestellt werden muss, dh hinreichend genau auf die begehrten Datenarten
und Verarbeitungsformen einzugrenzen ist bzw. die betroffene Person bei einem Auskunftsanspruch, der auf die Überlassung von Kopien aus Email-Verkehr, den Gegenstand der Auskunft
entsprechend präzise formulieren muss.[274] Auch hat die Rechtsprechung bereits den Fall behandelt, dass die Beauskunftung mit Geheimhaltungsinteressen des Verantwortlichen konfligiert, sofern der Verantwortliche diese erfolgreich nachweist.[275] Allenfalls bei begründetem
Rechtsmissbrauch kann der Verantwortliche die Auskunft verweigern; eine Missbrauchsabsicht
ist allerdings noch nicht dadurch indiziert, dass die betroffene Person die mit der Auskunft
einhergehenden Folgen – auch bei umfassenden Auskunftsansprüchen – auslöst.[276]

Ob es sich um einen „exzessiven Antrag" iSd Art. 12 Abs. 5 S. 2 handelt DS-GVO, ist letztlich   288
eine Frage des Einzelfalls. Zu beachten ist, dass der BGH einen eher weiten Ansatz verfolgt,
der für die Beauskunftung die Überlassung vollständiger Kopien verlangt.[277] Der EuGH hat
einem uferlosen Auskunftsanspruch erste Grenzen gesetzt. Das Auskunftsrecht umfasst und ist
zugleich auf „die „über" die in Rede stehende Person [Informationen]"[278] beschränkt, die der
Gegenstand der Verarbeitung sind. Nicht umfasst sind hingegen zB Verzeichnisse von Verarbeitungstätigkeiten, wenn diese unmittelbar keine personenbezogenen Daten der betroffenen
Person umfassen, sondern lediglich den Verantwortlichen in die Lage versetzen, die Rechtmäßigkeit der Datenverarbeitung nachzuweisen. Zwar mögen entsprechende Protokolldateien
auch einen Personenbezug zum Auskunftsbegehrenden enthalten; im Wege einer Abwägung
hat der EuGH es jedoch abgelehnt, den Auskunftsanspruch darauf zu erstrecken, wenn dies
dazu führen würden, die Identität der Mitarbeiter des Verantwortlichen aufzudecken, die
lediglich ordnungsgemäß und entsprechend den Weisungen des Verantwortlichen Zugriffe
auf bestimmte Daten der betroffenen Person genommen haben.[279] Angesichts zunehmender
Streitigkeiten zum Auskunftsrecht sind weitere Einzelfallentscheidungen auf europäischer und
nationaler Ebene zu erwarten.

---

274 BAG NZA 2021, 1053 Rn. 16 ff.
275 AG BW NZA-RR 2019, 242 (250 f.).
276 BeckOK DatenschutzR/Schmidt-Wudy DS-GVO Art. 15 Rn. 85.
277 BGH NJW 2021, 2726 Rn. 22; für eine umfassende Übersicht zum Stand der Rspr siehe BeckOK Daten-
     schutzR/Schmidt-Wudy DS-GVO Art. 15 Rn. 85–88.
278 EuGH v. 22.6.2023 – C-579/21 Pankki S, NZA 2023, 889 f., Rn 42.
279 EuGH v. 22.6.2023 – C-579/21 Pankki S, NZA 2023, 889 f., Rn. 83 mit Anm Brandt, NJW 2023, 2561; siehe im
     Übrigen auch in gleicher Sache den Schlussantrag GA Sánchez-Bordona v. 15.12.2022 – C-579/21, BeckRS 2022,
     36106, Rn. 55; siehe Anm Brandt NJW 2023, 2555.

b) Beschränkungen durch Rechte und Freiheiten anderer

289 Gemäß der gesetzlichen Abwägungsklausel des Art. 15 Abs. 4 DS-GVO findet der Auskunftsanspruch seine Grenze in der möglichen Beeinträchtigung der Rechte und Freiheiten anderer Personen. Dabei handelt es sich gemäß ErwGr 63 S. 3 DS-GVO nicht nur um die datenschutzrechtliche Position anderer natürlicher Personen, sondern ggf. auch um Rechte an Geschäftsgeheimnissen und Rechte des geistigen Eigentums (insbesondere Software-Urheberrechte). Die Schnittstelle mit Geschäftsheimnissen wird insbesondere bei Auskunftsansprüchen, die auf die Datenverarbeitung im Rahmen von Scoring bzw. Profiling abzielen, besonders deutlich, indem eine Offenbarung des zugrunde liegenden Algorithmus nicht erfasst ist.[280]

290 Mit Blick auf die Datenschutzrechte anderer Personen führt dies in der Praxis dazu, dass ggf. mit hohem Aufwand personenbezogene Daten Dritter aus den herauszugebenden Informationen (zB Emails) zu schwärzen sind. In arbeitsrechtlichen Auseinandersetzungen (zB Kündigungsschutzklagen) ist in der Praxis bedauerlicherweise nicht selten zu beobachten, dass ein umfassender Auskunftsanspruch (soweit er hinreichend spezifiziert wird) *de facto* auch angesichts des damit verbundenen Ressourcen- und Prüfaufwands als Druckmittel eingesetzt wird, um den Verantwortlichen bzw. Arbeitgeber zu einem Einlenken bei Abfindungsverhandlungen zu bewegen. Hier hilft die vorgenannte Beschränkung bzgl. eines exzessiven Auskunftsanspruchs kaum weiter, da dieser primär auf die Wiederholung von Auskunftsansprüchen abzielt (Art. 12 Abs. 5 S. 2 DS-GVO), nicht aber einen inhaltlich bzw. nach der Datenmenge ggf. umfangreichen Auskunftsanspruch begrenzt.[281]

c) Forschungszwecke

291 Für den Bereich der Forschung (genauer: wissenschaftliche und historische Forschungszwecke sowie statistische Zwecke) hat der deutsche Gesetzgeber gemäß der Öffnungsklausel des Art. 89 Abs. 2 DS-GVO das Auskunftsrecht „insoweit beschränkt, als diese Rechte voraussichtlich die Verwirklichung der Forschungs- oder Statistikzwecke unmöglich machen oder ernsthaft beinträchtigen und die Beschränkung für die Erfüllung der Forschungs- oder Statistikzwecke notwendig ist. Das Recht auf Auskunft gemäß Art. 15 DS-GVO besteht darüber hinaus nicht, wenn die Daten für Zwecke der wissenschaftlichen Forschung erforderlich sind und die Auskunftserteilung einen unverhältnismäßigen Aufwand erfordern würde" (§ 27 Abs. 2 BDSG).

292 Dadurch hat der Gesetzgeber einen weiten Rahmen auch für den Bereich der kommerziellen Forschung eröffnet, damit Big Data-Anwendungen funktionieren und nicht durch einen gegenüber dem Ziel der Forschung (die sich kaum oder allenfalls begrenzt am Informationsgehalt des Einzeldatums festmacht) unverhältnismäßigen Verwaltungsaufwand zur Beauskunftung der betroffenen Personen belastet werden. Der Verantwortliche muss eine Prognoseentscheidung und Erforderlichkeitsabwägung treffen.[282] Aus der Systematik des § 27 BDSG ergibt sich, dass die Betroffenenrechte gleichermaßen für einfache wie auch besondere Arten personenbezogener Daten eingeschränkt sind.

d) Reformbedarf

293 Derzeit hat der Verantwortliche – außerhalb der privilegierten Forschungszwecke – bei Big Data-Anwendungen im Zweifel mit einem sehr weit reichenden Auskunftsanspruch zu rechnen. Das Problem potenziert sich im Fall der gemeinsamen Verantwortlichkeit und insbesondere in Datenräumen, die auf einen multilateralen Datenaustausch zwischen mehreren Verantwortlichen abzielen. Damit die betroffenen Personen ihre Auskunftsansprüche geltend machen

---

280 Dazu ausführlich Leistner/Antoine/Sagstetter Big Data, 302 ff.
281 Vgl. Gola/Heckmann/Franck DS-GVO Art. 15 Rn. 50.
282 Vgl. Paal/Pauly BDSG § 27 Rn. 13; Gola/Heckmann/Franck DS-GVO Art. 15 Rn. 50; Taeger/Gabel/Louven BDSG § 27 Rn. 13–15.

können, bedarf es offensichtlich standardisierter Prozesse, die bei Datenräumen der dafür maßgebliche Daten-Intermediär aufsetzen sollte. Dazu werden in Zukunft – auch außerhalb des Anwendungsbereichs des Cookie-Management (§ 26 TDDSG) – verstärkt technische und organisatorische Maßnahmen wie die Personal Information Management Systeme („PIMS") eine herausgehobene Rolle spielen.[283]

Will man den Big Data-Anwendungen außerhalb des Forschungsprivilegs verstärkt Raum   294 verschaffen und zugleich bestimmte, letztlich exzessive Auskunftsansprüche eingrenzen, ist *de lege lata* zu überlegen, weitere Eingrenzungen vorzunehmen bzw. seitens des EDSA und der Rechtsprechung im Sinne weiterer Klarstellungen herauszuarbeiten: Statt des Rechts auf vollständige Kopien aller jemals von einer Person beim Verantwortlichen erhobenen bzw. in seinen Systemen generierten und gespeicherten Daten sollte man den Auskunftsanspruch auf die Bereitstellung aussagekräftiger Übersichten begrenzen (ggf. einschließlich bestimmter quantitativer Angaben über den Umfang der erhobenen und gespeicherten Daten). Zudem ist zu überlegen, den in Art. 14 Abs. 5 lit. b) DS-GVO formulierten Einwand der Unverhältnismäßigkeit auch auf die Betroffenenrechte im Wege einer analogen Anwendung zu erstrecken. Es ist nicht einzusehen, dass im Rahmen der vielfältigen Abwägungen, die die DS-GVO vorsieht, der Einwand des beim Verantwortlichen entstehenden unverhältnismäßigen Aufwands nur auf den Sonderfall der Erfüllung von Informationspflichten bei der Dritterhebung begrenzt ist. Es spricht viel mehr dafür, die Aufwandsbetrachtung auch in anderen Abschnitten der Betroffenenrechte (mithin des gesamten Kapitel III der DS-GVO) einzubeziehen, um zu wirtschaftlich und administrativ handhabbaren Lösungen zu kommen.[284]

II. Recht auf Löschung

Auch das Recht auf Löschung (Art. 17 DS-GVO) stellt den Verantwortlichen im Fall von Big   295 Data-Anwendungen vor erhebliche Herausforderungen. Die Gründe für eine Löschpflicht können vielfältig sein und umfassen ua den Fall der Zweckerreichung der Datenverarbeitung, den Widerruf einer Einwilligung (soweit keine anderweitige Rechtsgrundlage zur Verarbeitung besteht), den (erfolgreichen) Widerspruch des Betroffenen gegen die Verarbeitung (Art. 21 DS-GVO), wenn die Verarbeitung unrechtmäßig ist, oder wenn die Lösung aufgrund rechtlicher Verpflichtungen des Verantwortlichen erforderlich ist (vgl. Art. 17 Abs. 1 DS-GVO).

Ausnahmen von der Löschpflicht können bestehen im Rahmen des Rechts auf freie Meinungs-   296 äußerung; zur Erfüllung einer rechtlichen Verpflichtung nach mitgliedstaatlichem oder Unionsrecht sowie zur Wahrnehmung einer Aufgabe im öffentlichen Interesse oder in Ausübung öffentlicher Gewalt, die dem Verantwortlichen übertragen wurde; aus Gründen des öffentlichen Interesses im Bereich der öffentlichen Gesundheit; sowie im öffentlichen Interesse liegender Archiv-, wissenschaftlicher oder historischer Forschungszwecke und statistischer Zwecke, soweit dies im Rahmen einer Öffnungsklausel durch Mitglied staatliches Recht vorgesehen ist; und schließlich zur Geltendmachung, Ausübung oder Verteidigung von Rechtsansprüchen (Art. 17 Abs. 3 DS-GVO).

In Verbindung mit dem Grundsatz der Speicherbegrenzung (Art. 5 Abs. 1 lit. e) DS-GVO) hat   297 der Verantwortliche, jedenfalls bei umfangreicher Datenverarbeitung, wie dies naturgemäß bei Big Data-Anwendungen der Fall ist, auch ein hinreichendes technisches und organisatorisches Löschkonzept vorzuhalten. Entsprechend muss der Verantwortliche eigenständig beurteilen, wann Daten zu löschen sind.[285]

---

283 Siehe dazu ausführlich Leistner/Antoine/Sagstetter Big Data, 327 ff.
284 Ähnlich dazu Härting CR 2019, 219; Niemann/Kevekordes CR 2020, 179 (182), die wiederum im Bereich des Machine Learning vorzugsweise in Richtung eines Ausschlusses der Betroffenenrechte aus Art. 11 Abs. DS-GVO argumentieren.
285 Statt vieler Leistner/Antoine/Sagstetter Big Data, 307 ff. mwN.

298 Zum Teil wird ausgiebig diskutiert, ob die Anonymisierung der Löschung gleichsteht bzw. die Anonymisierung als Unterfall der Löschung anzusehen ist.[286] Im Ergebnis dürfte weiterhin ein Unterschied zwischen der Limitierung und Löschung von personenbezogenen Daten bestehen,[287] wobei die Sonderproblematik der Unkenntlichmachung von personenbezogenen Daten aus Distributed Ledger Technologien (Blockchain etc) sich ohnehin nur durch Anonymisierungs- oder Pseudonymisierungsverfahren umsetzen lässt und insoweit der Löschanspruch an technische Grenzen stößt.[288]

299 Für das deutsche Recht hat der Gesetzgeber noch weitergehende Klarstellungen formuliert, die für die Löschung auf die Zweck-Mittel-Relation im Fall der nicht automatisierten Datenverarbeitung abstellen (für Big Data-Anwendungen irrelevant), sowie es dem Verantwortlichen in den Fällen der Zweckerreichung oder im Fall einer unrechtmäßigen Verarbeitung ermöglichen, zumindest vorübergehend die Löschung zu unterlassen, „solange und soweit der Verantwortliche Grund zu der Annahme hat, dass durch eine Löschung schutzwürdige Interessen der betroffenen Person beeinträchtigt würden. Der Verantwortliche unterrichtet die betroffene Person über die Einschränkung der Verarbeitung, sofern sich die Unterrichtung nicht als unmöglich erweist oder einen unverhältnismäßigen Aufwand erfordern würde" (§ 35 Abs. 2 BDSG). Der hierzu genannte Beispielsfall der Interessen der betroffenen Person kann in dem möglichen Verlust von Beweismitteln liegen, was der Verantwortliche ggf. aufgrund einer entsprechenden Plausibilitätsprüfung festzustellen hat.[289]

III. Recht auf Berichtigung

300 Das Recht auf Berichtigung stellt den Verantwortlichen im Rahmen von Big Data-Anwendungen, etwa wenn er personenbezogene Daten zum Trainieren von Algorithmen verwenden sollte, vor in der Praxis kaum mit angemessenem Aufwand bewältigbare Probleme. Zwar spielen die Berichtigungsansprüche in der Praxis insgesamt eine eher untergeordnete Rolle (von dem Sonderthema des Scoring bzw. des Profiling nach Art. 22 DS-GVO und darauf bezogener Berichtigungen abgesehen).[290] An dem nicht weiter eingeschränkten Rechtsanspruch des Art. 16 DS-GVO zeigt sich, dass auch hier – jenseits des Sonderfalls einer missbräuchlichen Rechtsausübung – seitens des Verantwortlichen eine Angemessenheits- bzw. Aufwandskontrolle zwischen dem Berichtigungsanspruch und dem damit verbundenen Umsetzungsaufwand möglich sein muss.

301 Immerhin hat der deutsche Gesetzgeber auch das Recht auf Berichtigung für Forschungs- und Statistikzwecke, gleichermaßen für einfache und besondere Arten personenbezogener Daten, beschränkt, soweit diese Rechte voraussichtlich die intendierten Zwecke unmöglich oder ernsthaft beeinträchtigen und die Beschränkung für die Zweckerfüllung notwendig ist (§ 27 Abs. 2 BDSG). Bei öffentlichen Archivzwecken ist der Berichtigungsanspruch vollständig ausgeschlossen; die betroffene Person hat lediglich einen Gegendarstellungsanspruch, der „den Unterlagen hinzugefügt" wird, also nicht notwendigerweise zu einer vollständigen Korrektur im Archiv selbst führt (§ 28 Abs. 3 BDSG). Im Übrigen wird der Verantwortliche im Fall der KI-Trainingsdaten am ehesten versuchen müssen, den Argumentationsweg über Art. 11 DS-GVO zu gehen, dh die Verarbeitung so zu begründen, dass da für die Identifizierung der betroffenen Personen nicht erforderlich ist bzw. nachweislich nicht möglich ist.[291]

---

286 Siehe → Rn. 109, sowie genauer die Stellungnahme des Alexander von Humboldt Institut, 2; Verbraucher-zentralebundesverband, 3.
287 Siehe Dierks/Roßnagel/Gemmin Sekundärnutzung von Sozial- und Gesundheitsdaten, 186 ff.
288 Leistner/Antoine/Sagstetter Big Data, 309.
289 Vgl. Gola/Heckmann/Nolte/Werkmeister BDSG § 35 Rn. 15; Taeger/Gable/Koreng BDSG § 35 Rn. 19 ff.
290 Dazu Leistner/Antoine/Sagstetter Big Data, 315.
291 In der Begründung aber wohl fraglich; siehe gleichwohl Niemann/Kevekordes CR 2020, 179 (182 f.).

IV. Recht auf Widerspruch

Das Recht auf Widerspruch greift in den Fällen, in denen der Verantwortliche die Verarbei- 302
tung auf ein von ihm einseitig festgestelltes, berechtigtes Interesse stützt (Art. 21 DS-GVO).
Entsprechend dem Korrekturmechanismus des Widerspruchs hat der Verantwortliche sodann
die Möglichkeit, sich über den Widerspruch hinwegzusetzen, wenn er „zwingende schutzwürdige Gründe für die Verarbeitung nachweisen [kann], die die Interessen, Rechte und Freiheiten
der betroffenen Personen überwiegen oder [wenn] die Verarbeitung … der Geltendmachung,
Ausübung oder Verteidigung von Rechtsansprüchen [dient]" (Art. 21 Abs. 2 S. 2 DS-GVO).

Auch insoweit hat der deutschen Gesetzgeber die Ausübung des Widerspruchsrechts im Fall 303
von Forschungs- und Archivzwecken maßgeblich eingeschränkt. Für die Forschungszwecke ist
dies im Gleichlauf zum Berichtigungsanspruch und dem Anspruch auf Einschränkung der
Verarbeitung geregelt (§ 27 Abs. 2 BDSG); bei den Archivzwecken ist das Widerspruchsrecht
dann ausgeschlossen, wenn „diese Rechte voraussichtlich die Verwirklichung der im öffentlichen Interesse liegenden Archivzwecke unmöglich machen oder ernsthaft beeinträchtigen und
die Ausnahmen für die Erfüllung dieser Zwecke erforderlich sind" (§ 28 Abs. 4 BDSG). Bei
öffentlichen Stellen greift ein ähnlicher Ausschluss (§ 36 BDSG).

Indem der Verantwortliche typischerweise seine Big Data-Anwendungen auf ein berechtigtes 304
Interesse stützen wird,[292] haben die genannten Ausschlussgründe des Widerspruchsrechts hohe
Bedeutung. Ansonsten muss der Verantwortliche entweder den Weg in die Anonymisierung gehen oder eine Argumentation über Art. 11 DS-GVO (Verarbeitung für die eine Identifizierung
nicht erforderlich ist) versuchen, was aber mit erheblicher Rechtsunsicherheit behaftet ist.[293]

Ähnliche Betrachtungen greifen für das Recht auf Einschränkung der Verarbeitung (Art. 18 DS- 305
GVO), das im Kern als vorläufiges Schutzrecht an die anderen Betroffenenrechte anknüpft.[294]

V. Recht auf Datenübertragbarkeit

Das mit der DS-GVO eingeführte Recht auf Datenübertragbarkeit („Datenportabilität") gibt 306
der betroffenen Personen das Recht, die Herausgabe der von ihr dem Verantwortlichen bereitgestellten personenbezogenen Daten in einem strukturierten, gängigen und maschinenlesbaren Format zu erhalten, sofern die Verarbeitung auf dessen Einwilligung oder einer Vertragserfüllung (mit der betroffenen Person) beruht und die Verarbeitung automatisiert erfolgt
(Art. 20 Abs. 1 DS-GVO). Das Recht umfasst die Herausgabe durch den Verantwortlichen an
einen anderen Verantwortlichen (Art. 20 Abs. 2 DS-GVO) und lässt die (weiterhin bestehenden)
Löschansprüche unberührt (Art. 20 Abs. 3 DS-GVO). Die Datenportabilität findet ihre Grenze
in der Beeinträchtigung der Rechte und Freiheiten anderer Personen (Art. 20 Abs. 4 DS-GVO).

Die Datenportabilität zielt im Kern darauf, die Kontrollrechte der betroffenen Personen insbe- 307
sondere gegenüber dominanten Plattformanbietern zu stärken und die Flexibilität für einen
Anbieterwechsel zu erhöhen. Die Norm hat damit neben einer datenschutzrechtlichen auch
eine verbraucherschützende Funktion und eine Marktregulierungsfunktion, um die sog. „Lock-
in Effekte" zu reduzieren bzw. aufzuheben.[295]

Die Art. 29-Datenschutzgruppe hat bereits zum 13.12.2016 (revidiert zum 5.4.2017) ihre „Leitli- 308
nien Grundprinzipien zum Recht auf Datenübertragbarkeit" formuliert. Darin betont sie,

---

292 → Rn. 193 ff.
293 Siehe Niemann/Kevekordes CR 2020, 179 (182 f.).
294 Vgl. Taeger/Gabel/Meents/Hinzpeter DS-GVO Art. 18 Rn. 4 f.
295 Siehe dazu allgemein BeckOK DatenschutzR/von Lewinski DS-GVO Art. 20 Rn. 6–15; Ehmann/Selmayr/
  Kamann/Braun DS-GVO Art. 20 Rn. 3; Leistner/Antoine/Sagstetter Big Data, 316 f.; Picht IIC 2020, 940
  (950–952); Schweitzer GRUR 2019, 569 (574); Art. 29 Datenschutzgruppe Leitlinien Grundprinzipien zum
  Recht auf Datenübertragbarkeit v. 5.4.2017 WP 242 Rev. 01, 4 betont, dass die DS-GVO kein Instrument zur
  Wettbewerbsregulierung sein soll.

dass der Umfang der Daten auf die von der betroffenen Person dem Verantwortlichen bereitgestellten Daten beschränkt ist, also keine anonymisierte oder Drittdaten (sehr wohl aber ggf. pseudonymisierte Daten) erfasst sind. Gegenstand der Datenübertragbarkeit sind nur solche Daten , die die das Recht ausübende Person selber betreffen.[296] Die betroffene Person muss diese Daten dem Verantwortlichen „bereitgestellt" haben. „Bereitgestellt" sind solche Daten, die die betroffene Person „aktiv und wissentlich" verfügbar gemacht hat (also zB Stammdaten im Rahmen einer Nutzerregistrierung), wie auch „beobachtete Daten, die von der betroffenen Person durch die Nutzung des Dienstes oder des Geräts bereitgestellt werden" (zB Verkehrs- und Standortdaten, Suchverläufe auf Websites, Rohdaten aus Tracking-Geräten, etc). Nicht „bereitgestellt" sind dagegen die vom Verantwortlichen im Zuge der Verarbeitung seinerseits zusätzlich erzeugten Daten, wie etwa aus Rückschlüssen erzeugte Daten und abgeleitete Daten, wie auch die den Rohdaten zugeordnete Metadaten.[297]

309   In der Praxis hat dieses Rechts bislang geringe Bedeutung, was zum einen an der fortgesetzten Dominanz der Plattformanbieter und Nutzerakzeptanz (insbesondere im Bereich sozialer Netzwerke) bzw. dem aus Sicht der betroffenen Personen vermeintlich hohen Verwaltungsaufwand und dem relativ geringfügigen Nutzen der Datenportierungen gegenüber dem leichtgängigen Verfahren zur Neuregistrierung eines Accounts auf alternativen Plattformen liegen mag. Zum anderen sind die technischen Hürden hinsichtlich der Datenkompatibilität und damit dem Vollzug der Datenübertragbarkeit nicht zu unterschätzen, für die solche Plattform-Anbieter Schnittstellen zur Daten-Extrahierung bereitstellen müssen. Die bloße Download-Möglichkeit führt nämlich noch nicht zu einer leichten Überführbarkeit von Profildaten etc in eine andere Plattform.[298]

310   Mit Blick auf gemeinsam Verantwortliche und Szenarien der konsortialen Datenteilung und -verarbeitung wie zB in Datenräumen ist in Zukunft mit zunehmender Bedeutung der Datenübertragbarkeit zu rechnen. Den Betreibern von Datenmarktplätzen, den Intermediären in Datenräumen (iSd Art. 10–12 Data Governance Act) oder auch Datentreuhändern wird eine wichtige Rolle zukommen, die Rahmenbedingungen zur Ausübung der Datenübertragbarkeit durch die Vorgabe bzw. Bereitstellung von Datenformaten, Qualitäts- und Sicherheitsstandards, Zertifizierungsmechanismen, sowie einer technischen Umsetzung mittels geeigneter „Personal Information Management-Systeme" („PIMS") zu setzen.[299]

311   Schließlich ist zu beachten, dass das Thema Datenportabilität über die DS-GVO hinaus eine erhebliche Weiterentwicklung und Akzentuierung im Rahmen des geplanten Data Act (Art. 3–6 Data Act) insbesondere im Bereich des Internets der Dinge – für personenbezogene und nicht-personenbezogene Daten – erhalten wird. In dem Zusammenhang ist gerade mit Blick auf die Datenportabilität unklar, ob und wie sich die Grundvorstellung des Data Act wird einer komplementären Regelung der Datenzugangsrechte – die im Unterschied zur DS-GVO z.B. auch die erforderlichen, ggf. vom Data Holder erstellten Metadaten erfasst – in der Praxis realisieren lässt (siehe ErwGr 7, Art. 1 Abs. 3, Art. 4 Abs. 5, Art. 5 Abs. 1 Data Act).[300]

---

296 Art. 29-Datenschutzgruppe Leitlinien Grundprinzipien zum Recht auf Datenübertragbarkeit v. 5.4.2017 WP 242 rev. 01, 10.
297 Art. 29-Datenschutzgruppe Leitlinien Grundprinzipien zum Recht auf Datenübertragbarkeit v. 5.4.2017 WP 242 rev. 01, 10 f.; Ehmann/Selmayr/Kamann/Braun DS-GVO Art. 20 Rn. 13; Kühling/Buchner/Herbst DS-GVO Art. 20 Rn. 11.
298 Für eine frühe Bestandsaufnahme siehe Stiftung Datenschutz Datenportabilität Policy Paper, 19 ff.; des Weiteren ausführlich, einschließlich zur Vielfalt möglicher technischer Lösungen, Leistner/Antoine/Sagstetter Big Data, 315–351; aus den ökonomischen Perspektive im Bereich konnektiertes Fahren, siehe Kerber JIPITEC 2018, 310 (326 f.).
299 Siehe Leistner/Antoine/Sagstetter Big Data, 333 mwN.
300 Data Act Trilog-Fassung (COM(2022)0068 – C9-0051/2022 – 2022/0047(COD) vom 14.7.2023; siehe für eine erste Einordnung der Problemfelder Specht-Riemenschneider Datennutz und Datenschutz: Zum Verhältnis zwischen Datenwirtschaftsrecht und DSGVO, ZEuP 2023, 638, 664 ff.

G. Internationale Datentransfers

I. Allgemeine Grundsätze

Indem Big Data-Anwendungen mit dem Einsatz von Cloud-Technologien eng verknüpft sind, stellt sich für den Verantwortlichen in vielen Fällen schon auf der Ebene der genutzten Infrastruktur die Frage etwaiger Datenübermittlungen an Auftragsverarbeiter (und/oder deren Unterauftragsverarbeiter) außerhalb der EU oder des EWR.[301] Ebenso kann die Frage einer Datenübermittelung ins nicht-EU/EWR Ausland („internationaler Datentransfer") aber selbstverständlich auch zwischen Verantwortlichen (ua in Konzernstrukturen), im Rahmen einer gemeinsamen Verantwortlichkeit, sowie der konsortialen Datenverarbeitung in Datenräumen, der Datenüberlassung an Datentreuhänder, etc zum Tragen kommen. 312

In dem Zusammenhang ist wichtig zu wissen, dass nicht nur die aktive Übermittlung erfasst ist, sondern der Fernzugriff von außerhalb der EU bzw. des EWR auf in der EU/dem EWR gespeicherter Daten einer Übermittlung rechtlich gleichsteht.[302] 313

In all diesen Fällen hat der Verantwortliche wie auch ein in der EU/dem EWR ansässiger Auftragsverarbeiter gegenüber seinen Unterauftragnehmern – über die Prüfung der Rechtsgrundlage für die Datenübermittlung an einen anderen Verarbeiter hinaus –[303] dafür zu sorgen, dass die Daten entweder in einem Drittland mit angemessenem Schutzniveau (Art. 45 DS-GVO) oder durch angemessene Garantien abgesichert verarbeitet werden (Art. 46 DS-GVO). In Ausnahmefällen kommt eine Absicherung durch ausdrückliche Einwilligung der Betroffenen (in Bezug auf die Datenübermittlung in Drittstaaten) in Betracht (Art. 49 DS-GVO). Dieser Ausnahmetatbestand gilt ausdrücklich subsidiär zu Art. 45, 46 DS-GVO und nur mit der Einschränkung, dass die Übermittlung „nicht wiederholt erfolgt" und „nur eine begrenzte Zahl von betroffenen Personen betrifft" (Art. 49 Abs. 1 lit. a) und S. 2 DS-GVO), so dass er für Big Data-Anwendungen in aller Regel ausscheidet.[304] 314

II. EuGH Schrems II

Die Fragen zum internationalen Datentransfer gehören nicht erst seit dem „Schrems II" Urteil des EuGH[305] zu den anspruchsvollsten und beratungsintensivsten Materien komplexer Datenverarbeitungsvorgänge. Mit seiner Entscheidung brachte der EuGH den für die Datenübermittlung in die USA wichtigen EU-US Privacy Shield zu Fall. Zu den zentralen Argumenten des EuGH gehörte dabei der mangelnde Schutz der Betroffenenrechte einschließlich effektiven Rechtsschutzes gegenüber Dateneinsichtnahme durch nationale Sicherheitsbehörden der USA. Der EuGH formulierte damit zugleich die Anforderungen an einen effektiven Rechtsschutz dahin gehend, dass der Verantwortliche bzw. Auftragsverarbeiter in den USA (als „Daten-Importeur") die Risiken eines Datentransfers vorab einschätzen und adäquate Schutzmaßnahmen zur Wahrung der Betroffenenrechte ergreifen müsse; soweit ihm dies nicht möglich sei, habe die Datenübermittlung zu unterbleiben. Der EuGH sah diese Anforderungen in dem EU-US Privacy Shield nicht gewahrt.[306] 315

---

301 Nur in dem Fall ist von einer Datenübermittlung in Drittstaaten zu sprechen; diese ist von der „grenzüberschreitenden Verarbeitung" (innerhalb der EU) iSd Art. 4 Nr. 23 DS-GVO streng zu unterscheiden.

302 BeckOK DatenschutzR/Beck DS-GVO Art. 44 Rn. 15; Paal/Pauly/Pauly DS-GVO Art. 44 Rn. 5.

303 Das Zwei-Stufen-Modell der Prüfung erfordert in jedem Fall, dass der Verantwortliche zunächst feststellt, ob er die Daten überhaupt einem anderen Verantwortlichen oder Auftragsverarbeiter zur Verarbeitung überlassen darf; vgl. nur Leistner/Antoine/Sagstetter Big Data, 239 f.

304 So auch Leistner/Antoine/Sagstetter Big Data, 237.

305 EuGH NJW 2020, 2613.

306 Näher dazu Determann/Lutz/Nebel IWRZ 2022, 204 (204 f.); Gola/Heckmann/Klug DS-GVO Art. 45 Rn. 13; Paal/Pauly/Pauly DS-GVO Art. 45 Rn. 24c.

III. Garantien durch Standardvertragsklauseln und Folgenabschätzung

316   Die EU-Kommission hat das Urteil zum Anlass genommen, das Rechtsinstrument der Standarddatenschutzklauseln (Art. 46 Abs. 2 lit. c) DS-GVO, üblicherweise als Standardvertragsklauseln bzw. „SCC" für „Standard Contract Clauses" bezeichnet) durch Neufassung weiterzuentwickeln. Seit Ende der Übergangsfrist zum 21.12.2022 sind diese von Verantwortlichen wie Auftragsverarbeitern verpflichtend einzusetzen, wenn ein internationaler Datentransfer mittels der SCC abgesichert werden soll. Die SCC sind in vier verschiedene „Modulen" verfügbar, um die unterschiedlichen Konstellationen der Datentransfers abzudecken: Verantwortlicher an Verantwortlicher (C2C); Verantwortlicher an Auftragsverarbeiter (C2P); Auftragsverarbeiter an Unterauftragsverarbeiter (P2P); Auftragsverarbeiter an Verantwortlichen (P2C). Die SCC stellen ein strenges „Vertragskorsett" dar, das nur in sehr begrenztem Umfang individualisierbar ist. Wesentlicher Bestandteil ist – über die üblichen Einträge bzgl. der Datenkategorien, Empfänger der Daten und Verarbeitungszwecke hinaus – infolge des Schrems II Urteils des EuGH eine Risikofolgeneinschätzung in Bezug auf die rechtlichen Rahmenbedingungen dahin gehend, ob die Rechte der betroffenen Personen im Zielland des Datentransfers (also des Datenimporteurs) ein gleichwertiges Schutzniveau genießen („Data Transfer Impact Assessment" bzw. „DTIA" oder auch „Data Transfer Risk Assessment" bzw. „DTRA").[307] Neben einer abstrakt-generellen Prüfung des örtlichen Rechtsrahmens einschließlich verfügbarer Rechtsmittel muss der Verantwortliche (oder bei den Modulen 3 und 4 der Auftragsverarbeiter, die dieser ggf. erstellt) die erforderlichen Schutzmaßnahmen anhand einer Risikobewertung des Einzelfalls vertraglich konkretisieren und umsetzen.[308]

IV. Praktische Auswirkungen und notwendige Kurskorrektur

317   Der EDSA wie auch die nationalen Aufsichtsbehörden haben ihre Anforderungen für die ergänzenden Schutzmaßnahmen weiter verstärkt, bis hin zu einer Selbstverpflichtung des Datenimporteurs, betroffene Personen unverzüglich über behördliche Datenzugriffe zu informieren und als Datenimporteur nötigenfalls Rechtsschutzmaßnahmen gegen solche behördlichen Maßnahmen einzuleiten, um ein vergleichbares Schutzniveau zu gewährleisten.[309] In der Praxis führt dies dazu, dass in vielen Fällen die Anforderungen kaum oder gar nicht mehr zu erfüllen sind. Entsprechend haben die Datenschutzbehörden sich zum Teil zu kategorischen (aber rechtlich verfehlten) Aussagen verleiten lassen, die in Richtung einer völligen Versagung der Transfermöglichkeit in solche Drittstaaten gehen, für die kein Angemessenheitsbeschluss der EU-Kommission nach Art. 45 DS-GVO vorliegt.[310]

318   Eine solche aus dem Schrems II Urteil des EuGH hergeleitete Rechtsauffassung ist wegen der Implikationen im gesamten Cloud-basierten Markt in der Praxis kaum hinnehmbar, zumal wenn man sich die unterschiedlichen Schichten der Datenverarbeitung in einer Cloud-Lösung

---

307   Näher dazu Voigt CR 2021, 458 (461).

308   Determann/Lutz/Nebel IWRZ 2022, 204 (204 f.); Gola/Heckmann/Klug DS-GVO Art. 45 Rn. 13; Taeger/Gabel/Gabel DS-GVO Art. 46 Rn. 15.

309   Siehe Durchführungsbeschluss (EU) 2021/914 der Kommission v. 4.6.2021 über Standardvertragsklauseln für die Übermittlung personenbezogener Daten an Drittländer gemäß der Verordnung (EU) 2016/679 des Europäischen Parlaments und des Rates, Klausel 15; sowie Empfehlungen 01/2020 zu Maßnahmen zur Ergänzung von Übermittlungstools zur Gewährleistung des unionsrechtlichen Schutzniveaus für personenbezogene Daten, https://edpb.europa.eu/system/files/2022-04/edpb_recommendations_202001vo.2.0_supplementarymeasurestransferstools_de.pdf, sowie Empfehlungen 02/2020 zu den wesentlichen europäischen Garantien in Bezug auf Überwachungsmaßnahmen, https://edpb.europa.eu/our-work-tools/our-documents/recommendations/recommendations-022020-european-essential-guarantees_de; LfDI Baden-Württemberg Orientierungshilfe: Was jetzt in Sachen internationaler Datentransfer, 2021, 9 f. (zu Schremss II v. 3.9.2020).

310   Berliner Beauftragter für Datenschutz und Informationsfreiheit, Pressemitteilung vom 17.7.2020, https://www.datenschutz-berlin.de/fileadmin/user_upload/pdf/pressemitteilungen/2020/20200717-PM-Nach_SchremsII_Digitale_Eigenstaendigkeit.pdf.

(dem „Cloud-Stack") und der im Rahmen von „rund-um-die-Uhr" Supportleistungen („24/7 follow the sun") erforderlichen Tools und Wartungsdienstleistungen vor Augen führt (einschließlich vielschichtiger Unterverarbeitungen durch immer wieder sich ändernder Subunternehmer und der damit theoretisch erforderlichen Anpassung der SCC). Hier steht in letzter Konsequenz das Kompetenzargument zur Debatte, wenn der EuGH in der Realität bestimmte Verarbeitungsformen ausschließt oder die Aufsichtsbehörden diese einer faktischen (wenn auch nicht formalen) Produktwarnung aussetzen[311] und damit die gesetzlich vorgesehene Möglichkeit der Datenübermittlung in Drittländer, für die kein Angemessenheitsbeschluss nach Art. 45 DS-GVO besteht, verhindert bzw. *de facto* außer Kraft setzt. In diese Richtung sollte man die Eigenkritik der Datenschutzbehörden und zunehmende Appelle an eine Kurskorrektur des EuGH wie auch die Auslegung der Datenschutzbehörden verstehen und weiterverfolgen.[312]

V. Weitere Garantien

Die weiteren Möglichkeiten des Art. 46 DS-GVO, angemessene Garantien für internationale Datentransfers festzulegen, spielen in der Praxis eine vergleichsweise untergeordnete Rolle. Große Cloud-Anbieter haben zT das aufwendige Verfahren zur Genehmigung verbindlicher Unternehmensrichtlinien („Binding Corporate Rules" bzw. „BCR") durchlaufen, um für ihre eigene Datenverarbeitung als Verantwortlicher wie auch als Auftragsverarbeiter der Daten ihrer Kunden einen unternehmensweiten, verbindlichen Rechtsrahmen zur Datenverarbeitung nach den Anforderungen der DS-GVO festzulegen. Solche BCR können eine wichtige Hilfestellung bieten, sind aber in der Implementierung und Pflege seitens der betreffenden Unternehmen (die eben auch auf alle in die Datenverarbeitung eingebundenen Konzerngesellschaften zu erstrecken sind) aufwendig.[313] 319

Die weiteren Instrumente für geeignete Garantien, insbesondere branchenbezogene Verhaltensregeln, die Interessenverbände entwickeln und von den Aufsichtsbehörden genehmigen lassen könnten (nach Art. 40, 46 Abs. 2 lit. e) DS-GVO; sog. „Codes of Conduct"), oder Zertifizierungen (nach Art. 42, 46 Abs. 2 lit. f) DS-GVO), für die sich die Umsetzungsbestimmungen erst allmählich entwickelt haben,[314] spielen in der Praxis noch keine maßgebliche Rolle. 320

VI. EU-US Privacy Framework

Mit Blick auf die massiven Auswirkungen und Rechtsunsicherheit infolge des EuGH Schrems II Urteils des EuGH für den transatlantischen Datenverkehr haben die EU-Kommission und die US Administration erheblichen Aufwand getrieben, möglichst zeitnah eine belastbares Rahmenregelwerk an die Stelle des gescheiterten EU-US Privacy Shield zu setzen. Das durch Presidential Order vom 7.10.2022 autorisierte Rahmenregelwerk sieht in den USA nunmehr mit Blick auf die Verarbeitung personenbezogener Daten von nach der DS-GVO geschützten Personen materielle Beschränkungen der Zugriffe von US Behörden vor und regelt ein zweistufiges 321

---

311 Vgl. DSK Arbeitsgruppe „Microsoft-Onlinedienste" Festlegung v. 24.11.2022 zum „Datenschutznachtrag vom 15.9.2022, https://datenschutzkonferenz-online.de/media/dskb/2022_24_11_festlegung_MS365.pdf.
312 Brink/Oetjen/Schwartmann/Voss FAZ 17.7.2022 Ziff. 4; Benedikt/Kranig/Schwartmann FAZ 13.12.2022, in Erwiderung auf den Beschluss der DSK vom November 2022 die Stellungnahme der deutschen Datenschutzaufsichtsbehörden zu Dienstangeboten von Microsoft, wobei die Autoren in Verbindung mit dem Vorwurf der unzureichenden technischen Prüfung der von Microsoft getroffenen technischen Schutzmaßnahmen der Verschlüsselung und Pseudonymisierung zurecht die Frage der Rechtsstaatlichkeit der Beschlüsse der DSK aufwerfen.
313 Siehe dazu u.a. die EDSA Leitlinien 1/2022 v. 20.06.2023 zum Antragsverfahren für BCR für Verantwortliche; die weiterentwickelten Leitlinien zum Antragsverfahren für BCR für Auftragsverarbeiter stehen noch aus; weitere Erläuterungen bei BeckOK DatenschutzR/Lange/Filip DS-GVO Art. 47 Rn. 1-67.
314 Siehe erst jüngst EDSA Leitlinien 7/2022 zur Zertifizierung als Transfer-Instrument Version 2.0 v. 14.2.2023.

Verfahren in den USA zur Überprüfung der Rechtsmäßigkeit solcher behördlichen Zugriffe.[315] Die EU Kommission hatte am 13.12.2022 ihren Entwurf des Angemessenheitsbeschlusse für das neue EU-US Privacy Framework veröffentlicht (Art. 45 DS-GVO Abs. 3 DS-GVO). Nach einer in Einzelfragen kritischen Stellungnahme des EDSA insbesondere mit Blick auf den Rechtschutz des Einzelnen bei massenhafte Datenerhebung („Collection of Bulk Data") nach den maßgeblichen US Executive Orders[316] sowie Stellungnahme des Europäischen Parlaments hat die EU Kommission am 10.7.2023 ihren Angemessenheitsbeschluss formal erlassen.[317]

322 Das EU-US Privacy Framework wird zumindest bis zu einer gerichtlichen Überprüfung durch den EuGH[318] für verstärkte Rechtssicherheit sorgen. Es ist zu hoffen, dass der EuGH ein weiteres Gerichtsverfahren zu internationalen Datentransfers zum Anlass einer Kurskorrektur ihrer zu restriktiven Entscheidungspraxis nimmt und die Anforderungen an die Angemessenheit des Datenschutzniveaus dahingehend präzisiert, dass damit keine vollumfängliche Äquivalenz hergestellt werden muss.

H. Rechtsdurchsetzung

I. Bußgeldverfahren

323 Die Aufsichtsbehörden können gegen den bzw. die Verantwortlichen wie auch ggf. Auftragsverarbeiter bei rechtswidriger Datenverarbeitung Bußgelder nach den Katalogtatbeständen der Art. 83 DS-GVO verhängen (bis zu EUR 10 Millionen bzw. 2 % des konsolidierten Jahresumsatzes (Art. 83 Abs. 4 DS-GVO) oder bis zu EUR 20 Millionen bzw. 4 % des konsolidierten Jahresumsatzes (Art. 83 Abs. 5 DS-GVO). Für die Höhe eines Bußgeldes sind ua „Art, Schwere und Dauer des Verstoßes unter Berücksichtigung der Art, des Umfangs oder Zwecks der betreffenden Verarbeitung sowie der Zahl der von der Verarbeitung betroffenen Personen und des Ausmaßes des von ihnen erlittenen Schadens" maßgeblich (Art. 82 Abs. 2 lit. a) DS-GVO). Es liegt in der Natur der Sache, dass bei Big Data-Anwendungen das Risiko erheblicher Bußgelder deutlich höher ist.

324 Seit Inkrafttreten der DS-GVO hat sich noch kein einheitliches Bild der Rechtsdurchsetzung in den einzelnen Mitgliedstaaten ergeben, auch wenn der EDSA die vorausgehenden Leitlinien der Art. 29 Arbeitsgruppe ausdrücklich zum Inkrafttreten der DS-GVO bestätigt hatte.[319] Der EDSA hat mit seinen „Leitlinien 04/2022 zur Berechnung von Bußgeldern nach der DS-GVO" Version 2.1 vom 24.5.2023 generelle Kriterien entwickelt, um die Bußgeldpraxis innerhalb der Mitgliedstaaten zu vereinheitlichen (Art. 70 Abs. 1 lit. k) DS-GVO). Das Ziel dieser Leitlinien ist nicht, einen „Bußgeldkatalog" vorzulegen, der jedem Verantwortlichen oder Auftragsverarbeiter eine klare Berechnung des finanziellen Risikos ermöglicht, sondern vielmehr den Aufsichtsbehörden (in einer für die Rechtsteilnehmer transparenten Vorgehensweise) einen näher spezifizierten Rahmen an die Hand zu geben, in dem die Bußgeldbemessung erfolgen sollte, um damit eine gewisse Vergleichbarkeit zu ermöglichen.[320] Die Leitlinien erläutern die allgemeinen Bemessungskriterien (Art. 83 Abs. 2 DS-GVO). Sie enthalten nähere Ausfüh-

---

315 Siehe näher unter https://www.whitehouse.gov/briefing-room/statements-releases/2022/10/07/fact-sheet-president-biden-signs-executive-order-to-implement-the-european-union-u-s.-data-privacy-framework/; mit erster Stellungnahme der EU-Kommission unter https://ec.europa.eu/commission/presscorner/detail/en/qanda_22_6045; vgl. mit kritischer Würdigung Savin, EU-US Data Privacy Framework – The New Framework for Transatlantic Data Transfers, EuCL 2023, 159.

316 EDSA Opinion 5/2023 v. 28.2.2023, S. 5, 19 f (Rn 60-65).

317 EU Kommission v. 10.7.2023 (C(2023) 4745 final; dazu näher Hanßen, Angemessenheitsbeschluss der EU-Kommission zum EU-US Privacy Framework, Der Betrieb 2023, 1777.

318 Dies ist bereits absehbar, siehe https://noyb.eu/de/executive-order-zur-us-ueberwachung-reicht-wohl-nicht.

319 Art. 29 Datenschutzgruppe WP 253 v. 3.10.2017, wie vom EDSA per Beschluss 01/2018 v. 25.5.2018 bestätigt, siehe https://edpb.europa.eu/sites/default/files/files/news/endorsement_of_wp29_documents_en_0.pdf.

320 EDSA-Leitlinien 04/2022 zur Berechnung von Bußgeldern nach der DS-GVO" Version 2.1 v. 24.05.2023.

rungen zu den belastenden und entlastenden Faktoren (einschließlich der Kooperation mit den Behörden im Ermittlungsverfahren, um die schädigenden Auswirkungen des Verstoßes zu begrenzen); Überlegungen zur Berechnung möglicher Obergrenzen der Bußgelder anhand der Unternehmensumsätze insbesondere in Konzernstrukturen sowie allgemeine Grundsätze zur Wirkungskraft („effectiveness"), Verhältnismäßigkeit und Abschreckungswirkung.[321]

Auch wenn die Vorgehensweise der nationalen Aufsichtsbehörden noch unterschiedlich ausfällt, lassen eine Reihe von Entscheidungen gegen die großen Plattformbetreiber erkennen, dass die Datenschutzbehörden – die sich bei hohen Bußgeldern in gewissem Umfang über den EDSA abstimmen – die Rechtsdurchsetzung und Sanktionierung von Verstößen zunehmend in den Fokus ihrer Tätigkeit nehmen.[322]   325

Die Irische Datenschutzbehörde (DPC) hat seit 2021 in einer Reihe von Entscheidungen die Verarbeitung personenbezogener Daten zur Bereitstellung personalisierter Werbung auf den von Meta Platforms Ireland Limited („Meta Irland") betriebenen Plattformen Instagram, Facebook und WhatsApp inzwischen mehrfach Bußgelder in dreistelliger Millionenhöhe sowie zuletzt über EUR 1,2 Mrd wegen Verstoßes gegen die Anforderungen an Schutzgarantien beim Datentransfer verhängt.[323] Erster Ansatzpunkt der DPC war die mangelnde Transparenz hinsichtlich der Datenverarbeitung von Dritten gewesen, die WhatsApp selber gar nicht nutzen, aber auch die unzureichende Transparenz gegenüber den eigentlichen Nutzern, die zu einem kumulativen Bußgeld aus vier Verfahren in Höhe von insgesamt EUR 225 Millionen führte (gerügte Verstöße gegen Art. 5 Abs. 1 lit. a), 12, 13, 14 DS-GVO).[324] Wegen fehlender Schutzmaßnahmen zur Verhinderung, dass Minderjährige auf Instagram einen Business-Account anlegen könnten, kam die DPC in zehn parallel geführten Beschwerdeverfahren zu Bußgeldern in Höhe von insgesamt EUR 405 Millionen (gerügte Verstöße gegen Art. 5 Abs. 1 lit. c), 12 Abs. 1, 25 Abs. 1, 25 Abs. 2, 35 Abs. 1 DS-GVO).[325] In einer ebenfalls neueren Entscheidung verhängte die DPC gegen Meta Irland Bußgelder von insgesamt EUR 265 Millionen, basierend auf dem Vorwurf, dass Meta Irland auf den Diensten von Facebook und Instagram unzureichende technische und organisatorische Vorkehrungen durch Technikgestaltung und datenschutzfreundliche Voreinstellungen (Privacy by Design, Art. 25 Abs. 1 und 2 DS-GVO) zum Schutz gegen unerbetenes Data Scraping Dritter getroffen habe.[326] Zuletzt rügte die DPC in zwei Beschwerdeverfahren die fehlende Rechtsgrundlage der Verarbeitung und mangelnde Transparenz aufgrund einer Umstellung der einwilligungsbasierten Verarbeitung auf die Verarbeitung zur Vertragserfüllung (Art. 6 Abs. 1 lit. b) statt lit. a) DS-GVO), indem Meta Irland die Einwilligung der Nutzer im Rahmen des Akzeptierens der geänderten Vertragsbedingungen ohne echte Wahlmöglichkeit der Nutzer de facto „erzwungen" habe.[327]   326

---

321 Vgl. Inhaltsübersicht und Einzelausführungen EDSA Leitlinien 04/2022 zur Berechnung von Bußgeldern nach der DS-GVO" Version 2.1 v. 24.05.2023, 4 ff.

322 Beispielsweise Commission Nationale de l'Informatique et des Libertés, Délibération n°SAN-2022–023 v. 19.12.2022 Bußgeld von EUR 60 Millionen gegen Microsoft Ireland für das Setzen von Cookies ohne Einwilligung; CNPD Luxemburg gegen Amazon Europe Core S. a.r. l. über Bußgeld von EUR 764 Millionen (nicht rechtskräftig), siehe ad hoc Mitteilung https://www.sec.gov/ix?doc=/Archives/edgar/data/0001018724/0 0010187242100020/amzn-20210630.htm#i5986f88ea1e04d5c91ff09fed8d716f0_103, sowie mittelbare Bestätigung der CNPD https://cnpd.public.lu/de/actualites/international/2021/08/decision-amazon-2.html.

323 DPC Irland v. 12.5.2023 IN-20-8-1 gegen Meta Platforms Ireland Limited, https://edpb.europa.eu/system/files/2023-05/final_for_issue_ov_transfers_decision_12-05-23.pdf.

324 DPC Irland v. 20.8.2021, IN-18–12–2 (dpc_final_decision_redacted_for_issue_to_edpb_01–09–21_en.pdf (europa.eu)).

325 DPC Irland v. 2.9.2022, IN-20–7–4 (https://www.dataprotection.ie/sites/default/files/uploads/2022-09/02.09.22 %20Decision%20IN%2009-09-22%20Instagram.pdf).

326 DPC Irland v. 25.11.2022, IN-21–4–2 (https://www.dataprotection.ie/sites/default/files/uploads/2022-12/Final%2 0Decision_IN-21-4-2_Redacted.pdf.

327 DPC Irland v. 4.1.2023, Bußgeld von EUR 210 Millionen gegen siehe Pressemitteilung https://dataprotection. ie/en/news-media/data-protection-commission-announces-conclusion-two-inquiries-meta-ireland.

327 Auch wenn die Entscheidungsgründe für die konkrete Bemessung der Bußgeldhöhe nicht in jedem Fall verallgemeinerungsfähig sind, zeigen diese Entscheidungen, dass die Bußgelder eine deutlich spürbare Größenordnung in Big Data-Konstellationen erlangen können. Verantwortliche und deren Auftragsverarbeiter müssen also auch mit Blick auf die Rechtsdurchsetzung größte Sorgfalt in der vorausschauenden Planung und Ausführung von Big Data-Anwendungen walten lassen – sofern sie nicht den Weg in die Datenanonymisierung gehen möchten oder können.

II. Schadensersatz

328 In Ergänzung zu den Betroffenenrechten und als eigenständiger Rechtsdurchsetzungsanspruch gewinnen zunehmend Schadensersatzklagen der Betroffenen an Bedeutung. Naturgemäß handelt es sich dabei um gerichtlichen Einzelfallentscheidungen, aus denen sich schwerlich ein „Gesamtbild" erstellen lässt. Einige allgemeine Beobachtungen lassen sich jedoch in aller Kürze festhalten:

Im Einklang mit ErwG 146 DS-GVO ist inzwischen nach der Rechtsprechung des EuGH als gesicherte Erkenntnis festzuhalten, dass der bloße Verstoß gegen Bestimmungen der DS-GVO gegenüber einem Betroffenen *per se* nicht ausreicht, um einen Schadensersatz zu begründen.[328] Vielmehr muss der Betroffene einen tatsächlich erlittenen Nachteil materieller oder immaterieller Art nachweisen.[329]

Art. 82 Abs. 1 DS-GVO stellt eine eigenständige Anspruchsgrundlage dar. Die Durchsetzung von Schadensersatzansprüchen richtet sich sodann nach nationalem Zivilverfahrensrecht.[330] Das führte in der Vergangenheit zu der dogmatisch wie praktisch interessanten Frage, wie der Anspruch auf immateriellen Schadensersatz durchgesetzt werden könnte, wenn dieser – wie etwa im deutschen Recht – allenfalls in begrenzten Ausnahmefällen anerkannt war und es dazu des Nachweises eines schwerwiegenden Eingriffs bedurfte.[331] Mit Blick auf den immateriellen Schadensersatzanspruch war bis zur Entscheidung des EuGH in Sachen Österreichische Post auch im Rahmen der Auslegung der DS-GVO nach überwiegender Auffassung erforderlich, dass der Betroffene für einen immateriellen Schaden eine gewisse „Erheblichkeitsschwelle" überschreiten müsse. Davon hat der EuGH sich nunmehr klar distanziert, indem er – entgegen der Auffassung auch des Generalanwalts – die Überschreitung einer Erheblichkeitsschwelle seitens des Betroffenen für nicht erforderlich hält und „lediglich" den Nachweis der Kausalität des eingetretenen Schadens erfordert..[332] So kann zB die Nichteinhaltung technisch-organisatorischer Maßnahmen nach Art. 32 DS-GVO zur Verhinderung von Screen-Scraping einen immateriellen Schaden adäquat-kausal verursachen, ohne dass es auf eine Erheblichkeit der Beeinträchtigung ankommt.[333] Auch wenn der Entscheidung im Grundsatz zuzustimmen ist, ist nunmehr verstärkt auch mit kollektiver Rechtsdurchsetzung bzw. Masseklageverfahren zu rechnen.[334]

---

328 EuGH vom 4.05.2023 -C-300/21 Österreichische Post, Rn. 33; auch LAG Nürnberg vom 25.1.2023 - 4 Sa 201/22; weiterführend Sorber/Lohmann, Wendepunkt in der Schadensersatzdogmatik gem. Art. 82 DSGVO, BB 2023, 1652 ff.
329 Vgl. BeckOK DatenschutzR/Quaas DS-GVO Art. 82 Rn. 23-25d.
330 Siehe BAG v. 5.5.2022 – 2 AZR 363/21; BAG NJW 2022, 2779.
331 Zusammenfassend Gola/Heckmann/Gola/Piltz DS-GVO Art. 82 Rn. 1 f., 13-15.
332 EuGH vom 4.5.2023 – C-300/21 Österreichische Post, Rn. 49-51; Gola/Klug Die Entwicklung des Datenschutzrechts, NJW 2023, 658 Rn. 21.
333 LG Lübeck vom 25.5.2023 – 15 O 74/22 mit ausführlicher Begründung eines Schadensersatzanspruchs von EUR 500, allerdings unter Zurückweisung eines Verstoßes wegen unzureichender Voreinstellungen nach Art. 25 DS-GVO, GRUR-RS 2023, 11984, Rn. 72 ff., 82 ff., 89 ff. bereits unter Berücksichtigung der EuGH-Entscheidung C-300/21 Österreichische Post.
334 Siehe Zhou/Wybitul, DSVGO-Auskunftsansprüche als Vorstufe von Schadensersatzforderungen, BB 1411, 1414.

I. Anwendungsszenarien

Die Szenarien von Big Data-Anwendungen sind inzwischen unerschöpflich. Die folgenden Ausführungen dienen lediglich der kursorischen Veranschaulichung, wie einige ausgewählte rechtliche Aspekte in die praktische Umsetzung einfließen können. 329

I. Automobilsektor

1. Personenbezogene Daten beim konnektierten und automatisierten Fahren

Kaum eine Branche durchläuft seit einigen Jahren eine derart fundamentale und zT dramatische Veränderung durch die Digitalisierung wie die Automobilbranche, die von einem traditionellen „Hardware"-orientierten Geschäftsmodell den Wandel zu Mobilitätsdienstleistern vollzieht. Eine Vielzahl von Mischformen des Absatzes und der Überlassung von Fahrzeugen, vom traditionellen Leasing, über die Fahrzeugmiete, Car-Sharing, Mitfahrdiensten und sonstigen App-basierten Mobilitätsangeboten, das Generalthema der Elektromobilität und zugehöriger Ladeinfrastruktur, wie auch die dynamische Weiterentwicklung in Richtung des automatisierten Fahrens, angefangen von intelligenten Fahrerassistenzsystemen bis hin zu teilautomatisierten und vollautonomen Fahrzeugen reflektieren den fundamentalen Wandel und die Neuausrichtung auf eine veränderte Nachfrage in Sachen Mobilität, Sicherheit, Nachhaltigkeit und Klimawandel. 330

Allen diesen Entwicklungen gemeinsam ist die Veränderung und Verschiebung der Wertschöpfungskette im und außerhalb des Fahrzeugs hin zu Softwarelösungen, Konnektivitätsdienstleistungen und Datenverarbeitung in einer Vielzahl von Ausprägungen, einhergehend mit massiven Investitionen in die Entwicklung der dazu benötigten Technologien und Infrastruktur. Neben einer Vielzahl von regulatorischen Herausforderungen ua im Bereich des Straßenverkehrsrechts, des Fahrzeugzulassungsrechts, der Produktsicherheit- und Haftung, der telekommunikationsrechtlichen Regulierung steht das Datenschutzrecht an vorderer Stelle, um diese Fahrfunktionen und Mobilitätsdienstleistungen rechtskonform zu realisieren. 331

Ausgangspunkt ist der Personenbezug mit Blick auf die durch das bzw. aus dem Fahrzeug erhobenen und verarbeiteten Daten. Dazu steht geradezu axiomatisch die Annahme im Raum, dass die sog. Fahrzeug-Identifizierungsnummer („FIN" bzw. im Englischen „VIN") als ein-eindeutige Kennzeichnung jedes individuellen Fahrzeugs stets ein personenbezogenes Datum ist. Denn über den Fahrzeugbrief könnte die Zuordnung zum Halter des Fahrzeugs erfolgen, was typischerweise dem Hersteller bzw. Verkäufer eines Fahrzeugs, sowie ohnehin der Zulassungsbehörde und zB darüber auch Polizeibehörden möglich sei.[335] Diese Annahme trifft allerdings nicht ohne Weiteres zu, wenn der Halter eine juristische Person ist (wie etwa im Bereich des Flottenmanagement von Leasinggesellschaften und Car-Sharing Services) und ist auch sonst – was zB die Bildung von Bewegungsprofilen angeht – nur begrenzt aussagekräftig, allein schon, weil der Halter nicht immer der Fahrzeugführer ist. Mit anderen Worten: Schon die Frage, ob ein Personenbezug bei der Verarbeitung bestimmter Fahrzeugdaten gegeben ist, lässt sich nicht zwingend und einheitlich beantworten. Es kommt vielmehr auf die Betrachtung im Einzelfall an. 332

Die Vielfalt der Use Cases und Anwendungsszenarien ist inzwischen uferlos. Es lassen sich aber einige Fragen und Leitprinzipien festhalten, die in der Praxis für den Einzelfall wie auch das Aufsetzen von Datenräumen, die eine multipolare Verarbeitung durch verschiedene Verantwortliche ermöglichen könnten, je nach intendierten Verarbeitungszwecken zu beachten und prüfen sind.[336] Eine mögliche Anonymisierung oder Pseudonymisierung; die transiente oder 333

---

335 Weichert NZV 2017, 507 (508); Klink-Straub/Straub NJW 2018, 3201 (3202).
336 Zur neueren Entwicklung: Hofmann ZD 2023, 18; Steinrötter ZD 2021, 513; Vasquez DuD 2022,98.

längere Verarbeitung zu bestimmten Verarbeitungszwecken sowie zugehörige Löschkonzepte; die Feststellung der Rechtsgrundlage (vor allem: Einwilligung, Vertrag oder berechtigtes Interesse); technische und inhaltliche Gestaltung von Einwilligungserklärungen (Art. 7 DS-GVO) und deren Widerruf einschließlich technischer Umsetzung durch Datenlöschung mit einer einheitlichen Erklärung gegenüber allen verarbeitenden Verantwortlichen;[337] Informationspflichten (Art. 13, 14 DS-GVO) sowie datenschutzfreundlicher Voreinstellungen im Fahrzeug („Privacy by Design", Art. 25 DS-GVO); die Erhebung und Speicherung von Fahrzeugdaten auf Einzelfahrzeugebene und in aggregierter Form, ua zur Fahrzeugsicherheit (einschließlich der Cyber-Sicherheit); Nutzung der Daten zur Verbesserung von Produkt und Dienstleistungen; ggf. Beobachtungspflichten aus Produkthaftungsrecht, auch im Rahmen von „over the air" („OTA") Software-Updates; Profilbildung auf der Grundlage von Log-in basierten Nutzerplattformen und Fahrzeugbewegungsdaten zur Entwicklung von Mehrwertdiensten rund um die Fahrzeugnutzung; die Bildung von groß angelegten Datensammlungen („Data Lakes") zum Zweck der weiteren Forschung und Entwicklung neuer kommerzieller Anwendungen; Informationspflichten (Art. 13, 14 DS-GVO) bei Datenerhebung außerhalb des Fahrzeugs (etwa im Rahmen der Objekterkennung durch LIDAR für die Zwecke des automatisierten Fahrens); Datenschutzfolgenabschätzungen; internationale Datentransfers sowie die Umsetzung von Datenschutzanforderungen in nicht-EU Ländern bei global Datenverarbeitungssystemen (zB hinsichtlich der Verarbeitung von Daten in China und der Anforderungen an die Datenausfuhr). Die Liste der datenschutzrechtlichen Herausforderungen und Prüfungen lässt sich beliebig fortsetzen. Sie ist ohne eine profunde, interdisziplinäre Zusammenarbeit auf der technisch-fachlichen, rechtlichen und datenstrategischen Ebene nicht zu bewältigen.

2. Leitlinien des EDSA 01/2020, Version 2.0

334 Der EDSA hat mit seinen „Leitlinien 01/2020 zur Verarbeitung personenbezogener Daten im Zusammenhang mit vernetzten Fahrzeugen und mobilitätsbezogenen Anwendungen" vom 9.3.2021, Version 2.0 in ausgewählten Fragen und für einige wenige Anwendungsfälle wichtige Orientierungshilfe zur Datenverarbeitung vernetzter Fahrzeuge gegeben. Der EDSA weist darauf hin, dass neben der DS-GVO auch die ePrivacy Richtlinie 208/63/EG bzw. deren nationalen Umsetzungen (wie etwa das TTDSG) gilt, indem das vernetzte Fahrzeug über installierte SIM-Karten als „Endeinrichtung" anzusehen ist, dh eine „direkt oder jede direkt oder indirekt an die Schnittstelle eines öffentlichen Telekommunikationsnetzes angeschlossene Einrichtung zum Aussenden, Verarbeiten oder Empfangen von Nachrichten" ist (Art. 1 Nr. 1 lit. a ePrivacy Richtlinie bzw. § 2 Abs. 2 Nr. 6 TTDSG).[338] Daraus leitet sich ein Einwilligungserfordernis hinsichtlich der durch den Telekommunikationsvorgang erhobenen bzw. anfallenden (personenbezogenen) Daten ab (§ 9 Abs. 2 TDDSG für Telekommunikation-KI-Verkehrsdaten bzw. § 13 Abs. 1 für Standortdaten), wohingegen für die im Anschluss daran erfolgende Datenverarbeitung die Bestimmungen der DS-GVO und mithin die Alternativen möglicher Rechtsgrundlagen der Verarbeitung (insbesondere nach Art. 6 DS-GVO) greifen.[339]

335 Der EDSA weist zum Begriff der „vernetzten Fahrzeuge" auf den beschränkten Anwendungsbereich der Leitlinien hin, die vor allem die Verarbeitung von Fahrzeugdaten im nicht-gewerblichen Bereich betrifft (also mithin die Themen ausklammert, die zB im Bereich des gewerblichen Flottenmanagement, Car-Sharing und ähnlichen Mobilitätslösungen zum Tragen kommen). In dem beschränkten Rahmen erfassen die Leitlinien einige beispielhafte An-

---

337 Zu letzterem siehe EuGH GRUR-RS 2022, 28855 Rn. 77 ff., 83–90.
338 EDSA Leitlinien 01/2020 zur Verarbeitung personenbezogener Daten im Zusammenhang mit vernetzten Fahrzeugen und mobilitätsbezogenen Anwendungen" vom 9.3.2021, Version 2.0, Rn. 12–14; Taeger/Gabel/Ettig TTDSG § 2 Rn. 51; BeckOK StPO/Ferner TTDSG § 2 Rn. 25.
339 EDSA Leitlinien 01/2020 zur Verarbeitung personenbezogener Daten im Zusammenhang mit vernetzten Fahrzeugen und mobilitätsbezogenen Anwendungen vom 9.3.2021, Version 2.0, Rn. 14–18.

wendungsszenarien, einschließlich des Mobilitätsmanagement (Navigation, Straßenzustandserfassung, Werkstattsuche etc), des Fahrzeugmanagement (Optimierung der Fahrzeugnutzung durch Hinweise auf Fahrzeugzustand, fällige Servicearbeiten etc), der Verkehrssicherheit (Gefahrenquellenerkennung, Müdigkeitserkennung, eCall-System), Unterhaltung (Schnittstellen zu Smartphones, Infotainment, etc), Fahrerassistenzfunktionen (inkl. Autopilotfunktionen bei teil- und vollautomatisierten Fahren).[340]

Der EDSA sieht bei den vernetzten Fahrzeuge die wesentlichen Herausforderungen im Bereich 336 der ausübbaren Kontrolle der betroffenen Person, von der informierten Einwilligung über die Informationstransparenz hinsichtlich der Datenverarbeitung und Weiterverarbeitung (Verarbeitungszwecke, Datenempfänger, etc) bis hin zur Umsetzung der Betroffenenrechte, die sich aus dem Zusammenspiel einer umfangreichen Fahrzeug-Sensorik und darauf basierender Datenerhebungen ergeben.[341]

Bei rein lokalen Tätigkeiten in der Fahrzeugnutzung kann es an einer Datenverarbeitung durch 337 einen (anderen) Verantwortlichen fehlen, wenn die Verarbeitung ausschließlich unter der Kontrolle des Fahrzeugnutzers erfolgt (lokale Blue Tooth Anwendungen wie Wegfahrsperren etc; Art. 2 Abs. 2 DS-GVO).[342]

Der EDSA empfiehlt den Einsatz geeigneter Anonymisierungs- und Pseudonymisierungstechniken, um bestehende Datenschutzrisiken auszuschließen bzw. zu minimieren und hält Daten- 338 schutzfolgenabschätzungen (Art. 35 DS-GVO) im Regelfall, ggf. auch schon bei der Systementwicklung für erforderlich.[343] Im Übrigen sind datenschutzfreundliche Voreinstellungen auch zur Sicherung der Betroffenenrechte, sowie Verschlüsselungsmaßnahmen zum Schutz der Daten im Regelfall geboten.[344]

Die Leitlinien schließen mit Fallstudien („Use Cases") und Empfehlungen zur datenschutzkon- 339 formen Umsetzung der DS-GVO ab, nämlich: Backup-Funktionen und ähnliche Dienstleistungen Dritter wie zB Mehrwertdienste, die vom Fahrverhalten abhängen (Datenverarbeitung im Bereich Telematik-Versicherungstarife „pay as you drive" und „pay how you drive"; sowie Parkplatzvermietung aufgrund vernetzter Fahrzeuginformationen); eCall nach Maßgabe der eCall Verordnung (EU) 2015/758; Unfallforschungsstudien (einwilligungsbasierte Verarbeitung); Diebstahlsaufdeckung aufgrund entsprechender Ortungstechnologie.[345] Ohne auf die datenschutzrechtlichen Erwägungen im Einzelnen einzugehen, verdeutlicht der Umfang der Ausführungen je Fallstudie, dass für jedes Anwendungsszenario eine sehr sorgfältige Analyse und Dokumentation aller maßgeblichen Umstände erforderlich ist.

3. Straßenverkehrsrechtliche Spezialnormen zur Verarbeitung von Fahrzeugdaten

Außerhalb der DS-GVO ist auf die datenschutzrechtlichen Spezialnormen des Straßenverkehrs- 340 rechts hinzuweisen, die den Fahrzeughalter als zentralen Normadressaten zur datenschutzkonformen Erhebung und Verarbeitung und den Fahrzeughersteller zu einer entsprechenden technischen Ausstattung der Fahrzeuge zwingen. Dazu gehören die aufgrund des Gesetzes zum Autonomen Fahren zum 21.7.2021 in Kraft getretenen Spezialbestimmungen der (§§ 1c-l, 63d-f.

---

340 EDSA Leitlinien 01/2020 zur Verarbeitung personenbezogener Daten im Zusammenhang mit vernetzten Fahrzeugen und mobilitätsbezogenen Anwendungen vom 9.3.2021, Version 2.0, Rn. 21–37.
341 EDSA Leitlinien 01/2020 zur Verarbeitung personenbezogener Daten im Zusammenhang mit vernetzten Fahrzeugen und mobilitätsbezogenen Anwendungen vom 9.3.2021, Version 2.0, Rn. 44–56.
342 EDSA Leitlinien 01/2020 zur Verarbeitung personenbezogener Daten im Zusammenhang mit vernetzten Fahrzeugen und mobilitätsbezogenen Anwendungen vom 9.3.2021, Version 2.0, Rn. 73 f.
343 EDSA Leitlinien 01/2020 zur Verarbeitung personenbezogener Daten im Zusammenhang mit vernetzten Fahrzeugen und mobilitätsbezogenen Anwendungen vom 9.3.2021, Version 2.0, Rn. 82.
344 EDSA Leitlinien 01/2020 zur Verarbeitung personenbezogener Daten im Zusammenhang mit vernetzten Fahrzeugen und mobilitätsbezogenen Anwendungen vom 9.3.2021, Version 2.0, Rn. 90–95.
345 EDSA Leitlinien 01/2020 zur Verarbeitung personenbezogener Daten im Zusammenhang mit vernetzten Fahrzeugen und mobilitätsbezogenen Anwendungen vom 9.3.2021, Version 2.0, Rn. 105–173.

§§ StVG). Der Datenverarbeitung kommt für das teil- und vollautonome Fahren entscheidende Bedeutung zu, die nicht mit den allgemeinen Rechtsprinzipien der DS-GVO gelöst werden kann.

341 Danach hat der Fahrzeughalter während des Fahrzeugbetriebs ua die FIN, Positionsdaten, Nutzungsdaten über die Aktivierung und Deaktivierung der autonomen Fahrfunktion, Systemüberwachungsdaten, Umwelt- und Wetterdaten, Vernetzungsparameter, Fahrzeugbeschleunigungsdaten (Längs- und Querrichtung), Geschwindigkeit, von extern an das Fahrzeug gesendete Befehle zu speichern (§ 1g Abs. 1 Nr. 1–13 StVG). Die Speicherung dieser Daten erfolgt nur anlassbezogen, nämlich (a) bei Eingriffen der „technischen Aufsicht" (diese liegt bei der natürlichen Person, die die autonome Fahrfunktion während des Betriebs des Fahrzeugs deaktivieren und für spezifische Fahrmanöver freigeben kann; § 1d Abs. 3 StVG), (b) bei Unfall- und Beinahe-Unfallszenarien, (3) nicht planmäßigen Spurwechseln und Ausweichen und (4) Störungen des Betriebsablaufs (§ 1g Abs. 2 StVG). Damit der Fahrzeughalter als zentraler Normadressat diesen Pflichten genügen kann, hat jeder Fahrzeughersteller die zum autonomen Fahren befähigten Fahrzeuge mit entsprechenden Datenspeicherungsmöglichkeiten auszustatten und den Halter über die Einstellungsmöglichkeiten zur Privatsphäre in klar und leichter Sprache zu informieren (§ 1g Abs. 3 StVG). Das Kraftfahr-Bundesamt („KBA") hat wiederum die Befugnis, die im Fahrzeug erzeugten Daten zu erheben, speichern und verwenden, soweit dies für die Überwachung des sicheren Betriebs des Kraftfahrzeugs mit autonomer Fahrfunktion erforderlich ist (§ 1g Abs. 3 StVG). Das KBA darf diese Daten auch an Forschungs- und Planungseinrichtungen für verkehrsbezogene Gemeinwohlzwecke übermitteln (§ 1g Abs. 5). Darüber hinaus sind die für Aufsicht über den Betrieb der Infrastruktur zuständigen Behörden berechtigt, die erhobenen Daten im Rahmen ihrer Tätigkeit zu verarbeiten. Zudem haben Dritte, die zivilrechtliche Ansprüche (zB auf Schadensersatz) aufgrund einer Fehlfunktion des autonomen Fahrzeugs haben, gegen den Halter Anspruch auf Datenherausgabe, um ihre Ansprüche geltend zu machen. Die technischen Einzelheiten der Speicherung hinsichtlich der beim Betrieb des Fahrzeugs mittels autonomen Fahrfunktion erzeugten Daten regelt eine (noch zu erlassende) Rechtsverordnung, insbesondere hinsichtlich der genauen Zeitpunkte der Datenspeicherungen, der Parameter der Datenkategorien und der Datenformate (§ 1j Abs. 1 Nr. 5 StVG).

342 Damit außerdem die Nachvollziehbarkeit der Mensch-Maschine-Interaktion bei Kontrollübergabe im Bereich des autonomen Fahrens gewährleistet ist (siehe §§ 1a Abs. 2 Nr. 3–6, 1b Abs. 2 StVG), muss jedes Fahrzeug mit einem entsprechend Datenspeichergerät („Event Data Recorder") ausgestattet sein (§ 63a StVG). Auch hier steht noch die nähere Spezifizierung durch Rechtsverordnung hinsichtlich der technischen Ausgestaltung einschließlich des Orts des Speichermediums aus (siehe § 63b StVG).[346] Hinzu treten Datenverarbeitungen, die auch Einzelaufnahmen von Fahrzeugen und Fahrern einschließen können, zum Zweck der Überprüfung der Einhaltung immissionsschutzrechtlicher und ähnlicher Bestimmungen.[347] Mit dem Gesetz zum Autonomen Fahren sind die Befugnisse der Straßenbaulastträger und der für Verkehrsmanagement zuständigen Behörden auf Datenerhebung, Speicherung und Verwendung in Rahmen von Verkehrsmanagementsystemen geregelt worden, um jeweils auf der Ebene des einzelnen Fahrzeugs die Fahrzeugbewegungsdaten, Zustandsdaten und Daten über Gefahrenquellen etc zu erfassen und für die Zwecke des Verkehrsmanagement zu erheben und auszuwerten. Dabei ist vor der Auswertung eine Anonymisierung durch Löschung einer zunächst bei der Erhebung generierten Zertifikats-ID vorzunehmen. Nach der Auswertung sind die erhobenen Einzeldaten zu löschen (§ 63e StVG). Darüber hinaus ist die Bundesanstalt für Straßenwesen berechtigt,

---

346 Siehe mit ersten Anregungen Beschluss des Deutschen Verkehrssicherheitsrats v. 25.10.2021, https://www.dvr. de/ueber-uns/beschluesse/stellungnahme-zur-ausgestaltung-des-fahrmodusspeichers-nach-63a-stvg.
347 Für weiterführende Erläuterungen siehe NK-GVR/Duisberg StVG §§ 63a-63c.

Einzeldaten zur Verkehrsunfallforschung nach Maßgabe näherer Bestimmungen einer (noch zu erlassenden) Rechtsverordnung zu erheben und verarbeiten (§ 63f StVG).

Dieses dichte Regelwerk zeigt, welche Akteure und Interdependenzen des Datenaustauschs 343 beim autonomen Fahren zu bedenken sind, damit ein solches komplexes Ökosystem technisch und rechtlich zuverlässig funktionieren kann. Zugleich wird deutlich, dass die Regelung der datenschutzrechtlichen Beziehungen unter den Beteiligten nicht der freien Disposition der Parteien unterliegt. Die deutsche datenschutzrechtliche Normierung nimmt insoweit eine Vorreiterrolle ein. Die weitere Konkretisierung durch Rechtsverordnungen und eine mögliche Ausstrahlungswirkung auf den Rechtssetzungsprozess der EU wie auch weltweit bleibt abzuwarten.

II. Gesundheitsdaten und Medizinische Forschung

1. Ausgangsfragen

In kaum einem anderen Anwendungsgebiet zeigt sich das Spannungsfeld zwischen der Verar- 344 beitung sensitiver Daten (Art. 9 Abs. 1 DS-GVO) und den Anforderungen des Datenschutzes so deutlich wie im Gesundheitssektor und insbesondere der medizinischen Forschung. Der wissenschaftliche Fortschritt bei der Erforschung von Krankheitsverläufen und deren Ursachen sowie möglicher pharmakologischer und ärztlicher Heilmethoden hängt in entscheidendem Maße – von der Epidemieforschung über die Analyse der Ursachen, Ausbreitung und Veränderung von Zivilisationskrankheiten, den Möglichkeiten der Genomsequenzierung bis hin zur Entwicklung individualisierter medizinischer Behandlungen – von der Auswertung großer Mengen medizinischer Daten, der Berechnung von Korrelationen sowie der Herausbildung von Mustern ab. Hier stoßen die Möglichkeiten herkömmlicher klinischer Forschung und Studien an natürliche Grenzen, die erst mit Big Data-Anwendungen, einschließlich der Zusammenführung großer Datenbestände überwunden und in eine neue Dimension geführt werden.[348]

Indem für die Verarbeitung besonderer Arten personenbezogener Daten (Art. 9 Abs. 1 DS- 345 GVO) der enge Katalog der Rechtfertigungsgrundlagen des Art. 9 Abs. 2 DS-GVO gilt und ein Rückgriff auf das berechtigte Interesse (Art. 6 Abs. 1 lit. f) DS-GVO) nicht möglich ist, stellen sich für jedes Vorhaben der Datenverarbeitung in diesem Bereich im Kern die folgenden Fragen: Bedarf die geplante Verarbeitung der Einwilligung der betroffenen Personen? Kann die Verarbeitung auf der Grundlage anonymisierter Daten erfolgen und, wenn ja, welche rechtlichen und technischen Maßgaben sind für die Anonymisierung zu beachten? Gibt es im Fall der Anonymisierung noch nachlaufende Monitoring-Pflichten, die der Verantwortliche zu beachten hat, insbesondere wenn er iS der maßgeblichen Anforderungen keine absolute Anonymisierung durchgeführt hat? Wenn eine Anonymisierung ausscheidet, unter welchen Voraussetzungen ist eine Datenteilung zwischen Forschungseinheiten auf der Grundlage pseudonymisierter Daten oder auch der Klardaten zulässig? Sind übergreifenden Forschungsvorhaben auch unter Einbeziehung von Verantwortlichen außerhalb der EU / des EWR rechtlich darstellbar? In welchem Umfang sind die Betroffenenrechte zu wahren bzw. eingeschränkt und wie verhält es sich mit diesen Rechten im Fall der Verarbeitung in intra-EU/EWR grenzüberschreitenden Forschungsvorhaben, wenn ein EU Mitgliedstaat ggf. nicht im gleichen Umfang wie zB der deutsche Gesetzgeber von den Öffnungsklauseln nach Art. 9 Abs. 2 lit. g)-j) DS-GVO i. V. mit Art. 89 DS-GVO Gebrauch gemacht hat (siehe §§ 27, 28, 32–37 BDSG)?

---

348 Vgl. zB das Projekt zur Versorgungsforschung im Gesundheitssektor „SAHRA – Smart Analysis Health Research Access" auf Initiative des BMWK im Rahmen des Gesamtprojekts „Smart Data – Innovation aus Daten" v. 2016, www.sahra-plattform.de; dazu auch Deutscher Ethikrat Big Data und Gesundheit – Datensouveränität als informationelle Freiheitsgestaltung, 30.11.2017, 128 f.

346 Offensichtlich muss der Verantwortliche die geplante Verarbeitungstätigkeit jeweils im Einzelfall – einschließlich der regelmäßig gebotenen Folgenabschätzung (Art. 35 Abs. 2 lit. b) DS-GVO) – sorgfältig prüfen und sodann alle gebotenen Maßnahmen entsprechend umsetzen, technisch und organisatorisch absichern und einschließlich entsprechender Folgenabschätzungen dokumentieren (Art. 30 DS-GVO). Für etliche der oben angesprochen Fragen greifen insoweit die weiter oben getroffenen Ausführungen.[349]

2. Pandemieforschung

347 Die Corona-Pandemie hat – neben den vielen praktischen Herausforderungen in der medizinischen Bewältigung der Pandemie – erstmals im breiten öffentlichen Bewusstsein die Bedeutung und Notwendigkeit einer flächendeckenden Verarbeitung personenbezogener Daten (bzw. aggregierter Daten über das Auftreten der Krankheit) zur Prävention bzw. Eindämmung der Verbreitung der Krankheit unter Entwicklung hochskalierte Modellrechnungen über Inzidenzen, Infektionsraten und -verläufe in regionaler und demographischer Segmentierung vor Augen geführt. In dem Sinne sind Big Data-Anwendungen buchstäblich über Nacht essenzieller Bestandteil der öffentlichen Gesundheitsvorsorge geworden.

348 Datenschutzrechtlich hat die umfangreiche und langwierige Diskussion über die Parameter und Entwicklung der deutschen „Corona Warn-App" zugleich vorgeführt, dass bei Gefahr im Verzug eine besonders gründliche und sorgfältige Prüfung dem Gesamtziel der Eindämmung der Pandemie angesichts des imminent kritischen Zeitfaktors nicht unbedingt dienlich war und die Nutzerakzeptanz sich erst allmählich erhöhte, während der Bedarf nach laufender Aktualisierung der Datenbasis in Echtzeit exponentiell zunahm.[350]

349 Auf der europäischen Ebene hat sich der EDSA früh in 2020 durch verschiedene Leitlinien und weiteren Stellungnahmen intensiv mit der Pandemie sowohl auf der Ebene der praktischen Implikationen, einschließlich einer einheitlichen Impfzertifizierung, als auch der wissenschaftlichen Forschung befasst, die von tragender Bedeutung in der EU-weiten Bekämpfung der Pandemie geworden sind, aber auf die im Einzelnen im hier gesetzten Rahmen nicht weiter einzugehen ist.[351]

3. Verarbeitung von Gesundheitsdaten im europäischen Datenraum

350 Mit Blick auf die EU Digitalstrategie und der darin hervorgehobenen Bedeutung von Datenräumen[352] stellt der Verordnungsvorschlag über den europäischen Datenraum für Gesund-

---

349 Zur Anonymisierung als Datenverarbeitung → Rn. 108 ff.; zur Monitoring Pflicht → Rn. 115 f., 135; zur Privilegierung von Forschung → Rn. 207 ff., 291 f.

350 Die Corona-App grundsätzlich begrüßend Köllmann NZA 2020, 831; Differenzierend Hamann CNL 2020, 4; die positive Wirkung einer Corona-App bestätigend Block/Hoffman/Raabe et al Social network-based distancing strategies to flatten the COVID-19 curve in a post-lockdown world, https://www.nature.com/articl es/s41562-020-0898-6.

351 Siehe ua EDSA Statement zur Verarbeitung personenbezogener Daten im Zusammenhang mit dem Ausbruch von COVID-19 v. 19.3.2020, https://edpb.europa.eu/system/files/2021-03/edpb_statement_art_23gdpr _20200602_en.pdf; EDSA Leitlinien 03/2020 zur Datenverarbeitung für wissenschaftliche Forschungszwecke im Zusammenhang mit dem Ausbruch von COVID-19 v. 21.4.2020, https://edpb.europa.eu/sites/default/file s/files/file1/edpb_guidelines_202003_healthdatascientificresearchcovid19_en.pdf; EDSA Leitlinien 04/2020 zur Nutzung von Ortungsdaten und Kontaktnachverfolgungstools im Datenverarbeitung Forschungszwecke im Zusammenhang mit dem Ausbruch von COVID-19 v. 21.4.2020, https://edpb.europa.eu/our-work-tools/o ur-documents/guidelines/guidelines-042020-use-location-data-and-contact-tracing_en; sowie etliche weitere Stellungnahmen und Dokumente, siehe https://edpb.europa.eu/our-work-tools/our-documents/topic/health _en?field_edpb_member_states_target_id=All&page=0.

352 Zur EU Digitalstrategie siehe COM(2020) 66 final; COM(2020) 767 final; zum Vorschlag des EU Datenraums für den Gesundheitssektor COM(2022) 197 final.

heitsdaten einen Meilenstein im Aufbau der europäischen Datenökonomie dar.[353] Um die grenzüberschreitende Primärnutzung und Sekundärnutzung elektronischer Gesundheitsdaten zu ermöglichen (Art. 2 Abs. 2 lit. d) und e) E-VO Datenraum Gesundheitsdaten),[354] spielen die datenschutzrechtlichen Maßnahmen naturgemäß eine zentrale Rolle.[355] Die Bundesregierung bekräftigt das Anliegen, mit verstärkten Opt-Out Regelungen zu arbeiten, in ihrer Ankündigung eines Gesundheitsdatennutzungsgesetzes.[356]

In ihrer gemeinsamen Stellungnahme 03/2022 zum Vorschlag der Regulierung eines EU Datenraums für den Gesundheitssektor vom 12.7.2022 betonen der EDSA und Europäische Datenschutzbeauftragte (EDSB), dass der Schutz der Gesundheitsdaten der betroffenen Personen in einem solchen Datenraum, der der Verbesserung der öffentlichen Gesundheitsvorsorge und medizinischen Forschung dienen soll, nicht geschwächt werden darf und das Zusammenspiel zwischen dem Datenschutz der DS-GVO und den nationalen Regelungen zum Datenschutz im Gesundheitsbereich (wie sie aufgrund von Art. 9 Abs. 4 DS-GVO bestehen können) im Rahmen von Datenräumen vor besonderen Herausforderungen steht.[357] Der EDSA und EDSB empfehlen zudem, die Datenverarbeitung durch digitale Apps (für Wellness-Apps und ähnliche Anwendungen) vom Anwendungsbereich des Vorschlags für den Datenraum auszunehmen und die Betroffenenrechte auch im Rahmen der Interoperabilität von elektronischen Gesundheitsakten besonders zu schützen. Zudem gehen der EDSA und EDSB auf die Weiterverarbeitung von Gesundheitsdaten im Rahmen des Trainierens, Testens und Evaluierens von Algorithmen ein und empfehlen auch hierzu klare Beschreibungen und Begrenzungen der Verarbeitungszwecke.[358]

III. Industrie 4.0

1. Ausgangslage

Für Big Data-Anwendungen im Bereich der Industrie 4.0 und anderen Formen der vernetzten Fertigung, Qualitätskontrolle, Logistik und Lieferung industrieller Waren und Dienstleistungen stellt die Verarbeitung personenbezogener Daten typischerweise, wenn auch nicht durchgehend einen „Beifang" dar, dh dass der Personenbezug sich als faktisch unvermeidbare Nebenfolge der Industrie 4.0 Prozesse darstellt, ohne dass die Verarbeitung solcher Daten für die operative Umsetzung der Industrie 4.0 Anwendung von zentraler Bedeutung wäre oder gar den Kern des Geschäftsmodells darstellen würde. Im Regelfall geht es um die Verarbeitung von personenbezogenen Daten der Mitarbeiter eines Verantwortlichen im Rahmen der industriellen Fertigungs- oder Lieferprozesse, in dem zB die Log-in Daten des betreffenden Mitarbeiters in ein vernetztes Fertigungssystem erfasst werden und sein Beitrag einer (laufenden oder nachträglichen) Überprüfung ausgesetzt ist.

Der Schwerpunkt der datenschutzrechtlichen Herausforderungen liegt dabei in der Frage der Rechtsgrundlage der Verarbeitung, wobei grundsätzlich die Verarbeitung von Beschäftigtenda-

351

352

353

---

353 Verordnungsentwurf der EU-Kommission über den europäischen Raum für Gesundheitsdaten, COM(2022) 197 final v. v. 3.5.2022, https://eur-lex.europa.eu/legal-content/DE/TXT/HTML/?uri=CELEX:52022PC0197&from=EN.

354 Primärnutzung: zwischen Patienten und Gesundheitsdienstleistern, wie zB für Telemedizin; Sekundärnutzung: ua für Forschung und Innovation, vgl. Verordnungsentwurf der EU-Kommission über den europäischen Raum für Gesundheitsdaten, COM(2022) 197 final v. v. 3.5.2022, 17 f.

355 Zusammenfassend Roos/Maddaloni, Regulierter Datenaustausch zur Gesundheitsforschung, RDi 2023, 225.

356 Siehe Datenstrategie der Bundesregierung von August 2023 „Fortschritt durch Datennutzung" 19.

357 Gemeinsame Stellungnahme des EDSA und des EDSB 03/2022 zum Vorschlag der Regulierung eines EU Datenraums im Gesundheitssektor vom 12.7.2022, https://edpb.europa.eu/system/files/2022-07/edpb_edps_jointopinion_202203_europeanhealthdataspace_en.pdf.

358 Gemeinsame Stellungnahme des EDSA und des EDSB 03/2022 zum Vorschlag der Regulierung eines EU Datenraums im Gesundheitssektor vom 12.7.2022, 17, 20, 22 f.

ten durch das berechtigte Interesse des Arbeitgebers gedeckt ist (Art. 6 Abs. 1 lit. f) DS-GVO, soweit die Mitteilung dieser Information für den relevanten Zweck erforderlich ist – wie dies zB für die Übermittlung von Kontaktdaten etc eines Mitarbeiters an ein anderes, in den Industrie 4.0 Prozess einbezogenes Unternehmen der Fall sein kann. Darüber hinaus stellen sich verstärkt Fragen der Verarbeitung besonderer Arten personenbezogener Daten (Art. 9 Abs. 1 DS-GVO), etwa wenn die funktionalen Prozesse oder Sicherheitsanforderungen die Erhebung biometrischer Daten umfassen (etwa bei biometrischen Zugriffskontrollen, dem Einsatz von Augmented Reality Endgeräten etc).[359] Damit gehen die typischen Fragen der Leistungs- und Verhaltenskontrolle und entsprechender kollektivarbeitsrechtliche Probleme einher, die ggf. über Betriebsvereinbarungen zu lösen sind.[360]

354 Des Weiteren stellen sich besondere datenschutzrechtliche Herausforderungen, wenn zB Logistikprozesse unter Einsatz von Smart Contracts in Distributed Ledger Technologien (Blockchain) abgebildet werden.[361] Hier steht die Speicherung solcher Daten auf der Blockchain („on chain") im unmittelbaren Konflikt mit den datenschutzrechtlichen Pflichten des Verantwortlichen nach den Grundsätzen der Zweckbindung und Speicherbegrenzung einschließlich etwaiger Löschpflichten (Art. 5 Abs. 1 lit. b), e) DS-GVO), sowie den entsprechenden Betroffenenrechten auf Widerspruch und Löschung der Daten.[362] Lösungsmodelle gehen *de lege lata* in Richtung der Hinterlegung von Hashwerten auf der Blockchain und Speicherung der Klardaten in einem separaten Datenspeicher (was im Zweifel als Pseudonymisierung zu werten ist und damit den datenschutzrechtlichen Pflichtenkatalog bei dem bzw. den für solche pseudonymen Daten Verantwortlichen auslöst).[363]

355 Angesichts der untergeordneten Bedeutung der Verarbeitung personenbezogener Daten für erfolgreiche Industrie 4.0 Anwendungen, die aber gleichwohl auf die Verarbeitung von Daten angewiesen sind (maschinen-generierte Betriebsdaten („Rohdaten") und Metadaten vernetzter Fertigungsprozesse, Qualitätskontrollprozesse, Logistikprozesse, Trainingsdaten für maschinelles Lernen), besteht ein hoher Bedarf nach verlässlicher Anonymisierung dieser Daten, soweit der damit verbundene technische und kostenseitige Aufwand im Verhältnis zum Nutzen der Weiterverarbeitungsmöglichkeiten anonymisierter Daten in Datenräumen und anderen Datenökosystemen besteht.[364] Hier sind verlässliche technische Standards erforderlich, um die Transaktionskosten zur Umsetzung von Industrie 4.0 gerade im Mittelstand zu senken.[365]

---

359 Beispielsweise LAG Berlin-Brandenburg NZA-RR 2020, 457 zur biometrischen Zeiterfassung; ArbG Berlin ZD 2020, 209 zur Arbeitszeiterfassung mittels Fingerprint.

360 → § 8 Rn. 41 ff.

361 Siehe wegweisend dazu das RechtTestBed, https://legaltestbed.org/; siehe auch Duisberg/Haas/Hullen/Kriesel/Kroke/Schweinoch/Wittek Blockchain und Recht im Kontext von Industrie 4.0, BMWi v. Februar 2019, 17 ff., https://www.plattform-i40.de/IP/Redaktion/DE/Downloads/Publikation/blockchain-und-recht-im-kontext-von-industrie-40.pdf?__blob=publicationFile&v.=7; Finck, Blockchain and Data Protection in the European Union, Max Planck Institute for Innovation & Competition Research Paper No. 18–01, verfügbar unter SRRN: https://papers.ssrn.com/sol3/papers.cfm?abstract_id=3080322.

362 Siehe dazu Kloth VuR 2022, 214 (216 f.); Meinshausen LRZ 2022, 1028 (1055 f.).

363 Duisberg/Haas/Hullen/Kriesel/Kroke/Schweinoch/Wittek Blockchain und Recht im Kontext von Industrie 4.0, BMWi v. Februar 2019, 17 ff., https://www.plattform-i40.de/IP/Redaktion/DE/Downloads/Publikation/blockchain-und-recht-im-kontext-von-industrie-40.pdf?__blob=publicationFile&v.=7.

364 Siehe Schweinoch/Peintinger/Duisberg/Hullen/Kiparski/Schauff Anonymisierung im Datenschutz als Chance für Wirtschaft und Innovation, BMWK April 2020, https://www.bmwk.de/Redaktion/DE/Publikationen/Industrie/anonymisierung-im-datenschutz.pdf?__blob=publicationFile&v.=4.

365 Vgl. Ergebnisbroschüre Smart Data – Innovationen aus Daten, BMWK v. November 2017, 33, https://www.digitale-technologien.de/DT/Redaktion/DE/Downloads/Publikation/2017-20-11_smartdata_ergebnisbroschuere.pdf;jsessionid=F0F9C9A653094163371FF8DAD0656A4C?__blob=publicationFile&v.=8; Smart Data – Smart Privacy?, Impulse für eine interdisziplinär rechtlich-technische Evaluation; BMWK (Hrsg.) v. Nov. 2015, 8 ff, https://www.digitale-technologien.de/DT/Redaktion/DE/Downloads/Publikation/SmartData_Thesenpapier_smart_Privacy.html; Bundesregierung Datenstrategie August 2023 „Fortschritt durch Datennutzung" 20.

2. Datenschutz anhand der Teilnahmebedingungen einer Industrie 4.0-Plattform

In konsortialen und multipolaren Datennutzungsverhältnissen und Datenräumen der Indus-   356
trie 4.0 sind passende Grundstrukturen anzulegen, um die datenschutzkonforme Verarbeitung
zwischen den Beteiligten zu verwirklichen. Je nach Datenaustauschverhältnis können sich vielfache, zum Teil wechselseitige Datenübermittelungsverhältnisse zwischen Verantwortlichen, gemeinsamen Verantwortlichen („Joint Controller" bzw. „JC") und Auftragsverarbeitern ergeben,
also etwa C2C, C2P, P2P, P2C, JC2JC etc pp.

Die „Teilnahmebedingungen für eine Industrie 4.0 Plattform" zeigen einschließlich des zuge-   357
hörigen Vertragsleitfadens, wie eine solche Grundstruktur aussehen kann.[366] Sie sind *mutatis
mutandis* auch auf Datenräume und die dort maßgeblichen Intermediäre übertragbar.

Demnach begründen die Teilnahmebedingungen ein Rechtsverhältnis zwischen dem Betreiber   358
einer auf Datenaustausch und die Abwicklung von Industrie 4.0 Prozessen ausgerichteten
Plattform und den jeweiligen industriellen Nutzern. Im Rahmen dieses Rechtsverhältnisses
stellt der Betreiber des Datenraums die Infrastruktur der Plattform einschließlich bestimmter Funktionalitäten und Verfügbarkeiten, sowie technischer Vorgaben für die Datenformate
und einzuhaltenden Anforderungen der IT-Sicherheit und Anforderungen an automatisierte
Erklärungen einschließlich Vertragsabschlüssen bereit. Über die Plattform werden die Nutzer
befähigt, miteinander Datenaustauschverhältnisse vertraglich zu vereinbaren, für die der Betreiber Mustervertragsbedingungen und ggf. die technische Infrastruktur zu automatisierten
Vertragsabschlüssen zur Verfügung stellt. In datenschutzrechtlicher Hinsicht können mithin
folgende Rechtsbeziehungen entstehen: Der Betreiber ist Verantwortlicher für die Verarbeitung
der Registrierungsdaten eines Nutzers (bzw. des Organvertreters des Nutzers (C2C)); zugleich
wird der Betreiber Auftragsverarbeiter für Industrie 4.0 Daten, die der Nutzer ggf. in die Plattform bei Nutzung der Betreiberdienste einstellt (C2P). Wenn ein Nutzer mit einem anderen
Datenaustausch betreibt, kann dies eine Datenübermittlung sein (C2C) oder eine gemeinsame
Verantwortlichkeit zB für gemeinsame gesteuerte Industrie 4.0 Prozesse begründen (C2C oder
JC). Denkbar ist auch, dass ein Nutzer einen anderen Nutzer über die Plattform beauftragt,
seine Daten als Auftragsverarbeiter zu verarbeiten (C2P), beispielsweise auch, um eine Anonymisierung oder Pseudonymisierung der Daten vor einer Weiterverarbeitung durchzuführen. Im
Ergebnis kommt es mithin darauf an, dass die jeweiligen Beteiligten ein klares Rollenkonzept
entwickeln und datenschutzrechtlich die Verarbeitungsvorgänge ordnungsgemäß vertraglich
abbilden und dokumentieren. Wie ohne Weiteres erkennbar ist, kann das bei multipolaren,
konsortialen Datennutzungsverhältnissen sehr leicht in eine unübersichtliche Gemengelage
führen, die aber datenschutzrechtlich mit allen Konsequenzen sorgfältig und rechtskonform
abzubilden ist.[367]

---

366 Borges/Duisberg/Haas/Keil/Payer/Schweinoch/Wittek Mustervertrag Teilnahmebedingungen für eine Indus-
    trie 4.0 Plattform, BMWK und Plattform Industrie 4.0 (Hrsg.), jeweils unter https://www.plattform-i40.de/IP
    /Redaktion/DE/Downloads/Publikation/Leitfaden-Mustervertrag.html.
367 Siehe näher Borges/Duisberg/Haas/Keil/Payer/Schweinoch/Wittek Vertragsleitfaden, https://www.plattform
    -i40.de/IP/Redaktion/DE/Downloads/Publikation/Leitfaden-Mustervertrag.html, 7 f.; Sassenberg/Faber
    Rechtshandbuch Industrie 4.0 und Internet of Things § 6 Rn. 1–7.

§ 7 Haftung für Daten und Analysen

Literatur: *Aamodt, Agnar/Nygård, Mads*, Different roles and mutual dependencies of data, information, and knowledge – An AI perspective on their integration, Data & Knowledge Engineering Vol. 16 No. 3 (1995), 191; *Adam, Simon*, Daten als Rechtsobjekte, NJW 2020, 2063; *Adelberg, Philipp*, Perspektiven der Haftung für Fehler von Software und softwaregestützten Produkten nach dem Änderungsentwurf zur EU-Produkthaftungsrichtlinie, ZfPC 2023, 59; *Arntz, Marthe-Marie*, Die Haftung von Ratingagenturen gegenüber fehlerhaft bewerteten Staaten und Unternehmen, BKR 2012, 89; *Beck, Susanne/Grunwald, Armin/Jacob, Kai/Matzner, Tobias*, Künstliche Intelligenz und Diskriminierung: Herausforderungen und Lösungsansätze, 2019, abrufbar unter: https://www.plattform-lernende-systeme.de/publikationen-details/kuenstliche-intelligenz-und-diskriminierung-herausforderungen-und-loesungsansaetze.html (letzter Zugriff 10.8.2023) (zit.: Beck/Grunwald/Jacob/Matzner, Künstliche Intelligenz und Diskriminierung, 2019); *Beierle, Benedikt*, Die Produkthaftung im Zeitalter des Internet of Things, 2021; *Bell, Martin*, Anwaltshaftung gegenüber Dritten, 1996; *Berger, Klaus Peter/Stemper, Marthe-Marie*, Haftung von Ratingagenturen gegenüber Anlegern, WM 2010, Heft 49, 2289; *Bilski, Nico/Schmid, Thomas*, Verantwortungsfindung beim Einsatz maschinell lernender Systeme, NJOZ 2019, 657; *Bitkom e.V.* (Hrsg.), Big Data im Praxiseinsatz – Szenarien, Beispiele, Effekte, 2012, abrufbar unter: https://www.post-und-telekommunikation.de/PuT/1Fundus/Dokumente/Info_und_Leitfaeden/BITKOM/Big_Data_BITKOM-Leitfaden_Sept.2012.pdfBig_Data_BITKOM-Leitfaden_Sept.2012.pdf (archive.org) (letzter Zugriff: 26.05.2023) 2012 (zit.: Bitkom e.V., Leitfaden); *Bitkom e.V.*, Stellungnahme zum Vorschlag der Europäischen Kommission für eine Richtlinie über die Haftung für fehlerhafte Produkte, 2022, abrufbar unter https://www.bitkom.org/sites/main/files/2023-05/BitkomStellungnahmeEUKommissionRichtlinieHaftungfehlerhafterProdukte.pdf (letzter Zugriff 6.9.2023) (zit.: Bitkom e.V., Stellungnahme); *Borges, Georg*, Verträge im elektronischen Geschäftsverkehr, 2003; *Borges, Georg*, Potenziale von Künstlicher Intelligenz mit Blick auf das Datenschutzrecht, 2021, abrufbar unter: https://stiftungdatenschutz.org/fileadmin/Redaktion/Dokumente/Gutachten-Studien/Stiftung-Datenschutz_Gutachten-Georg-Borges-Potenziale-Kuenstliche-Intelligenz-Datenschutzrecht-2021-12.pdf (letzter Zugriff: 26.5.2023) (zit.: Borges, Potenziale von KI und Datenschutzrecht, 2021); *Borges, Georg*, Rechtsfragen von KI-Systemen in der beruflichen Rehabilitation für Menschen mit Schwerbehinderung. Datenschutz, Haftung und KI-Regulierung, hrsg. von Bundesverband Deutscher Berufsförderungswerke e. V., 2022, abrufbar unter: https://www.ki-assist.de/fileadmin/ki_assist/Medienkatalog/Borges_Busch_2022_KI.ASSIST_Rechtsfragen.pdf (letzter Zugriff: 26.5.2023) (zit.: Borges KI-Systeme in der beruflichen Rehabilitation); *Borges, Georg*, Haftung für KI-Systeme, CR 2022, 553; *Borges, Georg*, Der Entwurf einer neuen Produkthaftungsrichtlinie, DB 2022, 2650; *Borges, Georg*, Liability for AI systems under current and future Law, CRi 2023, 1; *Borges, Georg*, The manufacturer's liability for AI systems under current and future Law, CRi 2023, 33; *Borges, Georg/Meents, Geert Jan* (Hrsg.), Cloud Computing, 2016; *Bräutigam, Peter/Klindt, Thomas*, Industrie 4.0, das Internet der Dinge und das Recht, NJW 2015, 1137; *Brinkmann, Moritz*, „Clash of Civilizations" oder effektives Rechtshilfeinstrument? – Zur wachsenden Bedeutung von discovery orders nach Rule 28 U.S.C. § 1782(a), IPRax 2015, 109; *Buchner, Reimar/Spiegel, Jan-Peter*, Labor und Krankenhaus – Abrechnungs- und Compliancefragen insbesondere beim Laboroutsourcing (Teil 1), MedR 2019, 31; *Cahn, Andreas*, Produkthaftung für verkörperte geistige Leistungen, NJW 1996, 2899; *Canaris, Claus-Wilhelm*, Schutzgesetze Verkehrspflichten Schutzpflichten, in: *Canaris, Claus Wilhelm/Diederichsen, Uwe* (Hrsg.), Festschrift für Karl Larenz zum 80. Geburtstag, 1983, 27; *Dauner-Lieb, Barbara/Berger, Christian/Faust, Florian* (Hrsg.), Die Produkthaftung im Zeitalter des Internet of Things, 2021; *Druey, Jean Nicolas*, Information als Gegenstand des Rechts: Entwurf einer Grundlegung, 1995; *Engel, Friedrich-Wilhelm*, Produzentenhaftung für Software, CR 1986, 702; *Ertel, Wolfgang*, Grundkurs Künstliche Intelligenz, 5. Aufl. 2021; *Eschenfelder, Eike Dirk*, Beweiserhebung im Ausland und ihre Verwertung im inländischen Zivilprozess, 2002; *Faber, Tobias/Griga, Martin/Groß, Johannes*, Predictive Maintenance – Hürden und Chancen zur sinnvollen Nutzung von Maschinendaten, DS 2018, 299; *Fasel, Daniel/Meier, Andreas* (Hrsg.), Big Data – Grundlagen, Systeme und Nutzungspotenziale, 2016 (zit.: Fasel/Meier Big Data/Bearbeiter); *Faust, Florian*, Bürgerliches Gesetzbuch Allgemeiner Teil, 3. Aufl. 2021; *Foerste, Ulrich*, Die Produkthaftung für Druckwerke, NJW 1991, 1433; *Gomille, Christian*, Der europäische Regulierungsansatz für Bonitätsratings, GPR 2011, 186; *Grützmacher, Malte*, Die zivilrechtliche Haftung für KI nach dem Entwurf der geplanten KI-VO. Potenzielle zivilrechtliche Auswirkungen des geplanten KI-Sicherheitsrechts: ein neues Schutzgesetz i.S.v. § 823 Abs. 2 BGB am Horizont, CR 2021, 433; *Gsell, Beate/Krüger, Wolfgang/Lorenz Stephan/Reymann Christoph (Hrsg.)*, Beck-online Großkommentar BGB, 2023, Buch 2: Recht der Schuldverhältnisse, Stand: 1.2.2023; *Gsell, Beate/Krüger, Wolfgang/Lorenz Stephan/Reymann Christoph (Hrsg.)*, Beck-online Grosskommentar ProdHaftG, Stand 1.9.2022 (zit: BeckOGK/Bearbeiter); *Günther, Andreas*, Produkthaftung für Informationsgüter, 2001; *Haag, Kurt (Hrsg.)*, Der Haftpflichtprozess mit Einschluss des materiellen Haftpflichtrechts, 28. Aufl. 2020 (zit. Haag Haftpflichtprozess/Bearbeiter); *Hacker, Philipp*, Ein Rechtsrahmen für KI-Trainingsdaten, ZGE 2020, 239; *Halfmeier, Axel*, Die Haftung von Ratingagenturen gegenüber Kapitalanlegern: Von Sydney lernen? VuR 2014, 327; *Handorn, Boris/Juknat, Ulrich*, KI und Haftung bei Medizinprodukten, MPR 2022, 77; *Hermeler, Angelika*, Neue Instrumente im Datenschutz, MMR 1999, XVII; *Heymann, Thomas*, Haftung des Softwareimporteurs, CR 1990, 176; *Heymann, Thomas*, Rechte an Daten, CR 2016, 650; *Hilbig, Steffen*, Informationsabruf aus Onlinedatenbanken. Mängelhaftung und AGB-Klauseln, ITRB 2007, 170; *Hoch, Veronika*, Big Data und Predictive Analytics im Gerichtsprozess, MMR 2020, 295; *Höckelmann, Eckhard*, Die Produkthaftung für Verlagserzeugnisse, 1994; *Hoeren, Thomas (Hrsg.)*, Big Data und Recht, 2014 (zit.: Hoeren Big Data/Bearbeiter); *Hoeren, Thomas*, Thesen zum Verhältnis von Big Data und Datenqualität, Erstes Raster zum Erstellen juristischer Standards, MMR 2016, 8; *Hohloch, Gerhard*, Ersatz von Vermögensschäden Dritter aus Vertrag „Drittschadensliquidation" oder „Vertrag mit Schutzwirkung zugunsten Dritter"?, FamRZ 1977, 530; *Hohmann, Harald*, Haftung des Softwareherstellers für das „Jahr 2000"-Problem, NJW 1999, 521; *Honsell, Heinrich*, Produkthaftungsgesetz und allgemeine Deliktshaftung, JuS 1995, 211; *Jauernig, Othmar (Hrsg.)*, Bürgerliches Gesetzbuch: BGB, 18. Aufl. 2022 (zit.: Jauernig BGB/Bearbeiter); *Jendrek, Paul*, Verjährungsfragen im Mietrecht, NZM 1998, 593; *Junker, Abbo*, Discovery im deutsch-amerikanischen Rechtsverkehr, 1987; *Junker, Markus/Beckmann, Roland Michael/Rüßmann, Helmut (Hrsg.)*, juris PraxisKommentar BGB, Band 2 – Schuldrecht, 10. Aufl. 2023 (zit.: jurisPK-BGB/Bearbeiter); *Jülicher, Tim*, Medizininformationsrecht, (SR: Schriften zum Medien- und Informationsrecht, Bd. 31), 2018; *Kapoor, Arun/Klindt Thomas*, Verschärfung der Produkthaftung in Europa: Der Vorschlag der neuen Produkthaftungsrichtlinie, BB 2023, 65; *Kaulartz, Markus/Braegelmann, Tom Hinrich*, Rechtshandbuch Artificial Intelligence und Machine Learning, 2020; *Klindt, Thomas*, Produktsicherheitsgesetz ProdSG, 3. Aufl. 2021 (zit.: Klindt ProdSG/Bearbeiter); *Kirchner, Gernot*, Big Data Management: Die Haftung des Big Data-Anwenders für Datenfehler (Vertragsrecht – Teil 1), InTeR 2018, 19; *Kirchner, Gernot*, Big Data Management: Die Haftung des Big Data-Anwenders für Datenfehler (Deliktsrecht – Teil 2), InTeR 2018, 59; *Kort, Michael*, Produkteigenschaft medizinischer Software, CR 1990, 171; *König, Michael Mark*, Die Qualifizierung von Computerprogrammen als Sachen i. S. des § 90 BGB, NJW 1989, 2604; *Krug, Peter*, Haftung im Rahmen der Anwendung von künstlicher Intelligenz. Betrachtung unter Berücksichtigung der Besonderheiten des steuerberatenden Berufsstands, beck.digitax 2020, 74; *Laufs, Adolf/Uhlenbruck, Wilhelm* (Begr.), *Kern, Bernd-Rüdiger/Rehborn, Martin* (Hrsg.), Handbuch des Arztrechts, 5. Aufl. 2019; *Lehmann, Michael*, Produkt- und Produzentenhaftung für Software, NJW 1992, 1721; *Lehmann, Michael*, Produzentenhaftung bei integrierter Produktion – computer integrated manufacturing (CIM), BB 1993, 1603; *Lehmann-Richter, Arnold*, Mietvertrag zugunsten Dritter – zur Drittbegünstigung nach § 328 BGB auf Mieterseite, ZMR 2010, 813; *Lenz, Tobias*, Produkthaftung, 2. Aufl. 2022; *Lewinski, Kai von/Rüpke, Giselher/Eckhardt, Jens (Hrsg.)*, Datenschutzrecht, 2. Aufl. 2022; *Linardatos, Dimitrios*, Auf dem Weg zu einer europäischen KI-Verordnung – ein (kritischer) Blick auf den aktuellen Kommissionsentwurf, GPR 2022, 58; *Linder, Maximilian/Straub, Sebastian/Kühne, Bettina*, How to Share Data? Data-Sharing-Plattformen für Unternehmen, 2021, abrufbar unter: https://www.iit-berl in.de/wp-content/uploads/2021/04/SDW_Studie_DataSharing_ES-1.pdf (letzter Zugriff: 26.5.23); *Lorenz, Stephan*, Grundwissen: Der Vertrag mit Schutzwirkung für Dritte, JuS 2021, 817; *Malcher, Arno*, Künstliche Intelligenz-Anwendung im Wege des Software as a Service (KIaaS), MMR 2022, 617; *Meier, Klaus/Wehlau, Andreas*, Die zivilrechtliche Haftung für Datenlöschung, Datenverlust und Datenzerstörung, NJW 1998, 1585; *Meier, Klaus/Wehlau, Andreas*, Produzentenhaftung des Softwareherstellers, CR 1990, 95; *Mentel, Susanne (Hrsg.)*, Predictive Analytic und die Haftung für fehlerhafte Ergebnisse gegenüber betroffenen Einzelpersonen, 2019 (zit: Mentel Predictive Analytic); *Metz, Jochen*, Der Anscheinsbeweis im Straßenverkehrsrecht, NJW 2008, 2806; *Meyer, Andreas*, Die Haftung für fehlerhafte Aussagen in wissenschaftlichen Werken, ZUM 1997, 26; *Meyer, Oliver/Harland, Hanno*, Haftung für softwarebezogene Fehlfunktionen technischer Geräte am Beispiel von Fahrerassistenzsystemen, CR 2007, 689; *Moos, Flemming*, Datenschutz- und Datennutzungsverträge, 2. Aufl. 2018, 65; *Morscher,*

Lukas, Software-Überlassung nach Schweizer Recht, CR 1999, 262; *Müller, Anne-Kathrin*, Software als „Gegenstand" der Produkthaftung, 2019; *Naumann, Felix*, Datenqualität, Informatik Spektrum 2007, 27; *Neumann, Alexander*, Auffahren, Spurwechsel und Typizität beim Anscheinsbeweis, NJW 2023, 332; *Ntoutsi, Eirini/Fafalios, Pavlos/Gadiraju, Ujwal/Iosifidis, Vasileios et al.*, Bias in data-driven artificial intelligence systems – An introductory survey, WIREs Data Mining Knowledge Discovery. Vol. 10 No. 3 (2020) 1356; *Oechsler, Jürgen*, Produkthaftung beim 3D-Druck, NJW 2018, 1569; *Oppermann, Bernd/Stender-Vorwachs, Jutta (Hrsg.)*, Autonomes Fahren, 2. Aufl. 2020; *Piovano, Christian*, Digitalisierte Gebrauchsanleitung bei Bauprodukten – Chancen und Risiken, NZBau 2022, 325; *Reed, Chris/Kennedy, Elizabeth/Silva, Sara*, Responsibility, Autonomy and Accountability: Legal Liability for Machine Learning, Queen Mary University of London Legal Studies Research Paper No. 243/2016; *Rockstroh, Sebastian/Kunkel, Hanno*, IT-Sicherheit in Produktionsumgebungen, Verantwortlichkeit von Herstellern für Schwachstellen in ihren Industriekomponenten, MMR 2017, 77; *Roos, Philipp/Weitz, Alexander Caspar*, Hochrisiko-KI-Systeme im Kommissionsentwurf für eine KI-Verordnung, MMR 2021, 844; *Roßnagel, Alexander*, Rechtsfragen eines Smart Data-Austauschs, NJW 2017, 10; *Saenger, Ingo (Hrsg.)*, Handkommentar ZPO, 9. Aufl. 2021 (zit.: HK-ZPO/Bearbeiter); *Schneidereit, Peter*, Haftung für Datenverlust im Cloud Computing, 2017 (zit.: Schneidereit Cloud Computing); *Schreitmüller, Zeynep/Schucht, Carsten*, Künstliche Intelligenz – Das künftige EU-Haftungsregime für Anbieter, Nutzer und Wirtschaftsakteure, ARP 2023, 226; *Schulz, Thomas*, Verantwortlichkeit bei autonom agierenden Systemen, 2015; *Schulze, Reiner/Dörner, Heinrich/Ebert, Ina/Schreiber, Christoph et al. (Hrsg.)*, Bürgerliches Gesetzbuch, 11. Aufl. 2022; *Smirra, Nikolas*, Fehlerhafte Werke? Träger kommunikativer Inhalte aus Sicht des Produkthaftungsrechts, ZUM 2021, 992; *Spickhoff, Andreas*, Gesetzesverstoß und Haftung, 1998 (zit.: Spickhoff Gesetzesverstoß); *Specht-Riemenschneider, Louisa/Werry, Nikola/Werry, Susanne (Hrsg.)*, Datenrecht in der Digitalisierung, 2019 (zit.: SWW DatenR/Bearbeiter); *Stevens, Jeremy*, Datenqualität bei algorithmischen Entscheidungen, CR 2020, 73; *Staudenmayer, Dirk*, Haftung für Künstliche Intelligenz – Die deliktsrechtliche Anpassung des europäischen Privatrechts an die Digitalisierung, NJW 2023, 894; *Staudinger, Julius von (Begr.)*, J. von Staudingers Kommentar zum Bürgerlichen Gesetzbuch mit Einführungsgesetz, §§ 328–345, Neubearbeitung 2020; §§ 433–480, Neubearbeitung 2013 (zit.: Staudinger/Bearbeiter); *Strauß, Jenny/Schweers, Philip*, Schadensersatz bei unzulässiger Datenverarbeitung – ein Überblick, DSRITB 2019, 111; *Sydow, Gernot/Marsch, Nikolaus (Hrsg.)*, Datenschutz-Grundverordnung Bundesdatenschutzgesetz, 3. Aufl. 2022 (zit.: HK-DS-GVO/BDSG/Bearbeiter); *Taeger, Jürgen/Gabel, Detlev (Hrsg.)*, DS-GVO – BDSG – TTDSG, 4. Aufl. 2022 (zit.: Taeger/Gabel/Bearbeiter); *Taschner, Hans Cl./Frietsch, Edwin*, Produkthaftungsgesetz und EG-Produkthaftungsrichtlinie, 1990; *ten Hompel, Michael/Bauernhansl, Thomas/Vogel-Heuser, Birgit (Hrsg.)*, Handbuch Industrie 4.0, 3. Aufl. 2020 (zit.: HdB Industrie 4.0/Bearbeiter); *Timm, Ingo J.*, Digitalisierung und Big Data in der Medizin. Chancen und Risiken aus Sicht der Informatik, MedR 2016, 681 (686); *Uskenbayeva, Sandugash*, Produkthaftung für Software im Internet, 2008; *Wagner, Gerhard*, Produkthaftung für autonome Systeme, AcP 217 (2017), 707; *Westphalen, Friedrich Graf v.*, Das neue Produkthaftungsgesetz, NJW 1990, 83; *Witte, Jürgen/Hrubesch, Boris*, Rechtsschutzmöglichkeiten bei Unternehmens-Rating, ZIP 2004, 1346; *Wybitul, Tim/Haß, Detlef/Philipp, Jan*, Abwehr von Schadensersatzansprüchen nach der Datenschutz-Grundverordnung, NJW 2018, 113; *Zech, Herbert*, Haftung für Trainingsdaten Künstlicher Intelligenz, NJW 2022, 502; *Zugehör, Horst*, Berufliche „Dritthaftung" – insbesondere der Rechtsanwälte, Steuerberater, Wirtschaftsprüfer und Notare – in der deutschen Rechtsprechung, NJW 2000, 1601.

A. Einleitung

I. Begriffe und Fallgruppen

1 Die Frage nach Verantwortung und, als Spezialaspekt, die zivilrechtliche Haftung für Daten oder Informationen im Zusammenhang mit Big Data betrifft einen sehr heterogenen Themenkomplex mit unterschiedlichsten Aspekten. Der Begriff Big Data (→ § 1 Rn. 5 ff.) wird in diesem Abschnitt im Sinne der Informationsgewinnung durch Verarbeitung großer Datenmengen verwendet. Die auf diese Informationsgewinnung gerichtete Datenverarbeitung, die im Zentrum dieses Abschnitts steht, wird als **Big-Data-Analyse** bezeichnet. Dieser Begriff wird hier weit verstanden und umfasst etwa auch die Verwendung von Daten im machine learning (→ § 1 Rn. 19).

2 Die Begriffe der Daten und der Informationen (→ § 3 Rn. 13 ff.) werden durchaus unterschiedlich definiert und abgegrenzt und haben in den verschiedenen Rechtsgebieten durchaus unterschiedliche Bedeutung.[1] So bezeichnet der Begriff des Datums im Datenschutzrecht im Kern die Information, in der Debatte um das Eigentum an Daten die Speicherung. Für die hier interessierende Fragestellung sind die Definitionen im Einzelnen wohl nicht entscheidend. Daher wird der **Begriff der Daten** für die Zwecke dieses Abschnitts vereinfachend als eine Menge

---

[1] Vgl. zur Unterscheidung zwischen Information und Datum etwa Adam NJW 2020, 2063 (2063 f.); Druey Information als Gegenstand des Rechts S. 5 ff.; Heymann CR 2016, 650; Martini/Kolain/Neumann/Rehorst/Wagner MMR-Beil. 2021, 3 (4); Riehm VersR 2019, 714 (715); Bräutigam/Kraul IoT-HdB/Wiebe/Schur § 6 Rn. 5 f.; Zech Information S. 32 f.; sowie zur Unterscheidung in der Wissenschaftstheorie Aamodt/Nygård Data & Knowledge Engineering Vol. 16 No. 3 (1995),191 (197 f.).

an elektronisch gespeicherten Zeichen verstanden, betrifft also die syntaktische Ebene. Der **Begriff der Information** hingegen meint den geistigen Gehalt, der sich aus der Interpretation des Zeichens und ggf. weiterer Informationen, insbesondere dem Kontext, ergibt, also die semantische Ebene.

In Bezug auf die rechtliche Verantwortung, insbesondere die zivilrechtliche Haftung im Zusammenhang mit Daten, sind zwei unterschiedliche Perspektiven von Bedeutung: Daten können zum einen ein **Schutzgut rechtlicher Normen** sein[2] und insofern durch Löschung oder Veränderung beeinträchtigt werden. Diese Fragestellung, die etwa im Zusammenhang mit Diensten zur Sicherung von Daten, etwa im Cloud Computing, erörtert wird,[3] steht hier nicht im Vordergrund. 3

Zum anderen können Daten oder ihre konkrete Verarbeitung **ihrerseits gegen rechtliche Anforderungen verstoßen**. Diese Fragestellung ist Gegenstand der nachfolgenden Untersuchung. Insoweit sollen hier vor allem zwei Fallgruppen unterschieden werden: Ein Rechtsverstoß kann sich zum einen aus **Eigenschaften der Daten und des in ihnen gespeicherte Informationsgehalts** ergeben, etwa wenn Daten in einem anderen als dem vereinbarten Format vorliegen oder wenn die Informationen fehlerhaft sind oder gegen rechtliche Bestimmungen verstoßen. 4

Rechtsverstöße können sich zum anderen aus **einer bestimmten Art der Verarbeitung**, etwa der Veränderung, der Löschung oder der Verbreitung der Daten ergeben. Diese Fallgruppe lässt sich etwa mit Hinweis auf das Datenschutzrecht verdeutlichen, das an der Verarbeitung personenbezogener Daten ansetzt und diese umfangreicher Regulierung unterwirft.[4] Fälle der Offenlegung von Daten, die etwa einem Geheimnisschutz unterliegen,[5] fallen ebenfalls in diese Fallgruppe, ebenso rechtliche Anforderungen, etwa des künftigen KI-Gesetzes, an die Verarbeitung von Daten. 5

Die beiden Fallgruppen gehen notwendig ineinander über, da schon die **Speicherung** von Daten, soweit sie als aktives „Verhalten" angesehen werden kann, einen Fall der Verarbeitung darstellt. Auch wenn, etwa in der Frage nach der Gewährleistung für Daten, auf die Eigenschaften von Daten Bezug genommen wird, kann man die **Lieferung** der Daten, an der etwa das Gewährleistungsrecht ansetzt, als Vorgang und damit wiederum als Verarbeitung von Daten verstehen.[6] 6

II. Rechtsfragen

Die rechtliche Verantwortung für Eigenschaften von Daten und für deren Verarbeitung ist eine Fragestellung, die in nahezu allen Rechtsbereichen von Bedeutung sein kann. Diese reicht im öffentlichen Recht vom Verfassungsrecht über zahlreiche Bereiche des Verwaltungsrechts, des Polizeirechts bis zum Strafrecht, und umfasst im Bereich des allgemeinen Zivilrechts vor allem Aspekte des Vertragsrechts und des Deliktsrechts, letztlich aber die **gesamte Breite des Wirtschaftsrechts**. 7

Hinzu kommen **datenbezogene Spezialregelungen** vom Datenschutz bis zum Datenrecht im Sinne der Regelungen von Rechten an Daten und des Umgangs mit Daten. Dies ist nicht überraschend, da Daten und die in ihnen repräsentierte Information für alle Rechtsbereiche von Bedeutung sind. Diese Vielfalt der Rechtsfragen hat auch Auswirkungen in dem hier interessierenden Ausschnitt der zivilrechtlichen Haftung, da sowohl die vertragliche als auch die deliktische Haftung vielfach an Regeln aus anderen Rechtsgebieten anknüpfen. 8

---

2 Vgl. OLG Karlsruhe NJW 1996, 200 (201); Meier/Wehlau NJW 1998, 1585 (1588).
3 Vgl. hierzu Borges/Meents Cloud Computing/Borges § 12 Rn. 25 ff.; Schneidereit Cloud Computing S. 205 ff.
4 Siehe hierzu Kühling/Buchner/Buchner DS-GVO Art. 1 Rn. 8 ff.; LRE DatenschutzR § 1 Rn. 1 ff.
5 Siehe hierzu LWG IT-R/Schur Teil 6.8 Rn. 13 ff.
6 Kühling/Buchner/Herbst DS-GVO Art. 4 Rn. 29 ff.; BeckOK-Datenschutzrecht/Schild DS-GVO Art. 4 Rn. 49; HK-DS-GVO/BDSG/Reimer DS-GVO Art. 4 Rn. 69.

9　Die rechtliche Verantwortung für Daten setzt an der jeweiligen Rolle und Tätigkeit des jeweils Verantwortlichen an. Im Hinblick auf Big-Data-Analysen lassen sich mehrere Phasen der Verarbeitung unterscheiden, an die Rollen mit spezifischen Teilbeiträgen anknüpfen (→ § 1 Rn. 13 ff.): (1) das Sammeln und Erzeugen von Daten, (2) das Unterhalten der tatsächlichen Verfügbarkeit von Daten, (3) das Bereitstellen (Liefern) von Daten, (4) die Durchführung der Analyse, (5) die **Bereitstellung des Analyseergebnisses** und (6) die **Verwendung des Analyseergebnisses.**

10　Aus Sicht der zivilrechtlichen Haftung für Daten sind vor allem drei Tätigkeiten von Interesse, da hieran die relevanten Haftungsnormen anknüpfen: die Bereitstellung von Daten, an der vor allem die vertragliche, aber auch die deliktische Haftung ansetzen, die Bereitstellung des Analyseergebnisses und die Verwendung eines Analyseergebnisses.

1. Qualität der Datengrundlage

11　Die Frage nach der Verantwortung für die Datengrundlage betrifft die Verantwortung der Person, die Daten für Analysen oder machine learning zur Verfügung stellt.

12　Die **Bereitstellung von Daten** für eine Big-Data-Analyse setzt zahlreiche Einzeltätigkeiten voraus, die von dem Erzeugen, Entgegennehmen und Zusammenführen von Daten, der Speicherung, über die Beschreibung der Daten, ihrer Verarbeitung, der Aufbereitung, bis zur Zusammenstellung für die Bereitstellung reichen. Auch wenn hier im Einzelnen zahlreiche, oft durch unterschiedliche Beteiligte erfolgende Tätigkeiten zu unterscheiden sind, wird hier zur Vereinfachung der **Akt der Bereitstellung** in den Mittelpunkt gestellt. Hieran knüpft die vertragliche Haftung an, die auf die Eigenschaften der Daten bei Gefahrübergang abstellt, aber auch die deliktische Haftung, die jeweils das Inverkehrbringen voraussetzt und für die haftungsrelevanten Eigenschaften vor allem auf diesen Zeitpunkt abstellt.

13　Die Rolle des Akteurs, der Daten bereitstellt, wird in der Literatur unterschiedlich bezeichnet (→ § 1 Rn. 15 f.). Diese Rolle wird in diesem Handbuch im Zusammenhang mit der gemeinsamen Datennutzung (**Data Sharing**) mit dem Begriff des **Datengebers** bezeichnet (→ § 5 Rn. 13). Diese Bezeichnung wird auch hier verwendet.

14　In Bezug auf die Datengrundlagen können vielfältige Probleme vorliegen: Daten können **inhaltlich falsch** sein (Beispiel: falsche Größenangabe zu einem Gebäude), es können **problematische Muster** in Daten oder Datenmehrheiten vorhanden sein (sog. bias in the data[7]). Daten können **falsch bezeichnet** sein (Angabe eines unzutreffenden Maschinentyps bei Maschinendaten, fehlerhafte Angabe des Aufnahmezeitpunkts bei Fotos). Datensätze können in **Quantität** vom Vereinbarten abweichen, die **Qualität** von Daten kann (z.B. Personenbezug, Auflösung von Bildaufnahmen) von vereinbarten oder gesetzlichen Vorgaben abweichen.

15　Aus vertraglicher Sicht stellen sich Fragen nach Erwartungen an Daten, insbesondere in Bezug auf implizite Vereinbarungen über Datenqualitäten, oder an die Üblichkeit von Eigenschaften.[8] Sowohl für vertragliche als auch für außervertragliche Haftung ist von Bedeutung, welche Pflichten den Datenlieferanten hinsichtlich der Datenqualität, der Bezeichnung von Daten und der Bereitstellung zusätzlicher Informationen und nicht zuletzt hinsichtlich der Überprüfung von Datenqualitäten treffen.

---

[7] Dazu Bilski/Schmid NJOZ 2019, 657 (659 ff.); Borges, Potenziale von KI und Datenschutzrecht, 2021, S. 41 ff.; EHKS KI/Niederée/Nejdl § 2 Rn. 119 ff.; Hacker ZGE 2020, 239 (244).
[8] Dazu eingehend Hoeren Big Data/Andrees/Bitter/Buchmüller/Uecker S. 100 ff.; Hacker ZGE 2020, 239 (249 f.); Hoeren MMR 2016, 8; Hennemann RDi 2021, 61 (68 f.); Rosenkranz/Scheufen ZfDR 2022, 159 (179 ff.); Sassenberg/Faber Industrie 4.0 und Internet-HdB/Kuss § 12 Rn. 91 ff.; Stevens CR 2020, 73 (74 ff.).

2. Erzeugung von Analyseergebnissen

Die Verarbeitung von Daten zur Erzielung neuer Informationen, die **Big-Data-Analyse**, kann in unterschiedlicher Art und Weise erfolgen. Dabei kann eine Vielzahl einzelner Tätigkeiten erfolgen, von der Aufbereitung von Daten, ihrer Zusammenstellung für eine bestimmte Analyse, der Auswahl von Methodik und Mitteln der Analyse, die Anwendung der Analysesoftware auf die Daten, die Auswertung der Ergebnisse bis zur Sicherung der gewonnenen Information. 16

Die Erzeugung fehlerhafter Analysen kann unterschiedliche Ursachen haben. Fehler können bei der **Interpretation der Datengrundlage** unterlaufen, etwa durch Nutzung eines ungeeigneten Algorithmus für die Vorhersage. Sie können, wohl der häufigste Fehler, in der **Wahl einer ungeeigneten Datengrundlage** bestehen, wenn etwa für die Prognose zu Maschinen ein ungeeigneter Datensatz (z.B. anderer Reifentyp bei Wartungsvorschlägen für LKW-Reifen) verwendet wird. 17

Eine fehlerhafte Analyse kann auch durch eine **fehlerhafte Datengrundlage** verursacht werden. Wenn etwa der Akteur, der die Analyse durchführt, auf ihm von einem Datengeber bereitgestellte, aber fehlerhaft bezeichnete Daten zurückgreift, liegt hierin die Wahl einer ungeeigneten Datengrundlage. 18

Die Verantwortlichkeit für die Erzeugung von Analyseergebnissen liegt bei der Person, die die Analyse erstellt. Zentrale rechtliche Aspekte der Verantwortung sind etwa die vertragliche Haftung gegenüber einem Geschäftspartner[9], der die Analyse verwendet, die Haftung aus Deliktsrecht gegenüber einem Geschädigten[10], sowie die Vereinbarkeit mit rechtlichen Anforderungen an die Erzeugung von Analysen aus unterschiedlichen Rechtsgebieten.[11] Naheliegende **Sorgfaltspflichten** betreffen etwa die Auswahl der richtigen Daten, die Überprüfung gelieferter Daten,[12] die Auswahl der Analysetools, die Überwachung der Tätigkeit der Tools, die Prüfung von Ergebnissen und, besonders wichtig, die Bezeichnung von Analyseergebnissen und Ergänzung um Zusatzinformationen, die für die Verwendung von Analysen von Bedeutung sind. 19

3. Verwendung von Analyseergebnissen

Die Verwendung des Analyseergebnisses erfolgt **typischerweise durch weitere Datenverarbeitung**, sei dies zur Steuerung von Maschinen, zur Bewertung von Personen etwa im Bereich der Predictive Analytics[13] oder auch nur im Wege der Weitergabe der Analyse, etwa einer Wettervorhersage. Analysen können aber auch ohne weitere Verarbeitung verwendet werden, etwa zur Beratung bei der Planung des eigenen Verhaltens durch eine natürliche Person. 20

Die Verwendung von Analyseergebnissen kann problematisch sein, schon durch schlichte Weitergabe an Dritte, die darauf vertrauen, aber auch durch Vertrauen auf Analyseergebnisse bei einem Verhalten, das Dritte betrifft. 21

Wenn etwa eine **fehlerhafte Wettervorhersage** weitergegeben wird, dann mag das nicht vorhergesehene Unwetter Schäden anrichten, die durch Vorsorge bei zutreffender Vorhersage hätten vermieden werden können (Beispiel: Schäden durch Unwetter bei einem Volksfest oder sonstigen Veranstaltung), genauso mag die Vorsorge vor einem fehlerhaft vorhergesagten Unwetter (Absage eines Volksfestes oder sonstiger Veranstaltung) Schäden (z.B. entgangene Einnahmen) verursachen. Wenn im Rahmen von **Predictive Maintenance** eine fehlerhafte Prognose weitergegeben wird (etwa für Wartung eines LKW-Reifens oder Rad eines Schienenfahrzeugs), dann kann ein Unfall aufgrund einer im Vertrauen auf die Prognose unterlassenen 22

---

9 Vgl. Kirchner InTeR 2018, 19.
10 Vgl. Kirchner InTeR 2018, 59.
11 Vgl. Zech NJW 2022, 502 (504 ff.).
12 Zech NJW 2022, 502 (506).
13 Siehe Fallgruppen bei Hoch MMR 2020, 295 (296); Mentel Predictive Analytic S. 14 ff.

Vorsorge Schäden hervorbringen, genauso kann die unnötige Vorsorge vermeidbaren Aufwand erzeugen.[14] Infolge fehlerhafter **Bewertung von Personen** können Bewerbungen um Arbeits- oder Studienplätze[15] abgewiesen werden oder Patienten fehlerhaft behandelt werden.[16]

23   In all diesen Fällen steht die rechtliche Verantwortung desjenigen, der die Analyse in Form einer Prognose oder Einschätzung weitergibt, zum einen, und desjenigen, der auf eine solche Prognose oder Einschätzung vertraut und ggf. Entscheidungen mit Bedeutung für Dritte trifft, zum anderen, in Rede. Dabei ist offensichtlich, dass sowohl die Erzeugung oder die Weitergabe von Analysen in Form von Bewertung (Prognosen, Einschätzung von Personen) als auch das Vertrauen auf derartige Informationen für die eigene Entscheidung rechtlichen Pflichten und entsprechender Verantwortung unterliegen kann. Die maßgeblichen Pflichten betreffen hier vor allem die **Überprüfung von Big-Data-Analysen auf ihre Eignung für die weitere Verwendung**, also die zu treffenden Entscheidungen.

24   Die Fragen nach der Verantwortlichkeit für die Verwendung von Analyseergebnissen betreffen den Beteiligten, der die Ergebnisse veröffentlicht oder an Dritte weitergibt oder für die eigene Entscheidung verwendet. Naheliegende Pflichten in diesem Zusammenhang betreffen etwa die **Auswahl der Analyse** für den jeweiligen Zweck, die vor allem bei der Berücksichtigung für Entscheidungen, aber auch bei der Weitergabe unter einer bestimmten Bezeichnung von Bedeutung ist, bei Weitergabe der Ergebnisse etwa die **richtige Bezeichnung oder Erläuterung der Analyse**, die **Beigabe von Zusatzinformationen** zur richtigen Interpretation etc., daneben etwa **Prüfung der Analyseergebnisse** vor der Weiterverwendung.

4. Gang der Darstellung

25   In diesem Kapitel können Rechtsfragen im Zusammenhang mit der Verantwortung für Daten und Information nicht umfassend erörtert werden. Die Anforderungen aus gesetzlichen Pflichten, insbesondere dem Datenschutz, aber auch andere Aspekte wie Geheimnisschutz, Berufsrecht etc., werden im Wesentlichen ausgeklammert.

26   Die Darstellung ist fokussiert auf Aspekte der vertraglichen und der deliktischen Haftung hinsichtlich der Datengrundlage und Erstellung und Bereitstellung von Analyseergebnissen einschließlich des maschinellen Lernens und hinsichtlich der Verwendung von Analyseergebnissen.

27   Da wesentliche strukturelle Probleme und Rechtsfragen für die drei genannten Rollen ähnlich oder gleich sind, wird die Darstellung nach den rechtlichen Grundlagen gegliedert und umfasst Aspekte der vertraglichen (→ Rn. 47 ff.) und der deliktischen (→ Rn. 145 ff.) Haftung, die jeweils für die drei Rollen und Tätigkeitsbereiche erörtert werden.

III. Aktuelle Gesetzgebung zu KI und Haftung für Daten

28   Big Data und Künstliche Intelligenz sind in vielfältiger Weise miteinander verflochten (→ § 1 Rn. 17 ff.). Insbesondere erfordert das maschinelle Lernen die Verarbeitung großer Datenmengen, das **Training neuronaler Netze** ist ein Anwendungsfall einer Big-Data-Analyse.

29   Im Hinblick auf den derzeit entstehenden Rechtsrahmen für Künstliche Intelligenz (→ § 1 Rn. 89 ff.) ist daher von Interesse, welche Bedeutung den aktuellen Gesetzgebungsvorhaben für die Haftung im Zusammenhang mit Big-Data-Analysen zukommt.

---

14   Dazu etwa Faber/Griga/Groß DS 2018, 299 (300, 302 f.); Mentel Predictive Analytic S. 35.
15   Beck/Grunwald/Jacob/Matzner, Künstliche Intelligenz und Diskriminierung, 2019, S. 5; Lauscher/Legner ZfDR 2022, 367 (368); Mentel Predictive Analytic S. 46.
16   EHKS KI/Rammos/Lange/Clausen § 28 Rn. 3 ff., 15 ff.; Timm MedR 2016, 686 (689, 690).

Daher werden die aktuellen Gesetzesvorhaben und ihre Bedeutung für die Haftung im Zusam-   30
menhang mit Big-Data-Analysen nachfolgend kurz dargestellt und an den jeweils relevanten
Rechtsfragen, soweit für Big Data relevant, näher untersucht.

1. KI-Gesetz und Haftung für Daten

Das KI-Gesetz (→ § 1 Rn. 96 ff.) wird ein wichtiges Element des Rechtsrahmens für Künstliche   31
Intelligenz darstellen. Es wird in vielfältiger Weise auch die zivilrechtliche Haftung für KI-Systeme betreffen.[17]

Das KI-Gesetz enthält etliche Regeln, die für die Haftung im Zusammenhang mit Big-Data-   32
Analysen von Bedeutung sind. So ist von Interesse, ob die Bereitstellung von Daten als Herstellung von KI-Systemen, insbesondere von **Hochrisiko-KI-Systemen** angesehen werden kann
(→ § 1 Rn. 135 ff.) und in welchen Fällen die Erzeugung und Verwendung von Analyseergebnissen als Nutzung von Hochrisiko-KI-Systemen anzusehen ist (→ § 1 Rn. 154 ff.).

Nach dem Vorschlag einer KI-Haftungs-Richtlinie wird das KI-Gesetz auch für die Haftung von
Bedeutung sein (→ Rn. 37). Von Interesse ist weiterhin, ob das KI-Gesetz als Schutzgesetz i.S.
des § 823 Abs. 2 BGB anzusehen ist (→ Rn. 268 ff.).

2. KI-Haftungs-Richtlinie und Haftung für Daten

Aus Sicht der Haftung für Tätigkeiten im Zusammenhang mit Big-Data-Analysen ist von Inter-   33
esse, welche Bedeutung der vorgeschlagenen KI-Haftungs-Richtlinie (→ § 1 Rn. 229 ff.) insoweit
zukommt.

Der von der Europäischen Kommission im September 2022 veröffentlichte Vorschlag einer   34
Richtlinie zur außervertraglichen Haftung für KI-Systeme[18] (KI-Haftungs-Richtlinie; KI-Haft-
RL) enthält, anders als der Titel erwarten lässt, **keine eigenständige Haftungsregelung**.

Der aktuelle Richtlinienvorschlag beschränkt sich vielmehr auf zwei Elemente der Haftung,   35
die jeweils eine Parallele im Vorschlag einer revidierten Produkthaftungsrichtlinie haben:
eine Regelung von **Informationen und Herausgabe von Dokumenten** (Art. 3) einerseits (→
Rn. 161 ff.) und die Regelung einer **Beweislastumkehr** (Art. 4) andererseits (→ Rn. 169 ff.).

Mit diesem Konzept verweist der Vorschlag hinsichtlich der materiellen Haftungsregeln im   36
Wesentlichen auf die **mitgliedstaatlichen Zivilrechtsordnungen** (→ § 1 Rn. 231) und auf
den gleichzeitig veröffentlichten Vorschlag einer revidierten **Produkthaftungsrichtlinie** (→
Rn. 39 ff.).

Zudem ist der Richtlinienvorschlag eng mit dem Entwurf des KI-Gesetzes verzahnt, indem   37
er in der Bestimmung des Anwendungsbereichs mit der Definition des KI-Systems und der
Unterscheidung zwischen Hochrisiko-KI-Systemen und sonstigen KI-Systemen auf die entsprechenden Definitionen des KI-Gesetzes verweist (→ § 1 Rn. 232).

Die Richtlinie gilt, entsprechend ihrem Titel, **ausschließlich für die deliktische Haftung** und   38
wird daher in diesem Zusammenhang (→ Rn. 149 ff.) erörtert.

3. Die neue Produkthaftungsrichtlinie und Haftung für Daten

Die Europäische Kommission veröffentlichte im September 2022, gemeinsam (→ § 1 Rn. 227)   39
mit dem Vorschlag einer KI-Haftungs-Richtlinie, den Entwurf einer revidierten Produkthaftungsrichtlinie (ProdHaftRL-E) (→ § 1 Rn. 233 ff.).

---

17 Hierzu Borges CR 2022, 553 (554 f.).
18 Europäische Kommission, Vorschlag für eine Richtlinie des Europäischen Parlaments und des Rates
    zur Anpassung der Vorschriften über außervertragliche zivilrechtliche Haftung an künstliche Intelligenz,
    COM(2022) 496 final.

40 Der Entwurf, mit dem die Kommission das Produkthaftungsrecht an den technischen Fortschritt, nicht zuletzt an die Besonderheiten der Künstlichen Intelligenz, anpassen will, orientiert sich an der bisherigen Produkthaftungsrichtlinie von 1985, enthält aber zugleich einige wichtige Modifikationen, nicht zuletzt im Hinblick auf **neue Technologien**.

41 Wesentliche Änderungen betreffen den Anwendungsbereich der Produkthaftung, vor allem die ausdrückliche Einbeziehung von Software unter Einschluss von Updates sowie Upgrades und sogenannten digitalen Bauunterlagen (→ Rn. 192, § 1 Rn. 234 f.) sowie den **Adressatenkreis der Haftung**, der gegenüber der bisherigen Produkthaftungsrichtlinie ausgeweitet wird.[19]

42 Die Adressaten der Produkthaftung sind in Art. 7 ProdHaftRL-E bestimmt. Primäre Haftungsadressaten sind weiterhin der **Hersteller** des Produkts oder eines Produktbestandteils (Art. 7 Abs. 1 ProdHaftRL-E). Haftungsadressaten können darüber hinaus auch sog. **Fulfilment-Dienstleister** (Art. 7 Abs. 3 ProdHaftRL-E), der **Händler** des Produkts (Art. 7 Abs. 5 ProdHaftRL-E sowie der **Anbieter einer Online-Handelsplattform** (Art. 7 Abs. 6 ProdHaftRL-E) sein.[20]

43 Eine besonders innovative und wichtige Erweiterung ist in Art. 7 Abs. 4 ProdHaftRL-E[21] geregelt, der dem Art. 28 Abs. 1 des vorgeschlagenen KI-Gesetzes (→ § 1 Rn. 123 f.) nachgebildet ist. Danach gilt als Hersteller, wenn er ein in Verkehr gebrachtes Produkt **wesentlich ändert**. Nach dieser Norm können, anders als nach bisherigem Produkthaftungsrecht, auch Nutzer eines Produkts zum Haftungsadressaten der Produkthaftung werden.[22]

44 Der Richtlinienvorschlag enthält wichtige Änderungen auch in Bezug auf die **Offenlegung von Beweismitteln**, eine Parallelvorschrift zur entsprechenden Regelung in der vorgeschlagenen KI-Haftungs-Richtlinie (→ Rn. 161 ff.).

45 Für die praktische Bedeutung der Produkthaftung dürften die Änderungen im Bereich der **Beweislast** am wichtigsten sein.[23] Zwar soll weiterhin der Geschädigte die Beweislast für den Fehler des Produkts und die Kausalität des Fehlers für den Schaden tragen (Art. 9 Abs. 1 ProdHaftRL-E). Jedoch werden in den Abs. 2-5 des Art. 9 mehrere **Vermutungen zugunsten des Geschädigten** eingeführt, die über den bisherigen Rechtszustand entscheidend hinausgehen und die Haftung insbesondere für KI-Systeme voraussichtlich wesentlich prägen werden.[24]

46 Aus Sicht von Big Data ist vor allem von Interesse, inwieweit die Produkthaftungsrichtlinie auf Daten und auf Analysen, die ja ebenfalls in Form von Daten weitergegeben werden, anwendbar ist. Hiervon hängt wesentlich ab, ob eine Haftung des Datenlieferanten für Fehler der von ihm bereitgestellten Daten und des Erstellers einer Big-Data-Analyse für Fehler der Analyse nach den Regeln der neuen Produkthaftungsrichtlinie in Betracht kommt. Daher wird diese Frage im Zusammenhang mit der Produkthaftung für Daten und Analysen (→ Rn. 180 ff.) näher untersucht.

B. Vertragliche Haftung für Daten und Analysen

47 In Bezug auf die Haftung für Daten und Big-Data-Analysen sind, wie dargestellt (oben Rn. 10 ff.), drei große Etappen zu unterscheiden: Bei der Beschaffung und Bereitstellung der Datengrundlage können Daten in Quantität und Qualität vom Geschuldeten abweichen.[25] Bei

---

19 Adelberg ZfPC 2023, 59 (60 f.); Borges DB 2022, 2650.
20 Adelberg ZfPC 2023, 59 (61); Borges DB 2022, 2650 f.; Schreitmüller/Schucht ARP 2023, 226 (229).
21 Dazu Borges DB 2022, 2650 (2651).
22 Borges DB 2022, 2650 (2651).
23 Vgl. hierzu Adelberg ZfPC 2023, 59 (62); Bitkom e.V., Stellungnahme, 2022, S. 5; Borges DB 2022, 2650 (2651 f.).
24 Ebenso Adelberg ZfPC 2023, 59 (62); Borges CRi 2023, 33 (40 f.).
25 Siehe für Anforderungen an die Datenqualität Sassenberg/Faber Industrie 4.0 und Internet-HdB/Kuss § 12 Rn. 92; Moos Datenschutz/Moos/Arning § 15 Rz. 65 ff.; Rosenkranz/Scheufen ZfDR 2022, 159 (177); speziell für KI-Trainingsdaten Hacker ZGE 2020, 239 (249 f.).

der Erstellung und Bereitstellung eines Analyseergebnisses kann dieses in vielerlei Hinsicht fehlerhaft sein. Bei der Beschaffung und Verwendung eines Analyseergebnisses für die Erbringung einer vertraglichen Leistung schließlich kann die unter Verwendung des Ergebnisses erbrachte Leistung fehlerhaft sein.[26]

Die Frage nach der vertraglichen Haftung stellt sich in der Praxis typischerweise ausgehend von einem konkreten Schadenseintritt und dem Vertragsverhältnis, in dessen Rahmen der Schaden verursacht wird. Ausgangspunkt der Betrachtung ist daher die **Erbringung der Leistung unter Verwendung eines Analyseergebnisses.** Hier manifestieren sich typische Schäden, und die Brauchbarkeit eines Analyseergebnisses oder der Datengrundlage zeigt sich meist anhand der Verwendung. Schließlich werden Datengrundlagen typischerweise in Bezug auf erhoffte Analyseergebnisse und im Hinblick auf die Verwendung der nachfolgenden Leistung erstellt.   48

Daher erfolgt die Darstellung der vertraglichen Haftung in dieser Reihenfolge. Zunächst wird die Haftung für die Verwendung von Analyseergebnissen, sodann die Haftung für die Erstellung der Analyse (→ Rn. 75 ff.) und sodann die Haftung für die Datengrundlage (→ Rn. 115 ff.) erörtert.   49

I. Haftung für die Verwendung von Analyseergebnissen

1. Einführung

Wenn ein Analyseergebnis verwendet wird, kann die vertragliche Leistung, die unter Verwendung der Analyse erbracht wird, fehlerhaft sein.   50

Nahezu **jegliche Art einer vertraglichen Leistung** kann beeinträchtigt sein. Dienstleistungen können fehlerhaft sein, insbesondere im Fall einer Beratung,[27] aber etwa auch einer medizinischen Behandlung eines Arztes, der auf eine Analyse[28] vertraut. Genauso kann eine unter Verwendung eines Analyseergebnisses hergestellte Ware mangelhaft sein.   51

Im Hinblick auf das Analyseergebnis kann die Fehlerursache zum einen in der fehlerhaften Verwendung eines richtigen Analyseergebnisses und zum anderen in der Verwendung eines fehlerhaften Analyseergebnisses bestehen.   52

Die Fehlerhaftigkeit einer Dienstleistung und die Mangelhaftigkeit der Ware sind **nach allgemeinen Maßstäben des jeweiligen Vertragsverhältnisses** zu beurteilen, eine Besonderheit aufgrund der Verwendung von Big-Data-Analysen besteht insoweit regelmäßig nicht. Spezifisch für Big-Data-Analysen und daher hier von Interesse sind besondere Pflichten des Leistungserbringers in Bezug auf die Verwendung von Big-Data-Analysen, die für die Feststellung eines Verschuldens in Bezug auf die Verletzung von Hauptleistungspflichten und von vertraglichen Nebenpflichten relevant sind.   53

Derartige Pflichten wurden bisher wenig systematisch untersucht. Nachfolgend wird zwischen Pflichten bei der Auswahl von Analyseergebnissen (→ Rn. 55 ff.), bei der Interpretation von Analysen (→ Rn. 60 ff.) sowie zur Überprüfung von Analyseergebnissen (→ Rn. 67 ff.) unterschieden.   54

2. Auswahl des Analyseergebnisses

Wenn ein Leistungserbringer eine Information für die Erbringung seiner Leistung heranzieht, kann dadurch die Leistung unmittelbar fehlerhaft werden. Wird etwa für die Warenproduktion   55

---

26 Hoeren Big Data/Andrees/Bitter/Buchmüller/Uecker S. 103 f.; Kirchner InTeR 2018, 19 (23).
27 Vgl. hierzu Einsatz von KI in der Steuerberatung Krug beck.digitax 2020, 74 (76).
28 Bilski/Schmid NJOZ 2019, 657 (660); Jülicher Medizininformationsrecht S. 193 f.; Timm MedR 2016, 686 (689).

ein falsches Maß verwendet, ist die Ware mangelhaft. Genauso liegt es, wenn ein Arzt fehlerhafte Blutwerte eines Patienten[29] oder ein Steuerberater fehlerhafte Umsatzdaten zugrunde legt.

56 Den Leistungserbringer treffen daher Sorgfaltspflichten in Bezug auf die Auswahl der Information, die teilweise an eine Gefährdungshaftung heranreichen: Geht es etwa um die Verwendung von Umsätzen oder Maßangaben, wird aufgrund des objektiven Verschuldensmaßstabs eine Fahrlässigkeit ohne Weiteres angenommen, wenn der **Fehler der Daten erkennbar** war und gleichwohl unzutreffende Daten verwendet wurden. Werden dem Steuerberater falsche Umsätze mitgeteilt, handelt er nicht schuldhaft, wenn der falsche Umsatz in eine Steuererklärung eingeht. Etwas anderes gilt, wenn er eine Sorgfaltspflicht zur Überprüfung der mitgeteilten Daten verletzt (→ Rn. 110).

57 Der Kern der Sorgfaltspflicht liegt bei der **Auswahl der Information.**[30] Der Steuerberater sollte die Umsatzzahlen zum richtigen Zeitraum und des richtigen Steuerpflichtigen verwenden, er sollte Umsatz- und Gewinnzahlen unterscheiden etc. Entsprechendes gilt für die Produktion von Gütern, der aktuelle und inhaltlich zutreffende Informationen zugrunde gelegt werden sollten. Komplexere Betrachtungen sind anzustellen, wenn die Fehlerhaftigkeit der Information nicht ohne Weiteres erkennbar war.

58 Diese Grundsätze gelten auch für die Verwendung von Ergebnissen einer Big-Data-Analyse. Die Verwendung unzutreffender Analyseergebnisse ist regelmäßig sorgfaltswidrig, wenn und soweit die **Fehlerhaftigkeit erkennbar** war.[31] Bei der Auswahl von Analyseergebnissen ist daher darauf zu achten, ob das Ergebnis für den Zweck geeignet ist, zu dem es verwendet werden soll. Hierfür wird die Beschreibung des Analyseergebnisses von Bedeutung sein. Die wohl grundlegende Sorgfaltspflicht im Umgang mit Analyseergebnissen geht also dahin, Informationen für die Einschätzung der Eignung einzuholen und zu bewerten.

59 Bestehen Zweifel an der Eignung der Analyseergebnisse, kommt es auf die mit der Verwendung verbundenen Risiken an, ob die Ergebnisse überhaupt verwendet werden dürfen. Es folgt dann eine Pflicht zur Risikobewertung, die in die Pflicht zum Verzicht auf die Verwendung münden kann, oder in eine Pflicht zur Information eines Beteiligten, dem im Fall einer unzutreffenden Leistung Gefahren drohen.

3. Interpretation des Analyseergebnisses

60 Die Interpretation der Ergebnisse einer Big-Data-Analyse kann schwierig sein. Wenn etwa Daten zur Wetterlage oder Prognose zur künftigen Wetterlage übermittelt werden, kann es schwierig sein, aus solchen Daten die Gefahr für ein Hochwasser oder gar für ein singuläres Hochwasser mit dramatischen Risiken zu erkennen.

61 Es ist offensichtlich, dass bei der Interpretation von Analysen Fehler entstehen können, sei es hinsichtlich des Aussagegehalts von Daten, sei es hinsichtlich des Anwendungsbereichs einer Analyse.

62 Die Wetterdaten und daraus abgeleiteten Informationen, die im Fall des **Ahr-Hochwassers** vom Juli 2021 offenbar an mehreren Stellen in haarsträubender Weise fehlerhaft interpretiert (oder gar ignoriert) wurden,[32] liefern ein bedrückendes Beispiel für die Gefahren, die sich aus einer fehlerhaften Interpretation oder der Vornahme fehlerhafter (bzw. dem Unterlassen von) Schlussfolgerungen aus einer Analyse ergeben können.

---

29 Dazu etwa SWW DatenR/Eimer/Pesek S. 854 f.
30 Ähnlich HSH MMR-HdB/Hackenberg Teil 15.2 Rn. 6.
31 BGH NJW-RR 2007, 711 (712); kritisch Hoeren Big Data/Andrees/Bitter/Buchmüller/Uecker S. 104; ähnlich auch Roßnagel NJW 2017, 10 (14 f.).
32 Siehe etwa Weidinger, Was ist in der Flutnacht passiert? – Ein Protokoll (Stand 23.6.2023), abrufbar unter https://www.swr.de/swraktuell/rheinland-pfalz/flut-rekonstruktion-ahrtal-protokoll-100.html (letzter Zugriff 1.9.2023).

Die Gefahr, aus einer Information fehlerhafte Schlussfolgerungen zu ziehen, ist **kein Spezifikum von Big-Data-Analysen** und ist hier nicht weiter zu erörtern. Auch die Möglichkeit fehlerhafter Interpretation von Information ist keine Besonderheit von Big-Data-Analysen. Die richtige Interpretation von Information kann schwierig sein unabhängig davon, ob die Information mit oder ohne Big-Data-Techniken erzeugt wurde. 63

Beim Umfang von Big-Data-Analysen dürfte aber eine besondere Relevanz der Pflichten zum richtigen Umgang mit Informationen bestehen, da hier **neue Arten und Qualitäten von Informationen** vorhanden sind, die eines angemessenen Umgangs bedürfen.[33] Wenn beispielsweise Unwetterwarnungen oder Erdbebenwarnungen möglich sind, die es in der Vergangenheit nach Art oder Qualität nicht gab, dann erfordert dies auch eine Anpassung im Umgang mit derartigen Informationen. Dies gilt erst recht, wenn Beurteilungen von Personen oder Prognosen zur Funktion oder Funktionsstörung von Maschinen zur Verfügung stehen, die bisher in vergleichbarer Art nicht zur Verfügung standen. Es ist naheliegend, dass Fehler im Umgang mit Ergebnissen einer Big-Data-Analyse gerade in den Bereichen auftreten, in denen solche Techniken neu und unerprobt sind, und Gefahren auslösen können, sofern keine oder keine ausreichenden Schutzmaßnahmen getroffen werden. 64

Die Pflichten im Zusammenhang mit der Interpretation von Analyseergebnissen hängen zudem stark von der Art der Analyse und des potentiellen Einsatzgebietes der Information ab. Als allgemeine Sorgfaltsanforderung wird man aber annehmen können, dass es eine Pflicht gibt, eine **zutreffende Interpretation zu sichern**. Soweit also Analyseergebnisse zur Erbringung von Leistungen verwendet werden, besteht eine Pflicht des Verwenders im Rahmen der Erbringung seiner Leistung, eine zutreffende Interpretation sicherzustellen, soweit dies nach den Umständen möglich und zumutbar ist. 65

Die Person, die eine Interpretation von Analysen vornimmt, muss also hinreichende Kenntnisse im Umgang mit Big-Data-Analysen haben.[34] In Organisationen entstehen Folgepflichten zur **Schulung von Mitarbeitern**. Zentral dürfte die Pflicht sein, die notwendigen **Zusatzinformationen** zu einem Analyseergebnis, zur Datengrundlage, zur Genauigkeit etc. heranzuziehen und zu berücksichtigen. Bei Zweifeln besteht eine Pflicht zu weiteren Maßnahmen, etwa **Nachfragen beim Lieferanten** des Analyseergebnisses oder **Überprüfung** (s.u.). Ähnlich wie bei der Auswahl der Ergebnisse hat dies stets im Hinblick auf den Zweck zu erfolgen, für den das Analyseergebnis verwendet werden soll, und je nach Bedeutung und Risiken richten sich die Anforderungen an die Vergewisserung der zutreffenden Informationen. 66

4. Prüfung des Analyseergebnisses

Analyseergebnisse können aus den unterschiedlichsten Gründen unrichtig sein, und vor allem bestehen häufig Grenzen hinsichtlich ihrer Aussagekraft. Zu den Voraussetzungen einer zutreffenden Interpretation von Analyseergebnissen gehört daher die Kenntnis der Grenzen und der möglichen Fehlerhaftigkeit der Ergebnisse. 67

Entsprechend unterliegen Personen, die zur Erbringung einer vertraglichen Leistung Ergebnisse einer Big-Data-Analyse einsetzen, der Pflicht, diese Grenzen zu kennen und damit angemessen umzugehen, um Risiken aus fehlerhaften Analyseergebnissen zu minimieren. 68

Aus diesem Grundsatz lassen sich unterschiedliche konkrete Pflichten und Maßnahmen ableiten. Eine wesentliche Pflicht, die schon bei der Interpretation von Analyseergebnissen genannt wurde (→ Rn. 66), betrifft die **Berücksichtigung von Zusatzinformationen**, aus denen Grenzen und mögliche Fehler von Analyseergebnissen erkennbar werden. Die hier interessierende 69

---

33 Ähnlich zu Trainingsdaten für KI Hacker ZGE 2020, 239 (243).
34 Im Ergebnis wohl auch Fasel/Meier Big Data/Seufert S. 50 ff.; allgemein Bitkom e.V., Leitfaden, 2012, S. 26 f.

Frage ist, ob und inwieweit darüber hinaus eine Pflicht zur Überprüfung von Analyseergebnissen besteht.[35]

70   Insoweit ist nach Art der Analyse und den Risiken aus ihrer Verwendung zu differenzieren. Als wesentliche Maßnahme, die grundsätzlich zum Pflichtenkatalog des Anwenders gehört, kann eine Pflicht zur **Prüfung der Analyse auf Echtheit und Unversehrtheit** bestehen, insbesondere wenn diese von Dritten übermittelt wurde.[36] Diese Pflicht greift ein, wenn Anlass zu Zweifeln hieran besteht, etwa bei ungewöhnlichen Umständen, oder wenn Anlass zur Prüfung besteht, etwa bei Informationen aus bisher nicht verwendeten Quellen.

71   Hinsichtlich einer inhaltlichen Überprüfung ist zu differenzieren. Eine **Plausibilitätsprüfung** jedenfalls einfacher Art wird wohl stets geboten sein. Wenn eine Wettervorhersage im Hochsommer einen Schneesturm in Deutschland vorhersagt, muss die Plausibilitätsprüfung regelmäßig zum Ergebnis haben, dass weitere Prüfungen erforderlich sind.

72   Weitergehende Maßnahmen können sehr weitreichend sein, bis zum **Nachvollzug** der gesamten Analyse, **Stichproben** hinsichtlich der Datengrundlagen oder Einholung einer **zweiten Analyse**.

73   Eine allgemeine Pflicht zur inhaltlichen Überprüfung besteht, jenseits der bereits genannten Plausibilitätsprüfung, die ihrerseits stark unterschiedlicher Intensität sein kann, nicht. Eine Pflicht zur weiteren Prüfung kann sich ergeben, wenn Anzeichen für Fehlerhaftigkeit bestehen, insbesondere aufgrund der Plausibilitätsprüfung, oder wenn sonst Anlass besteht, etwa wenn die mitgelieferten Zusatzinformationen unzureichend oder unzutreffend sind.

74   Wie stets kommt es auf die mit der Verwendung des Analyseergebnisses verbundenen Risiken an. Ein Nachvollzug der Analyse wird häufig unzumutbar sein, da der Verwender des Analyseergebnisses typischerweise nicht selbst die Möglichkeit dazu hat. Hat der Verwender diese Analyse selbst erstellt, kann es schon anders liegen. Bei Verdacht auf Fehler wird oft die **Aufforderung an den Lieferanten** geboten sein, die Analyse nachzubessern. Eine parallele Prüfung durch eine andere Analyse wird nur im Ausnahmefall geboten sein. Bei Zweifeln greift aber, wie bereits dargestellt, oft die **Pflicht zum Verzicht** auf die Verwendung des Analyseergebnisses.

II. Gewährleistung und Haftung für Analysen

75   Eine vertragliche Haftung für Schäden aufgrund fehlerhafter Big-Data-Analysen, also fehlerhafter Erstellung eines Analyseergebnisses, kann sich ergeben, wenn die Analyse Gegenstand einer vertraglichen Pflicht ist. Dies ist vor allem der Fall, wenn die Durchführung der Analyse den Hauptgegenstand eines Vertrages bildet, also eine **Analyse im Auftrag** (→ § 15 Rn. 18 ff., § 17 Rn. 27 ff.).[37] Daher steht diese Konstellation nachfolgend im Vordergrund. Eine Analyse unterliegt aber auch vertraglicher Haftung, wenn sie Bestandteil einer Vertragsleistung ist, also etwa als Vorstufe zur Erbringung der eigenen Dienstleistung oder Produktion einer Ware. In diesem Fall steht die Haftung für etwaige Fehler der Hauptleistung im Vordergrund, so dass die Rolle des Verwenders des Analyseergebnisses (→ Rn. 50 ff.) im Vordergrund steht. Daher ist hier nur auf Besonderheiten zu rekurrieren, die sich bei Erzeugung von Analysen für eigene Leistungen ergeben (→ Rn. 106 ff.).

1. Vertragstyp

76   Wenn der Datenempfänger als Dienstleister eine Big-Data-Analyse erstellt, um diese Dritten zur Verfügung zu stellen, wird die Bereitstellung der Analyse typischerweise auf vertraglicher Grundlage erfolgen. Dabei kommen verschiedene Vertragstypen in Betracht.

---

35 Offenlassend etwa Kirchner InTeR 2018, 19 (23).
36 Roßnagel NJW 2017, 10 (14).
37 Siehe auch Bräutigam/Kraul IoT-HdB/Wiebe/Schur § 6 Rn. 72 ff.

Die Diskussion zur Einordnung von Verträgen über die Lieferung von Analyseergebnissen in die Vertragstypen des BGB ist noch sehr am Anfang. Teilweise wird beim Austausch von Daten in industriellen Kooperationen in Bezug auf den gegenseitigen Austausch von Daten jeglicher Art (Produkt-, Prozess- und Analysedaten) vertreten, die zugrundeliegende Vereinbarung sei als Dienstvertrag anzusehen.[38] Diese Stellungnahme dürfte allerdings die Bereitstellung von ohnehin anfallenden Daten in industriellen Netzwerken (→ § 5 Rn. 302 ff.), nicht die hier interessierende Bereitstellung spezifischer Analysen meinen.

In Bezug auf die Erzeugung von Analysen durch KI-Systeme wird teilweise eine Einordnung als Dienstvertrag angenommen mit dem Argument, angesichts des Black-Box-Effekts von KI-Systemen sei es nicht interessengerecht, dem Ersteller der Analyse eine Erfolgsverantwortung aufzubürden.[39]

Eine pauschale Einordnung als Dienstvertrag kann jedoch auch bei durch KI-Systemen erzeugten Analysen nicht überzeugen, da der Empfänger der Analyse ein erhebliches Interesse daran haben kann, bei mangelhaften Analysen Gewährleistungsrechte zu haben, insbesondere nicht für mangelhafte Analysen zahlen zu müssen. Warum den Ersteller der Analyse keine Erfolgsverantwortung im Sinne der Gewährleistung treffen sollte, ist nicht zu erkennen, zumal die Haftung auf Schadensersatz nur bei Verschulden eintritt. Mitunter wird auch erwogen, den Vertrag über eine Datenanalyse als Vertrag sui generis anzusehen (→ § 17 Rn. 36).

Mit der überwiegenden Ansicht ist anzunehmen, dass Verträge über die Durchführung einer Analyse je nach Vereinbarung und Interessenlage als Dienstvertrag mit dem Inhalt, eine bestimmte Analysetätigkeit vorzunehmen, oder als Werkvertrag zur Erzeugung eines Analyseergebnisses zu qualifizieren sein können.[40] Dabei ist vor allem von Bedeutung, welche Partei das Risiko der Vergütung bei Ausbleiben des Erfolgs tragen soll (→ § 17 Rn. 34),[41] konkret, ob bei einer nicht oder fehlerhaft erbrachten Analyse eine Vergütung für die geleistete Tätigkeit geschuldet sein soll. **77**

Wird ein Analyseergebnis ohne vorherigen Auftrag erstellt, um es Dritten entgeltlich zur Verfügung zu stellen, ist der Vertrag über die Bereitstellung als Kauf eines Gegenstands (§§ 433, 453 BGB) zu qualifizieren (→ § 16 Rn. 11).[42] Das Analyseergebnis als Information ist gemäß § 453 Abs. 1 S. 1 BGB tauglicher Gegenstand eines Kaufvertrags.[43] Ob ein Vertrag über die Erstellung eines Analyseergebnisses als Werklieferungsvertrag anzusehen ist und daher analog § 650 BGB dem Kaufrecht unterliegt, scheint bisher nicht explizit diskutiert zu werden. **78**

Wird **lediglich eine Tätigkeit**, etwa zur Unterstützung, im Rahmen der Erstellung eines Analyseergebnisses vereinbart, kann es sich ebenfalls um einen Werk- oder einen Dienstvertrag handeln. **79**

2. Mangelhaftigkeit von Big-Data-Analysen

Bei der Gewährleistung für Big-Data-Analysen kommt es darauf an, unter welchen Voraussetzungen eine Analyse als mangelhaft anzusehen ist. Diese Frage wurde bisher kaum erörtert,[44] Rechtsprechung liegt nicht vor. **80**

---

38 Roßnagel NJW 2017, 10 (12).
39 Malcher, MMR 2022, 617 (619).
40 Leupold/Wiebe/Glossner IT-R/Schur Teil 6.9 Rn. 31; Bräutigam/Kraul IoT-HdB/Wiebe/Schur § 6 Rn. 72.
41 Bräutigam/Kraul IoT-HdB/Wiebe/Schur § 6 Rn. 72.
42 Dorschel Big Data-HdB/Dorschel S. 245 (246); vgl. allgemein für die Überlassung von Daten bzw. Informationen auch Staudinger/Beckmann BGB § 453 Rn. 75; Schuster/Grützmacher IT-Recht/Diedrich BGB § 453 Rn. 10; Hilbig ITRB 2007, 170; Hoeren MMR 2016, 8 (9); Bräutigam/Kraul IoT-HdB/Wiebe/Schur § 6 Rn. 88.
43 Vgl. Hilbig ITRB 2007, 170; BeckOGK/Wilhelmi BGB § 453 Rn. 161.
44 Am umfassendsten wohl Mentel Predictive Analytic S. 76 ff.

a) Mangelbegriff. Fallgruppen von Mängeln bei Big-Data-Analysen

81 Der Begriff des Mangels ist sowohl im Kauf- als auch im Werkvertrag von grundlegender Bedeutung für die Gewährleistung. Die Regelung unterscheidet jeweils zwischen Sachmängeln und Rechtsmängeln.

82 Die **kaufrechtliche Regelung** des Sachmangels, § 434 BGB, wurde mit Wirkung zum 1.1.2022 terminologisch und systematisch geändert. Der neugefasste § 434 BGB regelt den Sachmangel der Kaufsache in den Abs. 1–5 nach **vier Kriterien:** Eine Sache ist gemäß Abs. 1 mangelhaft, wenn sie nicht den vereinbarten, „subjektiven" Anforderungen entspricht (geregelt in Abs. 2). Soweit nicht wirksam etwas anderes vereinbart wurde, ist sie mangelhaft, wenn sie nicht den „objektiven" Anforderungen entspricht, konkret sich nicht für die übliche Verwendung eignet oder nicht die übliche Beschaffenheit aufweist (geregelt in Abs. 3), oder wenn, soweit eine Montage erforderlich ist, diese nicht sachgemäß durchgeführt worden ist und die unsachgemäße Montage auf einer fehlerhaften Montageanleitung beruht (geregelt in Abs. 4). Ein Mangel liegt auch vor, wenn es sich um eine andere als die vertraglich geschuldete Sache, ein sog. Aliud, handelt (Abs. 5).

83 Die Neufassung des § 434 BGB ändert in der Sache nicht viel, sondern kodifiziert vor allem die Ergebnisse der Rechtsprechung. Sie nimmt aber, insoweit durchaus innovativ, vor allem Bezug auf Produkte mit IT-Bestandteilen, da insbesondere die Eigenschaften der **Funktionalität**, **Kompatibilität** und **Interoperabilität** adressiert werden (vgl. § 434 Abs. 2 S. 2 BGB).

84 Der Begriff des Fehlers lässt sich charakterisieren als das Zurückbleiben der tatsächlichen Eigenschaften der Sachen hinter den Eigenschaften, die vereinbart waren (**subjektiver Fehlerbegriff**), oder hinter den berechtigten, insbesondere von der intendierten Verwendung und Üblichkeit ableitbaren Erwartungen (**objektiver Fehlerbegriff**).

85 Im **Werkvertragsrecht** ist der Begriff des Sachmangels in § 633 Abs. 2 BGB mit der bis 2022 auch im Kaufrecht maßgeblichen Formulierung, im Sinne des subjektiven Fehlerbegriffs als das Fehlen der vereinbarten Beschaffenheit definiert. Soweit die maßgebliche Beschaffenheit nicht vereinbart ist, ist maßgeblich, ob das Werk sich für die im Vertrag vorausgesetzte oder gewöhnliche Verwendung eignet oder die übliche Beschaffenheit aufweist (§ 633 Abs. 2 S. 2 BGB). Ein Sachmangel liegt auch vor, wenn ein anderes als das bestellte Werk, ein sog. Aliud, geliefert wird (§ 633 Abs. 2 S. 3 BGB).

86 Sowohl im Kaufrecht als auch im Werkvertragsrecht sind also die **Vereinbarungen der Parteien** für das Vorliegen eines Mangels maßgeblich. Ein Analyseergebnis ist daher jedenfalls mangelhaft, wenn es nicht die vereinbarten Eigenschaften aufweist.

87 Hinsichtlich der Mängel von Big-Data-Analysen lassen sich einige Fallgruppen unterscheiden. Abweichungen von vereinbarten oder üblichen Eigenschaften können sich ergeben in Bezug auf äußere Eigenschaften wie **Datenformate** (→ Rn. 88) oder den **Gegenstand der Analyse** (→ Rn. 89 f.), bezüglich der inhaltlichen Aussage (**inhaltlicher Fehler,** → Rn. 91) sowie bezüglich begleitender Information (**Instruktion,** → Rn. 105). Schwierigkeiten ergeben sich vor allem bei der Frage, unter welchen Voraussetzungen Schätzungen, Prognosen und Bewertungen als inhaltlich fehlerhaft anzusehen sind (Rn. 92 ff.).

b) Datenformat, Gegenstand der Analyse

88 Ein Analyseergebnis ist mangelhaft, wenn es **der Art und dem Format nach** von der Vereinbarung abweicht. Ein Fehler des Analyseformats liegt vor, wenn das Ergebnis in einem fehlerhaften Datenformat geliefert wird oder ähnliches. Ein Fehler der Art nach ist gegeben, wenn die Analyse anders als vereinbart ausgedrückt wird, man kann in dieser Fallgruppe auch von Fehlern in der Syntax sprechen.

89 Ein Mangel der Analyse liegt weiterhin vor, wenn diese sich auf den **falschen Gegenstand** bezieht. Falsch ist der Gegenstand, wenn er von dem vertraglich Vereinbarten abweicht. Bezieht

sich etwa im Predictive Maintenance die Verschleißanalyse auf einen anderen Maschinentyp als vereinbart, bezieht sich eine Wetterprognose auf ein anderes Gebiet oder einen anderen Zeitpunkt als vereinbart etc., liegt ein Fehler vor, soweit nicht schon von einem Aliud zu sprechen ist.

Die Abgrenzung zwischen Fehler und Aliud ist für die Gewährleistung indes bedeutungslos, da nach § 434 Abs. 5 BGB wie nach § 633 Abs. 2 S. 3 BGB die Lieferung eines anderen Gegenstands der Lieferung eines fehlerhaften Gegenstands **gleichgestellt** wird.   90

Bezieht sich eine Analyse auf einen anderen Gegenstand als vereinbart oder wird eine andere Art der Analyse als vereinbart durchgeführt, ist das Analyseergebnis jeweils mangelhaft.

Die Analyse ist auch mangelhaft, wenn sie **inhaltliche Fehler** aufweist. Ein solcher inhaltlicher Fehler liegt vor, wenn der Informationsgehalt von den (ggf. später durch ein Gericht festzustellenden) Tatsachen abweicht.   91

Die Bestimmung eines inhaltlichen Fehlers bereitet besondere Schwierigkeiten, soweit das Analyseergebnis eine Schätzung, Prognose oder Bewertung enthält. Diese Fallgruppen haben bei Big-Data-Analysen besondere praktische Relevanz.

Mit dem Begriff der **Schätzung** ist hier gemeint, dass nicht eine genaue Feststellung von Tatsachen vereinbart ist, sondern eine Annäherung. Hier liegt ein Fehler vor, wenn sich der Schätzwert nicht mehr im vereinbarten Toleranzbereich hält.   92

Eine **Prognose** drückt eine Erwartung über ein künftiges Ereignis aus, ist also per se keine Aussage über Tatsachen. Damit fehlt es an einem eindeutigen Vergleichsgegenstand für die Feststellung der Abweichung. Die Ermittlung der Fehlerhaftigkeit von Prognosen, die mit sehr unterschiedlichen Beschreibungen und auch sachlich divergierend diskutiert wird, ist kein Spezifikum von Big Data und steht hier nicht im Vordergrund. In der Diskussion werden häufig Fehlerhaftigkeit und Sorgfaltswidrigkeit vermengt, indem von einer Sorgfaltspflichtverletzung, etwa einer unzureichenden Methodik, auf die Fehlerhaftigkeit geschlossen wird. Richtigerweise ist hier wie bei einer Schätzung der Toleranzbereich des Prognoseergebnisses zu ermitteln, etwa durch – fachlich korrekten – Nachvollzug der Prognose mit den Informationen und der vereinbarten Methodik zum Zeitpunkt der Prognoseerstellung.   93

Bei einer Bewertung liegen die typischen Schwierigkeiten von Bewertungen vor, die bei durch Menschen vorgenommenen Bewertungen durch den sog. **Beurteilungsspielraum** gelöst werden.   94

Bei Bewertungen werden unterschiedliche Verfahren zur Feststellung der Fehlerhaftigkeit verwendet, oft ohne Klarstellung und unter demselben Stichwort des Beurteilungsspielraums. Die Rechtslage ist daher in hohem Maße unklar.   95

Nach hiesigem Verständnis sind zwei Verfahren zu unterscheiden: Zum einen kann bei der Bewertung, wie bei Prognose oder Schätzung, darauf abgestellt werden, ob sich die Bewertung innerhalb des **Toleranzbereichs von Bewertungen** hält. Dies wird typischerweise durch Nachvollzug der Bewertung entsprechend dem Informationsstand des Bewertenden ermittelt.   96

Diese Methode setzt voraus, dass ein solcher Toleranzbereich festgestellt werden kann. Dies ist jedoch in vielen relevanten Fallgruppen nicht der Fall.   97

Zum anderen kann darauf abgestellt werden, ob die Bewertung in einem **korrekten Verfahren** zustande kam, ob also die Auswahl des Bewertenden und die Anwendung der Bewertungsmethode, etwa die Inaugenscheinnahme einer künstlerischen Leistung (anstatt eines Berichts hierüber), korrekt erfolgten.   98

Bei der Ermittlung der Fehlerhaftigkeit einer Bewertung werden beide Methoden, soweit möglich, kombiniert, häufig, mangels eines feststellbaren Toleranzbereichs, aber nur auf die zweite rekurriert.   99

100 Da Big-Data-Analysen durch Software, oft durch KI-Systeme, durchgeführt werden, stellt sich die Frage, ob ein Beurteilungsspielraum auch bei einer **von einer Software durchgeführten Analyse** zuzubilligen ist. Diese Frage ist zu bejahen. Der Grund für die Anerkennung eines Bewertungsspielraums liegt in dem Umstand, dass der Bewertungsgegenstand von großer Komplexität und die Beurteilungsmaßstäbe auch dem Beurteilenden nicht bis ins Detail explizit bekannt sind. Bei der Analyse großer Datenmengen liegt es nicht anders, letztlich unabhängig von der Verwendung von KI-Methoden, da hier mathematische Schätzungen vorgenommen werden und die Qualität der Datengrundlage unklar ist.

101 Die inhaltliche Fehlerhaftigkeit einer Bewertung im Rahmen einer Big-Data-Analyse ist, methodisch wie bei Bewertungen durch Menschen, also unter Beachtung eines Beurteilungsspielraums zu ermitteln.

102 Bei Big-Data-Analysen bestehen insoweit, im Vergleich zu menschlichen Bewertungen, spezifische Schwierigkeiten, aber auch Vorteile. Ein Vorteil ist etwa, dass der **Nachvollzug der Analyse**, soweit die zugrunde liegenden Daten noch verfügbar sind, besonders gut möglich ist.

103 Im Hinblick auf das richtige Verfahren können die Parteien **durch Vereinbarung** Anforderungen klären, etwa durch Bestimmung eines Analyseverfahrens. Hier scheint aber noch Optimierungspotential zu bestehen. Wenn etwa die einzige Qualifikation für ein Analysetool der Verweis auf Tests oder erfolgreiche Nutzung in der Vergangenheit ist, kann die Qualität nur überprüft werden, wenn die Tests oder die Vergangenheitsdaten bekannt sind. Im Streitfall hat der Empfänger eines Analyseergebnisses auch oft nicht die Möglichkeit zum Nachvollzug einer Analyse, da er auf Daten und Software nicht zugreifen kann.

104 Die vorgeschlagene KI-Haftungs-Richtlinie kann hier nicht helfen, da sie nur für die deliktische Haftung gilt.

105 Fehlerhaft ist eine Analyse auch, wenn sie nicht mit **hinreichender Instruktion** einhergeht. Erforderlich sind Informationen über Gegenstand und Grenzen der Aussage, anhand derer der Empfänger die Eignung der Analyseergebnisse für seine Zwecke und auch damit verbundene Risiken bestimmen kann.

3. Sorgfaltspflichten

106 Die Sorgfaltspflichten im Zusammenhang mit der Durchführung von Big-Data-Analysen sind vor allem von Bedeutung, soweit es um das Verschulden des Erstellers der Analyse geht. Darüber hinaus sind sie maßgeblich, soweit, etwa bei einem Beurteilungsspielraum, die Fehlerhaftigkeit der Analyse(ergebnisse) unter Rückgriff auf das Analyseverfahren ermittelt wird, soweit also keine ergebnisbezogene, sondern eine **handlungsbezogene Leistung** maßgeblich ist. Bei derartigen handlungsbezogenen Leistungen fallen Mangelhaftigkeit und Verschulden in großen Teilbereichen zusammen, da die Fehlerhaftigkeit durch die Sorgfaltspflichten, also die Fahrlässigkeit, bestimmt wird.

107 Die Sorgfaltspflichten bei der Erstellung von Big-Data-Analysen werden bisher nur wenig diskutiert. Nach dem Bezugspunkt kann man Pflichten hinsichtlich der Grundlage, der Durchführung und der Prüfung der Analyse unterscheiden.

108 Zu den Pflichten in Bezug auf die **Grundlage der Analyse** gehört die Auswahl einer geeigneten Analysesoftware. Maßgeblich ist hier etwa, ob die Software im Hinblick auf das erwünschte Analyseergebnis geeignet ist, ob sie also Analyseergebnisse der gewünschten Art und Qualität (insb. Genauigkeit) hervorbringen kann. Eine hinreichende Eignung kann auch die Wahl des bestgeeigneten unter mehreren Programmen erfordern.

109 Zu den Pflichten gehört auch die Verwendung der vereinbarten oder einer geeigneten Datengrundlage. Im letztgenannten Fall bestehen Pflichten hinsichtlich der Auswahl der Datengrundlage, deren Inhalt sich nach dem gewünschten Analyseergebnis richtet.

Bei der **Überprüfung von Analyseergebnissen** ist, wie bei der Herstellung von Waren, eine 110 Prüfung hinsichtlich der vereinbarten Merkmale erforderlich. Allerdings kann diese oft nur sehr eingeschränkt erfolgen, etwa durch Vergleiche mit einem erwarteten Wertebereich. Bei auffälligen, d.h. vom erwarteten Wertebereich abweichenden Ergebnissen, ist eine weitergehende Prüfung erforderlich.

Die hier vorgenommene grobe Darstellung von Sorgfaltspflichten ist naturgemäß nicht voll- 111 ständig. Letztlich sind die Sorgfaltspflichten im konkreten Fall anhand der Interessenlage und den Vereinbarungen der Parteien zu bestimmen.

4. Einbeziehung Dritter in den Schutzbereich

Soweit Big-Data-Analysen auf der Grundlage eines Vertrags zwischen dem Leistungserbringer 112 und dem Verwender der Analyse erbracht werden, stellt sich bei Schädigung Dritter die Frage, ob dem Geschädigten gegen den Leistungserbringer ein Schadensersatzanspruch unter dem Gesichtspunkt eines Vertrags mit Schutzwirkung zugunsten Dritter zustehen kann.

Beim Vertrag mit Schutzwirkung zugunsten Dritter kann ein Dritter, der zwar nicht selbst 113 Vertragspartei, aber in den Schutz der vertraglichen Sorgfalts- und Schutzpflichten einbezogen ist, bei deren Verletzung eigene vertragliche Schadensersatzansprüche gegen den Verletzer geltend machen.[45] Eine solche Schutzwirkung zugunsten Dritter besteht, wenn der Vertrag nach seinem Inhalt und Zweck gerade auch auf den Schutz der geltend gemachten Interessen dieses Dritten angelegt ist.[46] Im Einzelnen setzt der Drittschutz voraus, dass der Dritte mit der Leistung bestimmungsgemäß in Berührung kommt und daher den Gefahren einer Leistungsstörung ähnlich intensiv ausgesetzt ist wie der Gläubiger selbst (sog. **Leistungsnähe des Dritten**).[47] Ferner muss der Gläubiger ein besonderes berechtigtes eigenes Interesse an Einbeziehung des Dritten in den Schutzbereich des Vertrags haben (sog. **Einbeziehungsinteresse**)[48] und es müssen dem Schuldner die Tatsachen, welche Leistungs- und Gläubigernähe begründen, bei Abschluss des Vertrags erkennbar gewesen sein (sog. **Erkennbarkeit für den Schuldner**).[49] Schließlich muss der Dritte in der Weise schutzbedürftig sein, dass ihm für den erlittenen Schaden **keine eigenen, im Wesentlichen gleichwertigen, vertraglichen Ansprüche** gegen den Schuldner oder eine andere Person zustehen.[50] Ob ein bestimmter Dritter im Einzelfall aufgrund dieser Kriterien in den Schutzbereich eines Vertrags einbezogen ist, ist durch Auslegung zu ermitteln, wobei die Rechtsprechung zur Vermeidung ausufernder Haftung das Erfordernis strenger Anforderungen betont.[51]

Ob ein Vertrag über die Erstellung einer Big-Data-Analyse eine solche Schutzwirkung zuguns- 114 ten Dritter enthält,[52] ist nach diesen Grundsätzen zu entscheiden. Angesichts der Vielfalt möglicher Big-Data-Analysen und ihrer Anwendungen kann die Frage jedenfalls nicht allgemein beantwortet werden; eine entsprechende Schutzwirkung wird allenfalls in Ausnahmefällen anzunehmen sein. Ob es (schon) am Einbeziehungsinteresse des Analyseverwenders fehlt, wie teilweise angenommen wird,[53] ist fraglich. Es fehlt aber in aller Regel an der Gleichrichtung der Interessen des Verwenders eines Analyseergebnisses und des Dritten. Der Dritte kommt nicht mit der Leistung des Analyseerstellers in Berührung, sondern mit der Leistung des Analyseverwenders. Das vertragliche Instrument zum Schutz des Geschädigten in diesen Fällen ist

---

45 BeckOK BGB/Janoscheck BGB § 328 Rn. 50; Lorenz JuS 2021, 817 (818).
46 BGH NJW 1994, 2417 (2419).
47 BGH NJW 2001, 3115 (3116); mwN MüKo BGB/Gottwald BGB § 328 Rn. 185.
48 BGH NJW 1996, 2927 (2928); mwN Staudinger/Klumpp BGB § 328 BGB Rn. 120.
49 BGH NJW 2014, 2577 (2578); HK-BGB/Fries/Schulze BGB § 328 Rn. 17.
50 BGH NJW 2020, 3169; Lorenz JuS 2021, 817 (819).
51 BGH NJW 1977, 1916; BGH NJW 1994, 2417 (2419); BGH NJW 2020, 3169.
52 Dazu für Predictive Analytics Mentel Predictive Analytic S. 75, 89 f.
53 So in Bezug auf Predictive Analytics Mentel Predictive Analytic S. 90.

die Haftung für **Erfüllungsgehilfen**. Vor allem aber wird es regelmäßig an der Schutzbedürftigkeit des Dritten fehlen, da dieser einen Anspruch gegen den Verwender des Analyseergebnisses hat, wenn man den Ersteller der Analyse als Erfüllungsgehilfen des Verwenders qualifiziert.

III. Haftung für die Datengrundlage einer Analyse

1. Überblick

115   Wenn Schäden durch Erstellung oder Verwendung von Big-Data-Analysen entstehen, kann die Schadensursache auch in zugrundeliegenden Daten liegen. Die zur Analyse verwendeten Daten können dabei in ganz unterschiedlicher Hinsicht ungeeignet sein: Sie können **inhaltlich fehlerhaft** sein, d.h. unzutreffende Information enthalten. Sie können **andere Merkmale** aufweisen als vereinbart oder erörtert, etwa eine andere Menge oder andere Auflösung haben, an ihnen können Rechte bestehen, die sich auf die Verwendbarkeit für die Analyse auswirken etc.

116   Daten für Big-Data-Analysen werden dem Ersteller der Analyse oft durch Dritte zur Verfügung gestellt, meist aufgrund eines Vertrags. Der Ersteller der Analyse tritt dabei in der Rolle des Datenempfängers, der Lieferant in der Rolle des Datengebers auf.[54] Die Bereitstellung von Daten kann unmittelbar zwischen Datengeber und Datenempfänger erfolgen oder unter Einbeziehung sog. Intermediäre (→ § 5 Rn. 117 ff.).

117   Die Frage nach der vertraglichen Haftung desjenigen, der Daten zur Erstellung einer Big-Data-Analyse bereitstellt, wird zunächst im Verhältnis zwischen dem Datengeber und dem Datenempfänger relevant.

118   Im Verhältnis zu Dritten, insbesondere dem Verwender der Big-Data-Analyse, aber auch eines geschädigten Dritten, stellen sich wiederum die Fragen nach der Schutzwirkung des Vertrags über die Bereitstellung von Daten zugunsten Dritter. Die Annahme eines **Vertrags mit Schutzwirkung zugunsten Dritter** dürfte meistens nicht in Betracht kommen, da typischerweise keine Leistungsnähe der Dritten (das Risiko der eigenen vertraglichen Haftung begründet keine Leistungsnähe) vorliegt.[55]

119   Verträge über Bereitstellung von Daten für Big-Data-Analysen können, wie an anderer Stelle ausgeführt (→ § 5 Rn. 306 ff.), unterschiedlichen Vertragstypen zuzuordnen sein. Sehr häufig wird es sich um einen Kaufvertrag handeln, ggf. auch um eine Schenkung, oder einen Werk- oder einen Dienstvertrag, ggf. auch einen Tausch. Das zentrale Element der vertraglichen Haftung des Datenlieferanten betrifft die **Datenqualität** und die insoweit geltenden Maßstäbe für die Haftung.

120   Die vertragliche Haftung setzt eine schuldhafte Verletzung der Leistungspflicht des Datenlieferanten voraus. Beim Kauf- und beim Werkvertrag **stehen Fehler der Daten** als Leistungsgegenstände sowie die **Verletzung vertraglicher Nebenpflichten** im Vordergrund. Daraus ergeben sich für die Ersteller zwei wesentliche Aspekte: die Maßstäbe zur Bestimmung der Fehlerhaftigkeit von Daten oder Datenbeständen und die Sorgfaltspflichten bei der Beschaffung und Bereitstellung von Daten für Big-Data-Analysen.

2. Vereinbarungen über die Datenqualität

a) Fehlerhaftigkeit von Daten

121   Ein zentraler Aspekt der Haftung betrifft die Feststellung der Fehlerhaftigkeit bereitgestellter Daten. Für die vertragliche Gewährleistung im Kaufrecht kommt es, wie im Zusammenhang

---

54   Siehe zu den Rollen und der Terminologie § 5 Rn. 12 ff.
55   Die bloß zufällige Leistungsberührung ist nicht ausreichend Staudinger/Klumpp BGB § 328 BGB Rn. 117; BeckOGK/Mäsch BGB § 328 BGB Rn. 171.

mit Analyseergebnissen dargestellt (→ Rn. 80 ff.), für das Vorliegen eines Mangels der Daten vorrangig auf die Vereinbarungen der Parteien und im Übrigen auf die Eignung für die übliche Verwendung, also für eine Analyse der betreffenden Art, an. Bei Abweichungen davon sind die Daten mangelhaft und lösen die Gewährleistungsrechte aus.[56]

In Bezug auf die Feststellung von Abweichungen gelten grundsätzlich keine Besonderheiten 122 gegenüber anderen Gegenständen. Diese können offensichtlich oder erst aufgrund einer Untersuchung feststellbar sein.[57] Eine besondere Schwierigkeit besteht aber hinsichtlich der Feststellung der Fehlerhaftigkeit bei **fehlenden oder impliziten Vereinbarungen über die geschuldeten Eigenschaften** von Daten.[58] Der Fehlerbegriff des BGB stellt, soweit nicht ausdrückliche Vereinbarungen vorliegen, entscheidend auf die Erwartungen der Parteien ab. Dies gilt sowohl hinsichtlich der Annahme impliziter Vereinbarungen als auch der „üblichen" Eigenschaften, die bei fehlender Vereinbarung für die Fehlerhaftigkeit maßgeblich sind.[59]

Derartige übliche Eigenschaften sind in Bezug auf Daten in vielen, wenn nicht der Mehrheit 123 der Bereiche, in denen Daten für Big-Data-Analysen verwendet werden, nicht oder nicht ohne Weiteres bekannt.

Für die Praxis bedeutet dies, dass Vereinbarungen über Qualität von genutzten Daten jedenfalls 124 aus Sicht des Datennutzers **so spezifisch und umfassend wie nur möglich** sein sollten. Im Übrigen gilt, dass entsprechend den allgemeinen Grundsätzen die übliche und damit geschuldete Qualität durch Auslegung anhand der Parteiinteressen, insbesondere dem Zweck der Datenüberlassung, also im Hinblick auf die beabsichtigte Analyse, zu erfolgen hat. Dabei wird es von entscheidender Bedeutung sein, ob der Datenlieferant Daten gezielt für Analysen zur Verfügung stellt und damit implizit für sich in Anspruch nimmt, eine Vorstellung von der Eignung der Daten zu haben, oder letztlich nur, etwa als Betreiber einer datenproduzierenden Maschine, Zugriff auf die Daten gewährt, deren Eignung für Analysen dem Datenlieferanten im Zweifel nicht bekannt sind.

b) Merkmale von Daten

Daten können ganz unterschiedliche Merkmale haben, die für ihre Fehlerhaftigkeit maßgeb- 125 lich sein können. Diese betreffen zum einen den **Informationsgehalt** der Daten sowie Kontextinformationen zu diesem Inhalt und zum anderen **Merkmale der Erstellung** der Daten.

Diese Aspekte sind kaum voneinander zu trennen, weshalb sich eine strenge Fallgruppenbil- 126 dung wohl verbietet. So kann etwa bei einer **Bilddatei** der Aufnahmezeitpunkt sowohl einen Aspekt des Informationsgehalts (dieses Bild zeigt den X-Gegenstand zum Zeitpunkt Y), als auch einen Aspekt der Datenanalyse (dieses Bild wurde zum Zeitpunkt Y erstellt) bezeichnen, was in der sprachlichen Kommunikation nicht immer getrennt wird.

Schwierig ist die Identifizierung von „Merkmalen" eines Datums oder Datenbestands nicht 127 zuletzt in Bezug auf **Kontextinformationen**, die zur Interpretation der Daten wichtig sind, die aber nicht ausdrücklich zum Bestandteil der Daten oder ihrer Bezeichnung gemacht werden.

Ein weiterer Bereich, der für die rechtliche Beurteilung von Daten wichtig ist, betrifft rechtli- 128 che Bewertungen im Zusammenhang mit Daten und Datensätzen. Dies betrifft etwa Immaterialgüterrechte oder sonstige **Rechte an Daten**,[60] darüber hinaus auch sonstige Rechte an der In-

---

56 Hennemann RDi 2021, 61 (68); Kirchner InTeR 2018, 19 (21); Rosenkranz/Scheufen ZfDR 2022, 159 (179).
57 Siehe für Methoden zur Messung der Datenqualität Nauman Informatik Spektrum 2007, 27 (28).
58 Bräutigam/Kraul IoT-HdB/Wiebe/Schur § 6 Rn. 91.
59 Kirchner InTeR 2018, 19 (21).
60 Bräutigam/Kraul IoT-HdB/Wiebe/Schur § 6 Rn. 93.

formation, etwa unter dem Gesichtspunkt des Geheimnisschutzes,[61] des Personenbezugs oder besonderer datenschutzrechtlicher Eigenschaften, etwa der Sensitivität i.S. des Art. 9 DSGVO.

129 Auch über die Frage, ob und ggf. unter welchen Voraussetzungen es einen **„bias in the data"** im Sinne einer Eigenschaft von Daten oder Datensätzen gibt, kann man trefflich streiten. Insoweit versteht sich, dass Parteien durchaus vereinbaren können, dass eine Datenmenge ein bestimmtes Muster (bias) enthalten oder nicht enthalten soll; Aspekte von bias können also Gegenstand vertraglicher Vereinbarung sein.

130 Da die Abweichung von vereinbarten Eigenschaften einen Fehler begründet und die vertraglichen Gewährleistungsrechte auslöst, ist von entscheidender Bedeutung, unter welchen Voraussetzungen eine **implizite Vereinbarung** über Eigenschaften anzunehmen ist. Dies hängt sehr vom Kontext der jeweiligen Vereinbarung ab.

131 Bei der Bereitstellung von Daten für eine Analyse wird man wohl von der implizierten Vereinbarung ausgehen können, dass keine Rechte Dritter an den Daten bestehen oder sonstige rechtliche Verwendungshindernisse vorliegen, die der Analyse entgegenstehen. Hinsichtlich eines etwaigen Personenbezugs von Daten wird man wohl keine implizite Vereinbarung annehmen können, da der Personenbezug kein absolutes Verwendungsverbot zur Folge hat.

132 Hinsichtlich des Vorliegens von bias wird man keine allgemeinen Erwartungen des Datennutzers annehmen können, da das Vorliegen von bias entscheidend von der Verwendung der Daten abhängt. Etwas anderes kommt nur in Betracht, wenn Daten speziell für eine bestimmte Verwendung geliefert werden. Wenn beispielsweise Daten explizit für **machine learning im Bereich der Kandidatenauswahl** geliefert werden, stellt sich die Frage, ob die Abwesenheit von geschlechtsdiskriminierenden Mustern als stillschweigende Erwartung des Datennutzers anzusehen und in der Folge eine dahingehende stillschweigende Vereinbarung dazu anzunehmen ist. Dies ist indes, vorbehaltlich besonderer Umstände, zu verneinen, da der Datengeber die geplante Verwendung nicht kennt und sich derartige Muster typischerweise erst in der Verwendung des machine learning zeigen.

c) Bezeichnung von Daten

133 Bei Maßgabe eines **subjektiven Fehlerbegriffs** sind, wie dargestellt, die Angaben über die Daten der entscheidende Maßstab für die Feststellung eines Fehlers. Daher kommt der richtigen Bezeichnung von Daten und ihren Merkmalen entscheidende Bedeutung für die vertragliche Haftung zu.

134 Aus dogmatischer Sicht kann man sich fragen, ob die Bezeichnung in der Weise Teil der Leistung ist, dass ein Datensatz fehlerhaft ist, wenn zwar Daten mit vereinbarten Merkmalen geliefert werden, die Bezeichnung aber unzutreffend ist oder eine geschuldete Bezeichnung fehlt.

135 In diesem Aspekt sind zwei Fallgruppen streng zu unterscheiden: Wenn die Lieferung von Daten zu Maschine A vereinbart ist, aber Daten zu Maschine B geliefert werden, weil die Datensätze beim Datenlieferanten unzutreffend etikettiert wurden und deshalb der **falsche Datensatz** ausgewählt wurde, ist der Datensatz fehlerhaft, weil seine tatsächlichen Merkmale (Herkunft von Maschine B) nicht mit den vereinbarten Merkmalen (Herkunft von Maschine A) übereinstimmen.

136 Anders ist es, wenn der richtige Datensatz geliefert wird, dieser aber **falsch bezeichnet** ist. Die Bedeutung der Frage kann an folgendem Beispiel veranschaulicht werden: wenn etwa Maschinendaten zu Maschine A und Maschine B geliefert werden sollen und auch beide Datensätze geliefert werden, jedoch die Bezeichnung vertauscht ist, also die Daten zu Maschine

---

61 Siehe zum GeschGehG und dessen Anwendung auf Daten Bräutigam/Kraul IoT-HdB/Wiebe/Schur § 6 Rn. 45 ff.

A als „Daten zu Maschine B" etikettiert sind und umgekehrt. Wenn hieraus Wartungszyklen zur Vermeidung von Unfällen errechnet werden, kann die Verwechslung zu Schäden mit üblen Folgen führen.

Bei Bereitstellung von Daten für Big-Data-Analysen aufgrund eines Vertrags wird man eine   137
allgemeine **Pflicht zur sorgfältigen Bezeichnung** der Daten anzunehmen haben. Diese folgt aus der Interessenlage der Parteien: Der Erwerber oder der Nutzer der Daten wird seine Erwartung an der Bezeichnung ausrichten. Daher wird ein redlicher Datengeber die Daten, soweit er sie überhaupt bezeichnet, mit der gebotenen Sorgfalt bezeichnen, also auch auf eine Zuschreibung von Eigenschaften verzichten, wenn er sie nicht mit hinreichender Sicherheit treffen kann.

Die fehlerhafte Bezeichnung begründet daher für sich genommen schon die Fehlerhaftigkeit   138
der Daten. Die Bezeichnung ist ein Teil der Hauptleistungspflicht, nicht lediglich eine Nebenpflicht, so dass fehlerhaft bezeichnete Daten zurückgewiesen werden können.

Das Kernproblem ist insoweit wiederum das **Fehlen eines allgemein anerkannten Schemas**   139
für die Bezeichnung von Daten. Eine allgemeingültige Datenanalyse gibt es nicht, ebenso wenig allgemein bekannte Anforderungen an die Sorgfalt hinsichtlich einer solchen Bezeichnung. So ist beispielsweise die Unterscheidung von personenbezogenen und nicht-personenbezogenen Daten im Grundsatz allgemein bekannt, der Begriff des Personenbezugs aber hoch umstritten und mit sehr weitreichender Rechtunsicherheit belastet, so dass eine Bezeichnung von Daten als "personenbezogen" oder „nicht-personenbezogen" von verschiedenen Personen unterschiedlich beantwortet werden kann. Wegen der Relativität des Personenbezugs kann die Analyse von Datensätzen und Daten auch unterschiedlich ausfallen. Redlicherweise wird daher häufig allenfalls eine Bezeichnung als „möglicherweise personenbezogen" oder „nach dem xy-Verfahren anonymisiert" möglich sein.

Dieses Beispiel weist auf die erheblichen praktischen und systematischen Herausforderungen   140
der gemeinsamen Datennutzung hin. Das rechtliche Risiko einer vertraglichen Haftung wegen fehlerhafter Bezeichnung von Daten kann durch sorgfältige und im Zweifel **zurückhaltende Bezeichnung** minimiert werden. Eine solche zurückhaltende Bezeichnung („Datensatz mit möglicherweise bestehendem Personenbezug und möglicherweise bestehenden Rechten Dritter") ist aus Sicht des Datenempfängers hingegen schädlich, da dieser, wie oben dargestellt, die Bezeichnung sorgfältig zu prüfen und die Analyse daran zu orientieren hat. Das Vertragsrecht allein kann dieses Problem nicht lösen. Letztlich sind es eher technische und organisatorische Maßnahmen zur Sicherung der Datenqualität bzw. der Durchführung von Analysen bei unsicherer Datenqualität, die für Big-Data-Analysen und machine learning entscheidend sein werden.

3. Sorgfaltspflichten hinsichtlich der Datenqualität

Sorgfaltspflichten des Datengebers sind, wie bereits dargestellt, sowohl hinsichtlich des Ver-   141
schuldens eines Fehlers als auch hinsichtlich etwaiger vertraglicher Nebenpflichten von entscheidender Bedeutung. Welche Sorgfaltspflichten im Einzelnen bestehen, ist noch weitgehend unklar. Wie dargelegt, ist als Mindestbestandteil des Pflichtenkatalogs des Datengebers eine Pflicht zur sorgfältigen Bezeichnung anzunehmen.

Weitere Sorgfaltspflichten ergeben sich **nach Maßgabe des vereinbarten Leitungsumfanges**   142
des Datengebers. Werden Daten mit bestimmten Eigenschaften vereinbart, besteht eine Sorgfaltspflicht hinsichtlich der Gewährleistung dieser Eigenschaften. Diese umfassen, bei Beschaffung von Daten, die sorgfältige Auswahl der Datenquellen etc.

Auch hinsichtlich der Prüfung von Rechten an Daten etc. können Sorgfaltspflichten beste-   143
hen, soweit bestimmte Merkmale vereinbart wurden. Insgesamt besteht insoweit noch große Rechtsunsicherheit.

144 Bei Sorgfaltspflichten hinsichtlich der Datenqualität in Bezug auf Verwender der Analyse drängt sich die Frage nach dem **Vertrag mit Schutzwirkung zugunsten Dritter** auf, denn die Bezeichnung der Daten ist für den Ersteller und für den Verwender der Analyse regelmäßig von Bedeutung, da beide die Bezeichnung der Dateien berücksichtigen müssen. Das Merkmal der Leistungsnähe ist beim Verwender der Analyse daher wohl gegeben. Es fehlt aber am Schutzbedürfnis des Verwenders, da dieser bei Fehlern der Analyse einen Anspruch gegen den Ersteller der Analyse hat. Im Ergebnis hat daher die Pflicht zur sorgfältigen Bezeichnung der Daten keine Schutzwirkung zugunsten des Verwenders der Analyse.

C. Deliktische Haftung für Daten und Analysen

145 Fehlerhafte Big-Data-Analysen können bei Dritten zu Schäden führen, die mit dem Ersteller von Big-Data-Analysen und dem Datengeber nicht in vertraglicher Beziehung stehen. Wenn beispielsweise aufgrund der fehlerhaften Prognose eines Analyseerstellers des Wartungszyklus ein LKW wegen Reifenschadens einen Unfall versursacht[62], bei dem Dritte verletzt werden, steht der Geschädigte typischerweise weder mit dem Analyseersteller noch dem Datengeber in einer Vertragsbeziehung, so dass sich eine mögliche Haftung dieser Beteiligten gegenüber dem Geschädigten allenfalls aus dem Deliktsrecht ergeben kann.

146 Soweit fehlerhafte Big-Data-Analysen zu Schäden führen, stellt sich die Frage nach einer möglichen Haftung des Analyseerstellers und des Datengebers typischerweise erst im Fall eines **Regresses des Analyseverwenders**. In vielen Fällen, etwa im Beispiel eines Unfalls aufgrund fehlerhafter Wartungsinformation, sind zudem weitere Beteiligte, etwa der Betreiber eines Fahrzeugs oder einer Anlage und ggf. dessen Haftpflichtversicherer, involviert. Auch in einer Regresssituation kommt es indes darauf an, ob Analyseersteller und Datengeber für den Schaden deliktisch haften.

147 Eine deliktische Haftung des Analyseerstellers oder des Datengebers kann sich aus der Produkthaftung (→ Rn. 180 ff.), aus § 823 Abs. 1 BGB (→ Rn. 207 ff.) oder aus der Haftung wegen Verletzung eines Schutzgesetzes nach § 823 Abs. 2 BGB (→ Rn. 251 ff.) ergeben. Von Interesse ist auch, welche Bedeutung der vorgeschlagenen KI-Haftungs-Richtlinie insoweit zukommt.

148 Daher wird nachfolgend die Bedeutung der vorgeschlagenen KI-Haftungs-Richtlinie untersucht, bevor die Haftung des Analyseerstellers und des Datengebers nach den maßgeblichen Anspruchsgrundlagen erörtert wird.

I. KI-Haftungs-Richtlinie und Haftung für Daten

149 Soweit Big-Data-Analysen unter Verwendung von KI-Systemen erstellt werden, ist unabhängig von der Anspruchsgrundlage von Interesse, welche Bedeutung der vorgeschlagenen KI-Haftungs-Richtlinie (→ § 1 Rn. 229 ff.) zukommt, wenn sie entsprechend dem Kommissionsvorschlag von September 2022 erlassen werden sollte.

Die vorgeschlagene KI-Haftungs-Richtlinie betrifft ausschließlich die deliktische Haftung für KI-Systeme. Aus der Sicht von Big Data ist von Bedeutung, inwieweit die Richtlinie auf die verschiedenen Tätigkeiten im Zusammenhang mit Big-Data-Analysen anwendbar sein soll (sogleich) und welche Bedeutung die Regeln zur Offenlegung von Beweismitteln (→ Rn. 161 ff.) und zur Kausalitätsvermutung (→ Rn. 169 ff.) im Kontext von Big Data haben.

---

62 Siehe zur Vorhersage eines Wartungsbedarfes bei Lastkraftwagenreifen das „Michelin Tire Care"-Wartungsprogramm, abrufbar unter https://www.prnewswire.com/news-releases/michelin-leads-innovation-with-rfid-technology-and-upgrades-to-service-offers-that-drive-value-for-fleets-300413913.html; sowie die Infobroschüre der Michelin North America, Inc., abrufbar unter https://dcadprod.azureedge.net/b2b-experience-production/attachments/ckd7850w200ss01mtnjghfukt-michelin-tire-care-brochure.pdf.

1. Anwendbarkeit der Richtlinie auf Big-Data-Analysen

Die vorgeschlagene Richtlinie soll nach Art. 1 des Entwurfs bestimmte Aspekte der Haftung für KI-Systeme regeln. Der Begriff des **KI-Systems** ist in Art. 2 Nr. 1 des Entwurfs durch schlichten Verweis auf den entsprechenden Begriff des vorgeschlagenen KI-Gesetzes (→ § 1 Rn. 110 ff.) definiert. 150

Der Richtlinienvorschlag differenziert zwischen **Hochrisiko-KI-Systemen** (vgl. Art. 1 Abs. 1, Art. 2 des Entwurfs) und sonstigen KI-Systemen. Auch der Begriff des Hochrisiko-KI-Systems wird durch Verweis auf den parallelen Begriff des KI-Gesetz-E definiert (→ § 1 Rn. 149 ff.) (vgl. Art. 2 Nr. 2 des Entwurfs). 151

Die materiellen Regeln der vorgeschlagenen Richtlinie, Art. 3 und Art. 4, beziehen sich jeweils auf **Anbieter** und **Nutzer** von KI-Systemen bzw. Hochrisiko-KI-Systemen. Auch für diese Begriffe wird auf die entsprechenden Definitionen des KI-Gesetzes verwiesen (vgl. Art. 2 Nr. 3 und 4 des Entwurfs). Anbieter ist danach im Wesentlichen der Hersteller (→ § 1 Rn. 118), Nutzer der Betreiber des KI-Systems (→ § 1 Rn. 119). 152

Für die Anwendbarkeit der vorgeschlagenen Richtlinie bedeutet dies, dass die Ergebnisse zur Anwendbarkeit des **KI-Gesetzes** auf die Beteiligten einer Big-Data-Analyse (→ § 1 Rn. 13 ff.) auf die vorgeschlagene KI-Haftungs-Richtlinie übertragen werden können. Auch die insoweit bestehende erhebliche Rechtsunsicherheit (→ § 1 Rn. 113) hinsichtlich der Begriffe des KI-Systems und des Hochrisiko-KI-Systems gilt gleichermaßen für die Anwendung der vorgeschlagenen KI-Haftungs-Richtlinie. 153

Art. 3 und Art. 4 sind nur anwendbar, wenn Schäden durch KI-Systeme verursacht werden (vgl. Art. 3 Abs. 1, Art. 4 Abs. 1 KI-Haft-RL-E). Dabei ist der Begriff des Schadens nicht auf Personen- und Sachschäden beschränkt, sondern umfasst auch **Vermögensschäden**.[63] Jedenfalls sind Beeinträchtigungen des Persönlichkeitsrechts erfasst. 154

Der Begriff der **Verursachung** wird im Richtlinienentwurf nicht eingeschränkt und ist in einem weiten Sinne zu verstehen, schließt also die mittelbare Verursachung, letztlich jeden Kausalbeitrag, ein. 155

Der Entwurf der KI-Haftungs-Richtlinie gilt ausschließlich für die deliktische Haftung, nicht für die vertragliche, differenziert aber im Übrigen nicht nach der Haftungsgrundlage. 156

Wie bereits (→ § 1 Rn. 125 ff.) erörtert, kommt die Anwendbarkeit des KI-Gesetzes auf Tätigkeiten im Zusammenhang mit Big-Data-Analysen in einer Reihe von Fällen in Betracht. Das Training von neuronalen Netzen, das als Fall einer Big-Data-Analyse angesehen werden kann, ist ein wesentlicher Anwendungsfall der Herstellung von KI-Systemen. Wenn also ein System, das mit Techniken des maschinellen Lernens erstellt wurde, Schäden verursacht, ist die Richtlinie anwendbar. Diese Fallgruppe wird hier indes nicht weiter betrachtet, da sie spezifisch für KI-Systeme ist, nicht aber für Big Data. 157

Wie bereits ausgeführt (→ § 1 Rn. 140), ist die Bereitstellung von Daten für das maschinelle Lernen nicht als Herstellung des KI-Systems zu verstehen und unterliegt jedenfalls nicht unmittelbar dem KI-Gesetz. Auch wenn Regeln des KI-Gesetzes, etwa zur Datenqualität (Art. 10) (→ § 1 Rn. 139) durch vertragliche Vereinbarung für den Datengeber relevant sein können, hat dies für die Anwendbarkeit der vorgeschlagenen KI-Haftungs-Richtlinie zur Folge, dass diese **nicht auf die Bereitstellung von Daten anwendbar** ist. 158

Im Vordergrund des Interesses steht hier also die **Erstellung und Verwendung von Analyseergebnissen durch KI-Systeme**. Soweit Big-Data-Analysen durch KI-Systeme durchgeführt werden, was häufig der Fall sein wird (→ § 1 Rn. 20), ist der Ersteller der Analyse der Nutzer des betreffenden KI-Systems. 159

---

63 Dazu Borges CRi 2023, 1 (7).

160   Wird die Analyse durch ein KI-System erzeugt, das bestimmungsgemäß Analysen zur Verwendung im Hochrisiko-Bereich erstellen kann, handelt es sich um die Nutzung eines **Hochrisiko-KI-Systems** (→ § 1 Rn. 166 ff.).

2. Offenlegung von Beweismitteln

161   Art. 3 KI-Haft-RL-E enthält Regeln zur Offenlegung von Beweismitteln bei Schäden, die (nach dem Vortrag des Geschädigten) durch Hochrisiko-KI-Systeme verursacht wurden.

162   Nach Art. 3 Abs. 1 KI-Haft-RL-E müssen die Gerichte auf Antrag des Geschädigten die **Herausgabe von Informationen** anordnen können. Potentieller Gegner einer solchen Anordnung ist jeder Beteiligte, dessen Verhalten zum Schaden beigetragen haben kann, also insbesondere der **Benutzer** und der **Betreiber** eines KI-Systems, aber auch dessen **Hersteller**.

163   Die offene Formulierung des Art. 3 Abs. 1 KI-Haft-RL-E lässt sehr unterschiedliche Interpretationen der Norm zu. Sie lässt bereits offen, ob die Umsetzung durch ein materiellrechtliches oder ein prozessuales Instrument erfolgen soll.[64]

164   Aus der Sicht des deutschen Rechts könnte man geneigt sein, Art. 3 Abs. 1 S. 1 KI-Haft-RL-E im Sinne des § 142 Abs. 1 S. 1 der ZPO zu verstehen. Danach kann das Gericht anordnen, dass eine Partei die in ihrem Besitz befindlichen Unterlagen, auf die sich die andere Partei bezogen hat, vorlegt.[65] Der Wortlaut des Art. 3 KI-Haft-RL-E lässt eine solche Deutung durchaus zu. Angesichts der Formulierung kann die Norm aber auch als Einführung eines „**Discovery**"-Verfahrens verstanden werden.[66] Die Einführung eines solchen Verfahrens wäre vor diesem Hintergrund für das deutsche Recht daher ein sehr weitreichender Schritt,[67] da das Konzept der aus dem US-amerikanischen Recht bekannten Pre-Trial-Discovery im deutschen Recht bisher nicht vorhanden ist und in der Vergangenheit auch stets abgelehnt wurde.[68]

165   Angesichts des vagen Wortlauts kommt auch in Betracht, Art. 3 KI-Haft-RL-E durch Schaffung eines materiellen Auskunftsanspruchs des Geschädigten umzusetzen.[69] Versteht man Art. 3 Abs. 1 KI-Haft-RL-E in diesem Sinne, hat der Geschädigte einen Anspruch gegen den potentiellen Schädiger auf Herausgabe von Unterlagen, der gerichtlich durchsetzbar ist. Die Regelung ist nicht auf eine bestimmte Rolle beschränkt, richtet sich also gegen Betreiber, Nutzer und Hersteller von KI-Systemen gleichermaßen.

166   Die Voraussetzungen des Herausgabeanspruches sind, wohl um Missbrauch zu verhindern, anspruchsvoll. Nach Art. 3 Abs. 1 S. 2 KI-Haft-RL-E muss ein **Schaden des Anspruchstellers** gegen den Anspruchsgegner plausibel gemacht werden. In der Rechtsfolge ist der Anspruch auf die Informationen und Beweismittel beschränkt, deren Herausgabe im Hinblick auf den entstandenen Schaden **verhältnismäßig** sind. Dabei sind gemäß Art. 3 Abs. 4 S. 2 KI-Haft-RL-E entgegenstehende Interessen des Herausgabepflichtigen, wie der Schutz von Geschäftsgeheimnissen des Beklagten, zu berücksichtigen.

167   Art. 3 KI-Haft-RL-E sieht eine **drastische Rechtsfolge bei Verweigerung** der Vorlage vor. Nach Art. 3 Abs. 5 KI-Haft-RL-E wird in diesem Fall die Sorgfaltspflichtverletzung des (potentiellen) Beklagten vermutet. Diese Verschuldensvermutung wird in Art. 4 KI-Haft-RL-E (→ Rn. 169 ff.) aufgegriffen. Damit wird ein starker Anreiz geschaffen, die angeforderten Informationen und Dokumente herauszugeben. Art. 3 Abs. 5 KI-Haft-RL-E wird in der Literatur teilweise kriti-

---

64   Dazu Borges CRi 2023, 1 (6).
65   Dazu Borges CRi 2023, 1 (6).
66   Borges CRi 2023, 1 (6); zu Begriff und Funktion der Pre-Trial-Discovery Brinkmann, IPRax 2015, 109 ff.; Eschenfelder, Beweiserhebung im Ausland und ihre Verwertung im inländischen Zivilprozess, 2002, S. 41.; Borges/Meents Cloud Computing/Kurz, § 16 Rn. 2 ff.
67   Borges CRi 2023, 1 (6).
68   Umfassend dazu Junker, Discovery im deutsch-amerikanischen Rechtsverkehr.
69   Bomhard/Siglmüller RDi 2022, 506 (508); Borges CRi 2023, 1 (6), Staudenmayer, NJW 2022, 894 (896).

siert,[70] erscheint aber angemessen, wenn der Gegenstand der Herausgabe eng, also im Sinne des § 142 Abs. 1 ZPO, bezeichnet wird.

Im Zusammenhang mit Big-Data-Analysen kann Art. 3 KI-Haft-RL-E Bedeutung haben, soweit eine Schadensursache durch ein **Hochrisiko-KI-System** gesetzt wurde. Die praktische Bedeutung hängt also entscheidend von der Frage ab, wie der Begriff des KI-Systems definiert wird (→ § 1 Rn. 110 ff.), sowie von der Folgefrage, ob das KI-System bestimmungsgemäß in einem Hochrisiko-Bereich eingesetzt wird (→ § 1 Rn. 149 ff.). 168

3. Die Kausalitätsvermutung, Art. 4

Art. 4 KI-Haft-RL-E regelt in seinem Abs. 1 eine widerlegbare Vermutung für die Kausalität einer Sorgfaltspflichtverletzung für einen Schaden, die in den Abs. 2 – 6 vielfach modifiziert wird.[71] Die Regelung ist ausgesprochen komplex. 169

Gegenstand der Vermutung nach Abs. 1 ist die **Kausalität des Verschuldens** des Beklagten für das von einem KI-System hervorgebrachte oder nicht hervorgebrachte Ergebnis. Gemeint sind also Fälle, in denen ein KI-System einen Schaden verursacht hat und die Kausalität des schuldhaften Verhaltens einer (beliebigen) Person in Rede steht. 170

Diese Regel setzt an einem zentralen, auf der Besonderheit von KI-Systemen beruhenden Nachweisproblem, der Kausalität der Pflichtverletzung (typischerweise eine Aufsichtspflicht) eines Menschen für die konkrete, schädigende Aktion des KI-Systems[72] an. 171

Art. 4 KI-Haft-RL-E gilt, anders als Art. 3 KI-Haft-RL-E, nicht nur für Hochrisiko-KI-Systeme, sondern für jegliche KI-Systeme.[73] Der Anwendungsbereich des Art. 4 KI-Haft-RL-E hängt also entscheidend vom Begriff des KI-Systems ab, so dass sich die Unklarheit dieses Begriffs unmittelbar auf die Beweislastumkehr des Art. 4 KI-Haft-RL-E durchschlägt. 172

Die Vermutung hat nach Abs. 1 **drei kumulative Voraussetzungen**: Der Sorgfaltsverstoß des Beklagten muss nachgewiesen sein oder – was wohl als Bezugnahme auf Art. 3 Abs. 5 KI-Haft-RL-E zu deuten ist – vom Gericht vermutet werden (lit. a), von der Kausalität des Verschuldens muss nach den Umständen „ausgegangen werden" können (lit. b), und die Kausalität des Ergebnisses des KI-Systems für den Schaden muss bewiesen sein (lit. c). 173

Die Vermutung des Art. 4 Abs. 1 KI-Haft-RL-E wird in den Abs. 2 und 3 im Fall von **Hochrisiko-KI-Systemen** näher geregelt. Nach Abs. 3 gilt die Vermutung nach Abs. 1 lit. a) gegenüber Nutzern von Hochrisiko-KI-Systemen, wenn der Kläger nachweist, dass der Beklagte seine Pflicht zum Befolgen der Gebrauchsanweisung nach Art. 29 KI-Gesetz-E verletzt hat oder entgegen der Pflicht des Art. 29 Abs. 3 KI-Gesetz-E Eingabedaten verwendet hat, die der Zweckbestimmung des KI-Systems widersprechen. Nach dem Wortlaut des Abs. 3 schließt dies nicht aus, dass die Voraussetzungen des Abs. 1 auch dann bejaht werden, wenn ein solcher Verstoß nicht nachgewiesen werden kann. Anders als im Fall des Abs. 2, der die Vermutung des Abs. 1 für Anbieter von Hochrisiko-KI-Systemen ausdrücklich unter die dort genannten Voraussetzungen stellt, scheint Abs. 3 in Bezug auf den Nutzer einen Mindeststandard insoweit zu setzen, als jedenfalls die Verletzung der Pflichten aus Art. 29 KI-Gesetz-E die Vermutung auslöst.[74] 174

In den Absätzen 4 und 5 ist eine weitere **Einschränkung der Vermutung** geregelt, die zwischen Hochrisiko-KI-Systemen und sonstigen KI-Systemen differenziert. Nach Abs. 4 gilt die Vermutung bei Hochrisiko-KI-Systemen nicht, wenn der Beklagte nachweist, dass der Kläger „auf ausreichende Beweismittel und Fachkenntnisse zugreifen kann", um den Kausalzusam- 175

---

70 So etwa Bomhard/Siglmüller RDi 2022, 506 (509).
71 Vgl. hierzu Borges CRi 2023, 1, (5 ff.); Schreitmüller/Schucht ARP 2023, 226 (231 f.); Staudenmayer NJW 2023, 894 (896 ff.).
72 Dazu Borges CRi 2023, 1 (7).
73 Siehe dazu auch Staudenmayer NJW 2023, 894 (897).
74 Borges CRi 2023, 1 (7).

menhang zu beweisen. Bei sonstigen KI-Systemen gilt sie gemäß Abs. 5 nur, wenn es für den Kläger „übermäßig schwierig" ist, den Kausalzusammenhang zu beweisen. Die Intention der – arg unbestimmten – Normen ist wohl berechtigt. Angesichts des sehr breiten Anwendungsbereichs des Begriffs „KI-System" soll die Anwendung der Vermutung auf die Fälle begrenzt werden, in denen die genannten Beweisschwierigkeiten tatsächlich vorliegen.

176 Die komplexe Regelung macht deutlich, dass die Kommission mit Art. 4 eine punktuelle Beweislastumkehr regeln wollte und jegliche Ausweitung über den engen Anwendungsbereich hinaus verhindern möchte.[75]

177 Die Vermutung des Art. 4 Abs. 1 KI-Haft-RL-E gilt insbesondere nicht für das Verschulden. Im Gegenteil, das Verschulden, sei es in Form eines konkreten Nachweises oder aufgrund der Vermutung nach Art. 3 Abs. 5 KI-Haft-RL-E , ist eine **Voraussetzung der Vermutung**.[76] Andererseits schließt die KI-Haft-RL-E aufgrund des Ansatzes einer Mindestharmonisierung eine Vermutung für das Verschulden nach mitgliedstaatlichem Recht nicht aus.[77]

178 Welche praktische Bedeutung der Vermutung in ihrem derzeitigen Zuschnitt zukäme, ist schwer abzuschätzen und hängt stark von den Gegebenheiten des nationalen Beweisrechts und von der Ausgestaltung durch die Mitgliedstaaten bei deren Umsetzung ab.[78]

179 Wenn die Bedingungen des Abs. 1 lit. a) bis c) erfüllt sind, also die Kausalität „angenommen werden kann" i.S. des Abs. 1 lit. b), dürfte regelmäßig ein **Anscheinsbeweis** für die Kausalität des Verschuldens bestehen.[79] Der Anscheinsbeweis führt zwar nicht zur Umkehr der Beweislast im engen Sinne[80], bedarf aber der „Erschütterung"[81], so dass der Anscheinsbeweis in der Praxis oft ähnliche Bedeutung hat wie eine Beweislastumkehr. Daher stellt sich aus Sicht des deutschen Rechts eher die Frage, ob Art. 4 KI-Haft-RL-E mit den zahlreichen Einschränkungen nicht sogar eine Einschränkung der Grundsätze des Anscheinsbeweises enthält.

II. Produkthaftung

180 Sowohl hinsichtlich des Analyseerstellers als auch hinsichtlich des Datengebers ist von Bedeutung, ob sich ggf. eine Haftung nach dem ProdHaftG ergeben kann.

1. Anwendbarkeit des ProdHaftG auf Information

181 Das auf der europäischen Produkthaftungsrichtlinie[82] beruhende ProdHaftG regelt eine **verschuldensunabhängige Haftung des Herstellers** für Personen- und Sachschäden, die durch Fehler des Produkts verursacht werden.[83] Der Entwurf einer revidierten Produkthaftungsrichtlinie ändert an diesem Grundsatz nichts (→ § 1 Rn. 233 ff.). Der Geschädigte hat bei Schäden durch ein fehlerhaftes Produkt nach § 1 ProdHaftG einen Schadensersatzanspruch gegenüber dem Hersteller.

182 In Bezug auf die Haftung für fehlerhafte Big-Data-Analysen ist von Bedeutung, ob und inwieweit das ProdHaftG auf Information anwendbar ist. Insoweit ist eine zentrale Unterscheidung dahin zu treffen, ob eine Information in ein Produkt in der Weise eingeht, dass die Merkmale

---

75 Borges CRi 2023, 1 (8).
76 Staudenmayer NJW 2023, 894 (898).
77 Borges CRi 2023, 1 (8).
78 Borges CRi 2023, 1 (8).
79 Borges CRi 2023, 33 (37).
80 BGH NJW 1951, 653 (654); Metz NJW 2008, 2806 (2807); HK-ZPO/Saenger ZPO § 286 Rn. 39.
81 BeckOK ZPO/Bacher ZPO § 284 Rn. 98; Borges Verträge im elektronischen Geschäftsverkehr S. 493; Neumann NJW 2023, 332; HK-ZPO/Saenger ZPO § 286 Rn. 40.
82 Richtlinie 85/374/EWG des Rates vom 25.07.1985 zur Angleichung der Rechts- und Verwaltungsvorschriften der Mitgliedstaaten über die Haftung für fehlerhafte Produkte, ABl. EGL 210 vom 7.8.1985, S. 29.
83 BeckOK IT-Recht/Borges ProdHaftG § 1 Rn. 1 ff.; Handorn/Juknat MPR 2022, 77 (80); sowie anschaulich zu dem Haftungstatbestand des § 1 Abs. 1 ProdHaftG Lenz Produkthaftung S. 210.

des Produktes beeinflusst werden, oder ob die Information als solche das Produkt darstellt. Wenn etwa aufgrund falscher Produktionsdaten fehlerhafte Produkte erzeugt werden, greift die Haftung, freilich wegen der Fehlerhaftigkeit des Produkts als solchem.

Für die Frage, ob Information als solche ein Produkt darstellen kann, liefert das Urteil des 183
EuGH in der Sache Krone[84] das Musterbeispiel. Hier war in einer Tageszeitung (Die Krone) ein Rezept für eine Heilbehandlung abgedruckt, das fehlerhafte Mengenangaben enthielt. Durch Anwendung des Rezeptes erlitt eine Leserin der Zeitung einen Gesundheitsschaden.

In Bezug auf Informationen, die in einer Sache, etwa einem Buch, verkörpert sind, wird die 184
Anwendbarkeit des Produkthaftungsrechts seit langem diskutiert.[85]

Dabei wird von der ganz h.M. eine Unterscheidung zwischen den **körperlichen Merkmalen** 185
der Sache, etwa des Buches, und dem **Inhalt der verkörperten Information**, etwa dem Rezept, getroffen und eine Anwendbarkeit des Produkthaftungsrechts auf Letztere verneint.[86] Der EuGH hat sich dieser Ansicht angeschlossen und verneint eine Anwendung des Produkthaftungsrechts auf den Informationsgehalt einer Sache.[87]

Indes gibt es auch Fälle, in denen das Produkthaftungsrecht auf Information, und zwar gerade 186
im Hinblick auf den Informationsgehalt, anwendbar ist. So ist anerkannt, dass etwa eine – inhaltlich – fehlerhafte **Montageanleitung** für ein Produkt die Produkthaftung auslösen kann.[88]

Dasselbe gilt für die **Gebrauchsanweisung einer Maschine**. So liegt unstreitig ein Instrukti- 187
onsfehler vor, wenn die Gebrauchsanweisung einen inhaltlichen Fehler aufweist.[89] Folglich kann bereits die Unrichtigkeit einer Gebrauchsanweisung einen Fehler des Produkts i.S.v. § 3 Abs. 1 ProdHaftG darstellen und die Haftung des Herstellers auslösen.[90]

Eine Haftung für Informationen aufgrund des Informationsgehalts liegt auch bei **Haftung für** 188
Software vor. Software wird vom Produkthaftungsrecht erfasst[91], und zwar nach h.M. nicht nur dann, wenn sie auf einem Datenträger geliefert wird und insoweit verkörpert ist, sondern auch dann, wenn sie, wie heute vielfach üblich, per Internet übermittelt wird und erst beim Empfänger auf einem Datenträger gespeichert wird[92].

84 EuGH NJW 2021, 2015.
85 Siehe etwa Cahn NJW 1996, 2899 (2903 f.); Höckelmann Produkthaftung Verlagserzeugnisse 68 f.; Staudinger/ Oechsler ProdHaftG § 2 Rn. 73 ff.; BeckOGK/Rebin ProdHaftG § 2 Rn. 45 ff.
86 BeckOK IT-Recht/Borges ProdHaftG § 2 Rn. 16; Foerste NJW 1991, 1433 (1438 f.); BeckOK BGB/Förster ProdHaftG § 2 Rn. 20 f.; jurisPK-BGB/Hamdan/Günes ProdHaftG § 2 Rn. 8; Honsell JuS 1995, 211 (212); Staudinger/ Oechsler ProdHaftG § 2 Rn. 79; MüKoBGB/Wagner ProdHaftG § 2 Rn. 19; Zech NJW 2022, 502 (506); a.A. Cahn NJW 1996, 2899 (2903 f.); Höckelmann Produkthaftung Verlagserzeugnisse 68 f.; Meyer ZUM 1997, 26 (27 f.); BeckOGK/Rebin ProdHaftG § 2 Rn. 45 ff.
87 EuGH NJW 2021, 2015 (2016 f.).
88 Vgl. OLG Nürnberg NJW-RR 2014, 1304 (1305); BT-Drucks. 11/2447, 18; BeckOGK/Goehl ProdHaftG § 3 Rn. 74; Staudinger/Oechsler ProdHaftG § 3 Rn. 50; Piovano NZBau 2022, 325 (329).
89 OLG Hamm BeckRS 2016, 20372; MüKoBGB/Wagner ProdHaftG § 3 Rn. 46; BeckOK BGB/Förster ProdHaftG § 3 Rn. 35.
90 OLG Hamm BeckRS 2016, 20372; Haag Haftpflichtprozess/Haag Kap. 14 Rn. 277, 311; Piovano NZBau 2022, 325 (329).
91 Beierle Die Produkthaftung im Zeitalter des Internet of Things S. 125 ff.; BeckOK IT-Recht/Borges ProdHaftG § 2 Rn. 43; Cahn NJW 1996, 2899 (2904); Günther Produkthaftung für Informationsgüter 668 (668 f., 672 f.); Heymann CR 1990, 176 (177); Hohmann NJW 1999, 521 (524); Oppermann/Stender-Vorwachs Autonomes Fahren/Kreutz S. 186; Lehmann NJW 1992, 1721 (1724); Marly Praxishandbuch Softwarerecht S. 775; Meyer/Harland CR 2007, 689 (693); Morscher CR 1999, 262 (273); Müller Software als „Gegenstand" der Produkthaftung S. 135 ff.; Uskenbayeva Produkthaftung für Software im Internet S. 15 f.; MüKoBGB/Wagner ProdHaftG § 2 Rn. 22 ff.; Zech NJW 2022, 502 (505); a.A. die Produkteigenschaft generell verneinend Honsell JuS 1995, 211 (212); v. Westphalen NJW 1990, 83 (87); die Produkteigenschaft hinsichtlich Individualsoftware verneinend Engel CR 1986, 702 (706); Kort CR 1990, 171 (175); Meier/Wehlau CR 1990, 95 (99); Wagner AcP 217 (2017), 707 (717).
92 Adelberg ZfPC 2023, 59 (60); BeckOK IT-Recht/Borges ProdHaftG § 2 Rn. 43; Cahn NJW 1996, 2899 (2904); König NJW 1989, 2604 (2605); Kaulartz/Braegelmann/Reusch Rechtshandbuch Artificial Intelligence und

189 Der Entwurf einer revidierten Produkthaftungsrichtlinie stellt die Einbeziehung von Software in den Produktbegriff in Art. 4 (1) S. 2 ausdrücklich klar (→ § 1 Rn. 234 f.).

190 Soweit nun die Software fehlerhaft ist und dadurch ein Schaden verursacht wird, handelt es sich offensichtlich um einen **Fehler im Informationsgehalt**. Gleichwohl ist die Situation anders als im Fall der Information, die auf Papier oder elektronisch gespeichert ist und vom Empfänger aufgenommen und zur Grundlage seiner Entscheidung gemacht wird.[93] Die Haftung für Software greift nach wohl allgemeiner Auffassung ein, wenn etwa eine Maschine gesteuert wird und die Funktion der Maschine einen Schaden verursacht.[94] Eine davon zu unterscheidende Frage ist, ob dies auch gilt, wenn die Software eine **fehlerhafte Information erzeugt**. Ein intuitives Beispiel für diese Fragestellung liefern **Chatbots**, die als aus Software bestehende Produkte anzusehen sind. Wenn nun ein Chatbot – unterstellt aufgrund fehlerhafter Programmierung – eine fehlerhafte Antwort gibt und eine Person im Vertrauen auf die Antwort einen Schaden erleidet, stellt sich ebenfalls die Frage, ob Produkthaftung eingreift. Als Beispiel sei ein interaktiver Wegweiser für Blinde genannt.[95] Wenn hier der falsche Weg gewiesen wird und der Blinde deshalb in einen offenen Schacht fällt, ist die Fragestellung offensichtlich.

191 Im Ergebnis dürfte Einigkeit darin bestehen, dass diese Fallgruppe nicht unter die Haftung für Software fällt, sondern in die Haftung für Informationen, nicht anders als bei einer in einem Druckwerk verkörperten Information, und folglich die Produkthaftung nicht eingreift.

192 Der Entwurf einer revidierten Produkthaftungsrichtline geht hier einen entscheidenden Schritt weiter. Nach Art. 4 (1) S. 2 ProdHaftRL-E sind auch **„digitale Bauunterlagen"** („digital manufacturing files") als Produkt i.S. der ProdHaftRL anzusehen. Digitale Bauunterlagen sind in Art. 4 Nr. 2 definiert als eine digitale Version einer beweglichen Sache oder eine digitale Vorlage einer solchen. Gemeint sind insb. Dateien mit Informationen zur Produktfertigung, die von Herstellungsmaschinen wie Fräsmaschinen und 3D-Druckern verwendet werden.[96] Es handelt sich also um Informationen; adressiert wird hier der Informationsgehalt, nicht etwa die Merkmale einer Verkörperung, auf die es gerade nicht ankommt.

193 Noch klarer als im Fall von Software liegt hier ein Fall vor, in dem ein **fehlerhafter Informationsgehalt** zur Haftung führt. Dies gilt allerdings, insoweit wie bei Software, nur, wenn sich die fehlerhafte Information in Eigenschaften des Produktes, einschließlich dessen Funktionalität niederschlägt und durch die physischen Eigenschaften des Produkts einschließlich seiner Funktion ein Schaden verursacht wird.

194 Als Leitlinie des Produkthaftungsrechts ist daher festzuhalten, dass es die Haftung für Information erfasst, soweit sich diese **in physischen Merkmalen einer Sache** oder deren Funktion niederschlägt, nicht aber, soweit die Information andere Elemente als die Merkmale einschließlich der Funktion des Produktes betrifft.

2. Daten und Analysen in der Produkthaftung

195 Aus den allgemeinen Grundsätzen folgt, dass das Ergebnis einer Big-Data-Analyse als solches **kein Produkt** ist. Dasselbe gilt für die Datengrundlage einer solchen Analyse.[97] Wenn das

Machine Learning S. 114 f.; a.A. BeckOK BGB/Förster Rn. 23; Taschner/Frietsch Produkthaftungsgesetz und EG-Produkthaftungsrichtlinie Rn. 22; Staudinger/Oechsler ProdHaftG § 2 Rn. 65.

93 Vgl. hierzu BeckOK IT-Recht/Borges ProdHaftG § 2 Rn. 12 ff.

94 Zur Haftung bei in Maschinen integrierten Computerprogrammen (sog. „Embedded Software"), vgl. BeckOK IT-Recht/Borges ProdHaftG § 2 Rn. 22 f. mwN.

95 Zur Haftung in diesem Fall siehe Borges KI-Systeme in der beruflichen Rehabilitation, II.2. c), III.2.

96 EG 14 S. 1 ProdHaftRL-E; Borges DB 2022, 2650.

97 So zu Datensätzen im Kontext der Haftung für Trainingsdaten Künstlicher Intelligenz Zech NJW 2022, 502 (505).

Analyseergebnis aber für ein Produkt verwendet wird und insoweit in das Produkt eingeht, stellt sich die Frage, ob die Information als **Grundstoff** des Produkts anzusehen ist.

Die Haftung nach dem Produkthaftungsrecht gilt ausdrücklich auch für Grundstoffe; der 196 Hersteller eines Grundstoffs ist als Haftungsadressat ausdrücklich in § 4 Abs. 1 S. 1 ProdHaftG genannt. Der Begriff des Grundstoffs ist nicht gesetzlich definiert. Nach wohl allgemeinem Verständnis sind Grundstoffe, in Abgrenzung zu **Teilprodukten**, Materialien, die für die Herstellung eines Teil- oder Endprodukts verwendet werden und dabei ihre Beschaffenheit verändern.[98]

Für die hier interessierende Frage kommt es daher darauf an, ob **Informationen**, die für die 197 Erstellung des Produkts von Bedeutung sind, **als Grundstoff** anzusehen sind. Dies betrifft etwa Produktionsinformationen, bspw. Mengenangaben für die Mischung verschiedener Grundstoffe zu einem Produkt. Nimmt man dies an, kommt die Haftung des Erstellers der Big-Data-Analyse als Hersteller eines Grundstoffes in Betracht, wenn das Analyseergebnis für die Herstellung eines Produkts verwendet wird.

Für die Anforderungen an Grundstoffe, ebenso im Fall von Teilprodukten, gelten die allgemei- 198 nen Anforderungen an Produkte.[99] Daraus ist zu schließen, dass es sich grundsätzlich um **Sachen** handeln muss. Der Informationsgehalt einer Sache ist damit kein Grundstoff.

Allerdings ist, wie dargestellt, etwa die Montageanleitung gerade hinsichtlich des Informations- 199 gehalts Gegenstand der Produkthaftung, und die digitale Bauunterlage soll nach dem Entwurf der revidierten Produkthaftungsrichtlinie ebenfalls Produkt sein (Art. 4 (1) S. 2 ProdHaftRL-E).

Dies spricht im Umkehrschluss gegen die Qualifikation von Produktionsinformationen als 200 Grundstoff. Dies wird am Beispiel der Bauunterlage deutlich: Diese wurde nicht zuletzt im Hinblick auf den **3D-Druck** ausdrücklich genannt.[100] Hier wird, auf der Grundlage des geltenden Rechts, zwar verbreitet vertreten, dass die Druckvorlage in Form einer **CAD-Datei** ein Produkt sei.[101] Jedoch bestehen, aufgrund des fehlenden physischen Charakters der Information, erhebliche Zweifel und Rechtsunsicherheit.[102] Als Grund für die Einbeziehung der Bauunterlage wird zu Recht genannt, dass diese die Eigenschaften des Produkts repräsentiert.[103]

Dies ist bei einzelnen Informationen, die ein Produzent für die Herstellung eines Produkts 201 heranzieht, nicht der Fall. Daher ist es richtig, den Kreis von Information als Produkt oder Grundstoff nicht zu verallgemeinern. Zu Recht hat die EU-Kommission die Bauanleitung als eine Fallgruppe mit eigenständiger Bedeutung ausgestaltet und separat geregelt.

In aller Regel dürfte im Fall von Information eine Haftungslücke nicht bestehen. Eine Haftung 202 für fehlerhafte Information kann sich auch nach allgemeinem Deliktsrecht ergeben, wenn im berechtigten Vertrauen auf die Information Rechtsgüter Dritter geschädigt wurden. Wie sich in der Praxis der bisherigen Produkthaftung über Dekaden gezeigt hat, führen die Produkthaftung und die deliktische **Produzentenhaftung** in den allermeisten Fällen zum selben Ergebnis[104], weil sich die Anforderungen an einen Fehler des Produkts, die sich aus den berechtigten Sicherheitserwartungen ergeben und im Zwischenschritt aus den zumutbaren Maßnahmen zur Gewährleistung der Sicherheit abzuleiten sind, mit den Anforderungen an die Verkehrspflich-

---

98 OLG Hamm NJOZ 2017, 799 (800); BeckOK IT-Recht/Borges ProdHaftG § 4 Rn. 29; Staudinger/Oechsler § 4 ProdHaftG Rn. 15.
99 BeckOK IT-Recht/Borges ProdHaftG § 4 Rn. 13.
100 EG 14 ProdHaftRL-E.
101 LWG IT-R/Leupold/Glossner Teil 14.1 Rn. 14; BeckOGK/Spickhoff ProdHaftG § 4 Rn. 25; MüKoBGB/Wagner ProdHaftG § 2 Rn. 28.
102 Vgl. Oechsler NJW 2018, 1569 (1570); sowie aus produktsicherheitsrechtlicher Perspektive Klindt ProdSG/ Klindt/Schucht ProdSG § 2 Rn. 160a, 165.
103 EG 14 ProdHaftRL-E.
104 BeckOK IT-Recht/Borges ProdHaftG § 1 Rn. 19; Wagner AcP 217 (2017), 707 (711 f.); LWG IT-R/Wiesner Teil 9.6.4 Rn. 69, Teil 10.6 Rn. 39.

ten des § 823 Abs. 1 BGB weitgehend decken.[105] Gerade in Bezug auf Informationen dürfte in den meisten Fällen Deckungsgleichheit bestehen. Die Beispiele der Gebrauchsanweisung wie der Montageanleitung machen dies deutlich, hier führen Produkt- und Produzentenhaftung zum selben Ergebnis.

203　Es gilt indes eine Ausnahme, die gerade für Big-Data-Analysen von Bedeutung sein könnte: Die Haftung nach dem ProdHaftG füllt die Haftungslücke bei sog. **Ausreißern**, bei denen die Produzentenhaftung nicht greift.[106] Ausreißer sind Produkte, die trotz aller zumutbarer Sorgfalt fehlerhaft sind, deren Fehlerhaftigkeit sich also durch zumutbare Sorgfalt nicht vermeiden lässt.[107]

204　Derartige Ausreißer können bei Big-Data-Analysen durchaus vorkommen, gerade wenn die Analysen durch KI erzeugt werden. Es ist das Charakteristikum von KI-Systemen, dass sie, wie der Ratsentwurf des KI-Gesetzes in seiner Definition des KI-Systems zutreffend hervorhebt (→ § 1 Rn. 111), mit einer gewissen **Autonomie**[108] Ergebnisse produzieren, die folglich nicht vollständig vorhersehbar sind.[109] Vermeidbar sind fehlerhafte Ergebnisse dann allenfalls durch Tests, also Kontrolle der Ergebnisse, die aber bei den für KI typischen Anwendungen außer durch manuellen Nachvollzug (allgemein: Erzielung des Ergebnisses auf anderem Wege) nicht vollständig überprüfbar sind. Hier lässt das Deliktsrecht eine **systematische Lücke**, die derzeit im Zusammenhang mit der Haftung für KI-Systeme intensiv diskutiert wird.[110]

205　Diese Lücke für von KI-Systemen erzeugte Information wird auch im Zusammenhang mit Big-Data-Analysen relevant. Freilich ist das Produkthaftungsrecht weder de lege lata noch, nach dem Kommissionsentwurf von September 2022 (→ § 1 Rn. 233 ff.), de lege ferenda dazu auserkoren, diese Lücke zu schließen. Dies sollte dann auch für die Haftung für Grundstoffe gelten, die nach dem Konzept des Produkthaftungsrechts (von Haftungserleichterungen für den Hersteller des Grundstoffes abgesehen) denselben Regeln unterliegen soll wie die Haftung für das Endprodukt.

206　Dies führt zu dem Ergebnis, dass Information, die in ein Produkt eingeht, grundsätzlich nicht als Grundstoff anzusehen ist. Dies gilt auch für Informationen, die durch eine Big-Data-Analyse erzeugt werden.

III. Haftung nach allgemeinem Deliktsrecht

207　Eine Haftung der Ersteller und Nutzer von Big-Data-Analysen nach den allgemeinen Regeln des Deliktsrechts, insbesondere nach § 823 Abs. 1 BGB, kommt unter den Voraussetzungen der jeweiligen Anspruchsgrundlagen in Betracht.

208　Nach § 823 Abs. 1 BGB haftet, wer vorsätzlich oder fahrlässig eines der erfassten Rechtsgüter, also ein absolut geschütztes Rechtsgut, verletzt. Vom Fall einer vorsätzlichen Verletzung abgesehen, ist die zentrale Haftungsvoraussetzung die Verletzung einer Sorgfaltspflicht, der Verkehrspflicht (häufig auch noch auch als Verkehrssicherungspflicht bezeichnet),[111] die für die Rechtsgutverletzung kausal (i.S. der objektiven Zurechenbarkeit) sein muss. Im Vordergrund

---

105　BGH NJW 2009, 2952 (2953); BeckOK IT-Recht/Borges ProdHaftG § 1 Rn. 20; MüKoBGB/Wagner ProdHaftG § 3 Rn. 3.

106　BeckOK IT-Recht/Borges ProdHaftG § 1 Rn. 4, 20, § 3 Rn. 66 f.; BeckOK/Förster ProdHaftG § 3 Rn. 33; Lenz Produkthaftung S. 146; Wagner AcP 217 (2017), 707 (712).

107　BGH NJW 1995, 2162 (2163); OLG Koblenz NJW-RR 1999, 1624 (1625); Kunkel/Rockstroh MMR 2017, 77 (80); Lenz Produkthaftung S. 14.

108　Siehe zum Autonomiebegriff etwa Reed/Kennedy/Silva Queen Mary University of London Legal Studies Research Paper No. 243/2016, S. 4; Schulz Verantwortlichkeit bei autonom agierenden Systemen S. 43.

109　Vgl. Ebers/Heinze/Krügel/Steinrötter/Eichelberger KI und Robotik § 5 Rn. 2; sowie zur mangelnden Nachvollziehbarkeit von Deep-Learning-Systemen Ertel Grundkurs KI 342–344.

110　Siehe dazu etwa Borges CRi 2023, 33 (35 f.).

111　Wagner AcP 217 (2017), 707 (711); zur Entwicklung der Begrifflichkeit MüKoBGB/Wagner BGB § 823 Rn. 433.

der Haftung steht hier die Verletzung einer konkreten Sorgfaltspflicht, also ein sorgfaltswidriges Verhalten des Haftungsadressaten.

Im Zusammenhang mit der Haftung für Erstellung und Nutzung von Big Data können sich schwierige Fragen hinsichtlich aller Voraussetzungen des § 823 Abs. 1 BGB ergeben. Als Spezifikum der Haftung für Erstellung und Nutzung von Big-Data-Analysen wird nachfolgend untersucht, welche deliktischen Sorgfaltspflichten in Bezug auf die Nutzung und Erstellung von Analysen und ihrer Datengrundlagen bestehen. 209

1. Dogmatische Grundlagen der Fahrlässigkeitshaftung nach § 823 Abs. 1 BGB

Die dogmatischen Grundlagen der Haftung für fahrlässige Verletzung von Rechtsgütern nach § 823 Abs. 1 BGB sind durchaus nicht unumstritten und hochinteressant. Indes ist hier auf allgemeine Erörterungen[112] zu verweisen. Der weiteren Erörterung der Spezifika im Zusammenhang mit Big-Data-Analysen liegt die Annahme zugrunde, dass die Haftung nach § 823 Abs. 1 BGB grundsätzlich jeden trifft, der eine ihm obliegende, zugunsten jedermann geltende Sorgfaltspflicht verletzt. Insoweit handelt es sich bei der Verkehrspflicht i. S. des § 823 Abs. 1 BGB um die in § 276 BGB genannte Sorgfaltspflicht, freilich mit der Besonderheit, dass es sich, anders als bei einer vertraglichen Sorgfaltspflicht, um eine **im Interesse des Verkehrs**, also allgemein geltende Pflicht handeln muss.[113] 210

Grundlage der Sorgfaltspflicht ist damit das **(Integritäts-)Interesse potentiell Betroffener**, in ihren Rechtsgütern nicht geschädigt zu werden. Die Konkretisierung der Sorgfaltspflicht erfolgt anhand einer Interessenabwägung, in deren Rahmen vor allem die Gefahr oder das Schadensrisiko (Umfang eines möglichen Schadens mal Eintrittswahrscheinlichkeit) einerseits, der Aufwand zur Reduktion oder Vermeidung des Schadens andererseits zu berücksichtigen sind.[114] Dieses Verständnis dürfte heute der Sache nach der nahezu allgemeinen Auffassung entsprechen, auch wenn die Formulierungen durchaus unterschiedlich sind, oft auch im Hinblick auf die zahlreichen, mitunter sehr schwierigen Detailfragen. 211

Für die hier interessierende Fragestellung ist jenseits der dogmatischen Grundlagen herauszuarbeiten, welche konkreten Pflichten sich in Bezug auf die Rollen des Nutzers und des Erstellers von Analysen sowie der Bereitstellung der Datengrundlage ermitteln lassen. Diese Pflichten werden nachfolgend für die Rollen des **Nutzers** und des **Erstellers** von Big-Data-Analysen sowie des **Datengebers** beschrieben. 212

2. Verkehrspflichten bei Nutzung von Big-Data-Analysen

a) Ermittlung von Verkehrspflichten bei Nutzung von Big-Data-Analysen

Die Verkehrspflichten der Nutzer von Big-Data-Analysen sind anhand der allgemeinen Grundsätze abzuleiten. Maßgebend ist daher, ob und welche Risiken für deliktisch geschützte Rechte Dritter aus der Nutzung der Daten entstehen. Soweit derartige Risiken von der Nutzung von Big-Data-Analysen erkennbar beeinflusst werden, dürften Verkehrspflichten in Bezug auf die Nutzung von Big-Data-Analysen zu bejahen sein. 213

Zu fragen ist also im ersten Schritt, ob die Verwendung von Big-Data-Analysen Einfluss auf Aktivitäten hat, die ihrerseits Risiken für geschützte Rechte Dritter bergen, und ob die Risiken durch die Big-Data-Analysen erhöht werden können. Man könnte insofern von einer **Risikorelevanz oder Gefahrrelevanz** der Big-Data-Analyse sprechen. 214

Dies wird nicht bei allen, aber doch bei zahlreichen Anwendungen der Fall sein. Beispiele für eine derartige Risikorelevanz von Big-Data-Analysen dürften sich bei **Predictive Main-** 215

---

112 Etwa Jauernig/Teichmann BGB § 823 Rn. 57 ff.; MüKoBGB/Wagner BGB § 823 Rn. 29 ff.
113 Vgl. HK-BGB/Staudinger BGB § 823 Rn. 60; MüKoBGB/Wagner BGB § 823 Rn. 447 ff.
114 Vgl. Staudinger/Caspers BGB § 276 Rn. 47 ff.; Zech NJW 2022, 502 (506).

tenance[115] ergeben. Wenn etwa Wartungszyklen von Maschinen oder Anlagen, die derartige Risiken bergen, im Vertrauen auf Big-Data-Analysen berechnet werden, und bei fehlerhafter Wartung die bestehenden Risiken erhöhen, gehört zu den Verkehrspflichten in Bezug auf die Absicherung der Maschine nicht zuletzt auch die Sorgfalt hinsichtlich der Nutzung von Big-Data-Analysen im Rahmen der Wartung derartiger Maschinen.

216 Im zweiten Schritt ist dann der **Umfang der Verkehrspflichten** zu bestimmen. Dieser ist, insoweit ohne Besonderheit in Bezug auf Big-Data-Analysen, aus der Interessenabwägung hinsichtlich der Risiken, konkret der Risikorelevanz der Analyse, und der Zumutbarkeit in Betracht kommender Schutzmaßnahmen zu bestimmen.[116] Hier ist zunächst zu identifizieren, welche Schutzmaßnahmen überhaupt in Betracht kommen, und sodann, ob die jeweilige Schutzmaßnahme dem Adressaten der Verkehrspflicht zumutbar ist.

b) Gegenstand und Inhalt der Verkehrspflichten

217 Die Verkehrspflichten des Nutzers von Big-Data-Analysen lassen sich, wie bei den vertraglichen Sorgfaltspflichten, hinsichtlich ihres Gegenstands und Inhalts unterscheiden. Den Verwender von Big-Data-Analysen können Verkehrspflichten hinsichtlich der **Auswahl der Datengrundlage** treffen. Hier stellt sich etwa die Frage, ob ein bestimmtes Analyseergebnis verwendet werden konnte. So ist die Verwendung unzutreffender Analyseergebnisse regelmäßig sorgfaltswidrig, wenn und soweit die Fehlerhaftigkeit erkennbar war. Bei der **Auswahl von Analyseergebnissen** ist darauf zu achten, ob das Ergebnis für den Zweck, zu dem es verwendet werden soll, geeignet ist. Hierfür wird die Beschreibung des Analyseergebnisses von Bedeutung sein. Die wohl grundlegende Sorgfaltspflicht im Umgang mit Analyseergebnissen geht also dahin, Informationen für die Einschätzung der Eignung einzuholen und zu bewerten.

218 Bestehen **Zweifel an der Eignung der Analyseergebnisse**, kommt es auf die mit der Verwendung verbundenen Risiken an, ob die Ergebnisse überhaupt verwendet werden können. Es folgt dann eine Pflicht zur Risikobewertung, die in die Pflicht zum Verzicht auf die Verwendung münden kann, oder in eine Pflicht zur Information eines Beteiligten, dem im Fall einer unzutreffenden Leistung Gefahren drohen.

219 Verkehrspflichten können ebenso hinsichtlich der **Interpretation der Ergebnisse** einer Big-Data-Analyse bestehen.[117] Anwendungsbeispiele ergeben sich vor allem, wenn aus dem Ergebnis Entscheidungen mit Bedeutung für Rechtsgüter Dritter abgeleitet werden. Dies gilt nicht nur, wie etwa beim Predictive Maintenance, in Bezug auf den Einsatz von Maschinen, sondern für eine fast beliebige Vielzahl von Tätigkeiten, bei denen Informationen aus Big-Data-Analysen genutzt werden.

220 Ein typisches Beispiel für solche Informationen sind etwa **Prognosen zur Wetterentwicklung**. Je nach dem Nutzungskontext solcher Prognosen ist die Risikorelevanz offensichtlich, etwa im Fall von Unwetterwarnungen. Hier bestehen auf verschiedenen Stufen, sei es bei der Entscheidung über die Erstellung und Übermittlung einer solchen Warnung, sei es bei der Nutzung einer solchen Information, Pflichten zum sorgfältigen Umgang mit der Information. Spezifika in Bezug auf den Umgang mit Big-Data-Analysen bestehen vor allem hinsichtlich der Interpretation des Analyseergebnisses. Der Umgang mit einer auf einer solchen Interpretation beruhenden Entscheidung kann gedanklich hiervon getrennt werden, da es für die Qualität der Entscheidung zunächst unabhängig ist, ob sie mit oder ohne Nutzung einer Big-Data-Analyse erstellt wurde. In der Praxis kann die Trennung freilich schwierig sein, insb. bei automatisiert erstellten Interpretationen.

---

115 Siehe dazu Faber/Griga/Groß DS 2018, 299; LWG IT-R/Leupold/Wiebe/Glossner Teil 1 Rn. 58 ff.
116 MüKoBGB/Wagner BGB § 823 Rn. 475 ff. mwN; siehe auch Zech NJW 2022, 502 (506).
117 Bilski/Schmid NJOZ 2019, 657 (660).

Im hier interessierenden Kern der Interpretation von Analysen können unter den allgemeinen 221 oben genannten Voraussetzungen Verkehrspflichten bestehen. Ein intuitives Beispiel liefern hier Wetterprogosen. Diese lösen nicht nur Pflichten von Amtsträgern aus, sondern ggf. auch Pflichten von jedermann, der solche Informationen im Rahmen seiner Tätigkeit heranzieht. Wer ein Flugzeug führt, zieht zur Planung Wetterdaten heran und hat dabei auch eine Pflicht zum sorgfältigen Umgang mit diesen Informationen zum Schutz Dritter.

Wie im Zusammenhang mit vertraglichen Pflichten bereits dargestellt, betreffen die hier inter- 222 essierenden Pflichten im Zusammenhang mit der Interpretation von Big-Data-Analysen im Grunde kein Spezifikum von Big-Data-Analysen, sondern bestehen grundsätzlich im Umgang mit jeglichen Informationen, die von einer anderen Person oder einer Maschine entgegengenommen und verwertet werden. Indes dürften Pflichten zum richtigen Umgang mit Informationen in Bezug auf Big-Data-Analysen aber eine besondere Bedeutung erlangen, da Big Data **neue Arten und Qualitäten von Informationen** ermöglicht, die eines anderen Umganges bedürfen.

Pflichten im Zusammenhang mit der Interpretation von Big-Data-Analysen sind, wie darge- 223 stellt (→ Rn. 60 ff.), etwa im Rahmen von Vertragsbeziehungen oder anderen rechtlichen Sonderbeziehungen jedenfalls anzunehmen, soweit die Interpretation für eine Schutzpflicht des jeweiligen Schuldverhältnisses von Bedeutung ist – z.B. Auswertung medizinischer Daten durch einen Arzt im Rahmen der Heilbehandlung oder Wetterdaten durch den Anbieter von Flugdiensten. Sie sind auch im Rahmen von Amtspflichten von besonderer Bedeutung, etwa bei der Beurteilung von Wetterdaten im Rahmen des Katastrophenschutzes. Die hier interessierende Frage geht dahin, unter welchen Voraussetzungen diese Pflichten als Verkehrspflichten gegenüber jedermann anzusehen sind.

Entsprechend den allgemeinen Grundsätzen wird man dies im konkreten Einzelfall zu betrach- 224 ten haben. Das Beispiel der Wetterprognose als einer klassischen Big-Data-Anwendung liefert vielleicht ein intuitives Beispiel für die Vielzahl der zu berücksichtigenden Aspekte.

So ist im Hinblick auf Big Data etwa zwischen der **Interpretation einer Wetterprognose**, der 225 **Erstellung von Folgerungen hieraus** und schließlich der **Interpretation dieser Folgerungen** zu unterscheiden. So erfolgen beispielsweise Wetterprognosen typischerweise in zahlreichen Schritten aus Auswertung von Einzelinformationen, die unter Verwendung von Big Data erzeugt werden, und eine für Dritte verwertbare Information entsteht aus bestimmten Stufen eines solchen Prozesses. Soweit eine Information einen für Dritte verwertbaren Informationsgehalt hat – etwa: Wahrscheinlichkeit von Wind oder Niederschlag bestimmter Größen in einem bestimmten Gebiet in einem bestimmten Zeitraum – können sich Pflichten des Erstellers dieser Informationen zu deren Weitergabe ergeben und Pflichten des Empfängers, diese Informationen im Hinblick auf eine daran anschließende Schlussfolgerung, etwa über bestimmte Maßnahmen, sorgfältig zu interpretieren und zu verwerten.

Auf allen Stufen können Sorgfaltspflichten bestehen, um eine zutreffende Interpretation zu 226 gewährleisten. Ob die jeweiligen Sorgfaltspflichten auch als deliktische Verkehrspflichten anzusehen sind, ist wiederum anhand der allgemeinen Grundsätze zu bestimmen, vor allem anhand der **Erkennbarkeit von Risiken** und der **Zumutbarkeit von Pflichten** gegenüber jedermann.

Dabei dürfte sich eine wesentliche Unterscheidung anhand der bisher bekannten Leitlinien 227 für den Umgang mit Information ergeben. Die allgemeinen Grundsätze für den Umgang mit Information gelten natürlich auch im Hinblick auf **Information, die unter Verwendung von Big Data gewonnen wurde**. Als ein Teilbereich in Bezug auf die Pflichten im Zusammenhang mit Information ist hier der Bereich der Informationsgewinnung, und hier eben der Bereich der Interpretation von zugelieferten Informationen relevant.

Diese Feststellung hilft freilich nur begrenzt weiter, da die Verkehrspflicht im Zusammenhang 228 mit Interpretation von Information als Teil der Informationsgewinnung nicht als allgemeines

Thema diskutiert wird, sondern stets im Zusammenhang mit den jeweiligen Tätigkeiten, etwa Journalismus, Wetterwarnung, Wartung von Maschinen etc.[118]

229 Gleichwohl kann eine wichtige Erkenntnis, jedenfalls im Sinne einer **These**, abgeleitet werden: Soweit Verkehrspflichten in Bezug auf die Verwendung von Information bestehen, erstrecken sich diese typischerweise auch auf die richtige Interpretation zugrundeliegender Information. Soweit also hinsichtlich der Verwendung von Big-Data-Analysen Verkehrspflichten bestehen, dürften sich diese regelmäßig auch auf die richtige Interpretation von Big-Data-Analysen beziehen. Es sind dann auch Verkehrspflichten anzunehmen, eine zutreffende Interpretation zu sichern.

230 Soweit also eine Verkehrspflicht des Nutzers einer Big-Data-Analyse zur zutreffenden Verwendung der Information vorliegt, besteht regelmäßig auch eine Pflicht des Verwenders, eine zutreffende Interpretation sicherzustellen, soweit dies nach den Umständen möglich und zumutbar ist. Insoweit gelten ähnliche **Grundsätze wie bei vertraglichen Pflichten**: Die Person, die eine Interpretation von Analysen vornimmt, muss also über hinreichende Kenntnis im Umgang mit Big-Data-Analysen verfügen. In Organisationen entstehen Folgepflichten zur Schulung von Mitarbeitern. Zentral dürfte die Pflicht sein, die notwendigen Zusatzinformationen eines Analyseergebnisses, etwa zum Anwendungsbereich, zur Datengrundlage, zur Genauigkeit etc., heranzuziehen und zu berücksichtigen. Bei Zweifeln besteht eine Pflicht zu weiteren Maßnahmen, etwa Nachfragen beim Lieferanten des Analyseergebnisses oder Überprüfung (s.u.). Ähnlich wie bei der Auswahl der Ergebnisse, hat dies stets im Hinblick auf den Zweck zu erfolgen, für den das Analysierte verwendet werden soll, und je nach Bedeutung und Risiken richten sich die Anforderungen an die Vergewisserung der Richtigkeit einer Information.

3. Verkehrspflichten bei Erstellung von Big-Data-Analysen

231 Sorgfaltspflichten im Zusammenhang mit der Erstellung von Big-Data-Analysen können, wie zur vertraglichen Haftung (→ Rn. 50 ff.) ausgeführt, insbesondere in Bezug auf die Auswahl der Datengrundlage, die Auswahl der Analysesoftware, die sorgfältige Durchführung der Analyse und schließlich hinsichtlich der Überprüfung von Ergebnissen bestehen.

232 Hinsichtlich des Gegenstands und des Inhalts etwaiger Verkehrspflichten gelten ähnliche Grundsätze wie bei vertraglichen Sorgfaltspflichten, so dass darauf verwiesen werden kann. Von Interesse ist hier vor allem, in welchen Fällen derartige Pflichten als gegenüber jedermann bestehende Verkehrspflichten anzusehen sind.

233 Die Annahme von Verkehrspflichten dürfte am ehesten naheliegen, wenn das Schutzbedürfnis Dritter durch Schutz aufgrund einer rechtlichen Sonderbeziehung nicht erfüllt und für den anderen erkennbar und eingrenzbar ist. Bereiche, in denen dies zutrifft, sind etwa Wettervorhersagen, Predictive Maintenance und Ähnliches. Auch hier ist die Rechtsprechung, soweit ersichtlich, extrem zurückhaltend. Im Ergebnis sind Verkehrspflichten im Zusammenhang mit der Erstellung von Big-Data-Analysen wohl **nur in seltenen Fällen** anzunehmen.

4. Verkehrspflichten bei der Bereitstellung von Daten

234 Die Frage, ob und welche Verkehrspflichten der Datengeber in Bezug auf die Qualität von Daten, die für Big-Data-Analysen oder machine learning zur Verfügung gestellt werden, bestehen, ist in vielfacher Hinsicht von Interesse.

---

118 Vgl. etwa Kirchner InTeR 2/18, 59 (62) (Scoring); Smirra ZUM 2021, 992 (Verlagserzeugnisse); siehe auch Bilski/Schmid NJOZ 2019, 657 (660); Bräutigam/Klindt NJW 2015, 1137 (1139).

Die Fragestellung steht im Zusammenhang mit Aspekten wie „bias in the data"[119], was auf die 235
besondere Bedeutung der Datengrundlage für die im maschinellen Lernen und in Big-Data-
Analysen zu erzielenden Ergebnisse hinweist.

Eine mögliche deliktische Verantwortung für Eigenschaften von Daten oder Datensammlun- 236
gen weist mehrere Aspekte auf, nicht zuletzt im Zusammenhang mit Schutzgesetzen oder
möglicher vorsätzlicher Schädigung, vor allem aber in Bezug auf Verkehrspflichten, die zu
einer Fahrlässigkeitshaftung führen.

a) Existenz von Verkehrspflichten bei der Bereitstellung von Daten

Im Zusammenhang mit **machine learning** wurde in der Literatur bereits ausgeführt, dass 237
regelmäßig keine Verkehrspflichten bestehen.[120] Man wird, ähnlich wie in der vertraglichen
Fragestellung, auch hier wohl zu differenzieren haben. Nach dem Gegenstand möglicher
Pflichten kann man vielleicht Pflichten in Bezug auf eine konkrete Bereitstellung von Daten
für einen bestimmten Zweck (Big-Data-Analysen, machine learning) von Pflichten in Bezug
auf die Erhebung oder Sammlung von Daten ohne bestimmte Zweckrichtung unterscheiden.
Es liegt nahe, dass Verkehrspflichten vor allem bei der Bereitstellung von Daten für einen
bestimmten Zweck bestehen können.

Als Grundlage der Betrachtung soll also die Situation dienen, dass ein Datengeber einem Da- 238
tenempfänger eine Menge an Daten für einen bestimmten Zweck oder diese der Öffentlichkeit
für einen bestimmten oder jedweden Zweck bereitstellt. Als Extremfall wäre die Bereitstellung
von Daten zu beliebigen Zwecken für jedermann, etwa abrufbar über eine Website, zu nennen.

In diesem Fall bestehen oft rechtliche Pflichten, die an die **Bereitstellung als solche** anknüp- 239
fen. Es versteht sich, dass hier Pflichten bestehen können, die Daten nicht bereitzustellen, etwa
aufgrund Immaterialgüter- oder Datenschutzrechts, Geheimnisschutzes, Strafrechts etc.

Die hier interessierende Frage ist, ob darüber hinaus Verkehrspflichten bestehen, die an den 240
Inhalt der Daten anknüpfen. Dies wird man ohne Weiteres zu bejahen haben. Wenn etwa
personenbezogene Daten veröffentlicht werden, deren Nutzung eine Persönlichkeitsrechtsverletzung ermöglichen, dann kann, neben den Datenschutzverstößen, auch eine Mitwirkung an
der Persönlichkeitsrechtsverletzung zu Ansprüchen des Betroffenen aus § 823 Abs. 1 BGB und
analog § 1004 BGB vorliegen. Eine entsprechende Verkehrspflicht als Grundlage dieser Verantwortlichkeit wird man bejahen, soweit die mögliche Beeinträchtigung für den Datengeber
erkennbar ist. Dies hat freilich mehrere Voraussetzungen: Insbesondere muss die Möglichkeit
einer Beeinträchtigung in einer Weise erkennbar sein, dass sie nicht lediglich als abstraktes,
theoretisches Risiko, sondern als konkretes Risiko für den Betroffenen erscheint, so dass der
Datengeber mit einer Rechtsverletzung zu rechnen hat.

Ist diese Voraussetzung gegeben, kommt eine deliktische Verantwortlichkeit genauso in Be- 241
tracht, wenn Daten nicht gegenüber jedermann zur Verfügung gestellt, sondern an einen konkreten Datenempfänger übergeben werden. In solchen Fällen kommt es, anders als bei einer
Bereitstellung für jedermann, nicht zuletzt darauf an, ob der Datengeber darauf **vertrauen**
kann, dass eine rechtswidrige Nutzung der Daten durch den Datenempfänger unterbleibt.

Verallgemeinert man diese Überlegungen, ist die Existenz von Verkehrspflichten des Datenge- 242
bers hinsichtlich des Inhalts von Daten grundsätzlich zu bejahen.

---

119 Vgl. Borges, Potenziale von KI und Datenschutzrecht, 2021, S. 41 ff.; Ntoutsi/Fafalios/Gadiraju/Iosifidas
    WIREs Data Mining Knowl Discov. Vol. 10 No. 3 (2020), 1356.
120 Generell für das Inverkehrbringen von Daten durch Big-Data-Unternehmen, Hoeren Big Data/Andrees/Bit-
    ter/Buchmüller/Uecker S. 105; a.A. Hacker ZGE 2020, 239 (250); Zech NJW 2022, 502 (506).

b) Inhalt von Verkehrspflichten bei der Bereitstellung von Daten

243 Die entscheidende Frage ist dann, welchen Inhalt derartige Verkehrspflichten haben und in welchen Fallgruppen eine bestimmte Pflicht, etwa zur Überprüfung von Daten vor Bereitstellung, anzunehmen ist. Die Anforderungen sind dabei nicht zu überspannen. Voraussetzung für die weitere "Prüfung" dürfte sein, dass die **Möglichkeit einer Rechtsverletzung offensichtlich** ist.

244 Die wohl interessanteste Frage besteht darin, ob über eine mögliche Verletzung von Rechtsgütern Dritter Verkehrspflichten des Datengebers in Bezug auf die **inhaltliche Richtigkeit oder sonstige Qualitätsmerkmale** von Daten bestehen. Hier kann es, wie im Zusammenhang mit der vertraglichen Haftung dargestellt (→ Rn. 121 ff.), schon schwierig sein, den Maßstab für Richtigkeit oder sonstige Qualitätsmerkmale zu bestimmen. Den Ansatzpunkt wird hier, ähnlich wie bei der vertraglichen Haftung, wohl die Bezeichnung der Daten liefern. Wer Daten ohne Angaben zu deren Inhalt bereitstellt, wird schwerlich eine Pflicht hinsichtlich deren Qualität haben. Wer aber Daten bestimmte Eigenschaften zuschreibt und sei es nur durch die Bezeichnung der Daten, und diese einem Dritten bereitstellt, schafft hierdurch ggf. ein Risiko, da andere im Vertrauen auf die Bezeichnung die Daten verwenden. Wer etwa Daten als Daten zu einem bestimmten Maschinentyp oder als Daten zur Wetterlage an einem bestimmten Zeitpunkt und zu einer bestimmten Region bereitstellt, erzeugt das Risiko, dass ein Datennutzer, wenn die Bezeichnung unzutreffend ist, unzutreffende Ergebnisse ableitet und hieraus Gefahren für Rechtsgüter Dritter entstehen.

245 Die **Schaffung von Risiken** für Rechtsgüter Dritter ist der klassische Auslöser von Verkehrspflichten. Entscheidend ist freilich der Umgang mit der Pflicht, der sich sehr unterschiedlich darstellen kann. Weitere Voraussetzung einer Haftung ist schließlich, dass etwaige Schäden in den Schutzbereich der Verkehrspflicht fallen.[121]

246 Konkret für die Bezeichnung von Daten wird man wohl eine **Verkehrspflicht des Datengebers** bejahen können, bei der Bezeichnung von bereitzustellenden Daten mit der zumutbaren Sorgfalt hinsichtlich der Richtigkeit der Bezeichnung vorzugehen und fehlerhafte Bezeichnungen, soweit zumutbar, zu vermeiden. Dies schließt eine Pflicht, Daten überhaupt zu bezeichnen, nicht ein. Die Verkehrspflicht greift erst, wenn sich der Datengeber entscheidet, die Daten überhaupt in einer Weise bezeichnen, die geeignet ist, das Vertrauen Dritter auf die Bezeichnung in Anspruch zu nehmen. Disclaimer können hier in der Praxis zur Haftungsvermeidung beitragen, da sie das Vertrauendürfen von Datennutzern auf die Richtigkeit der Bezeichnung verhindern. Sie dürften freilich auch die Datennutzung vielfach verhindern.

247 Die Anforderungen an die Korrektheit der Bezeichnung von Daten (→ § 5 Rn. 75 ff.) und an die hier anzuwendende Sorgfalt sind derzeit wohl oft als unklar zu bezeichnen. Allgemein anerkannte Datentaxonomien liegen nicht vor (→ § 5 Rn. 70 ff.), in Betracht kommende Datentaxonomien mögen dem Datengeber nicht bekannt sein. Letztlich wird hier wohl im Einzelfall zu entscheiden sein, welche Anforderungen zu stellen sind.

248 Eine von der Bezeichnung von Daten und der hier maßgebenden Sorgfalt zu trennende, mit diesen aber oft verbundene Fragestellung betrifft **Pflichten zur Überprüfung von Daten** vor Bereitstellung, etwa durch Tests etc. Hier ist zu differenzieren. Eine gewisse Überprüfung von Daten wird oft als Sorgfalt im Zusammenhang mit der Bezeichnung der Daten geschuldet sein, da der Datengeber schwerlich etwas mit Sorgfalt beschreiben kann, was er nicht wahrgenommen hat.

249 Die hier zu erörternde Frage ist indes, ob über die zur Bezeichnung notwendige Überprüfung und die Prüfung auf Rechtsverletzung Dritter durch die Verwendung der Daten hinaus Verkehrspflichten in Bezug auf die Prüfung des Inhalts oder sonstiger qualitativer Merkmale

---

121 Siehe ausführlich MüKoBGB/Wagner BGB § 823 Rn. 507 ff.

von Daten bestehen. Diese Frage dürfte entscheidend vom Einsatzgebiet der Daten abhängen. Wenn etwa **Daten für sicherheitsrelevante Analysen** zu Maschinen oder Anlagen mit erkennbaren Risiken bereitgestellt werden, etwa Wartung von Flugzeugen, so besteht ein Schutzbedarf und eine daraus resultierende Erwartung Dritter, etwa der Fluggäste, auch hinsichtlich der Datengrundlage. Soweit Datengeber und -nutzer zusammenfallen, würde man ja eine Pflicht des Datennutzers zur sorgfältigen Analyse auch hinsichtlich der Datengrundlage bejahen. Soweit die Rollen getrennt sind, kann sich hinsichtlich dieser Pflicht nichts anderes ergeben.

c) Zusammenfassung

Diese Überlegungen zeigen, dass Verkehrspflichten in Bezug auf die Prüfung von Daten, die   250
für Big-Data-Analysen bereitgestellt werden, durchaus bestehen können. Entscheidend für Bestehen und Umfang der Pflichten wird aber sein, ob das Schutzbedürfnis und die aus Fehlern der Datengrundlage entstehenden Risiken für den Datengeber erkennbar sind. Hinsichtlich der konkreten Inhalte derartiger Verkehrspflichten ist dann weiter zu fragen, welche Pflichten insoweit zumutbar sind. Hier wird es nicht selten so sein, dass Fehler eher durch den Datenempfänger erkennbar sind. In diesem Fall wäre eine Pflicht des Datengebers zu verneinen.

IV. Haftung nach Schutzgesetzen (§ 823 Abs. 2 BGB)

Im Rahmen der Haftung für Big-Data-Analysen ist von großer Bedeutung, ob sich eine Haftung   251
aus § 823 Abs. 2 BGB für fehlerhafte Verwendung von Analysen oder Erstellung fehlerhafter Analysen oder Bereitstellung fehlerhafter Datengrundlagen ergeben kann. Die Bedeutung dieser Frage resultiert nicht zuletzt aus dem Umstand, dass § 823 Abs. 2 BGB nicht auf die Verletzung von Rechtsgütern i.S. des § 823 Abs. 1 BGB beschränkt ist, sondern auch den Ersatz reiner Vermögensschäden ermöglicht.[122]

Wegen der mit Abs. 2 einhergehenden Erweiterung des Deliktsrechts auf **den Ersatz reiner**   252
Vermögensschäden ist stets zu prüfen, ob diese Erweiterung einer Fahrlässigkeitshaftung für reine Vermögensschäden im konkreten Fall sachlich geboten und tragbar ist.[123]

Diese Abstimmung wird mit dem Merkmal der Schutzgesetzeigenschaft der Norm vollzogen,   253
an deren Verletzung die Haftung nach § 823 Abs. 2 BGB ansetzt. Es ist also von Bedeutung, ob die jeweils verletzte Norm als Schutzgesetz i. S. des § 823 Abs. 2 BGB anzusehen ist, und in Bezug auf den im konkreten Fall vorliegenden sachlichen, persönlichen und modalen Anwendungsbereich erfüllt ist (→ Rn. 255 ff.).

Eine umfassende Erörterung der Schutzgesetze im Zusammenhang mit Big-Data-Analysen liegt   254
noch nicht vor. Die Diskussion wird bisher eher im Zusammenhang mit einzelnen Gesetzen, etwa des Datenschutzrechts oder des Kapitalmarktrechts, geführt, die durchaus mit Verarbeitung erheblicher Informationsmengen einhergehen und daher Big-Data-Aspekte aufweisen können. Daher ist **jeweils für relevante Normbereiche zu prüfen**, ob und inwiefern im Zusammenhang mit der Erstregelung und Nutzung von Big-Data-Analysen die Verletzung von Schutzgesetzen einhergehen kann (→ Rn. 262 ff.).

1. Allgemeine Anforderungen an Schutzgesetze

Der Bundesgerichtshof definiert das Schutzgesetz als eine „Norm, die nach Zweck und Inhalt   255
zumindest auch dazu dienen soll, den Einzelnen oder einzelne Personenkreise gegen die Verlet-

---

122 Unstr., siehe nur BeckOK BGB/Förster BGB § 823 Rn 267; Staudinger/Hager BGB § 823 Rn. G 4.
123 BGH NJW 1976, 1740 (1741); MüKoBGB/Wagner BGB § 823 Rn. 534.

zung eines bestimmten Rechtsguts zu schützen"[124]. Es kommt demnach nicht darauf an, ob die Norm faktisch die Wirkung hat, einen solche Schutz zu fördern, sondern darauf, ob die Norm diesen Schutz **bezweckt**.[125] Die Norm muss nicht ausschließlich diesen Zweck verfolgen, der Individualschutz muss aber im Aufgabenbereich der Norm liegen.[126]

256 Die Schutzgesetzeigenschaft ist schließlich nicht im Sinne eines Alles oder Nichts zu bewerten, sondern nach drei Dimensionen zu differenzieren[127]: Unter dem Gesichtspunkt des **personellen Schutzbereichs** ist zu fragen, welchen Personenkreis die Norm schützen soll. Zu prüfen ist ferner der **sachliche Schutzbereich der Norm**, ob also die Norm vor Schäden der betreffenden Art schützen soll. Schließlich muss der Schaden vom sog. **modalen Schutzbereich** der Norm erfasst sein, wonach zu prüfen ist, vor welcher Form der Schadensherbeiführung die Norm schützen soll.

257 Diese Prüfung hat für die jeweilige Norm zu erfolgen. Die Schutzgesetzeigenschaft bezieht sich jeweils auf eine konkrete Norm, nicht etwa auf ein Gesetzeswerk. Stellungnahmen, wonach „das StGB" oder „die DSGVO" als Schutzgesetz anzusehen sei, verbieten sich daher.

258 Ob die Voraussetzungen der Schutzgesetzeigenschaft vorliegen, ist durch Auslegung zu ermitteln.[128] Der BGH nennt als Kriterien der Auslegung den Wortlaut,[129] die Intention des historischen Gesetzgebers,[130] die Tragbarkeit im Lichte des haftungsrechtlichen Gesamtsystems[131] und fordert hier eine „umfassende Würdigung des gesamten Regelungszusammenhangs"[132], verweist also auf die **allgemeinen Auslegungsmethoden**.

259 Leitlinie ist dabei nicht zuletzt, ob, wie der BGH formuliert, das Bestehen „eines individuellen Schadensersatzanspruchs sinnvoll **und im Lichte des haftungsrechtlichen Gesamtsystems tragbar**"[133] ist.

260 Mit diesen Leitlinien soll gesichert werden, dass § 823 Abs. 2 BGB **kein Einfallstor für eine umfassende Haftung für reine Vermögensschäden** ist.[134] Tatsächlich scheint es eine Tendenz der Rechtsprechung zu geben, den Schutzgesetzcharakter von Normen in solchen Fällen zu bejahen, in denen die betreffende Norm den Schutz von Rechtsgütern bezweckt, die ohnehin schon durch § 823 Abs. 1 BGB geschützt sind.[135] Soweit die Schutzgesetzeigenschaft zu einem weit über § 823 Abs. 1 BGB hinausgehenden Schutz von Vermögensschäden führt, scheint die Rechtsprechung zurückhaltend zu sein.

261 Hier ist aus der Perspektive der Haftung im Zusammenhang mit Big-Data-Analysen nicht zuletzt die Schutzgesetzeigenschaft von Normen von Interesse, die die Haftung für fehlerhafte Information betreffen.

---

124 BGH NJW 1964, 396 (397); BGH NJW 1992, 241 (242); BGH NJW 2004, 356 (357); BGH NJW-RR 2005, 673; BGH NJW 2005, 2923 (2924); BGH DAR 2015, 137; BGH NJW 2018, 1671 (1673); BGH NJW 2020, 1514 (1517); BGH NJW 2022, 3156 (3157).

125 BGH NJW 1964, 396 (397); BGH NJW 1992, 241 (242);; BGH NJW 2004, 356 (357); BGH NJW 2005, 2923 (2924); BGH NJW 2018, 1671 (1673); BGH NJW 2020, 1514 (1517); BGH NJW 2022, 3156 (3157).

126 BGH NJW 1964, 396 (397); BGH NJW 2004, 356 (357); BGH NJW-RR 2005, 673; BGH, NJW 2005, 2923 (2924); BGH NJW 2018, 1671 (1673); BGH NJW 2020, 1514 (1517); BGH NJW 2022, 3156 (3157).

127 Zur Unterscheidung zwischen sachlichem und persönlichem Schutzbereich bei der Verletzung eines Schutzgesetzes etwa BGH NJW 2015, 1174; BGH NJW 2019, 3003 (3005); sowie zur Dreiteilung in einen personellen, sachlichen und modalen Schutzbereich MüKoBGB/Wagner BGB § 823 BGB Rn. 590; Spickhoff Gesetzesverstoß S. 244 ff.

128 BeckOGK/Spindler BGB § 823 Rn. 264; MüKoBGB/Wagner BGB § 823 Rn. 564.

129 Vgl. etwa BGH NJW 1987, 1818 (1819); BGH NJW 2018, 1671 (1673).

130 BGH NJW 1992, 241 (242) mwN.

131 BGH NJW 2012, 1800 (1802) mwN.

132 BGH NJW 2022, 3156 (3157) mwN.

133 BGH NJW 1976, 1740 f.; BGH NZG 2008, 477 (478); BGH NJW 2012, 1800 (1802); BGH NZG 2018, 625; BGH ZUR 2022, 551 (552).

134 BGH NJW 1976, 1741.

135 Vgl. MüKoBGB/Wagner BGB § 823 Rn. 592.

2. Einzelfälle

Die Eigenschaft von Normen als Schutzgesetz wird in vielen Fällen, oft kontrovers, diskutiert. **262** Es besteht eine umfangreiche Rechtsprechung zu einzelnen Normen.[136] Im Zusammenhang mit Big-Data-Analysen können, entsprechend dem breiten Anwendungsbereich von Big Data, **nahezu alle Rechtsbereiche** betroffen sein. Von allgemeinem Interesse in Bezug auf Big Data dürfte sein, ob und inwieweit Normen der DSGVO und des vorgeschlagenen KI-Gesetzes als Schutzgesetz einzuordnen sind, da diese Gesetze bei Big-Data-Analysen häufig anwendbar sind.

a) DSGVO-Normen als Schutzgesetze?

Ob und welche Normen der DSGVO als Schutzgesetz anzusehen sind, ist sehr umstritten. **263** Rechtsprechung liegt diesbezüglich, soweit ersichtlich, noch nicht vor. Vereinzelt wird, ohne Differenzierung, auf die DSGVO als Schutzgesetz verwiesen.[137] Teilweise werden etwa die Art. 6 (Abs. 1), 7, 8, 9 (Abs. 2), 12, 13, 14, 17, 20 und 22[138] oder noch weitere Einzelnormen[139] als deliktsrechtlich relevant eingestuft, vereinzelt sogar alle bzw. fast alle Artikel.[140] Die Schutzgesetzeigenschaft wurde auch in Bezug auf das BDSG a.F. kontrovers diskutiert.[141] Mitunter werden die §§ 4, 6, 19, 20, 34, 35 BDSG a.F. als Schutzgesetz bezeichnet.[142]

Am Beispiel der DSGVO zeigt sich eine weitere Schwierigkeit der Konzeption der Schutzgesetz- **264** zeigenschaft: Da es nach der Formulierung des BGH auf den Zweck der Norm ankommen soll, deren Schutzgesetzeigenschaft in Rede steht,[143] wäre hier auf die Ebene des europäischen Rechts zu verweisen. Die DSGVO enthält indes eine eigene Regelung des Schadens in ihrem Art. 82 und überlässt die Frage des Schadensersatzes, wie sich aus EG 146 S. 4 ergibt, im Übrigen dem nationalen Recht.[144] Wenn also die DSGVO die Frage von Schadensersatz ersichtlich nicht regeln soll, wird es schwierig, ihr Anzeichen für die Begründung von Schadensersatzansprüchen zu entnehmen. Man wird also **anhand allgemeiner Grundregeln des deutschen Deliktsrechts** zu prüfen haben, ob und welche Vorschriften des Datenschutzrechts im Lichte des Gesamtzusammenhangs als Schutzgesetz anzusehen sind. Dabei ist von wesentlicher Bedeutung, dass Art. 82 DSGVO bereits eine umfassend anwendbare Schadensersatzgrundlage bereitstellt. Soweit eine Persönlichkeitsrechtsverletzung vorliegt, gewährt zudem § 823 Abs. 1 BGB einen Schadensersatzanspruch.

Es ist letztlich nicht zu ersehen, warum das Gesetz über Art. 82 DSGVO hinaus einen Schadens- **265** ersatzanspruch gewähren sollte. Die Regelungen zur Rechtfertigung (Art. 6, 9 DSGVO) sind demnach wohl nicht als Schutzgesetz anzusehen.

In Bezug auf das BDSG a.F. wurden einige Regeln über die Betroffenenrechte (§§ 4, 6, 19, 20, 34, **266** 35 BDSG a.F.) als Schutzgesetze angesehen[145], so dass sich die Frage aufdrängt, ob die Art. 15 ff. DSGVO ganz oder teilweise als Schutzgesetze anzusehen sind. Ein naheliegender Kandidat für ein Schutzgesetz könnte die Vorschrift über die Sicherheit, Art. 32 DSGVO darstellen, deren Zweck darin besteht, die Daten Betroffener gegen Eingriffe bzw. den Zugriff Dritter zu schützen.

---

136 Siehe eine Übersicht etwa bei MüKoBGB/Wagner BGB § 823 Rn. 593 ff.
137 Taeger/Gabel/Schmidt DS-GVO Art. 1 Rn. 34.
138 Taeger/Gabel/Schmidt DS-GVO Art. 1 Rn. 35; zustimmend BeckOK IT-Recht/de la Durantaye BGB § 823 Rn. 68; sowie Gola/Heckmann DS-GVO/BDSG/Pötters DS-GVO Art. 1 Rn. 13.
139 Vgl. BeckOK IT-Recht/de la Durantaye BGB § 823 Rn. 68; BeckOGK/Spindler BGB § 823 BGB Rn. 334.
140 Strauß/Schweers DSRITB 2019, 111 (119) („die Normen der DS-GVO"); vgl. auch Wybitul/Haß/Albrecht NJW 2018, 113 Fn. 3 („weitestgehend").
141 Vgl. OLG Hamm NJW 1996, 131; Hermeler MMR 1999, 17 (18); Gola/Heckmann DS-GVO/BDSG/Pötters DS-GVO Art. 1 Rn. 13; MüKoBGB/Wagner BGB § 823 Rn. 547.
142 BeckOGK/Spindler BGB § 823 BGB Rn. 333; MüKoBGB/Wagner BGB § 823 Rn. 547.
143 BGH NJW 2022, 3156 (3157) mwN; vgl. auch oben unter a).
144 Kühling/Buchner/Bergt DS-GVO Art. 82 Rn. 67; HK-DS-GVO/BDSG/Kreße DS-GVO Art. 82 Rn. 27.
145 BeckOGK/Spindler BGB § 823 BGB Rn. 333; MüKoBGB/Wagner BGB § 823 Rn. 547.

267 Auch insoweit gilt aber, dass das Interesse Betroffener durch Art. 82 DSGVO hinreichend abgedeckt ist. Einen Schutzzweck hinsichtlich Dritter wird man den Vorschriften nicht entnehmen können. Im Ergebnis spricht dies dafür, dass die DSGVO **keine Schutzgesetze** i.S. des § 823 Abs. 2 BGB enthält.

b) Normen des KI-Gesetzes als Schutzgesetze?

268 Von besonderem Interesse ist, welche Normen des vorgeschlagenen KI-Gesetzes (→ § 1 Rn. 96 ff.) als Schutzgesetze i.S. des § 823 Abs. 2 BGB anzusehen sind. Da KI-Systeme bei etlichen Tätigkeiten im Zusammenhang mit Big-Data-Analysen verwendet werden (→ § 1 Rn. 20), ist diese Frage von praktischer Bedeutung.

aa) Meinungsstand und Relevanz

269 Die Frage wird in der Literatur bereits diskutiert. Angenommen wird die Schutzgesetzeigenschaft bspw. für die Untersagung, verbotene KI-Systeme zu nutzen (Art. 5 KI-Gesetz-E)[146] oder für die Verpflichtung zur Nutzung von relevanten, repräsentativen, fehlerfreien und vollständigen Trainingsdaten zur Vermeidung von diskriminierenden Entscheidungen durch Hochrisiko-KI-Systeme (Art. 10 Abs. 3 KI-Gesetz-E)[147] sowie allgemein für die Pflichten der Anbieter und Nutzer.[148] Auch bestimmten Regelungen zu diversen Melde- und Informationspflichten von Herstellern und (geschäftlichen) Nutzern sollen Schutzgesetzeigenschaften zukommen (Art. 22, 26 Abs. 2, 27 Abs. 2 und 4, 29 Abs. 4 KI-Gesetz-E).[149] Dies wird unter anderem damit begründet, dass der Verordnungsentwurf nicht bloß als Reflex europäische Grundrechte schützen soll.[150]

270 Die Schutzgesetzeigenschaft hat im Fall des KI-Gesetzes, anders als bei der DSGVO, erhebliche praktische Bedeutung, da das KI-Gesetz die Haftung nicht regelt und auch die vorgeschlagene KI-Haftungs-Richtlinie **keine eigenständige Haftungsnorm** enthält (→ § 1 Rn. 229).

271 Von Bedeutung ist im Kontext von Big-Data-Analysen insbesondere, ob Art. 16 KI-Gesetz-E, die zentrale Norm zu den Pflichten von Anbietern, und Art. 29 KI-Gesetz-E, die Regelung der Nutzerpflichten, jeweils als Schutzgesetz anzusehen sind. Weiterhin sind die Regeln über Datenqualität des Art. 10 KI-Gesetz-E von Interesse, der ebenfalls den Anbieter von KI-Systemen adressiert. Diese Pflichten bestehen ausschließlich im Zusammenhang mit sog. Hochrisiko-Systemen. Auch die Transparenzpflicht des Art. 52 KI-Gesetz-E könnte ein Schutzgesetz sein. Diese Norm ist im Zusammenhang mit Big Data jedoch nicht von Belang.

272 Im Zusammenhang mit Big Data sind sowohl die Rolle des Anbieters als auch die des Nutzers von KI-Systemen (→ § 1 Rn. 118 f.) von Bedeutung. **Anbieter** eines KI-Systems ist nach der Definition des Art. 3 Nr. 2 KI-Gesetz-E jede Person, die ein KI-System entwickelt oder entwickeln lässt, um diese in den Verkehr zu bringen oder in Betrieb zu nehmen. **Nutzer** eines KI-Systems ist gem. Art. 3 Nr. 4 KI-Gesetz-E jede Stelle, die ein KI-System in eigener Verantwortung und außerhalb einer persönlichen oder nichtberuflichen Tätigkeit verwendet.

273 Der Nutzer einer Big-Data-Analyse kann diese sowohl zur Entwicklung eines KI-Systems als auch im Rahmen der Nutzung eines KI-Systems verwenden, genauso auch außerhalb eines solchen Zusammenhangs. Der **Ersteller einer Big-Data-Analyse** wird in dieser Rolle wohl allenfalls als Nutzer eines KI-Systems auftreten (→ § 1 Rn. 132).

274 Der **Datengeber** wird von der Rolle des Anbieters eines KI-Systems nicht erfasst, da die Bereitstellung von Daten nicht als Entwicklung eines KI-Systems qualifiziert werden kann (→ § 1 Rn. 140).

---

146 Grützmacher CR 2021, 433 (438).
147 Roos/Weitz MMR 2021, 844 (850).
148 Linardatos GPR 2022, 58 (60).
149 Grützmacher CR 2021, 433 (441); Roos/Weitz MMR 2021, 844, (850).
150 EG 5 KI-Gesetz-E; Roos/Weitz MMR 2021, 844 (850).

Borges

bb) Schutzgesetzcharakter einzelner Normen

Ob die Pflichten bei der **Nutzung von Hochrisiko-KI-Systemen** nach Art. 29 KI-Gesetz-E 275
Schutzcharakter haben, ist nicht einfach zu beantworten. Der personelle Schutzbereich wird in
Art. 29 KI-Gesetz-E nicht näher eingegrenzt. Jedoch ergibt sich eine solche Eingrenzung aus der
Regelung der Hochrisiko-KI-Systeme (Art. 6 ff. KI-Gesetz-E), jedenfalls im Fall des Anhangs III.
Wenn hier etwa KI-Systeme im Zusammenhang mit Zugang zu Arbeit oder Hochschule adres-
siert werden, sind der personelle und der sachliche Schutzbereich hinreichend eingegrenzt.
Auch hinsichtlich des modalen Schutzbereiches ist angesichts des sehr engen Pflichtenkatalogs
eine hinreichende Eingrenzung gegeben. Es kommt also alles auf die zentrale Frage an, ob das
Gesetz einen Anspruch auf Ersatz jeder Vermögensminderung bei fahrlässiger Verletzung der
Pflichten aus Art. 29 KI-Gesetz-E gewähren will.

Ein Schutzbedürfnis der vom Einsatz von KI-Systemen Betroffenen wird man nicht von 276
der Hand weisen können. Es ist aber höchst zweifelhaft, ob eine solche Haftungsfolge im
Gesamtsystem tragbar ist. Angesichts der Vielfalt möglicher Schadensfolgen im Bereich von
Vermögensschäden dürfte die Haftung kaum versicherbar sein.

Das KI-Gesetz bezweckt offensichtlich nicht die Begründung von Haftungsrisiken zulasten 277
der Nutzer von KI-Systemen, deren Verantwortung es in Art. 29 KI-Gesetz-E gerade stark einschränkt.

Zu bedenken ist schließlich, dass Systeme, die ein vergleichbares Gefahrenpotential aufweisen, 278
mangels Einsatzes von KI aber nicht als KI-System und damit auch nicht als Hochrisiko-KI-Systeme gelten, ebenfalls keiner Haftung für Vermögensschäden unterliegen. Die Verursachung
reiner Vermögensschäden kann nicht als Besonderheit des Einsatzes von KI gelten, so dass
ein Anlass, die Verwendung von KI-Systemen, anders als die Verwendung anderer Software
und sonstiger Maschinen, einer Haftung für reine Vermögensschäden zu unterwerfen, nicht
besteht. Folglich ist ein solcher Zweck auch nicht zu bejahen. Art. 29 KI-Gesetz-E ist also **kein
Schutzgesetz** i.S. des § 823 Abs. 2 BGB.

Die **Pflichten des Anbieters von Hochrisiko-KI-Systemen** nach Art. 16 KI-Gesetz-E, etwa die 279
Pflicht zum Risikomanagement, könnten durchaus als Schutzgesetz in Betracht kommen. Dafür lässt sich etwa die Parallele zu anderen Normen des Produktsicherheitsrechts heranziehen.
So wird etwa § 3 ProdSG verbreitet als Schutzgesetz angesehen.[151] Da die Regeln des KI-Gesetzes
zu Hochrisiko-KI-Systemen der Sache nach vor allem ein besonderes Produktsicherheitsrecht
für KI-Systeme sind (→ § 1 Rn. 101), liegt eine parallele Einordnung intuitiv nahe. Auch hier
ist indes zweifelhaft, ob eine so weitgehende Haftung im Lichte des Gesamtzusammenhangs
als tragbar erscheint. Letztlich sprechen dieselben Gesichtspunkte, die bei den Nutzerpflichten
gegen die Einordnung als Schutzgesetze sprechen, auch im Fall des Anbieters gegen eine solche
Qualifikation.

Die Verletzung von Pflichten zum Risikomanagement werden regelmäßig als Verkehrspflichten 280
i.S. des § 823 Abs. 1 BGB anzusehen sein, so dass bei Verletzung absolut geschützter Rechtsgüter
eine Schadensersatzhaftung besteht. Eine Haftung für jegliche Vermögensschäden dürfte ein
untragbares Haftungsrisiko zulasten der Anbieter begründen. Art. 16 KI-Gesetz-E ist daher **keinesfalls insgesamt** als Schutzgesetz anzusehen. Dies schließt nicht aus, dass einzelne Pflichten
als Schutzgesetze anzusehen sind. Zu denken wäre hier etwa an die Pflicht zur Anbringung eines CE-Kennzeichens, durch das dem Rechtsverkehr die Erfüllungspflicht zum Risikomanagement angezeigt wird.

Aus Sicht von Big Data ist von besonderem Interesse, ob Art. 16 lit. a) i.V.m. Art. 10 KI-Gesetz-E 281
als Schutzgesetz anzusehen ist. Art. 10 KI-Gesetz-E, „Daten und Daten-Governance", enthält

---

151 Klindt ProdSG/Klindt ProdSG § 3 Rn. 55; LWG IT-R/Leupold/Wiesner Teil 9.6 Rn. 81; MüKoBGB/Wagner
BGB § 823 Rn. 1028 jeweils mwN.

wichtige Vorschriften zur Qualität von Trainings-, Validierungs- und Testdatensätzen, die zum **Trainieren von Hochrisiko-KI-Systemen** eingesetzt werden. Die zentralen, in Abs. 2 genannten Qualitätsanforderungen gelten nach Abs. 6 auch für Hochrisiko-Systeme, bei denen keine Modelle mit Daten trainiert werden, sollen also offenbar umfassend für jegliche Hochrisiko-KI-Systeme gelten.

282   Adressat der Pflicht aus Art. 10 KI-Gesetz-E ist nach Art. 16 lit. a) KI-Gesetz-E der Anbieter von Hochrisiko-KI-Systemen. Der Datenlieferant ist nicht als Anbieter erfasst. Das KI-Gesetz erfasst, anders als das Produkthaftungsrecht, nicht den Lieferanten von Grundstoffen (der freilich auch den Lieferanten der Trainingsdaten nicht erfasst[152] → Rn. 195 ff.), sondern setzt beim in Art. 3 Ziff. 2 KI-Gesetz-E definierten Anbieter an, der das KI-System entwickelt oder entwickeln lässt. Auch wenn „downstream" weitere Rollen wie der Einführer und der Händler erfasst werden, sind Zulieferer, die nicht selbst ein KI-System entwickeln, nicht erfasst. Der Datenlieferant ist also nicht Adressat des Art. 10 KI-Gesetz-E und kann somit auch nicht Adressat einer Haftung aus § 823 Abs. 2 BGB i.V.m. Art. 10 KI-Gesetz-E sein.

283   Die Fragestellung ist daher dahin zu präzisieren, ob die Pflicht des Anbieters nach Art. 16 lit. a) i.V.m. Art. 10 KI-Gesetz-E als Schutzgesetz anzusehen ist. Dies ist, aus den soeben (Rn. 279 f.) genannten Gründen, zu verneinen. Eine Haftung des Anbieters von Hochrisiko-KI-Systemen für jegliche Vermögensschäden bei fahrlässiger Auswahl von Daten wäre insbesondere im Hinblick auf die Anwendungsfälle des Anhang III (→ § 1 Rn. 169 ff.) untragbar. Art. 16 lit. a) i.V.m. Art. 10 KI-Gesetz-E ist daher nach hier vertretener Auffassung **kein Schutzgesetz** i.S. des § 823 Abs. 2 BGB.

284   Im Ergebnis enthält das KI-Gesetz daher jedenfalls keine Schutzgesetze, die hinsichtlich der Pflichten des Erstellers und des Nutzers von Big-Data-Analysen von zentraler Bedeutung sind.

---

152   Siehe auch Zech NJW 2022, 502 (505 f.).

§ 8 Arbeitsrecht

Literatur: *Ambrock, Jens*, Mitarbeiterexzess im Datenschutzrecht – Verantwortlichkeit und Haftung für Verstöße gegen die DS-GVO durch Beschäftigte, ZD 2020, 492 ff.; *Arnold, Christian/Günther, Jens*, Arbeitsrecht 4.0, 2018 (zit. Arnold/Günther ArbR 4.0-HdB/Bearbeiter); *Bausewein, Christoph*, Arbeitgeber-Persönlichkeitstests – datenschutzrechtlich zulässig? Bewerberauswahl und Personalentwicklung mittels psychischer Eignungstests, ZD 2014, 443 ff.; Beck'scher Online-Kommentar Arbeitsrecht hrsg. von Rolfs, Christian/Giesen, Richard/Kreikebohm, Ralf/Meßling, Miriam/Udsching, Peter, 68. Edition 2023 (zit. BeckOK ArbeitsR/Bearbeiter); Beck'scher Online-Kommentar Datenschutzrecht hrsg. von Brink, Stefan/Wolff, Heinrich Amadeus/Ungern-Sternberg, Antje v., 44. Edition 2023 (zit. BeckOK DatenschutzR/Bearbeiter); *Betz, Christoph*, Automatisierte Sprachanalyse zum Profiling von Stellenbewerbern – Überprüfung der datenschutzrechtlichen Zulässigkeit eines Praxistrends, ZD 2019, 148 ff.; *Bieker, Felix/Bremert, Benjamin*, Identifizierung von Risiken für die Grundrechte von Individuen – Auslegung und Anwendung des Risikobegriffs der DS-GVO, ZD 2020, 7 ff.; *Blum, Benjamin*, People Analytics, 2021; *Brink, Stefan/Joos, Daniel*, Datenschutzrechtliche Verantwortlichkeit der betrieblichen und behördlichen Beschäftigtenvertretungen, NZA 2019, 1395 ff.; *Brink, Stefan/Joos, Daniel*, Datenschutzrechtliche Folgen für den Betriebsrat nach dem Betriebsrätemodernisierungsgesetz, NZA 2021, 1440 ff.; *Bussche, Axel Freiherr von dem/Voigt, Paul*, Konzerndatenschutz, 2. Auflage 2019; *Byers, Philipp*, Mitarbeiterkontrollen, 2. Auflage 2022; *Däubler, Wolfgang/Kittner, Michael/Klebe, Thomas/Wedde, Peter*, BetrVG, 16. Auflage 2018 (DKKW/Bearbeiter); *Däubler, Wolfgang/Wedde, Peter/Weichert, Thilo/Sommer, Imke*, EU-DS-GVO und BDSG, 2. Auflage 2020 (zit. DWWS/Bearbeiter); *Dickmann, Roman*, Nach dem Datenabfluss: Schadenersatz nach Art. 82 der Datenschutz-Grundverordnung und die Rechte des Betroffenen an seinen personenbezogenen Daten, r+s 2018, 145 ff.; *Diercks, Nina*, People Analytics als Werkzeug im Personalwesen – Kann der Einsatz von KI gestützten Systemen insbesondere nach § 26 Abs. 1 Satz 1 BDSG rechtlich zulässig sein?, ZdiW 2021, 65 ff.; *Dornbusch, Gregor/Krumbiegel, Markus/Löwisch, Manfred*, Kommentar zum gesamten Arbeitsrecht, 10. Auflage 2021 (zit. Dornbusch/*Bearbeiter*); *Düwell, Franz Josef/Brink, Stefan*, Beschäftigtendatenschutz nach der Umsetzung der Datenschutz-Grundverordnung: Viele Änderungen und wenig Neues, NZA 2017, 1081 ff.; *Dzida, Boris*, Big Data und Arbeitsrecht, NZA 2017, 541 ff.; *Dzida, Boris/Grau, Timon*, Beschäftigtendatenschutz nach der Datenschutzgrundverordnung und dem neuen BDSG, DB 2018, 189 ff.; *Dzida, Boris/Groh, Naemi*, People Analytics im Personalbereich, ArbRB 2018, 179 ff.; *Ebers, Martin/Heinze, Christian/Krügel, Tina/Steinrötter, Björn* (Hrsg.), Künstliche Intelligenz und Robotik – Rechtshandbuch, 1. Auflage 2020 (EHKS/Bearbeiter); *Ehmann, Eugen/Selmayr, Martin*, DS-GVO Kommentar, 2. Auflage 2018 (zit. Ehmann/Selmayr/Bearbeiter); *Eifert, Martin/Schneider, Jens-Peter/Hoffmann-Riem, Wolfgang* (Hrsg.), Big Data – Regulative Herausforderungen, 1. Auflage 2018 (zit. Hoffmann-Riem/Bearbeiter); *Engelbrecht, Kai*, Der Bayerische Landesbeauftragte für den Datenschutz – Das Recht auf Auskunft nach dem Datenschutz-Grundverordnung, 2019 (zit. BayLfD, Das Recht auf Auskunft nach der Datenschutz-Grundverordnung); Erfurter Kommentar zum Arbeitsrecht hrsg. von Müller-Glöge, Rudi/Preis, Ulrich/Schmidt, Ingrid, 23. Auflage 2023 (zit. ErfK/*Bearbeiter*); *Eufinger, Alexander*, Arbeitsrechtliche Aspekte der Aufklärung von Compliance-Verstößen, BB 2016, 1973 ff.; *Fitting, Karl* (Begr.), Betriebsverfassungsgesetz Handkommentar, 31. Auflage 2022; *Flink, Maike*, Beschäftigtendatenschutz als Aufgabe des Betriebsrats, 2021; *Flink, Maike*, Die datenschutzrechtliche Verantwortlichkeit des Betriebsrats nach § 79a BetrVG-E, RDV 2021, 123 ff.; *Forgó, Nikolaus/Helfrich, Marcus/Schneider, Jochen*, Betrieblicher Datenschutz, 3. Auflage 2019 (zit. Forgó/Helfrich/Schneider Betr. Datenschutz-HdB); *Franck, Lorenz*, Altverhältnisse unter der DS-GVO und neuem BDSG – Anwendung des neuen Datenschutzrechts auf bereits laufende Datenverarbeitungen?, ZD 2017, 509 ff.; *Franzen, Martin*, Rechtliche Rahmenbedingungen psychologischer Eignungstest, NZA 2013, 1 ff.; *Franzen, Martin*, Datenschutz-Grundverordnung und Arbeitsrecht, EuZA 2017, 313 ff.; *Franzen, Martin*, Persönlichkeitsrecht und Datenschutz im Arbeitsverhältnis, ZfA 2019, 18 ff.; *Franzen, Martin*, Das Verhältnis des Auskunftsanspruchs nach DS-GVO zu personalaktenrechtlichen Einsichtsrechten nach dem BetrVG, NZA 2020, 1593 ff.; *Franzen, Martin/Gallner, Inken/Oetker, Hartmut*, Kommentar zum europäischen Arbeitsrecht, 4. Auflage 2022 (zit. EuArbRK/*Bearbeiter*); *Fuhlrott, Michael/Oltmanns, Sönke*, Arbeitnehmerüberwachung und interne Ermittlungen im Lichte der Datenschutz-Grundverordnung, NZA 2019, 1105 ff.; Gemeinschaftskommentar zum Betriebsverfassungsgesetz, hrsg. von Wiese, Günther/Kreutz, Peter/Oetker, Hartmut/Raab, Thomas/Weber, Christoph/Franzen, Martin/Gutzeit,

Martin/Jacobs, Matthias/Schubert, Claudia, 12. Auflage 2022 (zit. GK-BetrVG/Bearbeiter); *Gola, Peter*, Handbuch Beschäftigtendatenschutz, 8. Auflage 2019 (zit. Gola Beschäftigtendatenschutz-HdB); *Gola, Peter/Heckmann, Dirk*, Datenschutz-Grundverordnung, Bundesdatenschutzgesetz – Kommentar, 3. Auflage 2022 (zit. Gola/Heckmann/Bearbeiter); *Gola, Peter/Heckmann, Dirk*, Bundesdatenschutzgesetz Kommentar, 13. Auflage 2019 (zit. Gola/Heckmann/Bearbeiter); *Götz, Thomas*, Big Data im Personalmanagement, 2020; *Graf, Fabienne/Kemper, Carolin*, Optimierung und Produktivitätssteigerung durch Human Enhancement-Technologien, PinG 2021, 131 ff.; *Grimm, Detlef/Göbel, Malte*, Das Arbeitnehmerdatenschutzrecht in der DS-GVO und dem BDSG neuer Fassung, jM 2018, 278 ff.; *Grobys, Isabella/Panzer-Heemeier, Andrea*, StichwortKommentar Arbeitsrecht, 4. Auflage 2023 (zit. SWK-ArbR/Bearbeiter); *Hitzelberger-Kijima, Yukiko*, Die Einwilligung von Beschäftigten in die Verarbeitung ihrer personenbezogenen Daten durch den Arbeitgeber, öAT 2020, 133 ff.; *Holthausen, Joachim*, Big Data, People Analytics, KI und Gestaltung von Betriebsvereinbarungen – Grund-, arbeits- und datenschutzrechtliche An- und Herausforderungen, RdA 2021, 19 ff.; *Huff, Julian/Götz, Thomas*, Evidenz statt Bauchgefühl – Möglichkeiten und rechtliche Grenzen von Big Data im HR-Bereich, NZA-Beilage 2019, 73 ff.; *Imping, Andreas*, Digitalisierung im Personalbereich: Rechtliche Rahmenbedingungen und Gestaltungsoptionen bei Betriebsvereinbarungen, DB 2021, 1808 ff.; *Joos, Daniel*, Einsatz von künstlicher Intelligenz im Personalwesen unter Beachtung der DS-GVO und des BDSG, NZA 2020, 1216 ff.; *Joos, Daniel/Meding, Kristofer*, Künstliche Intelligenz und Datenschutz um Human Resource Management – Technisch Organisatorische Maßnahmen (TOMs) bei „intelligenten" Arbeitgeberentscheidungen, CR 2020, 834 ff.; *Kipker, Dennis-Kenji/Müller, Sven*, Künstliche Intelligenz in der Datensicherheit: Anforderungen und Maßnahmen, DSRITB 2020, 493 ff.; *Klebe, Thomas*, Betriebsrat 4.0 – Digital und global?, NZA-Beilage 2017, 77 ff.; *Kleinebrink, Wolfgang*, Initiativrechte des Betriebsrats auf digitale Weiterbildung der Arbeitnehmer, DB 2018, 254 ff.; *Klösel, Daniel/Mahnhold, Thilo*, Die Zukunft der datenschutzrechtlichen Betriebsvereinbarung – Mindestanforderungen und betriebliche Ermessensspielräume nach DS-GVO und BDSG nF, NZA 2017, 1428 ff.; *Köbrich, Thomas/Froitzheim, Oliver*, Lass uns quatschen – werbliche Kommunikation mit Chatbots, DSRITB 2017, 259; *Köhler, Matthias/Häferer, Katja*, Mitbestimmungsrechte des Betriebsrats im Zusammenhang mit Compliance-Systemen, GWR 2015, 159 ff.; *Kopp, Reinhold/Sokoll, Karen*, Wearables am Arbeitsplatz – Einfallstore für Alltagsüberwachung?, NZA 2015, 1352 ff.; *Körner, Marita*, Beschäftigtendatenschutz in Betriebsvereinbarungen unter der Geltung der DS-GVO, NZA 2019, 1389 ff.; *Kort, Michael*, Was ändert sich für Datenschutzbeauftragte, Aufsichtsbehörden und Betriebsrat mit der DS-GVO?, ZD 2017, 3 ff.; *Kort, Michael*, Der Beschäftigtendatenschutz gem. § 26 BDSG-neu – Ist die Ausfüllung der Öffnungsklausel des Art. 88 DS-GVO geglückt?, ZD 2017, 319 ff.; *Kort, Michael*, Neuer Beschäftigtendatenschutz und Industrie 4.0 – Grenzen einer „Rundumüberwachung" angesichts der Rechtsprechung, der DS-GVO und des BDSG nF, RdA 2018, 24 ff.; *Kort, Michael*, Die Bedeutung der neueren arbeitsrechtlichen Rechtsprechung für das Verständnis des neuen Beschäftigtendatenschutzes, NZA 2018, 1097 ff.; *Kraus, Christopher*, Digitalisierung der Arbeitswelt – das Ende der Low Performer?, DB 2018, 701 ff.; *Kühling, Jürgen/Buchner, Benedikt*, Datenschutz-Grundverordnung BDSG Kommentar, 3. Auflage 2020 (zit. Kühling/Buchner/Bearbeiter); *Kurzböck, Christoph/Weinbeck, Kathrin*, Die datenschutzrechtliche Verantwortlichkeit des Betriebsrats, BB 2020, 500 ff.; *Leibold, Kevin*, Reichweite, Umfang und Bedeutung des Auskunftsrechts nach Art. 15 DS-GVO – Entscheidungsübersicht, ZD-Aktuell 2021, 05313; *Leibold, Kevin*, Streitwert beim Auskunftsanspruch nach Art. 15 DS-GVO – Teil 3, ZD-Aktuell 2021, 05245.; *Lembke, Mark/Fischels, André*, Datenschutzrechtlicher Auskunfts- und Kopieanspruch im Fokus von Rechtsprechung und Praxis, NZA 2022, 513 ff.; *Linck, Rüdiger/Preis, Ulrich/Schmidt, Ingrid*, Kündigungsrecht, 6. Auflage 2021 (zit. APS/Bearbeiter); *Losbichler, Heimo/Perkhofer, Lisa/Hofer, Peter/Karrer, Stephan*, Reporting 2.0: Interaktive Dashboards mit Big-Data-Visualisierungen, BC 2021, 532 ff.; *Ludwig, Daniel/Hinze, Jacob*, Digitalisierung und IT-Mitbestimmung – Wie die Betriebsparteien den Wandel gemeinsam gestalten können, NZA 2021, 1444 ff.; *Lützeler, Martin/Kopp, Désirée*, HR mit System: Bewerbermanagement-Tools, ArbRAktuell 2015, 491 ff.; *Malorny, Friederike*, Datenschutz als Grenze KI-basierter Auswahlentscheidungen im Arbeitsrecht, RdA 2022, 170 ff.; *Martini, Mario/Botta, Jonas*, Iron Man am Arbeitsplatz? – Exoskelette zwischen Effizienzstreben, Daten- und Gesundheitsschutz – Chancen und Risiken der Verschmelzung von Mensch und Maschine in der Industrie 4.0, NZA 2018, 625 ff.; *Maschmann, Frank*, Datenschutzgrundverordnung: Quo vadis Beschäftigtendatenschutz? – Vorgaben der EU-Datenschutzgrundverordnung für das nationale Recht, DB 2016, 2480 ff.; *Maschmann, Frank*, Verarbeitung personenbezogener Entgeltdaten und neuer Datenschutz,

BB 2019, 628 ff.; *Maschmann, Frank*, Der Betriebsrat als für den Datenschutz Verantwortlicher, NZA 2020, 1207 ff.; *Maschmann, Frank*, Der Arbeitgeber als Verantwortlicher für den Datenschutz im Betriebsratsbüro (§ 79a BetrVG)?, NZA 2021, 834 ff.; *Paal, Boris P.*, Schadensersatzansprüche bei Datenschutzverstößen – Voraussetzungen und Probleme des Art. 82 DS-GVO, MMR 2020, 14 ff.; *Paal, Boris P./Pauly, Daniel A.*, Datenschutz-Grundverordnung Bundesdatenschutzgesetz Kommentar, 3. Auflage 2021 (zit. Paal/Pauly/Bearbeiter); *Peter, Denise*, Ersatz von Anwaltskosten für interne Untersuchung durch Arbeitnehmer – Anmerkung zu BAG Urt. v. 29.4.2021 – 8 AZR 276/20, CCZ 2022, 82 ff.; *Plath, Kai-Uwe* (Hrsg.), Kommentar zu DS-GVO, BDSG und den Datenschutzbestimmungen des TMG und TKG, 3. Auflage 2018 (zit. Plath/Bearbeiter); *Poppenhäger, Holger*, Informationelle Gewaltenteilung, Zulässigkeit und Grenzen der Nutzung personenbezogener Daten für statistische Zwecke und Zwecke des Verwaltungsvollzugs, NVwZ 1992, 149 ff.; *Reinartz, Oliver*, Das Betriebsrätemodernisierungsgesetz, NZA-RR 2021, 457 ff.; *Richardi, Reinhardt*, Betriebsverfassungsgesetz mit Wahlordnung – Kommentar, 17. Auflage 2022 (zit. Richardi BetrVG/Bearbeiter); *Ritter, Franziska/Reibach, Boris/Lee, Morris*, Lösungsvorschlag für eine praxisgerechte Risikobeurteilung von Verarbeitungen – Ansatz zur Bestimmung von Eintrittswahrscheinlichkeit und Schadensausmaß bei der Bewertung datenschutzrechtlicher Risiken, ZD 2019, 531 ff.; *Roßnagel, Alexander*, Kein „Verbotsprinzip" und kein „Verbot mit Erlaubnisvorbehalt" im Datenschutzrecht – Zur Dogmatik der Datenverarbeitung als Grundrechtseingriff, NJW 2019, 1 ff.; *Roßnagel, Alexander*, Datenlöschung und Anonymisierung – Verhältnis der beiden Datenschutzinstrumente nach DS-GVO, ZD 2021, 188 ff.; *Schiefer, Bernd/Worzalla, Michael*, Das Betriebsrätemodernisierungsgesetz – Eine „Mogelpackung"?, NZA 2021, 817 ff.; *Schild, Hans-Hermann*, Livestream-Unterricht an Schulen ohne Einwilligung der Lehrkräfte – Anmerkung zu EuGH, Urteil vom 30.3.2023 – C-34/21, ZD 2023, 391 ff.; *Schrey, Joachim/Kielkowski, Jacek*, Die datenschutzrechtliche Betriebsvereinbarung in DS-GVO und BDSG 2018 – Viel Lärm um Nichts?, BB 2018, 629 ff.; *Schulze, Marc-Oliver*, Entwurf des Betriebsrätemodernisierungsgesetzes, ArbRAktuell 2021, 211 ff.; *Schürmann, Kathrin*, Anonymisierung und Pseudonymisierung in der Praxis, DSB 2021, 49 ff.; *Schwartmann, Rolf/Jaspers, Andreas/Thüsing, Gregor/Kugelmann, Dieter*, Datenschutz-Grundverordnung Bundesdatenschutzgesetz, Kommentar, 2. Auflage 2020 (zit. SJTK/Bearbeiter); *Simitis, Spiros/Hornung, Gerrit/Spiecker genannt Döhmann, Indra*, Datenschutzrecht, 2019 (zit. Simitis/Hornung/Spiecker gen. Döhmann/Bearbeiter); *Staben, Lisa*, Die Datenschutzverantwortlichkeit des Betriebsrats, ZfA 2020, 287 ff.; *Stück, Volker*, Betriebsrat oder Geheimrat? – Beschäftigtendatenschutz beim Betriebsrat, ZD 2019, 256 ff.; *Sydow, Gernot/Marsch, Nikolaus*, Europäische Datenschutzgrundverordnung, Bundesdatenschutzgesetz, 3. Auflage 2022 (zit. Sydow/Marsch/Bearbeiter); *Taeger, Jürgen/Gabel, Detlev*, DS-GVO – BDSG Kommentar, 4. Auflage 2022 (zit. Taeger/Gabel/Bearbeiter); *Taeger, Jürgen/Rose, Edgar*, Zum Stand des deutschen und europäischen Beschäftigtendatenschutzes, BB 2016, 819 ff.; *Thüsing, Gregor*, Beschäftigtendatenschutz und Compliance, 3. Auflage 2021; *Thüsing, Gregor/Rombey, Sebastian*, Die „schriftlich oder elektronisch" erteilte Einwilligung des Beschäftigten nach dem neuen Formerfordernis in § 26 II 3 BDSG, NZA 2019, 1399 ff.; *Thüsing, Gregor/Peisker, Yannick*, Datenschutzrechtliches Glasperlenspiel? Zum Antrag des Generalanwalts Sánchez-Bordona im Verfahren Rs. C-34/21, BeckRS 2022, 24515, NZA 2023, 213; *Tiedemann, Jens*, Auswirkungen von Art. 88 DS-GVO auf den Beschäftigtendatenschutz, ArbRB 2016, 334 ff.; *Winter, Christian/Steinebach, Martin/Heereman, Wendy/Battis, Verena/Halvani, Oren/Yannikos, York/Schüßler, Christoph*, Studie des Verbundprojekts „Cybersicherheit für die Digitale Verwaltung" PRIVACY UND BIG DATA – Studie des Fraunhofer-Institut für Sichere Informationstechnologie, 2020 (zit. Studie des Verbundprojekts „Cybersicherheit für die Digitale Verwaltung").; *Wünschelbaum, Markus*, Tabula rasa im Beschäftigtendatenschutz? EuGH setzt neue Maßstäbe: Rechtsfolgen und Handlungsoptionen, NZA 2023, 542 ff.; *Wurzberger, Sebastian*, Anforderungen an Betriebsvereinbarungen nach der DS-GVO – Konsequenzen und Anpassungsbedarf für bestehende Regelungen, ZD 2017, 258 ff.; *Wybitul, Tim*, Der neue Beschäftigtendatenschutz nach § 26 BDSG und Art. 88 DS-GVO, NZA 2017, 413 ff.

A. Einleitung

1 Der Einsatz von Big Data-Anwendungen im Personalwesen wird in der Regel mit dem Begriff People Analytics bezeichnet.[1] Anwendungen dieser Art können von Unternehmen für verschiedenste Ziele eingesetzt werden. Die grundsätzliche Errungenschaft von Big Data – die Verknüpfung und Analyse von großen Datenmengen aus unterschiedlichsten Quellen – kann auch für die Personalarbeit erhebliche Mehrwerte generieren. People Analytics erlauben es, **Ursachen und Wirkungen von Entwicklungen** in der Belegschaft eines Unternehmens zu erforschen.

---

1 Auch gebräuchlich sind HR Analytics oder Workforce Analytics, Huff/Götz NZA-Beilage 2019, 73 (73).

Beispielsweise kann über Analysen die Zufriedenheit der Beschäftigten[2] gemessen werden, um etwaiger Mitarbeiterfluktuation zu begegnen. Daneben können solche Anwendungen auch für die Mitarbeitergewinnung eingesetzt werden, indem über Datenanalysen Persönlichkeitsprofile von Bewerbern erstellt werden.[3] Von besonderem Interesse sind für diesen Beitrag solche Tools, die bereits gewisse Bewertungen der Analyseergebnisse vornehmen und deshalb den Tatbestand des Profiling erfüllen (Art. 4 Nr. 4 DS-GVO).[4] Auf andere Anwendungen wird – und wenn nur zu Abgrenzungsfragen – indes auch eingegangen.

Durch die digitale Transformation der Unternehmen und deren häufig internationale Konzern- 2 struktur sind personenbezogene Beschäftigtendaten in großen Mengen vorhanden. Dass die Nutzung dieser Daten im Interesse des Arbeitgebers ist, liegt auf der Hand. Daneben ist genau so offensichtlich, dass die Verarbeitung großer Datenmengen **durch People Analytics-Anwendungen erhebliche Gefährdungen für die Persönlichkeitsrechte** der Beschäftigten darstellen kann. Dieser Konflikt zwischen Informationsinteresse des Arbeitgebers und Persönlichkeitsrechten der Beschäftigten ist für das Arbeitsrecht nicht neu, muss jedoch unter Einfluss der technischen Besonderheiten von People Analytics-Anwendungen regelmäßig überprüft werden.

Der erste Abschnitt wird deshalb dem „Beschäftigtendatenschutz beim Einsatz von People Ana- 3 lytics-Anwendungen" gewidmet (B.). Anschließend wird ein besonderer Fokus auf die „Mitarbeiterkontrolle" (C.) gerichtet. Danach wird die „betriebliche Mitbestimmung" des Betriebsrats beim Einsatz von Big Data- und People Analytics-Anwendungen untersucht (D.). Dem folgt eine Betrachtung der Möglichkeiten zur „Mitarbeiterbewertung durch Big Data oder KI" (E.). Eine Untersuchung zum „Kündigungsgrund ‚Big Data'" schließt das Kapitel ab (F.).

B. Beschäftigtendatenschutz beim Einsatz von People Analytics-Anwendungen

Das BVerfG hat bereits im Volkszählungsurteil festgestellt, dass „der Einzelne unter den Bedin- 4 gungen einer automatischen Erhebung und Verarbeitung der seine Person betreffenden Angaben **nicht zum bloßen Informationsobjekt**"[5] werden dürfe. Dies müsse durch entsprechende Verarbeitungsvoraussetzungen sichergestellt werden. Dass sich auch Verarbeitungen personenbezogener Daten im Privatrecht an den Grenzen des Rechts auf informationelle Selbstbestimmung messen lassen müssen, betonte das BVerfG zuletzt noch einmal im Beschluss Recht auf Vergessen I.[6] Gleichzeitig haben auch der europäische und der deutsche Gesetzgeber mit der DS-GVO und dem spezifisch deutschen Beschäftigtendatenschutzrecht strenge Rahmenbedingungen für die Verarbeitung personenbezogener Daten kodifiziert. Dies unterstreicht das Erfordernis, die Anforderungen des Beschäftigtendatenschutzrechts bei der Nutzung von People Analytics genau zu betrachten.[7]

I. Big Data und KI im Anwendungsbereich des Beschäftigtendatenschutzrechts

Big Data-Anwendungen und KI müssen sich nur dann an den Vorgaben des Beschäftigtenda- 5 tenschutzrechts messen lassen, wenn auch tatsächlich personenbezogene Daten verarbeitet werden (Art. 2 Abs. 1 DS-GVO). Der Personenbezug eines Datums nimmt danach eine zentrale

---

2 Die Verwendung des generischen Maskulinums enthält keine Wertung und dient einzig Gründen der Lesbarkeit. Sämtliche Personenbezeichnungen gelten gleichermaßen für alle Geschlechter.
3 Vgl. Maschmann BB 2019, 628 (635); Dzida/Groh ArbRB 2018, 179 (179 f.); Imping DB 2021, 1808 (1809 f.).
4 Blum People Analytics, 2021, 72 ff., 254 ff., 273.
5 BVerfGE 65, 1 (48).
6 BVerfGE 152, 152 (186 ff.).
7 In Zukunft wird das BVerfG vollständig europarechtlich determinierte Rechtsgebiete – wie das Datenschutzrecht – nur noch an den Grundrechten der europäischen GRCh messen, BVerfGE 152, 216.

Rolle ein, um die Eröffnung des Anwendungsbereichs des Datenschutzrechts zu bestimmen.[8] Dies gilt auch dann, wenn Big Data-Anwender gar kein Interesse am konkreten Personenbezug des Datensatzes haben, sondern vielmehr das, zumeist nicht mehr personenbezogene, Analyseergebnis im Vordergrund steht.[9]

6 Die Besonderheit von Big Data-Anwendungen liegt in der Verknüpfung großer Mengen von Daten. Einzelne Datensätze können zwar ggf. keinen Personenbezug aufweisen. Durch die Verknüpfung mit weiteren Informationen kann sich aber sehr wohl ein Personenbezug ergeben. Es muss deshalb für jeden Verarbeitungsschritt überprüft werden, ob Vorgaben des Beschäftigtendatenschutzrechts zu beachten sind.[10] Dabei muss stets beachtet werden, dass **für den Personenbezug bereits die Identifizierbarkeit ausreichend** ist (vgl. Art. 4 Nr. 1 DS-GVO). Identifizierbarkeit ist auch gegeben, wenn die Identität einer Person über die Heranziehung weiterer Informationen durch den Verantwortlichen oder einen Dritten ermittelt werden könnte.[11] Der Anwendungsbereich des Datenschutzrechts ist dementsprechend weit. People Analytics-Anwendungen sind deshalb in aller Regel auch am Beschäftigtendatenschutzrecht zu messen (→ § 6 Rn. 9 ff.).

II. Rechtmäßigkeit von Datenverarbeitungen durch People Analytics-Anwendungen

7 Für Verarbeitungen personenbezogener Daten im Beschäftigungskontext enthält die DS-GVO in Art. 88 eine Öffnungsklausel für die Mitgliedsstaaten. Der deutsche Gesetzgeber hat von dieser Öffnungsklausel durch die Neufassung von § 26 BDSG Gebrauch gemacht. Gleichwohl kommen für eine Rechtfertigung von Verarbeitungen von personenbezogenen Beschäftigtendaten auch die allgemeinen Rechtsgrundlagen des Art. 6 DS-GVO in Betracht. § 26 BDSG und Art. 6 DS-GVO sind nebeneinander anwendbar.[12] Besondere Rechtsgrundlagen für Big Data-Anwendungen kennt das Datenschutzrecht nicht.[13]

8 Auch aus der grundrechtlichen Determination des Beschäftigtendatenschutzrechts ergibt sich, dass die Verarbeitung von personenbezogenen Daten nur dann zulässig ist, wenn sie von einer entsprechenden Rechtsgrundlage erlaubt wird.[14]

9 Eine allumfängliche Darstellung der Rechtmäßigkeit der Verarbeitung personenbezogener Beschäftigtendaten durch People Analytics-Anwendungen ist aufgrund der Vielzahl denkbarer Verarbeitungen nicht möglich. Im Folgenden werden deshalb die einzelnen Rechtfertigungsgrundlagen dargestellt und deren Bedeutung für die Umsetzung von People Analytics-Anwendungen erläutert.

---

8 Kühling/Buchner/Klar/Kühling DS-GVO Art. 4 Nr. 1 Rn. 1; Huff/Götz NZA-Beilage 2019, 73 (74); Götz Big Data im Personalmanagement, 65 f.
9 Studie des Verbundprojekts „Cybersicherheit für die Digitale Verwaltung", 2020, 24.
10 Götz Big Data im Personalmanagement, 2020 67 f.
11 Taeger/Gabel/Arning/Rothkegel DS-GVO Art. 4 Rn. 33 ff.; Götz Big Data im Personalmanagement, 68 ff.
12 Taeger/Gabel/Zöll BDSG § 26 Rn. 11 ff.; Paal/Pauly/Gräber/Nolden BDSG § 26 Rn. 11.
13 Sehr krit. dazu Roßnagel Vorgänge Nr. 221/222 2018: „In keiner Regelung werden die spezifischen Grundrechtsrisiken zB von smarten Informationstechniken im Alltag, von Big Data, Cloud Computing oder datengetriebenen Geschäftsmodellen, Künstlicher Intelligenz und selbstlernenden Systemen angesprochen oder gar gelöst. Die gleichen Zulässigkeitsregeln, Zweckbegrenzungen oder Rechte der betroffenen Person gelten für die wenig riskante Kundenliste beim „Bäcker um die Ecke" ebenso wie für diese um Potenzen risikoreicheren Datenverarbeitungsformen. Insbesondere durch abstrakte Zulässigkeitsregelungen wie in Art. 6 Abs. 1 werden die spezifischen Grundrechtsrisiken verfehlt", https://www.humanistische-union.de/publikationen/vorgaenge/221-222/publikation/datenschutz-grundverordnung-was-bewirkt-sie-fuer-den-datenschutz-1/.
14 Vgl. auch Roßnagel NJW 2019, 1 (3 ff.), der zwar die Begriffe „Verbotsprinzip" und „Verbot mit Erlaubnisvorbehalt" im Datenschutzrecht ablehnt, aber in der Sache dennoch zustimmt.

1. Die Einwilligung als Erlaubnistatbestand für den Einsatz von People Analytics-Anwendungen

Beschäftigte können in die Verarbeitung sie betreffender personenbezogener Daten einwilligen. In § 26 Abs. 2 BDSG macht der deutsche Gesetzgeber für Einwilligungen im Beschäftigungskontext Vorgaben für deren Wirksamkeit, welche die allgemeinen Anforderungen nach Art. 4 Nr. 11, 6 Abs. 1 UAbs. 1 lit. a, 7 DS-GVO spezifizieren.[15] Begrifflich ist die **Einwilligung als vorherige Zustimmung** zu verstehen. Sie muss also vor der Datenverarbeitung eingeholt werden.[16]

a) Voraussetzungen wirksamer Einwilligungen

Aus dem Zusammenspiel der vorgenannten Normen der DS-GVO mit § 26 Abs. 2 BDSG ergeben sich die folgenden Voraussetzungen für eine wirksame datenschutzrechtliche Einwilligung im Beschäftigungskontext: (aa) Eine unmissverständlich abgegebene Willensbekundung in Form einer Erklärung oder einer sonstigen eindeutigen bestätigenden Handlung, (bb) die Freiwilligkeit, (cc) die Informiertheit des Beschäftigten, (dd) die Bestimmtheit sowie (ee) die Form.

aa) Unmissverständliche Willensbekundung der Beschäftigten

Eine unmissverständlich abgegebene Willensbekundung in Form einer Erklärung oder einer sonstigen eindeutigen bestätigenden Handlung verlangt nach der Rechtsprechung des EuGH stets nach einer **aktiven Einwilligung**.[17] Stillschweigen oder Untätigkeit sind keine Willensbekundungen iSd Definition des Art. 4 Nr. 11 DS-GVO. In Apps oder anderen Programmen durch Voreinstellung bereits angeklickte Kästchen (pre-ticked-box) für Einwilligungserklärungen können deshalb nicht als Einwilligungen der Beschäftigten gedeutet werden. Die Untätigkeit der Beschäftigten, sofern das Häkchen nicht entfernt wird, ist keine Willensbekundung.[18] Sog. Opt-Out Modelle sind demnach mit den datenschutzrechtlichen Vorgaben für wirksame Einwilligungen unvereinbar.[19] Um Missverständnisse auf Seiten des Einwilligungsempfängers zu vermeiden, sollten Einwilligungsformulare immer so formuliert werden, dass aus ihnen **klar und ohne Zweifel** die Zustimmung des Beschäftigten hervorgeht. Etwaige Nicht-Akzeptanz oder Indifferenz gegenüber der Verarbeitung sollte mit hoher Wahrscheinlichkeit auszuschließen sein.[20]

bb) Die Freiwilligkeit der Einwilligung

Das Element der Freiwilligkeit der Einwilligung hat im Beschäftigungskontext die stärkste Konturierung durch den nationalen Gesetzgeber erfahren. Es sind besondere Umstände vorgeschrieben, welche bei der Feststellung der Freiwilligkeit im Beschäftigungsverhältnis zu beachten sind (§ 26 Abs. 2 S. 1 und 2 BDSG).[21]

In Fortführung der Rechtslage nach Art. 2 lit. h der Datenschutz-RL bedeutet Freiwilligkeit auch in der DS-GVO, dass die **Einwilligungserklärung ohne Zwang** abgegeben wurde. Das ist dann der Fall, wenn der Einwilligende eine **tatsächliche Wahlmöglichkeit** hat.[22]

---

15 BeckOK DatenschutzR/Riesenhuber BDSG § 26 Rn. 43; Kühling/Buchner/Maschmann BDSG § 26 Rn. 62.
16 Gola Beschäftigtendatenschutz-HdB Rn. 409.
17 EuGH BeckRS 2020, 30027 Rn. 36; noch zur Datenschutz-RL, aber bereits mit Bezugnahme zur DS-GVO, EuGH BeckRS 2019, 22831 Rn. 44 ff.
18 BeckOK DatenschutzR/Schild DS-GVO Art. 4 Rn. 124; Ehmann/Selmayr/Klabunde DS-GVO Art. 4 Rn. 53.
19 SJTK/Schwartmann/Mühlenbeck DS-GVO Art. 4 Rn. 213.
20 Sydow/Marsch/Ingold DS-GVO Art. 4 Rn. 172.
21 Vgl. Kühling/Buchner/Maschmann BDSG § 26 Rn. 63.
22 BeckOK DatenschutzR/Schild DS-GVO Art. 4 Rn. 127; Sydow/Marsch/Ingold DS-GVO Art. 4 Rn. 175; Paal/Pauly/Ernst DS-GVO Art. 4 Rn. 69; Taeger/Gabel/Arning/Rothkegel DS-GVO Art. 4 Rn. 303.

Solche Wahlmöglichkeiten sind bspw. durch bestehende Machtungleichgewichte zwischen Verantwortlichen und betroffen Personen eingeschränkt.[23] Eben solche Machtungleichgewichte zeichnen auch die Arbeitswelt aus. Für die Einwilligung im Beschäftigungskontext hat der Gesetzgeber deshalb normiert, dass die Abhängigkeit des Beschäftigten sowie Umstände, unter denen die Einwilligung erteilt wurde, bei der Bewertung der Freiwilligkeit zu berücksichtigen sind (§ 26 Abs. 2 S. 1 BDSG). Daneben erkennt auch der Gesetzgeber Ausnahmen von dieser Abhängigkeit und formuliert eine Vermutung für die Freiwilligkeit, wenn für den Beschäftigten ein rechtlicher oder wirtschaftlicher Vorteil erreicht wird oder Arbeitgeber und Beschäftigte gleichgelagerte Interessen verfolgen (§ 26 Abs. 2 S. 2 BDSG).[24]

15 **Besondere Drucksituationen** sollen sich insbes. im Vorfeld des Abschlusses von Arbeitsverträgen ergeben.[25] Wird ein Auswahlprozess durch eine KI-basierte Big Data-Anwendung gesteuert, muss ein Bewerber, der seine Einwilligung verweigert, befürchten, dass er im folgenden Auswahlprozess nicht weiter berücksichtigt wird.[26] Die Einwilligung in People Analytics-Anwendungen zur Personalgewinnung sieht sich damit hohen Hürden gegenüber.[27]

16 Sofern Beschäftigte als Folge einer Einwilligung in Produktivitätsanalysen durch Big Data-Anwendungen deutlich gesteigerte Arbeitsergebnisse liefern und hierdurch leistungsbezogene Vergütungen wie Boni erhalten, muss das in die Beurteilung der Freiwilligkeit einbezogen werden. Aus solchen gruppendynamischen Entwicklungen kann sich durchaus **sozialer Druck** zur Erteilung einer Einwilligung ergeben, der einer Freiwilligkeit zuwider liefe.[28]

cc) Die Informiertheit des Beschäftigten

17 Die Einwilligung setzt die Informiertheit des Beschäftigten, also die Kenntnis der Sachlage voraus. Der Beschäftigte muss daher zumindest wissen, wer der **für die Datenverarbeitung Verantwortliche** ist und für **welche Zwecke** die Datenverarbeitung stattfinden soll (ErwG 42 DS-GVO). Der Europäische Datenschutzausschuss (EDSA bzw. englisch EDPB)[29] erwartet darüber hinaus, dass insbesondere auch über die (Art der) Daten, die erhoben und verwendet werden sowie eine etwaige Verwendung der Daten für eine automatisierte Entscheidungsfindung (im Sinne des Art. 22 Abs. 2 lit. c DS-GVO) informiert wird.[30]

18 Problematisch ist dies jedoch bei ergebnisoffenen Big Data-Analysen, die nur unspezifische Zwecke verfolgen und bei denen ggf. auch die benötigten Datenarten nicht von vornherein feststehen. Dennoch muss möglichst konkret über die Voraussetzungen und Konsequenzen der Datenverarbeitung informiert werden. Hierzu werden Institute wie die **Generaleinwilligung** oder gestufte Einwilligung vorgeschlagen, die grds. bestimmte Verwendungszwecke bzw. eine phasenweise Einwilligung ermöglichen sollen (zB Datenverarbeitung, Nutzung der Ergebnisse).[31] Jedenfalls die Generaleinwilligung dürfte mit den Vorgaben der DS-GVO allerdings nicht vereinbar sein.

---

23 Taeger/Gabel/Arning/Rothkegel DS-GVO Art. 4 Rn. 304.
24 Paal/Pauly/Gräber/Nolden BDSG § 26 Rn. 27.
25 Kühling/Buchner/Maschmann BDSG § 26 Rn. 63; ErfK/Franzen BDSG § 26 Rn. 41.
26 Joos NZA 2020, 1216 (1220).
27 Götz Big Data im Personalmanagement, 2020, 53.
28 Vgl. Martini/Botta NZA 2018, 625 (628).
29 Der Europäische Datenschutzausschuss (EDSA) (engl. European Data Protection Board, EDPB) ist eine unabhängige europäische Einrichtung mit eigener Rechtspersönlichkeit, in der unter anderem die nationalen Datenschutzbehörden der Mitgliedsstaaten vertreten sind. Der EDSA soll eine einheitliche Anwendung der DS-GVO sicherstellen und die Zusammenarbeit zwischen den Datenschutzbehörden fördern. Der EDSA hat das vorige Gremium mit diesen Aufgaben, die Artikel-29-Datenschutzgruppe, mit Inkrafttreten der DS-GVO abgelöst.
30 EDSA Leitlinien 05/2020 v. 4.5.2020 zur Einwilligung gemäß Verordnung 2016/679 Rn. 64.
31 Gola/Heckmann/Schulz DS-GVO Art. 7 Rn. 36.

Zudem muss der Arbeitgeber den Beschäftigten darüber informieren, seine Einwilligung jeder- 19
zeit mit Wirkung für die Zukunft **widerrufen** zu können (Art. 7 Abs. 3 S. 3 DS-GVO). Auch
für die Einwilligung des Beschäftigten im Arbeitsvertrag gelten besondere Anforderungen. Das
Ersuchen um Einwilligung bei schriftlicher Erklärung, die noch einen anderen Sachverhalt
betrifft, muss in verständlicher und leicht zugänglicher Form in einer klaren und einfachen
Sprache so erfolgen, dass es von den anderen Sachverhalten klar zu unterscheiden ist (Art. 7
Abs. 2 DS-GVO). Die entsprechende Formulierung sollte daher, bestenfalls als eigenständige
Regelung mit entsprechender Überschrift, deutlich hervorgehoben werden.[32] Wird die Einwilli-
gung in den Arbeitsvertrag aufgenommen, stellt sich allerdings in besonderem Maße die Frage,
ob diese freiwillig ist.

dd) Die Bestimmtheit der Einwilligung

Die Einwilligung muss für den bestimmten Fall erteilt werden (Art. 4 Nr. 11 DS-GVO). Sie 20
muss daher einen **Bezug zur konkreten Datenverarbeitung** haben und darf nicht aus einer
Willensbekundung mit anderem Gegenstand abgeleitet werden.[33] Ausgeschlossen sind damit
pauschale Einwilligungen in die „Durchführung von People Analytics" oder den „Einsatz
von KI". Für Beschäftigte wäre daraus in keiner Weise ersichtlich, welche Daten für welche
Zwecke erhoben oder herangezogen werden. Um die Datenverarbeitung auf sichere Füße zu
stellen, wäre eine genaue Bezeichnung der zu verarbeitenden Daten und verfolgten Zwecke
erforderlich. Hier zeigt sich neben der ggf. fehlenden Freiwilligkeit eine weitere Schwäche
der Einwilligung. Noch nicht vorhergesehene Einsatzszenarien können mit ihr nicht geregelt
werden. Genauso wenig kann spontan auf aktuelle Entwicklungen wie erhöht auftretende
Personalfluktuation reagiert werden.

ee) Die Form der Einwilligung

Die Form der Einwilligung wird durch § 26 Abs. 2 S. 3 BDSG geregelt. In Abkehr vom strengen 21
Schriftformerfordernis ist die Einwilligung seit der Neuregelung nun **schriftlich, elektronisch**
oder bei Vorliegen besonderer Umstände in anderer Form möglich. Letzteres ist jedoch restriktiv auszulegen und kann beispielsweise bei besonderer Eilbedürftigkeit einschlägig sein.[34]
Dann dürfte sogar gar eine mündliche Einwilligung genügen.[35] Elektronisch meint dabei nicht
die elektronische Form iSd § 126a BGB, sondern es genügt bereits der dauerhaft gespeicherte
Nachweis der Zustimmung.[36] Der Gesetzgeber erachtet dabei bereits das Abspeichern der
Einwilligung als E-Mail für ausreichend.[37] Der Gesetzgeber führt mit § 26 Abs. 2 S. 3 BDSG-ei-
gene Formbegriffe ein. Ein Rückgriff auf die Formerfordernisse des BGB scheidet damit aus.[38]
Die Informationen zum Widerrufsrecht und die Zwecke der Datenverarbeitung sind darüber
hinaus mindestens in Textform zu vermitteln (§ 26 Abs. 2 S. 4 BDSG).

b) Sperrwirkungen unwirksamer Einwilligungen

Sofern sich eine Einwilligung eines Beschäftigten als unwirksam herausstellt, wird ein Arbeit- 22
geber die Verarbeitung auf eine andere Rechtsgrundlage stützen wollen. Nach Auffassung der
Art. 29-Datenschutzgruppe (und ihr nachfolgend des EDSA) sei dies allerdings nicht möglich.
Eine **unwirksame Einwilligung sperre den Rückgriff auf andere Verarbeitungsgrundlagen**

---

32 Gola Beschäftigtendatenschutz-HdB Rn. 412 ff.
33 EuGH BeckRS 2020, 30027 Rn. 38.
34 ErfK/Franzen BDSG § 26 Rn. 44.
35 AA Paal/Pauly/Gräber/Nolden BDSG § 26 Rn. 36, da dies der Dokumentationspflicht aus Art. 7 Abs. 1 DS-
    GVO widerspräche.
36 BeckOK DatenschutzR/Riesenhuber BDSG § 26 Rn. 45; Thüsing/Rombey NZA 2019, 1399 (1401 f.).
37 BT-Drs. 19/11181, 19.
38 Thüsing/Rombey NZA 2019, 1399 (1401 f.); Kühling/Buchner/Maschmann BDSG § 26 Rn. 64a.

wie bspw. die Vertragsdurchführung oder das berechtigte Interesse.[39] Diese Ansicht überzeugt sowohl aus praktischen als auch insbes. aus rechtlichen Gesichtspunkten nicht. Aus rein praktischer Sicht könnte eine solche Sperrwirkung dazu führen, dass ein Arbeitgeber grundlegende Verarbeitungen zur Durchführung des Arbeitsverhältnisses nicht mehr rechtmäßig vornehmen könnte, sofern eine darauf gerichtete Einwilligung aus irgendwelchen Gründen unwirksam wäre.[40] Aus rechtlicher Sicht steht einer solchen Sperrwirkung schon der Wortlaut des Art. 6 Abs. 1 UAbs. 1 DS-GVO entgegen, der zeigt, dass die Rechtsgrundlagen für Verarbeitungen jeweils gleichberechtigt nebeneinanderstehen und kein Rangverhältnis unter ihnen besteht.[41] Daneben kann sich die Einholung einer Einwilligung, die zusätzlich zu einer weiteren Rechtsgrundlage angefordert wurde, nicht negativ auf erstere Rechtsgrundlage auswirken, sollte die Einwilligung unwirksam sein. Dass eine unwirksame Einwilligung auch negativen Einfluss auf eine andere rechtmäßige Verarbeitungsgrundlage haben soll, ergibt sich aus der Systematik des Datenschutzrechts nicht.[42] Das Gebot, Datenverarbeitungen nach dem Grundsatz von Treu und Glauben (in der englischen Sprachfassung ist von „fairness" die Rede) durchzuführen (Art. 5 Abs. 1 lit. a DS-GVO), steht dieser Einschätzung dann nicht entgegen, wenn der betroffenen Person im Vorfeld mitgeteilt wird, dass die Verarbeitung auch auf eine andere Rechtsgrundlage gestützt werden kann.[43]

2. Verarbeitung für Zwecke des Beschäftigungsverhältnisses

23 Personenbezogene Daten von Beschäftigten dürfen für Zwecke des Beschäftigungsverhältnisses verarbeitet werden, wenn dies für die Entscheidung über die Begründung eines Beschäftigungsverhältnisses oder nach Begründung des Beschäftigungsverhältnisses für dessen Durchführung oder Beendigung oder zur Ausübung oder Erfüllung der sich aus einem Gesetz oder einem Tarifvertrag, einer Betriebs- oder Dienstvereinbarung ergebenden Rechte und Pflichten der Interessenvertretung der Beschäftigten erforderlich ist (§ 26 Abs. 1 S. 1 BDSG). Ausweislich der Gesetzesbegründung zur Neufassung des BDSG verlangt der Gesetzgeber für die Feststellung der Erforderlichkeit eine Abwägung widerstreitender Grundrechtspositionen.[44] Gemeint ist damit letztlich die Vornahme einer **umfassenden Verhältnismäßigkeitsprüfung**.[45] Eine Datenverarbeitung ist damit rechtmäßig, wenn sie für die Erreichung eines in § 26 Abs. 1 S. 1 BDSG genannten Zwecks geeignet, erforderlich und angemessen ist.[46] Die vorgenannten Merkmale des Verhältnismäßigkeitsbegriffs sind heute durch Verfassungs- und Fachgerichtsbarkeit sowie datenschutzrechtliche Literatur umfassend vermessen. Es wird deshalb ein direkter Blick auf die Rechtmäßigkeit des Einsatzes von People Analytics-Anwendungen in den verschiedenen Phasen eines Beschäftigungsverhältnisses (vgl. § 26 Abs. 1 S. 1 BDSG) gerichtet.

Als Folge des Urteils des EuGH in der Rechtssache „Hauptpersonalrat der Lehrerinnen und Lehrer"[47] dürfte die Vorschrift des § 26 Abs. 1 S. 1 BDSG gleichwohl aufgrund ihrer Europarechtswidrigkeit unanwendbar geworden sein. Zwar betraf der dort zu beurteilende Sachverhalt mit § 23 Abs. 1 S. 1 HDSIG sowie § 86 Abs. 4 HBG Normen des hessischen Landesrechts. Diese sind allerdings in wesentlichen Teilen wortlautidentisch mit § 26 Abs. 1 S. 1 BDSG, so

---

39 Art. 29-Datenschutzgruppe WP 259 rev.01 v. 28.11.2017 Leitlinien in Bezug auf die Einwilligung gemäß Verordnung 2016/679, 27 f.; bestätigt durch EDSA Leitlinien 05/2020 v. 4.5.2020 zur Einwilligung gemäß Verordnung 2016/679 Rn. 121 ff.
40 Siehe für ein Beispiel Hitzelberger-Kijima öAT 2020, 133 (136).
41 Taeger/Gabel/Zöll BDSG § 26 Rn. 14; Götz Big Data im Personalmanagement, 55 f.
42 Götz Big Data im Personalmanagement, 2020, 56; Blum People Analytics, 2021, 108.
43 BeckOK DatenschutzR/Schantz DS-GVO Art. 5 Rn. 8; Taeger/Gabel/Voigt DS-GVO Art. 5 Rn. 14.
44 BT-Drs. 18/11325, 95 f.
45 Wybitul NZA 2017, 413 (415); Kort ZD 2017, 319 (320); krit. zum Begriff der Verhältnismäßigkeit Düwell/Brink NZA 2017, 1081 (1084); Kühling/Buchner/Maschmann BDSG § 26 Rn. 18; Taeger/Gabel/Zöll BDSG § 26 Rn. 23.
46 Taeger/Gabel/Zöll BDSG § 26 Rn. 25.
47 EuGH NZA 2023, 487.

dass dem Urteil des EuGH jedenfalls inzident auch eine Aussage zur Rechtskonformität der Bundesnorm entnommen werden kann.[48] So wird es sich bei § 26 Abs. 1 S. 1 BDSG höchstwahrscheinlich auch um keine „spezifischere Vorschrift" iSd Art. 88 Abs. 1 DS-GVO handeln und auch die Vorgaben des Art. 88 Abs. 2 DS-GVO setzte der deutsche Gesetzgeber darin nicht hinreichend um.[49] Die praktischen Auswirkungen des Wegfalls des § 26 Abs. 1 S. 1 BDSG dürften hingegen überschaubar bleiben und durch Rückgriff auf die Rechtsgrundlagen in Art. 6 Abs. 1 UAbs. 1 lit. b und f DS-GVO zu bewerkstelligen sein.[50] Freilich sind die unionsrechtlichen Rechtsgrundlagen autonom und ohne Rückgriff auf die überkommenen Auslegungen des BAG zum Beschäftigtendatenschutz auszulegen.[51] Gleichwohl lassen sich zwischen der Rechtsprechung des BAG einerseits und des EuGH andererseits inhaltliche Parallelen feststellen.[52] Insofern soll im Folgenden an den Fallgestaltungen des § 26 Abs. 1 S. 1 BDSG festgehalten werden – auch wenn letztlich in der Praxis direkt auf die DS-GVO zu verweisen ist.

a) Begründung des Beschäftigungsverhältnisses

Analysen großer Datenmengen haben bereits in der Phase des Bewerbungsprozesses erhebliches Potential für Arbeitgeber. Einerseits können so fachliche Kenntnisse und Erfahrungen ermittelt und geordnet werden. Andererseits kann aber auch bestimmt werden, welcher Bewerbertypus bestmöglich in bestehende Teams passt.[53] Im „War for Talents" kann die Herausfilterung des „Perfect Match" den Ausschlag für eine dauerhaft erfolgreiche Zusammenarbeit machen. 24

Weniger problematisch sind Anwendungen, welche ausschließlich fachliche Qualifikationen und Kenntnisse der Bewerber analysieren.[54] Dass ein Arbeitgeber erhebliches Interesse an der Auswahl der fachlich am besten geeigneten Bewerber hat, liegt auf der Hand. 25

Zu denken ist aber auch an Programme, welche bspw. Sprachanalysen[55] von Bewerbern vornehmen oder Bewerber durch Assessments führen und so Rückschlüsse auf Eigenschaften eines Bewerbers zulassen.[56] Inwiefern solche Persönlichkeitsanalysen rechtmäßig sein können, ist durchaus umstritten. Eine generelle Unzulässigkeit lässt sich aber zumindest dem geltenden Datenschutzrecht nicht entnehmen. Vielmehr wird eine **Verhältnismäßigkeitsprüfung** im Einzelfall durchzuführen sein. 26

Zunächst einmal muss die eingesetzte Anwendung daher überhaupt **geeignet** sein, bei der zu treffenden Personalentscheidung zu unterstützen. Diese Entscheidung ist anhand anerkannter wissenschaftlicher Erkenntnisse der sog. Eignungsdiagnostik zu treffen. Die Eignung prognostischer Verfahren ist empirisch messbar und muss dementsprechend auch bei der rechtlichen Beurteilung der Geeignetheit beachtet werden.[57] Eine Ungeeignetheit kann sich aus einem unzureichenden Vergleichsdatenbestand oder dem Einsatz eines offensichtlich diskriminierenden Algorithmus ergeben.[58] 27

Außerdem dürfen keine weniger invasiven Mittel ähnliche Ergebnisse erzielen und dem Arbeitgeber bereits eine fundierte Auswahlentscheidung ermöglichen, da es ansonsten an der **Erforderlichkeit** fehlt. Insbes. die Durchführung von Assessment Centern kommt als Alternative 28

---

48 Schild ZD 2023, 391 (394); Wünschelbaum NZA 2023, 542 (542).
49 EuGH NZA 2023, 487 Rn. 61 ff.; Wünschelbaum NZA 2023, 542 (542 f.).
50 Thüsing/Peisker NZA 2023, 213 (214 f.); Wünschelbaum NZA 2023, 542 (545).
51 Wünschelbaum NZA 2023, 542 (545).
52 Thüsing/Peisker NZA 2023, 213 (214 f.).
53 Lützeler/Kopp ArbRAktuell 2015, 491; Götz Big Data im Personalmanagement, 2020, 38 f.
54 Arnold/Günther ArbR 4.0-HdB/Hamann § 6 Rn. 63.
55 Gemeint sind Analysen des gesprochenen Wortes.
56 Betz ZD 2019, 148.
57 Diercks ZdiW 2021, 65 (66 ff.).
58 Diercks ZdiW 2021, 65 (68).

in Betracht. Allerdings kann eingewandt werden, dass eine Big Data-Analyse vor allem bei großen Datenmengen sowohl zeitliche als auch qualitative Vorteile gegenüber herkömmlichen Assessment Centern haben kann.[59] Dass die Durchführung eines Assessment Centers einen geringeren Eingriff in das Persönlichkeitsrecht der Beschäftigten darstellt, kann ebenso bezweifelt werden.[60]

29 Schließlich muss die People Analytics-Anwendung auch in **angemessenem Verhältnis** zum verfolgten Zweck stehen (sog. Verhältnismäßigkeit im engeren Sinne). Insbes. bei der Erstellung eines vollständigen Persönlichkeitsprofils des Beschäftigten dürfte es an der Angemessenheit fehlen. Dies darf allerdings nicht dahin gehend fehlinterpretiert werden, dass dem Arbeitgeber Erforschungen zur Persönlichkeit generell verboten sind. Vielmehr ist eine Prüfung im Einzelfall vorzunehmen. Hierbei wird man die Grundsätze des Fragerechts des Arbeitgebers zum Ansatz bringen können. Danach wird die Erforschung von Persönlichkeitsmerkmalen noch rechtmäßig sein, wenn diese in sachlichem Zusammenhang mit dem Arbeitsplatz und der auszuführenden Tätigkeit stehen.[61] Für die vorzunehmende Angemessenheitsprüfung gelten damit die allgemeinen Regeln des Beschäftigtendatenschutzrechts. Wo zum Beispiel gewisse sprachliche Fähigkeiten für die Ausführung einer Beschäftigung als objektive Qualifikation notwendig sind (etwa bei Rundfunkmoderatoren), ist eine Sprachanalyse grds. zur Auswahl des geeignetsten Bewerbers zulässig. In Anlehnung an die Grundsätze des Fragerechts des Arbeitgebers wird man dies anders beurteilen müssen, wenn die Sprachanalyse auf die Ermittlung einzelner Persönlichkeitsmerkmale abzielt. Sofern diese Merkmale jedoch in sachlichem Zusammenhang mit der Tätigkeit stehen, kann eine Sprachanalyse gleichwohl zulässig sein. Zu denken ist hier an Tätigkeiten, welche Führungsqualitäten oder Teamfähigkeit erfordern. Wo hingegen kein Zusammenhang mehr zu erkennen ist, werden die grundrechtlich geschützten Interessen des Beschäftigten gegenüber etwaigen Interessen des Arbeitgebers an der Ermittlung von Persönlichkeitsmerkmalen überwiegen.

30 Auch Analysetools zur Erstellung von **Scorings von Bewerbern** erfreuen sich zunehmender Beliebtheit. Dabei geht es zunächst noch nicht um eine automatisierte Entscheidung mit rechtlicher Wirkung oder vergleichbarer Beeinträchtigung (iSd Art. 22 DS-GVO) durch Big Data- oder KI-Anwendungen. Vielmehr nimmt die Anwendung nur eine Art „Vorauswahl" vor.[62] Eine finale ernstzunehmende fachliche Überprüfung muss immer durch eine natürliche Person erfolgen (vgl. Art. 22 Abs. 1 DS-GVO).[63]

31 Nachdem ein Arbeitgeber die Vorgaben hinsichtlich Qualifikation und Vorkenntnissen, die für eine bestimmte Stelle verlangt werden sollen, in die Anwendung eingegeben hat, kann die Anwendung darauf basierende Rankings aller Bewerber generieren und Wahrscheinlichkeitswerte ausgeben. Hierbei kollidieren das Interesse des Arbeitgebers an effektivem Bewerbermanagement und vereinfachter Personalplanung mit dem Interesse der Bewerber an der weitgehenden Geheimhaltung privater Informationen.[64] Dass ein Arbeitgeber bestrebt ist, den fachlich besten Bewerber zu ermitteln, ist für die Bewerber grds. vorhersehbar. Genauso ist vorhersehbar, dass ein Arbeitgeber – insbes. bei begehrten Stellen mit einer entsprechend hohen Anzahl an Bewerbungen – eine technikgestützte Analyse aller Bewerbungen vornehmen wird, um die Bewerber in Relation zueinander zu setzen. In diesen Fällen stehen Arbeitgebern nur selten weniger eingriffsintensive Mittel zur Sichtung und Bewertung der Bewerber zur Verfügung.

---

59 Götz Big Data im Personalmanagement, 2020, 99 f.
60 Betz ZD 2019, 148 (149 f.); Götz Big Data im Personalmanagement, 2020, 100.
61 Kühling/Buchner/Maschmann BDSG § 26 Rn. 29; Taeger/Gabel/Zöll BDSG § 26 Rn. 30.
62 Blum People Analytics, 2021, 321 ff.
63 Taeger/Gabel/Taeger DS-GVO Art. 22 Rn. 29.
64 Blum People Analytics, 2021, 322.

Für die Begründung eines Beschäftigungsverhältnisses ist die Ermittlung des qualifiziertesten Bewerbers mittels Scorings also jedenfalls erforderlich iSd § 26 Abs. 1 S. 1 BDSG.[65]

Davon sind Scoring-Maßnahmen zu unterscheiden, welche sich nicht auf Qualifikationen oder Kenntnisse beziehen, sondern Persönlichkeitsmerkmale oder nicht arbeitsplatzbezogene Eigenschaften zum Gegenstand haben. Die Erhebung solcher personenbezogener Daten wird grds. für rechtmäßig erachtet, wenn die zu erlangenden Erkenntnisse einen konkreten Bezug zur fraglichen Arbeitsstelle aufweisen.[66] Je höher die Personal- und Unternehmensverantwortung des Bewerbers sein soll, desto erheblicher sind auch Persönlichkeitsmerkmale, die auf Führungsqualitäten hindeuten.[67] Eine Grenze wird man allerdings beim absoluten Kernbereich der Persönlichkeit ziehen müssen. Auch, wenn noch ein legitimes Interesse des Arbeitgebers an der Erforschung dieses Kernbereichs bestehen sollte, überwiegt hier das Geheimhaltungsinteresse der Beschäftigten.[68] Die Einwilligung des Bewerbers in die Verarbeitung dieser Daten als alternative Rechtsgrundlage wird regelmäßig mangels Freiwilligkeit unwirksam sein (→ Rn. 13 ff.). 32

b) Durchführung und Beendigung des Beschäftigungsverhältnisses

Gleiches Leistungspotential haben People Analytics-Anwendungen auch für die Durchführung und Beendigung des Beschäftigungsverhältnisses. Analysen können Stärken, Schwächen und Potentiale der Beschäftigten aufdecken und sichtbar machen. Daran können sich Entscheidungen hinsichtlich der weiteren Förderung oder Trennung anschließen. Größtes Hindernis für den Einsatz von People Analytics-Anwendungen ist in diesem Kontext deren *Erforderlichkeit* für die Durchführung oder Beendigung des Beschäftigungsverhältnisses. In aller Regel wird man diese Erforderlichkeit ablehnen müssen.[69] Zum Begriff der Durchführung wird indes auch die „Planung und Organisation der Arbeit"[70] gezählt.[71] Der Bereich der Personalplanung kann deshalb als Anwendungsfeld für die Durchführung des Beschäftigungsverhältnisses iSd § 26 Abs. 1 S. 1 BDSG ausgemacht werden.[72] Analysen, welche die **Erforschung von Entwicklungspotential oder Abwanderungsgedanken** zum Gegenstand haben, könnten demnach dieser Fallgruppe zugeordnet werden.[73] 33

Dort, wo es für einfache personalplanerische Vorgänge auf einen Personenbezug für die fortschreitende Durchführung der Analyse nicht ankommt, sollte stets eine Anonymisierung der zu verarbeitenden personenbezogenen Daten erwogen werden. Wird der Personenbezug beseitigt, muss sich eine folgende Verarbeitung auch nicht mehr am Datenschutzrecht messen lassen.[74] Zu denken ist hierbei an einfache lineare **Fluktuationsanalysen**, die nicht an persönliche Merkmale der Beschäftigten anknüpfen, sondern lediglich auf Basis der Daten der Vergangenheit vorhersagen sollen, wie viele Beschäftigte voraussichtlich das Unternehmen in einem gewissen Zeitraum noch verlassen werden. Dabei ist ein bestehender Personenbezug schlicht nicht erforderlich und eine Verarbeitung unter Anonymisierung wäre gemäß den Grundsätzen der Datenminimierung und Speicherbegrenzung (Art. 5 Abs. lit. c und lit. e DS-GVO) geboten. 34

---

65 Blum People Analytics, 2021, 324 f.
66 Franzen NZA 2013, 1 (2); Bausewein ZD 2014, 443 (445 ff.); die Grundsätze zum Fragerecht des Arbeitgebers sind insoweit übertragbar, Kühling/Buchner/Maschmann BDSG § 26 Rn. 29.
67 Blum People Analytics, 2021, 326.
68 Götz Big Data im Personalmanagement, 2020, 101 f.
69 Götz Big Data im Personalmanagement, 2020, 60.
70 Kühling/Buchner/Maschmann BDSG § 26 Rn. 37.
71 Blum People Analytics, 2021, 262.
72 Blum People Analytics, 2021, 262.
73 Götz Big Data im Personalmanagement, 2020, 60.
74 Dabei muss aber stets bedacht werden, dass die Anonymisierung selbst eine Verarbeitung ist und mithin einer Rechtfertigung bedarf, Art. 29-Datenschutzgruppe Stellungnahme 5/2014 zu Anonymisierungstechniken, 3; Blum People Analytics, 2021, 263 ff.; Roßnagel ZD 2021, 188 (190); Schürmann DSB 2021, 49 (50).

Die für die Fluktuationsanalyse heranzuziehenden personenbezogenen Beschäftigtendaten werden Arbeitgeber auch regelmäßig bereits rechtmäßig erhoben haben. Neue Daten – über die Erschaffung des Ergebnisses der Analyse hinaus – werden nicht generiert.[75]

35 Von großem Interesse für Arbeitgeber sind auch **Leistungsdaten der Beschäftigten**. Dass ein Arbeitgeber ein legitimes Interesse an der fachlichen Beurteilung der Leistung der Beschäftigten haben kann, ist grds. anerkannt.[76] Auch hier darf es allerdings zu keiner Totalüberwachung kommen.[77] Das legitime Interesse des Arbeitgebers findet dort seine Grenzen, wo die Erhebung von Leistungsdaten erheblichen Überwachungsdruck und Anpassungszwang auslöst.[78] Anwendungen, die also detailliert aufzeichnen, welcher Beschäftigte wie lange bestimmte Programme nutzt oder an bestimmten Dokumenten arbeitet, werden regelmäßig nicht zulässig sein.[79] Eine solche Analyse wäre vielmehr zeitlich zu beschränken. Um die Persönlichkeitsrechte der Beschäftigten nicht zu stark einzuschränken und gleichzeitig dem Transparenzgrundsatz (Art. 5 Abs. 1 lit. a DS-GVO) zu genügen[80], sollten die Beschäftigten auch über den geplanten Analysezeitraum informiert werden.

36 Wie auch im Bewerbungsverfahren ist ein Vergleich der bei verschiedenen Beschäftigten erhobenen Leistungsdaten für den Arbeitgeber interessant. Durch ein solches **Scoring** können bspw. Fördermaßnahmen für Talente identifiziert werden. Allerdings ergibt sich auch durch diese Scorings wiederum erheblicher Leistungs- und Anpassungsdruck für die bewerteten Beschäftigten. Dies gilt auch bei nur zeitlich begrenzter und angekündigter Analyse.[81] Diese Drucksituationen sind durch entsprechende Maßnahmen zu vermeiden. Denkbar sind hier die Ausgabe der Analyseergebnisse auf erhöhter Aggregationsebene (bspw. am Ende eines vordefinierten Zeitraums), um die Bildung von umfassenden Leistungsprofilen der Beschäftigten unmöglich zu machen. Bei Auswahl des zum Scoring eingesetzten Algorithmus muss jedenfalls darauf geachtet werden, dass dieser nach anerkannten mathematischen Grundsätzen arbeitet und die herangezogene Datengrundlage der Wahrheit entspricht. Anderenfalls steht das Scoring in Widerspruch mit Transparenz- und Richtigkeitsgrundsatz.[82] Im Ergebnis lassen sich keine pauschalen Aussagen zur Rechtmäßigkeit solcher Anwendungen tätigen. Sofern invasivere Verarbeitungen in Angriff genommen werden sollen, müssen diese jedoch stets durch anderweitige Sicherungsmaßnahmen ausgeglichen werden, um der datenschutzrechtlichen Abwägung gerecht zu werden.

37 Neben personalplanerischen Interessen können Datenanwendungen auch zur **Gewährleistung von Gesundheits- und Arbeitsschutz** zum Einsatz kommen. So ist es denkbar, dass Sensoren an Kleidung oder Arbeitsmitteln gewisse Körperfunktionen beobachten oder die Arbeitsumgebung überprüfen.

38 Bei körperlich anstrengender Arbeit können Vitalwerte betrachtet werden, um Erschöpfung zu erkennen und Gesundheitsschäden vorzubeugen. Daneben existieren auch technische Hilfsmittel zur Überwachung von Stresslevel zur Förderung von Produktivität und Gesundheit.[83] Hierfür ist zwingend eine ausdrückliche Einwilligung des Beschäftigten erforderlich (vgl. § 26 Abs. 3 S. 2 BDSG, Art. 9 Abs. 2 lit. a DS-GVO). Denn Vitalwerte stellen Gesundheitsdaten[84] dar. Für das Vorliegen eines Gesundheitsdatums kann die Möglichkeit eines mittelbaren Rückschlusses

---

75 Blum People Analytics, 2021, 265.
76 Götz Big Data im Personalmanagement, 2020, 104; Blum People Analytics, 2021, 327.
77 Vgl. bspw. Kort RdA 2018, 24 (25).
78 BAG NZA 2017, 1327 Rn. 31; Götz Big Data im Personalmanagement, 105.
79 Vgl. Kraus DB 2018, 701 (703) mit technischen Beispielen.
80 Götz Big Data im Personalmanagement, 2020, 107.
81 Blum People Analytics, 2021, 327 ff.
82 Blum People Analytics, 2021, 329; Götz Big Data im Personalmanagement, 2020, 104 f.
83 Graf/Kemper PinG 2021, 131 (131 f.).
84 Gesundheitsdaten sind „personenbezogene Daten, die sich auf die körperliche oder geistige Gesundheit einer natürlichen Person, einschließlich der Erbringung von Gesundheitsdienstleistungen, beziehen und aus denen

auf die Gesundheit der betroffenen Person aus den Daten ausreichend sein.[85] Um dabei allerdings einer vollständigen Entgrenzung des Begriffs des Gesundheitsdatums zu entgegnen, ist hinsichtlich bloß mittelbarer Informationen über die Gesundheit eine Einschränkung vorzunehmen. So sind nur solche mittelbaren Gesundheitsinformationen als Gesundheitsdaten iSd Art. 4 Nr. 15 und Art. 9 Abs. 1 DS-GVO einzuordnen, die gerade mit konkretem Bezug zu den dahinterstehenden Informationen über den Gesundheitszustand verarbeitet werden.[86] Unklar ist, ob es für die Abgrenzung von mittelbarer Gesundheitsinformation und Gesundheitsdatum iSd Verordnung auf die subjektive Auswertungsabsicht[87] oder den tatsächlichen Verwendungszusammenhang aus objektiver Sicht[88] ankommt. Nach hier vertretener Ansicht wird man einen objektiven Maßstab anzulegen haben. Es wäre nicht einzusehen, warum Angaben zur Intention des Verantwortlichen über den Status als Gesundheitsdatum entscheiden können sollten. Die Gefährdungen, welche mit der Verarbeitung von mittelbaren Gesundheitsinformationen einhergehen, ergeben sich nicht erst aus der subjektiven Einschätzung des Verantwortlichen, sondern bereits aus dem Kontext, in welchem sie verarbeitet werden. Für den hier interessierenden Kontext des Monitorings von Vitalwerten bedeutet dies, dass diese jedenfalls dann zu Gesundheitsdaten werden, wenn sie mit vor dem Hintergrund der Vermeidung von Gesundheitsschäden verarbeitet werden.

Die Vertragsdurchführung (§ 26 Abs. 1 S. 1 BDSG) reicht für die Verarbeitung solcher besonderer Kategorien personenbezogener Daten (vgl. Art. 9 Abs. 1 DS-GVO) als alleinige Rechtsgrundlage nicht aus, erforderlich ist eine **zusätzliche Rechtsgrundlage** gem. Art. 9 Abs. 2 DS-GVO (vgl. § 26 Abs. 3 BDSG). Eine solche zusätzliche Rechtsgrundlage kann zwar ausnahmsweise vorliegen, wenn ein Beschäftigter aus physischen oder rechtlichen Gründen nicht in der Lage ist, eine Einwilligung zu erteilen (Art. 9 Abs. 2 lit. c DS-GVO).[89] Die für diese Ausnahme erforderliche Notfallsituation soll durch die eingesetzte Sensorik aber gerade verhindert werden. Als Maßnahme im Vorfeld der Notfallsituation bleibt es daher beim Einwilligungserfordernis[90] Andere Sensoren können bspw. die Luft auf ausgetretene Schadstoffe oder Arbeitskleidung auf Kontaminierung mit solchen Stoffen überprüfen.[91] Auch hier handelt es sich um einen Fall der Verarbeitung besonderer Kategorien personenbezogener Daten (Art. 9 Abs. 1 DS-GVO). Entsprechende Algorithmen können bei der Überschreitung von gewissen Grenzwerten automatische Entscheidungen vornehmen und bspw. Alarme auslösen, um Fabrikhallen zu räumen. Dient die Verarbeitung solcher Daten der Gewährleistung von Arbeitssicherheit sowie der Einhaltung von Gesundheits- und Arbeitsschutzvorschriften, kann sich der Arbeitgeber dafür auf § 26 Abs. 3 S. 1 BDSG iVm Art. 9 Abs. 2 lit. b DS-GVO berufen. Die Verarbeitung dient hier nicht nur dem Schutz des mit der Sensorik ausgestatteten Beschäftigten, sondern dem Gesundheitsschutz aller betroffenen Kollegen.[92] Ein über die Erfüllung gesetzlicher Pflichten des Arbeitsrechts (Arbeitsschutz) hinausgehendes Scoring von Gesundheitsdaten auf Basis dieser Normen scheidet allerdings aus. Denn eine gesetzliche Vorgabe zur Erstellung eines solchen Scorings existiert nicht.[93]

39

Informationen über deren Gesundheitszustand hervorgehen", Art. 4 Nr. 15 DS-GVO. Sie zählen zu den sog. besonderen Kategorien von Daten im Sinne des Art. 9 Abs. 1 DS-GVO.

85 Kühling/Buchner/Weichert DS-GVO Art. 9 Rn. 37; Martini/Botta NZA 2018, 625 (632); Graf/Kemper PinG 2021, 131 (136).
86 Taeger/Gabel/Arning/Rothkegel DS-GVO Art. 4 Nr. 413 f.
87 So Gola/Heckmann/Gola DS-GVO Art. 4 Rn. 121.
88 Taeger/Gabel/Arning/Rothkegel DS-GVO Art. 4 Rn. 415.
89 Kühling/Buchner/Weichert DS-GVO Art. 9 Rn. 64.
90 Vgl. hierzu auch Blum People Analytics, 2021, 285.
91 Vgl. zu den Beispielen auch Blum People Analytics, 2021, 284 f.
92 Blum People Analytics, 2021, 284 f.
93 Blum People Analytics, 2021, 335 f.

40 Werden personenbezogene Daten nicht ausdrücklich für die Einspeisung in People Analytics-Anwendungen erhoben, sondern sollen dazu bereits bei dem Arbeitgeber vorhandene Beschäftigtendaten eingesetzt werden, muss stets noch ein sog. **Kompatibilitätstest** erfolgen (Art. 6 Abs. 4 DS-GVO). Dabei muss der Arbeitgeber ermitteln, ob der Zweck der geplanten (erneuten) Verarbeitung mit demjenigen Zweck vereinbar ist, für welchen die Daten ursprünglich erhoben wurden. Ob für die Weiterverarbeitung neben dem Kompatibilitätstest auch noch ein weiterer eigener Erlaubnistatbestand bestehen muss, ist umstritten.[94] Bis diese Frage verbindlich geklärt ist, sollten Arbeitgeber deshalb stets um die Schaffung einer zusätzlichen Verarbeitungsgrundlage bemüht sein.

3. Kollektivvereinbarungen als Rechtsgrundlage für die Datenverarbeitung

41 Die Verarbeitung personenbezogener Daten von Beschäftigten ist auch auf Grundlage von Kollektivvereinbarungen möglich (§ 26 Abs. 4 BDSG iVm Art. 88 Abs. 1 DS-GVO). Neben Tarifverträgen umfasst dieser Begriff insbes. die **Betriebsvereinbarung** (ErwG 155 DS-GVO).[95] Die Formulierung der Norm ist diesbezüglich etwas unglücklich geraten, da er die Mitgliedsstaaten zum Abschluss entsprechender Kollektivvereinbarungen ermächtigt, obwohl die Regelungskompetenz für Betriebsvereinbarungen nur bei Arbeitgeber und Betriebsrat liegt. Ob die Betriebsparteien den Abschluss einer entsprechenden Betriebsvereinbarung direkt auf Art. 88 Abs. 1, Abs. 2 DS-GVO oder auf § 26 Abs. 4 BDSG iVm Art. 88 Abs. 2 DS-GVO stützen können, ist daher umstritten.[96] Bessere Argumente sprechen jedoch für eine direkte Normadressierung der Betriebsparteien durch Art. 88 Abs. 1 DS-GVO.[97] In Deutschland hat dieser Streit jedoch keinerlei praktische Auswirkungen, da der Gesetzgeber eine entsprechende Regelung getroffen hat (§ 26 Abs. 4 BDSG).[98]

42 **Äußerst umstritten ist auch der Gestaltungsspielraum**, der den Betriebsparteien für die Regelung mittels Betriebsvereinbarungen verbleibt. Kann mittels Betriebsvereinbarung das allgemeine Datenschutzniveau der DS-GVO unter- oder überschritten werden oder sind lediglich spezifizierende und konkretisierende Regelungen in Betriebsvereinbarungen möglich?

43 Die wohl hM in der Literatur hält **Abweichungen unter das von der DS-GVO vorgegebene Schutzniveau** durch Betriebsvereinbarungen für unzulässig.[99] Zur Begründung wird maßgeblich auf die Vollharmonisierung des (Beschäftigten-) Datenschutzrechts durch die Verordnung verwiesen.[100] Eine solche Vollharmonisierung hatte der EuGH bereits zur Geltungszeit der Datenschutz-Richtlinie (DS-RL)[101] für diesen Vorläufer der DS-GVO festgestellt.[102] Daneben erlaube der Wortlaut des Art. 88 Abs. 1 DS-GVO auch nur „spezifischere Vorschriften", was im Sinne „konkretisierender Vorgaben" zu verstehen sei.[103]

---

94 Vgl. Taeger/Gabel/Taeger DS-GVO Art. 6 Rn. 169.
95 ErfK/Franzen BDSG § 26 Rn. 47; EuArbRK/Franzen DS-GVO Art. 88 Rn. 16; Flink Beschäftigtendatenschutz als Aufgabe des Betriebsrats, 2021, 151.
96 Ehmann/Selmayr/Selk DS-GVO Art. 88 Rn. 21 ff.
97 Ehmann/Selmayr/Selk DS-GVO Art. 88 Rn. 27 ff.; aA BeckOK DatenschutzR/Riesenhuber DS-GVO Art. 88 Rn. 49; Flink Beschäftigtendatenschutz als Aufgabe des Betriebsrats, 2021, 151.
98 BT-Drs. 18/11325, 98; Paal/Pauly/Gräber/Nolden BDSG § 26 Rn. 46.
99 Wurzberger ZD 2017, 258 (263); Franck ZD 2017, 509 (511); Dzida/Grau DB 2018, 189 (193); Grimm/Göbel jM 2018, 278 (284); Kort NZA 2018, 1097 (1101); Schrey/Kielkowski BB 2018, 629 (630); Stück ZD 2019, 256 (257); Ehmann/Selmayr/Selk DS-GVO Art. 88 Rn. 92; Sydow/Marsch/Tiedemann DS-GVO Art. 88 Rn. 9; Götz Big Data im Personalmanagement, 2020, 62.
100 Dzida/Grau DB 2018, 189 (193); Ehmann/Selmayr/Selk DS-GVO Art. 88 Rn. 92; Götz Big Data im Personalmanagement, 2020, 62.
101 Richtlinie 95/46/EG des Europäischen Parlaments und des Rates vom 24.10.1995 zum Schutz natürlicher Personen bei der Verarbeitung personenbezogener Daten und zum freien Datenverkehr (Datenschutz-Richtlinie – DS-RL), ABl. L 281, 31.
102 EuGH Slg 2003, I-12971 Rn. 96; EuGH Slg 2011, I-12181 Rn. 29 f.; dazu auch Franzen EuZA 2017, 313 (345).
103 Schrey/Kielkowski BB 2018, 629 (632); Ehmann/Selmayr/Selk DS-GVO Art. 88 Rn. 92.

Eine andere Ansicht hält Unterschreitungen des gesetzlichen Datenschutzniveaus in Betriebs-   44
vereinbarungen hingegen sehr wohl für **möglich**.[104] Der Begriff der „spezifischeren Vorschriften" könne sich auch schlicht auf eine „andere Art der Regelung" beziehen. Eine Bezeichnung
solcher Regelungen als „Mehr" oder „Weniger" an Datenschutz erscheine nicht plausibel.[105]
Art. 88 Abs. 1 DS-GVO ermögliche vielmehr nur die Möglichkeit zur Schaffung eines bereichs-
spezifischeren Datenschutzes.[106] Die in Art. 88 Abs. 2 DS-GVO vorgesehenen Voraussetzungen
für die spezifischeren Vorschriften nach Art. 88 Abs. 1 DS-GVO seien sinnlos, wenn keine
Abweichung erlaubt sei.[107] Solange sich eine Betriebsvereinbarung also innerhalb der von
Art. 88 Abs. 2 DS-GVO gesetzten Grenzen halte, könne auch eine Absenkung des gesetzlichen
Schutzniveaus in Betracht kommen.[108]

Im Ergebnis sprechen wohl die **besseren Argumente für die Zulässigkeit einer Abweichung**   45
vom allgemeinen Schutzniveau der DS-GVO „nach unten". Einerseits lässt sich dieses Schutzniveau schon gar nicht abschließend definieren. Andererseits wäre Art. 88 Abs. 2 DS-GVO mit
seinen detaillierten Vorgaben schlicht überflüssig.[109] Daher sollte Art. 88 Abs. 2 DS-GVO als
„betriebsvereinbarungsfester Mindeststandard" betrachtet werden. Abweichungen nach unten
sind nur zulässig, wenn sie einer Verhältnismäßigkeitsprüfung standhalten.[110]

Jene Autoren, die für eine Vollharmonisierung des Beschäftigtendatenschutzes eintreten, leh-   46
nen gleichfalls auch die Möglichkeit einer Verschärfung des Datenschutzniveaus mittels Betriebsvereinbarung ab. Danach soll eine Abweichung vom Datenschutzniveau „nach oben"
ebenfalls ausscheiden.[111] Eine Mehrheit in der Literatur spricht sich jedoch für die Zulässigkeit von Erhöhungen des Datenschutzniveaus durch Betriebsvereinbarungen aus.[112] Dass die
DS-GVO eine Vollharmonisierung des Beschäftigtendatenschutzrechts bewirkt, darf bezweifelt
werden. Art. 88 DS-GVO und die den Mitgliedsstaaten darin eingeräumten Regelungsbefugnis-
se für die Verarbeitung personenbezogener Daten im Beschäftigungskontext sprechen gegen
eine solche Einschätzung.[113] Im Ergebnis wird jedoch der EuGH diese Frage zu entscheiden
haben. Bis eine solche Entscheidung vorliegt, sind die Betriebsparteien gut beraten, ihr Regelungswerk **auf spezifizierende Regelungen zu beschränken** und damit keine Verringerung
oder Erhöhung des datenschutzrechtlichen Schutzniveaus herbeizuführen.

Eine Betriebsvereinbarung sollte dementsprechend **Spezifikationen hinsichtlich der Verar-**   47
beitungsmodalitäten enthalten.[114] Besonderes Augenmerk sollte dabei auf die genaue Definition des Verarbeitungszwecks gelegt werden.[115] Es ist gerade ein Wesensmerkmal von Big Data-
Anwendungen, dass große Mengen an Beschäftigtendaten zusammengetragen und verarbeitet
werden können. Um dem Zweckbindungsgrundsatz (Art. 5 Abs. 1 lit. b DS-GVO) zu genügen,
müssen deshalb entsprechende Erkenntnisziele als Zweck der Verarbeitung festgelegt werden.[116]
Hier kann die Betriebsvereinbarung wertvolle Beiträge leisten, um die Verarbeitung auf sichere
Füße zu stellen. Kommt es zu einer Verringerung des allgemeinen Datenschutzniveaus mittels

---

104 Klösel/Mahnhold NZA 2017, 1428 (1430 f.); Staben ZfA 2020, 287 (303).
105 Staben ZfA 2020, 287 (303).
106 Düwell/Brink NZA 2017, 1081 (1082); Klösel/Mahnhold NZA 2017, 1428 (1430).
107 Klösel/Mahnhold NZA 2017, 1428 (1430 f.); Staben ZfA 2020, 287 (303).
108 Klösel/Mahnhold NZA 2017, 1428 (1430 f.); Franzen ZfA 2019, 18 (35); vgl. dazu ausführlich Flink Beschäftig-
     tendatenschutz als Aufgabe des Betriebsrats, 2021, 192 ff.
109 Vgl. dazu Flink Beschäftigtendatenschutz als Aufgabe des Betriebsrats, 2021, 194 ff.
110 Flink Beschäftigtendatenschutz als Aufgabe des Betriebsrats, 2021, 194 ff.
111 Maschmann DB 2016, 2480 (2482 f.); Dzida/Grau DB 2018, 189 (193); Ehmann/Selmayr/Selk DS-GVO Art. 88
     Rn. 93.
112 Taeger/Rose BB 2016, 819 (830); Kort ZD 2017, 319 (321 f.); Kort NZA 2018, 1097 (1102); Schrey/Kielkowski BB
     2018, 629 (633); Körner NZA 2019, 1389 (1389 f.); Sydow/Marsch/Tiedemann DS-GVO Art. 88 Rn. 9.
113 Körner NZA 2019, 1389 (1389); Tiedemann ArbRB 2016, 334 (334); Malorny RdA 2022, 170 (173 f.).
114 Götz Big Data im Personalmanagement, 2020, 63.
115 Holthausen RdA 2021, 19 (29).
116 Huff/Götz NZA-Beilage 2019, 73 (75); Holthausen RdA 2021, 19 (30).

einer Betriebsvereinbarung oder besteht jedenfalls das Risiko, dass eine solche Verringerung angenommen werden könnte, sollten die Vorgaben des Art. 88 Abs. 2 DS-GVO streng eingehalten werden. Zur Gewährleistung der Verhältnismäßigkeit der Norm der Betriebsvereinbarung, die ggf. eine Verringerung des Schutzniveaus bewirkt, sollten ausgleichende Schutzmaßnahmen in die Betriebsvereinbarung aufgenommen werden. Allgemeine oder generalisierende Aussagen sind hierbei jedoch schlicht unmöglich. Die Angemessenheit des Schutzniveaus kann nur im jeweiligen Einzelfall unter Beachtung des Verarbeitungszwecks, der konkreten Verarbeitungsmodalitäten und aller sonstigen Umstände beurteilt werden.

48   Aus rein praktischer Sicht hat der Abschluss einer Betriebsvereinbarung als Erlaubnistatbestand für Datenverarbeitungen durch People Analytics-Anwendungen den weiteren Vorteil, dass so im Gleichschritt auch etwaige **Mitbestimmungsrechte des Betriebsrats** berücksichtigt werden können (→ Rn. 83).[117]

4. Rückgriff auf allgemeine Rechtsgrundlagen des Art. 6 DS-GVO

49   Schließlich kann auch immer auf die **allgemeinen Rechtsgrundlagen** für Verarbeitungen zurückgegriffen werden (Art. 6 Abs. 1 DS-GVO). Eine Verarbeitung ist insbes. erlaubt, sofern sie zur Wahrung berechtigter Interessen des Verantwortlichen oder eines Dritten erforderlich ist (Art. 6 Abs. 1 UAbs. 1 lit. f DS-GVO). Danach sind Datenverarbeitungen also auch zu anderen Zwecken erlaubt, als sie § 26 Abs. 1 BDSG definiert. Wie auch § 26 Abs. 1 BDSG erfordert die Rechtsgrundlage des Art. 6 Abs. 1 UAbs. 1 lit. f DS-GVO eine Verhältnismäßigkeitsprüfung. Sofern der Arbeitgeber ein berechtigtes Interesse an der Verarbeitung nachweist, muss die konkrete Verarbeitung zunächst unter den gleich geeigneten Mitteln das mildeste zur Verwirklichung dieses Interesses sein.[118] Anschließend ist eine vollumfängliche Abwägung des Interesses des Arbeitgebers mit entgegenstehenden Interessen der Beschäftigten vorzunehmen, wozu die Norm insbes. Grundrechte und Grundfreiheiten der betroffenen Beschäftigten zählt.[119] Wie bereits dargelegt (→ Rn. 23), werden diese Rechtsgrundlagen aufgrund des zu erwartenden Wegfalls des § 26 Abs. 1 S. 1 BDSG zukünftig erhöhte Relevanz für den Einsatz von People Analytics erlangen.

50   Im Rahmen von People Analytics wird die Rechtsgrundlage des **berechtigten Interesses** (Art. 6 Abs. 1 UAbs. 1 lit. f DS-GVO) deshalb etwa dann relevant werden, wenn der Arbeitgeber personenbezogene Daten von bereits im Unternehmen beschäftigten Personen in eine Anwendung einspeist, um einen Vergleich mit Bewerbern zu ermöglichen. Für die Begründung oder Durchführung des Beschäftigungsverhältnisses dieser Personen ist die Verarbeitung jedenfalls nicht erforderlich. Daher wird man hier Art. 6 Abs. 1 UAbs. 1 lit. f DS-GVO heranziehen müssen.

5. Gemeinsame Eckpunkte für den Einsatz von People Analytics-Anwendungen

51   Zwar kann sich ein Arbeitgeber auf verschiedene Rechtsgrundlagen für den Einsatz von People Analytics-Anwendungen berufen. Jedoch ergeben sich aus **strukturellen Gemeinsamkeiten** zwischen den dargestellten Rechtsgrundlagen Eckpunkte für den rechtmäßigen Einsatz von People Analytics-Anwendungen. Gleichwohl ersetzen die nachfolgenden Ausführungen keinesfalls eine Prüfung des Einzelfalls unter Einbeziehung seiner jeweiligen Umstände und Besonderheiten.

52   Um dem Grundsatz der sogenannten **Speicherbegrenzung** (Art. 5 Abs. 1 lit. d DS-GVO) zu entsprechen, sollte der Einsatz von People Analytics-Anwendungen nur für einen **von vornherein**

---

117   Holthausen RdA 2021, 19 (28).
118   Kühling/Buchner/Buchner/Petri DS-GVO Art. 6 Rn. 147a.
119   Kühling/Buchner/Buchner/Petri DS-GVO Art. 6 Rn. 148 f.; Paal/Pauly/Frenzel DS-GVO Art. 6 Rn. 30.

begrenzten Zeitraum erfolgen. Analyseziele können zweifelsfrei auch so formuliert werden, dass sie eine dauerhafte oder sich über einen längeren Zeitraum erstreckende Datenverarbeitung erfordern können. Allerdings ist es Ausdruck auch des **Zweckbindungsgrundsatzes** (Art. 5 Abs. 1 lit. b DS-GVO), dass die Verarbeitungsmöglichkeiten auf einen überschaubaren Umfang begrenzt werden müssen.[120] Gerade im Zusammenhang mit Big Data-Anwendungen muss diese Begrenzung auch in zeitlicher Hinsicht verstanden werden.[121]

Um dem Grundsatz der **Datenminimierung** (Art. 5 Abs. 1 lit. c DS-GVO) zu genügen, muss   53
überall dort, wo ein konkreter Personenbezug nicht (mehr) erforderlich ist, auf einen solchen verzichtet werden. Daneben sollten Analyseergebnisse – sofern möglich – in **aggregierter Form** ausgegeben werden, um Rückschlüsse auf einzelne Personen zu erschweren.[122]

In der Regel wird man auf Rechtsgrundlagen zurückgreifen müssen, welche eine Abwägung   54
erfordern (§ 26 Abs. 1 BDSG oder Art. 6 Abs. 1 UAbs. 1 lit. f DS-GVO). Je intensiver die geplante Verarbeitung in grundrechtlich geschützte Positionen der Beschäftigten eingreift, desto umfassendere **Sicherungsmaßnahmen** muss der Arbeitgeber treffen, um die Rechtmäßigkeit der Verarbeitung zu gewährleisten. Unter Umständen muss bereits bei der Analyse selbst auf pseudonymisierte Daten zurückgegriffen werden (siehe hierzu nachfolgenden Abschnitt III).

Entsprechende Beschränkungen entfallen allerdings, sobald Daten vollständig und dauerhaft   55
anonymisiert wurden. Statistische Erkenntnisse aus dem Einsatz von People Analytics-Anwendungen können insofern auch langfristig genutzt werden.

III. Technischer Beschäftigtendatenschutz durch den Arbeitgeber als Verantwortlichen

Das Datenschutzrecht regelt nicht nur Rechtmäßigkeitsvoraussetzungen einzelner Verarbei-   56
tungsvorgänge, sondern schreibt auch Schutzmaßnahmen technischer Natur vor. Die zentrale Vorschrift besagt, dass Verantwortliche unter Berücksichtigung des Stands der Technik, der Implementierungskosten und der Art, des Umfangs, der Umstände und der Zwecke der Verarbeitung sowie der unterschiedlichen Eintrittswahrscheinlichkeit und Schwere des Risikos für die Rechte und Freiheiten natürlicher Personen geeignete **technische und organisatorische Maßnahmen (TOMs)** treffen, um ein dem Risiko angemessenes Schutzniveau zu gewährleisten (Art. 32 Abs. 1 Hs. 1 DS-GVO). Bei der Umsetzung von TOMs handelt es sich zwar um eine allgemeine datenschutzrechtliche Pflicht, die allerdings beim Einsatz von Big Data-Anwendungen oder KI besondere Bedeutung erlangt.[123] Der in Art. 32 DS-GVO geprägte Begriff der Datensicherheit ist eine konkretisierende Ausformung des Grundsatzes der Integrität und Vertraulichkeit (Art. 5 Abs. 1 lit. f DS-GVO).[124] Gemeinsam mit den Vorschriften zur nachweislichen Sicherstellung der Verarbeitung im Einklang mit der DS-GVO mittels geeigneter TOMs (Art. 24 DS-GVO) sowie zum Datenschutz durch Technikgestaltung (Art. 25 Abs. 1 DS-GVO) ergibt Art. 32 DS-GVO ein komplexes Gebilde aus generellen und konkretisierenden Vorgaben der Datensicherheit und des technischen Datenschutzes.[125] Die Einhaltung dieser Vorgaben hat nicht zuletzt deswegen besondere praktische Relevanz, weil auch Verstöße gegen diese Regelungen der DS-GVO nach Art. 83 Abs. 4 a. DS-GVO bußgeldbewehrt sind (Art. 83 Abs. 4 lit. a DS-GVO).

---

120 Kühling/Buchner/Herbst DS-GVO Art. 5 Rn. 22; Gola/Heckmann/Pötters DS-GVO Art. 5 Rn. 18.
121 Götz Big Data im Personalmanagement, 2020, 109.
122 Götz Big Data im Personalmanagement, 2020, 110.
123 Vgl. aus der Literatur dazu nur Joos/Meding CR 2020, 834; Kipker/Müller DSRITB 2020, 493.
124 Paal/Pauly/Martini DS-GVO Art. 32 Rn. 2; Simitis/Hornung/Spiecker gen. Döhmann/Hansen DS-GVO Art. 32 Rn. 1; Taeger/Gabel/Schultze-Melling DS-GVO Art. 32 Rn. 1; Kühling/Buchner/Jandt DS-GVO Art. 32 Rn. 1.
125 Kühling/Buchner/Jandt DS-GVO Art. 32 Rn. 1a; Paal/Pauly/Martini DS-GVO Art. 32 Rn. 7 ff.; DWWS/Wedde DS-GVO Art. 32 Rn. 2 f.

57 Um die Auswahl geeigneter Maßnahmen zur Gewährleistung der Datensicherheit zu treffen, muss eine **Risikoanalyse im Vorfeld** der Verarbeitung erfolgen.[126] Dafür sind alle Risikoquellen für die Rechte und Freiheiten (inklusive Grundrechte[127]) zu identifizieren und zu dokumentieren. Anschließend müssen die so ermittelten Szenarien anhand ihrer Eintrittswahrscheinlichkeit und potenziellem Schadensausmaß bewertet werden. Zuletzt sollten alle so ermittelten Schädigungspotentiale in eine Gesamtbetrachtung einbezogen werden, um eine abschließende Risikobewertung vorzunehmen.[128] Im Anschluss daran kann festgelegt werden, welche TOMs zur Herstellung eines angemessenen Schutzniveaus zu ergreifen sind.[129]

58 Die in Art. 32 Abs. 1 DS-GVO aufgezählten TOMs sind dabei keinesfalls abschließend, wie auch die Formulierung „unter anderem" deutlich macht.[130] Dem Verantwortlichen verbleibt bei der Umsetzung also ein **Ermessensspielraum**, solange die in Art. 32 Abs. 1 Hs. 1 DS-GVO genannten Grundvoraussetzungen für TOMs eingehalten werden.[131] Die Pseudonymisierung (Art. 32 Abs. 1 Hs. 2 a DS-GVO) sollte beim Einsatz von People Analytics immer dann in Betracht gezogen werden, wenn Arbeitgeber lediglich allgemeine Informationen zur Belegschaft erheben wollen und keine Rückschlüsse auf einzelne Beschäftigte gewünscht oder sogar nicht erforderlich sind. Dies kann bspw. allgemeine Produktivitätsanalysen einzelner Abteilungen erfassen. Zur Gewährleistung des erforderlichen Pseudonymisierungslevels kann auch auf den Grundsatz der informationellen Gewaltenteilung[132] zurückgegriffen werden. Dabei wird die eigentliche Datenanalyse nicht von dem Arbeitgeber selbst durchgeführt, sondern – unter Einhaltung aller Rechtmäßigkeitsvoraussetzungen – von einem Auftragsverarbeiter. Dieser teilt dem Arbeitgeber nach Abschluss der Analyse lediglich diejenigen Ergebnisse mit an welchen der Arbeitgeber ein legitimes Interesse hat.[133] Wenn im Nachgang beim Auftragsverarbeiter die Ausgangsdaten gelöscht werden, ist der Personenbezug sogar vollständig beseitigt und es werden nurmehr anonyme Daten verarbeitet.

59 Der vorbenannte Ermessensspielraum entfällt allerdings, wenn der Arbeitgeber im Rahmen von People Analytics-Anwendungen ausnahmsweise **besondere Kategorien** personenbezogener Daten (Art. 9 DS-GVO) verarbeiten sollte. Hier sieht das Gesetz einen Katalog zwingend zu ergreifender TOMs vor (§ 22 Abs. 2 BDSG).[134]

60 Der Verantwortliche unterliegt hinsichtlich der Einhaltung der Vorgaben des Art. 32 DS-GVO einer **Nachweispflicht** und muss jederzeit in der Lage sein, dies gegenüber der Aufsichtsbehörde darzulegen.[135] Für den Nachweis, dass die Vorgaben des Art. 32 Abs. 1 DS-GVO eingehalten werden, können auch genehmigte Verhaltensregeln gem. Art. 40 oder eines genehmigten Zertifizierungsverfahrens gem. Art. 42 DS-GVO herangezogen werden (Art. 32 Abs. 3 DS-GVO). Diese haben aber allenfalls Indizwirkung und reichen als Nachweis allein nicht aus.[136] In der Praxis stellt sich darüber hinaus das Problem, dass genehmigte Verhaltensregeln für People Analytics-Anwendungen bisher fehlen und auch genehmigte Zertifizierungsverfahren noch immer nicht vorliegen.

---

126 DWWS/Wedde DS-GVO Art. 32 Rn. 13.
127 Bieker/Bremert ZD 2020, 7.
128 Vgl. dazu ausführlich Ritter/Reibach/Lee ZD 2019, 531 sowie Bieker/Bremert ZD 2020, 7; Taeger/Gabel/Schultze-Melling DS-GVO Art. 32 Rn. 23.
129 Ehmann/Selmayr/Hladjk DS-GVO Art. 32 Rn. 11.
130 Paal/Pauly/Martini DS-GVO Art. 32 Rn. 32; DWWS/Wedde DS-GVO Art. 32 Rn. 16.
131 Paal/Pauly/Martini DS-GVO Art. 32 Rn. 31; Taeger/Gabel/Schultze-Melling DS-GVO Art. 32 Rn. 13 f.; DWWS/Wedde DS-GVO Art. 32 Rn. 14.
132 Vgl. zum Konzept der informationellen Gewaltenteilung im öffentlichen Bereich Poppenhäger NVwZ 1992, 149.
133 Götz Big Data im Personalmanagement, 2020, 92.
134 Blum People Analytics, 2021, 266.
135 Sydow/Marsch/Mantz DS-GVO Art. 32 Rn. 29; Taeger/Gabel/Schultze-Melling DS-GVO Art. 32 Rn. 24; Gola/Heckmann/Piltz DS-GVO Art. 24 Rn. 12.
136 So auch DWWS/Wedde DS-GVO Art. 32 Rn. 51; Kühling/Buchner/Jandt DS-GVO Art. 32 Rn. 26.

Grentzenberg/Kirchner

IV. Betroffenenrechte der Beschäftigten, Haftung und Sanktionen bei (rechtswidrigem) Einsatz von Big Data-Anwendungen

An Datenverarbeitungen knüpfen datenschutzrechtliche Rechtsfolgen. Den Beschäftigten stehen im Rahmen des Einsatzes von Big Data-Anwendungen umfängliche Rechte zu. Verstößt der Einsatz von Big Data gegen das Datenschutzrecht, kann dies eine Haftung und behördliche Sanktionen auslösen. **61**

Zunächst obliegt es dem Arbeitgeber, den betroffenen Beschäftigten zum Zeitpunkt der Erhebung von Daten umfassend zu informieren (Art. 13 DS-GVO). Insbes. müssen der Name des Verantwortlichen, die Zwecke der Verarbeitung, die Dauer der Speicherung und die Rechtsgrundlage für die Datenverarbeitung genannt werden. Werden die personenbezogenen Daten nicht bei der betroffenen Person selbst erhoben, so erweitert sich der Umfang der **Informationspflicht** und erstreckt sich nunmehr auf die verarbeiteten Datenkategorien und deren Quelle(n) (Art. 14 Abs. 1 und 2 DS-GVO). Sofern bereits zuvor zu anderen Zwecken (zB Personalverwaltung) erhobene Daten in eine Big Data-Anwendung eingespeist werden, ist außerdem zwingend ein Kompatibilitätstest (Art. 6 Abs. 4 DS-GVO) erforderlich[137] und die betroffenen Personen sind vorab erneut zu informieren (Art. 13 Abs. 3 bzw. Art. 14 Abs. 4 DS-GVO). Verfügt der Betroffene bereits über die Informationen, so greift für beide Vorschriften eine Ausnahme, so dass die Informationen nicht zu erteilen sind. Art. 14 Abs. 5 DS-GVO sowie die §§ 32 und 33 BDSG enthalten weitere Ausnahmetatbestände, von denen aber insbes. die nationalen Regelungen für People Analytics-Anwendungen vernachlässigbar sein dürften. Bestehen Zweifel am Vorliegen einer solchen Ausnahme, gehen diese zulasten des Arbeitgebers.[138] **62**

Weiterhin besteht zugunsten des Beschäftigten ein **Auskunftsanspruch** (Art. 15 DS-GVO). Im Gegensatz zu den voran beschriebenen Informationspflichten, muss der Arbeitgeber hier nur auf Antrag des Beschäftigten tätig werden. Dies ergibt sich bereits aus dem Wortlaut der Art. 12 Abs. 3 S. 1 und Art. 15 Abs. 3 S. 3 DS-GVO.[139] Gleichzeitig reicht der Auskunftsanspruch insofern über die generelle Informationspflicht hinaus, als der Verantwortliche seine Antworten, soweit dies möglich ist, im Hinblick auf jeweiligen Antragsteller konkretisieren muss.[140] Der Umfang erstreckt sich insbesondere auf alle den Beschäftigten betreffenden Daten, die Verarbeitungszwecke, die geplante Dauer der Speicherung sowie die Herkunft bzw. etwaige Empfänger der Daten (Art. 15 Abs. 1 DS-GVO). Einschränkungen erfährt der Auskunftsanspruch auf nationaler Ebene durch die §§ 27 Abs. 2, 28 Abs. 2, 29 Abs. 1, 34 BDSG. Daneben besteht auch das Einsichtsrecht des Arbeitnehmers in seine Personalakte (§ 83 Abs. 1 S. 1 BetrVG), welches, trotz Regelung im Betriebsverfassungsgesetz, unabhängig von der Existenz eines Betriebsrats besteht.[141] Führt der Arbeitgeber gar keine Personalakte, so läuft dieses Einsichtsrecht leer.[142] Um einer missbräuchlichen Inanspruchnahme entgegenzuwirken, kann der Arbeitgeber für offensichtlich unbegründete oder exzessive Auskunftsverlangen ein angemessenes Entgelt für die entstehenden Verwaltungskosten verlangen oder sich weigern, überhaupt tätig zu werden. Der Arbeitgeber ist diesbezüglich jedoch beweisbelastet (Art. 12 Abs. 5 DS-GVO). Wird das Auskunftsersuchen seitens des Arbeitgebers abgelehnt, so müssen die Gründe hierfür grds. dokumentiert und dem Antragsteller mitgeteilt werden (Art. 12 Abs. 4 DS-GVO, § 34 Abs. 2 BDSG). Flankiert wird der Auskunftsanspruch von einem **Recht auf eine Datenkopie** (Art. 15 Abs. 3 DS-GVO). Reichweite, Umfang und Bedeutung von Auskunfts- und Kopiean- **63**

---

137 Vgl. Arnold/Günther/Hamann ArbR 4.0-HdB/Haußmann § 6 Rn. 76–78.
138 Studie des Verbundprojekts „Cybersicherheit für die Digitale Verwaltung", 2020, 34.
139 Lembke/Fischels NZA 2022, 513 (515).
140 EDPB Guidelines 01/2022 adopted on 18.1.2022 on data subject rights – Right of access Rn. 19 (Konsultationsfassung).
141 So die hM: ErfK/Kania BetrVG § 83 Rn. 1; Fitting BetrVG § 83 Rn. 1; Richardi BetrVG/Thüsing BetrVG § 83 Rn. 2.
142 Dornbusch/Kolbe BetrVG § 83 Rn. 3.

spruch werden auch in der Rechtsprechung unterschiedlich beurteilt.[143] Vertreten werden sehr unterschiedliche Positionen, darunter eine extensive Ansicht, die alle vom Verantwortlichen verarbeiteten und gespeicherten Daten des Beschäftigten in der vorhandenen Rohfassung umfasst, sowie eine restriktive Ansicht, die unter dem Recht auf Kopie lediglich eine Konkretisierung der nach Art. 15 Abs. 1 DS-GVO zu beauskunftenden Daten versteht.[144] Das BAG hatte in seiner jüngsten Entscheidung offengelassen, ob der Beschäftigte Kopien sämtlicher ihn betreffende E-Mails fordern kann, da die Klage mangels Bestimmtheit des Antrags bereits unzulässig war. Der Kläger hatte hier bloß abstrakte Kategorien von E-Mails benannt, von denen er eine Kopie erhalten wollte. Da hieraus aber nicht hinreichend klar wurde, welche E-Mails hiervon umfasst sein sollten, wäre eine Erfüllung oder spätere Vollstreckung des Anspruchs so nicht möglich gewesen. Sofern der Kläger nicht zu einer konkreten Bezeichnung im Stande ist, soll daher eine Stufenklage angestrebt werden, bei der zunächst auf Erteilung einer Auskunft, welche E-Mails in den jeweiligen Kategorien verarbeitet wurden, auf zweiter Stufe ggf. auf Versicherung an Eides statt für die Richtigkeit und Vollständigkeit dieser Auskunft sowie zuletzt auf Überlassung der Kopien der nunmehr konkret benennbaren E-Mails geklagt werden sollte.[145] Der BGH hat sich einer extensiven Auslegung angeschlossen.[146] Damit geht auch eine Absage an das vom BAG vorgeschlagene Modell der Stufenklage bei Auskunfts- und Kopieansprüchen einher. Vielmehr scheint der BGH den Kopieanspruch als einen Unterfall des Auskunftsanspruchs zu verstehen, wohingegen das BAG beide Ansprüche als voneinander getrennt zu betrachten scheint. Demnach genügt dem BGH auch ein am Wortlaut des Art. 15 Abs. 1 und 3 DS-GVO orientierter Klageantrag.[147] Die Richtlinien des EDSA zu Auskunftsansprüchen und Stellungnahmen deutscher Aufsichtsbehörden enthalten sich zum Teil widersprechende Aussagen.[148] Für Unternehmen ergibt sich daraus ein erhebliches Maß an Rechtsunsicherheit. Auskunftsverlangen sollten deshalb in jedem Falle gewissenhaft bearbeitet werden und eine Ablehnung mangels Bestimmtheit des Antrags nicht vorschnell in Betracht gezogen werden. Die erste Kopie muss dem Beschäftigten kostenlos zur Verfügung gestellt werden. Für alle weiteren Kopien darf ein angemessenes Entgelt auf Basis der Verwaltungskosten verlangt werden (Art. 15 Abs. 3 S. 2 DS-GVO).[149] Wird jedoch bereits der Antrag elektronisch gestellt, so sind auch die Informationen in einem gängigen elektronischen Format zur Verfügung gestellt werden, sofern der Antragsteller nicht ausdrücklich eine physische Kopie verlangt hat. Mittlerweile sind beim EuGH mehrere Vorabentscheidungsverfahren zu Art. 15 DS-GVO anhängig. Es bleibt zu hoffen, dass die Ausführungen des EuGH hilfreiche Hinweise für den praktischen Umgang mit Auskunftsersuchen bereithalten.

64 Weiterhin kann dem betroffenen Beschäftigten unter Umständen ein **Recht auf Löschung** (**sog. „Recht auf Vergessen"**) ihrer personenbezogenen Daten zustehen (Art. 17 DS-GVO). Hierfür muss der Zweck für die Datenerhebung bzw. -verarbeitung weggefallen, die Einwilligung widerrufen worden, ein Widerspruch gegen die Verarbeitung erfolgt, die Datenverarbeitung rechtswidrig gewesen oder die Löschung zur Erfüllung rechtlicher Verpflichtungen notwendig gewesen sein Der Verantwortliche muss jedoch überhaupt in der Lage sein, die Daten einem konkreten Beschäftigten zuzuordnen. Wird der Datenpool der Big Data-Anwendung mit

---

143 Eine Entscheidungsübersicht bietet Leibold ZD-Aktuell 2021, 05313; eine Streitwertübersicht bietet Leibold ZD-Aktuell 2021, 05245.
144 Zum Streitstand BeckOK DatenschutzR/Schmidt-Wudy DS-GVO Art. 15 Rn. 85; Lembke/Fischels NZA 2022, 513 (516).
145 BAG NZA 2021, 1053 Rn. 16 ff.
146 BGH NJW 2021, 2726 Rn. 22; Lembke/Fischels NZA 2022, 513 (516).
147 Lembke/Fischels NZA 2022, 513 (517 ff.).
148 EDPB Guidelines 01/2022 adopted on 18.1.2022 on data subject rights – Right of access Rn. 19 (Konsultationsfassung); BayLfD Das Recht auf Auskunft nach der Datenschutz-Grundverordnung, 2019, 46 f.; BayLDA Tätigkeitsbericht 8 2017/2018, 46 f.
149 Taeger/Gabel/Mester DS-GVO Art. 15 Rn. 22.

abstrakten Daten gefüttert, kann sich die Zuordnung zu einem konkreten Beschäftigten in der Praxis durchaus schwierig gestalten. Dies ist im Hinblick auf Art. 25 DS-GVO nicht nur wünschenswert, sondern auch geboten. Würde man nun vom Anwender verlangen, diese Daten durch Verknüpfung mit anderen Daten wiederum zu personenbezogenen Daten zu machen, widerspricht dies dem Sinn und Zweck der datenschutzrechtlichen Grundsätze. Daher kann durchaus vertreten werden, dass sich das Löschbegehren nur auf unmittelbar verfügbare Daten bezieht.[150]

Dem Beschäftigten stehen neben obigen Rechten noch weitere Rechte zur Verfügung, die   65 im Bereich Big Data ebenfalls Herausforderungen umfassen können, etwas das Recht auf Berichtigung (Art. 16 DS-GVO).

Ist die Identifizierbarkeit von Personen in einer People Analytics-Anwendung nicht mehr   66 erforderlich, ist diese zu beseitigen – auch wenn dies den betroffenen Personen die Ausübung ihrer Rechte unmöglich machen sollte. Denn Verantwortliche sind gerade nicht verpflichtet, zusätzliche Informationen aufzubewahren, einzuholen oder zu verarbeiten, nur um die betroffene Person weiterhin identifizieren zu können (Art. 11 DS-GVO).

Hervorzuheben ist der **Anspruch auf Schadensersatz** gegen den Arbeitgeber als Verantwort-   67 lichen, sofern dieser gegen die DS-GVO verstoßen hat (Art. 82 DS-GVO).[151] Der haftungsauslösende Verstoß muss dabei zumindest in einem konkreten Zusammenhang mit einer Verarbeitung stehen. Ein abstrakter Verstoß gegen formelle Vorschriften der DS-GVO reicht nicht aus.[152] Zu beachten ist dabei ferner, dass auch Verstöße gegen die nach der DS-GVO erlassenen delegierten (Durchführungs-) Rechtsakte und Rechtsvorschriften der einzelnen Mitgliedstaaten einen Schadensersatzanspruch auslösen können, soweit sie die Vorschriften der DS-GVO präzisieren (ErwG 146 DS-GVO). Damit sind insbes. Verstöße gegen § 26 BDSG erfasst.[153] Verstöße gegen datenschutzrechtliche Betriebsvereinbarungen können allerdings keinen Anspruch auslösen. Der Wortlaut des Erwägungsgrundes 146 bezieht sich ausdrücklich auf Vorschriften der Mitgliedsstaaten. Die Betriebsvereinbarung ist dagegen eine rein innerbetriebliche Regelung. Ersatzfähig sind sowohl materielle als auch immaterielle Schäden.[154] Die deutschen Arbeitsgerichte zeigen sich in ihrer bisherigen Spruchpraxis deutlich eher gewillt der Präventions- und Rechtsdurchsetzungsfunktion des Art. 82 DS-GVO mittels Gewährung höherer Ersatzansprüche für immaterielle Schäden nachzukommen als zuvor.[155] Das für einen immateriellen Schaden erforderliche „Ohnmachtsgefühl" aufgrund des Kontrollverlusts über Daten könnte bei umfassenden Big Data-Analysen begründet werden. Für den Verantwortlichen besteht nach Abs. 3 jedoch die Möglichkeit der Exkulpation, sofern er nachweisen kann, dass er in keinerlei Hinsicht für den Umstand, durch den der Schaden eingetreten ist, verantwortlich ist. Dem Arbeitgeber darf deshalb nicht die geringste Fahrlässigkeit vorzuwerfen sein.[156] In der Praxis scheitert der Schadensersatzanspruch oftmals am Tatbestandsmerkmal des Schadens, da der Kläger diesbezüglich beweisbelastet ist und keine Beweislastumkehr stattfindet.[157] Insbes. in der arbeitsgerichtlichen Rechtsprechung findet sich allerdings die Auffassung, dass der Anspruchssteller neben einem Verstoß gegen das Datenschutzrecht zusätzlich keinen von ihm erlittenen immateriellen Schaden darlegen müsse. Die Datenschutzverletzung selbst füh-

150   Gola/Heckmann/Nolte/Werkmeister DS-GVO Art. 17 Rn. 34.
151   Zur Frage des general- bzw. spezialpräventiven Charakters von Art. 82 Abs. 1 DS-GVO, der Berücksichtigung hiervon sowie des Verschuldensgrades bei der Bemessung der Schadenshöhe ist ua ein Vorabentscheidungsverfahren des BAG beim EuGH anhängig, BAG NZA 2021, 1713.
152   Taeger/Gabel/Moos/Schefzig DS-GVO Art. 82 Rn. 22; Sydow/Marsch/Kreße DS-GVO Art. 82 Rn. 7.
153   EuArbRK/Franzen DS-GVO Art. 82 Rn. 11.
154   Simitis/Hornung/Spiecker gen. Döhmann/Boehm DS-GVO Art. 82 Rn. 11.
155   ZB ArbG Düsseldorf BeckRS 2020, 11910 (5.000 EUR); ArbG Münster BeckRS 2021, 13039 (5.000 EUR).
156   Dickmann r+s 2018, 145 (147); Paal MMR 2020, 14 (17); Kühling/Buchner/Bergt DS-GVO Art. 82 Rn. 54.
157   OLG Brandenburg ZD 2021, 693 Rn. 3; LG Düsseldorf ZD 2022, 48 Rn. 29; LG Essen ZD 2022, 50 Rn. 49; LG München I ZD 2022, 52 Rn. 23.

re zu einem solchen immateriellen Schaden.[158] Nach anderer, auch hier vertretener Ansicht, könne im Rahmen des Art. 82 DS-GVO weder auf das Tatbestandsmerkmal des Schadens als solches verzichtet werden[159], noch ergäbe sich aus der Norm, dass diese unabhängig von einem konkreten Schaden des Anspruchsstellers eine Sanktion des Verantwortlichen (oder Auftragsverarbeiters) bewirken solle. Eine Straffunktion erfülle der Schadensersatz nicht.[160] Genauso wenig könne eine generelle Vermutung eines Schadenseintritts überzeugen.[161] Mit der Datenschutzverletzung müsse also auch ein (materieller oder immaterieller) Schaden einhergehen.[162] Dieser Auffassung hat sich nunmehr auch der EuGH angeschlossen und klargestellt, dass ein Schaden zwingendes Tatbestandsmerkmal des Ersatzanspruchs ist. Der bloße Verstoß gegen datenschutzrechtliche Vorschriften konstituiert noch keinen Schaden.[163] Vielmehr bleibt der Anspruchsteller auch weiterhin verpflichtet, darzulegen, dass der Datenschutzverstoß für ihn negative Folgen gehabt haben und diese negativen Folgen auch einen nach Art. 82 DS-GVO ersatzfähigen Schaden konstituieren.[164] Weiterhin unklar bleibt, welche negativen Folgen nach Auffassung des Gerichtshofs einen solchen Schaden werden darstellen können. Dank zahlreicher Vorabentscheidungsersuche[165] hat der EuGH hierzu in naher Zukunft weitere Möglichkeiten zur Stellungnahme. Grds. haftet der Arbeitgeber für verordnungswidrige Verarbeitungen seiner Mitarbeiter.[166] Dies gilt nur dann nicht, wenn ein Beschäftigter mit der schädigenden Verarbeitung eigene Zwecke verfolgt und so selbst zum Verantwortlichen iSd Art. 4 Nr. 7 DS-GVO wird (sog. Mitarbeiterexzess).[167]

68 Auf Arbeitgeberseite im Regelfall deutlich relevanter ist indes die Möglichkeit mit **empfindlichen Geldbußen** gem. Art. 83 DS-GVO belegt zu werden. Die Aufsichtsbehörden müssen dabei sicherstellen, dass die Geldbußen wirksam, verhältnismäßig aber auch ausreichend abschreckend sind. Dabei sind insbesondere Art, Schwere und Dauer des Verstoßes, Vorsatz, Maßnahmen zur Schadensminderung, der Grad der Verantwortlichkeit oder jeglicher früherer Verstoß sowie die Art und Weise, wie der Verstoß der Aufsichtsbehörde bekannt wurde, zu berücksichtigen. Stellt die Behörde nur einen geringfügigen Verstoß fest oder bewirkt die voraussichtliche Geldbuße eine unverhältnismäßige Belastung für eine natürliche Person, so kann anstatt einer Geldbuße eine Verwarnung erteilt werden (ErwG 148).

69 Im Zusammenhang mit obigen Rechten und Schutzvorschriften zugunsten der Arbeitnehmer kommt dem **Betriebsrat** eine wichtige Rolle zu, da ihm hinsichtlich der Einhaltung der DS-GVO und des BDSG durch den Arbeitgeber ein **Überwachungsrecht** zusteht (§ 80 Abs. 1 Nr. 1 BetrVG).[168] Dass der Datenschutzbeauftragte bereits eine Kontrolle der Tätigkeiten des Arbeitgebers vornimmt, schließt nicht aus, dass der Betriebsrat die Einhaltung datenschutzrechtlicher Vorschriften durch den Arbeitgeber ebenfalls überwacht. Insofern besteht eine doppelte Kontrolle der Datenschutz-Compliance des Arbeitgebers.[169] Der Betriebsrat hat dabei jedoch keinen Durchführungsanspruch gegen den Arbeitgeber, sondern kann lediglich die Nichtbeachtung oder fehlerhafte Durchführung der entsprechenden Vorschrift beanstanden und auf Abhilfe

158 LAG Schleswig-Holstein ZD 2022, 571 Rn. 12; BAG NZA 2021, 1713 Rn. 33.
159 GA Campos Sánchez-Bordona, Schlussanträge v. 6.10.2022 – C-300/21, GRUR-RS 2022, 26562 Rn. 27–34.
160 GA Campos Sánchez-Bordona, Schlussanträge v. 6.10.2022 – C-300/21, GRUR-RS 2022, 26562 Rn. 35–55.
161 GA Campos Sánchez-Bordona, Schlussanträge v. 6.10.2022 – C-300/21, GRUR-RS 2022, 26562 Rn. 56–82.
162 GA Campos Sánchez-Bordona, Schlussanträge v. 6.10.2022 – C-300/21, GRUR-RS 2022, 26562 Rn. 117.
163 EuGH NJW 2023, 1930 Rn. 28 ff.
164 EuGH NJW 2023, 1930 Rn. 50.
165 Vgl. nur BAG NZA 2021, 1713 (anhängig beim EuGH unter C-667/21).
166 Kühling/Buchner/Bergt DS-GVO Art. 82 Rn. 16; Simitis/Hornung/Spiecker gen. Döhmann/Boehm DS-GVO Art. 82 Rn. 15.
167 Ambrock ZD 2020, 492.
168 Richardi BetrVG/Thüsing BetrVG § 80 Rn. 10; Fitting BetrVG § 80 Rn. 7; SWK-ArbR/Panzer-Heemeier Stichwort Datenschutz, allgemeiner Rn. 66.
169 Richardi BetrVG/Thüsing BetrVG § 80 Rn. 10.

drängen.[170] Der Betriebsrat hat allerdings nicht zu überwachen, ob der Datenschutzbeauftragte des Arbeitgebers seine Kontrollfunktion ordnungsgemäß ausübt.[171] Vielmehr kann der Betriebsrat lediglich prüfen, ob der Datenschutzbeauftragte die von DS-GVO und BDSG geforderten fachlichen Kenntnisse aufweist.[172]

Flankiert wird das Überwachungsrecht von einem **Auskunftsanspruch** (§ 80 Abs. 2 BetrVG), der insbes. im Zusammenhang mit algorithmenbasierten Arbeitgeberentscheidungen relevant wird. Unter Berücksichtigung der Einschränkungen bei der Verarbeitung besonders sensibler personenbezogener Daten (Art. 9 DS-GVO) und der Verwendung automatischer Entscheidungen bzw. Profiling mit rechtlicher oder vergleichbar beeinträchtigender Wirkung (Art. 22 DS-GVO), könnte auch ein Anspruch des Betriebsrats auf Offenlegung der konkreten Ausgestaltung des Algorithmus bestehen, sofern diese Informationen zur Beurteilung der Rechtmäßigkeit notwendig sein sollten.[173]   70

C. Mitarbeiterkontrolle

I. Allgemeine Kontrollmaßnahmen

Zwar sind bereits einige Anwendungen angesprochen worden, die zweifelsohne auch dem   71
Gebiet der (präventiven) Mitarbeiterkontrolle zugeschlagen werden können. Dennoch soll auf dieses spezielle Problemfeld des Beschäftigtendatenschutzes[174] im Zusammenhang mit dem Einsatz von Big Data-Anwendungen nochmals gesondert eingegangen werden. Klassische Instrumente der Mitarbeiterkontrolle sind E-Mail Screenings, Videoüberwachung, Telefonüberwachung, die Auswertung von Internet oder Telefon-Verbindungsdaten oder der Einsatz von Zeiterfassungs- und Zugangskontrollsystemen. Möglich ist sogar die Ortung von Mitarbeitern über GPS (über Handys oder Dienstwagen). Diese Kontrollmaßnahmen müssen sich auch am Datenschutzrecht messen lassen. Über die allgemeinen Vorgaben des Beschäftigtendatenschutzes hinausgehende Voraussetzungen gelten dabei nicht. Gleichwohl sind die **Besonderheiten** des Einsatzes von Big Data-Anwendungen bei der konkreten Abwägung im Einzelfall zu bedenken. Es liegt in der Natur der Sache solcher Anwendungen, dass die Streubreite der untersuchten Daten deutlich größer ist als bei gezielten Kontrollen. Genauso ist zu beachten, wie lange die Kontrollmaßnahme aufrechterhalten wird. Totalüberwachung wäre ohne Weiteres technisch möglich, wäre aber mit dem Datenschutzrecht unvereinbar (→ Rn. 35). Insgesamt ist die durch die technische Gestaltung in der Regel gesteigerte Intensität der Kontrolle zu beachten. Dieser Intensität sind dann entsprechende Gegenmaßnahmen zum Schutz der Beschäftigten gegenüberzustellen bzw. die Dauer der Kontrolle ist entsprechend zu beschränken.[175] Schließlich gilt es zu beachten, dass sich über die große Streubreite erfasster Daten Verknüpfungen zwischen verschiedenen Daten herstellen lassen. Das BAG hat die Persönlichkeitsrelevanz der erfassten Daten als für die Abwägung erheblich ausgemacht.[176] Je weitgehender die Rückschlüsse auf die Persönlichkeit sind, desto stärker wiegt hier das Interesse der betroffenen Beschäftigten.

Es lässt sich also festhalten, dass präventive Mitarbeiterkontrollen durch Einsatz von Big Data-   72
Anwendungen technisch und rechtlich möglich sind, jedoch notwendige Maßnahmen zum Schutz der Beschäftigten erfolgen müssen. Dazu zählt auch ein generelles Verbot der Privat-

---

170 BAG NZA 2010, 1433 (Rn. 21) mwN.
171 Kort ZD 2017, 3 (6); GK-BetrVG/Weber § 80 Rn. 16; aA Fitting BetrVG § 80 Rn. 7; vgl. auch SWK-ArbR/Panzer-Heemeier Stichwort Datenschutz, allgemeiner Rn. 66.
172 GK-BetrVG/Weber § 80 Rn. 16.
173 EHKS/Schwarze KI § 8 Rn. 39.
174 Vgl. zu bekannten Problemen der Mitarbeiterkontrolle die Ausführungen bei Kühling/Buchner/Maschmann BDSG § 26 Rn. 41 ff.
175 Vgl. Byers Mitarbeiterkontrollen III., IV., V.; Zum E-Mail Screening Thüsing Beschäftigtendatenschutz/Thüsing/Traut § 9 Rn. 46 f.
176 BAG NZA 2008, 1187 Rn. 21.

nutzung sämtlicher technischer Systeme, die in die Mitarbeiterkontrolle einbezogen werden sollen, einschließlich E-Mail und Internet, im Vorfeld.

II. Compliance-Untersuchungen und § 26 Abs. 1 S. 2 BDSG

73 Im Schnittfeld von Arbeitsrecht und Strafrecht sind Compliance-Untersuchungen[177] von besonderer Bedeutung. Hierbei wird die **Rechtstreue** des Unternehmens bzw. seiner Mitarbeiter aufgrund eines konkreten Anlasses im Hinblick auf (strafrechtlich) relevantes Fehlverhalten überprüft.[178] Im Regelfall erstreckt sich die Untersuchung auch auf Mitarbeiter. Hier wird § 26 Abs. 1 S. 2 BDSG relevant, der die Verarbeitung personenbezogener Daten bei der Aufdeckung von Straftaten nur unter engen Voraussetzungen erlaubt und dessen strenge Anforderungen das BAG auch auf die Untersuchung von schwerwiegenden vertraglichen Pflichtverletzungen[179] erstreckt. Zudem stellt sich die Frage, ob der Arbeitgeber auf Kosten der Compliance-Untersuchung (zB Kosten für die Hinzuziehung externer Berater) sitzen bleibt.

1. Voraussetzungen des § 26 Abs. 1 S. 2 BDSG

a) Straftat im Beschäftigungsverhältnis

74 Die Vorschrift setzt voraus, dass der Arbeitgeber die **Aufdeckung einer Straftat** beabsichtigt, die im Arbeitsverhältnis begangen wurde. Begrifflich sind dabei alle Straftaten iSd § 12 StGB erfasst, also Vergehen sowie Verbrechen.[180] Der Anwendungsbereich erstreckt sich zudem auch auf Tatbestände, die in Nebengesetzen als Straftat sanktioniert werden. Die Verarbeitung personenbezogener Daten bei bloßen Ordnungswidrigkeiten und anderen Vertragsverletzungen ist unter Rückgriff auf § 26 Abs. 1 S. 1 BDSG möglich.[181] An dieser Vorschrift ist auch die Anhörung eines Beschäftigten im Vorfeld einer erwogenen Verdachtskündigung zu messen, da die Anhörung in der Regel weder der Kontrolle noch der Überwachung des Beschäftigten dient.[182]

b) Verdacht aufgrund tatsächlicher Anhaltspunkte

75 Die Vorschrift setzt weiterhin einen Verdacht voraus, der sich auf **tatsächliche Anhaltspunkte** stützen lässt. Bloße Vermutungen und vage Anhaltspunkte reichen nicht aus. Hinsichtlich des Verdachtsgrads ist jedoch ein einfacher Verdacht iSe Anfangsverdachts (§ 152 Abs. 2 StPO[183]) ausreichend, so dass hieran keine allzu hohen Anforderungen geknüpft werden. Grund hierfür ist zum einen der Wortlaut, welcher eben keinen höheren Verdachtsgrad fordert, und zum anderen der Sinn und Zweck der Regelung, der schwere Eingriffe in das Persönlichkeitsrecht der Betroffenen auf Basis vager Anhaltspunkte und Mutmaßungen auszuschließen beabsichtigt.[184] Die geringen Anforderungen an den Verdacht werden durch die gesteigerten Anforderungen in Form tatsächlicher Anhaltspunkte kompensiert. Der Kreis der verdächtigten und durch die Datenverarbeitung belasteten Beschäftigten ist weitestmöglich einzugrenzen. Entgegen dem missverständlichen Wortlaut darf sich die Kontrollmaßnahme jedoch auch gegen Personen richten, hinsichtlich derer noch kein konkretisierter Verdacht besteht.[185]

---

177 Hierfür werden auch die Begriffe „interne Ermittlungen" und „interne Untersuchungen" als Synonyme verwendet.
178 Vgl. SWK-ArbR/Mengel Stichwort Compliance Rn. 1 ff.
179 BAG NJW 2017, 2853 Rn. 30 noch zur Vorgängerregelung § 32 Abs. 1 S. 2 BDSG aF.
180 BeckOK DatenschutzR/Riesenhuber BDSG § 26 Rn. 133.
181 BAG NZA 2019, 893 Rn. 51; BAG NZA 2017, 1179 Rn. 25 ff.; ErfK/Franzen BDSG § 26 Rn. 36.
182 BAG NZA 2015, 741 Rn. 74 ff.
183 Zum Begriff des Anfangsverdachts siehe BGH GSZ 2019, 218 Rn. 1 mwN.
184 BAG NJW 2017, 1193 Rn. 25; BeckOK DatenschutzR/Riesenhuber BDSG § 26 Rn. 134.
185 BAG NZA 2021, 959 Rn. 29.

Liegt zwar keine Straftat vor, besteht aber der Verdacht einer schwerwiegenden Vertragspflicht- 76
verletzung des Beschäftigten, ist das Erfordernis eines auf konkrete Tatsachen begründeten
Verdachts auch auf § 26 Abs. 1 S. 1 BDSG zu übertragen.[186]

c) Erforderlichkeit der Datenverarbeitung

Die Datenverarbeitung muss zur Aufdeckung der Straftat erforderlich sein. Orientiert am 77
verfassungsrechtlich geprägten Begriff der Erforderlichkeit bedeutet dies, dass **kein** gleichgeeig-
netes **milderes Mittel** zur Aufdeckung der Straftat zur Verfügung stehen darf.[187] Der Wortlaut
des § 26 Abs. 1 S. 2 BDSG stellt klar, dass keine Interessen der Beschäftigten entgegenstehen
dürfen. Dieser Klarstellung hätte es nicht bedurft, ergibt sich dies doch bereits aus dem Verhältnismäßigkeitsgrundsatz selbst, der eine solche Abwägung ohnehin voraussetzt. Da allerdings
bereits auf der Tatbestandsseite mit dem Erfordernis eines Verdachts eine Einschränkung stattfindet, ist die durchzuführende Abwägung schon im Ausgangspunkt zulasten des Beschäftigten
beeinflusst.[188] Die Rechtsgrundlage des § 26 Abs. 1 S. 2 BDSG ist deswegen dahin gehend zu
verstehen, dass bei Vorliegen eines konkreten Verdachts auch weitergehende Untersuchungsmaßnahmen gerechtfertigt werden können, die anderenfalls nach § 26 Abs. 1 S. 1 BDSG nicht
zulässig gewesen wären.[189] Je stärker der Verdacht ist oder je schwerer die in Frage stehende
Straftat wiegt, desto geringere Anforderungen sind an die Verhältnismäßigkeit zu stellen.[190]
Zulässig können allerdings nur zielgerichtete Maßnahmen zur Aufklärung eines bestimmten
Verdachts sein. Die Rechtfertigung allgemeiner Überwachungsmaßnahmen gelingt über § 26
Abs. 1 S. 2 BDSG nicht.[191] In die Bewertung der Verhältnismäßigkeit sind alle relevanten Um-
stände des Einzelfalls einzubeziehen. Insbes. die Intensität des Eingriffs in die persönliche
Sphäre des Beschäftigten spielt dabei eine Rolle. Diese Intensität ergibt sich nicht zuletzt da-
raus, ob Aufklärungsmaßnahmen offen oder heimlich, stichprobenartig oder flächendeckend
sowie über einen kurzen oder einen langen Zeitraum hinweg durchgeführt werden.

Besteht ein Verdacht einer schwerwiegenden Vertragspflichtverletzung sind diese Grundsätze 78
auch auf eine Datenverarbeitung nach § 26 Abs. 1 S. 1 BDSG zu übertragen.[192]

d) Dokumentationserfordernis

Die tatsächlichen Anhaltspunkte müssen dokumentiert werden. Das Erfordernis der Dokumen- 79
tation erfüllt eine **Doppelfunktion**. Einerseits schützt sie den Betroffenen, indem sie den
Arbeitgeber dazu zwingt, Rechenschaft über seine Verdachtsmomente abzulegen, diese zu ver-
schriftlichen und somit transparent zu machen. Andererseits ist sie Wirksamkeitsvoraussetzung
für die Rechtmäßigkeit der Datenverarbeitung. Allerdings profitiert auch der Arbeitgeber von
der Dokumentation, da er im Kündigungsschutzprozess hier in der Regel beweisbelastet ist.[193]
Dokumentiert werden müssen Schaden, der Kreis der Verdächtigen und die Indizien, aus
denen sich der Verdacht ergibt.[194] Zur Erfüllung der allgemeinen Dokumentationspflichten
der DS-GVO (vgl. Art. 5 Abs. 2 DS-GVO, sog. Rechenschaftspflicht) sollte auch die Verhältnismäßigkeitsprüfung dokumentiert werden.

---

186 BAG NZA 2017, 1327 Rn. 30.
187 BeckOK DatenschutzR/Riesenhuber BDSG § 26 Rn. 136.
188 Thüsing Beschäftigtendatenschutz/Thüsing/Traut § 9 Rn. 51.
189 BAG Urt. v. 27.7.2017 – 2 AZR 681/16, NZA 2017, 1327 Rn. 29; Thüsing Beschäftigtendatenschutz/Thüsing/Traut
     § 9 Rn. 50.
190 Kühling/Buchner/Maschmann BDSG § 26 Rn. 61.
191 Taeger/Gabel/Zöll BDSG § 26 Rn. 68.
192 Thüsing Beschäftigtendatenschutz/Thüsing/Traut § 9 Rn. 54.
193 BeckOK DatenschutzR/Riesenhuber BDSG § 26 Rn. 135.
194 Taeger/Gabel/Zöll BDSG § 26 Rn. 69; Kühling/Buchner/Maschmann BDSG § 26 Rn. 60.

2. Ersatzansprüche für entstandene Ermittlungs- und Aufklärungskosten des Arbeitgebers

80   In einem Urteil aus 2021 hat das BAG entschieden, dass ein Arbeitnehmer dem Arbeitgeber grundsätzlich die durch das Tätigwerden einer auf Compliance-Untersuchungen spezialisierten Anwaltskanzlei entstandenen notwendigen **Kosten ersetzen muss**, wenn der Arbeitgeber aus Anlass eines konkreten Verdachts einer erheblichen Verfehlung des Arbeitnehmers mit Ermittlungen gegen den Arbeitnehmer beauftragt hat und der Arbeitnehmer einer schwerwiegenden vorsätzlichen Vertragspflichtverletzung überführt wird.[195] Das BAG stellt hier eine ganze Reihe konkreter Anspruchsvoraussetzungen auf. Erstattungsfähig sind zunächst lediglich die Kosten für solche Ermittlungsmaßnahmen, die ein vernünftiger, wirtschaftlich denkender Arbeitgeber nach den Umständen des Einzelfalls zur Beseitigung der Störung bzw. zur Schadensverhütung nicht nur als zweckmäßig, sondern auch als erforderlich ergriffen haben würde.[196] Dies umfasst zunächst einmal nur Maßnahmen, die der Aufklärung des konkreten Verdachts dienen und nicht andere Zwecke verfolgen.[197] Darüber hinaus ist darzulegen, dass die Inanspruchnahme externer Expertise zwingend erforderlich war und die Untersuchung nicht durch eigenes Personal zu bewältigen war. Dieser Nachweis dürfte allerdings regelmäßig bei komplexen, grenzüberschreitenden Sachverhalten gelingen.[198] Weiterhin muss im Zeitpunkt der Veranlassung der Untersuchungsmaßnahmen ein konkreter und dringender Verdacht einer erheblichen Verfehlung (strafbare Handlung oder schwerwiegende Vertragsverletzung) vorliegen.[199] Damit die Ersatzverpflichtung des Arbeitnehmers schließlich eintritt, muss sich dieser Verdacht bestätigen und der Arbeitnehmer aufgrund der Untersuchungen einer erheblichen Verfehlung überführt werden.[200] Die spezielle arbeitsrechtliche Regelung des § 12a Abs. 1 S. 1 ArbGG zum Ausschluss prozessualer als auch materieller Kostenerstattungsansprüche finde hier nach Auffassung des BAG keine Anwendung, da es nicht dem Grundsatz von Treu und Glauben entspräche, wenn sich der Arbeitnehmer, der vorsätzlich eine Vertragspflicht verletzt oder eine unerlaubte Handlung begangen habe, darauf berufen könne, der Arbeitgeber müsse die Aufwendungen selbst tragen, die durch dieses Fehlverhalten veranlasst wurden.[201]

81   Im konkreten Fall lehnte das BAG den Anspruch ab, da der Arbeitgeber aus Sicht des erkennenden Senats nicht hinreichend dargetan hatte, dass die durchgeführten Tätigkeiten im abgerechneten Umfang erforderlich waren.[202] An die Darlegung sind demnach extrem hohe Anforderungen zu stellen. Es ist daher zu empfehlen, jeden Schritt der Compliance-Untersuchung (auch diejenigen vor Konsultation der Anwaltskanzlei) genaustens zu dokumentieren. Aus diesen Aufzeichnungen muss sich ergeben, inwieweit welche Tätigkeiten wann, in welchem Umfang und aufgrund welchen Verdachts durchgeführt wurden. Auch sollte zwischen potenziell erstattungsfähigen und nicht erstattungsfähigen Kosten getrennt werden.[203] Nur auf Grundlage dieser Angaben ist das Gericht in der Lage, die Erforderlichkeit der Compliance-Untersuchung zu überprüfen. Unternehmensinterne Compliance-Abteilungen sollten dementsprechend auf die Einhaltung dieser Dokumentationsanforderungen verpflichtet werden (in internen Richtlinien oder Policies).[204]

---

195   BAG ZIP 2021, 2190.
196   BAG ZIP 2021, 2190 (2192) Rn. 27.
197   Peter CCZ 2022, 82 (83).
198   Peter CCZ 2022, 82 (84).
199   BAG ZIP 2021, 2190 (2192) Rn. 30.
200   BAG ZIP 2021, 2190 (2192) Rn. 31.
201   BAG ZIP 2021, 2190 (2192) Rn. 32 ff.
202   BAG ZIP 2021, 2190 (2193) Rn. 40 ff.
203   Peter CCZ 2022, 82 (84).
204   Peter CCZ 2022, 82 (84).

Zur Angemessenheit des vereinbarten Stundensatzes brauchte sich das BAG vorliegend nicht   82
zu äußern.[205] Denkbar ist jedoch, dass die im vorliegenden Fall vereinbarten 350 EUR pro
Stunde für zu hoch erachtet werden.

D. Betriebliche Mitbestimmung

Bei der Einführung und Anwendung von People Analytics und KI durch den Arbeitgeber sind   83
Mitbestimmungs- und Beteiligungsrechte eines etwaigen Betriebsrats zu beachten. Um die
spezifischen Herausforderungen der Digitalisierung, Big Data und künstlicher Intelligenz zu
adressieren, ist das Betriebsverfassungsgesetz zuletzt überarbeitet worden. Der Gesetzgeber hat
mit dem sog. Betriebsrätemodernisierungsgesetz[206] einige Neuerungen eingefügt und weitere
Klarstellungen vorgenommen. Eine Definition des Begriffs der künstlichen Intelligenz ist nicht
Teil dieser Novelle gewesen. Insofern wird die Rechtsprechung den Begriff in Zukunft zu
konturieren haben.[207]

I. Mitbestimmung bei Einführung und Anwendung von Big Data

Die Mitbestimmungsrechte des Betriebsrats sind vielfältig. Beim Einsatz von Big Data kommen   84
Mitbestimmungsrechte in sozialen, personellen sowie wirtschaftlichen Angelegenheiten
in Betracht. Im Folgenden soll ein Überblick über die wesentlichen Mitbestimmungsrechte
gegeben werden, die im Zusammenhang mit Big Data und künstlicher Intelligenz relevant
werden können.

1. Mitbestimmung in sozialen Angelegenheiten

a) Regelung der Ordnung des Betriebs und des Verhaltens der Arbeitnehmer, § 87 Abs. 1 Nr. 1 BetrVG

Das Ordnungsverhalten der Arbeitnehmer ist berührt, wenn die Maßnahme des Arbeitgebers   85
auf die Gestaltung des kollektiven Miteinanders oder die Gewährleistung und Aufrechterhaltung der vorgegebenen Ordnung des Betriebs zielt. Gegenstand des Mitbestimmungsrechts
nach § 87 Abs. 1 Nr. 1 BetrVG ist das betriebliche Zusammenleben und kollektive Zusammenwirken der Beschäftigten. Die Beschäftigten erbringen ihre vertraglich geschuldete Leistung
innerhalb einer vom Arbeitgeber vorgegebenen Arbeitsorganisation und unterliegen deshalb
dessen Weisungsrecht. Der Arbeitgeber ist deshalb dazu berechtigt, Regelungen vorzugeben,
die das Verhalten der Beschäftigten im Betrieb beeinflussen und koordinieren sollen. Die dazu
erforderliche Mitbestimmung des Betriebsrats soll gewährleisten, dass die Beschäftigten gleichberechtigt in die **Gestaltung des betrieblichen Zusammenlebens** einbezogen werden. Dazu
schränkt das Mitbestimmungsrecht (§ 87 Abs. 1 Nr. 1 BetrVG) die auf die betriebliche Ordnung
bezogene Regelungsmacht des Arbeitgebers ein.[208] Hierunter fallen grds. für die Arbeitnehmer
verbindliche Verhaltensregeln, die sich auf die soziale Ordnung des Betriebs beziehen und
einen möglichst reibungslosen Arbeitsablauf sicherstellen sollen.[209] Mitbestimmungsfrei sind
hingegen Regelungen, die das Arbeitsverhalten der Arbeitnehmer betreffen. Aus dem Anwendungsbereich fallen daher solche Maßnahmen, die die Arbeitspflicht unmittelbar konkretisieren und abfordern.[210] Maßnahmen, welche der Überwachung von Arbeitnehmern dienen,
können von § 87 Abs. 1 Nr. 1 BetrVG erfasst sein, solange nicht lediglich das Arbeitsverhalten

---

205 BAG ZIP 2021, 2190 (2194) Rn. 46.
206 BT-Drs. 19/28899.
207 Richardi BetrVG/Thüsing BetrVG § 80 Rn. 4.
208 BAG NZA 2020, 1413 Rn. 16; BAG NZA 2012, 685 Rn. 16.
209 BeckOK ArbeitsR/Werner BetrVG § 87 Rn. 27; Richardi BetrVG/Maschmann BetrVG § 87 Rn. 178.
210 BAG NZA 2013, 467 Rn. 14; Richardi BetrVG/Maschmann BetrVG § 87 Rn. 180.

überwacht wird.[211] Eine Maßnahme des Arbeitgebers, zur Datenerhebung, -bekanntgabe, o. ä., kann in gewissen Fällen das Ordnungsverhalten betreffen und ein Mitbestimmungsrecht nach § 87 Abs. 1 Nr. 1 BetrVG auslösen.

86   Im Zusammenhang mit Big Data und People Analytics bestehen eine Vielzahl von Maßnahmen, die das Mitbestimmungsrecht auslösen können. So fällt beispielsweise auch die arbeitgeberseitige Anordnung zum Tragen von **Wearables**[212] oder der Einsatz von Dashboards[213] in dessen Anwendungsbereich.[214]

87   Werden **Analysetools** im Rahmen von Compliance-Untersuchungen zur Auswertung von E-Mails eingesetzt, unterliegt dies ebenfalls der Mitbestimmung nach Nr. 1. Dies gilt allerdings nur, wenn es sich nicht ausschließlich um dienstliche E-Mails handelt (die private Nutzung des E-Mail Accounts also vom Arbeitgeber erlaubt oder zumindest geduldet ist). Nur im Falle der Durchsicht auch privater Dokumente sind Rückschlüsse auf das Verhalten der Arbeitnehmer im Betrieb möglich. Dies löst das Mitbestimmungsrecht aus. Bei der Auswertung dienstlicher Dokumente ist hingegen das Arbeitsverhalten der Arbeitnehmer betroffen. Dieses ist nicht Gegenstand des Mitbestimmungsrechts.[215] Im Vorfeld der Analyse ist also stets zu erörtern, ob auch private Inhalte Gegenstand der Compliance-Untersuchung werden können. Dann wird auch eine Mitbestimmung des Betriebsrats erforderlich.

b) Technische Einrichtungen zur Verhaltens- oder Leistungsüberwachung, § 87 Abs. 1 Nr. 6 BetrVG

88   Weit wichtiger ist hingegen der Mitbestimmungstatbestand des § 87 Abs. 1 Nr. 6 BetrVG. Danach unterliegt die Einführung und Anwendung von technischen Einrichtungen, die dazu bestimmt sind, das Verhalten oder die Leistung der Beschäftigten zu überwachen, einem erzwingbaren Mitbestimmungsrecht. Technische Einrichtungen liegen dann vor, wenn das Verhalten oder die Leistung von Beschäftigten mittels technischer Vermittlung der menschlichen Wahrnehmung offensteht. Die technische Einrichtung muss selbst und automatisch die Daten über bestimmte Vorgänge erheben, speichern und/oder verarbeiten.[216] Eine dauerhafte Aufzeichnung ist nicht zwingend erforderlich. Weiterhin sind auf andere Weise gewonnene, aber technisch ausgewertete Leistungs- und Verhaltensdaten erfasst.[217] Das BAG erweitert den Anwendungsbereich in Abkehr vom Wortlaut stark, indem es bereits solche Einrichtungen genügen lässt, die **objektiv geeignet** sind, Verhaltens- und Leistungsinformationen über Beschäftigte zu erheben und aufzuzeichnen.[218] Dabei bleibt sogar unberücksichtigt, ob der Arbeitgeber dieses Ziel überhaupt verfolgt und die daraus gewonnenen Daten auswerten möchte.[219] Grund hierfür ist der effektive Schutz des allgemeinen Persönlichkeitsrechts der Beschäftigten vor Eingriffen, die nicht durch schützenswerte Belange des Arbeitgebers gerechtfertigt werden können und damit unverhältnismäßig sind.[220] Gewonnene Erkenntnisse über Verhalten oder Leistung

---

211   Daneben kann auch § 87 Abs. 1 Nr. 6 BetrVG einschlägig sein, Fitting BetrVG § 87 Rn. 70.

212   Wearables sind Mini-Computersysteme oder Teile solcher Systeme, die am Körper getragen werden. Wearables können verschiedenste Funktionen übernehmen und bspw. Vital- und Umweltinformationen erheben, auswerten und abspeichern. Beispiele sind Smart Watches, Fitness Tracker, EKG-Shirts, Smart Glasses, Kopp/Sokoll NZA 2015, 1352 (1352 f.).

213   Dashboards sind auf einer Seite zusammengefasste, grafisch-aufbereitete interaktive Berichte über Big Data-Analysen, Losbichler/Perkhofer/Hofer/Karrer BC 2021, 532 (533). Solche Übersichten können auch für mittels People Analytics gewonnene Daten erstellt werden und dem Beschäftigten individuell oder dem Vorgesetzen zur Verfügung gestellt werden, Blum People Analytics, 2021, 383 ff.

214   Blum People Analytics, 2021, 174.

215   Eufinger BB 2016, 1973 (1977), wobei auch hier § 87 Abs. 1 Nr. 6 BetrVG ebenfalls einschlägig ist.

216   BAG NZA 2017, 657 Rn. 22.

217   GK-BetrVG/Gutzeit § 87 Rn. 529; BAG NJW 1995, 313 f.; NJW 1984, 1476 (1483).

218   BAG NZA 2017, 657 Rn. 22.

219   BAG NJW 1976, 261 (262).

220   BAG NZA 2017, 657 Rn. 21.

müssen auch einzelnen Beschäftigten individuell zugeordnet werden können; es ist Identifizierbarkeit erforderlich. Wie auch im System der Personenbezogenheit des Datenschutzrechts ist Identifizierbarkeit allerdings bereits gegeben, wenn unter Hinzuziehung weiterer Informationen eine Zuordnung gelingen kann.[221] Die Vorschrift umfasst dabei nicht bloß optische oder akustische Vorgänge. Sie ist vielmehr entwicklungsoffen gegenüber technischen Erneuerungen und deckt sämtliche Kanäle elektronischer Datenverarbeitung ab, die der Gesetzgeber bei ihrem damaligen Erlass nur rudimentär erkennen konnte.[222]

Die Reichweite des Mitbestimmungsrechts ist im Einzelfall nur schwer bestimmbar. In diesem Zusammenhang sorgte eine Entscheidung des BAG Ende des Jahres 2016 für Aufmerksamkeit. Im zugrundeliegenden Sachverhalt **unterhielt der Arbeitgeber eine Facebookseite** zur einheitlichen Präsentation des Konzerns. Auf dieser Seite konnten Nutzer „Besucher-Beiträge" verfassen, die wiederum von allen Nutzern des Netzwerks einsehbar waren. Das BAG bejahte hier ein Mitbestimmungsrecht (§ 87 Abs. 1 Nr. 6 BetrVG), da die Beiträge im Einzelfall namentlich oder situationsbedingt einem bestimmten Beschäftigten zugeordnet werden konnten. Hierdurch sei in unzulässiger Weise in das allgemeine Persönlichkeitsrecht der Beschäftigten eingegriffen worden, die sich zudem eines ständigen Überwachungsdrucks ausgesetzt sähen. Der Beschäftigte müsse jederzeit mit Beiträgen zu seiner Leistung oder seinem Verhalten rechnen, die nicht nur der Arbeitgeber, sondern eine nahezu unbestimmte Vielzahl von Personen einsehen könnten.[223] **89**

Big Data-Anwendungen beziehen sich häufig auf die Auswertung von **Gruppendaten**. Ohne Identifizierbarkeit einzelner von der Analyse betroffener Beschäftigter wäre eine Mitbestimmung nicht erforderlich. Allerdings entspricht es gerade dem Wesen von People Analytics aus einer Vielzahl von Datenquellen Verknüpfungen herzustellen. Auch bei menschlich unüberschaubaren Datenmengen wird unter Hinzuziehung technischer Hilfsmittel die Identifizierung einzelner Personen gelingen. Vor dem Hintergrund des Präventionszwecks (des § 87 Abs. 1 Nr. 6 BetrVG) wird bei der Einführung von Big Data getriebenen People Analytics-Anwendungen in der Regel eine Mitbestimmung erforderlich sein (§ 87 Abs. 1 Nr. 6 BetrVG). Selbst, wenn es auf erhöhter Aggregationsebene bei der Darstellung von Ergebnissen auf Gruppenebene bleibt, wird dem einzelnen Beschäftigten dadurch erheblicher Anpassungsdruck entstehen, was nach der Rechtsprechung des BAG bereits eine Mitbestimmung auslöst.[224] **90**

Die Durchführung von **Potentialanalysen** in der Belegschaft zur Ermittlung besonders förderungswürdiger oder überforderter Beschäftigter unterliegt ebenso der Mitbestimmung nach § 87 Abs. 1 Nr. 6 BetrVG.[225] **91**

Gerade für die Durchführung von Compliance-Untersuchungen wird die Mitbestimmung bei der Einführung und Anwendung von technischen Einrichtungen, die dazu bestimmt sind, das Verhalten oder die Leistung der Arbeitnehmer zu überwachen relevant (§ 87 Abs. 1 Nr. 6 BetrVG). Wird für die Durchsicht großer Mengen an Dokumenten oder E-Mails spezielle Software genutzt, unterliegt dies dem Anwendungsbereich des § 87 Abs. 1 Nr. 6 BetrVG.[226] Die Nutzung einer Software, die zur Unterstützung des E-Mail-Screenings große Mengen an E-Mails auf bestimmte Stichwörter durchsucht, wäre damit mitbestimmungspflichtig.[227] Zu denken ist auch an den Betrieb von Videoüberwachungsanlagen oder Keyloggern sowie Software, welche über solche Systeme gewonnene Daten methodisch auswertet.[228] **92**

---

221 Richardi BetrVG/Maschmann BetrVG § 87 Rn. 511.
222 GK-BetrVG/Gutzeit BetrVG § 87 Rn. 531, 558 ff.
223 BAG NZA 2017, 657 (Rn. 39 f.).
224 BAG NZA 1995, 185 (187); Götz Big Data im Personalmanagement, 2020, 193.
225 Götz Big Data im Personalmanagement, 2020, 192.
226 Eufinger BB 2016, 1973 (1977).
227 Köhler/Häferer GWR 2015, 159 (160).
228 Fuhlrott/Oltmanns NZA 2019, 1105 (1107).

93 Die Mitbestimmung greift nach dem Wortlaut des § 87 Abs. 1 Nr. 6 BetrVG bereits bei der **Einführung** technischer Einrichtungen ein. Dies meint die Entscheidung hinsichtlich des „ob" der Einführung und alle darauf bezogenen Modalitäten. In der bloßen Planungsphase können andere Beteiligungsrechte bestehen, aber eine Mitbestimmung (§ 87 Abs. 1 Nr. 6 BetrVG) ist dabei noch nicht einschlägig.[229]

c) Lohngestaltung und Entgelte, § 87 Abs. 1 Nr. 10 & 11 BetrVG

94 Soll die betriebliche Gehaltsstruktur auf Grundlage von durch People Analytics geordneten Daten gestaltet werden, sind potenziell auch Mitbestimmungstatbestände zu beachten (§ 87 Abs. 1 Nr. 10 oder 11 BetrVG). Diese sind allerdings nicht bei der Ausgestaltung individueller Verträge einschlägig. Sie sollen vielmehr die **betriebliche Lohngerechtigkeit** gewährleisten. Die Mitbestimmung kommt also nur dann in Betracht, wenn nicht die Entlohnung eines einzelnen Beschäftigten in Frage steht.[230]

2. Mitbestimmung in personellen Angelegenheiten

95 Auch in personellen Angelegenheiten kommen dem Betriebsrat Mitbestimmungsrechte zu. Hierbei ist zwischen allgemeinen Angelegenheiten, Maßnahmen zur Berufsbildung und personellen Einzelmaßnahmen zu unterscheiden.

a) Allgemeine personelle Angelegenheiten: Personalfragebögen, Beurteilungsgrundsätze und Auswahlrichtlinien

96 Ändert der Arbeitgeber seine Methoden des Personalmanagements und steigt auf ein technologiebasiertes System um, dass bspw. Bewerbermanagement-Tools, KI und Scoring Anwendungen nutzt, muss er den Betriebsrat über die neu gestaltete Personalplanung **unterrichten** (§ 92 Abs. 1 S. 1 BetrVG).[231] Dies wird regelmäßig mit der Unterrichtung über die Einführung neuer Software als technische Anlage zusammenfallen (§ 90 Abs. 1 Nr. 3 BetrVG).[232] Freilich wird die Einführung eines solchen Systems bereits der Mitbestimmung unterliegen (§ 87 Abs. 1 Nr. 6 BetrVG).

97 Konkrete Einzelmaßnahmen der Personalplanung erfordern entsprechende Informationen. Diese Informationen sind bspw. durch den Einsatz von Personalfragebögen zu erlangen. Die Einführung von Personalfragebögen bedarf der Zustimmung des Betriebsrats (§ 94 Abs. 1 S. 1 BetrVG). Unter Personalfragebogen ist die formularmäßige Zusammenfassung von Fragen über die persönlichen Verhältnisse, insbes. Eignung, Kenntnisse und Fähigkeiten einer Person zu verstehen.[233] Die Fragen müssen dabei nicht zwingend formularmäßig abgefasst sein, sondern es genügt, wenn die erhobenen personenbezogenen Daten auf einem Datenträger gespeichert werden.[234] Das Mitbestimmungsrecht soll sicherstellen, dass die Fragen des Arbeitgebers auf ein berechtigtes Auskunftsbedürfnis beschränkt bleiben und keine unverhältnismäßigen Eingriffe in das Persönlichkeitsrecht der Beschäftigten vorgenommen werden.[235] Die Mitbestimmung beschränkt sich aber auf den konkreten Inhalt eines Fragebogens. Die Frage bzgl. der Einführung selbst (also das „ob") und die konkrete Verwendung des Fragebogens unterfallen nicht der Mitbestimmung nach § 94 Abs. 1 S. 1 BetrVG.[236] Für den Einsatz von People Analytics werden mitbestimmungspflichtige Personalfragebögen dann relevant, wenn der Arbeitgeber

---

229 GK-BetrVG/Gutzeit BetrVG § 87 Rn. 596; aA Blum People Analytics, 2021, 181.
230 Vgl. dazu vertieft Blum People Analytics, 2021, 184 ff.
231 Blum People Analytics, 2021, 195.
232 Blum People Analytics, 2021, 195 f.
233 BAG NZA 1994, 375 (376).
234 Richardi BetrVG /Thüsing BetrVG § 94 Rn. 7.
235 BAG NZA 1994, 375 (376).
236 Richardi BetrVG/Thüsing BetrVG § 94 Rn. 38 f.; aA Fitting BetrVG § 94 Rn. 9.

standardisierte Fragenformulare zur Gewinnung der Datengrundlage später durchzuführender Scorings einsetzt. Dabei geht es um die systematische Erfassung bestimmter personenbezogener Angaben der Beschäftigten. Dies löst die Mitbestimmung aus.[237]

Demgegenüber sind allgemeine Beurteilungsgrundsätze iSd § 94 Abs. 2 BetrVG Regelungen, 98 die eine Bewertung des Verhaltens oder der Leistung der Arbeitnehmer verobjektivieren oder vereinheitlichen und an Kriterien ausrichten sollen, die für die Beurteilung jeweils erheblich sind. Gegenstand des Mitbestimmungsrechts ist die Frage, nach welchen Gesichtspunkten Arbeitnehmer insgesamt oder in Teilen ihrer Leistung oder ihres Verhaltens beurteilt werden sollen. Mit solchen allgemeinen Grundsätzen soll ein einheitliches Vorgehen bei der Beurteilung und ein Bewerten nach einheitlichen Maßstäben ermöglicht und so erreicht werden, dass die Beurteilungsergebnisse miteinander vergleichbar sind.[238] Mitbestimmungspflichtig sind daher die **Sortierungskriterien beim Einsatz von Scoring.** Dabei ist die Erstellung einer Bewertungsmatrix unerlässlich. Darin sind Fähigkeits- und Anforderungsprofile zu vermerken. Diese Matrix enthält damit allgemeine Beurteilungsgrundsätze.[239] Algorithmen, die Anforderungsprofile mit personenbezogenen Daten der Arbeitnehmer abgleichen und so die Erstellung von Leistungs- und Verhaltensprofilen ermöglichen, sind ebenfalls allgemeine Beurteilungsgrundsätze und mithin mitbestimmungspflichtig (§ 94 Abs. 2 BetrVG).[240]

Schließlich besteht ein Mitbestimmungsrecht bei der Einführung von Richtlinien über die 99 personelle Auswahl bei Einstellungen, Versetzungen, Umgruppierungen und Kündigungen (*Auswahlrichtlinien*) (§ 95 Abs. 1 BetrVG). Auswahlrichtlinien sind Grundsätze, die zu berücksichtigen sind, wenn bei beabsichtigten personellen Einzelmaßnahmen, für die mehrere Arbeitnehmer oder Bewerber in Frage kommen, zu entscheiden ist, welchem gegenüber sie vorgenommen werden sollen.[241] Aus dem systematischen Zusammenspiel des § 95 Abs. 2 und Abs. 1 BetrVG ergibt sich, dass die in § 95 Abs. 2 S. 1 BetrVG genannten Kriterien an Auswahlrichtlinien auch in Betrieben mit weniger als 500 Arbeitnehmern gelten. Also sind bei der Einführung von Auswahlrichtlinien stets die fachlichen und persönlichen Voraussetzungen sowie die sozialen Gesichtspunkte zu beachten.[242] Anwendungen zum Bewerberscoring oder Mitarbeiterbewertung liefern Algorithmus-basierte Grundlagen für zu treffende Personalentscheidungen. Die in diesen Algorithmen angelegten Kriterien sind Auswahlrichtlinien iSd § 95 BetrVG.[243] Bei der Einführung und Anwendung dieser Algorithmen besteht deshalb ein Mitbestimmungsrecht des Betriebsrats nach § 95 BetrVG.[244] In Erwartung einer zunehmenden Anwendung von KI bei der Erstellung von Auswahlrichtlinien stellt das BetrVG nunmehr klar, dass deren **Aufstellung und Ausgestaltung** durch den Einsatz von KI ebenfalls der **Zustimmung des Betriebsrats** bedarf (§ 95 Abs. 2a BetrVG). Dabei soll es aus Sicht des Gesetzgebers irrelevant sein, ob die KI-Anwendung autonom oder innerhalb eines von Dritten vorgegebenen Rahmens Richtlinien aufstellt.[245] Die Gesetzesbegründung liefert keine Definition des KI-Begriffs. Da das Betriebsrätemodernisierungsgesetz aber sicherstellen soll, dass Betriebsräte „die mit der Digitalisierung einhergehende zunehmende Komplexität der Arbeitswelt"[246] bewältigen können, darf KI nicht nur als vollständig selbstdenkende und autonome

---

237 Götz Big Data im Personalmanagement, 2020, 199; Blum People Analytics, 2021, 188; Lützeler/Kopp ArbRAktuell 2015, 491 (493).

238 BAG NZA 2015, 885 (887) Rn. 25.

239 Blum People Analytics, 2021, 190; vgl. auch DKKW/Klebe, BetrVG § 94 Rn. 38, 40.

240 Götz Big Data im Personalmanagement, 2020, 199 f.

241 BAG NZA 2006, 1367 (1369) Rn. 31; BeckOK ArbeitsR/Mauer BetrVG § 95 Rn. 1.

242 Richardi BetrVG/Thüsing BetrVG § 95 Rn. 12 f.; BeckOK ArbeitsR/Mauer BetrVG § 95 Rn. 3.

243 GK-BetrVG/Raab BetrVG § 95 Rn. 42; Götz Big Data im Personalmanagement, 2020, 196; Lützeler/Kopp ArbRAktuell 2015, 491 (493).

244 Blum People Analytics, 2021, 193.

245 BT-Drs. 19/28899, 23.

246 BT-Drs. 19/28899, 14.

Einheit verstanden werden. Vielmehr wird nach dieser Zweckbestimmung ein weiter KI-Begriff gelten müssen. Gleichwohl muss die eingesetzte Software ein gewisses Maß an eigenständigem Auswahlspielraum aufweisen, um als KI qualifiziert werden zu können.[247] Im Ergebnis handelt es sich bei der gesetzlichen Neuerung (§ 95 Abs. 2a BetrVG) allenfalls um eine Klarstellung und keine Erweiterung der Mitbestimmung.[248] Kommt eine Einigung der Betriebsparteien über die Richtlinie oder deren Inhalt nicht zustande, so muss ein Zustimmungsersetzungsverfahren vor der Einigungsstelle eingeleitet werden (§ 95 Abs. 1 S. 2, 3 BetrVG). Damit der Betriebsrat die Auswahlrichtlinie bewerten kann, muss dem Gremium Einsicht in die Funktionsweise des Algorithmus gewährt werden.[249] Mangelnde Fachkenntnis kann der Betriebsrat durch Hinzuziehung eines Sachverständigen kompensieren. Die Hinzuziehung eines solchen KI-Sachverständigen gilt nunmehr stets als erforderlich (§ 80 Abs. 3 S. 2 BetrVG). Allerdings bleibt es bei den allgemeinen Grenzen des § 40 Abs. 1 BetrVG, so dass der Sachverständige geeignet und die dadurch entstehenden Kosten verhältnismäßig sein müssen.[250]

b) Maßnahmen zur Berufsbildung

100 Weiterhin sieht das BetrVG umfangreiche Maßnahmen zur Beschäftigungssicherung, beruflichen Fort- und Weiterbildung vor. Arbeitgeber und Betriebsrat müssen die Berufsbildung der Arbeitnehmer fördern (§ 96 Abs. 1 S. 1 BetrVG). Gerade die fortschreitende Digitalisierung kann dazu führen, dass sich Arbeitsumfelder stark verändern und bisherige Fähigkeiten oder Qualifikationen nicht mehr ausreichend sind. Auf Verlangen des Betriebsrats hat der Arbeitgeber den Bildungsbedarf im Betrieb zu ermitteln (§ 96 Abs. 1 S. 2 BetrVG). Hierüber haben die Parteien zu beraten. Die **digitale Weiterbildung** der Arbeitnehmer des Betriebs war auch Thema im Betriebsrätemodernisierungsgesetz. Können sich die Betriebspartien nicht über notwendige Maßnahmen einigen, können sie nunmehr die Einigungsstelle anrufen, die eine moderierende Funktion einnehmen soll (§ 96 Abs. 1a BetrVG).[251] Aus §§ 97 und 98 BetrVG ergeben sich diverse Informations- und Beratungsrechte sowie ein Mitbestimmungsrecht bei der Errichtung und Durchführung betrieblicher Berufsbildungsmaßnahmen.[252]

101 Ein echtes Initiativrecht hat der Betriebsrat, wenn der Arbeitgeber Maßnahmen plant oder durchführt, die dazu führen, dass sich die Tätigkeiten der betroffenen Arbeitnehmer ändern und ihre beruflichen Kenntnisse und Fähigkeiten zur Erfüllung ihrer Aufgaben nicht mehr ausreichen (§ 97 Abs. 2 BetrVG). Die Mitbestimmung soll **Arbeitsplatzverlusten wegen mangelnder Qualifizierung vorbeugen**. Das Qualifizierungsdefizit muss deshalb so groß sein, dass ansonsten eine Kündigung in Betracht käme. Anderenfalls greift das Mitbestimmungsrecht des § 97 Abs. 2 BetrVG noch nicht ein.[253] Das Auftreten solcher Qualifizierungsdefizite ist typisch für die Einführung neuartiger digitaler Arbeitsmethoden wie Big Data-Anwendungen.[254]

c) Personelle Einzelmaßnahmen

102 Abschließend hat der Betriebsrat bei Einstellungen (§ 99 Abs. 1 BetrVG) und Kündigungen (§ 102 Abs. 1 BetrVG) jeweils Zustimmungsrechte.

103 Der Arbeitgeber muss dem Betriebsrat **Auskunft über die Folgen** der geplanten personellen Maßnahme (bspw. einer Einstellung) geben (§ 99 Abs. 1 S. 1 BetrVG). Dazu muss er auch die

---

247 Vgl. auch Reinartz NZA-RR 2021, 457 (468).
248 GK-BetrVG/Raab BetrVG § 95 Rn. 35 ff.
249 So bereits Götz Big Data im Personalmanagement, 2020, 197; GK-BetrVG/Raab BetrVG § 95 Rn. 37.
250 Reinartz NZA-RR 2021, 457 (467).
251 BT-Drs. 19/28899, 23; Ludwig/Hinze NZA 2021, 1444 (1446).
252 Klebe NZA-Beilage 2017, 77 (80).
253 Richardi BetrVG/Thüsing BetrVG § 97 Rn. 11.
254 Kleinebrink DB 2018, 254 (256).

notwendigen Unterlagen vorlegen. Vorzulegen sind die vom Bewerber eingereichten Bewerbungsunterlagen und auch die vom Arbeitgeber anlässlich der Bewerbung erstellten Unterlagen wie Personalfragebögen.[255] Dies betrifft die Unterlagen aller Bewerber und nicht nur derjenigen, die der Arbeitgeber zur Einstellung ausgewählt hat.[256] Nutzt der Arbeitgeber digitale Tools zur Sammlung, Sichtung und Sortierung von Bewerbungen in elektronischer Form, wird man dem Betriebsrat hierzu Zugang verschaffen müssen.[257]

Der Betriebsrat kann seine **Zustimmung zu einer personellen Maßnahme verweigern**, wenn die Maßnahme gegen eine Auswahlrichtlinie nach § 95 BetrVG (→ Rn. 99) verstößt (§ 99 Abs. 2 Nr. 2 BetrVG). Da die in den hier in Frage kommenden Bewerbertools eingesetzten Algorithmen Auswahlrichtlinien nach § 95 BetrVG sind, kommt eine Verweigerung der Zustimmung immer dann in Betracht, wenn der Arbeitgeber einen anderen Bewerber einstellt als es das Programm vorschlägt.   104

Schließlich ist der **Betriebsrat bei Kündigungen zu beteiligen** (§ 102 BetrVG). Zunächst ist eine Anhörung des Betriebsrats vor jeder Kündigung erforderlich. Eine Kündigung ohne vorherige Anhörung ist unwirksam (§ 102 Abs. 1 S. 3 BetrVG). Der Betriebsrat kann einer Kündigung unter gewissen Bedingungen widersprechen (§ 102 Abs. 3 BetrVG). Wie bereits bei personellen Einzelmaßnahmen besteht auch bei Kündigungen ein Widerspruchsrecht, wenn eine Kündigung gegen eine Auswahlrichtlinie nach § 95 BetrVG verstößt (§ 102 Abs. 3 Nr. 2 BetrVG). Der Widerspruch des Betriebsrats hat keine Auswirkung auf die Rechtmäßigkeit der Kündigung, gewährt dem Gekündigten aber einen Anspruch auf Weiterbeschäftigung für die Dauer des Kündigungsschutzverfahrens (§ 102 Abs. 5 BetrVG).   105

3. Mitbestimmung in wirtschaftlichen Angelegenheiten

Infolge der Einführung und Anwendung von Big Data kann es zu einer **Betriebsänderung** (§ 111 BetrVG) kommen. Liegt eine solche vor, ist der Betriebsrat in verschiedenen Formen und Stufen zu beteiligen. Zunächst muss der Arbeitgeber den Betriebsrat rechtzeitig und umfassend unterrichten (§ 111 S. 1 BetrVG). Die Unterrichtung ist nur dann rechtzeitig, wenn der Arbeitgeber noch nicht mit der Umsetzung seiner Maßnahme begonnen hat. Die Regelungen zur Betriebsänderung finden einschränkend allerdings nur für Unternehmen Anwendung, die in der Regel mehr als 20 Arbeitnehmer beschäftigen (§ 111 S. 1 BetrVG).   106

Des Weiteren hat der Arbeitgeber die Maßnahme mit dem ernsthaften Willen zu einer **Verständigung mit dem Betriebsrat** zu verhandeln. Hierzu muss sich mit den durch den Betriebsrat vorgeschlagenen Alternativen befasst und argumentativ auseinandergesetzt werden.[258]   107

Nach § 111 S. 3 BetrVG werden hierbei insbesondere (Nr. 1) die Einschränkung und Stilllegung des ganzen Betriebs oder von wesentlichen Betriebsteilen, (Nr. 4) grundlegende Änderungen der Betriebsorganisation oder der Betriebsanlagen und (Nr. 5) die Einführung grundlegend neuer Arbeitsmethoden und Fertigungsverfahren in Betracht kommen. Ob die dortige Aufzählung abschließend ist oder nur Regelbeispiele enthält, ist umstritten und derzeit noch nicht höchstrichterlich geklärt.[259]   108

a) Einschränkung/Stilllegung des ganzen Betriebs oder wesentlicher Betriebsteile (§ 111 S. 1 Nr. 1 BetrVG)

Durch den Einsatz Künstlicher Intelligenz kann die Belegschaft ganzer Betriebsabteilungen oder gar Betriebe obsolet werden, wenn die ursprüngliche Arbeitsleistung der Beschäftigten   109

---

255   BAG NZA 2006, 111 (113) Rn. 23.
256   Richardi BetrVG/Thüsing BetrVG § 99 Rn. 168; Fitting BetrVG § 99 Rn. 181.
257   Lützeler/Kopp ArbRAktuell 2015, 491 (493).
258   BAG NZA 2017, 175 (Rn. 74).
259   Zum Streitstand siehe Richardi BetrVG/Annuß BetrVG § 111 Rn. 41 ff.

nun von der KI übernommen wird. Dieser Effekt verstärkt sich in Betrieben, in denen bisher veraltete Strukturen vorhanden waren, da hier enormer Aufholbedarf mit großem Einsparungspotenzial besteht (zB durch automatisierte/softwaregestützte Bearbeitung von Formularen). Unter einer Betriebsstilllegung versteht die Rechtsprechung die Aufgabe des Betriebszwecks unter gleichzeitiger Auflösung der Betriebsorganisation für eine unbestimmte, nicht nur vorübergehende Zeit. Die Umsetzung des Arbeitgebers beginnt dabei mit Schaffung unumkehrbarer Maßnahmen zur Auflösung der betrieblichen Organisation (zB durch Kündigung bestehender Arbeitsverhältnisse).[260] Praxisrelevanter ist jedoch der Fall der Einschränkung wesentlicher Betriebsteile in Form des bloßen Personalabbaus. Dieser unbestimmte Rechtsbegriff wurde von der Rechtsprechung dahin gehend konkretisiert, dass die Zahlengrenzen des Rechts der Massenentlassung (§ 17 Abs. 1 KSchG) zur Bestimmung der Wesentlichkeit herangezogen werden. Bei Großbetrieben wird die Staffelung jedoch eingeschränkt, so dass erst bei 5 % der Gesamtbelegschaft ein wesentlicher Teil der Belegschaft betroffen sein soll.[261] Bezugsgröße ist dabei immer die Belegschaft des Gesamtbetriebs.[262]

b) Änderung von Betriebsorganisation/Betriebsanlagen (§ 111 S. 1 Nr. 4 BetrVG)

110 Da KI nicht nur unterstützende Leistungen erbringen kann, sondern auch in der Lage ist, Weisungen zu erteilen oder ähnliche Leitungsbefugnisse wahrzunehmen, kann dies Auswirkungen auf die Betriebsorganisation haben. KI könnte bspw. Leitungsmacht durch autonome Festlegung der Verteilung von Arbeitszeiten entsprechend der autonom ermittelten Auftragslage ausüben.[263] Denkbar wäre auch die Verteilung zu erledigender Aufgaben anhand der von der KI ermittelten Auslastung der Beschäftigten. Dies kann beispielsweise durch **Delegation von Weisungsbefugnissen** vom ursprünglich weisungsberechtigten Arbeitgeber **auf die KI** oder durch **Ersetzung der weisungsberechtigten Arbeitnehmer durch KI** geschehen.[264] Eine solche liegt vor, wenn der Betriebsaufbau, insbes. bzgl. der Zuständigkeiten und Verantwortungen, in erheblicher Weise umgewandelt wird. Dabei kommt es darauf an, ob die Änderung einschneidende Auswirkungen auf den Betriebsablauf, die Arbeitsweise oder die Arbeitsbedingungen der Belegschaft hat. Zudem muss die Änderung in ihrer Gesamtschau für den gesamten Betriebsablauf von erheblicher Bedeutung sein.[265]

111 Änderungen der Betriebsanlagen hingegen umfassen die sachlichen Betriebsmittel, also Gegenstände zur Verwirklichung des arbeitstechnischen Zwecks.[266] Dies betrifft häufig die Produktionsanlagen als solche, kann jedoch auch durch **Einführung einer neuen KI-gestützten Software** ausgelöst werden.[267] Auch der umfängliche Einsatz von KI gesteuerten Robotern, wie bspw. aus den Fertigungshallen namhafter Kraftfahrzeughersteller bekannt, kann eine solche Betriebsänderung bewirken, wenn hierdurch von Menschenhand zu bedienende Maschinen ersetzt werden.[268] Ähnliches gilt für die KI-gestützte Automatisierung von Versandlagern in der Logistikbranche. Nicht jede Änderung einer Betriebsanlage ist allerdings als Betriebsänderung zu klassifizieren. Auch hier stellt die herrschende Meinung auf die Erheblichkeit der Auswirkungen auf den gesamten Betrieb ab. Es müssen demnach nicht alle Betriebsanlagen von der Änderung erfasst sein, sondern es genügt bereits die Änderung einzelner wesentlicher Betriebsanlagen.[269] Der routinemäßige abnutzungsbedingte Austausch von Betriebsanlagen

---

260 BAG NZA 2017, 1618 Rn. 38 mwN.
261 BAG NZA 2019, 1072 Rn. 29 mwN.
262 BAG NZA 2011, 466 Rn. 15.
263 EHKS/Schwarze KI § 8 Rn. 21.
264 Vgl. ErfK/Kania BetrVG § 111 Rn. 17.
265 BAG NZA 2016, 849 Rn. 17; BAG NZA 2008, 957 Rn. 22 mwN.
266 GK-BetrVG/Oetker BetrVG § 111 Rn. 160.
267 Vgl. BAG NJW 1983, 2838 (2839).
268 EHKS/Schwarze KI § 8 Rn. 21.
269 Vgl. BAG NJW 1983, 2838 (2839); Richardi BetrVG/Annuß BetrVG § 111 Rn. 115.

stellt hingegen grds. keine Betriebsänderung dar, da hier nur geringfügige Auswirkungen für den gesamten Betrieb entstehen.[270]

c) Einführung grundlegend neuer Arbeitsmethoden und Fertigungsverfahren (§ 111 S. 1 Nr. 5 BetrVG)

Die Einführung grundlegend neuer Arbeitsmethoden und Fertigungsverfahren kann ebenfalls durch den Einsatz von KI geschehen, insbes. dann, wenn **ursprünglich von Arbeitnehmern verrichtete Arbeit nun von einer KI übernommen** wird.[271] Dies kann beispielsweise durch die Bearbeitung von Support-Anfragen auf Websites durch sogenannte Chat-Bots anstatt durch menschliche Support-Mitarbeiter geschehen.[272] Eine Arbeitsmethode beschreibt die jeweilige Art der systematischen Arbeitsabwicklung (Strukturierung des Arbeitsablaufs sowohl des einzelnen Arbeitnehmers als auch die zwischen mehreren Arbeitnehmern). Dies umfasst folglich alle Regeln, die festsetzen, auf welchem Bearbeitungsweg durch welche Beschäftigten mit welchen Arbeitsmitteln die Aufgabe realisiert werden soll. Das Fertigungsverfahren hingegen bezieht sich auf das rein technische Verfahren zur Verfolgung des arbeitstechnischen Zwecks.[273]   112

Soll für die HR-Abteilung ein modernes People Analytics-System eingeführt werden, kann dies auch eine Einführung grundlegend neuer Arbeitsmethoden sein. Dies gilt insbes. dann, wenn die Personalabteilung ihre Arbeit bisher faktisch kaum datenbasiert erledigt und sich das Vorgehen für das **Personalmanagement** bedeutend ändert.[274]   113

Der Übergang zum Tatbestand der Nr. 4 ist fließend. Beide Tatbestände können jedoch auch **kumulativ** vorliegen, was in der Praxis den Regelfall darstellt. Insbesondere die grundlegende Veränderung der Betriebsanlagen iSd Nr. 4 dürfte sich grundsätzlich auch gleichzeitig auf die Arbeitsmethoden und Fertigungsverfahren durchschlagen.[275]   114

Weitreichendere Beteiligungsrechte bei Betriebsänderungen ergeben sich aus § 112 BetrVG. Danach hat der Arbeitgeber mit dem Betriebsrat die Einigung über den Abschluss von **Interessenausgleich und Sozialplan** zu versuchen. Der Interessenausgleich betrifft die Art und Weise der Durchführung der Betriebsänderung, wohingegen der Sozialplan den Ausgleich und die Milderung etwaiger Nachteile für die Belegschaft regelt. Ein erzwingbares Mitbestimmungsrecht besteht nur hinsichtlich des Abschlusses eines Sozialplans. Das Scheitern eines Abschlusses eines Interessenausgleichs hindert den Arbeitgeber nicht an der Durchführung der Betriebsänderung.[276]   115

II. Überwachungspflichten und Auskunftsansprüche des Betriebsrats

Schließlich weist die Betriebsverfassung dem Betriebsrat eine **Überwachungspflicht** zu. Der Betriebsrat hat zu überwachen, dass die zugunsten der Arbeitnehmer geltenden Gesetze, Verordnungen, Unfallverhütungsvorschriften, Tarifverträge und Betriebsvereinbarungen eingehalten werden (§ 80 Abs. 1 Nr. 1 BetrVG). Hierzu sind freilich auch die datenschutzrechtlichen Vorgaben der DS-GVO und des BDSG zu zählen.[277] Stellt der Betriebsrat Verstöße fest, folgt aus § 80 Abs. 1 BetrVG jedoch kein Unterlassungsanspruch. Vielmehr muss der Betriebsrat gegenüber dem Arbeitgeber auf Abhilfe drängen.[278]   116

---

270 LAG BeckRS 2008, 55454 Rn. 44; Richardi BetrVG/Annuß BetrVG § 111 Rn. 115.
271 EHKS/Schwarze KI § 8 Rn. 22.
272 Köbrich/Froitzheim DSRITB 2017, 259 (260).
273 BAG NZA 2016, 849 (Rn. 19 f.) mwN.
274 Blum People Analytics, 2021, 198 ff.
275 GK-BetrVG/Oetker BetrVG § 111 Rn. 164.
276 Richardi/Annuß BetrVG § 112 Rn. 3 f.
277 Von dem Bussche/Voigt Konzerndatenschutz Teil 3 Kap. 6 Rn. 103; Forgó/Helfrich/Schneider Betr. Datenschutz-HdB/Selk Teil V. Kap. 3 Rn. 33.
278 BAG BeckRS 2011, 141805 Rn. 18; Flink Beschäftigtendatenschutz als Aufgabe des Betriebsrats, 2021, 119 f.

117 Damit der Betriebsrat diese und seine weiteren Aufgaben wahrnehmen kann, gewährt § 80 Abs. 2 BetrVG einen **Auskunftsanspruch sowie einen Anspruch auf Überlassung der erforderlichen Unterlagen.** Ohne den erforderlichen Aufgabenbezug bestehen diese Ansprüche allerdings nicht.[279] Genauso unterliegen diese Ansprüche den gleichen datenschutzrechtlichen Grenzen wie Informationsinteressen des Arbeitgebers.[280]

III. Betriebsrat und Datenschutzverantwortlichkeit

118 Datenschutzrechtliche Pflichten richten sich an den Verantwortlichen.[281] Der Begriff der **Verantwortlichkeit** wird durch Art. 4 Nr. 7 DS-GVO vorgegeben und definiert. In der Regel wird dies – auch beim Einsatz von Big Data-Anwendungen oder KI – der Arbeitgeber sein. Nun ist der Betriebsrat aber bei der Datenverarbeitung im Rahmen seiner Aufgaben auch an das Datenschutzrecht gebunden.[282] Es drängt sich daher die Frage auf, ob damit für den Betriebsrat auch das Aufrücken in die Stellung als Verantwortlicher einhergeht.

119 Im durch das Betriebsrätemodernisierungsgesetz eingeführten § 79a S. 2 BetrVG wird der **Arbeitgeber als Verantwortlicher** im Sinne der datenschutzrechtlichen Vorschriften benannt, soweit der Betriebsrat zur Erfüllung der in seiner Zuständigkeit liegenden Aufgaben personenbezogene Daten verarbeitet. Nach dem Willen des Gesetzgebers sei dies sachgerecht, da der Betriebsrat nach außen nicht als rechtlich selbstständige Institution agiere, sondern vielmehr einen unselbstständigen Teil des verantwortlichen Arbeitgebers darstelle. Bei der Erfüllung der datenschutzrechtlichen Pflichten sind die Parteien jedoch aufeinander angewiesen und verpflichtet miteinander zu kooperieren (§ 79a S. 3 BetrVG). So müsse der Betriebsrat beispielsweise kein eigenes Verzeichnis von Verarbeitungstätigkeiten (Art. 30 DS-GVO) führen, jedoch müsse dasjenige des Arbeitgebers auch die Verarbeitungstätigkeiten des Betriebsrats auflisten.[283] Dies ist wiederum nur durch Mithilfe des Betriebsrats möglich.

120 Die Regelung entspricht der bereits vor Geltung der DS-GVO ständigen Rechtsprechung des BAG. Das BAG ordnete den Betriebsrat nicht als selbstständige Stelle (§ 3 Abs. 7 BDSG aF) ein, sondern als Teil des Arbeitgebers als verantwortliche Stelle.[284] Mit der europäischen Datenschutzreform ist auch die Diskussion um die datenschutzrechtliche Verantwortlichkeit des Betriebsratsgremiums wieder aufgeflammt.[285] So wurden auch in der Rechtsprechung der arbeitsgerichtlichen Instanzgerichte unterschiedliche Einordnungen vorgenommen.[286] Dieser Flamme hat der Gesetzgeber nun allerdings den Sauerstoff entzogen.[287] **Die gesetzliche Verteilung der Verantwortlichkeit in § 79a BetrVG** ist gleichwohl nicht unumstritten. Teilweise ist die Regelung kritisiert worden, weil zwar eine Verantwortlichkeit des Arbeitgebers angeordnet wird, aber die Folgen dieser Bestimmung sich weder aus dem Normtext noch aus der Gesetzesbegründung ergeben.[288] Darf der Arbeitgeber wegen seiner Stellung als Verantwortlicher dem Betriebsrat dann datenschutzrechtliche Weisungen erteilen? Bereits aufgrund der

---

279 Richardi BetrVG/Thüsing BetrVG § 80 Rn. 54.
280 Flink Beschäftigtendatenschutz als Aufgabe des Betriebsrats, 2021, 139 f.
281 BeckOK DatenschutzR/Schild DS-GVO Art. 4 Rn. 88.
282 Flink Beschäftigtendatenschutz als Aufgabe des Betriebsrats, 2021, 139 f.
283 BT-Drs. 19/28899, 22.
284 St. Rspr., vgl. nur BAG NZA 1998, 385 (386); BAG NZA 2009, 1218 Rn. 27; BAG NZA 2012, 744 Rn. 43; BAG NZA 2014, 738 Rn. 28.
285 Vgl. nur Brink/Joos NZA 2019, 1395; Kurzböck/Weinbeck BB 2020, 500; Maschmann NZA 2020, 1207; ausführlich Flink Beschäftigtendatenschutz als Aufgabe des Betriebsrats, 2021, 205 ff.
286 Für eine eigenständige Verantwortlichkeit des Betriebsrats: LAG Sachsen-Anhalt BeckRS 2018, 39422 Rn. 37; LAG Mecklenburg-Vorpommern BeckRS 2019, 15783 Rn. 17; gegen eine solche Verantwortlichkeit: LAG Hessen BeckRS 2018, 38103 Rn. 32.
287 Vgl. Richardi BetrVG/Thüsing BetrVG § 79a Rn. 3.
288 Schulze ArbRAktuell 2021, 211 (212); Maschmann NZA 2021, 834 (835 f.).

betriebsverfassungsrechtlichen Unabhängigkeit des Betriebsrats ist dies unwahrscheinlich.[289] Genauso wird vereinzelt vorgebracht, dass § 79a S. 2 BetrVG die Vorgaben der Öffnungsklausel des Art. 4 Nr. 7 Halbs. 2 DS-GVO nicht erfülle. Die Verordnung erlaube zwar nationale Vorschriften zur Verteilung von Verantwortlichkeit, setze aber voraus, dass die Vorschrift dann auch gleichzeitig die Bestimmung von Mitteln und Zweck der Verarbeitung festlege. Dies sei bei § 79a S. 2 BetrVG nicht der Fall. Der Betriebsrat könne sich weiterhin auf § 26 BDSG oder andere Normen des BetrVG zur Legitimation von Verarbeitungen berufen. Mittel und Zwecke der Verarbeitung lege damit nicht das Gesetz, sondern der Betriebsrat fest.[290] Auch ein Rückgriff auf Art. 88 DS-GVO scheide aus, weil diese Norm nur die Regelung der besonderen Verarbeitungskonstellationen erlaube, aber keine Verteilung der Verantwortlichkeit vorsehe.[291] Überwiegend wird die Rechtswirksamkeit der Vorschrift allerdings nicht in Frage gestellt.[292] Insbes. Art. 88 DS-GVO ermögliche dem nationalen Gesetzgeber auch auf mitgliedsstaatliche Besonderheiten im Beschäftigungskontext einzugehen, soll dabei aber nicht nur auf die Regelung von Verarbeitungskonstellationen beschränkt sein. Deutsche Besonderheit sei insoweit die Betriebsverfassung. Für die besondere Konstellation der Betriebsverfassung habe der Gesetzgeber nun ein „System der Verantwortlichkeit" entwickelt.[293]

Im Ergebnis sprechen insoweit die besseren Argumente für eine Rechtswirksamkeit des § 79a BetrVG. Gegenteiliges könnte ohnehin nur der EuGH verbindlich feststellen. Arbeitgeber sind deshalb gut beraten, die Anordnung der **Kooperation in Datenschutzfragen** (§ 79a S. 3 BetrVG) ernst zu nehmen, um unangenehme Haftungs-Überraschungen zu vermeiden. Inwiefern aus dieser Unterstützungspflicht ein Auskunftsanspruch des Arbeitgebers gegen den Betriebsrat erwachsen kann, ist noch nicht geklärt. Dafür spricht, dass der Arbeitgeber einziger Adressat von Verpflichtungen aus DS-GVO oder BDSG bleibt. Sofern er also Auskunftsansprüche (Art. 15 DS-GVO) erfüllen muss und hierzu auch Informationen vom Betriebsrat benötigt, wird der Betriebsrat nach § 79a S. 3 BetrVG zur Übermittlung verpflichtet sein.[294] Die Unterstützungspflichten können ausweislich der Gesetzesbegründung auch durch Betriebsvereinbarung konkretisiert werden.[295] Darin könnte ua eine Art Verfahrensordnung für die Erfüllung von Betroffenenrechten aus dem Datenschutzrecht aufgestellt werden.[296]

Eine **betriebsspezifische Verantwortlichkeitsverteilung** mittels Betriebsvereinbarung dürfte hingegen mit der eindeutigen gesetzlichen Verteilung der Verantwortlichkeit nicht mehr zulässig sein.[297]

E. Mitarbeiterbewertung durch Big Data oder KI

Vergangene Datenverarbeitungssysteme wurden idR für einen spezifischen Zweck eingeführt und aus einer vorgegebenen Datenquelle gespeist. Big Data-Systeme zielen hingegen darauf ab, viele Daten aus mehreren Quellen zu sammeln und in detailreichen Profilen zu aggregieren.[298] Hieraus kann ein Algorithmus wiederum bestimmte Entscheidungen treffen, die in den Anwendungsbereich des Art. 22 DS-GVO fallen. Demnach haben betroffene Beschäftigte das Recht, nicht einer ausschließlich auf einer **automatisierten Verarbeitung – einschließlich**

---

289 Vgl. Brink/Joos NZA 2021, 1440 (1443).
290 Maschmann NZA 2021, 834 (836).
291 Maschmann NZA 2021, 834 (836 f.).
292 Ausführlich Fitting BetrVG § 79a Rn. 10 ff.; Richardi BetrVG/Thüsing BetrVG § 79a Rn. 1; ErfK/Kania BetrVG § 79a Rn. 2; Flink RDV 2021, 123.
293 Fitting BetrVG § 79a Rn. 12–16.
294 Schiefer/Worzalla NZA 2021, 817 (821 f.); Fitting BetrVG § 79a Rn. 41.
295 BT-Drs. 19/28899, 17.
296 Fitting BetrVG § 79a Rn. 42.
297 Fitting BetrVG § 79a Rn. 20.
298 Studie des Verbundprojekts „Cybersicherheit für die Digitale Verwaltung", 2020, 13.

Profiling – beruhenden Entscheidung unterworfen zu werden, die ihnen gegenüber rechtliche Wirkung entfaltet oder sie in ähnlicher Weise erheblich beeinträchtigt. Profiling iSd Art. 4 Nr. 4 DS-GVO ist jede Art der automatisierten Verarbeitung personenbezogener Daten, die darin besteht, dass diese personenbezogenen Daten verwendet werden, um bestimmte persönliche Aspekte, die sich auf eine natürliche Person beziehen, zu bewerten, insbesondere um Aspekte bezüglich Arbeitsleistung, wirtschaftlicher Lage, Gesundheit, persönliche Vorlieben, Interessen, Zuverlässigkeit, Verhalten, Aufenthaltsort oder Ortswechsel des Beschäftigten zu analysieren und vorherzusagen. Die Entscheidung beruht allerdings nur ausschließlich auf einer automatisierten Verarbeitung, wenn sie vollumfänglich maschinell erfolgt.[299] In der Praxis fällt insbesondere die Abgrenzung in den Fällen schwer, in denen die letztliche Entscheidung von einer natürlichen Person übermittelt wird. Richtigerweise liegt eine vollständig automatisierte Entscheidung in diesen Fällen immer dann vor, wenn keine menschliche Einflussnahme auf die Entscheidungsfindung stattgefunden hat, sich der Beitrag der natürlichen Person also in der bloßen Übermittlung erschöpft.[300] Um der missbräuchlichen Behauptung des Arbeitgebers entgegenzuwirken, der Algorithmus sei nur zur Vorbereitung einer Entscheidung durch eine natürliche Person verwendet worden, steht dem Betriebsrat wohl ein Auskunftsanspruch über die konkrete Verwendung des Algorithmus zu[301]. Auch der einzelne Beschäftigte kann aussagekräftige Informationen über die involvierte Logik sowie die Tragweite und die angestrebten Auswirkungen des Algorithmus erfragen (Art. 13 Abs. 2 lit. f DS-GVO).[302]

124 In den Anwendungsbereich des Art. 22 DS-GVO fällt daher zum einen wohl die **Ablehnung eines bewerberseitigen Angebots auf Abschluss eines Arbeitsvertrages**, wenn diese Ablehnung vollautomatisiert erfolgt. Zwar entfaltet diese Entscheidung trotz Erlöschen des Antrags (§ 146 BGB) keine rechtliche Wirkung, jedoch beeinträchtigt sie den betroffenen Beschäftigten in ähnlicher Weise (Art. 22 Abs. 1 aE DS-GVO). In diesem Fall ist auch kein Ausnahmetatbestand des Art. 22 Abs. 2 einschlägig.[303] Eine bloß automatische Vorsortierung von personenbezogenen Daten, wie sie beispielsweise bei einem Bewerberranking vorliegt, fällt demnach nicht unter den Anwendungsbereich des Art. 22 DS-GVO, sofern hierdurch keine Person endgültig nicht ausgewählt wird.[304]

125 Auch die automatisierte Entscheidungsfindung auf Basis von **Mitarbeiterscoring** (→ Rn. 36) kann unter Umständen von Art. 22 DS-GVO erfasst sein. Unter Scoring wird die Verwendung eines Wahrscheinlichkeitswerts über ein bestimmtes zukünftiges Verhalten einer natürlichen Person zum Zweck der Entscheidung über die Begründung, Durchführung oder Beendigung eines Vertragsverhältnisses mit dieser Person verstanden (§ 31 Abs. 1 BDSG). In der Praxis fehlt es jedoch zumeist an einer rechtlichen oder einer ähnlich beeinträchtigenden Wirkung gegenüber dem betroffenen Beschäftigten. Lediglich deutlich beeinträchtigende Entscheidungen, die ohne eine weitere inhaltliche Prüfung getroffen werden, werden von der Vorschrift abgedeckt.[305] Viele Scoring-Systeme arbeiten mittels Wahrscheinlichkeitsrechnung, die in der Regel keine relevante Entscheidung darstellt, da auch hier die letzte Entscheidung, also nach Auswertung des Scores, von einer natürlichen Person getroffen wird.[306]

126 Weiterhin fällt eine **Weisung des Arbeitgebers** in den Anwendungsbereich der Vorschrift, wenn diese inhaltlich ausschließlich auf der automatisierten Verarbeitung des Algorithmus

---

299 Gola/Heckmann/Schulz DS-GVO Art. 22 Rn. 11 f.
300 EHKS/Schwarze KI § 8 Rn. 30; Ehmann/Selmayr/Hladjk DS-GVO Art. 22 Rn. 6; Paal/Pauly/Martini DS-GVO Art. 22 Rn. 16.
301 EHKS/Schwarze KI § 8 Rn. 39.
302 EHKS/Schwarze KI § 8 Rn. 32.
303 EHKS/Schwarze KI § 8 Rn. 31; Plath/Kamlah DS-GVO Art. 22 Rn. 7b.
304 BeckOK DatenschutzR/von Lewinski DS-GVO Art. 22 Rn. 16; Gola/Schulz DS-GVO Art. 22 Rn. 13; Paal/Pauly/Martini DS-GVO Art. 22 Rn. 20.
305 Gola/Schulz DS-GVO Art. 22 Rn. 15.
306 Taeger/Gabel/Taeger DS-GVO Art. 22 Rn. 37 f.

beruht. Handelt es sich jedoch um Weisungen, die zur Erfüllung des Arbeitsverhältnisses notwendig sind, werden diese wohl vom Ausnahmetatbestand des Art. 22 Abs. 2 lit. b Alt. 2 DS-GVO erfasst.[307]

Die Mitarbeiterbewertung mittels datengestützter Anwendungen ist **damit keinesfalls verboten**. Einzig eine automatisierte Entscheidung auf Grundlage dieser maschinellen Bewertung ist nach Art. 22 DS-GVO unzulässig. **127**

Umstritten ist wie Art. 22 DS-GVO seinen **Regelungszweck rechtstechnisch umsetzt**. Hierbei wird vertreten, dass Art. 22 DS-GVO dem Betroffenen einen Unterlassungsanspruch verleihe, der aber auch nur eingreife, wenn der Betroffene diesen auch geltend mache.[308] Andere Autoren sind der Auffassung, dass der Verantwortliche das Recht des Betroffenen aus Art. 22 DS-GVO auch ohne ausdrückliche Geltendmachung zu beachten habe.[309] **128**

Um dem Risiko eines etwaigen Unterlassungsanspruchs des Betroffenen zu entgehen, sollten bereits bei der Umsetzung von Entscheidungen entsprechende Vorkehrungen getroffen werden und schließlich stets eine menschliche Letztentscheidung vorgesehen werden. Diese Letztentscheidung darf allerdings nicht im bloßen Abnicken einer von der Anwendung vorgeschlagenen Entscheidung bestehen. Es wäre vielmehr darzulegen, dass in einem quasi parallel verlaufenen menschlichen Entscheidungsfindungsprozess zum gleichen Schluss gelangt wurde, wie dies bei der herangezogenen Anwendung der Fall war. Den Entscheidungsfindungsprozess gilt es damit entsprechend zu dokumentieren, damit dieser im Prozess dargelegt werden kann.[310] **129**

F. Kündigungsgrund „Big Data" (betriebsbedingte Kündigung)

I. Kündigung „durch" Big Data

Rein technisch ist es möglich, dass eine **Kündigungsentscheidung vollautomatisch** durch einen Algorithmus gefällt wird und die Kündigung ebenfalls durch die Software ausgesprochen und zugestellt wird. Die Anwendung würde sich dabei in ihr angelegter Bewertungskriterien bedienen und entsprechende Rückschlüsse ableiten. **130**

Eine solche vollautomatische Kündigung ist hingegen nicht mit Art. 22 DS-GVO zu vereinbaren (→ Rn. 123 ff.). Der vollautomatische Ausspruch einer Kündigung stellt den **Paradefall** einer auf automatisierter Verarbeitung beruhenden Entscheidung dar, die dem Betroffenen gegenüber rechtliche Wirkung entfaltet.[311] **131**

II. Kündigung „aufgrund" Big Data

Die Wirtschaft ist schnelllebig und strebt nach stetiger Weiterentwicklung. Unter der Prämisse der Gewinnmaximierung versuchen Unternehmen ihre Kosten zu minimieren und die Umsätze zu steigern. Durch den Einsatz von Künstlicher Intelligenz kann es dabei zu betriebsbedingten Kündigungen durch Rationalisierung sowie personenbedingten Kündigungen aufgrund fehlender technologischer Kenntnisse der Beschäftigten kommen. **132**

1. Betriebsbedingte Kündigung „aufgrund" von Big Data

Zur Senkung der Personalkosten und zur Steigerung der Effizienz kann die Einführung von Big Data-Systemen sowie Künstlicher Intelligenz als **Rationalisierungsmaßnahme** dazu führen, dass der Beschäftigungsbedarf reduziert wird und es zu einem Überhang an Arbeitsplätzen **133**

307 EHKS/Schwarze KI § 8 Rn. 34.
308 Plath/Kamlah DS-GVO Art. 22 Rn. 4.
309 Taeger/Gabel/Taeger DS-GVO Art. 22 Rn. 26.
310 EHKS/Schwarze KI § 8 Rn. 32.
311 EHKS/Schwarze KI § 8 Rn. 30.

kommt (die Künstliche Intelligenz ersetzt hierbei die menschliche Intelligenz). Technische Rationalisierungsmaßnahmen sind aber nicht nur aus Gründen der Gewinnmaximierung denkbar. Vielmehr können diese auch zur Erhaltung der Wettbewerbsfähigkeit auf dem Markt durchgeführt werden (bspw. zur Qualitätssteigerung). Unternehmerische Entscheidungen zur Rationalisierung sind nur bedingt gerichtlich überprüfbar.[312] Der Arbeitgeber kann in diesen Fällen eine betriebsbedingte Kündigung aussprechen und sich so von nicht mehr benötigten Beschäftigten trennen. Insbesondere unterliegt eine solche Rationalisierungsmaßnahme keinen über den gewöhnlichen Kündigungsschutz hinausgehenden Besonderheiten, da sich das Arbeitsrecht weder gegenüber technologischen Neuheiten verschließt noch den Einsatz menschlicher Arbeitskraft vorgibt.[313]

134 In tarifgebundenen Betrieben ist bei der Planung technischer Rationalisierungsmaßnahmen darauf zu achten, ob **Rationalisierungsschutzabkommen** zwischen den Sozialpartnern bestehen. Solche Abkommen können den Ausschluss ordentlicher betriebsbedingter Kündigungen enthalten.[314] In diesen Fällen kommt nur eine außerordentliche betriebsbedingte Kündigung in Betracht. Diese Möglichkeit kann von den Tarifvertragsparteien nicht ausgeschlossen werden.[315]

2. Personenbedingte Kündigung „aufgrund" von Big Data

135 Der Einsatz von Big Data-Systemen und Künstlicher Intelligenz geht nicht ausschließlich mit Vereinfachungen einher, sondern kann auch zu Problemen führen. In den meisten Fällen ist eine menschliche Interaktion mit der KI erforderlich, die, je nach Komplexität, besondere Kenntnisse oder Fertigkeiten voraussetzt. Sofern der Beschäftigte nicht über dieses notwendige Know-how verfügt, kann eine personenbedingte Kündigung in Betracht kommen. Hierbei ist jedoch zu beachten, dass der Arbeitgeber grundsätzlich dazu verpflichtet ist, den Beschäftigten vor Ausspruch der Kündigung zumutbare **Umschulungs- oder Fortbildungsmaßnahmen** anzubieten, wenn dadurch eine Weiterbeschäftigung ermöglicht wird (§ 1 Abs. 2 S. 3 KSchG).[316] Umschulungsmaßnahmen zielen dabei auf das Erlernen eines anderen Berufs, Fortbildungsmaßnahmen hingegen auf die Verbesserung der Fähigkeiten im derzeitigen Beruf ab.[317] Der Beschäftigte kann jedoch nicht verlangen, alleine zum Zwecke einer Umschulungs- oder Fortbildungsmaßnahme weiterbeschäftigt zu werden, ohne dass ein geeigneter Arbeitsplatz im Betrieb oder Unternehmen in absehbarer Zeit frei würde.[318] Bei der Ermittlung der Zumutbarkeit müssen die technischen und wirtschaftlichen Möglichkeiten des Arbeitgebers mit dem Umschulungs- und Fortbildungsbedarf abgewogen werden. Ausschlaggebend ist dabei auch die Sphäre, aus deren Bereich die Notwendigkeit der Maßnahme entspringt.[319] Demnach dürfte im Falle einer arbeitgeberseitigen Einführung von KI auch von einer erhöhten Zumutbarkeit der Umschulungs- oder Fortbildungsmaßnahme für den Arbeitgeber auszugehen sein. Grundsätzlich wirtschaftlich zumutbar sind alle Maßnahmen, die im Betrieb des Arbeitgebers absolviert werden können. Ist der Arbeitgeber zur Umschulung oder Fortbildung auf externe Dritte angewiesen, fließen die zu erwartenden Kosten erheblich in die Abwägung mit ein.[320]

---

312 APS/Kiel KSchG § 1 Rn. 523.
313 EHKS/Schwarze KI § 8 Rn. 16.
314 BAG NZA 1999, 258 (259).
315 APS/Kiel KSchG § 1 Rn. 523.
316 EHKS/Schwarze KI § 8 Rn. 16.
317 ErfK/Oetker KSchG § 1 Rn. 388.
318 BAG NZA 2014, 1200 Rn. 21.
319 ErfK/Oetker KSchG § 1 Rn. 390.
320 ErfK/Oetker KSchG § 1 Rn. 390.

§ 9 UWG

Literatur: *Barth, Günter*, Wettbewerbsrechtliche Abmahnung von Verstößen gegen das neue Datenschutzrecht, WRP 2018, 790–794; *Becker, Maximilian*, Lauterkeitsrechtlicher Leistungsschutz für Daten, GRUR 2017, 346–355; *Ernst, Stefan*, Abmahnungen aufgrund von Normen außerhalb des UWG, WRP 2004, 1133–1137; *Fezer, Heinz/Büscher, Wolfgang/Obergfell, Eva Inés*, UWG, 3. Aufl. 2016 (zit: Fezer/Büscher/Obergfell/Bearbeiter); *Fries, Martin/Scheufen, Marc*, Märkte für Maschinendaten: Eine rechtliche und rechtsökonomische Standortbestimmung, MMR 2019, 721–726; *Gloy, Wolfgang/Loschelder, Michael/Danckwerts, Rolf*, Handbuch des Wettbewerbsrechts, 5. Aufl. 2019 (zit: Gloy/Loschelder/Danckwerts UWG-HdB/Bearbeiter); *Gola, Peter/Klug, Christoph*, Die Entwicklung des Datenschutzrechts, NJW 2021, 2629–2633; *Goldbeck, Nino*, § 7 III Nr. 1 UWG – ein sinnsemantischer Fauxpas, K&R 2006, 215; *Güngör, Volkan*, Eine unzureichende Datenschutzerklärung auf der Homepage ist ein Wettbewerbsverstoß, GWR 2018, 417; *Harte-Bavendamm, Henning/Henning-Bodewig, Frauke*, Gesetz gegen den unlauteren Wettbewerb: UWG, 4. Aufl. 2016 (zit.: Harte-Bavendamm/Henning-Bodewig/Bearbeiter) *Haseloff, Lisa/Friehoff, Lukas*, Zurechnung von Erklärungen eines Chat-Bots oder intelligenten Agenten beim Abschluss von Versicherungsverträgen, VersR 2020, 1363; *Hessel, Stefan/Leffer, Lena*, Rechtlicher Schutz maschinengenerierter Daten, MMR 2020, 647–650; *Hoffmann, Franz*, Lauterkeitsrechtliche Haftung von Online-Plattformen Die neuen Transparenzvorgaben im UWG 2022 im Kontext lauterkeitsrechtlicher Plattformregulierung, Gewerblicher Rechtsschutz und Urheberrecht, GRUR 2022, 780–787; *Köbrich, Thomas/Froitzheim, Oliver*, Lass uns quatschen – Werbliche Kommunikation mit Chatbots, WRP 2017, 1188–1192; *Köhler, Helmut*, Der Schadensersatzanspruch für Verbraucher im UWG und seine Realisierung, GRUR 2022, 435–446; *Köhler, Helmut*, Durchsetzung der DS-GVO mittels UWG und UKlaG?, WRP 2018, 1269–1277; *Laoutoumai, Sebastian/Hoppe, Adrian*, Setzt die DS-GVO das UWG Schachmatt?, K&R 2018, 533–537; *Linsenbarth, Martin/Schiller, Anne-Kristin*, Datenschutz und Lauterkeitsrecht – Ergänzender Schutz bei Verstößen gegen das Datenschutzrecht durch das UWG?, WRP 2013, 576–583; *Loy, Carolin/Baumgartner, Ulrich*, Consent-Banner und Nudging Tracking-Mechanismen: Wie viel „Anstupsen" ist erlaubt?, ZD 2021, 404–408; *Ohly, Ansgar*, Die ab 28.5.2022 geltenden Änderungen des UWG im Überblick, GRUR 2022, 763–772; *Ohly, Ansgar*, UWG-Rechtsschutz bei Verstößen gegen die Datenschutz-Grundverordnung?, GRUR 2019, 686–693; *Ohly, Ansgar*, Anmerkung zu BGH Segmentstruktur, GRUR 2017, 79–92; *Raue, Benjamin/von Ungern-Sternberg, Antje*, Ethische und rechtliche Grundsätze der Datenverwendung, ZRP 2020, 49–52; *Rieken, Christoph*, Zur Haftung von Webseitenbetreibern bei fehlerhaften Cookie-Einstellungen, Gewerblicher Rechtsschutz und Urheberrecht, GRUR-Prax 2022, 25; *Ring, Gerhard*, Stärkung des Verbraucherschutzes im Wettbewerbs- und Gewerberecht zum 28.5.2022, NJ 2022, 206–215; *Scherer, Inge*, Das Chamäleon der Belästigung – Unterschiedliche Bedeutungen eines Zentralbegriffs des UWG, WRP 2017, 891–896; *Schmitt, Christian*, Datenschutzverletzungen als Wettbewerbsverstöße?, WRP 2019, 27–33; *Schirmbacher, Martin/Schätzle, Daniel*, Einzelheiten zulässiger Werbung per E-Mail, WRP 2014, 1143–1151; *Schreiber, Marlene*, Wettbewerbsrechtliche Abmahnung von Konkurrenten wegen Verstößen gegen DS-GVO, Gewerblicher Rechtsschutz und Urheberrecht, GRUR-Prax 2018, 371–373; *Spindler, Gerald/Schuster, Fabian*, Recht der elektronischen Medien, 4. Auflage, München, 2019; *Wolff, Heinrich Amadeus*, UWG und DS-GVO: Zwei separate Kreise?, ZD 2018, 248–252.

A. Einleitung

1 Die **Datenwirtschaft** bzw. „**Big Data**" und die damit einhergehende Datenerhebung und -verarbeitung wirkt stark auf den Wettbewerb ein und muss sich daher auch am Lauterkeitsrecht messen lassen. Big Data wird dabei häufig als **Sammelbegriff für digitale Technologien** verwendet, die unter Einsatz großer Datenmengen aus vielfältigen Quellen mit einer hohen Verarbeitungsgeschwindigkeit zur Erzeugung wirtschaftlichen Nutzens führen.[1] Neben den Schutz von **Daten als geistiges Eigentum** tritt insbes. der **lauterkeitsrechtliche Leistungsschutz** von Daten bzw. Datenprodukten vor unlauterer **Nachahmung**. Bei der Erhebung, Verarbeitung und Nutzung von Daten kommt zudem eine lauterkeitsrechtlich relevante **Irreführung** über das Ausmaß der Datenverarbeitung (§§ 5, 5a Abs. 2, 6, 7 UWG) in Betracht, sowie **aggressive Handlungen** (§ 4a UWG) oder **Belästigungen** (§ 7 UWG) beim Versuch, eine Einwilligung zur Nutzung von Daten zu erlangen. Besondere praktische Relevanz kommt ferner der bislang nicht höchstrichterlich geklärten Frage zu, inwiefern datenschutzrechtliche Bestimmungen als **Marktverhaltensregeln** von Mitbewerbern über das Lauterkeitsrecht zivilrechtlich durchgesetzt werden können.

B. Geschäftliche Handlung

2 Datenerhebung und -verarbeitung im Zusammenhang von Big Data stellen in der Regel unproblematisch **geschäftliche Handlungen** iSd UWG dar und unterfallen damit dem Anwendungsbereich des Lauterkeitsrechts: Der neu gefasste § 2 Abs. 1 Nr. 2 UWG nimmt explizit auf **digitale Inhalte** und **digitale Dienstleistungen** Bezug. Danach sind geschäftliche Handlungen jedes Verhalten einer Person zugunsten des eigenen oder eines fremden Unternehmens bei oder nach einem Geschäftsabschluss, das mit der Förderung des Absatzes oder des Bezugs von Waren oder Dienstleistungen oder mit dem Abschluss oder der Durchführung eines Vertrags über Waren oder Dienstleistungen unmittelbar und objektiv zusammenhängt; als Waren gelten auch Grundstücke und digitale Inhalte, Dienstleistungen sind auch digitale Dienstleistungen, als Dienstleistungen gelten auch Rechte und Verpflichtungen[2]. Datenerhebungen und -speicherungen im Rahmen von Big Data sind meist auch als entgeltliches unternehmerisches Handeln zu qualifizieren. Denn die entgeltliche Gegenleistung muss nicht notwendig in Geld bestehen, sondern kann insbes. auch eine **Datenüberlassung oder eine Datenerhebung** sein.[3]

---

1 https://de.wikipedia.org/wiki/Big_Data.
2 § 2 Abs. 1 Nr. 2 wurde mit Wirkung vom 28.5.2022 neu gefasst durch Gesetz vom 10.8.2021 (BGBl. I 3504).
3 Köhler/Bornkamm/Feddersen/Köhler, 40. Aufl. 2022, UWG § 2 Rn. 24; BGH GRUR 2014, 682 Rn. 17.

C. Aktivlegitimation

Lauterkeitsrechtliche Ansprüche können nicht nur von dem unmittelbar durch die unlautere [3] Handlung Beeinträchtigten, sondern auch durch Dritte geltend gemacht werden.

In der Praxis werden lauterkeitsrechtliche Ansprüche meist von **Mitbewerbern** und **Verbraucherverbänden** geltend gemacht. Aktivlegitimiert sind gem. § 8 Abs. 3 Nr. 1 bis 4 UWG neben den Mitbewerbern und Verbraucherverbänden auch **Wirtschaftsverbände**, Industrie- und Handelskammern sowie Gewerkschaften.[4] Daran hat sich auch nach der Umsetzung der Richtlinie (EU) 2019/2161[5] durch das Gesetz zur Stärkung des Verbraucherschutzes im Wettbewerbs- und Gewerberecht nichts geändert.

Verbraucher selbst haben nunmehr unter dem neuen § 9 Abs. 2 UWG ein **individuelles** [5] **Recht auf Schadensersatz** erhalten. Die praktische Relevanz des individuellen Schadensersatzanspruchs der Verbraucher gemäß § 9 Abs. 2 UWG wird für Fälle der irreführenden oder aggressiven Werbung erwartet.[6] Insofern ist jedenfalls nicht ausgeschlossen, dass auch die Irreführung über Big Data Produkte oder aggressive Handlungen oder Belästigungen von Verbrauchern beim Versuch, eine Einwilligung zur Nutzung von Daten zu erlangen, zu individuellen lauterkeitsrechtlichen Schadensersatzansprüchen führen können.[7] Individuelle lauterkeitsrechtliche Abwehransprüche können Verbraucher allerdings auch weiterhin nicht geltend machen. Insofern bleibt es bei der bisherigen Rechtslage, nach der negatorischer Rechtsschutz Verbrauchern nur kollektiv über die Klagebefugnis für qualifizierte Einrichtungen (§ 8 Abs. 3 Nr. 3 UWG) gewährt wird.[8]

D. Haftung für UWG-Verstöße

Die Haftung für UWG-Verstöße bestimmt sich nach den §§ 8, 9 und 10 UWG, wobei die größte [6] praktische Bedeutung im Lauterkeitsrecht dem **Unterlassungsanspruch** zukommt. Auf Unterlassung und Beseitigung (§ 8 UWG) haftet – **verschuldensunabhängig** – nicht nur derjenige, der eine unlautere Handlung selbst vornimmt; der Unternehmer haftet vielmehr auch für Verstöße seiner Mitarbeiter oder Beauftragten. Gerade bei UWG-Verstößen im Zusammenhang der Datenerhebung und -verarbeitung gelten dabei einige Besonderheiten:[9]

I. Websites/Webmail

Für UWG-Verstöße auf Websites haftet zunächst der **Inhaber der Domain**, unter der die [7] Website gehostet ist.[10] Das soll auch in Bezug auf Wettbewerbsverstöße gelten, die **Dritte** über die Domain verüben, deren Nutzung der Domaininhaber diesen überlassen hat.[11]

Auch der „**admin-c**" haftet für Wettbewerbsverstöße und Rechtsverletzungen über die Website [8] spätestens ab Kenntniserlangung,[12] ggf. aber auch schon zuvor, wenn sich aus den Umständen für ihn besondere Prüfpflichten ergeben.[13]

---

4 § 8 Abs. 3 UWG nF; Inkrafttreten gem. Art. 9 Abs. 2 Nr. 1 Gesetz zur Stärkung des fairen Wettbewerbs ein Jahr nach Gesetzesverkündung; BT-Drs. 19/12084, 26 f.
5 ABl. EU 2019 L 328, 7, Umsetzungsfrist: 28.11.2021, Anwendungsfrist 28.5.2022; Köhler/Bornkamm/Feddersen/Köhler/Feddersen, 40. Aufl. 2022, UWG § 8 Rn. 3.4.
6 Köhler GRUR 2022, 435 (446).
7 Zur Durchsetzung des neuen Verbraucherschadensersatzes siehe Rauer/Shchavelev GRUR-Prax 2022, 35 f.
8 Ohly GRUR 2022, 763 (769).
9 Umfassend dazu: MüKoUWG/Fritzsche/Hofmann, 3. Aufl. 2022, UWG § 8 Rn. 271 ff.
10 OLG Schleswig MMR 2014, 750 Rn. 23.
11 LG Berlin MMR 2003, 202 (203).
12 OLG Schleswig MMR 2014, 750 Rn. 23.
13 BGH GRUR 2012, 304 Rn. 63.

9   Im Falle des **Domain-Hiding** bzw. des **Domain-Fronting**, einem technischen Vorgang, bei
dem Internet-Zensur durch das Verschleiern der Domain einer HTTPS-Verbindung umgangen
wird,[14] ist der im Impressum bezeichnete Diensteanbieter auch für Inhalte in den dem Nutzer
verborgen bleibenden Subdomains verantwortlich, selbst wenn er bei der Vergabestelle nicht
als Domaininhaber registriert ist.[15]

II. Internetportale

10   Betreiber von **Verkaufs- bzw. Versteigerungsplattformen** und ähnlichen Handelsplätzen haften in der Regel nicht für fremde Wettbewerbsverstöße, zumindest solange sie keinen konkreten Hinweis auf Verletzungshandlungen haben. Sie genießen die **Haftungsprivilegierung** aus
§ 7 Abs. 2 TMG bzw. § 10 S. 1 TMG.[16] Solche **Diensteanbieter** sind danach nicht verpflichtet,
die von ihnen übermittelten oder gespeicherten Informationen zu überwachen oder nach
Umständen zu forschen, die auf eine rechtswidrige Tätigkeit hinweisen. Von diesem Grundsatz, dass eine lauterkeitsrechtliche Haftung der Betreiber von Internetportalen erst mit dem
eindeutigen Hinweis auf die Rechtsverletzung (meist in Form einer Abmahnung) beginnt,
gibt es allerdings Ausnahmen: Auch Betreiber von Internetportalen haften unmittelbar, wenn
ihnen der Verstoß bekannt ist oder es sich um eigene Inhalte oder um solche fremden Inhalte
handelt, die sich der Betreiber eines Portals oder Blogs durch Aufnahme in ein geschlossenes
Gesamtangebot unter seinem Emblem **zu eigen macht**.[17] Auch soll es eine **wettbewerbsrechtliche Verkehrspflicht** zur Vorsorge gegen leicht erkennbare Verstöße wie Impressums- und
Anbieterkennzeichnungspflichten nach § 5 TMG geben.[18]

III. Suchmaschinen

11   Betreiber von Suchmaschinen haften grundsätzlich ebenfalls nicht für fremde Wettbewerbsverstöße, sondern nur im Falle der **Verletzung eigener Prüfpflichten**. Eine Prüfpflicht besteht
dabei erst, wenn auf einen Rechtsverstoß hingewiesen worden ist. Die Prüfungspflicht ist zudem auf Fälle von klaren Rechtsverstößen beschränkt.[19] Der Suchmaschinenbetreiber ist nicht
verpflichtet, komplizierte Beurteilungen im Einzelfall durchzuführen, ob sich das beanstandete
Suchergebnis oder der monierte Suchvorschlag als wettbewerbswidrig erweist.[20]

E. UWG-Ansprüche bei DS-GVO-Verstößen

12   Von besonderer praktischer Relevanz bei der Nutzung von personenbezogenen Daten sind
die Regelungen der Datenschutz-Grundverordnung (DS-GVO). Umstritten ist dabei, inwieweit
Verstöße gegen die DS-GVO den lauterkeitsrechtlichen **Tatbestand des Rechtsbruchs** gem.
§§ 3 Abs. 1, 3a UWG erfüllen und damit auch Mitbewerber Verstöße gegen die DS-GVO lauterkeitsrechtlich angreifen können. Die besondere praktische Relevanz der lauterkeitsrechtlichen
Aktivlegitimation für DS-GVO-Verstöße liegt darin, dass dann auch Mitbewerber wegen Datenschutzverstößen, die zugleich Wettbewerbsverstöße iSd UWG wären, **Beseitigungs- und Unter-
lassungsansprüche** gemäß § 8 Abs. 1, Abs. 3 UWG sowie **Schadensersatzansprüche** gemäß
§ 9 UWG geltend machen könnten und diese Mitbewerber zudem die **Rechtsverteidigungs-
kosten** für entsprechende lauterkeitsrechtliche Abmahnungen als erforderliche Aufwendungen

---

14   https://de.wikipedia.org/wiki/Domain_Fronting.
15   OLG Hamburg MMR 2005, 322.
16   HSH MMR-HdB/Holznagel/Sesing-Wagenpfeil, Werkstand: 58. Aufl. 2022, Teil 18.5 Beweisfragen Rn. 144 f.
17   OLG Hamburg GRUR-RR 2008, 230 (231 f.).
18   OLG Frankfurt GRUR-RR 2009, 315 f.
19   OLG Hamburg ZUM-RD 2020, 65 f.; BGH GRUR 2018, 642 Rn. 33 f.
20   Harte-Bavendamm/Henning-Bodewig/Goldmann/Goldmann, 5. Aufl. 2021, UWG § 8 Rn. 638.

gemäß § 13 Abs. 3, Abs. 5 UWG ersetzt verlangen könnten. Faktisch würde dies wohl zu einer deutlichen **Zunahme von Abmahnungen durch Mitbewerber** führen. Eine höchstrichterliche Entscheidung steht dazu noch aus. Auf eine Vorlagefrage vom BGH hat zwar jüngst der EuGH die lauterkeitsrechtliche Klage- und Anspruchsbefugnis von Verbraucherschutzverbänden und -einrichtungen für marktverhaltensrelevante DS-GVO-Verstöße bestätigt.[21] Zur Aktivlegitimation von Mitbewerbern äußert sich der EuGH darin nicht. Allerdings liegt dem BGH aktuell ein Revisionsverfahren vor, das in Kürze eine Entscheidung zur lauterkeitsrechtlichen Aktivlegitimation von Mitbewerbern bei geltend gemachten DS-GVO-Verstößen sowie ggf. zur Qualifizierung von DS-GVO-Vorschriften als Marktverhaltensregeln erwarten lässt.[22]

I. Sperrwirkung der DS-GVO?

In der Literatur[23] und von einigen Landgerichten[24] wird vertreten, dass bei DS-GVO-Verstößen der Rückgriff auf die Regelungen des UWG generell gesperrt sei, weil die DS-GVO eine **abschließende Regelung der Rechtsfolgen** von Datenschutz-Verstößen vorsehe und Mitbewerbern dort gerade keine Anspruchsberechtigung eingeräumt wurde. Diese Sperrwirkung soll nicht nur für den Tatbestand des Rechtsbruchs gemäß § 3a UWG gelten, sondern für alle UWG-Tatbestände, dh insbes. auch Verstöße gegen die Informationspflichten der DS-GVO sollen danach über das lauterkeitsrechtliche Irreführungsverbot gemäß § 5a Abs. 1 UWG, § 5b Abs. 4 UWG nicht verfolgbar sein.[25]

13

1. Argumente für eine Sperrwirkung der DS-GVO

Für die Sperrwirkung der DS-GVO wird angeführt, dass für die Durchsetzung der DS-GVO in erster Linie die **nationalen Aufsichtsbehörden** gemäß Art. 55 bis 59 DS-GVO zuständig seien und die Regelungen in Art. 77 bis Art. 79 DS-GVO über die Möglichkeiten betroffener Personen, sich gegen Verstöße gegen die DS-GVO zur Wehr zu setzen, abschließend seien. Mitbewerber würden in der DSG-VO hingegen nicht ausdrücklich berechtigt und seien daher auch nicht aktivlegitimiert.[26]

14

Für eine Sperrwirkung der DS-GVO wird zudem angeführt, dass Art. 80 Abs. 2 DS-GVO die Mitgliedsstaaten zwar ermächtige, nationale Regelungen zu erlassen, die Einrichtungen, Organisationen oder Vereinigungen ohne Gewinnerzielungsabsicht zur Durchsetzung von Rechten betroffener Personen ohne deren Auftrag ermächtigen, aber Mitbewerber in der **Öffnungsklausel** nicht erwähnt sind. Art. 80 Abs. 2 DS-GVO stelle zudem eine Ausnahmeregelung vom Grundsatz der Durchsetzung der DS-GVO durch nationale Aufsichtsbehörden dar. Diese Ausnahmeregelung sei eng auszulegen.[27] Eine Auslegung über den Wortlaut hinaus sei nicht zulässig. Eine Erweiterung auf Verbände, die nicht die Voraussetzung des Art. 80 Abs. 2 DS-GVO erfüllen, sei ausgeschlossen und damit erst recht eine Erweiterung auf Mitbewerber.[28] Der EuGH hat jüngst bestätigt, dass die Ermächtigung aus der Öffnungsklausel jedenfalls die lauterkeitsrechtliche Klage- und Anspruchsbefugnis von Verbraucherschutzverbänden und -ein-

15

---

21 EuGH NJW 2022, 1740; Vorlage durch BGH (BGH GRUR 2020, 896).
22 https://www.bundesgerichtshof.de/SharedDocs/Termine/DE/Termine/IZR222-19.html?nn=10660434.
23 Ohly GRUR 2019, 686 f.; Köhler WRP 2018, 1269, unterstützt durch Barth WRP 2018, 790 und Wolff ZD 2018, 248.
24 LG Bochum WRP 2018, 1535; LG Stuttgart ZD 2019, 366; LG Wiesbaden GRUR-RS 2018, 33343; LG Magdeburg GRUR-RS 2019, 197.
25 Ohly GRUR 2019, 686 f.; Köhler WRP 2018, 1269, unterstützt durch Barth WRP 2018, 790 und Wolff ZD 2018, 248.
26 Zum Meinungsstand: Köhler/Bornkamm/Feddersen/Köhler, 40. Aufl. 2022, UWG § 3a Rn. 1.40a.
27 St. Rspr. des EuGH; EuGH WRP 2017, 1451 = juris Rn. 20.
28 Köhler WRP 2018, 1269 (1272 f.).

richtungen für **marktverhaltensrelevante DS-GVO Verstöße** umfasst.[29] Zur Aktivlegitimation von Mitbewerbern äußert sich der EuGH in seiner Entscheidung nicht. Von den Verfechtern einer Sperrwirkung der DS-GVO wird daraus geschlossen, dass die Ermächtigung nur für die in Art. 80 Abs. 1 DS-GVO aufgeführten Vereinigungen gelte, aber eben nicht für Mitbewerber.[30]

2. Argumente gegen eine Sperrwirkung der DS-GVO

16 Gegen die Annahme, die DS-GVO enthalte ein abgeschlossenes Sanktionssystem, das die Verfolgung datenschutzrechtlicher Verletzungshandlungen auf lauterkeitsrechtlicher Grundlage durch Mitbewerber ausschlösse, wird angeführt, dass Art. 80 Abs. 2 DS-GVO die Frage der **Verbandsklage** regeln will, aber **keinen abschließenden Charakter** wegen der Rechtsdurchsetzung durch andere habe.[31] Art. 82 DS-GVO spreche zudem „jeder Person", die wegen des Verstoßes gegen die Verordnung einen Schaden erlitten hat, Schadensersatzansprüche zu. Dies lasse klar erkennen, dass die DS-GVO die Verfolgung von datenschutzrechtlichen Verletzungshandlungen durch andere als die „betroffenen Personen", deren Daten verarbeitet werden (vgl. Art. 4 Nr. 2 DS-GVO), nicht ausschließt.[32]

17 Zudem sehe Art. 84 Abs. 1 DS-GVO vor, dass die Mitgliedstaaten die Vorschriften über andere Sanktionen für Verstöße gegen diese Verordnung – insbes. für Verstöße, die keiner **Geldbuße** gem. Art. 83 unterliegen – festlegen und alle zu deren Anwendung erforderlichen Maßnahmen treffen. Auch das spreche dafür, dass die Verordnung nur einen Mindeststandard an Sanktionen vorsehe und die DS-GVO wegen anderweitiger, in der Verordnung selbst nicht geregelter Rechtsbehelfe und Sanktionen offen gestaltet ist.[33]

II. Rechtsprechung

18 Bislang haben sich drei Oberlandesgerichte gegen eine generelle Sperrwirkung der DS-GVO gegenüber lauterkeitsrechtlichen Ansprüchen ausgesprochen. Namentlich gilt dies für das Oberlandesgericht Hamburg, das Oberlandesgericht Stuttgart und das Oberlandesgericht Naumburg.[34] Oberlandesgerichtliche Entscheidungen, die eine Sperrwirkung der DS-GVO gegenüber Ansprüchen von Mitbewerbern aus dem UWG angenommen haben, sind bislang nicht ersichtlich. Mit Beschluss vom 12.1.2023 hat der BGH diese Frage nunmehr dem EuGH wie folgt vorgelegt: *„Stehen die Regelungen in Kapitel VIII der Datenschutz-Grundverordnung nationalen Regelungen entgegen, die – neben den Eingriffsbefugnissen der zur Überwachung und Durchsetzung der Verordnung zuständigen Aufsichtsbehörden und den Rechtsschutzmöglichkeiten der betroffenen Personen – Mitbewerbern die Befugnis einräumen, wegen Verstößen gegen die Datenschutz-Grundverordnung gegen den Verletzer im Wege einer Klage vor den Zivilgerichten unter dem Gesichtspunkt des Verbots der Vornahme unlauterer Geschäftspraktiken vorzugehen?"*[35] Die Entscheidung des EuGH lag bei Redaktionsschluss noch nicht vor. Die Rechtsprechung behält sich gerne Entscheidungsräume vor, was dafürspräche, eine generelle Sperrwirkung der DS-GVO gegenüber lauterkeitsrechtlichen Ansprüchen abzulehnen, zumal mit dem lauterkeitsrechtlichen Tatbestandsmerkmal der Marktverhaltensregel ohnehin nicht alle Verstöße gegen die DS-GVO lauterkeitsrechtliche Ansprüche von Mitbewerbern begründen würden.

---

29 EuGH NJW 2022, 1740; Vorlage durch BGH (BGH GRUR 2020, 896).
30 Paal/Pauly/Frenzel, 3. Aufl. 2021, DS-GVO Art. 80 Rn. 13; Köhler WRP 2018, 1269 (1272); BeckOK DatenschR/Holländer, 40. Edition, Stand 1.11.2021, DS-GVO Art. 84 Rn. 3.2.
31 Wolff ZD 2018, 248 (252); ebenso Schreiber GRUR-Prax 2018, 371; Laoutoumai/Hoppe K & R 2018, 533 (534 ff.).
32 OLG Hamburg WRP 2018, 1510.
33 Wolff ZD 2018, 248 (251 mwN).
34 OLG Hamburg WRP 2018, 1510; OLG Stuttgart ZD 2020, 472; OLG Naumburg GRUR-RR 2020, 79.
35 BGH GRUR 2023, 264.

III. Marktverhaltensregeln der DS-GVO

Sofern keine Sperrwirkung der DS-GVO gegenüber lauterkeitsrechtlichen Ansprüchen von [20]
Mitbewerbern angenommen wird, kommt es für die lauterkeitsrechtliche Anspruchsberechtigung von Mitbewerbern damit darauf an, ob die jeweils einschlägige verletzte Datenschutzregelung aus der DS-GVO zugleich eine **Marktverhaltensregel iSd § 3a UWG** darstellt. Denn unlauter handelt nach § 3a UWG, wer einer gesetzlichen Vorschrift zuwiderhandelt, die auch dazu bestimmt ist, im Interesse der Marktteilnehmer das Marktverhalten zu regeln, und der Verstoß geeignet ist, die Interessen von Verbrauchern, sonstigen Marktteilnehmern oder Mitbewerbern spürbar zu beeinträchtigen.

1. Marktverhaltensregeln

Marktverhaltensregeln regeln das Marktverhalten im Interesse der Marktteilnehmer. Marktver- [20]
halten ist nach der Rechtsprechung des BGH jede Tätigkeit auf dem Markt, die objektiv der **Förderung des Absatzes oder des Bezugs** dient, durch die ein Unternehmen auf Mitbewerber, Verbraucher und sonstige Marktteilnehmer einwirkt.[36] **Verhaltensregeln** sind solche, die die Umstände und die Art und Weise der Erbringung von Waren oder Dienstleistungen normieren. Die Norm muss demnach zumindest auch die Funktion haben, gleiche Voraussetzungen für alle auf dem Markt tätigen Wettbewerber zu schaffen. Sie bezwecken die **Steuerung des Verhaltens von Marktteilnehmern** bezüglich Angebot, Nachfrage und Vertragsanbahnung, sowie durch Werbung.[37] Geschützt wird durch § 3a UWG das **wirtschaftliche Kollektivinteresse** an einem **unverfälschten Wettbewerb**. Daraus ergibt sich zumindest ein sekundärer Schutz der Marktteilnehmer in ihrer wettbewerblichen Entfaltungsmöglichkeit.[38] Nicht erforderlich ist eine spezifisch wettbewerbsbezogene Schutzfunktion in dem Sinne, dass die Regelung die Marktteilnehmer speziell vor dem Risiko einer unlauteren Beeinflussung ihres Marktverhaltens schützt. Die Vorschrift muss jedoch – zumindest auch – den **Schutz der wettbewerblichen Interessen der Marktteilnehmer** bezwecken; lediglich reflexartige Auswirkungen zu deren Gunsten genügen daher nicht. Dem Interesse der Mitbewerber dient eine Norm dann, wenn sie die Freiheit ihrer wettbewerblichen Entfaltung schützt; es genügt nicht, dass sie ein wichtiges Gemeinschaftsgut oder die Interessen Dritter schützt, sofern damit nicht gleichzeitig auch die Interessen von Marktteilnehmern geschützt werden sollen. Nicht alle hoheitlichen Regulierungen sind somit Marktverhaltensregen. Bei den Datenschutzvorschriften ist umstritten, ob diese dem Schutz des Wettbewerbs dienen oder rein persönlichkeitsrechtlichen Belangen.

Bereits vor Einführung der DS-GVO am 25.5.2018 war umstritten, inwieweit die datenschutz- [21]
rechtlichen Vorschriften des **BDSG aF**, des **TMG aF** und des **TKG** als Marktverhaltensregeln anzusehen seien. Der BGH selbst hat sich weder unter der Geltung des BDSG noch nach Geltung der DS-GVO bislang dazu geäußert, inwieweit Datenschutzvorschriften auch Marktverhaltensregeln sind.[39]

In der Literatur und Rechtsprechung wurde vertreten, dass die Bestimmungen des BDSG [22]
als Ausfluss des **Persönlichkeitsrechts** nur Individualrechtspositionen schützen und daher grundsätzlich keine Marktverhaltensregeln darstellen.[40] Andere meinten, Datenschutzregelungen seien bereits deshalb Marktverhaltensregeln, weil sie auch dem **Verbraucherschutz** dienen und bereits deshalb einen Wettbewerbsbezug aufweisen.[41] Nach wohl herrschender und zutref-

---

36 Köhler/Bornkamm/Feddersen/Köhler, 40. Aufl. 2022, UWG § 3a Rn. 1.62; OLG Stuttgart GRUR-RR 2018, 86 (87).
37 Köhler/Bornkamm/Feddersen/Köhler, 40. Aufl. 2022, UWG § 3a Rn. 1.62.
38 BT-Drs. 15/1487, 19; BGH GRUR 2002, 825.
39 BGH ZD 2016, 484 mAnm Solmecke/Kocatepe.
40 OLG München MMR 2012, 317 (318); OLG Dresden BeckRS 2014, 15220; LG Frankfurt ZD 2015, 136.
41 Ernst WRP 2004, 1133 (1137).

fender Meinung kommt es auf die spezifische Datenschutzbestimmung an, deren Verletzung im Raum steht:

2. Marktbezug von Datenschutzbestimmungen

23 Personenbezogene Daten haben eine erhebliche ökonomische Bedeutung, sei es in Form von Kundendaten für **personalisierte Werbung** und **Direktmarketing**, als Nutzerdaten für die **Produktentwicklung** auf Basis von Kundenbedürfnissen, oder auch als Grundlage für ganz **neue Geschäftsmodelle** wie etwa personalisierte Angebote im Metaverse. Personenbezogene Daten werden zudem wie Ware gehandelt. Sogenannte Listbroker verkaufen auf die Zielgruppe eines Unternehmens zugeschnittene Adresslisten (nach sozialem Status, Wohngegend, Immobilieneigentümer, Fahrzeugbesitzer, Firmenadressen etc). Die gesammelten Daten werden zur Bewertung zB der Kreditwürdigkeit (**Kreditscoring**), der Gesundheit (und entsprechender Risiken, woraus zB auch die Gestaltung entsprechend angepasster Versicherungsprämien folgt) oder des Konsum- und Einkaufsverhaltens von Verbrauchern herangezogen, auch zum Versuch entsprechender Voraussagen (**Predicting**).[42] Ganze Geschäftsideen basieren damit auf der **Werthaltigkeit personenbezogener Daten.** Daten sind folglich der Rohstoff des 21. Jahrhunderts. Im Rahmen einer solchen Kommerzialisierung von Daten kann dem Datenschutzrecht ein Marktbezug nicht abgesprochen werden. Vielmehr ist zu differenzieren: Soweit **Daten als wirtschaftliches Gut** wie eine Ware erhoben, gespeichert und verwendet werden, ist eine Marktrelevanz gegeben und eine Anwendung des Lauterkeitsrechts geboten. Auch jede kommerzielle Datennutzung für Werbezwecke stellt zugleich eine geschäftliche Handlung gemäß § 2 Abs. 1 Nr. 1 UWG dar und weist daher einen Bezug zum Marktgeschehen auf.[43]

a) Unerlaubte Datenverarbeitung zu kommerziellen Zwecken

24 Bereits nach früherer Rechtslage waren die datenschutzrechtlichen Regelungen des Bundesdatenschutzgesetzes über die Datenerhebung zum Zwecke des Adresshandels oder der Werbung bzw. für die Markt- oder Meinungsforschung und das **Scoring**, dh die Nutzung der Daten zur Entscheidung über die Eingehung eines Vertragsverhältnisses, (gemäß § 28 Abs. 3, Abs. 4 BDSG aF, sowie für §§ 28a, 28b, 29, 35 BDSG aF und für § 4 BDSG) als Marktverhaltensregelungen angesehen worden.[44] Auch bezüglich der Datenschutzvorschriften des TMG entschied der EuGH auf Vorlage des OLG Düsseldorf[45], dass diese Marktverhaltensregeln iSd § 3a UWG sind und sich daraus eine **Verbandsklagebefugnis** gemäß § 8 Abs. 3 UWG im Einklang mit Art. 22 bis 24 der RL 95/46/EG ergibt.[46]

25 Seit 25.5.2018 gilt die DS-GVO.[47] Als Verordnung ist sie gem. Art. 288 Abs. 2 AEUV unmittelbar anwendbar. Spezifische Regelungen zur Datenerhebung zum Zwecke des Adresshandels oder der Werbung bzw. für die **Markt- oder Meinungsforschung** und das **Scoring** sind in der DS-GVO nicht enthalten; vielmehr gelten hier die **allgemeinen Erlaubnistatbestände zur Datenverarbeitung** gemäß Art. 5 bis Art. 11 DS-GVO. Das Fehlen einer schriftlichen Einwilligung des Kunden in die Erhebung, Speicherung und Verarbeitung seiner Bestelldaten im Zusammenhang mit dem Erwerb apothekenpflichtiger Medikamente hat das OLG Naumburg

---

42 Siehe https://de.wikipedia.org/wiki/Big_Data.
43 Linsenbarth/Schiller WRP 2013, 576 (579).
44 OLG Karlsruhe GRUR-RR 2012, 396; vgl. OLG Köln MMR 2009, 845; OLG Stuttgart GRUR-RR 2007, 330 = juris Rn. 27; OLG Köln MMR 2009, 845; CR 2011, 680; ZD 2014, 421; OLG Karlsruhe WRP 2012, 1439 (1441); OLG Dresden BeckRS 2014, 15220.
45 OLG Düsseldorf ZD 2017, 334 (1).
46 EuGH GRUR 2019, 977 = juris Rn. 63.
47 VO (EU) 2016/679 des Europäischen Parlaments und des Rates vom 27.4.2016 zum Schutz natürlicher Personen bei der Verarbeitung personenbezogener Daten, zum freien Datenverkehr und zur Aufhebung der Richtlinie 95/46/EG (Datenschutzgrundverordnung).

als Marktverhaltensregel angesehen.[48] Nach diesem Maßstab dürfte jede Verletzung der Erlaubnistatbestände zur Datenverarbeitung gemäß Art. 5 bis Art. 11 DS-GVO zugleich die Verletzung einer Marktverhaltensregelung darstellen, sofern die Erhebung und Speicherung bzw. Verarbeitung der personenbezogenen Daten zu einem kommerziellen Zweck erfolgt, sei es zum Zwecke des **Adresshandels** oder der Werbung bzw. für die **Markt- oder Meinungsforschung** oder das **Scoring**.

b) Verletzung von Informationspflichten

Das OLG Stuttgart sah zudem bereits in dem Verstoß gegen die **Informationspflichten** aus Art. 13 DS-GVO zugleich die Verletzung einer Marktverhaltensregelung.[49] Die Kenntnis des Namens und der Kontaktdaten des Verantwortlichen (Art. 13 Abs. 1 lit. a DS-GVO) habe eine **verbraucherschützende Funktion** und weise bereits deshalb den erforderlichen wettbewerblichen Bezug auf, weil sie die Kommunikation mit dem Unternehmen erleichtere. In diesem Sinne auch als verbraucherschützend mit Marktbezug zu werten seien die Informationen über die in Art. 13 Abs. 2 lit. b DS-GVO angesprochenen Rechte gegen den Verantwortlichen sowie der Hinweis auf das Beschwerderecht ggü. der Aufsichtsbehörde (Art. 13 Abs. 2 lit. d DS-GVO). Wettbewerblichen Bezug habe ferner die Information über die Zwecke, für die die personenbezogenen Daten **verarbeitet** werden sollen, sowie die Rechtsgrundlage für die Verarbeitung (Art. 13 Abs. 1 lit. c DS-GVO) und darüber, ob die Bereitstellung der Daten gesetzlich oder vertraglich vorgeschrieben oder für einen Vertragsabschluss erforderlich ist, ob die betroffene Person verpflichtet ist, die personenbezogenen Daten **bereitzustellen**, und welche möglichen Folgen die Nichtbereitstellung hätte (Art. 13 Abs. 2 lit. e DS-GVO). Einen Marktbezug habe schließlich auch die Pflicht zur Erteilung der Information über die Dauer, für die die personenbezogenen Daten **gespeichert** werden oder, falls dies nicht möglich ist, die Kriterien für die Festlegung dieser Dauer (Art. 13 Abs. 2 lit. a DS-GVO).

26

Wenn „gewonnene" Daten kommerzialisiert werden, sind Verstöße gegen Informationspflichten aus Art. 13 DS-GVO geeignet, die Interessen von Verbrauchern und Mitbewerbern spürbar zu beeinträchtigen, wenn die Registrierung mitsamt Datenpreisgabe im Falle einer ordnungsgemäßen (vollständigen) Aufklärung ansonsten ggf. unterblieben wäre.[50] Die **spürbare Interessenbeeinträchtigung** ist aus Sicht von Mitbewerbern darin begründet, dass konkurrierende Unternehmen, welche sich nicht datenschutzkonform verhalten, (ökonomisierbares) Datenmaterial erhalten, das den lauter handelnden Wettbewerbern ggf. verwehrt bleibt.[51]

27

c) Verletzung von datenschutzrechtlichen Strafnormen

Ob die datenschutzrechtlichen Strafnormen des § 42 BDSG,[52] die besonders schwerwiegende Verletzungen des Schutzes personenbezogener Daten pönalisieren, Marktverhaltensregelungen darstellen, ist von der Rechtsprechung soweit ersichtlich noch nicht entschieden. Für einen marktschützenden Charakter des § 42 BDSG spricht, dass **illegaler geschäftsmäßiger Datenhandel** (§ 42 Abs. 1 BDSG) oder **entgeltlicher Datenhandel** (§ 42 Abs. 2 Hs. 2 Alt. 1 BDSG) insbes. bei digitalen Geschäftsmodellen stark zulasten der rechtskonform agierenden Mitbewerber auf den Wettbewerb einwirkt, was dafür spricht, diese als Marktverhaltensvorschriften anzusehen.[53]

28

---

48 OLG Naumburg GRUR-RR 2020, 79.
49 OLG ZD 2020, 472.
50 Schreiber GRUR-Prax 2018, 371 (373).
51 Vgl. hierzu auch LG Würzburg GWR 2018, 417 mAnm Güngör, mit den dortigen Überlegungen zum „kommerzialisierten Datenhandel".
52 Eingeführt aufgrund der Ermächtigungsgrundlage in Art. 84 Abs. 1 DS-GVO; Paal/Pauly/Frenzel, 3. Aufl. 2021, BDSG § 42 Rn. 1.
53 Vgl. Schmitt WRP 2019, 2 (32).

IV. Status und Ausblick

29   Bis der EuGH über die wettbewerbsrechtliche Klagebefugnis von Mitbewerbern entschieden hat, wird man wohl in den OLG-Bezirken Hamburg, Stuttgart und Naumburg marktbezogene Verstöße gegen die DS-GVO auch als Mitbewerber zivilrechtlich verfolgen können. Auch alle marktbezogenen Vorschriften der geplanten, aber noch im Entwurfsstadium befindlichen **e-Privacy Verordnung der EU** dürften Marktverhaltensregeln iSd § 3a UWG darstellen. Art. 21 e-Privacy-VO-Entwurf sieht vor, dass jede natürliche oder juristische Person gegen Verstöße gegen die Verordnung vorgehen darf. Sofern dies entsprechend in Kraft treten sollte, spräche dies für eine **Anspruchskonkurrenz** mit lauterkeitsrechtlichen Ansprüchen.

F. Ergänzender Leistungsschutz

30   Daten, dh auch nicht-personenbezogene Daten wie etwa **Rohdaten** können nicht nur **geistiges Eigentum** oder **Geschäftsgeheimnisse** darstellen,[54] sondern können unter Umständen auch **ergänzenden lauterkeitsrechtlichen Leistungsschutz gegen Nachahmung** genießen. Daten können dabei Waren oder Dienstleistungen bzw. den Rohstoff für solche darstellen, über deren Herkunft getäuscht wird (§ 4 Nr. 3 lit. a UWG) oder deren Wertschätzung unangemessen ausgenutzt oder beeinträchtigt wird (§ 4 Nr. 3 lit. b UWG). Die Unlauterkeit der Nachahmung kann ferner darin begründet sein, dass der Nachahmer die für die Nachahmung erforderlichen Kenntnisse oder Unterlagen unredlich erlangt hat (§ 4 Nr. 3 lit. c UWG).

I. Daten als Ware oder Dienstleistung

31   Daten können begrifflich eine Ware, aber keine Dienstleistung sein; allenfalls können Daten Gegenstand von Dienstleistungen sein. Der lauterkeitsrechtliche Begriff der „Waren oder Dienstleistungen" ist dabei denkbar weit:[55] Er kann Leistungs- und Arbeitsergebnisse jeder Art umfassen, etwa **betriebswirtschaftliche Daten** (zB Logistikdaten, Kundendaten, Bestelldaten) aber auch **Rohdaten**, die aus der Natur (zB Wetterdaten), aus der Umwelt (zB Verkehrsdaten) oder aus Maschinen (zB Sensordaten oder Smart Meter-Daten) erhoben werden,[56] oder die im Wege von Rechenleistung wie zB Datensätze in der Blockchain generiert werden. Die erfolgreichsten Geschäftsmodelle des Internets beruhen allerdings nicht auf der eigenen Generierung von Daten aus der Natur, Umwelt oder aus Maschinen. Suchmaschinen, Social Networks, Übersetzungs- oder E-Mail-Dienste erzeugen vielmehr nur am Rande originär eigene Daten, sondern durchsuchen, verwalten, übersetzen oder versenden meist fremde, oft personenbezogene Daten.[57]

II. Wettbewerbliche Eigenart von Daten

32   Erforderlich für Ansprüche aus ergänzendem lauterkeitsrechtlichen Leistungsschutz ist, dass die Daten als Ware oder als Dienstleistung **wettbewerbliche Eigenart** besitzen: Wettbewerbliche Eigenart ist die Eignung der Daten, die interessierten Verkehrskreise auf ihre **betriebliche Herkunft** oder ihre **Besonderheiten** hinzuweisen.[58] Um ergänzendem lauterkeitsrechtlichen Leistungsschutz zu unterfallen, müssen die Daten bzw. die darauf beruhenden Waren oder Dienstleistungen aus Sicht des Verkehrs nur von bestimmten Anbietern stammen können. Es darf sich nicht um „Allerweltsdaten" handeln, sondern allenfalls um typische Daten aus

---

54 Siehe dazu → § 11.
55 Ohly GRUR 2017, 79 f.
56 Fries/Scheufen MMR 2019, 721 f.; Hessel/Leffer MMR 2020, 647 f.
57 Gloy/Loschelder/Danckwerts UWG-HdB/Becker UWG § 64 Rn. 55–58.
58 BGH GRUR 2010, 80 Rn. 23; GRUR 2010, 1125 Rn. 21; GRUR 2012, 58 Rn. 43; WRP 2013, 1189 Rn. 19; GRUR 2013, 1052 Rn. 18; WRP 2015, 1090 Rn. 10; WRP 2016, 854 Rn. 16; GRUR 2016, 730 Rn. 33.

bestimmten Einrichtungen, die auf die Erzeugung oder Verarbeitung von Daten spezialisiert sind, wie etwa Forschungseinrichtungen, forschende Unternehmen oder Hersteller von Informationsprodukten.[59]

UWG-Leistungsschutz an Daten scheitert meist bereits daran, dass es mangels optischer Merk- **33** male von Daten an einem ausreichenden „Wiedererkennungseffekt" fehlt.[60] Daten sind das **Rohmaterial für Datenmärkte** und damit einhergehende Dienstleistungen und Datenprodukte. Sie stellen zwar ggf. bereits eine handelsfähige Ware dar, wirken aber in aller Regel selbst **nicht herkunftshinweisend.** Der Mehrwert für den Nutzer gründet meist in der Interpretation bzw. weiteren Verarbeitung der Rohdaten und wird häufig erst durch das sogenannte **Data-Mining** gewonnen, dh durch die systematische Anwendung statistischer Methoden auf große Datenbestände mit dem Ziel, neue Querverbindungen und Trends zu erkennen.[61] Erst das auf Basis der Rohdaten erstellte Endprodukt weist möglicherweise auf eine bestimmte betriebliche Herkunft hin und verfügt damit ggf. über wettbewerbliche Eigenart. Die Rechtsprechung hat dabei unterschiedliche Kriterien für die Annahme wettbewerblicher Eigenart herangezogen:

1. Personal- und Kostenaufwand

In der Entscheidung „Informationsdienst" hat der BGH die wettbewerbliche Eigenart von **34** Daten eines Informationsdienstes über neue Bauvorhaben bejaht, weil diese mit „erheblichem Personal- und Kostenaufwand" aufbereitet und kommuniziert wurden.[62] Die Entscheidung erging noch auf Grundlage der damaligen **Generalklausel des § 1 UWG** und würde heute so wohl nicht mehr ergehen. Eine **erhebliche Investition** mag die Wahrscheinlichkeit erhöhen, dass das Datenprodukt im Markt als besonders erkannt bzw. mit einer bestimmten Herkunft konnotiert wird; allein ausreichend ist die Investition in die Erstellung des Produkts aber nicht, um wettbewerbliche Eigenart zu begründen.

2. Besondere Gütevorstellungen/Herkunftshinweis

In der Tele-Info-CD-Entscheidung hat der BGH die wettbewerbliche Eigenart der digitalisier- **35** ten Inhalte von Telefonbüchern der Telekom in eigenem Layout damit bejaht, dass sich zum einen aus optischen Gestaltungsmerkmalen wie dem Layout oder der Schrift gedruckter Daten ergeben kann, wie sie für die Telefonbücher der Telekom typisch sind. Zum anderen könnten Daten aber auch besondere Gütevorstellungen dadurch begründen, dass der Verkehr sie für „amtliche" Daten halte und auf ihre „Vollständigkeit und Richtigkeit" vertraue.[63] Der BGH hat insofern die wettbewerbliche Eigenart letztlich in der optischen Gestaltung des Produkts und nicht im Inhalt der Daten erkannt.

Streitgegenstand der Hit-Bilanz-Entscheidung des BGH waren Daten zur Nutzung von Mu- **36** sik im Hörfunk sowie Verkaufszahlen, die das klagende Markt- und Sozialforschungsinstitut im Auftrag des Bundesverbandes der Phonographischen Wirtschaft eV ermittelte, um daraus Musikcharts zu erstellen. Die Beklagte nutzte das Datenmaterial aus den von der Klägerin erstellten Charts, um daraus in Buchform und auf CD-ROM sog. Hit-Bilanzen zu erstellen. Der BGH verneinte hier die wettbewerbliche Eigenart des Datenmaterials der Klägerin. Jedenfalls ohne eine besondere Anordnung nach Platzziffern hätten die Daten für sich genommen keine

59 Gloy/Loschelder/Danckwerts UWG-HdB/Becker UWG § 64 Rn. 51.
60 Becker GRUR 2017, 346 f.
61 https://de.wikipedia.org/wiki/Data-Mining.
62 BGH GRUR 1988, 308 (309).
63 BGH WRP 1999, 831.

wettbewerbliche Eigenart. Sie seien als solche nicht geeignet, auf eine bestimmte betriebliche Herkunft hinzudeuten.[64]

37 In einer Entscheidung des Kammergerichts zur Datenübernahme aus einem EDV-System zum Ticketverkauf in ca. 500 Vorverkaufsstellen hatte ein Konkurrent der Betreiberin veranstaltungsbezogene Daten aus dem System entnommen, um sie zur Vermarktung seines eigenen EDV-Angebots zum Ticketverkauf zu nutzen. Das Kammergericht verneinte die wettbewerbliche Eigenart der Daten, da in ihnen keinerlei Hinweis auf einen Hersteller liege und auch nichts zu einer besonderen Gütevorstellung der Nutzer bezüglich der übernommenen Daten vorgetragen worden sei.[65]

38 In den Stellenanzeigen der Frankfurter Allgemeinen Zeitung als insoweit in Europa marktführender Zeitung sah das Kammergericht hingegen wettbewerbliche Eigenart, weil der Verkehr mit diesen besondere Gütevorstellungen verbinde.[66]

3. Systematische Ordnung

39 In seiner Markenheftchen-Entscheidung bejahte der BGH wettbewerbliche Eigenart für ein Informationsprodukt, nämlich für ein der Ordnung von Briefmarken dienendes Nummernsystem für von Verlagen herausgebrachte Briefmarkenkataloge. Die Beklagte hatte ein eigenes Nummernsystem entwickelt, verwies daneben aber auf das System der klagenden Marktführerin. Der BGH verneinte die Unlauterkeit der Referenz auf das Informationsprodukt der Klägerin, da die Beklagte ein eigenes System entwickelt und ein berechtigtes Interesse daran habe, dieses durch Referenzierung des Systems der Klägerin verkehrsfähig zu machen.[67]

4. Geografische Segmentierungen

40 In der Segmentstrukturentscheidung des BGH ging es um verkehrsbekannte Besonderheiten zweier **geografischer Segmentierungen** des pharmazeutischen Marktes in Deutschland. Der BGH hielt insofern eine wettbewerbliche Eigenart angesichts der besonderen, die konkreten Gegebenheiten vor Ort berücksichtigenden und sich deshalb von einer bloßen Orientierung an Postleitzahlgebieten abhebenden geografischen Segmentierung zwar für grundsätzlich möglich, bemängelte aber, dass aus der Anlage aus dem Berufungsurteil die „konkrete geografische Abgrenzung dieser Segmente" nicht ersichtlich war.[68]

5. Zwischenfazit

41 Die Hürde der wettbewerblichen Eigenart für Daten bzw. daraus bestehende Datenprodukte ist in der Praxis nicht gering. Der ergänzende lauterkeitsrechtliche Leistungsschutz ist **kein reiner Investitionsschutz**. Vielmehr muss im Prozess konkret dargelegt werden, inwiefern die Daten geeignet sind, auf eine bestimmte betriebliche Herkunft oder sonstige Besonderheit hinzuweisen. Diese Besonderheit bzw. die Eignung zum Herkunftshinweis wird sich dabei in der Regel erst aus der besonderen Gestaltung des Datenprodukts oder der spezifischen Datenverarbeitung und nicht bereits aus den Rohdaten selbst ergeben, zumal gerade in der Datenverarbeitung häufig die maßgebliche Wertschöpfung liegt.

---

64 BGH WRP 2005, 1267 – HIT BILANZ.
65 KG MMR 2001, 171 = juris Rn. 56.
66 KG ZUM-RD 2001, 88.
67 BGH WRP 2011, 51.
68 BGH GRUR 2017, 79.

III. Unlautere Leistungsübernahme

Als unlautere Handlung bei einer **unmittelbaren Leistungsübernahme** von fremden Daten [42]
kommt in erster Linie das Kopieren dieser in Betracht. Dabei ist es erforderlich, aber auch
ausreichend, wenn die Daten bzw. Teile davon übernommen werden, aus denen sich die
wettbewerbliche Eigenart ergibt – dh das Original muss in der Nachahmung erkennbar sein.[69]
Ob es für einen solchen **Daten-Leistungsschutz** genügt, wenn nur das Endprodukt am Markt
angeboten wird, sofern die Daten darin „erkennbar" sind, scheint nicht unmöglich, ist soweit
ersichtlich allerdings noch nicht von den Gerichten entschieden worden.[70]

IV. Vermeidbare Herkunftstäuschung

Die praktische Bedeutung der vermeidbaren Herkunftstäuschung bei der Übernahme fremder [43]
Daten scheint bislang übersichtlich: Eine vermeidbare unlautere Herkunftstäuschung gemäß
§ 4 Nr. 3 lit. a UWG liegt vor, wenn ein bestimmtes Produkt aufgrund seiner Einprägsamkeit
und/oder Bekanntheit einem bestimmten Anbieter zugeschrieben wird und die Übernahme
der einprägsamen Merkmale durch einen Nachahmer **Herkunftsverwechslungen** verursacht,
wenn der Anbieter diese nicht durch geeignete Maßnahmen ausschließt. Nur wo Letzteres
nicht in zumutbarer Weise möglich ist, gilt die Herkunftstäuschung als unvermeidbar und
damit rechtlich als akzeptabel.[71] Unterschieden wird bei der Herkunftsverwechslung zwischen
drei Ausformungen, (1) der **unmittelbaren Herkunftsverwechslung**, (2) der **mittelbaren
Herkunftsverwechslung** und (3) **der Herkunftsverwechslung im weiteren Sinn**. Bei der
unmittelbaren Herkunftsverwechslung verwechselt der Verbraucher die Produkte und schließt
aufgrund der Übereinstimmung der herkunftshinweisenden (dh wettbewerblich eigenartigen)
Merkmale auf dieselbe Herkunftsstätte von Original und Nachahmung. Bei der mittelbaren
Herkunftsverwechslung verwechselt der Verbraucher die Produkte selbst zwar nicht, hält die
Nachahmung aber aufgrund von Übereinstimmungen eigenartiger Merkmale für eine (weitere) Abwandlung des Angebots desselben Anbieters. Bei der Herkunftsverwechslung im weiteren Sinn hält der Verbraucher auch die Anbieter zutreffend auseinander, schließt aber aufgrund
der Übereinstimmung von eigenartigen Merkmalen irrig auf wirtschaftliche und/oder rechtliche Beziehungen zwischen den Anbietern des Originalerzeugnisses und der Nachahmung.[72] In
seiner Tele-Info-CD-Entscheidung konnte der BGH in der Übernahme der Daten aus den „amtlichen" Telefonbüchern der Klägerin in die elektronische Telefonteilnehmerverzeichnisse auf
CD-ROM der Beklagten keine Herkunftstäuschung erkennen, weil die elektronischen Teilneh-
merverzeichnisse der Beklagten hinreichend deutlich auf ihre Herkunft hinwiesen und nicht
den Eindruck vermittelten, als handele es sich um Produkte der Klägerin. Auch sonst ist keine
Entscheidung deutscher Gerichte ersichtlich, in der in der Übernahme fremder Daten eine
unlautere Herkunftstäuschung erblickt wurde. Das mag daran liegen, dass fremde Daten/Infor-
mationen meist als Rohstoff übernommen werden, um den Inhalt für sich zu reklamieren und
nicht dazu den Anschein zu erwecken, damit neue, eigene Informationen anzubieten.[73]

V. Rufausbeutung und -beeinträchtigung

Die praktisch größere Bedeutung für die unlautere Übernahme fremder Daten dürfte die [44]
Rufausbeutung gemäß § 4 Nr. 3 lit. b UWG haben. Die Rufausbeutung kann, muss aber nicht
auf einer Täuschung der Erwerber über die betriebliche Herkunft oder einer Waren- oder

---

69 BGH GRUR 1999, 923 = juris Rn. 47 ff.; BGHZ 207, 71 = juris Rn. 72 ff.
70 Becker GRUR 2017, 346.
71 Harte-Bavendamm/Henning-Bodewig/Sambuc, 5. Aufl. 2021, UWG § 4 Rn. 156.
72 Harte-Bavendamm/Henning-Bodewig/Sambuc, 5. Aufl. 2021, UWG § 4 Rn. 194.
73 Gloy/Loschelder/Danckwerts UWG-HdB/Becker UWG § 64 Rn. 73.

Dienstleistungsverwechslung durch die Erwerber beruhen.[74] Es reicht aus, wenn es aufgrund sonstiger besonderer Umstände zu einer **Rufübertragung**, dh zu einer Übertragung von Güte- und Wertvorstellungen kommt.[75] In seiner Tele-Info-CD-Entscheidung erkannte der BGH **besondere Gütevorstellungen** des Verkehrs in den „amtlichen" Telefonbüchern der Klägerin, die sich auf ein Vertrauen in die Vollständigkeit und Richtigkeit der Teilnehmerangaben stützten. Auf diesen Gütevorstellungen baue das Angebot der Beklagten auf; denn der Verkehr erwarte, dass die elektronischen Verzeichnisse der Beklagten nicht auf eigenen Recherchen beruhen, die notgedrungen zu lückenhaften und fehlerbehafteten Ergebnissen führen müssten, sondern dass es sich um die „amtlichen" Teilnehmerdaten der Klägerin handele.

45   Nicht jede unmittelbare Übernahme von Daten stellt jedoch zugleich eine Rufausbeutung dar. Eine unlautere Rufausbeutung erfordert nach der Rechtsprechung des BGH einen **Imagetransfer**, der nicht bereits darin liegt, dass ein Wettbewerber ohne eigenen Herstellungsaufwand auf der übernommenen Leistung aufbaut. Allein die **systematische Übernahme einer Leistung** eines Konkurrenten ohne eigene Aufwendungen begründet nicht die besondere Unlauterkeit. Erforderlich ist neben dem Ausbeutungsaspekt, dass gerade die Gütevorstellungen übernommen werden, die der Verkehr mit dem Angebot des Herstellers verbindet.[76]

46   Inwiefern zudem eine Schädigung des guten Rufs durch den Vertrieb nachgeahmter Daten möglich ist, ist ungeklärt. In Betracht käme das Angebot minderwertiger Labor- oder Versuchsdaten oder die minderwertige Weiterverarbeitung von Originaldaten. In beiden Fällen wäre Kern der Unlauterkeit, dass der Verkehr nicht weiß, ob untaugliche Ergebnisse auf den Originalhersteller oder den Nachahmer zurückgehen.[77]

VI. Nachahmung durch unredlich erlangte Informationen

47   Auch wenn § 4 Nr. 3 lit. c UWG auf die zur Nachahmung erforderlichen Kenntnisse und Unterlagen abstellt und damit eine gewisse Nähe zum Schutz von Daten und Informationen suggeriert, hält sich die praktische Bedeutung dieses Nachahmungsschutzes in Grenzen, weil Daten und Informationen als solche nicht Gegenstand des Schutzes sind, sondern sich der Nachahmungsschutz allein auf Erzeugnisse bezieht, die mithilfe von Kenntnissen oder Unterlagen nachgeahmt werden. Dies beschränkt den Schutz auf produktionsrelevante, wenn nicht sogar produktionserforderliche Daten/Informationen und diejenigen Waren und Dienstleistungen, die auch der Originalhersteller anbietet.[78] Werden auf Basis fremder Daten eigene, andersartige Produkte geschaffen, fehlt es an einer Nachahmung. Insofern kann der Dateninhaber allerdings ggf. auf das Geschäftsgeheimnisschutzgesetz zurückgreifen, da es sich bei solchen produktionsrelevanten bzw. produktionserforderlichen Daten/Informationen häufig auch um Geschäftsgeheimnisse handeln dürfte, siehe dazu → § 11.[79]

G. Behinderung

48   In seiner **Segmentstrukturentscheidung** stellte der BGH klar, dass die behindernde Nachahmung künftig allein unter § 4 Nr. 4 UWG falle.[80] Soweit frühere Entscheidungen die spezifische Unlauterkeit der Übernahme fremder Daten in der Behinderung des Originalherstellers sahen,[81] sollen nach dem 2016 ergangenen Segmentstruktur-Urteil des BGH „die unter

---

74   BGH GRUR 2010, 1125 Rn. 42; GRUR 2013, 1052 Rn. 38; Rohnke FS Bornkamm, 2014, 443.
75   OLG Köln WRP 2021, 108 = juris Rn. 56.
76   BGH GRUR-Prax 2010, 562.
77   Becker GRUR 2017, 346 (350).
78   Gloy/Loschelder/Danckwerts UWG-HdB/Becker UWG § 64 Rn. 90 (91).
79   Köhler/Bornkamm/Feddersen/Alexander UWG, 40. Aufl. 2022, GeschGehG § 2 Rn. 25 ff.
80   BGH GRUR 2017, 79.
81   BGH NJW 1998, 3773 (3775); GRUR 2008, 1115 (1118) Rn. 32; GRUR 2013, 1213 (1219) Rn. 63.

dem Gesichtspunkt der Behinderung maßgeblichen Unlauterkeitsvoraussetzungen" auf die Vorgaben des § 4 Nr. 4 UWG beschränkt sein.[82] Das bedeutet für die Praxis, dass allein der Umstand, dass die Übernahme fremder Daten Wettbewerb zu dem Originalprodukt schafft, nicht ausreicht, um die Lauterkeit der Nachahmung bzw. Datenübernahme zu begründen, sondern die zusätzlichen Anforderungen des § 4 Nr. 4 UWG erfüllt sein müssen. Letztere liegen insb. im Tatbestandsmerkmal „gezielt" des § 4 Nr. 4 UWG. Es soll klarstellen, dass nicht jede Behinderung durch einen Mitbewerber unlauter ist. Die Grenzziehung zwischen zulässigen und unzulässigen behindernden geschäftlichen Handlungen ist nicht einfach. Eine unlautere Behinderung von Mitbewerbern setzt eine **Beeinträchtigung der wettbewerblichen Entfaltungsmöglichkeiten** der Mitbewerber voraus, die über die mit jedem Wettbewerb verbundene Beeinträchtigung hinausgeht und bestimmte Unlauterkeitsmerkmale aufweist. Unlauter ist die Beeinträchtigung im Allgemeinen dann, wenn gezielt der Zweck verfolgt wird, Mitbewerber an ihrer Entfaltung zu hindern und sie dadurch zu verdrängen, oder wenn die Behinderung dazu führt, dass die beeinträchtigten Mitbewerber ihre Leistung am Markt durch eigene Anstrengung nicht mehr in angemessener Weise zur Geltung bringen können. Ob diese Voraussetzungen erfüllt sind, lässt sich nur aufgrund einer Gesamtwürdigung der Umstände des Einzelfalls unter Berücksichtigung der Interessen der Mitbewerber, Verbraucher und sonstiger Marktteilnehmer sowie der Allgemeinheit beurteilen.[83]

In seinem Urteil zur Flugvermittlung im Internet behandelte der BGH das sogenannte **Screen-Scraping**. Dabei handelt es sich um die systematische Sammlung und Übernahme von Daten fremder Homepages. Kern des Falls war die automatisierte Überwindung der mit einem Häkchen zu bestätigenden AGB, um entgegen dem Willen der Klägerin Fluginformationen auszulesen und Flüge zu vermitteln. Der BGH verneinte eine gezielte Behinderung der Fluglinie mittels Schleichbezug durch das systematische Sammeln und Übernehmen der Daten trotz des Sich-Hinwegsetzens über Vertragsbedingungen und sah auch keine vergleichbaren Unlauterkeitsmomente. Erst die Überwindung technischer Maßnahmen bei der Datenübernahme sei hier relevant und begründe eine unlautere Behinderung.[84] 49

H. Belästigung

I. Elektronische Post

Elektronische Post spielt im Kontext der Verarbeitung und Nutzung von Big Data eine essentielle Rolle. Die Möglichkeit, Kunden über Werbemails, SMS, MMS und sonstige Social Media Nachrichten direkt und persönlich anzusprechen, ist für den Werbenden von großem Wert. Den Ausgleich zwischen dem Schutz der Empfänger vor belästigenden Werbe-E-Mails und dem geschäftlichen Interesse der Werbenden sollen die Regelungen aus § 7 Abs. 2 Nr. 2 sowie Abs. 3 UWG herstellen, die unstreitig neben der DS-GVO Anwendung finden.[85] Danach ist Werbung unter Verwendung von elektronischer Post ohne eine vorherige ausdrückliche Einwilligung des Empfängers stets unzulässig, sofern nicht die kumulativen Voraussetzungen aus § 7 Abs. 3 UWG vorliegen. 50

Elektronische Post ist zwar nicht im UWG, dafür aber in **Art. 2 S. 2 lit. h RL 2002/58/EG** definiert. Danach ist „elektronische Post" jede über ein öffentliches Kommunikationsnetz verschickte Text-, Sprach-, Ton- oder Bildnachricht, die im Netz oder im Endgerät des Empfängers gespeichert werden kann, bis sie von diesem abgerufen wird. Darunter fallen E-Mail, SMS[86], 51

---

82 BGH GRUR 2017, 79 (87) – Segmentstruktur.
83 BGH GRUR 2015, 607 Rn. 16; GRUR 2017, 92 Rn. 14; GRUR 2017, 397 Rn. 49.
84 BGH WRP 2014, 839.
85 OLG München ZD 2019, 408 Rn. 24.
86 EG Nr. 40 RL 2002/58/EG; BGH WRP 2018, 442 Rn. 18.

MMS sowie Nachrichten bei Social Media Diensten wie Xing, Facebook[87], Twitter, LinkedIn oder Whatsapp.[88] Werbung ist jede Äußerung bei der Ausübung eines Handels, Gewerbes, Handwerks oder freien Berufs mit dem Ziel, den Absatz von Waren oder die Erbringung von Dienstleistungen, einschließlich unbeweglicher Sachen, Rechte und Verpflichtungen zu fördern.[89]

1. Inbox-Werbung

52 Nach der Rechtsprechung des EuGH ist auch Inbox-Werbung (dh nach dem Zufallsprinzip eingeblendete Werbung im E-Mail-Postfach des Nutzers) einwilligungspflichtige elektronische Post, wenn die Einblendung der Werbenachricht in der Inbox eines Nutzers eines E-Mail-Dienstes in einer Form erfolgt, die der einer tatsächlichen E-Mail ähnlich ist und die an derselben Stelle wie eine solche E-Mail erfolgt.[90]

2. Chat-Bots

53 Für die Qualifikation als elektronische Post kommt es nicht auf den Absender an. Auch die **werbliche Ansprache mittels Chatbots** stellt elektronische Post dar, wenn die Adressaten werbliche Text- und/oder Bildnachrichten erhalten. Chatbots sind **Online-Dialogsysteme**, die in Echtzeit ein Gespräch mit einem Menschen simulieren.[91] Der Chatbot beantwortet ohne menschliches Einwirken zB Anfragen, die Nutzer in eine Eingabemaske eingeben, und kann weitere Aktionen vornehmen. Für die Beantwortung greifen Chatbots auf für sie eingerichtete Datenbanken mit Wissen und Erkennungsmustern zurück. Auf Grundlage der vorhandenen Muster und der ausgelesenen Eingaben der Nutzer generiert der Chatbot seine Antworten und Reaktionen.[92] Sofern Chatbots Adressaten werbliche Text- und/oder Bildnachrichten senden, stellt dies eine unzumutbare Belästigung dar, sofern der Adressat nicht ausdrücklich eingewilligt hat oder eine Ausnahme von der Pflicht zur ausdrücklichen Einwilligung besteht.[93]

3. Ausdrückliche Einwilligung

54 § 7 Abs. 2 Nr. 3 UWG erfordert eine **ausdrückliche Einwilligung des Adressaten** zum Erhalt der elektronischen Post.[94] Die Einwilligung für Werbung über mehrere Werbekanäle kann auch mittels einer einzelnen Einwilligungserklärung des Kunden erfolgen, solange darin alle Werbekanäle explizit genannt sind.[95] Die Darlegungs- und Beweislast für das Vorliegen einer Einwilligung liegt beim Werbenden.[96] Die Einwilligung muss sich an Art. 6 Abs. 1 lit. a DS-GVO messen lassen, dh die Einwilligung kann zwar formlos erfolgen, insbes. elektronisch durch das Anklicken eines Kästchens, es ist dabei aber aktives Handeln erforderlich.[97] Das Hinnehmen eines vorangekreuzten Kästchens stellt daher keine wirksame Einwilligung dar.[98]

---

87 BGH NJW 2016, 3445.
88 Fezer/Büscher/Obergfell/Mankowski, 3. Aufl. 2016, UWG § 7 Rn. 186; Köhler/Bornkamm/Feddersen/Köhler, 40. Aufl. 2022, UWG § 7 Rn. 196.
89 Bornkamm/Feddersen/Köhler, 40. Aufl. 2022, UWG § 7 Rn. 129; BGH, GRUR 2009, 980 Rn. 13; WRP 2013, 1579 Rn. 17; BGH WRP 2016, 958 Rn. 27.
90 EuGH GRUR 2022, 87; BGH GRUR 2020, 420; verneinend noch: OLG Nürnberg GRUR-RR 2019, 170.
91 https://de.wikipedia.org/wiki/Chatbot.
92 Köbrich/Froitzheim WRP 2017, 1188; Haseloff/Friehoff VersR 2020, 1363.
93 Köbrich/Froitzheim WRP 2017, 1188 (1189).
94 Fezer/Büscher/Obergfell/Mankowski, 3. Aufl. 2016, UWG § 7 Rn. 206, 209.
95 BGH GRUR 2018, 545 Rn. 23; OVG Saarlouis ZD 2021, 386.
96 OLG München MMR 2020, 552 Rn. 11; OLG Frankfurt a. M. BeckRS 2019, 17820 Rn. 18; BGH GRUR 2004, 517; GRUR 2011, 936 Rn. 37 ff.
97 EG Nr. 32 DS-GVO; Umkehrschluss aus Art. 7 Abs. 2 DS-GVO.
98 EuGH MMR 2019, 732 Rn. 44 ff.; BGH NJW 2020, 2540.

Rieken

Eine rechtskonforme Einwilligung ist damit nur durch ein (**double**) **Opt-in-Verfahren** sichergestellt.[99]

Eine einmal erteilte Einwilligung in den Erhalt von Werbe-E-Mails gilt an sich unbefristet.[100] Wenn zwischen der erteilten Einwilligung und dem Erhalt der ersten Werbe-E-Mail längere Zeit liegt, stellt sich allerdings die Frage, ob der Einwilligende noch Kenntnis von der Einwilligung und Interesse an einer Werbung hat.[101]

55

4. Double Opt-in-Verfahren

Eine wirksame Einwilligung kann aktuell technisch nur durch das sogenannte „**Double Opt-in-Verfahren**" eingeholt werden. Das Double Opt-in-Verfahren erfolgt in zwei Schritten: Die **ursprüngliche Anforderung einer Leistung** und das **nochmalige Bestätigen** des Kunden durch Aktivierung eines Links.[102]

56

Der zweite Schritt kann durch das Setzen eines Häkchens in einem elektronischen Formular[103], das Aktivieren eines Links oder das Rücksenden einer leeren E-Mail erfolgen. Der Adressat muss **zustimmend aktiv werden**. Voreinstellungen sind nicht zulässig.[104] Die Bestätigungs-E-Mail für sich stellt keine belästigende Werbung dar, wenn der Adressat diese in einem Schritt zuvor angefordert hat. Anders liegt der Fall, wenn der Adressat zuvor keinen Kontakt zum Absender hat.[105]

57

Um in einem Rechtsstreit ausreichenden Nachweis über die wirksame Einwilligung zu erbringen, muss der Werbende die konkrete Einverständniserklärung jedes einzelnen Verbrauchers vollständig **dokumentieren**. Im Fall einer elektronisch übermittelten Einverständniserklärung setzt das deren Speicherung und die jederzeitige Möglichkeit voraus, sie auszudrucken.[106]

58

5. Ausnahmen vom Erfordernis der Einwilligung

§ 7 Abs. 3 UWG normiert eine enge Ausnahme vom grundsätzlichen Erfordernis einer ausdrücklichen Einwilligung in die Verarbeitung von personenbezogenen Daten zum Zweck der Werbung via elektronischer Post. Im Rahmen **bestehender Kundenbeziehungen** ist es zulässig, Werbung an den Bestandskunden zu versenden, ohne zuvor eine ausdrückliche Einwilligung des Kunden einzuholen, solange, bis dieser die Nutzung seiner personenbezogenen Daten zu Werbezwecken untersagt (**Opt-out-Modell**). Die mit dieser Direktwerbung verbundene Beeinträchtigung der Privatsphäre ist für Verbraucher hinnehmbar. Die Ausnahmeregelung ist eng auszulegen.[107]

59

Alle Voraussetzungen des § 7 Abs. 3 UWG müssen kumulativ vorliegen:

60

- Der Werbende muss die elektronische Postadresse im Zusammenhang mit dem Verkauf einer Ware oder Dienstleistung erhalten haben (§ 7 Abs. 3 Nr. 1 UWG). Dies ist der Fall, wenn der Kunde zuvor bei dem Werbenden per E-Mail eine Bestellung aufgegeben hat und es zum Verkauf gekommen ist. Dies ist nicht der Fall, wenn der Werbende die elektronische

---

99 BGH GRUR 2011, 936 Rn. 37 ff.; Taeger/Gabel/Taeger DS-GVO, 4. Aufl. 2022, Art. 7 Rn. 50; Specht/Mantz/Specht HdB Datenschutzrecht, 1. Aufl. 2019, § 9 Rn. 35 ff.
100 BGH WRP 2018, 442 Rn. 31.
101 Vgl. zur Telefonwerbung: OLG Hamburg MMR 2009, 557; OLG Köln WRP 2013, 659 Rn. 15: 16 Monate noch ausreichend; zur Faxwerbung: vgl. LG Stuttgart WRP 2006, 1548; zur E-Mail-Werbung: LG München – I CR 2011, 830; LG Berlin WRP 2012, 610 Rn. 21: 1,5 Jahre.
102 Fezer/Büscher/Obergfell/Mankowski, 3. Aufl. 2016, UWG § 7 Rn. 219.
103 BGH GRUR 2011, 936 Rn. 37.
104 Fezer/Büscher/Obergfell/Mankowski, 3. Aufl. 2016, UWG § 7 Rn. 219a.
105 OLG Düsseldorf WRP 2016, 900 (902); OLG Celle WRP 2014, 1218 (1219); aA OLG München MMR 2013, 38.
106 BGH GRUR 2011, 936 Rn. 31.
107 Köhler/Bornkamm/Feddersen/Köhler, 40. Aufl. 2022, UWG § 7 Rn. 202; EG 41 und Art. 13 Abs. 2 RL 2002/58/EG.

Postadresse von einem kooperierenden Händler, Adresshändler oder aus Adressbüchern bezieht,[108] oder es am vorherigen Vertragsabschluss fehlt.[109]

- Die Ausnahme von der ausdrücklichen Einwilligung gilt zudem nur für Werbung für ähnliche Produkte oder Dienstleistungen, wie die bereits konsumierten, weil der Kunde dies nicht als Belästigung wahrnimmt.[110] Die Ähnlichkeit richtet sich nach dem gleichen oder ähnlichen erkennbaren oder typischen Verwendungszweck oder Bedarf des Kunden.[111] Das gleiche gilt für funktionell zusammengehörende Waren, Zubehör und Ergänzungen.[112]
- Dem Werbenden darf zudem kein Widerspruch des Kunden zugegangen sein.[113]
- Zudem muss der Werbende den Kunden bereits bei Erhebung der E-Mail-Adresse des Kunden und bei jeder weiteren Verwendung klar und deutlich darauf hinweisen, dass der Kunde der E-Mail-Werbung jederzeit widersprechen kann. In der Praxis wird die zulässige E-Mail-Werbung an Bestandskunden häufig dadurch verhindert, dass zwar in der aktuellen E-Mail-Werbung auf die Widerspruchsmöglichkeit hingewiesen wird, bei der ursprünglichen Erhebung der E-Mail-Adresse des Bestandskunden allerdings noch nicht auf die Widerrufsmöglichkeit hingewiesen worden war.[114] Der fehlende Hinweis bei der ursprünglichen Kundendatenerhebung führt dann dazu, dass die Ausnahme von der ausdrücklichen Einwilligung in § 7 Abs. 3 UWG nicht besteht.

61 Ob eine **zeitliche Begrenzung des mutmaßlichen Interesses** des Kunden an einer Werbung besteht, ist umstritten. Die wohl überwiegende Ansicht lehnt eine zeitliche Begrenzung ab unter dem Hinweis auf den Wortlaut des § 7 Abs. 3 UWG, der keine zeitliche Komponente vorsieht.[115]

62 Die noch im Entwurfsstadium befindliche e-Privacy-Verordnung enthält ebenfalls Vorschriften zur unerbetenen Kommunikation, die künftig möglicherweise neben den Vorschriften aus §§ 7 Abs. 2 Nr. 2, Nr. 3, Abs. 3 UWG Anwendung finden werden.[116]

II. Aggressive geschäftliche Handlungen

63 Neben dem Verbot unerwünschter E-Mail-Werbung aus § 7 UWG, das spezifisch dem Schutz der Privatsphäre der Verbraucher bzw. der geschäftlichen Sphäre der sonstigen Marktteilnehmer dient,[117] schützt das Lauterkeitsrecht über § 4a I 2 Nr. 1 UWG sowie über die Vorschriften der Ziff. 24 ff. der „schwarze Liste" aus dem Anhang zu § 3 Abs. 3 UWG Verbraucher oder sonstige Marktteilnehmer auch vor Belästigungen, durch die deren **Entscheidungsfreiheit** betroffen wird. Nach § 4a UWG liegt eine unlautere Handlung (§ 3 UWG) vor, wenn eine aggressive geschäftliche Handlung geeignet ist, den Verbraucher oder sonstigen Marktteilnehmer zu einer geschäftlichen Entscheidung zu veranlassen, die dieser andernfalls nicht getroffen hätte.

---

108 Spindler/Schuster/Micklitz/Schirmbacher Recht der elektronischen Medien, 4. Aufl. 2019, § 7 Rn. 209; Goldbeck K & R 2006, 215 (216 f.); LG Hamburg CR 2009, 198.

109 Herrschende Meinung; Ohly/Sosnitza/Ohly UWG, 7. Aufl. 2016, § 7 Rn. 73; Fezer/Büscher/Obergfell/Mankowski, 3. Aufl. 2016, UWG § 7 Rn. 239.

110 Köhler/Bornkamm/Feddersen/Köhler, 40. Aufl. 2022, UWG § 7 Rn. 202; EG 41 und Art. 13 Abs. 2 RL 2002/58/EG.

111 OLG München GRUR-RR 2018, 369 (370).

112 Köhler/Bornkamm/Feddersen/UWG, 40. Aufl. 2022, Köhler § 7 Rn. 205 mwN.

113 KG WRP 2017, 583 Rn. 21 ff.; Spindler/Schuster/Micklitz/Schrimbacher Recht der elektronischen Medien, 4. Aufl. 2019, § 7 Rn. 216 ff.

114 Spindler/Schuster/Micklitz/Schirmbacher Recht der elektronischen Medien, 4. Aufl. 2019, § 7 Rn. 219.

115 Für eine zeitliche Begrenzung: Harte-Bavendamm/Henning-Bodewig/Schöler, 5. Aufl. 2021, UWG § 7 Rn. 357; Köhler/Bornkamm/Feddersen/UWG, 40. Aufl. 2022, Köhler § 7 Rn. 204b; keine zeitliche Begrenzung: Spindler/Schuster/Micklitz/Schrimbacher Recht der elektronischen Medien, 4. Aufl. 2019, UWG § 7 Rn. 224 ff.; Schirmbacher/Schätzle WRP 2014, 1143 (1149).

116 Gola/Klug NJW 2021, 2629.

117 BGH WRP 2016, 866 Rn. 16; Scherer WRP 2017, 891 Rn. 22.

Im Kontext der Datennutzung kann zum Beispiel die häufige und regelmäßige Einblendung von Inbox-Werbenachrichten in der Inbox eines Nutzers eines E-Mail-Dienstes als hartnäckiges unerwünschtes Ansprechen iSd Ziff. 26 der „schwarze Liste" aus dem Anhang zu § 3 Abs. 3 UWG eingestuft werden.[118] § 4a UWG verbietet hingegen nicht jede Art von Belästigung, sondern nur solche, der der Adressat nicht mit zumutbaren Mitteln ausweichen kann.[119] Dabei muss der Werbende zusätzlich durch eine **Machtposition** Druck ausüben, die beim Verbraucher den Eindruck erweckt, er müsse mit irgendwelchen Nachteilen außerhalb des angestrebten Geschäfts rechnen, falls er die von ihm erwartete geschäftliche Entscheidung nicht trifft. Der Nachteil darf allerdings nicht bloß darin bestehen, dass der Unternehmer das Geschäft nicht abschließt, wenn der Verbraucher nicht auf die geforderten Vertragsbedingungen eingeht. Denn insoweit hat der Grundsatz der Vertragsfreiheit Vorrang.[120] 64

Eine Machtposition kann der Werbende im Kontext von Big Data zum Beispiel dadurch aufbauen, dass er Daten des Kunden aus verschiedenen Kanälen zum Zweck der personalisierten, wiederholten Ansprache von Kunden speichert und verarbeitet. Facebook Messenger Chat-Bots erlauben es beispielsweise Profildaten auszuwerten, um Interessen und Präferenzen zu berücksichtigen.[121] Ob der Werbende eine etwaig gewonnene Machtposition gegenüber dem Adressaten auch ausnutzt, beurteilt sich danach, wie ein Durchschnittsverbraucher auf das Verhalten des Werbenden typischerweise reagiert. Dies gilt insbes. für die Kundenansprache mittels Chatbot, die der Kunde jederzeit durch Schließen des Chatfensters beenden kann. Trotz dieser Ausweichmöglichkeit des Kunden mag es Fälle geben, in denen Chatbots ggf. Einfluss auf den Empfänger der Kommunikation ausüben, so dass dieser in eine Situation geraten kann, in der man es als unangenehm empfindet, nichts zu kaufen. Denn der potenzielle Kunde kommuniziert nicht anonym mit dem Chatbot. Es liegt vielmehr eine persönliche Ansprache vor,[122] bei der möglicherweise eine psychische Zwangslage geschaffen und die Entscheidungsfreiheit des Betroffenen beeinträchtigt wird. Dies gilt besonders bei einer hohen Frequenz von Nachrichten.[123] 65

Das Angebot einer Werbeblocker-Software ist hingegen zurecht nicht als aggressive geschäftliche Handlung iSd § 4a I UWG gegenüber den Unternehmen angesehen worden, die an der Schaltung von Werbung interessiert sind.[124] 66

I. Irreführung

Für die rechtmäßige Datenerhebung und Verarbeitung ist die **Einwilligung des Nutzers** erforderlich, dessen Daten erhoben werden. Entsprechend einfallsreich sind manche Unternehmen bei der Gestaltung von Websites, um darüber eine möglichst hohe Einwilligungsquote und somit viele verwertbare Nutzerdaten zu generieren. Technisch gibt es hier eine Vielzahl von Gestaltungsmöglichkeiten, um Nutzer durch die Gestaltung der Benutzeroberflächen zu täuschen.[125] Solche Täuschungen stellen häufig eine **unlautere Irreführung gemäß § 5 UWG** dar. Ein enger Bezug zur Erhebung und Nutzung von Daten besteht zudem bei der Werbung mit einer möglichst großen Anzahl positiver **Produktbewertungen von Kunden.** Auch an deren Erhebung und Darstellung stellt das Lauterkeitsrecht zur Vermeidung einer Irreführung der Verbraucher konkrete Anforderungen: 67

---

118 EuGH GRUR 2022, 87.
119 BGH MMR 2020, 28 Rn. 33 f.
120 Köhler/Bornkamm/Feddersen/Köhler, 40. Aufl. 2022, UWG § 4a Rn. 1.59 ff.
121 https://developers.facebook.com/docs/messenger-platform/identity/user-profile.
122 MüKoUWG/Raue, 3. Aufl. 2020, UWG § 4a Rn. 315.
123 Weiter dazu Köbrich/Froitzheim WRP 2017, 1188 (1190).
124 BGH GRUR 2018, 1251.
125 Ausführlich dazu: Loy/Baumgartner ZD 2021, 404 (406 f.).

I. Cookies

68 Ein wichtiges Instrument für die Datenerhebung und Verarbeitung im Internet sind sogenannte Cookies. Das sind **Textinformation**, die im Browser auf dem Endgerät des Betrachters (Computer, Laptop, Smartphone, Tablet usw) jeweils zu einer besuchten Website gespeichert werden und vom Webserver an den Browser gesendet oder im Browser von einem Skript erzeugt werden. Der Webserver kann bei späteren, erneuten Besuchen dieser Seite diese Cookie-Information direkt vom Server aus auslesen oder über ein Skript der Website die Cookie-Information an den Server übertragen. Cookies werden unter anderem dafür verwendet, Benutzerprofile über das Surfverhalten eines Benutzers zu erstellen. Zum Beispiel kann ein Online-Shop diese Daten mit dem Namen des Kunden verknüpfen und zielgruppenorientierte Werbemails schicken. Der Begriff Cookie wird dabei als **Synonym für Datenentnahme, Datenspeicherung, Datennutzung, Datenverwertung, Datenweitergabe** wie auch **Datenmissbrauch** verwendet, unabhängig davon, ob dazu tatsächlich ein physisches Cookie verwendet wird oder andere Techniken eingesetzt werden.[126]

1. Täuschung über die Annahme von Cookies

69 Werden Cookies im Internetbrowser des Nutzers bereits gespeichert, bevor der Nutzer auf die Schaltfläche „Annehmen" klicken konnte, wird der Websitenutzer über **wesentliche Merkmale der Websitenutzung** getäuscht. Die Irreführung ist auch wettbewerblich relevant, wenn der Nutzer aufgrund der irrigen Annahme, es seien noch keine Cookies gespeichert und es könne durch Anklicken nur notwendiger Cookies eine Auswahl getroffen werden, sich näher mit den Angeboten auf der Website der Bekl. befasst hat, während er bei Kenntnis dieser gegen seinen Willen bereits erfolgten Aktivierung die Website möglicherweise verlassen hätte. Eine unlautere Irreführung liegt dabei nicht nur bei einer **gezielten Täuschung** der Kunden vor, sondern auch bei **unbewusst fehlerhaften Cookie-Einstellungen**. Die Beauftragung eines Drittunternehmens zur technischen Ausgestaltung der eigenen Website befreit dabei nicht von der lauterkeitsrechtlichen Haftung für fehlerhafte Cookie-Einstellungen.[127]

2. Cookie-gesteuerte Werbung

70 Cookies können auch gezielt für irreführende Werbung genutzt werden. Das OLG Köln hat zum Beispiel eine unlautere Irreführung darin erkannt, dass dem Kunden beim ersten Besuch einer Website, auf welcher eine Rabattaktion beworben wird, ein Cookie auf seinem Rechner hinterlassen wird, aufgrund dessen die Website des Werbetreibenden den Kunden bei dessen zweiten Besuch der Seite erkennt und diesem sodann keine weitere Rabattaktion mehr angezeigt wird, obwohl die Rabattaktion noch läuft.[128]

II. Chatbots

71 Chatbots sind so weit ausgereift, dass sie von zwischenmenschlicher Kommunikation kaum noch zu unterscheiden sind. Entsprechend sieht der **Medienstaatsvertrag** in §§ 18 Abs. 3, 93 Abs. 4 eine Transparenzpflicht vor, so dass soziale Netzwerke Chatbots kenntlich machen müssen. Werden Chatbots in der **werblichen Kommunikation** genutzt, ist darauf zu achten, dass das Lauterkeitsrecht gemäß § 5a Abs. 4 UWG dazu verpflichtet, den kommerziellen Zweck einer geschäftlichen Handlung kenntlich zu machen, sofern sich dieser nicht unmittelbar aus den Umständen ergibt, und das **Nichtkenntlichmachen** geeignet ist, den Verbraucher oder sonstigen Marktteilnehmer zu einer geschäftlichen Entscheidung zu veranlassen, die er andern-

---

126 https://de.wikipedia.org/wiki/HTTP-Cookie.
127 LG Frankfurt MMR 2022, 152 Rn. 29, 30 mAnm Rieken GRUR-Prax 2022, 25.
128 OLG Köln MMR 2022, 575.

falls nicht getroffen hätte. Der Durchschnittsverbraucher muss erkennen können, dass es sich um Werbung handelt. Um eine Irreführung bei dem Einsatz von Chatbot auszuschließen, sollte der werbliche Charakter der Kommunikation entsprechend kenntlich gemacht werden.[129]

III. Verbraucherbewertungen

Verbraucherbewertungen wirken maßgeblich auf die Kaufentscheidungen der Kunden ein und sind daher von großer Bedeutung für einen (lauteren) Wettbewerb. § 5b Abs. 3 UWG zielt auf die Vermeidung einer Irreführung über die Authentizität solcher Bewertungen: Macht ein Unternehmer Bewertungen zugänglich, die Verbraucher im Hinblick auf Waren oder Dienstleistungen vorgenommen haben, so gelten als **wesentlich Informationen** darüber, ob und wie der Unternehmer sicherstellt, dass die veröffentlichten Bewertungen von solchen Verbrauchern stammen, die die Waren oder Dienstleistungen auch tatsächlich genutzt oder erworben haben.[130] Der Unternehmer, der Verbraucherbewertungen zugänglich macht, muss also darüber informieren, ob und wie (**Prozesse und Verfahren**) er sicherstellt (**Maßnahmen zur Überprüfung der Echtheit**), dass die Bewertungen tatsächlich von Verbrauchern stammen. Bereitgestellt werden müssen auch eindeutige Informationen dazu, wie mit Bewertungen im Rahmen dieses Prüfprozesses umgegangen wird, etwa nach welchen Kriterien Bewertungen aussortiert werden, und ob alle Bewertungen – positive wie negative – veröffentlicht werden. In der Praxis kann das durch eine entsprechende Kundeninformation im räumlichen Zusammenhang mit den Kundenbewertungen erfolgen.[131]

72

Diese Vorgabe über eine Transparenzpflicht erfährt Ergänzungen in den besonderen Unlauterkeitstatbeständen der Nrn. 23b und 23c des Anhangs zu § 3 Abs. 3 UWG („Schwarze Liste"). Danach darf ein Unternehmer nicht behaupten, dass eine Bewertung von Verbrauchern stammt, wenn er keine **angemessenen und verhältnismäßigen Schritte** unternommen hat, um zu überprüfen, dass dies auch der Fall ist (vgl. Nr. 23b des Anhangs): Somit ist eine geschäftliche Handlung gegenüber Verbrauchern stets unzulässig, wenn sie die Behauptung enthält, dass Bewertungen einer Ware oder einer Dienstleistung von solchen Verbrauchern stammen, die diese Ware oder Dienstleistung tatsächlich erworben oder genutzt haben, ohne dass angemessene und verhältnismäßige Maßnahmen zur Feststellung ergriffen worden sind, dass die Bewertungen tatsächlich von solchen Verbrauchern stammen. Im Übrigen darf ein Unternehmer auch keine gefälschten Verbraucherbewertungen abgeben oder andere hierzu beauftragen (vgl. Nr. 23c des Anhangs): Eine geschäftliche Handlung gegenüber Verbrauchern durch die Übermittlung oder Beauftragung gefälschter Bewertungen oder Empfehlungen von Verbrauchern sowie die falsche Darstellung von Bewertungen oder Empfehlungen von Verbrauchern in sozialen Medien zu Zwecken der Verkaufsförderung ist stets unzulässig.[132]

73

---

129 Raue/von Ungern-Sternberg ZRP 2020, 49 (52).
130 Köhler/Bornkamm/Feddersen/Bornkamm/Feddersen, 40. Aufl. 2022, UWG § 5 Rn. 2.153a.
131 Hofmann GRUR 2022, 780. (784).
132 Ring NJ 2022, 206.

§ 10 Immaterialgüterrecht und Big Data

Literatur: *Abbott*, I Think, Therefore I Invent: Creative Computers and the Future of Patent Law, Boston College Law Review 57 (2016), 1079; *Ann*, Patentrecht Lehrbuch zum deutschen und europäischen Patentrecht und Gebrauchsmusterrecht, 8. Aufl. 2022 (zit.: *Ann* PatR); *Benkard* (Hrsg.), Patentgesetz, Gebrauchsmustergesetz, Patentkostengesetz, 12. Aufl. 2023 (zit: *Benkard* PatG/Bearbeiter); *Brynjolfsson/McAfee*, The second machine age – Work, progress, and prosperity in a time of brilliant technologies, 2016; *Dewenter/Lüth*, Datenhandel und Plattformen, ABIDA Gutachten 2018, 56; *Dreier*, Anmerkung: BGH, Urteil v. 20.12.2018 – I ZR 104/17 (OLG Stuttgart), JZ 2019, 417; *Dreier/Schulze* (Hrsg.), Urheberrechtsgesetz Kommentar, 7. Aufl. 2022; *Drexl*, Neue Regeln für die Europäische Datenwirtschaft? Ein Plädoyer für einen wettbewerbspolitischen Ansatz – Teil 1, NZKart 2017, 339; *Drexl*, Neue Regeln für die Europäische Datenwirtschaft? Ein Plädoyer für einen wettbewerbspolitischen Ansatz – Teil 2, NZKart 2017, 415; *Drexl u. a.*, Position Statement of the Max Planck Institute for Innovation and Competition of 25 May 2022 on the Commission's Proposal of 23 February 2022 for a Regulation on Harmonised Rules on Fair Access to and Use of Data (Data Act), SSRN (https://ssrn.com/abstract=4136484) 2022; *Duch-Brown/Martens/Mueller-Langer*, The Economics of Ownership, Access and Trade in Digital Data, JRC Digital Economy Working Paper 2017–01, JRC Technical Reports 2017; *Ehmann*, Big Data auf unsicherer Grundlage – was ist „wesentlich" beim Investitionsschutz für Datenbanken?, K&R 2014, 394; *Bently/Derclaye*, Study in support of the evaluation of Directive 96/9/EC on the legal protection of databases : final report, 2018; *Gausling*, Kommerzialisierung öffentlich-zugänglicher Informationen im Wege des Data Scraping, CR 2021, 609; *Geiger/Frosio/Bulayenko*, Text and Data Mining in the Proposed Copyright Reform: Making the EU Ready for an Age of Big Data?, IIC 2018, 814; *Gerhäuser*, Digitale Daten in Geräten und Systemen – Entwicklung und Perspektiven, in: Vieweg/Gerhäuser (Hrsg.), Digitale Daten in Geräten und Systemen (2010), 1; *Gervais*, Exploring the Interfaces Between Big Data and Intellectual Property Law, JIPITEC 2019, 22; *Heinze*, Software als Schutzgegenstand des Europäischen Urheberrechts, JIPITEC 2011, 97; *Hornung/Hofmann*, Rechtsfragen bei Industrie 4.0: Rahmenbedingungen, Herausforderungen und Lösungsansätze, in: Reinhart (Hrsg.), Handbuch Industrie 4.0 (2017), 191; *Hugenholtz*, Data Property in the System of Intellectual Property Law: Welcome Guest or Misfit?, in: Lohsse/Schulze/Staudenmayer (Hrsg.), Trading Data in the Digital Economy: Legal Concepts and Tools (2017), 73; *Kerber*, A New (Intellectual) Property Right for Non-Personal Data? An Economic Analysis, GRUR Int. 2016, 989; *Kerber*, Governance of IoT Data: Why the EU Data Act will not Fulfill Its Objectives (Second Version), SSRN (https://ssrn.com/abstract=4080436) 2022; *Körber*, „Ist Wissen Marktmacht?" Überlegungen zum Verhältnis von Datenschutz, „Datenmacht" und Kartellrecht – Teil 1, NZKart 2016, 303; *Lauber-Rönsberg/Hetmank*, The Concept of Authorship and Inventorship under Pressure: Does Artificial Intelligence Shift Paradigms?, GRUR Int. 2019, 641; *Lehmann*, Abgrenzung der Schutzgüter im Zusammenhang mit Daten, in: Conrad/Grützmacher (Hrsg.), Recht der Daten und Datenbanken im Unternehmen (2014), 133; *Leistner*, Urteilsanmerkung zu EuGH BHB v William Hill, JZ 2005, 408; *Leistner*, „Last exit" withdrawal?, K&R 2007, 457; *Leistner*, Big Data and the EU Database Directive 96/9/EC: Current Law and Potential for Reform, in: Lohsse/Schulze/Staudenmayer (Hrsg.), Trading Data in the Digital Economy: Legal Concepts and Tools (2017), 27 (zit.: *Lohsse/Schulze/Staudenmayer*/Bearbeiter); *Leistner*, Datenbankschutz – Abgrenzung zwischen Datensammlung und Datengenerierung, CR 2018, 17; *Leistner/Antoine/Sagstetter*, Big Data, 2021; *Lesshaft/Ulmer*, Urheberrechtliche Schutzwürdigkeit und tatsächliche Schutzfähigkeit von Software, CR 1993, 607; *Lohse*, Facebook und die Verarbeitung der off-Facebook-Daten nach der DS-GVO: Ein Fall für die kartellrechtliche Missbrauchsaufsicht?, NZKart 2020, 292; *Marly*, Praxishandbuch Softwarerecht, 7. Aufl. 2018 (zit. *Marly* SoftwareR-HdB); *Mayer-Schönberger/Cukier*, Big Data A revolution that will transform how we live, work, and think, 2014; *Meitinger*, Künstliche Intelligenz als Erfinder?, MittdtPatA 2020, 49; *Ménière/Pihlajamaa*, Künstliche Intelligenz in der Praxis des EPA, GRUR 2019, 332; *Mes* (Hrsg.), Patentgesetz, Gebrauchsmustergesetz Kommentar, 5. Aufl. 2020 (zit: *Mes* PatG); *Mes*, Der Schutz des Erzeugnisses gem. § 9 S. 2 Nr. 3 PatG, GRUR 2009, 305; *Metzger*, Der Einfluss des EuGH auf die gegenwärtige Entwicklung des Urheberrechts, GRUR 2012, 118; *Meys*, Data Mining Under the Directive on Copyright and Related Rights in the Digital Single Market: Are European Database Protection Rules Still Threatening the Development of Artificial Intelligence?, GRUR Int. 2020, 457; *Moufang*, Zur Patentierung von Entwurfs- und Simulationsverfahren in der

EPA-Rechtsprechung, GRUR Int. 2018, 1146; *Osterrieth*, Patentrecht, 6. Aufl. 2021; *Peitz/Schweitzer*, Ein neuer europäischer Ordnungsrahmen für Datenmärkte?, NJW 2018, 275; *Picht*, The Future of FRAND Injunction, GRUR 2019, 1097; *Prado Ojea*, Der derivative Informationsschutz nach § 9 Nummer 3 PatG, GRUR 2018, 1096; *Raue*, Text und Data Mining, CR 2017, 656; *Raue*, Rechtssicherheit für datengestützte Forschung, ZUM 2019, 684; *Raue*, Die geplanten Text und Data Mining-Schranken (§§ 44b und 60d UrhG-E), ZUM 2020, 172; *Raue*, Die Freistellung von Datenanalysen durch die neuen Text und Data Mining-Schranken (§§ 44b, 60d UrhG), ZUM 2021, 793; *Rauer/Bibi*, Digitale Wirklichkeit – Gibt es einen Lichtbildschutz für virtuelle Bilder?, ZUM 2020, 519; *Sarre/Pruß/Schmidt*, § 2 Daten, Datenbanken und Datensicherheit, in: Auer-Reinsdorff/Conrad (Hrsg.), Handbuch IT- und Datenschutzrecht (2019), 114; *Sattler*, Schutz maschinengenerierter Daten, in: Sassenberg/Faber (Hrsg.), Rechtshandbuch Industrie 4.0 und Internet of Things (2020), 37; *Sattler*, Informationelle Privatautonomie, 2022; *Schack*, Anmerkung zu OLG Jena, Urteil vom 27.2.2008 – 2 U 319/07 (LG Erfurt), MMR 2008, 414; *Schack*, Das neue UrhWissG – Schranken für Unterricht, Wissenschaft und Institutionen, ZUM 2017, 802; *Schack*, Schutzgegenstand, „Ausnahmen oder Beschränkungen" des Urheberrechts, GRUR 2021, 904; *Schippan*, Lizenzerfordernis für die Masterkopie, ZUM 2021, 312; *Schmidt/Zech*, Datenbankherstellerschutz für Rohdaten?, CR 2017, 417; *Schöning/Dorchain*, Data Mining und Analyse, in: Bauernhansl/Hompel/Vogel-Heuser (Hrsg.), Industrie 4.0 in Produktion, Automatisierung und Logistik (2014), 543; *Schricker/Loewenheim* (Hrsg.), Urheberrecht. Kommentar, 6. Aufl. 2020 (zit.: *Schricker/Loewenheim*/Bearbeiter); *Schweitzer*, Datenzugang in der Datenökonomie: Eckpfeiler einer neuen Informationsordnung, GRUR 2019, 569; *Schweitzer/Peitz*, Datenmärkte in der digitalisierten Wirtschaft: Funktionsdefizite und Regelungsbedarf? ZEW Discussion Paper No. 17–043 2017; *Spindler*, Text und Datamining im neuen Urheberrecht und in der europäischen Diskussion, ZGE 2018, 273; Spindler/Schuster, Recht der elektronischen Medien, 4. Auflage 2019 (zit.: *Spindler/Schuster*/Bearbeiter); *Stieper*, Die Schranken des Urheberrechts im Gesetz zur Anpassung des Urheberrechts an die Erfordernisse des digitalen Binnenmarktes, ZUM 2021, 776; *Stierle*, A De Lege Ferenda Perspective on Artificial Intelligence Systems Designated as Inventors in the European Patent System, GRUR Int. 2021, 115; *Sura*, Kartellrechtlicher Rahmen, in: Sassenberg/Faber (Hrsg.), Rechtshandbuch Industrie 4.0 und Internet of Things (2020), 248; *Wandtke/Bullinger* (Hrsg.), Praxiskommentar Urheberrecht, 6. Aufl. 2022; *Wiebe*, Europäischer Datenbankschutz nach „William Hill" – Kehrtwende zur Informationsfreiheit?, CR 2005; *Wiebe*, Der Schutz von Datenbanken – ungeliebtes Stiefkind des Immaterialgüterrechts, CR 2014, 1; *Wiebe*, Protection of industrial data – a new property right for the digital economy?, GRUR Int. 2016, 877; *Wiebe*, Schutz von Maschinendaten durch das sui-generis-Schutzrecht für Datenbanken, GRUR 2017, 338; *Wiebe*, Von Datenrechten zu Datenzugang – Ein rechtlicher Rahmen für die europäischen Datenwirtschaft, CR 2017, 87; *Wiebe*, Schutz von Daten im Immaterialgüterrecht, in: Hornung (Hrsg.), Rechtsfragen der Industrie 4.0 (2018), 97; *Żdanowiecki*, Recht an den Daten, in: Bräutigam/Klindt (Hrsg.), Digitalisierte Wirtschaft/Industrie 4.0 (2015); *Zech*, „Industrie 4.0" – Rechtsrahmen für eine Datenwirtschaft im digitalen Binnenmarkt, GRUR 2015, 1151; *Zech*, Die Dematerialisierung des Patentrechts und ihre Grenzen, GRUR 2017, 475.

A. Einleitung

Die populäre Überzeugung, dass Daten das „Gold", die „Währung" und der „Rohstoff" des 21. Jahrhunderts sind, beruht maßgeblich auf dem Potenzial, das mit dem **Phänomen Big Data** verbunden wird.[1] Big Data dient als Chiffre für eine Vielzahl unterschiedlicher Techniken der Informationsverarbeitung.[2] Diese werden dazu eingesetzt, um Korrelationen in Datensätzen herauszufinden und auf Grundlage dieser Korrelationen Wissen zu generieren. Die der Analyse zugrundeliegenden Datensätze sind dadurch gekennzeichnet, dass sie sehr umfangreich sind (volume), sich in ihrer Zusammensetzung schnell verändern (velocity), auf unterschiedlichen Formatierungen basieren (variety) und die enthaltene Information in unterschiedlicher Qualität (veracity) vorliegt. Wesentlichen Faktoren, um aus Big Data-Anwendungen Erkenntnisse ableiten zu können, sind der **Zugang** zu relevanten Daten **und** technische Fähigkeiten im Bereich der **Datenanalyse**. Sie sind Voraussetzung dafür, dass Big Data sowohl zur Entwicklung und Verbesserung von Produkten (IoT/Industrie 4.0) beitragen kann als auch für die Personalisierung von Diensten und von Werbung. Beides ist von herausragender Bedeutung und entscheidet wesentlich über den anhaltenden unternehmerischen Erfolg.[3]

Big Data dient somit dazu, aus riesigen Datenmengen **verwertbares Wissen über Gegenstände und Personen abzuleiten**.[4] Dass bei der softwaregesteuerten maschinellen Produktion große Datenmengen entstehen, ist nicht neu. Allerdings hat das Ausmaß und das Potential dieser Daten infolge der als „Industrie 4.0" oder als „Second Maschine Age"[5] bezeichneten digitalen Transformation der industriellen Produktion rasant zugenommen.[6]

Weil der Zugang zu relevanten, aktuellen und qualitativ hochwertigen Daten wesentlich darüber entscheidet, ob ein Unternehmen erfolgreiche Big Data-Anwendungen entwickeln kann und weil die mehrseitigen Plattformen von *Google*, *Apple*, *Facebook*, *Amazon* und *Microsoft*

---

1 Zum Begriff oben § 2 (Maaß); im Kontext des Immaterialgüterrechts: Gervais, JIPITEC 2019, 22 (23).
2 Der Begriff wird John R. Mashey zugeschrieben: Vortrag „Big Data ... and the Next Wave of InfraStress" am 25.4.1998 (https://static.usenix.org/event/usenix99/invited_talks/mashey.pdf).
3 Folgt man den gängigen Empfehlungen von Unternehmensberatungen, so ist die Entwicklung weg von körperlichen Produkten und hin zu softwarekontrollierten Dienstleistungen der betriebswirtschaftliche „honey pot": Seiberth/Gründinger Data-Driven Business Models in Connected Cars, Mobility Services & Beyond, BVDW Research No. 1/18, 16.
4 Dieses Wissen ist die Grundlage für das häufig angeführte fünfte „V" von Big Data, das für „Value" und damit den aus den Datensätzen ableitbaren ökonomischen Wert steht.
5 Brynjolfsson/McAfee The Second Machine Age, 2014.
6 Vieweg Deutscher VGT 2007, 292; Gerhäuser Digitale Daten in Geräten und Systemen – Entwicklung und Perspektiven, in: Vieweg/Gerhäuser Digitale Daten in Geräten und Systemen (2010), 1; Mayer-Schönberger/Cukier Big Data – A Revolution That Will Transform How We Live, Work and Think; Schöning/Dorchain Data Mining und Analyse, in: Bauernhansl/Hompel/Vogel-Heuser Industrie 4.0 in Produktion, Automatisierung und Logistik, 2020, 543 ff.; Zech GRUR 2015, 1151.

(gemeinsam: GAFAM) und ihrer (potenziellen) chinesischen Wettbewerber *Baidu*, *Alibaba* und *Tencent* (gemeinsam: BAT) besonders erfolgreich darin sind, sich selbst einen dauerhaften Zugang zu solchen Daten zu verschaffen, sind der Datenzugang bzw. die vermeintlich zu geringen Möglichkeiten von (europäischen) Unternehmen einen solchen Datenzugang zu erlangen, eine zentrale wirtschafts- und wettbewerbspolitische Herausforderung.[7] Weil gegenseitige Datenzugänge zwischen Konkurrenten leicht in kartellrechtlich verbotene Verhaltensweisen münden können,[8] ist eine Pflicht zur Eröffnung von Zugängen zu Daten wettbewerbspolitisch nicht ausschließlich positiv. Deshalb hat der europäische Gesetzgeber bzw. die *EU-Kommission* bis vor kurzem einen Ansatz gewählt, der erst nach einer Analyse der jeweiligen Marktstrukturen dazu übergeht, spezielle Regelungen für marktmächtige Gatekeeper zu etablieren[9] und darüber hinaus auf allgemeine Wettbewerbsverbote[10] und sektorspezifische Zugangsmechanismen zu setzen.[11] Der aktuelle Vorschlag für eine Verordnung über harmonisierte Vorschriften für einen fairen Datenzugang und eine faire Datennutzung (Data Act)[12] wählt einen diametralen Ansatz, indem er Ansprüche auf Zugang-, Nutzung- und Weitergabe etablieren will, und diese insbesondere[13] dann beschränkt, wenn sie für ein anschließendes Angebot von konkurrierenden Produkten „missbraucht" werden.[14]

4 Wie an diesem Rechtshandbuch deutlich wird, hat die Entwicklung von Big Data zahlreiche rechtliche Implikationen. Im Fokus dieses Kapitels stehen die **Schnittstellen von Big Data mit dem Immaterialgüterrecht.**[15] An diesen Schnittstellen bestehen derzeit drei wesentliche Herausforderungen. *Erstens* können diejenigen immateriellen Gegenstände, die in den Daten enthalten sind, die zur Ausgangsbasis von Analyse gemacht werden (auch)[16] immaterialgüterrechtlich geschützt sein, so dass eine Datenanalyse **potenziell rechtsverletzend** sein kann. *Zweitens* können auch die Instrumente einer Big Data-Analyse ihrerseits **immaterialgüterrechtlich schutzfähig** sein. *Drittens* hängt die Zukunft von Big Data maßgeblich davon ab, inwieweit es gelingt, für die **konfliktträchtigen Überschneidungspunkte von Immaterialgüterrechten und Big Data-Analysen** einen Ausgleich zu finden, der sowohl die durch einen immaterialgüterrechtlichen Schutz ausgelösten ökonomischen Anreize aufrecht erhält, es aber

---

7 Peitz/Schweitzer NJW 2018, 275 (279 ff.); Duch-Brown/Martens/Mueller-Langer The Economics of Ownership, Access and Trade in Digital Data, JRC Digital Economy Working Paper 2017–01, JRC Technical Reports 2017, 20 f.; Drexl NZKart 2017, 339 (342); Wiebe CR 2017, 87; Körber NZKart 2016, 303 (308); nach Ansicht der EU-Kommission befinden sich viele wertvolle Daten unter der Kontrolle weniger Unternehmen: Vorschlag für eine Verordnung über harmonisierte Vorschriften für einen fairen Datenzugang und eine faire Datennutzung (Datengesetz), COM(2022) 68 final, 1.

8 Dewenter/Lüth Datenhandel und Plattformen, ABIDA Gutachten 2018, 56 ff.; → § 12.

9 Art. 3 der Verordnung (EU) 2022/1925 v. 14.9.2022 über bestreitbare und faire Märkte im digitalen Sektor und zur Änderung der Richtlinien (EU) 2019/1937 und (EU) 2020/1828 (Gesetz über digitale Märkte bzw. „DMA") ABl. L 265 v. 12.10.2022, 1–66. Mit ähnlichem Ansatz zuvor bereits: § 18 Abs. 3a Nr. 4 und § 19a GWB.

10 Art. 4 Abs. 4 und Art. 6 Abs. 2 lit. e des Vorschlags pder EU-Kommission v. 23.2.2022 für eine Verordnung über harmonisierte Vorschriften für einen fairen Datenzugang und eine faire Datennutzung (Datengesetz bzw. „Data Act"), COM(2022) 68 final.

11 Drexl NZKart 2017, 415 (416). Aus kartellrechtlicher Perspektive ebenfalls zur Vorsicht mahnend: Körber NZKart 2016, 303 (309); Duch-Brown/Martens/Mueller-Langer The Economics of Ownership, Access and Trade in Digital Data, JRC Digital Economy Working Paper 2017–01, JRC Technical Reports 2017, 20 f.; vgl. beispielsweise den spezifischen Zugangsanspruch zu den On-Board-Diagnose-Systemen von Kraftfahrzeugen gemäß Art. 61 der Verordnung (EU) 2018/858 vom 30.5.2018.

12 COM(2022) 68 final.

13 Zudem bleiben die Einwendungen gegen solche Ansprüche auf Grundlage von Immaterialgüterrechten, einschließlich Geschäftsgeheimnissen.

14 Vgl. Art. 4 Abs. 4 und Art. 6 Abs. 2 lit. e Data Act. Diese Einschränkung des Zugangs- und Nutzungsanspruchs gilt jedoch nicht für ein Angebot von verbundenen Diensten, die diejenigen des ursprünglichen Dateninhabers substituieren.

15 Hierzu umfassend: Leistner/Antoine/Sagstetter Big Data 2021.

16 Zum Schutz von Daten aufgrund ihres Personenbezugs: → § 6; zu den Möglichkeiten zum Schutz als Geschäftsgeheimnis iSd GeschGehG: → § 11; Sassenberg/Faber Industrie 4.0 und Internet-HdB/Sattler, 37 (50 ff.).

zugleich ermöglicht, dass Big Data sein Potenzial zur Wertschöpfung durch die Generierung von Wissen entfalten kann.

B. Immaterialgüterrechtliche Schutzgegenstände und Big Data

Am Anfang der Diskussion über die Bedingungen für eine (europäische) Datenökonomie stand   5
die Idee, dass ein gesetzlicher Schutz von Daten einen **Anreiz für die Generierung und Aufbereitung** von Daten setzen könnte.[17] Mittlerweile wurde dieser Anreizgedanke weitgehend von der Diskussion darüber verdrängt, welche rechtlichen Rahmenbedingungen sinnvoll sind, um eine **optimale Nutzung** von ohnehin massenhaft generierten Daten durch einen verbesserten Zugang zu diesen zu erreichen.[18] Diesem Ansatz folgen die derzeitigen Ansätze auf europäischer Ebene. Sowohl der *Data Governance Act*[19] als auch der Vorschlag der *EU-Kommission* für ein Datengesetz (Data Act)[20] setzen einen eindeutigen und weitgehenden Schwerpunkt auf die **rechtliche Förderung eines Zugangs und die Verbesserung der Nutzung von Daten.**

Allerdings wird insbesondere mit Blick auf den Data Act auch offenkundig, dass bislang nur   6
unzureichend versucht wurde, die vorhandenen und geplanten europäischen Rechtsakte miteinander zu synchronisieren. Das Verhältnis des Data Act zum Schutz von Geschäftsgeheimnissen[21] und zum Schutz von Datenbanken[22] wirft grundlegende Fragen auf, für die der Vorschlag der *EU-Kommission* bislang keine überzeugenden Lösungen bereithält.[23] Infolgedessen stehen die europäischen Rechtsakte weitgehend disparat nebeneinander. Wenn es der *EU-Kommission* mit dem (künftigen) Data Act auch darum geht, das Potenzial von Big Data-Anwendung in der EU zu verbessern, ist es notwendig, sich zunächst detaillierter mit den immaterialgüterrechtlichen Rahmenbedingungen auseinanderzusetzen und diese ggfs. zeitgleich anzupassen.[24]

I. Immaterialgüterrechtliche Grundlagen

Mithilfe von Immaterialgüterrechten kann der Gesetzgeber einer (juristischen) Person die **Nutzung und Verwertung** von immateriellen Positionen rechtlich zuweisen. Obwohl das einzelne   7
Datum und Daten als solche grundsätzlich nicht geschützt sind,[25] kann eine solche **Zuweisung**

---

17 Hierzu eingehend: → § 3; Zech/Schmidt CR 2017, 417 ff.; Sassenberg/Faber Industrie 4.0 und Internet-HdB/ Sattler, 37 ff.

18 Peitz/Schweitzer NJW 2018, 275 (279 ff.); Duch-Brown/Martens/Mueller-Langer The Economics of Ownership, Access and Trade in Digital Data, JRC Digital Economy Working Paper 2017–01, JRC Technical Reports 2017, 20 f.; Drexl NZKart 2017, 339 (342); Wiebe CR 2017, 87; Körber NZKart 2016, 303 (308).

19 Verordnung (EU) 2022/868 v. 30.5.2022 über europäische Daten-Governance und zur Änderung der Verordnung (EU) 2018/1724 (Daten-Governance-Rechtsakt), ABl. L 152 v. 3.6.2022, 1 ff.

20 Vorschlag der EU-Kommission v. 23.2.2022 für eine Verordnung über harmonisierte Vorschriften für einen fairen Datenzugang und eine faire Datennutzung (Datengesetz bzw. „Data Act"), COM(2022) 68 final.

21 Richtlinie 96/9/EG v. 11.3.1996 über den rechtlichen Schutz von Datenbanken, ABl. L 77 v. 27.3.1996, 20 ff.

22 Richtlinie (EU) 2016/943 v. 8.6.2016 über den Schutz vertraulichen Know-hows und vertraulicher Geschäftsinformationen (Geschäftsgeheimnisse) vor rechtswidrigem Erwerb sowie rechtswidriger Nutzung und Offenlegung (Know-how-RL), ABl. v. 15.6.2016, L 156, 1 ff.

23 Vgl. insbesondere Art. 35 Vorschlag-Data Act. Hierzu unten: → Rn. 67 ff. Das Verhältnis zum Schutz von Geschäftsgeheimnissen ist insbesondere deshalb konfliktträchtig, weil der zwischen dem Nutzer und dem Dritten vereinbarte Zweck gemäß Art. 6 Abs. 8 Data Act Einfluss darauf haben soll, welche Information als Geschäftsgeheimnis geschützt bleibt.

24 Auch das Verhältnis zum europäischen Datenschutzrecht ist nur unzureichend berücksichtigt. Beispielsweise ist völlig offen, ob die Ansprüche auf Datenzugang und Nutzung gemäß Art. 4 Vorschlag Data Act eine gesetzliche Grundlage für die Datenverarbeitung gemäß Art. 6 Abs. 1 lit. c DS-GVO bieten oder ob es insoweit auf eine Interessenabwägung (Art. 6 Abs. 1 lit. f DS-GVO) oder die Einwilligung (Art. 6 Abs. 1 lit. a DS-GVO) aller betroffenen Datensubjekte ankommt. Mit ausführlicher Begründung für einen Vorrang der Einwilligung: Sattler, Informationelle Privatautonomie, 2022, 206 ff.

25 Sassenberg/Faber Industrie 4.0 und Internet-HdB/Sattler, 37 ff.

von Handlungsbefugnissen mittelbar auch Daten und damit die wesentliche Ressource für Big Data-Analysen betreffen.[26]

8 Zunächst bedeutet die Zuweisung von Rechten an immateriellen Gütern, dass diese nicht mehr für jedermann nutzbar sind (sog. Gemeinfreiheit), sondern primär dem Rechtsinhaber zur Verfügung stehen. Dieser hat die Möglichkeit, andere von der Nutzung des Guts rechtlich **auszuschließen**. Diesem Vorteil des Rechtsinhabers steht ein Nachteil für alle Wettbewerber und die Allgemeinheit gegenüber. Ihr Zugang zu diesen Gütern wird durch das Recht verknappt. Das Recht führt somit zu einer **Zugangsbeschränkung**. Soweit Immaterialgüterrechte auch einen Schutz von Daten zur Folge haben, können diese – aus Sicht einer **statischen Effizienz** betrachtet – **volkswirtschaftlich weniger effizient** genutzt werden, weil eine Vielzahl von produktiven Verwendungen regelmäßig die Zustimmung des Rechtsinhabers voraussetzt und deshalb nicht oder nur gegen Zahlung eines Entgelts möglich ist. Als **Kehrseite** der durch Immaterialgüterrechte erfolgenden Verknappung der Nutzungsbefugnisse besteht ein **Anreiz**, in die Generierung neuer schutzfähiger Güter zu investieren (**dynamische Effizienz**). Dieser Anreiz ist jedoch nur erforderlich, wenn anderenfalls zu wenige der erwünschten Güter entstehen (Marktversagen).

9 Abgesehen vom Anreizgedanken kann eine Zuweisung von Ausschließlichkeitsrechten jedoch auch dazu dienen, die **Rechtsicherheit und Transparenz zu fördern**. Der immaterialgüterrechtliche Schutz unkörperlicher Güter erleichtert es, diese Güter zum Gegenstand von vertraglichen Transaktionen zu machen. Die eindeutige Zuweisung von Nutzungsrechten an immateriellen Gütern kann dazu führen, dass diese **leichter handelbar** werden, weil die Kosten für die Vertragsverhandlungen[27] sinken und damit die Möglichkeit erleichtert wird, verlässliche Verträge über die Nutzung dieser Güter zu schließen. Indem die immaterialgüterrechtliche Logik jedoch maßgeblich auf den Unterlassungsanspruch als Hebel für vertragsrechtliche Lösungen setzt, stößt sie unter den Rahmenbedingungen von Big Data an ihre Grenzen.

10 Das „Big" steht nicht nur für das große Volumen der zu analysierenden Daten, sondern bedeutet regelmäßig auch, dass die zu analysierenden und auszuwertenden Ausgangsdaten aus einer Vielzahl **unterschiedlicher Quellen** stammen, deren dezentrale Verteilung auf **unterschiedlichen Speichermedien** (Cloud-Architektur) nicht nur neue technologische Ansätze in Bezug auf die Aufbereitung, Analyse und Auswertung der Daten voraussetzt.[28] Vielmehr bedeutet diese Masse an Daten eine enorme Herausforderung für die Klärung von Rechten an den Analysedaten. Beispielsweise können die Analysedaten den **Uploads** (Audio, Bild, Film) und **Chats** (Text) in Kommunikationsnetzwerken entnommen sein oder es handelt sich um maschinengenerierte **Sensordaten**, beispielsweise aus der maschinellen Produktion (Smart Factory), **Bilder von Satelliten, Banktransaktionen, GPS-Daten, Live-Daten aus Fahrzeugen** oder Daten, die durch die Administration von Krankenhäusern erfasst werden.[29]

---

26 Mit Kritik am Data Act, weil dieser aus ökonomischer Perspektive die faktische Ausschließbarkeit vom Zugang zu Daten rechtlich zumindest mittelbar anerkennt und verstärkt: Kerber Governance of IoT Data: Why the EU Data Act will not Fulfill Its Objectives (Second Version), SSRN 2022 (https://ssrn.com/abstract=4 080436).

27 Prohibitiv hohe Transaktionskosten als eine Form von Marktversagen.

28 Auer-Reinsdorff/Conrad Handbuch IT-R-HdB/Sarre/Pruß/Schmidt § 2 Rn. 187 ff.

29 Vaughan Google is taking over DeepMind's. NHS contracts – should we be worried?, 27.9.2019, The New Scientist (https://www.newscientist.com/article/2217939-google-is-taking-over-deepminds-shoul d-we-be-worried/); Shead Google and DeepMind face lawsuit over deal with Britain's National Health Service, 1.10.2021, CNBC (https://www.cnbc.com/2021/10/01/google-deepmind-face-lawsuit-over-data-deal-with-britains -nhs.html).

Solange diese Daten nicht ausdrücklich im Rahmen von Open-Data-Initiativen für eine Analyse 11
freigegeben sind,[30] ist eine Klärung der Rechte mit vertretbarem Aufwand kaum zu leisten.[31]
Hier zeigt sich deshalb erneut, warum diejenigen Unternehmen einen grundlegenden Wettbewerbsvorteil haben, die über eine direkte vertragliche Beziehung zu denjenigen Personen
verfügen, die diese Daten im Rahmen der Nutzung von Endgeräten und Robotern generieren
(IoT). Die Möglichkeit, sich über standardisierte Nutzungs- und Lizenzbedingungen einen
(rechtmäßigen) **Zugang zu aktuellen und technisch für die eigenen Zwecke vorstruktur-
ten Datenströmen** zu sichern, bildet eine **zentrale Grundlage für** die Erforschung und **Entwicklung von Methoden des maschinellen Lernens (KI-Training) und** der anschließenden
Datenanalyse (KI-Anwendung).

Aufgrund der komplexen rechtlichen Verhältnisse bietet diese standardisierte vertragliche 12
Beziehung zu den datengenerierenden Nutzern einen wesentlichen Wettbewerbsvorteil für
den Datenzugang. Diese Zugangsmöglichkeit kann deshalb eine Position überragender marktübergreifender Bedeutung für den Wettbewerb iSd § 18 Abs. 3a Nr. 4 GWB begründen bzw.
die Qualifikation eines Unternehmens als Gatekeeper iSd Art. 3 Abs. 1 lit. b und Abs. 8 lit. c
DMA rechtfertigen.[32] Insbesondere *GAFAM* können aufgrund ihrer Vertragsnetzwerke einen
(potenziell) rechtmäßigen Zugang zu diesen Daten erlangen. Dagegen wirkt sich der Schutz
von Persönlichkeitsrechten (Urheberpersönlichkeitsrechte, Recht am eigenen Bild und das
Datenschutzrecht)[33] für andere Marktteilnehmer, insbesondere KMU, regelmäßig als Marktzutrittsbarriere aus. Letztere verfügen zumeist über keinen direkten Vertrag mit den Berechtigten
und können deshalb deren Zustimmung nicht erlangen.

Nachfolgend wird analysiert, ob bzw. unter welchen Voraussetzungen Daten immaterialgüter- 13
rechtlich geschützt sein können. Während das Patentrecht allenfalls in sehr engen Grenzen in
Betracht kommt (II), spielen – neben einem Schutz als Geschäftsgeheimnis[34] – insbesondere
die urheberrechtlichen Leistungsschutzrechte eine herausragende Rolle (III).

II. Geringer patentrechtlicher Schutz

Auf den ersten Blick liegt es nahe, dass sowohl Daten als auch Instrumente zur Datenanalyse 14
durch die technischen Schutzrechte des gewerblichen Rechtsschutzes und somit durch das **Patentrecht** geschützt sein könnten. Obwohl ein solcher patentrechtlicher Schutz derzeit **in sehr
engen Grenzen** in Betracht kommt, beeinflussen die Entwicklungen durch Big Data vorrangig
die hiervon zu trennende Frage, ob bzw. inwieweit eine durch den Einsatz von sog. künstlicher
Intelligenz getätigte Erfindung schutzfähig ist und wem das Ausschließlichkeitsrecht zuzuweisen ist.[35]

Sowohl für den Schutz von Daten als Ausgangsmaterial für Training und Analyse (1.) als auch 15
für den Schutz der Instrumente zur Datenanalyse (2.) spielt das Patentrecht – jenseits von den

---

30 Für den Zugang zu Daten des öffentlichen Sektors und zu Daten aus öffentlich finanzierter Forschung:
    Richtlinie (EU) 2019/1024 vom 20.6.2019 über offene Daten und die Weiterverwendung von Informationen des
    öffentlichen Sektors, ABl. L 172 v. 26.6.2019, 56 ff.
31 Zur Bedeutung der immaterialgüterrechtlichen Schranke für das Text und Data Mining, unten: → Rn. 121 ff.
32 Vorschlag für eine Verordnung über bestreitbare und faire Märkte im digitalen Sektor (Gesetz über digitale
    Märkte), COM(2020) 842 final, Brüssel, den 15.12.2020.
33 Zum Datenschutzrecht: § 6 (Duisberg).
34 Hierzu ausführlich: → § 11; Sassenberg/Faber Industrie 4.0 und Internet-HdB/Sattler 37 (50 ff.).
35 Zu dieser Diskussion: Stierle GRUR Int. 2021, 115 ff.; Meitinger MittdtPatA 2020, 49 ff.; Baldus MittdtPatA
    2020, 51 ff.; Ménière/Pihlajamaa GRUR Int. 2019, 332 ff.; Lauber-Rönsberg/Hetmank GRUR Int. 2019, 641 ff.;
    Abbott, (2016) 57 B.C. L. Rev. 1079 ff.; sowie die dokumentierte Diskussion auf Ebene der WIPO: European
    Patent Office (EPO) WIPO Conversation on Intellectual Property (IP) Artificial Intelligence (AI), Second
    Session, July 7 to 9, 2020, Revised Issues Paper on Intellectual Property Policy and Artificial Intelligence.

spezifischen Herausforderungen durch einen Schutz von Schnittstellen und die Entwicklung technischer Standards (standardessentielle Patente)[36] – eine untergeordnete Rolle.[37]

1. Kaum patentrechtlicher Schutz der Trainings- und Anwendungsdaten

16 Gemäß § 1 Abs. 1 Patentgesetz (PatG) und Art. 52 Abs. 1 Europäisches Patentübereinkommen (EPÜ) wird eine **Erfindung** als Patent geschützt, sofern sie **neu** ist, auf einer **erfinderischen Tätigkeit** beruht und **gewerblich anwendbar** ist. Die Rechtsprechung definiert die Erfindung als Lehre zum praktischen Handeln, die realisierbar und wiederholbar ist und die Lösung technischer Aufgaben durch technische Mittel darstellt.[38]

17 Ein patentrechtlicher Schutz von Daten als wesentlicher Ressource für das Trainieren von maschinellem Lernen und für die Big Data-Analyse scheitert bereits an den Voraussetzungen dieser Definition.

18 Jedenfalls die schlichte Messung und Übermittlung von Daten erfüllt regelmäßig nicht die Anforderung an eine Erfindung als eine Lehre zum praktischen Handeln. Diese würde voraussetzen, dass bei der Generierung von Daten eine Anweisung zur Erzielung eines konkreten Erfolgs durch den Einsatz von Naturkräften erfolgt. Zwar sind Verfahren, die auf dem Einsatz von Informationstechnologien basieren grundsätzlich technischer Art, allerdings fallen maschinengenerierte Messdaten und Endnutzerdaten **regelmäßig automatisch als Rohdaten** an und sind ein Ergebnis der Ausführung von Software und der Messung mittels Sensoren (Radio Frequency Identification (RFID) bzw. Techniken zur Erhebung digitaler „Fingerabdrücke", beispielsweise Cookies).

19 Darüber hinaus setzt der Begriff der Erfindung gerade eine technische Lösung voraus. Die Entstehung der Daten ist aber regelmäßig **keine Lösung für eine definierte technische Aufgabe**.[39] Zudem ist die schlichte **Wiedergabe und Ordnung von Daten** bereits gemäß § 1 Abs. 3 Nr. 4 PatG (Art. 52 Abs. 2 lit. d EPÜ) grundsätzlich **vom Patentschutz ausgeschlossen**.[40]

20 Kurzum: Nur eine technische Lösung, welche die Art der Verarbeitung und Übermittlung von Daten erleichtert, kann im Einzelfall patentrechtlich geschützt sein. In diesem Fall kann der patentrechtliche Schutz jedoch daran scheitern, dass diese Methode des Messens und Übermittelns von Daten regelmäßig **weder neu ist noch auf einer erfinderischen Tätigkeit beruht**. Festzuhalten bleibt, dass Daten *als solche* patentrechtlich nicht geschützt sind, weil sie schon keine Lehre zum praktischen Handeln sind.

21 Es existiert lediglich eine sehr enge Möglichkeit, dass Daten **ausnahmsweise** unter den patentrechtlichen **Schutz** fallen können. Der *BGH* hat in mehreren Entscheidungen patentrechtliche Tatbestandsmerkmale, die lange Zeit ausschließlich auf körperliche Güter anwendbar schienen, zunehmend „dematerialisiert".[41] Diese Entscheidungen, die jedoch älter sind als die Entwicklung von Big Data, haben zur Folge, dass **Daten** – obwohl sie selbst zunächst kein patentrechtlich geschütztes Erzeugnis sind –, dann **als unmittelbares Verfahrenserzeugnis gemäß § 9 S. 2 Nr. 3 PatG** geschützt sein können, wenn sie das unmittelbare Resultat eines patentrechtlich

---

36 Diese Herausforderung anerkennend: EU-Kommission Aufbau einer europäischen Datenwirtschaft, SWD (2017) 2 final, 13; EU-Kommission ICT Standardisation Priorities for the Digital Single Market, COM (2016) 176 final, 9 ff. Zur Diskussion über Nutzungsmöglichkeiten zu fairen, reasonable and non-discriminatory (FRAND) Bedingungen: Picht GRUR 2019, 1097; Leistner/Antoine/Sagstetter Big Data, 2021, 132 f.

37 Leistner/Antoine/Sagstetter Big Data, 2021, 135 f.

38 Sowohl § 1 PatG als auch Art. 52 des Europäischen Patentübereinkommens (EPÜ) setzen den Begriff der Erfindung voraus, ohne diesen zu definieren. Die gewählte Definition wird vom DPMA und den Gerichten weitgehend einheitlich verwendet: Mes PatG § 1 Rn. 12, 129; Ann PatR § 11 Rn. 1 ff.

39 Zu dieser Anforderung: BGH GRUR 1980, 849.

40 Benkard PatG/Bacher, 12. Aufl. 2023, § 1 Rn. 101e.

41 Zech GRUR 2017, 475 ff.; Prado Ojea GRUR 2018, 1096 ff.

geschützten Herstellungsverfahrens sind. In seinem Urteil *MPEG-2-Videosignalcodierung*[42] (2012) hatte der *BGH* entschieden, dass ein technisch geschütztes Herstellungsverfahren – im Fall von *MPEG-2* das Verfahren zur Kompression von Videosignalen, ohne für den Menschen wahrnehmbaren Qualitätsverlust – auch auf das Resultat durchschlagen kann. Dem Videosignal wird als Ergebnis der Ausführung des patentrechtlich geschützten Kompressionsverfahren eine eigene **sachlich-technische Eigenschaft aufgeprägt.**[43] Infolgedessen könne auch das Videosignal als unmittelbares Erzeugnis dieses geschützten Herstellungsverfahrens vom patentrechtlichen Schutz umfasst sein.

Verallgemeinert man diesen Ansatz zu Videosignalen auf Daten, so könnte ein patentrechtlich 22 geschütztes Herstellungsverfahren für bestimmte Datenformate dazu führen, dass auch die Daten als unmittelbares Erzeugnis dieses Herstellungsverfahren gemäß § 9 S. 2 Nr. 3 PatG geschützt sind, sofern die besonderen sachlich-technischen Eigenschaften des Herstellungsverfahrens auch die gespeicherten Daten prägen. Insoweit gehen diese Daten über eine bloße Wiedergabe von Information hinaus, die vom patentrechtlichen Schutz gemäß § 1 Abs. 3 Nr. 4 PatG (Art. 52 Abs. 2 lit. c EPÜ) ausgeschlossen ist.[44]

Allerdings wird eine solche Verallgemeinerung von *MPEG-2-Videosignalcodierung* gerade mit 23 Blick auf die Entwicklungen durch Big Data **derzeit kritisch gesehen**[45] und auch der *BGH* hat diesen Gedanken seit 2012 nicht weiterverfolgt. Vielmehr spricht das 2016 ergangene Urteil *Rezeptortyrosinkinase II* eher dafür, dass der *BGH* sich darum bemüht, diese Rechtsprechung sachlich wieder einzuschränken. Dieses Urteil legt ein Verständnis nahe, wonach das Durchschlagen des patentrechtlich geschützten Herstellungsverfahrens auf die sachlich-technischen Eigenschaften von Daten von dem Fall zu unterscheiden ist, in dem lediglich das Resultat der Ausführung eines Verfahrenspatents als maschinenlesbar codierte Information gespeichert wird. So lehnte der *BGH* in *Rezeptortyrosinkinase II* den Schutz von Daten ab, die lediglich das Ergebnis der Ausführung eines patentrechtlich geschützten Verfahrens zur Genanalyse waren.[46] Die Daten über das Fehlen oder das Vorhandensein einer bestimmten genetischen Mutation repräsentieren lediglich eine Erkenntnis (Diagnose), der die „Prägung" durch die sachlich-technischen Eigenschaften des patentrechtlich geschützten Verfahrens fehle. Deshalb war diese Datenfolge nach Ansicht des *BGH* kein gemäß § 9 S. 2 Nr. 3 PatG schutzfähiges Erzeugnis.[47]

Für die Praxis lässt sich die Rechtsprechung dahingehend zusammenfassen, dass Daten dann 24 gemäß § 9 S. 2 Nr. 3 PatG geschützt sein können, wenn sie das Resultat der Anwendung eines patentrechtlich gemäß § 9 S. 2 Nr. 2 PatG geschützten Verfahrens sind und die sachlich-technischen Eigenschaften des Verfahrenspatents auch das Verfahrensergebnis prägen (**sog. derivatives Erzeugnispatent**). Insofern **kann ein patentrechtlicher Schutz von Daten ebenfalls ausnahmsweise die Konsequenz sein**, sofern diese Daten als Ergebnis die besonderen Eigenschaften eines patentrechtlich geschützten Herstellungsverfahrens zur Ermöglichung von Big Data-Analysen aufweisen. Dagegen ist der **Schutz von Daten als solche** bereits **gemäß § 1 Abs. 3 Nr. 4 PatG bzw. Art. 64 Abs. 2 EPÜ ausgeschlossen**, soweit die Daten lediglich eine Information wiedergeben.

42 BGH GRUR 2012, 1230 ff.
43 Hornung/Wiebe Rechtsfragen der Industrie 4.0 (2018), 97 (99) („Datenstruktur").
44 BGH GRUR 2012, 1230 (1233 ff.) – MPEG-2-Videosignalkodierung; vertiefend Haedicke/Zech GRUR – Beil. 2014, 52 (55 f.); sowie zuvor Mes GRUR 2009, 305 (305 f.); Zech GRUR 2017, 475 ff.
45 Leistner/Antoine/Sagstetter Big Data, 2021, 131 („Wegen der problematischen Konsequenzen dieser Rechtsprechung […] ist die Entwicklung […] korrekturbedürftig").
46 BGH GRUR 2017, 261 ff.
47 Mit der Kritik, dass der BGH in Rezeptortyrosinkinase II die Ausschlussgründe des § 1 Abs. 3 PatG zu weit ausgedehnt und im Vergleich zu MPEG-2-Videosignalcodierung die wirtschaftlichen Konsequenzen unberücksichtigt lässt: Prado Ojea GRUR 2018, 1096 (1099 ff.).

2. Patentrechtlicher Schutz von Instrumenten der Big Data-Analyse

25 Regelmäßig liegen die Trainings- und Anwendungsdaten für Big Data-Analysen in unterschiedlichen Formaten vor. Deshalb müssen diese Daten entweder zunächst vereinheitlicht und aufbereitet werden oder es müssen Analyse-Instrumente zur Anwendung kommen, die mit unterschiedlichen Datenformaten und -strukturen kompatibel sind. Zudem kann es aufgrund eines hohen Grades an dezentraler Verteilung der Daten (Cloud-Architektur) und aufgrund von Beschränkungen der Übertragungswege erforderlich sein, die zu analysierenden Daten zunächst herauszufiltern und anschließend zu verdichten. Es ist also zumeist sinnvoll oder sogar notwendig, dass technische Verfahren zur Anwendung kommen, die – insoweit vergleichbar mit der *MPEG-2-Videosignalcodierung*[48] – dazu dienen, die Daten zu vereinheitlichen und das zu übertragende Datenvolumen zu reduzieren,[49] ohne dabei den Wert der Daten für die angestrebte Big Data-Analyse zu beeinträchtigen.

26 Sofern ein Unternehmen selbst Verfahrenslösungen im Bereich der technischen Codierung und Verarbeitung von Daten entwickelt, die über eine lediglich programmiersprachliche Entwicklung von Schnittstellen und Software (Computerprogrammen) hinausgehen, kommt für diese technischen Lösungen ein **Schutz als Verfahrenspatent** in Betracht. Schlagen die Eigenschaften des Verfahrenspatents bei dessen Anwendung technisch auf die automatisiert erzeugten Daten durch, so können diese ausnahmsweise dem patentrechtlichen Schutz als Verfahrenserzeugnis gemäß § 9 S. 2 Nr. 3 PatG unterfallen (oben unter → Rn. 21).

27 Allerdings ist das Verfahrenspatent gemäß § 9 S. 2 Nr. 2 PatG wiederum von lediglich programmsteuernden Anweisungen abzugrenzen, die auf Daten gerichtet sind. Solche Anweisungen können im Rahmen der patentrechtlichen Schutzvoraussetzungen allenfalls dann berücksichtigt werden, soweit diese zu einer Lösung eines konkreten technischen Problems mit technischen Mitteln führen.[50] Selbst in diesem Fall sind die Daten jedoch lediglich ein Anwendungsfall dieser Anweisungen und damit selbst nicht vom patentrechtlichen Schutz umfasst.[51]

28 Diese Abgrenzung wird im Kontext von Big Data zunehmend schwierig. Derzeit sind im Rahmen von Big Data-Analysen **neuronale Netze in Form des maschinellen Lernens** von herausragender Bedeutung. Werden diese trainiert, so sind sie anschließend in der Lage, durch die Analyse von Anwendungsdaten selbst Muster aufzufinden und in einem (dynamischen) Algorithmus zusammenzufassen. Obwohl ein Algorithmus zur gezielten Auswertung von Daten zwar eine solche Anweisung zur Datenverarbeitung enthält, ist der **Algorithmus** selbst **eine mathematische Methode** und aus diesem Grund bereits gemäß § 1 Abs. 3 Nr. 1 PatG (Art. 52 Abs. 2 lit. a EPÜ) **vom patentrechtlichen Schutz ausgeschlossen.**[52] Auch nach der Rechtsprechung kommt ein patentrechtlicher Schutz des Algorithmus allenfalls in Betracht, soweit er die Funktionsweise eines Kontrollsystems einer Maschine beeinflusst, nicht dagegen der Algorithmus als solcher oder die lediglich ausgewerteten Daten. Entscheidend für neue Instrumente im Bereich von Big Data ist beispielsweise die Frage, inwieweit eine mathematische Methode patentrechtlich dann schutzfähig ist, wenn mit ihrer Hilfe auf Basis von Daten zuverlässige Erkenntnisse über den Zustand einer Maschine gewonnen werden (zB für vorausschauende Wartungsdienste, engl. **predictive maintenance**) und damit die Funktionsweise desjenigen Systems beeinflusst wird, das der Ermittlung dieses Zustands dient.[53]

---

48 BGH GRUR 2012, 1230 ff.
49 Auer-Reinsdorff/Conrad Handbuch IT-R-HdB/Sarre/Pruß/Schmidt, 114 Rn. 193.
50 BGH GRUR 2011, 125 Rn. 31; GRUR 2013, 909 Rn. 14.
51 BGH GRUR 2009, 479.
52 Benkard PatG/Bacher, 12. Aufl. 2023, § 1 Rn. 98c; infolgedessen können auch Algorithmen zur Analyse großer Datenmengen regelmäßig nur als Unternehmensgeheimnis (§§ 17, 18 UWG) geschützt werden.
53 BGH GRUR 2015, 983, hierzu Benkard PatG/Bacher, 12. Aufl. 2023, § 1 Rn. 98d.

Wenig Aussicht auf Erfolg hat auch ein Versuch, ein Programm zur Erzeugung und Analyse 29 von Daten – ggfs. gemeinsam mit den Anwendungsdaten – patentrechtlich zu schützen. Gemäß § 1 Abs. 3 Nr. 3 PatG (Art. 52 Abs. 2 lit. c EPÜ) sind **Programme für Datenverarbeitungsanlagen vom Patentschutz ausgeschlossen**, um Überlappungen mit dem urheberrechtlichen Schutz von Computerprogrammen gemäß § 69a UrhG zu verhindern.[54]

Allerdings birgt diese Abgrenzung zum Urheberrecht im Detail erhebliche Schwierigkeiten, 30 wenn die Ausführung des Computerprogramms über eine bloße Datenverarbeitung hinausgeht,[55] etwa wenn die Daten nicht nur dauerhaft erzeugt, sondern auch automatisch analysiert und anschließend dargestellt werden (**computerprogrammbezogene Erfindung**).[56]

Nach dem komplexen **Prüfschema des Deutschen Patent- und Markenamtes** (DPMA), das 31 es in Anlehnung an die *BGH*-Rechtsprechung entwickelt hat, setzt eine computerprogrammbezogene Erfindung eine komplexe Gesamtbetrachtung voraus. Diese soll durch drei Schritte praktikabel und vorhersehbar(er) werden:[57] *Erstens* ist zu prüfen, ob überhaupt technische Elemente vorhanden sind, die über den in einer Standardumgebung laufenden Objektcode des Computerprogramms hinausgehen. *Zweitens* müssen diese Elemente gerade zur Lösung eines konkreten technischen Problems beitragen. *Drittens* müssen gerade diese technischen Elemente ihrerseits genügen, um die Voraussetzungen der erfinderischen Tätigkeit zu erfüllen.

Selbst wenn im Einzelfall ein patentrechtlicher Schutz an einer computerprogrammbezogenen 32 Erfindung bestehen kann,[58] die Messdaten analysiert und automatisch darstellt, wird jedoch **allenfalls** die erreichte technische Lösung in Form der **computerimplementierten Darstellung patentrechtlich geschützt**.

Eine ähnliche Herangehensweise[59] – hat das **Europäisches Patentamt** (EPA) für Erfindungen 33 im Zusammenhang mit dem maschinellen Lernen gewählt. Um die potenziell **schutzfähige Erfindung gegenüber dem Ausschluss für mathematische Methoden** (Art. 52 Abs. 2 lit. a, Abs. 3 EPÜ) **abzugrenzen**, ist zunächst zu prüfen, ob die Methode im Kontext der Erfindung eine technische Wirkung erzeugt, die einem technischen Zweck dient. Als Beispiele für eine technische Wirkung einer mathematischen Methode nennt das EPA[60] – unter Rückgriff auf die eigene Entscheidungspraxis[61] – insbesondere

- die digitale Audio-, Bild- oder Videoverbesserung oder -analyse, einschließlich der Personenerkennung in einem digitalen Bild oder die Beurteilung der Qualität eines übertragenen digitalen Audiosignals;
- die Trennung von Quellen in Sprachsignalen; Spracherkennung, zB Zuordnung von Sprachinput und Textoutput;
- die Datencodierung zur zuverlässigen und/oder effizienten Übertragung oder Speicherung (und entsprechende Decodierung), zB Fehlerkorrektur-Codierung von Daten zur Übertra-

---

54 Mes PatG § 1 Rn. 118.
55 Osterrieth PatR Rn. 371 ff.
56 BGH GRUR 1990, 430 (431 f.); GRUR 2009, 479.
57 DPMA Prüfrichtlinie für die Prüfung von Patentanmeldungen (Prüfungsrichtlinie) v. 11.1.2019, MittPräsD-PMA Nr. 2/2019 v. 27.2.2019, Ziff. 3.2.; Benkard PatG/Bacher, 12. Aufl. 2023, § 1 Rn. 108 ff.
58 Abgelehnt wurde der technische Beitrag für ein Computerprogramm, das Daten über das Nutzerverhalten zunächst an einen zentralen Server übermittelt, diese Daten mit typischen Bedienungsfehlern abgleicht und im Anschluss eine interaktive Nutzerunterstützung anbietet: BGH GRUR 2005, 141. Ebenfalls an einem technischen Beitrag fehlt es, wenn ein Programm aus Messdaten die Geräteauslastung und die Rentabilität einer zusätzlichen Geräteanschaffung kalkuliert: BGH GRUR 2005, 143; vgl. weitere Beispiele Mes PatG § 1 Rn. 132 ff.
59 Bislang erfolgte die Abgrenzung allerdings im Rahmen der Prüfung der Voraussetzung des erfinderischen Schritts: EPA, G 3/08, unter Ziffer 10.13, 40 – programs for computers („will always still fail to be patentable for lack of an inventive step under arts 52(1) and 56 EPC. Merely the EPC article applied is different").
60 EPA Richtlinien für die Prüfung, Stand: 1.3.2023 (Mitteilung v. 12.12.2022, ABl. EPA. 2023 A6), Teil G (Patentierbarkeit), Kap. II (Erfindungen), 3.3. (Ausnahme für mathematische Methoden).
61 Hierzu auch: Ménière/Pihlajamaa GRUR Int. 2019, 332 ff.; Moufang GRUR Int. 2018, 1146 (1148 ff.).

gung über einen verrauschten Kanal, einschließlich der Komprimierung von Audio-, Bild-, Video- oder Sensordaten und

- die Erstellung einer medizinischen Diagnose durch ein automatisiertes System, das physiologische Messungen verarbeitet.

34 Zudem soll der **Ausschlussgrund für mathematische Methoden nicht eingreifen, soweit** eine mathematische Methode unabhängig von einer technischen Anwendung zum technischen Charakter der Erfindung beiträgt, indem der Patentanspruch auf eine **spezifische technische Umsetzung** der mathematischen Methode gerichtet ist **und** die mathematische Methode **für diese Umsetzung spezifisch angepasst** wird. Eine solche spezifische technische Umsetzung könne beispielsweise darin liegen, dass die mathematische Methode so gestaltet wird, um eine effiziente Nutzung der Speicherkapazität des Computers oder der Bandbreite des Netzwerks zu bewirken.

35 In diesem Kontext nennt das *EPA* zwei für Big Data besonders relevante Beispiele. Danach gehen technische Lösungen über eine mathematische Methode hinaus und es komme infolgedessen **grundsätzlich** eine **Patentierbarkeit in Betracht für**

- die Anpassung eines Algorithmus zur sog. Polynomreduktion, also um Wortgröße-Verschiebungen passend zur Wortgröße der Computer-Hardware auszunutzen, um dadurch zu einer effizienten Hardware-Implementierung dieses Algorithmus beizutragen;
- die Übertragung der Ausführung datenintensiver Trainingsschritte eines Algorithmus für maschinelles Lernen an einen Grafikprozessor (GPU) und vorbereitender Schritte an einen Standardprozessor (CPU), um von der Parallelarchitektur der Computerplattform zu profitieren.

36 Mit Blick auf die **Abgrenzung zwischen einer mathematischen Methode als solche** (keine Patentierbarkeit) **und** der **technischen Wirkung oder technischen Umsetzung mathematischer Methoden** durch ML-bezogene Erfindungen (Patentierbarkeit bei Erfüllung aller Voraussetzungen) stellt das *EPA* zunächst klar, dass diese auf Rechenmodellen und Algorithmen basieren und damit *per se* und unabhängig davon, ob sie anhand von Daten trainiert werden können, von abstrakter mathematischer Natur sind. Infolgedessen gelten die allgemeinen Leitlinien. Dies habe zur Folge, dass beispielsweise die Verwendung eines neuronalen Netzes in einem Herzüberwachungsgerät einen technischen Beitrag leiste, wenn dadurch ein unregelmäßiger Herzschlag identifiziert wird. Auch die Klassifizierung von digitalen Bildern, Videos, Audio- und Sprachsignalen auf der Grundlage von Low-Level-Merkmalen (zB Kanten oder Pixelattributen für Bilder) sei eine weitere typische **technische Anwendungsform von Klassifizierungsalgorithmen.** Infolgedessen seien solche technischen Wirkungen **nicht vom Patentierungsausschluss für mathematische Methoden umfasst.**

37 Im Gegensatz dazu sei eine Klassifizierung von Textdokumenten ausschließlich nach ihrem Textinhalt kein technischer, sondern ein linguistischer Zweck. Nur bei Angabe eines technischen Zwecks, könnten beispielsweise die Schritte „Erzeugung des Trainings-Datensatzes" und „Training des Klassifikators" ihrerseits zum technischen Charakter der Erfindung beitragen, soweit sie das Erreichen dieses technischen Zwecks unterstützen.[62]

38 **Zusammenfassend** kommt ein **patentrechtlicher Schutz für Daten** als unmittelbares Verfahrenserzeugnis mit weit überwiegender Wahrscheinlichkeit **nicht** in Betracht. **Instrumente** die im Rahmen von Big Data zur **Datenanalyse** entwickelt werden, können die patentrechtlichen Schutzvoraussetzungen grundsätzlich erfüllen, scheitern aber häufig am Schutzausschluss für mathematische Methoden gemäß § 1 Abs. 3 Nr. 1 PatG bzw. Art. 52 Abs. 2 lit. a EPÜ. **Nur sofern** der Patentanspruch auf eine spezifische technische Umsetzung einer mathematischen Methode

---

62 EPA Richtlinien für die Prüfung, Stand: 1.3.2023 (Mitteilung v. 12.12.2022, ABl. EPA. 2023 A6), Teil G (Patentierbarkeit), Kap. II (Erfindungen), 3.3. (Ausnahme für mathematische Methoden), 3.2.1 und 3.3.1 (Künstliche Intelligenz und maschinelles Lernen).

gerichtet ist und diese **mathematische Methode für diese Umsetzung spezifisch angepasst wird**, greift der Ausschlussgrund ausnahmsweise nicht ein. In diesem Fall können Instrumente zur Datenanalyse grundsätzlich patentrechtlich geschützt werden, sofern die allgemeinen Schutzvoraussetzungen, insbesondere die Neuheit, die erfinderische Tätigkeit und die gewerbliche Anwendbarkeit im Einzelfall erfüllt sind.

III. Urheberrechtlicher Schutz

Anders als das Patentrecht schützt das Urheberrecht keine technischen Lösungen, sondern   39
persönliche geistige Schöpfungen, § 2 Abs. 2 Urhebergesetz (UrhG). Urheberrechtlich geschützt werden weder abstrakte technische noch kaufmännische Ideen, sondern nur deren konkrete Ausgestaltung. Inhaltlich stehen Daten der urheberrechtlichen Kategorie des Sprachwerks insbesondere in Form von Computerprogrammen nahe, § 2 Abs. 1 Nr. 1 UrhG (1.).[63] Regelmäßig kommt ein Schutz als Datenbankwerk für typische Big Data-Anwendungen nicht in Betracht (2.). Dagegen ist der Schutz von Daten als Datenbank (3.) und der Schutz als verwandtes Leistungsschutzrecht (4.) im Rahmen von Big Data zu beachten.

1. Schutz als Computerprogramm

Ebenso wie Computerprogramme, die gemäß §§ 69a ff. UrhG geschützt sein können, bestehen   40
auch Daten aus maschinenlesbar codierter Information in Form von Zeichen (binärer Code) und basieren somit auf Sprache. Dennoch scheidet der Schutz von Daten als Computerprogramm aus (a). Im Gegensatz dazu können viele der Instrumente, die im Rahmen von Big Data zur Analyse von Daten zur Anwendung kommen, als Computerprogramme urheberrechtlich geschützt werden (b).

a) Kein Schutz von Trainings- und Anwendungsdaten

Ein urheberrechtlicher Schutz von Trainings- oder Anwendungsdaten als Computerprogramm   41
scheidet aus zwei Gründen aus.

Erstens besteht ein Computerprogramm aus Steuerungsbefehlen, also einer „Folge von Befeh-   42
len, die nach Aufnahme in einen maschinenlesbaren Träger fähig sind, zu bewirken, dass eine Maschine mit informationsverarbeitenden Fähigkeiten eine bestimmte Funktion oder Aufgabe oder ein bestimmtes Ergebnis anzeigt, ausführt oder erzielt".[64] Selbst solche **Trainings- und Anwendungsdaten**, die einen betrieblichen oder technischen Zusammenhang haben, verfügen jedoch **nicht** über eine **ausführbare Folge von Steuerungsbefehlen, die eine bestimmte Funktion ausüben oder Aufgabe erfüllen.**[65] Sie sind vielmehr ihrerseits das Resultat solcher Steuerungsbefehle.

Zweitens setzt der Schutz als Computerprogramm gemäß § 69a Abs. 3 S. 1 UrhG eine eigene   43
geistige Schöpfung voraus.[66] Anders als der Quellcode und der Objektcode von Computerprogrammen, die als geistige Schöpfung in Form eines Sprachwerks geschützt sein können,[67] beruhen automatisch generierte oder automatisch analysierte Daten weder unmittelbar auf

---

63 Der rechtlich definierte Begriff „Computerprogramm" darf nicht mit dem umgangssprachlich häufig als Synonym verwendeten Begriff „Software" verwechselt werden, weil „Software" nicht nur für Computerprogramme verwendet wird, sondern auch für Dateien, Daten und Datenbanken. Andererseits können Computerprogramme aber auch in der Hardware integriert sein, vgl. Wandtke/Bullinger/Grützmacher UrhG § 69a Rn. 2 ff.

64 § 1 (i) WIPO-Mustervorschrift GRUR 1979, 300 (307 f.); ähnlich Lesshaft/Ulmer CR 1993, 607 (608); Marly SoftwareR-HdB Rn. 78.

65 OLG Rostock MMR 2008, 116; LG Frankfurt CR 2013, 509 (510); Marly SoftwareR-HdB Rn. 83; Wandtke/Bullinger/Grützmacher UrhG § 69a Rn. 17.

66 Marly GRUR 2012, 773.

67 Wandtke/Bullinger/Grützmacher UrhG § 69a Rn. 10 f.

der Leistung eines Menschen[68] noch erreichen sie die für den urheberrechtlichen Schutz **erforderliche geistige Schöpfungshöhe.** Infolgedessen **scheidet ein Schutz von Trainings- und Anwendungsdaten als Computerprogramm regelmäßig aus.**[69]

44 Dass Daten nicht als Computerprogramm geschützt werden können, hat einen weiteren Grund. Dem europäischen Gesetzgeber war bei Verabschiedung der Computerprogramm-RL bewusst, dass die **Interoperabilität** von Computerprogrammen gewährleistet werden muss.[70] Diesen Gedanken hat der *EuGH* in *SAS-Institute* nochmals bestärkt, indem er sich dafür entschied, dass solche grundlegenden Strukturmerkmale frei bleiben müssen, auf die andere, hierauf aufbauende Computerprogramme angewiesen sind. Infolgedessen kam der Gesetzgeber zu der Überzeugung, dass weder ein Schutz der Programmiersprachen noch der Schutz von Datenformaten mit den Zielen der Computerprogramm-RL vereinbar wären.[71] In Übereinstimmung mit dieser Wertung, ist es ebenfalls überzeugend, dass jedenfalls die zugrundeliegenden Strukturen von Schnittstellen frei bleiben müssen.[72]

b) Schutz von Instrumenten der Big Data-Analyse als Computerprogramm

45 Grundsätzlich kommt allen originell geschriebenen Codierungsleistungen ein Schutz als Sprachwerke gemäß § 2 Abs. 1 Nr. 1, §§ 69a ff. UrhG zu. Während gemäß § 69a Abs. 1 UrhG bereits das Entwurfsmaterial geschützt ist, werden die einem Computerprogramm, einschließlich der Schnittstellen, zugrundeliegenden Ideen und Grundsätze nicht geschützt, § 69 Abs. 2 UrhG.

46 Es liegt somit nahe, dass **codebasierte, programmierte Instrumente** zur Datenanalyse, die auf einer persönlichen geistigen Schöpfung beruhen, **urheberrechtlich geschützt** sind. Weil insbesondere Programmierungen zur Optimierung von Datenanalyse ein zentrales Element von Big Data sind, kommt auch dem Schutz von Computerprogrammen eine wesentliche Bedeutung zu.[73] Allerdings ist der Schutzgegenstand des § 69a UrhG gerade der für die Implementierung und Verwendung von Funktionen geschaffene Quell- und Objektcode. Infolgedessen sind **abstrakte Algorithmen kein Schutzgegenstand** sofern sie dazu dienen, mittels mathematisch-statistischer Funktion bestimmte Muster in Trainingsdaten aufzufinden

---

68 Schricker/Loewenheim/Leistner UrhG § 2 Rn. 38 f.; Wandtke/Bullinger/Grützmacher UrhG § 69a Rn. 32.
69 Auch Datenbanken, Dateiformate und Datenstrukturen sind, wie sich schon aus der spezielleren Regelung in §§ 4, 87a UrhG ergibt, keine Computerprogramme iSv § 69a UrhG (vgl. Art. 1 Abs. 3 und Art. 2 lit. a Datenbank-Richtlinie. Hierzu grundlegend Ohst Computerprogramm und Datenbank, Definition und Abgrenzung, 2003, 42 ff.; Wandtke/Bullinger/Grützmacher UrhG § 69a Rn. 16 f.
70 ErwG 11, 15 und 19 Computerprogramm-RL.
71 EuGH GRUR 2012, 814 (Rn. 28 ff.).
72 Ebenso: Samuelson/Vinje/Cornish, Does Copyright Protection Under the EU Software Directive Extend to Computer Program Behaviour, Languages and Interfaces?, SSRN (https://ssrn.com/abstract=1974890) 2011; Heinze JIPITEC 2011, 97 Rn. 8; noch weitergehend und einen Schutz von Schnittstellen aufgrund ihrer Bedeutung für die Interoperabilität auch dann ablehnend, wenn ihre Struktur für spezifische Anwendungen und Implementierungen ihrerseits programmiert sind und infolgedessen die Schutzvoraussetzungen grundsätzlich erfüllen: Marly GRUR 2012, 773 (779); Leistner/Antoine/Sagstetter Big Data, 2021, 117. Zugunsten von Google (Alphabet) und zulasten von Oracle hat der US Supreme Court entschieden (Dok. No. 18–956), dass die Vervielfältigung von 11.500 Zeilen oder 0.4 % des gesamten Schnittstellen-Codes von Java SE (Oracle) infolge eines Eingreifens der im amerikanischen Recht vorhandenen Fair-Use-Schranke (17 U.S. Code US Copyright Act § 107) keine rechtswidrige Verletzungshandlung darstellt. In seiner Begründung stellte der US Supreme Court insbesondere darauf ab, dass dieser Code für Funktionen von Computerprogrammen so wesentlich war, dass er dauerhaft mit der nicht schutzfähigen zugrundeliegenden Idee verfochten sei („inherently bound together with uncopyrightable ideas"). Zudem habe Google diesen Teil des Codes in transformativ veränderter Weise vervielfältigt und nicht 1:1 für das Android-Betriebssystem übernommen. Letzteres sei kein Substitut für Java SE, sondern die Übernahme der Teile des Codes hätten gerade ein anderes innovatives Produkt (mit-)ermöglicht. Sofern dieses Ergebnis überzeugt, bleibt für das deutsche Urheberrecht, das keine derart flexible generalklauselartige Fair-Use-Schranke (ex-post) kennt, nur ein ex-ante Ausschluss des (Teils des) Schnittstellen-Codes vom urheberrechtlichen Schutzgegenstand.
73 Gervais JIPITEC 2019, 22 (25).

oder in Anwendungsdaten wiederzufinden. Nur soweit sie konkret durch den Code, also mittels Programmiersprache implementiert und verknüpft sind, können sie urheberrechtlich als Bestandteil des Computerprogramms geschützt sein.[74] Weil diese Implementierung und Verknüpfung jedoch ihrerseits Bezugspunkt der persönlich geistigen Schöpfung und somit Ausdruck der Nutzung von freiem Gestaltungspielraum sein muss, ist das Potential für einen urheberrechtlichen Schutz von Algorithmen im Ergebnis sehr begrenzt.[75]

2. Schutz als Datenbankwerk, § 4 Abs. 2 UrhG

Gemäß § 4 Abs. 2 UrhG können Datensammlungen grundsätzlich als Datenbankwerke geschützt sein,[76] soweit die **Auswahl und Anordnung** dieser Daten[77] auf einer **persönlichen geistigen Schöpfung** beruhen. Die Anforderungen, die an eine persönliche geistige Schöpfung bei Datenbankwerken gestellt werden, sind zwar eher gering. Es **genügt** insoweit ein **Mindestmaß an individueller Eigenart.** Dieses ist bereits erreicht, wenn die Daten als einzelne Elemente systematisch oder methodisch angeordnet werden und sofern diese Auswahl und Anordnung über das rein handwerkliche, schematische oder routinemäßige hinausgeht.[78] Allerdings setzt auch der Schutz als Datenbankwerk voraus, dass die Auswahl und Anordnung auf der schöpferischen **Tätigkeit eines Menschen** beruht, § 4 Abs. 1 UrhG. Zudem werden Datenbankwerke nur mit Blick auf ihre schöpferische **Struktur geschützt, nicht** dagegen **die einzelnen Elemente**, die dieser Struktur unterliegen.[79] Wie sich aus § 4 Abs. 1 UrhG ergibt, können diese einzelnen Elementen jedoch ihrerseits durch das Urheberrecht oder verwandte Schutzrechte geschützt sein.

Soweit es bei der Auswahl- oder Anordnung von Trainings- und Anwendungsdaten nicht zu einer menschlichen Entscheidung über die strukturelle Anordnung der Daten kommt, weil diese ausschließlich durch Ausführung eines Computerprogramms bestimmt wird, scheidet ein urheberrechtlicher Schutz als Datenbankwerk aus. Es kommt dann allenfalls ein Leistungsschutzrecht gemäß § 87a Abs. 1 UrhG in Betracht, soweit die Daten als Elemente einer Datenbank schutzfähig sind (→ Rn. 52 ff.).[80]

Selbst für den Fall, dass die Daten ausnahmsweise in einer Art organisiert sind, die über die üblichen und routinemäßigen Strukturen hinausgeht, ist der durch § 4 Abs. 2 UrhG gewährte Schutz gerade auf die Übernahme diese Struktur begrenzt. Dagegen bietet § 4 Abs. 2 UrhG **weder** einen **Schutz für** die in der Datenbank enthaltenen **Trainings- oder Anwendungsdaten noch für** eine **enthaltene technische Methode,** durch welche auch neue **Daten automatisiert in diese Struktur eingefügt** werden. Weil letzteres regelmäßig in Form eines programmierten Codes erfolgt, kommt insoweit jedoch ein Schutz als Computerprogramm in Betracht.[81]

47

48

49

---

74 Schricker/Loewenheim/Spindler UrhG § 69 Rn. 12.
75 Leistner/Antoine/Sagstetter Big Data, 2021, 116.
76 Art. 1 Abs. 2 der Richtlinie 96/9/EG des Europäischen Parlaments und des Rates vom 11.3.1996 über den rechtlichen Schutz von Datenbanken, Amtsblatt Nr. L 077 vom 27.3.1996, 20.
77 Der Begriff der Daten wird weder durch die EU-DatenbankRL noch das UrhG bestimmt. Soweit ersichtlich stammt der einzige diesbezügliche Vorschlag von Bensinger, Sui-generis Schutz für Datenbanken, Die EG-Datenbankrichtlinie vor dem Hintergrund des nordischen Rechts, 1999, der Daten als alle formalisierten, zur menschlichen oder maschinellen Kommunikation geeigneten Darstellungen von Fakten, Konzepten oder Instruktionen definiert.
78 Schricker/Loewenheim/Leistner UrhG § 4 Rn. 21 f.; Wandtke/Bullinger/Grützmacher UrhG § 4 Rn. 5.
79 So ausdrücklich Art. 3 Abs. 2 der Richtlinie 96/9/EG v. 11.3.1996 über den rechtlichen Schutz von Datenbanken, ABl. L 77 v. 27.3.1996, 22 ff. (Datenbank-RL). Hiernach erstreckt sich der gewährte urheberrechtliche Schutz sich nicht auf deren Inhalt und Rechte an diesem Inhalt bleiben vom Schutz als Datenbank(werk) unberührt.
80 Zu beachten ist jedoch, dass der Schutz als Datenbankwerk und der sui generis Schutz als Datenbank kumulativ möglich ist. Hierzu Leistner CR 2018, 17 (20).
81 Hierzu oben unter → Rn. 45 f.

50 Zudem ist es gerade ein zentrales Merkmal von Big Data, dass für die Datenanalyse aufgrund des großen Volumens und der vielseitigen Quellen gerade solche Instrumente zur Anwendung kommen, die ausreichend flexibel sind, um mit einer Vielzahl an vorhandenen Strukturen und insbesondere mit nicht relational strukturierten Daten (noSGL) zurechtzukommen.[82] Infolgedessen kommt es im Rahmen von Big Data regelmäßig nicht zu einer Verletzungshandlung, weil es auf die geschützte Art und Weise wie die zu analysierenden Daten strukturiert sind, gerade nicht ankommt und diese Struktur auch nicht übernommen wird.

51 Dagegen ist eine **Verletzung** des Rechts an einem Datenbankwerk dann grundsätzlich möglich, **wenn** diese **Daten** zwar zunächst für die Analyse aufbereitet und dabei zugleich neu strukturiert werden, dafür aber **zunächst das Datenbankwerk vervielfältigt** wird und dabei auch die ursprüngliche Struktur übernommen wird. Erfolgt dieser Schritt jedoch lediglich kurzzeitig und aus technischen Gründen, so kann diese Handlung aufgrund der Schranke in § 44a UrhG oder als Vorbereitungshandlung für ein Text und Data Mining gemäß § 44b bzw. § 60d UrhG rechtmäßig sein (dazu unten).[83]

3. Schutz als Datenbank, §§ 87a ff. UrhG

52 Obwohl auch im Rahmen von Big Data hochspezialisierte Tätigkeiten für Menschen vorhanden sind (sog. data engineers oder data scientist), ist die automatisierte Datenverarbeitung ein wesentliches Charakteristikum von Big Data. Infolgedessen stehen weniger die durch menschliche Tätigkeit strukturierten Datenbankwerke, sondern das *sui generis* Datenbankrecht im Zentrum der Aufmerksamkeit.

a) Schutzzweck

53 Die Definition der Datenbank iSd § 87a UrhG ist durch Art. 7 Datenbank-RL unionsrechtlich vorgegeben[84] und deckt sich weitgehend mit derjenigen von Datenbankwerken in § 4 Abs. 2 UrhG. Der wesentliche Unterschied besteht darin, dass für den Schutz des Datenbankwerks eine Auswahl und Anordnung dieser Daten verlangt wird, die auf einer persönlichen geistigen Schöpfung beruht.[85] Anders als der Schutz von Datenbankwerken, die ein urheberrechtliches Werk sind, ist der Schutz von **Datenbanken** den **Leistungsschutzrechten zuzuordnen**. Dieser Schutz steht in keinem direkten Zusammenhang zu persönlichkeitsrechtlichen Überlegungen, sondern dient **ausschließlich als ökonomischer Anreiz für Investitionen in die Sammlung, Überprüfung und Darstellung von Daten**.[86] Dementsprechend setzt der Schutz als Datenbank lediglich eine Sammlung **von unabhängigen Elementen** voraus, **die systematisch und methodisch angeordnet** sind.

54 Allerdings ergibt sich zumindest aus der Gesetzessystematik, dass der Schutz von Datenbanken kein Selbstzweck ist, sondern mit Blick auf die Ermöglichung der Nutzung dieser Datenbanken durch deren Inhaber und Dritte entwickelt wurde. Bereits die Definition der Datenbank in § 87a Abs. 1 UrhG fordert, dass die gesammelten **Elemente einzeln**, mithilfe von elektronischen oder anderen Mitteln **zugänglich** sind. Mit anderen Worten: Der Schutz von Datenbanken ist nicht nur Anreiz bzw. Belohnung für eine Investition in die Beschaffung, Überprüfung oder Darstellung der Daten, sondern setzt zudem voraus, dass diese Daten leicht zugänglich gemacht werden. Diese in den Schutzvorrausetzungen – zumindest mittelbar – angelegte Zielsetzung bietet einen wichtigen Ansatzpunkt, um den Schutz von Datenbanken und das

---

82 Leistner/Antoine/Sagstetter Big Data, 2021, 52.

83 Unten: → Rn. 121 ff.

84 Richtlinie 96/9/EG v. 11.3.1996 über den rechtlichen Schutz von Datenbanken, ABl. L 77 v. 27.3.1996, 22 ff.

85 Art. 3 Abs. 1 Datenbank-RL.

86 Dieses Ziel wurde jedoch weitgehend verfehlt: Bently/Derclaye ua, Study in support of the evaluation of Directive 96/9/EC on the legal protection of databases: final report, 2018, 95 ff.; Geiger/Frosio/Bulayenko IIC 49 (2018), 814.

Ziel der Zugangseröffnung künftig besser und weniger pauschal auszugestalten, als es die *EU-Kommission* mit Art. 35 Data Act versucht hat (hierzu sogleich).

Obwohl der Schutz von Datenbanken auf den ersten Blick als ein Hindernis für Big Data er- 55
scheint, weil durch die rechtliche Zuweisung die Gefahr entstehen könnte, dass der Zugang zu
Daten erschwert wird, bietet diese gesetzliche Akzentuierung der leichten Zugänglichkeit eine
Basis für eine Auslegung der §§ 87a ff. UrhG, die Big Data befördert. Insoweit geht der **Zweck**
des Datenbankschutzes schon tatbestandlich über einen Investitionsanreiz und Belohnungsge-
danken hinaus und zielt **auch** auf eine **Erleichterung des effizienten Zugangs zu Daten** und
damit eine effektive Datenverwertung ab. Indem die einzelnen Elemente unabhängig voneinander[87] und jeweils einzeln zugänglich sein sollen, soll der Zugriff auf jedes in der Datenbank
enthaltene Element insbesondere unter Anwendung elektronischer, elektromagnetischer oder
elektrooptischer Verfahren ermöglicht werden.[88]

Weil es auf die Zugänglichkeit der einzelnen Elemente ankommt, muss es zudem unerheblich 56
sein, welches technische Speichermedium für eine Datenbank gewählt wird. Solange alle Elemente systematisch oder methodisch angeordnet sind und über ein einheitliches Instrument
zur Abfrage oder Recherche auf alle Elemente zugegriffen werden kann, können die einzelnen
Datensätze einer geschützten **Datenbank** auch **geographisch verstreut** auf unterschiedlichen
Servern und somit auch in „der Cloud" **gespeichert** sein.[89]

b) Schutzvoraussetzungen

Der Schutz als Datenbank setzt eine **Sammlung** von Daten **und** deren **systematische oder** 57
methodische Anordnung voraus. Allerdings ist für den Schutz nach § 87a Abs. 1 S. 1 UrhG im
Gegensatz zu § 4 UrhG keine persönliche geistige Schöpfung durch einen Menschen erforderlich. Vielmehr entsteht das Leistungsschutzrecht bereits dann, wenn die Beschaffung, **Überprü-**
fung oder Darstellung eine nach Art und Umfang **wesentliche Investition erfordert**, § 87a
Abs. 1 S. 1 UrhG. Eine solche Investition setzt keine Geldzahlung voraus. Auch der Einsatz von
technischen Mitteln oder Arbeitszeit genügt.[90] Ebenfalls berücksichtigt werden Investitionen,
die zur Bereitstellung und Zugänglichmachung der Daten aufgewendet werden,[91] so dass auch
Elemente des Abfragesystems vom Schutz der Datenbank umfasst sein können.[92] Hierbei ist
jedoch die Abgrenzung zum Schutz von Computerprogrammen zu beachten. Zudem sind
Schnittstellen, die ausschließlich der Interoperabilität von verschiedenen Computerprogrammen oder der Interoperabilität von Datenbanken und Computerprogrammen[93] dienen, vom
Schutz ausgenommen.

Mit dem Schutz von Datenbanken sollen diejenigen Investitionen rechtlich abgesichert wer- 58
den, die aufgewendet wurden, um die Daten systematisch und methodisch zu strukturieren
und diese Struktur anschließend aufrecht zu erhalten. Bislang ist die Rechtsprechung bei den
Anforderungen an die Höhe der **schutzbegründenden Investition großzügig**,[94] so dass der
Schutz nur bei ganz unerheblichen Aufwendungen scheitert (**Bagatellgrenze**).[95] Infolgedessen
sind lediglich völlig unstrukturierte Rohdaten als bloßer **„Datenhaufen" vom Schutz ausge-**

---

87 EuGH GRUR 2012, 386 Rn. 26.
88 EuGH GRUR 2005, 254 Rn. 30 f.; im Anschluss: BGH GRUR 2011, 1018 Rn. 28; vertiefend: Hornung/Wiebe
    Rechtsfragen der Industrie 4.0 (2018), 97 (102 f.).
89 Ebenso am Beispiel des Hadoop Distributed Filesystem: Hornung/Wiebe Rechtsfragen der Industrie 4.0
    (2018), 97 (103 f.).
90 EuGH GRUR Int. 2005, 244.
91 BGH GRUR 2011, 1018 Rn. 31.
92 ErwägungsG 21 Datenbank-RL (96/9/EG).
93 § 69a Abs. 2 S. 2 UrhG.
94 EuGH GRUR 2005, 252 Rn. 28; BGH MMR 1999, 470 (472); CR 2011, 498 (499); GRUR 2011, 1018 Rn. 31; mwN
    Dreier/Schulze/Dreier UrhG § 87a Rn. 14.
95 Spindler/Schuster/Wiebe § 87a Rn. 14 (Ausschluss von „Allerweltsinvestitionen"); Wiebe CR 2014, 1 (5).

schlossen. Die Datenanalyse durch Techniken des maschinellen Lernens ist zwar ansatzweise in der Lage, Korrelationen aus unstrukturierten Rohdaten herzuleiten. Dennoch ist es nicht nur für die Anwendung von KI, sondern auch mit Blick auf den Datenbankschutz aus Sicht der potenziellen Inhaber von Datenbanken strategisch sinnvoll, ein Mindestmaß an Anstrengungen in die methodische Strukturierung oder „Veredelung" von Daten zu investieren und dies zu protokollieren.

aa) Umstrittene Abgrenzung zwischen Datenbeschaffung und bloßer Datengenerierung

59 Für die Beurteilung, ob beispielsweise maschinengenerierte Sensor-Daten oder personenbezogene Nutzerdaten (Tracking) als Datenbank geschützt sein können, ist ausschlaggebend, ob die Investition in die Datenverarbeitungsanlage als Investition in die Beschaffung von Daten zu bewerten ist. Im Rahmen von § 87a Abs. 1 S. 1 UrhG[96] berücksichtigen die Gerichte gerade diejenigen **Aufwendungen nicht, die der erstmaligen Generierung der Daten dienen.**[97] Sofern Daten also automatisch infolge der Ausführung eines Computerprogramms auf der Datenverarbeitungsanlage erzeugt werden, ist diese Datengenerierung bereits Bestandteil der Anschaffungskosten der Datenverarbeitungsanlage. Der Kaufpreis der Datenverarbeitungsanlage dürfte infolgedessen regelmäßig nicht mehr als Investition in die Beschaffung der maschinengenerierten Daten gelten.[98] Die *BGH*-Rechtsprechung hat jedoch erhebliche Zweifel an dieser Unterscheidung zwischen einer nicht schutzfähigen Generierung von Sensor-Daten und der schutzfähigen Beschaffung solcher Daten hervorgerufen. In der Entscheidung *Autobahnmaut* hat der *BGH* die Registrierung von LKW-Daten an Terminals von *Toll Collect* als Sammlung iSd § 87a Abs. 1 S. 1 UrhG ausreichen lassen[99] und damit dem Unternehmen ein Leistungsschutzrecht an Daten verschafft, dass es anderen Unternehmen erschwert, auf der Basis dieser Daten hieran anknüpfende Dienste (sog. Downstream-Innovation) anzubieten.[100] Der Einwand des Beklagten, ein solcher Schutz widerspreche dem Zweck des § 87a UrhG, weil die Kosten der Herstellung dieser Datenbank bereits vollständig vom deutschen Steuerzahler übernommen worden seien, überzeugte den *BGH* nicht.[101]

60 In Kontrast zu dieser *BGH*-Entscheidung betonte der *EuGH* zuletzt in *CV-Online v. Melons* – im Kontext der Verletzungshandlung – erneut, dass der Schutz von Datenbanken letztlich nur einen ökonomischen Anreiz bezwecken soll und dass dieser bereits erreicht sei, wenn sich die Kosten für die Erstellung der Datenbank amortisiert haben.[102]

61 Im Ergebnis soll die schwierige **Abgrenzung zwischen einer schutzbegründenden Datenbeschaffung und einer bloßen Datengenerierung** dazu dienen, zwischen notwendigem ökono-

---

96 §§ 87a ff. UrhG dient der Umsetzung von Art. 7 ff. der Richtlinie 96/9/EG des Europäischen Parlaments und des Rates vom 11.3.1996 über den rechtlichen Schutz von Datenbanken, Amtsblatt Nr. L 077 vom 27.3.1996, 20.
97 EuGH NJW 2005, 1263; GRUR 2005, 252; GRUR 2005, 254; GRUR Int. 2005.
98 Zu den Gründen der restriktiven Auslegung des EuGH: Metzger GRUR 2012, 18 (124 f.); für eine großzügigere Berücksichtigung von Vorleistungen zur Datengewinnung, insbesondere der Kosten für die Erfassung von Messdaten: Schricker/Loewenheim/Vogel UrhG § 87a Rn. 53 f.; Ehmann K&R 2014, 394 (397).
99 BGH GRUR 2010, 1004.
100 Hiervon ist die Frage zu trennen, ob ein Schutz zugunsten von Toll Collect aus wettbewerbspolitischen Gründen ausgeschlossen sein sollte, weil es sich bei den erhobenen Daten um eine sog. sole source-Datenbank handelt, also eine Datenbank, deren Datenbestand andere Unternehmen – unabhängig von Toll Collect – nicht oder nicht mit vertretbarem Aufwand annähernd reproduzieren können. In diesem Fall kommt alternativ eine Kombination aus Datenbankschutz und Pflicht zur Einräumung von Nutzungsrechten („Zwangslizenz") in Betracht.
101 BGH GRUR 2010, 1004 (Rn. 25) – Autobahnmaut.
102 Nach dem EuGH GRUR 2021, 1075 kommt die Verletzung der sui generis Datenbank in Form einer Entnahme und Weiterverwendung in Betracht, soweit „sie sich auf jede Handlung beziehen, die darin besteht, sich ohne die Zustimmung der Person, die die Datenbank erstellt hat, die Ergebnisse ihrer Investition anzueignen bzw. sie öffentlich verfügbar zu machen und ihr damit die Einkünfte zu entziehen, die es ihr ermöglichen sollen, die Kosten dieser Investition zu amortisieren".

mischem Anreiz und bloßem Zusatzeinkommen zu differenzieren. Weil diese Abgrenzung jedoch wettbewerbspolitische Konsequenzen hat und häufig eine umfassende Marktkenntnis voraussetzt, **entzieht** sie **sich einer eindeutigen und schematischen Struktur** und muss regelmäßig anhand des **Einzelfalls** erfolgen. Bereits dieser Umstand begründet grundlegende Zweifel an der rechtssicheren Anwendbarkeit der §§ 87a ff. UrhG durch Gerichte.

bb) Big Data als Herausforderung für den Datenbankschutz

Tatsächlich bereitet die vom *EuGH* initiierte Abgrenzung zwischen den Kosten der erstmaligen Datengenerierung und den Investitionen in die Datenbeschaffung erhebliche Schwierigkeiten.[103] Entstehen beispielsweise in Unternehmen A bei Betrieb einer Datenverarbeitungsanlage Messdaten und wertet A diese lediglich als „Nebenprodukt" oder „Spin-off" aus,[104] so dürften die hierfür erbrachten Aufwendungen nach der Rechtsprechung lediglich Kosten für die Datengenerierung sein und wären deshalb nicht im Rahmen von § 87a Abs. 1 S. 1 UrhG zu berücksichtigen. Vereinbart A jedoch anschließend mit dem (Tochter-) Unternehmen B, dass dieses die Rohdaten von A ausschließlich nutzen darf und bezahlt B hierfür im Rahmen eines Verkehrsgeschäfts,[105] so ist das von B gezahlte Entgelt eine Investition der B zur Datenbeschaffung. B ist selbst Herstellerin einer gemäß §§ 87a ff. geschützten Datenbank,[106] sofern B zusätzlich in die systematische oder methodische Anordnung und gezielte Zugänglichkeit der von A erhaltenen Rohdaten investiert.[107]

62

Typische **Big Data-Entwicklungen erschweren die Abgrenzung** zwischen Datengenerierung und Datenbeschaffung **zusätzlich**. Werden beispielsweise alle in einer Produktionsstraße anfallenden maschinengenerierten Daten von den in den Fertigungsrobotern intergierten Datenverarbeitungsanlagen zunächst kategorisiert und anschließend automatisch und methodisch angeordnet, so ist eine Abgrenzung zwischen Datengenerierung und Datenbeschaffung kaum mehr möglich. Auch eine anteilige Aufteilung der Investitionen, je nachdem, ob der Schwerpunkt auf die Datengenerierung oder die Datenbeschaffung fällt („pro-rata Betrachtung"),[108] verspricht keine zuverlässige und rechtsichere Abgrenzung.[109] Zugleich überzeugt es jedoch auch nicht, wenn eine Investition in die zusätzliche Funktion der Datensystematisierung im Rahmen von § 87a UrhG deshalb nicht berücksichtigt werden könnte, weil die Entstehung der Daten nicht als Datenbeschaffung, sondern lediglich als Datengenerierung betrachtet würde.[110]

63

---

103 BGH GRUR 2005, 857 f.; GRUR 2005, 940 (941); hierzu Leistner K&R 2007, 457 (460); OLG Hamburg CR 2018, 22 ff.; hierzu Leistner CR 2018, 17 ff.; Übersicht: Wiebe GRUR 2017, 338 (340 f.); Hornung/Wiebe Rechtsfragen der Industrie 4.0 (2018), 97 (104 ff.).

104 Hierzu Wandtke/Bullinger/Thum/Hermes UrhG § 87a Rn. 41; Spindler/Schuster/Wiebe § 87a Rn. 9; Wiebe CR 2005, 169 (171); Ehmann K&R 2014, 394 (397); Hoeren MMR 2005, 34 (35); Dreier/Schulze/Dreier UrhG § 87a Rn. 13.

105 Mit dem Hinweis, dass ohne „echte Verkehrsgeschäfte zwischen unabhängigen Unternehmen mit eigenständigem Amortisationsrisiko" ein Umgehungsgeschäft bestehen könnte: Leistner/Antoine/Sagstetter Big Data, 2021, 76.

106 Insoweit besteht ein Anreiz, dass diejenige juristische Person, bei deren Tätigkeit Daten entstehen, diese Daten an eine andere Gesellschaft des Konzerns verkauft oder lizenziert, weil die andere Konzerngesellschaft die Aufwendungen für die Beschaffung der Daten als Investition iSd § 87a Abs. 1 S. 1 „aktivieren" kann, so im Ergebnis BGH GRUR 1999, 923 (925) – Tele-Info-CD; hierzu ausführlich Wandtke/Bullinger/Thum/Hermes UrhG § 87a Rn. 45 ff.

107 Aufwendungen für den Erwerb einer fertigen Datenbank oder einer Lizenz an einer solchen Datenbank sind gerade keine schutzbegründende Investition, da hierdurch keine Datenbank hergestellt wird BGH GRUR 2009, 852 – Elektronischer Zolltarif.

108 Vogel FS Schricker 2005, 581 (591).

109 Wandtke/Bullinger/Thum/Hermes UrhG § 87a Rn. 43; Hornung/Wiebe Rechtsfragen der Industrie 4.0 (2018), 97 (105).

110 Auch die Wortwahl in Art. 35 und ErwG 84 Data Act (Stand: 8.12.2022) lässt offen, ob der Schutz als Datenbank bereits deshalb scheitert, weil in diesen Fällen lediglich eine Datengenerierung vorliegt, oder ob Art. 35 Data Act den Schutz solcher IoT-generierter Daten erst konstitutiv vom Schutz als Datenbank gesetzlich ausschließt.

64 Soweit beispielsweise ein Roboter nicht nur Daten auf Basis von Sensoren generiert, sondern diese zusätzlich systematisch strukturiert, aggregiert und für bestimmte, vom Betreiber des Roboters definierbare Zwecke gezielt analysiert und das Analyseergebnis (beispielsweise unterschiedliche Stände für Belastungen und Verschleiß) über eine elektronische Suchmaske einzeln zugänglich macht,[111] sprechen gute Argumente und die bisherige *EuGH*-Rechtsprechung dafür, dass die Mehrausgaben für die Strukturierung und die Aufbereitung der Daten als eine wesentliche Investition zur Beschaffung, Überprüfung oder Darstellung der Daten iSd § 87a Abs. 1 S. 1 UrhG zu berücksichtigen sind.[112]

65 Aus praktischer Sicht wäre es deshalb wünschenswert, wenn der **EuGH bald gezwungen** wäre, **seine** bislang lediglich **grobe Abgrenzung**[113] zwischen schutzfähigen Investitionen in die Datenbeschaffung und den insoweit irrelevanten Aufwendungen für die Datengenerierung **zu präzisieren**[114] oder der europäische Gesetzgeber sich zu einer echten Reform und Konkretisierung der Datenbank-RL durchringt.

66 Indem die *EU-Kommission* mit Art. 35 Data Act[115] ausdrücklich an die bisherige Rechtsprechung von *BGH* und *EuGH* anknüpft,[116] begibt sie sich auf ein Minenfeld, ohne einen überzeugenden Abgrenzungsvorschlag auszuarbeiten.[117]

cc) Keine überzeugenden Lösungsansätze durch den Data Act

67 Nach dem ursprünglichen Data Act-Vorschlag der *EU-Kommission* vom 23.2.2022 sollte Art. 7 Datenbank-RL gemäß Art. 35 Data Act „keine Anwendung auf *Datenbanken* [finden], die Daten enthalten, die bei der Nutzung eines Produkts oder verbundenen Dienstes erlangt oder erzeugt wurden".[118] Dies sollte gelten, „damit die Ausübung [der Rechte] der Nutzer [...] nicht behindert wird". Diese ursprüngliche Formulierung ließ offen, ob Art. 35 Data Act lediglich

---

111 Dabei ist jedoch zu beachten, dass der Anbieter des Roboters selbst keine oder lediglich vom Betreiber abhängige Zugriffsrechte auf die Daten hat. Anderenfalls bestünde die Schwierigkeit zu entscheiden, wer welche Investitionen für die Datenbeschaffung aufgebracht hat. Dies würde zusätzliche Zuordnungsprobleme auslösen. Infolge der ubiquitären Vernetzung durch Big Data ist es ohnehin eine große Herausforderung, den Datenbankhersteller iSd § 87a Abs. 1 UrhG zu identifizieren. Sofern eine solche Zuordnung der Verwertungsrechte im Rahmen eines Kooperationsverhältnisses erwünscht ist, ist es sinnvoll, dies nicht nur vertraglich zu vereinbaren, sondern idealerweise auch zu dokumentieren, welche einzelnen Schritte unternommen wurden und wer die jeweiligen Kosten hierfür trägt. Hierzu ausführlich: Sassenberg/Faber Industrie 4.0 und Internet-HdB/Sattler 37 (38 ff.); Hornung/Hofmann Handbuch Industrie 4.0 (2017), 191 (195 f.); Hornung/Wiebe Rechtsfragen der Industrie 4.0 (2018), 97 (106 ff.).
112 Ohne diese Differenzierung, aber wohl mit gleichem Ergebnis Bräutigam/Klindt/Żdanowiecki Digitalisierte Wirtschaft/Industrie 4.0 (2015), 19 (22), https://bdi.eu/media/themenfelder/digitalisierung/downloads/20151117_Digitalisierte_Wirtschaft_Industrie_40_Gutachten_der_Noerr_LLP.pdf.
113 Mit dem Versuch einer nachträglich engen und wettbewerbsrechtlich ausgerichteten Reduktion der EuGH-Rechtsprechung („teleologischer BHB/Hill-Test"): Leistner K&R 2007, 457 (460); sowie Leistner/Antoine/Sagstetter Big Data, 2021, 67, 71, 80. Dieser Ansatz steht jedoch vor der Herausforderung, dass das Gericht nur Schutz gewähren dürfte, wenn „andere Marktteilnehmer die insoweit zusammengestellten Daten mit zumutbarem wirtschaftlichem Aufwand auch tatsächlich unabhängig beschaffen könnten". Dies erfordert eine sehr komplexe Bewertung, die bislang spezialisierten Kartellbehörden vorbehalten ist.
114 Mit dem Hinweis, wie ein solcher Sachverhalt im Detail strukturiert sein könnte Sassenberg/Faber Industrie 4.0 und Internet-HdB/Sattler, 37 (40 ff.).
115 Vorschlag für eine Verordnung über harmonisierte Vorschriften für einen fairen Datenzugang und eine faire Datennutzung (Datengesetz) v. 23.2.2022 COM(2022) 68 final. Zuletzt als Kompromissvorschlag des Rats der Europäischen Union vom 8.12.2022, Interinstitutional File: 2022/0047 (COD).
116 EU-Kommission, Folgenabschätzungsbericht zum Datengesetz (Impact Assessment Report) v. 23.2.2022, SWD(2022) 34 final, 136.
117 Das ein künftiges Datengesetz eine Synchronisierung zum Schutz von Datenbanken (und Geschäftsgeheimnis) erfordert, ist der EU-Kommission bereits länger bewusst: Datenstrategie, COM(2020) 66 final, 16.
118 Hervorhebung durch den Verfasser.

als Klarstellung gedacht war, weil solche Datenbanken nach Ansicht der *EU-Kommission* gerade keine Datenbanken im Sinne des Art. 7 Datenbank-RL sind.[119]

Dafür, dass **Art. 35 Data Act lediglich eine klarstellende Funktion** haben sollte, spricht die Änderung des Wortlauts durch den Rat der Europäischen Union vom 8.12.2022. In diesem Kompromissvorschlag wurde der rechtlich definierte Begriff der „Datenbanken" durch den generischen Begriff der „Daten" ersetzt. Dies Änderung legt nahe, dass Art. 35 Data Act lediglich **deklaratorisch** festhalten soll, dass es sich bei den IoT-Daten, die in den Anwendungsbereich des Data Act fallen, gerade um eine bloße Erzeugung von Daten handelt, für die der Datenbankschutz nach Art. 7 Datenbank-RL ohnehin nicht zur Verfügung steht.

Allerdings lässt Art. 35 Data Act ebenfalls ein Verständnis zu, wonach die Vorschrift eine **konstitutive Ausnahme vom Schutzbereich** des Art. 7 Datenbank-RL etabliert, die auch dann gilt, wenn wesentliche Investitionen in die Beschaffung, die Überprüfung oder die Darstellung der IoT-Daten erforderlich waren. Während die aktuelle Wortwahl „keine Anwendung" für eine Ausnahme bereits auf Ebene des Schutzbereichs spricht,[120] legt die Wortwahl „auf Datenbanken" nahe, dass grundsätzlich zwar eine schutzfähige Datenbank iSd Datenbank-RL vorliegt, diese jedoch abweichend von Art. 7 Datenbank-RL nicht oder jedenfalls in geringerem Ausmaß geschützt sein soll.[121] Dieses Verständnis von Art. 35 Data Act als **nachträglicher Ausschluss vom Schutzbereich** für solche Datensätze, die bislang die Voraussetzungen des Art. 7 Datenbank-RL bzw. Art. 87a UrhG erfüllen (können) und damit grundsätzlich als Datenbank schutzfähig sind,[122] ist **mit Blick auf Art. 14 Abs. 1 GG bzw. Art. 17 Abs. 2 GRCh wesentlich problematischer**. Obwohl an der Notwendigkeit des Schutzes von *sui generis* Datenbanken berechtigte Zweifel bestehen,[123] ist es nicht überzeugend, diesen lediglich für einen bestimmten Bereich und durch eine inhaltlich unbestimmte Regelung wie Art. 35 Data Act nachträglich, außerhalb der Datenbank-RL und ohne zeitliche Übergangsperiode teilweise abzuschaffen.[124] Ein solcher **konstitutiver Ausschluss des Schutzes, ohne zeitlichen Übergang und ohne Rücksicht auf die Interessen der bisherigen Inhaber von Datenbanken** läuft Gefahr, zumindest **eine enteignungsgleiche Wirkung** zu entfalten.

Mit dem nunmehr aktuellen Wortlaut des Art. 35 Data Act ist ein anderes Verständnis nur noch schwierig möglich. Art. 35 Data Act kann kaum mehr als lediglich abstrakte Auslegungshilfe für die in Art. 4 und Art. 5 Data Act geregelten Ansprüche interpretiert werden. Unterstellt man dieses Verständnis, das jedenfalls nach dem Wortlaut des Art. 35 des ursprünglichen Vorschlags der *EU-Kommission* möglich war, wäre die Vorschrift lediglich ein Appell an den

68

69

70

---

119 Nebulös dagegen: Begründung zum Datengesetz, 5 („werden mit diesem Vorschlag bestehende Rechtsunsicherheiten [...] angegangen, ob Datenbanken, die Daten enthalten, die durch die Nutzung von Produkten oder verbundenen Diensten, wie zB Sensoren, erzeugt oder erlangt wurden, *oder andere Arten von maschinengenerierten Daten*, Anspruch auf einen solchen Schutz hätten" [Hervorhebungen eingefügt].

120 Gemäß ErwG 84 des Vorschlags für ein Datengesetz scheint die EU-Kommission davon auszugehen, „dass das Schutzrecht sui generis nicht für solche Datenbanken gilt, da die Schutzanforderungen nicht erfüllt wären". Sachlich begründet wird diese Ansicht jedoch nicht und die auf S. 11 des Vorschlags zitierte Rechtsprechung des EuGH trägt diese Ansicht nicht.

121 Für ein Verständnis als Schranke spricht zudem die Wortwahl in ErwG 84 des Vorschlags für ein Datengesetz, wonach das Risiko ausgeschlossen werden soll, dass die Inhaber von Daten in Datenbanken, [...] das Schutzrecht sui generis gemäß Artikel 7 der Richtlinie 96/9/EG geltend machen" [Hervorhebung durch den Verfasser].

122 Diesen Zweck des Art. 35 Data Act vermuten: Drexl ua, SSRN (https://ssrn.com/abstract=4136484) 2022, Rn. 255 („This shows that Article 35 clearly intends to adjust the scope of the protection of the sui generis right").

123 Lohsse/Schulze/Staudenmayer/Hugenholtz Trading Data in the Digital Economy: Legal Concepts and Tools (2017), 73 (98–99); Lohsse/Schulze/Staudenmayer/Leistner Trading Data in the Digital Economy: Legal Concepts and Tools (2017), 27 (58); Meys GRUR Int. 2020, 457 (470 ff.).

124 Ähnlich: Leistner/Antoine/Sagstetter Big Data, 2021, 72, 80 f.; aA und für eine Teilreform des Rechts der sui generis durch das Datengesetz als lex specials zur Datenbank-RL: Drexl ua, SSRN (https://ssrn.com/abstract=4136484) 2022, Rn. 256.

Gesetzesanwender gewesen, den Art. 7 Datenbank-RL so auszulegen, dass die Geltendmachung von Art. 4 und Art. 5 Data Act erleichtert wird.[125] In diesem Fall wäre Art. 35 Data Act eindeutig als niederschwellige Inhalts- und Schrankenbestimmung des Art. 7 Datenbank-RL auslegbar.

71   Die Entscheidung zwischen einer **Auslegung** als nachträgliche Schutzausnahme von Art. 7 Datenbank-RL oder als Auslegungsregel zugunsten der Ansprüche auf Zugang, Nutzung und Weitergabe **hat** zudem **Konsequenzen für** die – in der Praxis häufigen – **gemischten Datenbanken**. Indem Art. 7 Datenbank-RL gemäß des Kompromissvorschlags des *Rates der Europäischen Union* vom 8.12.2022 künftig nicht gelten soll, sofern Daten **von einem Produkt oder verbundenen Dienst erlangt oder erzeugt wurden** („when data is obtained from or generated by a product or related service"), kann diese Regelung zudem einen **viralen Effekt** auslösen, wie er im Kontext von Open Source Software bekannt ist. Genügt es für den Schutzausschluss, dass ein Datensatz lediglich **teilweise aus solchen Daten besteht**, so würden **zahlreiche Datenbanken** dieses Kriterium erfüllen und wären dadurch potenziell infiziert, dh sie würden insgesamt **schutzlos**.[126] Sofern der europäische Gesetzgeber entweder davon überzeugt ist, dass auch diese gemischten Datensätze nicht geschützt sein sollen, die sowohl Daten enthalten, die durch Endgeräte generiert wurden als auch solche Daten, die aus anderen Quellen stammen, müsste er dies sprachlich eindeutig zum Ausdruck bringen. Möchte der Gesetzgeber den *sui generis* Schutz jedoch nur ausschließen, *soweit* diese Datensätze auch Daten enthalten, die bei der Nutzung eines Produkts oder verbundenen Dienstes erlangt oder erzeugt wurden,[127] so müsste dies ebenfalls eindeutig klargestellt werden.[128]

72   Zudem ist fraglich, ob der Schutz auch für andere, durch die Nutzung von Endgeräten generierte Daten und zusätzlich aufbereitete Daten *per se* ausgenommen werden sollte. Sofern die Anreizfunktion des Datenbankschutzes erhalten bleiben soll, spricht dies möglicherweise dafür, zwischen nicht schutzfähigen funktionsbedingten Echtzeitdaten und der grundsätzlichen Schutzfähigkeit von Investitionen in die Erfassung sonstiger Daten zu unterscheiden, die für die unmittelbare Steuerung des Endgeräts und darauf installierter Apps unerheblich sind.[129]

73   Zudem liegt den Erläuterungen der *EU-Kommission* zum Datenbankschutz womöglich ein vereinfachendes Verständnis der *EuGH*-Rechtsprechung zugrunde.[130] Tatsächlich ist die **Abgrenzung** zwischen einer schutzbegründenden **Datenbeschaffung** und einer keinen Schutz begründenden **Datengenerierung** gerade im Kontext von Big Data besonders schwierig und die *EuGH*-Rechtsprechung, die von der *EU-Kommission* in diesem Zusammenhang erwähnt wird, kann zu dieser Lösung wenig beisteuern.[131] Deshalb spricht aus Art. 35 Data Act zwar der rechtspolitische Wille, den Zugang zu Daten zu verbessern, es fehlt aber bislang die

---

125   Dieser Zweck wird durch die Erläuterung zu Art. 35 im Data Act nahegelegt, 20: Hiernach findet „das spezifische Schutzrecht sui generis gemäß der Richtlinie 96/9/EG keine Anwendung auf Datenbanken [...], die Daten enthalten, die bei der Nutzung eines Produkts oder verbundenen Dienstes erlangt oder erzeugt wurden, insofern ein der wirksamen Ausübung des Rechts der Nutzer auf Datenzugang und Datennutzung [...] oder des Rechts auf Weitergabe dieser Daten an Dritte [...] entgegensteht".

126   Dieser virale Effekt war im ursprünglichen Vorschlag der EU-Kommission vom 23.2.2022 noch deutlicher angelegt, weil hiernach eine Ausnahme zu Art. 7 Datenbank-RL bereits dann greifen sollte, sofern Datensätze „Daten enthalten, die bei der Nutzung eines Produkts oder verbundenen Dienstes erlangt oder erzeugt wurden."

127   Hierfür wohl: Drexl ua, SSRN (https://ssrn.com/abstract=4136484) 2022, Rn. 261.

128   Weil eine Trennung dieser Daten praktisch schwer umsetzbar ist, schlägt Wiebe eine Änderung vor, nach der durch Art. 35 Data Act lediglich dann ein Schutz als Datenbank ausgeschlossen wäre, wenn diese lediglich und ausschließlich aus maschinengenerierten Daten besteht und keine über die Generierung der Daten hinausgehende „wesentliche Investition" in diese Daten stattgefunden hat: Wiebe Vortrag anlässlich der GRUR-Jahrestagung 2022; sowie GRUR 2023 230 f.

129   In diese Richtung: Leistner/Antoine/Sagstetter Big Data, 2021, 81 f.

130   So bereits mit Blick auf die vorbereitenden Materialien (SWD (2018) 146 final, 2 und 35–37): Leistner/Antoine/Sagstetter Big Data, 2021, 65.

131   Vorschlag für eine Verordnung über harmonisierte Vorschriften für einen fairen Datenzugang und eine faire Datennutzung (Datengesetz) v. 23.2.2022 COM(2022) 68 final, 11 und ErwG 84 aE.

rechtstechnisch überzeugende Umsetzung und eine eindeutige Analyse des unbestreitbaren Interessenkonflikts zwischen dem Schutz von *sui generis* Datenbanken und der angestrebten besseren Nutzbarkeit von Daten gemäß Art. 4 und Art. 5 Data Act.

Soweit die Befürchtung besteht, dass dominante Gatekeeper die Möglichkeit haben, den Zu- 74 gang zu relevanten Daten zu blockieren, dürfte diese Gefahr nicht durch Ausnahmen vom Schutzbereich des *sui generis* Schutzes verringert werden. Die faktische Kontrolle kombiniert mit einem Schutz als Geschäftsgeheimnis verhindert den Zugang zu diesen Daten ebenfalls, so dass die Bekämpfung einer Konzentration von wesentlichen Datenbeständen in den Händen weniger Unternehmen kein vorrangiges Defizit des Schutzbereichs ist,[132] sondern eine Herausforderung für die Definition von innovationsfördernden Schranken[133] und für eine spezifische kartellrechtliche Regulierung.

c) Verletzungshandlungen

Sofern die Voraussetzungen für eine Datenbank gemäß § 87a Abs. 1 UrhG im Einzelfall vorlie- 75 gen, werden nur die Investitionen in die systematische Anordnung der Daten und gerade nicht diejenigen in die Daten als inhaltliche Elemente dieser Datenbank rechtlich geschützt.[134] Somit kann der Datenbankhersteller im Grundsatz nur die (**Teil-**) **Übernahme der systematischen oder methodischen Anordnung** dieser Daten untersagen, **nicht dagegen eine** isolierte Übernahme der ungeordneten **Daten**.[135]

Der europäische Gesetzgeber hat jedoch bereits vor über 20 Jahren eine Gefahr erkannt, die im 76 Kontext von Big Data mittlerweile eher der Regelfall als die Ausnahme ist. Das Verbot des § 87b Abs. 1 S. 1 UrhG kann leicht umgangen werden, indem systematisch und wiederholt lediglich kleine Teile einer Datenbank entnommen werden. Eine automatisierte, sukzessive Entnahme von Datensätzen mithilfe von Computerprogrammen ist technisch nicht nur möglich, sondern eine besonders effiziente und effektive Vorgehensweise, insbesondere dann, wenn die Daten einer Datenbank über mehrere Standorte dezentral gespeichert sind und die Bandbreite der Übertragungswege das Volumen der synchron zu verarbeitenden Daten begrenzt. Damit der Schutz von Datenbanken nicht durch eine sukzessive Übernahme unterlaufen werden kann, steht die **systematische Vervielfältigung, Verbreitung oder öffentliche Wiedergabe von unwesentlichen Teilen** der Datenbank der Verwertung eines wesentlichen Teils der Datenbank gemäß § 87b Abs. 1 S. 2 UrhG gleich. Bedingung ist lediglich, dass diese Handlungen eine normale Auswertung der Datenbank gefährden oder die berechtigten Interessen des Datenbankherstellers unzumutbar beeinträchtigen.

Damit verbietet § 87b Abs. 1 S. 2 UrhG solche Entnahmen aus einer Datenbank, die durch ihren 77 wiederholten und systematischen Charakter darauf hinauslaufen würden, die Datenbank in ihrer Gesamtheit oder zumindest zu einem wesentlichen Teil zu vervielfältigen. In diesem Fall kann das automatisierte, sukzessive Auslesen der Datenbank die Investition des Datenbankherstellers schwerwiegend beeinträchtigen.[136]

---

132 Einigkeit besteht jedoch, dass die Schutzdauer von Datenbanken iSd § 87a ff. wesentlich verkürzt werden sollte. Für eine Schutzdauer von drei Jahren: Leistner/Antoine/Sagstetter Big Data, 2021, 114.

133 Art. 8 des ursprünglichen Vorschlags der EU-Kommission für die Datenbank-RL vom 15.4.1992 sah die Möglichkeit einer Zwangslizenz zu fairen und nichtdiskriminierenden Bedingungen für öffentlich zugängliche Datenbanken vor. Vorschlag für eine Richtlinie über den rechtlichen Schutz von Datenbanken (92/C156/03), ABl. v. 3.6.1992, Nr. C 156, 4 ff.; Hierzu: Leistner/Antoine/Sagstetter Big Data, 2021, 114.

134 EuGH GRUR 2015, 1187; eine weite Auslegung und einen hierdurch erreichbaren erweiterten Schutz von wenigen Einzelelementen als Datenbank erwägt Wiebe GRUR Int. 2016, 877 (879).

135 EuGH NJW 2005, 1263; Leistner JZ 2005, 408 (409); Conrad/Grützmacher/Lehmann, 133 (138 f.); Ehmann K&R 2014, 394 (397 f.).

136 EuGH GRUR 2005, 244 Rn. 86 ff.; BGH GRUR 2011, 724 Rn. 35.

78　Mit Blick auf typische Big Data-Sachverhalte kann der Inhaber einer Datenbank also nicht nur die Übernahme seines kompletten Datenbestands in einen Korpus aus Trainings- oder Analysedaten untersagen, sondern auch die **sukzessive Übernahme** (zu den Möglichkeiten und Grenzen des Text- und Data-Mining sogleich). Auch soweit die Daten an Ort und Stelle gefiltert und verdichtet und in diesem Rahmen bereits bearbeitet werden, ist dies dennoch regelmäßig eine systematische Vervielfältigung von unwesentlichen Teilen der Datenbank. Insbesondere kommt es hierfür nicht darauf an, ob zugleich die Datenformate geändert werden, solange die ursprüngliche Struktur – nicht nur zwischenzeitlich[137] – übernommen wird.

4. Schutz durch sonstige Leistungsschutzrechte

79　Neben dem Datenschutzrecht[138] und anderen Persönlichkeitsrechten fordern insbesondere die Leistungsschutzrechte für die Hersteller von Lichtbildern (a) und Tonträgern (b) die Entwicklung von Big Data heraus, weil Fotos und Audio-Files wichtige Bestandteile von Trainings- und Anwendungsdaten sind.

a) Schutz von Lichtbildern, §§ 2 Abs. 1 Nr. 5, 72 ff. UrhG

80　Soweit ein Lichtbild die Anforderungen an eine persönlich geistige Schöpfung gemäß § 2 Abs. 2 UrhG erfüllt und deshalb ein Lichtbildwerk iSd § 2 Abs. 1 Nr. 5 UrhG ist, gelten die allgemeinen urheberrechtlichen Regelungen hinsichtlich des Schutzumfangs, der Verletzungshandlung und der Schranken. Im kulturnahen Bereich ist es nicht ausgeschlossen, dass mithilfe von Big Data-Anwendungen beispielsweise bestimmte Stilrichtungen von bekannten Fotografen abgeleitet werden. Dennoch dürfte der Schwerpunkt auf der massenhaften Analyse von **Schnappschüssen** und „**Knipsbildern**" der Nutzer von Kommunikationsplattformen wie *Facebook*, *Instagram* und *TikTok* oder von automatisch und industriell erstellen Lichtbildern bei der Herstellung und dem Betrieb von Maschinen liegen.[139] Infolgedessen sind es zumeist Lichtbilder iSd § 72 UrhG, die regelmäßig Bestandteil von **Trainings- und Anwendungsdaten** sind und die mithilfe der Instrumente von Big Data analysiert werden.

81　Obwohl § 72 Abs. 2 UrhG das Recht einem Lichtbildner zuweist, kommt es gerade nicht darauf an, dass ein Lichtbild *unmittelbar* durch einen Menschen hergestellt wird. Indem § 72 UrhG gerade **keine persönliche Schöpfung erfordert** und der Schutz unabhängig von der eingesetzten Aufnahmetechnik ist, entsteht der Lichtbildschutz auch infolge automatischer Aufnahmevorgänge. Der Logik des § 72 UrhG folgend ist der Schutz derjenigen Person zugewiesen, welche eine Leistung erbracht hat, indem sie die Aufnahmebedingungen zuvor festgelegt oder die eingesetzte Aufnahmetechnik programmiert hat.[140]

82　Weil der Schutz von Lichtbildern gemäß § 72 UrhG gerade nicht an schöpferische, sondern lediglich **rein technische Leistungen** anknüpft und dieser Schutz „nicht einmal besondere Fähigkeiten voraussetzt",[141] ist der **Schutzbereich denkbar weit**. Der Schutz zugunsten des Herstellers von Lichtbildern nach § 72 UrhG ist unabhängig von der angewandten Herstellungstechnik, vom Abbildungsgegenstand (kein Motivschutz) und von der Sichtbarmachung

---

137　Soweit diese Elemente lediglich durch Verdichtungsverfahren (zB Google MapReduce) zur Beschleunigung der Datenübermittlung vervielfältigt und anschließend unverzüglich gelöscht werden, kann dies als vorübergehende, zulässige Vervielfältigungshandlungen iSd § 44 a UrhG zu beurteilen sein. Hierzu unten → Rn. 101.

138　Hierzu: → § 6.

139　Zur Schutzfähigkeit solcher Knipsbilder bereits: OLG Hamburg GRUR 1999, 717; kritisch hierzu: Dreier/Schulze/Schulze UrhG § 72 Rn. 4.

140　Schutzfähigkeit von Standbildern, die mittels computergesteuerter Digitalkamera aufgenommen wurden: OGH ZUM-RD 2001, 224 (227); für die Schutzfähigkeit von automatischen Satellitenaufnahmen: LG Berlin GRUR 1990, 270.

141　Begr. BT-Drs. IV/270, 88.

des Abgebildeten. Zudem ist es rechtlich für den Schutz irrelevant, ob das Lichtbild körperlich festgelegt ist.[142]

Für die Digitalfotografie kommt es nicht mehr auf die ursprüngliche Technik einer chemischen   83
oder physikalischen Reaktion auf strahlungsempfindlichen Schichten durch Lichtstrahlen an. Nach dem Wortlaut können alle „Erzeugnisse, die ähnlich wie Lichtbilder hergestellt werden" Schutzgegenstand sein. Deshalb fallen unter den Lichtbildschutz beispielsweise Aufnahmen auf Grundlage von Infrarot- oder Röntgenstrahlen, der Computertomographie oder bei sonstigen Verfahren elektronischer Bildfestlegung. Soweit zumindest zeitweise noch vertreten wurde, dass zwar die automatisch von Satelliten mit traditionellen Kameras oder speziellen Aufnahmegeräten gefertigten Bilder geschützt sein sollen,[143] nicht dagegen Bilder, die unter Anwendung eines Computerprogramms am Computerbildschirm hergestellt werden und auf elektronischen Befehlen und damit nicht auf Lichtreizen beruhen (CAD-CAM-Bilder),[144] überzeugt diese Ansicht nicht.[145] Vielmehr hat der Gesetzgeber mit der Erweiterung des Schutzbereichs auf „Erzeugnisse, die ähnlich wie Lichtbilder hergestellt werden" bereits im Jahr 1965 eine **Definition des Schutzgegenstands** gewählt, die **technikneutral** ist.

Allerdings ist diese Frage noch nicht vollständig geklärt.[146] Weil **digitale Bilddateien bzw.**   84
Pixel zentrale Bestandteile von Trainings- und Anwendungsdaten im Rahmen maschinellen Lernens sind und **automatisierte Bilderkennung** beispielsweise für medizinische Analysen, steuerrechtliche Sachverhalte[147] oder militärische Aufklärung wesentlich sind, ist die Antwort auf diese Frage von erheblicher Relevanz. Spitzt man die **Rechtsfrage** zu, so muss beantwortet werden, ob als Lichtbilder iSd § 72 UrhG nur solche Bilddateien geschützt sind, die auf einem ursprünglich durch chemisch-physikalische Reaktion entstandenen Bild basieren oder auch solche, die **von Anfang an unter Anwendung eines Computerprogramms durch elektronische Befehle entstanden** sind. Weil der Schutz von Lichtbildern originärer **Investitionsschutz** ist, liegt es nahe, dass **virtuelle Bilder ebenso (wenig) schutzwürdig sind, wie klassische Lichtbilder.**

Wie für Leistungsschutzrechte üblich, **setzt** der Schutz **kein handwerkliches oder künstlerisches Können** voraus. Geschützt wird die Investition in die erbrachte technische Leistung.[148]   85
Der *BGH* fordert lediglich „ein Mindestmaß an persönlicher geistiger Leistung, wie es in der Regel schon bei einfachen Fotografien gegeben ist".[149] Unabhängig von der Frage, ob ein solches Leistungsschutzrecht in Zeiten der digitalen Fotografie noch sinnvoll ist oder vielmehr **dysfunktionale Hürden für Innovation etabliert,**[150] hat die geringe Schutzhürde zur Folge, dass auch eine bloße Gegenstandsfotografie, beispielsweise zu dem Zweck, eine bestehende Vorlage lediglich naturgetreu wiederzugeben, ihrerseits grundsätzlich schutzfähig ist.[151]

Es bestehen berechtigte Zweifel, ob diese geringen Mindestanforderungen mit dem ursprüngli-   86
chen Zweck des Schutzes vereinbar sind. Soweit weiterhin ein Anreiz für die Investition in die

---

142 BGH NJW 1962, 1295.
143 LG Berlin GRUR 1990, 270.
144 OLG Hamm GRUR-RR 2005, 73/74; Maaßen ZUM 1992, 338/341 f.; Schricker/Loewenheim/Vogel UrhG § 72 Rn. 28.
145 Ebenso: Dreier/Schulze/Schulze UrhG § § 72 Rn. 7; Büchner ZUM 2011, 549 (552).
146 Offen gelassen: LG Köln CR 2008, 463 (465); tendenziell gegen einen Lichtbildschutz: OLG Hamm ZUM 2004, 927 (928) und OLG Köln ZUM-RD 2010, 72 (74). Eine Entscheidung des Gesetzgebers fordernd: LG Berlin ZUM 2017, 955 (957 f.); KG GRUR 2020, 280 Rn. 9, hierzu: die Besprechung von Rauer/Bibi ZUM 2020, 519 ff.
147 Automatisierte Analyse von Satellitenbildern zum Auffinden werterhöhender und deshalb steuerrechtlich relevanter Privatpools: Tensing Illegale Abkühlung im Garten, SZ v. 31.8.2022.
148 Amtl. Begr. UFITA Bd. 45 (1965), 240/306.
149 BGH ZUM 2000, 233 (234) – Werbefotos.
150 Für die Abschaffung von § 72: Ohly, Gutachten F zum 70. Deutschen Juristentag, Urheberrecht in der digitalen Welt, 2014, 36 ff.
151 BGH GRUR 1993, 34 (35) – Bedienungsanweisung; OLG Frankfurt a. M. ZUM 2015, 813.

Herstellung von Lichtbildern für sinnvoll gehalten wird, liegt es nahe, die Anforderungen an das erforderliche Mindestmaß an handwerklich-technischen Fähigkeiten zumindest so streng auszulegen, dass zwar noch keine persönliche geistige Schöpfung iSd § 2 Abs. 2 UrhG vorliegt, der Schutz des Lichtbildherstellers aber – systematischen Einwänden zum Trotz – nur knapp unter der Schwelle des Schutzes von Lichtbildwerken iSd § 2 Abs. 1 Nr. 5 UrhG angesiedelt ist.[152] Im Ergebnis könnte dadurch der **Anwendungsbereich von § 72 UrhG deutlich reduziert werden**, ohne das Schutzrecht gänzlich aufzugeben. Sofern ein Lichtbild nicht die Schwelle des § 2 Abs. 2 UrhG überschreitet und ein Investitionsschutz für technisch-handwerkliche Lichtbilder im Einzelfall für erforderlich gehalten wird, bleibt § 72 UrhG anwendbar. Insoweit ist § 72 UrhG zudem spezieller und konkreter als die anderenfalls zu befürchtende Anwendung der lauterkeitsrechtlichen Generalklausel gegen (mittelbare) Leistungsübernahmen gemäß § 4 Nr. 3a bzw. 3b UWG.

87 Zudem ist zu beachten, dass über § 72 UrhG **keine Schutzverlängerung** entstehen darf, **indem** Vorlagen immer wieder **abfotografiert** werden, sobald der urheberrechtliche Schutz der jeweiligen Vorlage auszulaufen droht.[153] Jedenfalls für Abbildungen gemeinfreier visueller Werke ist eine solche Endlosschleife durch wiederkehrenden Lichtbildschutz gemäß § 68 UrhG explizit ausgeschlossen.[154]

88 Auch jenseits des Leistungsschutzrechts für Lichtbilder haben Fotos aufgrund der **persönlichkeitsrechtlichen Ebene** der häufig **abgebildeten Menschen** ein erhebliches Potenzial, **Big Data-Anwendungen** zu **blockieren**. Soweit Menschen auf Lichtbildern abgebildet sind oder Fotos anderweitig einen Bezug zu einer bestimmten Person aufweisen, ist insbesondere das Datenschutzrecht zu beachten.[155]

b) Schutz von Tonträgern, §§ 2 Abs. 1 Nr. 5, 85 ff. UrhG

89 Das Tonträgerherstellerrecht schützt die erstmalige Festlegung von Klängen auf einem Tonträger. Schutzgegenstand ist die zur Festlegung der Tonfolge auf dem Tonträger erforderliche wirtschaftliche, organisatorische und technische Leistung.[156] Hersteller eines Tonträgers ist, wer eine Tonfolge erstmals auf einem Tonträger festhält.[157]

90 Für die Legaldefinition kann § 16 Abs. 2 UrhG herangezogen werden. Danach ist der Tonträger eine **Vorrichtung zur wiederholbaren Wiedergabe von Tonfolgen**. Dabei ist es **irrelevant**, **ob** eine **analoge oder digitale Aufnahmetechnik** verwendet wird und auf welchem Medium die Klänge festgelegt werden. Insbesondere kommt es nicht auf eine besondere Form von Sensoren, wie beispielsweise Mikrofone an, sondern es genügt bereits die direkte Erzeugung durch Computer.[158] Auch wenn eine bleibende Aufnahme für § 85 UrhG nicht Voraussetzung ist, erfordert die **Wiederholbarkeit**, dass die Tonfolge festgelegt ist. Eine lediglich flüchtige

---

152 Ähnlich BeckOK Urh/Lauber-Rönsberg, 35. Ed., 15.7.2022, UrhR § 72 Rn. 16 („im Rahmen einer objektiv-teleologischen Interpretation ist es sehr fraglich, ob es tatsächlich dem Ziel des Gesetzes entspricht, wenn jedes schnell und ohne handwerkliche Qualität aufgenommene Handy-Foto die Schutzvoraussetzungen des § 72 UrhG erfüllen soll").

153 Zum Ausschluss bloßer technischer Reproduktionen bereits: BGH GRUR 1990, 669 (673 f.); 2001, 755 (757); ZUM 2019, 335 Rn. 23; zustimmend Dreier JZ 2019, 417 (418). Ebenso Schutzfähigkeit der fotografischen Reproduktion eines Software-Produktcovers nach § 72 ablehnend: LG München I ZUM-RD 2016, 610 (611).

154 § 68 UrhG dient der Umsetzung von Art. 14 DSM-RL. Hierzu Wandtke/Bullinger/Thum/Hermes UrhG § 72 Rn. 8 ff.

155 → § 6; mit dem Vorschlag einer spezifischen Erweiterung der Interessenabwägung als Grundlage für die Verarbeitung von besonders sensiblen Daten im Kontext des maschinellen Lernens: Sattler, Informationelle Privatautonomie, 2022, 118 ff.

156 BGH GRUR 2009, 403 (404).

157 BGH GRUR 1999, 577 (578); OLG Hamburg ZUM 2009, 414 (415).

158 BeckOK UrhR/Stang, 35. Ed., 15.1.2022, UrhR § 85 Rn. 8.

Zwischenspeicherung – insbesondere im Arbeitsspeicher eines Computers – genügt diesen Anforderungen nicht.[159]

Auf den ersten Blick erscheinen festgelegte Töne auf Tonträgern als ein ungewöhnliches Aus- 91 gangsmaterial für Big Data-Anwendungen. Allerdings kommt eine Analyse von Audiodateien nicht nur in Betracht, um beispielsweise besonders eingängige und damit ökonomisch erfolgreiche Muster und Tonfolgen als Grundlage für neue Stücke der Populärmusik abzuleiten oder den Klang in Konzertsälen mit architektonischen Mitteln zu optimieren. Vielmehr sind auch **Maschinengeräusche ein taugliches Schutzobjekt.**[160]

Die Analyse der Tonfolgen, der Frequenz und der Lautstärke von Maschinengeräusche mithilfe 92 von Big Data-Anwendungen kann besondere Erkenntnisse ermöglichen. Dies reicht von der **Materialforschung** zur Reduktion von (Verkehrs-)Lärm und Abnutzungen bis zu vorausplanbaren Rückschlüssen auf den (Verschleiß-)**Zustand von Maschinen und Produktionsmitteln** anhand der aufgezeichneten Geräusche im Rahmen von *predictive maintenance*.

C. Instrumente zur Ermöglichung von Big Data

Urheberrechtlich geschützte persönliche geistige Werke (Texte, Musik, Fotos, Datenbankwerke) 93 und die ebenfalls im UrhG geregelten Leistungsschutzrechte der Hersteller von Datenbanken Lichtbildern und Tonträgern sind häufig Bestandteile von Trainings- und Anwendungsdaten zur Text- und Bilderkennung.

Das **Urheberrecht schützt nicht** die in einem Werk oder Leistungsschutzrecht zum Ausdruck 94 kommende **Idee und** auch nicht die darin enthaltene **Information.** Deshalb kann ein Rechtsinhaber nicht untersagen, dass Erkenntnisse genutzt werden, die aus der Information infolge von statistischen Mustern und Korrelationen abgeleitet wurden.[161] Damit Anwendungen von maschinellem Lernen diese Muster und Korrelation allerdings erkennen können, **müssen** sowohl die **Trainings- als auch die Anwendungsdaten** regelmäßig zunächst **aufbereitet werden.** Dafür wird ein **analysefähiger Korpus** erstellt. Dieser setzt regelmäßig voraus, dass die Varianz der Datenformate reduziert wird. Deshalb müssen die Inhalte, für die im Rahmen der Datenanalyse zur Anwendung kommenden Computerprogramme maschinenlesbar sein und somit in bestimmte technische Formate überführt werden. Anschließend werden die Inhalte **normalisiert, strukturiert und ggfs. kategorisiert.** Je nach Analysezweck müssen die Daten zudem angereichert oder „veredelt" werden, indem sie automatisch oder durch menschliche Spezialisten mit solchen **Annotationen** versehen werden, die für die Analyse relevant sind. Diese Vorbereitungshandlungen, beispielsweise indem Daten mit kontextualisierenden Meta-Informationen angereichert werden, **setzen** zumeist eine **Verarbeitung** der Daten **voraus,** die **regelmäßig** auch die Voraussetzungen einer urheberrechtlichen **Vervielfältigungshandlung** iSd § 16 UrhG erfüllen. Infolgedessen hängt die Entwicklung von Big Data zentral[162] davon ab, ob diese Vervielfältigungshandlungen in rechtmäßiger Weise erfolgen.

Hierfür bestehen grundsätzlich drei Optionen (I.). In der Annahme, dass Big Data weitreichen- 95 de ökonomische und gesellschaftliche Vorteile birgt, hat der europäische Gesetzgeber sich dafür entschieden, das Urheberrecht und die Leistungsschutzrechte zu beschränken, um eine Vervielfältigung und (begrenzte) Zugänglichmachung im Rahmen von Big Data zu ermöglichen (II.). Weil ein analysefähiger Korpus jedoch regelmäßig ein „gemischter Satz" ist, lässt sich das vom Gesetzgeber verfolgte Ziel nur verwirklichen, wenn die urheberrechtlichen Schranken

---

159 Schricker/Loewenheim/Vogel UrhG § 85 Rn. 24; Wandtke/Bullinger/Schaefer UrhG § 85 Rn. 3.
160 BT-Drs. IV/270, 95; Dreier/Schulze/Schulze UrhG § 85 Rn. 18; Schricker/Loewenheim/Vogel UrhG § 85 Rn. 22.
161 Raue ZUM 2021, 793; Schack GRUR 2021, 904 (907).
162 Daneben setzen insbesondere der Schutz personenbezogener Daten und der Schutz von Geschäftsgeheimnissen der Entwicklung von Big Data wesentliche Grenzen.

auch im Kontext des Schutzes von Geschäftsgeheimnissen gespiegelt[163] und in Bezug auf den Schutz von Persönlichkeitsrechten, einschließlich des Datenschutzrechts,[164] zumindest berücksichtigt werden.

I. Optionen für rechtmäßige Vervielfältigungen

96 *Erstens* besteht die Möglichkeit, eine **Zustimmung der jeweiligen Rechtsinhaber** für eine Vervielfältigungshandlung einzuholen. Diese Option kommt jedoch nur in Betracht, **wenn** die zu analysierenden **Daten aus wenigen Quellen** stammen und diejenigen, die einen Zugang zu diesen Daten eröffnen können, ihrerseits über die dafür erforderlichen Rechte verfügen. Diese Option steht deshalb für typische Anwendungsfälle von Big Data aus praktischen Gründen nur selten zur Verfügung. Zunächst zeichnet sich Big Data gerade dadurch aus, dass auf Daten aus unzähligen Quellen zugegriffen wird. Eine Zustimmung aller Beteiligten im Rahmen jeweils bilateraler vertraglicher Beziehungen löst **Transaktionskosten** aus, die **regelmäßig außer Verhältnis** zu den – häufig nur erhofften – Vorteilen der Datenanalyse stehen.[165] Weil zudem ein gutgläubiger Erwerb von urheberrechtlichen Verwertungsrechten nicht möglich ist, vermittelt eine bilaterale rechtsgeschäftliche Option lediglich ein geringes Ausmaß an Rechtsicherheit und eignet sich nur für Szenarien, in denen die zu analysierenden Daten zuvor präzise definiert werden können und zudem aus wenigen, bekannten Quellen stammen. Kurzum: Weil zwei von vier Charakteristika entfallen (volume/variety), handelt es sich bei solchen Konstellationen regelmäßig nicht mehr um Big Data-Szenarien.

97 *Zweitens* besteht die Option, dass Unternehmen, die über große Mengen von analysefähigen Daten verfügen, diese über gemeinsame (**neutrale**) **Plattformen** allen Teilnehmern der Plattform oder auch Dritten – dann wiederum auf bilateraler vertraglicher Grundlage – zur Verfügung stellen[166] oder Mechanismen zur allgemeinen Zugänglichmachung entwickeln (**Data Pooling auf Grundlage von Open Data**). Obwohl diese Option einen gewissen Erfolg verspricht, weil sie die Transaktionskosten reduziert und wichtige Quellen für die Datenanalyse zur Verfügung stellt, steht sie ebenfalls vor schwerwiegenden Herausforderungen. Zunächst müssen auch die bestehenden Rechte an denjenigen Daten geklärt werden, die jeweils auf einer solchen Plattform verfügbar gemacht bzw. in einen Datenpool eingebracht werden sollen. Zudem beruht die Entscheidung darüber, welche Daten verfügbar gemacht werden können, auf einer anspruchsvollen Prognoseentscheidung. Weil die Entwicklungen im Kontext von Big Data sehr dynamisch sind, lässt sich aktuell **kaum vorhersehen**, für wen **welche Daten in welchem Kontext besonders wertvoll** sein können. Kurzum: Die Einschätzung, die das Bundesverfassungsgericht im Jahr 1983 für personenbezogene Daten getroffen hat, könnte sich zunehmend auch für nicht-personenbezogene Daten bewahrheiten, sofern deren Analyse potenziell Rückschlüsse auf die wirtschaftliche Situation eines Unternehmens (Produktionsauslastung), seine Produkte und Kunden oder andere Geschäftsgeheimnisse erlauben. Unter den Bedingungen von Big Data gibt es womöglich „kein belangloses Datum"[167] mehr. Jedenfalls aber ist es schwierig, die kontextabhängige Werthaltigkeit von Daten zu prognostizieren.

---

163 Hierzu: → § 11.
164 Hierzu: → § 6; mit dem Vorschlag einer spezifischen Erweiterung der Interessenabwägung als Grundlage für die Verarbeitung von besonders sensiblen Daten im Kontext des maschinellen Lernens: Sattler, Informationelle Privatautonomie, 2022, 118 ff.
165 Diese hohen Transaktionskosten dürften ein wesentliches praktisches Hindernis für die Geltendmachung und Durchsetzung der geplanten Ansprüche auf Datenzugang, -nutzung und -weitergabe gemäß Art. 4 und Art. 5 Data Act sein.
166 Vgl. beispielsweise das Whitepaper der Initiative von International Data Spaces (https://internationaldataspaces.org//wp-content/uploads/Whitepaper-2018.pdf).
167 BVerfG NJW 1984, 418 (422).

Weil diese beiden Optionen, die Klärung der Rechte und eine anschließende vertragliche 98
Lizenzlösung voraussetzen und daran zu scheitern drohen, dass sie sowohl ein hohes Maß
an Rechtsunsicherheit als auch prohibitiv hohe Transaktionskosten auslösen, läuft es in praktischer Hinsicht regelmäßig auf eine *dritte Option* hinaus. Um die Entwicklung von Big Data
zu fördern, hat der europäische Gesetzgeber die Verwertungsrechte der Rechtsinhaber durch
immaterialgüterrechtsinterne Grenzen[168] beschränkt. Im Kontext von Big Data kommen
insbesondere[169] drei urheberrechtliche Schranken in Betracht, die zur Rechtmäßigkeit einer
Vervielfältigung führen können.

II. Beschränkungen des urheberrechtlichen Vervielfältigungsrechts

Abhängig von der beabsichtigten Verwendung der urheberrechtlich geschützten Gegenstände, 99
kommen unterschiedliche **Schranken des Urheberrechts** in Betracht. Diese **begründen** zwar
jeweils **keinen Anspruch auf Zugang** zu den urheberrechtlichen Schutzgegenständen,[170] sie
führen **aber** dazu, dass eine **Handlung rechtmäßig** ist, die der Rechtsinhaber ohne diese
Schranken untersagen könnte.

Soweit eine Vervielfältigung nahezu synchron mit der eigentlichen Datenanalyse stattfindet, 100
kann diese bereits gemäß **§ 44a UrhG** rechtmäßig sein (1.). Dient die Analyse – wie zumeist
– kommerziellen Zielen, sind die Daten frei zugänglich und ist es nicht erforderlich, den
Korpus nach der Analyse für zukünftige Datenanalysen zu speichern, so kann die Vervielfältigung gemäß **§ 44b UrhG** rechtmäßig sein (2.). Hat derjenige, der die Daten kontrolliert
einen Vorbehalt gegen eine Datenanalyse erklärt und soll der Korpus auch für eine künftige
Datenanalyse zur Verfügung stehen, so kann die hierfür erforderliche Vervielfältigung unter
engen Voraussetzungen allenfalls gemäß **§ 60d UrhG** rechtmäßig sein (3.).

1. Vorübergehende Vervielfältigung, § 44a UrhG

Gemäß § 44a UrhG sind **vorübergehende Vervielfältigungshandlungen** (a), also solche die 101
flüchtig oder begleitend sind (b) und einen **integralen und wesentlichen Teil eines technischen Verfahrens** darstellen (c) rechtmäßig, soweit es deren alleiniger Zweck ist, entweder eine
Übertragung in einem Netz zwischen Dritten durch einen Vermittler **oder** eine **rechtmäßige
Nutzung** zu ermöglichen (d) und sofern diese Vervielfältigungshandlungen **keine eigenständige wirtschaftliche Bedeutung** haben (e).

a) Vorübergehende Vervielfältigungshandlungen

Der derzeit wichtigste Anwendungsfall des § 44a UrhG ist das Streaming von urheberrechtlich 102
geschützten digitalen Inhalten. Für eine Vervielfältigung ist es nach Ansicht des *EuGH* ausreichend, wenn der jeweils im Rahmen des Streaming gepufferte Teil des Werkes seinerseits
eine persönliche geistige Schöpfung iSv § 2 Abs. 2 UrhG ist oder es zu einem Eingriff in ein
Leistungsschutzrecht (zB Tonträger-, Lichtbildhersteller) kommt.[171] Genau genommen ist nicht
relevant, ob die Vervielfältigungshandlung als solche vorübergehend ist, sondern es kommt
darauf an, dass die Vervielfältigung als Ergebnis dieser Handlung lediglich vorübergehend
existiert.[172]

---

168 Zu den kartellrechtlichen Herausforderungen: Kerber GRUR Int. 2016, 989 ff.; Körber NZKart 2016, 303
     (348 ff.); Schweitzer/Peitz ZEW Discussion Paper No. 17–043, 2017, 44; Schweitzer GRUR 2019, 569 ff.; Lohse
     NZKart 2020, 292 ff.; Sassenberg/Faber Industrie 4.0 und Internet-HdB/Sura, 248.
169 Zu dem Verhältnis zur Schranke der Privatkopie (§ 53 UrhG) und der allgemeinen Forschungsschranke für
     Werkteile (§ 60c UrhG): Wandtke/Bullinger/Bullinger UrhG § 60d Rn. 12.
170 Hierzu unten → Rn. 160 ff.
171 EuGH GRUR 2009, 1041 Rn. 45 f.; EuGH GRUR 2012, 156 Rn.
172 MwN Dreier/Schulze/Dreier UrhG § 44a Rn. 4.

103   Wie sich aus dem Kontext der weiteren Voraussetzungen des § 44a UrhG ergibt, bezieht sich das Tatbestandsmerkmal **nicht** auf einen **objektiven Zeitraum** oder die technischen Möglichkeiten einer dauerhaften Speicherung, **sondern** auf den **Zweck** des § 44a UrhG, also bestimmte **technische Verfahren zu ermöglichen**, die bei isolierter Betrachtung lediglich geringe (ökonomische) Auswirkungen auf das durch § 16 UrhG zugewiesene Verwertungsrecht haben. Vorübergehend in diesem Sinne sind deshalb solche Vervielfältigungen, die bei der Übermittlung oder Nutzung eines geschützten Gegenstands aufgrund der Konfiguration des Telekommunikations- und des Computersystems aus technischen Gründen vorgenommen und anschließend automatisch wieder gelöscht werden.[173] Somit kommen für § 44a UrhG jedenfalls sämtliche vorübergehenden Vervielfältigungen in Betracht, die mit einem Browsing oder Caching vergleichbar sind.

104   Im Rahmen von Big Data kommt § **44a UrhG** dann in Betracht, **wenn** gerade **kein stabiler Korpus** für die Datenanalyse erstellt wird, **sondern** es gelingt, die Daten und den darin enthaltenen immateriellen Schutzgegenstand **unmittelbar zu analysieren**.[174] Eine solche Vorgehensweise setzt jedoch voraus, dass die Daten weitgehend unverändert, dh. ohne vorherige Reduktion, Formatierung, Normalisierung und Strukturierung sinnvoll verarbeitet werden können. Notwendige Bedingung dafür ist zunächst eine ausreichende Übertragungskapazität. Zudem können die Daten auf Grundlage von § 44a UrhG **nicht gespeichert** werden, um das Analyseergebnis in Form des Algorithmus anhand der Ausgangsdaten zu verifizieren und anschließend zu optimieren. Möglich bleibt allenfalls eine zusätzliche vorübergehende Vervielfältigung im Rahmen einer eigenständigen, erneuten Analyse dieser Daten. Immerhin dürfte diese **sukzessive Vorgehensweise nicht als Umgehung** der zeitlichen Begrenzung des § 44a UrhG zu beurteilen sein, sofern diese Ausgangsdaten nicht ihrerseits als Datenbank iSd § 87a UrhG geschützt sind. Handelt es sich bei den **Ausgangsdaten jedoch** um **eine Datenbank**, so steht die wiederholte und systematische Vervielfältigung von unwesentlichen Teilen einer Datenbank gemäß § 87b UrhG einer Vervielfältigung gleich, sofern diese Handlungen einer normalen Auswertung der Datenbank zuwiderlaufen oder die berechtigten Interessen des Datenbankherstellers unzumutbar beeinträchtigen. Zudem stellt auch § **87c Abs. 1 UrhG** klar, dass die **Schranke des § 44a UrhG** auf Datenbanken gerade **keine Anwendung** findet.[175]

b) Flüchtige oder begleitende Vervielfältigung

105   Das zweite Tatbestandsmerkmal des § 44a UrhG nimmt eine Zwitterstellung ein. Weil die Schranke es § 44a UrhG ohnehin nur für vorübergehende Vervielfältigungen in Betracht kommt, erscheint die Qualifikation der Vervielfältigung als **flüchtig** im Grunde wie eine überflüssige Tautologie. Sie hat aber Bedeutung, soweit sie **klarstellt**, dass der Begriff „vorübergehend" nicht lediglich das Gegenteil von „dauerhaft" bedeutet, sondern **tatsächlich zeitlich eng auszulegen** ist. Eine vorübergehende Vervielfältigung ist jedenfalls dann lediglich flüchtig, wenn sie automatisch **gelöscht** wird, **sobald** der durch § 44a UrhG **privilegierte Zweck erreicht** ist.[176] Während diese Qualifikation also den vorübergehenden Charakter der Vervielfältigung konkretisiert, verweist die Qualifikation „begleitend" bereits auf das nachfol-

---

173   So für die kurzfristigen Kopien auf dem Bildschirm und im Cache des Computers: EuGH GRUR 2012, 156 Rn. 161 ff.; EuGH GRUR Int. 2014, 694. So auch ErwG 33 InfoSoc-RL, mit dem Beispiel der „Handlungen, die das Browsing sowie Handlungen des Caching ermöglichen".

174   Diese Möglichkeit lediglich andeutend: BT-Drs. 19/27426, 88; deutlicher: Raue ZUM 2021, 793 (794).

175   Der systematische Vergleich mit § 87b und § 87c UrhG spricht im Umkehrschluss (argumentum e contrario) gerade dafür, dass § 44a UrhG einer wiederholten und systematischen Vervielfältigung nicht entgegensteht, sofern diese Vervielfältigungshandlungen auch in ihrer Summe keine eigenständige und durch das Urheberrecht dem Rechtsinhaber zugewiesene wirtschaftliche Bedeutung haben.

176   EuGH GRUR Int 2010, 35; GRUR 2014, 654; hierzu auch: LG Hamburg ZUM-RD 2018, 629; LG Berlin GRUR-RS 2018, 55082; Schippan ZUM 2021, 312.

gende Tatbestandsmerkmal des § 44a UrhG. Sie darf also weder gegenüber dem technischen Verfahren, dessen Teil sie ist, selbstständig sein noch einem eigenständigen Zweck dienen.[177]

c) Integraler und wesentlicher Teil eines technischen Verfahrens

Die Voraussetzung, dass die Vervielfältigung ein integraler und wesentlicher Teil eines techni- 106 schen Verfahrens sein muss, hat der Gesetzgeber **nicht näher bestimmt**. Ihre Bedeutung ergibt sich jedoch aus dem Regelungszweck des § 44a UrhG. Dieser soll **Vervielfältigungen ermöglichen, die eine notwendige Bedingung einer digitalen Werknutzung sind**, ohne dabei selbst als solche eine **eigenständige Werknutzung** zu ermöglichen. Die Vervielfältigung darf lediglich ein **technisches Mittel zu** einem **anderen urheberrechtlich definierten Zweck** sein. Beide Merkmale müssen kumulativ erfüllt sein.

Integraler Teil ist eine Vervielfältigungshandlung, soweit sie vollständig in der Durchführung 107 eines technischen Verfahrens aufgeht. Sie ist ein wesentlicher Teil, wenn die Vervielfältigungshandlung notwendig ist, also das technische Verfahren ohne sie nicht oder jedenfalls nicht ebenso effizient funktionieren könnte.[178] Umfasst sind dabei auch Vervielfältigungshandlungen, die der Einleitung oder dem Abschluss des technischen Verfahren dienen. Dies gilt unabhängig davon, ob dabei Menschen mitwirken, beispielsweise indem sie ein Verfahren zur Datenerfassung manuell einleiten.[179]

Während für die Funktionsweise des Internets vertreten wurde, dass beispielsweise eine **Zwi-** 108 **schenspeicherung im** *Cache* einer Suchmaschine einen solchen integralen und wesentlichen Teil einer Vervielfältigungshandlung bedeutet kann,[180] ist dies **für Analysen im Rahmen von Big Data deshalb zweifelhaft, weil** regelmäßig **alternative technische Wege der Datenanalyse unter Verwendung eines Zugangs zu Datenströmen in Echtzeit bestehen.** Solange insoweit keine technische Standardisierung besteht und sich auch keine faktischen *best practices* herausgebildet haben, wird es kaum gelingen, darzulegen und zu beweisen, dass eine bestimmte vorübergehende Vervielfältigungshandlung für das technische Verfahren notwendig ist.

d) Übertragung in einem Netz oder rechtmäßige Nutzung

Die Schranke des § 44a UrhG stellt nicht alle vorübergehenden Vervielfältigungen frei, die ein 109 integraler und wesentlicher Teil eines technischen Verfahrens sind, sondern nur solche, die **ausschließlich der Übertragung** in einem Netz zwischen Dritten **durch** einen **Vermittler** (Nr. 1) **oder** der **rechtmäßigen Nutzung** eines Werkes oder sonstigen Schutzgegenstands dienen (Nr. 2).

Somit **privilegiert § 44a Nr. 1 UrhG Dritte**, die als technische Vermittler einbezogen werden, 110 nicht aber die Absender und Empfänger.[181] ErwG 33 InfoSoc-RL[182] stellt klar, dass hierdurch Handlungen gestattet sein sollen, „die das effiziente Funktionieren der Übertragungssysteme ermöglichen, sofern der Vermittler die Information nicht verändert und nicht die erlaubte Anwendung von Technologien zur Sammlung von Daten über die Nutzung der Information, die von der gewerblichen Wirtschaft weithin anerkannt und verwendet werden, beeinträchtigt."

---

177 EuGH GRUR 2014, 654.
178 EuGH GRUR 2012, 156; GRUR 2009, 1041; GRUR 2014, 654.
179 EuGH ZUM 2012, 398.
180 So Rössel MMR 2010, 475 (480 f.); aA Schack MMR 2008, 408 (415); gegen eine Anwendung von § 44a UrhG für das Anzeigen von stark verkleinerten Lichtbildern: BGH GRUR 2012, 604 Rn. 14; für die Zulässigkeit von Vervielfältigungshandlungen gemäß § 44a UrhG, die zeitlich begrenzt zum besseren Funktionieren des Internets beitragen, beispielsweise sog. Update- oder Proxy-Caching: Dreier/Schulze/Dreier UrhG § 44a Rn. 4.
181 KG GRUR-RR 2004, 228 – Ausschnittdienst; mwN Dreier/Schulze/Dreier UrhG § 44a Rn. 7.
182 Richtlinie 2001/29/EG v. 22.5.2001 zur Harmonisierung bestimmter Aspekte des Urheberrechts und der verwandten Schutzrechte in der Informationsgesellschaft, ABl. L 167 v. 22.6.2001, 10 ff.

111 Zwar müssen diese Vervielfältigungshandlungen in dem Sinne notwendig sein, dass das betreffende technische Verfahren ohne sie nicht einwandfrei und effizient funktionieren könnte.[183] Allerdings fordert **§ 44a Nr. 1 UrhG nicht, dass die Vervielfältigungshandlung technisch unabdingbar ist**.[184] Die Privilegierung gemäß § 44a Nr. 1 UrhG soll die Übertragung mithilfe Dritter ermöglichen und diese nicht dazu zwingen, jeweils ausschließlich dasjenige technische Verfahren anzuwenden, dass mit den geringsten Vervielfältigungshandlungen einhergeht.

112 Wie sich aus einer systematischen Abgrenzung zu § 44a Nr. 2 UrhG und zu § 8 und § 9 Telemediengesetz (TMG) ergibt, kommt es auf die Rechtmäßigkeit der Nutzung durch den Absender oder Empfänger nicht an.[185] Insoweit ist der Vermittler – begrenzt durch die Pflichten des § 9 TMG – privilegiert.[186] Im Zusammenhang mit Big Data **ermöglicht § 44a Nr. 1 UrhG die Einbeziehung von Vermittlern**, insbesondere Telekommunikationsanbietern. Insofern erschöpft sich die Funktion des § 44a Nr. 1 UrhG jedoch darin, ein arbeitsteiliges Vorgehen bei der Übertragungstechnik zu ermöglichen.

113 Aus Sicht von Unternehmen, die **im Rahmen von Big Data** Trainings- oder Anwendungsdaten verarbeiten wollen, ist die Privilegierung des **§ 44a Nr. 2 UrhG wichtiger**. Hiernach sind vorübergehende Vervielfältigungen als Schranke des § 16 UrhG zulässig, wenn sie der **rechtmäßigen Nutzung** eines Werkes oder sonstigen Schutzgegenstands dienen. § 44a Nr. 2 UrhG hat keinen sinnvollen Anwendungsbereich, sofern die Nutzung vom Rechtsinhaber vertraglich eingeräumt wurde – in diesem Fall ist die vorübergehende Vervielfältigung regelmäßig aufgrund (ergänzender) Vertrags(-auslegung) rechtmäßig. Somit erlaubt § 44a Nr. 2 UrhG eine Vervielfältigungshandlung, wenn die Nutzung des Schutzgegenstands **entweder durch** eine **andere Schranke gedeckt** ist **oder** soweit die **Nutzung nicht durch Gesetze beschränkt** ist, vgl. ErwG 33 InfoSoc-RL. Kommt es also zu einer Vervielfältigung iSd § 16 UrhG, dient diese vorübergehende Vervielfältigung aber einer Nutzung, die als solche urheberrechtsfrei ist, so ist auch diese Vervielfältigung bei Vorliegen der übrigen Voraussetzungen von § 44a UrhG erlaubt.[187] Weil die in einem Werk oder einem Leistungsschutzrecht enthaltene Information als solche nicht urheberrechtlich geschützt ist,[188] spricht dies dafür, dass eine vorübergehende Vervielfältigung des Schutzgegenstands urheberrechtsfrei ist, soweit diese lediglich dazu dient, die **urheberrechtsfreie Information einer Datenanalyse zu unterziehen**. Die Analyse dieser Daten und eine dafür erfolgende vorübergehende Vervielfältigung kann somit ebenso gemäß § 44a UrhG zulässig sein, wie eine Vervielfältigung, die das Betrachten von Internetseiten ermöglicht.[189]

114 Obwohl es zutreffend ist, dass die Kenntnisnahme von Information, die in urheberrechtlich geschützten Gegenständen enthalten ist, nicht dem Rechtsinhaber zugewiesen ist, bleiben jedoch erhebliche **Abgrenzungsschwierigkeiten**, **sofern** die mittels Datenanalyse extrahierte **Information ihrerseits** verwendet und beispielsweise **in einem Produkt umgesetzt** wird. Bleibt es nicht bei der Vervielfältigung als Voraussetzung für eine Analyse zur Erkennung von Mustern und Korrelationen, sondern wird diese (automatisiert) zur Herstellung von Produkten (Bildern/Texten) angewendet, so besteht die Gefahr, dass diese Resultate ihrerseits unzulässige Vervielfältigungen sind, die nicht gemäß § 44a UrhG erlaubt sind.[190] Sobald die aus der Datenanalyse gewonnene Erkenntnis nicht nur als mathematische Formel (Algorithmus) dargestellt wird, sondern ihrerseits einen textlichen oder bildlichen Ausdruck findet, kann diese Form

---

183 EuGH GRUR 2014, 654.
184 Wandtke/Bullinger/v. Welser UrhG § 44a Rn. 7; Dreier/Schulze/Dreier UrhG § 44a Rn. 7.
185 Wandtke/Bullinger/v. Welser UrhG § 44a Rn. 9; Dreier/Schulze/Dreier UrhG § 44a Rn. 7.
186 Vgl. insbesondere die Pflicht zum Entfernen von Information und zur Zugangssperre gemäß § 9 Nr. 5 TMG.
187 EuGH GRUR 2012, 156; ZUM 2012, 398.
188 Raue ZUM 2021, 793; Schack GRUR 2021, 904 (907).
189 Für letzteres: EuGH GRUR 2014, 654.
190 Sofern eine Bearbeitung vorliegt, greift § 23 UrhG. Fraglich ist, ob die Schranke des § 51a UrhG (Karikatur, Parodie und Pastiches) auch für vollständig automatisch generierte Vervielfältigungen offensteht.

der Nutzung zu einer Vervielfältigung des geschützten analysierten Gegenstands führen. Diese Vervielfältigung dient in der Regel jedoch keiner rechtmäßigen Nutzung mehr, sondern ist zumeist eine zustimmungsbedürftige Bearbeitung. Zudem sind solche Vervielfältigungen regelmäßig auch nicht mehr vorübergehend iSd § 44a UrhG.

Somit kommt **§ 44a UrhG als Schranke** beispielsweise in Betracht, **sofern** urheberrechtlich geschützte Gegenstände in Daten enthalten sind, die von einer Webseite oder mittels anderweitiger Schnittstelle **übertragen und zeitgleich ("live") analysiert werden.** Dagegen kommt **§ 44a Nr. 2 UrhG nicht** mehr in Betracht, **wenn diese Daten dauerhaft in einen Korpus eingebracht** werden sollen, beispielsweise damit sie auch im Anschluss an die Datenanalyse noch zur Überprüfung oder zur Optimierung des maschinellen Lernens zur Verfügung stehen. [115]

e) Keine eigenständige wirtschaftliche Bedeutung

Schließlich darf die vorübergehende Vervielfältigungshandlung iSd § 44a UrhG keine eigenständige wirtschaftliche Bedeutung haben. Eine eigenständige wirtschaftliche Bedeutung liegt nach der Rechtsprechung des *EuGH* vor, soweit die Vervielfältigung einen zusätzlichen wirtschaftlichen Vorteil schafft, der über denjenigen Vorteil hinausgeht, der durch die an sich erlaubte Nutzung besteht. Nach Ansicht des *EuGH* greift die Schranke jedenfalls nicht zugunsten einer Vervielfältigung, die dem Nutzer durch den Betreiber eines Online-Videorekorders zum Abruf zur Verfügung gestellt wurde. Diese Vervielfältigung sei Grundlage der Erzielung von Werbeeinnahmen und habe dadurch eine eigenständige wirtschaftliche Bedeutung.[191] [116]

Weil Handlungen ohne jegliche wirtschaftliche Bedeutung noch seltener sind, als schwarze Schwäne, ist das **zentrale Tatbestandmerkmal** dasjenige der **Eigenständigkeit dieser wirtschaftlichen Bedeutung.** Sofern zur Auslegung des Merkmals der Eigenständigkeit vorgeschlagen wird, dass die vorübergehende Vervielfältigung keine neue, unabhängige Nutzungsmöglichkeit eröffnen dürfe, um auf diese Weise das Partizipations- und Kontrollinteresse des Urhebers angemessen zu berücksichtigen,[192] ist dadurch nicht viel gewonnen. Grundsätzlich ist das Partizipations- und Kontrollinteresse auf diejenigen Positionen beschränkt, die der Gesetzgeber dem Rechtsinhaber urheberrechtlich zugewiesen hat. Dient eine vorübergehende Vervielfältigung jedoch einer rechtmäßigen Nutzung (§ 44a Nr. 2 UrhG), so muss diese auch zulässig sein, obwohl sie wirtschaftliche Bedeutung hat.[193] [117]

Jedenfalls **mit Blick auf den Zweck** des Art. 5 Abs. 1 InfoSoc-RL ist dieses Tatbestandsmerkmal deshalb **restriktiv auszulegen.** Gemäß ErwG 31 InfoSoc-RL soll die Schranke die Entwicklung und den Einsatz neuer Technologien gewährleisten. Dies lässt sich auf den Einsatz von Instrumenten zur Datenanalyse im Rahmen von Big Data übertragen. Nur weil die Ermöglichung von maschinellem Lernen auf der Grundlage von Trainingsdaten mittelbar zu Produkten führen kann, die ihrerseits eine eigenständige wirtschaftliche Bedeutung haben, schließt dies die [118]

---

191 Keine eigenständige wirtschaftliche Bedeutung einer Vervielfältigung in einem Decoder für Satellitensignale: EuGH GRUR 2012, 156; wenig erhellend: ZUM 2012, 398 Rn. 50 ff. Hiernach darf die Vervielfältigungshandlung nicht die Erzielung eines zusätzlichen Gewinns ermöglichen, der über den aus der rechtmäßigen Nutzung des geschützten Werks gezogenen Gewinn hinausgeht.

192 Mitsdörffer/Gutfleisch MMR 2009, 731 (733).

193 Die Voraussetzung der fehlenden eigenständigen wirtschaftlichen Bedeutung in § 44a UrhG und Art. 5 Abs. 1 InfoSoc-RL ist ein Hybrid aus der zweiten und der dritten Stufe des Drei-Stufen-Tests, vgl. Art. 5 Abs. 5 InfoSoc-RL. Hiernach dürfen Beschränkungen des Vervielfältigungsrechts nur angewandt werden, soweit „die normale Verwertung des Werks oder des sonstigen Schutzgegenstands nicht beeinträchtigt wird und die berechtigten Interessen des Rechtsinhabers nicht ungebührlich verletzt werden". Vgl. auch Art. 10 Abs. 1 WIPO-Urheberrechtsvertrags (WCT) v. 20.12.1996 erlaubt in Bezug auf die den Urhebern von Werken der Literatur und Kunst im WCT gewährten Rechte Beschränkungen und Ausnahmen „in bestimmten Sonderfällen [...], die weder die normale Auswertung des Werkes beeinträchtigen noch die berechtigten Interessen des Urhebers unzumutbar verletzen". Vgl. ebenfalls Art. 10 Abs. 2 WCT, der auch auf das in der Revidierten Berner Übereinkunft (RBÜ) geregelte Vervielfältigungsrecht verweist; sowie für das Tonträgerherstellerrecht: Art. 16 Abs. 2 des WIPO-Vertrags über Darbietungen und Tonträger (WPPT).

Anwendung von § 44a UrhG auf vorübergehende Vervielfältigungen **zur Erstellung von Trainingsdaten nicht** aus. Die eigenständige wirtschaftliche Bedeutung des maschinellen Lernens und der dadurch ermöglichte Erkenntnisgewinn mag (auch) auf der Extraktion derjenigen Information beruhen, die in den urheberrechtlich geschützten Gegenständen enthalten ist. Diese Information hat aber gerade keine derartige eigenständige wirtschaftliche Bedeutung, welche das Urheberrecht den Rechtsinhabern zugewiesen hat. Sie ist vielmehr gemeinfrei.

119 Weil der Gesetzgeber sich dafür entschieden hat, die Möglichkeit des Text & Data Mining gesetzlich ausdrücklich zu privilegieren (dazu unten), spricht dies zudem dafür, dass solche **vorübergehenden Vervielfältigungshandlung nicht** als **eigenständige** wirtschaftliche **Bedeutung** iSd § 44a UrhG zu beurteilen sind, **die mit einem Text & Data Mining funktional vergleichbar, dabei aber zeitlich von kürzerer Dauer sind.**

120 **Zusammenfassend** lässt sich somit festhalten, dass **§ 44a UrhG allenfalls für eine unmittelbare und vorübergehende Analyse von unveränderten Echtzeitdaten** in Betracht kommt. Dagegen steht die Schranke im Rahmen von Big Data nicht zur Verfügung, soweit eine der drei folgenden Bedingungen bestehen: *Erstens* greift die Schranke nicht zugunsten von Vervielfältigungshandlungen, die sich auf Datenbanken iSd § 87a ff. UrhG beziehen. *Zweitens* ist § 44a UrhG keine geeignete Schranke, sofern zugängliche Daten nicht lediglich vorübergehend vervielfältigt und zeitgleich analysiert werden, sondern ein Korpus erstellt werden soll. *Drittens* hilft die Schranke nicht weiter, sofern Daten, die urheberrechtlich geschütztes Material enthalten, zuvor durch Annotationen veredelt und deshalb über einen längeren Zeitraum gespeichert werden müssen oder sofern die Daten anschließend für eine Verifikation oder Optimierung der Analyse benötigt werden.

2. Text & Data Mining zu kommerziellen Zwecken, § 44b UrhG

121 Mit § 44b UrhG,[194] der Art. 4 der DSM-RL[195] umsetzt, hat der (europäische) Gesetzgeber bewusst eine Schranke geschaffen, die für Big Data von großer Bedeutung ist. Wie erläutert, konnte zuvor bereits auf Grundlage von § 44a UrhG ein sehr eng begrenztes Text & Data Mining (TDM) durchgeführt werden. Diese Schranke greift aber nur für vorübergehende Vervielfältigungen. Weil geeignete und qualitativ hochwertige Daten aber vor einer Analyse regelmäßig aufbereitet werden müssen und häufig ein Korpus erstellt werden soll, der eine gründliche und iterative Datenanalyse zulässt, war jedenfalls insoweit eine eigenständige Schranke erforderlich. Liegen die Voraussetzungen des § 44b UrhG vor, so sind die Vervielfältigungshandlungen – ebenso wie im Rahmen von § 44a UrhG – nicht vergütungspflichtig.[196]

122 Mit Art. 4 DSM-RL bzw. § 44b UrhG hat der europäische Gesetzgeber die Möglichkeiten des TDM grundlegend ausgeweitet. Dieser innovationspolitisch große Schritt erfolgte erst spät, in der Endphase des Gesetzgebungsverfahrens zur DSM-RL.[197] Infolgedessen wurde Art. 4 DSM-RL politisch und gesellschaftlich kaum diskutiert. Dies legt nahe, dass diese TDM-Schranke entweder auf breite, aber kaum geäußerte Zustimmung traf oder – und dies ist wahrscheinlicher –, dass diese Änderung in der aufgeheizten öffentlichen Debatte über die Pflichten von Plattformbetreibern gemäß Art. 17 DSM-RL unterging.[198]

123 Aus deutscher Sicht haben Art. 4 DSM-RL bzw. § 44b UrhG die Möglichkeiten für TDM fundamental erweitert. Während § 60d UrhG aF zuvor nur eine enge Schranke zugunsten

---

194 Gesetzes zur Anpassung des Urheberrechts an die Erfordernisse des digitalen Binnenmarktes v. 31.5.2021 (BGBl. 2021 I 1204) mit Wirkung zum 7.6.2021.
195 Richtlinie (EU) 2019/790 vom 17.4.2019 über das Urheberrecht und die verwandten Schutzrechte im digitalen Binnenmarkt und zur Änderung der Richtlinien 96/9/EG und 2001/29/EG (DSM-RL), ABl. v. 17.5.2019, L 130, 92 ff.
196 BT-Drs. 19/27426, 88.
197 Zur Entwicklung: Spindler ZGE 2018, 273 (290 ff.).
198 Raue ZUM 2021, 793 (794); sowie zu den einzelnen Vorentwürfen: Raue ZUM 2020, 172.

wissenschaftlicher Forschung vorsah,[199] **erweitert § 44b UrhG** diese Schranke **um kommerzi-elle Zwecke.** Im Verhältnis zu § 44a UrhG bietet § 44b UrhG zunächst eine größere Rechtssicherheit, indem er das TDM ausdrücklich als rechtmäßige Nutzung anerkennt, eine umfassendere Bearbeitung der Ausgangsdaten ermöglicht und in zeitlicher Hinsicht grundsätzlich großzügiger ist, weil es insoweit nicht auf den vorübergehenden Charakter der Vervielfältigung ankommt.

Begrifflich ist die Bezeichnung als Text & Data Mining-Schranke ungeschickt gewählt, weil auch Text regelmäßig in Form von Daten, also als maschinenlesbar codierte Information vorliegt. Insofern ist das **Data Mining** bereits der umfassende Begriff. Gemäß § 44b Abs. 1 UrhG ist TDM **definiert als jede automatisierte Analyse von einzelnen oder mehreren digitalen oder digitalisierten Schutzgegenständen, um daraus Information insbesondere über Muster, Trends und Korrelationen zu gewinnen.**[200] Obwohl der Wortlaut originär digitale oder bereits digitalisierte Werke vorauszusetzen scheint, erlaubt § 44b Abs. 2 UrhG auch die erstmalige Digitalisierung der Werke. Diese Form einer Vervielfältigung[201] ist notwendige Voraussetzung von TDM.[202]   124

Indem ua § 72 Abs. 1 UrhG (Lichtbilder), § 85 Abs. 4 UrhG (Tonträger), § 87c Abs. 1 Nr. 4 UrhG (Datenbanken), § 87i UrhG (Presseveröffentlichungen), § 94 Abs. 4 UrhG (Filmhersteller) sowie § 95 UrhG (Laufbilder) auf § 44b UrhG verweisen, findet die TDM-Schranke nicht nur auf Werke iSd § 2 UrhG Anwendung, sondern auch auf die im UrhG geregelten Leistungsschutzrechte.[203]   125

Im Anschluss an die Definition des TDM etabliert § 44b Abs. 2 S. 1 UrhG die Voraussetzungen, bei deren Vorliegen Vervielfältigungshandlungen iSd § 16 UrhG zulässig sind (a). Hiernach **begrenzt Abs. 2 S. 2 die Existenzdauer** der im Zuge eines zulässigen TDM entstandenen Vervielfältigungen (b). Abschließend etabliert § **44b Abs. 3 UrhG** jene **Schranken-Schranke,** die es den Rechtsinhabern ermöglicht, ihre Rechte von der grundsätzlich zustimmungsfreien Nutzung für TDM aktiv auszunehmen (c).[204]   126

a) Voraussetzungen der zulässigen Vervielfältigung

Die zentrale Voraussetzung für eine zustimmungsfreie Nutzung fremder **Werke und Leistungsschutzrechte** ist, dass diese **rechtmäßig zugänglich** sind, § 44b Abs. 2 S. 1 UrhG. Somit gewährt § 44b UrhG keinen Anspruch auf tatsächlichen Zugang zu urheberrechtlich geschützten Gegenständen zum Zweck des TDM, sondern setzt einen faktischen und rechtmäßigen Zugang bereits voraus.[205] In Betracht kommen also alle Schutzgegenstände, die bewusst auf der Grundlage einer Open Access Strategie[206] oder unbewusst, aber konkludent frei über   127

---

199 Mit Wirkung zum 1.3.2018 hatte der deutsche Gesetzgeber gemäß § 60d aF UrhG und in Ausnutzung des Spielraums von Art. 5 Abs. 3 lit. a InfoSoc-RL das TDM für die nicht-kommerzielle wissenschaftliche Forschung urheberrechtlich erlaubt. Dieser unionsrechtliche Rahmen war auf Kritik gestoßen, weil ein derart enge Schranke das im Text und Data Mining steckende datenökonomische Potential ausgeschöpft lasse: Schack ZUM 2017, 802 (806): "Schranke ihrer praktischen Wirksamkeit beraubt".

200 Ähnlich Art. 2 Nr. 2 und ErwG 8 DSM-RL.

201 Aus § 23 Abs. 3 UrhG folgt, dass ausschließlich technisch bedingte Änderungen eine Vervielfältigung iSd § 16 UrhG sind.

202 So ausdrücklich: BT-Drs. 19/27426, 88.

203 Zudem ist § 44b UrhG anwendbar für: § 70 Abs. 1 UrhG (wissenschaftliche Ausgaben), § 71 Abs. 1 S. 3 UrhG (nachgelassene Werke), § 83 UrhG (Darbietungen ausübender Künstler) und § 87 Abs. 4 UrhG (Sendungen).

204 Zu den wesentlichen Unterschieden hinsichtlich der Dauer der Vervielfältigung (vgl. § 60d Abs. 5 UrhG) und der fehlenden Möglichkeit der Rechtsinhaber zu einem solchen Opt-Out gegenüber einem TDM für wissenschaftliche Zwecke (§ 60g Abs. 1 UrhG): → Rn. 135) und → Rn. 153).

205 Zum aktuellen Ansatz der EU-Kommission gemäß Art. 4 und Art. 5 Data Act auch rechtliche Ansprüche auf Zugang, Nutzung und Weitergabe von Daten zu begründen: → Rn. 160 ff.

206 Diese ausdrücklich erwähnend: ErwG 14 DSM-RL.

Webseiten[207] oder sonstige offene Schnittstellen zugänglich sind. Zudem können „vertragliche Vereinbarungen" mit den Rechteinhabern[208] einen solchen Zugang eröffnen. Somit genügt es für § 44b UrhG nicht, wenn der Rechtsinhaber irgendjemandem Zugang zu den Gegenständen eröffnet hat. Vielmehr müssen die urheberrechtlich geschützten Inhalte auch **demjenigen tatsächlich zugänglich** gemacht worden sein, **der** auf dieser Grundlage das TDM durchführen (lassen) möchte.[209]

128 Damit die mit § 44b UrhG bezweckte Förderung von TDM[210] realisiert werden kann, muss es genügen, dass der **Zugang rechtmäßig** ist. Dagegen kann es **nicht** darauf ankommen, ob die geschützten **Inhalte rechtmäßig zugänglich gemacht** wurden. Anderenfalls wäre der durch § 44b UrhG Begünstigte gezwungen, die Recht an allen zugänglichen Inhalten zu überprüfen. Die damit einhergehenden Transaktionskosten und Rechtsunsicherheiten würden den Anwendungsbereich des § 44b UrhG faktisch weitgehend aushöhlen.[211]

129 Trotz der Voraussetzung, dass der Zugang rechtmäßig sein muss und obwohl die Rechtsinhaber die Möglichkeit haben, über die Schanke des § 44b UrhG Abs. 3 zu disponieren (unten → Rn. 135), bietet § **44b UrhG** die **einzige Grundlage für** ein **rechtmäßiges TDM, sofern** damit **kommerzielle Zwecke** verfolgt werden **und sofern mehr als eine vorübergehende Vervielfältigung und Bearbeitung** der Schutzgegenstände erforderlich ist, insbesondere um einen Korpus zu erstellen.[212]

b) Zweckbindung von TDM zu kommerziellen Zwecken

130 Um das TDM zu kommerziellen Zwecken **zeitlich und inhaltlich zu begrenzen**, ist die Aufbewahrung der Vervielfältigung **zweckgebunden**. Gemäß § 44b Abs. 2 S. 1 UrhG sind die Vervielfältigungen zu löschen, wenn sie für das TDM nicht mehr erforderlich sind. Die Vervielfältigungshandlungen sind nicht mehr von § 44b Abs. 2 S. 1 UrhG gedeckt und der erstellte Datenkorpus ist gemäß § 44b Abs. 2 S. 2 UrhG zu löschen, sobald und soweit der Zweck erreicht wird oder wenn er nicht mehr erreichbar ist.[213] Weil § 44b UrhG jedoch gerade auch dazu dient, ein TDM zu ermöglichen, das nicht der zeitlich besonders engen Grenze der *vorübergehenden* Vervielfältigung gemäß § 44a UrhG unterworfen ist, muss es möglich sein, Vervielfältigungen im Rahmen von § 44b UrhG **zumindest solange zu verwenden und neu zu kombinieren, bis der Zweck eines TMD-Projekts erreicht wurde.**[214] **Fraglich** ist, **ob der Zweck** iSd § 44b Abs. 2 S. 2 UrhG vor Beginn des TDM festgelegt werden muss und anschließend **unveränderlich** ist. Der **Wortlaut** ist insoweit **nicht eindeutig.**[215]

---

207 BT-Drs. 19/27426, 88 („frei im Internet zugänglich").

208 BT-Drs. 19/27426, 88 („Nutzer über eine Lizenz Zugang zu den digitalen Inhalten hat").

209 Weil durch Art. 4 und Art. 5 Data Act gerade rechtliche Ansprüche auf Zugang, Nutzung und Weitergabe von Daten etabliert werden sollen, ist es unbefriedigt, dass das systematische Zusammenwirken von Data Act und Art. 3 und Art. 4 DSM-RL (§ 44b & 60d UrhG) nicht erläutert wird, sondern lediglich pauschal darauf hingewiesen wird, dass das Recht des Geistigen Eigentums „unberührt" bleibe (Data Act, Begründung, 6).

210 ErwG 18 DSM-RL; BT-Drs. 19/27426, 87.

211 So auch: Dreier/Schulze/Dreier UrhG § 44b Rn. 7; mit dem Beispiel von geschütztem Material, das durch Whistleblower zugänglich gemacht wurde und das für TDM genutzt werden soll: Raue ZUM 2021, 793 (796).

212 BT-Drs. 19/27426, 88.

213 Weder § 44b UrhG noch § 60d UrhG ermöglichen die Errichtung eines generellen digitalen Archivs für künftiges TDM, BT-Drs. 19/27426, 88. Obwohl es § 60d Abs. 5 UrhG zulässt, dass Vervielfältigungen mit angemessenen Sicherheitsvorkehrungen gegen unbefugte Benutzung aufbewahrt werden dürfen, „solange sie für Zwecke der wissenschaftlichen Forschung oder zur Überprüfung wissenschaftlicher Erkenntnisse erforderlich sind", erfordert dies eine Begründung und einen plausiblen Forschungsplan: Raue ZUM 2021, 793 (798 f.).

214 Ebenso Dreier/Schulze/Dreier UrhG § 44b Rn. 15.

215 § 44b UrhG („Zulässig sind Vervielfältigungen von rechtmäßig zugänglichen Werken für *das* Text und Data Mining. Die Vervielfältigungen sind zu löschen, wenn sie für *das* Text und Data Mining nicht mehr erforder-

---

In **systematischer Hinsicht** spricht § 60d Abs. 5 UrhG (TDM für wissenschaftliche Zwecke) 131
dafür, dass im Bereich des kommerziellen TDM eine solche **enge Bindung an** den ursprünglichen **Zweck** besteht. Hiernach dürfen Vervielfältigungen gerade (nur) dann aufbewahrt
werden, „solange sie für Zwecke der wissenschaftlichen Forschung oder zur Überprüfung
wissenschaftlicher Erkenntnisse erforderlich sind". Dies legt im Umkehrschluss nahe, dass eine
Änderung oder Erweiterung der Zwecke nach Beginn eines TDM für kommerzielle Zwecke
grundsätzlich nicht in Betracht kommt. Weil es dem Rechtsinhaber gemäß **§ 44b Abs. 3 S. 1
UrhG** möglich ist, gegen ein TDM zu kommerziellen Zwecken **jederzeit** und mit Wirkung *ex
nunc* seinen **Vorbehalt** zu erklären, könnte eine solche strenge Bindung an den ursprünglichen
Zweck und die anschließende Löschungspflicht dazu dienen, dieses Recht zum Opt-Out abzusichern. Möchte ein Unternehmen ein TDM zu einem geänderten oder neuen kommerziellen
Zweck durchführen, so kann es nicht auf die unter der eigenen Kontrolle vorhandenen Vervielfältigungen zurückgreifen, sondern muss die Voraussetzungen des § 44b UrhG von Beginn
erneut prüfen und scheitert im Fall eines mittlerweile erfolgten Vorbehalts des Rechtsinhabers
gemäß § 44b Abs. 3 S. 1 UrhG bereits an der ersten Voraussetzung eines rechtmäßigen Zugangs
gemäß § 44b Abs. 2 S. 1 UrhG.

Andererseits **entspricht** eine derart **strenge Bindung** an den ursprünglichen Zweck **nicht** 132
dem Zweck von § 44b UrhG. § 44b UrhG bzw. Art. 4 DSM-RL **sollen gerade Innovationen
auf Grundlage von Big Data ermöglichen.**[216] Im Kontext von Big Data werden die Zwecke
einer Datenanalyse jedoch regelmäßig erst im laufenden Analyseprozess deutlich, weil dadurch
zuvor noch nicht ersichtliche Korrelationen gerade erst aufgedeckt werden. Zudem wäre ein
anschließendes und sukzessives TDM jederzeit zu anderen kommerziellen Zwecken zulässig,
solange und soweit der Zugang zu diesen Daten weiterhin **rechtmäßig offensteht.** In diesen
Fällen **wäre eine Pflicht zum Löschen** der Vervielfältigungen **gemäß § 44 Abs. 2 S. 2 UrhG**
eine **bloße Förmelei**, wenn sogleich eine (erneute) Vervielfältigung zum nunmehr geänderten
kommerziellen Zweck auf Grundlage von § 44b Abs. 2 S. 1 UrhG möglich wäre.

Ein Vergleich mit Art. 5 Abs. 1 lit. b DS-GVO spricht für eine **vermittelnde Auslegung** von 133
§ 44b Abs. 2 S. 2 UrhG. Gemäß Art. 5 Abs. 1 lit. b DS-GVO müssen personenbezogene Daten
für festgelegte Zwecke erhoben werden, dürfen aber in einer mit diesen Zwecken zu vereinbarenden Weise weiterverarbeitet werden. Nach diesem Vorbild könnte § 44b Abs. 2 S. 2 UrhG
nicht als strenge Bindung an den ursprünglichen kommerziellen Zweck des TDM, **sondern
im Sinne einer flexiblen Zweckkompatibilität** ausgelegt werden.

Ohne eine höchstrichterliche Klärung dieser Frage, ist es für ein rechtssicheres TDM zu 134
kommerziellen Zwecken zu empfehlen, zunächst einen (weiten) Zweck festzulegen. Bei einer
anschließenden Zweckänderung ist dann zu prüfen, ob die bereits vorhandenen Vervielfältigungen auf Daten beruhen, die weiterhin gemäß § 44b Abs. 2 S. 1 UrhG rechtmäßig zugänglich
sind, insbesondere weil der Rechtsinhaber zwischenzeitlichen keinen Vorbehalt gemäß § 44
Abs. 3 UrhG erklärt hat.

c) Vorbehalt des Rechtsinhabers als Schranken-Schranke

Gemäß § 44b Abs. 3 S. 1 UrhG ist eine Vervielfältigung zu Zwecken des TDM nur zulässig, 135
soweit der Rechtsinhaber sich diese nicht vorbehalten hat. Dies ist neben der frühzeitigen
Löschungspflicht der zweite wesentliche Unterschied zu einem TDM für wissenschaftliche

---

lich sind"); Art. 4 Abs. 2 DSM-RL ErwG („für die Zwecke *des* Text und Data Mining notwendig"); ErwG 18
DSM-RL („so lange wie zum Zwecke *dieses* Text und Data Mining erforderlich") [kursive Hervorhebungen
jeweils durch den Verfasser].

216 ErwG 18 DSM-RL („[...] Entwicklung neuer Anwendungen oder Technologien" sowie „Um in diesen Fällen
für mehr Rechtssicherheit zu sorgen und auch in der Privatwirtschaft zu Innovationen anzuregen [...]").

Forschungszwecke (§ 60d UrhG).[217] **§ 44b Abs. 3 UrhG** ermöglicht es dem Rechtsinhaber über die Schranke des § 44b Abs. 2 UrhG mit *ex nunc* Wirkung[218] **zu disponieren (Opt-Out-Modell).**

136 Bezieht ein umfassend angelegtes TDM eine Vielzahl an Schutzgegenständen ein, die online zugänglich sind, so hat der **Vorbehalt gemäß § 44b Abs. 3 S. 2 UrhG in maschinenlesbarer Form** zu erfolgen, so dass insbesondere Instrumente wie Crawler, die Webseiten automatisiert durchsuchen, diesen Vorbehalt automatisch berücksichtigen können. Weil insbesondere Crawler aber gleichzeitig eine wesentliche Grundlage für Suchmaschinen sind und die Rechtsinhaber ihren Vorbehalt gegen ein TDM zu (anderen) kommerziellen Zwecken erklären wollen, ohne dadurch Nachteile bei der Auffindbarkeit über Suchmaschinen zu erleiden, dürfen diese Nutzungsvorbehalte gegen TDM nicht dazu führen, dass diese vorbehaltenen Inhalte über Online-Suchmaschinen schlechter auffindbar sind.[219]

137 Der Vorbehalt kann zudem mittels technischer Schutzmaßnahmen abgesichert werden.[220] Weil § 44b Abs. 3 UrhG keine bestimmten Anforderungen an die Erklärung eines wirksamen Vorbehalts stellt und dieser insbesondere gemäß S. 2 durch technische Mittel möglich und vorzugswürdig ist, spricht dies dafür, dass die **Implementierung von technischen Schutzmaßnahmen** grundsätzlich **als ein konkludenter Vorbehalt auszulegen** ist. Zweck von technischen Schutzmaßnahmen ist es, jede Nutzung der geschützten Gegenstände rein faktisch zu verhindern. In der Folge dürfte es aber bereits an einem rechtmäßigen Zugang zu Schutzgegenständen iSd § 44b Abs. 2 S. 1 UrhG fehlen.

138 Weil die Schranke des § 44b zur Disposition der Rechtsinhaber steht und soweit technische Schutzmaßnahmen als Vorbehalt auslegbar sind, muss **§ 95b Abs. 1 S. 2 Nr. 1 UrhG nach hier vertretener Auffassung eng ausgelegt** werden.[221] Der begrenzte Zugangsanspruch aus der allgemeinen, unabdingbaren Regelung zur Durchsetzung von Schrankenbestimmungen in § 95b Abs. 1 S. 2 Nr. 1 UrhG greift demnach nur, sofern technische Schutzmaßnahmen ausnahmsweise nicht zugleich als Vorbehalt iSd § 44b Abs. 3 UrhG auszulegen sind. Sind sie dagegen als Vorbehalt iSd § 44b Abs. 3 UrhG zu beurteilen, so fehlt es bereits an dem Begünstigten gemäß § 95b Abs. 1 S. 1, der „rechtmäßig Zugang zu dem Werk oder Schutzgegenstand" hat. Soweit jedoch ein Vorbehalt erklärt wurde und das TDM auf Grundlage einer Lizenz wiederum ermöglicht wird, bedarf es streng genommen nicht der Regelung des § 95b Abs. 1 Nr. 1 UrhG, weil die Pflicht des Rechtsinhabers „die notwendigen Mittel zur Verfügung zu stellen, um von diesen Bestimmungen in dem erforderlichen Maße Gebrauch machen zu können" sich dann bereits aus einer (ergänzenden) Vertragsauslegung ergibt. Dies legt den Schluss nahe, dass **§ 95b Abs. 1 Nr. 1 UrhG für eine dispositive Schranke im Grunde nicht passt und dessen Anwendungsbereich auf wenige Fälle beschränkt ist, in denen der Rechtsinhaber technische Schutzmaßnahmen verwendet, die jedoch ausnahmsweise nicht als Vorbehalt iSd § 44b Abs. 3 UrhG auszulegen sind.**

139 Sowohl nach dem Wortlaut des § 44b Abs. 3 S. 1 UrhG als auch nach der prozessrechtlichen Grundregel ist derjenige beweisbelastet, der sich auf die Schranke des § 44b Abs. 2 UrhG berufen möchte. Diese Beweislast und die dafür erforderliche Dokumentation ist aufgrund des typischerweise für TDM herangezogenen Datenvolumens praktisch schwer zu erfüllen.[222] Infolgedessen **trifft die Rechtsinhaber die sekundäre Darlegungslast für einen wirksamen**

---

217 Infolgedessen verstößt ein Vorbehalt, der sich ausdrücklich auch gegen TDM gemäß § 60d UrhG richtet, gegen eine gesetzliche Grundentscheidung und ist – insbesondere im Rahmen von AGB – unwirksam: Gausling CR 2021, 659 (661/Rn. 15).
218 BT-Drs. 19/27426, 89.
219 Eine Schlechterstellung darf denknotwendig dann stattfinden, falls eine Suchmaschine gerade für Zwecke des TDM genutzt wird und dieser Zweck als Suchkriterium verfügbar ist, BT-Drs. 19/27426, 89.
220 So ausdrücklich: BT-Drs. 19/27426, 89; ErwG 18 UAbs. 2 S. 4 DSM-RL.
221 Wohl aA Dreier/Schulze/Dreier UrhG § 44a Rn. 10.
222 Beschluss des Bundesrats, BR-Drs. 142/21, 8 f.

Vorbehalt, sofern der durch die Schranke Begünstigte Gründe für das Vorliegen der Tatbestandsvoraussetzungen plausibel vorgetragen hat.[223]

Ob § 44b UrhG ein TDM künftig tatsächlich erleichtert, wird maßgeblich davon abhängen, wie 140 häufig und umfangreich Rechtsinhaber einen solchen Vorbehalt erklären und sich damit gegen die **gesetzgeberische Standard-Option zugunsten von TDM für kommerzielle Zwecke** entscheiden. Wird von § 44b Abs. 3 UrhG rege Gebrauch gemacht, so hat dies zwei Konsequenzen:

Erstens wird es Rechtsinhabern (wieder) möglich, entsprechende Lizenzverträge über die Nut- 141 zung zu Zwecken des kommerziellen TDM abzuschließen.[224] *Zweitens* steigt jedoch auch der Anreiz, entweder die technischen Instrumente auf eine unmittelbare Echtzeit-Analyse auszurichten, so dass die Datenanalyse bereits auf Grundlage von § 44a UrhG rechtmäßig erfolgen kann. Alternativ wächst der Anreiz für Unternehmen, sich mittels einer Public-Private-Partnership (PPP) den Anwendungsbereich der Schranke für TDM für wissenschaftliche Forschungszwecke gemäß § 60d UrhG zu eröffnen.[225] Beide Schranken sind zwingend, so dass sie – anders als § 44b UrhG – nicht zur Disposition der Rechtsinhaber stehen.

Weil die Anwendungsbereiche von § 44a UrhG und von § 44b UrhG (und § 60d UrhG) sich 142 gegenseitig nicht ausschließen, muss geklärt werden, ob und ggfs. inwieweit ein solcher Vorbehalt auch Auswirkungen auf die Auslegung der unbestimmten Rechtsbegriffe in § 44a UrhG hat. Präziser: Es stellt sich die Frage, wie sich ein Vorbehalt des Rechtsinhabers gegen TDM gemäß § 44b Abs. 3 UrhG auf die Bestimmung des eigenständigen wirtschaftlichen Interesses des Rechtsinhabers gemäß § 44a UrhG auswirkt.

Nach hier vertretener Ansicht dient § 44b UrhG der Ermöglichung von TDM. Infolgedes- 143 sen darf diese im Anwendungsbereich engere und dispositive Schranke nicht herangezogen werden, um durch einen Erst-Recht-Schluss (*argumentum a minori ad maius*) aufgrund des Vorbehalts gemäß § 44b Abs. 3 UrhG auch ein eigenständiges wirtschaftliches Interesse an den im Analysematerial enthaltenen Schutzgegenständen iSd § 44a UrhG zu begründen. **Die in § 44b Abs. 3 UrhG anerkannte Dispositionsbefugnis des Rechtsinhabers ist kein eigenständiges wirtschaftliches Interesse iSd § 44a UrhG.** Kurzum: Die spezifische Schranken-Schranke, die § 44b Abs. 3 UrhG für Vervielfältigungen etabliert, die über vorübergehende Vervielfältigungen hinausgehen, sollte nicht dazu dienen, um den Schutzbereich des Urheberrechts zulasten der durch § 44a UrhG gewährleisteten Kommunikationsfreiheit auszuweiten.

Sofern eine Datenanalyse die Erstellung eines Korpus erfordert,[226] die vervielfältigten Daten 144 längerfristig benötigt werden oder sofern die Rechtsinhaber sich die Nutzung der Schutzgegenstände vorbehalten haben, kommt eine Vervielfältigung – und beschränkte öffentliche Zugänglichmachung dieser Vervielfältigungen – nur gemäß § 60d UrhG und nur für wissenschaftliche Forschungszwecke in Betracht.

3. TDM für wissenschaftliche Forschungszwecke, § 60d UrhG

Für seinen sachlichen Anwendungsbereich verweist § 60d Abs. 1 UrhG auf die Definition des 145 TDM in § 44b Abs. 1 UrhG. **Im Vergleich zu §§ 44a UrhG und § 44b UrhG ermöglicht § 60d UrhG eine in zeitlicher und inhaltlicher Hinsicht umfangreichere Vervielfältigung** von urheberrechtlich geschützten Gegenständen. Zudem ermöglicht es § 60d Abs. 4 UrhG, diese Vervielfältigungen auch einem – eng begrenzten Personenkreis – zugänglich zu machen. Diese

---

223 Stieper ZUM 2021, 776 (777 f.); Raue ZUM 2021, 793 (797).
224 So auch: ErwG 18 UAbs. 2 S. 4 DSM-RL.
225 Dagegen bleibt es auch für eine Public-Private-Partnership bei der Schranke des § 44b bzw. des 44a UrhG, sofern private Unternehmen zwar mit Forschungsorganisationen zusammenarbeiten, dabei aber § 60d nicht anwendbar ist, sofern das private Unternehmen einen bestimmten Einfluss auf die Forschungsorganisation und einen bevorzugten Zugang zu den TDM-Ergebnissen hat, vgl. § 60d Abs. 2 S. 2 UrhG.
226 Sie geht somit über eine vorübergehende Vervielfältigung gemäß § 44a UrhG hinaus.

erweiterte Möglichkeit des TDM zu wissenschaftlichen Forschungszwecken lässt sich zweifach begründen.[227]

146 *Erstens* gelten **wissenschaftliche Einrichtungen** als besonders **vertrauenswürdig**, weil und soweit sie keine Gewinnerzielungsabsichten haben (dürfen). *Zweitens* existiert eine Vermutung, dass wissenschaftliche Institutionen insoweit **besonders innovativ** sind, weil sie sich (zusätzlich) auf Grundlagenforschung konzentrieren, deren Erkenntnisse anschließend der Allgemeinheit zur Verfügung stehen und deshalb (private) Anschlussinnovationen ermöglichen.

147 Diese beiden Gründe für eine umfangreichere Zulässigkeit von TDM für wissenschaftliche Forschungszwecke erklären zugleich, warum **§ 60d UrhG** auch **für** TDM-Projekte in Kooperation von wissenschaftlicher Einrichtung und Unternehmen zur Verfügung steht. Verantwortet die wissenschaftliche Einrichtung das TDM und bleibt sie unabhängig, dh. ohne bestimmenden Einfluss eines unternehmerischen Partners, so werden die beiden Gründe für eine Privilegierung von TDM zu wissenschaftlichen Forschungszwecken gewahrt. Während die unternehmerischen Partner von der Zusammenarbeit in nicht-exklusiver Weise profitieren, bietet diese Kooperation den wissenschaftlichen Institutionen die Möglichkeit, auch absehbar praktisch relevante Zwecke zu untersuchen.

148 § 60d UrhG erweitert die zulässigen Handlungen im Vergleich zu § 44b UrhG in dreifacher Weise: *Erstens* ermöglicht er es, die **Vervielfältigungen längerfristig aufzubewahren**. *Zweitens* kann ein wissenschaftlicher **Forschungszweck weiter** gefasst werden und eröffnet infolgedessen größere Flexibilität als ein kommerzieller Zweck. *Drittens* ermöglicht es § 69d Abs. 4 UrhG, dass die im Rahmen von TDM erstellten Vervielfältigungen einem eng **definierten Personenkreis zugänglich** gemacht werden können. Bevor diese drei Erweiterungen zugunsten von TDM näher analysiert werden (b), ist es jedoch notwendig, den engen personellen Anwendungsbereich des § 60d UrhG zu beachten (a).

a) Personeller Anwendungsbereich

149 Die Erweiterung des zulässigen TDM knüpft gemäß § 60d Abs. 1 UrhG an den **Status** einer Person an, der wiederum von einer **Tätigkeit** zu Zwecken der **wissenschaftlichen Forschung** abhängt. Vom Begriff der wissenschaftlichen Forschung sind sowohl die Natur- als auch die Geisteswissenschaften umfasst.[228] Letztlich wird der unbestimmte Rechtsbegriff somit anhand des Wissenschaftsbegriffs in Art. 13 S. 1 GRCh ausgelegt. Dieser umfasst jede methodische und systematische Tätigkeit, die das Ziel hat, in nachprüfbarer Weise neue Erkenntnisse zu gewinnen. Welche Institutionen und Personen dies sind, regeln Abs. 2 und Abs. 3.

150 In § 60d Abs. 2 S. 1 UrhG wird die Forschungseinrichtung vom deutschen Gesetzgeber definiert als „Hochschulen, Forschungsinstitute oder sonstige Einrichtungen, die wissenschaftliche Forschung betreiben". Diese Forschungseinrichtungen und ihre Angehörigen profitieren von der Schranke soweit sie bei ihrer wissenschaftlichen Forschung **entweder nicht-kommerzielle Zwecke** verfolgen (Nr. 1), **oder** sämtliche Gewinne in die wissenschaftliche Forschung **reinvestieren** (Nr. 2) **oder** im Rahmen eines staatlich anerkannten Auftrags **im öffentlichen Interesse** tätig sind (Nr. 3).

151 Weil diese drei Voraussetzungen lediglich alternativ vorliegen müssen,[229] genügt es für die Zulässigkeit eines TDM gemäß § 69 Abs. 2 UrhG beispielsweise, wenn die hierdurch erzielten Gewinne reinvestiert werden. Weil es gemäß § 60d Abs. 2 S. 3 UrhG ausdrücklich zulässig ist,

---

227 Vor Verabschiedung von Art. 3 DSM-RL, den § 60d UrhG umsetzt, hatte der deutsche Gesetzgeber im Rahmen des zuvor bestehenden Spielraums (Art. 5 Abs. 3 lit. a InfoSoc-RL, Art. 10 Abs. 1 Vermiet- und Verleih-RL sowie Art. 6 Abs. 2 lit. b und Art. 9 lit. b Datenbank-RL) § 60d aF UrhG mit Wirkung vom 1.3.2018 eine erste ausdrückliche TDM-Schranke für wissenschaftliche Forschungszwecke geschaffen.
228 ErwG 12 S. 2 DSM-RL.
229 BT-Drs. 19/27426, 96.

dass eine Forschungsorganisation für TDM mit einem privaten Unternehmen kooperiert, setzt gerade diese Vorschrift einen **Anreiz für Public-Private-Partnerships** (PPP). Diese sind unter der Bedingung möglich, dass das private Unternehmen weder einen bestimmenden Einfluss auf die Forschungsorganisation noch einen bevorzugten Zugang zu den Forschungsergebnissen hat.[230] Dadurch belässt § 69d Abs. 2 UrhG das TDM klar in der Verantwortung der Forschungseinrichtung, bietet aber dennoch einen Anreiz dafür, **TDM-Projekte als Instrument zum Einwerben von Drittmitteln** einzusetzen.

Neben der speziellen Privilegierung von wissenschaftlichen Forschungszwecken für Kulturerbe-Einrichtungen und von deren Angehörigen (§ 60d Abs. 3 Nr. 1 UrhG),[231] stellt § 60d Abs. 3 Nr. 2 UrhG klar, dass insbesondere **auch einzelne Forscher**, die keiner der genannten Forschungseinrichtungen angehören, Schutzgegenstände im Rahmen von TDM vervielfältigen dürfen, sofern sie nicht-kommerzielle Zwecke verfolgen.[232]

b) Sachlicher Anwendungsbereich

§ 60d Abs. 1 UrhG verweist nicht nur hinsichtlich der TDM-Definition auf § 44b Abs. 1 UrhG, sondern ausdrücklich auch auf § 44b Abs. 2 S. 1 UrhG. Infolgedessen sind Vervielfältigungen von urheberrechtlich geschützten Gegenständen gemäß § 60d UrhG nur dann zulässig, wenn zu diesen **bereits ein rechtmäßiger Zugang** besteht.[233] Im Kontext von TDM zu wissenschaftlichen Zwecken wird noch deutlicher, warum zwar ein rechtmäßiger Zugang zu den Gegenständen erforderlich ist, nicht aber, dass die geschützten Inhalte ihrerseits jeweils rechtmäßig zugänglich gemacht wurden.[234] Müsste eine durch § 60d UrhG privilegierte Person zunächst prüfen, ob alle Schutzgegenstände die über eine Schnittstelle tatsächlich zugänglich sind, über diese auch rechtmäßig zugänglich gemacht wurden, so wären die damit verbundenen Transaktionskosten und die dennoch verbleibenden rechtlichen Risiken prohibitiv. Der gesetzgeberische Zweck von § 60d UrhG würde weitgehend verfehlt.

Nach § 60d Abs. 1, Abs. 2 S. 1 und Abs. 3 sind Vervielfältigungen (§ 16 UrhG) von urheberrechtlich geschützten Werken und Leistungsschutzrechten – mit Ausnahme von Computerprogrammen[235] – zugunsten von TDM durch die privilegierten Einrichtungen und ihrer Angehörigen rechtmäßig. Wie § 23 Abs. 3 UrhG klarstellt, unterfallen auch Vervielfältigungen, die mit einer Digitalisierung von analogem Ausgangsmaterial einhergehen, nicht dem Bearbeitungsrecht (§ 23 S. 1 und 2 UrhG). Soweit diese Digitalisierung zu TDM-Zwecken erfolgt, sind sie als ausschließlich technisch bedingte Änderungen weiterhin als Bestandteil der rechtmäßigen Vervielfältigungshandlung zu beurteilen.

---

230 Hierzu auch ErwG 12 DSM-RL.
231 Diese sind definiert als öffentlich zugängliche Bibliotheken oder Museen, Archive oder Einrichtungen, die im Bereich des Film- oder Tonerbes tätig sind. Im Gegensatz zu den Forschungseinrichtungen nach § 60d Abs. 2 UrhG ist ein TDM durch Kulturerbe-Einrichtungen auch dann privilegiert, wenn damit nicht-kommerzielle Zwecke verfolgt werden. Zur praktischen Bedeutung der Schranke für Kulturerbe-Einrichtungen: Döhl RuZ 2020, 195 (203 ff.).
232 Hiermit ist der deutsche Gesetzgeber im Rahmen des Möglichen und auf Grundlage von Art. 24 Abs. 2 lit. b, Art. 25 DSM-RL iVm Art. 5 Abs. 3 lit. a InfoSoc-RL über die DSM-RL bewusst hinausgegangen; BT-Drs. 19/27426, 96.
233 BT-Drs. 19/27426, 96.
234 BT-Drs. 19/27426, 96.
235 Anders als in Art. 4 DSM-RL fehlt in Art. 3 DSM-RL der Hinweis auf eine Einschränkung der Computerprogramm-RL. Es ist überzeugend, dass es sich dabei um ein Redaktionsversehen handelt (so: Raue ZUM 2019, 689). Allerdings wollte der deutsche Gesetzgeber sich nicht auf diese Argumentation einlassen und er hat – infolge der gewählten Umsetzungsart konsequent – auch in § 69d Abs. 4 UrhG klargestellt, dass § 60d UrhG auf Vervielfältigungen von Computerprogrammen für das Text und Data Mining nicht anwendbar ist. insofern bleibt nur der in zeitlicher Hinsicht und mit Blick auf die Aufbewahrungsdauer restriktivere § 44b UrhG.

155 Obwohl nicht eindeutig geregelt, sprechen die besseren Argumente dafür, dass die notwendigen **Vervielfältigungshandlungen auch an private Dienstleister** oder an Dritte **delegiert** werden können. Dafür spricht, dass eine solche Arbeitsteilung nach der allgemeinen Schrankendogmatik üblich ist,[236] und auch ErwG 11 S. 3 DSM-RL dieses Verständnis nahelegt.[237] Gleichwohl dürfte eine solche Arbeitsteilung nicht nur eine enge **vertragliche Bindung** des privaten Dienstleisters voraussetzen, sondern sollte durch **technischen und organisatorische Maßnahmen (TOM)**, beispielsweise **Audit-Verfahren** flankiert werden. Anderenfalls besteht das Risiko eines gemäß § 60d Abs. 2 S. 2 UrhG unzulässigen TDM, sofern der private Dienstleister einen faktisch bestimmenden Einfluss auf die Forschungsorganisation hat oder aufgrund seiner zentralen Bedeutung für das TDM einen bevorzugten Zugang zu den wissenschaftlichen Forschungsergebnissen erhält.

156 Gemäß § 60d Abs. 4 UrhG ist es Forschungseinrichtungen nicht nur möglich, Schutzgegenstände für ein TDM zu vervielfältigen. Vielmehr dürfen diese Vervielfältigungen von Schutzgegenständen – mit Ausnahme von Datenbanken[238] und Computerprogrammen[239] – **zusätzlich bestimmten Personen** zu bestimmten Zwecken **zugänglich gemacht werden**, solange dies für die legitimen Zwecke erforderlich ist, § 60d Abs. 4 S. 2 UrhG. Anders als es der Wortlaut nahelegt, kann es sich dabei jedoch um keine „öffentliche" Zugänglichkeit iSd § 19a UrhG handeln, weil letztere gerade durch einen nicht-bestimmbaren und offenen Personenkreis definiert ist. Nach § 60d Abs. 4 S. 1 UrhG darf der TDM-Korpus jedoch ausdrücklich nur einem abgegrenzten Kreis von Personen **für die gemeinsame wissenschaftliche Forschung** öffentlich zugänglich gemacht werden (Nr. 1). Dritten, die selbst nicht Mitglieder des gemeinsamen wissenschaftlichen Projekts sind, dürfen die vervielfältigten Schutzgegenstände[240] lediglich **zur Überprüfung der Qualität** der wissenschaftlichen Forschung (zB für die Begutachtung im Rahmen von Peer-Review-Verfahren) zugänglich gemacht werden (Nr. 2).[241]

157 Der **zentrale Vorteil** der TDM-Schranke für wissenschaftliche Forschungszwecke ist die Möglichkeit von Forschungseinrichtungen,[242] die im Rahmen des TDM erstellten **Vervielfältigungen gemäß § 60d Abs. 5 UrhG**[243] selbst oder durch „vertrauenswürdige Stellen"[244] solange **aufzubewahren**, wie dies für Zwecke der wissenschaftlichen Forschung oder zur Überprüfung wissenschaftlicher Erkenntnisse erforderlich ist.[245] Obwohl § 60d UrhG ebenso wie § 44b

---

236 Dreier/Schulze/Dreier UrhG § 60d Rn. 9.
237 Nach ErwG 11 S. 3 DSM-RL sollen sich „Forschungsorganisationen und Einrichtungen des Kulturerbes [...] auch künftig zu den Begünstigten der Ausnahmeregelung zählen, sich aber bei der Durchführung des Text und Data Mining auch ihrer privaten Partner bedienen können, einschließlich unter Nutzung ihrer technischen Werkzeuge"; hierzu auch: Raue ZUM 2021, 793 (801).
238 Die Ausnahme für Datenbanken ergibt sich aus § 87c UrhG und Art. 24 Abs. 1 lit. b DSM-RL iVm Art. 9 lit. b Datenbank-RL, weil beide Vorschriften nur in Bezug auf die Vervielfältigung auf § 60d UrhG bzw. in Bezug auf die Entnahme auf Art. 3 DSM-RL verweisen.
239 § 60d UrhG ist insgesamt nicht auf Computerprogramme anwendbar (§ 69d Abs. 6 UrhG), weil in Art. 24 DSM-RL kein Bezug auf die Computerprogramm-RL genommen wurde.
240 Nicht umfasst ist dagegen eine Zugänglichmachung des geschützten Ursprungsmaterials. Insoweit bleibt das Recht zur öffentlichen Zugänglichmachung bei den Rechtsinhabern: BT-Drs. 19/12329, 41.
241 Sofern für die Zugänglichmachung weitere Vervielfältigungen erforderlich sind, beispielsweise durch Ablegen auf gemeinsamen dezentralen Serverkapazitäten („Cloud"), so kann diese auf § 60c UrhG gestützt werden: BT-Drs. 19/27426, 97.
242 Im Umkehrschluss zu § 60d Abs. 3 Nr. 2 UrhG gilt dies jedoch nicht für Individualforscher.
243 Art. 3 Abs. 2 DSM-RL.
244 ErwG 15 DSM-RL.
245 Mit Verweis auf die Vorgaben für die guten wissenschaftliche Praxis soll jedenfalls eine Aufbewahrung von bis zu zehn Jahren möglich sein. Mit Details: Raue ZUM 2021, 793 (799). Die Gesetzesbegründung geht von einer dauerhaften Aufbewahrungsmöglichkeit aus: BT-Drs. 19/27426, 97: „Hiernach kann auch eine dauerhafte Speicherung erforderlich und folglich zulässig sein, insbesondere, wenn sie durch Kulturerbe-Einrichtungen und nicht durch die Forschungseinrichtung selbst erfolgt".

UrhG keinen Anspruch auf Zugang zu den Schutzgegenständen begründet,[246] sondern einen rechtmäßigen Zugang voraussetzt, stehen die gemäß § 60d UrhG zulässigen Handlungen – im Gegensatz zu § 44b Abs. 3 S. 1 UrhG – nicht zur Disposition der Rechtsinhaber. Gemäß § 60g Abs. 1 UrhG[247] können Rechtsinhaber sich auch nicht auf anderslautende Vereinbarungen berufen.

Auch für § 60d Abs. 5 UrhG ist noch nicht geklärt, ob die Aufbewahrung der Vervielfältigungen nur für den ursprünglichen wissenschaftlichen TDM-Zweck zulässig ist, oder ob ein hierfür erstellter Korpus anschließend für weitere und andere wissenschaftliche Zwecke genutzt werden darf. Mit Blick auf den Sinn und Zweck des § 60d UrhG und unter Berücksichtigung der Risikoreduktion aufgrund der Pflicht, angemessene Sicherheitsvorkehrungen gegen unbefugte Benutzung zu implementieren (§ 60d Abs. 5 UrhG),[248] sollte eine solche **abändernde Anschlussnutzung zulässig** sein. Wissenschaftliche Forschung ist immer zukunfts- und entwicklungsoffen und infolgedessen dynamisch. 158

Zudem steht es der Forschungseinrichtung bereits zu Beginn offen, einen **weiten wissenschaftlichen Forschungszweck zu definieren**, so dass aus dieser weiten Definition des Zwecks typischerweise auch eine längerfristige Aufbewahrungsdauer folgt. Dann aber wäre es ökonomisch und wissenschaftspolitisch wenig überzeugend, wenn eine spätere Zweckanpassung zunächst eine erneute (rechtmäßige) Vervielfältigung gemäß § 60d Abs. 1 UrhG erforderlich machte.[249] Weil die Schranke des **§ 60d UrhG** – anders als § 44b Abs. 3 UrhG – **nicht zur Disposition der Rechtsinhaber** steht,[250] wäre eine solche erneute Vervielfältigung zudem eine bloße Förmelei.[251] 159

III. Ausblick: Ermöglichung von Big Data durch den geplanten EU-Data Act

Am 23.2.2022 hat die EU-Kommission ihren **Datengesetz-Vorschlag** („Data Act") für einen fairen Datenzugang und eine faire Datennutzung veröffentlicht.[252] Am 8.12.2022 hat der Rat der Europäischen Union einen Kompromissvorschlag mit lediglich geringen Änderungen veröffentlicht.[253] Als Bestandteil ihrer digitalen Agenda, dient dieser Vorschlag der *EU-Kommission* insbesondere dazu, den **Zugang zu Daten und** deren **Nutzung** für (Anschluss-)Innovation zu fördern. Weil die meisten Daten nach ihrer Ansicht ungenutzt bleiben oder der Wert der Daten jedenfalls „hauptsächlich in den Händen einer relativ geringen Anzahl großer Unternehmen" liegt, werde das ökonomische Potenzial dieser Daten nicht voll ausgeschöpft.[254] Ziel des Data Acts ist es deshalb, **bessere** Möglichkeiten für die **Weiterverwendung von Daten** zu schaffen und Hindernisse für die Entwicklung der europäischen Datenwirtschaft zu beseitigen.[255] Um diesen Zugang zu solchen Daten zu verbessern, die von IoT-Geräten generiert werden, sollen 160

---

246 Anders Art. 4 und Art. 5 Data Act, die aber die Rechte des Geistigen Eigentums und damit insbesondere auch Art. 3 und Art. 4 DSM-RL bzw. § 44b und § 60d UrhG „unberührt" lassen sollen (Data Act, Begründung, 6).
247 Art. 7 Abs. 1 DSM-RL.
248 Diese sind zu unterscheiden von den schrankenfesten technischen Schutzmaßnahmen, welche die Rechtsinhaber gemäß § 60d Abs. 6 UrhG implementieren können, um eine Gefährdung der Sicherheit und Integrität ihrer Netze und Datenbanken durch TDM zu vermeiden. Möglich ist es beispielsweise die IP-Adressen zu überprüfen, ohne dass durch solche Schutzmaßnahmen ein TDM faktisch unterbunden wird: BT-Drs. 19/27426, 97 f.
249 Ähnlich bereits: Raue CR 2017, 656 (659 ff.); Spindler ZGE 2018, 273 (285).
250 Gemäß § 60g Abs. 1 UrhG ist die Schranke aus § 60d UrhG zwingend.
251 Gleichwohl besteht dann ein Unterschied, wenn der ursprünglich genutzte Zugang mittlerweile faktisch geschlossen wurde. In diesem Fall greift ggf. regelmäßig § 95b Abs. 1 Nr. 11 UrhG.
252 Vorschlag für eine Verordnung über harmonisierte Vorschriften für einen fairen Datenzugang und eine faire Datennutzung (Datengesetz), COM(2022) 68 final.
253 Interinstitutional File 2022/0047(COD).
254 Data Act, COM(2022) 68 final, 1.
255 Ebenda.

den Nutzern Ansprüche auf Zugang-, Nutzung- (Art. 4 Data Act) und Weitergabe dieser Daten (Art. 5 Data Act) zugewiesen werden.

161 Diese Daten, die durch IoT-Geräte generiert werden, sind bereits aktuell auf mehreren Ebenen Gegenstand von gesetzlicher Regulierung. Neben der DS-GVO und dem Schutz der Vertraulichkeit elektronischer Kommunikation, schützen die Hersteller und Anbieter von IoT-Geräten diese Daten häufig als Bestandteil von Geschäftsgeheimnissen. Soweit diese Daten nutzergenerierte Inhalte sind, kommt zusätzlich ein urheberrechtlicher Schutz, insbesondere auf Grundlage der Leistungsschutzrechte (Bild, Ton) in Betracht. Je nach Struktur und Aufbereitung dieser Daten können sie grundsätzlich als *sui generis* Datenbank geschützt sein. Obwohl – oder vielleicht gerade weil – zahlreiche rechtliche Konflikte zwischen einer besseren Nutzbarkeit dieser Daten und deren Schutz durch die vorhandenen Gesetze besteht, bietet der Data Act für diese Konflikte bislang keine überzeugenden Lösungen an. Vielmehr scheint die *EU-Kommission* davon auszugehen, dass ihr Vorschlag – mit Ausnahme der Datenbank-RL[256] – „nicht die bestehenden Vorschriften in den Bereichen geistiges Eigentum [berührt]".[257]

162 Diese Annahme ist jedenfalls sehr verkürzend. Tatsächlich ist es möglich, dass insbesondere der Anspruch auf Weitergabe der Daten an Dritte gemäß Art. 5 Data Act davon profitieren wird, dass auch das UrhG eine solche Weitergabe für ein TDM begünstigt (Art. 4 DSM-RL und Art. 3 DSM-RL bzw. § 44b und § 60d UrhG). Gleichwohl ist es bereits jetzt absehbar, dass die mit dem Data Act erhofften und angekündigten Vorteile bei der Nutzung von Daten sich nur erreichen lassen, wenn diese Ansprüche besser und detaillierter mit den Schranken des Immaterialgüterrechts und des Geschäftsgeheimnisschutzes und den Erlaubnistatbeständen des Datenschutzrechts synchronisiert werden. So befinden sich beispielsweise die gemäß Art. 4 und Art. 5 Data Act geplanten Zugangs-, Nutzungs- und Weitergabeansprüche in einem Spannungsverhältnis zu § 44b Abs. 3 UrhG, der die Begrenzung von TDM für kommerzielle Zwecke zur Disposition des Rechtsinhabers stellt.

163 Ohne einen solchen Abgleich des regulatorischen Rahmens bleibt es beispielsweise das Geheimnis der *EU-Kommission*, warum Daten, die während des Betriebs von IoT-Geräten generiert werden, gemäß **Art. 35** Data Act (wohl) nicht als Datenbank *sui generis* geschützt werden sollen, der Schutz anderer, ebenfalls automatisch generierter Datenbanken aber unberührt fortbestehen soll. Zudem ist zweifelhaft, ob eine solche nachträgliche erhebliche Ausnahme vom Schutzbereich – trotz Vorliegens der bisherigen Schutzvoraussetzungen – mit **Art. 17 Abs. 1 S. 2, Abs. 2 GRCh** vereinbar ist.

---

256 Zu Art. 35 Data Act: oben → Rn. 67 ff.
257 Data Act, COM(2022) 68 final, 6. Dies soll angeblich auch für den rechtlichen Schutz von Geschäftsgeheimnissen gelten.

§ 11 Geheimnisschutz

Literatur: *Alexander*, Grundstrukturen des Schutzes von Geschäftsgeheimnissen durch das neue GeschGehG, WRP 2019, 673; *Alpin*, Trading Data in the Digital Economy: Trade Secrets Perspective, in: Lohsse/Schulze/Staudenmayer (Hrsg.), Trading Data in the Digital Economy: Legal Concepts and Tools, 2017, 59; *Apel/Kaulartz*, Rechtlicher Schutz von Machine Learning-Modellen, RDi 2020, 24; *Apel/Walling*, Das neue Geschäftsgeheimnisgesetz: Überblick und erste Praxishinweise, DB 2019, 891; *Czernik/Schäfer*, Reihe Automobilbranche: Dateninhaberschaft beim Connected Car, IPRB 2019, 103; *Dann/Markgraf*, Das neue Gesetz zum Schutz von Geschäftsgeheimnissen, NJW 2019, 1774; *Hacker*, Immaterialgüterrechtlicher Schutz von KI-Trainingsdaten, GRUR 2020, 1025; *Grapentin*, Datenzugangsansprüche und Geschäftsgeheimnisse der Hersteller im Lichte des Data Act, RDi 2023, 173; *Grützmacher*, Dateneigentum – ein Flickenteppich. Wem gehören die Daten bei Industrie 4.0, Internet der Dinge und Connected Cars?, CR 2016, 485; *Hessel/Leffer*, Rechtlicher Schutz maschinengenerierter Daten. Schutz durch das GeschGehG, MMR 2020, 647 (650); *Hoeren/Münker*, Geheimhaltungsvereinbarung: Rechtsnatur und Vertragsprobleme im IT-Sektor. Gestaltungs- und Vertragsmuster für die Beratung, MMR 2021, 523; *F. Hofmann*, „Absolute Rechte" an Daten – immaterialgüterrechtliche Perspektive, in: Pertot (Hrsg.), Rechte an Daten, 2020, 9; *F. Hofmann*, „Equity" im deutschen Lauterkeitsrecht? Der „Unterlassungsanspruch" nach der Geschäftsgeheimnis-RL; *Leister/Sigle*, „Angemessene Geheimhaltungsmaßnahmen" – Handlungsbedarf in der Praxis durch Neudefinition des Geschäftsgeheimnisbegriffs, GRUR-Prax 2019, 75; *Leister*, Angemessene Geheimhaltungsmaßnahmen i. S.d. § 2 Nr.1 b) GeschGehG. Erste Urteile und eine Warnung für die Praxis unter besonderer Berücksichtigung arbeitsvertraglicher Geheimhaltungsklauseln, WRP 2021, 835; *Lorenzen*, Geschäftsgeheimnisschutz und Data Act, ZGE 2022, 250; *Maaßen*, „Angemessene Geheimhaltungsmaßnahmen" für Geschäftsgeheimnisse, GRUR 2019, 352; *McGuire*, Neue Anforderungen an Geheimhaltungsvereinbarungen?, WRP 2019, 679; *Müllmann*, Auswirkungen der Industrie 4.0 auf den Schutz von Betriebs- und Geschäftsgeheimnissen, WRP 2018, 1177; *Partsch/Rump*, Auslegung der „angemessenen Geheimhaltungsmaßnahme" im Geschäftsgeheimnis-Schutzgesetz, NJW 2020, 118; *Krüger/Wiencke/Koch*, Der Datenpool als Geschäftsgeheimnis, GRUR 2020, 578; *Ohly*, Das neue Geschäftsgeheimnisgesetz im Überblick, GRUR 2019, 441; *Scheja*, Schutz von Algorithmen in Big Data Anwendungen. Wie Unternehmen aufgrund der Umsetzung der Geschäftsgeheimnis-Richtlinie ihre Algorithmen wie auch Datenbestände besser schützen können, CR 2018, 485; *Schuster*, Sicherheit von Daten und Geheimnis im Vertrag. GeschGehG und vertragliche Pflichten zum technischen Schutz von nicht-personenbezogenen Daten, CR 2020, 726; *Steinmann/Schubmehl*, Vertraglicher Geheimnisschutz im Kunden-Lieferanten-Verhältnis – Auswirkungen der EU-Geheimnisschutz-RL am Beispiel der Automobilindustrie, CCZ 2017, 194; *Steinrötter*, Verhältnis von Data Act und DS-GVO. Zugleich ein Beitrag zur Konkurrenzlehre im Rahmen der EU-Digitalgesetzgebung, GRUR 2023, 216; *Wiebe/Schur*, Protection of Trade Secrets in a Data-driven, Networked Environment – Is the update already out-dated?, GRUR Int. 2019, 746; *Zech*, „Industrie" 4.0" – Rechtsrahmen für eine Datenwirtschaft im digitalen Binnenmarkt, GRUR 2015, 1151.

A. Grundlagen

I. „Big Data" und Geheimnisschutz

1 Auch wenn es kein originäres **Dateneigentum** gibt,[1] sind Daten vielfach „eigentumsähnlich" geschützt. Dies folgt aus den Regeln zum Schutz von Geschäftsgeheimnissen (Know-How-Schutz). Da sich **Geschäftsgeheimnisse** auf „Informationen" beziehen, passen Daten und Datensammlungen („Big Data") zwanglos in den Schutzbereich des Geheimnisschutzes (zB „Fahrzeugdaten").[2] Obwohl der Geheimnisschutz kein subjektives Ausschließlichkeitsrecht vermittelt,[3] gewährt der Schutz von Geschäftsgeheimnissen vor unerlaubter Erlangung, Nutzung und Offenlegung in der Sache einen **immaterialgüterrechtsähnlichen Schutz.**[4] Das Geheimnis (oder eben: der geheime „Datenschatz") kann nicht nur zum Gegenstand von Lizenzverträgen gemacht werden,[5] sondern auch die Rechtsfolgen im Verletzungsfalle unterscheiden sich nicht von jenen, die bei der Verletzung eines Patents oder Urheberrechts gewährt werden. Auch die Regelung aus § 2 Nr. 1 GeschGehG zur Inhaberschaft des Geschäftsgeheimnisses belegt, dass bei pragmatischer Betrachtung eine Zuweisung des Geheimnisses im Raum steht.

2 Ob das Geheiminis lediglich durch bestimmte Verhaltensverbote zulasten Dritter abgesichert ist oder sich diese zu einem Ausschließlichkeitsrecht verdichten, hat weitgehend allein theoretische Bedeutung.[6] Dass dessen ungeachtet über den Geheimnisschutz de facto ein „unvollkommenes Immaterialgüterrecht"[7] verliehen wird, wird dadurch nicht in Frage gestellt, dass der Geheimnisschutz von der faktischen Geheimhaltung abhängig ist. Der Geheimnisschutz zielt gerade auf die **rechtliche Absicherung** der **faktischen Geheimhaltungsbemühungen.** Auch wenn der Satz, die geheimen, vom Geschäftsgeheimnisschutz erfassten **Daten „gehören"** dem **Inhaber des Geschäftsgeheimnisses,** mindestens unpräzise ist (die geheime Information wird, anders als beispielsweise eine Erfindung durch das Patentrecht, gerade nicht dem Geheimnisinhaber zugewiesen,[8] sondern nur vor unerlaubter Erlangung, Nutzung und Offenlegung geschützt), lassen sich die Wirkungen des Geheimnisschutzes aus wirtschaftlicher Sicht durchaus so zusammenfassen.[9] Dafür muss freilich nicht nur die Vorfrage geklärt werden, ob

---

1 Vgl. nur Zech GRUR 2015, 1151.
2 Vgl. Erwägungsgrund 2 RL (EU) 2016/943; s. auch Czychowski/Winzek ZD 2022, 81 (85); Grützmacher CR 2016, 485 (489); Dorner CR 2014, 617 (623); Zech GRUR 2015, 1151 (1156); Reiter DAR 2022, 123 (124); Czernik/Schäfer IPRB 2019, 103; vgl. Sassenberg/Faber Industrie 4.0 und Internet-HdB/Sattler § 2 Rn. 47; Lorenzen ZGE 2022, 250 (252 f.); kritisch aber die Studie zum Geheimnisschutz im Kontext der Datenwirtschaft (GRO/SME/20/F/206), vgl. https://op.europa.eu/en/publication-detail/-/publication/c0335fd8-33db-11ed-8b77-01aa75ed71a1/language-en.
3 BT-Drs. 19/4724, 26 („Geschäftsgeheimnisse [werden] nicht völlig der Gemeinfreiheit entzogen und ihrem Inhaber mit Wirkung gegenüber jedermann zugeordnet, sondern es wird lediglich ein bestehender Zustand rechtlich abgesichert").
4 Apel/Walling DB 2019, 891 (893); Ohly GRUR 2019, 441 (450).
5 Vgl. Rosenkranz/Scheufen ZfDR 2022, 159; Zech GRUR 2015, 1151 (1156); s. auch Schur GRUR 2020, 1142.
6 Zum Streit um die Rechtsnatur von Geschäftsgeheimnissen Ohly GRUR 2014, 1 (3 f.); McGuire GRUR 2016, 1000 (1003 ff.); für lauterkeitsrechtliche Interpretation Hoeren/Münker GeschGehG Vorb §§ 1–2 Rn. 9, Rn. 102 ff., Rn. 110 f.; s. auch Alexander WRP 2019, 673 (675 f.); Relevanz kann die Rechtsnatur indes haben, wenn es um Analogien zu immaterialgüterrechtlichen Vorschriften geht, zB Art. 11 S. 3 Enforcement-RL.
7 Ohly GRUR 2014, 1 (4).
8 Vgl. Erwägungsgrund 16 RL (EU) 2016/943.
9 Zech GRUR 2015, 1151 (1156) („wirtschaftlicher Zuweisungsgehalt"); Krüger/Wiencke/Koch GRUR 2020, 578 (583) („einem absoluten Rechte nahekommt"); Kornmeier/Baranowski BB 2019, 1219 (1223) („quasi-proprietäres

ein Geschäftsgeheimnis besteht, sondern auch *wem* dieses zusteht.[10] Beides ist bei „Big-Data"
Sachverhalten nicht unproblematisch.[11]

Die **Rechtfertigungsnarrative** für den Geheimnisschutz passen auch für den datenbezogenen
Geheimnisschutz. Dass über den rechtlichen Schutz von Geschäftsgeheimnissen die **Kosten
für faktische Geheimhaltungsmaßnahmen** gedeckt werden sollen,[12] gilt für jedwede Art
von dem Geheimnisschutz zugänglichen Informationen. Der Schutz der geschäftlichen Innen-
sphäre verdient im Sinne des Schutzes einer „Laborzone" auch beim Schutz von Daten Anerkennung.[13] Der Gedanke der **Innovationsförderung**[14] lässt sich bei Big Data-Sachverhalten
ebenfalls ohne Weiteres fruchtbar machen. Gerade die Auswertung von Datensätzen wird als
Treiber von Innovation gesehen, während andere Schutzrechte insoweit vielfach keinen Schutz
gewähren.[15] Allerdings würden derartige Informationen zweifelsohne auch ohne Geheimnisschutz faktisch geheim gehalten. Der rechtliche Schutz sollte aber zumindest beim „Teilen" von
Daten helfen (**Datenlizenzverträge**).[16] Auch wenn das **Informationsparadox** im Falle großer
Datensätze weniger ausgeprägt sein dürfte,[17] und marktmächtige Unternehmen (zB Facebook)
lieber datenbasierte Dienstleistungen anbieten als die faktischen Zugriffen entzogenen Daten
zu teilen, bietet ein gesetzlicher Schutz von Daten mehr Rechtssicherheit, was die Praxis des
„Data Sharing" trotz allem erleichtern kann.[18]

II. Rechtsquellen

Das Geschäftsgeheimnisrecht findet seine Grundlage im Gesetz zum Schutz von Geschäftsgeheimnissen (**GeschGehG**).[19] Das zivilrechtlich geprägte GeschGehG ist am 26.4.2019 in Kraft
getreten. Davor war der Geheimnisschutz im Gesetz gegen den unlauteren Wettbewerb (UWG)
mittels Strafvorschriften geregelt (§§ 17, 18 UWG aF). Weiterhin wird **ergänzender wettbewerbsrechtlicher Leistungsschutz** gewährt, wenn die für die Nachahmung erforderlichen
Kenntnisse oder Unterlagen unredlich erlangt worden sind (§ 4 Nr. 3 Buchst. c UWG).[20] Bei der
Anwendung dieser Norm ist indes Vorsicht geboten: Vor dem Hintergrund von **Art. 1 Abs. 1
UAbs. 2 Geschäftsgeheimnis-RL** darf namentlich die Möglichkeit des Reverse Engineering
nicht durch die Hintertür ausgehebelt werden.[21]

In Reaktion auf die bisher äußerst uneinheitlichen Regelungen zum Schutz von Geschäfts- und
Betriebsgeheimnissen hat der europäische Gesetzgeber mit der **Richtlinie (EU) 2016/943** über
den Schutz vertraulichen Know-hows und vertraulicher Geschäftsinformationen (Geschäftsgeheimnisse) vor rechtswidrigem Erwerb sowie rechtswidriger Nutzung und Offenlegung[22] eine
weitreichende Harmonisierung des Rechts der Geschäftsgeheimnisse in der EU angestrebt (vgl.

Recht"); Lohsse/Schulze/Staudenmayer/Alpin, 59 (70, 72) („solid basis for protection in the data economy");
Ziegelmayer CR 2018, 693 (697).

10 Hier sieht Ensthaler NJW 2016, 3473 (3475) einen kritischen Punkt („Solange die Frage nach der Berechtigung
[Inhaber des Geschäftsgeheimnisses] offen ist, greift der Geheimnisschutz ins Leere"); s. auch Hauck NJW
2016, 2218 (2221).

11 Zur Vernetzung von Produkten und Produktionsmitteln als Problem für den Geheimnisschutz Müllmann
WRP 2018, 1177 (1179 f.).

12 Ohly GRUR 2014, 1 (3).

13 Zur „Laborzone" Ohly FS Straus, 2008, 535, 547.

14 Vgl. Erwägungsgrund 4 RL (EU) 2016/943.

15 Vgl. zB Zech CR 2015, 137 (140 ff.).

16 Vgl. Ohly GRUR 2014, 1 (3).

17 Kerber GRUR Int. 2016, 989 (994).

18 Krüger/Wiencke/Koch GRUR 2020, 578 (579 f.).

19 BGBl. 2019 I 466; Übersicht zum GeschGehG bei Dann/Markgraf NJW 2019, 1774; Ohly GRUR 2019, 441;
Alexander WRP 2019, 673.

20 Vgl. Alexander WRP 2019, 673 (675); zum Schutz von Maschinendaten über das UWG Becker GRUR 2017, 346.

21 Ohly GRUR 2019, 441 (447) plädiert für die Streichung von § 4 Nr. 3 lit. c UWG.

22 ABl. 2016 L 157, 1.

Art. 1 Abs. 1 UAbs. 1 Geschäftsgeheimnis-RL).[23] Das deutsche GeschGehG ist daher richtlinienkonform auszulegen; die **Rechtsprechung des EuGH** ist zu beachten.

6 Auf internationaler Ebene ist die Regelung in Art. 39 des Übereinkommens über handelsbezogene Aspekte der Rechte des geistigen Eigentums (**TRIPS-Abkommen**) von Bedeutung. Die in Art. 39 Abs. 2 TRIPS getroffene Definition von „nicht offenbarten Informationen" spiegelt sich in Art. 2 Nr. 1 Geschäftsgeheimnis-RL.

III. Geheimnisschutz in der Rechtsordnung

7 Aus praktischer Sicht stehen Unternehmen oft vor der Wahl, zwischen Geheimnisschutz nach dem GeschGehG und dem **Patentrecht** zu wählen. Beide Regime schließen sich insoweit gegenseitig aus, als dass eine Patentierung eine Offenbarung der technischen Lehre nach sich zieht (vgl. § 58 PatG), so dass dem Geheimnisschutz die Grundlage entzogen ist. Die Information ist dann nicht mehr geheim. Umgekehrt lockt der Geheimnisschutz mit einer potenziell unbegrenzten Schutzdauer (vgl. demgegenüber § 16 PatG), ohne dann aber eine „echte" Zuweisung des Geheimnisses zu begründen. Da Daten als solche nicht patentierbar sind,[24] stellt sich diese Strategiefrage für maschinengenerierte Daten freilich regelmäßig nicht.

8 Viele Wechselwirkungen bestehen zum **Vertragsrecht**.[25] Nicht nur für die Frage, ob eine Information als geheim gilt, sondern auch für die Frage der **Inhaberschaft des Geheimnisses** spielen vertragliche Abreden eine wichtige Rolle.[26] Dies gilt insbesondere für Geheimhaltungsklauseln in **Arbeitsverträgen**.[27] Rechtsgeschäftlicher Natur ist auch das **Lizenzvertragsrecht**.

9 Rechtspolitisch war die Debatte um das (neue) Geheimnisschutzrecht vor allem durch das **Whistleblowing** geprägt. Einschlägige Schranken des Geheimnisschutzes (zB zur Aufdeckung von Fehlverhalten, § 5 Nr. 2 GeschGehG) können auch im Hinblick auf Datensammlungen eine Rolle spielen.

10 Für die Datenwirtschaft wird der Vorschlag für eine Verordnung über harmonisierte Vorschriften für einen fairen Datenzugang und eine faire Datennutzung (**Datengesetz/Data Act**)[28] eine zentrale Rolle spielen. Dass Daten als Geschäftsgeheimnisse geschützt sind, soll dabei für sich genommen kein Argument sein, um Zugang zu den Daten nach Maßgabe des Datengesetzes zu verweigern.[29] Den Geheimnischarakter sollen gewährte **Zugangsrechte** indes nicht beeinträchtigen.[30] Nach den Vorstellungen der Kommission soll der **Geheimnisschutz gewährleistet** bleiben.[31] Gerade in Fällen, in denen Datenzugangsrechte gewährt werden, stellt sich dann allerdings die Frage, wie sichergestellt werden kann,[32] dass die Anforderungen an das Geheimsein der einschlägigen Daten auch weiterhin erfüllt bleiben. Der Vorschlag für ein europäisches Datengesetz ist dafür aber zumindest sensibilisiert (zB Art. 4 Abs. 3, Art. 5 Abs. 8 des Vorschlags). Kann das Geheimnis aber faktisch von jedem, der „üblicherweise mit dieser Art von Informationen umgeh[t]", erworben werden, wird sich ab einem gewissen Punkt

---

23 Zur Geschäftsgeheimnis-RL u. a. Kalbfus GRUR 2016, 1009.

24 Vgl. aber zB BGH GRUR 2012, 1230 – MPEG-2-Videosignalcodierung (Schutz als unmittelbares Verfahrenserzeugnis nach § 9 S. 2 Nr. 3 PatG); Zech GRUR 2017, 475 (478).

25 Köhler/Bornkamm/Feddersen/Alexander UWG, 40. Aufl. 2022, GeschGehG Vorb. Rn. 108 f.

26 Vgl. Sassenberg/Faber Industrie 4.0 und Internet-HdB/Sattler § 2 Rn. 55, 56, 60 f., 74.

27 Vgl. Apel/Stolz GRUR-Prax 2021, 1.

28 COM(2022) 68 final; dazu zB Hennemann/Steinrötter NJW 2022, 1481; Podszun/Pfeifer GRUR 2022, 953; Bomhard/Merkle RDi 2022, 168; Specht-Riemenschneider MMR 2022, 809; Wiebe GRUR 2023, 227.

29 Hennemann/Steinrötter NJW 2022, 1481 (1484).

30 Kritisch zu Datenzugangsansprüchen und Geschäftsgeheimnissen im Lichte des Data Act Grapentin RDi 2023, 173; weiterführend zum Verhältnis von Geheimnisschutz und Data Act auch Lorenzen ZGE 2022, 250.

31 COM(2022) 68 final, 6, 8; s. auch zB Erwägungsgrund 28 des Vorschlags für ein Datengesetz oder zB Art. 8 Abs. 6, Art. 17 Abs. 2 lit. c.

32 Vgl. auch zB Erwägungsgrund 66, 77 des Vorschlags für ein Datengesetz.

schwer argumentieren lassen, dass die Information faktisch geheim ist.[33] Die Daten könnten „leicht zugänglich" sein (→ Rn. 19).[34]

Auch die Verordnung (EU) 2022/868 über europäische Daten-Governance und zur Änderung der Verordnung (EU) 2018/1724 (**Daten-Governance-Rechtsakt**)[35] sieht Überschneidungen mit dem Geheimnisschutz (vgl. Art. 5 Abs. 3 Buchst. a (ii)).[36]

IV. Systematik des Geheimnisschutzes

Der Geheimnisschutz dient der rechtlichen Absicherung faktisch geheimer Information.[37] Die geheime Information wird dabei – wie bereits erwähnt – nicht dem Inhaber des Geschäftsgeheimnisses zugeordnet, sondern der Geheimnisschutz vermittelt bestimmte **Verhaltensverbote**.[38] Geschützt wird **nicht** die **Information als solche**, sondern nur ihr **Status als geheime Information**.[39] Der Geheimnisschutz ist nicht nur abhängig von der Fortdauer der Geheimhaltung, sondern gewährt auch (anders als das Patentrecht) keinen Schutz vor der eigenständigen Erlangung des Geheimnisses. Verboten sind indes Handlungen zur unerlaubten Erlangung, Nutzung und Offenbarung geheimer Informationen (§§ 1 Abs. 1, 4 GeschGehG). Nicht jedwede Handlung zur Erlangung, Nutzung oder Offenbarung des Geheimnisses ist dabei allerdings untersagt (vgl. § 3 GeschGehG). § 3 Abs. 1 Nr. 2 GeschGehG stell etwa klar, dass Reverse Engineering nicht vom Geheimnisschutz umfasst ist. Eigenständige **Rechtfertigungsgründe** regelt § 5 GeschGehG.

Rechtsverletzungen können mit dem aus dem Recht des Geistigen Eigentums bekannten Ansprüchen sanktioniert werden. Das GeschGehG achtet dabei besonders auf **differenzierte Rechtsdurchsetzung** (vgl. zB § 9 GeschGehG). Eine besondere Herausforderung stellt die prozessuale Durchsetzung des Geschäftsgeheimnisses dar. Es besteht ein **Spannungsverhältnis** zwischen dem **zivilprozessualen Grundsatz der Öffentlichkeit** und dem Erfordernis der Geheimhaltung zur Aufrechterhaltung des Geheimnisses (vgl. §§ 16 ff. GeschGehG).

B. Schutzgegenstand Geschäftsgeheimnis

I. Übersicht

Der **Zentralbegriff** des GeschGehG ist der Begriff des Geschäftsgeheimnisses. Darauf beziehen sich die Verhaltensverbote des GeschGehG (§ 4 GeschGehG). Der Begriff des Betriebsgeheimnisses spielt keine Rolle (mehr).[40] Auf die Bezeichnung Know-how sollte vor dem Hintergrund des Gesetzeswortlautes ebenfalls verzichtet werden,[41] auch wenn dieser Terminus in Lizenzverträgen vielfach verwendet wird. Was ein **Geschäftsgeheimnis** ist, definiert § 2 Nr. 1 GeschGehG. Diese Norm ist im Lichte von Art. 2 Nr. 1 Geschäftsgeheimnis-RL auszulegen, der sich wiederum an Art. 39 Abs. 2 TRIPS orientiert. Ob ein Geschäftsgeheimnis gemäß § 2 Nr. 1 GeschGehG vorliegt, ist an fünf Schlagworten zu messen: (1) **Information**; (2) **geheim**; (3) **wirtschaftlicher Wert**; (4) **angemessene Geheimhaltungsmaßnahmen**; (5) **berechtigtes Interesse**.

---

33 Vgl. auch Partsch/Rump NJW 2020, 118 (121); Lorenzen ZGE 2022, 250 (255 f.); im Lichte des Data Governance Act Specht-Riemenschneider in Hennemann/Specht-Riemenschneider Data Governance Act, 2023 Art. 3 Rn. 29.

34 Lorenzen ZGE 2022, 250 (256).

35 Vgl. auch COM(2020) 767 final; s. auch zB Tolks MMR 2022, 444; Richter ZEuP 2021, 634.

36 Vgl. zB Erwägungsrund 6, 10, 18, 20 f.; kritisch Hennemann/von Ditfurth NJW 2022, 1905 (1909 f.).

37 Vgl. Sassenberg/Faber Industrie 4.0 und Internet-HdB/Sattler § 2 Rn. 74 („rechtliche Flankierung der faktischen Geheimhaltung").

38 BT-Drs. 19/4724, 26.

39 Wiebe/Schur GRUR Int. 2019, 746.

40 Zum Begriff nach altem Recht Ohly GRUR 2014, 1 (4 f.); BGH GRUR 2006, 1044 Rn. 19.

41 Ziegelmayer CR 2018, 693 (695); vgl. Sassenberg/Faber Industrie 4.0 und Internet-HdB/Sattler § 2 Rn. 51.

II. Information

15 Der Geheimnisschutz bezieht sich ausweislich des Wortlautes von § 2 Nr. 1 GeschGehG auf Informationen. Der Begriff soll gemäß Erwägungsgrund 14 der Geschäftsgeheimnis-RL Know-how, Geschäftsinformationen und technologische Informationen abdecken. Im Wortlaut findet sich freilich keine Unterscheidung zwischen technischen und betriebswirtschaftlichen Informationen, so dass eine derartige Kategorisierung allenfalls illustrativen Charakter hat.[42] Der Begriff der **Information** ist **im weitesten Sinne** zu verstehen.[43] Es ist nicht ersichtlich, dass der Schutz nur auf bestimmte Arten von Informationen begrenzt ist.[44] Dass sich der Geheimnisschutz auf **semantische Information** beziehen soll, ändert nichts daran, dass der Datensatz als solcher (**syntaktische Information**) ebenfalls Schutz genießt; hierin ist die semantische Information verkörpert.[45] Anders formuliert: Wer syntaktische Information erlangt, nutzt oder offenlegt, der erlangt, nutzt und offenlegt in allen Fällen auch semantische Information. Auch Algorithmen werden vom Geheimnisschutz erfasst.[46]

16 **Daten**, zumal ganze **Datensätze**, fallen damit zwanglos unter den Begriff der Information,[47] auch wenn der Geheimnisschutz nicht primär auf den Schutz von Daten zugeschnitten ist.[48] Dies gilt zunächst für personenbezogene Daten. Während diese eine Information über eine Person vermitteln (vgl. Art. 4 Nr. 1 DS-GVO),[49] können gerade solche Daten zugleich zur wesentlichen Grundlage eines Geschäftsmodells werden. Selbst wenn man im Rahmen einer teleologischen Auslegung **Privatgeheimnisse** aus dem Schutzbereich des Geheimnisschutzes herausnehmen will,[50] wären beispielsweise Nutzerprofile auf Basis von Kundenkarten oder sozialen Netzwerken gleichwohl vom Schutzbereich umfasste Geschäftsinformationen. Dass zugleich die Vorschriften des Datenschutzrechts, allen voran die **Datenschutzgrundverordnung** (DS-GVO) zu beachten sind, steht auf einem anderen Blatt.

17 Aber auch **maschinengenerierte Daten** (auch Maschinen- oder Industriedaten)[51] lassen sich als maschinenlesbar codierte Information verstehen,[52] was ebenfalls ohne Weiteres unter den weiten Informationsbegriff fällt. Folglich können zB Messdaten (Einstellungen über Laufzeiten, Temperatur etc) oder Fahrzeugdaten (Wartungs- und Reparaturdaten, Daten zur Bewertung des Fahrverhaltens, Daten zur Fahrtenanalyse etc)[53] Gegenstand eines Geschäftsgeheimnisses sein.[54] Konkret passen auch **KI-Trainingsdaten** unter den Geheimnisbegriff.[55]

---

42 BT-Drs. 19/4724, 24.
43 Ohly GRUR 2019, 441 (442).
44 Vgl. Hauck NJW 2016, 2218 (2221).
45 Zech GRUR 2015, 1151 (1155 f.); Zech, Information als Schutzgegenstand (2021), 231; Wiebe/Schur GRUR Int. 2019, 746 (747); allein wenn die Kombination von Nullen und Einsen völlig sinnlos ist, kann es am wirtschaftlichen Wert fehlen. Dies ist aber keine Frage des Informationsbegriffs.
46 Söbbing ITRB 2019, 192 (193 f.).
47 Hessel/Leffer MMR 2020, 647 (649); Schweitzer GRUR 2019, 569 (571); Krüger/Wiencke/Koch GRUR 2020, 578 (580); Schuster CR 2020, 726 (727); Scheja CR 2018, 485 (489); Schippel WRP 2021, 1521 (1523); Buck jM 2020, 59 (61 f.); Lohsse/Schulze/Staudenmayer/Alpin, 59 (65, 67); für Kraftfahrzeugdaten Czernik/Schäfer IPRB 2019, 103 (105); zum Schutz von Datensätzen nach altem Recht BGH WRP 2008, 938.
48 Kritisch Drexl JIPITEC 2017, 257 (268 f.); Wiebe GRUR Int. 2016, 877 (880); vgl. aber SWD (2013) 472 final, 2 („ander[e] wertvoll[e] Daten").
49 Verordnung (EU) 2016/679 des Europäischen Parlaments und des Rates vom 27.4.2016 zum Schutz natürlicher Personen bei der Verarbeitung personenbezogener Daten, zum freien Datenverkehr und zur Aufhebung der Richtlinie 95/46/EG (Datenschutz-Grundverordnung).
50 Ohly GRUR 2019, 441 (442); Alexander AfP 2019, 1 (5); anders im Ansatz Hauck NJW 2016, 2218 (2221); zur Ausdehnung der Action for Breach of Confidence auf Persönlichkeitsrechte im englischen Recht Douglas v. Hello! [2008] 1 A.C. 1.
51 Zu diesen Begriffen Becker FS Fezer, 2016, 815, 816 ff.
52 Zech Information als Schutzgegenstand (2012), 32; s. auch Martini/Kolain/Neumann/Rehorst/Wagner MMR-Beil 2021, 3 (3 f.).
53 Zu einer Klassifizierung von bei Fahrzeugen gesammelten Daten Czernik/Schäfer IPRB 2019, 103 (104).
54 Vgl. Sassenberg/Faber Industrie 4.0 und Internet-HdB/Sattler § 2 Rn. 56.
55 Hacker GRUR 2020, 1025 (1032).

III. Geheim

Die Information darf weder insgesamt noch in der genauen Anordnung und Zusammenset- 18
zung ihrer Bestandteile den Personen in den Kreisen, die üblicherweise mit dieser Art von
Informationen umgehen, allgemein bekannt oder ohne Weiteres zugänglich sein (§ 2 Nr. 1
Buchst. a GeschGehG). Kurzum, die Information darf **nicht offenkundig** sein, es muss sich
um eine **geheime Information** handeln.

Ein Geheimnis liegt nicht vor, wenn Daten zB über eine öffentlich einsehbare Datenbank 19
allgemein zugänglich gemacht werden (**Open Data**). Dieses Risiko besteht auch, wenn **Daten „geleakt"** werden,[56] auch wenn eine singuläre Geheimnisverletzung für sich genommen
nicht zwingend zum Verlust des Geheimnisschutzes führt.[57] Auch Daten beispielsweise zur
Verkehrslage werden regelmäßig keine nicht allgemein bekannte Information verkörpern.
Diese Informationen sind ohne Weiteres allen Verkehrsteilnehmern zugänglich.[58] Von einer
entsprechenden leichten Zugänglichkeit wird man ausgehen können, wenn jeder Interessierte
ohne größere Schwierigkeit die Möglichkeit hat, sich mit legalen Mitteln Kenntnis von den
Daten zu verschaffen.[59] Abzustellen ist dabei ausweislich des Wortlautes („den Personen in den
Kreisen, die üblicherweise mit dieser Art von Informationen umgehen") nicht auf eine breite
Öffentlichkeit, sondern es genügt eine Bekanntheit innerhalb einschlägiger Fachkreise.[60] Un-
schädlich ist demgegenüber, wenn mehrere Personen die Information kennen,[61] beispielsweise
weil Daten auf Basis eines Lizenzvertrags ausgetauscht werden. Es gibt keine zahlenmäßige
Obergrenze für Geheimnisträger. Entscheidend ist, dass die einschlägige Information nicht
einem unbestimmten Personenkreis ohne nennenswerte Zugangshürden zur Verfügung steht.
Dabei spielen neben IT-Sicherheitsmaßnahmen vor allem **Geheimhaltungsvereinbarungen**
(Non-Disclosure Agreements, NDA), sei es in Arbeitsverträgen, Vereinbarungen mit Geschäftspartnern oder Verträgen mit externen Dienstleistern eine wichtige Rolle. Diese sind umso
wichtiger, wenn externe Dienstleister mit den Daten konfrontiert werden (zB bei der Wartung
eines Roboters).[62] Ohne derartige Maßnahmen können die Daten im Falle der Weitergabe
faktisch ihren Geheimnischarakter verlieren.[63]

Bei an sich geheimen **Datensammlungen** könnte argumentiert werden, dass die Datensamm- 20
lung deshalb gleichwohl nicht als geheim gelten kann, weil die einzelnen Daten der Sammlung
letztlich für jedermann zugänglich sind.[64] Informationen über eine bestimmte Ackerfläche
(Feuchtigkeit, Temperatur etc) könnten zwar theoretisch von Dritten ebenfalls gesammelt
werden (vgl. auch § 3 Abs. 1 Nr. 1 GeschGehG).[65] Das bedeutet aber nicht, dass ein vorhandener
Datensatz mit entsprechenden Informationen „leicht"[66] zugänglich ist.[67] Hinzu kommt, dass
ausweislich des Wortlautes von § 2 Nr. 1 GeschGehG eine Information auch dann unter die
Definition eines Geschäftsgeheimnisses fallen kann, wenn sie „in der **genauen Anordnung**

---

56 Apel/Walling DB 2019, 891.
57 Krüger/Wiencke/Koch GRUR 2020, 578 (581).
58 Kristl MMR 2021, 386 (387).
59 Vgl. Sassenberg/Faber Industrie 4.0 und Internet-HdB/Sattler § 2 Rn. 59; Harte-Bavendamm/Ohly/Kalbfus,
    2020, GeschGehG § 2 Rn. 30.
60 Ohly GRUR 2019, 441 (443).
61 Zum alten Recht BGH GRUR 2018, 1161 Rn. 38.
62 Vgl. Sassenberg/Faber Industrie 4.0 und Internet-HdB/Sattler § 2 Rn. 61.
63 Krüger/Wiencke/Koch GRUR 2020, 578 (581).
64 Vgl. Drexl/Hilty/Desaunettes/Greiner/Kim/Richter/Surblytė/Wiedemann GRUR Int. 2016, 914 (916 f.); Kend-
    ziur/Kleß AbfallR 2021, 118.
65 Ähnlich Drexl JIPITEC 2017, 257 (269).
66 Vgl. BT-Drs. 19/4724, 24.
67 Vgl. Ohly GRUR 2019, 441 (443); Wiebe/Schur GRUR Int. 2019, 746 (747); vgl. aber im Lichte der Zugangsan-
    sprüche aus dem Data Act Lorenzen ZGE 2022, 250 (256).

und Zusammensetzung ihrer Bestandteile" weder allgemein bekannt noch ohne Weiteres zugänglich ist. Selbst die Bekanntheit einzelner Elemente wäre damit unschädlich.[68]

21   Dessen ungeachtet wird gerade bei Daten im Kontext **vernetzter Gegenstände** (Internet of Things, IoT) genau zu prüfen sein, ob es an der ohne Weiteres gegebenen Zugänglichkeit tatsächlich fehlt. In der Praxis wird die Geheimhaltung in **Netzwerkumgebungen** häufig in einem Spannungsverhältnis zum notwendigen **Datenaustausch** und der **automatisierten Datenanalyse** durch Dritte stehen, zumal wenn technisch diverse Schnittstellen einen intendierten Verschluss tatsächlich nicht gewährleisten.[69] Auch in Produktionsnetzwerken kann es sein, dass Daten nicht nur dem eigenen Vertragspartner zugänglich sind.[70] Je größer der Kreis derjenigen, die mit dem Geheimnis in Berührung kommen, desto schwieriger wird es zu begründen, dass die Information tatsächlich geheim ist, auch wenn es keine quantitative Obergrenze für die Zahl derjenigen, welche die Information kennen, gibt. Es droht gleichwohl ein faktischer Kontrollverlust.[71]

22   Erforderlich ist eine eingehende **Analyse der tatsächlichen Gegebenheiten**. Es kommt damit auf die Umstände des Einzelfalls an, wobei vor allem **technische Absicherungen**, **organisatorische Vorkehrungen** und der Abschluss von **Geheimhaltungsvereinbarungen** zu berücksichtigen sind.[72] Selbst bei auf Kooperation angelegten, datenintensiven Geschäftsmodellen scheidet der Geheimnisschutz nicht von vornherein aus.[73]

23   Dass Daten beispielsweise an einer Maschine oder einem Fahrzeug erhoben werden, die nicht im **Eigentum** desjenigen stehen, der die Datenerhebung und -speicherung veranlasst, ist ein Problem der Inhaberschaft des Geschäftsgeheimnisses. Ob die Daten geheim sind, bemisst sich allein danach, ob der Zugriff auf diese Daten ohne weiteres möglich ist oder der Datensatz ohnehin allgemein bekannt ist. Die maßgebliche Frage lautet daher: Kann beispielsweise der Hersteller einer Maschine diese Daten faktisch (gegenüber dem Nutzer etc) geheim halten?[74]

IV. Wirtschaftlicher Wert

24   Nach Art. 2 Nr. 1 Buchst. b Geschäftsgeheimnis-RL kommt es darauf an, dass die Informationen von kommerziellem Wert sind, weil sie geheim sind. Auch § 2 Nr. 1 Buchst. a GeschGehG verlangt einen wirtschaftlichen Wert, der aus der Geheimhaltung resultiert („daher"). **Belanglose Informationen** oder **nicht kommerzialisierbare private Informationen** (zB Information über von Kindern vergrabene „Schätze") fallen daher mangels Handelswert aus dem Schutzbereich des Geheimnisschutzes.[75] Regelmäßig werden geheim gehaltene Informationen freilich einen wirtschaftlichen Wert haben.

25   Dies gilt letztlich auch für **ungeordnete „Datenhaufen"**.[76] Selbst wenn große Datenmengen unstrukturiert unter Verschluss gehalten werden, lässt sich der wirtschaftliche Wert nicht dadurch abstreiten, dass die Daten (noch) nicht aufbereitet sind. Es ist gerade das Wesen von „Big Data", dass aus großen Datenmengen weiterführende Informationen gewonnen werden

---

68   Krüger/Wiencke/Koch GRUR 2020, 578 (580 f.); BeckOK GeschGehG/Hiéramente, 8. Ed. 2021, GeschGehG § 2 Rn. 8.
69   Wiebe/Schur GRUR Int. 2019, 746 (747); vgl. Sassenberg/Faber Industrie 4.0 und Internet-HdB/Sattler § 2 Rn. 58.
70   Vgl. Müllmann WRP 2018, 1077 (1179).
71   Krüger/Wiencke/Koch GRUR 2020, 578 (581).
72   Wiebe/Schur GRUR Int. 2019, 746 (747); Wiebe GRUR Int. 2016, 877 (880).
73   Wiebe/Schur GRUR Int. 2019, 746 (749 f.).
74   Vgl. auch Zech GRUR 2015, 1151 (1155).
75   BT-Drs. 19/4724, 24.
76   Zech GRUR 2015, 1151 (1156); Krüger/Wiencke/Koch GRUR 2020, 578 (581); Lohsse/Schulze/Staudenmayer/Alpin, 59 (66); Grapentin RDi 2023, 173 (175); Lorenzen ZGE 2022, 250 (253) („zukünftiger Handelswert"); zurückhaltend SWD (2017) 2 final, 20.

F. Hofmann

können (zB Korrelationen).[77] Dass die Daten hierfür noch bearbeitet werden müssen, ändert nichts daran, dass auch das ungeordnete Ausgangsmaterial eben wegen seines Potentials bereits wirtschaftlich wertvoll ist und – wie die Praxis lehrt – einen entsprechenden Handelswert hat.[78] Der unbefugte Erwerb oder die unbefugte Nutzung oder Offenlegung kann die Interessen der Person, die rechtmäßig die Kontrolle über die Rohdaten ausübt, dadurch schädigen, dass ua die strategische Position oder die Wettbewerbsfähigkeit dieser Person untergraben werden.[79] Der wirtschaftliche **Wert folgt** dabei gerade **aus der Geheimhaltung**, weil hierdurch wiederum wirtschaftlich wertvolle Exklusivität garantiert wird.[80]

V. Geheimhaltungsmaßnahmen

1. Einführung

Nach § 2 Nr. 2 Buchst. b GeschGehG muss die zu schützende Information Gegenstand von den   26 Umständen nach angemessenen Geheimhaltungsmaßnahmen durch ihren rechtmäßigen Inhaber sein. Es genügt damit nicht ein subjektiver Geheimhaltungswille, sondern es bedarf des Nachweises **objektiver Maßnahmen** zur Geheimhaltung.[81] Relevanz haben diese Maßnahmen auch bei der Rechtsdurchsetzung (vgl. § 9 Nr. 2 GeschGehG). Geheimhaltungsmaßnahmen können in Form **physischer Vorkehrungen** oder in Form **vertragsrechtlicher Verpflichtungen** (abgesichert durch Vertragsstrafenvereinbarungen) erfolgen.[82] Denkbar sind auch **organisatorische Maßnahmen**. Praktisch wird meist eine Kombination aus allen Elementen vorliegen (und auch verlangt werden müssen).[83] Notwendig ist also ein Paket aus technischen, vertraglichen, flankiert von organisatorischen Maßnahmen.[84] Kommt der rechtmäßige Inhaber des Geschäftsgeheimnisses dieser **Obliegenheit** nicht nach, besteht kein Schutz nach dem GeschGehG.[85]

Während nach wie vor große Rechtsunsicherheit darüber herrscht, welche Maßnahmen im   27 Einzelfall angemessen sind, geht der Gesetzgeber davon aus, dass die konkret zu treffenden Geheimhaltungsmaßnahmen von der **Art des Geschäftsgeheimnisses** und den **konkreten Umständen der Nutzung** abhängen. Im Einzelnen sollen berücksichtigt werden: (1) der Wert des Geschäftsgeheimnisses,[86] (2) dessen Entwicklungskosten, (3) die Natur der Informationen, (4) die Bedeutung für das Unternehmen, (5) die Größe des Unternehmens, (6) die üblichen Geheimhaltungsmaßnahmen in dem Unternehmen, (7) die Art der Kennzeichnung der Informationen und (8) vereinbarte vertragliche Regelungen mit Arbeitnehmern.[87] Die Literatur will bei der Einzelfallbetrachtung auch Faktoren wie beispielsweise das Verlustrisiko, die Wirtschaftskraft des jeweiligen Unternehmens (Ist die Maßnahme für das Unternehmen finanziell tragbar?), die (relativen) Kosten der Geheimhaltungsmaßnahmen, Schwierigkeiten bei der Implementierung von Geheimhaltungsmaßnahmen und ihre Effektivität berücksichtigen. Eine Rolle soll spielen, ob die **Maßnahmen geeignet** sind, Externe von einem Zugriff auf die

---

77 Zech GRUR 2015, 1151 (1156).
78 Ohly GRUR 2019, 441 (443); Alexander WRP 2017, 1034 (1039); Hessel/Leffer MMR 2020, 647 (649).
79 Vgl. zu dieser Formulierung Erwägungsgrund 14 RL (EU) 2016/943.
80 Kritisch Wiebe/Schur GRUR Int. 2019, 746 (748).
81 Dann/Markgraf NJW 2019, 1774 (1775); daran droht der „Datenschutz" in der Praxis zu scheitern, Czychowski/Winzek ZD 2022, 81 (85); Empfehlungen für ein Informationsmanagement (noch zum alten Recht) bei Ann GRUR 2014, 12.
82 Zur AGB-Kontrolle von Geheimhaltungsvereinbarungen ua wegen Verstoßes gegen das Transparenzgebot aus § 307 Abs. 1 S. 2 BGB oder die Generalklausel aus § 307 Abs. 1 S. 1 BGB Hille WRP 2020, 824 (825 ff.).
83 Krüger/Wiencke/Koch GRUR 2020, 578 (582).
84 Wiebe/Schur GRUR Int. 2019, 746 (749).
85 Ohly GRUR 2019, 441 (443).
86 Kritisch Lauck GRUR 2019, 1132.
87 BT-Drs. 19/4274, 24 f.

Information auszuschließen.[88] Dass es auf die Größe des Unternehmens (aber auch den Wert des Geheimnisses für das Unternehmen) ankommen soll, lässt sich dabei aus der Formulierung in § 2 Nr. 1 Buchst. b GeschGehG „den Umständen nach" ableiten.[89]

28　Auch aus dem **Schutzzweck des Geheimnisschutzes** lassen sich Schlüsse für den Umfang der Geheimhaltungsmaßnahmen ziehen. Da der Geheimnisschutz bei den faktischen Geheimhaltungskosten Entlastung bringen soll, dürfen **keine bestmöglichen Sicherungsmaßnahmen** verlangt werden.[90] Kosten und Nutzen müssen im Verhältnis stehen.[91] Es genügt, wenn dem Verkehr (abhängig von der Bedeutung des Geheimnisses) unmissverständlich signalisiert wird, dass hier ein Geheimnis im Raum steht, von dem nicht jeder Kenntnis nehmen darf (**Publizität**). Das Haftungsrisiko soll Dritten erkennbar sein (**Warnfunktion**).[92] Auch wird darauf verwiesen, dass die Tatsache, dass eine Information geheim ist, einen Rückschluss auf die Angemessenheit der Geheimhaltungsmaßnahmen zulassen sollte – zumindest bei der Darlegungs- und Beweislast.[93] Ob sich dies mit der neuen Systematik versöhnen lässt, dürfte indes fraglich sein.[94] Ausweislich der Gesetzesbegründung ist es aber in jedem Fall nicht erforderlich, jede geheim zu haltende Information gesondert zu kennzeichnen. Es können grundsätzlich **Maßnahmen für bestimmte Kategorien von Informationen** ergriffen oder durch allgemeine interne Richtlinien und Anweisungen einschließlich Arbeitsverträgen vorgegeben werden.[95] So kann beispielsweise allein die Sicherung eines Laufwerkes, auf dem mehrere Ordner mit unterschiedlichen Datensätzen abgelegt sind und auf das nur bestimmte Nutzer zugreifen können, ausreichend sein. Auch aus dem **Gesetzeswortlaut** („angemessen") lässt sich ein Argument dafür gewinnen, dass die Anforderungen an die Geheimhaltungsmaßnahmen nicht überzogen sein dürfen.[96]

29　Hilfestellung bei der Konkretisierung kann auch ein Blick auf den Schutz vor **Umgehung wirksamer technischer Maßnahmen** gemäß Art. 6 RL 2001/29/EG (InfoSoc-RL) oder ein Blick in die **Datenschutzgrundverordnung** (DS-GVO) bringen.[97] Den Begriff der wirksamen technischen Schutzmaßnahmen versteht der EuGH weit und verweist ua auf die Möglichkeit der Verschlüsselung.[98] Auch wenn die Ausführungen im Lichte des Urheberrechts (das auch Nutzerinteressen berücksichtigt) zu lesen sind, ist es hilfreich zu wissen, dass der EuGH den **Grundsatz der Verhältnismäßigkeit** betont. Nach dem EuGH sollen die Kosten für die verschiedenen Arten technischer Maßnahmen, die technischen und praktischen Aspekte ihrer Durchführung und ein Vergleich der Wirksamkeit dieser verschiedenen Arten technischer Maßnahmen in Bezug auf den Schutz der Rechte des Betroffenen berücksichtigt werden. Die Wirksamkeit muss nicht absolut sein.[99]

88　Krüger/Wiencke/Koch GRUR 2020, 578 (581 f.); Wiebe/Schur GRUR Int. 2019, 746 (749); Dann/Markgraf NJW 2019, 1774 (1776).

89　Partsch/Rump NJW 2020, 118 (120); aA Lauck GRUR 2019, 1132.

90　Ohly GRUR 2019, 441 (443); Alexander WRP 2017, 1034; Kalbfus GRUR-Prax 2017, 391 (392); Maaßen GRUR 2019, 352 (355 f.); Leistner WRP 2021, 835 (838 f.); Thiel WRP 2019, 700 (701); McGuire IPRB 2018, 202 (203); das soll gerade auch für „wertvolle" Geheimnisse gelten, Lauck GRUR 2019, 1132 (1133).

91　Harte-Bavendamm FS Büscher, 2018, 311, 319.

92　Ohly GRUR 2019, 441 (443), mit Verweis auf Erwägungsgrund 14 der Geschäftsgeheimnis-RL („legitime Erwartung, dass Vertraulichkeit gewahrt wird"); Kalbfus GRUR-Prax 2017, 391 (391 f.); Partsch/Rump NJW 2020, 118 (120); Leistner WRP 2021, 835 (838 f.).

93　Harte-Bavendamm FS Büscher, 2018, 311, 320.

94　Zu den geringen Anforderungen nach altem Recht vgl. BGH GRUR 2006, 1044 Rn. 19.

95　Vgl. BT-Drs. 19/4724, 24.

96　Dann/Markgraf NJW 2019, 1774 (1775); Maaßen GRUR 2019, 352 (353 f.); Partsch/Rump NJW 2020, 118 (120).

97　Wiebe/Schur GRUR Int. 2019, 746 (748 f.); verwiesen wird auch auf Bestimmungen wie Art. 9 Abs. 2 lit. g DS-GVO, Thüsing/Rombey ZD 2020, 221 (222); vgl. Steinmann/Schubmehl CCZ 2017, 194 (197); Ziegelmayer CR 2018, 693 (695) (Art. 28 DS-GVO und Audits nach ISO 27001); Thiel WRP 2019, 700 (702) (Art. 32 DS-GVO).

98　EuGH GRUR Int. 2014, 285 Rn. 27 ff. – Nintendo / PC Box.

99　EuGH GRUR Int. 2014, 285 Rn. 30, 33 – Nintendo / PC Box.

Auch die **Praxis in den USA** kann Anhaltspunkte liefern, da auch dort angemessene Geheim- 30
haltungsmaßnahmen zum Schutz von Geschäftsgeheimnissen geboten sind.[100] Unabhängig
davon, ob die Regelungen im Einzelnen übertragbar sind, kann schließlich die **Verschluss-
sachenanweisung (VSA)** auf Basis des Sicherheitsüberprüfungsgesetzes (SÜG) Orientierung
bieten.[101]

Derjenige, der sich auf das Vorliegen eines Geschäftsgeheimnisses beruft, ist **beweispflichtig** 31
dafür, dass angemessene Geheimhaltungsmaßnahmen vorliegen.[102] Eine **Dokumentation** der
Geheimhaltungsmaßnahmen ist daher unerlässlich.[103]

2. Praktische Umsetzung

Aus **praktischer Sicht** wird empfohlen, dass sich Unternehmen zunächst einen **Überblick** 32
über schutzwürdige Informationen in Ihrem Unternehmen verschaffen; zugleich sollten potenzielle Bedrohungen analysiert werden (**Identifizierung von Risiken**).[104] Im Anschluss sind
die Informationen nach ihrem Wert für das Unternehmen und ihrem Schutzbedarf **zu bewerten**. Es empfiehlt sich eine entsprechende **Kategorisierung** der Geschäftsgeheimnisse.[105] Vorgeschlagen wird eine Einordnung in drei Klassen: (1) „Kronjuwelen" im Sinne von Geheimnissen,
deren Bekanntwerden existenzbedrohende Folgen für das Unternehmen haben kann; (2) wichtige Informationen (Geheimnisse, deren Bekanntwerden einen dauerhaften wirtschaftlichen
Nachteil verursachen kann; (3) sensible Informationen (Geheimnisse, deren Bekanntwerden
einen kurzfristigen Nachteil verursachen kann).[106] Namentlich bei Informationen aus der Kategorie 1 kann es sein, dass eine zu lockere Geheimhaltungsmaßnahme im Ergebnis nicht als
angemessen gilt (zB Erlaubnis, dass Mitarbeiter Geschäftsgeheimnisse auf privaten Geräten
speichern).[107] Auf der Klassifizierung aufbauend sind in einem letzten Schritt entsprechende
Geheimhaltungsmaßnahmen zu **implementieren**,[108] die zugleich **dokumentiert** werden
sollten.[109] Alles in allem kommt es auf die Umstände des Einzelfalls an. Dessen ungeachtet wird
eine Einzelmaßnahme selten ausreichen; erforderlich ist ein **Maßnahmenbündel** (technische,
organisatorische und rechtliche Vorkehrungen).[110] Empfohlen wird, eine Person innerhalb des
Unternehmens als für die Umsetzung des Geheimnisschutzes verantwortlich zu bestimmen
(**Geheimnisschutzbeauftragter**).[111]

In der Praxis finden sich zahlreiche **Vorschläge zur Konkretisierung** des Tatbestandsmerkmals 33
„angemessene Geheimhaltungsmaßnahmen".[112] So sollen **Geschäftsgeheimnisse** grundsätzlich
gekennzeichnet werden, auch wenn es ausweislich der Gesetzesbegründung nicht erforderlich

---

100 Ohly GRUR 2019, 441 (444); Partsch/Rump NJW 2020, 118 (121); s. auch Maaßen GRUR 2019, 352 (354 f.);
　　Kalbfus GRUR-Prax 2017, 291 (291 f.); McGuire IPRB 2018, 202 (203); Leistner WRP 2021, 835 (839 f.).
101 Maaßen GRUR 2019, 352 (357).
102 Leister/Sigle GRUR-Prax 2019, 75 (76).
103 McGuire IPRB 2018, 202 (203).
104 Maaßen GRUR 2019, 352 (356); Kalbfus GRUR-Prax 2017, 291 (292).
105 Vgl. Sassenberg/Faber Industrie 4.0 und Internet-HdB/Sattler § 2 Rn. 68.
106 Maaßen GRUR 2019, 352 (356); Kalbfus GRUR-Prax 2017, 291 (293); kritisch McGuire IPRB 2018, 202 (203 f.).
107 Maaßen GRUR 2019, 352 (358); Leister/Sigle GRUR-Prax 2019, 75 (76).
108 Kalbfus GRUR-Prax 2017, 291 (293).
109 Zum Ganzen Scholtyssek/Judis/Krause CCZ 2020, 23 (26 f.); McGuire IPRB 2018, 202 (204); ähnlich Sche-
　　ja CR 2018, 485 (490 f.): (1) Einordnung von Geschäftsgeheimnissen in Schutzklassen; (2) Vorgaben für
　　Zugangs-, Zugriff- und Veränderungsberechtigungen einschließlich besonderer Maßnahmen für hochsicher-
　　heitsrelevante Geheimnisse; (3) Überprüfung, Beurteilung und Evaluation der Maßnahmen; s. auch Dann/
　　Markgraf NJW 2019, 1774 (1776); Thiel WRP 2019, 700 (702); Leister/Sigle GRUR-Prax 2019, 75 (77); Schreiber-
　　Ehle CR 2019, 485.
110 Wiebe/Schur GRUR Int. 2019, 746 (749 f.); Apel/Walling DB 2019, 891 (895).
111 Maaßen GRUR 2019, 352 (359); Kalbfus GRUR-Prax 2017, 291 (392).
112 Maaßen GRUR 2019, 352; Kalbfus GRUR-Prax 2017, 391; Partsch/Rump NJW 2020, 118; McGuire IPRB 2018,
　　202 (205).

ist, jede geheim zu haltende Information gesondert zu kennzeichnen.[113] So genügt die Klassifizierung eines elektronischen Ordners als geheim, ohne dass die einzelnen Dateien gesondert gekennzeichnet werden müssen.[114] Eine Kennzeichnung kann dem Verletzer freilich das Argument nehmen, er habe das Geheimnis „versehentlich" an sich genommen.[115] Selbst wenn sich Verschwiegenheitsverpflichtungen als vertragliche Nebenpflichten konstruieren lassen, empfiehlt sich allen voran der Abschluss von **Vertraulichkeitsvereinbarungen**.[116] Ein besonderes Augenmerk sollte auch auf organisatorische Maßnahmen gelegt werden: Einrichtung und Realisierung eines strikten Need-to-know-Prinzips; **Zugangs- und Nutzungsbeschränkungen**; Schulungen von Mitarbeitern (zB Notwendigkeit des Sperrens des Bildschirms selbst bei kurzfristigem Verlassen des Arbeitsplatzes); Erarbeitung einer Handlungsanweisung für die Weitergabe von Informationen etc.[117]

3. Geheimhaltungsmaßnahmen in der Datenwirtschaft

a) Rechtliche Maßnahmen

34 Rund um Big Data-Sachverhalte wird im Hinblick auf **rechtliche Maßnahmen** besonders dringend zu (mit Vertragsstrafen abgesicherten)[118] **Vertraulichkeitsvereinbarungen** geraten.[119] Gerade Geheimhaltungsvereinbarungen bieten die Möglichkeit, das Interesse an Geheimhaltung mit **Zugangsbedürfnissen** zu versöhnen,[120] auch wenn man aufpassen sollte, dass das Geheimnis nicht allen, „die üblicherweise mit dieser Art von Informationen umgehen", bekannt werden darf.[121] Geheimhaltungsmaßnahmen spielen nicht nur beim Erfordernis der „angemessenen Geheimhaltungsmaßnahmen" eine Rolle. Vielmehr kann es, insbesondere in der von Datenaustausch geprägten Datenwirtschaft, ohne derartige Vereinbarungen bereits an einem Geheimnis (→ 18 ff.) fehlen.[122]

35 Die Geheimhaltungsvereinbarung hat dabei **hinreichend bestimmt** zu sein; vor „globalen" Geheimhaltungsvereinbarungen wird gewarnt.[123] Dies folgt nicht zuletzt aus dem Sinn und Zweck von Geheimhaltungsmaßnahmen, Dritten anzuzeigen, dass ein Geheimnis im Raum steht (Publizitäts- und Warnfunktion).[124] Dies gilt in besonderem Maße auch für **Arbeitsverträge**.[125] Eine Geheimhaltungsvereinbarung sollte die vertraulichen Daten (Datensätze) also genau bestimmen (**Definition der geschützten Information**) und Ausnahmetatbestände formulieren (zB für allgemein bekannte oder irrelevante Informationen).[126] Explizit geregelt werden sollte auch die Pflicht zur Geheimhaltung (**Vertraulichkeitsverpflichtung**) einschließlich des Treffens eigener Geheimhaltungsmaßnahmen und Regelungen für den Fall der erlaubten Weitergabe des Geheimnisses an Dritte.[127]

---

113 Ohly GRUR 2019, 441 (444); s. auch BT-Drs. 19/4724, 24.
114 Maaßen GRUR 2019, 352 (354).
115 Maaßen GRUR 2019, 352 (358).
116 Ohly GRUR 2019, 441 (444).
117 Maaßen GRUR 2019, 352 (357 f.).
118 Vgl. Sassenberg/Faber Industrie 4.0 und Internet-HdB/Sattler § 2 Rn. 67; gegen Vertragsstrafen als zwingendes Erfordernis einer angemessenen Geheimhaltungsmaßnahme Hille WRP 2020, 824 (830); vgl. strenger Apel/Walling DB 2019, 891 (895).
119 Vgl. Sassenberg/Faber Industrie 4.0 und Internet-HdB/Sattler § 2 Rn. 67; Grützmacher CR 2016, 485 (489); näher zur Ausgestaltung derartiger Vereinbarungen Jansen/A. Hofmann BB 2020, 259.
120 Wiebe/Schur GRUR Int. 2019, 746 (749 f.).
121 Vgl. auch Partsch/Rump NJW 2018, 118 (121).
122 Vgl. Sassenberg/Faber Industrie 4.0 und Internet-HdB/Sattler § 2 Rn. 60.
123 Ziegelmayer CR 2018, 693 (696); s. auch McGuire WRP 2019, 679 (686).
124 Hille WRP 2020, 824 (826 f.).
125 LAG Düsseldorf GRUR-RS 2020, 23408; Partsch/Rump NJW 2020, 118 (120); Apel/Stolz GRUR-Prax 2021, 1.
126 Hoeren/Münker MMR 2021, 523 (524); Steinmann/Schubmehl CCZ 2017, 194 (195).
127 Hoeren/Münker MMR 2021, 523 (524 ff.); Steinmann/Schubmehl CCZ 2017, 194 (196).

b) Organisatorische Maßnahmen

Organisatorisch sollte zunächst der Bestand schutzwürdiger Information erfasst und evaluiert werden.[128] Der Zugang zu Daten sollte ferner nach dem Need-to-know-Prinzip beschränkt werden.[129] Zugriffe sollten protokolliert werden (vgl. **Data Loss Prevention-Systeme**).[130] Mitarbeiter sind über den Geheimnisschutz zu **schulen**.[131] Geraten wird auch, Daten möglichst nicht an Dritte herauszugeben oder Daten nicht in der „Cloud" oder auf **Privatrechnern** zu speichern.[132] Geschäftsabläufe sind entsprechend zu organisieren (zB Regelungen für die Datensicherheit im **Home Office**).[133] Es sollten Regelungen zu **Passwörtern** erlassen werden (vgl. § 46 Abs. 3 VSA) und regelmäßig **Updates** durchgeführt werden.[134] Benötigt eine Anwendung beim Kunden Daten, kann der Datenbestand gleichwohl beim Geheimnisinhaber gespeichert bleiben. Das Geschäftsmodell könnte im Sinne von Daten als Service (**Data as Service**) organisiert werden.[135] In diesem Kontext muss freilich nochmals betont werden, dass nicht optimaler Schutz erforderlich ist.

c) Technische Maßnahmen

Besondere Aufmerksamkeit sollte schließlich auf **technische Vorkehrungen**, kurzum: Maßnahmen der IT-Sicherheit gelegt werden.[136] Denkbar sind nicht nur technische Zugangskontrollen,[137] sondern auch diverse **Verschlüsselungsmaßnahmen**.[138] Für größere Unternehmen mit mehreren und wertvollen Geheimnissen gelten strengere Pflichten als für kleinere.[139] Erwartet werden kann freilich, dass Daten, die auf Rechnern abgelegt sind, nicht ohne Weiteres auf einen USB-Stick kopiert werden können.[140]

Der Umstand, dass ein Dritter sich gleichwohl Zugriff auf die IT verschafft, begründet aber nicht den Vorwurf unangemessener Geheimhaltungsmaßnahmen.[141] Vor allem wenn der Zugriff auf **Fahrzeug- oder Flugzeugdaten** technisch nicht ohne weiteres möglich ist, ist dem Verkehr allein dadurch, dass es eben keine allgemein zugängliche Schnittstelle gibt, hinreichend deutlich gemacht, dass hier ein Geheimnis vorliegt.[142]

VI. Berechtigtes Interesse

Nach § 2 Nr. 1 Buchst. c GeschGehG muss ein berechtigtes Interesse an der Geheimhaltung bestehen. Mangels Korrespondenzvorschrift in der Geschäftsgeheimnis-RL (vgl. Art. 2 Nr. 1 Geschäftsgeheimnis-RL) bestehen erhebliche **Zweifel an der Unionsrechtskonformität** dieser Einschränkung.[143] Der deutsche Gesetzgeber sieht indes für § 2 Nr. 1 Buchst. c GeschGehG eine

---

128 Apel/Kaulartz RDi 2020, 24 (31).
129 Ohly GRUR 2019, 441 (444); Dann/Markgraf NJW 2019, 1774 (1776); Partsch/Rump NJW 2020, 118 (120 f.).
130 Schlegel MMR 2020, 3; Schlegel ZD 2020, 243; Harte-Bavendamm/Ohly/Kalbfus, 2020, GeschGehG Einl. B Rn. 51.
131 Apel/Kaulartz RDi 2020, 24 (31).
132 Steinmann/Schubmehl CCZ 2017, 194 (196); Ohly GRUR 2019, 441 (444); Maaßen GRUR 2019, 352 (358); Leister/Sigle GRUR-Prax 2019, 75 (76) (sorgfältige Auswahl des „Cloud-Anbieters").
133 Thiel WRP 2019, 700 (702); Ohly GRUR 2019, 441 (444); Maaßen GRUR 2019, 352 (358).
134 Partsch/Rump NJW 2020, 118 (121).
135 Apel/Kaulartz RDi 2020, 24 (31).
136 Müllmann WRP 2018, 1177 (1182); näher Schreiber-Ehle CR 2019, 485 (487 f.).
137 Thiel WRP 2019, 700 (702).
138 Wiebe/Schur GRUR Int. 2019, 746 (750 f.); s. auch Apel/Kaulartz RDi 2020, 24 (31).
139 Ohly GRUR 2019, 441 (444); Maaßen GRUR 2019, 352 (354).
140 Maaßen GRUR 2019, 352 (357).
141 Maaßen GRUR 2019, 352 (360).
142 Zur Warnfunktion vgl. Partsch/Rump NJW 2020, 118 (121).
143 Ohly GRUR 2019, 441 (444 f.); vgl. Sassenberg/Faber Industrie 4.0 und Internet-HdB/Sattler § 2 Rn. 73 (er sieht zudem die Gefahr, dass sich der „jeweils aktuell[e] moralisch[e] Zeitgeist" im Geheimnisrecht breit zu machen droht).

Grundlage in Erwägungsgrund 14 der Geschäftsgeheimnis-RL.[144] Dort ist in der Tat von einem „legitime[n] Interesse an [der] Geheimhaltung" die Rede, allerdings zugleich auch von der Wichtigkeit einer „homogene[n] Definition des Begriffs „Geschäftsgeheimnis".

40 Die praktischen Konsequenzen dürften freilich gering sein. Zum einen kann beispielsweise **strafbaren Informationen** der erforderliche wirtschaftliche Wert fehlen.[145] Zum anderen lassen sich Grenzfälle in jedem Fall über die Schranke aus § 5 Nr. 2 GeschGehG auflösen (zB **brisante Datenauswertungen** sozialer Netzwerke).[146]

C. Inhaber des Geschäftsgeheimnisses

I. Übersicht

41 Inhaber eines Geschäftsgeheimnisses ist ausweislich von § 2 Nr. 3 GeschGehG jede natürliche oder juristische Person, die die **rechtmäßige Kontrolle** über ein Geschäftsgeheimnis hat. Wer Inhaber des Geschäftsgeheimnisses ist, spielt nicht nur für die Frage eine Rolle, ob ein Dritter das Geheimnis rechtswidrig erlangt hat etc sowie wem Ansprüche im Falle der Verletzung des Geheimnisses zustehen, sondern etwa auch für die Bestimmung, wer die angemessenen Geheimhaltungsmaßnahmen verantwortet (vgl. § 2 Nr. 2 Buchst. b GeschGehG).[147] Wer Kontrolle über ein Geschäftsgeheimnis hat, ist zumindest im Ausgangspunkt kein normatives Problem, sondern hängt von den **tatsächlichen Gegebenheiten** an.[148] Inhaber kann beispielsweise sein, wer die geheimen Informationen selbst generiert hat oder etwa auch sein Rechtsnachfolger.[149] Neben der ersten Überlegung, wer im konkreten Fall die Möglichkeit hat, den Zugriff auf das Geschäftsgeheimnis gegenüber anderen zu bestimmen, einzuschränken oder auszuschließen,[150] bedarf es sodann einer Antwort auf eine zweite Frage: Ist die faktische Kontrolle rechtmäßig?[151]

42 Vielfach stellen sich bei der Inhaberschaft keine Probleme. Wird das Geheimnis im **Unternehmensgebäude** verwahrt, ist evident, dass hier der **Inhaber des Unternehmens** die Kontrolle ausübt. Auch der Eigentümer einer Maschine kann womöglich selbst Daten gerieren, sammeln und über Geheimhaltungsmaßnahmen absichern. An der rechtmäßigen Kontrolle des Eigentümers über die Daten bestehen keine Zweifel.[152]

43 Daran ändert auch die Involvierung von **Arbeitnehmern** nichts. Anders als das Patent- oder Urheberrecht wird der Geheimnisschutz trotz der missverständlichen Formulierung in § 3 Abs. 1 Nr. 1 GeschGehG nicht vom **Schöpferprinzip** getragen, sondern von ökonomischen Erwägungen wie der Senkung von Geheimhaltungskosten. Profiteur des Rechtsschutzes ist konsequenterweise jener, der die Maßnahmen der Geheimhaltung verantwortet. Dass dem Geheimnisschutz zugängliche Informationen mitunter immaterialgüterrechtlichen Schutz genießen können,[153] begründet keine Ausnahme von dieser Regel. Vielmehr bleibt der **Immaterialgüterrechtsschutz** vom Geheimnisschutz unberührt.

---

144 BR-Drs. 19/8300, 13 f.
145 An rechtswidrigen Inhalten kann im Übrigen Urheberrechtschutz bestehen. Im Urheberrecht gibt es keine mit § 8 Abs. 2 Nr. 5 MarkenG oder § 2 Abs. 1 PatG vergleichbare Vorschrift.
146 Vgl. ähnlich für „illegale Geschäftsgeheimnisse" Harte-Bavendamm/Ohly/Kalbfus, 2020, GeschGehG § 2 Rn. 72; dass es diese Schranken gibt, spricht ebenfalls dafür, auf das Tatbestandsmerkmal „berechtigtes Interesse" zu verzichten, Dann/Markgraf NJW 2019, 1774 (1776).
147 Vgl. McGuire WRP 2019, 679 (683).
148 Harte-Bavendamm/Ohly/Kalbfus, 2020, GeschGehG § 2 Rn. 72.
149 Ohly GRUR 2019, 441 (445); Harte-Bavendamm/Ohly/Kalbfus, 2020, GeschGehG Einl. B Rn. 93.
150 Hessel/Leffer MMR 2020, 647 (650).
151 Köhler/Bornkamm/Feddersen/Alexander UWG, 40. Aufl. 2022, GeschGehG § 2 Rn. 99 ff.
152 Hessel/Leffer MMR 2020, 647 (650); vgl. Krüger/Wiencke/Koch GRUR 2020, 578 (582).
153 Vgl. hierzu im Kontext des Geheimnisschutzes Hauck GRUR 2022, 530 (532).

Big Data-Sachverhalte sind nun aber dadurch gekennzeichnet, dass die einschlägigen Informationen nicht selten jenseits der Werkstores abgelegt sind.[154] Zudem erschwert die **Vernetzung** verschiedener Akteure bei der Generierung von Daten und deren Austausch die Bestimmung eines (oder mehrerer) Geheimnisinhaber.[155] Auf Basis der Definition aus § 2 Nr. 2 GeschGehG und einer präzisen Analyse der tatsächlichen Gegebenheiten lässt sich die Frage, wem Daten „gehören" freilich eindeutig beantworten.[156] 44

II. Besonderheiten in der Datenwirtschaft

1. Exklusive Kontrolle

Tatsächliche und rechtliche Schwierigkeiten ergeben sich bei der Zuordnung der Inhaberschaft 45 von **Daten**, vor allem, wenn diese außerhalb des Unternehmens gesammelt und gespeichert werden.[157] Besonders anschaulich ist der Fall von **Fahrzeugdaten**. In Kraftfahrzeugen werden die unterschiedlichsten Daten in gigantischen Mengen in kurzer Zeit gesammelt, etwa Informationen über den Fahrzeugstatus (zB Geschwindigkeit), die Umgebung des Fahrzeugs (zB Temperatur), Betriebszustände (zB Reifendruck) oder die Position.[158] Eine weiteres Praxisbeispiel sind **Flugzeugdaten**.[159] Vielfach (freilich nicht immer) ist es dabei so, dass allein der Hersteller des Fahrzeugs die **Daten auslesen** kann. Aus **technischen Gründen** ist dies weder dem Eigentümer/Nutzer des Fahrzeugs noch dritten Werkstätten möglich. Der Hersteller verfügt rein tatsächlich über einen exklusiven Datenzugang.[160] Es liegt damit eine „Kontrolle über ein Geschäftsgeheimnis" gemäß § 2 Nr. 2 GeschGehG vor. Bei Industriemaschinen kann dies ähnlich gelagert sein. Konstruktionsbedingt kann vielfach allein der Hersteller auf diverse Daten zugreifen, selbst wenn die Maschine in einen komplexen Prozess eingebunden ist und eine Vernetzung mit anderen Maschinen gegeben ist.[161] Dass das Geheimnis nicht in den Räumen des Unternehmens abgelegt ist, ist für sich genommen irrelevant. Auch außerhalb des Unternehmens können Einwirkungs- und Kontrollmöglichkeiten die faktische Kontrolle begründen.[162]

Erforderlich ist eine **Analyse der tatsächlichen Gegebenheiten**. Ergibt diese, dass allein na- 46 mentlich der Hersteller Zugriff auf die Daten hat, spricht dies im Ausgangspunkt dafür, dass er Inhaber des Geschäftsgeheimnisses ist.[163] Wem es also de facto gelingt, sich einen exklusiven Zugang zu Daten zu sichern und sämtliche Dritte von der Nutzung (maschinengenerierter) Daten auszuschließen, kann sich grundsätzlich zum Inhaber des Geschäftsgeheimnisses promovieren.[164] Voraussetzung ist freilich, dass den sonstigen Anforderungen an das Vorliegen eines Geschäftsgeheimnisses entsprochen wird (insbesondere Implementierung angemessener Geheimhaltungsmaßnahmen). Auch hängt die Inhaberschaft am Geschäftsgeheimnis nicht allein an der Kontrolle, sondern die Kontrolle über das Geschäftsgeheimnis muss darüber hinaus im Sinne der Norm auch „rechtmäßig" sein.

---

154 Vgl. Zech GRUR 2015, 1151 (1156).
155 Ohly GURR 2019, 441 (445); Wiebe/Schur GRUR Int. 2019, 746 (747 f.); Drexl JIPITEC 2017, 257 (269); Zech GRUR 2015, 1151 (1156); Lohsse/Schulze/Staudenmayer/Alpin, 59 (69); F. Hofmann in: Pertot, Rechte an Daten (2020), 9 (26); insgesamt sehr kritisch Ensthaler NJW 2016, 3473 (3475).
156 Für Flugzeugdaten vgl. Scheja CR 2018, 485 (489).
157 Lohsse/Schulze/Staudenmayer/Alpin, 59 (69); Ensthaler NJW 2016, 3473 (3475).
158 Reiter DAR 2022, 123; Czernik/Schäfer IPRB 2019, 103; s. auch Metzger GRUR 2019, 129 (130).
159 Scheja CR 2018, 485 (489).
160 Reiter DAR 2022, 123 (124 f.); Scheja CR 2018, 485 (489).
161 Zech GRUR 2015, 1151 (1156).
162 Köhler/Bornkamm/Feddersen/Alexander UWG, 40. Aufl. 2022, § 2 GeschGehG Rn. 98a.
163 Krüger/Wiencke/Koch GRUR 2020, 578 (582) („faktische Kontrolle sollte grundsätzlich für eine Inhaberschaft genügen").
164 Vgl. Sassenberg/Faber Industrie 4.0 und Internet-HdB/Sattler § 2 Rn. 74.

2. Rechtmäßige Kontrolle

47 Es muss also zusätzlich die Frage beantwortet werden, ob der **exklusive Zugang des Dritten rechtmäßig** ist.[165] Das Tatbestandsmerkmal der „rechtmäßigen" Kontrolle bezieht sich im Ausgangspunkt zwar auf die Handlungsverbote aus § 4 GeschGehG.[166] Wer ein Geschäftsgeheimnis rechtswidrig erlangt hat, wird dadurch nicht selbst zum Inhaber des Geschäftsgeheimnisses. (Umgekehrt kann auch ein Lizenznehmer, der das Geheimnis entsprechend rechtmäßig erlangt hat, Geschäftsgeheimnisinhaber sein.)[167] Bei der Prüfung der Rechtmäßigkeit spielen aber auch alle sonstigen mit dem Erwerb der Dispositionsmöglichkeit verbundenen Rechtsverstöße der die Kontrolle ausübenden Person eine Rolle.[168] Hier kann sich ein **Widerspruch zum Vertragsrecht** auftun, wenn zB der Käufer einer Maschine diese de facto nicht vollumfänglich nutzen kann. Es könnte ein Sachmangel vorliegen, weil die Maschine nicht den objektiven Anforderungen entspricht. Ob dies der Fall ist, muss im Einzelfall analysiert werden. Vor diesem Hintergrund kann es aber sein, dass derjenige, der die Kontrolle über die Maschinendaten faktisch exklusiv ausübt, diese im Widerspruch zur vertraglichen Vereinbarung (zB Kaufvertrag) und damit nicht rechtmäßig ausübt. Auch das Anbringen von **Sensoren auf fremden Sachen**, kann einer „rechtmäßigen" Kontrolle entgegenstehen.

48 Daraus folgt: **Vertragliche Abreden** spielen für die Bestimmung der Person des Inhabers des Geschäftsgeheimnisses eine ganz entscheidende Rolle.[169] Diese sind im Übrigen auch vor dem Hintergrund der Schranke für Reverse Engineering dringend zu empfehlen, da § 3 Abs. 1 Nr. 2 Buchst. b unter dem Vorbehalt steht, dass der Dritte keiner Pflicht zur Beschränkung der Erlangung des Geschäftsgeheimnisses unterliegt.[170] Wer die „rechtmäßige" Kontrolle über die Daten hat, kann daher über Regelungen zu Besitz und Kontrolle der Daten oder Datensammlungen festgelegt werden.[171] Auch wenn die Inhaberschaft am Geschäftsgeheimnis über Data **Ownership-Klauseln**[172] als solche nicht direkt festgelegt werden kann, bewirken derartige Abreden indirekt eine Zuweisung des Geschäftsgeheimnisses durch Konkretisierung der Kontrollmöglichkeiten, vor allem der Rechtmäßigkeit derselben.[173] Selbst wenn also beispielsweise ein Dritter Eigentümer der Messvorrichtungen und des Speicherplatzes ist, kann ein Anderer die faktische Kontrolle kraft vertraglicher Abrede rechtmäßig ausüben.[174] Es geht also (zB bei Auftragsarbeiten) darum, sich die Rechtmäßigkeit der Kontrolle über das Geschäftsgeheimnis zu sichern.[175] Dies kann in **Arbeitsverhältnissen** ebenfalls eine Rolle spielen.[176] Auch wenn Daten bei einem Dritten verwahrt werden, kann vereinbart werden, dass die wirtschaftliche Verwertung allein dem Auftraggeber zusteht, so dass allein dieser die rechtmäßige Kontrolle über die Daten hat.[177]

---

165 Vgl. Krüger/Wiencke/Koch GRUR 2020, 578 (582); zum „Datenerhebungsrecht" an beweglichen Sachen Raue NJW 2019, 2425 (2429 f.).
166 Harte-Bavendamm/Ohly/Kalbfus, 2020, GeschGehG § 2 Rn. 72.
167 BT-Drs. 19/4724, 25; dies bringt die praktische Konsequenz, dass auch der Lizenznehmer Ansprüche geltend machen kann.
168 Harte-Bavendamm/Ohly/Kalbfus, 2020, GeschGehG § 2 Rn. 72.
169 McGuire WRP 2019, 679 (683); vgl. OLG GRUR-RS 2019, 33225 Rn. 37.
170 F. Hofmann in: Pertot, Rechte an Daten (2020), 9 (27).
171 Kraul GRUR-Prax 2019, 478 (479); Scheja CR 2018, 485 (491); Thiel WRP 2019, 700 (701); für die Auftragsdatenverarbeitung verweisen Stender-Vorwachs/Steege NJOZ 2018, 1361 (1363) etwa auf folgende Klausel: „Der Auftragnehmer erkennt die Datenherrschaft des Auftraggebers als Dateneigentümer an."
172 Vgl. Schuster CR 2020, 726.
173 Harte-Bavendamm/Ohly/Kalbfus, 2020, GeschGehG Einl. B Rn. 36.
174 Krüger/Wiencke/Koch GRUR 2020, 578 (582).
175 Scheja CR 2018, 485 (488 f.); Köhler/Bornkamm/Feddersen/Alexander UWG, 40. Aufl. 2022, GeschGehG § 2 Rn. 101.
176 Scheja CR 2018, 485 (489 f.); mit Formulierungsvorschlag McGuire WRP 2019, 679 (683, 687).
177 Köhler/Bornkamm/Feddersen/Alexander UWG, 40. Aufl. (2022), § 2 GeschGehG Rn. 102 (Beispiel: Cloud-Anbieter).

Denkbar ist schließlich auch, dass im Ergebnis der **Geheimnisschutz leerlaufen** kann. So 49
kann ein Hersteller zwar Kontrolle über die Daten haben, diese kann sich aber als nicht rechtmäßig erweisen, während umgekehrt Dritte keine Kontrolle über die Daten haben. Überlässt
umgekehrt der Eigentümer einer Maschine die von der Maschine generierten Daten einem
Dritten ohne einen vertraglichen Vorbehalt im Hinblick auf die Daten, kann (mangels „Dateneigentums") der Dritte an den Datenauswertungen rechtmäßiger Inhaber eines Geschäftsgeheimnisses werden.[178]

Die Inhaberschaft am Geheimnis ist damit letztlich auch eine Frage der **Verhandlungsmacht**. 50
Einschränkungen können allenfalls aus **zwingenden gesetzlichen Normen** (zB im Kaufrecht)
oder einer **AGB-Kontrolle** folgen. Aus dem Geschäftsgeheimnisrecht kann indes **keine gesetzliche Wertung** entnommen werden, wer das stärkere Recht auf die Inhaberschaft hat. Normativ nicht überzeugende Geheimniszuordnungen können rechtspolitisch über die Schaffung
von **Datenzugangsrechten** aufgelöst werden.

3. Zugriff Mehrerer

Auch wenn die **technische Analyse** ergibt, dass auf die Daten, die durch angemessene Ge- 51
heimhaltungsmaßnahmen abgesichert sind, mehrere bestimmte Personen Zugriff haben (**Vernetzung**), wobei die Daten trotz des Zugriffs mehrerer (noch) als geheim einzustufen sind,
kommt es für die Klärung der Inhaberschaft des an sich vorliegenden Geschäftsgeheimnisses
auf **vertragliche Abreden** an.[179] Wenn beispielsweise die Nutzung von Industriedaten (zB Maschinendaten) faktisch mehreren Personen möglich ist, ist die Klärung der Rechtsinhaberschaft
damit schlussendlich vertraglichen Abreden überlassen.[180] Anders lässt sich vielfach nicht konkretisieren, wer die (rechtmäßige) Kontrolle ausübt.[181] So kann alleiniger Inhaber des Geschäftsgeheimnisses sein, wer sich **exklusive Nutzungsrechte** an den bei einem Dritten generierten
Daten einräumen lassen hat. Der Dritte muss die Datenerhebung freilich nicht gestatten, steht
ihm als Eigentümer zwar kein Dateneigentum, doch aber das **Datenerhebungsrecht** zu.[182]
Auch wenn derjenige, der die Kontrolle über die geheimen Daten ausübt, Dritten Zugang
zu den Daten gewährt, empfiehlt sich eine Klausel, wonach der Zugang zu den Daten keine
Kontrollbefugnis iSv § 2 Nr. 2 GeschGehG begründet.[183]

Ohne entsprechende Abreden können die Beteiligten aber auch jeweils **originär Geheimnis-** 52
inhaber sein.[184] Dies ist beispielsweise dann der Fall, wenn jeder einen eigenen Datensatz
unter seiner eigenen Kontrolle hat, unbeschadet dessen, dass der (gleiche) Datensatz auch bei
einem weiteren Beteiligten abgespeichert ist.[185] Auch eine **Weitergabe des Geheimnisses an
einen zur Geheimhaltung verpflichteten Dritten** (zB im Rahmen des „Teilen von Daten)
führt dazu, dass dieser Inhaber des Geschäftsgeheimnisses wird, wenn vertraglich keine Abrede
mit Beschränkungen der Rechtmäßigkeit der Kontrolle aufgenommen ist.[186] Dogmatisch lässt
sich dies so begründen, dass eine (ggf. im Wege der Auslegung) gefundene **Abrede**, wodurch
die **Nutzung des Geschäftsgeheimnis einschränkt** wird, dazu führt, dass der Dritte keine

178 Vgl. zu dieser Konstellation Hessel/Leffer MMR 2020, 647 (650).
179 Krüger/Wiencke/Koch GRUR 2020, 578 (582); kritisch Hoeren/Münker GeschGehG Vorb §§ 1–2 Rn. 12.
180 Vgl. Sassenberg/Faber Industrie 4.0 und Internet-HdB/Sattler § 2 Rn. 74.
181 Wiebe/Schur GRUR Int. 2019, 746 (748).
182 Raue NJW 2019, 2425 (2419 f.).
183 Hoeren/Münker MMR 2021, 523 (525); der bloße Zugang zu einem Geschäftsgeheimnis (als Lizenznehmer)
     soll aber noch nicht für eine originäre Rechtsinhaberschaft genügen, so McGuire WRP 2019, 679 (683 f.);
     das bedeutet nicht, dass Lizenznehmer per se von der Inhaberschaft des Geschäftsgeheimnisses ausge-
     schlossen sind, vgl. BT-Drs. 19/4724, 25; Hauck GRUR-Prax 2019, 223.
184 Vgl. Sassenberg/Faber Industrie 4.0 und Internet-HdB/Sattler, § 2 Rn. 65; Hessel/Leffer MMR 2020, 647 (650);
     Köhler/Bornkamm/Feddersen/Alexander, UWG 40. Aufl. (2022), § 2 GeschGehG Rn. 106 ff.
185 Vgl. Sassenberg/Faber Industrie 4.0 und Internet-HdB/Sattler § 2 Rn. 74.
186 Harte-Bavendamm/Ohly/Kalbfus, 2020, GeschGehG Einl. B Rn. 36 f.

vollumfängliche rechtmäßige Kontrolle über das Geheimnis hat. Das steht der Inhaberschaft entgegen, während umgekehrt, die Abwesenheit einer derartigen, die Kontrolle des Dritten beschränkenden Abrede, dazu führt, dass der Dritte eine vollumfängliche, auch rechtmäßige Kontrolle über das Geheimnis hat.

D. Handlungsverbote

53 Nach § 1 Abs. 1 dient das GeschGehG dem Schutz von Geschäftsgeheimnissen vor unerlaubter Erlangung, Nutzung und Offenlegung. Dieser Dreiklang ist in § 4 GeschGehG näher ausbuchstabiert. Es handelt sich um eine **Kaskade von Verletzungshandlungen.**[187] Entsprechend der zeitlichen Abfolge von Verletzungen regelt § 4 GeschGehG zunächst Erwerbsverbote (§ 4 Abs. 1 GeschGehG) und darauf aufbauend die Offenlegung und Nutzung des Geschäftsgeheimnisses (§ 4 Abs. 2 GeschGehG). Wenn das Geheimnis im Anschluss über Dritte erlangt wird, kann es vorbehaltlich subjektiver Voraussetzungen ebenfalls zu einer Geheimnisverletzung kommen (§ 4 Abs. 3 S. 1 GeschGehG). Dabei wird auch der Vertrieb rechtsverletzender Produkte adressiert (§ 4 Abs. 3 S. 2 GeschGehG). Vor diesem Hintergrund ist damit **Rechtsverletzer** jede natürliche oder juristische Person, die entgegen § 4 GeschGehG ein Geschäftsgeheimnis rechtswidrig erlangt, nutzt oder offenlegt, vorbehaltlich, dass keine Ausnahme gemäß § 5 GeschGehG vorliegt (§ 2 Nr. 3 GeschGehG).

I. Unerlaubte Erlangung

54 Auch wenn das Geschäftsgeheimnis dem Inhaber nicht absolut zugeordnet sind, sind vorbehaltlich von § 3 GeschGehG praktisch alle Verhaltensweisen zur Erlangung des Geschäftsgeheimnisses ohne Zustimmung des Berechtigten verboten. Ein Geschäftsgeheimnis darf nach § 4 Abs. 1 Nr. 1 GeschGehG nicht erlangt werden durch **unbefugten Zugang** zu, **unbefugte Aneignung** oder **unbefugtes Kopieren** von Dokumenten, Gegenständen, Materialien, Stoffen oder elektronischen Dateien, die der rechtmäßigen Kontrolle des Inhabers des Geschäftsgeheimnisses unterliegen und die das Geschäftsgeheimnis enthalten oder aus denen sich das Geschäftsgeheimnis ableiten lässt. Findet sich das Geschäftsgeheimnis in einer vor dem Auslesen durch Dritte geschützten Datei, die auf einem im Eigentum eines Dritten stehenden Fahrzeugs oder einer fremden Maschine abgelegt ist, spielt erneut der Begriff der „rechtmäßigen Kontrolle" eine Rolle (→ Rn. 47 ff.). Es findet sich eine **Parallele zum Begriff des Inhabers des Geschäftsgeheimnisses.** Da Inhaber eines Geschäftsgeheimnisses nur sein kann, wer die „rechtmäßige Kontrolle über das Geschäftsgeheimnis hat", scheitert im Falle des Vorliegens eines Geschäftsgeheimnisses konsequenterweise auch die Verletzungshandlung eines Dritten nicht daran, dass Maschinen- oder Fahrzeugdaten etc vielfach außerhalb der Unternehmenssphäre im engeren Sinne gespeichert sind. Umgekehrt formuliert: Wäre die „Black Box" eines Fahrzeugs unter der rechtmäßigen Kontrolle des Fahrzeugeigentümers, ist weder der Fahrzeughersteller Inhaber des Geschäftsgeheimnisses noch liegt eine Verletzungshandlung nach § 4 Abs. 1 Nr. 1 GeschGehG zulasten des Herstellers vor. Oder auch: Ist einem Vertragspartner der Zugang zum Geschäftsgeheimnis gestattet, liegt zB im Falle des Kopierens eines Datensatzes keine unbefugte Erlangung des Geschäftsgeheimnisses vor. Eine andere Frage ist, ob der Dritte das Geschäftsgeheimnis im Anschluss (1) nutzen oder (2) offenlegen darf.[188]

55 Ein Geschäftsgeheimnis darf ferner gemäß § 4 Abs. 1 Nr. 2 GeschGehG nicht erlangt werden durch jedes **sonstige Verhalten**, das unter den jeweiligen Umständen nicht dem Grundsatz von Treu und Glauben unter Berücksichtigung der anständigen Marktgepflogenheit entspricht.

---

187 Ohly GRUR 2019, 441 (445).
188 Vgl. BT-Drs. 19/4724, 27.

F. Hofmann

Kurzum, das Geschäftsgeheimnis darf nicht **unlauter erlangt** werden.[189] Der generalklauselartige Auffangtatbestand soll eine **interessengerechte Bewertung** anhand der **Umstände des jeweiligen Einzelfalls** ermöglichen.[190] Ob eine Handlung verboten oder erlaubt ist, hängt damit ganz entscheidend davon ab, ob **rechtsgeschäftlich** eine **Befugnis** zur Vornahme der entsprechenden Handlung besteht oder dies gerade untersagt worden ist.[191]

II. Unerlaubte Nutzung

Ein Geschäftsgeheimnis darf gemäß § 4 Abs. 2 Nr. 1 GeschGehG nicht nutzen, wer das Geschäftsgeheimnis durch eine eigene Handlung, die nach § 4 Abs. 1 Nr. 1 oder Nr. 2 GeschGehG untersagt ist, erlangt hat. Nutzung ist dabei ausweislich der Gesetzesbegründung jede **Verwendung des Geschäftsgeheimnisses**, solange es sich nicht um eine Offenlegung handelt.[192] Selbst wenn das Geschäftsgeheimnis rechtmäßig erlangt wurde, kann eine Nutzung desselben nicht erlaubt sein. Dies ist nach § 4 Abs. 2 Nr. 2 GeschGehG der Fall, wenn jemand gegen eine **Verpflichtung zur Beschränkung der Nutzung des Geschäftsgeheimnisses** verstößt. Eine solche Verpflichtung kann rechtsgeschäftlicher oder gesetzlicher Natur sein.[193] Rechtsgeschäftliche Verpflichtungen können in Arbeitsverträgen oder Vereinbarungen mit Dritten explizit geregelt sein, denkbar ist aber auch, dass sie sich durch Auslegung der vertraglichen Vereinbarung (zB des Arbeitsvertrags) ergeben.[194] Eine Beschränkung der Nutzung von **Erfahrungen** und **Fähigkeiten**, die **Arbeitnehmer im normalen Verlauf** ihrer Tätigkeit **ehrlich erworben** haben, ist ausweislich von Art. 1 Abs. 3 Buchst. b Geschäftsgeheimnis-RL nicht möglich. Sich dabei stellende Abgrenzungsprobleme dürften aber für große Mengen an Maschinendaten keine Rolle spielen.

III. Unerlaubte Offenbarung

Nach § 4 Abs. 2 Nr. 3 GeschGehG darf ein Geschäftsgeheimnis nicht offenlegen, wer dadurch gegen eine Verpflichtung verstößt, das Geschäftsgeheimnis nicht offenzulegen. Offenlegung bedeutet nach der Gesetzesbegründung die **Eröffnung des Geschäftsgeheimnisses gegenüber Dritten**, nicht notwendigerweise aber der Öffentlichkeit.[195] Eine solche Verpflichtung kann sich wiederum aus Vertrag oder Gesetz ergeben.[196]

IV. Verletzerkette

Ein Geschäftsgeheimnis darf nach § 4 Abs. 3 S. 1 GeschGehG nicht erlangen, nutzen oder offenlegen, wer das Geschäftsgeheimnis über eine andere Person erlangt hat und zum Zeitpunkt der Erlangung, Nutzung oder Offenlegung **weiß oder wissen müsste**, dass diese das Geschäftsgeheimnis gemäß § 4 Abs. 2 GeschGehG rechtswidrig genutzt oder offengelegt hat. Das gilt nach § 4 Abs. 3 S. 2 GeschGehG insbesondere, wenn die Nutzung in der Herstellung, dem Anbieten, dem Inverkehrbringen oder der Einfuhr, der Ausfuhr oder der Lagerung für diese Zwecke von rechtsverletzenden Produkten besteht. Wer selbst das Produkt herstellt, haftet unmittelbar aus § 4 Abs. 2 GeschGehG; § 4 Abs. 3 GeschGehG regelt damit den Fall, dass eine Verletzungshandlung nach Abs. 1 und Abs. 2 gerade nicht vorliegt. Es reicht dabei aus, dass bei

56

57

58

---

189 Vgl. Ohly GRUR 2019, 441 (446).
190 BT-Drs. 19/4724, 27.
191 Vgl. Ohly GRUR 2019, 441 (446).
192 BT-Drs. 19/4724, 27.
193 BT-Drs. 19/4724, 27.
194 Ohly GRUR 2019, 441 (446).
195 BT-Drs. 19/4724, 27.
196 BT-Drs. 19/4724, 27.

einer Weitergabe des Geschäftsgeheimnisses über mehrere Personen eine andere Person in der Kette gegen § 4 Abs. 1 GeschGehG verstoßen hat und der oder die Handelnde das wusste oder hätte wissen können.[197]

59   Absatz 3 zeigt, dass namentlich im Falle von Daten, die einer großen Zahl von Personen bekannt sind, der **Bruch einer Vertraulichkeitsvereinbarung** durch einen Verpflichteten nicht zwingend dazu führt, dass der Geheimnisschutz mangels Vorliegens geheimer Informationen erlischt.[198] Bemerkenswert ist ferner, dass der Verletzungstatbestand von **subjektiven Voraussetzungen** abhängig ist. Das Tatbestandsmerkmal „wissen müsste" ist interessengerecht auszulegen. Um redliche Dritte zu schützen, darf die Schwelle nicht zu niedrig angesetzt werden. Es müssen für den Dritten **konkrete Anhaltspunkte** vorliegen, um anzunehmen, dass es sich um ein Geschäftsgeheimnis handelt und dass der Informant es unbefugt weitergibt.[199] Abhängig von den Umständen des Einzelfalls können auch **Nachforschungsobliegenheiten** bestehen.[200] Unter einem **rechtsverletzenden Produkt** versteht § 2 Nr. 4 GeschGehG ein Produkt, dessen Konzeption, Merkmale, Funktionsweise, Herstellungsprozess oder Marketing in erheblichem Umfang auf einem rechtswidrig erlangten, genutzten oder offengelegten Geschäftsgeheimnis beruht.

E. Erlaubte Handlungen

60   Das GeschGehG schützt nicht Informationen als solche, sondern untersagt nur bestimmte Verhaltensweisen im Hinblick auf die Erlangung, Nutzung und Offenlegung von Geschäftsgeheimnissen. Nicht jedwede Handlung ist dabei verboten. Während gemäß § 5 GeschGehG bestimmte an sich rechtswidrige Verhaltensweise situationsabhängig erlaubt sein können, nimmt § 3 GeschGehG bestimmte **Handlungen** von vornherein **vom Schutzbereich des Geheimnisschutzes aus.**[201]

I. Unabhängige Entdeckung oder Schöpfung

61   Ausdruck dessen, dass die Information als solche nicht dem Inhaber des Geschäftsgeheimnisses zugeordnet ist, ist § 3 Abs. 1 Nr. 1 GeschGehG. Demnach darf ein Geschäftsgeheimnis durch eine **eigenständige Entdeckung** oder Schöpfung erlangt werden. Der Begriff „eigenständig" ist richtlinienkonform auszulegen;[202] Art. 3 Abs. 1 Buchst. a Geschäftsgeheimnis-RL spricht von einer „**unabhängigen** Entdeckung oder Schöpfung. Der Begriff der **Schöpfung** ist wenig glücklich, da der Geheimnisschutz anders als der Patent- oder Urheberrechtsschutz nicht von qualitativen Anforderungen an den Schutzgegenstand abhängt. Gemeint ist, dass der Dritte das Geheimnis eigenständig, ohne Rückgriff auf das vorhandene Geheimnis, erlangt. Im Übrigen besorgt auch das Urheberrecht keinen Schutz vor Parallelschöpfungen. Praktische Relevanz hat § 3 Abs. 1 Nr. 1 GeschGehG beispielsweise für das **erneute Messen.**[203] Es ist erlaubt, maschinengenerierte Daten durch **selbstständige Simulationen** zu erzeugen.[204] Ein und dieselbe Information kann in unterschiedlichem Kontext erzeugt werden. Daten über die Produktions-

---

197   BT-Drs. 19/4724, 28.
198   Krüger/Wiencke/Koch GRUR 2020, 578 (581); s. auch Erwägungsgrund 29 Geschäftsgeheimnis-RL.
199   Ohly GRUR 2019, 441 (447).
200   Ohly GRUR 2019, 441 (447).
201   Auch im Recht des Geistigen Eigentums sind nicht alle Verwertungsarten dem Rechtsinhaber zugewiesen. Die Wiedergabe eines Werkes der Musik (zB Vorsingen eines Schlafliedes für das eigene Kind) ist mangels „Öffentlichkeit" der Wiedergabe kein Eingriff in das Verwertungsrecht aus § 15 Abs. 2 UrhG.
202   Ohly GRUR 2019, 441 (447).
203   Zech GRUR 2015, 1151 (1156).
204   Vgl. Sassenberg/Faber Industrie 4.0 und Internet-HdB/Sattler § 2 Rn. 76.

auslastung lassen sich nicht nur an der Maschine erheben, sondern beispielsweise auch im Lager.[205] Mangels Nachahmung besteht auch kein Schutz über § 4 Nr. 3 UWG.[206]

II. Reverse Engineering

Ein Geschäftsgeheimnis darf nach § 3 Abs. 1 Nr. 2 GeschGehG erlangt werden durch ein Beobachten, Untersuchen, Rückbauen oder Testen eines Produkts oder Gegenstands. Damit wird das Reverse Engineering (anders als im bisherigen deutschen Recht) aus dem Schutzbereich des Geheimnisschutzes herausgenommen. Voraussetzung ist aber, dass das Produkt oder der Gegenstand **öffentlich verfügbar** gemacht wurde (§ 3 Abs. 1 Nr. 2 Buchst. a GeschGehG). Alternativ genügt es, wenn sich das Produkt oder der Gegenstand im **rechtmäßigen Besitz** des Beobachtenden, Untersuchenden, Rückbauenden oder Testenden befindet und dieser keiner Pflicht zur Beschränkung der Erlangung des Geschäftsgeheimnisses unterliegt. Die Schranke darf nicht dahin gehend missverstanden werden, dass **technische Absicherungen**, zB zum Zugang von Fahrzeugdaten, **überwunden** werden dürfen.[207] Schlichtes Hacking ist kein Beobachten, Untersuchen, Rückbauen oder Testen eines Produkts oder Gegenstands.[208] Auch ist es möglich, Reverse Engineering **vertraglich auszuschließen**. Beispielsweise bei der Weitergabe von nicht allgemein zugänglichen Prototypen kann dies von praktischer Relevanz sein. Allerdings unterliegen Standardklauseln der **AGB-Kontrolle**. § 3 Abs. 1 Nr. 2 GeschGehG soll dabei, namentlich bei öffentlich verfügbaren Produkten,[209] als Grundgedanke der gesetzlichen Regelung iSv § 307 Abs. 2 Nr. 1 BGB verstanden werden.[210] Eine Kollision kann sich auch mit **§§ 69d Abs. 3, 69g Abs. 2 UrhG** ergeben. Unabhängig von § 3 Abs. 1 Nr. 2 GeschGehG kann das Reverse Engineering aber an anderen Tatbeständen scheitern. So ist namentlich das **Dekompilieren** nur nach Maßgabe von § 69d Abs. 1 UrhG oder § 69e UrhG keine Verletzung des **Urheberrechts an einem Computerprogramm**.[211] 62

III. Arbeitnehmerrechte

Nach § 3 Abs. 1 Nr. 3 GeschGehG darf ein Geschäftsgeheimnis erlangt werden durch ein Ausüben von **Informations- und Anhörungsrechten der Arbeitnehmer** oder von **Mitwirkungs- und Mitbestimmungsrechten der Arbeitnehmervertretung**. 63

IV. Sonstiges

Ein Geschäftsgeheimnis darf nach § 3 Abs. 2 GeschGehG auch erlangt, genutzt oder offengelegt werden, wenn dies **durch Gesetz, aufgrund eines Gesetzes** oder durch **Rechtsgeschäft** gestattet ist. Dies hat letztlich allein klarstellenden Charakter. 64

F. Rechtfertigungsgründe

Die Erlangung, die Nutzung oder die Offenlegung eines Geschäftsgeheimnisses fällt gemäß § 5 GeschGehG nicht unter die Verbote des § 4 GeschGehG, wenn dies zum Schutz eines **berech-** 65

---

205 Vgl. Sassenberg/Faber Industrie 4.0 und Internet-HdB/Sattler § 2 Rn. 76.

206 Harte-Bavendamm/Ohly/Kalbfus, 2020, GeschGehG § 3 Rn. 13.

207 Zur Problematik auch McGuire WRP 2019, 679 (684).

208 Es handelt sich auch nicht um eine andere Vorgehensweise, die unter den gegebenen Umständen mit einer seriösen Geschäftspraxis vereinbar ist (Art. 3 Abs. 1 lit. d Geschäftsgeheimnis-RL).

209 Im Übrigen sollen vertragliche Vereinbarungen gerade im Grundgedanken der gesetzlichen Regelung enthalten sein (vgl. § 3 Abs. 1 Nr. 2 lit. b GeschGehG), Harte-Bavendamm/Ohly/Kalbfus, 2020, GeschGehG § 3 Rn. 27.

210 Vgl. Sassenberg/Faber Industrie 4.0 und Internet-HdB/Sattler § 2 Rn. 77; Leister GRUR-Prax 2019, 75 (76); Apel/Walling DB 2019, 891 (896).

211 Zur Dekompilierung zum Zwecke der Fehlerberichtigung EuGH GRUR 2021, 1508 – Top System/État belge.

tigten Interesses** erfolgt. Was unter einem berechtigten Interesse zu verstehen ist, wird durch drei, wenn auch nicht abschließende **Beispieltatbestände** („insbesondere") näher ausgeführt.

I. Kommunikationsfreiheiten

66 Ausweislich von § 5 Nr. 1 GeschGehG soll die Ausübung von Kommunikationsfreiheiten (**Meinungsfreiheit, Informationsfreiheit, Pressefreiheit**) durch das GeschGehG nicht beschränkt werden. Unterstrichen wird diese Ausnahme durch § 1 Abs. 3 Nr. 2 GeschGehG. Dessen ungeachtet sind die genannten Grundrechte namentlich mit der unternehmerischen Freiheit und auch mit der Eigentumsfreiheit, die nach verbreiteter Meinung auch Geschäftsgeheimnisse schützt,[212] in **praktische Konkordanz** zu bringen.[213] Ein praktischer Anwendungsfall soll der Schutz journalistischer Quellen sein.[214]

II. Whistleblowing

67 Die Erlangung, die Nutzung oder die Offenlegung eines Geschäftsgeheimnisses ist ferner nicht rechtswidrig, wenn dies zur **Aufdeckung einer rechtswidrigen Handlung** oder eines beruflichen oder sonstigen **Fehlverhaltens** erfolgt, wenn die Erlangung, Nutzung oder Offenlegung geeignet ist, das allgemeine öffentliche Interesse zu schützen (§ 5 Nr. 2 GeschGehG). Der Whistleblower muss nicht die Absicht haben, öffentliche Interessen zu schützen; es genügt die objektive Eignung.[215] Während die Ausnahme für die Aufdeckung einer rechtswidrigen Handlung einleuchtet, ist es bedenklich, wenn auch sonstiges Fehlverhalten eine Geheimnisverletzung neutralisieren kann.[216] (Wechselnde) **moralische Standards** könnten damit unmittelbar rechtliche Bedeutung erlangen. In der **Datenwirtschaft** kann dem Whistleblowing durchaus praktische Bedeutung zukommen. So wäre es zulässig, dass ein Mitarbeiter aufdeckt, dass ein Unternehmen in **Widerspruch zum Datenschutzrecht** große Datenmengen sammelt und auswertet. In der Literatur wird zudem eine **Verhältnismäßigkeitsprüfung** angemahnt.[217]

III. Offenlegung gegenüber Arbeitnehmervertretung

68 Die Verwertung eines Geschäftsgeheimnisses ist auch erlaubt, wenn dies im Rahmen der **Offenlegung durch Arbeitnehmer** gegenüber der Arbeitnehmervertretung erfolgt und wenn dies erforderlich ist, damit die Arbeitnehmervertretung ihre Aufgaben erfüllen kann (§ 5 Nr. 3 GeschGehG).

G. Durchsetzung von Geschäftsgeheimnissen

I. Materiellrechtliche Ansprüche

69 Privatrechtsübergreifend lassen sich zwei unterschiedliche Kategorien von Rechten unterscheiden: Zum einen gibt es Normen, die die Rechtszuweisung in Form von Stammrechten besorgen. Zum anderen finden sich Normen, welche die Durchsetzung regeln (Rechtsdurchsetzungsrechte oder Rechtsbehelfe). Letztere wären in einer idealen Welt, in der es keine Rechtsverletzungen gäbe, entbehrlich. Diese Systematik gilt auch für den Geheimnisschutz.[218]

---

212 Zur Problematik Harte-Bavendamm/Ohly/Kalbfus, 2020, GeschGehG Einl. A Rn. 169.
213 Vgl. Ohly GRUR 2019, 441 (448).
214 BT-Drs. 19/4724, 28.
215 BT-Drs. 19/8300, 14.
216 Bürkle CCZ 2018, 193; Dann/Markgraf NJW 2019, 1774 (1777).
217 Ohly GRUR 2019, 441 (448); Dann/Markgraf NJW 2019, 1774 (1777).
218 Zum Ganzen F. Hofmann Der Unterlassungsanspruch als Rechtsbehelf, 2018; F. Hofmann JuS 2018, 833; zum Geheimnisschutz F. Hofmann WRP 2018,1.

Richtigerweise kann der Ausgleich der unterschiedlichen Interessen nicht nur auf der Ebene der Rechtszuweisung erfolgen (beispielsweise durch „Schranken"). Vielmehr kann der Interessenausgleich auch auf der Ebene der Rechtsdurchsetzung („**Remedy-Ebene**") nochmals verfeinert werden.[219] Für eine derartige Feinjustierung wird das deutsche Recht zunehmend sensibilisiert (vgl. auch § 139 Abs. 1 S. 3 PatG), was nicht zuletzt an den europäischen Vorgaben wie in der Geschäftsgeheimnis-RL liegt (vgl. zB Art. 3 Abs. 2 RL 2004/48/EG oder Art. 13 Geschäftsgeheimnis-RL). Namentlich der geschäftsgeheimnisrechtliche Unterlassungsanspruch ist darauf aufbauend nicht absolut (§ 9 GeschGehG). Trotz der prozessualen Formulierung der Rechtsbehelfe in der Geschäftsgeheimnis-RL handelt es sich nach deutscher Systematik um **materiellrechtliche Ansprüche**.[220]

1. Unterlassungs- und Beseitigungsanspruch

Im Falle einer Geheimnisverletzung kann der Rechtsverletzer (§ 2 Nr. 3 GeschGehG) gemäß § 6 GeschGehG auf Unterlassung und Beseitigung in Anspruch genommen werden. Der Unterlassungsanspruch setzt neben einer Rechtsverletzung (vgl. § 4 GeschGehG) **Begehungsgefahr** in Form einer Wiederholungs- oder Erstbegehungsgefahr voraus. Für beide Ansprüche kann ohne Weiteres Rückgriff bei den Kommentierungen des **lauterkeitsrechtlichen Unterlassungsanspruchs** genommen werden.[221] **70**

Traditionell ist der Unterlassungsanspruch verschuldensunabhängig. Da der Unterlassungsanspruch aber häufig einschneidende Folgen für den Verletzer haben kann, klingt in der Geschäftsgeheimnis-RL ein **Verschuldenselement** an (vgl. Art. 13 Abs. 1 Buchst. c Geschäftsgeheimnis-RL).[222] Im deutschen Recht findet sich nunmehr in § 9 GeschGehG ein ausdrücklicher **Verhältnismäßigkeitsvorbehalt** (Anwendungsbeispiel: Vertrieb komplexer Produkte, bei denen eine untergeordnete Komponente auf einem Geschäftsgeheimnis beruht),[223] der von einem **Missbrauchsverbot** flankiert wird (§ 14 GeschGehG). Auch besteht ausnahmsweise die Möglichkeit einer **Abfindung in Geld** (§ 11 GeschGehG). Eine mit § 8 Abs. 2 UWG angelehnte Zurechnungsnorm findet sich in § 12 GeschGehG. **71**

Schuldner des Unterlassungsanspruchs können auch **Intermediäre** sein. In der Literatur wird eine analoge Anwendung von Art. 11 S. 3 RL 2004/48/EG vorgeschlagen.[224] Auch wenn zB ein Plattformbetreiber nicht Täter eines Geheimnisverstoßes ist (vgl. aber § 4 Abs. 3 GeschGehG) kann eine Haftung wegen der Verletzung von Verkehrspflichten in Betracht kommen.[225] **72**

2. Schadensersatzanspruch

Eine Geheimnisverletzung kann **verschuldensabhängig** Schadensersatzansprüche auslösen (§ 10 Abs. 1 GeschGehG). Wie im Recht des Geistigen Eigentums können bei der Berechnung des Umfangs des Schadensersatzes **drei Berechnungsmethoden** herangezogen werden (dreifache Schadensberechnung):[226] Konkreter Schaden, Lizenzanalogie, Gewinnherausgabe (§ 10 Abs. 2 GeschGehG). Nach § 10 Abs. 3 GeschGehG kann der Inhaber des Geschäftsgeheimnisses auch wegen des Schadens, der nicht Vermögensschaden ist, von dem Rechtsverletzer eine **Entschädigung in Geld** verlangen, soweit dies der Billigkeit entspricht. **73**

---

219 Vgl. F. Hofmann ZUM 2018, 641 (645 ff.); F. Hofmann WRP 2018, 1 (1 f.).
220 F. Hofmann WRP 2018, 1 (5 ff.).
221 BT-Drs. 19/4724, 28; vgl. zB Großkommentar UWG/F. Hofmann (2022), § 8 Rn. 1 ff.
222 F. Hofmann WRP 2018, 1 (6); zu § 9 Nr. 3 GeschGehG BT-Drs. 19/4724, 32.
223 Ohly GRUR 2019, 441 (449).
224 Harte-Bavendamm/Ohly/Kalbfus, 2020, GeschGehG § 6 Rn. 77.
225 Harte-Bavendamm/Ohly/Kalbfus, 2020, GeschGehG § 6 Rn. 83.
226 BT-Drs. 19/4724, 32.

3. Sonstige Ansprüche

74   Weitere Ansprüche finden sich in § 7 GeschGehG. Geregelt sind Ansprüche zur **Vernichtung**, **Herausgabe**, **Rückruf** und **Entfernung und Rücknahme vom Markt**. Ein **Auskunftsanspruch** findet sich in § 8 GeschGehG, wobei die fehlende, verspätete, unvollständige oder falsche Auskunftserteilung Schadensersatzansprüche auslösen kann (§ 8 Abs. 2 GeschGehG). Auch hier gilt jeweils der **Verhältnismäßigkeitsvorbehalt** des § 9 GeschGehG (vgl. auch §§ 11, 14 GeschGehG).

75   Auch aus dem Unterlassungsanspruch können nach der **Rückrufrechtsprechung des BGH** Rückrufverpflichtungen folgen.[227] Diese Rechtsprechung lässt sich auf Geheimnisverletzungen ohne Weiteres übertragen.

II. Prozessuale Durchsetzung

76   Der zivilprozessuale Öffentlichkeitsgrundsatz steht in einem Spannungsverhältnis zum geheimen Charakter von als Geschäftsgeheimnis geschützter Information. Die prozessuale Durchsetzung von Geheimnisverletzungen ist daher wenig attraktiv, es droht der Verlust des Geheimnisstatus. Der Gesetzgeber adressiert diese Problematik in §§ 16 ff. GeschGehG. Auch wenn ein vollständiges **in Camera-Verfahren** nicht eingeführt wird (vgl. § 19 GeschGehG),[228] kann das Gericht der Hauptsache in **Geschäftsgeheimnisstreitsachen** auf Antrag einer Partei streitgegenständliche Informationen ganz oder teilweise **als geheimhaltungsbedürftig einstufen**, wenn diese ein Geschäftsgeheimnis sein können (§ 16 Abs. 1 GeschGehG). Dadurch entsteht eine Geheimhaltungspflicht (§ 16 Abs. 2 GeschGehG), die auch nach Abschluss des Verfahrens fortbesteht (§ 18 GeschGehG). Eine Sanktion findet sich in § 17 GeschGehG in Form von der Verhängung von **Ordnungsmitteln**.

III. Strafrechtlicher Schutz

77   Während der Schutz von Geschäftsgeheimnissen nach altem deutschen Recht originär strafrechtlich geregelt war, findet sich im GeschGehG allein eine **flankierende Strafvorschrift** (§ 23 GeschGehG).

---

227 Überblick bei F. Hofmann in: Möstl/Purnhagen Maßnahmen und Sanktionen im Lebensmittelrecht, 2021, 81.

228 Vgl. Sassenberg/Faber Industrie 4.0 und Internet-HdB/Sattler § 2 Rn. 80; Schlingloff WRP 2018, 666 (668 ff., 670.).

§ 12 Big Data und Wettbewerbsrecht

Literatur: *Akman*, Regulating Competition in Digital Platform Markets: A Critical Assessment of the Framework and Approach of the EU Digital Markets Act, European Law Review (ELR) 47 (2022) 85; *Argenton/Prüfer*, Search Engine Competition with Network Externalities, Journal of Competition Law & Economics (JCLE) 8 (2012) 73; *Bishop/Walker*, The Economics of EC Competition Law, 3. Aufl. 2010; BKartA, Big Data und Wettbewerb, 2017; BKartA/Autorité de la concurrence (ADLC), Competition Law and Data, 2016; *Bongartz*, § 19a GWB – a keeper? – Die bleibende Bedeutung der Vorschrift im Abgleich mit dem DMA-Entwurf, WuW 2022, 72; *Budzinski/Grusevaja/Noskova*, The Economics of the German Investigation of Facebook's Data Collection, Market and Competition Law Review (MCLR) 5 (2021) 43; *Bueren*, Kartellrecht und Datenschutzrecht – zugleich ein Beitrag zur 10. GWB-Novelle und zum Facebook-Verfahren, ZWeR 2019, 403; *Cabral* et al, The EU Digital Markets Act – A Report from a Panel of Economic Experts, 2021; *Condorelli/Padilla*, Harnessing Platform Envelopment in the Digital World, Journal of Competition Law & Economics (JCLE) 16 (2020) 143; *Crémer/de Montjoye/Schweitzer*, Competition policy for the digital era, 2019; *Deuring*, Datenmacht, 2021; *Dewenter/Lüth*, Big Data: Eine ökonomische Perspektive, in Körber/Immenga, Daten und Wettbewerb in der digitalen Ökonomie, 2017, S. 9 (zit.: Dewenter/Lüth in Körber/Immenga); *Ducci*, Natural Monopolies in Digital Platform Markets, 2020; *Eisenmann/Parker/Van Alstyne*, Platform Envelopment, Strategic Management Journal (SMJ) 32 (2011) 1270; *Franck*, Eine Frage des Zusammenhangs: Marktbeherrschungsmissbrauch durch rechtswidrige Konditionen – Facebook im Visier des Bundeskartellamts, ZWeR 2016, 137; *Furman* et al, Unlocking digital competition, 2019 (zit.: Furman-Report); *Galle*, Anm. BGH 23.6.2020 – KVR 69/19, BB 2020, 2061; *Geradin*, The leaked „final" version of the Digital Markets Act: A summary in ten points, Platform Law Blog v. 19.4.2022, https://t1p.de/h5 9p8; *Gerpott/Mikolas*, Zugang zu Daten großer Online-Plattformbetreiber nach der 10. GWB-Novelle, CR 2021, 137; *Graef*, EU Competition Law, Data Protection and Online Platforms – Data as Essential Facility, 2016; *Graef*, Market Definition and Market Power in Data: The Case of Online Platforms, World Competition (WoCo) 38 (2015) 473; *Grünwald*, Gekommen, um zu bleiben? – § 19a GWB im Lichte des DMA-Entwurfs, NZKart 2021, 496; *Haucap*, Data Protection and Antitrust: New Types of Abuse Cases? An Economist's View in Light of the German Facebook Decision, CPI Antitrust Chronicle (AC) Winter 2019, Vol. 2/2, https://t1p.de/nrzry; *Haucap*, Plattformökonomie: neue Wettbewerbsregeln – Renaissance der Missbrauchsaufsicht, Wirtschaftsdienst 2020, Heft S1, S. 20; *Heim*, Datenbasierte Marktmacht in der europäischen Fusionskontrolle, 2021; *Herrlinger*, Der geänderte § 20 GWB – Zwischen Leistungswettbewerb und Netzwerkeffekten, WuW 2021, 325; *Hillmer*, Daten als Rohstoffe und Entwicklungstreiber für selbstlernende Systeme, 2021; *Hillmer*, Daten und Datennetzwerkeffekte als Innovationsfaktoren bei selbstlernenden Systemen, ZfDR 2021, 255; *Holzweber*, Daten als Machtfaktor in der Fusionskontrolle, NZKart 2016, 104; *Höppner*, Duty to Treat Downstream Rivals Equally: (Merely) a Natural Remedy to Google's Monopoly Leveraging Abuse, European Competition and Regulatory Law Review (CoRe) 1 (2017) 208; *Höppner*, Plattform-Regulierung light – Zum Konzept der Unternehmen mit überragender marktübergreifender Bedeutung in der 10. GWB-Novelle, WuW 2020, 71; *Höppner/Westerhoff*, The EU's competition investigation into Amazon Marketplace, Kluwer Competition Law Blog v. 30.11.2018, https://t1p.de/acu6c; *Höppner/Westerhoff*, Wettbewerbsbeschränkungen unter dem Deckmantel des Datenschutzes – Apples App-Tracking-Policy auf dem Prüfstand, ZfDR 2021, 280; *Hoffer/Lehr*, Onlineplattformen und Big Data auf dem Prüfstand – Gemeinsame Betrachtung der Fälle Amazon, Google und Facebook, NZKart 2019, 10; *Huerkamp/Nuys*, Datenzugang nach § 19 Abs. 2 Nr. 4 GWB nF – Geglückte „Klarstellung"?, NZKart 2021, 327; *Kadar/Bogdan*, ‚Big Data' and EU Merger Control – A Case Review, Journal of European Competition Law & Practice (JECLAP) 2017, 479; *Karbaum/Schulz*, „Antitrust Litigation 2.0" – Private Enforcement beim DMA?, NZKart 2022, 107; *Kerber*, Datenrechtliche Aspekte des Digital Markets Act, ZD 2021, 544; *Kerber*, Datenzugangsansprüche im Referentenentwurf zur 10. GWB-Novelle aus ökonomischer Perspektive, WuW 2020, 249; *Kerber*, Rights on Data: The EU Communication ‚Building a European Data Economy from an Economic Perspective', in Lohsse/Schulze/Staudenmayer, Trading Data in the Digital Economy: Legal Concepts and Tools, 2017; *Kerber/Zolna*, The German Facebook case: the law and economics of the relationship between competition and data protection law, European Journal of Law and Economics (EJLE) 54 (2022), https://t1p.de/5ffo7; *Khan*, Amazon's Antitrust Paradox, Yale Law Journal (YLJ) 126 (2017) 710; *König*, Der Zugang zu Daten als Schlüsselgegenständen der digitalen Wirtschaft, in Hennemann/Sattler, Immaterialgüter und Digitalisierung, 2017, S. 89 (zit.: König in Hennemann/Sattler); *König*, Einleitung zum DMA in Steinrötter, Europäische Plattformregulierung, 2023 (zit.: König in Steinrötter); *König*, Exploit to Exclude: Federal Court of Justice Considers Facebook's Data Policy to Violate Competition Law, European Competition and Regulatory Law Review (CoRe) 4 (2020) 294; *König*, KI und Wettbewerbsrecht in Ebers/Heinze/Krügel/Steinrötter, Künstliche Intelligenz und Robotik, 2020, S. 542 (zit.: EHKS KI/König); *König*, Towards a Data Sharing Economy: The Legal Framework for Access to Data, in Veenbrink/Looijestijn-Clearie/Rusu, Digital Markets in the EU, 2018, S. 175; *König*, Verhaltenspflichten für Torwächter in Steinrötter, Europäische Plattformregulierung, 2023 (zit.: König in Steinrötter); *Körber*, Die Facebook-Entscheidung des Bundeskartellamtes – Machtmissbrauch durch Verletzung des Datenschutzrechts?, NZKart 2019, 187; *Körber*, „Digitalisierung" der Missbrauchsaufsicht durch die 10. GWB-Novelle, MMR 2020, 290; *Körber*, „Ist Wissen Marktmacht?" Überlegungen zum Verhältnis von Datenschutz, „Datenmacht" und Kartellrecht, NZKart 2016, 303 (Teil 1), 348 (Teil 2); Kommission Wettbewerbsrecht 4.0, Ein neuer Wettbewerbsrahmen für die Digitalwirtschaft, 2019; *Krämer*, Personal Data Portability In The Platform Economy: Economic Implications And Policy Recommendations, Journal of Competition Law & Economics (JCLE) 17 (2021) 263; Krämer/Senellart/de Streel, Making Data Portability More Effective for the Digital Economy, 2020; *Krämer/Schnurr*, Big Data and Digital Markets Contestability: Theory of Harm and Data Access Remedies, Journal of Competition Law & Economics (JCLE) 18 (2022) 255; *Lichtenberg*, Googles Knowledge Panels nach der 10. GWB-Novelle, NZKart 2021, 286; *Louven*, Datenmacht und Zugang zu Daten, NZKart 2018, 217; *Lundqvist*, Competition and Data Pools, EuCML 2018, 146; *Lypalo*, Can Competition Protect Privacy? An Analysis Based on the German Facebook Case, World Competition (WoCo) 44 (2021), 169; *Mackenroth/Wiedemann*, Zur kartellrechtlichen Bewertung der Datenverarbeitung durch Facebook und ihrer normativen Kohärenz mit dem Datenschutzrecht und dem Datenschuldrecht, ZUM 2021, 89; Mäihäniemi, Competition Law and Big Data, 2020; Monopolkommission, Wettbewerb 2020, XXIII. Hauptgutachten, 2020; Monopolkommission, Wettbewerb 2022, XXIV. Hauptgutachten, 2022; Monopolkommission, 10. GWB-Novelle – Herausforderungen auf digitalen und regionalen Märkten begegnen!, Policy Brief, Ausgabe 4, 2020; *Modrall*, Big Data and Merger Control in the EU, Journal of European Competition Law & Practice (JECLAP) 9 (2018) 569; *Möller/Weise*, Amazon again: Das Kartellverbot als blinder Fleck des „Marketplace"-Falls der Europäischen Kommission, GMW-Blog v. 18.12.2020, https://t1p.de/uq3w9; *Mörsdorf*, Im Bermudadreieck zwischen Datenschutz und Kartellrecht – Das Geschäftsmodell der digitalen Plattformökonomie auf dem Prüfstand, ZIP 2020, 2259; *Mohr*, Kartellrechtlicher Konditionenmissbrauch durch datenschutzwidrige Allgemeine Geschäftsbedingungen – Die Facebook-Entscheidung des Bundeskartellamts v. 6.2.2019, EuZW 2019, 265; *Nuys*, „Big Data" – Die Bedeutung von Daten im Kartellrecht, WuW 2016, 512; *O'Donoghue/Padilla*, The Law and Economics of Article 102 TFEU, 2 Aufl. 2013; OECD, Big Data: Bringing Competition Policy to the Digital Era – Background note by the Secretariat, 2016; *Petit*, The Proposed Digital Markets Act (DMA): A Legal and Policy Review, Journal of European Competition Law & Practice (JECLAP) 12 (2021) 529; *Podszun*, Der Verbraucher als Marktakteur: Kartellrecht und Datenschutz in der „Facebook"-Entscheidung des BGH, GRUR 2020, 1268; *Podszun/Bongartz/Langenstein*, The Digital Markets Act: Moving from Competition Law to Regulation for Large Gatekeepers, EuCML 2021, 60; *Podszun/Pfeifer*, Datenzugang nach dem EU Data Act: Der Entwurf der Europäischen Kommission, GRUR 2022, 953; *Posner*, Antitrust Law, 2. Aufl. 2001; *Prüfer/Schottmüller*, Competing with Big Data, Journal of Industrial Economics (JIE) 69 (2021) 967; *Schaefer/Sapi*, Learning from Data and Network Effects: The Example of Internet Search, 2020, https://t1p.de/30bs9; *Schmidt*, Zugang zu Daten nach europäischen Kartellrecht, 2020; *Schweitzer*, Datenzugang in der Datenökonomie: Eckpfeiler einer neuen Informationsordnung, GRUR 2019, 569; *Schweitzer*, Digitale Plattformen als private Gesetzgeber: Ein Perspektivwechsel für die europäische „Plattform-Regulierung", ZEuP 2019, 1; *Schweitzer*, Missbrauch von Marktmacht durch Datenzugriff: Kartellrechtliche Vorgaben für den Umgang digitaler Plattformen mit Nutzerdaten, JZ 2022, 16; *Schweitzer*, The Art to Make Gatekeeper Positions Contestable and the Challenge to Know What Is Fair: A Discussion of the Digital Markets Act Proposal, ZEuP 2021, 503; *Schweitzer/Haucap/Kerber/Welker*, Modernisierung der Missbrauchsaufsicht für marktmächtige Unternehmen, 2018; *Schweitzer/Peitz*, Ein neuer europäischer Ordnungsrahmen für Datenmärkte?, NJW 2018, 275; *Schepp/Wambach*, On Big Data and Its Relevance for Market Power Assessment, Journal of Competition Law & Practice (JECLAP) 7 (2016) 120; *Scott Morton* et al, Market

Structure and Antitrust Subcommittee Report, 2019 (zit.: Stigler-Report); *Stucke/Grunes*, Big Data and Competition Policy, 2016; *Tamke*, Marktmacht in digitalen Märkten nach der 9. GWB-Novelle, NZKart 2018, 503; *Thomas*, Wettbewerb in der digital economy: Verbraucherschutz durch AGB-Kontrolle im Kartellrecht, NZKart 2017, 92; *Van den Bergh/Weber*, The German Facebook Saga: Abuse of Dominance or Abuse of Competition Law?, World Competition (WoCo) 44 (2021) 29; *Weck/Reinhold*, Der Facebook-Fall nach europäischem Recht, WuW 2021, 70; *Westermann*, Der geplante Digital Markets Act: Europäische Regulierung zentraler Plattformdienste außerhalb des Kartellrechts? ZHR 186 (2022) 325; *Witt*, Excessive Data Collection as a Form of Anticompetitive Conduct: The German Facebook Case, Antitrust Bulletin (AB) 66 (2021) 276; *Zhu/Liu*, Competing with complementors: An empirical look at Amazon.com, Strategic Management Journal (SMJ) 39 (2018) 2618.

A. Einleitung

Enorme Fortschritte im Bereich der Informationstechnik treiben die Entwicklung der digitalen Wirtschaft voran und haben den kometenhaften Aufstieg von Geschäftsmodellen ermöglicht, die auf der Sammlung und Verarbeitung von **Daten** basieren. Auch in traditionellen Wirtschaftssektoren wie Energiewirtschaft, Maschinenbau oder Automobilindustrie spielen Daten eine immer größere Rolle, zB für die Verbesserung von Produktionsprozessen und die Entwicklung von Innovationen.[1] Daten haben sich damit sektorübergreifend zu einer **bedeutenden Ressource** entwickelt, die als **wichtiger Wettbewerbsfaktor** über unternehmerischen Erfolg entscheiden kann. Das gilt in besonderem Maße für **Big Data**, also riesige Datenmengen, die zB über Websites, Apps oder Gerätesensoren erhoben werden, sowie die Technologien, die zur Verarbeitung und Auswertung dieser Daten notwendig sind.[2] **1**

Vor diesem Hintergrund ist heute anerkannt, dass es ein wichtiges Ziel der **Wettbewerbspolitik** ist, **Datenmärkte** offenzuhalten und zu verhindern, dass marktmächtige Unternehmen den Zugang zu wichtigen **Datenquellen** behindern.[3] Wettbewerbsbehörden weltweit gehen mittlerweile recht energisch gegen Datenverarbeitungspraktiken vor, die sie für wettbewerbsschädlich halten.[4] Auch Gesetzgeber sind vielfach bereits tätig geworden und haben neue **2**

---

1 Zur Bedeutung von Daten für verschiedene Geschäftsmodelle → § 2 Rn. 18 ff.
2 Zu den technischen Grundlagen → § 1 Rn. 1 ff.
3 Vgl. nur Kommission Wettbewerbsrecht 4.0, Wettbewerbsrahmen, 13 ff., 34 ff.; Stigler-Report, 21 ff.; Furman-Report Rn. 1.37 ff., 1.71 ff., 2.48 ff., 2.79 ff.; Crémer/de Montjoye/Schweitzer Competition Policy, 7 ff., 73 ff.; Schweitzer/Haucap/Kerber/Welker Modernisierung, 6 ff., 128 ff.; OECD Big Data Rn. 20 ff., 42 ff.
4 Zur Entscheidungspraxis ausf. → Rn. 26 ff., 43 ff., 52 ff., 66 ff.

Instrumente geschaffen, die dabei helfen sollen, die ökonomischen Potenziale von Big Data bestmöglich zu nutzen. Zu nennen sind etwa die datenbezogenen Regelungen des **GWB-Digitalisierungsgesetzes**[5] und des **Digital Markets Act** (DMA),[6] mit denen ua wettbewerbsfördernde **Datenzugangsansprüche** geschaffen wurden.

3 Im Folgenden soll zunächst die bereits skizzierte Bedeutung von Daten für den **Wettbewerb** näher erläutert werden (B), bevor dann darauf eingegangen wird, welche Rolle große Datenbestände und Datenanalysefähigkeiten bei der Bestimmung von **Marktmacht** spielen (C). Anschließend wird aufgezeigt, welche Beschränkungen sich aus dem Wettbewerbsrecht für die **Erhebung** und **Verarbeitung** von **Daten** ergeben (D) und unter welchen Voraussetzungen wettbewerbsrechtliche **Datenzugangsansprüche** bestehen (E). Auf **Datenportabilität** (F) und Möglichkeiten des **Datenpoolings** (G) wird ebenfalls kurz eingegangen. Den Abschluss bildet ein Blick auf die Bedeutung von Daten in der **Fusionskontrolle** (H).

B. Big Data und Wettbewerb

4 Aus technischer Sicht ist zunächst klarzustellen, dass es „die" Daten nicht gibt, sondern dass sich zahlreiche verschiedene Arten von Daten unterscheiden lassen.[7] Wichtig ist zB die Unterscheidung zwischen **strukturierten Daten**, die in einem vordefinierten Format gespeichert werden (zB in einer relationalen Datenbank), und **unstrukturierten Daten**, bei denen dies nicht der Fall ist. Auch kann nach Datenquellen differenziert werden, zB zwischen **menschen-** und **maschinengenerierten Daten** oder zwischen Daten, die ein Nutzer freiwillig zur Verfügung stellt (*volunteered data*) und Daten, die zB durch Tracking-Algorithmen oder Sensoren automatisch erfasst werden (*observed data*).[8] Von zentraler Bedeutung, auch für die wettbewerbsökonomische und wettbewerbsrechtliche Bewertung, ist ferner der Unterschied zwischen **Rohdaten** (Primärdaten), die durch Beobachtung, Messung oder Datenerhebung gewonnen werden, und **verarbeiteten Daten** (Sekundärdaten), die das Ergebnis einer oft softwaregestützten Prüfung, Aufbereitung und/oder Verarbeitung von Rohdaten sind. Im Mittelpunkt der hiesigen Betrachtungen steht **„Big Data"**, also Daten, die in großer Vielfalt, in großen Mengen und mit hoher Geschwindigkeit anfallen und die sich mit klassischer Datenverarbeitungssoftware in der Regel nicht mehr sachgerecht verwalten lassen.[9]

5 Die Bedeutung von Daten für den Wettbewerb hängt stark davon ab, um welche Art von Daten es sich handelt und welche Erkenntnisse sich daraus gewinnen lassen.[10] Es müssen also die jeweiligen Märkte und Geschäftsmodelle konkret betrachtet werden. Generell lässt sich jedoch an **wettbewerbsfördernden Effekten** zunächst festhalten, dass Daten die Produktivität von Unternehmen erhöhen können.[11] **Effizienzsteigerungen** lassen sich etwa dadurch erreichen, dass Produktionsprozesse mithilfe von Big-Data-Anwendungen optimiert werden (zB *predictive maintenance*). Außerdem können **Kundenpräferenzen** genauer analysiert und etwa durch individuelleres Produktdesign und personalisierte Werbung gezielter angesprochen werden.[12]

---

5 Gesetz zur Änderung des Gesetzes gegen Wettbewerbsbeschränkungen für ein fokussiertes, proaktives und digitales Wettbewerbsrecht 4.0 und anderer Bestimmungen v. 18.1.2021, BGBl. 2021 I 2.

6 Verordnung (EU) 2022/1925 des Europäischen Parlaments und des Rates v. 14.9.2022 über bestreitbare und faire Märkte im digitalen Sektor, ABl. L 265/1.

7 Vgl. auch Crémer/de Montjoye/Schweitzer Competition Policy, 74 ff.; Körber NZKart 2016, 303 (304).

8 Krämer/Senellart/de Streel Data Portability, 50 f.; Furman-Report Rn. 2.54; Crémer/de Montjoye/Schweitzer Competition Policy, 24.

9 Vgl. Stigler-Report, 21 ff.; Stucke/Grunes Big Data Rn. 2.01 ff.; OECD Big Data, Rn. 5; → § 1 Rn. 1 ff.

10 Vgl. auch Crémer/de Montjoye/Schweitzer Competition Policy, 8, 24 ff.; Mäihäniemi Big Data, 34 ff.; Körber NZKart 2016, 303 (305 f.); Nuys WuW 2016, 512 (515 f.).

11 Vgl. zum Folgenden OECD Big Data, Rn. 16 ff.

12 Dazu etwa Furman-Report Rn. 1.37 ff.; Körber NZKart 2016, 303 (304 f.).

Daten sind ferner ein wichtiger **Innovationstreiber**,[13] weil sich mit ihrer Hilfe Marktentwicklungen und Nachfragetrends genauer vorhersagen lassen. Dadurch lassen sich ggf. unbekannte Bedarfe und Marktlücken identifizieren, um neue Angebote zu entwickeln. **Datenbasierte Geschäftsmodelle** etwa im Bereich der Digitalwirtschaft (zB werbefinanzierte Suchmaschinen oder Social-Media-Plattformen) werden durch den Einsatz von Daten überhaupt erst möglich.

Dem stehen allerdings **wettbewerbsschädliche Effekte** bzw. Gefahrenlagen gegenüber. Da Daten auf vielen Märkten zu einem wesentlichen Inputfaktor geworden sind, kann die Kontrolle wichtiger Datenquellen **Marktmacht** begründen und **wettbewerbswidriges Verhalten** ermöglichen.[14] Datenzugangsansprüche können Abhilfe schaffen, sind aber ua mit dem Risiko verbunden, dass wichtige Anreize für die Gewinnung und Verarbeitung von Daten geschmälert werden.[15] Die richtige Balance ist schwer zu finden. Auch der freiwillige Austausch von Daten zwischen Unternehmen (*data sharing, data pooling*) ist nicht frei von Gefahren. Vielmehr kann es – wie beim klassischen Informationsaustausch[16] – **Kollusionsgefahren** begründen, wenn Unternehmen, die miteinander im Wettbewerb stehen und ihr Verhalten somit eigentlich unabhängig voneinander bestimmen sollten, Daten teilen.[17] Dasselbe gilt für die öffentliche Verfügbarkeit von Daten, weil sie die Markttransparenz erhöht.[18]

Erhebliche Gefahren für den Wettbewerb können insbes. von **datengetriebenen Netzwerkeffekten** ausgehen.[19] Damit ist gemeint, dass die Nutzer eines Produkts indirekt davon profitieren, dass andere Nutzer dasselbe Produkt nutzen, weil der Anbieter so über mehr Nutzerdaten verfügt, die er verwenden kann, um das Produkt zu verbessern. Es gilt also: Je mehr Nutzer, desto mehr Daten; je mehr Daten, desto besser das Produkt; je besser das Produkt, desto mehr Nutzer. Solche selbstverstärkenden Effekte treten zB bei Suchmaschinen und Navigationsdiensten auf,[20] ebenso bei anderen Plattformen, die mit **Empfehlungs-** oder **Rankingalgorithmen** arbeiten (zB Social Media, E-Commerce). Im Modell lässt sich zeigen, dass Märkte, auf denen datengetriebene Netzwerkeffekte von Bedeutung sind, mit großer Wahrscheinlichkeit irgendwann von einem einzelnen Unternehmen beherrscht werden, weil dieses Unternehmen durch den besseren Datenzugang einen uneinholbaren Vorsprung gegenüber der Konkurrenz erlangt.[21] Man spricht vom sog. *Tipping*. Ein zentrales wohlfahrtsökonomisches Problem derartig „gekippter" Märkte ist, dass sich die Innovationsanreize sowohl des Marktbeherrschers als auch der übrigen Unternehmen reduzieren, weil die Beteiligten wissen, dass die Position des Marktbeherrschers angesichts dessen niedrigerer Grenzkosten von Innovationen durch Qualitätswettbewerb nicht angreifbar ist.[22]

Ein großer Datenpool bzw. die Kontrolle ergiebiger Datenquellen kann außerdem eine gute Ausgangslage bieten, um auf weitere Märkte vorzudringen, auf denen sich mit datengetriebenen Innovationen die Produkt- oder Servicequalität verbessern lässt. Diese Strategie ist in der Literatur als **datengetriebenes „*envelopment*"** (dt.: Umhüllung, Umklammerung) beschrieben

6

7

8

---

13 Vgl. Hillmer ZfDR 2021, 255 (256 ff.); Hillmer Daten, 89 ff., 300 ff.; Schweitzer GRUR 2019, 569 (569 ff.); Schweitzer/Peitz NJW 2018, 275 (275 f.); BKartA/ADLC Data, 8 ff.
14 Ausf. → Rn. 10 ff., 20 ff.
15 Ausf. → Rn. 76 ff.
16 Vgl. dazu ausf. EU-Kommission Horizontalleitlinien, ABl. EU 2011 C 11/1 Rn. 55 ff.
17 Ausf. → Rn. 108 ff.
18 Vgl. dazu Crémer/de Monjoye/Schweitzer Competition Policy, 96; EHKS KI/König, 542 Rn. 10 ff.; BKartA Big Data, 8; OECD Big Data, Rn. 75 ff.
19 Ausf. Krämer/Schnurr JCLE 2022, 255 (259 ff.); Hillmer ZfDR 2021, 255 (263 ff.); Hillmer Daten, 273 ff.; Prüfer/Schottmüller JIE 2021, 967 (967 ff.); Schaefer/Sapi Learning, 4; Stucke/Grunes Big Data Rn. 14.01 ff.
20 Prüfer/Schottmüller JIE 2021, 967 (968); Ducci Natural Monopolies, 57 ff.
21 Prüfer/Schottmüller JIE 2021, 967 (968 f., 974 ff.); Argenton/Prüfer JCLE 2012, 73 (76, 82 ff.). Vgl. auch BKartA Big Data, 8 f.: „Schneeball-Effekt".
22 Krämer/Schnurr JCLE 2022, 255 (259 f.); Prüfer/Schottmüller JIE 2021, 967 (969).

worden.[23] Der gute Zugang zu Daten auf einem Markt wird dabei als Hebel genutzt, um einen anderen Markt zu erobern, auf dem diese Daten ebenfalls von Nutzen sind.[24] Je nach Bedeutung der Daten für die Entwicklung von Innovationen und die Verbesserung der Produkt- und Servicequalität kann es dem vorstoßenden Unternehmen gelingen, auch auf dem Zielmarkt eine beherrschende Stellung zu erlangen. Durch das Vorstoßen werden außerdem neue Datenquellen erschlossen, die wiederum genutzt werden können, um bestehende Machtstellungen abzusichern und weitere Märkte zu erobern. Dadurch kann es zu einem **Dominoeffekt** kommen, bei dem immer mehr Märkte zugunsten des datenmächtigen Unternehmens kippen[25] – mit entsprechend nachteiligen Folgen für Innovationen und Wettbewerb.

9 Auch für Märkte und Geschäftsmodelle, bei denen die Abhängigkeit von Daten weniger groß ist, lässt sich festhalten, dass **datenbezogene Wertschöpfungsketten** typischerweise durch **Größen- und Verbundvorteile** (*economies of scale and scope*) geprägt sind.[26] Je größer die vorhandenen Datenmengen bzw. je besser der Zugang zu ergiebigen Datenquellen, desto leichter lassen sich Investitionen in die benötigte Infrastruktur (zB Speicher- und Rechenkapazitäten, Algorithmen) und den Aufbau des erforderlichen Know-hows amortisieren. Gerade bei fortschrittlichen Anwendungen, die auf **maschinellem Lernen** und **künstlicher Intelligenz** beruhen, hängt die Kosteneffizienz oft in entscheidendem Maße davon ab, in welcher Menge (und Qualität) Inputdaten zur Verfügung stehen.

C. Big Data und Marktmacht

10 Bereits die Ausführungen im vorigen Abschnitt legen nahe, dass der Besitz großer Datenmengen und die Kontrolle wichtiger Datenquellen **Marktmacht** begründen können.[27] Aus ökonomischer Sicht ist damit die Fähigkeit eines Unternehmens gemeint, einen Preis oberhalb des hypothetischen Wettbewerbspreises festsetzen zu können, ohne Verluste zu machen.[28] Marktmacht in diesem Sinne gründet gewöhnlich darauf, dass das Unternehmen keinem hinreichenden Wettbewerbsdruck ausgesetzt ist.

11 Da Daten heute auf vielen Märkten ein wichtiger Inputfaktor sind, kann der fehlende Zugang zu Daten eine bedeutende **Markteintrittsbarriere** darstellen.[29] Wer zB keinen Zugriff auf Verkehrsdaten hat, kann sinnvollerweise keinen Navigationsdienst anbieten. Die Entstehung solcher Marktbarrieren ist davon abhängig, ob und ggf. in welchem Maße bestimmte Daten als Input für ein bestimmtes Angebot benötigt werden und ob die Daten selbst beschafft oder von Dritten erworben werden können.[30] Datenbezogene Marktmacht kann außerdem durch die im vorigen Abschnitt erläuterten **Größen- und Verbundvorteile** befördert werden.[31] Auch die dort ebenfalls bereits erwähnten **datengetriebenen Netzwerkeffekte** spielen für die Bestimmung von Marktmacht eine bedeutende Rolle.[32]

---

23 Krämer/Schnurr JCLE 2022, 255 (261 f.); Condorelli/Padilla JCLE 2020, 143 (182 und passim); in Anlehnung an Eisenmann/Parker/Van Alstyne SMJ 2011, 1270 (1270 ff.), die noch vor allem darauf abstellen, dass sich die Nutzergruppen von Herkunfts- und Zielmarkt überschneiden (zB Microsoft Windows und Media Player).

24 Prüfer/Schottmüller JIE 2021, 967 (970) sprechen von „verbundenen Märkten" (*connected markets*), wenn Daten aus einem Markt als wertvoller Input für ein Angebot auf einem anderen Markt dienen können.

25 Krämer/Schnurr JCLE 2022, 255 (261); Prüfer/Schottmüller JIE 2021, 967 (970).

26 Ducci Natural Monopolies, 22 f.; Kommission Wettbewerbsrecht 4.0, Wettbewerbsrahmen, 14 f.; Dewenter/Lüth in Körber/Immenga Daten, 9 (21 f.).

27 Vgl. ausf. Heim Marktmacht, 20 ff.; Monopolkommission HG 2020 Rn. 52 ff.; Louven NZKart 2018, 217 (219 ff.); Körber NZKart 2016, 303 (305 ff.); BKartA/ADLC Data, 25 ff.; Graef WoCo 2015, 473 (501 ff.).

28 O'Donoghue/Padilla Law and Economics, 141 f.; Bishop/Walker Economics Rn. 3–001.

29 MüKoWettbR/Wolf GWB § 18 Rn. 63; Heim Marktmacht, 23 ff.; Stigler-Report, 17 ff.; Furman-Report Rn. 1.71 ff.; Crémer/de Montjoye/Schweitzer Competition Policy, 73 ff.; Dewenter/Lüth in Körber/Immenga Daten, 9 (20 ff.).

30 BKartA Big Data, 7; Graef WoCo 2015, 473 (503 f.).

31 → Rn. 9; vgl. auch BKartA Big Data, 7.

32 → Rn. 7.

Letztlich kann Marktmacht immer nur anhand des jeweiligen Einzelfalles und nur in Bezug 12
auf **konkrete Märkte** ermittelt werden. Dabei ist zu beachten, dass das Wettbewerbsrecht
an unterschiedliche Ausprägungen von Marktmacht angeknüpft, die im Folgenden getrennt
betrachtet werden sollen.

I. Marktbeherrschung

Von zentraler Bedeutung ist zunächst der Begriff der Marktbeherrschung, für den das deutsche 13
Kartellrecht seit der 8. GWB-Novelle[33] in § 18 Abs. 1 GWB eine Legaldefinition enthält. Das
Konzept der Marktbeherrschung prägt den Anwendungsbereich der **Missbrauchskontrolle**
nach § 19 GWB und kann für Verbotsentscheidungen im Rahmen der **Fusionskontrolle** nach
§ 36 Abs. 1 S. 1 GWB relevant werden. Im europäischen Kartellrecht setzt Art. 102 AEUV, der
wie § 19 GWB bestimmte einseitige Verhaltensweisen verbietet, ebenfalls das Bestehen einer
marktbeherrschenden Stellung voraus.

Im **deutschen Recht** bestätigt § 18 Abs. 3 Nr. 3, Abs. 3a Nr. 4 GWB, dass es für die Bestimmung 14
einer marktbeherrschenden Stellung auch auf den „**Zugang zu wettbewerbsrelevanten Daten**" ankommt.[34] Dies wurde mit der 9. GWB-Novelle[35] in § 18 Abs. 3a Nr. 4 GWB zunächst
nur in Bezug auf mehrseitige Märkte und Netzwerke festgehalten, dann aber durch das GWB-
Digitalisierungsgesetz[36] in § 18 Abs. 3 Nr. 3 GWB auf sämtliche Märkte ausgeweitet.[37] In den
Materialien wird erläutert, dass die „exklusive Herrschaft über bestimmte wettbewerbsrelevante
Daten" eine **Marktzutrittsschranke** darstellen kann und zwar insbes., wenn auf dem Markt
„indirekte Netzwerkeffekte" wirken,[38] womit die oben beschriebenen datengetriebenen Netzwerkeffekte gemeint sind.[39] Daneben wird zu Recht auf die Möglichkeiten des jeweiligen
Unternehmens zur Auswertung und Verarbeitung von Daten hingewiesen.[40] Es kommt also weniger auf den bloßen Besitz von Datenmengen an als auf die Kontrolle wichtiger Datenquellen
und die Möglichkeit, die daraus gewonnen Daten verwerten zu können.[41]

Auch im **europäischen Kartellrecht** besteht kein Zweifel, dass der Zugang zu wettbewerbsre- 15
levanten Daten und gute Datenverarbeitungsfähigkeiten für die Beurteilung einer marktbeher-
schenden Stellung von Bedeutung sein können. Das meiste Anschauungsmaterial entstammt
der **Fusionskontrolle**, wo die Begründung oder Verstärkung einer beherrschenden Stellung
Regelbeispiel für die erhebliche Behinderung wirksamen Wettbewerbs ist. Diese muss von
der EU-Kommission nachgewiesen werden, um einen Unternehmenszusammenschluss nach
Art. 2 Abs. 3 FKVO untersagen zu können. Im **Google/Fitbit-Fall** hat die Kommission zB
argumentiert, dass Google durch die Übernahme der Fitbit-Nutzerdaten seine beherrschende
Stellung auf dem Markt für Suchmaschinenwerbung ausbauen könnte.[42] Auch in Entscheidungen zu Art. 102 AEUV hat die Kommission bereits verschiedentlich auf die Kontrolle wertvoller
Datenbestände hingewiesen, wenn eine marktbeherrschende Stellung zu beurteilen war, so
etwa in den Fällen *Google Shopping*, *Google Android* und *Google AdSense*.[43]

---

33 BGBl. 2013 I 1738.
34 Zur Anwendung vgl. etwa BKartA Beschl. v. 4.12.2017 – B6-132/14-2, BeckRS 2017, 143035 Rn. 195 ff. – CTS
Eventim.
35 BGBl. 2017 I 1416. Ausf. Tamke NZKart 2018, 503.
36 BGBl. 2021 I 2, auch bekannt als 10. GWB-Novelle.
37 § 18 Abs. 3a Nr. 4 GWB ist seither redundant, vgl. auch MüKoWettbR/Wolf GWB § 18 Rn. 35b.
38 BT-Drs. 18/10207, 51.
39 → Rn. 7.
40 BT-Drs. 18/10207, 51.
41 Vgl. auch schon Körber NZKart 2016, 303 (305 f.).
42 EU-Kommission Ent. v. 17.12.2020 – M.9660 Rn. 427 ff. – Google/Fitbit.
43 EU-Kommission Ent. v. 27.6.2017 – AT.39740 Rn. 287 ff. – Google Shopping; Ent. v. 18.7.2018 – AT.40099
Rn. 688 ff. – Google Android; Ent. v. 20.3.2019 – AT.40411 Rn. 246 – Google AdSense.

II. Relative Marktmacht

16   § 20 Abs. 1 GWB erstreckt das Missbrauchsverbot des § 19 Abs. 1 GWB und insbes. das Behinderungsverbot des § 19 Abs. 2 Nr. 1 GWB auch auf solche Unternehmen, denen zwar keine marktbeherrschende Stellung zukommt, die aber über **relative Marktmacht** verfügen. Eine solche Machtposition besteht nach der Legaldefinition in § 20 Abs. 1 S. 1 GWB, soweit andere Unternehmen von einem Unternehmen als Anbieter oder Nachfrager in der Weise abhängig sind, dass „ausreichende und zumutbare Möglichkeiten, auf dritte Unternehmen auszuweichen, nicht bestehen und ein deutliches Ungleichgewicht zur Gegenmacht der anderen Unternehmen besteht".[44] Durch das GWB-Digitalisierungsgesetz wurde in § 20 Abs. 1a S. 1 GWB klargestellt, dass sich eine Abhängigkeit nach § 20 Abs. 1 GWB auch daraus ergeben kann, dass ein Unternehmen für die eigene Tätigkeit „auf den Zugang zu Daten angewiesen ist, die von einem anderen Unternehmen kontrolliert werden". Damit hat der Gesetzgeber eine **datenbedingte Abhängigkeit** anerkannt,[45] auf deren Grundlage sich ua Datenzugangsansprüche zugunsten der abhängigen Unternehmen ergeben können.[46]

III. Gatekeeping

17   Um besonderen Wettbewerbsgefahren auf digitalen Märkten besser Rechnung zu tragen, haben der deutsche und der europäische Gesetzgeber neue Vorschriften in Kraft gesetzt, die nicht mehr an Marktbeherrschung oder relative Marktmacht anknüpfen, sondern an eine „**Torwächterstellung**". Gemeint sind § **19a GWB** und der **Digital Markets Act** (DMA), mit denen insbes. die Möglichkeit geschaffen wurde, das Wettbewerbsverhalten großer Onlineplattformen strenger zu kontrollieren.[47] Um die Anwendung der neuen Regeln zu erleichtern, wird über den Torwächterstatus nicht von Fall zu Fall entschieden, sondern in vorgezogenen behördlichen **Einstufungsverfahren**. Diese werden vom BKartA und von der EU-Kommission durchgeführt.

18   § 19a GWB geht auf das GWB-Digitalisierungsgesetz zurück und ist am 19.1.2021 in Kraft getreten. Er regelt ein zweistufiges Verfahren: Zunächst kann das BKartA gemäß § 19a Abs. 1 GWB feststellen, dass einem Unternehmen eine „**überragende marktübergreifende Bedeutung für den Wettbewerb**" zukommt. Wohl in Anlehnung an den DMA ist in der Gesetzesbegründung insoweit auch von „Gatekeepern" die Rede.[48] Sodann kann das BKartA gemäß § 19a Abs. 2 GWB bestimmte Verbote aussprechen, die nur für den jeweiligen Gatekeeper gelten.[49] Für die Entscheidung über den Torwächterstatus kommt es nach § 19a Abs. 1 S. 2 GWB ua auf den „**Zugang zu wettbewerbsrelevanten Daten**" an. Bis zum Frühsommer 2023 wurden Alphabet/Google, Meta/Facebook, Amazon und Apple als Gatekeeper bestimmt. In allen vier Entscheidungen spielte der Datenzugang eine wichtige Rolle.[50] Ein weiteres Einstufungsverfahren läuft gegen Microsoft. Auch in diesem Verfahren dürften Daten von großer Bedeutung sein.[51]

---

44   Zum letzten Halbsatz vgl. BT-Drs. 19/23482, 78.
45   Vgl. BT-Drs. 19/23492, 78 unter Berufung auf Schweitzer/Haucap/Kerber/Welker Modernisierung, 155 f. Ausf. zu dieser Änderung des § 20 GWB Herrlinger WuW 2021, 325 (327 ff.).
46   Ausf. → Rn. 98 ff.
47   Ausf. zB Akman ELR 2022, 85; Westermann ZHR 2022, 325; Zimmer/Göhsl ZWeR 2021, 29; Petit JECLAP 2021, 529; Podszun/Bongartz/Langenstein EuCML 2021, 60; Schweitzer ZEuP 2021, 503. Zum problematischen Verhältnis von § 19a GWB und dem DMA vgl. Bongartz WuW 2022, 72; Grünwald NZKart 2021, 496.
48   BT-Drs. 19/23492, 71.
49   Verstöße sind Ordnungswidrigkeiten gemäß § 81 Abs. 2 Nr. 2a GWB und können Beseitigungs-, Unterlassungs- und Schadensersatzansprüche gemäß §§ 33, 33a GWB begründen.
50   BKartA Beschl. v. 30.12.2021 – Az. B7–61/21, BeckRS 2021, 62514 Rn. 144 ff. – Alphabet/Google; Beschl. v. 2.5.2022 – B6–27/21, BeckRS 2022, 47486 Rn. 196 ff. – Meta/Facebook; Beschl. v. 5.7.2022 – B2–55/21, GRUR-RS 2022, 47485 Rn. 484 ff. – Amazon; Beschl. v. 3.4.2023 – B9–67/21, Rn. 682 ff. – Apple.
51   Vgl. BKartA PM v. 28.3.2023.

Der DMA bedient sich einer ähnlichen Regelungstechnik, allerdings kommt er ohne Verbots- 19
entscheidungen aus: Sobald ein Unternehmen nach Art. 3 DMA von der EU-Kommission als
Gatekeeper bestimmt wurde, greifen automatisch die gesetzlichen Verbote der Art. 5–7 DMA.[52]
Auch für das Einstufungsverfahren nach dem DMA können Daten eine wichtige Rolle spielen,
da Art. 3 Abs. 8 lit. c) DMA als eines der maßgeblichen Kriterien explizit „**datengetriebene
Vorteile**" nennt, die sich ua aus dem Zugang zu personenbezogenen oder nicht personenbe-
zogenen Daten sowie Datenanalysefähigkeiten ergeben können.[53] Außerdem werden in Art. 3
Abs. 8 lit. d) DMA Größen- und Verbundvorteile als wichtige Aspekte bei der Gatekeeper-Be-
stimmung benannt und auch in diesem Zusammenhang nochmals explizit auf Daten verwiesen. Die Bedeutung des Katalogs in Art. 3 Abs. 8 DMA ist allerdings weitaus geringer als die der
Auflistung in § 19a Abs. 1 S. 2 GWB, weil der DMA für die wichtigsten Fälle mit **gesetzlichen
Vermutungen** arbeitet, die nur schwer zu widerlegen sind.[54]

D. Datensammlung und -verarbeitung

Nachdem nun betrachtet wurde, inwieweit die Kontrolle von Datenquellen und gute Daten- 20
analysefähigkeiten einen Status begründen können, der zur Geltung besonderer Missbrauchs-
verbote führt, sollen im Folgenden einige **problematische Verhaltensweisen** näher betrachtet
werden. Den Anfang machen Praktiken im Zusammenhang mit der **Sammlung** und **Verarbeitung von Daten**. Dabei kann als Grundsatz gelten, dass Unternehmen durch das Wettbewerbsrecht nicht daran gehindert werden, große Datenmengen anzuhäufen und diese nach Belieben
zu analysieren und zu verwerten.[55] Unter bestimmten Voraussetzungen können sich jedoch
wettbewerbsrechtliche Bedenken ergeben. Vier Konstellationen sollen hier näher analysiert
werden: (1) die Ausbeutung von Kunden durch übermäßige Datenerhebung, (2) die Bündelung
eigener Datenbestände, (3) der Zugriff auf Datenbestände anderer Unternehmen und (4) die
Behinderung anderer Unternehmen beim Sammeln von Daten.

I. Übermäßige Datenerhebung

Bereits umfassend diskutiert ist in der Literatur die Frage, ob die übermäßige Erhebung per- 21
sonenbezogener Daten einen Wettbewerbsverstoß darstellen kann.[56] Das BKartA hat dies in
seinem berühmten **Facebook-Beschluss** bejaht und der BGH hat sich dieser Einschätzung
angeschlossen. In der Literatur ist vor allem über das Verhältnis zum **Datenschutzrecht** kontrovers diskutiert worden. Der Gesetzgeber hat sich nun mit dem GWB-Digitalisierungsgesetz
klar positioniert. In Zukunft wird vor allem den neuen Gatekeeper-Regeln große Bedeutung
zukommen, die explizite Verbotstatbestände enthalten. Im Einzelnen:

1. Ökonomischer Hintergrund

Das Wettbewerbsrecht dient in erster Linie dem Schutz des Wettbewerbs als Institution und 22
soll damit *mittelbar* zu niedrigeren Preisen, einer höheren Produktqualität, mehr Innovationen
usw beitragen. Es gehört aber zu den Eigenarten des deutschen und des europäischen Kartellrechts, dass sie auch Verhaltensweisen verbieten, die nicht den Wettbewerb gefährden, sondern
unmittelbar auf eine **Ausbeutung der Marktgegenseite** gerichtet sind. Bestes Beispiel ist
der sog. Preishöhenmissbrauch, bei dem ein marktbeherrschendes Unternehmen einen Preis
verlangt, der über dem hypothetischen Wettbewerbspreis liegt. Auf den Wettbewerb kann eine

---

52 Zum Regelungskonzept ausf. König in Steinrötter Europäische Plattformregulierung, § 11 Rn. 25 ff.
53 Vgl. auch ErwG 2, 3 DMA.
54 Vgl. Art. 3 Abs. 2 u. 5 DMA. Krit. zur diesem Mechanismus Geradin Platform Law Blog v. 19.4.2022.
55 So auch BKartA Big Data, 7.
56 Vgl. dazu etwa Schweitzer JZ 2022, 16; Podszun GRUR 2020, 1268; Mörsdorf ZIP 2020, 2259; Bueren ZWeR
    2019, 403; Körber NZKart 2019, 187; Mohr EuZW 2019, 265.

solche Ausbeutung sogar belebend wirken, weil sie Spielräume für aktuelle oder potenzielle Konkurrenten schafft: Wenn Nachfrager zB unter überhöhten Preisen leiden, steigt dadurch ihre Bereitschaft, zu einem anderen Anbieter zu wechseln.

23 Es gibt aber Situationen, in denen eine Korrektur des Marktes durch vorstoßenden Wettbewerb unwahrscheinlich ist, zB weil **Markteintrittsbarrieren** etwa infolge von Größenvorteilen oder Netzwerkeffekten potenzielle Wettbewerber daran hindern, in den Markt einzutreten. Wenn ein marktbeherrschendes Unternehmen dies zu seinen Gunsten ausnutzt, mag man es als „zweitbeste Lösung" für gerechtfertigt halten, wenn Wettbewerbsbehörden unmittelbar in die **Marktergebnisse** eingreifen und dem Marktbeherrscher zB vorschreiben, seine Preise zu senken. Ob und ggf. unter welchen Umständen solche Maßnahmen sinnvoll sind, ist allerdings sehr umstritten. In den USA sind Ausbeutungsmissbräuche zB nicht als Anwendungsfälle des Kartellrechts anerkannt.[57] Auch in Europa sind die Wettbewerbsbehörden sehr zurückhaltend, was außer an theoretischen Unsicherheiten vor allem an praktischen Schwierigkeiten liegt: Das **hypothetische Marktergebnis** unter Wettbewerbsbedingungen lässt sich allenfalls näherungsweise ermitteln und die Wettbewerbsbehörden müssten das Verhalten des Marktbeherrschers immer wieder überprüfen, wenn sich wesentliche Umstände verändern.

24 Erkennt man trotz dieser Schwierigkeiten Ausbeutungsmissbräuche an, wie es der deutsche und der europäische Gesetzgeber getan haben, ist klar, dass mögliche **Schadenstheorien** nicht auf Schäden für den Wettbewerb, sondern nur auf **unmittelbare Verbraucherschäden** (*consumer harm*) abstellen können.[58] Bei überhöhten Preisen ist das nicht schwer. Geht es jedoch um eine übermäßige Datenerhebung, kann es an einem **Vermögensschaden** fehlen, wenn der Dateninhaber die Daten – wie typischerweise bei der Bereitstellung personenbezogener Daten – selbst nicht verliert.[59] Das OLG Düsseldorf hat deshalb im Facebook-Verfahren zu Recht betont, dass die möglicherweise datenschutzwidrige Hingabe von „Mehrdaten" an Facebook den Verbraucher „wirtschaftlich nicht schwäche".[60] Der BGH meinte, dieses Argument damit wegwischen zu können, dass Facebook durchaus eine „wirtschaftlich wertvolle Leistung" erhalten habe.[61] Das überzeugt aber nicht. Nimmt man das Konzept des Ausbeutungsmissbrauchs ernst, wird man auf einen Verbraucherschaden nicht verzichten können.

25 Es spricht mE aber nichts dagegen, den Verbraucherschaden nicht monetär, sondern *rechtebasiert* und damit normativ zu bestimmen. Greift die Datenverarbeitung ungerechtfertigterweise in eine **Rechtsposition** des Dateninhabers ein, zB in sein Recht auf informationelle Selbstbestimmung, dann kann es sachgerecht und sogar geboten sein, dies als Verbraucherschaden anzuerkennen, selbst wenn dadurch kein Vermögensschaden entstanden ist.[62] In der Sache dürfte dies auch der BGH so gesehen haben, da er in seiner Entscheidung immer wieder darauf abstellt, dass Facebook den Nutzern keine „Wahlmöglichkeit" gelassen habe;[63] der Schaden der Nutzer lag also in der Verletzung ihrer **Datensouveränität**. Schwieriger ist die Lage, wenn es um Daten ohne Personenbezug geht. Da solche Daten rechtlich viel schwächer geschützt sind,[64] wird sich oft kein Eingriff in eine Rechtsposition feststellen lassen.

---

57 Vgl. Witt AB 2021, 276 (280 f. mwN).
58 Verbraucher müssen dabei nicht unbedingt Endverbraucher iSd Verbraucherschutzrechts sein (vgl. § 13 BGB). Es kann sich vielmehr auch um Nachfrager auf vorgelagerten Wertschöpfungsstufen handeln.
59 Vgl. Budzinski/Grusevaja/Noskova MCLR 2021, 43 (63 ff.), die allerdings selbst davon ausgehen, dass eine übermäßige Datenerhebung zu einer Ausbeutung der Verbraucher führen kann; Galle BB 2020, 2061 (2063).
60 OLG Düsseldorf NZKart 2019, 495 (497).
61 BGHZ 226, 67 = NZKart 2020, 473 Rn. 63.
62 Vgl. hierzu auch Witt AB 2021, 276 (297 f.); Kerber/Zolna EJLE 2022, 19 f.
63 BGHZ 226, 67 = NZKart 2020, 473 Rn. 58, 86, 91, 123.
64 → § 3 Rn. 27 ff.

2. Rechtliche Bewertung

Bei der wettbewerbsrechtlichen Bewertung übermäßiger Datenerhebungen ist danach zu unterscheiden, ob das datenerhebende Unternehmen eine marktbeherrschende Stellung innehat oder ob es sich um einen Gatekeeper iSv § 19a Abs. 1 GWB oder Art. 3 DMA handelt. 26

a) Marktbeherrscher

Für marktbeherrschende Unternehmen iSv Art. 102 AEUV und § 19 GWB gibt es mit dem bereits mehrfach erwähnten **Facebook-Verfahren** einen einschlägigen Präzedenzfall, allerdings hatte das BKartA seine Beurteilung nur auf § 19 GWB und nicht auch auf europäisches Kartellrecht gestützt.[65] Wie ein entsprechender Sachverhalt nach Art. 102 AEUV zu beurteilen wäre, wird seither in der Literatur kontrovers diskutiert.[66] Zu beachten ist ferner, dass § 19 Abs. 1 GWB durch das GWB-Digitalisierungsgesetz entscheidend verändert wurde. Insbes. wenn ein Verstoß gegen Datenschutzrecht feststeht, können übermäßige Datenerhebungen nun noch leichter als Missbrauch einer marktbeherrschenden Stellung angesehen werden (→ Rn. 30 f.). 27

Das BKartA hat in seinem Beschluss vor allem darauf abgestellt, dass Facebook unter Verstoß gegen die DS-GVO nutzer- und gerätebezogene Daten verknüpfe, die einerseits bei der Nutzung von Facebook und andererseits ua bei der Nutzung von WhatsApp und Instagram erhoben werden. Auch wenn somit vordergründig die **diensteübergreifende Bündelung** im Mittelpunkt stand, störte sich das BKartA in der Sache vor allem daran, dass Facebook für die Verbesserung seines sozialen Netzwerks und das Angebot personalisierter Werbung überhaupt auf Daten zurückgreifen konnte, die nicht bei der Nutzung des sozialen Netzwerks generiert worden waren („Off-Facebook-Daten"). Woher die Daten stammten, die das OLG Düsseldorf und der BGH später vielsagend als „**Mehrdaten**" bezeichneten,[67] war für die Argumentation letztlich nicht entscheidend. Sie wäre wohl nicht groß anders ausgefallen, wenn Facebook bei der Nutzung des sozialen Netzwerks selbst mehr Daten erhoben hätte als nach der DS-GVO zulässig. Auf spezielle Wettbewerbswirkungen der Datenbündelung[68] ging das BKartA nur am Rande ein. Der Facebook-Fall lässt sich deshalb als Präzedenzfall für **übermäßige Datenerhebungen** ansehen, unabhängig davon, ob die Daten aus einem oder mehreren verschiedenen Diensten stammen. 28

Für die Feststellung des Missbrauchs stellte das BKartA vor allem darauf ab, dass Facebook mit der Datenbündelung gegen die **DS-GVO** verstoßen habe. Das hat zu einer kontroversen Diskussion darüber geführt, ob es für die missbräuchliche Ausnutzung einer marktbeherrschenden Stellung, wie sie nach § 19 Abs. 1 GWB aF erforderlich war, genügen konnte, dass ein Marktbeherrscher eine Rechtsnorm verletzt hatte. In der Literatur wurde überwiegend argumentiert, dass ein **spezifischer Zusammenhang** zwischen der marktbeherrschenden Stellung und dem Rechtsverstoß verlangt werden müsse, um den Anwendungsbereich der Missbrauchskontrolle nicht auf sämtliche Rechtsverletzungen marktbeherrschender Unternehmen auszuweiten.[69] Das OLG Düsseldorf verlangte einen engen Kausalitätszusammenhang, den es durch die Feststellungen des BKartA nicht erwiesen sah.[70] Der BGH entschied später, dass eine bloße **Ergebniskausalität** genügen könne, „wenn aufgrund von besonderen Marktbedingungen das Verhalten des marktbeherrschenden Unternehmens zu Marktergebnissen führt, die bei funktionierendem Wettbewerb nicht zu erwarten wären, und zudem das beanstandete Verhalten nicht nur eine Ausbeutung darstellt, sondern gleichzeitig auch geeignet ist, den Wett- 29

65   BKartA Beschl. v. 6.2.2019 – B6–22/16, BeckRS 2019, 4895 Rn. 914.
66   Vgl. etwa Lypalo WoCo 2021, 169 (178 ff.); Weck/Reinhold WuW 2021, 70; Witt AB 2021, 276 (301 ff.).
67   OLG Düsseldorf NZKart 2019, 495 (Ls. 2a, 4a, 5 und passim); BGHZ 226, 67 = NZKart 2020, 473 Rn. 57, 129.
68   Ausf. → Rn. 37 ff.
69   So etwa Schweitzer/Haucap/Kerber/Welker Modernisierung, 108 f.; Thomas NZKart 2017, 92 (95 f.); Franck ZWeR 2016, 137 (151 ff.); Körber NZKart 2016, 348 (355).
70   OLG Düsseldorf NZKart 2019, 495 (499 f.).

bewerb zu behindern."[71] Damit war der „Ausbeutungsmissbrauch mit Behinderungseignung"[72] geboren, dessen Funktion aber vor allem darin gelegen haben dürfte, das bis dato noch recht strenge Kausalitätserfordernis beim Ausbeutungsmissbrauch durch eine Anlehnung an den Behinderungsmissbrauch aufzulockern, für den schon lange anerkannt ist, dass es keiner strikten Verhaltenskausalität bedarf.[73]

30   Der Gesetzgeber hat entschieden, die Kausalitätsproblematik auch für den Ausbeutungsmissbrauch recht großzügig abzuräumen und mit dem **GWB-Digitalisierungsgesetz** den Wortlaut von § 19 Abs. 1 GWB dahin geändert, dass es nur noch auf einen Missbrauch und nicht mehr auf eine missbräuchliche Ausnutzung einer marktbeherrschenden Stellung ankommt.[74] In der Gesetzesbegründung wird dazu ausgeführt, dass künftig eine **normative Kausalität** genügen soll, die sich in Fällen des Ausbeutungsmissbrauchs aus dem Gesetzeszweck des Schutzes der Marktgegenseite ergebe.[75] Das Gesetzesziel des **Schutzes vor Fremdbestimmung** erfordere ein Eingreifen des Missbrauchsverbots, „sofern die Marktgegenseite diesen Schutz nicht durch Ausweichreaktionen selbst herbeiführen kann". Das läuft darauf hinaus, dass künftig jede Verbraucherschädigung durch ein marktbeherrschendes Unternehmen als Ausbeutungsmissbrauch angesehen werden kann. Für Rechtsverstöße hat der Gesetzgeber allerdings klargestellt, dass Verstöße gegen Rechtsnormen, „welche nicht den Inhalt von Marktbeziehungen zum Gegenstand haben oder auf sie einwirken" auch künftig keinen Kartellrechtsverstoß begründen können.[76] Verstößt ein Marktbeherrscher hingegen gegen eine Vorschrift, die auch dem Schutz des Vertragspartners in einer Marktbeziehung dient, ist ein Missbrauch zu bejahen.

31   Daraus folgt, dass eine übermäßige Datenerhebung gegen § 19 Abs. 1 GWB nF verstößt, wenn sie (1) von einem **marktbeherrschenden Unternehmen** zu verantworten ist und (2) zu einem **Verbraucherschaden** führt, der auch aus der Verletzung einer verbraucherschützenden Marktverhaltensnorm resultieren kann. Zu letzteren wird man auch die **DS-GVO** zählen müssen.

32   Neben der Generalklausel des § 19 Abs. 1 GWB käme für die Beurteilung eines Ausbeutungsmissbrauchs durch übermäßige Datenerhebung auch noch das Regelbeispiel des **Preishöhen-** und **Konditionenmissbrauchs** in § 19 Abs. 2 Nr. 2 GWB in Betracht. Als Maßstab ist hier jedoch der hypothetische Als-ob-Wettbewerb heranzuziehen, was gerade bei hochkonzentrierten digitalen Märkten mit erheblichen praktischen Schwierigkeiten verbunden sein kann.[77] Lässt sich feststellen, dass andere Unternehmen durch die übermäßige Datenerhebung behindert werden, ist ferner an einen **Behinderungsmissbrauch** nach § 19 Abs. 2 Nr. 1 GWB zu denken. Im Facebook-Fall haben das BKartA und der BGH Behinderungswirkungen darin gesehen, dass Facebook die „Off-Facebook-Daten" genutzt habe, um sein soziales Netzwerk weiter zu verbessern und (potenzielle) Wettbewerber auf Abstand zu halten.[78] Die Analyse blieb jedoch oberflächlich, da es darauf für den vom BKartA angenommenen Konditionenmissbrauch nicht ankam und der BGH für sein Konstrukt eines Ausbeutungsmissbrauchs mit Behinderungseignung keine hohen Anforderungen an die mögliche Behinderung stellte.[79]

---

71   BGHZ 226, 67 = NZKart 2020, 473 (Ls. a). Welche Marktergebnisse bei hypothetischem Wettbewerb zu erwarten wären, hat der BGH empirisch allerdings kaum untermauert. Krit. hierzu Van den Bergh/Weber WoCo 2021, 29 (38, 45 und passim); König CoRe 2020, 294 (297 f.).
72   Schweitzer JZ 2022, 16 (22); Galle BB 2020, 2061 (2063).
73   Vgl. hierzu Schweitzer JZ 2022, 16 (21) mwN.
74   Krit. Körber MMR 2020, 290 (291); Monopolkommission Policy Brief, 4.
75   Hierzu und zum Folgenden BT-Drs. 19/23492, 68 f.
76   BT-Drs. 19/23492, 69.
77   Vgl. BGHZ 226, 67 = NZKart 2020, 473 Rn. 82; Schweitzer JZ 2022, 16 (18 f., 21).
78   BGHZ 226, 67 = NZKart 2020, 473 Rn. 92 ff.; BKartA Beschl. v. 6.2.2019 – B6–22/16, BeckRS 2019, 4895 Rn. 885 ff.
79   Dazu ausf. Schweitzer JZ 2022, 16 (23 f.).

b) Gatekeeper

Unternehmen, die gemäß § 19a Abs. 1 GWB vom BKartA oder gemäß Art. 3 DMA von der 33
EU-Kommission als **Gatekeeper** eingestuft wurden, können bei der Datensammlung und
-verarbeitung noch strengeren Vorgaben unterliegen als marktbeherrschende Unternehmen.

Das BKartA hat bis zum Frühsommer 2023 Alphabet/Google, Meta/Facebook, Amazon und 34
Apple als Gatekeeper bestimmt,[80] aber noch keine **Verbotsentscheidungen** nach § 19a Abs. 2
GWB erlassen.[81] Danach kann die Behörde einem Gatekeeper ua untersagen, „die Nutzung von
Diensten davon abhängig zu machen, dass Nutzer der Verarbeitung von Daten aus anderen
Diensten des Unternehmens oder eines Drittanbieters zustimmen", ohne den Nutzern eine
ausreichende Wahlmöglichkeit einzuräumen, vgl. § 19a Abs. 2 S. 1 Nr. 4 lit. a) GWB. Damit soll
offensichtlich der **Facebook-Fall** aufgegriffen werden,[82] auch wenn § 19a Abs. 2 S. 1 Nr. 4 GWB
im Übrigen vor allem Behinderungspraktiken beschreibt. Das BKartA kann also übermäßige
Datenerhebungen durch Gatekeeper verbieten, ohne eine marktbeherrschende Stellung oder
einen konkreten Verbraucherschaden nachweisen zu müssen. Das erste Verbotsverfahren dieser
Art wurde bereits im Mai 2021 gegen Alphabet/Google eingeleitet.[83] Im Dezember 2022 hat
das BKartA den Unternehmen seine vorläufige rechtliche Einschätzung mitgeteilt, „dass die
neuen Vorschriften für Digitalkonzerne (§ 19a GWB) einschlägig sind und Google deshalb
seine Datenverarbeitungskonditionen und die darauf gestützte Praxis anpassen muss".[84] Eine
solche Pflicht setzt freilich ein entsprechende Anordnung des BKartA nach § 19a Abs. 2 GWB
voraus, die jedoch bis zum Frühsommer 2023 noch nicht ergangen war.

§ 19a Abs. 2 S. 1 Nr. 7 GWB ermächtigt das BKartA außerdem, einem Gatekeeper zu untersagen, 35
für die Darstellung von Angeboten eines anderen Unternehmens die **Übertragung von Daten**
zu fordern, die dafür nicht zwingend erforderlich sind, oder die Qualität der Darstellung
von der Übertragung von Daten abhängig zu machen, die hierzu in keinem angemessenen
Verhältnis stehen. Es handelt sich um ein **Verbot passiver Diskriminierung**, das dem
sog. Anzapfverbot nach § 19 Abs. 2 Nr. 5 GWB nachgebildet ist.[85] Geschützt werden sowohl
der Dateninhaber vor Ausbeutung als auch die Wettbewerber des Gatekeepers, denen keine
entsprechenden Vorteile gewährt werden.[86] Anders als bei § 19a Abs. 2 S. 1 Nr. 4 lit. a) GWB geht
es bei § 19 Abs. 2 S. 1 Nr. 7 GWB aber nicht um Daten, die von Privatpersonen erhoben werden,
sondern um solche, die **Unternehmen** an den Gatekeeper übertragen.

Auch der **DMA** enthält in Art. 5 Abs. 2 **Datenverarbeitungsverbote** für Gatekeeper, die anders 36
als die Verbote nach § 19a Abs. 2 GWB keiner zusätzlichen Behördenentscheidung bedürfen,
sondern automatisch kraft Gesetzes gelten.[87] Sie beziehen sich aber immer nur auf die zentralen Plattformdienste des jeweiligen Gatekeepers, wie sie nach Art. 3 Abs. 9 DMA ausgewiesen werden. Konkret verbietet Art. 5 Abs. 2 DMA ua die Verarbeitung personenbezogener
Daten zu Werbezwecken, wenn die Daten bei der Nutzung von Drittgeboten anfallen,
die über einen zentralen Plattformdienst abgewickelt werden.[88] Auch Datenbündelungen wie
im Facebook-Fall sind Gatekeepern untersagt, es sei denn, der Nutzer erhält eine spezifische
Wahlmöglichkeit und willigt in die konkrete Art der Datenverarbeitung ein.[89] An der Einwilligungsmöglichkeit zeigt sich, dass auch Art. 5 Abs. 2 DMA die Datensouveränität der Nutzer

---

80 → Rn. 18.
81 Vgl. BKartA, Verfahren gegen große Digitalkonzerne (Stand: Mai 2023), https://t1p.de/evilt.
82 Vgl. BT-Drs. 19/23492, 74.
83 BKartA PM v. 25.5.2021.
84 BKartA PM v. 11.1.2023.
85 BT-Drs. 19/25868, 117.
86 Vgl. BGH NZKart 2018, 136 Rn. 57 – Hochzeitsrabatte.
87 Vgl. auch noch Art. 6 Abs. 2 DMA; dazu ausf. König in Steinrötter Europäische Plattformregulierung, § 13 Rn. 29, 46.
88 Ausf. König in Steinrötter Europäische Plattformregulierung, § 13 Rn. 40, 45 f., 67.
89 Vgl. dazu etwa Kerber ZD 2021, 544 (545 f.).

stärken und somit eine Ausbeutung durch übermäßige Datenerhebungen verhindern soll. Gerade Datenbündelungen können aber – wie bereits mehrfach angedeutet – auch zu Behinderungswirkungen führen, was im Folgenden noch etwas genauer betrachtet werden soll.

II. Bündelung eigener Datenbestände

37 Als besonders problematisch für den *Wettbewerb* (nicht bloß die betroffenen Dateninhaber) gilt mittlerweile die dienste- und ggf. geräteübergreifende Bündelung von Datenbeständen. Auch insoweit taugt das deutsche **Facebook-Verfahren** als Präzedenzfall und Anschauungsbeispiel, auch wenn darin die schädlichen Wirkungen der Bündelung (in Abgrenzung zur schlichten Ausbeutung der Nutzer durch eine übermäßige Datenerhebung bzw. unzulässige Datenverarbeitung) eher oberflächlich betrachtet wurden (→ Rn. 44 f.). Die besondere Missbrauchsaufsicht für **Gatekeeper** setzt insoweit neue Akzente (→ Rn. 46 ff.).

1. Ökonomischer Hintergrund

38 Aus ökonomischer Sicht liegt das Problem der Datenbündelung vor allem darin, dass **Markteintrittsbarrieren** errichtet oder erhöht werden, die vorstoßenden Wettbewerb erschweren oder unmöglich machen können.[90] Das ist schon im Facebook-Fall richtig erkannt worden, auch wenn das BKartA und der BGH im Kern dabei geblieben sind, einen Ausbeutungsmissbrauch anzunehmen, und daher Behinderungswirkungen nur am Rande diskutiert haben.[91] Der BGH hat aber betont, dass die Verbindung der „Off-Facebook-Daten" mit Facebook-Nutzerkonten objektiv geeignet sei, Facebooks Stellung auf dem **Markt für soziale Netzwerke** abzusichern.[92] Denn mit den Daten könne Facebook sein Angebot weiter verbessern und aktuelle und potenzielle Wettbewerber auf Abstand halten. Auch drohten diese Unternehmen im Wettbewerb um Werberverträge zu unterliegen, die zur Amortisation eines sozialen Netzwerks erforderlich seien. Es sei daher nicht auszuschließen, dass es durch die Datenbündelung ferner zu einer Beeinträchtigung der **Märkte für Onlinewerbung** komme.[93]

39 Es geht also um Strategien, die oben bereits als **datengetriebenes *„envelopment"*** beschrieben wurden.[94] Wie bei klassischen Bündelungspraktiken[95] wird die starke Stellung auf einem Herkunftsmarkt als Hebel eingesetzt, um auf einen Zielmarkt vorzudringen und diesen vielleicht sogar zu monopolisieren. Gleichzeitig wird die Stellung auf dem Herkunftsmarkt abgesichert, indem Markteintrittsbarrieren erhöht und potenzielle Wettbewerber von einem Markteintritt abgeschreckt werden.

40 Was zunächst den **Zielmarkt** angeht, lassen sich mehrere Vorteile der Datenbündelung unterscheiden: Zunächst können Daten aus dem Herkunftsmarkt genutzt werden, um die eigenen **Angebote auf dem Zielmarkt** zu verbessern. Dabei ist einerseits an die Nutzer zu denken, denen zB durch eine stärkere Personalisierung ein besseres Nutzungserlebnis beschert werden kann. Andererseits kann das Angebot bei mehrseitigen Märkten auch für die andere Marktseite attraktiver werden, zB für Werbekunden, denen eine zielgerichtetere Werbung ermöglicht werden kann. Weiterhin können auch umgekehrt Daten aus dem Zielmarkt genutzt werden, um das **Angebot auf dem Herkunftsmarkt** zu verbessern. Auch dies kann für den Zielmarkt von Bedeutung sein, wenn auf dem Herkunftsmarkt Einnahmen generiert werden, mit denen die Eroberung des Zielmarktes quersubventioniert werden kann.

---

90 Vgl. auch ErwG 36 DMA. Zum Hintergrund → Rn. 11.
91 → Rn. 32.
92 Hierzu und zum Folgenden BGHZ 226, 67 = NZKart 2020, 473 Rn. 92 ff. Für ökonomische Interpretationen und Bewertungen des deutschen Facebook-Falls vgl. etwa Kerber/Zolna EJLE 2022; Budzinski/Grusevaja/Noskova MCLR 2021, 43; Van den Bergh/Weber WoCo 2021, 29.
93 Krit. hierzu Haucap AC 2019, 1 (6).
94 → Rn. 8.
95 Vgl. dazu EU-Kommission Mitt. Behinderungsmissbrauch, ABl. 2009 C 45/7 Rn. 47 ff.

Was sodann die Absicherung des **Herkunftsmarktes** betrifft, sind wiederum ggf. zwei Markt- 41
seiten zu unterscheiden: Die zusätzlichen Daten aus dem Zielmarkt können einerseits dazu
genutzt werden, den Nutzern auf dem Herkunftsmarkt ein besseres Angebot zu machen; andererseits ist auch insoweit an Werbekunden zu denken, die von einer stärkeren Personalisierung
profitieren können. Wie der BGH im Facebook-Fall richtig festgestellt hat, kann dies dazu
führen, dass Unternehmen ohne Zugang zu entsprechenden Mehrdaten im Wettbewerb nicht
mehr mithalten können.[96] Außerdem erhöhen sich die **Markteintrittsbarrieren**: Potenzielle
Wettbewerber müssten sowohl in den Herkunftsmarkt als auch in den Zielmarkt eintreten,
wenn sie über einen gleichwertigen Datenzugang wie der Platzhirsch verfügen wollen, was
notwendig sein kann, um dessen Leistungen zu übertreffen.

Als Abhilfemaßnahmen werden in der ökonomischen Literatur vor allem **Datenbündelungs-** 42
verbote *(data siloing)* und **Datenzugangsansprüche** diskutiert.[97] Erstere zielen darauf ab, die
Wettbewerbsgefahren der Datenbündelung am Ursprung zu bekämpfen. Es stellen sich jedoch
zwei Probleme: Zum einen kann die Datenbündelung erhebliche **Effizienzvorteile** mit sich
bringen, die durch Datenbündelungsverbote zunichte gemacht würden.[98] Das liegt vor allem
daran, dass Datenspeicherung und Datenanalyse in erheblichem Maße durch Größen- und Verbundvorteile geprägt sind.[99] Zum anderen wird bezweifelt, dass sich Datenbündelungsverbote
effektiv durchsetzen lassen.[100] Ob sie tatsächlich befolgt werden, kann für Aufsichtsbehörden
schwer zu überwachen sein, zumindest solange sie nicht mit organisatorischen Entflechtungs-
maßnahmen verbunden werden, wie sie zB bei der Regulierung natürlicher Monopole, etwa
in der Energiewirtschaft,[101] zum Einsatz kommen. Datenbündelungsverbote werden deshalb
in der Literatur zum Teil kritisch gesehen.[102] Datenzugangsansprüche dienen vor allem dazu,
Markteintrittsbarrieren abzusenken. Darauf wird noch zurückzukommen sein.[103]

2. Rechtliche Bewertung

Will man Datenbündelungspraktiken rechtlich bewerten, ist wiederum danach zu unterschei- 43
den, ob sie von einem marktbeherrschenden Unternehmen oder einem Gatekeeper ausgehen.

a) Marktbeherrscher

Werden Datenbestände diensteübergreifend durch ein marktbeherrschendes Unternehmen 44
gebündelt, scheint sich der deutsche **Facebook-Fall** als Präzedenzfall anzubieten. Denn sowohl das BKartA („datenschutzwidrige Zusammenführung von Nutzerdaten aus verschiedenen Quellen") als auch der BGH („aufgedrängte Leistungserweiterung") haben oberflächlich
betrachtet die Datenbündelung ins Zentrum ihrer jeweiligen Argumentationen gestellt.[104] Allerdings haben sie darin vor allem eine Ausbeutung der Facebook-Nutzer gesehen und die
spezifischen **Behinderungswirkungen** der Datenbündelung nur ergänzend herangezogen und
eher oberflächlich diskutiert.[105] Insbes. haben weder das BKartA noch der BGH einen Behinderungsmissbrauch Facebooks festgestellt.[106]

---

96 BGHZ 226, 67 = NZKart 2020, 473 Rn. 94.
97 Krämer/Schnurr JCLE 2022, 255 (274 ff.); Condorelli/Padilla JCLE 2020, 143 (174 ff.).
98 Krämer/Schnurr JCLE 2022, 255 (275 f.).
99 → Rn. 9.
100 Krämer/Schnurr JCLE 2022, 255 (276 ff.).
101 Vgl. §§ 6 ff. EnWG.
102 Krämer/Schnurr JCLE 2022, 255 (277 f., 310 f.).
103 → Rn. 84.
104 → Rn. 28.
105 → Rn. 32.
106 AA offenbar Mackenroth/Wiedemann ZUM 2021, 89 (92).

45   Es scheint jedoch nicht von vornherein ausgeschlossen, dass eine Datenbündelung je nach den Umständen des konkreten Falles auch einen **Behinderungsmissbrauch** begründen kann. Im deutschen Kartellrecht wäre dafür vor allem auf § 19 Abs. 2 Nr. 1 GWB abzustellen, im europäischen Kartellrecht auf die Generalklausel des Art. 102 S. 1 AEUV und das Regelbeispiel des Art. 102 S. 2 lit. d) AEUV. Als **Produktkopplung** im engeren kartellrechtlichen Sinne dürfte sich die Datenbündelung zwar nicht einordnen lassen,[107] ökonomisch kann sie aber ähnliche Folgen haben.[108] Nicht von ungefähr ist in der ökonomischen Literatur von einem *„privacy policy tying"* die Rede.[109] Für die Annahme einer kartellrechtswidrigen Behinderung durch Datenbündelung wird man jedoch verlangen müssen, dass die Bündelung mit hoher Wahrscheinlichkeit zu einer **wettbewerbswidrigen Marktverschließung** *(anti-competitive foreclosure)* führt.[110] Zudem ist in besonderem Maße auf **Effizienzvorteile**[111] zu achten: Im Facebook-Fall soll sich die Behinderungswirkung ja zB vor allem daraus ergeben haben, dass Facebook die zusammengeführten Datenbestände zur *Verbesserung seines Angebots* auf dem Markt für soziale Netzwerke genutzt hat.[112]

b) Gatekeeper

46   Für Gatekeeper enthalten § 19a GWB und der DMA wiederum Sonderregeln, aus denen sich **strengere Datenbündelungsverbote** ergeben können: Nach **Art. 5 Abs. 2 lit. b) DMA** ist es Gatekeepern kraft Gesetzes untersagt, personenbezogene Daten aus einem nach Art. 3 Abs. 9 DMA bestimmten zentralen Plattformdienst mit personenbezogenen Daten aus einem anderen eigenen Dienst oder aus einem Dienst eines anderen Unternehmens zusammenzuführen. Die Vorschrift ist erkennbar durch das deutsche Facebook-Verfahren inspiriert.[113] Ergänzend wird durch Art. 5 Abs. 2 lit. c) DMA verboten, Daten aus anderen Diensten für zentrale Plattformdienste zu nutzen (*„cross-use"*) und umgekehrt. Art. 5 Abs. 2 lit. d) DMA ordnet schließlich noch an, dass Nutzer nicht in andere Dienste des Gatekeepers eingeloggt werden dürfen, um personenbezogene Daten zusammenzuführen. Die Datenbündelungsverbote gelten jedoch nicht, wenn der Gatekeeper seinen Nutzern eine **spezifische Wahlmöglichkeit** einräumt und DS-GVO-konform ihre **Einwilligung** einholt, vgl. Art. 5 Abs. 2 UAbs. 2 DMA.[114]

47   Eine ähnliche Stoßrichtung hat § **19a Abs. 2 S. 1 Nr. 4 lit. a) GWB**, der allerdings nicht *self-executing* ist, sondern das BKartA zu Verbotsentscheidungen ermächtigt. Untersagt werden kann konkret, dass ein Gatekeeper die Nutzung eines Dienstes davon abhängig macht, „dass Nutzer der Verarbeitung von Daten aus anderen Diensten des Unternehmens oder eines Drittanbieters zustimmen", ohne den Nutzern eine ausreichende Wahlmöglichkeit einzuräumen. Es kann also ein schlichtes Ausbeutungsverhalten verboten werden, wie es oben im Zusammenhang mit der übermäßigen Datenerhebung bereits diskutiert wurde.[115] Auf Grundlage von § **19a Abs. 2 S. 1 Nr. 4 GWB** können Datenbündelungspraktiken aber auch wegen ihrer **Behinderungswirkungen** verboten werden: Das BKartA soll ausweislich des Wortlauts auch dagegen vorgehen können, dass ein Gatekeeper durch die Verarbeitung wettbewerbsrelevanter Daten „Marktzutrittsschranken" errichtet oder spürbar erhöht oder andere Unternehmen in sonstiger Weise behindert. Dass sich mit Datenbündelungen Marktbarrieren errichten und potenzielle Wettbewerber auf Abstand halten lassen, wurde oben bereits dargestellt.[116]

---

107 Eher skeptisch auch BGHZ 226, 67 = NZKart 2020, 473 Rn. 58.
108 → Rn. 38 ff.
109 Condorelli/Padilla JCLE 2020, 143 (161 ff.).
110 Vgl. zu diesem Kriterium EU-Kommission Mitt. Behinderungsmissbrauch, ABl. 2009 C 45/7 Rn. 52 ff.
111 EU-Kommission Mitt. Behinderungsmissbrauch, ABl. 2009 C 45/7 Rn. 62.
112 BGHZ 226, 67 = NZKart 2020, 473 Rn. 94.
113 So auch Akman ELR 2022, 85 (94); Kerber ZD 2021, 544 (545).
114 Vgl. dazu König in Steinrötter Europäische Plattformregulierung, § 13 Rn. 40, 45; Kerber ZD 2021, 544 (546).
115 → Rn. 26 ff.
116 → Rn. 38 ff.

Die Vorteile der spezifischen Gatekeeper-Verbote liegen vor allem darin, dass keine marktbe- 48 herrschende Stellung und kein konkreter Wettbewerbsschaden nachgewiesen werden müssen. Es wird vielmehr unterstellt, dass die aufgelisteten Verhaltensweisen Nachteile für den Wettbe- werb oder die Verbraucher mit sich bringen. Art. 5 Abs. 2 DMA ist diesbezüglich konsequenter formuliert als § 19a Abs. 2 S. 1 Nr. 4 GWB, denn indem letzterer an Marktzutrittsschranken und eine Behinderung anderer Unternehmen anknüpft, verlangt er letztlich doch wieder eine Analyse der Wettbewerbswirkungen. Das dürfte allerdings nicht für die Regelbeispiele in lit. a) und b) gelten, deren Funktion unterlaufen würde, wenn zusätzlich sämtliche Elemente des Verbotstatbestands geprüft werden müssten.[117]

III. Zugriff auf fremde Datenbestände

Eine weitere Form der Datensammlung und -verarbeitung, die in jüngerer Zeit in den Fokus 49 der Wettbewerbsbehörden geraten ist, und sodann auch Eingang in die verschärfte Gatekeeper- Aufsicht gefunden hat, ist der eigennützige **Zugriff auf fremde Datenbestände**.[118] Gemeint ist zB, dass ein Plattformbetreiber zum eigenen Vorteil auf Daten zugreift, die durch die Abwick- lung von Transaktionen zwischen anderen Unternehmen und deren Nutzern auf der Plattform generiert werden. Bekanntestes Beispiel ist das europäische **Amazon Marketplace-Verfahren**, in dem die EU-Kommission Amazon vorgeworfen hat, große Mengen nicht öffentlicher Daten unabhängiger Händler zu nutzen, um seine eigenen Einzelhandelsangebote im Wettbewerb mit diesen Händlern zu optimieren (→ Rn. 53 ff.).[119]

1. Ökonomischer Hintergrund

Ökonomisch betrachtet ließe sich das Problem solcher Praktiken zunächst in einer **Ausbeu-** 50 **tung** der ursprünglichen Dateninhaber sehen.[120] Diese werden zwar typischerweise zugestimmt haben, dass der Plattformbetreiber ihre Daten auswerten und für eigene Zwecke verwerten darf (und sei es durch Annahme der jeweiligen Nutzungsbedingungen), jedoch dürfte in aller Regel ein erhebliches **Verhandlungsungleichgewicht** bestehen, das die Freiwilligkeit der Zustimmung infrage stellt. Anders lässt sich zB kaum erklären, warum sich Händler bei der Nutzung von Amazon Marketplace damit einverstanden erklären, dass Amazon ua ihre **Trans-** **aktionsdaten** auswerten darf, obwohl ihnen natürlich bewusst ist, dass Amazon nicht nur die Plattform betreibt, sondern außerdem als Einzelhändler mit ihnen im Wettbewerb steht und sich in dieser Rolle durch den Datenzugriff Vorteile verschaffen kann. Es spricht einiges dafür, dass sich die Händler auf die für sie ungünstigen Vertragsbedingungen nur einlassen, weil sie Amazon Marketplace als **unverzichtbaren Vertriebskanal** für ihre Produkte ansehen.[121] Ihre Wahlfreiheit ist dadurch erheblich eingeschränkt. Ähnlich wie im deutschen Facebook-Fall ließe sich deshalb argumentieren, dass mehr Daten erhoben und verarbeitet werden als dies unter hypothetischen Wettbewerbsbedingungen möglich wäre.

Die EU-Kommission hat demgegenüber vor allem auf **Behinderungswirkungen** abgestellt. In 51 der Tat liegt auf der Hand, dass ein Unternehmen, das wie Amazon sowohl eine Handelsplatt- form betreibt, als auch selbst auf der Plattform als Einzelhändler tätig ist, diese **Doppelrolle**

---

117 Dafür aber offenbar MüKoWettbR/Wolf GWB § 19a Rn. 67.
118 Vgl. auch Hoffer/Lehr NZKart 2019, 10 (18 f.); Schweitzer/Haucap/Kerber/Welker Modernisierung, 113 ff.
119 Vgl. auch schon BKartA Beschl. v. 4.12.2017 – B6–132/14-2, BeckRS 2017, 143035 Rn. 195 ff. – CTS Eventim, wo die Möglichkeit des Zugriffs auf Fremddaten allerdings nur unter dem Aspekt der Marktmacht diskutiert wird.
120 Höppner/Westerhoff Kluwer Competition Law Blog v. 30.11.2018.
121 Vgl. nur Khan YLJ 2017, 710 (780 f.).

nutzen kann, um sich Vorteile im Wettbewerb mit anderen Einzelhändlern zu verschaffen.[122] Im Extremfall kann der Plattformbetreiber seine Kontrolle über die Handelsplattform als Hebel einsetzen, um Einzelhandelsmärkte zu seinen Gunsten zu monopolisieren (*monopoly leveraging*).[123] Der Zugriff auf Transaktionsdaten konkurrierender Einzelhändler kann den Plattformbetreiber in die Lage versetzen, seine eigenen Angebote als Einzelhändler zu optimieren und zB geplante Preissenkungen der Wettbewerber vorwegzunehmen. Es handelt sich typischerweise um **hochsensible Geschäftsdaten**, die Unternehmen unter normalen Umständen nicht mit ihren Konkurrenten teilen würden.[124] Da der Plattformbetreiber die Daten nicht durch Leistungswettbewerb auf den jeweiligen Einzelhandelsmärkten erlangt,[125] sondern allein durch seine Doppelrolle als Einzelhändler und Plattformbetreiber, lässt sich in der Verwertung der Daten auf den Einzelhandelsmärkten ein ungerechtfertigter Wettbewerbsvorteil erkennen, der zu einer **wettbewerbswidrigen Marktverschließung** zulasten der Konkurrenz führen kann.

2. Rechtliche Bewertung

52 Die rechtliche Bewertung des Zugriffs auf fremde Datenbestände hängt davon ab, ob das Verhalten von einem marktbeherrschenden Unternehmen oder einem Gatekeeper ausgeht.

a) Marktbeherrscher

53 Wichtigster Präzedenzfall für die kartellrechtliche Bewertung des eigennützigen Zugriffs auf fremde Datenbestände ist das bereits erwähnte **Amazon Marketplace-Verfahren** der EU-Kommission.[126] Darin wurde Amazon vorgeworfen, systematisch große Mengen nicht öffentlicher Daten, die durch Tätigkeiten unabhängiger Händler auf seinem Marktplatz generiert werden, zu nutzen, um seine eigenen Einzelhandelsangebote im Wettbewerb mit diesen Händlern zu optimieren. Insbes. stand der Vorwurf im Raum, automatisierte Systeme und Mitarbeiter von Amazon Retail würden sich auf diese Daten stützen, um ua Produkte zu ermitteln, die Amazon selbst verkaufen sollte, Lieferanten zu finden, Großhandelspreise und Konditionen auszuhandeln und die Preise für eigene Einzelhandelsangebote von Amazon festzusetzen.[127] Die EU-Kommission ging spätestens seit November 2020 davon aus, dass Amazon mit diesem Verhalten gegen **Art. 102 AEUV** verstoßen habe, spezifizierte den Missbrauch in zunächst veröffentlichten Dokumenten jedoch nicht näher.[128] Sie gab jedoch zu erkennen, dass sie das Problem vor allem in der Beeinträchtigung des Wettbewerbs auf Online-Einzelhandelsmärkten und in der Verdrängung unabhängiger Händler sah.[129] An dieser Einschätzung hat die Kommission in ihrer das Verfahren abschließenden Entscheidung im Wesentlichen festgehalten (→ Rn. 55).

54 Einen horizontalen Informationsaustausch, wie er nach **Art. 101 AEUV** verboten sein könnte,[130] hat die EU-Kommission offenbar deshalb nicht angenommen, weil Amazon die Transak-

---

122 Vgl. EU-Kommission Ent. v. 20.12.2022 – AT.40462 u. AT.40703, Rn. 167 ff. – Amazon Marketplace u. Amazon Buy Box; vgl. auch Cabral et al Report, 21: geringere Anreize für (potenzielle) Wettbewerber, aber möglicherweise auch Verbrauchervorteile durch besseres Angebot auf der Plattform.

123 Vgl. dazu nur Höppner CoRe 2017, 208 (210 ff.).

124 Zur Einordnung vgl. Rn. 86 der Horizontalleitlinien, ABl. 2011 C 11/1.

125 So auch Schweitzer/Haucap/Kerber/Welker Modernisierung, 115.

126 EU-Kommission Ent. v. 20.12.2022 – AT.40462 u. AT.40703 – Amazon Marketplace u. Amazon Buy Box; PM v. 17.7.2019, IP/19/4291; PM v. 10.11.2020, IP/20/2077; PM v. 14.7.2022, IP/22/4522. Vgl. zum Hintergrund auch schon Zhu/Liu SMJ 2018, 2618; Khan YLJ 2017, 710 (780 ff.).

127 EU-Kommission Mitt. Amazon Marketplace, ABl. 2022 C 278/8 Rn. 4.

128 Vgl. EU-Kommission PM v. 10.11.2020, IP/20/2077. Zu verschiedenen Ansätzen vgl. Höppner/Westerhoff Kluwer Competition Law Blog v. 30.11.2018.

129 EU-Kommission Begleitunterlage zum Bericht über die Wettbewerbspolitik 2020, SWD(2021) 177, 62.

130 Ausf. Rn. 55 ff. der Horizontalleitlinien, ABl. 2011 C 11/1. Zur Anwendung von Art. 101 AEUV, § 1 GWB auf die hier diskutierte Problematik vgl. Schweitzer/Haucap/Kerber/Welker Modernisierung, 114 f.

tionsdaten der anderen Händler nicht *als Einzelhändler*, sondern *als Plattformbetreiber* erhielt. Außerdem hat sie durch das Abstellen auf Art. 102 AEUV betont, dass die Datenübertragung von Amazon verlangt wurde und im Kern auf der beherrschenden Stellung Amazons auf dem **Markt für die Erbringung von Marktplatzdiensten** für gewerbliche Händler beruhte.[131] Insofern ist plausibel, dass die EU-Kommission den Schwerpunkt des Falles auch nicht in einer vertikalen Kollusion zwischen Amazon und den Händlern gesehen hat.[132]

Um die Bedenken der Kommission auszuräumen, hat Amazon im Juli 2022 eine **Selbstverpflichtung** gemäß Art. 9 Abs. 1 VO (EG) Nr. 1/2003 angeboten.[133] Die Vorschläge Amazons wurden anschließend mit den Marktteilnehmern konsultiert und im November 2022 nochmals aktualisiert. In der finalen Selbstverpflichtung hat Amazon ua zugesagt, für das eigene Einzelhandelsgeschäft in Zukunft keine nicht öffentlichen Daten mehr zu nutzen, die von unabhängigen Händlern auf dem Amazon-Marktplatz oder durch die Nutzung der Marktplatzdienste (inkl. Zahlungs- und Versanddiensten) durch diese Händler generiert werden (sog. „data-silo commitment"). Die Kommission sah ihre Bedenken dadurch ausgeräumt und hat die Selbstverpflichtung Amazons im Dezember 2022 angenommen.[134] Das Ermittlungsverfahren ist damit abgeschlossen.

55

Ein weiteres Ermittlungsverfahren läuft seit Juni 2021 gegen **Facebook**. Darin prüft die EU-Kommission ua, ob Facebook gegen das europäische Kartellrecht verstoßen hat, „indem es Werbedaten insbes. von Werbetreibenden im Wettbewerb mit diesen auf anderen Märkten, etwa im Bereich der Kleinanzeigendienste verwendete".[135] Konkret befürchtet die Kommission, dass Facebook die Daten nutzen könnte, um seinem eigenen Online-Kleinanzeigendienst Facebook Marketplace ungerechtfertigte Vorteile im Wettbewerb mit anderen Online-Kleinanzeigendiensten zu verschaffen. Auch in diesem Verfahren scheint die Kommission vor allem auf **Behinderungswirkungen** abzustellen. Als einschlägige Vorschriften wurden zunächst Art. 101 und Art. 102 AEUV genannt; in einer späteren, die Mitteilung der Beschwerdepunkte betreffenden Pressemitteilung hat die Kommission nur noch auf Art. 102 AEUV abgestellt.[136]

56

b) Gatekeeper

Für Gatekeeper iSv § 19a GWB und Art. 3 DMA gelten wiederum Sonderregeln, aus denen sich strengere Verbote ergeben können. **Art. 5 Abs. 2 lit. a) DMA** verbietet Gatekeepern ausdrücklich die Verarbeitung personenbezogener Daten zu Werbezwecken, wenn die Daten bei der Nutzung von **Drittangeboten** anfallen, die über einen zentralen Plattformdienst abgewickelt werden. Außerdem untersagt **Art. 5 Abs. 2 lit. b) DMA**, personenbezogene Daten aus Drittangeboten mit personenbezogenen Daten aus eigenen Diensten zusammenzuführen. Beide Verbote, die oben bereits näher dargestellt wurden,[137] greifen jedoch nicht, wenn den Nutzern eine spezifische Wahlmöglichkeit eingeräumt wird und sie dennoch in die konkrete Art der Datenverarbeitung einwilligen, vgl. Art. 5 Abs. 2 UAbs. 2 DMA.

57

Noch einschlägiger für das hier beschriebene Behinderungsverhalten ist das Verbot des **Art. 6 Abs. 2 DMA**, das die EU-Kommission für konkrete Einzelfälle gemäß Art. 8 DMA konkretisie-

58

---

131 Vgl. dazu EU-Kommission Mitt. Amazon Marketplace, ABl. 2022 C 278/8 Rn. 3; vgl. auch BKartA Beschl. v. 5.7.2022 – B2–55/22, GRUR-RS 2022, 47485 Rn. 91 ff. – Amazon.

132 Krit. dazu Möller/Weise GMW-Blog v. 18.12.2020.

133 Amazon Commitment Proposal v. 7.7.2022, https://t1p.de/m769e; EU-Kommission Mitt. Amazon Marketplace, ABl. 2022 C 278/8 Rn. 10 ff.; PM v. 14.7.2022, IP/22/4522.

134 EU-Kommission Ent. v. 20.12.2022 – AT.40462 u. AT.40703 – Amazon Marketplace u. Amazon Buy Box; PM v. 20.12.2022, IP/22/7777; Amazon, Final Commitments v. 22.11.2022, https://t1p.de/ku6gs; vgl. auch schon EU-Kommission Mitt. Amazon Marketplace, ABl. 2022 C 278/8.

135 EU-Kommission PM v. 4.6.2021, IP/21/2848. Ein ähnliches Verfahren wurde zeitgleich im Vereinigten Königreich eröffnet, vgl. CMA PM v. 4.6.2021, https://t1p.de/6domb.

136 EU-Kommission PM v. 19.12.2022, IP/22/7728; PM v. 4.6.2021, IP/21/2848.

137 → Rn. 36, 46.

ren kann.[138] Danach ist es Gatekeepern untersagt, im Wettbewerb mit anderen Unternehmen Daten zu verwenden, die von diesen Unternehmen bei der Nutzung zentraler Plattformdienste des jeweiligen Gatekeepers generiert oder bereitgestellt werden und nicht öffentlich verfügbar sind. Erfasst sind auch Daten, die von den Nutzern der konkurrierenden Unternehmen generiert oder bereitgestellt werden. Außerdem gilt das Verbot auch für Daten aus Hilfsdiensten, die im Zusammenhang mit zentralen Plattformdiensten genutzt werden, wozu insbes. Identifizierungs- und Zahlungsdienste gehören dürften. Art. 6 Abs. 2 UAbs. 2 DMA konkretisiert weiter, dass sowohl aggregierte als auch nicht aggregierte Daten erfasst werden, sofern sie auf geschäftlichen Aktivitäten anderer Unternehmen beruhen.

59 Es ist deutlich erkennbar, dass Art. 6 Abs. 2 DMA durch die oben beschriebenen **Kartellverfahren** gegen **Amazon** und **Facebook** inspiriert ist.[139] Bemerkenswert ist, dass nicht nur die Verarbeitung von Daten verboten wird, die den konkurrierenden Unternehmen selbst nicht zur Verfügung stehen, sondern die Verwertung der Daten von Wettbewerbern generell untersagt wird. Es wird also nicht nur klargestellt, dass sich Gatekeeper durch den Datenzugriff keine Vorteile im Wettbewerb verschaffen dürfen, sondern auch ein bloßes Gleichziehen ist verboten. Die Daten werden also rechtlich exklusiv den Plattformnutzern zugewiesen und der Gatekeeper soll von jeder Nutzung im Wettbewerb ausgeschlossen bleiben. Es ist auch nicht vorgesehen, dass die Verbote durch Vereinbarungen mit den konkurrierenden Unternehmen oder ihren Nutzern abbedungen werden könnten. Das zeigt, dass es nicht um den Schutz einzelner Unternehmen oder Nutzer geht, sondern darum, die betroffenen Märkte für Wettbewerb offenzuhalten.

60 Auch **§ 19a Abs. 2 S. 1 Nr. 4 lit. b) GWB** greift die Problematik des eigennützigen Zugriffs auf fremde Datenbestände auf. Danach kann das BKartA Gatekeepern verbieten, von anderen Unternehmen erhaltene wettbewerbsrelevante Daten zu anderen als für die Erbringung der eigenen Dienste gegenüber diesen Unternehmen erforderlichen Zwecken zu verarbeiten, ohne den Unternehmen eine ausreichende Wahlmöglichkeit einzuräumen. Auch diese Vorschrift ist erkennbar durch die Verfahren gegen Amazon und Facebook beeinflusst.[140] Auffällig ist aber, dass der Zugriff auf Datenbestände anderer Unternehmen offenbar dadurch gerettet werden können soll, dass den Unternehmen eine **Wahlmöglichkeit** eingeräumt wird und sie daraufhin der Datenverarbeitung durch den Gatekeeper zustimmen. § 19a Abs. 2 S. 1 Nr. 4 lit. b) DMA ist damit schwächer formuliert als Art. 6 Abs. 2 DMA, der keine solche Einschränkung vorsieht. Allerdings wird man gerade wegen der **Torwächterstellung** des Gatekeepers sehr hohe Anforderungen an die Wahlmöglichkeit stellen müssen.

IV. Behinderung fremder Datensammlung

61 Als letzte problematische Verhaltensweise im Zusammenhang mit der Sammlung und Verarbeitung von Daten soll nun noch die Behinderung anderer Unternehmen bei der Datensammlung betrachtet werden. Auch dazu gibt es bereits Präzedenzfälle, konkret ein Ermittlungsverfahren des BKartA gegen Apple wegen der Tracking-Regeln für unabhängige App-Anbieter (→ Rn. 70) und ein weiteres Verfahren der EU-Kommission gegen Google wegen Beschränkungen im Bereich der Online-Werbetechnologie (→ Rn. 68 f.).[141]

---

138 Dazu ausf. König in Steinrötter Europäische Plattformregulierung, § 13 Rn. 29, 46.
139 So auch Akman ELR 2022, 85 (95); Kerber ZD 2021, 544 (546).
140 Vgl. auch Bongartz WuW 2022, 72 (79 f.).
141 → Rn. 67 ff.

1. Ökonomischer Hintergrund

Angesichts der großen Bedeutung, die Daten heute auf vielen Märkten als **Inputfaktor** spielen, 62 kann ein guter Zugang zu Daten für die Wettbewerbschancen eines Unternehmens entscheidend sein. Gerade bei Märkten, die sich um Plattformen und **digitale Ökosysteme** herum entwickeln, zB Märkten für Smartphone-Apps oder bestimmte Social-Media-Angebote, kann sich das Problem ergeben, dass der **Plattformbetreiber als „Regelsetzer"**[142] darüber entscheiden kann, ob und ggf. in welchem Umfang Unternehmen, die auf seiner Plattform tätig sind, Daten von ihren Nutzern erheben können. Diese Position können Plattformbetreiber ausnutzen, um andere Unternehmen an der Datensammlung zu hindern und ihre Möglichkeiten einzuschränken, datengestützte Dienste anzubieten. Das ist besonders problematisch, wenn der Plattformbetreiber seinerseits Dienste anbietet, mit denen er im Wettbewerb zu den Unternehmen steht, deren Datenerhebungsmöglichkeiten er kontrolliert.

Anders als die bisher diskutierten Praktiken ist die Behinderung fremder Datensammlung 63 nicht in erster Linie darauf gerichtet, den **eigenen Datenzugang** zu verbessern und sich dadurch Vorteile im Wettbewerb zu verschaffen. Vielmehr zielt dieses Verhalten unmittelbar darauf ab, den **Datenzugang anderer Unternehmen** zu verschlechtern, was sich wettbewerbsökonomisch kaum rechtfertigen lässt. Insbes. spielen **Effizienzvorteile** eine weit geringere Rolle als zB bei der Datenbündelung, weil ein Plattformbetreiber, der die Datenerhebungsmöglichkeiten der auf seiner Plattform tätigen Unternehmen einschränkt, dadurch weder Größen- oder Verbundvorteile erzielt, noch seine eigenen Angebote durch Produktinnovationen verbessert. Es handelt sich streng wettbewerblich gesehen um eine rein **destruktive Maßnahme**, die allenfalls geeignet ist, andere Unternehmen in ihren Wettbewerbsmöglichkeiten einzuschränken, aber niemandem unmittelbar einen Vorteil bringt.

Plattformbetreiber, die den Datenzugriff anderer Unternehmen einschränken, argumentieren 64 daher meist nicht mit ihren eigenen wirtschaftlichen Interessen oder gar mit Effizienzvorteilen, sondern geben vor, zugunsten ihrer privaten Nutzer den **Datenschutz** verbessern zu wollen. So rechtfertigt Apple seine strengen Tracking-Regeln für unabhängige App-Anbieter[143] und Google argumentiert ähnlich, wenn es um den Zugang zu Werbedaten beim Einsatz von Online-Werbetechnologie geht.[144] Im Grundsatz lässt sich dagegen wenig sagen. Zwar könnte man hinterfragen, ob es wirklich die Plattformbetreiber sein sollten, die über das Datenschutzniveau in ihren jeweiligen Ökosystemen entscheiden oder ob dies nicht eine Aufgabe für Gesetzgeber und Datenschutzbehörden ist. Allerdings wird man anerkennen müssen, dass Plattformbetreiber eine übergeordnete Verantwortung für ihre Ökosysteme tragen und deshalb ein legitimes Interesse daran haben, als Regelsetzer fungieren zu können.

Allerdings ist stets gründlich zu prüfen, ob Beschränkungen anderer Unternehmen bei der 65 Datenerhebung tatsächlich dem Datenschutz dienen oder ob das Datenschutzargument möglicherweise nur vorgeschoben ist. In diesem Zusammenhang ist es verdächtig, wenn ein Plattformbetreiber selbst in größerem Umfang personenbezogene Daten erhebt und verarbeitet als er es Unternehmen erlaubt, die auf seiner Plattform als Anbieter von Produkten tätig sind. Die Behinderung anderer Unternehmen trifft sich dann mit einer Selbstbegünstigung, was zu **Wettbewerbsverzerrungen** führen kann. Ob es tatsächlich dazu kommt, wird vielfach davon abhängen, ob und ggf. inwieweit der Plattformbetreiber selbst mit eigenen Angeboten auf den Märkten tätig ist, für die er die (Datenschutz)-Regeln setzt.

---

142 Vgl. dazu BKartA Beschl. v. 30.12.2021 – B7–61/21, BeckRS 2021, 62514 Rn. 324 ff. –Alphabet/Google; Kommission Wettbewerbsrecht 4.0, Wettbewerbsrahmen, 49 f. Ausf. Schweitzer ZEuP 2019, 1 (4 ff.).
143 Apple User Privacy and Data Use (Website), https://t1p.de/7rtrx.
144 Google, https://privacysandbox.com/intl/en_us/.

2. Rechtliche Bewertung

66　Für die rechtliche Bewertung ist wieder danach zu differenzieren, ob die Behinderung der Datensammlung von einem marktbeherrschenden Unternehmen oder einem Gatekeeper ausgeht.

a) Marktbeherrscher

67　Über die bereits erwähnten Verfahren gegen Google und Apple (→ Rn. 61, 68 ff.) ist noch nicht viel bekannt, so dass die kartellrechtliche Bewertung bisher noch schwer fällt. Angesichts der beschriebenen Behinderungswirkungen auf den nachgeordneten Plattformmärkten liegt jedoch nahe, einen **Behinderungsmissbrauch** anzunehmen. Dafür sprechen auch die bisher veröffentlichten Informationen, wonach vor allem befürchtet wird, dass sich die Wettbewerbschancen anderer Unternehmen verschlechtern und in denen ua **Art. 102 AEUV** als Rechtsgrundlage einer möglichen Verbotsentscheidung genannt wird.[145]

68　Im **Google-Verfahren** geht es ua darum, ob Google den Wettbewerb im Bereich der **Online-Werbetechnologie** verfälscht, indem es den Zugang anderer Unternehmen zu Nutzerdaten für Werbung auf Websites und in Apps beschränkt und sich diese Daten für die eigene Nutzung vorbehält.[146] In diesem Zusammenhang sollen auch die von Google angekündigten Pläne untersucht werden, die Platzierung von Cookies durch andere Unternehmen im Browser Chrome zu verbieten und sie durch das Instrumentarium der sog. *„Privacy Sandbox"* zu ersetzen.[147] Die EU-Kommission befürchtet, dass Google durch diese Praktiken den Zugang anderer Anbieter von Werbetechnologiediensten zu Nutzerdaten erschwert und dadurch ihre Fähigkeiten zum Angebot personalisierter Werbung beschränkt. Dadurch würde sich Google einen Vorteil auf verschiedenen **Online-Werbemärkten** verschaffen, auf denen es ohnehin bereits eine starke, teils auch eine dominante Stellung innehat.[148] Die EU-Kommission geht davon aus, dass Google mit seinem Verhalten gegen Art. 101 und Art. 102 AEUV verstoßen könnte. Welche Art von Missbrauch in Betracht gezogen wird, wurde jedoch zunächst nicht konkretisiert. Eine zur Verfahrenseinleitung veröffentlichte Pressemitteilung spricht aber dafür, dass die EU-Kommission zumindest auch von einer **Selbstbegünstigung** ausgeht, wie sie bereits im Google Search-Verfahren angenommen wurde.[149] Damit würde weniger darauf abgestellt, dass Google andere Werbeanbieter bei der Datensammlung behindert, als darauf, dass das Unternehmen offenbar seine eigene Datensammlung und -verarbeitung weniger strengen Regeln unterwirft.

69　Im Juni 2023 hat die EU-Kommission Google förmlich davon in Kenntnis gesetzt, dass sie zu der Einschätzung gelangt ist, dass das Unternehmen mindestens seit 2014 gegen Art. 102 AEUV verstoßen habe, indem es den Wettbewerb im Bereich der **Online-Werbetechnologie** verzerrt. Ausweislich der begleitenden Pressemitteilung geht es in den nun übermittelten Beschwerdepunkten allerdings „nur" darum, dass Google seine eigenen Technologiedienste für Online-Display-Werbung zulasten konkurrierender Anbieter solcher Dienste sowie von Werbetreibenden und Online-Verlegern begünstigt habe.[150] Bemerkenswert ist, dass die Kommission die vorläufige Auffassung vertritt, dass die wettbewerbsrechtlichen Bedenken nur durch ein strukturelle Maßnahme iSv Art. 7 Abs. 1 S. 2 VO (EG) Nr. 1/2003 ausgeräumt werden können, nämlich die „obligatorische Veräußerung eines Teils der Dienste von Google".[151] Von einer Behinderung anderer Unternehmen beim Sammeln von Daten oder einer **Selbstbegünstigung**

145　EU-Kommission PM v. 22.6.2021, IP/21/3143; BKartA PM v. 14.6.2022.
146　EU-Kommission PM v. 22.6.2021, IP/21/3143.
147　Vgl. dazu auch CMA PM v. 11.2.2022, https://t1p.de/165ez.
148　Vgl. dazu BKartA Beschl. v. 30.12.2021 – B7–61/21, BeckRS 2021, 62514 Rn. 308 ff. – Alphabet/Google; EU-Kommission Ent. v. 17.12.2020 – M.9660 Rn. 338 ff. – Google/Fitbit; Ent. v. 20.3.2019 – AT.40411 Rn. 228 ff. – Google AdSense.
149　Zu letzterem EU-Kommission Ent. v. 27.6.2017 – AT.39740 Rn. 341 ff. – Google Search.
150　EU-Kommission PM v. 14.6.2023, IP/23/3207.
151　EU-Kommission PM v. 14.6.2023, IP/23/3207.

im Bereich der Datenverarbeitung ist in der Mitteilung keine Rede mehr. Ob die Kommission diesen Vorwurf in ihren Ermittlungen nicht mehr weiterverfolgt (zB mit Blick auf das Inkrafttreten des DMA, dessen Vorgaben es Alphabet/Google und anderen Gatekeepern künftig ohnehin erschweren dürften, andere Unternehmen beim Sammeln von Daten zu behindern → Rn. 71 ff.) oder ob er zu einem späteren Zeitpunkt noch aufgegriffen werden soll, ist bisher nicht bekannt.

Im **Apple-Verfahren**, das im Juni 2022 vom BKartA eröffnet wurde, geht es ua darum, ob Apple mit der Ausgestaltung seiner Tracking-Regelungen für unabhängige Anbieter von iOS-Apps seine eigenen Angebote bevorzugt behandelt und/oder andere Unternehmen im Wettbewerb behindert.[152] Als Rechtsgrundlagen werden Art. 102 AEUV und der neue § 19a Abs. 2 GWB genannt.[153] Das BKartA betont, dass Tracking für Werbetreibende und App-Anbieter wichtig ist, um personalisierte Werbung ausspielen zu können, was insbes. relevant sei, wenn Apps kostenlos angeboten werden sollen. Das legt nahe, dass auch in diesem Verfahren vor allem die Gefahr gesehen wird, dass Wettbewerb auf nachgelagerten Plattformmärkten eingeschränkt wird, konkret den Märkten für iOS-Apps. Da Apple auf diesen Märkten teilweise auch selbst als Anbieter von Apps tätig ist, könnte auch in diesem Fall neben der „einfachen" **Behinderung** auch noch eine **Selbstbegünstigung** anzunehmen sein. 70

b) Gatekeeper

Ein allgemeines Verbot, andere Unternehmen bei der Datensammlung zu behindern, ist weder in Art. 5, 6 DMA angelegt, noch kann es auf § 19a Abs. 2 GWB gestützt werden. In **Art. 5 Abs. 9 u. 10 DMA** werden Gatekeeper jedoch verpflichtet, Werbetreibenden und Verlagen, denen sie Werbeleistungen erbringen, bestimmte **Werbedaten** zur Verfügung zu stellen. Außerdem müssen sie solchen Unternehmen gemäß **Art. 6 Abs. 8 DMA** Zugang zu ihren Leistungsmessinstrumenten (*performance measuring tools*) und den Daten gewähren, die notwendig sind, um eine eigene unabhängige Überprüfung des Werbeangebots durchführen zu können. Die Daten müssen so bereitgestellt werden, dass die Werbetreibenden und Verlage ihre eigenen Überprüfungs- und Messinstrumente einsetzen können. 71

Am wichtigsten ist im hiesigen Zusammenhang **Art. 6 Abs. 10 DMA**, wonach Gatekeeper anderen Unternehmen **Zugang** zu den Daten gewähren müssen, die von diesen Unternehmen oder ihren Kunden bei der Nutzung zentraler Plattformdienste des Gatekeepers oder anderer damit zusammenhängender Dienste generiert werden.[154] Der Zugang muss kostenlos, effektiv und qualitativ hochwertig sein und fortwährend und in Echtzeit gewährt werden. Er ist auch auf personenbezogene Daten zu erstrecken, wenn die Endnutzer damit einverstanden sind. Offen ist allerdings, ob mit der Vorschrift auch verhindert werden kann, dass Gatekeeper bestimmte Daten, die vor allem für andere Unternehmen von Nutzen wären, gar nicht erst erfassen. Auch das Problem, dass andere Unternehmen bei der eigenen Erhebung von Daten behindert werden, wird nicht ausdrücklich adressiert. 72

Interessanterweise enthält der DMA kein allgemeines Selbstbegünstigungsverbot, sondern verbietet in **Art. 6 Abs. 5** nur, eigene Angebote beim **Ranking**, bei der **Indexierung** und beim **Crawling** besser zu behandeln als die Angebote anderer Unternehmen. Die eigene Datensammlung schwächeren Datenschutzvorgaben zu unterwerfen als die Datensammlung anderer Unternehmen, wird man darunter kaum fassen können. 73

§ 19a Abs. 2 S. 1 Nr. 2 GWB ermächtigt das BKartA, Gatekeepern zu untersagen, andere Unternehmen in ihrer Geschäftstätigkeit auf Beschaffungs- oder Absatzmärkten zu behindern, wenn die Tätigkeit des Gatekeepers für den Zugang zu diesen Märkten Bedeutung hat. Das wird sich 74

---

152 BKartA PM v. 14.6.2022. Vgl. bereits Höppner/Westerhoff, ZfDR 2021, 280.
153 Zu letzterem → Rn. 47 f., 60.
154 Ausf. König in Steinrötter Europäische Plattformregulierung, § 13 Rn. 31, 37, 46, 67.

oft bejahen lassen, wenn ein Gatekeeper ein anderes Unternehmen bei der Datensammlung auf einem nachgelagerten Plattformmarkt behindert. Außerdem kann das BKartA nach **§ 19 Abs. 2 S. 1 Nr. 1 GWB** Gatekeeper davon abhalten, beim Vermitteln des Zugangs zu Beschaffungs- und Absatzmärkten die eigenen Angebote gegenüber denen von Wettbewerbern bevorzugt zu behandeln. Damit lassen sich ggf. auch Differenzierungen beim Datenschutz erfassen, insbes. wenn die Befolgung der Datenschutzregeln Bedingung dafür ist, dass Produkte auf nachgelagerten Plattformmärkten angeboten werden können, wie dies etwa bei Apples Tracking-Regeln und den Märkten für iOS-Apps der Fall ist.

75 Das BKartA hat bisher nur bekannt gegeben, dass das **Apple-Verfahren** ua auf § 19a Abs. 2 S. 1 GWB gestützt ist, ohne eine konkrete Nummer aus dem Katalog zu benennen.[155]

E. Datenzugang

76 Angesichts der enormen Bedeutung, die Daten für Innovationen und Wettbewerb haben, hat es sich die EU zum Ziel gesetzt, den Austausch von Daten zu erleichtern und einen **europäischen Binnenmarkt für Daten** zu schaffen. Im Rahmen der **Europäischen Datenstrategie** wird insbes. daran gearbeitet, den Zugang zu ständig wachsenden Datenmengen zu verbessern und so branchenübergreifend eine bessere Grundlage für datengestützte Innovationen zu gestalten.[156] Durch klare und faire Regeln für Datenzugang und Datennutzung sollen die **europäische Digital- und Datenwirtschaft** gestärkt werden und insbes. auch kleinere und mittlere Unternehmen sowie Verbraucher profitieren.

77 Wichtigste Eckpfeiler der Europäischen Datenstrategie sind der **Data Governance Act**[157] und das geplante europäische Datengesetz (**Data Act**[158]) (→ § 1 Rn. 30 ff.). Als Vorläufer erwähnenswert ist außerdem die **Datenverkehrs-VO**[159] aus dem Jahr 2018. Ergänzt werden diese Rechtsakte durch wichtige sektorspezifische Datenzugangsregelungen wie Art. 9 der **P2B-VO**[160] (Daten aus der Nutzung von Online-Vermittlungsdiensten), Art. 66, 67 der **Zweiten Zahlungsdienste-RL**[161] (Kontodaten) und Art. 61–66 der **Kfz-Typengenehmigungs-VO**[162] (Fahrzeugdaten, insbes. für Reparatur und Wartung).

78 Auch das Wettbewerbsrecht kann Grundlage für Datenzugangsansprüche sein und ist somit ein wichtiger Teil des europäischen Datenwirtschaftsrechts. In Deutschland sind **kartellrechtliche Datenzugangsansprüche** durch das GWB-Digitalisierungsgesetz deutlich gestärkt worden (→ Rn. 97 ff.). Auch das verschärfte Aufsichtsregime für Gatekeeper ist in diesem Zusammenhang wieder zu beachten (→ Rn. 101 ff.). In der Rechtspraxis spielen kartellrechtliche Datenzugangsansprüche bisher allerdings eine geringe Rolle.[163]

I. Ökonomischer Hintergrund

79 Daten weisen einige Eigenschaften auf, die dafür sprechen, sie möglichst frei verfügbar zu machen. Dazu gehört, dass es sich um **nicht rivalisierende Güter** handelt,[164] die durch Nutzung nicht verbraucht werden und daher von beliebig vielen Nutzern beliebig oft genutzt

---

155 BKartA PM v. 14.6.2022.
156 EU-Kommission Mitt. v. 19.2.2020, COM(2020) 66.
157 VO (EU) 2022/868, ABl. 2022 L 152/1.
158 Vorschlag v. 23.2.2022, COM(2022) 68.
159 VO (EU) 2018/1807, ABl. 2018 L 303/59.
160 VO (EU) 2019/1150, ABl. 2019 L 186/57.
161 RL (EU) 2015/2366, ABl. 2015 L 337/35.
162 VO (EU) 2018/858, ABl. 2018 L 151/1.
163 BKartA Big Data, 11: „keine nennenswerte Rechtsprechung".
164 Krämer/Schnurr JCLE 2022, 255 (289); Haucap Wirtschaftsdienst 2020, 20 (28); BKartA/ADLC Data, 36 f.; Vgl. aber auch Krämer/Senellart/de Streel Data Portability, 51 ff.: Rivalität bei Datensammlung und Datenanalyse.

werden können. Außerdem sind die **Kosten des Datensammelns** oft relativ gering,[165] wobei sich insoweit erhebliche Unterschiede ergeben können, je nachdem, um welche Art von Daten es sich handelt. Weiterhin ist davon auszugehen, dass in vielen Fällen zumindest ab einer bestimmten Schwelle der **Grenznutzen** von Daten abnimmt:[166] Wer bereits Zugriff auf viele Daten hat und für seine Zwecke verwerten kann, profitiert also von zusätzlichen Daten weniger als jemand, dem bisher nur wenige Daten zur Verfügung standen.

Vor diesem Hintergrund verspricht die Freigabe von Daten durch Datenzugangsansprüche erhebliche Potenziale für technische Innovationen und wirtschaftliche Wertschöpfung. Allerdings gibt es auch gute Gründe, die gegen allzu weitreichende Datenzugangsansprüche sprechen können, zB die Gefahr, dass Anreize für die Sammlung und Aufbereitung von Daten geschwächt werden. Sachgerechte Entscheidungen können deshalb oft nur für **spezifische Situationen** getroffen werden, wobei dann ua die jeweiligen Marktumstände, Geschäftsmodelle, Verhandlungspositionen etc zu berücksichtigen sind. Für Datenzugangsansprüche gilt also in besonderem Maße, was oben schon allgemein für die Rolle von Daten im Wettbewerb festgestellt wurde:[167] Es ist stets der jeweilige Einzelfall zu betrachten. 80

1. Chancen

Primäres Ziel von Datenzugangsansprüchen ist es, **Innovationen** und **Wertschöpfung** auf nachgelagerten Märkten zu ermöglichen oder zu erleichtern. Wichtige Anwendungsfälle sind einerseits datengetriebene Geschäftsmodelle in der digitalen Wirtschaft, andererseits aber auch „smarte" Anwendungen in traditionellen Sektoren wie Energiewirtschaft, Verkehr oder Maschinenbau.[168] Daten können insoweit ein **wichtiger Inputfaktor** sein, ohne den sich wohlfahrtsfördernde Produkt- und Prozessinnovationen nicht entwickeln oder nicht realisieren lassen.[169] Wenn Unternehmen die benötigten Daten aus technischen oder rechtlichen Gründen nicht selbst erheben können oder dies mit prohibitiven Kosten verbunden wäre, können Datenzugangsansprüche die Möglichkeit schaffen, auf Datenbestände oder Datenquellen anderer Unternehmen zuzugreifen und deren Daten für technische Innovationen und neue Geschäftsmodelle auf **datengetriebenen Sekundärmärkten** zu nutzen. 81

Angesichts der positiven Wertschöpfung, die durch datenbasierte Innovationen und Geschäftsmodelle erzielt werden kann, wäre eigentlich zu erwarten, dass die Inhaber wertvoller Datenbestände diese freiwillig mit anderen Unternehmen teilen.[170] Denn durch den **Verkauf von Daten** könnten sie von der Wertschöpfung profitieren, was auch deshalb attraktiv erscheint, weil sie selbst die Daten nicht verlieren und somit für ihr primäres Geschäftsmodell weiter nutzen können. Gerade wenn ein Unternehmen über einen exklusiven Datenbestand verfügt, läge eine Lizenzierung der Daten nahe, weil so die gesamte Produzentenrente des Datenverarbeiters abgeschöpft werden könnte.[171] Hohe **Transaktionskosten**, **Informationsdefizite** und **Marktmachtprobleme** können aber dazu führen, dass vertragliche Einigungen über die Weitergabe von Daten nicht zustande kommen. Ein wichtiger Bestandteil der Europäischen Datenstrategie ist deshalb die Verringerung solcher Markthemmnisse.[172] 82

Was konkret Marktmachtprobleme betrifft, kann es zB so sein, dass der Dateninhaber seine Datenbestände nicht teilt, weil er nachgelagerte Märkte zu seinen Gunsten abschotten will. Im Extremfall könnte die Verweigerung des Datenzugangs zB dazu dienen, datengetriebene Se- 83

---

165 Haucap Wirtschaftsdienst 2020, 20 (28).
166 Krämer/Schnurr JCLE 2022, 255 (289 f.); Dewenter/Lüth in Körber/Immenga Daten, 9 (20 f.).
167 → Rn. 5, 12.
168 Kerber WuW 2020, 249 (251).
169 Vgl. Dewenter/Lüth in Körber/Immenga Daten, 9 (22 f.).
170 Vgl. König in Hennemann/Sattler Immaterialgüter, 89 (94 f.).
171 König in Hennemann/Sattler Immaterialgüter, 89 (93 f.).
172 EU-Kommission Mitt. v. 19.2.2020, COM(2020) 66, 14 ff.

kundärmärkte von Wettbewerb freizuhalten und für sich selbst zu monopolisieren (*monopoly leveraging*).[173] Ökonomisch gesehen ist es zwar nicht zwingend, dass der Dateninhaber damit seine Profite erhöhen kann, weil er mögliche **Monopolrenten** auf dem Sekundärmarkt ggf. auch schon durch eine Lizenzierung seiner Daten an sich ziehen kann.[174] Grundsätzlich ist nämlich davon auszugehen, dass ein Monopol auf irgendeiner Marktstufe ausreicht, um die gesamte Monopolrente erlösen zu können, so dass eine vertikale Integration keine weiteren Vorteile verspricht (sog. *Single Monopoly Profit Theory*).[175] Es kann aber für den Dateninhaber andere Gründe geben, den Sekundärmarkt für sich monopolisieren zu wollen, zB dass er dort wiederum Zugriff auf weitere **Datenquellen** hat, die ihm nützlich erscheinen.

84 Datenzugangsansprüche können in solchen Situationen ein Mittel sein, um **Markteintrittsbarrieren** abzubauen und eine Monopolausdehnung auf den Sekundärmarkt zu verhindern. Ein gutes Beispiel sind die Zugangsansprüche nach Art. 61–66 der Kfz-Typengenehmigungs-VO.[176] Sie können zB von unabhängigen Werkstattbetreibern genutzt werden, um aus den Datenbanken der Kfz-Hersteller Fahrzeuginformationen auszulesen, die sie für Reparaturen benötigen. Ohne diese Daten lassen sich moderne Fahrzeuge oft nicht mehr reparieren, so dass die Gefahr bestünde, dass die Reparaturmärkte durch die Kfz-Hersteller und vertraglich gebundenen Werkstätten dominiert würden. Die Zugangsansprüche verhindern dies und beleben so den Wettbewerb auf den Reparatur- und Wartungsmärkten.

85 Mit Datenzugangsansprüchen lässt sich auch **datengetriebenen Netzwerkeffekten** entgegenwirken, wie sie oben beschrieben wurden.[177] Denn der Kreislauf aus Nutzern, Daten und Produktverbesserungen lässt sich dadurch unterbrechen, dass Unternehmen mit weniger Nutzern eine vergleichbare Datenbasis verschafft wird, so dass sie auch mit einer kleineren Nutzergruppe möglicherweise bessere Produkte entwickeln können. Im besten Fall können Datenzugangsansprüche ein *level playing field* hinsichtlich des Zugriffs auf Daten als Inputfaktor erzeugen und dazu beitragen, dass sich der ursprüngliche Dateninhaber und der Datenzugangspetent auf dem Sekundärmarkt auf Augenhöhe begegnen. Durch die Abschwächung datengetriebener Netzwerkeffekte kann möglicherweise sogar ein *Tipping* verhindert oder zumindest zugunsten der Verbraucher hinausgezögert werden.[178] Diese würden vor allem davon profitieren, dass die **Innovationsanreize** sowohl für den Dateninhaber als auch für dessen aktuelle und potenzielle Wettbewerber auf den Sekundärmärkten erhalten bleiben.

86 Ein großer Vorteil von Datenzugangsansprüchen ist, dass sie, anders als zB Datenbündelungsverbote (→ Rn. 43 ff.) nicht darauf abzielen, den Dateninhaber im Wettbewerb zu schwächen, sondern darauf, andere Unternehmen auf nachgelagerten Märkten zu stärken.[179] Es besteht also weniger die Gefahr, dass **Effizienzvorteile** zunichte gemacht werden, was sich zulasten der Verbraucher auswirken könnte.

2. Risiken

87 Trotz ihrer Vorzüge sind Datenzugangsansprüche jedoch auch mit Risiken verbunden.[180] An erster Stelle steht, dass die **Investitionsanreize** des Dateninhabers geschwächt werden können.[181] Denn der Dateninhaber investiert möglicherweise genau deshalb in die Datenbeschaf-

---

173 Vgl. zu dieser Strategie nur Höppner CoRe 2017, 208 (210 ff.).
174 Mit einem Beispiel König in Hennemann/Sattler Immaterialgüter, 89 (92 f.).
175 Vgl. nur Posner Antitrust Law, 197 ff.
176 VO (EU) 2018/858, ABl. 2018 L 151/1.
177 → Rn. 7.
178 Krämer/Schnurr JCLE 2022, 255 (290).
179 Krämer/Schnurr JCLE 2022, 255 (289).
180 Vgl. auch Crémer/de Montjoye/Schweitzer Competition Policy, 7 f.
181 Haucap Wirtschaftsdienst 2020, 20 (28); Schweitzer/Haucap/Kerber/Welker Modernisierung, 130 f.; Kerber in Lohsse/Schulze/Staudenmayer Trading Data, 109 (117 ff.); König in Hennemann/Sattler Immaterialgüter, 89 (91 ff.).

fung, weil er sich dadurch einen Vorteil im Wettbewerb verschaffen will. Wird er nun gezwungen, die Daten mit anderen Unternehmen zu teilen, geht diese Chance verloren. Wenn die Vergütung für den Datenzugang nicht angemessen ist, kann es außerdem zu einer **Trittbrettfahrerproblematik** kommen, weil die Datenzugangspetenten übermäßig von den Leistungen des ursprünglichen Dateninhabers profitieren würden. Das wiederum kann dazu führen, dass es diesem Unternehmen nicht mehr attraktiv erscheint, die Daten überhaupt zu beschaffen. Im schlimmsten Fall kann es dazu kommen, dass jeder sich auf die anderen verlässt und Datenbestände nicht mehr aufgebaut werden, obwohl dies aus gesamtwirtschaftlicher Sicht sinnvoll wäre. Es droht also ein klassisches *Collective action*-**Problem**.

Die Investitionsanreize des ursprünglichen Dateninhabers sind aber ohnehin sehr unterschiedlich ausgeprägt, je nachdem, um welche Art von Daten es geht.[182] Es macht zB einen Unterschied, ob Datenbestände aufgebaut werden, um diese dann selbst analysieren und auf dieser Basis datengestützte Angebote entwickeln zu können, oder ob Datenbestände noch für andere Zwecke benötigt werden oder gar **Nebenprodukt** einer nicht primär datengetriebenen Geschäftätigkeit sind. So ist etwa nicht zu befürchten, dass Kfz-Hersteller ihre Fahrzeuginformationen nicht mehr in Datenbanken abspeichern, weil sie dann unabhängigen Werkstattbetreibern Zugang gewähren müssen.[183] Die Datenbanken werden primär für die Entwicklung und den Vertrieb von Fahrzeugen und Fahrzeugteilen entwickelt und sind in dieser Funktion für die Kfz-Hersteller und ihre Zulieferer unverzichtbar. **88**

Auch Google und Facebook würden wohl das Datensammeln nicht einstellen, wenn sie anderen Unternehmen Zugriff auf bestimmte Datenbestände oder Datenströme gewähren müssten. Allerdings ist zu unterscheiden zwischen den Rohdaten, die zB durch Suchanfragen bei Google oder durch Nutzeraktivitäten bei Facebook generiert werden, und verarbeiteten Daten, die aus den Rohdaten zB mithilfe von Datenanalyseinstrumenten gewonnen werden. Dazu könnten zB Persönlichkeitsprofile gehören, die von den Unternehmen für Werbezwecke genutzt werden. Die **Rohdaten** sind theoretisch leicht duplizierbar, werden zu eher geringen Kosten erhoben und sind für die Unternehmen als Grundlage ihrer datengestützten Geschäftsmodelle unverzichtbar. Es ist daher eher unwahrscheinlich, dass sie die Erhebung von Rohdaten wesentlich reduzieren würden, wenn sie bestimmte Datenbestände mit anderen Unternehmen teilen müssten. Bei **verarbeiteten Daten** wird die Bewertung oft anders ausfallen, weil ihre Gewinnung weitaus höheren Aufwand erfordert. Zwar würde auch die Datenanalyse sicher nicht gänzlich unterbleiben; es wäre aber schon zu befürchten, dass die Dateninhaber zumindest auf bestimmte Datenverarbeitungen verzichten würden, wenn sie deren Ergebnisse auf Grundlage von Datenzugangsansprüchen mit anderen Unternehmen teilen müssten. In der ökonomischen Literatur wird daher betont, dass sich Datenzugangsansprüche tendenziell nur auf Rohdaten(ströme) beziehen sollten und nicht auf verarbeitete Daten, die auf zusätzlichen Leistungen des Dateninhabers beruhen.[184] **89**

Ein weiteres Problem besteht darin, dass eine umfassende Verfügbarkeit von Daten **Kollusionsgefahren** begründen kann.[185] Daten sind Informationen und können somit die Markttransparenz erhöhen, was es wiederum erleichtern kann, das Verhalten anderer Unternehmen zu prognostizieren und das eigene Marktverhalten darauf abzustimmen.[186] Dadurch kann der Wettbewerb geschwächt werden, was zu weniger Innovationen, höheren Preisen und schlechterer Qualität führen kann. **90**

---

182 Vgl. mit Beispielen König in Hennemann/Sattler Immaterialgüter, 89 (97 ff.).
183 Zum Hintergrund → Rn. 84.
184 Krämer/Schnurr JCLE 2022, 255 (289). Vgl. auch Crémer/de Montjoye/Schweitzer Competition Policy, 101.
185 Crémer/de Montjoye/Schweitzer Competition Policy, 96; OECD Big Data, Rn. 75 ff.
186 Ausf. EHKS KI/König, 542 Rn. 10 ff.

91 Soweit es um Daten mit Personenbezug geht, ist ferner auch noch zu berücksichtigen, dass Datenzugangsansprüche berechtigte **Datenschutzinteressen** gefährden können.[187] Selbst wenn die Freigabe personenbezogener Daten wettbewerbsfördernde Wirkungen hätte, kann es geboten sein, das Ziel der Wettbewerbsförderung im Einzelfall hinter dem Datenschutz zurückstehen zu lassen. Angesichts des hohen Stellenwerts, den der Schutz personenbezogener Daten in der EU einnimmt, ist praktisch kaum vorstellbar, dass Gerichte wettbewerbsrechtliche Zugangsansprüche in Bezug auf solche Daten gewähren würden. Vielmehr ist davon auszugehen, dass sie sich regelmäßig auf den Standpunkt stellen werden, dass die Verweigerung des Zugangs durch Datenschutzinteressen gerechtfertigt werden kann.

3. Konsequenzen

92 Aus den genannten Chancen und Risiken ergibt sich, dass sich Datenzugangsansprüche aus **wettbewerbsökonomischer Sicht** nicht pauschal als vor- oder nachteilhaft bewerten lassen.[188] Es kommt vielmehr stets auf die Umstände der jeweiligen Situation an, zB in Bezug auf die Art der Daten, die konkreten Märkte und Geschäftsmodelle sowie die jeweiligen Stellungen des Dateninhabers und des Zugangspetenten. Datenzugangsansprüche sollten wegen der Gefahren für die Investitionsanreize der Dateninhaber insbes. nicht zu breit formuliert werden. Vielmehr ist es sinnvoll, einerseits auf **sektorspezifische Lösungen** wie Art. 61–66 der Kfz-Typengenehmigungs-VO zu setzen, die den Umständen der jeweiligen Marktsituation besser Rechnung tragen können als branchenübergreifend geltende Regelungssysteme wie das Kartellrecht.[189] Andererseits können **Generalklauseln** zum Einsatz kommen, die Behörden und Gerichten die nötigen Spielräume verschaffen, um wettbewerbsfördernde Zugangsansprüche zu gewähren, wettbewerbsschädliche Fehlanreize jedoch zu verhindern. In dieser Hinsicht kommt den Missbrauchsverboten des Wettbewerbsrechts eine maßgebliche Rolle zu.

II. Anspruchsgrundlagen

93 Datenzugangsansprüche können auf verschiedene Anspruchsgrundlagen gestützt werden, die in jüngerer Zeit zur Begrenzung der Marktmacht großer Onlineplattformen und zur Förderung des Wettbewerbs auf Sekundärmärkten deutlich erweitert wurden. Vorwegzuschicken ist, dass Datenzugangsansprüche idR durch private Klagen durchzusetzen sind. Behördliche Verfahren, wie sie sonst für die Durchsetzung des Wettbewerbsrechts eine große Rolle spielen, sind zwar möglich, aber nicht sehr wahrscheinlich. Anders mag es einmal sein, wenn sich offensichtlich Vorteile für die Verbraucher ergeben würden, aber kein Unternehmen bereit ist, das Prozessrisiko auf sich zu nehmen.

1. Art. 102 AEUV

94 Aus dem europäischen Wettbewerbsrecht kommt Art. 102 AEUV als Anspruchsgrundlage in Betracht, wobei für die Rechtsfolgen ergänzend §§ 33, 33a GWB heranzuziehen sind. Es ist allgemein anerkannt, dass ein verbotener Missbrauch einer marktbeherrschenden Stellung iSv Art. 102 AEUV darin liegen kann, dass der Marktbeherrscher andere Unternehmen von der Nutzung einer wesentlichen Einrichtung ausschließt (sog. *Essential facilities*-Doktrin).[190] Zur Abstellung des Missbrauchs kann es erforderlich sein, die Nutzung zuzulassen, was auf einen Kontrahierungszwang hinausläuft.

---

187 Gerpott/Mikolas CR 2021, 137 Rn. 10 ff.; Haucap Wirtschaftsdienst 2020, 20 (28); Schweitzer/Peitz NJW 2018, 275 (276 ff.).
188 Ebenso Schweitzer/Haucap/Kerber/Welker Modernisierung, 129.
189 Vgl. König in Hennemann/Sattler Immaterialgüter, 89 (97 ff.).
190 Vgl. nur Immenga/Mestmäcker/Fuchs AEUV Art. 102 Rn. 331 ff. mwN.

Die wesentlichen Voraussetzungen hat der EuGH in den Leitentscheidungen *Magill*,[191] *Bron-* 95
ner[192] und *IMS Health*[193] herausgearbeitet, auch wenn an den Rändern noch Unschärfen
bestehen. Im Ausgangspunkt sind auch marktbeherrschende Unternehmen frei darin, sich
ihre Geschäftspartner selbst auszusuchen. Unter **„außergewöhnlichen Umständen"** kann
eine Zugangsverweigerung jedoch einen Missbrauch begründen. Zunächst muss der Zugang
unentbehrlich sein, um in den Wettbewerb auf einen nachgelagerten Markt eintreten zu
können. Durch die Zugangsverweigerung muss es also zu einer wettbewerbswidrigen Marktverschließung kommen. Sodann hat der EuGH verlangt, dass durch die Zugangsverweigerung
die Entstehung eines neuen Produkts verhindert wird, wobei man heute eher davon ausgeht,
dass auch andere **Nachteile für die Verbraucher** genügen können.[194] Zuletzt ist zu verlangen,
dass die Zugangsverweigerung **nicht** durch Sachgründe **gerechtfertigt** ist.

Wie aussichtsreich ein Vorgehen nach Art. 102 AEUV ist, wenn es um den Zugang zu Da- 96
tenbeständen anderer Unternehmen geht, wird in der Literatur unterschiedlich beurteilt.[195]
Probleme werden zB in Bezug auf die Unentbehrlichkeit des Datenzugangs gesehen.[196] Der
EuGH hatte insoweit in der *Magill*-Entscheidung keine hohen Anforderungen gestellt,[197] in
Bronner dann aber deutlich restriktiver zur möglichen Duplizierbarkeit formuliert.[198] Die größten Schwierigkeiten dürfte die **praktische Umsetzung** aufwerfen. So muss der Anspruchsteller
nicht nur die Zugangsverweigerung nachweisen, sondern auch eine **marktbeherrschende
Stellung**, wofür aufwendige Marktanalysen erforderlich sein können. Außerdem ist nicht nur
über den Zugang als solchen zu entscheiden, sondern auch über die **Konditionen**, insbes. ein
etwaiges Entgelt. Später sind ggf. Anpassungen nötig, wenn sich die Marktumstände oder die
jeweiligen Situationen der Parteien verändern. Es wird deshalb wohl zu Recht davon ausgegangen, dass kartellrechtliche Datenzugangsansprüche interessengerechte Lösungen allenfalls dann
versprechen, wenn die Verhältnisse im konkreten Fall relativ einfach gelagert sind.[199]

2. § 19 GWB

Auch § 19 GWB kommt (in Verbindung mit §§ 33, 33a GWB) als Anspruchsgrundlage für 97
Datenzugangsansprüche in Betracht, wenn der Dateninhaber ein marktbeherrschendes Unternehmen ist. Die *Essential facilities*-Doktrin wird durch § 19 Abs. 2 Nr. 4 GWB ausdrücklich
anerkannt und unterliegt in etwa denselben Voraussetzungen wie im europäischen Wettbewerbsrecht.[200] Allerdings war der Wortlaut der Vorschrift bis zum Inkrafttreten des GWB-Digitalisierungsgesetzes relativ eng formuliert und sprach nur von „Netzen oder anderen Infrastruktureinrichtungen", was die Frage aufwarf, ob sich Daten hierunter fassen lassen.[201] Der Gesetzgeber hat diese Hürde beseitigt und Daten explizit in § 19 Abs. 2 Nr. 4 GWB aufgenommen.[202]

---

191 EuGH Urt. v. 6.4.1995 – C-241/91, GRUR Int 1995, 490.
192 EuGH Urt. v. 26.11.1998 – C-7/97, GRUR Int 1999, 262.
193 EuGH Urt. v. 29.4.2004 – C-418/01, GRUR Int 2004, 644.
194 Vgl. EuG Urt. v. 17.9.2007 – T-201/04, BeckRS 2007, 70806 Rn. 643 ff., insbes. Rn. 647 – Microsoft; König in
    Veenbrink/Looijestijn-Clearie/Rusu Digital Markets, 175 (184 f.).
195 Ausf. Hillmer Daten, 153 ff.; Deuring, Datenmacht, 264 ff.; Schmidt, Zugang, 381 ff.; Schweitzer/Haucap/Ker-
    ber/Welker Modernisierung, 132 ff.; Graef, Essential Facility, 249 ff.
196 Gerpott/Mikolas CR 2021, 137 Rn. 8 (zu § 19 Abs. 2 Nr. 4 GWB); Schweitzer/Haucap/Kerber/Welker Moderni-
    sierung, 132 ff.
197 EuGH Urt. v. 6.4.1995 – C-241/91, GRUR Int 1995, 490 Rn. 47, 53.
198 EuGH Urt. v. 26.11.1998 – C-7/97, GRUR Int 1999, 262 Rn. 45 f.
199 Crémer/de Montjoye/Schweitzer Competition Policy, 107.
200 BT-Drs. 19/23492, 70; BT-Drs. 13/9720, 36 f. Ausf. MüKoWettbR/Wolf GWB § 19 Rn. 144 ff., insbes. Rn. 146;
    Immenga/Mestmäcker/Fuchs GWB § 19 Rn. 267 ff.
201 Vgl. Schweitzer/Haucap/Kerber/Welker Modernisierung, 132; Louven NZKart 2018, 217 (218); Nuys WuW
    2016, 512 (516 f.).
202 Ausf. zur Neuregelung Huerkamp/Nuys NZKart 2021, 327. Speziell zum Datenbegriff des neuen § 19 Abs. 2
    Nr. 4 GWB Lichtenberg NZKart 2021, 286 (288).

In praktischer Hinsicht wirft die Anwendung dieser Anspruchsgrundlage freilich ähnliche Probleme auf wie ein Vorgehen nach Art. 102 AEUV, §§ 33, 33a GWB.

3. § 20 GWB

98　Niedrigere Anforderungen werden seit Inkrafttreten des GWB-Digitalisierungsgesetzes am 19.1.2021 in § 20 GWB formuliert, der missbräuchliches Verhalten und insbes. unbillige Behinderungen und Diskriminierungen durch **Unternehmen mit relativer Marktmacht** verbietet.[203] Seit der Reform bestimmt § 20 Abs. 1a S. 1 GWB, dass sich eine Abhängigkeit iSv § 20 Abs. 1 GWB, die ein wesentliches Merkmal relativer Marktmacht ist, auch daraus ergeben kann, „dass ein Unternehmen für die eigene Tätigkeit auf den Zugang zu Daten angewiesen ist, die von einem anderen Unternehmen kontrolliert werden". Außerdem heißt es in § 20 Abs. 1a S. 2 u. 3 GWB, dass die **Verweigerung des Zugangs** zu solchen Daten gegen angemessenes Entgelt eine unbillige Behinderung darstellen kann und dass dies auch dann gilt, wenn ein Geschäftsverkehr für diese Daten bislang nicht eröffnet ist.

99　Ein Datenzugangsanspruch kann sich aus § 20 Abs. 1a S. 2 GWB wiederum in Verbindung mit §§ 33, 33a GWB ergeben. Die Anforderungen sind niedriger als bei Art. 102 AEUV, § 19 Abs. 2 Nr. 4 GWB, weil keine marktbeherrschende Stellung nachgewiesen werden muss. Der Gesetzgeber will insbes. zwei Konstellationen erfassen:[204] Zum einen geht es um **Wertschöpfungsnetzwerke** zB in der Industrie 4.0 oder in *IoT*-Zusammenhängen, wo zwar regelmäßig vertragliche Beziehungen bestehen, ungleiche Verhandlungspositionen jedoch dazu führen können, dass einzelne Unternehmen keinen angemessenen Zugang zu den Daten des Netzwerks haben. Zum anderen sollen Situationen erfasst werden, in denen das abhängige Unternehmen Dienste auf einem vor- oder nachgelagerten Markt anbieten will, in denen aber bisher noch **keine Geschäftsbeziehungen** bestehen. Der Gesetzgeber meint, in diesen Fällen sei grundsätzlich „Zurückhaltung geboten",[205] ohne dies allerdings näher zu begründen.

100　Richtig ist, dass in sämtlichen Konstellationen eine **Interessenabwägung** darüber entscheiden muss, ob der Datenzugang gewährt wird oder nicht.[206] Dabei ist in Einklang mit den oben dargestellten ökonomischen Rahmenbedingungen ua zu berücksichtigen, ob und ggf. inwieweit die **Investitionsanreize** des Dateninhabers und anderer datensammelnder Unternehmen durch einen Datenzugangsanspruch vermindert würden.[207] Andererseits ist danach zu fragen, inwieweit die Verweigerung des Datenzugangs zu einem **Verschluss von Sekundärmärkten** führen würde und welche **Wertschöpfung** auf Seiten des abhängigen Unternehmens verloren ginge.[208] Außerdem soll es nach Ansicht des Gesetzgebers darauf ankommen, ob der Zugangspetent selbst an der Erzeugung der Daten beteiligt war. Letztlich soll der Zugangsanspruch gewährt werden, wenn „die Vorteile einer mehrfachen Nutzung der betreffenden Daten die Nachteile eines Verlustes der exklusiven Verfügung über diese Daten überwiegen".[209]

4. DMA

101　Der DMA formuliert in **Art. 6 Abs. 10 u. 11** Verhaltenspflichten für Gatekeeper, aus denen sich Datenzugangsansprüche ableiten lassen, wobei noch ungeklärt ist, ob diese Vorschriften selbst als Anspruchsgrundlagen herangezogen werden können oder ob ergänzend auf Vorschriften des nationalen Rechts abzustellen ist.[210] Für Deutschland hat die Frage keine Bedeutung mehr,

---

203　→ Rn. 16.
204　Vgl. auch schon Schweitzer/Haucap/Kerber/Welker Modernisierung, 131 ff.
205　BT-Drs. 19/23492, 79.
206　Hierzu und zum Folgenden BT-Drs. 19/23492, 79.
207　→ Rn. 87 ff.
208　→ Rn. 81 ff.
209　BT-Drs. 19/23492, 78.
210　Vgl. Monopolkommission, HG 2022, Rn. 491; Karbaum/Schulz NZKart 2022, 107 (110).

seit der Gesetzgeber mit der 11. GWB-Novelle den Anwendungsbereich der §§ 33, 33a GWB auf die Verhaltensgebote des DMA erstreckt hat.[211] Seither können kartellrechtliche Unterlassungs-, Beseitigungs- und Schadensersatzansprüche nicht nur bei Verstößen gegen Art. 101, 102 AEUV, §§ 1, 19–21 GWB geltend gemacht werden, sondern auch bei einer Verletzung der Verhaltenspflichten aus Art. 5, 6 und 7 DMA. Für das Verfahren gelten ergänzend die §§ 87 ff. GWB, die ua eine ausschließliche Zuständigkeit der Landgerichte vorsehen.

Art. 6 Abs. 10 DMA sieht konkret vor, dass Gatekeeper anderen Unternehmen Zugang zu den Daten gewähren müssen, die von diesen Unternehmen oder ihren Kunden bei der **Nutzung zentraler Plattformdienste** des Gatekeepers oder anderer damit zusammenhängender Dienste generiert werden.[212] Erfasst sind aggregierte und nicht-aggregierte Daten einschließlich personenbezogener Daten, soweit die jeweils betroffenen Endnutzer dazu ihre Einwilligung erklärt haben. Der Datenzugang muss kostenlos, effektiv und qualitativ hochwertig sein und fortlaufend und in Echtzeit gewährt werden. Obwohl es sich um eine Verpflichtung handelt, die von der EU-Kommission nach Art. 8 DMA konkretisiert werden kann, sind diese Vorgaben (gerade auch im Vergleich mit den kartellrechtlichen Anspruchsgrundlagen) bereits so spezifisch, dass mE nichts dagegen spricht, Art. 6 Abs. 10 DMA auch ohne Konkretisierung im Einzelfall als Rechtsnorm mit unmittelbarer Geltung im Privatrechtsverhältnis anzuwenden.[213] Sein Anwendungsbereich ist allerdings auf Daten beschränkt, die bei der Nutzung zentraler Plattformdienste des Gatekeepers durch die Aktivitäten des Zugangspetenten oder seiner Kunden generiert werden. Das ist gut für den Wettbewerb auf Märkten, auf denen der Zugangspetent bereits tätig ist, dürfte ihm aber in der Regel nicht ermöglichen, auf Sekundärmärkte vorzudringen (vgl. → Rn. 81 ff).

Ein ähnliches Problem ergibt sich mit **Art. 6 Abs. 11 DMA**: Danach sind Gatekeeper verpflichtet, anderen Unternehmen unter FRAND-Bedingungen Zugang zu „Ranking-, Such-, Klick- und Anzeigedaten" zu gewähren, die von Endnutzern in **Online-Suchmaschinen** generiert werden.[214] Der Zugangsanspruch besteht aber ausweislich des Wortlauts nur zugunsten von Unternehmen, die selbst eine Suchmaschine betreiben. Damit sollen offenbar kleine, datenschutzsensible Suchmaschinenbetreiber wie Startpage oder DuckDuckGo unterstützt werden, um den Wettbewerb auf dem hochkonzentrierten Markt für allgemeine Internetsuchen etwas zu beleben. Als verpasste Chance könnte sich allerdings erweisen, dass kein Versuch unternommen wurde, durch Datenzugangsansprüche zugunsten von Unternehmen, die keine Suchmaschinen betreiben, weniger konzentrierte **Sekundärmärkte** offenzuhalten (vgl. → Rn. 81 ff.). Es gibt deutliche Anzeichen dafür, dass sich Suchmaschinendaten in besonderem Maße für ein datengetriebenes *„envelopment"* eignen, das hauptsächlich den Wettbewerb auf Nachbarmärkten gefährdet.[215] Datenzugangsansprüche werden in der ökonomischen Literatur als wichtiges Gegenmittel angesehen,[216] allerdings müssten dafür vor allem solche Unternehmen Datenzugang erhalten, die damit wettbewerbsfähige Angebote auf Sekundärmärkten machen können und

102

103

---

211 Gesetz zur Änderung des Gesetzes gegen Wettbewerbsbeschränkungen und anderer Gesetze v. 6.7.2023, bei Abschluss des Manuskripts noch nicht im BGBl veröffentlicht. Vgl. vorher schon Karbaum/Schulz NZKart 2022, 107 (110); Monopolkommission, HG 2022, Rn. 492 ff.

212 → Rn. 72. Ausf. zu Art. 6 Abs. 10 DMA König in Steinrötter Europäische Plattformregulierung, § 13 Rn. 31, 37, 46, 67.

213 Vgl. dazu nur Grabitz/Hilf/Nettesheim AEUV Art. 288 Rn. 101 f.

214 Das FRAND-Konzept stammt aus dem gewerblichen Rechtsschutz, wo Standardisierungsorganisationen oft verlangen, dass zB ein Patent zu FRAND-Bedingungen („fair, reasonable, and non-discriminatory") lizenziert wird, bevor sie einen Standard festsetzen, für dessen Einhaltung das Patent essenziell ist. Vgl. zu den damit verbundenen kartellrechtlichen Problemen EuGH Urt. v. 16.7.2015 – C-170/13, GRUR 2015, 764 – Huawei.

215 → Rn. 7.

216 Krämer/Schnurr JCLE 2022, 255 (274 ff.); Prüfer/Schottmüller JIE 2021, 967 (970 f.); Argenton/Prüfer JCLE 2012, 73 (91 ff.).

dadurch verhindern, dass diese zugunsten des *„envelopers"* kippen und für den Wettbewerb verloren gehen.

5. Sonstige

104 Wie eingangs bereits erwähnt, können sich Datenzugangsansprüche außerdem aus sektorspezifischen Regelungen wie Art. 61–66 der Kfz-Typengenehmigungs-VO ergeben. In Zukunft wird außerdem dem **Data Act** Bedeutung zukommen, für den die EU-Kommission im Februar 2022 einen Vorschlag gemacht hat.[217] Denn darin ist vorgesehen, dass Nutzer von *IoT*-**Produkten** wie vernetzten Fahrzeugen, Haushaltsgeräten oder Wearables verlangen können, dass der Dateninhaber (oft der Produkthersteller) anderen Unternehmen (zB Anbietern von Zusatzleistungen) die Daten bereitstellt, die bei der Nutzung der *IoT*-Produkte oder damit verbundener Dienste erzeugt werden.[218] Der Zugang muss kontinuierlich und in Echtzeit gewährt werden. Er muss für den Produktnutzer kostenlos sein und für den Datenempfänger FRAND-Bedingungen entsprechen.[219] Falls eine Gegenleistung vereinbart wird, muss sie angemessen sein.[220] Gatekeeper iSv Art. 3 DMA sind als Datenempfänger ausgeschlossen.[221] Da *IoT*-Produkte eine wichtige Datenquelle sind, ist davon auszugehen, dass der Datenteilhabe nach dem Data Act in Zukunft eine beachtliche Bedeutung für den Wettbewerb zukommen wird.

F. Datenportabilität

105 Eher kein Big Data-Thema ist die sog. **Datenportabilität**, also das Recht einzelner Nutzer, ihre Daten bei einem Anbieterwechsel mitzunehmen (zB von einer Social Media-Plattform zur nächsten). In Bezug auf personenbezogene Daten ist insoweit vor allem Art. 20 DS-GVO relevant, dessen praktische Wirksamkeit allerdings umstritten ist.[222] Während Datenzugangsansprüche vor allem den Zugriff auf breite Datenbestände und Datenströme insbes. aus Rohdaten ermöglichen sollen,[223] geht es bei der Datenportabilität idR um schmale, dafür aber tiefe Datenbestände. Es werden zB einzelne Nutzerprofile übertragen, die wegen ihrer Detailliertheit einen beachtlichen wirtschaftlichen Wert haben können. Aus wettbewerbsökonomischer Sicht ist Datenportabilität positiv zu bewerten, weil sie **Wechselkosten** senkt und **Multihoming** ermöglicht und damit **Lock-in-Effekte** verringert.[224] Gerade wenn es wie bei Art. 20 DS-GVO typischerweise um einmalige Datenübertragungen geht, werden jedoch idR keine Datenströme generiert, die für Big Data-Analysen von Bedeutung wären.

106 Nur der Vollständigkeit halber sei deshalb darauf hingewiesen, dass die verschärften Aufsichtsregime für **Gatekeeper** auch Vorschriften enthalten, die sich gegen Beschränkungen der Datenportabilität richten oder sogar ein Mehr an Datenportabilität fordern. So werden Gatekeeper in **Art. 6 Abs. 9 DMA** verpflichtet, effektive Datenportabilität in Bezug auf die Daten zu gewährleisten, die ihnen von Endnutzern zur Verfügung gestellt werden oder von diesen bei der Nutzung zentraler Plattformdienste generiert werden. Anders als Art. 20 DS-GVO beschränkt sich dieser Anspruch nicht auf personenbezogene Daten; außerdem kann ein **kontinuierlicher Zugang in Echtzeit** verlangt werden, was die Übertragung der Daten an andere Unternehmen, zB zum Zwecke des Multihomings, erleichtert.

---

217 EU-Kommission Vorschlag v. 23.3.2022, COM(2022) 68; PM v. 28.6.2023, IP/23/3491. Ausf. → § 1 Rn. 61 ff.; Podszun/Pfeifer GRUR 2022, 953.
218 COM(2022) 68, Art. 5.
219 COM(2022) 68, Art. 5 Abs. 1, 8 Abs. 1. Zum FRAND-Konzept → Rn. 103 m. Fn. 215.
220 COM(2022) 68, Art. 8 Abs. 1.
221 COM(2022) 68, Art. 5 Abs. 2.
222 Vgl. etwa Krämer/Senellart/de Streel Data Portability, 50 ff., 75 ff.; Krämer JCLE 2021, 263, jeweils mit Kritik und Verbesserungsvorschlägen. Vgl. auch Cabral et al Report, 21 f.
223 Krämer/Schnurr JCLE 2022, 255 (289 ff.).
224 Ausf. Krämer/Senellart/de Streel Data Portability, 55 ff.

Außerdem ermächtigt **§ 19a Abs. 2 S. 1 Nr. 5 GWB** das BKartA, Gatekeepern iSv § 19a Abs. 1 GWB zu untersagen, die Portabilität von Daten zu verweigern oder zu erschweren und damit den Wettbewerb zu behindern. Zivilrechtliche Ansprüche nach §§ 33, 33a GWB sind allerdings erst möglich, wenn das BKartA tatsächlich ein entsprechendes Verbot verfügt hat und der jeweilige Gatekeeper dagegen verstößt; unmittelbar auf § 19a Abs. 2 S. 1 Nr. 5 GWB können sich private Kläger nicht berufen, da die Vorschrift nicht *self-executing* ist.[225] 107

G. Datenpooling

Wettbewerbsrechtliche Fragen können sich auch im Zusammenhang mit dem sog. **Datenpooling** ergeben, bei dem mehrere Unternehmen Daten zusammenführen und sich gegenseitig Zugriff darauf gewähren.[226] Dadurch soll vor allem die Basis für Datenanalysen verbessert werden, wovon alle beteiligten Unternehmen profitieren können. Durch die Zusammenführung der Daten lassen sich oft erhebliche Synergieeffekte erzielen und Größenvorteile realisieren, was **Effizienzgewinne** verspricht. Aus unternehmerischer Sicht ist Datenpooling daher oft attraktiv, insbes. wenn die eigenen Datenbestände oder Analysefähigkeiten für aufwendigere **Big-Data-Anwendungen** nicht ausreichen. Allerdings kann der Austausch von Daten auch zu Wettbewerbsbeschränkungen führen, zB weil die am Datenpool beteiligten Unternehmen auf Basis der geteilten Daten ihr Marktverhalten aneinander angleichen oder weil andere Unternehmen von der Teilhabe am Datenpooling ausgeschlossen werden.[227] 108

Das **BKartA** geht davon aus, dass gerade im Bereich der **Industrie 4.0** ein „großes wirtschaftliche Potenzial" im Datenaustausch und im Datenpooling liegt.[228] Betont wird insbes., dass Innovationen gefördert und neue Produkte und Dienstleistungen ermöglicht werden. Andererseits erkennt die Behörde an, dass der Austausch unternehmensinterner Daten Verhaltensabstimmungen erleichtern kann, weshalb sie angekündigt hat, mögliche Wettbewerbsbeschränkungen insbes. beim Datenpooling zwischen Wettbewerbern in den Blick nehmen zu wollen.[229] Kooperationen im Vertikalverhältnis und in Bezug auf Vorleistungen, die das Markt- und Wettbewerbsverhalten nicht unmittelbar beeinflussen, seien erfahrungsgemäß weniger problematisch. Letztlich seien die wettbewerbsfördernden und die wettbewerbsbeschränkenden Wirkungen jedoch in jedem Einzelfall abzuwägen. 109

Zum europäischen Wettbewerbsrecht gilt das *Asnef Equifax*-Urteil des EuGH als Leitentscheidung.[230] Darin ging es um ein spanisches System für den Austausch von Informationen zwischen Finanzinstituten, das vor allem dazu diente, die Zahlungsfähigkeit von Kunden zu bewerten. Zur Vereinbarkeit von **Informationsaustauschsystemen** mit Art. 81 EG (heute Art. 101 AEUV) führte der EuGH aus, dass eine abstrakte Beurteilung nicht möglich sei. Vielmehr komme es ua auf die konkreten Marktbedingungen, den Zweck des Systems, die Zugangsvoraussetzungen und die Natur der austauschten Informationen sowie ihre Bedeutung für die Preisbildung an.[231] Für den konkreten Fall betonte der EuGH die erheblichen **Effizienzvorteile** des Kreditinformationssystems, mit dem ua Informationsasymmetrien abgebaut und Risikoaufschläge vermieden würden, was letztlich den Kreditnehmern zugutekomme.[232] 110

---

225 BeckOK-KartellR/Wagner-von Papp GWB § 19a Rn. 95; krit. Höppner WuW 2020, 71 (76 ff.).
226 → § 16 Rn. 92 ff.
227 Ausf. Crémer/de Montjoye/Schweitzer Competition Policy, 92 ff.
228 BKartA Big Data, 9.
229 Hierzu und zum Folgenden BKartA Big Data, 9.
230 EuGH Urt. v. 23.11.2006 – C-238/05, BeckRS 2006, 70910. Vgl. dazu Crémer/de Montjoye/Schweitzer Competition Policy, 94 f.; Lundqvist EuCML 2018, 146 (150 f.).
231 EuGH Urt. v. 23.11.2006 – C-238/05, BeckRS 2006, 70910 Rn. 54.
232 EuGH Urt. v. 23.11.2006 – C-238/05, BeckRS 2006, 70910 Rn. 47, 55.

111 Eine ausführliche und gründliche Analyse der wettbewerblichen Wirkungen von Systemen zum Informationsaustausch enthalten die **Horizontalleitlinien** der **EU-Kommission**.[233] Auch wenn sie schon etwas älter sind, bieten sie eine gute Grundlage für die kartellrechtliche Bewertung von Datenpools. Insbes. hat sich die Kommission bemüht, die maßgeblichen Kriterien aus dem *Asnef Equifax*-Urteil zu konkretisieren und genauer herauszuarbeiten, welche Effizienzgewinne sich ergeben können.[234] In einer jüngeren Entscheidung hatte die Kommission außerdem Gelegenheit, sich näher mit der bereits vom EuGH aufgestellten Anforderung zu befassen, dass Informationsaustauschsysteme ggf. für außenstehende Unternehmen geöffnet werden müssen, um zu verhindern, dass sich daraus **Marktzutrittsbarrieren** ergeben, die zu einer wettbewerbswidrigen Marktverschließung führen könnten.[235] Dem lag zugrunde, dass ein irisches System für den Austausch von Daten zwischen Kfz-Versicherern, das vor allem dazu diente, Betrugsfälle aufzudecken, nur den Mitgliedern der das System betreibenden Unternehmensvereinigung offenstand. Die Kommission forderte, dass die Voraussetzungen für die Teilnahme an dem System klar, transparent, objektiv und nicht-diskriminierend sein müssten, damit es nicht zu Beschränkungen des Wettbewerbs bei Kfz-Versicherungen komme.[236] Der Betreiber des Systems ließ sich darauf ein und das Ermittlungsverfahren wurde im Juni 2022 eingestellt. Anfang Juni 2023 hat die EU-Kommission **neue Horizontalleitlinien** beschlossen, die auch einen überarbeiteten Abschnitt zur Bewertung des Austauschs von Daten und Informationen enthalten.[237]

H. Fusionskontrolle

112 Auch im Rahmen der Fusionskontrolle gehört die sorgfältige Analyse von Daten als Wettbewerbsfaktor mittlerweile zum Standardrepertoire der Wettbewerbsbehörden. Bei der Beurteilung, ob durch einen Zusammenschluss wirksamer Wettbewerb erheblich behindert wird (vgl. § 36 Abs. 1 S. 1 GWB, Art. 2 Abs. 3 FKVO[238]), stehen insoweit zwei Aspekte im Vordergrund:[239] Zum einen kann das fusionierte Unternehmen durch den Zusammenschluss seinen **eigenen Datenzugriff** oder seine **Datenanalysefähigkeiten** erweitern. Das kann dazu führen, dass sich seine Marktstellung verbessert und – je nach den Umständen des Einzelfalles, insbes. den konkret betroffenen Märkten – eine **marktbeherrschende Stellung** begründet oder eine bestehende Marktbeherrschung verstärkt wird.[240] Die EU-Kommission geht davon aus, dass Daten einen wesentlichen Inputfaktor iSv Rn. 36 der FK-Horizontalleitlinien[241] darstellen können.[242] Ein hohes Maß an Kontrolle über bestimmte Daten kann in dieser Sichtweise dazu führen, dass es für (potenzielle) Wettbewerber teurer wird, in den Markt einzutreten oder ihr Angebot auszuweiten. Es geht also um **Markteintrittsbarrieren** und **Expansionshindernisse** im direkten Wettbewerbsverhältnis und damit um einen horizontalen, nicht koordinierten Effekt.

113 Zum anderen geht es darum, dass das fusionierte Unternehmen den **Zugriff anderer Unternehmen** auf bestimmte Datenbestände oder Datenströme beenden oder erschweren könnte. Diese Problematik stellt sich vor allem dann, wenn ein Unternehmen übernommen wird, das wertvolle Datenquellen kontrolliert, die es bisher auch mit anderen Unternehmen teilt. Ein

---

233 ABl. EU 2011 C 11/1.
234 EU-Kommission Horizontalleitlinien, ABl. EU 2011 C 11/1 Rn. 86 ff., 95 ff.
235 EU-Kommission Ent. v. 30.6.2022, AT.40511 – Insurance Ireland.
236 EU-Kommission Ent. v. 30.6.2022, AT.40511 Rn. 4, 44 f. – Insurance Ireland.
237 Vgl. EU-Kommission PM v. 1.6.2023, IP/23/2990.
238 VO (EG) Nr. 139/2004 v. 20.1.2004, ABl. EU L 24/1.
239 Zu diesen und weiteren Aspekten ausf. Heim Marktmacht, 19 ff.
240 Vgl. schon → Rn. 13 ff.
241 ABl. EU 2004 C 31/5.
242 EU-Kommission Ent. v. 17.12.2020 – M.9660 Rn. 401 f. – Google/Fitbit.

Zusammenschluss kann dann das Risiko begründen, dass das fusionierte Unternehmen die Daten exklusiv für sich verwenden will und den Zugriff anderer Unternehmen auf die **Datenquelle** nicht mehr gestattet. Je nach den Umständen der konkret betroffenen Märkte kann dadurch für die (potenziellen) Wettbewerber der Zugriff auf einen wesentlichen Inputfaktor verloren gehen. Dadurch können Sekundärmärkte abgeschottet werden, was zu einer erheblichen Behinderung des Wettbewerbs auf diesen Märkten führen kann. Es handelt sich um einen vertikalen, nicht koordinierten Effekt, den die EU-Kommission auch als **Marktabschottung auf Vorleistungsebene** (*input foreclosure*) bezeichnet.[243] Im schlimmsten Fall kann das fusionierte Unternehmen versuchen, andere Unternehmen vom Datenzugang völlig abzuschneiden und auf diese Weise datengetriebene Sekundärmärkte zu seinen Gunsten zu monopolisieren (*monopoly leveraging*).

Neben der Frage, unter welchen Umständen die Zusammenführung von Datenbeständen und Datenanalyseinstrumenten im Rahmen eines Unternehmenszusammenschlusses den Wettbewerb behindern kann, ist in jüngerer Zeit die Frage in den Vordergrund gerückt, mit welchen **Abhilfemaßnahmen** etwaige Bedenken der Wettbewerbsbehörden ausgeräumt werden können.[244] Denn selbst wenn Wettbewerbsbeschränkungen drohen, werden Zusammenschlüsse in der Regel nicht völlig verboten. Als milderes Mittel kommt oft in Betracht, die Genehmigung mit **Bedingungen** oder **Auflagen** zu verbinden, was zB bedeuten kann, dass bestimmte Geschäftsbereiche veräußert werden müssen, um eine Erhöhung der Marktanteile auf besonders kritischen Märkten zu verhindern.[245] Neben dem klassischen Instrumentarium können vor allem zwei Mittel zur Anwendung kommen, wenn sich die Wettbewerbsbedenken aus der Kontrolle und Zusammenführung von Datenquellen ergeben: Einerseits kann das fusionierte Unternehmen zusagen, Datenbestände getrennt zu halten und Daten aus bestimmten Quellen nicht für die Verbesserung seiner Angeboten auf bestimmten Märkten zu verwenden (**Entflechtung**, *data siloing*).[246] Dadurch lässt sich im Idealfall der oben beschriebene horizontale Effekt abmildern.[247] Andererseits kann sich das fusionierte Unternehmen verpflichten, aktuellen und potenziellen Wettbewerbern auf kritischen Sekundärmärkten weiter **Zugang** zu bestimmen Daten zu gewähren. Damit ließe sich dem vertikalen wettbewerbswidrigen Effekt entgegenwirken, dass es infolge des Zusammenschlusses zu einer Marktabschottung auf Vorleistungsebene kommen könnte.[248]

Betrachtet man die Fallpraxis, spielen Daten in der Fusionskontrolle spätestens seit dem Verfahren **Google/DoubleClick** (2008) eine Rolle.[249] Darin untersuchte die EU-Kommission ua, ob es durch die Zusammenführung der Datenbestände von Google und DoubleClick zu Wettbewerbsbehinderungen im Bereich der **Onlinewerbung** kommen könnte. Dies wurde ua mit Verweis darauf verneint, dass wichtige Wettbewerber wie Microsoft und Yahoo ebenfalls guten Zugang zu Nutzerdaten hätten und nicht ersichtlich sei, dass Google durch einen möglichen Zugriff auf die Datenbestände DoubleClicks im Wettbewerb mit diesen Unternehmen einen uneinholbaren Vorteil erlange.[250]

Ähnlich argumentierte die Kommission auch im Fall **Facebook/WhatsApp** (2014), in welchem sich ua die Frage stellte, ob Facebook durch Nutzerdaten von WhatsApp seine Stellung im Bereich der **Onlinewerbung** zulasten seiner Wettbewerber ausbauen könnte. Die Kommission

114

115

116

---

243 Vgl. zB EU-Kommission Ent. v. 17.12.2020 – M.9660 Rn. 497 ff., ABl. EU 2021 C 194/7 (Zusammenfassung) Rn. 17 ff. – Google/Fitbit.
244 Vgl. dazu schon Holzweber NZKart 2016, 104 (110 ff.); Schepp/Wambach JECLAP 2016, 120 (123). Besonders ausf. Heim Marktmacht, 123 ff.
245 Ausf. Immenga/Mestmäcker/Körber FKVO Art. 8 Rn. 129 ff.
246 Vgl. Holzweber NZKart 2016, 104 (111).
247 → Rn. 112.
248 → Rn. 113.
249 Vgl. auch Modrall JECLAP 2018, 569; Kadar/Bogdan JECLAP 2017, 479; Stucke/Grunes Big Data Rn. 6.01 ff.
250 EU-Kommission Ent. v. 11.3.2008 – M.4731 Rn. 359 ff.

ging davon aus, dass eine Datenbündelung technisch schwierig sei und Facebooks Anreize eher dagegen sprächen, betonte aber vor allem erneut, dass der Bereich der Onlinewerbung durch lebhaften Wettbewerb geprägt sei und dass auch nach dem Zusammenschluss weiter große Mengen an Nutzerdaten verfügbar sein würden, die sich für Werbezwecke eigneten und nicht unter der Kontrolle Facebooks stünden.[251]

117 In der Entscheidung **Microsoft/LinkedIn** (2016) führte die Kommission aus, dass es im Wesentlichen zwei Möglichkeiten gebe, wie es durch die Zusammenlegung der Datenbestände zweier bisher unabhängiger Unternehmen zu horizontalen wettbewerbswidrigen Effekten kommen könne:[252] Einerseits könnten **Markteintrittsbarrieren** und **Expansionshindernisse** entstehen, weil aktuelle und potenzielle Wettbewerber ggf. mehr Daten sammeln müssten, um im Wettbewerb mithalten zu können. Andererseits könne es sein, dass die bisher unabhängigen Unternehmen auf Grundlage ihrer jeweiligen Datenbestände miteinander im Wettbewerb standen und dass dieser Wettbewerb verloren geht. Im konkreten Fall sah die Kommission allerdings keine nennenswerten datenbezogenen Wettbewerbsgefahren, was vor allem daran lag, dass es wiederum vor allem um Märkte für **Onlinewerbung** ging, auf denen Microsoft und LinkedIn damals vergleichsweise schwache Stellungen innehatten.[253]

118 Auch im Fall **Apple/Shazam** (2018) spielte die Analyse datengetriebener Effekte eine bedeutende Rolle. Horizontale wettbewerbswidrige Effekte wurden abermals verneint, wobei neben dem Bereich der **Onlinewerbung** auch Märkte für die **Lizenzierung von Musikdaten** betrachtet wurden. Die EU-Kommission ging jedoch wieder davon aus, dass ausreichend andere Quellen für die maßgeblichen Daten vorhanden seien, so dass es nicht zu uneinholbaren Vorteilen des fusionierten Unternehmens komme.[254] In vertikaler Hinsicht untersuchte die Kommission ua, ob Apple durch die Übernahme Zugriff auf sensible **Unternehmensdaten** erhalten würde, die genutzt werden könnten, um sich Vorteile auf den Märkten für Musikstreaming zu verschaffen.[255] Außerdem ging sie in ihrer Analyse darauf ein, ob das fusionierte Unternehmen andere Streaming-Anbieter dadurch behindern könnte, dass es ihnen keinen Zugang mehr zu den **Nutzerdaten** Shazams gewährt, die als Input für die Verbesserung der Funktionen von Streaming-Apps angesehen werden können.[256] Interessanterweise beurteilte die Kommission die Datenbestände Shazams anhand von vier Kriterien, die oft im Zusammenhang mit **Big Data-Anwendungen** genannt werden: Vielfalt, Geschwindigkeit, Umfang und Wert.[257] Sowohl in Bezug auf die Unternehmensdaten als auch in Bezug auf die Nutzerdaten hatte die Kommission jedoch im Ergebnis keine wettbewerbsrechtlichen Bedenken, weil ausreichend andere Datenquellen existierten und die Streamingmärkte im EWR durch lebhaften Wettbewerb charakterisiert seien.[258]

119 Die Entscheidung **Google/Fitbit** (2020) ist ein weiterer wichtiger Meilenstein, zumal der Zusammenschluss nur unter Auflagen genehmigt wurde. Die Bedenken der Kommission ergaben sich vor allem daraus, dass sie der Meinung war, dass Google durch die Nutzung der Fitbit-Nutzerdaten seine beherrschende Stellung auf dem Markt für **Suchmaschinenwerbung** ausbauen könne.[259] Die Daten seien für personalisierte Werbung relevant und es stehe zu befürchten, dass der Zugang anderer Anbieter von Suchmaschinenwerbung zu solchen Daten durch den Zusammenschluss geschwächt werde. Es ist dies derselbe horizontale Effekt, der schon in

---

251 EU-Kommission Ent. v. 3.10.2014 – M.7217 Rn. 184 ff.
252 EU-Kommission Ent. v. 6.12.2016 – M.8124 Rn. 179.
253 EU-Kommission Ent. v. 6.12.2016 – M.8124 Rn. 176 ff.
254 EU-Kommission Ent. v. 6.9.2018 – M.8788 Rn. 179, 184.
255 EU-Kommission Ent. v. 6.9.2018 – M.8788 Rn. 196 ff.
256 EU-Kommission Ent. v. 6.9.2018 – M.8788 Rn. 313 ff.
257 EU-Kommission Ent. v. 6.9.2018 – M.8788 Rn. 317 ff.
258 EU-Kommission Ent. v. 6.9.2018 – M.8788 Rn. 209 ff., 328 f.
259 Hierzu und zum Folgenden EU-Kommission Ent. v. 17.12.2020 – M.9660 Rn. 427 ff.

König

einigen früheren Entscheidungen geprüft worden war, bisher aber noch nie zu Bedenken geführt hatte. Allerdings ist Googles Stellung im Bereich der Onlinewerbung und insbes. bei der Suchmaschinenwerbung mittlerweile so stark,[260] dass sich die Kommission nun offenbar auf den Standpunkt stellt, jede weitere nennenswerte Verbesserung des Zugangs zu werberelevanten Daten werfe unweigerlich wettbewerbsrechtliche Bedenken auf. In vertikaler Hinsicht wurde außerdem untersucht, ob es zu einer Marktabschottung auf Vorleistungsebene kommen könne, weil Google möglicherweise anderen Anbietern **digitaler Gesundheitsdienste** keinen Zugang mehr zu Fitbit-Nutzerdaten gewähre.[261] Auch dies war nach Ansicht der Kommission nicht auszuschließen. Der Zusammenschluss wurde daher nur unter weitreichenden **Auflagen** genehmigt:[262] Google verpflichtete sich ua, keine mit Fitbit-Produkten gewonnenen Körper- oder Standortdaten zu Werbezwecken zu verwenden und diese Daten nicht mit anderen Nutzerdaten zusammenzuführen (*data siloing*). Außerdem sagte das Unternehmen zu, anderen Unternehmen weiterhin kostenlos **Zugang** zu einer Reihe von gemessenen Körperdaten zu gewähren, soweit die Nutzer dazu ihre Einwilligung erteilen. Die Verpflichtungen gelten für zehn Jahre und können ggf. um weitere zehn Jahre verlängert werden.

Auch im Fall **Meta/Kustomer** (2022) spielten große Datenbestände eine nennenswerte Rolle. **120** Allerdings ging die Kommission in ihrer Entscheidung, den Zusammenschluss nur unter Auflagen zu genehmigen, davon aus, dass die Datenbestände Kustomers nicht so bedeutsam seien, dass sich aus der Übernahme dieser Daten durch Facebook beachtenswerte negative Effekte für den Wettbewerb zwischen Facebook und anderen Anbietern von **Onlinewerbung** ergeben könnten.[263]

---

260 Vgl. dazu auch BKartA, Beschl. v. 30.12.2021 – B7–61/21, BeckRS 2021, 62514 Rn. 307 ff. – Alphabet/Google.
261 EU-Kommission Ent. v. 17.12.2020 – M.9660 Rn. 503 ff.
262 EU-Kommission Ent. v. 17.12.2020 – M.9660 Rn. 846 ff.; PM v. 17.12.2020, IP/20/2484.
263 EU-Kommission Ent. v. 27.1.2022 – M.10262 Rn. 180 ff.; PM v. 27.1.2022, IP/22/652.

§ 13 Steuerrecht

Literatur: *Altenburg, Nadia*, Besteuerung rein ausländischer Lizenzzahlungen – Begründung einer beschränkten Steuerpflicht nach § 49 Abs. 1 Nr. 2 f.) und Nr. 6 EStG, IStR 2020, 561–566; *Englisch, Joachim/van Lishaut, Ingo*, Die Implementierung von Pillar One in das deutsche Steuerrecht, Teil I, FR 2022, 385–394; *Fischer, Marcus*, Verrechnungspreise in der digitalisierten Welt – Quo vadis? – Teil 1: Auswirkungen von Daten(-aktivitäten), beck.digitax 2021, 329–338; *Frotscher, Gerrit*, Internationales Steuerrecht, 5. Auflage, (zit. *Bearbeiter* in Frotscher, Internationales Steuerrecht); *Heggmair, Maik/Riedl, Andreas/Wutschke, Christopher*, Betriebsstätten von Unternehmen der Digital Economy – Eine kritische Analyse der zu erfüllenden Tatbestandsmerkmale für eine Betriebsstätte in der Digital Economy, IStR 2015, 92–97; *Keuper, Daniel*, Die Digitalsteuer als unilaterale Maßnahme der internationalen Unternehmensbesteuerung – Eine steuersystematische Bewertung (Teil 1), beck.digitax 2020, 148–152; *Kokott, Juliane*, Herausforderungen einer Digitalsteuer, IStR 2019, 123–134; *Leich, Franziska*, Die Besteuerung datenbasierter Einkünfte bei inländischen Körperschaften mit Auslandsbezug, IStR 2021, 967–971; *Loitz, Rüdiger/Nütten, Ulrich*, Die Bewertung von Daten im Mittelpunkt der Analyse von digitalen Geschäftsmodellen, DB 2022, 1337–1342; *Luther, Matthias/Vail, Morgan*, Die praktische Umsetzung der Digitalsteuer – Funktionsweise, Risiken und erste Erfahrungen mit der neuen Steuer, MwStR 2019, 896–901; *Marquardt, Michael*, Ertragsbesteuerung digitalisierter Geschäftstätigkeiten (Teil II), IStR 2020, 332–341; *Pinkernell, Reimar*, Subject 2: Big Data and Tax, IStR 2022, 561–570; *Schönfeld, Jens/Korff, Matthias/Ellenrieder, Benedikt*, Update zu den Registerfällen anlässlich des BMF-Schreibens v. 11.2.2021, IStR 2021, 299–307; *Tappe, Henning*, Steuerliche Betriebsstätten in der „Cloud" – Neuere technische Entwicklungen im Bereich des E-Commerce als Herausforderung für den ertragsteuerrechtlichen Betriebsstättenbegriff, IStR 2011, 870–874.

A. Big-Data-Cloud als steuerliche Betriebsstätte

I. Einleitung

Die Frage, ob der Betrieb einer Cloud zur **Begründung einer Betriebstätte** führt, ist aus ertragsteuerlicher Sicht entscheidend, da grds. erst durch die Begründung einer Betriebstätte eine **Steuerpflicht im Betriebstättenstaat** generiert wird.[1] Nicht jeder Ort, von dem aus ein Unternehmen tätig wird, oder an dem sich Teile des Betriebsvermögens des Unternehmens befinden, kann hierbei zur Begründung einer Betriebstätte führen.[2] Entsprechend führen erbrachte Leis-

1

---

[1] Eine Ausnahme dazu bildet nach deutschem Recht die Etablierung eines ständigen Vertreters iSd § 13 AO, welche nach § 49 Abs. 1 Nr. 2 lit. a) EStG zu einer beschränkten Körperschaft-, aber nicht zu einer Gewerbesteuerpflicht führt.

[2] Tappe IStR 2011, 870 (872).

tungen ohne Betriebstätte grds. nicht zu einer Ertragsteuerpflicht im entsprechenden Staat, da eine reine Dienstleistungsbetriebstätte ohne feste Geschäftseinrichtung international bislang noch keinen Konsens gefunden hat.[3] Gleiches gilt erst recht, wenn es sich um eine Cloud-basierte Dienstleistung handelt und der Dienstleister im Staat der Leistungserbringung weder eine physische noch eine personelle Präsenz aufgebaut hat.[4] Davon abweichend kann uU auch die Vermietung oder Veräußerung eines in einem inländischen Register eigetragenen Rechts oder die Verwertung eines solchen in einer inländischen Betriebstätte zu in Deutschland steuerpflichtigen Einkünften führen.[5]

2   Eine Besonderheit bildet noch das Doppelbesteuerungsabkommen zwischen Deutschland und China, welches nach Art. 5 Abs. 3 lit. b) DBA-China eine Betriebstätte bereits dann annimmt, wenn **Dienstleistungen** über einen Zeitraum von mehr als 6 Monaten erbracht werden. Lange strittig war, ob ein gewerbliches Unternehmen auch ohne Betriebstätte existieren kann (sog. betriebstättenlose Einkünfte). Dies wurde jedoch durch den BFH zuletzt eindeutig verneint.[6] Grds. sind die jeweiligen Jurisdiktionen auch frei, die Definition einer Betriebstätte selbstständig zu bestimmen oder sogar abzuändern. Es muss im Rahmen einer Betriebstättenbegründung jedoch trotzdem zwischen der nationalen sowie der abkommensrechtlichen Ebene differenziert werden.

II. Nationaler und abkommensrechtlicher Betriebstättenbegriff

1. Nationaler Betriebstättenbegriff

3   Gemäß § 12 S. 1 AO bildet jede **feste Geschäftseinrichtung oder Anlage**, die der Tätigkeit eines Unternehmens dient, eine Betriebstätte. Satz 2 nennt als Regelbeispiel weitere Einrichtungen, die stets eine Betriebstätte darstellen (ua Stätte der Geschäftsleitung, Zweigniederlassung, Geschäftsstellen, Warenlager). Die Norm ist seit 1976 unverändert, so dass digitale Geschäftsmodelle bislang keine Berücksichtigung fanden.

4   **Geschäftseinrichtung ist jeder körperliche Gegenstand** sowie jede Zusammenfassung von Sachen (Sachgesamtheit), die geeignet sind, die Grundlage einer Unternehmenstätigkeit zu bilden. Hierzu gehören nicht nur umschlossene Bauwerke wie Räumlichkeiten, sondern auch abgegrenzte oder abgrenzbare Flächen und Anlagen. Anlagen sind insbes. Fabriken, Werkstätten, Maschinen, Plakatsäulen sowie Transportleitungen. Welche Art von Tätigkeit innerhalb der Einrichtung erbracht wird, ist unerheblich, solange diese dem Unternehmen mittelbar oder unmittelbar dient.[7] Eine Geschäftseinrichtung oder Anlage besteht in einer **Zusammenfassung von materiellen und immateriellen Wirtschaftsgütern, Know-how, Organisation und Personal, die Grundlage einer Geschäftstätigkeit sein können.**[8] Ein besonderes Maß einer baulichen Vorrichtung ist für eine Geschäftseinrichtung nicht erforderlich. Gemein ist all diesen Anlagen, dass sie fest sein müssen, dh einen auf Dauer angelegten Bezug zu einem bestimmten Teil der Erdoberfläche aufweisen, ohne dass zwingend eine mechanische Verankerung zum Erdboden oder ansonsten eine feste Verbindung gegeben sein muss. Es reicht vielmehr bereits aus, dass sich die Einrichtung für eine gewisse Zeit entweder dauerhaft oder wiederkehrend an derselben Stelle befindet.

---

3   OFD Karlsruhe IStR 2015, 887.
4   Vgl. hierzu die bislang ergangene Rechtsprechung BFH BStBl. II 2008, 922; BStBl. II 1993, 462; BStBl. II 2002, 512.
5   Siehe unten → Rn. 19 ff.
6   BFH BStBl. II 2010, 398.
7   Dies kann im Rahmen von Doppelbesteuerungsabkommen anders gelagert sein, da Art. 5 Abs. 4 OECD-Musterabkommen keine Betriebstätte annimmt, wenn die dort ausgeübten Tätigkeiten lediglich vorbereitender Art oder reine Hilfstätigkeiten sind.
8   Frotscher in Frotscher Internationales Steuerrecht § 6 Rn. 372.

Die örtliche Beziehung der Geschäftseinrichtung muss auf eine **gewisse Dauer und Stetig-** 5
keit angelegt sein. Wann von einer ausreichenden Dauer und Stetigkeit ausgegangen werden
kann, hängt vom konkreten Einzelfall ab. Eine kurzfristige, aber in regelmäßigen Abständen
wiederholte Nutzung kann eine Dauerhaftigkeit begründen, da in der stetigen Rückkehr eine
besonders intensive Verwurzelung mit dem Ort der Betätigung zum Ausdruck kommt.[9] Eine
bestimmte Mindestdauer wird grds. nicht vorausgesetzt, regelmäßig geht die Rechtsprechung
aber bei einem Zeitraum von zumindest sechs Monaten von einer hinreichend dauerhaften
Tätigkeit aus.[10] Auch der Einsatz von Mitarbeitern ist nicht zwingend notwendig für eine
Betriebsstättenbegründung.

Schließlich muss dem Unternehmen eine nicht nur vorübergehende Verfügungsmacht über 6
die Geschäftseinrichtung oder Anlage zukommen. Es muss in der Lage sein, die Einrichtung
nach den Bedürfnissen des Unternehmens zu nutzen. Neben Eigentum genügen auch Miete,
Nießbrauch oder Leihe. Dazu können unter gewissen Voraussetzungen **auch fremde Räum-**
lichkeiten eine eigene Betriebsstätte begründen, wenn es sich hierbei um solche einer eingeschalteten **Dienstleistungs- oder Managementgesellschaft** handelt und hierüber kein vertraglich eingeräumtes eigenes Nutzungsrecht besteht. Dies gilt nach neuester Rechtsprechung des
BFH jedoch nur, wenn die fehlende **Verfügungsmacht** über die Geschäftseinrichtung oder
Anlage des Dritten durch eine eigene unternehmerische Tätigkeit vor Ort ersetzt wird (zB Iden-
tität der Leitungsorgane, fortlaufende nachhaltige Überwachung in den Räumlichkeiten des
Auftragsnehmers).[11] Dagegen fehlt es an dem für eine Betriebsstättenbegründung erforderlichen
Dienen der Geschäftseinrichtung oder Anlage für eigene unternehmerische Zwecke, sofern
eine gewisse räumliche und zeitliche „Verwurzelung" des Unternehmens vor Ort ausscheidet.
Allein die Übertragung von auch umfassenden Aufgaben ohne gleichzeitig eigene betriebliche
Tätigkeiten vor Ort macht die Betriebsstätte des Auftragnehmers nicht zur Betriebsstätte des
Auftraggebers.[12]

Zuletzt gewann v. a. seit der Corona-Pandemie die Frage an Bedeutung, ob das **Homeoffice** 7
des Arbeitnehmers eine Betriebsstätte des Arbeitgebers darstellt. Mangels eigener Verfügungsmacht des Arbeitgebers wird dies aus deutscher Sicht bislang abgelehnt.[13] Etwas anderes kann
allerdings für den Fall der Betriebsstätte eines Geschäftsleiters gelten, da diese auch in den
privaten Räumlichkeiten des Geschäftsführers begründet werden kann, wenn keine anderen
Einrichtungen zur Verfügung stehen.[14]

2. Betriebsstättenbegriff in Doppelbesteuerungsabkommen

Der **Betriebsstättenbegriff in Doppelbesteuerungsabkommen** ist nicht deckungsgleich mit 8
demjenigen des nationalen Rechts. Art. 5 Abs. 1 OECD-Musterabkommen definiert eine Betriebsstätte als feste Geschäftseinrichtung, durch welche die Geschäftstätigkeit eines Unternehmens ganz oder teilweise ausgeübt wird. Art. 5 Abs. 2 OECD-Musterabkommen liefert daneben
Regelbeispiele für eine Betriebsstätte (ua Ort der Leitung, Zweigniederlassung, Geschäftsstelle).

Entgegen dem nationalen Recht statuiert Art. 5 Abs. 4 OECD-Musterabkommen zusätzlich 9
Ausnahmen vom Betriebsstättenbegriff. Danach liegt ua keine Betriebsstätte vor, wenn eine
feste Geschäftseinrichtung ausschließlich zu dem Zweck unterhalten wird, für das Unternehmen Güter oder Waren einzukaufen oder Informationen zu beschaffen oder für das Unternehmen andere Tätigkeiten auszuüben, die vorbereitender Art sind oder eine Hilfstätigkeit

---

9 BFH BStBl. II 1993, 655.
10 BFH BStBl. II 2007, 100.
11 BFH DStRE 2022, 1080.
12 BFH aaO.
13 BFH BStBl. II 2002, 512.
14 BFH BStBl. II 1968, 695.

darstellen. Voraussetzung ist allerdings, dass die Tätigkeit insgesamt rein vorbereitender Art oder eine Hilfstätigkeit ist. Bestimmte Staaten nehmen jedoch bereits im Falle der Erbringung von Dienstleistungen über einen gewissen Zeitraum auch dann eine Betriebstätte an, wenn gar kein dinglicher Anknüpfungspunkt gegeben ist.[15]

3. Server als Betriebstätte

10 Für Software- und eCommerce-Unternehmen ist insbesondere die Frage relevant, ob der **Serverbetrieb eine Betriebstätte begründet.** Da sowohl nach nationalem Recht als auch nach einem Doppelbesteuerungsabkommen die betriebenen Server eine feste Geschäftseinrichtung darstellen, begründen diese eine Betriebstätte, sofern über die Server (sprich über die Hard- und nicht über die Software) eine ausreichende Verfügungsmacht ausgeübt werden kann.[16] Dabei ist es unerheblich, ob die Server im Eigentum des Unternehmens stehen oder lediglich geleast bzw. gemietet sind, rechtliches oder wirtschaftliches Eigentum ist nicht notwendig.

11 Dies gilt allerdings nicht, wenn das Unternehmen gar keinen Zugriff auf bestimmte[17] (nicht in seinem Eigentum stehende) Server hat, sondern von einem Dienstleister **nur eine Serverkapazität**[18] in bestimmten Umfang in Anspruch nimmt und der Dienstleister frei entscheiden kann, welche Server er zur Erfüllung seiner Dienstleistungsverpflichtung einsetzt.[19] Hier liegt keine nicht nur vorübergehende Verfügungsmacht des Unternehmens über die Server vor, da das Dienstleistungsunternehmen nicht die Bereitstellung spezifizierter Server in Form von Hardware schuldet, sondern als reine Dienstleistung nur die Bereitstellung der Kapazität (unabhängig vom weltweiten Standort der eingesetzten Server) und dem Unternehmen keinen Anspruch auf einen bestimmten Server zukommt (sog. nicht dediziertes Hosting).

12 Gleiches gilt für sog. **Cloud Computing**, da der Nutzer dauerhaft verschiedene Rechner nutzt und daher weder über diese verfügen kann noch das Merkmal der gewissen Dauer erfüllt ist. Dementsprechend unterhält der Internet Service Provider am Standort der genutzten Server eine Betriebstätte, der Internet-Nutzer hingegen nicht.[20] Da der Betriebstättenbegriff eine körperliche Einrichtung voraussetzt, können nicht körperschaftliche Gegenstände wie reine Daten aber keine Betriebstätte begründen.[21]

III. Digitale Betriebstätte

13 Da das tradierte Konzept der festen Geschäftseinrichtung an der „Old Economy" ausgerichtet ist, aber insbesondere Unternehmen der Digitalwirtschaft nicht mehr über eine feste Geschäftseinrichtung in demselben Land verfügen müssen, in dem sie Umsätze generieren, sprich ihre Kunden ansässig sind, wurde in der Steuerliteratur das Vorhandensein einer **digitalen Betriebstätte** diskutiert.[22] Eine solche soll nicht mehr an das tradierte Merkmal der festen Geschäftseinrichtung, sondern an eine **signifikante digitale Präsenz** geknüpft werden. Letztere sollte sich etwa aus den Einnahmen digital abgewickelter Geschäfte bzw. dem Ort der Nutzung lokaler Marktteilnehmer ergeben, so dass ein steuerlicher Anknüpfungspunkt in dem Staat geschaffen wird, in dem der Absatzmarkt liegt. Diese Überlegungen konnten bislang national und international keinen Konsens erlangen führten aber dazu, dass die Organisation für wirtschaftliche Zusammenarbeit und Entwicklung (OECD) sowie die G20-Staaten eine Zwei-

---

15 Vgl. Art. 5 Abs. 3 DBA China (6 Monate).
16 Tappe IStR 2011, 870 (871).
17 Sog. dedicated oder dedizierte Server.
18 Sog. virtuelle Server.
19 Dies gilt natürlich auch, falls der Dienstleister weitere Unterauftragnehmer beauftragt und sich deren Serverkapazität bedient.
20 Frotscher in Frotscher Internationales Steuerrecht § 6 Rn. 373.
21 Tappe IStR 2011, 870 (871).
22 Vgl. Heggmair/Riedl/Wutschke IStR 2015, 92 (95 f.).

Säulen-Lösung zur Begegnung der steuerlichen Herausforderungen aus der Digitalisierung der Wirtschaft herausgearbeitet haben. Säule 1 bzw. Pillar 1 beschäftigt sich mit einer Neuverteilung der Besteuerungsrechte durch Anerkennung einer sog. digitalen Präsenz.[23]

IV. Aufteilung eines Betriebstättengewinns

1. Zwischen In- und Ausland

Wird ein Unternehmen nicht ausschließlich am inländischen Stammhaus betrieben, sondern 14 international über mehrere Betriebsstätten, erzielt dieses Unternehmen handelsrechtlich trotzdem ein **einheitliches Jahresergebnis**. Dieser Gewinn ist dann **zwischen Stammhaus und einer oder mehreren Betriebstätten aufzuteilen**. Seit 2016 berücksichtigt die deutsche Finanzverwaltung den bereits vorher international anerkannten Authorised OECD Approach (AOA), welcher Betriebsstätten wie uneingeschränkt selbstständige Unternehmen behandelt.[24] Damit werden fiktive Innentransaktionen zwischen Stammhaus und Betriebsstätte (sog. Dealings) wie zwischen fremden Dritten berücksichtigt, so dass aus Verrechnungspreissicht eine angemessene Ergebnisaufteilung erfolgt.

Die konkrete Qualifikation der anzunehmenden schuldrechtlichen Beziehung hängt von der 15 durchzuführenden **Funktions- und Risikoanalyse** des wirtschaftlichen Vorgangs im Verhältnis der Betriebsstätte zum übrigen Unternehmen ab, die insbesondere von den jeweils ausgeübten Personalfunktionen ausgeht. Die Finanzverwaltung akzeptiert, dass bei einer Betriebsstätte ohne maßgebliche **Personalfunktion** deren Zugehörigkeit zum Unternehmen ggf. eine abweichende Behandlung erfordern kann. Sie führt weiter explizit für **Server-Betriebstätten** aus, dass im Rahmen einer Funktionsanalyse die wahrgenommenen automatisierten Funktionen sowie eingesetzten Vermögenswerte und übernommenen Risiken untersucht werden müssen. Hierbei soll der Automatisierungsaspekt der in der Server-Betriebstätten ausgeübten Funktionen bedeuten, dass es sich bei den zugerechneten Vermögenswerten und zugeordneten Risiken in der Regel nur um diejenigen handelt, die direkt mit der Server-Hardware verbunden sind. Da aber eine Server-Betriebsstätte angesichts des Fehlens von für das Unternehmen tätigem Personal keine für die Zurechnung des Eigentums an Wirtschaftsgütern oder Vermögenswerten und/oder die Zuordnung von Risiken wesentlichen Personalfunktionen ausübt, könnten dieser Betriebsstätte im Rahmen des AOA tatsächlich keine Vermögenswerte oder Risiken zugeordnet werden, was die Schlussfolgerung bestätigt, dass einer solchen Betriebsstätte nur ein geringer bzw. gar kein Gewinn zugerechnet würde.[25]

2. Für Zwecke der Gewerbesteuer

Unterhält ein Unternehmen in Deutschland mehrere Betriebsstätten in verschiedenen Gemein- 16 den, ist nach § 28 Abs. 1 S. 1 GewStG der ermittelte **Steuermessbetrag in die auf die einzelnen Gemeinden entfallenden Anteile zu zerlegen**.[26] Nach § 29 Abs. 1 Nr. 1 GewStG bildet das Verhältnis der geleisteten Arbeitslöhne (auf volle 1.000 EUR abzurunden) den anzuwendenden Aufteilungsmaßstab. Um diejenigen Gemeinde, in der sich die Geschäftsleitung befindet, nicht zulasten der anderen Gemeinden zu bevorzugen, sieht § 31 Abs. 4 S. 2 GewStG eine Begrenzung der aufzuteilenden Arbeitslöhne auf 50.000 EUR bei jedem einzelnen Arbeitnehmer vor.

---

23 Siehe unten → Rn. 17 f.
24 BMF BStBl. I 2017, 182.
25 BMF BStBl. I 2017, 182 mamtlAnm Nr. 3.
26 Gleiches gilt, sofern sich eine Betriebsstätte über mehrere Gemeinden erstreckt oder eine Betriebsstätte innerhalb eines Erhebungszeitraums von einer Gemeinde in eine andere Gemeinde verlegt worden ist.

B. Digitale Präsenz nach Pillar 1

17 Im Rahmen von Säule 1 (Pillar 1) des OECD-BEPS 2.0-Projekts diskutiert die internationale Staatengemeinschaft eine **Umverteilung der Besteuerungsrechte** von den Produktionsstaaten hin zu den Marktstaaten durch verschiedene Maßnahmen.[27] Erfasst werden allerdings nur Unternehmensgruppen mit einem konsolidierten Außenumsatz von mehr als 20 Mrd. EUR und einer Umsatzrendite von mehr als 10 Prozent basierend auf den jeweiligen handelsrechtlichen Konzernabschlüssen, so dass v. a. mittelständische Unternehmen davon nicht betroffen sein sollten. Der sog. **„Unified Approach"** vereinigt dabei die drei ursprünglich diskutierten Ansätze der „Nutzerbeteiligung", der „Vermarktung von immateriellen Wirtschaftsgütern" und der „signifikanten wirtschaftlichen Präsenz". Aufgrund der Schaffung eines absatzorientierten Nexus im Marktstaat soll dadurch ein die allgemeinen Betriebsstätten-Regelungen ergänzendes Besteuerungsrecht kreiert werden. Anschließend wird auf Basis des konsolidierten Jahresabschlusses ein umzuverteilender Gewinn ermittelt. Der Gesamtgewinn des Unternehmens wird hierbei in drei Schritten festgelegt:

- In einem ersten Schritt wird der **Routinegewinn** ermittelt, welcher sich grds. aus dem nach den traditionellen Verrechnungspreismethoden ermittelt Gewinn ergibt und den jeweiligen Tätigkeitsstaaten zugewiesen wird (sog. Amount B).
- Von dem verbleibenden Gewinn wird in einem zweiten Schritt ein nach einem **Profit-Split** ermittelter Teil den Tätigkeitsstaaten zugewiesen (sog. Amount C).
- Schließlich wird in einem dritten Schritt ein gewisser Prozentsatz des verbleibenden Gewinns **den Marktstaaten zugewiesen** (sog. Amount A) – ohne dass es dort einer physischen Präsenz des Unternehmens, m. a.W. Betriebsstätte, bedarf.

18 Hieraus ergibt sich nun erstmals ein rein **umsatzorientiertes Besteuerungsrecht der Marktstaaten.** Um eine mehrfache Besteuerung zu vermeiden, soll entweder die in dem Besteuerungsrecht resultierende Steuer auf die inländische Steuerschuld des Unternehmens angerechnet (Anrechnungsmethode) oder das ausländische Besteuerungssubstrat von der inländischen Besteuerung ausgenommen werden (Freistellungsmethode). Sollte der Marktstaat eine niedrigere Steuer als die deutsche Körperschaftsteuer von 15 Prozent erheben, könnte im Falle der Freistellung die effektive Steuerlast im Vergleich zum Status quo reduziert werden. Umgekehrt könnte bei höheren Steuersätzen im Fall einer Anwendung der Anrechnungsmethode ein Anrechnungsüberhang geschaffen werden, der zu einer höheren Steuerlast führt.[28]

C. Besteuerung von Datenlizenzen

I. Inländische Einkünfte aus Vermietung oder Veräußerung von Rechten durch ausländische Rechteinhaber

19 Während die Ertragsbesteuerung von Einkünften aus der Vermietung sowie aus der Veräußerung von Rechten durch Steuerinländer vergleichbar geringe dogmatische Probleme aufwirft, erlebte die internationale Steuerwelt zuletzt eine Überraschung durch die sog. **„Registerfälle".** Hierunter sind diejenigen Fälle zu verstehen, in denen ein Steuerausländer[29] allein deswegen eine beschränkte Steuerpflicht iSd § 49 EStG begründet, weil er Inhaber eines Rechts ist, das in einem inländischen Register eingetragen ist oder in einer inländischen Betriebstätte eines Dritten genutzt wird.

20 Den Hintergrund dieser Thematik bildet die fast 100 Jahre alte Regelung des § 49 Abs. 1 Nr. 2 lit. f) EStG. Danach werden zu einer **beschränkten Steuerpflicht** führende inländische Ein-

---

27 Pillar 2 legt darüber hinaus ein globales Mindestbesteuerungsniveau fest.
28 Englisch/van Lishaut FR 2022, 385 (390).
29 MaW ein Rechteinhaber mit steuerlicher Ansässigkeit außerhalb Deutschlands, der über keine Betriebstätte oder einen ständigen Vertreter im Inland verfügt.

künfte iSd § 1 Abs. 4 EStG ua durch die Vermietung und Verpachtung von Sachinbegriffen oder Rechten begründet, die im Inland belegen oder in ein inländisches öffentliches Buch oder Register eingetragen sind oder deren Verwertung in einer inländischen Betriebsstätte oder anderen Einrichtung erfolgt.

Ende des Jahres 2020 wurde mit BMF-Schreiben vom 6.11.2020[30] erstmals und überraschend diese Verwaltungsauffassung zum **Anwendungsbereich der Norm in Bezug auf extraterritoriale Lizenzzahlungen** veröffentlicht, wonach für den Lizenzgeber auf diese Weise eine beschränkte Steuerpflicht begründet wird. Gemäß § 50a Abs. 1 Nr. 3 EStG sei zudem von dem jeweiligen Nutzer der Rechte ein Steuerabzug iHv 15 Prozent der Lizenzgebühr vorzunehmen. Nach überzeugender Kritik[31] wurde mit BMF-Schreiben vom 11.2.2021[32] für den Rechteinhaber die Möglichkeit geschaffen, nicht nur einen Antrag auf Entlastung vom Steuerabzug an der Quelle zu stellen, sondern auch für zurückliegende Zeiträume eine Freistellung analog § 50c Abs. 2 S. 1 Nr. 1 EStG zu beantragen. Voraussetzung ist jedoch, dass ein Doppelbesteuerungsabkommen für die erzielten Einkünfte eine vollständige oder teilweise Freistellung von der Abzugsteuer vorsieht, was regelmäßig der Fall sein sollte, da Art. 12 Abs. 1 OECD-MA grds. das alleinige Besteuerungsrecht des Sitzstaates des Rechteinhabers vorsieht. Das steuerliche Mehrsubstrat für den deutschen Fiskus dürfte sich daher in Grenzen halten und in keinem Verhältnis zu dem Aufwand auf Unternehmensseite stehen, da lediglich in den Fällen, in denen entweder kein Doppelbesteuerungsabkommen besteht oder etwa § 50d Abs. 3 EStG den DBA-Schutz verwehrt, auch effektiv die Quellensteuer beim Fiskus verbleibt. **21**

Dieser **rückwirkende Antrag** konnte bis zum 30.9.2021 im vereinfachten Verfahren gestellt werden, um sämtliche bis dahin geleistete Zahlungen von der Quellensteuer zu befreien. Ein knappes halbes Jahr später hat die Finanzverwaltung mit BMF-Schreiben vom 14.7.2021[33] nachgebessert und die Frist für den rückwirkenden Antrag um neun Monate bis zum 30.6.2022 verlängert. Einen Tag vor dem Fristablauf wurde mit BMF-Schreiben vom 29.6.2022[34] abermals die Frist zur rückwirkenden Antragstellung bis zum 30.6.2023 verlängert. **22**

Kurz Zeit darauf erfolgte die völlige Kehrtwende, indem durch das **Jahressteuergesetz 2022** eine beschränkte Steuerpflicht der Registerfälle für die Zukunft weitgehend und für die Vergangenheit im Falle von Drittlizenzen **abgeschafft wurden**. Konkret sieht die Neuregelung vor, dass für bis einschließlich 31.12.2022 zufließende Vergütungen in Form von Lizenzen und Veräußerungsgewinnen die Anwendung von des § 49 Abs. 1 Nr. 2 lit. f) EStG auf Fälle zwischen nahestehenden Personen iSd § 1 Abs. 2 AStG begrenzt wird. Vergütungen an fremde Dritte würden daher – auch für die Vergangenheit – nicht mehr der beschränkten Steuerpflicht unterliegen, da die Änderung in allen offenen Fällen Anwendung findet. Für Vergütungen, die nach dem 31.12.2022 zuflossen, entfällt die beschränkte Steuerpflicht für Zahlungen zwischen nahestehenden Personen iSd § 1 Abs. 2 AStG. Dafür sieht § 10 StAbwG nunmehr eine beschränkte Steuerpflicht vor, soweit der Gläubiger der Vergütung in einem nicht-kooperativen Steuerhoheitsgebiet iSd § 2 StAbwG[35] ansässig ist. **23**

So sehr diese Erleichterung zu begrüßen ist, gilt es zu beachten, dass diese nur für sonstige Rechte gilt, bei denen Einkünfte lediglich aufgrund der Eintragung in ein inländisches öffentliches Buch oder Register vorliegen. Soweit Einkünfte erzielt werden, weil diese **Rechte in einer inländischen Betriebsstätte oder anderen Einrichtung verwertet** werden, bleibt es bei der beschränkten Steuerpflicht nach § 49 Abs. 1 Nr. 2 lit. f) aa) und bb) EStG. Weder Gesetz **24**

---

30 BMF BStBl. I 2020, 1060.
31 Ua Schönfeld/Korff/Ellenrieder IStR 2021, 299 (301); Altenburg IStR 2020, 561 (566).
32 BMF BStBl. I 2021, 301.
33 BMF BStBl. I 2021, 1005.
34 BMF BStBl. I 2022, 957.
35 Derzeit Amerikanisch Samoa, Anguilla, Bahamas, Fidschi, Guam, Palau, Panama, Samoa, Trinidad und Tobago, Turks- und Caicosinseln, Amerikanischen Jungferninseln und Vanuatu.

noch Rechtsprechung definieren eindeutig, was unter einer solchen Verwertung von Rechten im Inland zu verstehen ist. In jedem Fall muss der Lizenznehmer aber die Rechte für Zwecke seines eigenen Gewerbebetriebs nutzen. Gleiches gilt für den Begriff der Einrichtung, welche in jedem Fall sich von der zuvor genannten Betriebstätte iSd § 12 AO[36] unterscheidet.

25 Für **Datenlizenzen** bedeutet dies im Grundsatz, dass deren Überlassung an einen Lizenznehmer, welcher diese in einer inländischen Betriebstätte verwertet, zu einer beschränkten Steuerpflicht des Lizenzgebers führt. Gerade die weltweit mögliche Verwertung von immateriellen Rechten zeigt jedoch, dass die Norm in ihrer jetzigen Form noch zu unbestimmt ist und daher teleologisch zu reduzieren ist. Ansonsten könnte eine Übermaßbesteuerung mit einem strukturellem Vollzugsdefizit drohen, wie das folgende Beispiel zeigt.

26 **Beispiel:**

Das in den USA ansässige Unternehmen U ist Inhaber von Datenlizenzen, welche sie ua dem in Mexiko ansässigen Lizenznehmer M zur Verfügung stellt. M nutzt diese Lizenz im Rahmen seiner weltweiten Geschäftstätigkeit ua in deutschen Betriebstätten.

Bei extensiver Auslegung des § 49 Abs. 1 Nr. 2 lit. f) aa) EStG liegt eine **Überlassung von Rechten** vor, welche in einer **inländischen Betriebstätte** genutzt und damit auch verwertet werden. Dies würde schon für eine beschränkte Steuerpflicht des in den USA ansässigen Lizenzgebers ausreichen, obwohl dieser über keinerlei steuerliche Anknüpfungspunkte zu Deutschland verfügt. In der Praxis wird der Lizenzgeber nicht einmal wissen, in welchen Ländern der Lizenznehmer die überlassenen Rechte nutzt, so dass es dem Lizenzgeber gar nicht möglich ist, seine steuerlichen Pflichten in Deutschland zu erfüllen. Ein weiteres Problem stellt die Ermittlung des auf die Nutzung der Datenlizenzen in der inländischen Betriebstätte entfallenden Entgelts dar. Im Regelfall haben der Lizenzgeber und Lizenznehmer eine Vergütung ohne Aufteilung nach der Nutzung in den verschiedenen Jurisdiktionen vereinbart. Sofern ein Entgelt aber auf die Verwertung des Rechts in einer nicht-deutschen Betriebsvorrichtung entfällt, kann dieses nicht zu den inländischen Einkünften iSd § 49 Abs. 1 Nr. 2 lit. f) aa) EStG zählen. Noch weiter führt die nachfolgende Fortsetzung des Beispiels.

27 **Beispiel (Forts.):**

Der Lizenznehmer M verfügt diesmal über keine Betriebstätte iSd § 12 AO in Deutschland, nutzt die Datenlizenzen aber in einer weniger als sechs Monate andauernden Bauausführung in Deutschland.

In diesem Fall verfügen **weder der Lizenzgeber noch der Lizenznehmer über einen steuerlichen Anknüpfungspunkt in Deutschland.** Gleichwohl soll allein die Verwertung der Datenlizenzen in einer inländischen Einrichtung (die nicht die Schwelle zur Betriebstätte erreicht) zu einer Besteuerung des Lizenzgebers führen. Hier zeigt der ca. 100 Jahre zurückliegende Ursprung der Vorschrift die Grenzen für eine Anwendung in einer digitalen Welt.

28 Zusammenfassend bleibt festzuhalten, dass die **Besteuerung von Datenlizenzen** eines im Ausland ansässigen Lizenzinhabers weiter umstritten bleibt. Die durch das Jahressteuergesetz 2022 erfolgte Änderung bringt leider für nicht in ein Register eingetragene Rechte wie Datenlizenzen nicht die erhoffte Erleichterung. Im Ergebnis bleibt damit eine Rechtsunsicherheit für ausländische Inhaber von Datenlizenzen, die besseren Gründe sprechen in diesen Fällen sicherlich gegen die Begründung einer beschränkten Steuerpflicht, was jedoch erst durch die Finanzgerichtsrechtsprechung geklärt werden muss. Aus diesem Grund ist weiterhin der Gesetzgeber gefordert, die Norm zu entschärfen. Für ausländische Inhaber von Datenlizenzen

---

36 Vgl. oben → Rn. A. I. 1.

bleibt nur mit entsprechenden vertraglichen Regelungen gegenüber dem Lizenznehmer zu operieren und sich gegenüber der deutschen Finanzverwaltung „compliant" zu zeigen.

II. Quellensteuerabzug

Eng zusammenhängend mit einer beschränkten Steuerpflicht ausländischer Lizenzgeber steht 29 der **Quellensteuerabzug für Lizenzzahlungen**. Gemäß § 50a Abs. 1 Nr. 3 EStG wird die Einkommensteuer bei beschränkt steuerpflichtigen Einkünften iSd § 49 EStG, die aus Vergütungen für die Überlassung der Nutzung oder des Rechts auf Nutzung von Rechten stammen, im Wege des Steuerabzugs durch den Zahlungsschuldner erhoben. Der Steuerabzug **beträgt 15 Prozent** der gezahlten Vergütung ohne die Berücksichtigung zusammenhängender Aufwendungen. Die Steuer entsteht mit dem Zufluss der Vergütung an den Lizenzinhaber und ist quartalsweise bis zum 10. dem Quartal folgenden Tag beim Bundeszentralamt für Steuern anzumelden und abzuführen. Geschieht dies nicht, haftet der Vergütungsschuldner für die nicht abgeführte Steuer.

Die Verpflichtung zum Quellensteuerabzug setzt **beschränkt steuerpflichtige Einkünfte** iSd 30 § 49 EStG voraus.[37] Dies bedeutet, dass eine solche Verpflichtung nicht bestünde, soweit die Finanzverwaltung ihre vorstehend beschriebene Auffassung zu den Registerfällen aufgibt oder eine entsprechende Gesetzesänderung in diesem Fall beschränkt steuerpflichtige Einkünfte ausschließt. Auf jeden Fall sollten Lizenzgeber einen etwaigen Quellensteuerabzug bei der vertraglichen Ausgestaltung mit dem Lizenznehmer berücksichtigen.

Primär sollten ausländische Lizenzgeber jedoch darauf achten, dass diese durch die Regelungen 31 eines **Doppelbesteuerungsabkommens oder der Zins- und Lizenzrichtlinie** geschützt werden. Nach Art. 12 Abs. 1 OECD-Musterabkommen kommt das Besteuerungsrecht an Lizenzeinnahmen ausschließlich dem Ansässigkeitsstaat des Lizenzgebers zu. Es gilt jedoch zu beachten, dass gemäß § 50c Abs. 1 S. 1 EStG der Steuerabzug durch den Vergütungsschuldner trotz bestehender Zuweisung des Besteuerungsrechts an einen ausländischen Staat vorzunehmen ist und der Vergütungsgläubiger auf die Erstattung durch das Bundeszentralamt für Steuern verwiesen wird. Diese ist erst aufgrund Erlasses eines **Freistellungsbescheids** nach § 50c Abs. 3 EStG vorzunehmen.

Vom Steuerabzug kann nur abgesehen werden, sofern dem Vergütungsschuldner nach § 50c 32 Abs. 2 S. 1 Nr. 1 EStG eine **Freistellungsbescheinigung** vorliegt. Alternativ braucht nach § 50c Abs. 2 S. 1 Nr. 2 EStG kein Steuerabzug vorgenommen werden, wenn die pro Jahr gezahlte Lizenzgebühr 5.000 EUR nicht übersteigt.

Sowohl für den Fall der Erstattung durch Freistellungsbescheid wie auch für den Fall des 33 Absehens vom Steuerabzug durch Freistellungsbescheinigung ist jedoch notwendig, dass die Anwendung des Doppelbesteuerungsabkommens oder der Zins- und Lizenzrichtlinie nicht durch die nationale **Anti-Treaty-/Anti-Directive-Shopping-Regelung** des § 50d Abs. 3 EStG ausgeschlossen wird. Danach besteht für den ausländischen Steuerpflichtigen kein Anspruch auf Entlastung vom Steuerabzug aufgrund eines Doppelbesteuerungsabkommens oder einer Richtlinie, soweit Personen, an diesem beteiligt sind, denen der Anspruch auf Entlastung nicht zustünde, wenn sie die Einkünfte unmittelbar bezogen hätten, und die Einkunftsquelle keinen wesentlichen Zusammenhang mit einer Wirtschaftstätigkeit des Zahlungsempfängers aufweist. Diese Einschränkung gilt allerdings nicht, soweit der ausländische Steuerpflichtige nachweist, dass dessen Etablierung nicht auf die Erlangung eines Steuervorteils abzielt, oder soweit die Anteile am Lizenzgeber regelmäßig an einer anerkannten Börse gehandelt werden. Die allgemeine Missbrauchsnorm des § 42 AO findet daneben explizit Anwendung.

---

37 BFH BStBl. II 2014, 513.

Die Versagung der Befreiung vom Quellensteuerabzug auf Lizenzzahlungen hat ua durch eine Verschärfung der Anti-Treaty-/Anti-Directive-Shopping-Regelung zuletzt an Bedeutung gewonnen. Ausländische Lizenzinhaber sollten daher aktuelle Lizenzstrukturen auf final wirkende Steuerabzüge hin überprüfen und ggf. anpassen.

III. Gewerbesteuerliche Hinzurechnung von Lizenzgebühren

34　Schuldner von Lizenzzahlungen können diese zwar regelmäßig als Betriebsausgabe von der steuerlichen Bemessungsgrundlage abziehen, haben jedoch gemäß § 8 Nr. 1 lit. f) GewStG ein Viertel der Aufwendungen für Zwecke der Gewerbesteuer **dem Gewinn wieder hinzuzurechnen**, soweit die Summe aus Hinzurechnungen iSd § 8 Nr. 1 GewStG ua Zinsen und Mieten) den Betrag von 200.000 EUR übersteigt. Im Ergebnis werden daher die Aufwendungen zu 6,25 Prozent wieder hinzugerechnet. Diese Hinzurechnung gilt unabhängig davon, ob der Lizenzgeber der Gewerbesteuer unterliegt oder nicht. Sofern es sich nicht um eine zeitlich begrenzte Überlassung, sondern um einen endgültigen Erwerb[38] oder um eine Dienstleistung handelt, ist kein Entgelt hinzuzurechnen.

35　Die Hinzurechnung scheidet nach § 8 Nr. 1 lit. f) S. 1 GewStG auch bei sog. **Durchleitungsrechten** aus, dh wenn die dem Unternehmen überlassenen Lizenzen ausschließlich dazu berechtigen, daraus abgeleitete Rechte Dritten zu überlassen. Bei mehrmaliger Überlassung desselben Rechts kann die Ausnahmeregelung deshalb auf der letzten Stufe der „Überlassungskette" keine Anwendung finden. Das Ausschließlichkeitsgebot fordert schließlich, dass zur Weiterüberlassung vorgesehene Rechte nur zur Weiterüberlassung verwendet und dabei nicht „verändert" oder bearbeitet werden dürfen, weshalb eine Anpassung des jeweiligen Rechts ggf. einen schädlichen Effekt hervorruft.

IV. Digitalsteuer

36　Neben den Anpassungen auf Ebene der herkömmlichen Ertragsbesteuerung, insbesondere durch Schaffung eines steuerlichen Nexus für digitale Geschäftsmodelle, wurde zuletzt auf internationaler Ebene sowie von einzelnen Staaten versucht, durch eine neuartige Digitalsteuer Steuersubstrat abzuschöpfen. **Kennzeichen dieser Digitalsteuer** ist, dass diese grds. an den **reinen Umsatz des Steuerpflichtigen anknüpft und nicht an dessen Gewinn** und daher keine Ertragsteuer, sondern eine Verkehrsteuer darstellt. Diese Unterscheidung ist wesentlich, da nur für Erstere der Europäische Union eine primäre Gesetzgebungskompetenz aus Art. 113 AEUV zukommt, wenn sie sich nicht auf die Binnenmarktkompetenz des Art. 115 AEUV berufen kann. Wäre eine Gesetzgebungskompetenz auf europäischer Ebene nicht gegeben, könnten die einzelnen Mitgliedstaaten separat entsprechende Steuerarten implementieren, welche dann selbstverständlich nicht harmonisiert sind.[39]

1. Richtlinienvorschlag auf europäischer Ebene

37　Die von der Europäischen Union vorgeschlagene **Digitalsteuer oder Digital Service Tax** (**DST**) sollte in dem Mitgliedstaat anfallen, in dem die Nutzer der steuerbaren Dienstleistung während des Steuerzeitraums ansässig sind. Ausgangspunkt ist der Gedanke der Wertschöpfung durch die Nutzer als eine neuartige Anknüpfung für die Besteuerung sowie der Zugriff auf das Steuersubstrat von derzeit vor allem in den USA ansässigen Tech-Konzernen. Den neu geschaffenen steuerlichen Nexus – und damit die völkerrechtliche Zulässigkeit einer Steuererhebung von nicht-gebietsansässigen Personen – bildet die Nutzung, Verkauf und Konsum von

---

38　Gl. lautender Erlass der obersten Finanzbehörden der Länder v. 2.7.2012, BStBl. I 2012, 654, Rn. 37.
39　Vgl. Kokott IStR 2019, 123 (125), welche auch den Ausgleich eines „unfair" niedrigen Besteuerungsniveaus sowie die Missbrauchsbekämpfung als Herausforderungen nennt.

elektronischen Dienstleistungen, wozu selbstverständlich auch die Bereitstellung von Daten gehört.

Am 21.3.2018 **veröffentlichte die Europäische Kommission** einen Vorschlag für eine Richtlinie des Rates zum gemeinsamen System einer Digitalsteuer auf Erträge aus der Erbringung bestimmter digitaler Dienstleistungen.[40] Die Steuer sollte auf Umsätze aus digitalen Dienstleistungen wie den Verkauf von Online-Werbeflächen (Online-Werbung), digitale Vermittlungsgeschäfte, die es Nutzern erlauben, mit anderen Nutzern zu interagieren und die den Verkauf von Gegenständen und Dienstleistungen zwischen ihnen ermöglichen (Vermittlungsdienste bzw. Vermittlungsplattformen) und auf den Verkauf von gesammelten Nutzerdaten, die aus den Aktivitäten der Nutzer auf digitalen Schnittstellen generiert werden (Verkauf bzw. Verwertung von Nutzerdaten), erhoben werden. Der Steuersatz sollte 3 Prozent für diese Umsätze betragen und nur für Unternehmen mit einem weltweiten Gruppenumsatz iHv mehr als 750 Mio. EUR pro Jahr gelten, die gleichzeitig digitale Umsätze innerhalb der Europäischen Union von mehr als 50 Mio. EUR pro Jahr generieren. Da der Richtlinienvorschlag als einseitige europäische Maßnahme nicht als globale Lösung zur Besteuerung digitaler Geschäftsmodelle diente,[41] wurde dieser schließlich durch die Finanzminister der EU-Mitgliedstaaten am 4.12.2018 im ECOFIN-Rat abgelehnt. |38

Im Anschluss hat die OECD die Aufgabe übernommen, ein konsensfähiges Konzept für die Besteuerung der digitalen Wirtschaft auszuarbeiten. Herausgekommen war Anfang des Jahres 2019 das „**Inclusive Frameworks on BEPS**", welches abweichend von einer echten Digitalsteuer ein Zwei-Säulen-Modell vorsieht. Die erste Säule schafft mit einer signifikanten digitalen Präsenz einen neuen Nexus zur Verteilung von Besteuerungsrechten,[42] während die zweite Säule durch verschiedene Maßnahmen[43] ein bestimmtes Mindestbesteuerungsniveau erreichen soll. |39

2. Digitalsteuer in einzelnen Staaten

Nach dem Aus auf europäischer Ebene planten **einzelne Staaten** weiterhin die Einführung einer nationalen Digitalsteuer. Hierzu gehörten insbesondere Frankreich, Großbritannien, Österreich, Italien, Spanien, Portugal, Polen, Ungarn und Tschechien.[44] **Frankreich** reagierte als erstes und führte zum 1.1.2019 eine nationale Digitalsteuer ein. Entsprechend dem europäischen Vorbild beträgt der Steuersatz 3 Prozent und wird angewendet auf die globalen steuerpflichtigen Einnahmen und dem Anteil der französischen Nutzer daran. Steuerpflichtig sind allerdings nur Unternehmen mit einem weltweiten Umsatz von mindestens 750 Mio. EUR und einem Umsatz in Frankreich von mindestens 25 Mio. EUR pro Jahr. Ausgenommen sollen konzerninterne Dienstleistungen sein. Sofern die Voraussetzungen einer Konsolidierung nach französischem Handelsrecht vorliegen, sind die jeweiligen Umsätze zu addieren.[45] |40

Italien folgte diesem Beispiel und führte mit Wirkung zum 1.1.2020 ebenfalls eine eigene Digitalsteuer ein, welche sich an dem europäischen Richtlinienentwurf orientierte. Besteuert werden Umsätze (nach Abzug der Umsatz- und anderer indirekter Steuern) aus digitalen Werbe- und Vermittlungsleistungen sowie aus der Veräußerung von Nutzerdaten an (andere) Nutzer, die in Italien ansässig sind; der Steuersatz beträgt ebenfalls 3 Prozent. Steuerpflichtig waren Unternehmen mit einem weltweiten Umsatz von mindestens 750 Mio. EUR und einem in Italien generierten Umsatz von mindestens 5 Mio. Euro. |41

---

40 2018/0073 (CNS).
41 Zur Kritik Marquardt IStR 2020, 332 (334).
42 Siehe hierzu oben → Rn. 17.
43 Insbes. die Ausweitung der Hinzurechnungsbesteuerung und Beschränkung des Betriebsausgabenabzugs.
44 Vgl. die Übersicht in Keuper, beck.digitax 2020, 148 (150).
45 Luther/Vail MwStR 2019, 896 (898).

42 Die Regelung der **österreichischen** Digitalsteuer folgt der französischen Regelung, insbes. was die maßgebenden Schwellenwerte anbelangt, wendet aber seit dem 1.1.2020 einen Steuersatz von 5 Prozent an. **Großbritannien** schickte sich ebenfalls an, ab dem 1.4.2020 eine eigene Digitalsteuer zu implementieren. Der Steuersatz beträgt 2 Prozent und die Umsatzschwellen 500 Mio. Britische Pfund bzw. 25 Mio. Britische Pfund.

43 Im Ergebnis sollen die jeweiligen nationalen Digitalsteuern allerdings nur eine **Übergangslösung** darstellen, bis das von der OECD angestrebte Zwei-Säulen-Modell implementiert ist. So erklärten bereits im Oktober 2021 Frankreich, Italien, Österreich und Großbritannien, ihre Digitalsteuer jeweils wieder abzuschaffen, sobald die Regelungen zur signifikanten digitalen Präsenz nach Pillar 1 implementiert sein werden. Es bleibt daher abzuwarten, ob die Nationalstaaten Wort halten und die Regelungen zur Digitalsteuer wieder aufheben werden, wenn die Voraussetzungen dafür nicht mehr vorliegen. In Deutschland sollte diese jedenfalls auf absehbare Zeit kein Thema mehr sein.

D. Besteuerung der Datennutzung und tauschähnliche Umsätze durch Zurverfügungstellen von Daten

I. Daten als Wirtschaftsgut

44 Sowohl die umsatz- als auch die ertragsteuerliche Behandlung von Datentransfers hängen davon ab, ob **Daten als eigenes Wirtschaftsgut**[46] iSd Steuerrechts qualifiziert und dem Unternehmen als wirtschaftlichen Eigentümer zugerechnet werden können.[47] Nur soweit Daten eine Wirtschaftsgutqualifikation zukommt, können diese übertragen werden und führen zu steuerlichen Konsequenzen. Ertragsteuerlich führt der Austausch oder die Hingabe von Wirtschaftsgütern für eine Dienstleistung zu einem steuerpflichtigen Vorgang, bei dem die Daten im Falle der Wirtschaftsgutqualität das Entgelt darstellen, nach dem sich der Ertrag bemisst. Gleiches gilt für die Umsatzsteuer, auch hier könnte bei entsprechender Wirtschaftsgutqualität ein Leistungsaustausch vorliegen, der beim Unternehmer iSd Umsatzsteuerrechts ggf. zur Umsatzsteuerpflicht führt.

45 Der Begriff des Wirtschaftsguts ist gesetzlich nicht definiert, so dass auf die konkretisierende Rechtsprechung zurückzugreifen ist. Der Begriff ist grds. weit auszulegen[48] und umfasst **alle Gegenstände iSd § 90 BGB (Sachen und Rechte) und sonstige Vorteile, deren Erlangung der Kaufmann sich etwas kosten lässt und die nach der Verkehrsauffassung einer besonderen Bewertung zugänglich sind.**[49] Schließlich müssen die Daten separierbar sein und dürfen nicht im allgemeinen Geschäfts- oder Firmenwert aufgehen; ansonsten finden sie in die generell wertbildenden Faktoren für ein Unternehmen Eingang.[50] Bei „Daten" handelt es sich um nicht körperliche Gegenstände in der Form von Einzeldaten, unstrukturierte Datenhaufen, Datenbanken oder personenbezogene Daten handeln.[51] Ob eine unstrukturierte Ansammlung von Informationen noch ein rechtliches Nullum darstellt und daher mangels Eigentumsfähigkeit keine geschützte Rechtsposition vermitteln kann[52] oder schon die Schwelle zur Datenqualifikation überschreitet, kann an dieser Stelle dahingestellt bleiben. Jedenfalls ist anerkannt,

---

46 Das Wirtschaftsgut entspricht handelsrechtlich dem „Vermögensgegenstand".
47 Leich IStR 2021, 967 (967).
48 BFH BStBl. II 1970, 382.
49 BFH BStBl. II 2008, 960; so auch für die Qualifikation eines kommerzialisierbaren Teils eines Namensrechts als immaterielles Wirtschaftsgut BFH BStBl. II 2020, 3.
50 Leich IStR 2021, 967 (968).
51 Weitere Unterscheidungen können nach der Struktur (unstrukturiert, strukturiert oder semi-strukturiert), nach dem Format (zB Text-, Bild-, Videodatei), dem Bezug (personenbezogen, personenbeziehbar oder nicht personenbezogen) oder nach dem Generator (maschinengeneriert oder manuell generiert) gemacht werden, vgl. Loitz/Nütten DB 2022, 1337 (1338).
52 So Pinkernell IStR 2022, 561 (561).

dass solche unstrukturierten Informationen oder auch Einzeldaten aufgrund Verarbeitung so aufbereitet werden können, dass sie geschützt und einzeln verwertet werden können. In der Folge kommt den jeweiligen Daten ab dem Zeitpunkt der Verwertung auch eine Qualität als Wirtschaftsgut zu.

Schließlich muss das jeweilige Unternehmen entweder **rechtlicher oder zumindest wirt-** 46 **schaftlicher Eigentümer** iSd § 39 Abs. 2 Nr. 1 AO an diesen Daten sein. Grds. ist das wirtschaftliche Eigentum auch dem rechtlichen Eigentümer zuzuordnen, sofern nicht eine andere Person den rechtlichen Eigentümer für die Lebensdauer des Wirtschaftsguts von der Einwirkung auf dieses ausschließen.

II. Zuordnung von Daten nach dem DEMPE-Konzept

Die Zuordnung von Daten im nationalen Kontext zu einem Unternehmen ist regelmäßig 47 von untergeordneter Bedeutung. Ganz anders ist dies im Falle eines grenzüberschreitenden Bezugs, da immaterielle Gegenstände leichter als materielle genutzt werden können, um Besteuerungssubstrat in Jurisdiktionen mit einer niedrigeren Steuerbelastung zu transferieren (Stichwort: IP-Box). Aus diesem Grund entwickelte die OECD zuletzt das sogenannte **DEMPE-Konzept**[53], welches von den meisten Fisci anerkannt ist und sicherstellen soll, dass **Immaterialwirtschaftsgüter nicht einfach rechtlichen Eigentümern zugeordnet** werden, die außer der rechtlichen Inhaberschaft keine weiteren Funktionen ausüben. DEMPE steht hierbei für Development, Enhancement, Maintenance, Protection und Exploitation, sprich Entwicklung, Verbesserung, Verwaltung, Schutz und Verwertung von immateriellen Wirtschaftsgütern. Im Rahmen einer DEMPE-Analyse wird daher untersucht, welche legale Einheit die genannten Funktionen für ein bestimmtes Wirtschaftsgut ausfüllt. Nehmen mehrere legale Einheiten die genannten Funktionen ein, muss nach qualitativen Merkmalen bestimmt werden, bei welcher Gesellschaft der eindeutige Schwerpunkt der Funktionen liegt. Andernfalls wäre auch denkbar, dass mehreren legalen Einheiten gemeinschaftlich das wirtschaftliche Eigentum zukommt. Für die Übernahme der entsprechenden Funktionen und Risiken muss dem jeweiligen Unternehmen dann nach § 1 Abs. 3c S. 4 AStG eine angemessene Vergütung zukommen.

Bei der Zuordnung von Daten unter dem DEMPE-Konzept ist zu berücksichtigen, dass bei 48 jeder der genannten Funktionen ein hoher **Automatisierungsgrad** angewendet wird und **Personalfunktionen** nicht ein so gravierendes Gewicht zukommt, wie zB bei der Entwicklung durch Ingenieurleistungen. Daten werden im Regelfall durch Algorithmen bearbeitet, welche wiederum ein eigenes immaterielles Wirtschaftsgut unter dem DEMPE-Konzept darstellen können. Damit zusammenhängend stellt sich die Frage, wie bei einer grenzüberschreitenden Datennutzung die verschiedenen Wertschöpfungsbeiträge und damit eine Verteilung des generierten Gewinns ermittelt werden. Nach einer Auffassung sollen die im Rahmen der Wertschöpfung herangezogenen Einzelleistungen erst in Haupt- sowie Nebenleistungen aufgeteilt und anschließend ihre Wertschöpfungsbeiträge gewichtet sowie den einzelnen Unternehmensteilen zugeordnet werden. Nach einer anderen Auffassung sollen die während der gesamten Wertschöpfung angewandten technologischen Prozessschritte erst nach ihren Wertbeiträgen gewichtet. Anhand der einzelnen Prozessschritte wird sodann geprüft, welche legalen Einheiten durch ihre Beiträge Rechte am immateriellen Wirtschaftsgut erwerben und damit angemessen vergütet werden müssen.[54]

---

53 Das DEMPE-Konzept wurde auf Ebene der OECD im Rahmen der Aktionspunkte 8–10 des BEPS-Projekts entwickelt, welches das Ziel hatte, die Verrechnungspreisbestimmungen an der Wertschöpfung zwischen nahestehenden Unternehmen auszurichten, um sicherzustellen, dass die Verrechnungspreise die wirtschaftlichen Umstände eines Geschäftsvorfalls abbilden. 2017 wurde das DEMPE-Konzept in die aktuelle Fassung der OECD-Verrechnungspreisleitlinien übernommen.
54 Zum Meinungsstand vgl. Leich IStR 2021, 967 (970).

III. Gewinnung und Austausch von Daten als steuerbare Vorgänge?

49   Große Technologieunternehmen wie Suchmaschinenbetreiber und Anbieter von Social Media-Plattformen bieten ihre Dienstleistungen im Regelfall den weltweiten Kunden vermeintlich unentgeltlich an. Dies trifft zumindest auf die monetäre Betrachtung zu, effektiv „bezahlt" der Kunde jedoch durch die **Überlassung „seiner Daten"**.[55] Diese Daten begründen für das erhebende Unternehmen auch einen gewissen wertbildenden Faktor, den es nutzt, um selbst monetär Umsatz zu generieren (entweder in der Schaltung von Werbung oder der Aufbereitung und Überlassung der erhobenen Daten an Dritte). Sollte bereits die Zurverfügungstellung der Daten durch den Nutzer für das erhebende Unternehmen einen **tauschähnlichen Umsatz** (Dienstleitung gegen Überlassung von Daten als Quasientgelt) begründen, könnte dieser sowohl zu einem ertragsteuerpflichtigen Gewinn als auch ggf. zu einem umsatzsteuerpflichtigen Leistungsaustausch führen.

50   Voraussetzung wäre allerdings in beiden Fällen, dass die überlassenen Daten bereits die **Schwelle zum Wirtschaftsgut** überschreiten, da nur ein Wirtschaftsgut zu einer messbaren Vermögensmehrung seitens des Unternehmens führt. Sofern allerdings die erlangten Daten noch unstrukturiert erhoben wurden und erst durch eine Strukturierung und Weiterverarbeitung zu einem Mehrwert führen, kommt diesen vorher noch keine Wirtschaftsgutqualität zu. Genau dies ist bei der automatisierten Gewinnung von Daten von Privatpersonen grds. der Fall. Diese sind noch unstrukturiert und stellen Rohdaten dar, welche ohne notwendige weitere Bearbeitung weitgehend wertlos sind.[56] Erst durch die Zuordnung, Sortierung, den Abgleich und Konsolidierung ergibt sich ein Datensatz, welcher auch ein eigenständiger wirtschaftlicher Wert zukommen kann.

51   Neben der reinen Datensammlung stellt gerade die Datenverarbeitung den wesentlichsten Wertschöpfungsbeitrag datengetriebener Geschäftsmodelle dar.[57] Damit **werden diese Rohdaten zu selbst geschaffenen immateriellen Wirtschaftsgütern**, die nach § 248 Abs. 2 HGB handelsrechtlich mit den Anschaffungskosten aktiviert werden dürfen, für Zwecke der Steuerbilanz aber nach § 5 Abs. 2 EStG einem Aktivierungsverbot unterliegen. Da diese Rohdaten auch nicht entgeltlich angeschafft wurden, entfällt jeglicher Grund für eine steuerliche Aktivierung, so dass in der Folge weder ein ertrag- noch ein umsatzsteuerlicher Leistungsaustausch gegeben ist.[58] Die Gewinnung dieser Rohdaten führt damit **nicht zu einem Zugang eines Wirtschaftsguts**, so dass kein steuerpflichtiger Ertrag auszuweisen ist. Gleiches gilt für die Umsatzsteuer, da die Überlassung der Daten mangels Wirtschaftsgutqualität kein Entgeltleistung darstellt, so dass es an einem Leistungsaustauschverhältnis fehlt.

---

55 ZB genutzte Suchbegriffe, Kontakte, besuchte Webseiten, konsumierte Produkte, sonstige Vorlieben etc.

56 Loitz/Nütten DB 2022, 1337 (1337, 1338); Fischer beck.digitax 2021, 329 (331).

57 Aus diesem Grund dürfte regelmäßig der die Datenverarbeitung durchführende Algorithmus das wesentlichste immaterielle Wirtschaftsgut solcher Unternehmen darstellen.

58 Dies gilt selbstverständlich nicht für eine weitergehende entgeltliche Nutzung der Daten durch Lizensierung, welche von der Datengewinnung zu unterscheiden ist und aufgrund der Vereinnahmung einer Lizenzgebühr zu einem steuerpflichtigen Ertrag führen kann.

§ 14 Außenwirtschaftsrecht

Literatur: Auer-Reinsdorff/Conrad, Handbuch IT- und Datenschutzrecht, 3. Auflage 2019 (zit.: Auer-Reinsdorff/Conrad/Bearbeiter IT-R-HdB); *Beier/Hauser/Weichselbraun*, Compliance-Untersuchungen im Zeitalter von Big Data und künstlicher Intelligenz, CB 2022, 202; Borges/Meents, Cloud Computing, 2016 (zit.: Borges/Meents Cloud Computing); *Bräutigam/Kraul* (Hrsg.), Rechtshandbuch Internet of Things, 2021 (zit.: Bräutigam/Kraul/Bearbeiter IoT-HdB); *Bundesamt für Sicherheit in der Informationstechnik*, Cloud Computing Grundlagen, abrufbar unter: https://www.bsi.bund.de/DE/Themen/Unternehmen-und-Organisationen/Informationen-und-Empfehlungen/Empfehlungen-nach-Angriffszielen/empfehlungen-nach-angriffszielen_node.html (zit.: BSI – Cloud Computing); *Bundesamt für Wirtschaft und Ausfuhrkontrolle*, Merkblatt zu Allgemeinen Genehmigungen und den diesbezüglichen Registrier- und Meldeverfahren, September 2023; *Bundesamt für Wirtschaft und Ausfuhrkontrolle*, Merkblatt „Sammelgenehmigungen für Dual-Use-Güter", Dezember 2018 (zit.: BAFA Merkblatt Sammelgenehmigung); *Bundesamt für Wirtschaft und Ausfuhrkontrolle*, Merkblatt „Außenwirtschaftsverkehr mit Embargoländern", Dezember 2020 (zit.: BAFA Merkblatt Embargoländer); *Bundesamt für Wirtschaft und Ausfuhrkontrolle*, Merkblatt „Die neue EU-Dual-Use-Verordnung (Verordnung (EU) 2021/821)", September 2021 (zit.: BAFA Merkblatt Neue EU-Dual-Use-VO, 2021); *Bundesamt für Wirtschaft und Ausfuhrkontrolle*, Merkblatt „Firmeninterne Exportkontrolle (ICP)", 3. Auflage/April 2022 (zit.: BAFA Merkblatt ICP); *Bundesamt für Wirtschaft und Ausfuhrkontrolle*, Leitfaden zum Technologietransfer und Non-Proliferation, 2. Auflage/Mai 2022 (zit.: BAFA, Leitfaden Technologietransfer); Bundesamt für Wirtschaft und Ausfuhrkontrolle, Merkblatt „Exportkontrolle und das BAFA", 9. Auflage/Mai 2022 (zit.: BAFA Merkblatt Exportkontrolle); *Calliess/Ruffert* (Hrsg.), EUV/AEUV, 6. Auflage 2022 (zit.: Calliess/Ruffert/Bearbeiter); Copland-Cale, Compliance, Big Data und die Macht der Datenvisualisierung, CCZ 2016, 281; *Dorsch* (Hrsg.: Rüsken), Zollrecht, 213. Ergänzungslieferung 2022 (zit. Dorsch/Bearbeiter); Giesemann, Die Novelle der EU-Dual-Use-Verordnung: Ein Überblick über die neue europäische Ausfuhrkontrolle, EuZW 2021, 365; *Grabitz/Hilf/Nettesheim* (Hrsg.), Das Recht der Europäischen Union, 78. EL 2023 (zit.: Grabitz/Hilf/Nettesheim/Bearbeiter); Haellmigk, (Cloud-)Datentransfer und Exportkontrolle – Neue Compliance-Herausforderungen für Unternehmen, CCZ 2016, 28; Herdegen, Internationales Wirtschaftsrecht, 13. Auflage 2023 (zit.: Herdegen IntWirtschaftsR); *Hilber* (Hrsg.), Handbuch Cloud Computing, 2014 (zit.: Hilber/Bearbeiter Cloud Computing-HdB); Hocke/Sachs/Pelz (Hrsg.), Außenwirtschaftsrecht, 2. Auflage 2020 (zit.: Hocke/Sachs/Pelz/Bearbeiter AußenwirtschaftsR); Holtmannspötter/Heimeshoff/Haucap/Loebert/Busch/Hoffknecht, Soziale Marktwirtschaft in der digitalen Zukunft – Foresight-Bericht Strategischer Vorschauprozess des BMWI, 2021, abrufbar unter: https://www.bmwk.de/Redaktion/DE/Downloads/F/foresight-abschlusskonferenz-abschlussbericht-lang.pdf?__blob=publicationFile&v.=20 (zit.: Holtmannspötter et.al. Marktwirtschaft in der digitalen Zukunft); *Krenzler/Herrmann/Niestedt* (Hrsg.), EU-Außenwirtschafts- und Zollrecht, 20. Ergänzungslieferung 2022 (zit.: Krenzler/Herrmann/Niestedt/Bearbeiter); *Niestedt* (Hrsg.), BeckOK Außenwirtschaftsrecht, 8. Edition 2023 (zit.: BeckOK AußenWirtschaftsR/Bearbeiter); Ostendorf/Kluth, Internationale Wirtschaftsverträge, 3. Auflage 2023 (zit.: Ostendorf/Kluth/Bearbeiter Int. Wirtschaftsverträge); *Paschke/Graf/Olbrisch* (Hrsg.), Hamburger Handbuch des Exportrechts, 2. Auflage 2014 (zit.: Paschke/Graf/Olbrisch/Bearbeiter ExportR-HdB); Pfeil/Mertgen, Compliance im Außenwirtschaftsrecht, 2. Auflage 2023 (zit.: Pfeil/Mertgen Compliance); Sattler, Einführung in das Sanktionsrecht, JuS 2019, 18; *Schuster/Grützmacher* (Hrsg.), IT-Recht, 2020 (zit.: Schuster/Grützmacher/Bearbeiter).

A. Einleitung[1]

1 Das Außenwirtschaftsrecht gewinnt in unserer zunehmend international vernetzten Welt mit spezialisierten und arbeitsteiligen Wirtschaftszweigen stetig an Bedeutung. In nahezu allen unternehmerischen Bereichen findet zurzeit eine intensive Digitalisierung vieler Prozesse statt. Die Frage, inwieweit auch ein **Datentransfer** ein nach dem **Exportkontroll-, Sanktions- oder Investitionskontrollrecht** relevanter Tatbestand ist, gewinnt mithin aufgrund dieser Entwicklungstendenzen ebenfalls an Relevanz.[2] Mit dem Schlagwort „**Big Data**" wird auch im Zusammenhang mit dem Außenwirtschaftsrecht kein einheitliches Begriffsverständnis verbunden. Teilweise dient Big Data als Sammelbegriff für moderne digitale Technologien. Auch werden Analysekonzepte und Technologien wie maschinelles Lernen, Data Analytics oder künstliche Intelligenz mit Big Data in Verbindung gebracht.[3] Im engeren Sinne meint Big Data die Auswertung großer Datenmengen aus vielfältigen Quellen in hoher Geschwindigkeit und mit dem Zweck, mit dem Ergebnis einen wirtschaftlichen Nutzen zu erzeugen.[4]

B. Exportkontrollrecht

2 Nach einer überblicksartigen Darstellung der **Rechtquellen** des Exportkontrollrechts und seiner wesentlichen **Regelungssystematik** (→ Rn. 3 ff.) beschäftigt sich die folgende Betrachtung damit, inwieweit „Big Data" **Objekt der Exportkontrolle** ist (→ Rn. 47 ff.) und welche **Big Data-relevanten Exportvorgänge** bestehen (→ Rn. 56 ff.). Daran anschließend werden die **Genehmigungsmöglichkeiten** dieser Exportvorgänge erläutert (→ Rn. 74 ff.), bevor abschließend die hohe Relevanz eines **internen Compliance-Managements** dargestellt wird (→ Rn. 77 ff.). Der Begriff des Exports wird in dieser Darstellung für alle vom Exportkontrollrecht kontrollierten Tätigkeiten (Ausfuhr, Verbringung, Durchfuhr, Vermittlung, technische Unterstützung) verwendet und meint nicht lediglich nur die „Ausfuhr" iSd englischen Bezeichnung.

---

1 Die Autorin bedankt sich bei Nikolas Walraff, Mahja Afrosheh und Dalya Droste für die tatkräftige Unterstützung.
2 *Haellmigk* CCZ 2016, 28 (28).
3 Näher dazu: *Holtmannspötter et al.* Marktwirtschaft in der digitalen Zukunft, 68.
4 Auer-Reinsdorff/Conrad/Sarre/*Pruß* IT-R-HdB § 2 Rn. 186; *Holtmannspötter et al.* Marktwirtschaft in der digitalen Zukunft, 68.

I. Rechtsquellen und Regelungssystematik im Überblick

1. Regelungsgegenstand

Das Exportkontrollrecht soll neben sicherheitspolitischen Zielen auch zu versorgungs- und 3
gesundheitspolitischen Zielen beitragen.[5] Die exportkontrollrechtlichen Regelungen beschränken den durch das nationale und das europäische (Sekundär-)Recht[6] konstituierten **Grundsatz der Ausfuhrfreiheit** und gelten als dessen **Ausnahme**.[7] Vom Exportkontrollrecht abzugrenzen ist das Zollrecht. Dieses ist ebenfalls dem Außenwirtschaftsrecht zuzuordnen. Es handelt sich dabei jedoch um Regelungen über besondere Steuern, welche an den Grenzübertritt bestimmter Waren anknüpfen.[8]

2. Rechtsquellen

Das Exportkontrollrecht in Deutschland setzt sich zusammen aus **internationalen Abkom-** 4
men, **Unionsrecht sowie nationalem Recht**. Aber auch das US-amerikanische Recht kann unter bestimmten Voraussetzungen Vorgaben für die Ausfuhr von Gütern aus der bzw. für die Verbringung innerhalb der Europäischen Union enthalten.

a) Internationale Abkommen

Angesichts eines globalisierten Marktes beruhen etliche exportkontrollrelevante Bestimmun- 5
gen des EU- und des nationalen Rechts auf Vorgaben aus internationalen Abkommen. Grundsätzlich gibt das **WTO-System** völkerrechtlich das Prinzip des liberalisierten und freien Wirtschaftsverkehrs vor und lässt dessen Einschränkung nur unter gewissen Voraussetzungen zu, an denen sich andere völkerrechtliche sowie EU-rechtliche und nationale Exportbeschränkungen messen lassen müssen.[9] Solche internationalen Exportkontrollregime resultieren zum einen aus für die Vertragsstaaten verbindlichen Verträgen (die vorrangig die Nichtverbreitung von ABC-Waffen zum Gegenstand haben) sowie zum anderen aus unverbindlichen Vereinbarungen (sog. Gentlemen's Agreements), wobei letztgenannten in der Praxis dennoch starker Einfluss auf das EU- und das nationale Recht zukommt.[10] Dies zeigt sich insbesondere anhand des **Wassenaar Arrangement**[11], welches die Exportkontrolle von konventionellen Rüstungs- und Dual-Use-Gütern (→ Rn. 7 zum Dual-Use-Begriff) bezweckt, als einem der relevantesten internationalen Exportkontrollregime.

b) EU-Recht

Dadurch dass gem. Art. 26 ff. AEUV der Binnenmarkt durch die EU gewährleistet und reguliert 6
wird und der EU gem. Art. 206 ff. AEUV die **ausschließliche Kompetenz** zur Steuerung des

---

5 Ostendorf/Kluth/*Ostendorf* Int. Wirtschaftsverträge § 3 Rn. 178.
6 Im nationalen Recht ist die Ausfuhrfreiheit dem § 1 Abs. 1 AWG zu entnehmen. Auf europäischer Ebene ist die Ausfuhrfreiheit nicht explizit im Primärrecht festgelegt, jedoch findet sie sich in europarechtlichen Grundsätzen (wie Art. 206 ff. AEUV) sowie im Sekundärrecht (Art. 1 VO (EU) 2015/479), vgl. *Herdegen* Int-WirtschaftsR § 3 Rn. 46; Paschke/Graf/Olbrisch/*Terhechte* ExportR-HdB Abschn. 28 Rn. 89; Grabitz/Hilf/Nettesheim/*Weiß* AEUV Art. 207 Rn. 145; Krenzler/Herrmann/Niestedt/Ehlers/*Pünder* Ausfuhr-VO Art. 1 Rn. 6 ff.
7 Krenzler/Herrmann/Niestedt/Ehlers/*Pünder* Ausfuhr-VO Art. 1 Rn. 8.
8 Krenzler/Herrmann/Niestedt/Herrmann/*Niestedt* Einleitung Außenwirtschafts- und Zollrecht Rn. 3.
9 Dorsch/*Thoms* AWG Einführung Rn. 36.
10 Hierzu weiterführend unter Erläuterung der einschlägigen Verträge und Vereinbarungen: Dorsch/*Thoms* AWG Einführung Rn. 38 ff.
11 Wassenaar Arrangement on Export Controls for Conventional Arms and Dual-Use Goods and Technologies, in Kraft getreten am 1.11.1996, abrufbar unter https://www.wassenaar.org/app/uploads/2021/12/Public-Docs-Vol-I-Founding-Documents.pdf.

Außenhandels zukommt[12], ist das Unionsrecht die bedeutendste Rechtsquelle des Exportkontrollrechts in den EU-Mitgliedstaaten.

7 Die aus internationalen Abkommen folgenden Vorgaben setzte der EU-Gesetzgeber maßgeblich[13] in der sog. **Dual-Use-Verordnung** in unmittelbar geltendes Recht (Art. 288 Abs. 2 S. 1 AEUV) um[14], zuletzt mit deren Neufassung in Form der **Verordnung (EU) 2021/821**[15] („**Dual-Use-VO**"). **Dual-Use-Güter** sind gem. Art. 2 Nr. 1 Dual-Use-VO Güter (einschließlich bestimmter Software und Technologie) mit einem möglichen doppelten Verwendungszweck, die sowohl zivilen als auch militärischen Zwecken dienen können (zu den erfassten Gütern: Art. 2 Nr. 1 VO (EU) 2021/821 (→ Rn. 18).

8 Die VO (EU) 2021/821 übernimmt sowohl die Systematik (→ Rn. 17 ff.) als auch zum allergrößten Teil die Regelungen aus ihrer Vorgängerverordnung Verordnung (EG) Nr. 428/2009[16] und damit ebenso den ursprünglichen Zweck der Rüstungskontrolle. Die Neufassung rückt jedoch erstmals auch den **Schutz von Menschenrechten** deutlich in den Fokus: Durch die neu geschaffene Catch-All-Vorschrift des Art. 5 Abs. 1 und 2 iVm Art. 2 Nr. 20 Dual-Use-VO (→ Rn. 24) wird der Export von Gütern für digitale Überwachung, die ganz oder teilweise für eine Verwendung im Zusammenhang mit interner Repression und/oder schwerwiegenden Verstößen gegen Menschenrechte oder humanitäres Völkerrecht bestimmt sein können, einer Genehmigungspflicht unterworfen.[17] Die Genehmigungspflicht wird flankiert durch einen diesbezüglichen Informationsaustausch zwischen den EU-Mitgliedstaaten, der zur Veröffentlichung des Exportguts und des Bestimmungslands führen kann, Art. 5 Abs. 4 bis 6 Dual-Use-VO.

9 Ferner soll der neue Art. 10 Dual-Use-VO eine schnellere und effektivere Exportkontrolle insbesondere von **neuartigen Technologien** ermöglichen[18], indem ein EU-Mitgliedstaat ein in einem anderen EU-Mitgliedstaat genehmigungspflichtiges Gut ebenfalls für genehmigungspflichtig erklären kann, wenn dieses im Hinblick auf die öffentliche Sicherheit oder aus Menschenrechtserwägungen bedenklich erscheint.

10 Als weitere wesentliche Neuerungen[19] zu nennen sind die erstmals auf unionsrechtlicher Ebene verankerten **Kontrollen technischer Unterstützung** gem. Art. 8 Abs. 1 und 2 iVm Art. 2 Nr. 9 und 10 Dual-Use-VO (zuvor lediglich in §§ 49 ff. AWV), allen voran aber auch **Verfahrenserleichterungen wie die allgemeinen Genehmigungen** (→ Rn. 34 f.) EU007 für unternehmensinternen Software- bzw. Technologietransfer und EU008 für den Export von bestimmten Verschlüsselungsgütern sowie gem. Art. 2 Nr. 14 Dual-Use-VO die neue **Genehmigungsform für Großprojekte.**

11 Die noch unter der **Vorgängerverordnung Verordnung (EG) Nr. 428/2009** erteilten Ausfuhrgenehmigungen, Auskünfte zu Güterlisten und Nullbescheide (→ Rn. 33) gelten unter der neuen Dual-Use-VO fort (letztgenannte jedoch nicht hinsichtlich Art. 5 Dual-Use-VO).[20]

---

12 Dorsch/*Thoms* AWG Einführung Rn. 30 f.; Hocke/Sachs/Pelz/*Pelz* AußenwirtschaftsR Einführung Rn. 23 f.; → Rn. 13 zum Restbestand an Gesetzgebungskompetenz des nationalen Gesetzgebers; beachte zudem den Anwendungsvorrang des EU-Rechts, Calliess/Ruffert/*Calliess* AEUV Art. 1 Rn. 16 ff.

13 Vgl. zu weiteren (für Big Data aber nicht relevanten) Unionsrechtsakten: Krenzler/Herrmann/*Niestedt* Kap. III. und IV.; Hocke/Sachs/Pelz/Pelz AußenwirtschaftsR Einführung Rn. 37 ff.

14 Vgl. Text vor der Inhaltsübersicht im Anhang I der Dual-Use-VO.

15 Verordnung (EU) 2021/821 des Europäischen Parlaments und des Rates vom 20.5.2021 über eine Unionsregelung für die Kontrolle der Ausfuhr, der Vermittlung, der technischen Unterstützung der Durchfuhr und der Verbringung betreffend Güter mit doppeltem Verwendungszweck (Neufassung), ABl. 2021 L 206 S. 1.

16 Zur Entstehungsgeschichte der unionsrechtlichen Regelungen über Güter mit doppeltem Verwendungszweck: Dorsch/*Lux* Dual-Use-VO Einführung Rn. 12 ff.; Hocke/Sachs/Pelz/*Pelz* AußenwirtschaftsR Einführung Rn. 32 ff.

17 Vgl. hierzu auch Erwägungsgründe 2, 8 und 9 Dual-Use-VO.

18 Vgl. hierzu Erwägungsgrund 10 Dual-Use-VO; hierunter können laut *Giesemann* EuZW 2021, 365 (369) zB Technologien der Künstlichen Intelligenz, Drohnen, Quantencomputing oder Satellitentechnik fallen.

19 Einen guten Überblick über alle Neuerungen bietet das BAFA Merkblatt Neue EU-Dual-Use-VO, 2021.

20 BAFA Merkblatt Neue EU-Dual-Use-VO, 2021, 5.

c) Nationales Recht

Dem **Außenwirtschaftsgesetz (AWG)** und der **Außenwirtschaftsverordnung (AWV)** verbleibt hauptsächlich die Ausgestaltung des Vollzugs der Dual-Use-VO, soweit die Dual-Use-VO nicht selbst abschließende Regelungen in Bezug auf den jeweiligen Regelungsgegenstand enthält. **12**

Ein Restbestand an eigener Gesetzgebungskompetenz ergibt sich aus der unionsrechtlichen **Schutzklausel** (synonym: **Öffnungsklausel**) des Art. 346 Abs. 1 lit. b AEUV zugunsten der Mitgliedstaaten bezüglich Landesverteidigung und nationaler Sicherheit sowie den Ermächtigungen zur nationalen Rechtssetzung in Art. 4 Abs. 8, Art. 9 Abs. 1 und Art. 11 Abs. 2 Dual-Use-VO.[21] Hiervon hat Deutschland mit der Ausfuhrliste (Anlage 1 Teil 1 zur AWV) sowie etwa § 11 AWV Gebrauch gemacht. Mangels unionsrechtlicher Rechtsetzungskompetenz liegt ferner die Anordnung der **Straf- und Ordnungswidrigkeitstatbestände** der §§ 18 bis 20 AWG und §§ 81, 82 AWV in nationaler Zuständigkeit.[22] **13**

d) US-amerikanisches Recht

Zu beachten ist, dass das US-Exportkontrollrecht[23] auch extraterritorial wirkt und zusätzlich zu den Bestimmungen nach EU- und deutschem Recht zur Anwendung kommen kann. **14**

Anknüpfungspunkt ist ein sog. **Reexport von Gütern mit US-Ursprung.** Der Anwendungsbereich ist hierbei denkbar weit. Reexport meint zum einen, dass kontrollierte Güter (das sind vom US-Exportkontrollrecht erfasste Waren, Technologie und Software) mit US-Ursprung in ein Drittland (auch eines der EU) exportiert werden.[24] Ein Reexport liegt zum anderen aber auch darin, dass kontrollierte Güter mit US-Ursprung im Inland einem Ausländer (auch einem EU-Ausländer) zugänglich gemacht werden (sog. Deemed Reexport).[25] Erfasst sind bestimmte in den USA hergestellte Güter, doch ebenso außerhalb der USA hergestellte Güter, wenn diese einen bestimmten Anteil an kontrollierten US-Gütern enthalten (zB zu einem gewissen Teil aus kontrollierten US-Vormaterialen bestehen und/oder mit kontrollierter US-Software gebündelt sind) oder das unmittelbare oder auch nur mittelbare Produkt von kontrollierten US-Gütern sind.[26] **15**

Ist der **Anwendungsbereich** eröffnet, können **Reexport-Verbote oder Genehmigungspflichten** durch die zuständigen US-Behörden die Folge sein.[27] **16**

3. Regelungssystematik

Im Folgenden sollen die der Dual-Use-VO sowie die dem AWG und die der AWV inhärenten wesentlichen **Regelungssystematiken** überblicksartig skizziert werden. **17**

a) Erfasste Güter

In den Anwendungsbereich der Dual-Use-VO fallen nach dem Wortlaut des Art. 1 Dual-Use-VO verschiedene Tätigkeiten, die sich allesamt auf **Güter mit doppeltem Verwendungszweck** beziehen. Auch in § 1 Abs. 1 S. 1 AWG nimmt der Begriff des Güterverkehrs – und damit der Güter – eine vorrangige Stellung ein. Wie die Begriffsbestimmungen in Art. 2 Nr. 1 Dual- **18**

21 Dorsch/*Thoms* AWG Einführung Rn. 31; Dorsch/*Lux* Dual-Use-VO Einführung Rn. 20; Hocke/Sachs/Pelz/*Pelz* AußenwirtschaftsR Einführung Rn. 23.
22 Wobei die Pflicht der Mitgliedstaaten zur Anordnung von Sanktionen bei Verstößen gegen die Dual-Use-VO aus Art. 25 Dual-Use-VO folgt.
23 Siehe ausführlich Hocke/Sachs/*Pelz* AußenwirtschaftsR Kap. V.
24 Hocke/Sachs/Pelz/Georgi/*Alberda* AußenwirtschaftsR Kap. V Rn. 81.
25 Hocke/Sachs/Pelz/Georgi/*Alberda* AußenwirtschaftsR Kap. V Rn. 83.
26 Hocke/Sachs/Pelz/Georgi/*Alberda* AußenwirtschaftsR Kap. V Rn. 73 ff.
27 Hocke/Sachs/Pelz/Georgi/*Alberda* AußenwirtschaftsR Kap. V Rn. 90 ff., 156 ff.

Use-VO und § 2 Abs. 13 AWG zeigen, ist „**Güter**" der zentrale Oberbegriff, der sowohl Waren iSv körperlichen Gegenständen[28] als auch explizit Software und Technologie umfasst.[29] (→ Rn. 47 ff. für die nähere Konkretisierung hinsichtlich Big Data).

19   Gem. Art. 2 Nr. 1 Dual-Use-VO müssen die Güter zudem **sowohl für zivile als auch militärische Zwecke** verwendet werden können. Mithin sind Güter ausgeschlossen, die ausschließlich militärisch (dies sind dann Rüstungsgüter) oder ausschließlich zivil verwendet werden können, wobei insbesondere die Zwecksetzung entscheidend ist.[30] Der dennoch uferlose Kreis der Güter iSd Art. 2 Nr. 1 Dual-Use-VO ist aber insofern unschädlich, als dass jedenfalls nur Güter gem. einschlägiger **Listen**[31] oder für bestimmte **Endverwendungszwecke** dem Exportkontrollregime unterfallen.

b) Kontrollierte Güter gem. einschlägiger Listen (Listenprinzip)

20   Die der Exportkontrolle unterfallenden Güter ergeben sich in erster Linie aus gesetzlichen Listen.

Im Rahmen der Dual-Use-VO ist die **Dual-Use-Liste (sog. Güterliste) in Anhang I** am relevantesten. Die Ausfuhr (→ Rn. 27 f. zum Ausfuhrbegriff) der hier gelisteten Güter ist gem. Art. 3 Abs. 1 Dual-Use-VO genehmigungspflichtig. Diese Liste ist über 300 Seiten lang, die Einträge der kontrollierten Güter gestalten sich größtenteils sehr technisch, detailliert und komplex. Die Liste selbst gliedert sich in zehn Kategorien (erste Ziffer; zB 3 für allgemeine Elektronik, 4 für Rechner oder 5 für Telekommunikation und Informationssicherheit). Die Kategorien gliedern sich jeweils in fünf Gütergattungen (nachfolgender Buchstabe; zB D für Software, E für Technologie). Die drei Ziffern innerhalb einer Gattung kennzeichnen mittels einer bestimmten Serie das zugrundeliegende Ausfuhrkontrollregime (zB 001 bis 099 für das Wassenaar Arrangement) sowie innerhalb dessen die einzelnen Güter.[32] Den einzelnen Kategorien (Teil II ff. des Anhangs I) sind als Teil I des Anhangs I unter anderem Begriffsbestimmungen vorangestellt, die etliche Begriffe innerhalb der Güterliste definieren (zB „Digitalrechner" in Position 4A003b).

21   Eine weitere, im Vergleich zu Anhang I wesentlich kürzere, Liste besteht in **Anhang IV Dual-Use-VO**. Gem. Art. 11 Abs. 1 Dual-Use-VO enthält sie Güter mit doppeltem Verwendungszweck, deren Verbringung innerhalb der Union (→ Rn. 29 zum Verbringungsbegriff) genehmigungspflichtig ist. Für andere Güter bedarf die Verbringung grundsätzlich keiner Genehmigung.

22   Die **Ausfuhrliste in Anlage 1 Teil I AWV** listet in ihrem Abschnitt A anknüpfend an Art. 346 Abs. 1 lit. b AEUV kontrollierte Rüstungsgüter (darunter ebenfalls Software und Technologie) sowie in ihrem Abschnitt B aufgrund der Ermächtigung in Art. 9 Abs. 1 Dual-Use-VO national festgelegte kontrollierte Dual-Use-Güter auf. Die Ausfuhrliste bestimmt damit den Umfang nationaler Genehmigungserfordernisse[33]. Ferner können länderbezogene Embargos Güterlisten enthalten (→ Rn. 92).

---

28   Der Begriff der Ware ist für das AWG in § 2 Abs. 22 AWG legaldefiniert.
29   Dorsch/*Lux* Dual-Use-VO Art. 2 Rn. 7 ff.; Dorsch/*Thoms* AWG § 2 Rn. 53 ff.
30   Vgl. Dorsch/*Lux* Dual-Use-VO Art. 2 Rn. 5 ff. sowie Hocke/Sachs/Pelz/*Rekkenbeil* AußenwirtschaftsR Kap. III Art. 2 Rn. 6, wobei in Rechtsprechung und Literatur keine Einigkeit über die Abgrenzungskriterien besteht.
31   Für Güter, die sich auf einschlägigen Listen nach oder aufgrund der Dual-Use-VO befinden (Anhang I und IV Dual-Use-VO; Anlage 1 Teil I Abschnitt B AWV), gilt mithin die gesetzliche Vermutung, dass es sich hierbei um Güter mit doppeltem Verwendungszweck handelt, Dorsch/*Lux* Dual-Use-VO Art. 2 Rn. 3; dies folgt bereits aus dem Wortlaut von Art. 3 Abs. 1 und Art. 11 Abs. 1 Dual-Use-VO.
32   Dorsch/*Lux* Dual-Use-VO Art. 3 Rn. 6.
33   Vgl. insbesondere § 8 AWG iVm §§ 8 bis 11, 46, 47, 49 bis 52b oder 78 AWV.

Thoms

c) Kontrollierte Güter gem. bestimmter Endverwendungszwecke (Endverwendungsprinzip)

Des Weiteren unterliegt die Ausfuhr von nicht in Anhang I Dual-Use-VO gelisteten Gütern der **23** Exportkontrolle, wenn der Ausführer (→ Rn. 31 zum Ausführerbegriff) von der zuständigen Behörde davon unterrichtet worden ist, dass die Güter ganz oder teilweise für bestimmte **Endverwendungszwecke** bestimmt sind oder bestimmt sein können.[34]

Solche Endverwendungszwecke sind in Art. 4 Abs. 1 sowie in Art. 5 Abs. 1 Dual-Use-VO nor- **24** miert. Dies sind sog. „**Catch-all-Vorschriften**", da von ihnen – allein abhängig von der Endverwendung – grundsätzlich jedes Gut erfasst sein kann.

Kontrollpflichtige Endverwendungszwecke sind gem. **Art. 4 Abs. 1 Dual-Use-VO** die Verwen- **25** dung im Zusammenhang mit Massenvernichtungswaffen (lit. a), mit einer militärischen Endverwendung, sofern ein Embargo (→ Rn. 81 ff.) verhängt wurde (lit. b), sowie unter gewissen Voraussetzungen die Verwendung als Bestandteile von militärischen Gütern (lit. c).

Der – insbesondere im Hinblick auf Big Data – wesentlich relevantere, neu eingeführte End- **26** verwendungszweck gem. **Art. 5 Abs. 1 Dual-Use-VO** ist die Verwendung im Zusammenhang mit interner Repression und/oder der Begehung schwerwiegender Verstöße gegen die Menschenrechte und das humanitäre Völkerrecht. Art. 5 Abs. 1 Dual-Use-VO bezieht sich dabei ausschließlich auf Güter für digitale Überwachung iSv Art. 2 Nr. 20 Dual-Use-VO.

d) Kontrollierte Tätigkeiten

Kontrollierte Tätigkeiten in Bezug auf kontrollierte Güter sind gem. Art. 1 Dual-Use-VO die **27** **Ausfuhr** (Begriffsbestimmung in Art. 2 Nr. 2 Dual-Use-VO[35]), die **Vermittlung** (Art. 2 Nr. 7 Dual-Use-VO), die **technische Unterstützung** (Art. 2 Nr. 9 Dual-Use-VO), die **Durchfuhr** (Art. 2 Nr. 11 Dual-Use-VO) sowie die **Verbringung** (in der Dual-Use-VO nicht legaldefiniert).

Für den Güterverkehr mit Big Data-Anwendungen ist besonders die **Ausfuhr** gem. Art. 2 Nr. 2 **28** Dual-Use-VO an ein Bestimmungsziel außerhalb des EU-Zollgebiets relevant.[36] Erfasst ist gem. lit. a bis c[37] mittels Bezugnahme auf den EU-Zollkodex nicht nur die Ausfuhr von Waren (also körperlichen Gegenständen, so etwa Speichermedien mit den hierauf verkörperten Daten (→ Rn. 58)), sondern – mit besonderer Relevanz für Big Data – auch die Ausfuhr von Software und Technologie mittels elektronischer Medien (→ Rn. 56 ff.).

Demgegenüber folgt aus Erwägungsgrund 28 zu Art. 11 der neugefassten Dual-Use-VO (Art. 22 **29** Dual-Use-VO aF), dass „**Verbringung**" ausschließlich den innergemeinschaftlichen Güterverkehr bezeichnet, also die Verbringung[38] von Dual-Use-Gütern von einem EU-Mitgliedstaat in einen anderen EU-Mitgliedstaat.[39] „Verbringung" iSd Dual-Use-VO meint auch hier nicht nur

---

34 Es ist der diesbezügliche Beurteilungsspielraum der Behörde zu beachten, was im Hinblick auf die Rechtssicherheit unbefriedigend sein mag, Dorsch/*Lux* Dual-Use-VO Art. 2 Rn. 5 aE.

35 Die Begriffsbestimmungen der Dual-Use-VO gelten grundsätzlich nur innerhalb des Anwendungsbereichs der Dual-Use-VO. Die Begriffsbestimmungen in § 2 AWG sind diesen allerdings weitgehend angeglichen und damit sehr ähnlich, vgl. Dorsch/*Thoms* AWG § 2 Rn. 3.

36 Gemäß der Begriffsbestimmung in Art. 2 Nr. 17 Dual-Use-VO ist dies das Zollgebiet der Union iSd Art. 4 des Zollkodex der Union (UZK). Der UZK ist in der VO (EU) Nr. 952/2013 (ABl. 2013 L 269 S. 1) festgelegt. Auf ihn wird nicht nur an einigen Stellen in der Dual-Use-VO verwiesen, sondern er ist auch originär parallel zur Dual-Use-VO anwendbar. Ausführlich hierzu: Dorsch/*Lux* Dual-Use-VO Art. 2 Rn. 11 ff.; Hocke/Sachs/Pelz/ *Rekkenbeil* AußenwirtschaftsR Kap. III Art. 2 Rn. 14 ff.

37 Wobei der Wiederausfuhr und der passiven Veredlung in Bezug auf Big Data keine Bedeutung zukommen dürfte.

38 Der Begriff der Verbringung gemäß der Dual-Use-VO unterscheidet sich damit diametral von jenem der Verbringung gemäß des EU-Zollkodexes (vgl. Titel VIII UZK).

39 Dorsch/*Lux* Dual-Use-VO Art. 1 Rn. 5; Hocke/Sachs/Pelz/*Rekkenbeil* AußenwirtschaftsR Kap. III Art. 1 Rn. 5.

die Beförderung physischer Güter, sondern umfasst – entsprechend der Ausfuhr – auch alle Formen des Technologie- und Programmtransfers, wie es etwa auch § 2 Nr. 21 AWG normiert.[40]

e) Verantwortliche Person der kontrollierten Tätigkeit

30 Art. 2 Dual-Use-VO enthält ferner Begriffsbestimmungen dazu, wer verantwortliche Person der kontrollierten Tätigkeit ist.[41] Dies ist von Relevanz insbesondere dafür, wen die **Genehmigungspflicht** trifft und **welche Behörde für die Genehmigung zuständig** ist (→ Rn. 37 ff.).

31 **Ausführer** ist im Falle der Ausfuhr mittels physischem Transport gem. Art. 2 Nr. 3 lit. a Dual-Use-VO[42] grundsätzlich diejenige Person, die Vertragspartner des Empfängers im Drittland ist und über die Ausfuhr bestimmt (sog. Geschäftsherrenmodell), im Falle der Ausfuhr mittels elektronischer Medien gem. lit. b diejenige Person, die Software oder Technologie in elektronischer Form Personen außerhalb des EU-Zollgebiets überträgt bzw. bereitstellt (→ Rn. 57 ff.). Der Begriff „Verbringer" wurde in der Dual-Use-VO genau wie der der Verbringung selbst nicht legaldefiniert. Er ist in Anlehnung an den Begriff des Ausführers zu bestimmen. Es kommt also auch hier auf die Person an, die Vertragspartner des Empfängers im Bestimmungsmitgliedstaat ist oder über die Verbringung entscheidet.[43]

f) Genehmigungsregime

32 Besteht unmittelbar gem. Art. 3 bis 11 Dual-Use-VO eine Genehmigungspflicht unter dem Exportkontrollregime der Dual-Use-VO,[44] enthalten die Art. 12 bis 14 und 16 Dual-Use-VO Regelungen im Hinblick auf das **Genehmigungsverfahren**: Art. 12 Dual-Use-VO spezifisch für die Ausfuhr, Art. 13 Dual-Use-VO für Vermittlungstätigkeiten und technische Unterstützung. Art. 15 Dual-Use-VO bestimmt die maßgeblichen Kriterien der Genehmigungserteilung. Genehmigungen für die Verbringung sind nicht in dem Kapitel zu Genehmigungen (Kapitel III der Dual-Use-VO) geregelt, sondern werden in Art. 11 der Dual-Use-VO thematisiert. Auf die Verbringung finden aber Art. 12 Abs. 2 – Abs. 6, Art. 15 und Art. 16 Abs. 3 und Abs. 5 Dual-Use-VO ergänzend Anwendung.[45] Das Genehmigungsverfahren wird insbesondere in Art. 11 Abs. 3 und Abs. 4 der Dual-Use-VO geregelt.

33 Dass für ein konkretes Exportvorhaben keine Genehmigungspflicht nach der Dual-Use-VO oder der AWV besteht, kann vom Bundesamt für Wirtschaft und Ausfuhrkontrolle (BAFA) nach § 8 Abs. 2 S. 2 AWG[46] bescheinigt werden (sog. **Nullbescheid**, der in seinen Voraussetzungen und Wirkungen einer Ausfuhrgenehmigung gleichsteht).[47] Dass ein bestimmtes Ausfuhrgut weder von der Güterliste nach Anhang I Dual-Use-VO noch von der Ausfuhrliste nach Anlage 1 AWV erfasst wird, kann vom BAFA durch eine sog. **Auskunft zur Güterliste** bescheinigt werden, die – wie auch der Nullbescheid – Beweismittel iSd § 14 Abs. 1 AWV ist.[48]

---

40 Hocke/Sachs/Pelz/*Huber* AußenwirtschaftsR Kap. III Art. 22 Rn. 6; vgl. auch BAFA Merkblatt Neue EU-Dual-Use-VO, 2021, 8; differenzierend Dorsch/*Lux* Dual-Use-VO Art. 11 Rn. 6.

41 Im Hinblick auf die Begriffsbestimmungen in § 2 AWG gilt das in Fn. 38 Bemerkte.

42 Die neue Variante lit. c findet gemäß Art. 1 Nr. 19 lit. b VO (EU) 2015/2446 nur auf Privatpersonen Anwendung. Die dienstliche Mitnahme eines Firmenlaptops mit kontrollierter Technologie unterfällt daher stets lit. a, BAFA Merkblatt Neue EU-Dual-Use-VO, 2021, 7.

43 Dorsch/*Lux* Dual-Use-VO Art. 11 Rn. 7; Hocke/Sachs/Pelz/*Huber* AußenwirtschaftsR Kap. III Art. 22 Rn. 8.

44 Nach Dorsch/Lux Dual-Use-VO Art. 15 Rn. 21 gelten die Art. 12 ff. Dual-Use-VO – unter Ausschluss von Parallelvorschriften des nationalen Rechts – ebenso, wenn eine Genehmigungspflicht gemäß nationalem Recht aufgrund einer in der Dual-Use-VO enthaltenen Ermächtigung besteht. Mit Dorsch/Stein AWG § 8 Rn. 5 sollten jedoch die Vorgaben des AWG und AWV anwendbar sein, sofern die Regelungen der Dual-Use-VO dem nicht entgegenstehen.

45 Dorsch/*Lux* Dual-Use-VO Art. 11 Rn. 4.1.; BeckOK AußenWirtschaftsR/*Hoffmann* Dual-Use-VO Art. 11 Rn. 9.

46 Die Norm gilt hinsichtlich ihrer Rechtsfolge mangels Parallelvorschrift im EU-Recht auch für Genehmigungspflichten unmittelbar aus der Dual-Use-VO.

47 Dorsch/*Stein* AWG § 8 Rn. 49; BAFA Merkblatt Exportkontrolle, 2022, 36.

48 Dorsch/*Stein* AWG § 8 Rn. 50; BAFA Merkblatt Exportkontrolle, 2022, 9.

Genehmigungspflichtigkeit und -fähigkeit eines konkreten Exportvorhabens können zudem auch durch eine einfache Voranfrage beim BAFA geklärt werden.[49]

Art. 12 Abs. 1 UAbs. 1 Dual-Use-VO legt folgende Arten von Ausfuhrgenehmigungen fest, denen allen gem. UAbs. 2 Gültigkeit im gesamten Zollgebiet der EU zukommt: 34

- Die **Einzelausfuhrgenehmigung** (EAG[50]), definiert in Art. 2 Nr. 12 Dual-Use-VO: eine Genehmigung, die einem bestimmten Ausführer erteilt ist, für die Ausfuhr eines oder mehrerer Güter mit doppeltem Verwendungszweck an einen Endverwender oder Empfänger in einem Drittland.
- Die **Globalausfuhrgenehmigung**, in Deutschland auch als Sammelausfuhrgenehmigung[51] (SAG) bezeichnet, definiert in Art. 2 Nr. 13 Dual-Use-VO: eine Genehmigung, die einem bestimmten Ausführer erteilt ist, für die Ausfuhr für eine Art oder Kategorie von Gütern mit doppeltem Verwendungszweck an einen oder mehrere genau bestimmte Endverwender und/oder in ein oder mehrere genau festgelegte Drittländer.
- Die unionsweite sowie die nationale **allgemeine Ausfuhrgenehmigung** (AGG), definiert in Art. 2 Nr. 15 bzw. Nr. 16 Dual-Use-VO, wobei es sich hierbei – anders als in der Dual-Use-VO sprachlich gefasst – gerade nicht um eine erst noch zu erteilende „Genehmigung" handelt, sondern vielmehr um eine unmittelbar geltende bedingte Freistellung[52] von Gesetzes bzw. vom Amts wegen von einer im Grundsatz bestehenden Genehmigungspflicht: Sie erlaubt allen Ausführern die Ausfuhr bestimmter Güter in bestimmte Bestimmungsländer, sofern die Ausführer die in der jeweiligen AGG hierfür festgelegten formellen[53] und materiellen Voraussetzungen erfüllen und dem Ausführer die Verwendung der AGG nicht gem. Art. 12 Abs. 7 oder Anhang II Abschnitt A Teil 3 Abs. 1 Dual-Use-VO untersagt wurde. Allgemeine Genehmigungen für die Verbringung von Gütern des Anhangs IV sind in der Dual-Use-VO selbst nicht vorgesehen, sie können aber durch die Mitgliedstaaten erlassen werden.[54] Für die im Anhang IV Teil 2 Dual-Use-VO gelisteten Güter kann im Fall einer Verbringung gem. Art. 11 Abs. 1 S. 2 Dual-Use-VO keine Allgemeingenehmigung, sondern nur eine Einzel- oder Globalgenehmigung erteilt werden.[55]

Die acht unionsweiten **AGG** sind gesetzlich in Anhang II Abschnitt A bis H Dual-Use-VO (EU-001 bis EU008) normiert, die nationalen AGG werden vom BAFA als Allgemeinverfügungen iSv § 35 S. 2 VwVfG (Bund) erlassen[56] (vgl. § 1 Abs. 2 AWV) und im Bundesanzeiger veröffentlicht. Am 1. September 2023 traten fünf neue AGG in Kraft. Gleichzeitig wurden die bereits bestehenden nationalen AGG grundlegend überarbeitet.[57] 35

Die EAG und die SAG können auch als sog. **„Genehmigung für Großprojekte"** erteilt werden, wie aus der Begriffsbestimmung in Art. 2 Nr. 14 Dual-Use-VO hervorgeht: Sie unterscheidet sich von der SAG nur insofern, als dass sie lediglich spezifisch für die Durchführung eines genau bestimmten Großprojekts erteilt wird. 36

Ausfuhrgenehmigungen werden gem. Art. 12 Abs. 2 UAbs. 1 Dual-Use-VO von der **zuständigen Behörde** des EU-Mitgliedstaats erteilt, in welchem der Ausführer ansässig oder niederge- 37

---

49 Dorsch/*Stein* AWG § 8 Rn. 51; BAFA, Voranfrage/Sonstige Anfrage, abrufbar unter: https://www.bafa.de/DE/A ussenwirtschaft/Ausfuhrkontrolle/Antragsarten/Voranfrage_sonstige_Anfrage/voranfrage_sonstige_anfrage.
50 Abkürzungen gemäß BAFA, vgl. https://www.bafa.de/DE/Aussenwirtschaft/Ausfuhrkontrolle/Antragsarten/an tragsarten.
51 BAFA Merkblatt Sammelgenehmigung, 2018, 3.
52 Dorsch/*Lux* Dual-Use-VO Art. 12 Rn. 2.
53 In formeller Hinsicht ist zumeist national festgelegte Registrierungs- und Meldepflichten zu beachten; diese gelten aufgrund entsprechender Ermächtigung in den unionsweiten AGG auch für ebendiese.
54 BeckOK AußenWirtschaftsR/*Hoffmann* Dual-Use-VO Art. 11 Rn. 10, Art. 12 Rn. 5.
55 Dorsch/*Lux* Dual-Use-VO Art. 11 Rn. 8.
56 Hocke/Sachs/Pelz/*Rekkenbeil* AußenwirtschaftsR Kap. III Art. 9 Rn. 17 aE.
57 Hilfreich sind ua das BAFA-Merkblatt zu Allgemeinen Genehmigungen (Stand: September 2023) sowie der sog. AGG-Finder des BAFA, abrufbar unter https://elan1.bafa.bund.de/bafa-portal/agg-finder/.

lassen ist, dh als natürliche Person seinen gewöhnlichen Wohnsitz (sprich Hauptwohnsitz) bzw. als juristische Personen oder Personenvereinigung seinen satzungsmäßigen Sitz, seine Hauptniederlassung oder eine ständige Niederlassung, welche für das Exportgeschäft und seine Durchführung allein verantwortlich ist, unterhält (Niederlassungsprinzip).[58] Ist der Ausführer eine juristische Person, deren satzungsmäßiger Sitz und deren Hauptniederlassung sich in verschiedenen EU-Mitgliedstaaten befinden, kann er wählen, bei welcher nationalen Behörde die Zuständigkeit eröffnet sein soll.[59]

38 Bestehen in verschiedenen EU-Mitgliedstaaten **selbstständige Tochtergesellschaften**, von denen jede für den jeweiligen Ausfuhrvorgang in tatsächlicher Hinsicht die Voraussetzungen des Ausführerbegriffs iSd Art. 2 Nr. 3 Dual-Use-VO erfüllen könnten, folgt hieraus die Möglichkeit, die Behördenzuständigkeit bewusst zu begründen.[60]

39 Besteht kein Sitz bzw. keine Niederlassung in der EU, kommt gem. Art. 12 Abs. 2 UAbs. 2 Dual-Use-VO lediglich eine EAG in Betracht; diese wird durch die zuständige Behörde des EU-Mitgliedstaats erteilt, in dem sich die Güter mit doppeltem Verwendungszweck befinden (**Belegenheitsprinzip**).

40 Zuständige Exportkontrollbehörde ist in Deutschland gem. § 13 Abs. 1 AWG grundsätzlich das **BAFA**.

41 Da es sich beim Außenwirtschaftsrecht um **besonderes Verwaltungsrecht** handelt, ist im Genehmigungsverfahren – soweit die Verfahrensvorschriften der Art. 12 bis 14 und 16 Dual-Use-VO sowie die allgemeinen Verfahrensgrundsätze des Unionsrechts keine Regelung enthalten – im Übrigen das **VwVfG des Bundes** anwendbar.

42 Als eine der materiellen Genehmigungsvoraussetzungen für eine SAG sei erwähnt, dass der Ausführer gem. Art. 12 Abs. 4 UAbs. 3 und Art. 15 Abs. 2 Dual-Use-VO grundsätzlich über ein **Internes Compliance-Programm** (ICP; → Rn. 77 ff.) verfügen muss. Bei Nutzung der neuen unionsweiten AGG EU007 für die konzerninterne Ausfuhr von in Anhang I Dual-Use-VO gelisteter Software und Technologie ist ein ICP ebenfalls verpflichtend. Das ICP ist legal definiert in Art. 2 Nr. 21 Dual-Use-VO.

43 Sofern Güter, die von der Liste in Anhang I Dual-Use-VO oder Anlage 1 AWV erfasst werden, durch eine juristische Person oder Personenvereinigung ausgeführt werden, ist bei Antragstellung in Deutschland ein **Ausfuhrverantwortlicher** zu benennen, der für die Einhaltung bestimmter Pflichten persönlich verantwortlich ist und auch entsprechend haftet.[61] Auch einige AGG setzen voraus, dass das Unternehmen gegenüber dem BAFA einen Ausfuhrverantwortlichen benannt hat[62] oder verpflichten dazu, Ausfuhren und Verbringungen dem BAFA regelmäßig zu melden.[63]

---

58 Dies folgt aus einer Anlehnung an Art. 5 Nr. 31 UZK, da die Begriffe des Ansässigseins und der Niederlassung in der Dual-Use-VO selbst nicht definiert werden; diesbezüglich übereinstimmend, wenn auch in anderweitigen Details verschiedener Ansicht (zB, ob die ständige Niederlassung nur nachrangig die Zuständigkeit begründen kann): Dorsch/*Lux* Dual-Use-VO Art. 12 Rn. 10, 15; Hocke/Sachs/Pelz/*Schäffer* AußenwirtschaftsR Kap. III Art. 9 Rn. 13; Krenzler/Herrmann/Niestedt/*Karpenstein/Kottmann* Dual-Use-VO Art. 9 Rn. 6, 11.
59 Dorsch/*Lux* Dual-Use-VO Art. 12 Rn. 10.
60 Dorsch/*Lux* Dual-Use-VO Art. 12 Rn. 10; Hocke/Sachs/Pelz/*Schäffer* AußenwirtschaftsR Kap. III Art. 9 Rn. 13.
61 Rechtsgrundlage ist die in § 8 Abs. 2 S. 1 AWG normierte Zuverlässigkeit des Antragstellers iVm den Grundsätzen der Bundesregierung zur Prüfung der Zuverlässigkeit von Exporteuren von Kriegswaffen und rüstungsrelevanten Gütern (Bek. v. 25.7.2001, BAnz 2001 Nr. 148, 17177; zuletzt geändert mit Bek. v. 15.9.2020, BAnz AT 19.10.2020 B3); ausführlich zum Ausfuhrverantwortlichen: Dorsch/Stein AWG § 8 Rn. 31 ff.
62 Etwa Allgemeine Genehmigung Nr. 20, II.3.2.
63 Etwa Allgemeine Genehmigung Nr. 26, II.6.2.

g) Folgen von Verstößen

Eine festgestellte **Unzuverlässigkeit** iSv § 8 Abs. 2 S. 1 AWG steht der Erteilung weiterer Ausfuhrgenehmigungen entgegen. Bereits zuvor erteilte Genehmigungen können zudem widerrufen werden (mangels Spezialvorschrift gem. § 49 VwVfG (Bund)).   44

Die Exportbeschränkungen für Güter mit doppeltem Verwendungszweck werden in §§ 18, 19 AWG **straf- und bußgeldrechtlich** flankiert und adressieren grundsätzlich jede natürliche Person, die an dem betreffenden Exportvorgang beteiligt ist.[64] Vorsätzliche Verstöße gegen Genehmigungspflichten sind hierbei mit einer Strafandrohung von bis zu fünf Jahren Freiheitsstrafe oder Geldstrafe gem. der Grundtatbestände des § 18 Abs. 2 und Abs. 5 AWG (Strafbarkeit des Versuchs gem. § 18 Abs. 6 AWG, Qualifikationstatbestände in Abs. 7 bis Abs. 9 AWG) strafbewährt. Fahrlässige Verstöße gegen die Genehmigungspflichten werden dagegen gem. § 19 Abs. 1, Abs. 2 und Abs. 6 AWG mit Geldbuße bis zu 500.000 EUR sanktioniert. Sehr praxisrelevant ist die Selbstanzeige gem. § 22 Abs. 4 AWG, um Bußgelder zu vermeiden.[65]   45

Das Unternehmen selbst kann mittels einer Geldbuße gem. § 30 OWiG, der Inhaber eines Betriebs oder Unternehmens gem. § 130 OWiG verantwortlich gemacht werden.[66]   46

II. „Big Data" als Objekt der Exportkontrolle

1. Kontrollierte Hardware

Als **Hardware** mit Relevanz für Big Data-Anwendungen können allem voran Datenverarbeitungsanlagen dem Exportkontrollregime unterfallen. So umfasst Position 4A003b des Anhangs I zur Dual-Use-VO etwa Digitalrechner ab einer bestimmten Spitzenleistung.[67]   47

2. Kontrollierte Software

In Bezug auf Big Data zuvorderst relevant sind Datenverarbeitungsprogramme – also **Software** (vgl. Art. 2 Nr. 1 Dual-Use-VO) –, die die gesammelten Daten verschlüsseln, analysieren, aggregieren und/oder auswerten, daneben aber auch Software, die den sicheren Betrieb eines Computersystems mit Big Data-Anwendungen überhaupt erst ermöglicht.   48

Sowohl hinsichtlich des Begriffs der „Software" als auch weiterer in der Güterliste verwendeter Begriffe sei auf die **Begriffsbestimmungen in Teil I des Anhangs I Dual-Use-VO** sowie diejenigen innerhalb der einzelnen Positionen verwiesen, die im Grundsatz auch auf die übrige Dual-Use-VO übertragen werden können.[68]   49

In der Güterliste in Anhang I Dual-Use-VO ist jeweils die **Gattung D** für Software innerhalb der einzelnen Kategorien in den Blick zu nehmen. Besonders die Kategorien 4 (Rechner) und 5 (Telekommunikation und Informationssicherheit) sind von Interesse. Hier finden sich ua Intrusionssoftware (Position 4A005), bestimmte Software zur Extraktion und Indexierung ausgewählter Metadaten und Anwendungsinhalte aus IP-Netzen (Position 5D001a iVm 5A001j1b) sowie bestimmte Software für Kryptografie-Systeme (Position 5D002c iVm 5A002) oder zur Verfolgung der Bewegungen von Zielpersonen (Position 5D001e2). Ausnahmen von der Genehmigungspflicht sind für gelistete Software einerseits innerhalb der einzelnen Positionen in den einzelnen Kategorien geregelt, andererseits zentral für alle Kategorien in den Allgemeinen Software-Anmerkungen (ASA) in Teil I des Anhangs I der Dual-Use-VO. Sind die Ausnahmen „frei erhältlich" (kommerzielle Standard-Software) und „allgemein zugänglich" (kostenfreie   50

---

64 Dorsch/*Stein/von Rummel* AWG Vor §§ 17 ff. Rn. 4.
65 Dorsch/*Stein/von Rummel* AWG Vor §§ 17 ff. Rn. 11.
66 Dorsch/*Stein/von Rummel* AWG Vor §§ 17 ff. Rn. 4.
67 Beispiele in Bräutigam/Kraul/*Sachs* IoT-HdB § 15 Rn. 159 und Dorsch/*Lux* Dual-Use-VO Art. 2 Rn. 8.5.
68 Dorsch/*Lux* Dual-Use-VO Art. 2 Rn. 8.5; Krenzler/Herrmann/Niestedt/*Karpenstein/Kottmann* Dual-Use-VO Art. 2 Rn. 3.

Public Domain Software) in der Praxis seltener relevant, stellt zumindest die Ausnahme, die den „Objektcode" als unbedingt notwendiges Minimum für Aufbau, Betrieb, Wartung und Reparatur für bereits ausfuhrgenehmigte Güter betrifft, eine praktisch sinnvolle Vereinfachung dar.[69]

51 Gerade für Software (wie auch für Technologie → Rn. 52 ff.) muss aber der **weite Anwendungsbereich** der Catch-all-Vorschriften der Dual-Use-VO beachtet werden (insbesondere Art. 5 Abs. 1 Dual-Use-VO für Güter für digitale Überwachung), welche geeignet sind, etliche – nicht in Anhang I gelistete – Software (und Technologie) der Exportkontrolle zu unterwerfen.

3. Kontrollierte Technologie

52 **Technologie** wird im Teil I des Anhangs I der Dual-Use-VO als „spezifisches technisches Wissen, das für die Entwicklung, Herstellung oder Verwendung eines Produkts nötig ist" definiert und ist für Big Data-Anwendungen insoweit relevant, als dieses technische Wissen sich auf Anlagen beziehen kann, welche zur Datenerlangung, -verarbeitung, -speicherung oder -weitergabe notwendig sind oder die Daten selbst spezifisch technisches Wissen in elektronischer Form zu einem exportkontrollrechtlich relevanten Produkt enthalten.[70] Diese Begriffsbestimmung wird durch Legaldefinitionen der einzelnen Definitionsbestandteile weiter konkretisiert. Technisches Wissen werde dabei „in der Form von technischen Unterlagen oder technischer Unterstützung verkörpert". Hierbei können sowohl technische Unterlagen als auch technische Unterstützung in vielfältigen Variationen bestehen und in unterschiedlichen Erscheinungsformen auftreten.[71] Ob die Technologie – oder ebenso die Software – dabei auf einem Datenträger oder auf andere Weise gegenständlich fixiert ist, ist nicht von Relevanz. Der Anwendungsbereich der Dual-Use-VO umfasst auch die Formen der elektronischen Informationsvermittlung durch bspw. Internet, Telefon oder E-Mail (→ Rn. 57 ff.).[72]

53 Innerhalb der Güterliste des Anhangs I der Dual-Use-VO behandelt jeweils die **Gattung E** die Technologie bezogen auf die einzelnen Kategorien. Auch hier sind für den Big Data-Bereich besonders Kategorie 4 (Rechner) und 5 (Telekommunikation und Informationssicherheit) relevant. Umfasst ist unter anderem Technologie zur Entwicklung, Herstellung oder Verwendung von bestimmten Systemen, wie bspw. Spitzenrechnern sowie die zur Verwendung notwendige Software (4E001a, 4E001b). Zudem ist Technologie umfasst, welche Informationen über bestimmte Telekommunikationssysteme wie bspw. solche, die für die Verwendung von Satelliten (5E001b) oder anderen digitalen Datenvermittlungseinrichtungen (5E001c) notwendig sind, enthält. Für den Big Data-Bereich sind also lediglich Daten relevant, welche einen solchen Technologiebezug aufweisen. Solche Daten können bspw. technische Leistungsdaten oder Leistungskennzahlen sowie elektrische Verbrauchsdaten bestimmter, von der Dual-Use-VO umfasster Güter sein.[73]

54 Es sind ferner die in der **Allgemeinen Technologie Anmerkung (ATA)** zusammengefassten Konkretisierungen und Ausnahmen zu beachten.[74] Hiernach gelten die Beschränkungen nicht, soweit die Informationen sich auf den Aufbau, Betrieb, Wartung oder die Reparatur von Gütern beziehen, welche von der Güterliste nicht umfasst sind oder für welche bereits eine Ausfuhrgenehmigung vorliegt.[75] Zudem sind **allgemein zugängliche Informationen, wissenschaftliche Grundlagenforschung** und die für **Patentanmeldungen** erforderlichen

---

69 Schuster/Grützmacher/*Haellmigk* Dual-Use-VO Art. 2 Rn. 14.
70 Vgl. Art. 2 Nr. 1 Dual-Use-VO; Krenzler/Herrmann/Niestedt/*Karpenstein/Kottmann* Dual-Use-VO Art. 2 Rn. 3; Schuster/Grützmacher/*Haellmigk* Dual-Use-VO Art. 2 Rn. 3.
71 Schuster/Grützmacher/*Haellmigk* Dual-Use-VO Art. 2 Rn. 5.
72 Schuster/Grützmacher/*Haellmigk* Dual-Use-VO Art. 2 Rn. 6.
73 BAFA Leitfaden Technologietransfer, 2022, 18.
74 Schuster/Grützmacher/*Haellmigk* Dual-Use-VO Art. 2 Rn. 17.
75 Schuster/Grützmacher/*Haellmigk* Dual-Use-VO Art. 2 Rn. 18.

Informationen nicht von den Beschränkungen umfasst.[76] Als allgemein zugänglich wird eine Technologie angesehen, welche bereits in öffentlich zugänglichen Medien wie dem Internet oder öffentlichen Schriften veröffentlicht wurde.[77] Ebenso wie bei der Software sind hier auch die sog. Catch-all-Vorschriften (→ Rn. 24) zu beachten.

4. Sonstige Daten außerhalb von Software und Technologie

Daten, welche nicht unter die im Anhang I der Dual-Use-VO gelisteten Unterkategorien zu Software und Technologie fallen, wie bspw. die im Big Data-Bereich bedeutsamen **unstrukturierten Datensätze** und **Datenpakete** aus vielfältigen Quellen, sind grundsätzlich von der Dual-Use-VO nicht umfasst und mithin nach dem Exportkontrollrecht nicht relevant. Die Datenpakete müssten kontrollierte Software oder Technologie enthalten, um exportkontrollrechtliche Bedeutsamkeit zu haben. Die Ausrüstung, welche zur Verarbeitung der Datenmengen notwendig ist – also eingesetzte IT-Architekturen, Technologien und Software – können jedoch im Einzelfall exportkontrollrechtlich relevant sein (→ Rn. 48). 55

III. Big Data-relevante Exportvorgänge

1. Ausfuhr und Verbringung

Die Dual-Use-VO definiert in Art. 2 Nr. 2 unterschiedliche **Ausfuhrtatbestände** (→ Rn. 27 ff.). Ausfuhren iSd Art. 2 Nr. 2 der Dual-Use-VO umfassen auch Vorgänge mit Big Data-Bezug. Solche Konstellationen können bspw. die Ausfuhr von Hardware, die für die Datenverarbeitung im Rahmen von Big Data-Anwendungen notwendig ist oder die Übertragung von Software und Technologie, welche auf einem Trägermedium fixiert sind (bspw. die Verlagerung eines Servers oder der Versand einer ausgedruckten Bauanleitung per Post) sein.[78] Da auch die Verbringung, welche in der Dual-Use-VO nicht legaldefiniert wird, alle Formen des Technologietransfers erfasst (→ Rn. 29), kann diese für Vorgänge mit Big Data-Bezug ebenso relevant sein. Im Fall der Verbringung kommt es dann entsprechend nicht auf die Übertragung nach einem Bestimmungsziel außerhalb des Zollgebiets der Union an, sondern es geht um die Übertragung innerhalb der EU. 56

In Art. 2 Nr. 2 lit. d der Dual-Use-VO sind drei Tatbestände der Ausfuhr für Software und Technologie mittels elektronischer Medien festgelegt. Von Art. 2 Nr. 2 lit. d umfasst ist „die **Übertragung** von Software und Technologie mittels **elektronischer Medien** wie Telefax, Telefon, elektronischer Post oder sonstiger **elektronischer Träger** nach einem Bestimmungsziel außerhalb des Zollgebiets der Union". 57

Eine Variante ist nach **Art. 2 Nr. 2 lit. d Dual-Use-VO** die **Übertragung** von Software und Technologie mittels **elektronischer Medien** wie Telefax, Telefon oder elektronischer Post. Dabei sind die In Art. 2 Nr. 2 lit. d Dual-Use-VO genannten Beispiele nicht abschließend; sondern über die Variante „sonstige elektronische Träger" ist jegliche Übertragung von Informationen über das Internet umfasst.[79] Sog. **elektronische Träger** nach **Art. 2 Nr. 2 lit. d** Dual-Use-VO können dabei auch Speichermedien sein (zB USB – Stick), welche physisch übermittelt werden. Auch in einem solchen Fall liegt eine Ausfuhr vor. 58

Als Unterfall stellt auch die **mündliche Weitergabe** von Technologie über ein Sprachübertragungsmedium eine Ausfuhr nach **Art. 2 Nr. 2 lit. d Dual-Use-VO** dar. 59

Der technische Ausgangspunkt muss bei einer Übertragung von Software oder Technologie nach Art. 2 Nr. 2 lit. d Dual-Use-VO innerhalb der EU liegen und die Informationsübertragung 60

---

76 BAFA Leitfaden Technologietransfer, 2022, 12; Schuster/Grützmacher/*Haellmigk* Dual-Use-VO Art. 2 Rn. 19.
77 BAFA Leitfaden Technologietransfer, 2022, 16; Bräutigam/Kraul/*Sachs* IoT-HdB § 15 Rn. 184.
78 BAFA Leitfaden Technologietransfer, 2022, 18 f.
79 Schuster/Grützmacher/*Haellmigk* Dual-Use-VO Art. 2 Rn. 30.

muss nach einem **Bestimmungsziel außerhalb des Zollgebiets der Union** (für die Ausfuhr)[80] bzw. **in einen anderen Mitgliedstaat der EU** (für die Verbringung) erfolgen. Die Ermittlung des Bestimmungsziels gestaltet sich teilweise schwierig. Es wird grundsätzlich auf den Aufenthaltsort des Übertragungsempfängers abgestellt. Jedoch sind auch Fallkonstellationen denkbar, bei denen der Übertragungsempfänger sich innerhalb der EU befindet, der Server, auf welchen er zugreift, jedoch außerhalb der EU liegt. Ebenso existieren Konstellationen, bei welchen sich zwar ein Server innerhalb der EU befindet, die Person, welche auf die Information zugreift, sich mit ihrem Endgerät jedoch im außereuropäischen Ausland befindet. Das Bestimmungsziel ist aus rein tatsächlichen und objektiven Aspekten und ohne die Berücksichtigung von subjektiven Elementen zu bestimmen.[81]

61 Zu beachten ist, dass auch der **Informationstransfer innerhalb eines Unternehmens** exportkontrollrechtlich relevant sein kann.[82] Ein Beispiel hierfür wäre eine solche Konstellation, in der ein im Ausland ansässiges (Tochter-)Unternehmen Zugriff auf Software oder Daten erhält, welche im Intranet des deutschen Unternehmens gespeichert sind oder ein Mitarbeiter auf Auslandsreisen auf das Intranet eines Unternehmens zugreift.[83] Für exportrechtlich relevanten internen Software- und Technologietransfer besteht mit der Möglichkeit der Beantragung einer allgemeinen Genehmigung (EU007) eine Verfahrenserleichterung (→ Rn. 34 f.).

62 Eine Ausfuhr umfasst nach Art. 2 Nr. 2 lit. d Dual-Use-VO neben der Übertragung auch das **Bereitstellen** von Software oder Technologie **in elektronischer Form** für natürliche oder juristische Personen oder Personenvereinigungen. Ein Bereitstellen liegt vor, wenn die Software oder Technologie auf eine solche Weise elektronisch zugänglich gemacht wird, dass ein Verwender außerhalb der EU unbeschränkt zugreifen kann. Für die Verbringung gilt dies entsprechend, wenn die Software oder Technologie in elektronischer Form Personen in einem anderen Mitgliedstaat der Union zugänglich gemacht wird.[84] Es genügt die theoretische Zugriffsmöglichkeit, ohne dass es eines tatsächlichen Zugriffs bedarf.[85]

63 Ein Bereitstellen liegt ausnahmsweise nicht vor, wenn bei umfassender Zugriffsmöglichkeit bestimmte **Sicherungsmaßnahmen** getroffen werden, welche den Zugriff auf exportkontrollrechtlich kontrollierte Güter verhindern. Dies kommt bspw. in Betracht, wenn ein IT-Administrator im Ausland nur eingeschränkten Zugriff auf das IT-Netz des Unternehmens erhalten soll.[86] Wie solche Sicherungsmaßnahmen ausgestaltet sein müssen, lässt sich nur nach Betrachtung des Einzelfalls beantworten.[87] In jedem Falle müssen sie den Zugriff effektiv verhindern und auch im Nachhinein belastbar sein.[88] In Bezug auf Software ist die Besonderheit zu beachten, dass in **Software as a Service (SaaS)-Konstellationen** kein Bereitstellen vorliegt, sofern die (gelistete) Software ausschließlich dazu verwendet wird, bestimmte Daten auf ihrem Übertragungsweg zu verschlüsseln und keine weitere Nutzung zulässt.[89]

64 Entscheidend für den Ausfuhrbegriff in Bezug auf Big Data-Anwendungen ist zusammenfassend, dass exportkontrollrechtlich relevante Informationen in Form von Daten irgendwie – der konkrete Weg oder das Übertragungsmittel spielen dabei eine untergeordnete Rolle – ins **außereuropäische Ausland** gelangen.[90] Bei der Verbringung gilt selbiges für die Übertragung von einem Mitgliedstaat der EU in einen anderen Mitgliedstaat.

---

80 Schuster/Grützmacher/*Haellmigk* Dual-Use-VO Art. 2 Rn. 32 f.
81 Schuster/Grützmacher/*Haellmigk* Dual-Use-VO Art. 2 Rn. 32 ff.
82 Schuster/Grützmacher/*Haellmigk* Dual-Use-VO Art. 2 Rn. 39.
83 BAFA Leitfaden Technologietransfer, 2022, 19.
84 Vgl. BAFA Merkblatt Neue EU-Dual-Use-VO, 2021, 8.
85 Bräutigam/Kraul/*Sachs* IoT-HdB § 15 Rn. 198.
86 BAFA Leitfaden Technologietransfer, 2022, 19.
87 BAFA Leitfaden Technologietransfer, 2022, 19.
88 BAFA Leitfaden Technologietransfer, 2022, 19.
89 BAFA Leitfaden Technologietransfer, 2022, 23.
90 Schuster/Grützmacher/*Haellmigk* Dual-Use-VO Art. 2 Rn. 40.

Thoms

2. Datenexport beim Cloud-Computing

Der Nutzen von Big Data-Anwendungen wurde durch die stetige Entwicklung von Cloud-Strukturen gesteigert.[91] Das sog. **Cloud-Computing** umfasst das „Anbieten, Nutzen oder Abrechnen von IT-Dienstleistungen ausschließlich über definierte technische Protokolle und Schnittstellen"[92]. In Clouds werden **große Datenmengen** gespeichert, verarbeitet und bereitgestellt und können so auf unkomplizierte Weise anderen zugänglich gemacht werden, wodurch der Geschäftsnutzen von Big Data-Anwendungen erhöht wurde.[93] Bei dem Begriff des Cloud Computing kann zwischen verschiedenen Elementen und Konstellationen unterschieden werden.[94] Im Zusammenhang mit Big Data werden sowohl Daten in einer Cloud gespeichert als auch Zugriff auf in einer Cloud befindliche Daten gewährt. 65

Ob Vorgänge im Rahmen des Cloud-Computing exportkontrollrechtlich relevant sind, hängt dabei von dem **Wesen der verarbeiteten Daten** ab. Lediglich die Verarbeitung gelisteter Technologien oder Software (→ Rn. 20 ff.) kann eine exportkontrollrechtliche Relevanz des Cloud-Computings auslösen.[95] 66

a) Speicherung von Daten in einer Cloud

Die **Speicherung** von Technologie in einer **Cloud**, deren Server sich außerhalb der Europäischen Union befindet, stellt eine Ausfuhr in Form einer elektronischen Übertragung dar.[96] Sofern eine Software verwendet wird, um gelistete Technologie zu verarbeiten, und sich der Server, auf welchem die Software gespeichert ist, im außereuropäischen Ausland befindet, so ist in der Einspeisung der gelisteten Technologie in die Software eine **elektronische Übertragung** zu sehen.[97] 67

Für eine Ausfuhr ist ein Bestimmungsziel im außereuropäischen Ausland erforderlich. Dieses bestimmt sich nicht allein nach der Zielrichtung, mit welcher die Daten weitergeben werden, sondern nach dem objektiv physischen Ort der Datenspeicherung. Beim Einspeichern von Daten auf einem außereuropäischen Server liegt mithin idR eine Ausfuhr vor, da in einer solchen Konstellation Personen außerhalb der EU theoretisch eine Zugriffsmöglichkeit auf diese Daten eröffnet wird.[98] Für die Verbringung gilt dies dementsprechend dann, wenn der Server sich im europäischen Ausland befindet. 68

b) Gewährung des Zugriffs auf Daten in einer Cloud

In Fällen, in denen Software oder Technologie auf einem Server gespeichert wird, über dessen **Zugriffsmöglichkeiten** nur sich in der Europäischen Union befindliche Personen entscheiden können, und diese eine Zugriffsmöglichkeit von außerhalb der Europäischen Union auf diese Informationen gewähren, ist diese Handlung als Ausfuhr iSd **Bereitstellung von Technologie** nach Art. 2 Nr. 2 der Dual-Use-VO zu qualifizieren (→ Rn. 62 f.).[99] Im Falle der Zugriffsermöglichung ist dabei nicht entscheidend, wo sich der Server befindet, sondern wo sich die Person befindet, welche die Möglichkeit des Zugriffs einräumt oder veranlasst.[100] 69

---

91 Auer-Reinsdorff/Conrad/*Sarre/Pruß* IT-R-HdB § 2 Rn. 189.
92 BSI – Cloud Computing Grundlagen, abrufbar unter: https://www.bsi.bund.de/DE/Themen/Unternehmen-und-Organisationen/Informationen-und-Empfehlungen/Empfehlungen-nach-Angriffszielen/Cloud-Computing/Grundlagen/grundlagen.html.
93 Hilber/*Müller* Cloud Computing-HdB Teil 8 F Rn. 2; Auer-Reinsdorff/Conrad/*Pruß* IT-R-HdB § 2 Rn. 189.
94 Dazu Schuster/Grützmacher/*Haellmigk* Dual-Use-VO Art. 2 Rn. 49 ff.
95 Hilber/*Müller* Cloud Computing-HdB Teil 8 F Rn. 2.
96 Schuster/Grützmacher/*Haellmigk* Dual-Use-VO Art. 2 Rn. 51 f.
97 Schuster/Grützmacher/*Haellmigk* Dual-Use-VO Art. 2 Rn. 62.
98 Borges/Meents/*Jansen* Cloud Computing § 19 Rn. 11.
99 Schuster/Grützmacher/*Haellmigk* Dual-Use-VO Art. 2 Rn. 53.
100 Schuster/Grützmacher/*Haellmigk* Dual-Use-VO Art. 2 Rn. 55; BAFA Leitfaden Technologietransfer, 2022, 22.

3. Verantwortliche Person

70 Den **Ausführer** und den **Verbringer** treffen die mit der Ausfuhr bzw. Verbringung nach dem Exportkontrollrecht verbundenen Rechte und Pflichten wie etwa Melde- oder Genehmigungspflichten und etwaige Sanktionen.[101] Wird exportrelevante Hardware ausgeführt, richtet sich die Bestimmung der verantwortlichen Person nach Art. 2 Nr. 3 lit. a Dual-Use-VO (→ Rn. 30 f.).

71 Für die **Übermittlung** oder **Bereitstellung** von Software oder Technologie mit doppeltem Verwendungszweck außerhalb des Zollgebiets der Union richtet sich die Bestimmung der verantwortlichen Person nach Art. 2 Nr. 3 lit. b Dual-Use-VO. Der Ausführer bzw. der Verbringer ist demnach diejenige natürliche oder juristische Person oder Personenvereinigung, die entscheidet, Software oder Technologie nach einem Bestimmungsziel außerhalb des Zollgebiets der Union zu übertragen oder außerhalb des Zollgebiets der Union bereitzustellen (→ Rn. 62 f.). Im Falle des Handelns von juristischen Personen ist somit danach zu fragen, wer die **Entscheidungsmacht** innehat und ob eine weisungsbefugte Person über die Informationsübertragung entschieden hat.[102] In Bezug auf das Bereitstellen ist der Ausführer diejenige Person, welche die Software oder Technologie für Personen aus dem nicht-europäischen Ausland zugänglich macht, der Verbringer diejenige Person, welche die Software oder Technologie Personen aus einem anderen Mitgliedstaat zugänglich macht. Entscheidend ist dabei, wo sich der Server befindet, auf welchem die Software oder Technologie gespeichert ist sowie auch, wo sich die Person befindet, welche über den Zugang entscheidet.[103] Der Aufenthaltsort der Entscheidungsperson ist entscheidend, weil die Dual-Use-VO mit ihrem Anwendungsbereich nicht über das europäische Territorium hinaus Anwendung findet. Sofern sich die Person, welche über die Bereitstellung entscheidet, im nicht-europäischen Ausland befindet, kann sie kein Ausführer iSd Art. 2 Nr. 3 lit. b Dual-Use-VO oder Verbringer sein. Jedoch wird in solchen Konstellationen idR eine Zurechnung des entscheidenden Mitarbeiters zu einem europäischen Unternehmen möglich sein.[104]

4. Technische Unterstützung

72 Neben der Ausfuhr und der Verbringung bestehen auch **Genehmigungspflichten** für das Erbringen von technischer Unterstützung in Bezug auf Güter mit doppeltem Verwendungszweck nach Anhang I der Dual-Use-VO (vgl. Art. 8 Dual-Use-VO; §§ 49 – 52b AWV).[105] **Technische Unterstützung** umfasst gem. Art. 2 Nr. 9 Dual-Use-VO „jede technische Hilfe im Zusammenhang mit Reparaturen, Entwicklung, Herstellung, Montage, Erprobung, Wartung oder jeder anderen technischen Dienstleistung". Erfolgen kann sie „in Form von Anleitung, Beratung, Ausbildung, Weiterhabe von praktischen Kenntnissen oder Fertigkeiten oder in Form von Beratungsdiensten". Technische Unterstützung ist dabei auch auf elektronischem, mündlichem, aber auch fernmündlichem Wege möglich. Eine Pflicht zur Genehmigung besteht dabei jedoch nur, soweit der Dienstleister vom BAFA über den Zusammenhang der technischen Unterstützung mit einer kontrollierten Endverwendung iSd Art. 4 Abs. 1 Dual-Use-VO unterrichtet worden ist oder eine solche ihm bekannt ist (Art. 8 Abs. 1, Abs. 2 Dual-Use-VO).[106] Ausnahmen bestehen, ähnlich wie bei der Ausfuhr, zB für die Weitergabe von allgemein zugänglichen Informationen oder wissenschaftlicher Grundlagenforschung (Art. 8 Abs. 3 Dual-Use-VO).[107] Die **Ermögli-**

---

101 Zum Ausführer Schuster/Grützmacher/*Haellmigk* Dual-Use-VO Art. 2 Rn. 63; Borges/Meents/*Jansen* Cloud Computing § 19 Rn. 12. Für den Verbringer vgl. BAFA Merkblatt Neue EU-Dual-Use-VO, 2021, 8.
102 Schuster/Grützmacher/*Haellmigk* Dual-Use-VO Art. 2 Rn. 65.
103 In Bezug auf Clouds ist die entscheidende Person meist die, die die Cloud nutzt, BAFA Leitfaden Technologietransfer, 2022, 22.
104 Schuster/Grützmacher/*Haellmigk* Dual-Use-VO Art. 2 Rn. 68.
105 Vgl. dazu auch BAFA Merkblatt Exportkontrolle, 2021, 28.
106 Vgl. dazu auch BAFA Merkblatt Exportkontrolle, 2021, 28.
107 Vgl. dazu auch BAFA Merkblatt Exportkontrolle, 2021, 28.

chung eines Zugriffs auf einen Server** oder die **Freigabe der durch eine Software erzielten Ergebnisse** kann neben dem Ausfuhrtatbestand also auch das Merkmal der technischen Unterstützung erfüllen. Der Erbringer ist nach Art. 2 Nr. 10 Dual-Use-VO im Regelfall eine natürliche oder juristische Person oder Personenvereinigung, welche „vom Zollgebiet der Union aus technische Unterstützung bezüglich des Gebietes eines Drittlandes erbringt". Möglich ist aber auch die Erbringung der technischen Unterstützung innerhalb der EU. In diesem Falle ist Erbringer eine natürliche oder juristische Person oder Personenvereinigung, die in einem EU-Mitgliedstaat ansässig oder niedergelassen ist und einer sich zeitweise im Zollgebiet der Union aufhaltenden, in einem Drittland ansässigen Person technische Unterstützung erbringt (Art. 2 Nr. 10 lit. c Dual-Use-VO). Zuletzt ist auch diejenige in einem EU-Mitgliedstaat ansässige juristische oder natürliche Person oder Personenvereinigung Erbringer, die innerhalb des Gebietes eines Drittstaates technische Unterstützung leistet (Art. 2 Nr. 10 lit. b Dual-Use-VO). Bei der technischen Unterstützung ist also **nicht notwendigerweise ein grenzüberschreitender Sachverhalt** erforderlich. In Einzelfällen kann eine Handlung sowohl eine Ausfuhr als auch technische Unterstützung darstellen. Ein Beispiel dafür wäre, dass ein Techniker im Ausland eine technische Unterstützung in Form von einer Reparatur erbringt und dabei Unterlagen mit sich führt, welche als Technologie zu qualifizieren sind.[108] Art. 8 Dual-Use-VO hat gegenüber den nationalen Regelungen in §§ 48 ff. AWV **Anwendungsvorrang.** Sofern die Regelungen nach Art. 8 Dual-Use-VO keine Anwendung finden, ist zu prüfen, ob eine technische Unterstützung nach nationalem Recht vorliegen könnte.[109]

IV. Genehmigung von Big Data-relevanten Exportvorgängen

Die Genehmigung von Big Data-relevanten Exportvorgängen richtet sich nach dem **export-** 73 **kontrollrechtlichen Genehmigungsverfahren** (→ Rn. 32 ff.). Dabei ist, sofern keine Konstellation vorliegt, auf welche eine Allgemeine Genehmigung Anwendung findet, eine Individualausfuhrgenehmigung zu beantragen.

Als eine Herausforderung gestaltet sich die **Beschreibung der Daten** in Genehmigungsanträ- 74 gen. Es ist dabei essenziell, dass alle betroffenen Daten genau beschrieben sind, damit sie als von der Genehmigung umfasst angesehen werden. Auch muss bei Änderung der Datennutzung oder der Zugriffoptionen durch neue Mitarbeiter oder einen anderen Speicherort stets die Reichweite der Genehmigung geprüft werden.[110]

Neben den Einzelausfuhrgenehmigungen besteht zur Verfahrenserleichterung bei gleicharti- 75 gen Ausfuhren die Möglichkeit der Beantragung von **Sammelgenehmigungen.** Solche sind insbesondere für Big Data-relevante Exportvorgänge zweckmäßig. Es kann damit bspw. eine Sammelgenehmigung für den Zugriff auf bestimmte Daten durch unternehmensinterne, sich aber im außereuropäischen Ausland befindende Mitarbeiter oder Mitarbeiter einer Tochtergesellschaft beantragt werden.[111]

V. Internes Compliance-Management

Es besteht grundsätzlich keine gesetzliche Pflicht zur Einführung eines **internen Compliance-** 76 **Management-Programms,** welches die Einhaltung der gesetzlichen Regelungen besonders in Bezug auf das Außenwirtschaftsrecht sicherstellt und mögliche Risikofaktoren identifiziert. Eine Verpflichtung ergibt sich jedoch aus § 130 OWiG und kann aus § 8 Abs. 2 AWG sowie aus

---

108 BAFA Leitfaden Technologietransfer, 2022, 36.
109 BAFA Leitfaden Technologietransfer, 2022, 31.
110 Borges/Meents/*Jansen* Cloud Computing § 19 Rn. 11.
111 BAFA Leitfaden Technologietransfer, 2022, 26.

allgemeinen Sorgfaltspflichten bei der Unternehmensleitung hergeleitet werden.[112] Das Vorliegen eines ICP ist aber gem. Art. 12 Abs. 4 UAbs. 3 Dual-Use-VO eine materielle Voraussetzung für die Erteilung einer **Sammelgenehmigung** (→ Rn. 42).[113] Zudem müssen Unternehmen, die die **Allgemeine Ausfuhrgenehmigung EU007** betreffend die konzerninterne Ausfuhr von Software und Technologien nutzen wollen, über ein ICP verfügen (vgl. Anhang II Abschnitt G Teil 3 (3) zur Dual-Use-VO).[114]

77 Ein ICP hat daneben eine große Bedeutung bei der **Vermeidung von außenwirtschaftsrechtlichen Pflichtverstößen**. Hinzu kommt, dass im Falle behördlicher Ermittlungen durch den Nachweis eines effektiven ICPs etwaige Sanktionen signifikant mitigiert werden können.

78 Ein wirkungsvolles ICP sollte sich insbesondere mit Folgendem befassen:

- Bekenntnis der obersten Führungsebene zur Compliance
- Organisationsstruktur, Zuständigkeiten und Ressourcen
- Schulung und Sensibilisierung
- Screeningablauf und -verfahren in Bezug auf Geschäftsvorgänge
- Leistungsüberprüfung, Audits, Berichterstattung und Korrekturmaßnahmen
- Führen von Aufzeichnungen und Dokumentation
- Physische Sicherheit und Informationssicherheit

Dabei werden zum einen die jeweiligen Zielsetzungen beschrieben und zum anderen entsprechende Maßnahmen und Lösungen für die Entwicklung oder Umsetzung von Compliance-Verfahren vorgestellt. Die Leitlinien des BAFA geben einen Rahmen vor, auf dessen Grundlage Unternehmen ein auf ihre Organisationsstruktur und ihre Tätigkeit angepasstes ICP entwickeln können.

C. Sanktionsrecht

79 Zunächst wird in Bezug auf das Sanktionsrecht in die **Rechtsquellen** und die **Systematik** eingeführt (→ Rn. 81 ff.) und sodann **Regelungsinhalte** mit „Big Data"-Bezug dargestellt (→ Rn. 100 ff.), bevor zum Schluss die Rolle von Big Data als **Hilfsmittel** im Compliance-Bereich (→ Rn. 103 f.) thematisiert wird.

I. Überblick über das Sanktionsrecht

1. Einführung

80 Das Sanktionsrecht umfasst Regelungen zu **Sanktionen** und **Embargos**. Das sind außenpolitische Maßnahmen, die gegen einzelne Staaten oder Personengruppen erlassen werden, um diese zu einem bestimmten Verhalten zu bewegen.[115] Länder- und personenbezogene Embargos sind spezieller und daher vor dem allgemeinen Exportkontrollrecht zu prüfen.[116] Zudem reicht das Sanktionsrecht weiter als das Recht der Exportkontrolle.

81 Im Regelfall richten sich Sanktionen gegen Staaten oder Gruppen, denen vorgeworfen wird, den internationalen Frieden zu gefährden. Bei Sanktionen und Embargos handelt es sich um **politische Mittel**, welche für den Einzelfall und angepasst an die politische Situation erlassen werden.[117] Sie sollen im Grundsatz nicht vergangenes Verhalten bestrafen, sondern als Präventions- und Druckmittel dienen.[118]

---

112 BAFA Merkblatt ICP, 2022, 4.
113 Vgl. dazu auch BAFA Merkblatt ICP, 2022, 20.
114 Vgl. dazu auch BAFA Merkblatt ICP. 2022, 21.
115 Hocke/Sachs/Pelz/*Sachs* AußenwirtschaftsR Kap. IV Rn. 1; Pfeil/Mertgen Compliance § 5 Rn.1.
116 BAFA Leitfaden Technologietransfer, 2022, 14.
117 *Pfeil/Mertgen* Compliance § 5 Rn. 1.
118 *Sattler* JuS 2019, 18 (18).

Insbesondere für **exportorientierte und international ausgerichtete Unternehmen und Banken** ist das Sanktionsrecht von großer Bedeutung.[119] Die stetige Modifizierung und Anpassung des Sanktionsrechts an das politische Geschehen und außenpolitische Erwägungen stellt Unternehmen vor die Herausforderung, ihre Abläufe laufend an neue Sanktionen anpassen zu müssen.[120] Weitere Schwierigkeiten erwachsen daraus, dass Sanktionen von **unterschiedlichen Akteuren** wie der UN, der EU oder Nationalstaaten erlassen werden, sowie daraus, dass es viele Einzelfallregelungen gibt. Die Folge ist ein oftmals komplexes Regelungskonstrukt.[121]

2. Sanktionsbegriff

Den Begriffen "Sanktion" und "Embargo" liegt kein einheitliches Begriffsverständnis zugrunde. Embargos unterliegen einem engeren Begriffsverständnis. Darunter werden Maßnahmen gegen einzelne Staaten im Bereich des **Außenhandels** verstanden.[122] Unter Sanktionen werden hingegen, nach einem weiteren Sprachverständnis, neben den staatenbezogenen Maßnahmen auch Maßnahmen gegenüber nicht-staatlichen Akteuren sowie Regelungen außerhalb des Handelsbereichs gefasst.[123] Es existiert in Bezug auf Sanktionen kein abschließender Maßnahmenkatalog, sondern die Regelungen werden individuell für die konkrete außenpolitische Situation abgestimmt. Solche Maßnahmen können **Handelsbeschränkungen, Dienstleistungs- und Finanzdienstleistungsverbote**, eine **Auflistung von einzelnen Personen**, welche vom geschäftlichen Verkehr ausgeschlossen werden sollen, oder weitere **atypische Werkzeuge** umfassen.[124] 82

Die **Beachtung und Einhaltung** der Sanktionen obliegt dabei nicht den Staaten, Gruppen oder Einzelpersonen, gegen welche sie verhängt sind, sondern allen anderen Wirtschaftsteilnehmern, welche diese innerhalb ihrer Tätigkeit beachten müssen, soweit sie unter den Anwendungsbereich fallen.[125] 83

3. Rechtsgrundlagen

Sanktionen finden, wie bereits dargestellt, ihre Rechtsgrundlagen in Regelungen der **Vereinten Nationen**, sowie in **europäischen** und **nationalstaatlichen** Rechtsakten. Die Sanktionen dieser unterschiedlichen Akteure können sich gegenseitig ergänzen, sich aber auch in einzelnen Aspekten widersprechen.[126] Aufgrund ihres großen Einflusses auf den Weltmarkt sind die Sanktionen der **USA** von besonderer Relevanz.[127] 84

Zum Erlass von Sanktionen ist der **UN-Sicherheitsrat** nach Art. 39 und Art. 41 der Charta der Vereinten Nationen (UN-Charta) berechtigt. Sanktionsregelungen der Vereinten Nationen sind für natürliche und juristische Personen nicht unmittelbar bindend.[128] Die Mitgliedstaaten der Vereinten Nationen trifft nach Art. 25 und Art. 49 der UN-Charta die Pflicht, die Sanktionen entsprechend umzusetzen.[129] Dabei steht es den Mitgliedstaaten frei, darüber hinausgehende Sanktionen zu erlassen.[130] 85

Eine weitere Rechtsquelle ist das **Europarecht**. Im Rahmen der Gemeinsamen Außen- und Sicherheitspolitik werden die UN-Resolutionen umgesetzt oder auch eigenständige Maßnahmen 86

---

119 *Sattler* JuS 2019, 18 (18).
120 *Pfeil/Mertgen* Compliance § 5 Rn. 3.
121 Hocke/Sachs/Pelz/*Sachs* AußenwirtschaftsR Kap. IV Rn. 18; *Pfeil/Mertgen* Compliance § 5 Rn. 3.
122 BAFA Merkblatt Außenwirtschaftsverkehr mit Embargoländern, 2020, 5.
123 Hocke/Sachs/Pelz/*Sachs* AußenwirtschaftsR Kap. IV Rn. 1.
124 *Sattler* JuS 2019, 18 (18 f.).
125 *Pfeil/Mertgen* Compliance § 5 Rn. 49.
126 Hocke/Sachs/Pelz/*Sachs* AußenwirtschaftsR Kap. IV Rn. 18.
127 *Sattler* JuS 2019, 18 (21).
128 *Sattler* JuS 2019, 18 (18).
129 *Sattler* JuS 2019, 18 (18 f.).
130 Hocke/Sachs/Pelz/*Sachs* AußenwirtschaftsR Kap. IV Rn. 21.

beschlossen.[131] Dies geschieht in einem zweiteiligen Verfahren. Zunächst muss nach Art. 28 EUV oder Art. 29 EUV ein einstimmiger Beschluss gefasst werden und dieser sodann in Form einer Verordnung nach Art. 215 AEUV als bindendes Recht mit einer qualifizierten Mehrheit auf Vorschlag des Hohen Vertreters der Union für Außen- und Sicherheitspolitik und der Kommission durch den Rat der Europäischen Union beschlossen werden.[132]

87   Nationalstaaten sind aufgrund der Kompetenzübertragung auf die Union im Rahmen des Art. 215 AEUV nicht mehr befugt, Sanktionsmaßnahmen zu erlassen, sofern diese außenpolitische Ziele verfolgen und keine besondere Ermächtigung zum Erlass durch die Europäische Union vorliegt.[133] Insofern werden durch **nationalstaatliche Regelungen** vor allem **Waffenembargos** und **Reisebeschränkungen** geregelt, welche nicht in die Zuständigkeit der Europäischen Union fallen.[134] Zudem enthalten nationale Regelungen straf- und ordnungswidrigkeitsrechtliche Folgen bei Verstößen gegen Sanktionsregelungen.[135]

4. Geltungsbereich von Sanktionen

a) Rechtlicher Geltungsbereich

88   Der Geltungsbereich von Embargo- und Sanktionsregelungen ist abhängig von der jeweiligen Regelungsform. Durch Maßnahmen der Vereinten Nationen werden zunächst lediglich die UN-Mitgliedstaaten gebunden, denen die Umsetzung obliegt.[136] Europarechtliche Sanktionsregelungen gelten im gesamten **Territorium der Europäischen Union** sowie auf **Schiffen** oder in **Flugzeugen**, welche der Jurisdiktion eines EU-Mitgliedstaats unterliegen. Sie finden Anwendung auf EU-Staatsangehörige und **juristische Personen und Einrichtungen**, welche **nach dem Recht eines Mitgliedstaates eingetragen oder gegründet** sind.[137] Die EU-Sanktionen gelten außerdem für juristische Personen in Bezug auf Geschäfte, die ganz oder auch nur teilweise in der Europäischen Union getätigt werden. EU-Sanktionen verpflichten zudem alle Personen, welche sich in der EU **aufhalten** und dort **geschäftlich tätig** sind – auch wenn sie nicht in der EU ansässig sind.[138]

b) Extraterritorial wirkende Sanktionen

89   Sog. **Sekundärsanktionen** entfalten ihre Rechtswirkung außerhalb des Hoheitsgebiets des erlassenden Staates und wirken mithin **extraterritorial**.[139] Solche Sanktionen, welche auch deutsche Unternehmen betreffen, sind im in der Praxis besonders relevanten **US-Sanktionsrecht** zu finden. Grundsätzlich gelten die amerikanischen Regelungen zunächst nur für Personen mit US-amerikanischer Staatsangehörigkeit, Inhaber eines US-Aufenthaltstitels (sog. Green Card), US-amerikanische Unternehmen einschließlich ihrer ausländischen Niederlassungen und alle Personen, solange sie sich in den USA aufhalten.[140] US-Sekundärsanktionen weiten diesen Anwendungsbereich auf Sachverhalte ohne US-Nexus aus. Solche Sekundärsanktionen betreffen zurzeit vor allem den Handel mit Russland, Iran und Nordkorea.[141]

---

131   *Sattler* JuS 2019, 18 (19).
132   Hocke/Sachs/Pelz/*Sachs* AußenwirtschaftsR Kap. IV Rn. 22 f.; Calliess/Ruffert/*Cremer* AEUV Art. 215 Rn. 13 ff.
133   Calliess/Ruffert/*Cremer* AEUV Art. 215 Rn. 29.
134   Hocke/Sachs/Pelz/*Sachs* AußenwirtschaftsR Kap. IV Rn. 26; *Sattler* JuS 2019, 18 (19); *Pfeil/Mertgen* Compliance § 5 Rn. 2.
135   Hocke/Sachs/Pelz/*Sachs* AußenwirtschaftsR Kap. IV Rn. 36.
136   *Herdegen* IntWirtschaftsR § 1 Rn. 4.
137   *Pfeil/Mertgen* Compliance § 5 Rn. 10.
138   *Pfeil/Mertgen* Compliance § 5 Rn. 12.
139   *Sattler* JuS 2019, 18 (21); *Pfeil/Mertgen* Compliance § 5 Rn. 116 ff.
140   *Pfeil/Mertgen* Compliance § 5 Rn. 95 f.
141   Hocke/Sachs/Pelz/Vogt/*Arend* AußenwirtschaftsR Kap. IV Rn. 86.

c) Kollision von extraterritorial wirkenden Sanktionen mit anderen Regelungsregimen

Die Verhängung von Sanktionen erfolgt durch unterschiedliche Akteure (→ Rn. 85). Wie bereits angesprochen, führt dies teilweise zu divergierenden Regelungslagen.[142] Die EU hat in Art. 5 Abs. 1 der Verordnung (EG) Nr. 2271/96 (sog. **Blocking-Verordnung**) ein Verbot erlassen, wonach extraterritoriale Sanktionen – zurzeit nur der USA – nicht befolgt werden dürfen.[143] Auch Deutschland hat eine solche Regelung in Form des sog. **Boykottverbots** in § 7 AWV erlassen.[144] Dies kann in der Praxis zu einem Konflikt führen, in dem Unternehmen entweder gegen Sanktionen der USA oder aber das Befolgungsverbot der EU bzw. Deutschlands verstoßen müssen.

90

5. Regelungsinhalte von Sanktionen

Es besteht für das Sanktionsrecht kein abschließender Maßnahmenkatalog (→ Rn. 83). Sanktionsregelungen enthalten häufig **güterbezogene Instrumente** wie Ausfuhrbeschränkungen oder -verbote.[145] Von Sanktionsregelungen betroffene Handlungen stehen meist in Zusammenhang mit einer Ausfuhr, technischer Hilfe, dem Verkauf (hier also bereits auf vertraglicher Ebene), Finanzhilfen, Investitionen oder Vermittlungsgeschäften.[146] Zudem werden auch **personenbezogene Beschränkungen** festgelegt, indem bestimmte natürliche oder juristische Personen, Organisationen, Gruppen oder Unternehmen auf Personenlisten gesetzt werden.[147] Die Folge ist, dass die monetären Ressourcen der Personen eingefroren werden und ein Verbot der (mittelbaren) Bereitstellung von Geldern oder wirtschaftlichen Ressourcen besteht.[148] Daneben können Sanktionen auch in Form von **Beschränkungen für spezifische Finanzdienstleistungen, Versicherungs- oder Investitionsverboten** bestehen.[149] Sanktionsregelungen sehen zudem regelmäßig Ausnahmeregelungen bzw. Übergangsregelungen[150] für bestimmte Konstellationen vor.[151]

91

Mit diesen teilweise sehr einzelfall- und situationsorientierten Regelungen (sog. **Smart Sanctions**) wird beabsichtigt, die mit den Sanktionen bzw. Embargos verfolgten politischen Ziele möglichst genau zu treffen, ohne ganze Wirtschaftssektoren zu belasten oder unerwünschte Nebeneffekte, etwa humanitäre Krisen, auszulösen.[152]

92

6. Schranken von Sanktionen

Sanktionsregelungen können nicht unbeschränkt erlassen werden, sondern werden im internationalen Rechtsraum durch völkerrechtliche Regelungen, das **WTO-Recht sowie Handels- und Investitionsabkommen** beschränkt.[153] Im Rahmen des Völkergewohnheitsrechts ist hier besonders das **Gewalt- und das Interventionsverbot** zu beachten.[154] Zusätzlich müssen auch höherrangige rechtliche Regeln wie **Grundrechte** oder das **Verfassungsrecht** berücksichtigt werden.[155]

93

---

142 Hocke/Sachs/Pelz/*Sachs* AußenwirtschaftsR Kap. IV Rn. 18.
143 *Pfeil/Mertgen* Compliance § 5 Rn. 182; Hocke/Sachs/Pelz/*Sachs* AußenwirtschaftsR Kap. IV Rn. 19.
144 Hocke/Sachs/Pelz/*Sachs* AußenwirtschaftsR Kap. IV Rn. 19.
145 Paschke/Graf/Olbrisch/Schwendinger/*Bender* ExportR-HdB Abschn. 35 Rn. 68.
146 BAFA Merkblatt Außenwirtschaftsverkehr mit Embargoländern, 2020, 8 ff.
147 BeckOK AußenWirtschaftsR/*Schwendinger* AWG § 17 Rn. 106.
148 BeckOK AußenWirtschaftsR/*Schwendinger* AWG § 17 Rn. 110.
149 Vgl. Paschke/Graf/Olbrisch/Schwendinger/*Bender* ExportR-HdB Abschnitt 35 Rn. 81.
150 Solche Ausnahmen betreffen bspw. häufig die Ausfuhr bestimmter Güter zu humanitären Zwecken; BAFA Merkblatt Außenwirtschaftsverkehr mit Embargoländern, 2020, 13.
151 BAFA Merkblatt Außenwirtschaftsverkehr mit Embargoländern, 2020, 13.
152 BAFA Merkblatt Außenwirtschaftsverkehr mit Embargoländern, 2020, 6; *Pfeil/Mertgen* Compliance § 5 Rn. 5.
153 Hocke/Sachs/Pelz/*Sachs* AußenwirtschaftsR Kap. IV Rn. 27 ff.
154 Hocke/Sachs/Pelz/*Sachs* AußenwirtschaftsR Kap. IV Rn. 29.
155 Hocke/Sachs/Pelz/*Sachs* AußenwirtschaftsR Kap. IV Rn. 27.

7. Genehmigung

94 Die Erteilung von Genehmigungen von Handlungen, welche von Sanktionsregelungen betroffen sind, fallen in die Zuständigkeit der europäischen Mitgliedstaaten.[156] Die in Deutschland zuständige **Genehmigungsbehörden** sind das **BAFA** (→ Rn. 40) sowie die **Bundesbank bei Finanzsanktionen**.[157]

95 Die Beantragung von Genehmigungen ist relevant, soweit die Sanktionsregelungen kein vollständiges Verbot enthalten, sondern lediglich einen **Genehmigungsvorbehalt** statuieren.[158]

96 Es bestehen mehrere **Typen von Ausfuhrgenehmigungen**, zwischen denen der Ausführer uU wählen kann.[159]

8. Zivilrechtliche Auswirkungen

97 Die zivilrechtlichen Folgen ergeben sich jeweils aus dem national anzuwendenden Recht.[160] Verträge, welche unter deutschem Recht nach Inkrafttreten solcher Sanktionsnormen geschlossen wurden und gegen diese verstoßen, werden der ganz herrschenden Meinung zufolge nach § 134 BGB als **nichtig** betrachtet.[161] Bei nach dem Vertragsschluss eingeführten Sanktionen findet das **allgemeine Leistungsstörungsrecht** Anwendung.[162]

Aus Gründen der Rechtssicherheit ist es daher empfehlenswert, in Verträge **Klauseln** aufzunehmen, die das **Recht zur Kündigung** des Vertrags im Falle von Embargos oder Sanktionen einräumen.

9. Folgen von Verstößen

98 Verstöße gegen sanktionsrechtliche Regelungen – auch solche der EU – haben häufig **straf- und bußgeldrechtliche Folgen**. Diese sind im nationalen Recht der Mitgliedstaaten geregelt.[163] In Deutschland finden sich diese Regelungen in den §§ 17 bis 19 AWG iVm den §§ 80 ff. AWV.[164]

II. „Big Data" als Objekt von Sanktionen

99 Der Begriff der Güter im Rahmen sanktionsrechtlicher Regelungen ist grundsätzlich weit zu verstehen und umfasst neben **physischen Waren** insbesondere auch **Technologie** und **Software**.[165] Zudem muss für die Anwendbarkeit von sanktionsrechtlichen Regelungen im Gegensatz zum Exportkontrollrecht nicht notwendigerweise ein Grenzübertritt vorliegen, sondern auch eine innerdeutsche Lieferung von Waren oder die elektronische Übermittlung von betroffener Technologie oder Software oder die Bereitstellung dieser kann in den Regelungsbereich der Sanktions- oder Embargomaßnahmen fallen.[166] Sofern Sanktionen güterbezogen sind, kann hinsichtlich der Tatbestände der Übermittlung und Bereitstellungen auf die Ausführungen zum Exportkontrollrecht verwiesen werden (→ Rn. 56 ff.), wobei die Besonderheiten des Sanktionsrechts zu beachten sind.

---

156 *Pfeil/Mertgen* Compliance § 6 Rn. 2.
157 *Sattler* JuS 2019, 18 (20).
158 Vgl. *Sattler* JuS 2019, 18 (20).
159 *Pfeil/Mertgen* Compliance § 6 Rn. 6.
160 Krenzler/Herrmann/Niestedt/*Niestedt* Kap. V. Rn. 99.
161 *Sattler* JuS 2019, 18 (21).
162 Krenzler/Herrmann/Niestedt/*Niestedt* Kap. V. Rn. 103.
163 Krenzler/Herrmann/Niestedt/*Niestedt* Kap. V. Rn. 106.
164 BAFA Merkblatt Außenwirtschaftsverkehr mit Embargoländern, 2020, 14.
165 BAFA Merkblatt Außenwirtschaftsverkehr mit Embargoländern, 2020, 7.
166 BAFA Merkblatt Außenwirtschaftsverkehr mit Embargoländern, 2020, 8.

Im Rahmen des Sanktionsrechts ist etwa zu beachten, dass dieses nicht nur güterbezogen 100 wirken, sondern auch für den Einzelfall entwickelte Maßnahmen wie bspw. die **Listung von einzelnen Personen** enthalten kann (→ Rn. 83). Diese Maßnahmen gelten im Bereich von Big Data-Anwendungen genauso wie in anderen Wirtschaftsbereichen. Selbst wenn die Daten einer Big Data-Anwendung nicht gelistete oder sanktionsrechtlich betroffene Software oder Technologie enthalten, könnten sie von sanktionsrechtlichen Regelungen betroffen sein, sofern der geschäftliche Verkehr mit einer von Sanktionen betroffenen Person getätigt wird.

Sanktionsregelungen zeichnen sich durch gezielt eingesetzte und an die konkret bestehende 101 politische Situation angepasste Instrumente aus (→ Rn. 83) Es bestehen folglich zahlreiche denkbare Konstellationen, in denen eine wirtschaftliche Aktivität im Big Data-Bereich vom Sanktionsrecht betroffen sein könnte. Selbst ein Datenpaket, das selbst keine Software oder Technologie darstellt, kann von sanktionsrechtlichen Regelungen betroffen sein, wenn es als wirtschaftliche Ressource einzustufen ist und einer sanktionsrechtlich gelisteten Person zur Verfügung gestellt werden soll.[167] **Wirtschaftliche Ressourcen** sind dabei Vermögenswerte jeder Art, unabhängig davon, ob sie materiell oder immateriell, beweglich oder unbeweglich sind, sofern sie für den Erwerb von Geldern, Waren oder Dienstleistungen verwendet werden können.[168] Die **Zurverfügungstellung** von wirtschaftlichen Ressourcen wird von der Rechtsprechung weit ausgelegt.[169] Insofern ist es im Einzelfall möglich, dass die Zugänglichmachung von Datenpaketen oder Ergebnissen eines Datenverarbeitungsprozesses als eine Zurverfügungstellung von wirtschaftlichen Ressourcen subsumiert wird.

III. Internes Compliance-Management

Ein internes Compliance-Management (→ Rn. 77 ff.) spielt auch im Zusammenhang mit dem 102 Sanktionsrecht eine große Rolle. Aufgrund der Vielzahl von sich ständig ändernden Vorgaben ist es elementar, dass Unternehmen Systeme nutzen, die mögliche Sanktionsrisiken erkennen und dadurch die Einhaltung der Vorgaben gewährleisten. Auch hier können und sollten Unternehmen sich an der **Empfehlung der EU-Kommission zu internen Compliance-Programmen für die Kontrolle des Handels mit Dual-Use-Gütern** (Rn. 79) orientieren. Der Umgang mit großen Datenmengen und Big Data-Anwendungen kann, wie dargelegt, in konkreten Konstellationen Compliance-Risiken mit sich bringen. Gleichzeitig können Unternehmen mithilfe der **Analyse großer Datenmengen** und dem **gezielten Einsatz von Big Data-Anwendungen** mögliche Risiken im Bereich der Compliance durch Auswertung von Daten über Geschäftspartner, Transaktionen und politischen und wirtschaftlichen Entwicklungen frühzeitig erkennen.[170]

Aufgrund der derzeitigen Digitalisierungsentwicklung steigt die für den Compliance-Bereich 103 relevante Datenmenge kontinuierlich an. Dabei werden die Datenquellen (Cloudspeicher, Smartphones, Sensordaten, GPS-Daten, Zugriffsprotokolle etc) und Datenformate (verschlüsselte Daten, Mehrsprachigkeit, Bild und Tonmaterial) zunehmend diverser.[171] Dies macht es notwendig, auch die **Compliance-Verfahren fortzuentwickeln** und zunehmend zu **automatisieren**, um einen größeren Kostenaufwand zu vermeiden.[172] Big Data-Anwendungen stellen Unternehmen einerseits vor ausfuhrbezogene Herausforderungen. Andererseits trägt ihr richti-

---

167 Sog. Bereitstellungsverbot; ein Beispiel für eine solche Sanktionsregelung wäre Art. 2 Abs. 2 der VO (EU) Nr. 269/2014.
168 So auch die Definition in der beispielhaft genannten Sanktionsregelung Art. 1 lit. d VO (EU) Nr. 269/2014.
169 EuGH EuZW 2007, 737 = BeckRS 2007, 70793 Rn. 51, 56, 58 f.
170 *Copland-Cale* CCZ 2016, 281 (281).
171 *Beier/Hauser/Weichselbraun* CB 2022, 202 (207).
172 *Beier/Hauser/Weichselbraun* CB 2022, 202 (207).

ger Einsatz dazu bei, potenzielle Sanktionsrisiken frühzeitig zu erkennen, Gefahren angemessen zu priorisieren und unternehmerische Prozesse dementsprechend anzupassen.[173]

D. Investitionskontrollrecht

104 Für Erwerbsvorgänge auch mit Bezug zu Big Data ist im Außenwirtschaftsrecht neben dem Exportkontroll- und Sanktionsrecht das Investitionskontrollrecht zu beachten.

105 Im Wege des deutschen **Investitionsprüfverfahrens** prüft das Bundesministerium für Wirtschaft und Klimaschutz (BMWK) im Einzelfall den **Erwerb inländischer Unternehmen durch ausländische Käufer.** Dabei ist zwischen dem sektorübergreifenden und dem sektorspezifischen Prüfverfahren zu unterscheiden. Im Rahmen der **sektorübergreifenden Prüfung** ermittelt das BMWK, ob der Erwerb eines inländischen Unternehmens durch einen Unionsfremden die öffentliche Sicherheit oder Ordnung der Bundesrepublik Deutschland, eines anderen EU-Mitgliedstaates oder in Bezug auf Projekte oder Programme von Unionsinteresse voraussichtlich beeinträchtigt. Im Rahmen der **sektorspezifischen Prüfung** ist der maßgebliche Prüfungsmaßstab, ob der Erwerb durch einen ausländischen Investor wesentliche Sicherheitsinteressen der Bundesrepublik Deutschland voraussichtlich beeinträchtigt. Das sektorspezifische Verfahren knüpft nicht ausdrücklich an „Big Data"-Unternehmen an und dürfte regelmäßig für entsprechende Erwerbsvorgänge keine Relevanz besitzen; es kommt vielmehr insbesondere beim Kauf von Unternehmen im Rüstungssektor in Betracht.

106 Das **sektorübergreifende Prüfverfahren** ist in den **§§ 55 bis 59 AWV** geregelt. Bezüglich des Anwendungsbereichs ist in persönlicher und sachlicher Hinsicht zu unterscheiden. Der persönliche Anwendungsbereich ist bei jedem unmittelbaren und mittelbaren Erwerbsvorgang bezüglich eines inländischen Unternehmens durch einen **Unionsfremden, bzw. Nicht-EFTA-Ausländer** eröffnet. In sachlicher Hinsicht kann der Erwerb grundsätzlich ab einem **Erwerb von mindestens 25 % der Stimmrechte** an einem deutschen Unternehmen Gegenstand der sektorübergreifenden Prüfung sein. Auch Asset Deals sind unter bestimmten Voraussetzungen erfasst.[174] Gehört das Unternehmen einem Bereich an, der in dem Katalog des § 55a Abs. 1 Nr. 1 bis Nr. 7 AWV umschrieben ist, liegt die Aufgreifschwelle bereits bei einem **Erwerb von mindestens 10 % der Stimmrechte.** Die hier umschriebenen Bereiche haben eine besondere Relevanz für die öffentliche Sicherheit und Ordnung. Bei dem Erwerb eines Unternehmens gem. den Kategorien der § 55a Abs. 1 Nr. 8 bis 27 AWV ist ein **Erwerb von mindestens 20 % der Stimmrechte** zur Eröffnung des sachlichen Anwendungsbereichs erforderlich. Ein Beispiel für Geschäftstätigkeiten nach § 55a Abs. 1 AWV mit (potenziellem) Bezug zu Big Data ist das Betreiben einer **Kritischen Infrastruktur** nach dem BSI-Gesetz (§ 55a Abs. 1 Nr. 1 AWV). Dazu gehören insbesondere Datenspeicherung und -verarbeitung in den Bereichen **Housing, IT-Hosting und Vertrauensdienste,** wenn bestimmte Schwellenwerte überschritten werden (§ 5 Abs. 3, Abs. 4 iVm Anhang 4 Teil 3 der Verordnung zur Bestimmung Kritischer Infrastrukturen nach dem BSI-Gesetz (BSI-KritisV)). Ein anderes Beispiel ist das Erbringen von **Cloud-Computing-Diensten,** wobei die hierfür genutzten Infrastrukturen die in Anhang 4 Teil 3 Nummer 2 Spalte D der BSI-KritisV genannten Schwellenwerte in Bezug auf den jeweiligen Cloud-Computing-Dienst erreichen oder überschreiten müssen (§ 55a Abs. 1 Nr. 4 AWV).

107 Zwar hat das BMWK bei **jedem Erwerb** eines inländischen Unternehmens durch einen Ausländer von außerhalb der EU/EFTA ein **Prüfrecht,** sofern die Aufgreifschwelle erreicht ist. Eine **Pflicht, den Erwerb zu melden,** gibt es hingegen im Rahmen der sektorübergreifenden

---

173 Vgl. *Holtmannspötter et al.* Marktwirtschaft in der digitalen Zukunft, 72.
174 Der Anwendungsbereich ist auch dann eröffnet, wenn ein Unionsfremder in anderer Weise eine wirksame Beteiligung an der Kontrolle des inländischen Unternehmens erlangt. Dies ist zB dann der Fall, wenn ein Erwerb von Stimmrechten durch einen Unionsfremden mit der Zusicherung zusätzlicher Sitze oder Mehrheiten in Aufsichtsgremien oder in der Geschäftsführung einhergeht.

Prüfung gem. § 55a Abs. 4 S. 1 AWV nur, wenn es sich um ein inländisches **Unternehmen** handelt, welches **in den Bereichen der § 55a Abs. 1 Nr. 1 bis 27 AWV** tätig ist.

Besteht für den Erwerb keine Meldepflicht, können sich die Beteiligten durch einen Antrag auf die Erteilung einer **Unbedenklichkeitsbescheinigung nach § 58 Abs. 1 AWV** Rechtssicherheit verschaffen. Diese bescheinigt, dass von dem Erwerb keine Gefahr für die öffentliche Sicherheit oder Ordnung der Bundesrepublik Deutschland ausgeht. Hierdurch wird gleichzeitig wegen der Kenntniserlangung des BMWK von dem Erwerb die Frist zur Eröffnung eines Prüfverfahrens nach § 14a AWG von fünf Jahren auf zwei Monate verkürzt.   108

Der **Zweck des Investitionskontrollrechts** ist der **Schutz von sicherheitspolitischen Belangen** der Bundesrepublik Deutschland und Wirtschaftsbereichen, welche deutsche Sicherheitsinteressen berühren. Dies sind grade vor dem Hintergrund der **Digitalisierung** jeglicher Wirtschafts- und Lebensbereiche auch Wirtschaftssektoren, welche Big Data-Bezug aufweisen.[175] Big Data-Anwendungen stehen nicht selten mit **sensiblen Daten** oder **sicherheitsrelevanter Software oder Hardware** in Verbindung. Es gibt demnach vielfältige potenzielle Sicherheitsinteressen, die berührt werden könnten, wenn ausländische Investoren in deutsche Unternehmen mit Big Data-Bezug investieren.   109

Im Rahmen der **17. Novelle der Außenwirtschaftsverordnung** wurde aus diesem Grund insbesondere das Investitionsprüfungsrecht in Bezug auf **Hochtechnologie-Sektoren** in einigen Aspekten neu geregelt und verschärft.[176]   110

---

175 BT-Drs. 19/29216, 1; vgl. BMWK, Pressemitteilung vom 27.4.2021, abrufbar unter https://www.bmwk.de/Redaktion/DE/Pressemitteilungen/2021/04/20210427-bmwi-bringt-zukunftsthemen-auf-den-weg.html.
176 BMWK (zuvor BMWi), Pressemitteilung vom 27.4.2021, abrufbar unter https://www.bmwk.de/Redaktion/DE/Pressemitteilungen/2021/04/20210427-bmwi-bringt-zukunftsthemen-auf-den-weg.html.

Teil 3: Vertragspraxis

§ 15 Big Data und Vertragsrecht

Literatur: *Arnold, Stefan*, Rechtswahl und Verbraucherschutz im internationalen Vertragsrecht bei Auslandsreisen und „Kundenschleusung", IPRax 2016, 567 ff.; *Auer-Reinsdorff, Astrid/Conrad, Isabell*, Handbuch IT- und Datenschutzrecht, 3. Auflage, 2019; *Bechtold, Rainer/Bosch, Wolfgang*, Gesetz gegen Wettbewerbsbeschränkungen, 10. Auflage, München, 2021; *Bittner, Lydia*, Verträge über digitale Produkte – der Beginn des digitalen Zeitalters im BGB, VuR 2022, 9 ff.; *Bräutigam, Peter/Kraul, Torsten*, Internet of Things – Rechtshandbuch, München, 2021 (zit.: Bräutigam/Kraul IoT-HdB/Bearbeiter); *Brödermann, Eckart*, Paradigmenwechsel im Internationalen Privatrecht – Zum Beginn einer neuen Ära seit 17. 12. 2009, NJW 2010, 807 ff.; *Czychowski, Christian/Winzek, Marie*, Datenwirtschaftsrecht III: Der Vertrag über ein neues Elementarteilchen?, ZD 2022, 81 ff.; *Dorner, Michael*, Big Data und „Dateneigentum". Grundfragen des modernen Daten- und Informationshandels, CR 2014, 617 ff.; *Dorschel, Joachim*, Praxishandbuch Big Data Wirtschaft – Recht – Technik, Wiesbaden, 2015; *Geimer, Reinhold/Schütze, Rolf A.*, Europäisches Zivilverfahrensrecht, 4. Auflage, München, 2020; *Graf von Westphalen, Friedrich*, Zwingendes Recht als Innovationstreiber und die Privatisierung des Rechts, BB 2021, 1410 ff.; *Grüneberg, Christian*, Bürgerliches Gesetzbuch: BGB, 82. Auflage, München, 2023; *Hau, Wolfgang/Poseck, Roman*, Beck'scher Online Kommentar BGB, 63. Edition, August 2022; *Hennemann, Moritz*, Datenlizenzverträge, RDi, 2021, 61 ff.; *Hennemann, Moritz/Steinrötter, Björn*, Data Act – Fundament des neuen EU-Datenwirtschaftsrechts?, NJW 2022, 1481 ff.; *Heyden, Truiken J.*, Die AGB-Kontrolle im unternehmerischen Geschäftsverkehr – ein Hindernis für die Digitalisierung!, BB 2021, 1420 ff.; *Hilber, Marc*, Handbuch Cloud Computing, Köln, 2014 (zit.: Hilber Cloud Computing-HdB/Bearbeiter); *Hoeren, Thomas*, Thesen zum Verhältnis von Big Data und Datenqualität – Erstes Raster zum Erstellen juristischer Standards, MMR 2016, 8; *Hoeren, Thomas*, Big Data und Datenqualität – ein Blick auf die DS-GVO, ZD 2016, 459 ff.; *Kraus, Michael*, Datenlizenzverträge, DSRITB 2015, 537 ff.; *Leuschner, Lars*, AGB-Recht im unternehmerischen Rechtsverkehr, München, 2021; *Leuschner, Lars*, Die Kontrollstrenge des AGB-Rechts – Empirische Belege für eine systematische Fehleinschätzung in der unternehmerischen Praxis, NJW 2016, 1222 ff.; *Loewenheim, Ulrich*, Handbuch des Urheberrechts, 3. Auflage, München, 2021; *Mann, Marius*, Die Einbeziehung von AGB in Verträgen zwischen Unternehmern, BB 2017, 2178 ff.; *Marly, Jochen*, Praxishandbuch Softwarerecht, 7. Auflage, München, 2018; *Müller, Werner*, Plädoyer für eine weniger starre AGB-Kontrolle im unternehmerischen Geschäftsverkehr am Beispiel des Gewerberaummietrechts, NZM 2016, 185 ff.; Münchener Kommentar zum Bürgerlichen Gesetzbuch, Band 13: Internationales Privatrecht II, 8. Auflage, München, 2021; Münchener Kommentar zum Bürgerlichen Gesetzbuch, Band 1: Allgemeiner Teil, 9. Auflage, München, 2021; Münchener Kommentar zum Bürgerlichen Gesetzbuch, Band 2: Schuldrecht – Allgemeiner Teil I, 9. Auflage, München, 2022; Münchener Kommentar zum Bürgerlichen Gesetzbuch, Band 3: Schuldrecht – Allgemeiner Teil II, 9. Auflage, München, 2022; Münchener Kommentar zum Bürgerlichen Gesetzbuch, Band 4: Schuldrecht – Besonderer Teil I, 8. Auflage, München, 2019; Münchener Kommentar zum Bürgerlichen Gesetzbuch, Band 6: Schuldrecht – Besonderer Teil III, 9. Auflage, München, 2023; Münchener Kommentar zum Wettbewerbsrecht, Band 1: Europäisches Wettbewerbsrecht, 3. Auflage, München, 2020; Münchener Kommentar zum Wettbewerbsrecht, Band 2: Gesetz gegen Wettbewerbsbeschränkungen (GWB) §§ 1–96, 185, 186, 4. Auflage, München, 2022; Münchener Kommentar zur Zivilprozessordnung, Band 1: §§ 1–354, 6. Auflage, München, 2020; Münchener Kommentar zur Zivilprozessordnung, Band 3: §§ 946–1120, EGZPO, GVG, EGGVG, UKlaG, Internationales und Europäisches Zivilprozessrecht, 6. Auflage, München, 2022 (zit: MüKoGesetzbuch/Bearbeiter); *Musielak, Hans-Joachim; Voit, Wolfgang*, Zivilprozessordnung, 19. Auflage, München, 2022; *Nägele, Thomas/Apel, Simon*, Beck´sche Online-Formulare IT- und Datenrecht, 13. Edition, München, November 2022; *Neuner, Jörg*, Allgemeiner Teil des Bürgerlichen Rechts, 12. Auflage, München, 2020; *Paal, Boris P./Hennemann, Moritz*, Big Data im Recht – Wettbewerbs- und daten(schutz)rechtliche Herausforderungen, NJW 2017, 1697 ff.; *Piltz, Burghard*, UN-Kaufrecht/CISG – Was spricht dagegen?, ZVertriebsR 2017, 138 ff.; *Roßnagel, Alexander*, Rechtsfragen eines Smart-Data-Austausches, NJW 2017, 10 ff.; *Schefzig, Jens*, Die Datenlizenz, DSRIBT, 2015, 551 ff.; *Schippan, Martin*, Lizenzerfordernis für die Masterkopie, ZUM 2021, 312 ff.; *Schlechtriem, Peter/Schwenzer, Ingeborg/Schroeter, Ulrich G.*, Kommentar zum UN-Kaufrecht (CISG), 7. Auflage, München, 2019; *Schlinkert, Hans-Jürgen*, Industrie 4.0 – wie das Recht Schritt hält, ZRP 2017, 222 ff.; *Schricker, Gerhard/Loewenheim, Ulrich*, Urheberrecht, 6. Auflage, München, 2020; *Schulze, Reiner*, Bürgerliches Gesetzbuch, 11.Auflage, Baden-Baden, 2022; *Schur, Nico*,

Die Lizenzierung von Daten – Der Datenhandel auf Grundlage von vertraglichen Zugangs- und Nutzungsrechten als rechtspolitische Perspektive, GRUR 2020, 1142 ff.; *Schweitzer, Heike*, Datenzugang in der Datenökonomie: Eckpfeiler einer neuen Informationsordnung, GRUR 2019, 569 ff.; *Schwintowski, Hans-Peter*, Big Data – Rechtliche Rahmenbedingungen müssen grundlegend verbessert werden, VuR 2017, 455 ff.; *Stein, Friedrich; Jonas, Martin*, Kommentar zur Zivilprozessordnung: ZPO, Band 1: Einleitung, §§ 1–77, 23. Auflage, Tübingen, 2014; *Steinrötter, Björn*, Das „Datenwirtschaftsrecht" als neues Teilrechtsgebiet im Recht der Daten – Einführende Bemerkungen zur neuen ZD-Beitragsreihe, ZD 2021, 3; *Taeger, Jürgen/Pohle, Jan*, Computerrechts-Handbuch – Informationstechnologie in der Rechts- und Wirtschaftspraxis, 37. Ergänzungslieferung, München, Mai 2022 (zit.: Taeger/Pohle ComputerR-HdB/Bearbeiter); *Trapp, Marcus/Naab, Matthias/Rost, Dominik/Nass, Claudia Koch, Matthias/Rauch, Bernd*, Digitale Ökosysteme und Plattformökonomie: Was ist das und was sind die Chancen? (23.6.2020), https://www.informatik-aktuell.de/management-und-recht/digitalisierung/digitale-oekosysteme-und-plattformoekonomie.html, Abruf 26.11.2022; *v. Bar, Christian/Mankowski, Peter*, Internationales Privatrecht – Band II – Besonderer Teil, 2. Auflage, München, 2019; *Wandtke, Artur-Axel/Bullinger, Winfried*, Praxiskommentar Urheberrecht, 6. Auflage, München, 2022; *Wolf, Manfred/Lindacher, Walter F./Pfeiffer, Thomas*, AGB-Recht, 7. Auflage, München, 2020; *Wündisch, Sebastian Bauer, Stephan*, Patent-Cross-Lizenzverträge – Terra incognita?, GRUR Int. 2010, 641 ff.; *Zech, Herbert*, Information als Schutzgegenstand, Tübingen, 2012; *Zech, Herbert*, Daten als Wirtschaftsgut – Überlegungen zu einem „Recht des Datenerzeugers", CR 2015, 137 ff.; *Zech, Herbert*, Haftung für Trainingsdaten Künstlicher Intelligenz, NJW 2022, 502 ff.

A. Überblick über die Beziehungen im Bereich Big Data

Unter Big Data-Anwendungen wird regelmäßig die **Erhebung, Speicherung und Auswertung** 1 großer Datenmengen verstanden, die letztlich dem Erkenntnisgewinn dienen[1]. Für die Frage, ob eine Big Data-Anwendung vorliegt, kommt es nicht darauf an, welche Art von Daten (personenbezogen, nicht personenbezogen oder Mischformen) im Raum stehen, sondern was mit diesen Daten gemacht wird, auch wenn die Art der Daten für die Vertragsgestaltung natürlich relevant ist.

Bereits der Dreiklang „Erhebung, Speicherung und Auswertung" legt in einer **arbeitsteilig** 2 organisierten (Wirtschafts-) Welt die Vermutung nahe, dass an dem Vorgang unterschiedliche Akteure beteiligt sind, die sich im Sinne einer Spezialisierung auf jeweils einen Aspekt der Big Data-Anwendung fokussieren.[2] So gibt es Akteure, die primär die Datenerhebung und Speicherung im Auge haben und insoweit durch die Bereitstellung der Daten die eigentliche Grundlage für deren Auswertung schaffen. Bei anderen Beteiligten steht die Analyseleistung im Vordergrund, die regelmäßig als die Hauptwertschöpfung im Rahmen von Big Data-Anwendungen gesehen wird. Dass die Datenerhebung unverzichtbare Voraussetzung einer jeden Analyse ist, wird hierbei oft vergessen und rückt – auch durch die Diskussionen im Zusammenhang mit dem Data Act – zu Recht wieder in den Vordergrund: Die Schaffung adäquater Datenmengen ist *conditio sine qua non* der Analyse, die dann erst wieder dem dritten Hauptakteur der Big Data-Anwendung, nämlich dem Nutzer der analysierten und somit zu „Smart Data" transformierten Datenmenge, als Grundlage seiner (Geschäfts-) Entscheidungen dienen kann.

Wo unterschiedliche Akteure zusammenarbeiten müssen, stellt sich naturgemäß auch die Frage 3 der Basis der Zusammenarbeit und damit des Regelungsbedürfnisses der Beziehungen zwischen den Akteuren. Denn auch wenn **Daten** keine dem Eigentum verwandte Stellung zukommt[3], unterliegen sie doch (abhängig von der Art des Datums) **rechtlichen Restriktionen** (Datenschutzrecht, digitales Hausrecht, etc), ohne dass es umfassende gesetzliche Regelungen dieses Beziehungsgeflechts gäbe (vgl. den Überblick unter → § 3 Rn. 27 f.). Vielmehr besteht auch im Bereich der Big Data-Anwendungen das Bedürfnis, dass die Beteiligten entsprechend ihrer jeweiligen Interessenlagen die (rechtlichen) Beziehungen abstimmen.

Mittel der Wahl hierzu sind **Verträge**[4] zwischen den Beteiligten, die je nach Wertschöpfungstiefe 4 und Vertragsgegenstand variieren und unterschiedliche Regelungen enthalten müssen. Der mittlerweile veröffentlichte Entwurf des Data Act normiert in Art. 34 Data Act sogar, dass die EU Mustervertragsbedingungen erstellen und empfehlen soll.[5] So bestehen vertragliche Beziehungen nicht nur zwischen dem Datenerheber bzw. -speicherer, demjenigen, der die Daten analysiert, und dem, der die analysierten Daten nutzen und verwerten möchte, sondern auch mit Akteuren in vielen Vor- und Nebenstufen: Dem Subjekt personenbezogener Daten, dem Betreiber einer Maschine, aus der Daten ausgelesen werden, dem Betreiber der Cloud, in der die erhobenen oder analysierten Daten gespeichert oder geteilt werden etc – um nur einige wenige Konstellationen zu nennen.

Die meisten dieser Konstellationen betreffen Geschäftsmodelle, die dem BGB und weiteren, 5 zumeist bürgerlich-rechtlichen (Neben-)Gesetzen in der konkreten Ausgestaltung fremd sind,

---

1 Vgl. oben → § 1 Rn. 1 ff. Allerdings kann im Einzelfall auch bei kleinerer Datenmenge eine Big Data-Anwendung vorliegen, wenn zB die Geschwindigkeit der Analyse oder die Vielfalt der Daten enorm sind.

2 Die Notwendigkeit des Datenaustausches thematisiert auch Schefzig DSRITB 2015, 551 (551 f.).

3 Vgl. oben → § 3 Rn. 40 oder zB Paal/Hennemann NJW 2017, 1697 (1698).

4 Vgl. dazu auch die Europäische Kommission in COM(2020) 66 final, 15 f.; Czychowski/Winzek ZD 2022, 81 (83) weisen zu Recht darauf hin, dass das Fehlen eines allgemeinen Vertragsrechts zu datengetriebenen Geschäftsmodellen zum einen zwar Unsicherheiten mit sich bringt, zum anderen aber auch Chancen für die möglichst flexible Gestaltung der Rechtspositionen bietet.

5 COM(2022) 68 final, 72.

da die **Datenwirtschaft** erst in den letzten Jahren vermehrt an Kontur gewonnen hat.[6] Und auch wenn sich sicherlich einige der auftretenden Fragestellungen über allgemeine bürgerlich-rechtliche Grundsätze lösen ließen, bietet sich eine detailliertere vertragliche Ausgestaltung der rechtlichen Beziehungen in vielen Fällen schon aus Gründen der **Rechtssicherheit** an: Rechtsbeziehungen aus dem Bereich Big Data werden in den wenigsten Fällen im rein privaten Umfeld auftreten, sondern regelmäßig Teil der beruflichen/wirtschaftlichen Tätigkeit der Akteure sein. Hier liegt es im ureigensten Interesse der Beteiligten, durch möglichst klare Regelungen Sicherheit bei den bestehenden Rechten und Pflichten und somit einen möglichst weitgehenden Investitionsschutz herzustellen.

B. Typisierung der Vertragsbeziehungen

6 Auch wenn die meisten der vertraglichen Beziehungen im Zusammenhang mit Big Data-Anwendungen keinem der im BGB vorgesehenen Vertragstypen entsprechen und die Parteien regelmäßig viele der gewünschten Inhalte regeln werden, soll zunächst eine **Typisierung** der vertraglichen Beziehungen anhand der *essentialia negotii* vorgenommen werden. Zum einen hilft das bei der Systematisierung der jeweiligen Leistungspflichten und kann zumindest eine Verwandtschaft zu den Standardvertragstypen aufzeigen, die Aufschluss über Art und Umfang der vertraglichen Rechte und Pflichten geben kann. Zum anderen können sich hieraus Rückschlüsse auf eine etwaige vertragliche Inhaltskontrolle im Rahmen des Rechts der allgemeinen Geschäftsbedingungen ergeben.

7 Differenzierungsmerkmale sind neben der vertraglichen **Hauptleistung** die jeweilige **Gegenleistung** sowie die **Vertragsparteien.**

I. Vertragsgegenstand (Hauptleistung)

1. Objekt

8 Wesentliches Objekt sind das Datum bzw. die Daten, die als eigenes, „handelbares" **Wirtschaftsgut** mittlerweile anerkannt sind.[7] Unabhängig davon, was konkret mit dem Vertrag geregelt werden soll, ist zunächst von Interesse, um welche *Art* von Daten es sich handelt: personenbezogene Daten, nicht personenbezogene Daten – häufig auch untechnisch „Maschinendaten" genannt – oder Daten bzw. Datensätze, die sowohl personen- als auch nicht-personenbezogene Elemente enthalten. Grund hierfür sind die **unterschiedlichen Regelungsregime** und damit auch Rechtsfolgen für die Daten, die auch Auswirkung auf die Vertragsgestaltung haben.

9 Sofern die vertragsgegenständlichen Daten **personenbezogen** sind, sind selbstverständlich die Regeln des **Datenschutzrechts** zu beachten (vgl. zu den datenschutzrechtlichen Aspekten im Big Data-Kontext oben → § 6 Rn. 8 ff., insbes. 167 ff.), zB ob die Verarbeitung der Daten vorliegend überhaupt rechtmäßig ist (vgl. Art. 6 DS-GVO), da andernfalls eine rechts- und damit investitionssichere Nutzung der Daten nicht möglich ist. Durch die Beteiligung unterschiedlicher Akteure auf den verschiedenen Ebenen der Big Data-Vertragsbeziehungen kommt auch den Anforderungen an eine ordnungsgemäße Auftragsdatenverarbeitung große Bedeutung zu: Die Analyse personenbezogener Daten eines Dritten (des Verantwortlichen) wird der Analyst (im Ergebnis ein Auftragsdatenverarbeiter) für diesen nur auf Basis eines adäquaten Auftragsverarbeitungsvertrags nach Art. 28 DS-GVO vornehmen können.

---

6 Steinrötter ZD 2021, 543 erkennt hierin aber sicherlich nicht zu Unrecht mittlerweile ein „Querschnitts-Rechtsgebiet ‚Datenwirtschaftsrecht'" mwN.

7 Vgl. statt vieler nur Kraus DSRITB 2015, 537 (547), Schur GRUR 2020, 1142 (1142 f.), Czychowski/Winzek ZD 2022, 81 (84) oder Dorschel/Dorschel Praxishandbuch Big Data, 245. Schweitzer GRUR 2019, 569 ff. sieht Daten als den „zentralen Wertschöpfungsfaktor".

Bei **nicht-personenbezogenen Daten** sind die regulatorischen Anforderungen zwar mangels 10
Anwendbarkeit des Datenschutzrechts geringer, im Gegenzug fehlen aber auch weitgehend
gesetzliche Regelungen, nach denen sich die Behandlung solcher Daten richtet. Konsequenz ist
zum einen zwar eine **größere Vertragsfreiheit**, zum anderen jedoch auch ein **höheres Regelungsbedürfnis**, möchte man die vertragliche Beziehung möglichst sicher gestalten: Zugang,
Erhebung, Zurverfügungstellung, Analyse – letztlich unterliegen diese Bereiche nahezu keinen
gesetzlichen Regularien, müssen aber im jeweiligen Vertrag zumindest einer rudimentären
Regelung zugeführt werden. Einschränkungen der Vertragsfreiheit ergeben sich für nicht-personenbezogene Daten vor allem aus den allgemeinen Regelungen zum Umgang mit Daten und
anderen Informationen bzw. Informationssammlungen wie zB dem Datenbankrecht (→ § 3
Rn. 30 f.), dem Recht der Geschäftsgeheimnisse (→ § 3 Rn. 34 ff. und § 11 Rn. 1 ff.) oder auch den
strafrechtlichen Regelungen zum Schutz von Datenverfügungsbefugnis und Datenintegrität
Datenspionage (→ § 3 Rn. 47 ff.).[8]

Das umfassendste Regelungsbedürfnis ergibt sich bei Verträgen, deren Gegenstand entweder 11
sowohl **personen- als auch nicht-personenbezogene Daten** oder „Mischdaten" sind. In diesen Konstellationen stellt sich dann die Frage, ob die Anforderungen an personen- und nicht-
personenbezogene Daten jeweils nur für die personen- und nicht-personenbezogenen Daten
herangezogen werden, oder ob – im Sinne einer Reduktion der Komplexität des Vertrages –
personen- und nicht-personenbezogene Daten dahin gehend gleichbehandelt werden, als die
Regelungen für personen- und nicht-personenbezogene Daten **kumulativ** Anwendung finden.
Zumeist wird dies der Fall sein, da eine Differenzierung pro Datum bei großen Datenmengen
faktisch kaum rechtssicher möglich sein dürfte und bei Mischdaten ohnehin die Anforderungen an personen- und nicht-personenbezogene Daten angewendet werden müssen.

2. Regelungsgegenstand und Klassifizierung

In einem zweiten Schritt hängt die Einordnung von Verträgen im Big Data-Kontext auch davon 12
ab, **was mit den Daten geschehen** soll.[9] Ausgehend von der Grundidee, dass Big Data die
Erhebung, Speicherung und Auswertung großer Datenmengen betrifft, sollen hier im Wesentlichen[10] folgende Regelungsgegenstände unterschieden werden, wobei „chronologisch" entlang
der Wertschöpfungskette vorgegangen werden soll:

a) Datenerhebung („Ebene 1")

Zu Beginn eines Big Data-Sachverhalts steht immer die Erhebung, das „Schürfen" der Daten, 13
auch wenn das regelmäßig eng mit der Zurverfügungstellung der Daten verbunden ist. **Datenerhebung** bezeichnet hier die **originäre Schaffung und Identifizierung** der Daten zB durch
Sammlung bei Nutzern einer Internetplattform, Auslesen einer Maschine oder Tracken der
Fahrzeugdaten eines PKWs. Verträge bzw. Regelungen, die diesen Akt betreffen, werden im
Folgenden als Verträge auf **„Ebene 1"** bezeichnet. Inhaltlich befassen sich diese Vertragsbeziehungen vor allem damit, dass die interessierenden Daten überhaupt als solche nutzbar gemacht
werden können.

Dabei ist die Datenerhebung häufig gar **nicht Hauptzweck** des Vertrags auf Ebene 1, sondern 14
eine Nebenregelung zB des Nutzungsvertrags einer Internetplattform, in dem neben den Nutzungsbedingungen für die Plattform auch geregelt wird, dass Daten erhoben werden und wie
der Plattforminhaber diese Daten verwenden kann.

---

8 Vgl. dazu insgesamt oben → § 3 Rn, 1 ff.
9 So im Ergebnis auch Dorschel/Dorschel Praxishandbuch Big Data, 246 ff., der unterschiedliche Vertragstypen
   abhängig von der Zielrichtung darstellt.
10 Schur GRUR 2020, 1142 (1143) weist zurecht darauf hin, dass Verträge über Daten schon aufgrund der Vertragsfreiheit vielfältig sind.

b) Zurverfügungstellung von Daten („Ebene 2")

15 Auf die Datenerhebung kann – auf **„Ebene 2"** – die weitere **Zurverfügungstellung** der Daten folgen, wenn zB der Erheber die Daten nicht selbst im Rahmen einer Big Data-Analyse nutzen, sondern deren wirtschaftlichen Wert durch „Verkauf"[11] oder Lizenzierung realisieren möchte. Zurverfügungstellung kann hier in zweierlei Weise begriffen werden:

16 Eine Variante ist, dass die Zurverfügungstellung durch den erfolgt, bei dem die Daten **originär** entstehen, und dieser sie einem Dritten, der die Daten „einsammelt", weiterleitet. In diesem Fall entfällt der Vertrag auf Ebene 1. Solche Konstellationen gibt es vor allem dann, wenn die Daten direkt bei Entstehung gesammelt werden, also zB die Betriebsdaten einer Produktionsmaschine in der Fertigung eines Konzernunternehmens, die dann an die Konzernmutter oder einen dritten Dienstleister – im Rahmen des Ebene-2-Vertrages – weitergegeben und dort ggf. mit Daten weiterer Konzerntochterunternehmen konsolidiert werden. Eine andere Konstellation – die chronologisch sowohl auf einen Ebene-1-Vertrag als auch auf die vorbeschriebene Situation folgen kann – ist die **pure Weitergabe** von Datengesamtheiten an Dritte.

17 Im Ergebnis liegt der **Schwerpunkt** dieser Verträge in der Übertragung bestehender Daten von einer natürlichen oder juristischen Person auf eine andere, also in einem Akt des **Datenhandels**.

c) Analyse der Daten („Ebene 3")

18 Ziel von Big Data ist aber nicht die Schöpfung oder Weitergabe von Daten, sondern die **Analyse** und damit **Urbarmachung** der Rohdaten für private oder geschäftliche Zwecke. Die Analyse ist der wertschöpfende Akt, bei dem aus „Big" „Smart" Data werden, die dann zB die Grundlage von Entscheidungen, die Basis für Geschäftsmodelle oder der Ausgangspunkt automatisierter Prozesse sein können (vgl. dazu ausführlich unter → § 17 Rn. 1 ff.).

19 Eine vertragliche Regelung ist dann erforderlich, wenn die Analyse der Daten nicht direkt durch deren Schöpfer (Ebene 1) oder „Erwerber" (Ebene 2) erfolgt, sondern durch einen Dritten (zur Frage, ob es sich hierbei um einen Dienstleister oder Werkunternehmer handelt, vgl. → § 17 Rn. 28 ff.). In einem arbeitsteiligen Wirtschaftssystem ist dies üblich, wenn nicht gar der Regelfall. Der Dritte erhält den **konkreten Auftrag**, eine Datengesamtheit zu analysieren. Und nachdem „Analyse" kein Selbstzweck ist, sondern regelmäßig mit wirtschaftlicher Zielsetzung erfolgt, ist untrennbarer Teil der Datenanalyse die Zurverfügungstellung der Analyseergebnisse (vgl. → § 17 Rn. 50 f.) an den jeweiligen Auftraggeber, also denjenigen, der die Ergebnisse der Big Data-Analyse für seine Zwecke verwenden möchte. Diese Verträge werden vorliegend der **Ebene 3** zugeordnet.

20 Denknotwendige Voraussetzung der Datenanalyse ist, dass dem Analysten die Daten zur Verfügung stehen bzw. gestellt werden. Sofern der Analyst nicht noch die Aufgabe hat, die Daten selbst zu erheben, werden diese als **„Beistellung"** des Auftraggebers zur Verfügung gestellt. Üblicherweise erfolgt dies im Rahmen einer Datenlizenz,[12] da dem Auftraggeber nicht daran gelegen ist, die Datengesamtheit im Rahmen einer Übertragung endgültig aus der Hand zu geben. Es reicht für die Analyse aus, wenn der Analyst die Daten in dem für die Analyse erforderlichen Umfang nutzen darf (vgl. hierzu insgesamt → § 17 Rn. 47 f.).

---

11 Unabhängig davon, ob nun ein Datenträger ausgetauscht oder die Daten unkörperlich dauerhaft übertragen werden, können hier die kaufrechtlichen Regelungen entweder direkt oder über § 453 Abs. 1 BGB als Rechtskauf herangezogen werden, vgl. dazu ua Grüneberg/Weidenkaff BGB § 433 Rn. 9 sowie § 453 Rn. 8 f. oder MüKoBGB/Westermann § 453 Rn. 6.

12 Hennemann RDi 2021, 61 (65) weist in seinem Aufsatz zur Datenlizenz auf die Analyse/den Analysezweck im Rahmen der Frage hin, wem die Erkenntnisse der Datenanalyse eigentlich zustehen sollen. Allgemein zur Datenlizenz vgl. nachstehend → § 16.

Nicht unter Ebene 3 fallen Verträge über die Zurverfügungstellung von **Analysesoftware**. Allerdings sei vorausgeschickt, dass der Datenanalyst selbstverständlich ausschließlich durch den Einsatz entsprechender Softwaretools in der Lage sein wird, seine Analyse durchzuführen und die Datengesamtheit nicht händisch *Line Item* per *Line Item* durchgehen wird. Die Software ist hier aber lediglich Werkzeug des Analysten, nicht Selbstzweck der Analyse. Der Vertrag, mit dem der Analyst die Analysesoftware nutzbar macht, ist somit ein reines Hilfsgeschäft – sei es ein Softwarekauf oder die Nutzung der Software als Dienstleistung[13]. Die Analyseleistung erfolgt immer durch den Vertragspartner, der sich der Software bedient, nicht durch denjenigen, der die Software zur Verfügung stellt. Für den Fall, dass der Analyst selbst die Software erstellt hat, liegt seine Analyseleistung mithin in der Anwendung der Software, nicht in deren Programmierung.   21

d) Weitere Vertragsgestaltungen und Regelungsbereiche

Neben den vorgenannten drei Ebenen gibt es noch eine Reihe **weiterer Vertragsgestaltungen**, die in diesem Zusammenhang praxisrelevant, im Ergebnis aber **nicht Big Data-spezifisch** sind.   22

Beispielhaft seien Verträge genannt, in deren Rahmen die **Speicherung** großer Datenmengen angeboten wird. Das Speichern und Verarbeiten großer Datenmengen ist der Big Data-Anwendung sicherlich immanent, ähnlich der Bereitstellung einer Analysesoftware handelt es sich hierbei allerdings wieder nur um eine **Hilfsleistung**. Auch wenn das Thema per se juristisch und insbesondere auch vertragstechnisch interessant ist,[14] liegt der Fokus nicht im Bereich Big Data und soll hier deshalb nicht vertieft werden. Der Vollständigkeit halber sei darauf hingewiesen, dass auch bei solchen Verträgen regelmäßig die Klassifizierung der Daten (Personenbezug ja/nein) relevant wird, da sich – abhängig davon – die Fragen der Auftragsdatenverarbeitung stellen.[15]   23

Die **Nutzung der Ergebnisse** der Big Data-Analyse soll vorliegend ebenfalls nicht näher untersucht werden. Es handelt sich hierbei um die Implementierung von (Geschäfts-) Entscheidungen, deren Basis die Big Data-Analyse bzw. Big Data-Nutzung war. Solche Geschäftsentscheidungen können ihrerseits selbstverständlich auch wieder zu Vertragsbeziehungen führen, sie sind aber rechtlich von den Big Data-Vertragsgestaltungen unabhängig.   24

II. Gegenleistung

Auch Verträge im Bereich Big Data enthalten gewöhnlich Regelungen über eine **Gegenleistung** für die im vorstehenden Abschnitt beschriebene Hauptleistung im Bereich Erhebung, Zurverfügungstellung oder Analyse der Daten.   25

Das umfasst zum einen klassische Formen der **monetären Gegenleistung**. Insbesondere bei Verträgen der Ebenen 2 und 3 wird die Leistung der Zurverfügungstellung bzw. der Analyse der Daten regelmäßig durch Partner erbracht, die eigene wirtschaftliche Interessen verfolgen und für ihre Tätigkeit „entlohnt" werden wollen. Die Gestaltungsvarianten sind hierbei vielfältig und können von Zahlung eines „Kauf"-Preises (zB im Falle einer vollständigen Abgeltung der Zurverfügungstellung von Daten) über unterschiedlichste Lizenzgebühren (Monats-, Jahres- oder Volumenlizenzen) bis zur Vergütung auf Stundenbasis (zB im Rahmen der Datenanalyse) sämtliche Spielarten umfassen, die im Bereich der Kauf-, Lizenz-, Dienst- oder Werkvertragsge-   26

---

13 Ob nun ein Fall des Application Service Providing (ASP) oder des heute gängigeren, da regelmäßig individueller auf den Nutzer zugeschnittenen Software as a Service (SaaS) vorliegt, ist in diesem Kontext irrelevant. Zur Differenzierung und heutigen Bedeutung vgl. Marly Praxishandbuch Softwarerecht Rn. 1087 ff.

14 Vgl. zur Auseinandersetzung mit solchen IaaS-Lösungen („Infractructure as a Service") einführend Hilber Cloud Computing-HdB/Kittlaus Rn. 27 ff.

15 Vgl. dazu im Detail Borges/Meents/Borges Cloud Computing § 7 Rn. 1 ff.

staltung denkbar sind. Insofern ergeben sich im Big Data-Umfeld keine wesentlichen Besonderheiten.[16]

27 Anders liegt der Fall, wenn keine monetäre Gegenleistung gezahlt wird, sondern die Hauptleistung **auf andere Weise** vergütet werden soll. Solche Gestaltungen finden sich insbesondere bei Verträgen auf Ebene 1, bei denen eine Bezahlung im klassischen Sinn die Ausnahme darstellt, da dies den Datenerheber selbst bei Nutzung neuester Bezahlmethoden aufgrund der Masse der möglichen Transaktionen vor erhebliche Herausforderungen bei der tatsächlichen Abwicklung stellen.

28 Häufig ist nämlich nicht die **Datenerhebung** der eigentliche Hauptgegenstand einer Vertragsbeziehung, sondern sie erfolgt vielmehr im Zusammenhang mit der eigentlichen Hauptleistung, die damit **faktisch zur Gegenleistung** der Datenerhebung wird: Geläufige Beispiele sind die im Rahmen der Nutzung eines Dienstes (zB einer Suchmaschine) oder eines sozialen Mediums erhobenen Daten des Nutzers[17], die dann im Rahmen von Vertragsgestaltungen auf Ebene 2 und 3 wirtschaftlich weiter verwertet werden. Bei gesamtheitlicher Betrachtung ist deshalb eigentlich die Datenerhebung die Gegenleistung des jeweiligen Vertrags. Auch im B2B-Bereich finden sich Gestaltungen vermeintlich „kostenloser" Services (oft als „Basismodule" bezeichnet), wenn beispielsweise die Einbindung einer (gekauften) Maschine in das Ecosystem des Herstellers erfolgt, um in diesem Zusammenhang Produktverbesserungen oder Auswertungen der eigenen Produktionsanlagen zu erhalten.

29 Der Gesetzgeber hat dieser Realität des „Zahlens mit Daten" in § 312 Abs. 1a BGB[18] Ausdruck verliehen, indem er dies mit der Zahlung eines Preises (§ 312 Abs. 1 BGB) gleichstellt. Hierbei ist zu beachten, dass eine irgend geartete kausale oder konditionale Verknüpfung ausreicht.[19] Eine Gegenleistung im Sinne eines **Synallagmas** ist hier **nicht erforderlich**.[20] Zwar betrifft dies ausweislich der vorgenannten Regelungen nur den Bereich der Geschäfte mit Verbrauchern und der Bereitstellung von personenbezogenen Daten, in dieselbe Richtung kann aber auch § 18 Abs. 2a GWB interpretiert werden, wonach es der Annahme eines Marktes nicht entgegenstehe, wenn eine Leistung „unentgeltlich" erbracht wird.[21]

III. Vertragsparteien

30 Vertragsparteien sind bei Verträgen im Big Data-Umfeld sowohl **Unternehmer** als auch **Verbraucher**, wobei die Häufung je nach Vertragsebene unterschiedlich gewichtet ist. Bedeutung hat dies vor allem bei der Frage der Anwendbarkeit der **Verbraucherschutzvorschriften** (zB §§ 312 ff. BGB) oder der Inhaltskontrolle bei der Vertragsgestaltung, soweit **allgemeine Geschäftsbedingungen** vorliegen (§§ 308 f. BGB; vgl. zum Thema der allgemeinen Geschäftsbedingungen nachstehend unter → Rn. 111 ff.).

31 So finden sich auf **Ebene 1** sowohl reine B2B- als auch B2C-Vertragsbeziehungen, je nachdem, welche Daten von welchen Teilnehmern am Wirtschaftskreislauf erhoben werden sollen. **Verbraucher** sind meist dann Vertragspartei, wenn es um die **Erhebung** personenbezogener Daten

---

16 Konkret zur Datenlizenz vgl. zB bei Hennemann RDi 2021, 61 (64) Rn. 15 oder unter → § 16 Rn. 79.

17 Vgl. zur Steuerlichen Behandlung oben → § 13 Rn. 49 ff.

18 In Umsetzung des Art. 4 Nr. 2 lit. b) der Modernisierungs-Richtlinie 2019/2161/EU in Abänderung der Verbraucherrechte-Richtlinie 2011/83/EU. Ähnlich auch § 327 Abs. 3 BGB in Umsetzung des Art. 3 Abs. 1 RL (EU) 2019/770 (Digitale-Inhalte-Richtlinie); vgl. dazu auch unten → Rn. 46 ff.

19 Vgl. so bereits zur Zahlung eines Preises MüKoBGB/Wendehorst § 312 Rn. 39.

20 Vgl. statt vieler Grüneberg/Grüneberg BGB § 312 Rn. 3b.

21 Bechtold/Bosch GWB § 18 Rn. 24 weisen zurecht darauf hin, dass die Idee hinter § 18 Abs. 2a GWB war, den für Nutzer unentgeltlichen Plattform-, Suchmaschinen- und Social-Media-Markt in den Griff zu bekommen, auch wenn hier nicht die eigentlichen Vertragsparteien, sondern zB deren Werbekunden (monetär) zahlen. Ergänzend ist zu beachten, dass diese Märkte für die Werbekunden v. a. deshalb so interessant sind, weil sie ihre Werbung durch die Datenerhebung des jeweiligen Plattformbetreibers stärker individualisiert zuschneiden können. Den „Datenzuwachs" thematisiert hingegen zu Recht MüKoWettbR/Wolf GWB GWB § 18 Rn. 13.

im Rahmen von Social Media oder Informationen zum Konsumverhalten geht (zB im Rahmen des „Real-Time-Biddings" bei Online-Werbung, so dass dem Konsumenten bei Seitenaufruf bereits personalisierte Werbung gezeigt wird). Allerdings können vergleichbare Daten auf B2B-Plattformen auch von unternehmerischen Kunden erhoben werden.

Demgegenüber finden sich auf **Ebene 2 und 3** vor allem Verträge zwischen **Unternehmern**, 32 da im Verbraucherumfeld seltener bis kaum große Datenmengen zur Verfügung gestellt oder Datenanalysen durchgeführt werden. Diese Tätigkeiten erfolgen in den meisten Fällen „in Ausübung [der] gewerblichen oder selbstständigen beruflichen Tätigkeit" der Akteure und mithin für beide Vertragsparteien in deren Eigenschaft als Unternehmer im Sinne des § 14 BGB.

Vor dem Hintergrund der Verbraucherschutzvorschriften und der AGB-rechtlichen Inhaltskon- 33 trolle sind deshalb Verträge auf Ebene 1 – insbesondere, wenn nur Verbraucher oder ein gemischter Adressatenkreis betroffen sind – strengeren **Anforderungen bei der Vertragsgestaltung** unterworfen als die auf den Ebenen 2 und 3, bei denen im gewöhnlich reinen B2B-Kontext größere Gestaltungsfreiheit herrscht.[22]

C. Regelungsbedürfnis, vertragliche Gestaltungsvarianten und Vertragsschluss

I. Bedürfnis vertraglicher Regelungen?

Wie in anderen Wirtschaftsbereichen stellt sich auch im Fall von Big Data-Verträgen die Frage 34 nach dem „ob" und – falls ja – dem **Umfang der vertraglichen Regelung**, da das BGB bereits für viele rechtliche Fragen weitgehend ausgewogene Antworten bietet. Das gilt insbesondere für die Bereiche des allgemeinen Teils sowie des allgemeinen Teils des Schuldrechts, die auf eine Vielzahl von Verträgen allgemein anwendbar und deshalb auch im Bereich Big Data relevant sind: Die **Grundfragen** des Vertragsschlusses, der Vertretung, der Verjährung oder auch des allgemeinen Leistungsstörungsrechts mit den Regelungen zu Verzug, Unmöglichkeit und Rücktritt.

Die vorgenannten Bereiche betreffen allerdings allgemeine vertragsrechtliche Fragen und re- 35 geln – **losgelöst vom Vertragsgegenstand** – Entstehung und Abwicklung der vertraglichen Schuldverhältnisse.[23] Was der konkrete Inhalt der Schuldverhältnisse, insbesondere der vertraglichen **Hauptleistungspflichten** ist, findet hier keinen Niederschlag, sondern wird – insbesondere für die „klassischen" Vertragstypen wie Kauf, Miete, Dienst- oder Werkvertrag – im besonderen Teil des Schuldrechts geregelt. Dieser Teil ist allerdings stark durch die Vertragstypen und das Wirtschaftsmodell des auslaufenden 19. Jahrhunderts geprägt, in dem Big Data noch nicht einmal Zukunftsmusik war. Es **fehlen** bislang umfassende rechtliche **Rahmenbedingungen für die Datenwirtschaft**,[24] insbesondere auch ein diesbezügliches besonderes Vertragsrecht.

Konkrete Regelungen zu den oben skizzierten Verträgen auf den Ebenen 1 bis 3, insbesondere 36 zu den Hauptleistungspflichten im Zusammenhang mit datengetriebenen Geschäftsmodellen finden sich hier deshalb nicht. Selbst die Idee des Lizenzvertrages, also die Einräumung eines Nutzungsrechts an bzw. die Gestattung der Nutzung von Immaterialgüterrechten, die sich durch alle drei Ebenen der Big Data-Verträge zieht, fand als Vertrag sui generis keinen Niederschlag in den Vertragstypen des BGB.[25] Lediglich **auszugsweise** werden die **Vertragstypen** des Besonderen Schuldrechts herangezogen werden können. So hat zB die dauerhafte Überlassung von Datengesamtheiten sicherlich kaufrechtliche Züge, wohingegen bei Verträgen

---

22 Auch wenn die angelegten Maßstäbe an die Inhaltskontrolle im unternehmerischen Verkehr durchaus diskutabel sind, vgl. dazu nachstehend → Rn. 134 ff.
23 Vgl. dazu MüKoBGB/Ernst Einl. SchuldR Rn. 2.
24 Vgl. dazu auch die Europäische Kommission in COM(2017) 228 final unter Kap. 3.2, 12 ff. Zu den sich hieraus ergebenden Chancen Czychowski/Winzek ZD 2022, 81 (83).
25 Grüneberg/Weidenkaff BGB Einf. § 433 Rn. 22.

über die Erbringung von Analyseleistungen Aspekte aus dem Dienst- oder Werkvertragsrecht Berücksichtigung finden werden (vgl. dazu bereits oben → Rn. 19 und insbes. § 17 Rn. 28 ff.).

37   Insgesamt ist allerdings festzustellen, dass die Besonderheiten der einzelnen Vertragstypen auf den Ebenen der Big Data-Verträge über die **Standard-Vertragstypen nur bedingt** in den Griff zu bekommen sind. Aus diesem Grund ist es unerlässlich, zumindest die Hauptleistungspflichten genauer zu definieren. Das bezieht sich allerdings nicht nur auf die Definition des Gegenstands des Vertrages („die Daten", „die Datengesamtheiten" oder „die Analyse"), sondern auch auf die rechtlichen Implikationen der zu erbringenden Leistung. Zu betrachten ist außerdem die Frage, was genau geschuldet ist, zB die Einräumung von Nutzungsrechten und deren konkreter Umfang (mithin die klassischen lizenzvertraglichen Fragestellungen zu örtlichem und zeitlichem Anwendungsbereich, etwaige Unterlizenzier- und Übertragbarkeit, etc), die Übergabe (und Übereignung?) eines konkret geschuldeten Analyseergebnisses oder die Berechtigung, bestimmte Daten im Rahmen von anderen Dienstleistungen zu erheben.

38   Relevant ist hierbei auch wieder, über welche **Arten von Daten** ein Vertrag geschlossen werden soll. Sofern **personenbezogene Daten** Gegenstand sind, ist selbstverständlich das Datenschutzrecht mit allen Anforderungen an vertragliche Gestaltungen zu beachten, insbesondere auch im Hinblick auf eine Auftragsdatenverarbeitung, da bei der Datenerhebung oder -übertragung die Grundlage für die rechtssichere Analyse der Daten geschaffen werden soll. Eine fehlende oder unwirksame datenschutzrechtliche Einwilligung gem. Art. 6 Abs. 1 S. 1 lit. a) DS-GVO oder Abwägung der berechtigten Interessen nach Art. 6 Abs. 1 S. 1 lit. f) DS-GVO kann im Ergebnis die gesamte Analyse konterkarieren.

39   Die Situation ist bei **nicht-personenbezogenen Daten** allerdings vergleichbar, auch wenn es bislang noch keine gesetzliche Regulierung dieses Bereichs gibt.[26] Im Ergebnis steht immer die Frage der **rechtssicheren Gestaltung** der künftigen Nutzung der Daten im Mittelpunkt. Nachdem es nach der hier vertretenen Auffassung keine einheitliche, absolute Rechtsposition an Daten gibt[27], beruhen Verträge über nicht-personenbezogene Daten im Ergebnis auf der **faktischen Kontrolle** desjenigen, der die Daten zur Verfügung stellt.[28] Wegen des grundsätzlich nicht-exklusiven Charakters der Daten und eines fehlenden „Dateneigentumsrechts" werden bei Verträgen über Daten lediglich faktische Positionen (Zugriff/Nicht-Zugriff) ausgetauscht.[29] Allerdings muss auch diese faktische Position geregelt werden, da sonst wiederum nicht klar wäre, ob die Analyse der Daten auf Ebene 3 auf einer rechtssicheren Grundlage durchgeführt werden kann.[30]

II. Gestaltungsvarianten

40   Verträge im Big Data-Umfeld **unterscheiden** sich in den möglichen Gestaltungsvarianten **nicht wesentlich** von Verträgen in anderen Wirtschaftsbereichen. So gibt es auch hier **einzel-**

---

26 Die EU ist auf diesem Gebiet allerdings insbesondere mit dem Data Act recht aktiv.

27 Vgl. dazu zusammenfassend oben → § 3 Rn. 27, 29 ff.

28 Schur GRUR 2020, 1142 (1143). Zu praxisrelevanten Datenzugangsszenarien siehe Schweitzer GRUR 2019, 569 (572 f.).

29 Zech CR 2015, 137 (146). Wie sich aus dem Entwurf des Data Act ergibt, geht auch die EU-Kommission nicht mehr davon aus, dass es an Daten exklusive Nutzungsrechte (oder gar ein „Dateneigentum") gibt, vgl. auch Hennemann/Steinrötter NJW 2022, 1481.

30 Auf die Frage, ob die Regelung des Nutzungsumfangs eine Lizenzregelung erfordert (Dorschel/Dorschel Praxishandbuch Big Data, 245 ff.), soll hier nicht im Detail eingegangen werden; zur Diskussion Schur GRUR 2020, 1142 (1144). Dorschel aaO sieht das Erfordernis nur dann, wenn die Daten auch rechtlich „hart" geschützt sind (zB Urheberrecht, Datenbankrecht etc), wobei bei einer reinen „Zugangsgewährung" eine urheberrechtlich nicht relevante Handlung vorläge. Das ist zu bezweifeln. Zwar ist die Zugangsgewährung an sich urheberrechtlich nicht relevant, allerdings verfolgt der Nutzer ja immer auch einen Zweck mit den Daten: Er möchte die Daten auslesen und analysieren, da die reine Sammlung und Betrachtung der Daten keine Fragen von Big Data sind.

vertragliche Regelungen eines konkreten Geschäftsvorfalles oder länger laufende **Rahmenver-**
träge. Letztere stellen lediglich die Grundlage für eine längerfristige Geschäftsbeziehung und
insofern wiederum eine Basis dar, auf der dann Einzelverträge geschlossen werden.

Gewisse **Besonderheiten** ergeben sich möglicherweise bei der **Datenerhebung** auf Ebene 1, da 41
hier häufig nicht über bilaterale Verträge agiert wird, sondern die Regelungen im Rahmen von
Nutzungsbedingungen für Plattformen erfolgen, also zB im Rahmen der Teilnahmebedingungen an einer Social-Media-Plattform oder einem Einkaufsportal. Das kann sowohl Verbraucher
wie Unternehmer betreffen, da es diese Gestaltung des Vertragsschlusses und der **Akzeptanz**
von Nutzungsbedingungen sowohl im B2C- als auch im B2B-Geschäft gibt. Künftig werden
sich solche Plattformverträge voraussichtlich auch in andere Bereiche ausdehnen, so dass die
Entwicklung abzuwarten bleibt.[31]

III. Praxis des Vertragsschlusses

Der Vertragsschluss vollzieht sich im Bereich Big Data nach den allgemein bekannten Grund- 42
prinzipien: Ein Vertrag kommt dadurch zustande, dass alle beteiligten Vertragspartner ihren
übereinstimmenden **Willen zum Vertragsschluss** erklären – im Regelfall des Zwei-Personen-
Verhältnisses durch die Annahme eines Angebots.[32] Zwingende Formerfordernisse bestehen in
diesem Zusammenhang – wie auch sonst im bürgerlichen Recht – nur in gesetzlich geregelten
Ausnahmefällen. Weit überwiegend kann der Vertragsschluss formfrei erfolgen.

Allerdings ist Big Data untrennbar mit der digitalen Welt verbunden: Die relevanten Daten 43
werden digital erhoben, eingesammelt und gespeichert und dann auch **digital** und unter
Zuhilfenahme digitaler Werkzeuge ausgewertet. Vor diesem Hintergrund ist nachvollziehbar,
dass auch der Vertragsschluss in vielen Fällen digital erfolgt und nicht durch einen klassischen
Vertrag mit Papier und blauer Tinte. Die Abschlussformen reichen hierbei vom Vertragsschluss
per E-Mail bis zur Teilnahme an digitalen Plattformen durch Akzeptanz der Nutzungsbedingungen per Mausklick.

Insbesondere im Rahmen der **Datenerhebung** im B2C-Umfeld kommt dem digitalen Vertrags- 44
schluss deshalb große Bedeutung zu, wenn zB Verbraucherdaten über Plattformdienste zur späteren Auswertung gesammelt werden sollen, die dann ggf. die Grundlage von Marketingaktio-
nen sein können. In solchen Fällen sind die Regelungen des elektronischen Geschäftsverkehrs
(einschließlich der Vorschriften zum Fernabsatz) nebst den hieran anknüpfenden Informationspflichten[33] zu berücksichtigen.

D. Regelungsbereiche

I. Differenzierung nach Vertragstyp

Zwar bewegen sich die hier besprochenen Verträge allesamt um Bereich Big Data, was genau 45
jeweils zu regeln ist, hängt aber zum einen davon ab, auf welcher **Ebene**[34] die Vertragsbeziehung besteht und was dann *in concreto* der **Regelungsgegenstand** des jeweiligen Vertrages ist.
Hierbei ist Folgendes zu beachten: Je näher der Regelungsgegenstand einem der im besonderen Schuldrecht normierten Vertragstypen kommt, desto geringer ist das Regelungsbedürfnis
der Vertragsparteien[35], sofern die Interessenlage mit der des Standardvertrages übereinstimmt.

---

31 Vgl. Zur Plattformökonomie allgemein MüKoWettbR/Kerber/Schwalbe Teil 1 Rn. 125 ff. sowie instruktiv unter
    dem Begriff „digitale Ökosysteme" Trapp et al. Digitale Ökosysteme 2020.
32 Neuner BGB AT § 37 Rn. 1 f.; Grüneberg/Ellenberger BGB Einf. § 145 Rn. 1.
33 Vgl. dazu Hilber Cloud Computing-HdB/Intveen/Hilber/Rabus Rn. 15 ff.
34 Vgl. dazu oben → Rn. 12 ff.
35 Zu berücksichtigen ist allerdings, dass die meisten Verträge grenzüberschreitende Sachverhalte betreffen. In
    solchen Konstellationen hat es sich in der Kautelarpraxis selbst bei Wahl deutschen Rechts als vorteilhaft

1. Datenerhebung (Ebene 1)

46 Im Bereich der Datenerhebung ist zu beachten, dass die Erhebung als solche regelmäßig nicht der Hauptzweck des Vertrages ist, sondern häufig eine „**Nebenleistung**" im Rahmen eines Vertrages zwischen dem Erheber (dem „Sammler" der Daten) und dem Datensubjekt.[36] Beispiele hierfür sind die Nutzung bzw. die Nutzungsbedingungen einer Social-Media-Plattform oder der Wartungs-App einer Maschine.

47 Einen Vertragstyp zur Überlassung von Daten kennt das deutsche Recht (bislang) nicht. Auch die **Digitale-Inhalte-Richtlinie** bzw. deren Umsetzung in nationales Recht im Rahmen der §§ 327 ff. BGB hilft hier nicht grundsätzlich weiter, obwohl sie zumindest die Bereitstellung von Daten in § 327 Abs. 3 BGB bzw. dem Art. 3 Abs. 1 RL (EU) 2019/770 thematisiert und die Realität „**Daten gegen Dienst**" im Verhältnis Verbraucher/Unternehmer insofern anerkennt. Die Richtlinie behandeln nämlich eher den Datenaustauschs in der **Gegenrichtung** (Unternehmer an Verbraucher), da digitale Inhalte gem. § 327 Abs. 2 S. 1 BGB und Art. 2 Nr. 1 RL (EU) 2019/770 eben „Daten, die in digitaler Form erstellt und bereitgestellt werden", sind. Der Fokus der Richtlinie liegt auf der Förderung des Verbraucherschutzes (vgl. Art. 1 RL (EU) 2019/770) und den Anforderungen, die hieraus an Verträge gestellt werden, und weniger auf der Definition eines konkreten Vertragstyps. Das zeigt auch – insofern konsequent – die Verortung der Umsetzung im allgemeinen Teil des Schuldrechts und nicht im besonderen Teil ab §§ 433 ff. BGB.

48 Die Überlassung der Daten kann – abhängig von der konkreten Ausgestaltung, insbesondere der Dauer der Überlassung[37] – **kauf- oder mietvertragliche Züge** haben. Je nach Datentyp kommen auch Regelungen aus dem Bereich des **Lizenzvertragsrechts** oder – bei Überlassung personenbezogener Daten – des **Datenschutzrechts** in Betracht.

2. Zurverfügungstellung (Ebene 2)

49 Im Rahmen der Zurverfügungstellung geht es nicht um das originäre Schaffen der Daten, sondern darum, vorhandene **Daten und Datengesamtheiten zugänglich zu machen.** Je nach Sachlage können auch hier Standardverträge aus dem besonderen Teil Pate für die vertragliche Regelung stehen. Soll ein bereits bestehender Datenpool zugänglich gemacht werden, kann der Vertrag – ähnlich wir bei den Verträgen auf Ebene 1 – entweder **kauf-, miet- oder lizenzvertragliche** Elemente enthalten (→ Rn. 15 ff.).

50 Wenn es darum geht, dass der Vertragspartner die Daten nicht nur überlässt, sondern auch noch für deren **Gewinnung** zuständig ist, kann die Gestaltung auch dienst- oder werkvertraglichen Charakter haben. Hier kann die Abgrenzung zwischen **Dienst- und Werkvertrag**[38] mitweilen schwierig werden. Sie richtet sich aber – wie im klassischen Zivilrecht – danach, ob ein Erfolg, dh die konkrete Beschaffung von Daten geschuldet ist (dann Werkvertrag), oder es dem Auftraggeber bspw. eher auf die systematische Analyse und Auswertung des Marktes ankommt (dann Dienstvertrag, da die Tätigkeit, nach bestimmten Kriterien vorzugehen, im Vordergrund steht). In den meisten Fällen wird es sich deshalb um werkvertragsähnliche Gestaltungen handeln, da bei der Big Data-Anwendung der Fokus auf der späteren Auswertung liegt, für die das *Vorliegen* der Daten wesentlich ist. Die reine Marktanalyse – ggf. mit der

---

erwiesen, auch Bereiche, die eigentlich dem Gesetz entnommen werden können, vertraglich zu regeln. Dem Vertragspartner erschließen sich so seine Rechte und Pflichten besser, was die Akzeptanz des Vertrages regelmäßig erhöht.

36 Zech CR 2015, 137 (138) spricht sogar von „gewissermaßen als Abfallprodukt erfassten Daten" im Rahmen von Big Data-Anwendungen.

37 Es stellt sich dann aber die Frage, ob mit Daten, die nur zeitlich begrenzt überlassen wurden, überhaupt sinnvoll Big Data-Anwendungen verfolgt werden können. Das ist insbesondere für die Frage relevant, was mit Analyseergebnissen geschieht, wenn die Nutzungsdauer der hier verwendeten Daten abgelaufen ist.

38 Dazu allgemein Grüneberg/Retzlaff BGB Einf. § 631 Rn. 10; Schulze/Scheuch BGB § 631 Rn. 2; MüKoBGB/Busche § 631 Rn. 11 ff.

Folge, dass am Ende keine Datensätze zur Analyse vorliegen – entspricht regelmäßig nicht der Interessenlage der Parteien.

Die Einräumung der Nutzungs- und Verwertungsrechte an den Daten wird **lizenzvertragliche** 51 **Elemente** aufweisen.[39] In diesem Zusammenhang stellt sich die Frage, wie die Lizenz in das System der **Vertragstypen einzuordnen** ist. Diskutiert wird zum einen die Klassifizierung als Pachtvertrag, zum anderen die als Vertrag *sui generis*, wobei gegen Ersteres spricht, dass die Pachtregeln auf die Fruchtziehung körperlicher Güter (vgl. § 99 BGB) zugeschnitten ist.[40] Ob die Einordnung als Vertrag *sui generis* im Ergebnis so viel weiterhilft, ist allerdings ebenfalls fraglich, da teilweise vertreten wird, die pachtvertraglichen Regelungen analog anzuwenden.[41]

Im Ergebnis zeigt die Diskussion eines: Verlässlichkeit im Sinne von wirtschaftlicher Planbar- 52 keit lässt sich nur durch adäquate vertragliche Regelungen erreichen.

3. Analyse (Ebene 3)

Bei Verträgen auf Ebene 3 zeigt sich dasselbe Bild. Bei der **Analyse von Daten** stellt sich 53 durchaus die Frage, ob der Analyst ein konkretes „Ergebnis" zu liefern hat und ob auf dieser Basis die Einordnung des Vertrags als **Dienst- oder Werkvertrag** sinnvoll oder gar möglich ist (→ § 17 Rn. 27 ff.). Eine vordergründige Differenzierung nach dem vom Auftraggeber gewünschten Ergebnis[42] greift hier regelmäßig zu kurz, da bei Big Data-Analysen nicht die rein mathematisch-exakte Auswertung eines Datenbestands im Mittelpunkt steht, sondern eine qualitative Analyse der Daten.[43] Eine simplifizierende Unterscheidung danach, ob der Analyst „ein Ergebnis erbringen muss" gegenüber Gestaltungen, in denen die Analyse „Selbstzweck" der vertraglichen Regelung ist, greift deshalb zu kurz. Im Ergebnis ist bei der Vertragsgestaltung immer die Interessenlage der Parteien im Blick zu behalten und hier insbesondere, wer am Ende das Risiko des Nichterreichens des möglichst genau zu vereinbarenden Vertragsziels trägt (→ § 16 Rn. 36).

Relevant ist auch auf Ebene 3 die **Regelung der Rechte**, und zwar einerseits im Hinblick auf 54 die **zu untersuchenden Daten** bzw. die Datengesamtheit, andererseits bezüglich der erhaltenen **Ergebnisse** und deren Verwendung.[44] Für den ersten Teil stellen sich wiederum dieselben Fragen, wie bei den Verträgen auf Ebene 1 und Ebene 2, wobei auch hier die oben bereits angeschnittene Frage relevant wird, was geschieht, wenn die zu analysierenden Daten nur temporär zur Verfügung gestellt wurden.[45] Hinsichtlich der Verwertung der Analyseergebnisse stellen sich vor allem Fragen hinsichtlich des Umfangs, in dem der Analyst dem Auftraggeber Rechte zur Nutzung und Verwertung der Analyseergebnisse einräumt. Die Art der Regelung wird hierbei der **urheberrechtlichen Lizenz zumindest verwandt** sein, da die Analyseergebnisse nicht (nur) in „Zahlenkolonnen" bestehen, sondern auch eine qualitative Auswertung oder gar in einer Art Report enthalten.[46] Eine explizite und möglichst konkrete vertraglichen Regelung ist somit unumgänglich.

---

39 Schefzig DSRITB 2015, 551 (556 f.) weist zu Recht auf die Besonderheit hin, dass sich die Datenlizenz aber – anders als andere Lizenzen – nicht auf ein absolutes Recht bezieht.

40 Vgl. dazu → § 16 Rn. 4 ff.; allgemein auch Schur GRUR 2020, 1142 (1144) oder Hennemann RDi 2021, 61 (64 f.) Rn. 16.

41 So zB BGH GRUR 1970, 547 (548); vgl. zur Anwendbarkeit der allgemeinen Vorschriften auf Urheberrechtsverträge zB Wandtke/Bullinger/Wandtke UrhR Vor §§ 31 ff. Rn. 70 oder Schricker/Loewenheim/Ohly UrhR Vor §§ 31 ff. Rn. 57 ff.

42 Siehe dazu insgesamt die Darstellung bei Bräutigam/Kraul IoT-HdB/Wiebe/Schur § 6 Rn. 72–83.

43 Dorner CR 2014, 617 (625 f.) weist insbesondere auf den Wert der Aktualität der Datensätze sowie der Menge der zur Verfügung stehenden Input-Daten hin, also qualitative, nicht mathematische Kategorien.

44 Kraus DSRITB 2015, 537 (546 f.).

45 Vgl. oben → Fn. 37.

46 Dorner schlägt eine vertragliche Nachbildung einer Zweckübertragungsregel vor, vgl. → § 17 Rn. 50.

II. Typische Regelungsbereiche

55 In vorstehendem Kapitel sollen nun einzelne Regelungsbereiche von Verträgen im Big Data-Umfeld kurz beschrieben werden. Ziel ist es nicht, detailliert in die mögliche Regelungssystematik einzusteigen. Dies ist den nachstehenden Kapiteln für einzelne Vertragsarten vorbehalten.

1. Definition Vertragsgegenstand/Leistung und Gegenleistung

56 Kern der vertraglichen Regelung sind die **essentialia negotii**, mithin die Definition der Vertragsparteien sowie der Leistung und der Gegenleistung. Das individuelle Gepräge der vertraglichen Beziehung wird hier am deutlichsten.

57 Nachdem es an generellen Vertragstypen im Bereich der Datenwirtschaft fehlt (→ Rn. 34 ff.), ist auf die **Definition der Leistungsbeziehungen besonderes Augenmerk** zu legen. Es sollte möglichst trennscharf klar sein, um welche Arten von Daten es geht (zB personenbezogene Daten vs. nicht-personenbezogene Daten), was mit diesen Daten geschehen soll („Verkauf", „Miete", Lizenz, Analyse, etc) und was die konkrete Gegenleistung hierfür ist (monetäre Gegenleistung, Überlassung von Daten als Gegenleistung für digitale Services, etc).

58 Von dieser Definition hängt auch ab, ob und in welchem Umfang der jeweils vorliegende Vertrag **zumindest teilweise in die Typologie** der Vertragsarten des Besonderen Schuldrechts eingeordnet werden kann und welche Regelungen der Standard-Vertragstypen möglicherweise auch hier herangezogen werden können oder müssen. Das hat dann auch nicht zuletzt Auswirkungen auf die AGB-rechtliche Inhaltskontrolle der Verträge im Big Data-Umfeld (→ Rn. 131 ff.).

59 In diesem Zusammenhang wird künftig auch der **Data Act** Auswirkungen auf die Vertragsgestaltung bzw. die Leistungsbeschreibung von Verträgen vor allem auf Ebene 1 (Datenerhebung) haben. Nach Art. 3 Abs. 2 lit. d des Entwurfs des Data Act muss der Hersteller eines Produktes oder der Anbieter eines Dienstes, bei dessen Nutzung Daten generiert werden, den Nutzer des Produktes/Dienstes künftig darüber informieren, „ob der Hersteller, der das Produkt liefert, oder der Dienstleister, der den verbundenen Dienst erbringt, beabsichtigt, die Daten selbst zu nutzen oder einem Dritten die Nutzung der Daten zu gestatten, und falls ja, für welche Zwecke diese Daten genutzt werden sollen." Konkrete Rechtsfolgen knüpft der Data Act zwar nicht an das Ausbleiben der Information, es ist aber aus Gründen der allgemeinen Compliance auch zu empfehlen, dieser Informationspflicht nachzukommen – nicht zuletzt, um bei der künftigen Verwendung der Daten kein Risiko einzugehen, da die Behandlung solcher Konstellationen durch die Gerichte noch völlig offen ist. Ob dadurch dem Schutzzweck der Regelung, nämlich „Transparenz in Bezug auf die erzeugten Daten"[47] tatsächlich genügt wird, bleibt zweifelhaft. Die Menge an Information, die der Nutzer in diesem Zusammenhang erhält, führt nicht zwingend zu einem höheren Maß an Aufgeklärtheit, sondern ggf. zu einem „Click and Forget".[48]

2. Nutzungsrechte

60 Auf allen drei Ebenen möglicher Vertragsbeziehungen im Bereich Big Data kommt der Frage der **Einräumung von Nutzungsrechten** an den jeweiligen Daten besondere Bedeutung zu (vgl. dazu ausführlich → § 16 Rn. 24 ff.). So besteht in allen Konstellationen das Bedürfnis zu regeln, wer genau was mit den jeweiligen Daten machen darf, also zB in welchem Umfang erhobene bzw. erworbene Daten verwendet werden dürfen (Ebenen 1 und 2) oder in welchem Umfang der Analyst diese Daten auswerten/analysieren darf und der Auftraggeber die Analyseergebnisse verwenden kann (Ebene 3).

---

47 Erwgr. 23 Data Act.
48 So zu Recht Hennemann/Steinrötter NJW 2022, 1481 (1483) Rn. 14.

Bei **personenbezogenen Daten**, Daten, die einem **Sonderrechtsschutz** unterliegen (zB dem 61
Urheberrecht oder dem Datenbankrecht) oder bei den **Analyseergebnissen** auf Ebene 3 (die
regelmäßig dem Urheberrechtsschutz unterliegen werden) ist dies offensichtlich, da für alle
Bereiche auch in anderen Vertragskonstellationen Einwilligungen, andere Gestattungen oder
lizenzrechtliche Regelungen Voraussetzung sind.

Bei **nicht-personenbezogenen** Daten, die keinem Sonderrechtsschutz unterliegen, und des- 62
halb eigentlich „gemeinfrei"[49] sind, stellt sich durchaus die **Frage der Notwendigkeit**, Nutzungsrechte zu thematisieren. So könnte man bereits hinterfragen, ob es überhaupt ein Objekt
gibt, das einer Nutzungsrechtsregelung zugänglich ist. Daten, die keinem Sonderrechtsschutz
unterliegen, könnten ohne Einschränkung – und deshalb auch ohne Erfordernis einer Nut-
zungsrechtseinräumung – von jedermann verwendet werden.

Das wird der **Realität der Vertragsgestaltungspraxis** allerdings nicht gerecht. Zum einen ist 63
zu berücksichtigen, dass die fraglichen Daten zumindest faktisch in den allermeisten Fällen im
(ausschließlichen) Zugriff der einen Vertragspartei stehen werden und diese selbst entscheiden
kann, ob – und wenn ja, zu welchen Bedingungen – sie ihrem Vertragspartner den Zugang und
damit die Nutzung der Daten gestattet.[50] Aus dieser **faktischen Exklusivität** heraus ergibt sich
die Möglichkeit, zumindest in vertraglichen Bahnen bilaterale Einschränkungen der Nutzung
von nicht sonderrechtsgeschützten Informationen zu vereinbaren.[51] Zum anderen hilft die vertragliche Regelung der Nutzungsrechte, zumindest im Rahmen der Vertragsbeziehung Sicherheit und Vertrauen zu schaffen. Nur so kann eine Vertragsbeziehung die verlässliche Grundlage
für weitergehende (Geschäfts-) Entscheidungen werden. Sicherlich ist auch das einer der Gründe der immer stärkeren „Anglo-Amerikanisierung" der Vertragsgestaltung. Transparenz und
Klarheit der vertraglichen Regelung schaffen Planungssicherheit.

Bei der Regelung der Nutzungsrechte empfiehlt sich, die üblichen **Dimensionen anderer** 64
immaterialgüterrechtlicher Lizenzregelungen, zB also sachlich, zeitlich und örtlicher Nutzungsumfang, die Frage der Unterlizenzierbarkeit und Übertragbarkeit oder der Ausschließ-
lichkeit/nicht Ausschließlichkeit, zu behandeln. Allerdings stellt sich in dem Zusammenhang
auch die Frage, ob es insbesondere bei Daten, die keinem Sonderrechtsschutz unterliegen,
überhaupt eine exklusive Nutzung geben kann. Insbesondere bei Daten, die „nicht rival, nicht
abnutzbar und nicht exklusiv"[52] sind, ist dies zweifelhaft. Geht es zB um technische Informationen der Nutzung einer bestimmten Maschine, kann es zwar sein, dass der Lizenzgeber die von
ihm erhaltenen oder gemessenen Daten exklusiv an einen Dritten weitergeben möchte. Es ist
allerdings nicht auszuschließen, dass exakt dieselben Daten zB durch einen weiteren Sensor an
dieser Maschine gemessen wurden.[53]

Ein Sonderproblem ist die Frage, ob der Rechtsgedanke des § 31 Abs. 5 UrhG – die **Zwecküber-** 65
tragungsregel – auch auf die Lizenzierung von nicht urheberrechtlich oder sonst sonderrechtsgeschützten Daten Anwendung findet.[54] **Gegen eine direkte Erstreckung** spricht, dass die
hier zum Ausdruck gebracht Vertragszwecktheorie im Urheberrecht vor allem dem Schutz des
Urhebers dient und diesem eine möglichst weitgehende Beteiligung an den wirtschaftlichen
Früchten seiner Schöpfung sichern möchte.[55] Dieser Schutzgedanke ist eng mit der Person des
Urhebers und dessen besonderer Stellung verknüpft. Bei den vorgenannten, nicht-sonderrechts-

---

49 Hennemann RDi 2021, 61 (63) Rn. 10.
50 Deshalb ausführlich zum Datenzugang Schweitzer GRUR 2019, 569 (571 ff.).
51 Dieser rein vertragliche Schutz wirkt aber keinesfalls inter omnes!
52 So illustrativ Zech CR 2015, 137 (139) und Hennemann RDi 2021, 61 (61); ausführlich bereits bei Zech
    Information als Schutzgegenstand S. 117 ff.
53 Vgl. zum ähnlichen Problem der Parallel- oder Doppelschöpfung auch Wandtke/Bullinger/Bullinger UrhG § 2
    Rn. 22 und UrhG § 23 Rn. 47 ff.; Loewenheim/Loewenheim/Leistner HdB-UrhR § 8 Rn. 33 ff.
54 Hennemann RDi 2021, 61 (67).
55 Wandtke/Bullinger/Wandtke UrhG § 31 Rn. 41.

geschützten Daten fehlt es schon an der (urheber-) persönlichkeitsrechtlichen Komponente beim Dateninhaber, weshalb der Hauptgrund für die Zweckübertragungsregel fehlt. Allerdings spricht – bei entsprechender Interessenlage – nichts dagegen, den **Rechtsgedanken** der Zweckübertragungsregel **vertraglich** zu regeln und so einen verlässlichen und klar abgesteckten Rahmen der Rechtseinräumung zu schaffen (→ § 17 Rn. 50).

66 Nach Inkrafttreten des **Data Acts** wird der genauen Definition der Nutzung und Nutzungsrechte noch mehr Gewicht zukommen: Neben den Informationspflichten gemäß Art. 3 Abs. 2 lit. d. Data Act (→ Rn. 59) bedarf es für die Nutzung der Daten durch den Hersteller/Dienstleister einer vertraglichen Vereinbarung mit dem Nutzer (Art. 4 Abs. 6 S. 1 Data Act), in der die konkrete Nutzung geregelt ist.

3. Leistungsstörung

67 Neben der Definition des Vertragsgegenstandes und der Festlegung der Nutzungsrechte wird üblicherweise der Regelung von Leistungsstörungen besonderes Gewicht zukommen. Wie auch sonst wird zwischen Leistungsstörungen der Primärleistung und der Schlechtleistung zu differenzieren sein.

68 Die **Nicht- oder Spätleistung** wird – unabhängig von der Klassifizierung des Vertragstypus – auch im Big Data-Umfeld nach den Regelungen des allgemeinen Schuldrechts behandelt: Die gesetzlichen Vorschriften zu Unmöglichkeit und Verzug reichen selbst bei fehlender vertraglicher Regelung aus, Probleme in diesem Feld interessengerecht zu lösen.

69 Die Frage, ob eine **Schlechtleistung** vorliegt und welche Rechtsfolge sich hieran anknüpft, hängt im Wesentlichen davon ab, welchem **Typus** der konkrete Vertrag zuzuordnen ist bzw. ob er sich überhaupt entsprechend klassifizieren lässt. Steht er einer der normierten Vertragstypen nahe und fehlt eine vertragliche Festlegung, können die gesetzlichen Regelungen zur Schlechtleistung beim jeweiligen Vertragstyp zumindest analog herangezogen werden. Wie oben bereits gezeigt, hängt die Klassifizierung des Vertrages aber im Wesentlichen davon ab, welcher Zweck mit dem Vertrag verfolgt wird. Der **Definition des Vertragsgegenstandes** kommt somit auch hier besondere Bedeutung zu.

70 Relevant ist auch die **Erwartung**, die vom Empfänger der schlechten Leistungen gestellt werden. Für Sachverhalte, in denen ein Unternehmer einem Verbraucher Daten (i. e. digitale Inhalte, vgl. § 327 Abs. 2 S. 1 BGB) zur Verfügung stellt, bieten die §§ 327d ff. BGB mittlerweile eine recht allgemeine, dem Kaufrecht verwandte Regelung. Allerdings werden diese Konstellationen selten sein. Die überwiegende Mehrheit der Fälle, in denen Daten zur Verfügung gestellt werden, richten sich nicht an den Verbraucher als **Empfänger der vertragsgegenständlichen Daten**, sondern an Unternehmer. Für B2B-Konstellationen finden die §§ 327d ff. BGB aber gem. § 327 Abs. 1 S. 1 BGB explizit keine Anwendung, wie auch der Untertitel im BGB zeigt („Verbraucherverträge über digitale Produkte"). Ob die Vorschriften trotzdem im unternehmerischen Rechtsverkehr Anwendung finden werden – ob nun analog, im Wege ergänzender Vertragsauslegung oder „nur" im Rahmen der AGB-rechtlichen Inhaltskontrolle – bleibt abzuwarten.[56] So wünschenswert es aus Gründen der Rechtsklarheit gewesen wäre, dass der Gesetzgeber sich auch des B2B-Bereiches annimmt, so sehr muss dessen Entscheidung respektiert werden, eben nur den Bereich der Verbraucherverträge geregelt zu haben.

71 Auch vor diesem Hintergrund empfiehlt sich, das Thema der Schlechtleistung **im Vertrag zu regeln**, wobei auch das nicht sämtliche Unklarheiten beseitigen können wird, da das AGB-Recht gerade bei Verträgen mit Verbrauchern im Rahmen der Inhaltskontrolle zur Unwirksamkeit einzelner Bestimmungen führen kann.

---

56 Vgl. dazu MüKoBGB/Metzger Vor BGB § 327 Rn. 38 ff.

Ohne den nachfolgenden Kapiteln zu besonderen Vertragstypen vorgreifen zu wollen, sei 72 darauf hingewiesen, dass eine wesentliche Frage in diesem Zusammenhang die der **Datenqualität** ist.[57] Hierbei ist zu differenzieren zwischen der inhaltlichen Qualität der Daten und der Interoperabilität der Daten.[58] Im Rahmen der Datenqualität wird festgelegt, welchen Kriterien Daten genügen müssen, die erhoben oder zur Verfügung gestellt werden. Nachdem Daten inhaltlich immer unterschiedlich sind, ist die **vertragliche Festlegung der Qualitätskriterien** Voraussetzung dafür, dass die Frage, ob die Leistung unter dem Vertrag ordnungsgemäß erbracht wurde, überhaupt beantwortet werden kann. Sind die konkreten Daten also inhaltlich korrekt (enthält zB der Messdatensatz tatsächlich die richtigen Messergebnisse oder ist er – möglicherweise in weiten Teilen – fehlerhaft, so dass die Daten für eine sinnhafte Big Data-Anwendung im Ergebnis unbrauchbar sind) und lassen sie sich – insoweit die Frage der Interoperabilität[59] – auch technisch „richtig" verarbeiten? Beide Aspekte sind deshalb für die Qualität der Daten von entscheidender Bedeutung, da der Datennutzer weder mit gut verarbeitbaren, aber inhaltlich falschen, noch mit inhaltlich exzellenten, aber nicht verarbeitbaren Daten seine Ziele wird erreichen können.

Neben einer möglichen sachlichen Schlechtleistung ist auch denkbar, dass bei Verträgen im 73 Big Data-Kontext die vermeintlich eingeräumten Rechtspositionen rechtlich „schlecht geleistet" wurden. Solche mit einem **Rechtsmangel vergleichbare Konstellationen** kann es immer dann geben, wenn der Empfänger der Daten diese nicht im vertraglich vereinbarten Umfang nutzen kann, weil Rechte Dritter (zB im Bereich personenbezogener Daten das Datensubjekt, das der Verwendung der Daten nicht ausreichend zugestimmt hat, der Urheber eines Datums oder – im Falle von Geschäftsgeheimnissen – der Inhaber des Know-hows) verletzt werden. Ob eine solche Konstellation realistischerweise vorliegt, hängt von der Art der betroffenen Daten ab und ist deshalb im Einzelfall zu prüfen.[60] Insbesondere, wenn sich inhaltlich noch nicht abschließend bewerten lässt, ob die betreffenden Daten möglicherweise Rechtspositionen Dritter betreffen, bietet es sich an, die Rechtsfolgen solcher Konstellationen zu regeln. Für Verbraucherverträge kann § 327g BGB der Ansatzpunkt sein, wenn eine vertragliche Regelung wider Erwarten fehlt, im Übrigen empfiehlt sich aber, die Verantwortlichkeiten im Vertrag klar festzulegen.

4. Datenschutz

Die Regelungen des (deutschen und europäischen) Datenschutzrechts sind für die Vertragsge- 74 staltung dann relevant, wenn Vertragsgegenstand personenbezogene Daten sind.[61] In erster Linie geht es dann darum, die rechtmäßige Verarbeitung der vertragsgegenständlichen Daten zu gewährleisten, also regelmäßig die Einhaltung der Voraussetzungen der jeweils einschlägigen Varianten des **Art. 6 DS-GVO** (zB die Einwilligung nach Art. 6 Abs. 1 S. 1 lit. a) DS-GVO oder der Nachweis berechtigter Interessen an der geplanten Datenverarbeitung nach Art. 6 Abs. 1 S. 1 lit. f) DS-GVO; vgl. dazu ausführlich oben unter (→ § 6 Rn. 167 ff.). Ohne eine verlässliche Grundlage der Datenverarbeitung lässt sich kein tragfähiges Geschäftsmodell aufbauen.

Aber nicht nur die Frage der Berechtigung zur Datenverarbeitung, sondern auch die eher 75 formellen Aspekte des Datenschutzrechts sind zu beachten, zB die Einhaltung der **Betroffe-**

---

57 Hennemann RDi 2021, 61 (68). Vgl. allgemein das starke Postulat pro Datenqualität von Hoeren in Hoeren MMR 2016, 8 ff. und ZD 2016, 459 ff.
58 Vgl. zu dieser Differenzierung bereits im Rahmen der europäischen Datenstrategie unter COM(2020) 66 final, 10.
59 Die Frage der Interoperabilität ist auch gem. der europäischen Datenstrategie wichtig, um den in den Daten liegenden (wirtschaftlichen) Wert zu realisieren, vgl. COM(2020) 66 final, 10.
60 Dorner CR 2014, 617 (627) plädiert deshalb für einen Clearing-Prozess im Zusammenhang mit datengetriebenen Geschäftsmodellen, letztlich eine Due Diligence für Datenbestände.
61 Vgl. insgesamt zum Datenschutz im Bereich Big Data oben → § 6 Rn. 8 ff.

nenrechte nach Art. 12 – 23 DS-GVO (→ § 6 Rn. 235 ff. und Rn. 277 ff.) oder die Anforderungen an eine ordnungsgemäße **Auftragsdatenverarbeitung** nach Art. 28 DS-GVO (→ § 6 Rn. 31 ff.). Interessant wird in diesem Zusammenhang sicherlich werden, ob und in welchem Umfang das Thema der **Datenportabilität** gem. Art. 20 DS-GVO (→ § 6 Rn. 306 ff.) künftig noch stärker in den Mittelpunkt rückt, dessen Relevanz durch Art. 5 des Entwurfs des Data Act[62] noch einmal betont wurde.

76   Hierbei kommt auch der Frage Bedeutung zu, ob **Verstöße** gegen das Datenschutzrecht zur Unwirksamkeit des Vertrages führen können. Als Recht der EU ist die DS-GVO jedenfalls grundsätzlich ein taugliches Verbotsgesetz im Sinne des § 134 BGB[63] und Verträge, die auf eine rechtswidrige Datenverarbeitung gerichtet sind, können insofern nichtig sein.[64] Bei der Bewertung des Vertrages wird es deshalb im Einzelfall vor allem darauf ankommen, ob die vertraglichen Regelungen so gestaltet sind, dass sie bereits strukturell gegen das Datenschutzrecht verstoßen (dann wird vieles für die Nichtigkeit sprechen) oder die Regelungen im Grundsatz datenschutzkonform sind und lediglich im Einzelfall ein Verstoß gegen das Datenschutzrecht vorliegt.

5. Vertraulichkeit

77   Eine in vielen Verträgen nicht mehr wegzudenkende Regelung ist die **Vertraulichkeitsklausel**,[65] gerade im Bereich unternehmerischer Verträge. Hierbei verpflichten sich die Vertragspartner regelmäßig gegenseitig dazu, über die unter dem Vertrag ausgetauschten Informationen und Leistungen oder gar das Vertragsverhältnis an sich **Stillschweigen** zu bewahren. Vergleichbare Regelungen finden sich sowohl bei Verträgen auf Ebene 1 und Ebene 2, wobei hier der Fokus vor allem darauf liegt, die erhobenen bzw. erhaltenen Daten möglichst „exklusiv" nutzen zu können. Auf Ebene 3 kommt es den Vertragsparteien meist darauf an, die konkreten Analyseergebnisse eben nur dem Auftraggeber zur Verfügung zu stellen. Ohne eine solche Vertraulichkeitsregelung liefe der Auftraggeber nämlich Gefahr, dass die von ihm bezahlte Analyse vom Analysten vertragskonform auch den Wettbewerbern des Auftraggebers zugänglich gemacht werden kann. Letzterer würde dadurch faktisch seinen Wettbewerbsvorteil verlieren und das Fortkommen seiner Mitbewerber finanzieren.

78   Neben der Verpflichtung, die erhaltenen Informationen nicht weiterzugeben, müssen solche Vertraulichkeitsregelungen allerdings auch die **üblichen Ausnahmen** enthalten. Die Vertraulichkeitspflicht muss jedenfalls dann enden bzw. gar nicht erst entstehen, wenn die relevanten Informationen bei Offenbarung bereits allgemein bekannt waren oder erst danach werden, der Empfänger diese Informationen von dritter Seite erhält oder bereits erhalten hat, er die relevanten Informationen auf andere Weise selbst erhebt (ohne hierbei auf Informationen, die er unter Verpflichtung zur Vertraulichkeit erhalten hat, zurückzugreifen) oder der Empfänger die Informationen aufgrund öffentlich-rechtlicher Verpflichtungen (regelmäßig gerichtliche oder behördliche Verfahren) offenlegen muss. Andernfalls könnte eine vertragliche Regelung den Tätigkeitsspielraum einer Partei, die sich vertragskonform verhalten möchte, weitergehend einschränken, als dies im Interesse eines vernünftigen Vertraulichkeitsbedürfnisses der anderen Partei gerechtfertigt wäre.

---

62   Siehe dazu in COM(2022) 68 final, 50 ff.
63   Vgl. zur grundsätzlichen Eignung von Unionsrecht als Verbotsgesetz zB BeckOK BGB/Wendtland BGB § 134 Rn. 6 oder MüKoBGB/Armbrüster BGB § 134 Rn. 51 ff. Konkret zur Unwirksamkeit eines (strukturellen) Verstoßes gegen das Vorliegen einer datenschutzrechtlichen Einwilligung vgl. OLG Frankfurt am Main ZD 2018, 179 (180 f.) insbes. Rn. 35 und 43, allerdings zu § 28 BDSG.
64   Vgl. dazu Taeger/Pohle ComputerR-HdB/Hense 33.2 Rn. 100.
65   Vgl. dazu bei Czychowski/Winzek ZD 2022, 81 (87). Allgemein zu Funktion und wirtschaftlichem Wert von Geheimnissen bei Zech Information als Schutzgegenstand S. 121 ff.

Hierbei ist sicherlich zu überlegen, ob sich die vorgenannten Ausnahmen nicht bereits aus   79
der Natur der Sache ergeben (da dann ja kein Geheimhaltungsbedürfnis mehr besteht) oder
zumindest Ausfluss des Prinzips von **Treu und Glauben** nach § 242 BGB (vor allem bei der
Ausnahme der öffentlich-rechtlichen Verpflichtung zur Offenbarung) sind. Allerdings gilt auch
hier, dass eine konkrete vertragliche Regelung hilft, die Beziehung zwischen den Vertragspartei-
en möglichst rechts- und planungssicher auszugestalten. Zudem können die Ausnahmen in
diesem Rahmen noch durch Informationspflichten oÄ ergänzt werden.

6. Laufzeit/Nutzungsdauer

Regelungen zur Laufzeit sind bei Verträgen im Bereich Big Data dann relevant, wenn es sich   80
bei der vertraglichen Beziehung um ein **Dauerschuldverhältnis** handelt, sich dessen Zweck
also nicht in der einmaligen Erbringung von Leistungen erschöpft, wie zB dem „Kauf" eines
Datenbestandes oder der einmaligen Analyse bestimmter Informationen. Das ist vor allem
dann der Fall, wenn zwischen den Parteien zB ein Rahmenvertrag über die regelmäßige Durchführung von Analysetätigkeiten abgeschlossen werden soll. Die in diesem Zusammenhang
relevanten Fragestellungen unterscheiden sich allerdings nicht von denen bei Verträgen in
anderen Bereichen, weshalb hier nicht tiefer darauf eingegangen werden soll.

Neben der reinen Vertragslaufzeit spielt auch die Frage zur **Dauer der Nutzung der Daten**   81
und Analyseergebnisse eine wichtige Rolle: Dürfen die Daten nur einmal oder kontinuierlich,
Letzteres ggf. beschränkt auf einen bestimmten Zeitraum verwendet werden?[66] Ohne Regelung
hierzu im Vertrag wäre zu erwägen, die Wertung des **§ 327p Abs. 2 BGB** heranzuziehen, wonach die betroffenen Daten grundsätzliche nicht mehr weiter genutzt werden dürfen. Vor
diesem Hintergrund erklärt sich auch, weshalb derzeit in Standardverträgen Klauseln, die
eine **zeitlich unbegrenzte Datenverwendung** regeln, als überraschend qualifiziert werden.[67]
Unabhängig davon, dass eine Übertragung dieser Regelung auf den B2B-Bereich zumindest
zu hinterfragen wäre, sind hierbei folgende Aspekte zu beachten: § 327p Abs. 2 Nr. 2 BGB
gestattet die Verwendung von Daten auch nach Laufzeitende, allerdings nur, wenn diese Daten ausschließlich mit der Nutzung eines Produktes zusammenhängen. Dieser Gedanke passt
jedoch nicht auf Big Data-Sachverhalte, bei denen die möglichst freie Nutzung der Daten im
Vordergrund steht.[68] Weiterhin greift § 327p Abs. 2 Nr. 3 BGB bei aggregierten Daten, dh diese
können weiterverwendet werden, was insbesondere Analyseergebnisse, bei denen es dann nicht
mehr auf das Einzeldatum ankommt, sinnhaft nutzbarer und im Ergebnis verkehrsfähiger
macht. Ob die Rechtsprechung aus § 327p BGB mit der Zeit ein allgemeines Prinzip ableiten
wird, aufgrund dessen eine dauerhafte Nutzung von Daten – ggf. begrenzt auf bestimmte
Anwendungsfälle – auch in Standardverträgen möglich wird, bleibt abzuwarten und genau zu
beobachten. Es wird demnach derzeit auf den konkreten Vertragszweck und die Vertragsgestaltung ankommen,[69] wobei auch hier gilt, dass eine möglichst klare vertragliche Regelung die
Rechtssicherheit für die Vertragsparteien erhöhen wird.

E. Anwendbares Recht und Gerichtsstand

Der Fokus von Vertragsverhandlungen liegt gewöhnlich auf den sachlichen Problemfeldern   82
oder Themenbereichen der avisierten Vertragsbeziehung, weshalb das anwendbare nationale
oder supranationale Recht oder der Gerichtsstand meist am Ende der Diskussionen fast schon
nebenbei geregelt werden. Vor allem bei Verträgen zu Big Data ist hier Vorsicht geboten,

---

66 Vgl. dazu Schefzig DSRITB 2015, 551 (561) und Hennemann RDi 2021, 61 (66) Rn. 21.
67 Vgl. zB in BeckOF IT-R/Apel Form. 3.5 Anm. 10.
68 Ähnlich Dorner CR 2014, 617 (626), der feststellt, dass eine „Verknappung" von Daten der Grundidee von Big
    Data „diametral zuwider liefe".
69 Zum „Kauf" von KI-Trainingsdaten vgl. Zech NJW 2022, 502 (505) Rn. 26.

stehen doch größtenteils **grenzüberschreitende Sachverhalte** im Raum. Rein nationale Beziehungen stellen die Ausnahme dar und nur bei Letzteren wäre das anwendbare Recht eindeutig: Das jeweilige nationale Recht der Vertragsparteien.

I. Vertragliche Rechtswahl

83 So verwundert es nicht, dass nahezu alle Verträge – sofern sie in irgendeiner Art und Weise verschriftlicht werden – eine **Rechtswahlklausel** enthalten, durch die das anwendbare Recht bestimmt wird. Eine solche Regelung schafft wiederum Rechtssicherheit, da die in Frage stehenden Fallstricke der jeweiligen nationalen Rechtsordnung bereits bei der Vertragsgestaltung berücksichtigt und entweder umgangen oder „eingepreist" werden können.

1. Freie Rechtswahl

84 Die Frage, wie eine **Rechtswahlklausel rechtswirksam** gestaltet werden kann, richtet sich nach dem jeweils relevanten **Kollisionsrecht**, für das es in Deutschland im Wesentlichen drei Rechtsquellen gibt: das EGBGB, die Rom I-VO sowie die Rom II-VO. Die Rom I-VO und die Rom II-VO gehen hierbei aufgrund ihres supranationalen Charakters den Regelungen des EGBGB vor, vgl. dazu auch Art. 3 Nr. 1 lit. a) und b) EGBGB.[70] Nachdem es sich bei Verträgen im Big Data-Kontext um zivil- und handelsrechtliche Schuldverhältnisse handelt, findet die Rom I-VO grundsätzlich Anwendung (vgl. Art. 1 Abs. 1 S. 1 Rom I-VO). Klarstellend sei erwähnt, dass dies das gesamte Privatrecht mit wirtschaftlichen Bezügen umfasst.[71] Zuletzt ist die Rom I-VO nach Art. 2 Rom I-VO auch dann anwendbar, wenn das Recht, um das es am Ende geht, nicht das Recht eines Mitgliedstaates der Europäischen Union ist.

85 Die Rechtswahl kann nach Art. 3 Abs. 1 S. 2 Rom I-VO sowohl **ausdrücklich** (also durch konkrete vertragliche Regelung), **als auch stillschweigend** erfolgen, wobei eine konkludente Rechtswahl wohl eher die Ausnahme darstellen wird. Das einfachste Mittel ist die Aufnahme einer Rechtswahlklausel in den Vertrag, vgl. Art. 3 Abs. 1 S. 1 iVm S. 2 Rom I-VO. Durch eine ausdrückliche Regelung kann das anwendbare (Vertrags-) Recht weitestgehend rechtssicher bestimmt werden. Die vertragliche Rechtswahl kann zudem auch Auswirkung haben, wenn im Einzelfall neben der vertraglichen Haftung **deliktische Ansprüche** in Betracht kommen: Aufgrund des Art. 4 Abs. 3 S. 2 Rom II-VO kann sich das anwendbare Deliktsrecht nach dem Vertragsstatut richten, sofern die in Frage stehende unerlaubte Handlung eine enge Verbindung zu einem Vertrag aufweist.

86 Demgegenüber enthält das **UN-Kaufrecht** (CISG) anders als Rom I- und Rom II-VO keine Kollisionsnormen, sondern **materiellrechtliche Regelungen**, die für Kaufverträge (vgl. Art. 3 Abs. 1 CISG) über Waren (Art. 2 lit. A) CISG) im internationalen Geschäftsverkehr Anwendung finden. Auch wenn in der Praxis regelmäßig von der Möglichkeit des Art. 6 CISG Gebrauch gemacht wird, die Anwendung des UN-Kaufrechts auszuschließen, findet es zunächst auf alle Verträge im Big Data-Umfeld Anwendung, die unter den Kaufvertragsbegriff des UN-Kaufrechts fallen. Als **internationale Vereinbarung** geht das UN-Kaufrecht allen nationalen Regelungen im Grundsatz vor,[72] weshalb in diesem Zusammenhang weniger von einer Rechtswahl-, sondern eher einer Rechtsabwahlklausel gesprochen werden sollte.

87 Allerdings ist die Anwendung des UN-Kaufrecht im Big Data-Umfeld zu hinterfragen. Hierfür müssten sich Daten als „Waren" im Sinne des CISG qualifizieren. So wird bei der Übertragung immaterieller Güter – zB Software – immer wieder diskutiert, ob es sich bei dem im Raum

---

70 Grüneberg/Thorn EGBGB Art. 3 Rn. 6, zu Recht mit dem Hinweis auf den rein deklaratorischen Charakter dieser Norm; Brödermann NJW 2010, 807 (808).
71 MüKoBGB/Martiny Rom I-VO Art. 1 Rn. 6.
72 Grüneberg/Thorn Rom I-VO Art. 4 Rn. 5; MüKoBGB/Martiny Rom I-VO Art. 4 Rn. 23.

stehenden Vertrag um eine dauerhafte Übertragung (und nicht nur eine Nutzungsüberlassung im Sinne einer Lizenz) handelt und ob das jeweilige Immaterialgut für die Erfüllung des **Warenbegriffes ausreichend „körperlich"** ist. Die herrschende Meinung stellt darauf ab, dass das immaterielle Gut in irgendeiner Weise auf einem Datenträger verkörpert sein muss.[73] Diese Fragestellung lässt sich auch auf Daten übertragen: Wie verhält es sich zum Beispiel beim „Kauf" von Datenpaketen, die aufgrund ihrer Größe im Regelfall rein digital und nicht über einen physischen Datenträger ausgetauscht werden? Ausgehend vom Begriff des Kaufes kommt es nach der hier vertretenen Auffassung vor allem darauf an, ob der Vertrag darauf abzielt, die Daten endgültig auf den „Käufer" zu übertragen oder ob es sich nur um eine zeitlich begrenzte, lizenzähnliche Nutzungsüberlassung handelt. In ersterem Fall ist es durchaus gerechtfertigt, von einem Kauf im Sinne des UN-Kaufrechts zu sprechen, da die Endgültigkeit der Übertragung im Mittelpunkt steht. Auf die Verkörperung auf einem herkömmlichen Datenträger kann es deshalb im Ergebnis nicht ankommen, da die Einordnung als „Kauf" ansonsten ggf. vom Datenvolumen abhinge: geringe Datenvolumina, die auf einem physischen Datenträger weitergegeben werden, unterfielen dem Kaufrecht, größere Datenvolumina, bei denen das unpraktikabel wäre, allerdings nicht.[74] Da die Regelungen des UN-Kaufrechts je nach Interessenlage als zu käufer- oder verkäuferfreundlich gelten,[75] empfiehlt es sich, die Frage deren Ausschlusses (oder Nichtausschlusses) bei der Vertragserstellung und später im Vertragstext zu berücksichtigen.

Nachdem die Vertragsgestaltung im Bereich Big Data in weiten Teilen standardisiert ist (vgl. **88** zum Standardisierungsbedürfnis nachstehend → Rn. 111 ff.), erfolgt die **Rechtswahl im Regelfall im Rahmen allgemeiner Geschäftsbedingungen**. Gemäß Art. 10 Abs. 1 Rom I-VO kommt es für die Wirksamkeit der Rechtswahl darauf an, ob – vorausgesetzt die Rechtswahl wäre wirksam – die Rechtswahlklausel nach dem gewählten Recht zulässig ist. Bei der Wahl deutschen Rechts bestimmt sich das vor allem nach dem Recht der allgemeinen Geschäftsbedingungen bzw. der AGB-rechtlichen Inhaltskontrolle.

Im Ergebnis wird man davon ausgehen können, dass auch eine in AGBs getroffene Rechtswahl **89** grundsätzlich wirksam ist.[76] Dies gilt vor allem für den rein **unternehmerischen Verkehr**, da Art. 3 Abs. 1 Rom I-VO eine insgesamt freie Rechtswahl zulässt und diese Möglichkeit schon deshalb mit dem wesentlichen Grundgedanken der gesetzlichen Regelung vereinbar ist (vgl. zu dieser Voraussetzung § 307 Abs. 1 iVm Abs. 2 Nr. 1 BGB). Bei Verträgen mit **Verbrauchern** ist die Frage schwieriger zu beantworten, da Art. 6 Abs. 1 Rom I-VO im Grundsatz davon ausgeht, dass das Recht am gewöhnlichen Aufenthaltsort des Verbrauchers Anwendung findet bzw. – bei anderweitiger Rechtswahl – zumindest die zwingenden Verbraucherschutzregelungen dieses Ortes. Für den jeweiligen Unternehmer ist es vor diesem Hintergrund das Sicherste, für die jeweiligen Verbraucherverträge das Recht des Staates zu wählen, in dem der Verbraucher seinen gewöhnlichen Aufenthalt hat, zumal dieses Recht **bei Unwirksamkeit der Rechtswahlklausel** über Art. 6 Abs. 1 Rom I-VO regelmäßig ohnehin Anwendung finden würde.

2. Ausnahmen von der freien Rechtswahl

Völlig frei sind die Parteien bei der Wahl des anwendbaren Rechts allerdings nicht. Art. 3 Rom **90** I-VO enthält bereits zwei wesentliche Einschränkungen:

---

73 Vgl. zur Darstellung des Meinungsstandes bei Software MüKoBGB/Huber Art. 1 CISG Rn. 19 ff. sowie Schlechtriem/Schwenzer/Schroeter/Ferrari Art. 1 CISG Rn. 34 ff.
74 Im Ergebnis ähnlich wie hier MüKoBGB/Huber Art. 1 CISG Rn. 23.
75 ZB wird die Tatsache, dass der Käufer nach UN-Kaufrecht bei Vertragsverletzung des Verkäufers einen verschuldensunabhängigen Schadensersatzanspruch hat, häufig als Käuferfreundlichkeit interpretiert. Hierzu und auch zu eher verkäuferfreundlichen Aspekten Piltz ZVertriebsR 2017, 138 (140 f.).
76 Vgl. dazu Borges/Meents/Borges Cloud Computing § 3 Rn. 13.

91 Nach **Art. 3 Abs. 3 Rom I-VO** finden – unabhängig von der getroffenen Rechtswahl – die zwingend anwendbaren Vorschriften des Staates Anwendung, in dem die **relevanten Sachverhaltselemente belegen** sind. Eine „Flucht" aus einem möglicherweise strengen nationalen Recht in eine liberalere Rechtsordnung ist somit bei **rein nationalen Sachverhalten** ausgeschlossen. Der häufig praktizierte Versuch, den Zwängen des deutschen AGB-Rechts durch Wahl eines anderen Rechts (beliebt ist vor allem das Schweizerische Recht) zu entgehen, ist deshalb bei sog. „Binnensachverhalten"[77] zum Scheitern verurteilt. Ähnliches gilt für die Anwendung von EU-Recht auf Fälle, bei denen der gesamte Sachverhalt in EU-Mitgliedstaaten belegen ist und das Recht eines Drittstaats gewählt werden soll. Nach Art. 3 Abs. 4 Rom I-VO kann die Anwendung (zwingenden) Gemeinschaftsrechts nicht umgangen werden. Gerade vor diesem Hintergrund sind die mannigfaltigen Entwicklungen der Gesetzgebung im Bereich Digitalisierung auf EU-Ebene genau zu beobachten.

92 In eine ähnliche Kerbe schlägt **Art. 6 Rom I-VO** für Vertragsverhältnisse, an denen ein **Verbraucher** beteiligt ist. Zwar können die Parteien auch hier grundsätzlich das anwendbare Recht wählen (das setzt Art. 6 Abs. 2 Rom I-VO voraus), diese Wahl darf – insofern weitergehend als Art. 3 Abs. 3 Rom I-VO – aber auch in internationalen Sachverhalten nicht dazu führen, dass dem Verbraucher der Schutz des Rechts seines Aufenthaltsstaates entzogen wird.

93 Der Wortlaut des Art. 6 Abs. 2 Rom I-VO unterscheidet sich allerdings auch anderweitig von Art. 3 Abs. 3 Rom I-VO: Finden bei Letzterem die zwingenden Normen des nationalen Rechts in jedem Fall Anwendung, führt die konkrete Formulierung des **Art. 6 Abs. 2 Rom I-VO** („… nicht dazu führen, dass dem Verbraucher der **Schutz entzogen** …" – Hervorhebung durch Verf.) dazu, dass immer das **Recht mit dem höheren Schutzniveau** herangezogen werden wird. Es ist also nicht nur zu prüfen, in welchem Rechtsraum der Verbraucher seinen gewöhnlichen Aufenthaltsort hat (und ob die übrigen Voraussetzungen des Art. 6 Abs. 1 Rom I-VO erfüllt sind; vgl. dazu → Rn. 95 ff.), sondern ob das Recht des Aufenthaltsortes konkret günstiger ist als das gewählte Recht. In der Praxis führt dies zu erheblicher Rechtsunsicherheit bzw. zu einer durch den Unternehmer kaum zu bewältigenden Prüfungslast, weshalb es bei der Beteiligung eines Verbrauchers – also meist bei Ebene-1-Verträgen – regelmäßig bei der Wahl des Rechts des Aufenthaltsorts des Verbrauchers bleibt.

94 Eine letzte Grenze bildet der *ordre-public*-Vorbehalt des **Art. 21 Rom I-VO**, durch den die Anwendung der Zuweisungsnormen der Rom I-VO dann zugunsten des jeweiligen nationalen Rechts ausgesetzt wird, wenn das mit der jeweils nationalen öffentlichen Ordnung offensichtlich unvereinbar wäre. Nachdem es dabei um Fälle geht, in denen ein tatsächlich schwerwiegender Verstoß gegen inländische Wertvorstellungen vorliegt, ist die (erfolgreiche) Anwendung des *ordre public*-Vorbehalts aber selten.[78]

II. Anwendbares Recht mangels Rechtswahl

95 Sofern die Parteien keine Rechtswahl getroffen haben oder die Rechtswahl unwirksam ist, bestimmt sich das anwendbare Recht für die vertraglichen Beziehungen nach den Art. 4 ff. Rom I-VO (vgl. zur Anwendung der Rom I-VO bereits oben → Rn. 84). Auf die Frage, nach welchem Recht die vertragsgegenständlichen Daten zu beurteilen sind, insbesondere, ob hierauf Art. 43 EGBGB anzuwenden ist,[79] kommt es hier nicht an.

96 Ausgangspunkt der Prüfung ist Art. 4 Rom I-VO, wonach das anwendbare Recht vom **vorliegenden Vertragstyp** abhängt. Hiernach findet zB bei Kaufverträgen über bewegliche Sachen

---

77 Vgl. zur Begrifflichkeit MüKoBGB/Martiny Rom I-VO Art. 3 Rn. 85.
78 Vgl. MüKoBGB/Martiny Rom I-VO Art. 21 Rn. 2 und 6. v. Bar/Mankowski IPR II § Rn. 1003 weisen in diesem Zusammenhang auf den Charakter des ordre-public-Vorbehalts als ultima ratio hin.
79 Vgl. dazu einleitend MüKoBGB/Wendehorst EGBGB Art. 43 Rn. 37 f., insbes. Rn. 267 ff.

das Recht des Staates Anwendung, in dem der Verkäufer seinen gewöhnlichen Aufenthalt hat (Art. 4 Abs. 1 lit. a) Rom I-VO). Die Fixierung auf bestimmte, aber eben auch „klassische" und eindeutige Vertragstypen (so werden in Art. 4 Abs. 1 lit. a bis h Rom I-VO neben dem Kauf- auch Dienstleistungsverträge, Miet-/Pachtverträge, Franchiseverträge und Vertriebsverträge genannt) zeigt die Schwierigkeit der Anwendung dieser Bestimmung, zumal es in den EU-Mitgliedsstaaten keinen spezifischen, typisierten Vertrag über Daten gibt.[80] Die Verträge im Big Data-Umfeld sind zum einen durch das Objekt „Daten", zum anderen dadurch geprägt, dass sie regelmäßig typengemischt sind (vgl. dazu oben → Rn. 34 ff.).

Hier hilft **Art. 4 Abs. 2 Rom I-VO** zumindest zum Teil weiter, nach dem es auf den Sitz der 97 Partei mit der **„charakteristischen" Leistung** ankommt, wenn keiner der Vertragstypen nach Art. 4 Abs. 1 Rom I-VO Anwendung findet. Die charakteristische Leistung ist hierbei die (prägende) Sach- oder Dienstleistung, nicht die (teilweise nicht einmal finanzielle) Gegenleistung.[81] Aufgrund der Vielzahl unterschiedlicher Vertragsgestaltungen ist eine generelle Einordnung allerdings nicht möglich. Wie so oft hängt die Einordnung vom Einzelfall ab, wobei folgende Aspekte Hilfestellung geben können:

Verträge auf Ebene 1 zeichnen sich vor allem durch ihre Vielseitigkeit aus, da der Vorgang der 98 **Datenerhebung** meist nicht den Hauptzweck des Vertrages darstellt, sondern *en passant* im Rahmen der Erfüllung der eigentlichen vertraglichen Hauptleistungspflicht erfolgt (vgl. oben → Rn. 13 f.). Gerade in diesem Fall wird sich das anwendbare Recht nach der Klassifizierung der eigentlichen Hauptpflicht des Vertrages richten, die dann auch einem der Typen des Art. 4 Abs. 1 Rom I-VO unterfallen kann.

Verträge der Ebene 2 behandeln die **Überlassung von Daten** und können – je nach Gestaltung 99 – durchaus Züge eines Kaufvertrages aufweisen. Nachdem Art. 4 Abs. 1 lit. a) Rom I-VO explizit auf den Kauf *beweglicher* Sachen abstellt, ist diese Regelung hier nicht einschlägig.[82] Betrachtet man allerdings den **Schwerpunkt der Leistung** – Zurverfügungstellung von Daten – und damit das Charakteristikum des Vertrages, wird sich auch nach Art. 4 Abs. 2 Rom I-VO der gewöhnliche Aufenthaltsort des „Verkäufers" als relevanter Anknüpfungspunkt ergeben. Bei anderweitiger Gestaltung, also zB der nur vorübergehenden Überlassung der Daten, liegt die Einordnung als Lizenzvertrag nahe. Allerdings ist hier nicht in allen Fällen unstrittig, dass die charakteristische Leistung vom Lizenzgeber erbracht wird.[83] Da jedenfalls bei einfachen Lizenzverträgen der Lizenznehmer regelmäßig lediglich die Lizenzgebühr zahlt, der Lizenzgeber allerdings die Überlassung der Rechte initiiert, sprechen in diesen Fällen die besseren Argumente für die Anknüpfung an den Aufenthaltsort des Lizenzgebers. Dies ist nach zutreffender Ansicht auch bei exklusiven Lizenzen in der Regel Fall, da zum einen die charakteristische Leistung (Einräumung der Nutzungsrechte) dieselbe ist und sogar um die Ausschließlichkeit – und damit die Eigenbegrenzung des Lizenzgebers – erweitert wird.[84]

Die Ebene 3, also die Verträge zur **Datenanalyse**, sind regelmäßig als Dienst- oder Werkvertrag 100 zu qualifizieren, wobei es für die gemeinschaftsrechtliche Auslegung auf die Differenzierung

---

80 Czychowski/Winzek ZD 2022, 81 (83), die auch darauf hinweisen, dass eine solche Typisierung aufgrund der Vielzahl der Vertragskonstellationen wohl auch nicht möglich sein würde.

81 Bräutigam/Kraul IoT-HdB/Kugler/Schrey § 7 Rn. 187.

82 MüKoBGB/Martiny Rom I-VO Art. 4 Rn. 32. Auf die Frage, ob es aufgrund der Fortentwicklung datengetriebener Geschäftsmodelle nicht sinnvoll wäre, die Regelung de lege ferenda „zukunftsfähiger" zu machen, soll hier nicht weiter eingegangen werden.

83 Eine Einordnung als Dienstvertrag hat der EuGH jedenfalls zu Art. 7 lit. b. 2. SpStr. EuGVVO abgelehnt, vgl. EuGH NJW 2009, 1865 (1866 f.). Pro Anknüpfungspunkt beim Lizenzgeber die wohl herrschende Meinung MüKoBGB/Martiny Rom I-VO Art. 4 Art. Rn. 271, BeckOK BGB/Spickhoff VO (EG) 593/2008 Art. 4 Rn. 73 oder Wündisch/Bauer GRUR Int. 2010, 641 (644 ff.). Anders sieht dies MüKoBGB/Martiny Rom I-VO Art. 4 Rn. 274 in Fällen der exklusiven Lizenz, da hier die Leistung des Lizenznehmers die charakteristische sei.

84 Etwas anderes kann zB dann gelten, wenn den Lizenzgeber explizite Ausübungspflichten der Lizenz in einem bestimmten Land treffen.

nach deutschem Schuldrecht nicht ankommt. Entscheidend ist der Fokus auf eine tätigkeitsbezogene Leistung, weshalb auch Werkverträge unter den Dienstleistungsbegriff und somit die Regelung des Art. 4 Abs. 1 lit. b Rom I-VO fallen.[85] Relevant ist somit der **Sitz** des Dienstleisters bzw. Werkunternehmers, also **desjenigen, der die Daten analysiert.**

101   Etwas anderes kann immer dann gelten, wenn eine der Vertragsparteien in ihrer Eigenschaft als **Verbraucher** auftritt. Für solche Fälle sieht Art. 6 Abs. 1 Rom I-VO als Anknüpfungspunkt das Recht des Staates vor, in dem der Verbraucher seinen gewöhnlichen Aufenthalt hat, wenn der Unternehmer auch in diesem Land seine berufliche/gewerbliche Tätigkeit ausübt (lit. a)) oder sich diese Tätigkeit auf jenen Staat ausrichtet (lit. b)). Ein Unternehmer wird seine berufliche/gewerbliche Tätigkeit regelmäßig dann ausüben, wenn er sich aktiv am Geschäftsverkehr des jeweiligen Landes beteiligt.[86] Das wird sich gewöhnlich recht eindeutig feststellen lassen.

102   Demgegenüber ist das Kriterium des Art. 6 Abs. 1 lit. b) Rom I-VO – das **„Ausrichten" der Tätigkeit** – weniger eindeutig. Jedenfalls erweitert der Begriff des Ausrichtens den des Ausübens[87] und zieht den Anwendungsbereich des Art. 6 Abs. 1 Rom I-VO dadurch größer. Allerdings zeigt bereits der Wortlaut des „Ausrichtens", dass **nicht jede unternehmerische Tätigkeit** ausreicht, um dieses Tatbestandsmerkmal zu erfüllen. Erforderlich ist, dass der Unternehmer zum Ausdruck bringt, zum Vertragsschluss mit Verbrauchern im jeweiligen Land **bereit zu sein.**[88] Insbesondere, wenn der Kontakt zwischen Unternehmer und Verbraucher bei Datenerhebung auf Ebene 1 der Vertragsbeziehungen im Internet erfolgt, wird sich in Streitfällen die Frage stellen, ob der Unternehmer durch das Schalten und die Gestaltung seiner Website seine Tätigkeit auf das Sitzland des Verbrauchers ausgerichtet hat. Der *EuGH* hat hierfür in seiner „Pammer"-Entscheidung einen Kriterienkatalog von Anhaltspunkten für ein „Ausrichten" aufgestellt: Neben offenkundigen Aussagen, dass der Unternehmer in einem bestimmten Land Geschäfte machen möchte (was im Ergebnis bereits unter Art. 6 Abs. 1 lit. a) Rom I-VO fallen dürfte), sollen auch Punkte wie die Angabe von Telefonnummern mit internationalen Vorwahlen, internationaler Top-Level-Domains oder die Möglichkeit der Wahl von Sprachversionen und Währungen relevant sein.[89] Der Katalog ist allerdings nicht abschließend. Zudem hat der *EuGH* auch keine finale Gewichtung der genannten Kriterien vorgenommen. Das Gericht hat vielmehr klargestellt, dass es sich lediglich um Indizien handelt, die im jeweiligen Einzelfall geprüft und bewertet werden wollen.[90] Sowohl im Falle der fehlenden als auch einer unwirksamen Rechtswahl ist bei Verträgen mit Verbrauchern eine genaue Analyse des Sachverhalts und insbesondere des Markt- und Marketingauftritts des beteiligten Unternehmers unerlässlich, um das tatsächlich anwendbare Recht zu ermitteln.

III. Gerichtsstand

103   Ähnlich wie beim anwendbaren Recht ergeben sich aus dem meist grenzüberschreitenden Charakter von Verträgen im Big Data-Umfeld Unsicherheiten bezüglich des zuständigen Gerichts. Um für den Streitfall gerüstet zu sein empfiehlt sich daher, eine Gerichtsstandsvereinbarung zu treffen, soweit dies im Einzelfall zulässig ist.[91]

---

85   Vgl. dazu nur MüKoBGB/Martiny Rom I-VO Art. 4 Rn. 45 und 59.
86   Vgl. Arnold IPRax 2016, 567 (569); v. Bar/Mankowski IPR II § 1 Rn. 429; MüKoBGB/Martiny Rom I-VO Art. 6 Rn. 38.
87   Vgl. v. Bar/Mankowski IPR II § 1 Rn. 429; Grüneberg/Thorn Rom I-VO Art. 6 Rn. 6.
88   EuGH Slg I 2010, 12570 = NJW 2011, 505. Nach Arnold IPRax 2016, 567 (570) muss der Unternehmer „zielgerichtet" tätig werden.
89   EuGH Slg I 2010, 12570 = NJW 2011, 505 (509) Rn. 80 ff.
90   Nahezu lobend hierzu v. Bar/Mankowski IPR II § 1 Rn. 442.
91   Unabhängig von einer Festlegung des zuständigen staatlichen Gerichts ist auch möglich, im Rahmen einer Schiedsvereinbarung den ordentlichen Rechtsweg auszuschließen. Nachdem es hier im Big Data-Umfeld aber keine Besonderheiten gibt, soll hierauf nicht näher eingegangen werden.

Bei rein **nationalen Sachverhalten** – die allerdings selten sein dürften – richtet sich die 104
Wirksamkeit einer Gerichtsstandsvereinbarung nach § 38 ZPO. Für Kaufleute[92] ist dies nach
§ 38 Abs. 1 ZPO sogar stillschweigend möglich, aus Gründen der Rechtssicherheit empfiehlt
sich aber natürlich auch hier die Aufnahme dieser Regelung in das jeweilige Vertragswerk.

Für Vertragsverhältnisse, an denen nicht nur Kaufleute beteiligt sind, gilt § 38 Abs. 2 und 3 105
ZPO, was dazu führt, dass die Möglichkeit der Prorogation gerade bei Verträgen auf Ebene
1 auf Fälle beschränkt ist, in denen eine Partei gerade keinen allgemeinen Gerichtsstand im
Inland hat (§ 38 Abs. 2 ZPO) oder diesen nach Vertragsschluss aus dem Inland weg verlegt (§ 38
Abs. 3 Nr. 2 ZPO). Im Ergebnis sind deshalb Gerichtsstandsvereinbarungen mit Nicht-Kaufleu-
ten im Inland nur in Ausnahmefällen möglich. Diese müssen – sofern kein besonderer oder
ausschließlicher Gerichtsstand besteht – regelmäßig an ihrem Wohnsitz verklagt werden (allgemeiner Gerichtsstand, § 13 ZPO).

Bei **grenzüberschreitenden Sachverhalten**[93] wird § 38 ZPO im Anwendungsbereich der 106
EuGVVO von Art. 25 EuGVVO verdrängt, da die EuGVVO der ZPO in diesen Fällen als *lex
specialis* vorgeht.[94] Bei Verträgen innerhalb der Mitgliedstaaten der EU ist eine Prorogation
deshalb im Bereich Big Data grundsätzlich möglich, da dieser Themenkomplex nicht nach
Art. 1 II EuGVVO aus dem Anwendungsbereich der Verordnung ausgenommen ist.

Voraussetzung für die Wirksamkeit der Vereinbarung ist, dass diese **schriftlich geschlossen** 107
bzw. bei mündlicher Abrede im Nachgang schriftlich bestätigt wird (Art. 25 Abs. 1 lit. a)
EuGVVO). Ausnahmen können nach Art. 25 Abs. 1 lit. b) und c) EuGVVO gelten, wenn zwischen den Parteien abweichende Gepflogenheiten bestehen oder es einen entsprechenden
Handelsbrauch gibt. Allerdings ist auch hier anzuraten (und im Ergebnis gängige Praxis), den
Gerichtsstand direkt im betreffenden Vertrag zu regeln.[95] Für Einhaltung der Schriftform ist
auch die Unterzeichnung erforderlich.[96] Den Bedürfnissen des digitalen Wirtschaftsverkehrs –
und deshalb insbesondere auch Verträgen im Bereich Big Data – wird demgegenüber Art. 25
Abs. 2 EuGVVO gerecht, der die **elektronische Übermittlung** dann der Schriftform gleichstellt, wenn diese eine dauerhafte Aufzeichnung ermöglicht, wie zB bei einem Vertragsschluss
per E-Mail.[97] Wird der Vertrag nur auf einer Website angezeigt, war strittig, ob das Kriterium
der dauerhaften Aufzeichnung erfüllt ist, wenn diese Website allenfalls durch Ausdruck „aufgezeichnet" werden konnte.[98] Der EuGH hat mittlerweile klargestellt, dass es ausreicht, wenn das
Ausdrucken und Speichern des Vertragstextes vor Abschluss des Vertrags möglich sind.[99]

Für den Fall, dass ein **Verbraucher Vertragspartei** ist, schränkt Art. 19 EuGVVO die Möglich- 108
keit der Prorogation vor Streitentstehung allerdings auf Fälle ein, in denen entweder die Möglichkeit des Verbrauchers, einen Gerichtsstand zu wählen, erhöht wird, oder der Verbraucher

---

92 Es gilt der Kaufmannsbegriff nach dem Handelsrecht, also v. a. die §§ 1 ff. HGB. § 38 Abs. 1 ZPO ist insofern
  eine abschließende Regelung, die nicht analog auf vergleichbare Personengruppen übertragbar ist. Vgl. dazu
  auch Stein/Jonas/Bork ZPO § 38 Rn. 11 oder Musielak/Voit/Heinrich ZPO § 38 Rn. 10. Auf die anderen Proro-
  gationsberechtigten (juristische Personen des öffentlichen Rechts oder öffentlich-rechtliche Sondervermögen)
  soll nicht weiter eingegangen werden.
93 MüKoZPO/Patzina ZPO § 38 Rn. 25 weist darauf hin, dass Art. 25 EuGVVO auf eine Gerichtsstandsvereinbarung zwischen zwei in Deutschland wohnenden Parteien nicht anwendbar ist.
94 BGH IWRZ 2018, 176; OLG Düsseldorf GRUR-RR 2022, 213 (214) Rn. 37; so schon zum EuGVÜ BGH NJW
  1980, 2022 (2023).
95 Wie Musielak/Voit/Stadler EuGVVO Art. 25 Rn. 8 betont, sind diese Formvorschriften eng auszulegen, damit
  Zweifel an der Vereinbarung möglichst ausgeschlossen sind.
96 BGH NJW 2001, 1731, wobei der BGH darauf hinweist, dass die Übermittlung durch „moderne Kommunikationsmittel, die keine handschriftlichen Unterzeichnungen ermöglichen" – also zB Telefax – möglich sein soll.
  Vgl. dazu auch Geimer/Schütze/Geimer EuGVVO Art. 25 Rn. 105 f.
97 Vgl. MüKoZPO/Gottwald Brüssel Ia-VO Art. 25 Rn. 44.
98 Vgl. dazu Borges/Meents/Thole Cloud Computing § 15 Rn. 10 mit dem aus Rechtssicherheitsaspekten guten
  Vorschlag, zwischen den Vertragsparteien dann eine entsprechende Bestätigungs-E-Mail o. ä. auszutauschen.
99 EuGH EuZW 2015, 565 (567) Rn. 40.

und die andere Partei ihren Aufenthalt im selben Mitgliedsstaat haben und ein zuständiges Gericht in eben diesem Mitgliedstaat bestimmt wird. Diese Vorschrift dient dem Verbraucher in Fällen, in denen der **Verbrauchergerichtsstand nach Art. 17 EuGVVO** einschlägig ist, als Schutz vor nachteiligen Gerichtsstandsvereinbarungen,[100] dh die Schranke des Art. 19 EuGVVO findet nur dann Anwendung, wenn die Voraussetzungen des Art. 17 EuGVVO vorliegen. Der Verbrauchergerichtsstand ist dann einschlägig, wenn es um Ansprüche aus einem Vertrag geht, an dem ein Verbraucher und eine Person beteiligt sind, die ihre berufliche oder gewerbliche Tätigkeit in dem Mitgliedstaat ausübt, in dem der Verbraucher seinen Wohnsitz hat oder deren berufliche oder gewerbliche Tätigkeit unter anderem auf diesen Mitgliedstaat ausgerichtet ist (Art. 17 Abs. 1 lit. c).[101] Schwerpunkt der Diskussion ist – wie auch bei der analogen Frage des auf Verbraucherverträge anwendbaren Rechts unter Art. 6 Abs. 1 lit. b) Rom I-VO (vgl. dazu oben → Rn. 102) – das **Merkmal des „Ausrichtens"**. Die „Pammer"-Entscheidung des *EuGHs* gibt hier mit dem dort niedergelegten Kriterienkatalog[102] ebenfalls die nötige Orientierung: Der Vertragspartner des Verbrauchers muss zum Ausdruck bringen, mit dem Verbraucher in dessen Wohnsitzland einen Vertrag schließen zu wollen.[103] Es kommt somit wiederum auf eine Gesamtschau der Umstände des Einzelfalls an. Ist nach dieser Prüfung der Verbrauchergerichtsstand einschlägig, besteht die Prorogationsmöglichkeit lediglich auf das Wohnsitzland des Verbrauchers.

109 Die Prorogation des Art. 25 EuGVVO ist auch im Rahmen **allgemeiner Geschäftsbedingungen** möglich, sofern die AGB, die die Gerichtsstandsklausel enthalten, im Vertrag zwischen den Parteien, der die Formerfordernisse des Art. 25 Abs. 1 oder Abs. 2 EuGVVO erfüllt, in Bezug genommen wurde.[104]

110 Für Fälle **außerhalb des Anwendungsbereichs des EuGVVO** gilt gem. Art. 26 Abs. 6 lit. a) HGÜ das **Haager Gerichtsstandübereinkommen**, sofern dessen Anwendungsbereich eröffnet ist. Hat zumindest eine der Parteien ihren Wohnsitz oder Aufenthalt außerhalb der EU und in einem Vertragsstaat des HGÜ, findet Letzteres Anwendung.[105] Sachlich bezieht sich das HGÜ weitgehend auf Kaufleute (vgl. v. a. den Ausschluss von Verbrauchern in Art. 2 Abs. 1 lit. a) HGÜ), die hierunter gem. Art. 5 HGÜ einen Gerichtsstand vereinbaren können. Diese Gerichtsstandsvereinbarung muss schriftlich oder zumindest durch ein anderes Kommunikationsmittel erfolgen, bei dem es möglich ist, auf den Inhalt später wieder zuzugreifen (Art. 3 lit. c) HGÜ).

F. Allgemeine Geschäftsbedingungen

I. Relevanz des Rechts der Allgemeinen Geschäftsbedingungen

1. Erfordernis von Standardisierung

111 Big Data lebt von der **Auswertung großer Datenmengen**, die – gerade wenn es um Informationen über Verbraucher oder deren Konsumverhalten geht – von einer Vielzahl von Personen „eingesammelt" werden müssen. Insbesondere bei Verträgen auf Ebene 1 handelt es sich deshalb um ein „Massengeschäft", bei dem der Datenerheber bzw. Verwender der Daten diese in ihrer Gesamtheit nutzen, analysieren und auswerten können muss, ohne sich darüber Gedanken machen zu müssen, wie er mit welchen Daten verfahren kann. Das funktioniert nur,

---

100 Statt vieler nur MüKoZPO/Gottwald Brüssel Ia-VO Art. 19 Rn. 1.
101 Die anderen Varianten des Art. 17 Abs. 1 EuGVVO, der Teilzahlungskauf beweglicher Sachen (lit. a)) und Anschaffungsdarlehen (lit. b)), sollen hier nicht weiter vertieft werden.
102 EuGH Slg I 2010, 12570 = NJW 2011, 505 (509) Rn. 80 ff.
103 So auch Musielak/Voit/Stadler EuGVVO Art. 17 Rn. 8.
104 So EuGH EuZW 2016, 635 (637) Rn. 39; EuGH EuZW 1999, 441 (442) Rn. 13.
105 Musielak/Voit/Stadler EuGVVO Art. 25 Rn. 1a, zu Recht mit Verweis auf die komplizierte Formulierung des Art. 26 Abs. 6 lit. a) HGÜ.

wenn bei Erhebung der Daten vertraglich stets ein Mindestmaß identischer Nutzungsrechte eingeräumt wird. Praktikabel realisierbar ist das **nur auf Basis standardisierter Verträge**, die mit allen Datensubjekten identisch abgeschlossen werden. Diese Vertragsbestimmungen sind „für eine Vielzahl von Verträgen" vorformuliert und werden vom Datenerheber einseitig gestellt, weshalb sie nach § 305 Abs. 1 S. 1 BGB als allgemeine Geschäftsbedingungen qualifiziert werden müssen.

Die Standardisierung von Verträgen und Vertragsbedingungen oder zumindest die Standardisierung von Vertragsklauseln ist auf Ebene 1 von wesentlicher Bedeutung[106], um ein identisches Niveau an Nutzungsrechten zu erreichen. **Bei individuellem Aushandlung** der Verträge wäre das faktisch **nicht zu erreichen**. Und auch unabhängig von der vorbeschriebenen rechtlichen Notwendigkeit wäre das individuelle Verhandeln der Verträge mit den einzelnen Datensubjekten bei der benötigten Menge an Daten rein kapazitätstechnisch wohl von keinem Unternehmen leistbar, so dass an eine wirtschaftlich sinnvolle Nutzung von Big Data in den meisten Fällen nicht zu denken wäre.

Bei **Verträgen auf Ebene 2 und 3** wird – wie auch sonst im unternehmerischen Verkehr üblich – ebenfalls mit vorformulierten Vertragsbedingungen gearbeitet. Anders lassen sich die erwünschten Skaleneffekte nicht erzielen.

2. Alternative Gestaltungsmöglichkeiten?

Als Konsequenz der Standardisierung von Vertragsbedingungen müssen zum einen die strengen **formalen Voraussetzungen** der Einbeziehung von allgemeinen Geschäftsbedingungen gemeistert werden (vgl. §§ 305 ff. BGB). Zum anderen muss der Verwender bei Gestaltung der Vertragsbedingungen aber auch den **strengen inhaltlichen Anforderungen** an die Inhaltskontrolle gerecht werden (§§ 307 ff. BGB). Insbesondere im unternehmerischen Verkehr stellt Letzteres die Bemühungen um die Digitalisierung vor große Herausforderungen, da bei Anwendung deutschen Rechts die Gestaltungsmöglichkeiten der Unternehmen vor allem auch im unternehmerischen Verkehr stark eingeschränkt sind.[107] Insofern ist nachvollziehbar, dass über **Alternativen** zur Standardisierung von Vertragsbedingungen nachgedacht wird. Allerdings ist das insbesondere auf Ebene 1 aus den unter → Rn. 111 genannten Gründen der Einheitlichkeit der Nutzungsrechte und der praktischen Kapazitätsgrenzen des Verhandelns von Verträgen kaum denkbar.

Etwas anderes kann auf den Ebenen 2 und 3 gelten, insbesondere, wenn es sich bei den dortigen Beziehungen **ausnahmsweise einmal nicht um Massengeschäfte** handelt, sondern beispielsweise einmalige (Groß-) Aufträge vergeben werden. Zwar werden Unternehmen, die auf Ebene 2 gewerbsmäßig Datengesamtheiten zur Verfügung stellen oder auf Ebene 3 Datengesamtheiten analysieren, im Regelfall auch aus Effizienzgründen eigene Musterverträge oder Allgemeine Geschäftsbedingungen für ihre Geschäftsvorfälle nutzen wollen. Abhängig von der konkreten Verhandlungssituation oder der Marktmacht des Vertragspartners ist aber nicht unwahrscheinlich, dass in diesem Bereich Individualabreden getroffen werden, die nach § 305b BGB Vorrang vor den standardisierten Bedingungen haben.

3. Anwendbarkeit des deutschen AGB-Rechts

Für die Frage, ob das Recht der allgemeinen Geschäftsbedingungen anwendbar ist, kommt es auch im Bereich von Big Data darauf an, dass die in Frage stehenden Bedingungen für eine

---

106 Vgl. zu ähnlichen Konstellationen allgemein im IT-Recht Auer-Reinsdorff/Conrad/Redeker IT- und DatenschutzR-HdB § 16 Rn. 1.
107 Vgl. dazu vor Heydn BB 2021, 1420 ff.; instruktiv zur „Fehlvorstellung" hinsichtlich der Vertragsfreiheit Leuschner NJW 2016, 1222 ff. AA hierzu mit Betonung der Vertragsgerechtigkeit und Schutz vor den AGBs der marktmächtigen Partei Graf von Westphalen BB 2021, 1410 (1415 ff.).

Vielzahl von Verträgen vorformuliert wurden. Ob die Bedingungen nun im Rahmen eines Mustervertrages niedergelegt sind, den die Vertragspartner digital oder gar analog unterzeichnen, ob sich die Bedingungen in einem separaten Dokument – ggf. einem Anhang – befinden, oder ob sie im Rahmen des Zutritts zu einer Plattform als Plattformbedingungen durch Anklicken akzeptiert werden müssen, ist für die Einordnung als „allgemeine Geschäftsbedingungen" im Sinne der §§ 305 ff. BGB irrelevant. Entscheidend ist das **Vorformulieren und Stellen durch eine Partei.**

117 Wie bereits oben unter → Rn. 82 ausgeführt, sind Verträge im Bereich Big Data in den seltensten Fällen ausschließlich auf Deutschland beschränkt, sondern bewegen sich im internationalen Umfeld. Die Parteien können deshalb das anwendbare Recht grds. frei wählen (vgl. Art. 3 Abs. 1 Rom I-VO sowie oben unter → Rn. 84 ff.). Die Strenge des deutschen AGB-Rechts – insbesondere die Strenge der Inhaltskontrolle – führt deshalb häufig dazu, eine **„Flucht" aus dem deutschen Recht** zu versuchen, um bei Standardklauseln und -verträgen eine größere Gestaltungsfreiheit zu erhalten.[108]

118 Die **freie Rechtswahl** wird allerdings in Art. 3 Abs. 3 und Abs. 4 Rom I-VO dahin gehend **eingeschränkt**, dass in bestimmten Fällen zwingende Bestimmungen einer anderen Rechtsordnung (Abs. 3) bzw. des Gemeinschaftsrechts (Abs. 4) nicht berührt werden und deshalb anwendbar bleiben (vgl. auch oben → Rn. 90 ff.). Art. 3 Abs. 3 Rom I-VO nimmt sich der Konstellationen an, in denen bei nationalen Sachverhalten die Rechtsordnung eines anderen Staates gewählt wird[109], regelmäßig mit dem Hintergrund, bestimmten als nachteilig empfundenen Regelungen zu entgehen. Ergänzend tritt Art. 3 Abs. 4 Rom I-VO hinzu, in dem klargestellt wird, dass bei Sachverhalten mit ausschließlichem EU-Bezug das Gemeinschaftsrecht nicht durch die Rechtswahl eines Drittstaates derogiert werden kann.[110] Die §§ 305 ff. BGB als nicht dispositives Recht[111] bleiben deshalb selbst bei entsprechender Rechtswahl anwendbar. Das gleiche gilt nach Art. 6 Abs. 2 S. 2 Rom I-VO bei Verbraucherverträgen.

119 **Enthält ein Vertrag keine Rechtswahl**, gelten die Art. 4 ff. Rom I-VO (vgl. dazu oben → Rn. 95 ff.), wobei insbesondere auf Art. 6 Abs. 1 Rom I-VO hinzuweisen ist, nach dem bei Verbraucherverträgen – also vor allem bei Verträgen auf der Ebene 1, der Erhebung von Daten – das Recht des Staates Anwendung findet, in dem der Verbraucher seinen gewöhnlichen Aufenthalt hat. Einem Verbraucher aus Deutschland kann also auch so der Schutz des nicht dispositiven AGB-Rechts – insbesondere der Schutz durch die Inhaltskontrolle – nicht entzogen werden.

II. Standardklauseln als Vertragsbestandteil

1. Einbeziehung in Verträge

120 Voraussetzung für die Anwendung der standardisierten Bedingungen ist, dass sie wirksam in den Vertrag einbezogen, also **Bestandteil der vertraglichen Regelungen** wurden. Im Sinne der Privatautonomie versteht sich das eigentlich von selbst (Regelungen können nur Anwendung finden, wenn diesbezüglich Einigkeit zwischen den Vertragsparteien besteht), da Standardklauseln aber regelmäßig einseitig von einer Partei „diktiert" werden, werden an die **Einbeziehung die in § 305 Abs. 2 BGB** enthaltenen Voraussetzungen geknüpft:

1. Der Verwender muss die andere Partei ausdrücklich auf die standardisierten Bedingungen hinweisen,

---

108 Vgl. dazu auch Bräutigam/Kraul IoT-HdB/Kugler/Schrey § 7 Rn. 178.
109 Dazu ausführlich v. Bar/Mankowski IPR II § 1 Rn. 204 ff.
110 Auch hierzu statt vieler v. Bar/Mankowski IPR II § 1 Rn. 210 ff.
111 Grüneberg/Grüneberg BGB Überbl v. § 305 Rn. 7.

2. die andere Partei muss die Möglichkeit haben, in zumutbarer Weise den Inhalt der Standardbedingungen zur Kenntnis zu nehmen, und

3. die andere Partei muss mit der Geltung der Standardbedingungen einverstanden sein.

Inwieweit der in **§ 305 Abs. 2 Nr. 1 BGB ebenfalls erwähnte „Aushang"** am Ort des Vertragsschlusses im Big Data-Umfeld relevant ist, bleibt abzuwarten. Bislang findet diese Variante vor allem bei Massengeschäften des täglichen Lebens und klassischen ortsgebundenen Verträgen (zB Parkgebühren, Schwimmbadeintritte, etc) Anwendung[112]. Mit der zunehmenden Digitalisierung des realen Lebens und der Sammlung von Daten bei Geschäftsvorfällen in der analogen Welt ist aber denkbar, dass künftig auch ausgehängte allgemeine Geschäftsbedingungen vermehrt Regelungen zur Verwendung der bei Inanspruchnahme der angebotenen Leistung erhobenen Daten enthalten werden. Ein mögliches Einsatzfeld sind Parkhäuser, deren Leistung bislang durch Ziehen einer anonymen Parkkarte abgerechnet wurden, bei denen Nutzung und Entgelt mittlerweile aber bereits auf Basis des gescannten Nummernschildes eines Fahrzeuges kalkuliert werden. Allein die dadurch erhaltenen Informationen über die Herkunft der Fahrzeuge kann interessante Anknüpfungspunkte für Analysen bieten. Ob die Erhebung und Nutzung solcher Daten als überraschend gelten würden und die Einbeziehung aus diesem Grund ausgeschlossen wäre (vgl. § 305 c Abs. 1 BGB), hängt von der konkreten Geschäftssituation und der Gestaltung des standardisierten Vertragstextes ab. Die Entwicklung bleibt zu beobachten. **121**

Die Einbeziehung ist dann unproblematisch, wenn die **Standardbedingungen Teil eines einheitlichen Vertragsdokuments** (eines Mustervertrages bzw. Templates) sind, das „klassisch" – entweder analog oder digital – unterzeichnet und ggf. sogar parafiert wird. Die Parteien bringen dann deutlich zum Ausdruck, dass sie genau diesen Vertragstext mit den dort enthaltenen Regelungen vereinbaren wollten, auch wenn dieser Text zu 100 % von einer der Parteien stammt. **122**

Auf den ersten Blick weniger eindeutig ist die Einbeziehung der standardisierten Bedingungen – und das wird im Big Data-Kontext zumindest auf Ebene 1 der Regelfall sein –, wenn diese in einem **separaten Dokument** niedergelegt sind, das lediglich durch Bezugnahme im Rahmen der Willenserklärungen der Parteien Teil der Regelung werden soll. Allerdings wird der weit überwiegende Teil der für Big Data-Anwendungen auf vertraglicher Basis generierten Daten aus dem Internet stammen. Die Praxis behilft sich in solchen Fällen bereits seit langem damit, im Rahmen des Vertragsschlusses einen Hinweis auf die für den Vertrag relevanten Standardregelungen, die dann auch entsprechend verlinkt (und herunterladbar) sind, zu geben[113]. Die Klauseln werden dann durch ein explizites „Opt-In" vor Abgabe der Willenserklärung akzeptiert. **123**

2. Kollision von allgemeinen Geschäftsbedingungen

Seltener, aber keinesfalls ausgeschlossen, sind Konstellationen, in denen sich **inhaltlich kollidierende allgemeine Geschäftsbedingungen** mehrerer Akteure gegenüberstehen. Bei Verträgen auf Ebene 1 wird das zwar der Ausnahmefall sein, allerdings ist bei Verträgen der Ebene 2 und gerade bei Abschluss von Datenanalyseverträgen auf Ebene 3 nicht unüblich, dass beide Vertragspartner im Rahmen des jeweiligen Angebots und der Annahme auf ihre Einkaufs- bzw. Vertriebsbedingungen verweisen. **124**

So spielen auch im Big Data-Umfeld die bekannten Fragen eine Rolle, die sich aus der Verwendung von sich in der Sache meist widersprechenden allgemeinen Geschäftsbedingungen erge- **125**

---

112 Wolf/Lindacher/Pfeiffer/Pfeiffer AGB-Recht § 305 Rn. 79 ff.
113 Für die wirksame Einbeziehung ist das ausreichend, so schon BGH NJW 2006, 2976 ff. Insgesamt zu dieser und vergleichbaren Konstellationen MüKoBGB/Fornasier BGB § 305 Rn. 76 ff., insbes. Rn. 78.

ben[114]: Wurde überhaupt ein Vertrag geschlossen, welche Regelungen finden Anwendungen, wenn die Klauselwerke sich inhaltlich widersprechende Bestimmungen enthalten, und zuletzt, was gilt, wenn die allgemeinen Geschäftsbedingungen der einen Seite einen Themenbereich regeln, die der anderen Seite aber nicht?

126 Insbesondere dann, wenn die Parteien den **Vertrag auch durchführen**, geben Sie zu erkennen, dass sie den Vertragsschluss **trotz der kollidierenden allgemeinen Geschäftsbedingungen wollten** und in der fehlenden Einigkeit über die Standardbedingungen keinen Hinderungsgrund für den Vertrags sahen.[115] Auch das Schicksal widersprechender Klauseln ist mittlerweile geklärt: Die Regelungen werden wegen des inhaltlichen Widerspruchs nicht Vertragsbestandteil. An ihre Stelle gilt das jeweils anwendbare Gesetzesrecht.[116] Die Frage, was für Bestimmungen gilt, die in den widerstreitenden AGB kein Pendant finden, lässt sich zumindest dann ebenfalls mit einer Anwendung des dispositiven Gesetzesrechts beantworten, wenn die Bedingungen der zweiten Partei eine adäquate Abwehrklausel enthalten. Denn dann wurde zum Ausdruck gebracht, dass man jedenfalls nicht die Bedingungen des Vertragspartners akzeptieren wolle.[117] Sieht man die Anwendung des dispositiven Gesetzesrechts als minimale „beste Alternative einer fehlenden Einigung über die Bedingungen", lässt sich auch sagen, dass die wichtigste Regelung in allgemeinen Geschäftsbedingungen eine adäquate Abwehrklausel ist.

127 Gerade im Big Data-Umfeld wird diese Rechtsfolge im Einzelfall **Probleme bei der Vertragsauslegung** nach sich ziehen, da die relevanten Verträge weitestgehend **nicht in die Typologie** des Besonderen Schuldrechts des BGB fallen (→ Rn. 36 f.). Allerdings ist das keine Frage des Rechts der allgemeinen Geschäftsbedingungen, sondern die Folge der Anwendung der ständigen Rechtsprechung zu diesem Themenkreis. Vertragsrechtlich lässt sich das nur dadurch in den Griff bekommen, Situationen mit widerstreitenden allgemeinen Geschäftsbedingungen zu vermeiden. Im Einzelfall bedeutet das, lieber den meist unbequemeren Weg der Vertragsverhandlung zu gehen oder sich zumindest auf die allgemeinen Bedingungen einer Seite nebst etwaigen Abweichungen in Form eines Side Letters zu verständigen. Auf den Ebenen 2 und 3 ist das aufgrund der geringeren Zahl von Vertragsbeziehungen und der Möglichkeit, im Wege von Rahmenverträgen generelle Regelungen aufzustellen, auch nicht unrealistisch.

3. Überraschende Klauseln

128 Zuletzt sei erwähnt, dass auch bei Verträgen im Big Data-Kontext überraschende Klauseln, dh Klauseln, die „so ungewöhnlich sind, dass der Vertragspartner des Verwenders mit ihnen nicht zu rechnen braucht" (§ 305c Abs. 1 BGB) selbstverständlich nicht Vertragsbestandteil werden. Das **Überraschungsmoment** bestimmt sich in diesem Zusammenhang nach den Erwartungen des Vertragspartners, die von den Begleitumständen des Vertrages bzw. Vertragsschlusses geprägt werden,[118] wobei auch dem **Grad der Abweichung vom dispositivem Gesetzesrecht** Bedeutung zukommt.[119] Aber auch der äußere Zuschnitt des Vertrages ist relevant.[120]

129 Die Frage, wann ein Vertragspartner im Big Data-Kontext mit bestimmten Klauseln „nicht zu rechnen braucht", ist vor allem deshalb nicht immer leicht zu beantworten, weil die hier relevanten Verträge bzw. Vertragskonstellationen **regelmäßig keinem der Standardvertragsty-**

---

114 Allgemein zu den Fragen im Zusammenhang mit der Kollision von Allgemeinen Geschäftsbedingungen vgl. nur MüKoBGB/Fornasier BGB § 305 Rn. 113 ff.; Mann BB 2017, 2178 (2182); Grüneberg/Grüneberg BGB § 305 Rn. 54 f.; Schulze/Schulte-Nölke § 305 Rn. 20; Leuschner/Leuschner AGB-Recht § 305 Rn. 231 f.

115 So im Ergebnis ständige Rechtsprechung seit BGH WM 1957, 1064; WM 1973, 1198 (1200) oder NJW 1973, 2106 (2107). Mit weiteren Fundstellen auch Grüneberg/Grüneberg BGB § 305 Rn. 54.

116 Ständige Rechtsprechung, zB BGH NJW 1985, 1838 (1839 f.); NJW-RR 2001, 484; OLG Düsseldorf NJW-RR 1997, 946.

117 Vgl. dazu nur BGH NJW 1985, 1838 (1840) oder BB 1991, 1732 (1734).

118 BGH NJW 2014, 2940 (2941).

119 Vgl. hierzu nur BGH NJW 2013, 1803 (1804) mwN.

120 Wolf/Lindacher/Pfeiffer/Lindacher/Hau AGB-Recht § 305c Rn. 21 f.

Keil

pen des BGB entsprechen (→ Rn. 36 f.). Eine Vergleichsbasis, gegenüber der eine Klausel als „überraschend" zu qualifizieren wäre, existiert deshalb meist nicht.

Andererseits werden gerade bei Verträgen auf Ebene 1 Regelungen zur Datennutzung (oder 130 Datenanalyse), die selbst nicht Teil des gesetzlichen Leitbilds des Besonderen Teils des Schuldrechts sind, mit Vertragsbeziehungen verknüpft, die eigentlich etwas anderes regeln. Die Einräumung der Datennutzung erfolgt hier im Ergebnis *en passant* (vgl. → Rn. 13 f.). Dabei ist nicht auszuschließen, dass eine solche Regelung den Nutzer überrascht. Umfassende Regelungen zur Datennutzung in einem als „Kaufvertrag" titulierten Dokument zu „verstecken" kann genauso zur Unwirksamkeit führen, wie eine allzu „fantasievolle" Gestaltungspraxis.[121] Die Entwicklung der Rechtsprechung bleibt in diesem Zusammenhang aber abzuwarten, da das **„Zahlen mit Daten"** mittlerweile nicht nur über die mediale Berichterstattung vermehrt in das Bewusstsein der Gesellschaft rückt, sondern durch die Einführung des § 312 Abs. 1a BGB (vgl. → Rn. 29) Teil eines gesetzlichen Leitbildes geworden ist. Die Tatsache an sich, dass bei Geschäftsvorgängen im Internet Daten gesammelt werden, sollte mittlerweile niemanden mehr überraschen.

III. Inhaltskontrolle

1. Grundsätze

Die wesentlichste Folge der Anwendbarkeit des deutschen AGB-Rechts ist die Inhaltskontrol- 131 le der allgemeinen Geschäftsbedingungen. Die §§ 307–309 BGB bestimmen, unter welchen Voraussetzungen vertragliche Regelungen bzw. auch sonstige Vertragsbestandteile (vgl. § 307 Abs. 3 S. 2 BGB) in allgemeinen Geschäftsbedingungen unwirksam sind, auch wenn sie dies in individuell ausgehandelten Verträgen nicht wären.

2. Abhängigkeit vom Vertrags- und Regelungsgegenstand/Transparenzgebot

Nachdem der Gegenstand „Daten" in der normierten Vertragstypologie nahezu nicht berück- 132 sichtigt ist, kommt der Definition des Vertragsgegenstandes, also des gewünschten Inhalts des Vertrages (→ Rn. 8 ff.), besondere Bedeutung zu.[122] Gerade diese Beschreibungen müssen deshalb besonders klar und präzise sein, um das Ziel des Vertrages – Rechtssicherheit als Basis der wirtschaftlichen Tätigkeit – zu erreichen. Folge einer unzureichenden oder unklaren **Leistungsbeschreibung** wäre, dass der Vertragsgegenstand und somit meist Leistung und ggf. auch Gegenleistung teils erhebliches Konfliktpotential böten.

Das AGB-Recht unterstützt dies im Rahmen des § 307 BGB insofern, als das **Transparenzgebot** 133 des § 307 Abs. 1 S. 2 BGB gem. § 307 Abs. 3 S. 2 BGB auch auf die Leistungsbeschreibung Anwendung findet und somit zu deren Unwirksamkeit führen kann,[123] **selbst wenn keine Abweichung von Rechtsvorschriften oder den wesentlichen Grundgedanken der gesetzlichen Regelung** vorliegt, die bei den vorliegenden Vertragskonstellationen ohnehin schwer zu bestimmen sein werden (→ Rn. 36 f.). Auch aus diesem Grund muss der Definition des Vertragsgegenstandes besondere Bedeutung zukommen. Auf dessen möglichst sorgfältige Gestaltung sollte nicht nur aus Gründen der AGB-Festigkeit des Vertrages ein Schwerpunkt bei der Kautelararbeit gelegt werden.

---

121 Redeker rät deshalb in Auer-Reinsdorff/Conrad/Redeker IT- und DatenschutzR-HdB § 16 Rn. 14 dazu, bei Standardklauseln in der „Phantasie [sic] bei der Vertragsgestaltung zurückhaltend" zu sein.
122 Hennemann RDi 2021, 61 (64) Rn. 13.
123 Vgl. MüKoBGB/Wurmnest BGB § 307 Rn. 58 iVm Rn. 13 ff.; Schur GRUR 2020, 1142 (1146).

3. Inhaltskontrolle nach deutschem AGB-Recht

134 Hauptanliegen des AGB-Rechts ist, den Vertragspartner des Verwenders der Standardklauseln vor einer **strukturellen „Störung der Entscheidungsfreiheit"** bzw. einer ungerechten Gestaltung des Vertrages durch den Verwender zu schützen.[124] Die Inhaltskontrolle nach § 307 Abs. 1 S. 1 BGB setzt deshalb bei der unangemessenen Benachteiligung des Vertragspartners an. Vertragsklauseln sind unwirksam, wenn sie den Vertragspartner des Verwenders entgegen den Geboten von Treu und Glauben unangemessen benachteiligen.

135 Diese Regelung wird durch die **Zweifelsfallregelungen des § 307 Abs. 2 BGB** zumindest etwas konturiert. Danach ist eine unangemessene Benachteiligung im Zweifel anzunehmen, wenn eine Bestimmung mit **wesentlichen Grundgedanken** der gesetzlichen Regelung, von der abgewichen wird, nicht zu vereinbaren ist, oder wenn wesentliche Rechte oder Pflichten, die sich aus der Natur des Vertrags ergeben, so eingeschränkt werden, dass die Erreichung des Vertragszwecks gefährdet ist. Bereits aus diesen Zweifelsfallregelungen ergibt sich, dass die Basis, mit der die standardvertragliche Regelung verglichen werden soll, das (dispositive) Gesetzesrecht bzw. die für einen Vertrag relevanten gesetzlichen Regelungen sind. § 307 Abs. 3 BGB unterstreicht dies noch einmal und stellt klar, dass lediglich die Bestimmungen in Standardverträgen der Inhaltskontrolle unterliegen, durch die von Rechtsvorschriften abgewichen wird oder die Rechtsvorschriften ergänzen (zur Ausnahme beim Transparenzgebot nach § 307 Abs. 1 S. 2 BGB siehe oben → Rn. 133).

136 In Ergänzung der Generalklausel des § 307 BGB enthalten die §§ 308 f. BGB für Verträge mit Verbrauchern – im vorliegenden Kontext also wiederum vor allem Verträge auf Ebene 1, die der Datenerhebung dienen – **Klauselverbote mit (§ 308 BGB) und ohne (§ 309 BGB) Wertungsmöglichkeit**, die die Inhaltskontrolle zumindest etwas mehr konkretisieren. Im **unternehmerischen Verkehr** gelten die Klauselverbote – mit Ausnahme der in § 308 Nr. 1a und Nr. 1b BGB enthaltenen Regelungen (vgl. § 310 Abs. 1 S. 1 BGB) – zwar nicht direkt, deren Wertung soll aber nach § 310 Abs. 1 S. 2 BGB im Rahmen der Anwendung der Generalklausel des § 307 Abs. 1 und Abs. 2 BGB berücksichtigt werden, wobei die im Handelsverkehr geltenden Gewohnheiten und Gebräuche zu respektieren sind.

137 Die in den §§ 308 und 309 BGB enthaltenen Bestimmungen betreffen vor allem Gestaltungsvarianten des **allgemeinen Schuldrechts** (zB Fristsetzungen, Vorbehalte, Fiktionsregelungen, Leistungsbestimmungen, Haftungs- und Vertragsstrafenregelungen sowie Gewährleistungsbestimmungen im Kauf- und Werkvertragsrecht), die zwar per se keinen konkreten Konnex zum Bereich Big Data haben, bei der Gestaltung der Verträge im Einzelfall aber durchaus Bedeutung erlangen können. Man denke hier zB an fingierte Erklärungen (§ 308 Nr. 5 BGB) im Zusammenhang mit der Einräumung von Nutzungsrechten.

138 Dieses System der Inhaltskontrolle wird **aufgrund seiner Strenge weithin kritisiert**.[125] Im digitalen, grenzüberschreitenden Umfeld wird aber besonders deutlich, welche Schwierigkeiten sich hieraus für deutsche Unternehmen ergeben. Zum einen setzen die §§ 307 ff. BGB an der Vergleichbarkeit mit den wesentlichen Grundgedanken einer gesetzlichen Regelung an, die sich in den meisten Fällen mangels entsprechender Vertragstypen im Gesetz nicht finden lassen wird.[126] Folge ist, dass sich deutsche Unternehmen bei Verträgen mit deutschen Geschäftspartnern schwerer tun, eine verlässliche Geschäftsgrundlage zu etablieren, als ausländische Unternehmen, die sich durch die Wahl eines anderen anwendbaren Rechts der AGB-Kontrolle

---

124 Wolf/Lindacher/Pfeiffer/Pfeiffer AGB-Recht Einl. Rn. 4.
125 Vgl. dazu statt vieler nur Leuschner NJW 2016, 1222 (1223) oder – vor dem Hintergrund anderer Wirtschaftsbereiche – Müller NZM 2016, 185 (187 ff.).
126 Dazu auch Heydn BB 2021, 1420 (1425) und insbes. (1427 f.).

entziehen können (zu Ausnahmen siehe oben → Rn. 116 ff.).[127] Dieser Standortnachteil[128] ist bekannt und wird sich in vorliegendem Handbuch nicht lösen lassen, da gerade die auf eine Vielzahl von Verträgen ausgelegten Big Data-Sachverhalte ohne allgemeine Vertragsbedingungen kaum zu realisieren sind und deshalb zwangsläufig in die AGB-Kontrolle laufen.

Im Rahmen der Vertragsgestaltung bleibt den Akteuren im Big Data-Umfeld deshalb zunächst[129] nur, neben einer Portion **Risikobereitschaft auch Zurückhaltung** bei Entwurf von allgemeinen Geschäftsbedingungen zu üben und nicht alles Denkbare, sondern nur das zu regeln, was für das konkrete Geschäftsmodell derzeit vorhersehbar und – aus Sicht des vernünftigen Vertragspartners – erwartbar ist. Bis sich der vorstehend beschriebene Wandel in den Erwartungen (vgl. zB oben → Rn. 130 aE) in der Rechtsprechung niederschlägt, wird wohl noch gewisse Zeit vergehen. Die Entwicklung bleibt deshalb zu beobachten.

4. Die Missbrauchskontrolle nach dem Entwurf des Data Act

Der sog. Data Akt, dessen erster Entwurf am 23.2.2022 veröffentlicht wurde, sieht die Regulierung des **Datenzugangs und der Datennutzung als „Grundvoraussetzung für die Nutzung der Chancen des digitalen Zeitalters".**[130] Neben Regelungen, die der Erleichterung des Datenzugangs und der Datennutzung für Verbraucher und Unternehmen dienen, der Nutzung von Daten durch öffentliche Stellen, der Erleichterung des Wechsels zwischen Cloud- und Edge-Diensten, der Einführung von Schutzkonzepten gegen unrechtmäßige Datenübermittlung sowie die geplante Entwicklung von Interoperabilitätsstandards für Daten[131] regelt der Data Act in seinem Kap. IV. (Art. 13 Data Act Entwurf) auch diverse sogenannte „missbräuchliche Klauseln in Bezug auf den Datenzugang und die Datennutzung zwischen Unternehmen".

Zu beachten ist, dass der Data Act gerade **keine generelle Anwendung auf sämtliche Daten** findet, sondern primär auf das Verhältnis zwischen einem Nutzer und dem späteren Dateninhaber abzielt, in dem die Daten durch Nutzung eines Produkts oder eines Dienstes generiert werden, vgl. Art. 3, 4 und 5 Data Act.[132]

Auch wenn der Data Act in Erwägungsgrund 52 Data Act explizit darauf hinweist, dass der **Grundsatz der Vertragsfreiheit als wesentliches Konzept** in Geschäftsbeziehungen berücksichtigt werden muss, sieht der Gesetzgeber zumindest für Kleinstunternehmen und kleine und mittlere Unternehmen einen besonderen Schutzbedarf, wenn diese mit Parteien mit einer stärkeren Verhandlungsposition kontrahieren (Erwägungsgrund 51 Data Act).

Art. 13 Data Act enthält somit **diverse Anknüpfungspunkte für eine EU-rechtlich begründete Missbrauchskontrolle**, sofern Vertragsklauseln in Bezug auf Datenzugang, Datennutzung oder Haftung und Rechtsbehelfe bei Verletzungen der Beendigung datenbezogene Pflichten „missbräuchlich" im Sinne der Vorschrift sind. Weitere Bestandteile des Vertrages sollen im Rahmen zumindest dieser Missbrauchskontrolle nicht betroffen sein (Erwägungsgrund 53 Data Act). Hierbei geht die EU davon aus, dass nur „überzogene" Vertragsbedingungen in den Anwendungsbereich dieser Missbrauchskontrolle fallen sollen (Erwägungsgrund 54 Data Act).

139

140

141

142

143

---

127 Instruktiv hierzu das Beispiel bei Heydn BB 2021, 1420 (1428) zum Anwendungsbereich Big Data: Aufgrund der rechtsdogmatischen Unklarheit der Einordnung von Daten ist es für deutsche Unternehmen kaum sicher kalkulierbar, ob eine bestimmte Regelung nun mit den wesentlichen Grundgedanken der gesetzlichen Regelung übereinstimmt, oder nicht. Unternehmen aus anderen Rechtsordnungen müssen sich bei Wahl eines anderen Rechts hierüber keine Gedanken machen und haben höhere Rechtssicherheit, was die Investition in vergleichbare Geschäftsmodelle erleichtert.
128 Vgl. dazu auch Schlinkert ZRP 2017, 222 (224).
129 Zumindest so lange, bis es zu den zB von Schlinkert ZRP 2017, 222 oder Heydn BB 2021, 1420 (1428 ff.) geforderten Reformen des AGB-Rechts kommt.
130 COM(2022), 68 final, 1.
131 COM(2022), 68 final, 3 f.
132 Siehe dazu auch Hennemann/Steinrötter NJW 2022, 1481 (1483) Rn. 10.

Was „**überzogene Vertragsbedingungen**" sein sollen, wird **nicht weiter ausgeführt**. Eine stärkere Konturierung bringt der Gesetzgeber in den Erwägungsgründen nicht zum Ausdruck.

144 Die Struktur der Missbrauchsklausel folgt dabei weitgehend dem, was aus dem Recht der AGB-Kontrolle in Deutschland bekannt ist. So enthält Art. 13 Abs. 2 Data Act eine recht allgemeine Generalklausel, nach der Vertragsklauseln missbräuchlich sind, „wenn ihre Verwendung gröblich von der guten Geschäftspraxis beim Datenzugang unter Datennutzung abweicht und gegen das Gebot von Treu und Glauben und des redlichen Geschäftsverkehrs verstößt".

145 **Art. 13 Abs. 3** und Abs. 4 Data Act versuchen dann, diese Generalklausel zu konturieren, indem Abs. 3 **absolute Klauselverbote** aufstellt („Eine Vertragsklausel *ist* …" bzw. im Englischen „A contractual term *is* unfair …" – Hervorhebung durch Verfasser) und **Art. 4 Vermutungstatbestände** statuiert („Eine Vertragsklausel *gilt als* missbräuchlich …" bzw. im Englischen „A contractual term *is presumed* unfair …" – Hervorhebung durch Verfasser).[133]

146 Obwohl einige Punkte recht „greifbar" formuliert sind (so ist zB nach Art. 13 Abs. 2 lit. a Data Act eine Klausel missbräuchlich, wenn sie „den Ausschluss oder die Beschränkung der Haftung der Partei, die die Klausel einseitig auferlegt hat, für vorsätzliche oder grob fahrlässige Handlungen" zur Folge hat), eröffnen gerade die Fälle der relativen Unangemessenheitsgründe ein **weites Feld für Interpretationen**, das in Zukunft durch die Rechtsprechung erschlossen werden muss. Beispielhaft lässt sich hierfür Art. 13 Abs. 4 lit. b Data Act anführen, wonach sich die Missbräuchlichkeit dann ergeben soll, wenn eine Partei Zugang zu Daten erhält und dies „den berechtigten Interessen der anderen Vertragspartei erheblich schadet".

147 Inwieweit diese – recht unscharf formulierten – stets bzw. allgemein als missbräuchlich eingestuften Fälle dann auch wieder sinnhaft als **Auslegungshilfe im Rahmen der allgemeine Generalklausel nach Art. 13 Abs. 2 Data Act** fungieren können (davon geht der Gesetzgeber zumindest aus, vergleiche Erwägungsgrund 55 Data Act) bleibt abzuwarten. Voraussichtlich werden eher die auch im Erwägungsgrund 55 in Bezug genommenen Mustervertragsbedingungen (vergleiche auch Art. 34 Data Act) Orientierung für die Praxis bringen, wenn sie dann erlassen werden. Das größte Gewicht wird allerdings wohl der Literatur und Rechtsprechung zufallen.

148 Nachdem diese Missbrauchskontrolle einen engen **Anwendungsbereich** hat (Kleinstunternehmen bzw. kleine und mittlere Unternehmen sowie ausschließlich im sachlichen Anwendungsbereich von Datenzugang, Datennutzung und Haftung bei Verletzung oder Beendigung datenbezogener Pflichten) bleibt abzuwarten, ob die praktische Bedeutung neben der allgemeinen, AGB-rechtlichen Inhaltskontrolle tatsächlich starke Wirkung entfalten wird. Weiterhin wird sich die Frage stellen, ob die Rechtsprechung die insbesondere in Art. 13 Abs. 3 und Abs. 4 Data Act enthaltenen Grundwertungen über die **allgemeine Inhaltskontrolle nach § 307 BGB** zumindest als Auslegungskriterien für die generelle AGB-rechtliche Inhaltskontrolle heranziehen wird, auch wenn der jeweils infrage stehende Sachverhalt außerhalb des sachlichen Anwendungsbereichs des Art. 13 Data Act steht. Die Entwicklung der AGB-rechtlichen Rechtsprechung zur Inhaltskontrolle (Ausstrahlungswirkung der Wertungen der §§ 308 ff. BGB auch im Rahmen der Inhaltskontrolle zwischen Unternehmen)[134] legt den Schluss nahe, dass die Wertungen des Art. 13 Data Act auch im Rahmen der allgemeinen AGB-rechtlichen Inhaltskontrolle nicht unberücksichtigt bleiben werden.

---

133 Vgl. dazu auch bei Hennemann/Steinrötter NJW 2022, 1481 (1485) Rn. 25 ff.
134 Vgl. dazu allgemein statt Vieler MüKoBGB/Wurmnest BGB § 307 Rn. 86 f.

§ 16 Datenlizenzen

Literatur: *Auer-Reinsdorff/Conrad*, Handbuch IT- und Datenschutzrecht, 3. Aufl. 2019; *Bacher/Hempel/Wagner-von-Papp*, BeckOK Kartellrecht, 8. Edition 1.4.2023 (zit.: BeckOK KartellR/Bearbeiter); *Bomhard/Merkle*, Der Entwurf eines EU Data Acts, RDi 2022, 168; *Bürkle*, Compliance in Versicherungsunternehmen, 3. Aufl. 2020; *Busche/Röhling*, Kölner Kommentar zum Kartellrecht, Bd. 3, 2016 (zit.: Busche/Röhling/Bearbeiter KK-KartellR); *Crémer/de Montjoye/Schweitzer*, Competition Policy for the digital era, Final report, Report for the European Commission, 2019 („Special Advisors' Report), abrufbar unter https://ec.europa.eu/competition/publications/reports/kd0419345enn. pdf; *Czychowski/Winzek*, Rechtliche Struktur und Inhalt von Datennutzungsverträgen, ZD 2022, 81; *Dreier/Schulze*, Urheberrechtsgesetz: UrhG, 7. Aufl. 2022; *Gola/Heckmann*, Datenschutz-Grundverordnung, Bundesdatenschutzgesetz: DS-GVO/BDSG, 3. Aufl. 2022; *Grabitz/Hilf/Nettesheim*, Das Recht der Europäischen Union, Bd. I, 77. Ergänzungslieferung September 2022; *Grüneberg*, Bürgerliches Gesetzbuch, 82. Aufl. 2023; *Grützmacher/Rieder/Schütze/Weipert*, Münchener Vertragshandbuch, Band 3: Wirtschaftsrecht II, 8. Aufl. 2021; *von Hase*, Fristlose Kündigung und Abmahnung nach neuem Recht, NJW 2002, 2278; *Hasselblatt*, MAH Gewerblicher Rechtsschutz, 6. Aufl. 2022; *Hau/Poseck*, BeckOK BGB, 65. Edition 1.2.2023 (zit.: BeckOK BGB/Bearbeiter); *Hennemann*, Datenlizenzverträge, RDi 2021, 61; *Hennemann/Steinrötter*, Data Act – Fundament des neuen EU-Datenwirtschaftsrechts?, NJW 2022, 1481; *Hoeren*, Softwareauditierung, CR 2008, 409; *Hoeren/Münker*, Geheimhaltungsvereinbarung: Rechtsnatur und Vertragsprobleme im IT-Sektor, MMR 2021, 523; *Hoeren/Pinelli*, Daten im Rechtsverkehr, JZ 2020, 879; *Hoeren/Sieber/Holznagel*, Handbuch Multimedia-Recht, 58. Ergänzungslieferung März 2022; *Höppner/Westerhoff*, Wettbewerbsbeschränkungen unter dem Deckmantel des Datenschutzes, ZfDR 2021, 280; *Hörl/Häuser*, Ausgestaltung und rechtliche Wirkungen von Qualitätsvereinbarungen bei der Auslagerung von IT-Leistungen an externe Anbieter, CR 2003, 713; *Hopt*, Handelsgesetzbuch, 42. Aufl. 2023; *Huppertz/Schneider*, Software-Lizenzaudits im Unternehmen, ZD 2013, 427; *Immenga/Mestmäcker*, Wettbewerbsrecht, Bd. 1, 6. Aufl. 2019; *Intveen*, Der EVB-IT Systemvertrag (Version 2.0), ITRB 2012, 208; *Intveen/Karger*, Erfolgreiche Durchführung von Software-Audits, ITRB 2014, 39; *Kaulartz/Braegelmann*, Rechtshandbuch Artificial Intelligence und Machine Learning, 2020 (zit: Kaulartz/Braegelmann/Bearbeiter AI und Machine Learning-HdB); *Kotthoff/Wieczorek*, Rechtsrahmen von Softwarelizenzaudits – Zulässigkeit und Grenzen, MMR 2014, 3; *Krätzschmar*, Rechtliche Anforderungen an Datenaustauschverträge, DSRITB 2015, 753; *Kraus*, Datenlizenzverträge, DSRITB 2015, 537; *Krüger/Wiencke/Koch*, Der Datenpool als Geschäftsgeheimnis, GRUR 2020, 578; *Kühling/Buchner*, Datenschutz-Grundverordnung, Bundesdatenschutzgesetz: DS-GVO/BDSG, 3. Aufl. 2020; *Kurtz*, (Un-)Übertragbarkeit von (ausschließlichen) Markenlizenzen, GRUR 2007, 292; *Leupold/Wiebe/Glossner*, IT-Recht, 4. Aufl. 2021 (zit.: LWG IT-R/Bearbeiter); *Loewenheim/Leistner*, Urheberrecht, 6. Aufl. 2020; *Mann*, Vertragsgestaltung beim IT-Outsourcing, MMR 2012, 499; *Marly*, Praxishandbuch Softwarerecht, 7. Aufl. 2018 (zit.: Marly SoftwareR-HdB); *McGuire*, Die Lizenz, 2012; *Moos*, Softwarelizenz-Audits, CR 2006, 797; *Moos*, Datenschutz und Datennutzung, 3. Aufl. 2021; *Nägele/Apel*, Beck'sche Online-Formulare IT- und Datenrecht, 13. Edition 2022 (zit.: BeckOF IT-R/Bearbeiter); *Ohly*, Das neue Geschäftsgeheimnisgesetz im Überblick, GRUR 2019, 441; *Paal/Pauly*, Datenschutz-Grundverordnung Bundesdatenschutzgesetz: DS-GVO BDSG, 3. Aufl. 2021; *Pahlow*, Das einfache Nutzungsrecht als schuldrechtliche Lizenz, ZUM 2005, 865; *Patzak/Beyerlein*, Adressatenhandel zu Telefonmarketingzwecken, MMR 2007, 687; *Peter*, Beschreibung der Leistung oder mängelhaftungsbeschränkende Abrede?, CR 2005, 404; *Podszun/Pfeifer*, Datenzugang nach dem EU Data Act: Der Entwurf der Europäischen Kommission, GRUR 2022, 953; *Röhricht/Graf von Westphalen/Haas*, HGB, 5. Aufl. 2019; *Rosenkranz/Scheufen*, Die Lizenzierung von nicht-personenbezogenen Daten, ZfDR 2022, 159; *Säcker/Rixecker/Oetker/Limperg*, Münchener Kommentar zum Bürgerlichen Gesetzbuch, Bd. 1, 9. Aufl. 2021; *Säcker/Rixecker/Oetker/Limperg*, Münchener Kommentar zum Bürgerlichen Gesetzbuch, Bd. 5, 9. Aufl. 2023; *Säcker/Rixecker/Oetker/Limperg*, Münchener Kommentar zum Bürgerlichen Gesetzbuch, Bd. 3, 9. Aufl. 2022; *Säcker/Bien/Meier-Beck/Montag*, Münchener Kommentar zum Wettbewerbsrecht, Bd. 1, 3. Aufl. 2020; *Säcker/Ganske/Knauff*, Münchener Kommentar zum Wettbewerbsrecht, Bd. 3, 4. Aufl. 2022; *Sassenberg/Faber*, Rechtshandbuch Industrie 4.0 und Internet of Things, 2. Aufl. 2020; *Schefzig*, Die Datenlizenz, DSRITB 2015, 551; *Schippel*, Datenlizenzaudits, CR 2021, 505; *Schippel*, Datenlizenzen – Ausgestaltungsmittel der wertvollsten Ressource der Welt, WRP 2021, 1521; *Schneider/Graf von Westphalen*, Software-Erstellungsverträge, 2. Aufl. 2014; *Schreibau-*

er/Taraschka, Service Level Agreements für Softwarepflegeverträge, CR 2003, 557; *Schumacher*, Service Level Agreements: Schwerpunkt bei IT- und Telekommunikationsverträgen, MMR 2006, 12; *Schur*, Die Lizenzierung von Daten, 2020; *Schur*, Die Lizenzierung von Daten, GRUR 2020, 1142; *Schuster*, Service Level bei IT-Verträgen, CR 2009, 205; *Schweitzer*, Datenzugang in der Datenökonomie: Eckpfeiler einer neuen Informationsordnung, GRUR 2019, 569; *Schweitzer/Peitz*, Ein neuer europäischer Ordnungsrahmen für Datenmärkte?, NJW 2018, 275; *Seibel*, Abgrenzung der „allgemein anerkannten Regeln der Technik" vom „Stand der Technik", NJW 2013, 3000; *Specht-Riemenschneider*, Der Entwurf des Data Act, MMR 2022, 809; *Streinz*, EUV/AEUV, 3. Aufl. 2018; *Ströbele/Hacker/Thiering*, Markengesetz, 13. Aufl. 2020; *Stürner/Eidenmüller/Schoppenmeyer*, Münchener Kommentar zur Insolvenzordnung, Bd. 2, 4. Aufl. 2019; *Taeger/Pohle*, Computerrechts-Handbuch, 37. Ergänzungslieferung Mai 2022 (zit.: Taeger/Pohle/Bearbeiter ComputerR-HdB); *Telle*, Big Data und Kartellrecht, InTeR Beilage 2017, Nr. 01; *Wandtke/Bullinger*, Praxiskommentar Urheberrecht, 6. Aufl. 2022; *Weidenhammer/Gundlach*, Wer kennt den „Stand der Technik"?, DuD 2018, 106; *Graf von Westphalen*, Datenvertragsrecht – disruptive Technik – disruptives Recht, IWRZ 2018, 9; *Witzel*, Der Entwurf des Data Act und seine Vorgaben an die Vertragsgestaltung, CR 2022, 561.

A. Einleitung

1 **Datenlizenzen** nehmen im Bereich des Datenhandels eine immer wichtigere Rolle ein. Im Gegensatz zu Lizenzen an Immaterialgütern gibt es für Lizenzen an (nicht-personenbezogenen) Daten bislang kaum gesetzliche Regelungen. Dies ist insbesondere dem Umstand geschuldet, dass an dem Datum als solchem **kein gesetzliches Ausschließlichkeitsrecht** besteht. Auch der Europäische Gesetzgeber hat sich im Rahmen der Datenstrategie gegen die Schaffung eines „Daten-Eigentums" entschieden und setzt im Gegenteil vermehrt auf die Schaffung eines fairen Datenzugangs und der Möglichkeit zur fairen Datennutzung (insbesondere durch den EU-Verordnungsentwurf für einen Data Act (Data Act)[1], siehe hierzu unten → Rn. 110 ff.).

---

1 KOM Vorschlag für eine Verordnung des Europäischen Parlaments und des Rates über harmonisierte Vorschriften für einen fairen Datenzugang und eine faire Datennutzung (Datengesetz), COM(2022) 68 final. Im Juni 2023 haben sich die Mitgliedstaaten mit dem Europäischen Parlament auf einen Entwurf zum Data Act

Dass Daten trotz ihres mangelnden gesetzlichen Schutzes Gegenstand von Verträgen sein kön- 2
nen, ist mittlerweile allgemein anerkannt. Insbesondere auch wegen des mangelnden gesetzlichen Schutzes des Vertragsgegenstandes sind **vertragliche Regelungen wichtig**. Allerdings ist
bei der Gestaltung von Datenlizenzen vieles unklar. Das reicht von der vertragstypologischen
Einordnung von Datenlizenzverträgen (und dem damit einhergehenden Mängelregime), über
die Zuordnung der „Inhaberschaft" an lizenzierten Daten und von diesen Daten abgeleiteten
Daten bis hin zu den zu beachtenden gesetzlichen Grenzen. Darüber hinaus schränken **bei
personenbezogenen Daten datenschutzrechtliche Vorgaben** die Lizenzierung erheblich ein.
Künftig kann auch der Data Act – insbesondere durch die neu eingeführte AGB-Kontrolle in
Art. 13, die im gesamten B2B-Bereich gelten soll – die Vertragsgestaltung von Datenlizenzen
einschränken.

Diesem Beitrag liegt die Konstellation zugrunde, dass Daten zeitlich befristet oder auf Dauer 3
zur Nutzung überlassen werden. Besonderheiten im Zusammenhang mit der Vertragsgestaltung von **sog. Datenpools**, über die mehrere Unternehmen Daten zusammenführen und
sich gegenseitig Zugriff auf diese gewähren, werden ebenso aufgegriffen. Die Ausführungen
beschränken sich auf die Vertragsgestaltung zwischen Unternehmern (sog. B2B-Bereich).

B. Einordnung der Datenlizenz

I. Rechtsnatur der Datenlizenz

Unter einer **Lizenz** wird im vertragsrechtlichen Sinn die Einräumung eines **Nutzungsrechts** 4
an einem Rechtssubjekt verstanden. Eine Lizenz kann dabei lediglich schuldrechtlicher Natur
sein mit der Folge, dass sie nur gegenüber dem anderen Vertragspartner wirkt. Sie kann aber
auch (quasi-)dingliche Wirkung gegenüber Dritten entfalten.[2]

Die **dogmatische Einordnung** der Datenlizenz ist schwierig. Dies liegt insbesondere daran, 5
dass bereits die Einordnung von Lizenzen an Immaterialgütern unterschiedlich beurteilt
wird. Während ausschließlichen Lizenzen an Immaterialgütern grundsätzlich eine dingliche
Wirkung zukommen soll, ist die Einordnung von einfachen Lizenzen noch immer umstritten.[3]
Eine **dingliche Lizenz** zeichnet sich – nach einer, eher traditionellen, Ansicht – durch die
enge Verbindung mit ihrem jeweiligen Schutzrecht aus, bei dem es sich um ein Ausschließlichkeitsrecht handeln muss.[4] Alternativ wird vertreten, dass eine Lizenz mit dinglicher Wirkung
nur bzw. immer dann vorliegt, wenn gesetzlich ein Sukzessionsschutz angeordnet wurde, wie
dies für die meisten Immaterialgüter der Fall ist.[5] So ist der Sukzessionsschutz immaterialgüterrechtlicher Lizenzen zum Beispiel in §§ 15 Abs. 3 PatG, 33 UrhG, 22 Abs. 3 GebrMG, 31 Abs. 5
DesignG und 30 Abs. 5 MarkenG geregelt. Im Urheberrecht geht der BGH in seiner jüngeren
Rechtsprechung auch bei einfachen Lizenzen von einer dinglichen Wirkung aus.[6] Und auch
die Literatur hat sich dem unter Berufung auf die Gleichstellung von einfacher und ausschließlicher Lizenz bezüglich des Sukzessionsschutzes in § 33 UrhG in Teilen angeschlossen.[7] Allerdings soll der einfachen Lizenz nur beschränkt dingliche Wirkung zukommen. So soll etwa
die dingliche Wirkung nur ein positives Nutzungsrecht, aber nicht auch ein eigenes Klagerecht
gegen Dritte umfassen.[8] Im Hinblick auf die Insolvenzfestigkeit von Lizenzverträgen stellt der

---

geeinigt und das Trilog-Verfahren beendet. Der vorläufige Einigungsentwurf ist abrufbar unter https://www.eur
oparl.europa.eu/RegData/commissions/itre/inag/2023/07-14/ITRE_AG(2023)751822_EN.pdf.
2 Loewenheim/Leistner/Ohly UrhG, 6. Aufl. 2020, § 33 Rn. 9.
3 Für eine dingliche bzw. quasidingliche Wirkung: Hasselblatt/Töbelmann MAH Gewerblicher Rechtsschutz,
6. Aufl. 2022, § 48 Rn. 35; McGuire Die Lizenz, 2012, 529 ff.
4 Schur GRUR 2020, 1142 (1144).
5 McGuire Die Lizenz, 2012, 81 f.
6 BGH GRUR 2009, 946 (948 Rn. 20).
7 Schur, Die Lizenzierung von Daten, 2020, 117 mwN.
8 Wandtke/Bullinger/Wandtke UrhG, 6. Aufl. 2022, § 31 Rn. 34 mwN; Pahlow ZUM 2005, 865 (872).

BGH ebenfalls maßgeblich auf § 103 InsO und nicht zwingend auf die Frage der Dinglichkeit ab.[9] Danach scheidet das Wahlrecht des Insolvenzverwalters nach § 103 InsO aus, soweit vor Eröffnung des Insolvenzverfahrens alle Hauptleistungspflichten erfüllt wurden.[10] Das ist in der Regel bei der kaufrechtsähnlichen Gestaltung eines Lizenzvertrags – dh unwiderrufliche Einräumung ausschließlicher oder einfacher, zeitlich unbegrenzter Nutzungsrechte gegen Einmalzahlung – der Fall.

6   Anders liegt der Fall bei Know-how. **Know-how-Lizenzen** werden mangels eines Ausschließlichkeitsrechts am Know-how als sog. „unechte Lizenz" mit nur schuldrechtlicher Wirkung eingeordnet.[11]

7   Unter Zugrundelegung dieser Grundsätze ist die **Datenlizenz als rein schuldrechtliches Verpflichtungsgeschäft** einzuordnen.[12] Ein Ausschließlichkeitsrecht an Daten als solches gibt es nicht. Das „Datum" ist nach hM ein immaterielles Gut und keine Sache iSd § 90 BGB,[13] so dass an Daten grundsätzlich kein Eigentum nach § 903 BGB bestehen kann.[14] Die Berechtigung an den Inhalten von Datenträgern muss daher anderen Regeln folgen als das Eigentum an den Datenträgern selbst.[15] An einem Datum als solchem besteht regelmäßig auch kein Immaterialgüterrecht iSd Urheberrechts.[16] Das gilt unbeschadet des Umstands, dass ein Datenbestand vor dem Zugriff Dritter ungeachtet eines mangelnden „Eigentums am Daten" gesetzlich geschützt sein kann, zB nach §§ 4, 2 Nr. 1 GeschGehG, § 202a StGB. Ebenso wie der Inhaber von Know-how hat allerdings auch der Dateninhaber, in dessen tatsächlicher Verfügungsgewalt sich die Daten befinden, in der Regel durch technische Gegebenheiten die **faktische Verfügungsgewalt** über die zu lizenzierenden Daten. Dh, das Bedürfnis nach einer vertraglichen Regelung einer Datenlizenz ergibt sich weniger aus dem rechtlichen Schutz des Datums per se als aus der faktischen Verfügungsgewalt. Ohne den faktischen Ausschluss könnte dem Lizenznehmer die Nutzung der Daten mangels rechtlicher Zuordnung regelmäßig nicht verwehrt werden. Die Datenlizenz umfasst damit allein das vertragliche Recht, auf Daten zuzugreifen, auf die der Lizenznehmer aufgrund der faktischen Verfügungsgewalt sonst keinen Zugriff hätte, und diese zu nutzen.[17] Daher ist es auch zunehmend müßig, über die Rechtsnatur von Daten oder Datenlizenzverträgen zu diskutieren, relevant ist vielmehr die Ausgestaltung des Zugriffs auf die bereitzustellenden Daten.

---

9   BGH GRUR 2016, 201 Rn. 44.
10 BGH GRUR 2016, 201 Rn. 44; LG München I CR 2014, 774 Rn. 65 ff.; OLG München GRUR 2013, 1125 Rn. 148 ff.
11 Vgl. Hasselblatt/Töbelmann MAH Gewerblicher Rechtsschutz, 6. Aufl. 2022, § 48 Rn. 35; Röhricht/Graf v. Westphalen/Haas/Weidert/Bug HGB, 5. Aufl. 2019, Zulieferverträge in der Industrie 4.0 Rn. 71; Schur GRUR 2020, 1142 (1143 f.).
12 Hasselblatt/Töbelmann MAH Gewerblicher Rechtsschutz, 6. Aufl. 2022, § 48 Rn. 35.
13 BGH NJW 2016, 1094 Rn. 20; OLG Dresden CR 2013, 196 Rn. 10; MüKoBGB/Stresemann BGB, 9. Aufl. 2021, § 90 Rn. 25; Röhricht/Graf v. Westphalen/Haas/Weidert/Bug HGB, 5. Aufl. 2019, Zulieferverträge in der Industrie 4.0 Rn. 26.
14 Taeger/Pohle/Czychowski/Siesmayer ComputerR-HdB, 37. EL Mai 2022, 20.5 Rn. 19.
15 BGH NJW 2016, 317 (319) Rn. 20.
16 Siehe auch Röhricht/Graf v. Westphalen/Haas/Weidert/Bug HGB, 5. Aufl. 2019, Zulieferverträge in der Industrie 4.0 Rn. 31 ff. mwN.
17 Vgl. Schur Die Lizenzierung von Daten, 2020, 155 ff.; Schur GRUR 2020, 1142 (1145).

II. Vertragstypologische Einordnung der Datenlizenz

1. Zeitlich befristete Überlassung von Daten

Vertragstypologisch ist die zeitlich befristete Datenlizenz grundsätzlich entweder **als Pacht-bzw. Mietvertrag**[18] oder als **Vertrag sui generis**[19] einzuordnen.[20] Für die Einordnung als Pacht/Miete spricht, dass beim Datenlizenzvertrag keine Besitzverschaffungspflicht, sondern eine Gebrauchsüberlassungspflicht besteht, für welche die Gewährung des Zugangs zur Mietsache ausreicht.[21] Auch hier existiert jedoch das Problem der fehlenden Dinglichkeit von Daten, so dass außerhalb der Pflicht zur Zugangsgewährung wenige Regelungen der Pacht/Miete direkt auf den Datenlizenzvertrag anwendbar sind.[22] Im Hinblick auf die Anwendbarkeit von mietrechtlichen Vorschriften stellt § 548a BGB nunmehr allerdings klar, dass die Vorschriften über die Miete von Sachen analog Anwendung finden. 8

Auch mit den seit 2022 geltenden Vorschriften über Verbraucherverträgen über digitale Produkte (§§ 327 ff. BGB), mit denen die **Digitale-Inhalte-Richtlinie**[23] in deutsches Recht umgesetzt wurde, hat der Gesetzgeber bewusst keinen neuen Vertragstyp geschaffen.[24] Abgesehen davon hat sich der deutsche Gesetzgeber auch gegen eine Ausdehnung des Anwendungsbereichs der §§ 327 ff. BGB auf den B2B-Bereich entschieden.[25] 9

Im Ergebnis scheint es vorzugswürdig, den zeitlich befristeten Datenlizenzvertrag als **Vertrag sui generis** einzuordnen, auf den pacht- und mietrechtliche Vorschriften analog anwendbar sind.[26] Dies betrifft insbesondere die Gebrauchsüberlassungspflicht. Darüber hinaus kann der Datenlizenzvertrag je nach Ausgestaltung **auch dienstvertragliche Elemente** enthalten.[27] 10

2. Zeitlich unbegrenzte Überlassung von Daten

Werden die Daten (unwiderruflich) zeitlich unbegrenzt gegen Zahlung einer einmaligen Vergütung zur Nutzung überlassen, kommt die Qualifizierung als **„Datenkauf"** iSd § 453 Abs. 1 S. 1 Alt. 2 BGB in Betracht. Dies entspricht auch dem Verständnis des BGH und des EuGH im Hinblick auf sog. Softwarekäufe, bei denen dem Nutzer gegen Zahlung einer einmaligen Vergütung ein einfaches, zeitlich unbegrenztes Nutzungsrecht an der Vertragssoftware eingeräumt wird.[28] Demnach kann es für die Anwendbarkeit der §§ 433 ff. BGB auch nicht erforderlich sein, dass der Erwerber ausschließliche Nutzungsrechte an den Daten und/oder eine weiterveräußerungsfähige Position erwirbt.[29] Auch beim „Erwerb" von einfachen, nicht übertragbaren Nutzungsrechten an Daten, die den Erwerber berechtigten, die Daten dauerhaft in einem beschränkten Nutzungsumfang zu verwenden, sollten demnach die Vorschriften des Kaufrechts Anwendung finden. 11

Aber auch insoweit gilt: Mangels hinreichender gesetzlicher Klarheit, was sowohl die Existenz eines Ausschließlichkeitsrechts als auch die vertragstypologische Einordnung von Datenlizenz- 12

---

18 Graf v. Westphalen IWRZ 2018, 9 (15); Kaulartz/Braegelmann/Schicker AI und Machine Learning-HdB, 2020, Kap. 7.2 Rn. 18; Patzak/Beyerlein MMR 2007, 687 (689 f.).
19 Schur GRUR 2020, 1142 (1145).
20 Czychowski/Winzek ZD 2022, 81 (84); LWG IT-R/Schur, 4. Aufl. 2021, Teil 6.9 Rn. 21; Hennemann RDi 2021, 61 (64); Rosenkranz/Scheufen ZfDR 2022, 159.
21 Czychowski/Winzek ZD 2022, 81 (84); vgl. BeckOK BGB/Zehelein, 65. Ed. 01.02.2023, BGB § 535 Rn. 331.
22 LWG IT-R/Schur, 4. Aufl. 2021, Teil 6.9 Rn. 21.
23 Richtlinie (EU) Nr. 2019/770 des Europäischen Parlaments und des Rates vom 20.5.2019 über bestimmte vertragsrechtliche Aspekte der Bereitstellung digitaler Inhalte und digitaler Dienstleistungen.
24 Vgl. Erwägungsgrund 12 Digitale-Inhalte-Richtlinie; Regierungsentwurf BT-Drs. 19/27653, 24, 27.
25 Erwägungsgrund 16 Digitale Inhalte-Richtlinie lässt eine solche Ausdehnung ausdrücklich zu.
26 Vgl. auch Czychowski/Winzek ZD 2022, 81 (84); Hennemann RDi 2021, 61 (64); Schur GRUR 2020, 1142 (1145).
27 Wandtke/Bullinger/Wandtke UrhG, 6. Aufl. 2022, Vor §§ 31 ff. Rn.77.
28 BGH NJW 2000, 1415; EuGH GRUR 2012, 904 Rn. 44, 48, 84.
29 Wohl aA Hennemann RDi 2021, 61 (63 f.) mwN.

verträgen anbelangt, ist die **konkrete Ausgestaltung der vertraglichen Regelungen** von essentieller Bedeutung.[30]

C. Wesentliche Regelungen

I. Definition des Vertragsgegenstands

13 Der Hauptgegenstand des Datenlizenzvertrages wird regelmäßig die **Gebrauchsüberlassung von Einzeldaten oder eines Datenbestandes** sein.[31] Die Gebrauchsüberlassung umfasst dabei die Ermöglichung des faktischen und technischen Zugriffs auf die relevanten Daten.[32]

1. Art der Daten

14 Der Vertragsgegenstand ist möglichst genau zu **spezifizieren**.[33] Es ist genau zu regeln, welche Daten von dem Datenlizenzvertrag umfasst sein und welche Eigenschaften diese aufweisen sollen (zum Begriff der Daten siehe auch → § 3 Rn. 13 ff.). Grundsätzlich sind Grad und Art der **Strukturierung** der Daten, deren **Aktualität** – zB historische Daten, „Neartime"-Daten oder Echtzeitdaten – und der Grad ihrer **Aggregation** festzuhalten.[34] Die Aggregation kann sich auf eine Reihe von Faktoren beziehen, u. a. auf die Datenherkunft, auf Personen oder auf Maschinen.[35] Da sich die Datenlizenz möglichst auf nicht-personenbezogene Daten beschränken sollte (siehe hierzu auch → Rn. 97 ff.), müssen die Daten so aggregiert bzw. anonymisiert werden, dass die betroffenen Personen nicht oder nicht mehr identifiziert werden können.[36]

2. Qualitätskriterien

15 Daneben sollten im Vertrag die Kriterien für die geschuldete **Qualität** der Daten bestimmt werden, wobei die Regelungen zu der Art der geschuldeten Daten bereits einen Teil der Qualitätskriterien ausmachen.[37]

16 Als mögliche Ebenen zur Bestimmung der Datenqualität werden die folgenden **Kriterien** angesehen: *availability, usability, reliability, relevance* und *preservation quality*.[38] Auch die ISO/IEC 25024[39] führt eine Reihe von Qualitätskriterien auf. Daneben kann gegebenenfalls auch auf Branchenstandards und sonstige übliche Standards zurückgegriffen werden.[40] Nach den sog. FAIR-Prinzipien sollen die Daten etwa *findable, accessible, interoperable* und *re-usable* sein.[41]

17 Je nach Verwendungszweck können danach insbesondere folgende Kriterien relevant und als Qualitätsanforderungen im Vertrag vereinbart werden:

- **Grad der Fehlerfreiheit** (zB Daten müssen den relevanten Sachverhalt korrekt wiedergegeben),

---

30 Vgl. Hennemann RDi 2021, 61 (63); Krätzschmar DSRITB 2015, 753 (760 f.).
31 Vgl. auch Schur GRUR 2020, 1142 (1145).
32 Czychowski/Winzek ZD 2022, 81 (86); Rosenkranz/Scheufen ZfDR 2022, 159 (175).
33 Vgl. LWG IT-R/Schur, 4. Aufl. 2021, Teil 6.9 Rn. 22.
34 Schweitzer GRUR 2019, 569 (571).
35 Rosenkranz/Scheufen ZfDR 2022, 159 (176).
36 Vgl. ErwG 26 der DS-GVO; zu den unterschiedlichen Graden der Aggregation, vgl. Schweitzer GRUR 2019, 569 (571).
37 Vgl. auch Czychowski/Winzek ZD 2022, 81 (86); Rosenkranz/Scheufen ZfDR 2022, 159 (177); Hennemann RDi 2021, 61 (64).
38 Hennemann RDi 2021, 61 (68); Hoeren/Pinelli JZ 2020, 879 (883) unter Verweis auf Cappiello/Francalanci/Pernici, Data quality assessment from user's perspective. Procedures of the 2004 International Workshop on Information Quality in Information Systems, New York, ACM 2004, 78ff.
39 ISO/IEC 25024:2015, Systems and software engineering – Systems and software Quality Requirements and Evaluation (SQuaRE) – Measurements of data quality.
40 Hennemann RDi 2021, 61 (68).
41 Hennemann RDi 2021, 61 (68); KOM(2020) 767 final, 2.

- **Grad der Genauigkeit** (zB im Hinblick auf Positionsangaben, Messwerte),
- **Grad der Vollständigkeit** (zB im Hinblick auf Anzahl der Datensätze oder im Hinblick auf Anzahl der Datenfelder in einem Datensatz),
- **Grade der Datenkonsistenz** (dh das Aufweisen von widerspruchfreien Merkmalen und Kohärenz mit anderen Daten in einem bestimmten Nutzungskontext),
- **Grad der Vertrauenswürdigkeit** (dh Widerspiegeln eines wahren Sachverhalts, zB bei Umfrageergebnissen),
- **Zugänglichkeit** von Daten (zB Nutzung kann nur in einem bestimmten Format erfolgen),
- **Verständlichkeit** (dh Daten müssen gelesen und korrekt interpretiert werden können, zB Klarstellung von Messeinheiten),
- **Verfügbarkeit** (zB Gewährleistung der Übertragbarkeit und Wiederherstellbarkeit).[42]

Zur **Gewährleistung der Datenqualität** können daneben auch Regelungen zur Erhebung 18 und Aufarbeitung der Daten aufgenommen werden, wie zB eine allgemeine Pflicht zur Datenerhebung nach dem Stand der Technik (zu den Abstufungen des Stands der Technik siehe → Rn. 83).[43]

Unter Umständen können auch konkrete **Erhebungsmethoden** wie die Verwendung bestimm- 19 ter Archivierungs- oder Trackingsoftware festgelegt werden.[44]

Bei der Regelung der Qualitätskriterien kann künftig auch die neue **AGB-Kontrolle des** Data 20 Act relevant sein (siehe → Rn. 115 ff.). Nach Art. 13 Abs. 3 lit. c Data Act ist eine einem Unternehmen einseitig auferlegte Klausel, die dem Lizenzgeber das Recht einräumt, einseitig zu bestimmen, ob die gelieferten Daten vertragsgemäß sind, stets missbräuchlich und daher nicht bindend.

3. Bestimmtheit und Bestimmbarkeit

Schließlich sind die zu überlassenen Daten möglichst genau zu **identifizieren**. Hierzu kann zB 21 der Inhalt der zu überlassenen Daten umschrieben werden.[45]

Regelmäßig schwierig gestaltet sich die hinreichende **Bestimmung von dynamischen Daten-** 22 **beständen**.[46] Jedenfalls gilt dies, sofern nicht „alles" lizenziert werden soll. Zur Bestimmung kann hier auf den Erhebungsvorgang abgestellt werden.[47] Daneben können die Daten auch über eine Zuordnung zu einem bestimmten Datenträger zu einem bestimmten Zeitpunkt bestimmt werden.[48] So kann etwa vereinbart werden, dass die Daten, die sich zu einem bestimmten Zeitpunkt auf einem bestimmten Server befinden, zur Verfügung zu stellen sind.[49] Mit zunehmender Verwendung von Public Clouds (im Gegensatz zu Private Clouds) wird allerdings auch die Bestimmbarkeit mehr und mehr fraglich. Sollen zukünftige Daten, die der Lizenzgeber während der Vertragslaufzeit generieren wird, ebenfalls erfasst sein, so sollte das ausdrücklich geregelt werden.

Das **Prüfsummenverfahren** ist zur hinreichenden Bestimmung der bereitzustellenden Daten 23 weniger geeignet. Bei diesem Verfahren werden die Werte, die vor und nach der Übertragung aus den übertragenen Daten selbst erzeugt werden, miteinander verglichen. Weichen diese

---

42 Siehe Auer-Reinsdorff/Conrad/Sarre/Pruß IT-R-HdB, 3. Aufl. 2019, § 2 Rn. 71 ff.
43 Moos/Moos/Arning Datenschutz und Datennutzung, 3. Aufl. 2021, § 15 Datenlieferungsvertrag Rn. 68; Röhricht/Graf v. Westphalen/Haas/Weidert/Bug HGB, 5. Aufl. 2019, Zulieferverträge in der Industrie 4.0 Rn. 153.
44 Moos/Moos/Arning Datenschutz und Datennutzung, 3. Aufl. 2021, § 15 Datenlieferungsvertrag Rn. 68; vgl. Röhricht/Graf v. Westphalen/Haas/Weidert/Bug HGB, 5. Aufl. 2019, Zulieferverträge in der Industrie 4.0 Rn. 153.
45 Rosenkranz/Scheufen ZfDR 2022, 159 (178).
46 Vgl. auch LWG IT-R/Schur, 4. Aufl. 2021, Teil 6.9 Rn. 22; Rosenkranz/Scheufen ZfDR 2022, 159 (178) mwN.
47 Rosenkranz/Scheufen ZfDR 2022, 159 (178).
48 Rosenkranz/Scheufen ZfDR 2022, 159 (178).
49 Vgl. LWG IT-R/Schur, 4. Aufl. 2021, Teil 6.9 Rn. 22.

Werte voneinander ab, besteht eine hohe Wahrscheinlichkeit, dass die Daten verfälscht wurden.[50] Das Prüfsummenverfahren setzt also voraus, dass der bereitzustellende Datenbestand auch dem Lizenznehmer bereits bekannt ist, was regelmäßig gerade nicht der Fall ist.[51] Zudem können dynamische oder zu aktualisierende Daten mit dieser Methode nicht erfasst werden. Das Prüfsummenverfahren eignet sich stattdessen am ehesten zur Überprüfung der Einhaltung einer etwaigen Rückgabeverpflichtung von Daten.[52]

II. Nutzungsrechte an den Daten

24 Die Regelungen der **Nutzungsrechte** an den Vertragsdaten bilden ebenso wie bei Lizenzen an Immaterialgütern den Kern von Datenlizenzen.

25 Für die Regelung der Nutzungsrechte ist zu beachten, dass es **keine gesetzlich definierten Nutzungsrechte an Daten** gibt. Dh bei fehlenden vertraglichen Regelungen würde einer freien Verwendung der Daten durch den Lizenznehmer grundsätzlich nichts entgegenstehen, soweit die Daten nicht im Einzelfall als Geschäftsgeheimnisse oder als Teil von Datenbanken geschützt sind.[53] Daraus folgt, dass die Nutzungs- und Verwertungsrechte im Lizenzvertrag genau definiert werden sollten.

26 Die Praxis orientiert sich bei der Ausgestaltung der Nutzungsrechte regelmäßig vor allem an den im Urhebergesetz geregelten Nutzungs- und Verwertungsrechten und der hierzu **etablierten Vertragspraxis.** Künftig kann bei der Ausgestaltung von Nutzungsrechten die AGB-Kontrolle des Art. 13 Abs. 4 lit. b bis d Data Act relevant sein, soweit es sich um Vertragsbedingungen handelt, die einem Unternehmen einseitig auferlegt wurden (siehe → Rn. 117 f).

1. Nutzungsumfang

27 Zunächst sollte im Vertrag festgelegt werden, ob das Nutzungsrecht **exklusiv oder nicht-exklusiv** eingeräumt wird.[54] Aus einer exklusiven Lizenz folgt, dass allein der Lizenznehmer (auch unter Ausschluss des Lizenzgebers) berechtigt ist, die Vertragsdaten zu nutzen.

28 Ein vom Lizenznehmer in seinen allgemeinen Geschäftsbedingungen **vorformuliertes exklusives Nutzungsrecht** zugunsten des Lizenznehmers dürfte in der Regel unangemessen benachteiligend und damit unwirksam sein. Dies kann sich künftig auch aus Art. 13 Abs. 4 lit. b und c Data Act ergeben (siehe → Rn. 117).

29 Im Übrigen sind bei der Einräumung von exklusiven Nutzungsrechten auch die **kartellrechtlichen Grenzen** zu beachten (siehe → Rn. 101 ff.).

30 Schließlich kann die Nutzung **zeitlich**, **räumlich** und **inhaltlich** begrenzt werden.[55]

31 Das Nutzungsrecht an den Vertragsdaten kann **zeitlich unbegrenzt** oder **zeitlich befristet** ausgestaltet werden. In zeitlicher Hinsicht kann im Vertrag ferner bestimmt werden, ob die Nutzung einmalig, mehrmalig oder für einen bestimmten Zeitraum gestattet ist, sowie ob dauerhaft oder nur zu bestimmten Verfügbarkeitszeiten auf die Daten zugegriffen werden kann.[56] Bei einer zeitlich befristeten Überlassung von Daten ist im Vertrag zu regeln, wie mit

---

50 Zum Prüfsummenverfahren, Bundesamt für Sicherheit in der Informationstechnik Was ist der Prüfsummencheck?, abrufbar unter https://www.bsi.bund.de/DE/Themen/Verbraucherinnen-und-Verbraucher/Informatio nen-und-Empfehlungen/Cyber-Sicherheitsempfehlungen/Virenschutz-Firewall/Pruefsummencheck/pruefsum mencheck_node.html.
51 So auch Rosenkranz/Scheufen ZfDR 2022, 159 (178).
52 So Hoeren/Pinelli JZ 2020, 879 (881).
53 LWG IT-R/Schur, 4. Aufl. 2021, Teil 6.9 Rn. 24; Schefzig DSRITB 2015, 551 (557).
54 Rosenkranz/Scheufen ZfDR 2022, 159 (187).
55 Czychowski/Winzek ZD 2022, 81 (86).
56 Rosenkranz/Scheufen ZfDR 2022, 159 (189 f.).

den Daten nach Ende des Lizenzvertrages zu verfahren ist; so sollten zum Beispiel **Rückgabe-oder Löschpflichten** vereinbart werden.[57]

Räumlich kann die Nutzungsbefugnis auf bestimmte Rechner an einem bestimmten Ort (on premise) oder auf bestimmte Länder beschränkt oder eine räumlich unbeschränkte Nutzung vereinbart werden.[58] Eine räumliche Beschränkung kann dabei grundsätzlich auch auf die Benutzung etwaiger Analyseergebnisse erstreckt werden.[59] 32

Inhaltlich können die Nutzungsrechte beispielsweise derart beschränkt werden, dass die Daten nur für ein bestimmtes Projekt oder für ein bestimmtes Einsatzgebiet genutzt werden dürfen.[60] Hierfür sollte der genaue Geschäftsbereich („**Field of Use**") im Vertrag umschrieben werden.[61] Gerade im wissenschaftlichen Bereich ist die Beschreibung des Field of Use von besonderer Bedeutung, aber auch besonders herausfordernd. Klare Abgrenzungen sind nicht immer möglich und aus Sicht des Lizenznehmers auch nicht unbedingt gewünscht. Das gilt insbesondere bei langfristigen Verträgen. Hier wird dem Lizenznehmer daran gelegen sein, die Daten auch bei einer Fortentwicklung des Field of Use oder in angrenzenden Bereichen, bei denen sich in Zukunft herausstellen könnte, dass die Daten auch herfür relevant sind, entsprechend verwenden zu dürfen. Gerade im Bereich der Künstlichen Intelligenz, die vor allem auf eine große Datenbasis angewiesen ist und bei der mit zunehmender „Intelligenz" auch der Anwendungsbereich wachsen wird, ist das besonders relevant. 33

2. Nutzungsarten

Daneben können die verschiedenen Nutzungsarten begrenzt werden. Zu den verschiedenen Nutzungsarten zählen – entsprechend den Vorgaben im Urheberrecht – beispielsweise das **Vervielfältigen und Speichern von Daten** – zB auf eigenen Datenträgern, in der (private oder public) Cloud oder in definierten Computernetzwerken –, die **Verbreitung der Daten** sowie die **öffentliche Wiedergabe oder die Veränderung der Daten**.[62] Eine Veränderung von Daten kann zum Beispiel notwendig sein, um die Daten bestimmungsgemäß zu nutzen, Datenformate zu ändern oder die Daten zur Nutzung in eine bestimmten Datenbank zu integrieren.[63] Soweit im Einzelfall von Relevanz, sollte eine Veränderung des semantischen Gehalts der Daten untersagt werden. 34

Im Vertrag sollte zudem auch regelt werden, ob und inwiefern der Lizenznehmer berechtigt ist, die Daten **mit eigenen Daten oder Daten Dritter zusammenzuführen** sowie zusammen mit anderen Daten **zu selbstständigen neuen Datensätzen zu verbinden**.[64] 35

3. Übertragbarkeit der Nutzungsrechte und Unterlizenzierungsbefugnis

Schließlich ist zu regeln, ob der Lizenznehmer berechtigt sein soll, das Recht zur Nutzung der Daten an Dritte zu übertragen und/oder Dritten „**Unterlizenzen**" an den Vertragsdaten einzuräumen. 36

---

57 Schur Die Lizenzierung von Daten, 2020, 232; Moos/Moos/Arning Datenschutz und Datennutzung, 3. Aufl. 2021, § 15 Rn. 92.
58 Rosenkranz/Scheufen ZfDR 2022, 159 (190).
59 Rosenkranz/Scheufen ZfDR 2022, 159 (190).
60 Czychowski/Winzek ZD 2022, 81 (86); Münchener Vertragshandbuch III/Wirtschaftsrecht II/Czychowski/Siesmayer, 8. Aufl. 2021, 1480 (1487).
61 Czychowski/Winzek ZD 2022, 81 (87).
62 Czychowski/Winzek ZD 2022, 81 (87).
63 Schur Die Lizenzierung von Daten, 2020, 232.
64 Czychowski/Winzek ZD 2022, 81 (87); Münchener Vertragshandbuch III/Wirtschaftsrecht II/Czychowski/Siesmayer, 8. Aufl. 2021, 1480 (1482, 1487 f.).

a) Übertragbarkeit

37 Nach § 398 BGB ist der Nutzungs- und Zugangsanspruch grundsätzlich übertragbar.[65] Für schuldrechtliche Markenlizenzen wird zum Teil vertreten, dass die Übertragung der Lizenz stets eine Inhaltsänderung im Sinne des § 399 Alt. 1 BGB und daher eine Übertragung ohne ausdrückliche Parteivereinbarung ausgeschlossen sei.[66] **§ 399 Alt. 1 BGB** soll auch für schuldrechtliche Datenlizenzen gelten.[67] Zur Begründung wird darauf verwiesen, dass ein schutzwürdiges Interesse des Lizenzgebers daran bestehe, dass Zugangs- und Nutzungsanspruch nicht ohne seine Zustimmung an Dritte übertragen werden. Denn nur der Zugang zu Daten sei rechtlich geschützt, ein gesetzlicher Schutz an den Daten als solchen bestehe jedoch nicht. Dh, Daten können kopiert und weitergeben werden, ohne dass der Lizenzgeber rechtlich hiergegen vorgehen könnte. Insofern bestehe ein schutzwürdiges Interesse des Lizenzgebers daran, dass Zugangs- und Nutzungsanspruch nicht ohne seine Zustimmung an Dritte übertragen werden. In jedem Fall kann und sollte (falls gewünscht) jedoch die Übertragbarkeit nach § 399 Alt. 2 BGB **vertraglich ausgeschlossen** werden.

b) Unterlizenzen

38 Im Hinblick auf die Frage, ob der Lizenznehmer berechtigt ist, Dritten die Nutzung der lizenzierten Daten zu gewähren, kommt ein **analoger Rückgriff auf die pacht- bzw. mietrechtlichen Vorschriften der §§ 581 Abs. 2, 535 ff. BGB** in Betracht.[68] Nach § 540 Abs. 1 BGB bedarf die Gebrauchsüberlassung der Mietsache an Dritte grds. der Erlaubnis des Vermieters.

39 Unklar ist allerdings, ob dies auch bei der **exklusiven Überlassung von Datenbeständen** gilt. Dagegen spricht, dass auch die Überlassung einer Mietsache in aller Regel auf exklusiver Basis erfolgt. Im Urheberrecht etwa berechtigt allerdings die Erteilung einer exklusiven Lizenz den Lizenznehmer zur Vergabe von Unterlizenzen, § 31 Abs. 3 S. 1 UrhG.

40 Aufgrund der nicht eindeutigen Rechtslage und des mangelnden gesetzlichen Schutzes der Daten als solchen sollte in dem Datenlizenzvertrag die Berechtigung zur Einräumung von Unterlizenzen **ausdrücklich geregelt** werden.

41 Soweit dem Lizenznehmer ein solches Recht zur Einräumung von Unterlizenzen an Dritte eingeräumt wird, sind **Umfang und Grenzen** festzulegen wie zB Beschränkung des Personenkreises, an den Unterlizenzen erteilt werden dürfen (zB nur an verbundene Unternehmen des Lizenznehmers), eine Verpflichtung des Lizenznehmers sicherzustellen, dass der Unterlizenznehmer sich (unter Umständen auch direkt gegenüber dem Lizenzgeber) zur Einhaltung der Regelungen der Hauptlizenz verpflichtet, sowie eine **Haftung des Lizenznehmers** für Pflichtverletzungen des Unterlizenznehmers.

42 Regelungsbedürftig ist auch, welches Schicksal der Unterlizenz bei einem **Wegfall der Hauptlizenz** zuteilwerden soll. Ausgehend von einer allein schuldrechtlichen Wirkung von Datenlizenzen, stellt sich die umstrittene Frage des Sukzessionsschutzes hier nicht.[69] Im Ergebnis ist daher anzuraten, den Lizenznehmer zu verpflichten, durch entsprechende vertragliche Regelungen mit dem Dritten dafür Sorge zu tragen, dass der Unterlizenzvertrag mit der Beendigung des Hauptlizenzvertrags automatisch endet.

---

65 Siehe auch Schur GRUR 2020, 1142 (1149).
66 Ströbele/Hacker/Thiering/Hacker MarkenG, 13. Aufl. 2020, § 30 Rn. 56; Kurtz GRUR 2007, 292 (293).
67 Schur Die Lizenzierung von Daten, 2020, 185.
68 So auch Rosenkranz/Scheufen ZfDR 2022, 159 (189).
69 BGH GRUR 2012, 916 (918).

III. Rechte an abgeleiteten Daten und Analyseergebnissen

Soweit dem Lizenznehmer das Recht eingeräumt wird, die überlassenen Daten zu verändern, 43
zu verarbeiten, die Daten mit Daten anderer Herkunft zusammenzuführen und/oder zu analysieren, ist zu regeln, wer Inhaber solcher **neu entstandenen Daten und Analyseergebnisse**
sein soll und/oder welche Nutzungsrechte den Parteien hieran zustehen sollen.[70]

In der Regel kann angenommen werden, dass der Lizenznehmer, der die Daten verarbeitet 44
oder analysiert, auch Inhaber dieser Ergebnisse werden soll. Denn der Lizenznehmer leistet
durch die Verarbeitung der Daten in der Regel die **maßgebliche Wertschöpfung**.[71] Sind die
Ergebnisse rechtlich geschützt, zB als urheberrechtlich geschützte Werke iSd § 2 UrhG, als
Datenbankwerk iSd § 4 UrhG oder als Datenbank iSd § 87b UrhG, ergibt sich die Inhaberschaft
des Lizenznehmers aus den gesetzlichen Regelungen. Abweichende vertragliche Regelungen
sind jedoch denkbar, wenn der Lizenzgeber ein Interesse an den aus den überlassenen Daten
gewonnenen Analyseergebnissen hat. Dies kann zum Beispiel der Fall sein, wenn der Vertrag
auf eine Kooperation ausgerichtet ist.[72] In einem solchen Fall muss im Datenlizenzvertrag
ausdrücklich geregelt werden, ob und inwiefern der Lizenzgeber (Mit-)Inhaber der Ergebnisse
der verarbeiteten Daten und etwaiger Analyseergebnisse werden soll oder ihm Nutzungsrechte
daran eingeräumt werden sollen.

Soweit der überlassene Datenbestand als **Datenbank** iSd § 87a Abs. 1 UrhG geschützt ist, muss 45
die Einschränkung des § 87e UrhG beachtet werden. Danach sind vertragliche Vereinbarungen
unwirksam, die dem Lizenznehmer die Vervielfältigung, Verbreitung oder öffentliche Wiedergabe von nach Art und Umfang unwesentlichen Teilen der Datenbank untersagen.[73]

IV. Datenzugang

Der Lizenzgeber ist verpflichtet, den faktisch-technischen Zugriff auf die vertragsgegenständ- 46
lichen Daten zu gewähren.[74] Dieses **Zugangsrecht** ist bei nur zeitweiser Überlassung vertragstypologisch regelmäßig von der Gebrauchsüberlassungspflicht des Pacht- bzw. Mietrechts umfasst.[75] Beim Kaufvertrag besteht die Verpflichtung zur Überlassung.

Im **Big Data-Umfeld** erfolgt der Zugang regelmäßig nicht über die Bereitstellung eines Daten- 47
trägers, sondern per (Fern-)Zugriff auf einen Server – sei es on premise oder in einer Cloud.

Technisch gibt es verschiedene **Zugangsmöglichkeiten**, mit denen eine unterschiedlich hohe 48
Kontrolldichte hinsichtlich der Weiterverwendung einhergeht:[76]

Der Datenzugang kann in standardisierter Form über eine **Anwendungsprogrammierschnitt-** 49
stelle (API) zugänglich gemacht werden. Dies erlaubt es, dass eine größere Anzahl von Lizenz-
nehmern gleichzeitig auf die Daten zugreift. Die Daten können über einen **Datenmarktplatz**
zugänglich gemacht werden; hierbei besteht nur eine eingeschränkte Kontrolle hinsichtlich der
Weiterverwendung der Daten. Der Zugriff auf die Daten kann aber auch über eine Umgebung
erfolgen, die eine höhere Kontrolle und Rückverfolgbarkeit der Verwendung des Lizenznehmers erlaubt, etwa über eine **Datenraum** oder eine **Datenplattform**.[77]

---

70 LWG IT-R/Schur, 4. Aufl. 2021, Teil 6.9 Rn. 23, 24; Kraus DSRITB 2015, 537 (546 f.); Schur GRUR 2020, 1142
(1145).
71 Hennemann RDi 2021, 61 (65).
72 Hennemann RDi 2021, 61 (66).
73 Siehe auch Rosenkranz/Scheufen ZfDR 2022, 159, (186 f.).
74 Czychowski/Winzek ZD 2022, 81 (86).
75 So für die Softwareüberlassung im Rahmen eines ASP-Vertrags, siehe BGH NRW 2007, 2394; LWG IT-R/Schur,
4. Aufl. 2021, Teil 6.9 Rn. 21; vgl. BeckOK BGB/Zehelein, 65. Ed. 01.02.2023, BGB § 535 Rn. 331.
76 Europäische Kommission Leitfaden für die gemeinsame Nutzung von Daten des Privatsektors in der europäischen Datenwirtschaft, SWD (2018) 125 final, 8 ff.
77 Europäische Kommission Leitfaden für die gemeinsame Nutzung von Daten des Privatsektors in der europäischen Datenwirtschaft, SWD (2018) 125 final, 8.

50 Weiterhin muss bei nur vorübergehender Überlassung die **Reichweite des Zugangs** festgelegt werden. Festzulegen ist zunächst, ob dem Lizenzgeber lediglich Zugang zu den vertragsgegenständlichen Daten gewährt werden soll (dh, nur eine Ansicht der Daten ist erlaubt) oder ob auch ein „Download" der Daten ermöglicht werden soll; eine solche Beschränkung ist in den Nutzungsrechten zu spiegeln. Weiterhin können Grenzen in Bezug auf die Anzahl der Zugriffe auf die Daten und die abgerufenen Datenmengen vereinbart werden (zB um eine Schnittstelle nicht zu überlasten).

1. Technische Pflichten des Lizenzgebers/Service Levels

51 Soweit der Datenzugang per Fernzugriff erfolgt, sollten die **technischen Anforderungen an den Datenzugang** vertraglich festgelegt werden.[78] Dabei sollte zunächst eine technische Beschreibung des Datenzugangs (zB der Schnittstelle) erfolgen.

52 Daneben ist es regelmäßig sinnvoll, konkrete Vereinbarungen zu Verfügbarkeiten und Reaktionszeiten oder gar Erfolgszeiten bei Unterstützungsleistungen und Fehlerbehebungen des Lizenzgebers im Hinblick auf die Gewährung des Datenzugangs zu vereinbaren (sog. **Service Levels oder Service Level Agreements – SLA**). Dies ist insbesondere dann anzuraten, wenn der Lizenzgeber einen jederzeitigen Zugang zu den Daten schuldet.

53 Durch Service Levels werden bestimmte quantitative und qualitative Merkmale konkretisiert.[79] Werden bestimmte Service Levels nicht erreicht, liegt eine mangelhafte Leistung vor. Daher sollten auch konkrete Vereinbarungen darüber getroffen werden, welche **Ansprüche im Falle des Nichterreichens der Service Levels** bestehen.[80] Das Spektrum reicht hier typischerweise von Anrechnung sog. Service Credits (was letzten Endes nichts anderes ist als die Festlegung bestimmter Minderungen) über pauschalierten Schadensersatz, Pönalen (Vertragsstrafen) bis hin zu Kündigungsrechten. Flankiert werden muss das Ganze mit **Regelungen zu einem regelmäßigen Monitoring und Reporting**, um die Einhaltung der Service Levels zuverlässig prüfen zu können. Das umfasst, je nach Bedarf und Parteiinteressen, vor allem die ständige Überwachung der Service Levels sowie Regelungen zu Fehlermeldungsprozessen (Reporting), kann aber auch die Verpflichtung enthalten, bei Auftreten von Störungen tiefergehende Fehlerermittlungen (Root Cause Analysis – RCA) zu vollziehen.[81]

54 Werden die Service Levels in vorformulierten Regelungen festgelegt, ist fraglich, ob diese der AGB-rechtlichen **Inhaltskontrolle nach §§ 307 ff. BGB** unterliegen oder es sich dabei um die Beschreibung einer Hauptleistung handelt, die nach § 307 Abs. 3 S. 1 BGB der Inhaltskontrolle entzogen ist.[82] Zu den Hauptleistungsbeschreibungen gehören solche Klauseln, die Art, Umfang und Güte der geschuldeten Leistung festlegen.[83] Grundsätzlich sollen aber solche Klauseln, an deren Stelle dispositives Gesetzesrecht oder durch ergänzende Vertragsauslegung gewonnene vertragliche Regelungen treten können, nicht von der AGB-Inhaltskontrolle befreit sein,[84] so dass bei Vereinbarungen zu Service Levels in der Regel davon auszugehen ist, dass diese der Inhaltskontrolle unterliegen.[85]

---

78 Vgl. dazu Auer-Reinsdorff/Conrad/Sarre/Pruß IT-R-HdB, 3. Aufl. 2019, § 2 Rn. 62; Czychowski/Winzek ZD 2022, 81 (86).

79 Vgl. LWG IT-R/von dem Bussche/Schelinski, 4. Aufl. 2021, Teil 2.5.2 Rn. 1 f.; Röhricht/Graf v. Westphalen/Haas/ Weidert/Bug HGB, 5. Aufl. 2019, Zulieferverträge in der Industrie 4.0 Rn. 120.

80 Vgl. Schumacher MMR 2006, 12, (12 f.).

81 Siehe auch LWG IT-R/von dem Bussche/Schelinski, 4. Aufl. 2021, Teil 2.5.2 Rn. 7 ff.; Redeker/Redeker IT-Recht, 7. Aufl. 2020, B. Rn. 671.

82 Gegen eine AGB-rechtliche Kontrolle: Peter CR 2005, 404 (410 f.) mwN; Schuster CR 2009, 205 (206 f.) mwN.

83 Vgl. BGH NJW 2014, 1658 (1660) Rn.27; Grüneberg/Grüneberg BGB § 307 Rn. 44.

84 BGH NJW 1995, 2637 (2638); BGHZ 201, 230–252; LG Köln 28.11.2022 – 15 O 288/22 Rn. 29.

85 Röhricht/Graf v. Westphalen/Haas/Weidert/Bug HGB, 5. Aufl. 2019, Zulieferverträge in der Industrie 4.0 Rn. 121. Etwas Anderes kann uU bei Regelungen zur Fehlerbehebung in einem Dienstvertrag gelten, vgl. Schuster CR 2009, 205 (207).

a) Verfügbarkeiten

In den Service Levels sollten insbesondere Regelungen zu den **geschuldeten Verfügbarkeiten** 55
des Datenzugangs getroffen werden.[86]

Dabei kann zunächst die Zugangsgewährung auf bestimmte **Zeitfenster** beschränkt werden 56
(zB täglich/werktäglich von 8:00 Uhr bis 18:00 Uhr) und es können zusätzlich **feste Wartungsfenster** vereinbart werden. Bei Beschränkungen nach „Werktagen" oder „Arbeitstagen" sollte
darauf geachtet werden, ob und ggf. auf welches (Bundes-)Land abgestellt wird.

Die **Quote der Verfügbarkeit** ist im Einzelfall festzulegen. Üblich sind heute Verfügbarkeiten 57
von 99 % bis hin zu 99,99 %. Je höher die Verfügbarkeit desto höher wird die Vergütung
ausfallen. Wichtig ist, einen Bemessungszeitraum anzugeben. Ein Abstellen auf Jahreswerte hat
für den Lizenznehmer den Nachteil, dass es dann zu einem relativ hohen Ausfall „am Stück"
kommen kann. 0,5 % auf eine jährliche Verfügbarkeit berechnet sind nun einmal zwölf Mal
mehr als 0,5 % einer monatlichen Verfügbarkeit. Je kürzer der Bemessungszeitraum, desto besser ist es für den Lizenznehmer,[87] aber eben vermutlich auch teurer. Möchte man auf längere
Zeiträume abstellen, so sollte überlegt werden, dies zumindest durch **maximale Ausfallzeiten
„am Stück"** (maximum downtime) zusätzlich zu regeln.[88]

b) Reaktions- und Wiederherstellungszeiten

Es sollten auch Regelungen zu **Reaktions- oder Wiederherstellungszeiten** im Falle von Sys- 58
temstörungen und -ausfällen getroffen werden. Es ist üblich, verschiedene **Fehlerklassen** zu
bestimmen, die nach Schwere der auftretenden Störung gestaffelt sind und nach denen sich
dann auch die Pflichten und Handlungsfristen des Lizenzgebers richten.[89] Dabei ist es wichtig,
die Fehlerklassen eindeutig zu definieren, um Unklarheiten hinsichtlich des jeweiligen Pflich-
tenprogramms und der anwendbaren Prozesse zu vermeiden. Zugleich sollte im Vertrag festgelegt werden, wer „im Zweifel" die Einstufung vornehmen darf bzw. wer zumindest verbindlich
die Ersteinstufung vornimmt. Werden **Fristen** vereinbart, muss zudem auf eine genaue Bestimmung des fristauslösenden Ereignisses, wie beispielsweise das Auftreten der Störung beim
Lizenzgeber oder die Meldung durch den Lizenznehmer oder die Eintragung bspw. in einem
Ticket System geachtet werden.[90] Ebenso sollte geregelt werden, wann die Laufzeit der Frist
beendet wird: Reicht eine Antwort des Lizenzgebers aus, dass eine Fehlermeldung eingegangen
ist? Muss er qualifiziert Rückmeldung geben, muss er mit der Analyse beginnen oder muss ein
Fehler konkret beseitigt sein? Ist eine Bestätigung des Lizenznehmers erforderlich oder reicht
das Schließen eines Tickets? Hilfreich sind in der Praxis auch Regelungen, dass ein Fehler als
nicht beseitigt gilt, wenn er innerhalb einer bestimmten Frist erneut auftritt.

c) Sanktionen

Im Service Level Agreement werden regelmäßig auch die aus einer Verletzung der Service 59
Levels folgenden **Sanktionsmöglichkeiten** festgelegt. Diese können von Minderungen der
Vergütung (häufig in Form sog. „Service Credits") über pauschalierte Schadensersatzansprüche bis hin zu Vertragsstrafen und Kündigungsrechten reichen, wobei hinsichtlich der Kündigung dahingehend zu differenzieren ist, ob dies nur eine von mehreren Leistungen oder
den gesamten Vertrag betrifft. Diese Sanktionen können dann wiederum nach verschiedenen
Eskalationsstufen abgestuft werden, zB durch Vereinbarung bestimmter „Key-Service-Levels"

---

86 Hierzu auch Schumacher MMR 2006, 12 (13 f.).
87 Schumacher MMR 2006, 12 (13 f.).
88 Hörl/Häuser CR 2003, 713 (715).
89 LWG IT-R/Stögmüller, 4. Aufl. 2021, Teil 11.4.3 Rn. 64; Röhricht/Graf v. Westphalen/Haas/Weidert/Bug HGB,
    5. Aufl. 2019, Zulieferverträge in der Industrie 4.0 Rn. 124; Schumacher MMR 2006, 12 (14).
90 Auer-Reinsdorff/Conrad/Conrad/Schneider IT-R-HdB, 3. Aufl. 2019, § 14 Rn. 147.

oder durch (ggf. überproportionale) Steigerung der Sanktion je nach Intensität des Verstoßes (zB sind 99,9 % Verfügbarkeit geschuldet, reduziert sich die Vergütung bei 99,8 % um 10 %, bei 99,7 % um 20 % und bei 99,6 % um 50 %.). Zugleich empfiehlt es sich aber auch, aus kaufmännischen Erwägungen einen **Maximalbetrag für Vertragsstrafen** wegen Verletzung von Service Levels zu vereinbaren, um das Risiko für den Lizenzgeber und damit auch einen etwaigen Risikozuschlag zu verringern.

60   Sollten Vertragsstrafen vereinbart werden, sind die **dispositiven Regelungen der §§ 340, 341 BGB** zu beachten.[91] Diese sind allerdings auf Verträge ausgerichtet, die eine einmalige Leistungserbringung zum Gegenstand haben.[92] Datenlizenzverträge beziehen sich jedoch regelmäßig auf eine wiederholte oder dauerhafte Leistungserbringung, so dass dazu zu raten ist, diese Regelungen abzubedingen.[93] Außerdem ist das **Verhältnis zu weitergehenden Schadensersatzansprüchen** klarzustellen,[94] da sonst nach der Rechtsprechung eine konkludente Abbedingung dieser Ansprüche in Betracht kommt.[95] Bei Klauseln, die zur Verwendung in einer Vielzahl von Verträgen vorgesehen sind, sind die **Grenzen des § 307 BGB** zu beachten. Dies bedeutet, dass die Vereinbarung einer Vertragsstrafe zwischen Unternehmern zwar grundsätzlich möglich ist, aber nicht unangemessen benachteiligen,[96] nicht zu hoch sein[97] und nicht unabhängig von einem Verschulden anfallen darf.[98] Die Vereinbarung einer verschuldensunabhängigen Vertragsstrafe in Einzelverträgen kann aber hinsichtlich Verstößen gegen das GeschGehG oder etwaiger weiterer Geheimhaltungs- und Vertraulichkeitspflichten sinnvoll sein,[99] da diese sonst keinen Mehrwert gegenüber den Verschwiegenheitspflichten der Parteien aus §§ 241 Abs. 2, 242 BGB bieten würden.[100]

61   Es können auch **Schadensersatzpauschalen** vereinbart werden. Dabei ist darauf zu achten, dass diese von Vertragsstrafen abgegrenzt werden, um eine Anwendung der §§ 340 ff. BGB zu vermeiden.[101] Ein pauschalierter Schadensersatz liegt dann vor, wenn der Schadensbeweis vermieden werden soll, um die Durchsetzung von Schadensersatzforderungen zu vereinfachen. Zur Abgrenzung dazu, ob eine Vertragsstrafe oder eine Schadensersatzpauschale vorliegt, kann darauf abgestellt werden, ob die Klausel nur den Schadensbeweis entbehrlich macht oder gleichzeitig auch den Vertragspartner durch Druckausübung zur Vertragseinhaltung motivieren soll.[102] Die Schadensersatzpauschale darf dem anderen Teil nicht den Nachweis verwehren, dass kein oder ein geringerer als der pauschalierte Schaden entstanden ist und die Schadensersatzpauschale darf – wenn sie Teil von AGB ist – den nach dem gewöhnlichen Lauf der Dinge zu erwartenden Schaden nicht übersteigen.[103]

62   Da es sich beim Datenlizenzvertrag nach hier vertretener Ansicht um einen Vertrag sui generis handelt, bestehen keine gesetzlichen Minderungsrechte. Allerdings haben sich ohnehin in der Praxis bezüglich Verträgen mit Datenbezug, wie zB IT-Outsourcingverträgen, abweichende **vertragliche Minderungsvereinbarungen** herausgebildet.[104] In der Praxis sollte bei etwaigen

---

91   Grüneberg/Grüneberg BGB § 340 Rn. 3.
92   Siehe Schuster CR 2009, 205 (208 f.).
93   Vgl. hierzu ausführlich Schuster CR 2009, 205 (208).
94   Vgl. auch Schneider/Graf von Westphalen/Peter, 2. Aufl. 2013, I. Rn. 495.
95   Vgl. OLG Düsseldorf MDR 1994, 1185.
96   Grüneberg/Grüneberg BGB § 309 Rn. 38.
97   BGH NJW 2003, 1805 Rn. 65.
98   Eine verschuldensunabhängige Vertragsstrafe in AGB ist nur ausnahmsweise, zB beim Vorliegen gewichtiger Umstände, wirksam, siehe Hopt/Leyens HGB § 348 Rn. 5; BGH NJW 1979, 105; DStR 1999, 1410.
99   Czychowski/Winzek ZD 2022, 81 (89).
100 BeckOF IT-R/Apel, 12. Ed. 2022, Form. 3.5 Rn. 18.
101 Grüneberg/Grüneberg BGB § 276 Rn. 26; Röhricht/Graf v. Westphalen/Haas/Weidert/Bug HGB, 5. Aufl. 2019, Zulieferverträge in der Industrie 4.0 Rn. 129.
102 Grüneberg/Grüneberg BGB § 276 Rn. 26.
103 Grüneberg/Grüneberg BGB § 309 Rn. 26 und 32 mwN.
104 Siehe hierzu ausführlich Schuster CR 2009, 205 (209).

Minderungsansprüchen (anders bei Vertragsstrafen) nicht von „Penalties" gesprochen werden, da Minderungsansprüche in der Regel kein Verschulden voraussetzen. Weiterhin sollte das Verhältnis zu etwaigen weitergehenden Schadensersatzansprüchen (sind diese abgegolten oder bleibt bei Nachweis die Geltendmachung möglich?) festgelegt werden.

Auch sog. **Bonus-/Malus-Regelungen**, die Sanktionen bei Schlechtleistung mit Belohnungen in Form einer Gebührenerhöhung bei Übererfüllung kombinieren, sind denkbar. Voraussetzung hierfür ist, dass eine Übererfüllung überhaupt möglich ist.[105]

63

Schließlich sollten Regelungen über das **Recht zur Kündigung aus wichtigem Grund** in das Service Level Agreement bzw. in den Vertrag aufgenommen werden. Soweit es sich bei dem Datenlizenzvertrag um ein Dauerschuldverhältnis handelt, ergibt sich das Recht zur Kündigung aus wichtigem Grund schon aus § 314 BGB. Bei Verträgen über eine einmalige Leistungserbringung (zB wenn nur zu einem bestimmten Zeitpunkt ein Zugriff auf die Daten vereinbart ist) muss dieses jedoch ausdrücklich geregelt werden. Eine ausdrückliche Regelung des außerordentlichen Kündigungsrechts empfiehlt sich aber auch bei Dauerschuldverhältnissen. Die Formulierung des § 314 BGB ist sehr weit gefasst, so dass es sich anbietet, die konkreten Kündigungsgründe zu präzisieren.[106] Da eine außerordentliche Kündigung grundsätzlich nicht im Interesse der Parteien liegen dürfte, sollten die Kündigungsgründe auf besonders schwere oder wiederholte Fälle beschränkt werden und in der Regel, ausgenommen bei der Überschreitung einer wesentlichen Frist, den erfolglosen Ablauf von Nachfristen erfordern.[107] Weiterhin sollte eine **Frist zur Erklärung der Kündigung** geregelt werden, die regelmäßig je nach Komplexität der vertraglichen Beziehung, die Zweiwochenfrist nach § 626 BGB (diese wird zT als Anknüpfungspunkt für die Beurteilung nach § 314 Abs. 3 BGB herangezogen[108]) übersteigt, aber auch nicht uferlos sein darf.[109]

64

2. Technische Pflichten des Lizenznehmers

Eine Zugangsgewährung zu Daten birgt immer auch die Gefahr des Abgriffs der Daten durch unbefugte Dritte. Daher sind auch die notwendigen **IT-Sicherheitsanforderungen an den Lizenznehmer** im Vertrag festzulegen.

65

Um den Datenzugang zu erhalten, können zudem technische Anpassungen auf Seiten des Lizenznehmers erforderlich sein. Es sollten hierfür gegebenenfalls **detaillierte Mitwirkungspflichten bzw. -obliegenheiten** des Lizenzgebers in den Vertrag aufgenommen werden.

66

V. Mängelgewährleistung und Haftung

Mängel bzw. Schlechtleistung können bei Datenlizenzverträgen grundsätzlich an zwei Stellen auftreten: Zum einen kann sich ein Mangel im Hinblick auf den geschuldeten Datenzugang ergeben (dazu → Rn. 46 ff.). Soweit im Vertrag in Bezug auf den Datenzugang Service Levels vereinbart wurden, die Regelungen über die Folgen von Schlechtleistungen treffen (→ Rn. 53), sollte deren Verhältnis zu den Gewährleistungs- und Haftungsregelungen vertraglich festgelegt werden.

67

Daneben können sich Sach- und Rechtsmängel im Hinblick auf die **Qualität der geschuldeten Daten** ergeben.

68

---

105 Vgl. Schumacher MMR 2006, 12 (16).
106 Röhricht/Graf v. Westphalen/Haas/Weidert/Bug HGB, 5. Aufl. 2019, Zulieferverträge in der Industrie 4.0 Rn. 132; Schumacher MMR 2006, 12 (16).
107 Siehe auch Mann MMR 2012, 499 (501); Schreibauer/Taraschka CR 2003, 557 (562); Schumacher MMR 2006, 12 (16).
108 Vgl. v. Hase NJW 2002, 2278 (2279), der die Frist des § 626 Abs. 2 BGB als Mindestfrist ansieht.
109 Vgl. BGH NZM 2010, 552, (553).

69 Bei Einordnung des Datenlizenzvertrags als Vertrag *sui generis* gibt es kein gesetzlich ausgeform- tes Mängelgewährleistungsrecht, so dass es für die Frage der Vertragsgemäßheit der Daten maßgeblich auf die **vereinbarten Qualitätskriterien** ankommt (dazu → Rn. 15 ff.).

70 Auch unter Zugrundelegung des Pacht- bzw. Mietrechts als Leitbild für zeitlich befristete Datenlizenzverträge ist nach § 536 Abs. 1 S. 1 BGB maßgeblich auf die **Vereinbarung der Par- teien** über die Beschaffenheit oder die Verwendung der Daten abzustellen.[110] Maßgeblicher Zeitpunkt ist danach die bei Vertragsschluss zu erwartende Beschaffenheit.[111]

71 Beim **Datenkauf** finden über § 453 Abs. 1 S. 1 BGB die §§ 434 ff. BGB Anwendung.[112] Auch hier gilt, dass das Vorliegen eines Mangels maßgeblich von der vertraglich geregelten Beschaffenheit der Daten abhängt, § 434 Abs. 2 S. 1 Nr. 1, Abs. 3 S. 1 BGB. Insofern gilt das zuvor Gesagte auch hier.

72 Die Vorschriften über **Verbraucherverträge über digitale Produkte** nach §§ 327 ff. BGB gelten hingegen gemäß § 327 Abs. 1 BGB ausdrücklich nur für Verbraucherverträge[113] und sind daher nicht auf Verträge im B2B-Bereich anzuwenden. Auch eine analoge Anwendung verbietet sich damit grundsätzlich.[114] Allerdings wird vertreten, die Vorschriften – insbesondere die Vorschrif- ten zum Sach- und Rechtsmangel der §§ 327e, 327g BGB – bei fehlender Vereinbarung zur ergänzenden Vertragsauslegung heranzuziehen.[115] Relevante Kriterien sind neben der Geeignet- heit zur gewöhnlichen Verwendung insbesondere Funktionalität, Kompatibilität, Zugänglich- keit, Kontinuität und Sicherheit des Vertragsgegenstands, § 327e Abs. 3 Nr. 2 BGB.

73 Für die **fortlaufende Bereitstellung von digitalen Produkten** über einen bestimmten Zeit- raum ist nach § 327e Abs. 1 S. 3 BGB der maßgebliche Zeitpunkt nicht der Zeitpunkt der Bereitstellung, sondern der gesamte vereinbarte Zeitraum. Dieser abweichende Bezugspunkt der Mangelfreiheit kann insbesondere für Datenlizenzverträge über die fortlaufende Lieferung von Daten relevant (für die Vertragsauslegung) sein, soweit hierzu keine ausdrücklichen Rege- lungen im Vertrag getroffen werden.

74 Soweit Daten Gegenstand des Lizenzvertrags sind, die nicht im Herrschaftsbereich des Lizenz- gebers erhoben werden,[116] kann es interessengerecht sein, einen **Gewährleistungsausschluss** für die Richtigkeit und den Aussagegehalt der Daten zugunsten des Lizenzgebers zu vereinba- ren.[117] In diesem Fall können stattdessen Parameter für die ordnungsgemäße Datenerhebung festgelegt werden (siehe auch die Qualitätskriterien → Rn. 15 ff.).

75 Aufgrund der erheblichen Risiken des Lizenznehmers, die mit einer datenschutzrechtswid- rigen Verarbeitung von Daten verbunden sind, sollte der Lizenzgeber verpflichtet werden, sicherzustellen, dass die Erhebung und Übermittlung der Daten an den Lizenznehmer sowie deren vertragsgemäße Verarbeitung durch den Lizenznehmer in Übereinstimmung mit den **datenschutzrechtlichen Anforderungen** erfolgt bzw. erfolgen kann (zB durch wirksame Einwilligung oder durch Übertragung der Daten nur in anonymisierter Form, so dass diese nicht in den Anwendungsbereich des Datenschutzrechts fallen). Hierfür kann der Lizenzge-

---

110 Vgl. auch MüKoBGB/Häublein, 9. Aufl. 2022, BGB § 536 Rn. 5.
111 Rosenkranz/Scheufen ZfDR 2022, 159 (179).
112 Vgl. Rosenkranz/Scheufen ZfDR 2022, 159 (179).
113 Von einer Erweiterung auf den B2B-Bereich, wie in der Digitale Inhalte Richtlinie ermöglicht, hat Deutsch- land bewusst nicht Gebrauch gemacht.
114 Vgl. MüKoBGB/Metzger, 9. Aufl. 2022, BGB Vor § 327 Rn. 39.
115 Vgl. MüKoBGB/Metzger, 9. Aufl. 2022, BGB Vor § 327 Rn. 39.
116 Dies kann zB der Fall sein, wenn die Daten über die Nutzung von Devices durch einen Endnutzer erhoben werden.
117 Vgl. Moos/Moos/Arning Datenschutz und Datennutzung, 3. Aufl. 2021, § 15 Datenlieferungsvertrag Rn. 65; Röhricht/Graf v. Westphalen/Haas/Weidert/Bug HGB, 5. Aufl. 2019, Zulieferverträge in der Industrie 4.0 Rn. 152; grds. gegen die Zulässigkeit eines Gewährleistungsausschlusses des Lizenzgebers in AGB, Henne- mann RDi 2021, 61 (69).

Weidert/Bug

ber dem Lizenznehmer zB ein selbstständiges Garantieversprechen abgeben, wodurch eine verschuldensunabhängige Haftung für die Datenschutzrechtskonformität übernommen wird.[118]

Bestehen für eine Partei Haftungsrisiken, die hauptsächlich von der anderen Partei zu kontrollieren sind (oder wenn eine Seite eine besondere Verhandlungsmacht hat), kommt die Vereinbarung von **Freistellungsansprüchen** in Betracht. Für Datenlizenzverträge kann dies insbesondere hinsichtlich der datenschutzrechtlichen Regelungen der Art. 82, 83 DS-GVO sinnvoll sein. Sowohl dem Lizenznehmer als auch dem Lizenzgeber drohen hier wechselseitig Schadensersatzansprüche bzw. Geldbußen, sollte eine Partei etwaige personenbezogene Daten nicht datenschutzrechtskonform erhoben bzw. verarbeitet haben, auch wenn die andere Partei hierauf keinen Einfluss hat. Hierbei sollte die Haftung einschließlich aller Kosten (inklusive Rechtsanwaltskosten und Verfahrenskosten) inkl. etwaiger Bußgelder geregelt werden, sei es durch Zuteilung der Haftungsrisiken, Haftungsbeschränkung, Haftungsausschluss oder Freistellungsverpflichtung, und zwar auch gegenüber Organen und gesetzlichen Vertretern. Eine **Entlastung** der jeweiligen Gegenseite durch den Nachweis fehlenden Verschuldens sollte allerdings möglich bleiben. 76

In Individualverträgen kann eine **summenmäßige Haftungsbegrenzung** insbesondere ratsam sein, wenn der Vertrag mit sehr großen Haftungsrisiken belastet ist. Grenzen sind die Haftung für vorsätzliches Handeln, die nach § 276 Abs. 3 BGB nicht ausgeschlossen und auch nicht der Höhe nach begrenzt werden kann, sowie § 138 BGB. 77

In **vorformulierten Vertragsbedingungen** sind Haftungsgrenzen und -beschränkungen angesichts der strengen Vorschriften der §§ 305 ff. BGB nur bedingt möglich (→ § 15 Rn. 120 ff.).[119] Künftig wird im B2B-Bereich daneben auch die AGB-Kontrolle des Art. 13 Data Act relevant sein (siehe → Rn. 115 ff.), die jedoch im Hinblick auf Haftungsbeschränkungen deckungsgleich zur AGB-Kontrolle im BGB sein dürfte. 78

VI. Gegenleistung

Schließlich ist die **Gegenleistung** für die Datenlizenz festzusetzen. Diese kann je nach konkreter Ausgestaltung des Vertrags unterschiedlich aussehen. Neben klassischen Vergütungsmodellen – wie zB einmalige Pauschalvergütung oder laufende, monatliche Lizenzgebühr – kann als Gegenleistung (auch) etwa die Einräumung von Lizenzen an abgeleiteten Daten oder Analyseergebnissen in Betracht kommen.[120] Es sind aber auch Vertragskonstellationen denkbar, bei denen die vom Lizenzgeber bereitgestellten Daten selbst (Teil der) Gegenleistung einer vom Lizenznehmer erbrachten Leistung sind (zB Bereitstellung eines Produkts, das Daten erzeugt oder sammelt). 79

D. Weitere Regelungen

I. Geheimhaltung

Datenlizenzverträge sollten regelmäßig auch **Regelungen zur Geheimhaltung** vorsehen. Insbesondere sind solche Regelungen auch vor dem Hintergrund des **GeschGehG** wichtig (zum Geheimnisschutz siehe ausführlich unter → § 11 Rn. 1 ff.). Daten sind nicht immer als Geschäftsgeheimnis iSd § 2 Nr. 1 GeschGehG geschützt, dh, der Lizenzgeber könnte eine Offenbarung der Vertragsdaten an Dritte ohne eine vertragliche Regelung nicht verhindern. Aber auch 80

---

118 Vgl. Grüneberg/Sprau BGB Einf. v. § 765 Rn. 16; Röhricht/Graf v. Westphalen/Haas/Weidert/Bug HGB, 5. Aufl. 2019, Zulieferverträge in der Industrie 4.0 Rn. 153.

119 Graf v. Westphalen NJW 2022, 1409 (1413 f.). Dabei ist zu beachten, dass insbesondere auch eine Verkürzung von Verjährungsansprüchen oder Beweislastregelungen eine Haftungsbeschränkung begründen können (ebd.).

120 LWG IT-R/Schur, 4. Aufl. 2021, Teil 6.9 Rn. 26.

wenn Vertragsdaten im Einzelfall als Geschäftsgeheimnisse geschützt sind, sind vertragliche Geheimhaltungsregelungen regelmäßig erforderlich, um den Schutz der Daten als Geschäftsgeheimnis zu begründen bzw. aufrechtzuerhalten. In Betracht kommt etwa ein Schutz maschinengenerierter Daten als **technisches Geschäftsgeheimnis** oder, soweit sich Rückschlüsse zB auf die Auslastung der Produktionskapazitäten, Zulieferbetriebe oder Abnehmer ziehen lassen, als **kaufmännisches Geschäftsgeheimnis**.[121] Auch Informationen, die sich aus mehreren Bestandteilen zusammensetzen (siehe zB Datenpools), können als geheim anzusehen sein, auch wenn einzelne ihrer Teile bekannt sind oder bekannt sein könnten.[122]

81 Der gesetzliche Schutz als Geschäftsgeheimnis setzt nach § 2 Nr. 1 GeschGehG u. a. das Vorhandensein von **angemessenen Geheimhaltungsmaßnahmen** voraus. Hierzu gehören neben technischen und organisatorischen Maßnahmen auch vertragliche Maßnahmen wie Geheimhaltungsvereinbarungen.[123] Schließlich können Geheimhaltungspflichten, die Beschränkungen der Nutzung oder Offenlegung des Geschäftsgeheimnisses regeln, Klarheit über untersagte Handlungen nach § 4 Abs. 2 Nr. 2 und 3 GeschGehG geben.[124]

82 Der wesentliche Inhalt einer Geheimhaltungsverpflichtung ist regelmäßig, dass die lizenzierten Daten und (soweit gewollt) die auf Grundlage der lizenzierten Daten entstandenen Daten nicht gegenüber Dritten offengelegt, nur zur ordnungsgemäßen Durchführung des Vertrages verwendet werden und nur unter diesen Bedingungen an solche Beschäftigte oder Vertragspartner des Vertragspartners weitergegeben werden dürfen, die diese Informationen benötigen (***need to know***) und auch nur dann, wenn die Empfänger mindestens genauso strengen Geheimhaltungsverpflichtungen unterliegen.[125] Weiterhin sollten **Löschungspflichten** vertraulicher Informationen vereinbart werden, soweit die offenlegende Partei diese verlangt – ggf. unter Festlegung konkreter Anforderungen hinsichtlich der Art der Löschung. Die Löschungspflichten sollten nicht durch Zurückbehaltungs- oder Leistungsverweigerungsrechte ausgeschlossen werden können und es sollten Kontrollmöglichkeiten und/oder Nachweispflichten hinsichtlich der Löschung bestehen.[126] Zu beachten ist dabei allerdings, dass **gesetzliche Aufbewahrungspflichten** den vertraglich vereinbarten Löschungspflichten entgegenstehen können. Dies kann vertraglich berücksichtigt werden. Zur Gewährleistung eines effektiven Schutzes der vertraulichen Daten der offenlegenden Partei sollten auch **Benachrichtigungspflichten** für den Fall vereinbart werden, dass eine Offenlegung von Dritten (zB einer Behörde) verlangt wird.

II. Datensicherheit

83 Sinnvoll und üblich ist es auch, Regelungen zu vereinbaren, die beide Parteien zu einem bestimmten Maß an **Datensicherheit** verpflichten.[127] Im Bereich der Datensicherheit haben aktuell insbesondere die Norm **ISO 27001** sowie der **IT-Grundschutz** des Bundesamts für Sicherheit in der Informationstechnik (BSI)[128] eine hohe praktische Bedeutung. Außerdem wird häufig auf die Grundsätze ordnungsgemäßer Datenverarbeitung und DV-Revision rekurriert. Eine Bezugnahme auf den „jeweils aktuell (anerkannten) **Stand der Technik**" ist ebenfalls üblich.[129] Allerdings sollte man sich dabei der unterschiedlichen Abstufungen von „Stand der

---

121 Sassenberg/Faber/Sattler Rechtshandbuch Industrie 4.0 und Internet of Things, 2. Aufl. 2020, § 2 Rn. 56.
122 Vgl. Ohly GRUR 2019, 441 (443); zur Problematik von Geschäftsgeheimnissen im Zusammenhang mit Datenpools siehe Krüger/Wiencke/Koch GRUR 2020, 578 (580).
123 Vgl. MüKoUWG/Hauck, 3. Aufl. 2022, GeschGehG § 2 Rn. 21 ff.
124 Vgl. auch Schippel WRP 2021, 1521 (1523).
125 Vgl. auch Hoeren/Münker MMR 2021, 523 (525 f.).
126 Hoeren/Münker MMR 2021, 523 (525).
127 Vgl. auch Czychowski/Winzek ZD 2022, 81 (89).
128 Zum IT-Grundschutz des Bundesamts für Sicherheit in der Informationstechnik siehe ausf. Auer-Reinsdorff/Conrad/Fleischhauer/Conrad IT-R-HdB, 3. Aufl. 2019, § 33 Rn. 364 ff.
129 Zu Konkretisierungsmöglichkeiten des „Standes der Technik" Seibel NJW 2013, 3000 (3002); ausführlich Weidenhammer/Gundlach DuD 2018, 106.

Weidert/Bug

Technik"/„(allgemein) anerkannte Regeln der Technik" sowie „Stand von Wissenschaft und Technik" bewusst sein, ehe man die Begriffe verwendet.[130]

III. Auditrechte

Der Lizenzgeber kann ein Interesse daran haben, die Einhaltung der Lizenzbedingungen sowie der eingeräumten Nutzungsrechte zu kontrollieren. Zu diesem Zweck kann sich der Lizenzgeber vertragliche **Audit-Rechte** einräumen lassen, die von einer bloßen Selbstauskunftspflicht des Lizenznehmers reichen können bis hin zu einer Berechtigung des Lizenzgebers, die Räume des Lizenznehmers selbst oder durch Dritte (im Regelfall werden Wettbewerber des Herstellers ausgeschlossen) zu besichtigen und auf seine IT-Systeme zuzugreifen.[131] **84**

Werden Auditrechte in vorformulierten Klauseln vereinbart, sind sie grundsätzlich der **Kontrolle nach § 305 ff. BGB** unterworfen.[132] Danach können solche Klauseln eine unangemessene Benachteiligung des Lizenznehmers begründen – dies gilt insbesondere für solche Klauseln, die eine (uneingeschränkte) und engmaschige Besichtigung der Räumlichkeiten des Lizenznehmers sowie den Zugriff auf seine IT-Systeme vorsehen, da hierin ein Verstoß gegen die gesetzlichen Grundgedanken des UrhG sowie gegen § 809 BGB liegen kann. Besichtigungsrechte des Lizenzgebers sind nach diesen Regelungen zum Schutz von Geschäftsgeheimnissen des Lizenznehmers nur in begrenztem Umfang zulässig.[133] Der Lizenznehmer darf durch die Auditklauseln nicht unangemessen benachteiligt werden.[134] Die Reichweite der Berechtigungen im Rahmen der Audit-Maßnahmen muss möglichst konkret festgelegt werden, um dem **Transparenzgebot** zu entsprechen.[135] In der Regel müssen Audit-Maßnahmen innerhalb einer angemessenen Frist angekündigt werden und dürfen nur zu den üblichen Geschäftszeiten stattfinden.[136] Auch muss in der Ausgestaltung der Klausel der Schutz von Geschäftsgeheimnissen des Anwenders angemessen berücksichtigt werden.[137] Soweit der Einsatz technischer Analysetools erforderlich ist, muss sich die Klausel dazu äußern, ob der Anwender ggf. das Erfordernis der Zustimmung des Betriebsrats gem. § 87 Abs. 1 Nr. 6 BetrVG beachten muss.[138] Außerdem müssen bei der Übertragung personenbezogener Daten datenschutzrechtliche Bestimmungen, wie zB § 62 BDSG, berücksichtigt werden.[139] **85**

In Ausnahmefällen muss dem Betroffenen das Recht eingeräumt werden, die Maßnahmen durch die **Glaubhaftmachung betrieblicher Geheimhaltungsinteressen**[140] oder **unzumutbarer Beeinträchtigungen des Geschäftsbetriebs**[141] abzuwenden. Hieran sind jedoch strenge Anforderungen zu stellen, da der Sinn und Zweck der Auditrechte unterlaufen würde, wenn der Lizenznehmer die Audit-Maßnahmen ohne Angabe von gewichtigen Gründen ablehnen dürfte. **86**

---

130 Zu den Abstufungen BVerfG NJW 1979, 359 (362); Breuer NVwZ 1988, 104 (109); Seibel NJW 2013, 3000 (3002); Weidenhammer/Gundlach DuD 2018, 106 (106 f.).
131 Vgl. auch Kotthoff/Wieczorek MMR 2014, 3 (3).
132 Kotthoff/Wieczorek MMR 2014, 3 (6); Schippel CR 2021, 505 (509).
133 Vgl. Hoeren CR 2008, 409 (409 ff.); Intveen ITRB 2012, 208 (210 f.).
134 Intveen/Karger ITRB 2014, 39 (42).
135 Vgl. Kotthoff/Wieczorek MMR 2014, 3 (6); Moos CR 2006, 797 (802 f.); Marly SoftwareR-HdB 7. Aufl. 2018, Rn. 1766; Schippel CR 2021, 505 (511).
136 Marly SoftwareR-HdB 7. Aufl. 2018, Rn. 1763; Moos CR 2006, 797 (801).
137 Intveen/Karger ITRB 2014, 39 (42); Kotthoff/Wieczorek MMR 2014, 3 (7).
138 Intveen/Karger ITRB 2014, 39 (42); Schippel CR 2021, 505 (510).
139 Intveen/Karger ITRB 2014, 39 (42); Huppertz/Schneider ZD 2013, 427; Röhricht/Graf v. Westphalen/Haas/Weidert/Bug HGB, 5. Aufl. 2019, Zulieferverträge in der Industrie 4.0 Rn. 135.
140 Marly SoftwareR-HdB 7. Aufl. 2018, Rn. 1763; Moos CR 2006, 797 (801).
141 Kotthoff/Wieczorek MMR 2014, 3 (7).

IV. Vertragsbeendigung

1. Laufzeit und Kündigung

87 **Zeitlich befristete Datenlizenzverträge** enden regelmäßig durch Fristablauf oder durch (ordentliche oder außerordentliche) Kündigung.[142]

88 Um die Planbarkeit für beide Parteien zu erhöhen, kann eine **automatische Verlängerung** um einen bestimmten Zeitraum, vorbehaltlich der Erklärung einer der Parteien binnen einer bestimmten Frist, das Verhältnis nicht fortsetzen zu wollen, sinnvoll sein. Dies ist uneingeschränkt jedoch nur dann möglich, wenn es sich dabei nicht um vorformulierte Regelungen handelt. Für diese sieht der seit dem 1.3.2022 geltende neue **§ 309 Nr. 9 lit. b BGB**[143] vor, dass eine stillschweigende Verlängerung nur dann möglich ist, wenn das Vertragsverhältnis auf unbestimmte Zeit verlängert und eine ordentliche Kündigungsfrist von höchstens einem Monat vereinbart wird. Allerdings ist § 309 Nr. 9 BGB betont verbraucherbezogen, so dass im Hinblick auf eine entsprechende Anwendung im B2B-Bereich Zurückhaltung geboten ist.[144] Alternativ kann auch vereinbart werden, dass der Vertrag **durch einseitige Erklärung** für einen bestimmten Zeitraum verlängert werden kann. Zu beachten sind auch etwaige **vergaberechtliche Beschränkungen der Laufzeit** insbesondere von Rahmenverträgen mit öffentlichen Auftraggebern, siehe § 21 Abs. 6 Vergabeverordnung. Danach beträgt die maximale Laufzeit einer Rahmenvereinbarung oberhalb der EU-Schwellenwerte grundsätzlich vier Jahre.[145]

89 Im Sinne der Planungssicherheit kann es sinnvoll sein, das **Recht zur ordentlichen Kündigung** für einen bestimmten Zeitraum auszuschließen oder vertraglich auf bestimmte Kündigungsgründe zu beschränken. Allerdings sind bei vorformulierten Vertragsbedingungen auch insoweit die Grenzen der §§ 305 ff. BGB, insbesondere des § 307 Abs. 1 BGB, sowie allgemein die Grenze des § 138 BGB zu beachten.[146] Zukünftig kann daneben auch Art. 13 Abs. 4 lit. e Data Act greifen, wonach eine unangemessen kurze Kündigungsfrist, die einem Unternehmen einseitig auferlegt wurde, grundsätzlich unwirksam ist (→ Rn. 115 ff.).

90 Das **außerordentliche Kündigungsrecht** nach § 314 BGB oder § 626 BGB kann höchstens individualvertraglich beschränkt, jedoch nicht vollständig ausgeschlossen werden.[147] Hier sollten die Fälle der Unzumutbarkeit der Vertragsfortsetzung durch die vertragliche Vereinbarung außerordentlicher Kündigungsgründe konkretisiert werden. Dazu gehört zum Beispiel die Festlegung vertragswesentlicher Pflichten, deren Nichteinhaltung einen Grund zur außerordentlichen Kündigung darstellen soll. Aus der Festlegung solcher Umstände lässt sich indirekt auch ableiten, was die Parteien darüber hinaus jeweils als zumutbar bzw. unzumutbar ansehen. Allgemein übliche Klauseln, die an einen Antrag auf Eröffnung oder die Eröffnung eines Insolvenzverfahrens anknüpfen, verstoßen grundsätzlich gegen das Verbot des § 119 InsO.[148]

2. Pflichten bei Vertragsbeendigung

91 Endet der Vertrag, stellt sich insbesondere die Frage, in welchem Umfang der Lizenznehmer zur **Löschung der lizenzierten Daten und ggf. auch etwaiger abgeleiteter Daten** und Analyseergebnisse verpflichtet ist. Ausgehend davon, dass kein Ausschließlichkeitsrecht an Daten besteht, könnte der Lizenzgeber dem Lizenznehmer ohne entsprechende vertragliche Reglungen die weitere Nutzung der Daten nach Beendigung des Vertrags grds. nicht verbieten.[149] Soweit

---

142 Vgl. auch Grüneberg/Grüneberg BGB § 314 Rn. 13.
143 § 309 Nr. 9 neu gef. mWv 1.3.2022 durch G v. 10.8.2021 (BGBl. 2021 I 3433).
144 Vgl. auch BeckOK BGB/Becker BGB, 65. Ed. 01.02.2023, BGB § 309 Nr. 9 Rn. 35.
145 Ausf. MüKoEuWettbR/Mädler, 4. Aufl. 2022, VgV § 21 Rn. 42 ff.
146 Grüneberg/Grüneberg BGB § 314 Rn. 13.
147 BGH NJW 2012, 1431 Rn. 27; Grüneberg/Grüneberg BGB § 314 Rn. 3.
148 Vgl. MüKoInsO/Huber, 4. Aufl. 2019, InsO § 119 Rn. 18.
149 Schur Die Lizenzierung von Daten, 2020, 184.

die lizenzierten Daten durch den Lizenznehmer in ein abgeleitetes Produkt integriert werden, kann es für den Lizenznehmer umgekehrt essentiell sein, ein **nachvertragliches Nutzungsrecht** für bestimmte Daten zu vereinbaren. Daher muss vertraglich geregelt werden, inwiefern lizenzierte Daten nach Ende des Lizenzvertrags gelöscht werden müssen oder weitergenutzt werden dürfen. Ebenso kann es sich empfehlen, Details zur Art und Weise der Datenlöschung zu vereinbaren.[150] Weiterhin kann vereinbart werden, dass bzw. was für einen Nachweis der Lizenznehmer über die Löschung erbringen muss und was die Konsequenzen fehlender oder unzureichender Löschung sind (insbesondere Vertragsstrafen).[151]

E. Exkurs: Datenpools

Im Zusammenhang mit Datenlizenzen gewinnen sog. **Datenpools** zunehmend an Bedeutung. [92] Datenpools zielen in der Regel darauf ab, **Daten zusammenzuführen** und sich **gegenseitig Zugriff auf die Daten zu gewähren**.[152] Die Nutzung von sog. gepoolten Daten ist dabei auf verschiedene Arten denkbar. So können beispielsweise Unternehmen ihre internen Daten einmalig kombinieren und sich gegenseitig Rechte zur unabhängigen Verwertung einräumen. Andere Konstellationen sehen vor, dass die zusammengeführten Daten zentral auf Poolebene analysiert werden.

Für Unternehmen kann das Datenpooling sinnvoll sein, um Informationen zu gewinnen, die [93] aus getrennten Datenbeständen nicht erlangt werden können.[153] Sie bekommen somit die Möglichkeit, Daten mittelbar zu erlangen.[154] Auf diese Weise bieten Datenpools etwa bei **Industrie 4.0-Anwendungen**, bei denen in industriellen Prozessen große Datenmengen erzeugt und ausgewertet werden, ein großes wirtschaftliches Potenzial.[155]

Für die Vertragsgestaltung von Datenpools sind überwiegend die obigen Ausführungen zu [94] „herkömmlichen" Datenlizenzen entsprechend anwendbar, mit dem Unterschied, dass die Datenpoolmitglieder sich in der Regel gegenseitig Lizenzen an den jeweils eingebrachten Daten einräumen (sog. **Kreuzlizenzen**), so dass alle Mitglieder des Pools wechselseitig die Daten der anderen nutzen können.[156] Besonderheiten für die Vertragsgestaltung können sich dabei auch aus dem (in der Regel bestehenden) Mehrpersonenverhältnis ergeben.

Insbesondere vor dem Hintergrund des mit dem Datenpooling einhergehenden Informations- [95] austauschs sollte im Vorfeld die **kartellrechtliche Zulässigkeit** eines Datenpools und seiner jeweiligen Ausgestaltung im Wege einer Einzelfallprüfung bewertet werden (zu den kartellrechtlichen Grenzen, siehe → Rn. 101 ff.).[157] Die in Datenpool-Konstellationen häufig verwendeten Kreuzlizenzierungen unterliegen als „wechselseitige Vereinbarungen" iSd Art. 1 Abs. 1 lit. d Technologietransfer-GVO (TT-GVO)[158] zwar grundsätzlich der Freistellung nach Art. 2 Abs. 1 TT-GVO iVm Art. 101 Abs. 3 AEUV. Allerdings kann sich die daraus resultierende Markt-

---

150 Ausführliche Informationen zu Löschkonzepten enthält der IT-Grundschutz des Bundesamts für Sicherheit in der Informationstechnik, BSI IT-Grundschutz CON.6: Löschen und Vernichten, Edition 2023, abrufbar unter https://www.bsi.bund.de/SharedDocs/Downloads/DE/BSI/Grundschutz/Kompendium_Einzel_PDFs_2021/03_CON_Konzepte_und_Vorgehensweisen/CON_6_Loeschen_und_Vernichten_Edition_2021.html, 7.
151 Moos/Moos/Arning Datenschutz und Datennutzung, 3. Aufl. 2021, § 15 Rn. 92.
152 Vgl. auch Bürkle/Stancke Compliance in Versicherungsunternehmen, 3. Aufl. 2020, § 13 Rn. 132.
153 Höppner/Westerhoff ZfDR 2021, 280 (298).
154 Schweitzer/Peitsch NJW 2018, 275.
155 Vgl. Bürkle/Stancke Compliance in Versicherungsunternehmen, 3. Aufl. 2020, § 13 Rn. 132.
156 Vgl. auch Rosenkranz/Scheufen ZfDR 2022, 159 (188).
157 Hoeren/Sieber/Holznagel/Beckmann/Müller, Handbuch Multimedia-Recht, 58. EL 2022, Teil 10 Rn. 110; zu den Grenzen der Zulässigkeit eines Datenpools EuGH EuZW 2006, 753 Rn. 61.
158 Verordnung (EU) Nr. 316/2014 der Kommission vom 21.3.2014 über die Anwendung von Artikel 101 Abs. 3 des Vertrags über die Arbeitsweise der Europäischen Union auf Gruppen von Technologietransfer-Vereinbarungen, ABl. 2014 L 93, 17.

transparenz begünstigend auf kollusive Verhaltensweisen auswirken.[159] Zu beachten ist bei der Ausgestaltung des Zugangs zum Datenpool auch, dass eine fehlende Zugangsmöglichkeit auf bestimmten Märkten eine Marktzutrittsbarriere darstellen kann. Bei einem marktmächtigen Datenpool kann eine Pflicht zur Aufnahme von Wettbewerbern nach §§ 19, 20 GWB, Art. 102 AEUV bestehen.

F. Grenzen der Datenlizenz

96 Bei der Vertragsgestaltung von Datenlizenzen sind neben den Grenzen durch das AGB-Recht (siehe hierzu auch → § 15 Rn. 120 ff.) insbesondere folgende **rechtliche Grenzen** zu beachten:

I. Datenschutzrechtliche Grenzen

97 Entscheidende Weichenstellung bei der Vertragsgestaltung ist die Frage, ob (auch) **personenbezogene Daten** Gegenstand der Datenlizenz sein sollen. Soweit der Datenlizenzvertrag personenbezogene Daten betrifft, grenzen datenschutzrechtliche Vorschriften – insbesondere die **DS-GVO** und das **BDSG** – die Vertragsgestaltung erheblich ein (zum Datenschutz siehe ausführlich unter → § 6 Rn. 1 ff.). Insbesondere erlaubt die DS-GVO die Überlassung von personenbezogenen Daten an einen Dritten (hier: an den Lizenznehmer) nur bei Vorliegen einer der **Erlaubnistatbestände des Art. 6 DS-GVO**. Bei der Lizenzierung von personenbezogenen Daten an einen Dritten dürfte regelmäßig die Einwilligung der betroffenen Person erforderlich sein, Art. 6 Abs. 1 Nr. 1 DS-GVO. Die Einwilligung muss den konkreten Zweck der Datenverarbeitung sowie den zur Verarbeitung berechtigten Personenkreis erkennen lassen.[160] Sie kann zudem jederzeit widerrufen werden, Art. 7 Abs. 3 DS-GVO. Schließlich darf die Verarbeitung nur zu dem Zweck erfolgen, zu dem die Daten ursprünglich erhoben wurden, Art. 5 Abs. 1 lit. b DS-GVO. Für die Verarbeitung von **„sensiblen" Daten** wie Gesundheits- oder biometrische Daten gelten besondere Voraussetzungen (zB Erfordernis einer ausdrücklichen Einwilligung), siehe Art. 9 DS-GVO.[161]

98 Soweit die Datenlizenz personenbezogene Daten umfasst, ohne dass eine Rechtsgrundlage zur Verarbeitung dieser Daten vorliegt, kann dies zur **Nichtigkeit des Vertrags** gemäß § 134 BGB führen, denn Art. 5, 6 DS-GVO sind Verbotsgesetze iSd § 134 BGB.[162] Eine generelle Nichtigkeit auch bei nur geringfügigen Verstößen gegen die DS-GVO wird jedoch zurecht als unbillig angesehen.[163] Zielt der Vertrag aber darauf ab, personenbezogene Daten ohne gesetzliche Grundlage zu verarbeiten, ist von einem nichtigkeitsbegründenden Verstoß gegen die DS-GVO auszugehen.[164]

99 Es sollte daher im Vorfeld sorgfältig geprüft werden, ob sich der angestrebte Verwendungszweck auch erreichen lässt, wenn **auf die Lizenzierung von personenbezogenen Daten gänzlich verzichtet** wird oder die Daten derart **anonymisiert** werden, dass die betroffenen Personen nicht oder nicht mehr identifiziert werden kann.[165] Aufgrund der stetig zunehmenden Möglichkeiten zur Identifizierung von Personen, bspw. durch den Abgleich von Datenbanken, sind die Anforderungen an eine Anonymisierung hoch,[166] da bei der Bestimmung, ob Identifizierbarkeit besteht, alle Mittel – insbesondere Kosten, Zeitaufwand und zum Zeitpunkt

---

159 Rosenkranz/Scheufen ZfDR 2022, 159 (188).
160 Vgl. Erwägungsgrund 32 der DS-GVO; Paal/Pauly/Ernst DS-GVO, 3. Aufl. 2021, Art. 4 Rn. 78.
161 Vgl. auch Paal/Pauly/Ernst DS-GVO, 3. Aufl. 2021, Art. 9 Rn. 21 ff.
162 So OLG Frankfurt a. M. NJW-RR 2018, 887 Rn. 34 ff., 42; Schur Die Lizenzierung von Daten, 2020, 213 f.
163 Schur Die Lizenzierung von Daten, 2020, 215.
164 Schur Die Lizenzierung von Daten, 2020, 215.
165 Ausf. Gola/Heckmann/Gola DS-GVO/BDSG, 3. Aufl. 2022, DS-GVO Art. 4 Rn. 51; Kühling/Buchner/Klar/ Kühling DS-GVO, 3. Aufl. 2020, Art. 4 Nr. 1 Rn. 31 ff.
166 Paal/Pauly/Ernst, 3. Aufl. 2021, DS-GVO Art. 4 Rn. 50.

der Verarbeitung verfügbare Technologien sowie technologische Entwicklungen – zu berücksichtigen sind, die von dem Verantwortlichen oder einer anderen Person nach allgemeinem Ermessen wahrscheinlich genutzt werden, um die natürliche Person (direkt oder indirekt) zu identifizieren.[167]

II. Immaterialgüterrechtliche Grenzen

Fraglich ist, ob auch das Immaterialgüterrecht die Vertragsfreiheit im Zusammenhang mit Datenlizenzen beschränken kann. Dabei kommt vor allem eine **analoge Anwendung von § 87e UrhG** in Betracht.[168] Nach § 87e UrhG ist eine vertragliche Vereinbarung, durch die sich der Lizenznehmer einer Datenbank iSd § 87a Abs. 1 UrhG gegenüber dem Datenbankhersteller verpflichtet, die Vervielfältigung, Verbreitung oder öffentliche Wiedergabe von nach Art und Umfang unwesentlichen Teilen der Datenbank zu unterlassen, insoweit unwirksam, als diese Handlungen weder einer normalen Auswertung der Datenbank zuwiderlaufen noch die berechtigten Interessen des Datenbankherstellers unzumutbar beeinträchtigen. Die Vorschrift setzt Art. 8 iVm Art. 15 der Datenbank-RL[169] um und dient der Absicherung der Schranke des § 87b Abs. 1 S. 2 UrhG auf vertraglicher Ebene.[170] § 87e UrhG verfolgt dabei das Ziel, diejenigen gesetzlichen Regelungen, denen der EU-Gesetzgeber für den Ausgleich von Zugangs- und Kontrollinteressen besondere Bedeutung beigemessen hat, der Vertragsfreiheit der Beteiligten zu entziehen.[171] Dies ist jedoch nicht vergleichbar mit der Datenlizenz, bei der eine rein faktische Ausschließlichkeit besteht.[172] Auch der EuGH hat in der *Ryanair*-Entscheidung[173] festgestellt, dass Art. 8 Abs. 1 iVm Art. 15 der Datenbank-RL nicht auf Datensammlungen anwendbar ist, die weder durch das Urheberrecht noch durch ein sui generis Recht geschützt sind.[174] Daraus folgt, dass eine **Übertragung immaterialgüterrechtlicher Grenzen nicht problemlos** möglich ist, wenn kein sonderrechtlicher Schutz für den Vertragsgegenstand besteht.[175]

100

III. Kartellrechtliche Grenzen

Datenlizenzverträge können Teil von **intensiven Unternehmenskooperationen** zB bei der Vernetzung von Herstellungs- und Vertriebswegen oder bei der Zusammenarbeit für die Forschung und Entwicklung zur Produktion vernetzter Produkte, wie zB Connected Cars, sein. Das deutsche und das europäische Kartellrecht können diesen Kooperationen allerdings unter Umständen Grenzen setzen. Insofern sind vor allem die Vorgaben des **Kartellverbots nach Art. 101 AEUV und § 1 GWB** sowie des **Missbrauchsverbots nach Art. 102 AEUV und §§ 18 ff. GWB** zu beachten (zum Kartellrecht siehe auch Kapitel → § 12 Rn. 1 ff.).

101

Datenlizenzverträge sind im Wege der **Einzelfallprüfung** insbesondere auf ihre Vereinbarkeit mit Art. 101 AEUV und § 1 GWB zu bewerten, soweit Lizenzvereinbarung zu einem faktischen Ausschließlichkeitsrecht an den Daten führen. Nach Art. 101 Abs. 1 AEUV sind u. a. solche Vereinbarungen zwischen Unternehmen und aufeinander abgestimmte Verhaltensweisen verboten, die den **Handel zwischen Mitgliedstaaten zu beeinträchtigen** geeignet sind und

102

---

167 Siehe Erwägungsgrund 26 der DS-GVO.
168 Schur Die Lizenzierung von Daten, 2020, 200 ff.
169 Richtlinie Nr. 96/9/EG des Europäischen Parlaments und des Rates vom 11.3.1996 über den rechtlichen Schutz von Datenbanken, ABl. L 77, 20 v. 27.3.1996, umgesetzt durch Art. 7 des IuKDG v. 22.7.1997, BGBl. 1997 I 1870.
170 Schur GRUR 2020, 1142 (1146); Dreier/Schulze/Dreier UrhG, 7. Aufl. 2022, § 87e Rn. 1.
171 Dreier/Schulze/Dreier UrhG, 7. Aufl. 2022, § 87e Rn. 2.
172 Schur GRUR 2020, 1142 (1146).
173 EuGH NJW 2015, 1231 Rn. 37 f.
174 EuGH NJW 2015, 1231 Rn. 35 ff.; Dreier/Schulze/Dreier UrhG, 7. Aufl. 2022, § 87e Rn. 2a.
175 Gegen eine Anwendung von § 87e UrhG auf nicht nach §§ 87a ff. UrhG geschützte Datensammlungen, Dreier/Schulze/Dreier UrhG, 7. Aufl. 2022, § 87e Rn. 2a; Schur Die Lizenzierung von Daten, 2020, 204.

eine **Beschränkung des Wettbewerbs** innerhalb des Binnenmarkts bezwecken oder bewirken. Relevant erscheint hier vor allem das Regelbeispiel der Einschränkung oder Kontrolle der Erzeugung, des Absatzes, der technischen Entwicklung oder der Investitionen nach Art. 101 Abs. 1 lit. b AEUV.

103   Probleme im Sinne der anderen Regelbeispiele von Art. 101 AEUV können sich ergeben, wenn im Zuge des Datenaustauschs zur Innovationsförderung auch **wettbewerblich sensible (strategische) Daten** wie Informationen über Kosten und Preise ausgetauscht werden (so etwa in der Regel bei Datenpools, → Rn. 92 ff.).[176] Als Primärrecht geht die Schranke des Art. 101 AEUV dabei etwaigen sekundärrechtlichen Datenzugangsrechten, zB aus dem Data Act (→ Rn. 110 ff.), vor.[177] Weniger problematisch dürfte dagegen der **Austausch rein technischer Daten** sein, da die Wettbewerbsrelevanz hier in der Regel gering ist.[178] Grundsätzlich ist bei der Beurteilung, ob ein Informationsaustausch wettbewerbsbeschränkende Wirkung hat, zu berücksichtigen, ob die ausgetauschten Informationen (Daten) unternehmensspezifisch sind, wie alt sie sind, wie häufig der Austausch erfolgt und ob es sich dabei um öffentliche oder nicht-öffentliche Daten handelt.[179]

104   Soweit eine Vereinbarung danach grundsätzlich unter Art. 101 Abs. 1 AEUV bzw. § 1 GWB fällt, kann sie aber durch eine der von der Europäischen Kommission auf Grundlage von Art. 101 Abs. 3 AEUV erlassenen **Gruppenfreistellungsverordnungen** vom Verbot des Art. 101 Abs. 1 AEUV ausgenommen sein. Nach § 2 GWB gelten diese Gruppenfreistellungsverordnungen auch im deutschen Kartellrecht. In Betracht kommen hier insbesondere die **TT-GVO** und die **Forschungs- und Entwicklungs-GVO (F&E-GVO)**[180]. Die TT-GVO kann vor allem bei Lizenzvereinbarungen über Technologierechte (vgl. Art. 1 Abs. 1 lit. c TT-GVO) Anwendung finden, soweit die Daten als Know-how im Sinne von Art. 1 Abs. 1 lit. i TT-GVO anzusehen sind.[181] Problematisch sein kann hier einerseits die Frage, inwiefern Daten als praktische Erkenntnisse angesehen werden können (dies wird aufgrund des notwendigen technischen Bezugs zB bei reinem Marktwissen regelmäßig nicht der Fall sein[182]), und andererseits das Erfordernis einer genauen Beschreibung des Know-hows, was in Bezug auf große Datenmengen regelmäßig nicht möglich sein wird.[183] Auch passt der Zweck der TT-GVO nicht, solche Vereinbarungen zu privilegieren, aus denen auf der Grundlage der lizenzierten Technologierechte Vertragsprodukte entstehen (Art. 1 Abs. 1 lit. c TT-GVO).[184] Es ist nicht ausgeschlossen, dass die TT-GVO bestimmte Datenlizenzverträge erfasst, viele Vereinbarungen werden jedoch nicht unter diese Verordnung fallen. Das Gleiche gilt für die F&E-GVO, die Datenlizenzen zwar grundsätzlich erfassen kann, aufgrund ihrer Ausrichtung auf die Entwicklung von Vertragsprodukten oder

---

176   Mitteilung der Kommission Leitlinien zur Anwendbarkeit von Artikel 101 des Vertrags über die Arbeitsweise der Europäischen Union auf Vereinbarungen über horizontale Zusammenarbeit, ABl. 2011 C 11, 1 Rn. 86; Crémer/de Montjoye/Schweitzer Competition policy for the digital era – Final report, Report for the European Commission, 2019 („Special Advisors' Report"), available at https://ec.europa.eu/competition/publications/reports/kd0419345enn.pdf, 96; Bomhard/Merkle RDi 2022, 168 (172).

177   Bomhard/Merkle RDi 2022, 168 (172).

178   MüKoWettbR/Wagner-von Papp AEUV Art. 101 Rn. 353.

179   Mitteilung der Kommission Leitlinien zur Anwendbarkeit von Artikel 101 des Vertrags über die Arbeitsweise der Europäischen Union auf Vereinbarungen über horizontale Zusammenarbeit, ABl. 2011 C 11, 1 Rn. 89 ff.

180   Verordnung (EU) Nr. 1217/2010 der Kommission vom 14.12.2010 über die Anwendung von Art. 101 Abs. 3 des Vertrags über die Arbeitsweise der Europäischen Union auf bestimmte Gruppen von Vereinbarungen über Forschung und Entwicklung, ABl. 2010 L 335, 36, geändert durch Verordnung (EU) Nr. 2022/2455 der Kommission vom 8.12.2022, ABl. 2022 L 321, 1.

181   Vgl. BeckOK Kartellrecht/Becker, 7. Ed. 1.1.2023, TT-GVO Art. 1 Rn. 111.1; Schur Die Lizenzierung von Daten, 2020, 216 ff.

182   Busche/Röhling/Herrmann KK-KartellR TT-GVO Art. 1 Rn. 82.

183   Telle InTeR Beilage 2017, Nr. 01, 3, 8, ordnet nur solche Daten als Know-how ein, die in einem über das Abgreifen hinausgehenden Schöpfungsprozess generiert werden; aA BeckOK KartellR/Becker, 8. Ed. 1.4.2023, TT-GVO Art. 1 Rn. 111.1; Schur Die Lizenzierung von Daten, 2020, 217 f.

184   Schur Die Lizenzierung von Daten, 2020, 219.

Vertragstechnologien (Art. 1 Abs. 1 lit. d, f. und e F&E-GVO) aber wohl nicht anwendbar sein dürfte, wenn unter Nutzung der Daten lediglich Auswertungsergebnisse erzielt werden.[185] In Betracht kommt zudem eine Freistellung der Datenlizenzen nach der Vertikal-GVO.[186] Ist keine der Gruppenfreistellungsvereinbarungen einschlägig, bedarf es einer **Einzelfallprüfung** für eine Freistellung nach Art. 101 Abs. 3 AEUV. Die Kommission geht dabei davon aus, dass **die meisten Lizenzvereinbarungen mit Art. 101 AEUV vereinbar** sein werden, da sie durch eine Verbreitung von Technologie und Anreiz zur Innovation den Wettbewerb fördern.[187]

Grenzen in der Ausgestaltung des Datenlizenzvertrages können sich auch aus Art. 102 AEUV bzw. §§ 18 ff. GWB ergeben, wenn zB **Datenzugangsansprüche Dritter** bestehen, etwa weil es sich bei den Daten um **essential facilities** handelt.[188] Dafür bestehen jedoch hohe Voraussetzungen, insbesondere die Unentbehrlichkeit des Zugangs und fehlende Rechtfertigungsgründe für die Verweigerung.[189] Ein Zugangsanspruch kann sich weiterhin aus einem Verstoß gegen das Diskriminierungsverbot ergeben.[190] **105**

IV. Grenzen aus dem Data Governance Act und Data Act

Als Säulen der **europäischen Datenstrategie** werden in Zukunft sowohl insbesondere der Data Governance Act[191] also auch der Data Act (bei Fertigstellung des Manuskripts im Oktober 2023 noch nicht verabschiedet)[192] Auswirkungen auf die Vertragsgestaltung von Datenlizenzverträgen haben können. **106**

1. Data Governance Act

Zur Verbesserung der Verfügbarkeit und Nutzbarkeit von Daten schafft der Data Governance Act u. a. einen **Regulierungsrechtsrahmen für sog. Datenvermittlungsdienste** (wie zB **Datenmarktplätze**). Die Regelungen des Data Governance Act können daher insbesondere für die Bildung von Datenpools von Relevanz sein (siehe hierzu → Rn. 92 ff.). **107**

Der Data Governance Act legt eine Reihe von Anforderungen für Anbieter von Datenvermittlungsdiensten fest, siehe Art. 10 ff. Data Governance Act. Dazu gehören unter anderem ein **Anmeldeverfahren** (Art. 11) sowie zahlreiche **Vorgaben an die Erbringung von Datenvermittlungsdiensten** (Art. 12) wie insbesondere die **Neutralitätspflicht** von Anbietern von Datenvermittlungsdiensten. Danach dürfen solche Anbieter die zwischen Dateninhabern oder betroffenen Personen und Datennutzern ausgetauschten Daten nur für die Zurverfügungstellung an die Datennutzer verwenden (und insbesondere nicht für eigene Zwecke, Art. 12 lit. a). Weitere Vorgaben betreffen zB die Preisgestaltung, Maßnahmen zur Sicherstellung der Interoperabilität und zulässige Nebendienste zur Erleichterung des Datenaustauschs (zB vorübergehende Speicherung, Pflege, Konvertierung, Anonymisierung und Pseudonymisierung von Daten). **108**

---

185 Schur Die Lizenzierung von Daten, 2020, 220.
186 Telle InTeR Beilage 2017, Nr. 01, 3 (8 f.).
187 EU-Kommission TT-GVO Leitlinien, Nr. 8, 17, 174 ff.; Schur Die Lizenzierung von Daten, 2020, 221.
188 Vgl. Röhricht/Graf v. Westphalen/Haas/Weidert/Bug HGB, 5. Aufl. 2019, Zulieferverträge in der Industrie 4.0 Rn. 61; Streinz/Eilmansberger/Kruis EUV/AEUV, 3. Aufl. 2018, AEUV Art. 102 Rn. 81 mwN. Eine Einordnung von Daten als essential facilities wurde vom deutschen Gesetzgeber iRd Zugangs zu Daten in § 19 Abs. 2 Nr. 4 GWB explizit bejaht. GWB-Novelle durch die Aufnahme des Zugangs zu Daten in § 19 Abs. 2 Nr. 4 GWB explizit bejaht.
189 Vgl. Grabitz/Hilf/Nettesheim/Deselaers Das Recht der Europäischen Union, 77. EL September 2022, AEUV Art. 102 Rn. 467; Immenga/Mestmäcker/Fuchs, Wettbewerbsrecht Band 1, 6. Aufl. 2019, AEUV Art. 102 Rn. 331 ff.
190 Vgl. Grabitz/Hilf/Nettesheim/Jung Das Recht der Europäischen Union, 77. EL September 2022, AEUV Art. 102 Rn. 185.
191 Verordnung (EU) 2022/868 des Europäischen Parlaments und des Rates vom 30.5.2022 über europäische Daten-Governance und zur Änderung der Verordnung (EU) 2018/1724 (Daten-Governance-Rechtsakt).
192 Diesem Kapitel wurde der vorläufige Einigungsentwurf vom 14. Juli 2023 zugrundegelegt, abrufbar unter https://www.europarl.europa.eu/RegData/commissions/itre/inag/2023/07-14/ITRE_AG(2023)751822_EN.pdf.

109 Daneben enthält der Data Governance Act Regelungen zur Weiterverwendung von **Daten, die sich im Besitz von öffentlichen Stellen befinden.** Diese umfassen etwa das Verbot von Ausschließlichkeitsvereinbarungen in Bezug auf solche Daten (Art. 4) und Bedingungen für die Weiterverwendung (Art. 5).

2. Data Act

110 Ziel des DA-E („Data Act") ist die Schaffung eines **fairen Datenzugangs** und einer **fairen Datennutzung.** Ein „Dateneigentum" schafft der Entwurf nicht, sondern setzt – im Gegenteil – auf eine Öffnung des Zugangs zu Daten für Dritte.

111 Der Entwurf beschränkt sich maßgeblich darauf, Nutzern die Kontrolle über die von ihnen bei der Nutzung eines Produktes oder eines verbundenen Dienstes erzeugten Daten zuzuweisen (Art. 1 Abs. 1 Data Act). Hierdurch soll die faktische Kontrolle von Geräteherstellern, die nach Ansicht der EU-Kommission maßgeblich den **fairen Wettbewerb um *Aftermarket*-Dienstleistungen** für IoT-Produkte behindert, künftig entfallen.

112 Zentrale Regelung des Data Act ist dabei die Schaffung eines Anspruchs von Nutzern von datengenerierenden Geräten (sog. IoT-Produkte) gegen den Dateninhaber auf **Zugangsgewährung** zu den durch das IoT-Produkt generierten Daten (Art. 4 Data Act). **Dateninhaber** kann dabei nach Art. 2 Abs. 6 Data Act sowohl derjenige sein, der die Kontrolle über die Daten durch die Kontrolle der technischen Gestaltung des Produktes und der damit verbundenen Dienste innehat, als auch derjenige, der aus EU-Verordnungen oder nationalem Recht zur Umsetzung von Unionsrecht das Recht oder die Pflicht zur Bereitstellung bestimmter Daten hat. **Nutzer** ist jede natürliche oder juristische Person, die ein Produkt besitzt, mietet oder least oder eine verbundene Dienstleistung in Anspruch nimmt (Art. 2 Abs. 5 Data Act).

113 **Dritte** haben nur die Möglichkeit, über den Nutzer an die Daten eines IoT-Produkts zu gelangen. Nach Art. 5 Abs. 1 Data Act kann der Nutzer verlangen, dass der Dateninhaber die Daten einem Dritten zur Verfügung stellt. Den Zugangsanspruch kann der Dritte (nach entsprechender Beauftragung durch den Nutzer) im Namen des Nutzers auch direkt gegenüber dem Dateninhaber geltend machen. Die Nutzung der Daten durch den Dritten erfolgt auf der Grundlage eines **Datenlizenzvertrages zwischen dem Dritten und dem Nutzer** (Art. 6 Abs. 1 Data Act), in dem der Zweck und die Bedingungen der Nutzung zu vereinbaren sind. In Art. 6 Abs. 2 Data Act werden verschiedene Nutzungsverbote für die Daten ausgestaltet. Art. 8 Abs. 1 Data Act verlangt, dass der Dateninhaber, der einem Dritten Daten zur Verfügung stellen muss, diesem die Daten zu **fairen, angemessenen und nicht diskriminierenden Bedingungen** bereitstellen muss und hierfür eine **angemessene Vergütung** verlangen darf, Art. 9 Data Act.[193] Hierdurch kann ein erhebliches Konfliktpotential entstehen, insbesondere wenn Dateninhaber und Dritter in einem Konkurrenzverhältnis zueinander stehen.[194]

114 Relevant für die Gestaltung von Datenlizenzen im B2B-Bereich wird künftig besonders die Regelung des Art. 4 Ab. 6 Data Act sein. Danach setzt die Nutzung nicht-personenbezogener Daten durch den Dateninhaber einen Datenlizenzvertrag mit dem Nutzer voraus. Damit werden die **Daten de facto dem Nutzer zugeordnet.**[195] Für die Lizenzierung von solchen Daten durch den Dateninhaber an Dritte (im B2B-Bereich) bedeutet dies, dass der Dateninhaber sich zuvor umfassende Nutzungsrechte durch den Nutzer einräumen lassen muss. Dateninhaber mit größerer Markmacht werden – wie es bereits jetzt in der Praxis vorkommt – dem Nutzer

---

193 Nach dem Wortlaut des Entwurfs kann die Gegenleistungspflicht des Dritten (außer bei Geschäftsgeheimnissen) durch eine Übermittlung „über Eck" umgangen werden, bei welcher der Nutzer Zugang zu den Daten verlangt und diese unentgeltlich an den Dritten weiterleitet, vgl. Specht-Riemenschneider MMR 2022, 809 (822); Bomhard/Merkle RDi 2022, 168 (Rn. 15 f.).
194 Podszun/Pfeifer GRUR 2022, 953 (959).
195 Hennemann/Steinrötter NJW 2022, 1481 (1483); aA Specht-Riemenschneider MMR 2022, 809 (817).

einseitig umfassende „Buy-out-Verträge" vorgeben bzw. die Nutzung der Daten zur Bedingung des Verkaufs der datengenierenden Geräte machen können. Einschränkend wirkt allerdings das Verbot in Art. 6 Abs. 2 Data Act, wonach der Dateninhaber die Daten nicht dazu verwenden darf, um Erkenntnisse über die wirtschaftliche Lage, das Vermögen und die Produktionsmethoden des Nutzers oder die Nutzung durch den Nutzer zu gewinnen, welche die wirtschaftliche Stellung des Nutzers auf den Märkten, auf denen er tätig ist, beeinträchtigen könnten.[196]

Relevant für die Vertragsgestaltung von Datenlizenzen sind auch die Regelungen des Art. 13   115
Data Act. Mit **Art. 13 Data Act** soll künftig ein eigenes **AGB-Recht für Datenlizenzverträge/** andere Datenzugangsverträge im B2B-Bereich geschaffen werden. Art. 13 Data Act definiert **missbräuchliche Vertragsklauseln**, die, wenn sie einseitig auferlegt werden, nicht bindend für das Kleinstunternehmen oder KMU sind (Abs. 1). Hierbei ist zu unterscheiden zwischen sog. „schwarzen Klauseln"[197], die stets als missbräuchlich einzustufen sind (Abs. 3) und sog. „grauen Klausel", die grundsätzlich als missbräuchlich angesehen werden (Abs. 4).

Schwarze Klauseln umfassen den Ausschluss oder die Beschränkung der Haftung des Klau-   116
selverwenders für vorsätzliche oder grob fahrlässige Handlungen (Art. 13 Abs. 3 lit. a), den Ausschluss von Rechtsbehelfen oder von der Haftung bei Nichterfüllung von Vertragspflichten (Art. 13 Abs. 3 lit. b Data Act), sowie das einseitige Recht des Klauselverwenders zu bestimmen, ob die gelieferten Daten vertragsgemäß sind (Art. 13 Abs. 3 lit. c Data Act).

Zu den **grauen Klauseln** gehören etwa die unangemessene Beschränkung von Rechtsmitteln   117
bei Nichterfüllung von Vertragspflichten oder die unangemessene Beschränkung der Haftung bei einer Verletzung solcher Pflichten (Art. 13 Abs. 4 lit. a Data Act), die Einräumung von Zugangs- und Nutzungsrechten an Daten durch den Klauselverwender, die den berechtigten Interessen der anderen Vertragspartei erheblich schaden (Art. 13 Abs. 4 lit. b Data Act), den Ausschluss oder unverhältnismäßige Beschränkung des Rechtes des Lizenzgebers, die bereitgestellten Daten während der Vertragslaufzeit selbst zu nutzen (Art. 13 Abs. 4 lit. c Data Act), die Hinderung der Partei, der die Klausel einseitig auferlegt wurde, eine Kopie von den bereitgestellten oder erzeugten Daten währen der Vertragslaufzeit bzw. innerhalb vernünftiger Zeit nach der Beendigung des Vertrags zu machen (Art. 13 Abs. 4 lit. d Data Act), sowie das Festlegen einer unangemessen kurzen Kündigungsfrist für den Verwender der Klausel (Art. 13 Abs. 4 lit. e Data Act).

Damit wird der bislang nur auf Verbraucherverträge anwendbare Fairnessstandard für AGB   118
erstmals auf B2B-Verträge ausgeweitet.[198] Wichtig ist, dass eine Klausel nur dann als **einseitig auferlegt** gilt, wenn sie von einer Vertragspartei eingebracht wird und die andere Vertragspartei ihren Inhalt trotz des Versuchs, hierüber zu verhandeln, nicht beeinflussen kann (Art. 13 Abs. 5 S. 1 Data Act). Die Beweislast hierfür trägt zwar der Klauselverwender (Art. 13 Abs. 5 S. 2 Data Act); allerdings muss sich die andere Partei auch nachweisbar aktiv um eine Verhandlung der Klauseln bemüht haben. Entscheidet sich die Partei gegen eine Verhandlung oder erfolgt der Vertragsschluss elektronisch, so dass der Vertragspartner nur die Option hat, die Vertragsbedingungen durch Anklicken zu akzeptieren, scheidet eine Anwendung von Art. 13 Data Act aus.[199]

Art. 42 des vorläufigen Einigungsentwurfs zum Data Act sieht eine **Rückwirkung der AGB-**   119
Kontrolle des Art. 13 Data Act für bestimmte Verträge vor. Danach soll die AGB-Kontrolle auch für solche Verträge gelten, die vor dem Geltungstag der Verordnung geschlossen wurden, soweit diese eine unbeschränkte Laufzeit oder eine Mindestvertragslaufzeit von zehn Jahren haben. Für die Praxis bedeutet die Rückwirkung, dass unter Umständen bereits bestehende Datenlizenzverträge angepasst werden müssen.

---

196 Podszun/Pfeifer GRUR 2022, 953 (956); Specht-Riemenschneider MMR 2022, 809.
197 Siehe zur Begrifflichkeit Witzel CR 2022, 561 (563).
198 Vgl. auch Witzel CR 2022, 561 (562).
199 Vgl. auch Witzel CR 2022, 561 (563).

120   Künftig soll die Kommission **unverbindliche Mustervertragsbedingungen** für den Datenzugang und die Datennutzung erstellen, um die Parteien bei der Ausarbeitung und Aushandlung
von Verträgen mit ausgewogenen vertraglichen Rechten und Pflichten zu unterstützen (Art. 34
Data Act).

§ 17 Datenanalyse

Literatur: *Apel/Walling*, Das neue Geschäftsgeheimnisgesetz: Überblick und erste Praxishinweise, DB 2019, 891–898; *Auer-Reinsdorff/Conrad*, Handbuch IT- und Datenschutzrecht, 3. Aufl. 2019 (zit.: Auer-Reinsdorff/Conrad IT- und DatenschutzR-HdB/Bearbeiter); *Baum/Appt/Schenk*, Die vernetzte Fabrik: Rechtliche Herausforderungen in der Industrie 4.0 (Teil 1), DB 2017, 1824–1831; *Berger*, Property Rights to Personal Data? – An Exploration of Commercial Data Law, ZGE 2017, 340–355; *Boehm*, Herausforderungen von Cloud Computing-Verträgen: Vertragstypologische Einordnung, Haftung und Eigentum an Daten, ZEuP 2016, 358–387; *Bomhard/Merkle*, Der Entwurf eines EU Data Acts, RDi 2022, 168–176; *Borges/Hilber*, BeckOK IT-Recht, 8. Ed., Stand: 1.10.2022 (zit.: BeckOK IT-Recht/ Bearbeiter); *Brandi-Dohrn*, Die Besonderheiten von Haftungsklauseln in IT-Verträgen, CR 2014, 417–427; *Bräutigam/Kraul*, Internet of Things, 2021 (zit.: Bräutigam/Kraul IoT-HdB/Bearbeiter); *Bußmann-Welsch/Tholey*, Der Handel mit personenbezogenen Daten auf dezentralen Datenmarktplätzen, In-TeR 2020, 225–233; *Czychowski/Winzek*, Rechtliche Struktur und Inhalt von Datennutzungsverträgen. Datenwirtschaftsrecht III: Der Vertrag über ein neues Elementarteilchen? ZD 2022, 81–90; *De Wachter*, Intellectual Property in an Age of Big Data: an Exercise in Futility? An examination of Big Data's impact on patents and database protection, CRi 2014, 1–6; *Denga*, Unternehmensberatungsverträge, ZHR 2022, 543–585; *Dorner*, Big Data und „Dateneigentum". Grundfragen des modernen Daten- und Informationshandels, CR 2014, 617–628; *Dorner*, Know-how-Schutz im Umbruch. Rechtsdogmatische und Informationsökonomische Überlegungen, 2013 (zit.: Dorner, Know-how-Schutz); *Drexl*, Designing Competitive Markets for Industrial Data. Between Propertisation and Access JIPITEC 2017, 257–292; *Drexl*, u.a., Position Statement of the Max Planck Institute for Innovation and Competition of 25 May 2022 on the Commission's Proposal of 23 February 2022 for a Regulation on harmonised rules on fair access to and use of data (Data Act) (zit. Drexl, u.a., MPI Position Statement Data Act); *Ensthaler*, Industrie 4.0 und die Berechtigung an Daten, NJW 2016, 3473–3478; *Erman* BGB, Kommentar, 16./17. Auflage 2020/2023 (zit.: Erman BGB/Bearbeiter); *Fries/Scheufen*, Märkte für Maschinendaten, MMR 2019, 721–726; *Funk*, Das Prinzip der Nutzerzentriertheit des Data Act – ein gravierender Strukturfehler, CR 2023, 421–427; *Funk/Wenn*, Der Ausschluss der Haftung für mittelbare Schäden in internationalen Softwareverträgen, CR 2004, 481–488; *Gola/Heckmann*, DS-GVO – BDSG, 3. Aufl. 2022 (zit.: Gola/Heckmann, DS-GVO/Bearbeiter); *Grapentin*, Datenzugangsansprüche und Geschäftsgeheimnisse der Hersteller im Lichte des Data Act, RDi 2023, 173–182; *Hacker*, Daten als Gegenleistung: Rechtsgeschäfte im Spannungsfeld von DS-GVO und allgemeinem Vertragsrecht, ZfPW 2019, 148–197; *Hacker*, Immaterialgüterrechtlicher Schutz von KI-Trainingsdaten, GRUR 2020, 1025–1033; *Harte-Bavendamm/Ohly/Kalbfus*, GeschGehG, 1. Aufl. 2020 (zit.: Harte-Bavendamm/Ohly/Kalbfus, GeschGehG/Bearbeiter); *Hartl/Daum*, Der aktuelle und zukünftige Rechtsrahmen für Data-as-a-Service-Modelle im Überblick, CR 2022, 485–495; *Hennemann*, Datenlizenzverträge, RDi 2021, 61–70; *Hennemann/Steinrötter*, Data Act – Fundament des neuen EU-Datenwirtschaftsrechts?, NJW 2022, 1481–1486; *Hennemann/v. Ditfurth*, Datenintermediäre und Data Governance Act, NJW 2022, 1905–1910; *Hille*, Sind bisherige Vertraulichkeitsvereinbarungen unwirksam? Anforderungen aus GeschGehG und § 307 BGB, WRP 2020, 824–831; *Hilty*, Das Urheberrecht und der Wissenschaftler, GRUR Int 2006, 179–190; *Hilty*, Lizenzvertragsrecht. Systematisierung und Typisierung aus schutz- und schuldrechtlicher Sicht, 2001 (zit.: Hilty, Lizenzvertragsrecht); *Hoeren/Münker*, Geheimhaltungsvereinbarung: Rechtsnatur und Vertragsprobleme im IT-Sektor MMR 2021, 523–527; *Hoeren/Pinelli*, IT-Vertragsrecht, 3. Aufl. 2022 (zit.: Hoeren/Pinelli, IT-Vertragsrecht); *Hoeren/Sieber/Holznagel*, Handbuch Multimedia-Recht, 2021 (zit.: Hoeren/Sieber/Holznagel MMR-HdB/Bearbeiter); *Holm-Hadulla/Bug/Pollmeier*, Der Kommissionsentwurf des Data Acts – Ein Überblick, DSB 2022, 108–111; *Holthausen*, Big Data, People Analytics, KI und Gestaltung von Betriebsvereinbarungen – Grund-, arbeits- und datenschutzrechtliche An- und Herausforderungen, RdA 2021, 19–32; *Honsel*, „Code is law": Für Gesetzgeber ist es noch schwerer durchzugreifen, Heise Online v. 20.9.2021, https://www.heise.de/hintergrund/ Code-is-law-Fuer-Gesetzgeber-ist-es-noch-schwerer-durchzugreifen-6194067.html (zit.: Honsel Heise Online v. 20.9.2021, „Code is law"); *Hornung*, Rechtsfragen der Industrie 4.0, 1.Aufl. 2018 (zit.: Hornung, Rechtsfragen der Industrie 4.0/Bearbeiter); *Kerber*, A New (Intellectual) Property Right for Non-Personal Data? An Economic Analysis, GRUR Int. 2016, 989–998; *Kipker/Rockstroh*, Penetrationstests im Realitätscheck – IT-Sicherheit erfordert Rechtssicherheit, ZRP 2022, 240–243; *Krätzschmar*, Rechtliche Anforderungen an Datenaustauschverträge, DSITRB 2015, 753–771; *Kraul*,

„Recht an Daten": Aktuelle Gesetzeslage und vertragliche Ausgestaltung, GRUR-Prax 2019, 478–480; *Kraus*, Datenlizenzverträge, DSRITB 2015, 537–551; *Krekel*, Die digitale Datenbank – aktuelle Probleme im Recht des Datenbankherstellers, WRP 2011, 436–443; *Krüger/Wiencke/Koch*, Der Datenpool als Geschäftsgeheimnis, GRUR 2020, 578–584; *Lessig*, Code and other laws of cyberspace, 1999 (zit.: Lessig); *Leupold/Wiebe/Glossner*, IT-Recht, 4. Aufl. 2021 (zit.: Leupold/Wiebe/Glossner IT-R/Bearbeiter); *Maaßen*, „Angemessene Geheimhaltungsmaßnahmen" für Geschäftsgeheimnisse, GRUR 2019, 352–360; *Malcher*, Künstliche Intelligenz-Anwendung im Wege des Software as a Service (KIaaS), MMR 2022, 617–623; *Martini/Kolain/Rehorst/Wagner*, Datenhoheit, MMR Beil. 2021, 3–23; *Mayer-Schönberger/Cukier*, Big Data – A Revolution That Will Transform How We Live, Work and Think, 1. Aufl., 2013 (zit.: Mayer-Schönberger/Cukier, Big Data); *Moos*, Datenschutz und Datennutzung, 3. Aufl. 2021 (zit.: Moos, Datenschutz und Datennutzung/Bearbeiter); *Moos/Schefzig/Arning*, Praxishandbuch DS-GVO, 2. Aufl. 2021 (zit.: Moos/Schefzig/Arning, DS-GVO/Bearbeiter); *Müllmann*, Auswirkungen der Industrie 4.0 auf den Schutz von Betriebs- und Geschäftsgeheimnissen, WRP 2018, 1177–1182; *Nägele/Apel*, Beck ́sche Online-Formulare IT-und Datenrecht, 9. Aufl. 2021 (zit.: BeckOF IT-R/Bearbeiter); *Otte-Gräbener/Kutscher-Puis*, Handlungsbedarf durch das neue Geschäftsgeheimnisgesetz für Vertraulichkeitsvereinbarungen im Rahmen von Liefer- und Vertriebsverträgen, ZVertriebsR 2019, 288–292; *Paal/Kumkar*, Die digitale Zukunft Europas. Europäische Strategien für den digitalen Binnenmarkt ZfDR 2021, 97–129; *Paal/Pauly*, DS-GVO BDSG, 3. Auflage 2021 (zit.: Paal/Pauly, DS-GVO/Bearbeiter); *Patzak/Beyerlein*, Adressdatenhandel zu Telefonmarketingzwecken – Vertragstypologische Einordnung unter Berücksichtigung der Haftungsfragen, MMR 2007, 687–691; *Peitz/Schweitzer*, Ein neuer europäischer Ordnungsrahmen für Datenmärkte?, NJW 2018, 275–280; *Picht*, Caught in the Acts: Framing Mandatory Data Access Transactions under the Data Act, further EU Digital Regulations Acts and Competition Law, Max Planck Insitute for Innovation and Competition Research Paper No. 22–05, 2022 (zit.: Picht, Caught in the Acts); *Picht/Richter*, EU Digital Regulation 2022: Data Desiderata, GRUR Int. 2022, 395–402; *Piltz/Zwerschke*, „Rechte an Daten": Neuere Entwicklungen und Haftungsfragen, GRUR-Prax 2021, 11–13; *Podszun/Pfeifer*, Datenzugang nach dem EU Data Act: Der Entwurf der Europäischen Kommission, GRUR 2022, 953–961; *Raue*, Die Freistellung von Datenanalysen durch die neuen Text und Data Mining-Schranken (§§ 44b, 60d UrhG), ZUM 2021, 793–802; *Riehm*, Rechte an Daten – Die Perspektive des Haftungsrechts, VersR 2019, 714–724; *Rosenkranz/Scheufen*, Die Lizenzierung von nicht-personenbezogenen Daten, ZfDR 2022, 159–198; *Rossi*, Staatliche Daten als Informationsrohstoff, NVwZ 2013, 1263–1266; *Sassenberg/Faber*, Rechtshandbuch Industrie 4.0 und Internet of Things, 2. Aufl. 2020 (zit.: Sassenberg/Faber Industrie 4.0 und Internet-HdB/Bearbeiter); *Schefzig*, Big Data = Personal Data? Der Personenbezug von Daten bei Big Data-Analysen DSRITB 2014, 103–119; *Schefzig*, Die Datenlizenz, DSRITB 2015, 551–567; *Schippel*, Daten Due Diligence, ITRB 2022, 185–187; *Schippel*, Der EU Data Act – die Zukunft von B2B-Datenlizenz und Data as a Service-Modellen, ITRB 2023, 79–83; *Schlinkert*, Industrie 4.0 – wie das Recht Schritt hält, ZRP 2017, 222–225; *Schneidereit*, Auswirkungen des Data Act auf innovative datengetriebene Geschäftsmodelle in der Medizintechnik – Analyse wesentlicher Auswirkungen in der Praxis, CR 2023 9–14; *Schur*, Die Lizenzierung von Daten, GRUR 2020, 1142–1152; *Schuster*, Sicherheit von Daten und Geheimnis im Vertrag, CR 2020, 726–730; *Schuster/Grützmacher*, IT-Recht, 1. Aufl. 2020 (zit.: Schuster/Grützmacher, IT-Recht/Bearbeiter); *Schweitzer*, Datenzugang in der Datenökonomie: Eckpfeiler einer neuen Informationsordnung, GRUR 2019, 569–580; *Schweitzer/Metzger*, Data Access under the Draft Data Act, Competition Law and the DMA: Opening the Data Treasures for Competition and Innovation?, GRUR Int. 2023, 337-356; *Söbbing*, Sind Non Disclosure Agreements wirklich notwendig?, GWR 2010, 237–240; *Specht*, Ausschließlichkeitsrechte an Daten – Notwendigkeit, Schutzumfang, Alternativen, CR 2016, 288–296; *Specht*, Das Verhältnis möglicher Datenrechte zum Datenschutzrecht, GRUR Int. 2017, 1040–1047; *Specht-Riemenschneider*, Der Entwurf des Data Act – Eine Analyse der vorgesehenen Datenzugangsansprüche im Verhältnis B2B, B2C und B2G, MMR 2022, 809–826; *Spindler/Schuster*, Recht der elektronischen Medien, 4. Auflage 2019 (zit.: Spindler/Schuster/Bearbeiter); *Staudinger*, BGB – J. von Staudingers Kommentar zum Bürgerlichen Gesetzbuch mit Einführungsgesetz (zit.: Staudinger/Bearbeiter (Jahrgang) BGB); *Staudinger*, BGB – Eckpfeiler des Zivilrechts, 2020 (zit.: Staudinger Ergbd./Bearbeiter); *Steinrötter*, Datenwirtschaftsrecht, in: Specht-Riemenschneider/Buchner/Heinze/Thomsen (Hrsg.), IT-Recht in Wissenschaft und Praxis – Festschrift für Jürgen Taeger, 2020, S. 491–510 (zit.: Steinrötter FS Taeger); *Steinrötter*, Gegenstand und Bausteine eines EU-Datenwirtschaftsrechts, RDi 2021, 480–486; *Stender-Vorwachs/Steege*, Wem gehören unsere Daten?, NJOZ

2018, 1361–1367; *Ulmer/Brandner/Hensen*, AGB-Recht, 13. Aufl. 2022 (zit.: Ulmer/Brandner/Hensen/Bearbeiter); *Wagner/Brecht/Raabe*, Wettbewerb um den Zugang zu Daten, PinG 2018, 229–236; *Wandtke/Bullinger*, Urheberrecht, 6. Auflage 2022 (zit.: Wandtke/Bullinger/Bearbeiter); *Welkenbach*, Scrum auf dem Prüfstand der Rechtsprechung – Lehren für die Vertragsgestaltung, CR 2017, 639–646; *Werkmeister/Brandt*, Datenschutzrechtliche Herausforderungen für Big Data, CR 2016, 233–238; *Wesel*, Fast alles, was Recht ist, 1. Aufl. 2004 (zit.: Wesel); *Wiebe*, Schutz von Maschinendaten durch das suigeneris-Schutzrecht für Datenbanken, GRUR 2017, 338–345; *Wiebe/Schur*, Protection of Trade Secrets in a Data-driven, Networked Environment – Is the update already out-dated?, GRUR Int. 2019, 746–751; *Witzel*, Abnahme, Projektbeendigung und Schadensersatz, CR 2017, 213–219; *Witzel*, Der Entwurf des Data Act und seine Vorgaben an die Vertragsgestaltung. Missbräuchliche Klauseln – Fairness-Standards – Schwarze und Graue Klauseln, CR 2022, 561–566; *Wybitul/Ströbel/Ruess*, Übermittlung personenbezogener Daten in Drittländer, ZD 2017, 503–509; *Zech*, „Industrie 4.0" – Rechtsrahmen für eine Datenwirtschaft im digitalen Binnenmarkt, GRUR 2015, 1151–1160.

A. Einordnung

I. Wertschöpfungsprozess der Datenwirtschaft

Der Prozess der Datenanalyse bedeutet die **zentrale Innovationsstufe im Wertschöpfungsprozess der Datenwirtschaft**.[1] Nach der häufig bemühten Einordung von Daten als „Rohstoff"[2], beschreibt die Datenanalyse den Vorgang der Rohstoffverarbeitung und -aufbereitung.

1

---

1 Ähnlich Schweitzer GRUR 2019, 569 (571).
2 Vgl. zB Rossi NVwZ 2013, 1263; Zech GRUR 2015, 1151; Schweitzer GRUR 2019, 569 (580); Riehm VersR 2019, 714; Bußmann-Welsch/Tholey InTeR 2020, 225 mwN; Paal/Kumkar ZfDR 2021, 97 (116) mwN; Stender-Vorwachs/Steege NJOZ 2018, 1361 mwN.

Unterteilt man den typischen Wertschöpfungsprozess der Datenwirtschaft in fünf Stufen[3], steht die Datenanalyse auf Stufe vier – zwischen den ersten drei Stufen der Generierung, Sammlung und Speicherung von (Roh-)Daten einerseits, und der letzten Stufe der Verwertung andererseits. Gegenstand der letztgenannten Verwertung sind die aus der Datenanalyse gewonnenen Ergebnisse in Form von **abgeleiteten Daten bzw. Datenderivaten[4], die selbst bereits ein Innovationsprodukt darstellen und/oder (Folge-)Innovationen ermöglichen.** Die herausragende Bedeutung der Datenanalyse zeigt sich im Vergleich zu den anderen Stufen, die in der Praxis auf Grundlage einer weitgehend etablierten technischen Basis bedient werden können: So erfolgt die Generierung von Daten zunehmend automatisiert, wobei der Investitionsaufwand in Datenerhebung und -speicherung kontinuierlich sinkt.[5] Die vorgenannten Prozessstufen beschränken sich vornehmlich auf die bloße Erscheinungsform der jeweiligen Daten als maschinenlesbar codierte Information (**syntaktische Information**).[6] Im Rahmen der Datenanalyse erfolgt regelmäßig erst der **entscheidende, transformative Zwischenschritt**, innerhalb dessen der inhaltliche Bedeutungsgehalt von Daten erschlossen wird (**semantische Information**).[7] Die Verwertung folgt dann, auf Stufe fünf, wiederum typischerweise etablierten ökonomischen oder wissenschaftlichen Praktiken.

2 Dass der eigentliche Datenschatz erst im Rahmen der Datenanalyse gehoben wird, zeigt sich daran, dass eine Verwertung von Rohdaten selbst in der Regel nicht möglich ist und diese insoweit nutzlos sind.[8] Der „alchemistische" Prozess der Datenanalyse ist somit regelmäßig *conditio sine qua non* für eine Nutzziehung und Wertschöpfung in anderen Wirtschaftsbereichen (außerhalb der Datenwirtschaft) auf Basis der gewonnenen Informationen.[9] In Anbetracht dieser grundlegenden Bedeutung der Datenanalyse überrascht es nicht, dass „Big Data" *cum grano salis* teilweise sogar in Gänze mit der (Echtzeit-)Analyse von (Primär-)Daten zur Gewinnung neuer Informationen und Einsichten gleichgesetzt wird.[10]

II. Anwendungsbereiche und rechtspraktische Bedeutung

1. Typische Erscheinungsformen

3 Die Anfänge der Kommerzialisierung der Datenanalyse liegen mitunter in dem weit vor dem Zeitalter der Digitalisierung etablierten **Geschäftsmodell der Auskunfteien**, bei dem privatwirtschaftliche Unternehmen (ursprünglich ohne Big Data Analysen) bestimmte Informationen über die Kreditwürdigkeit, Zahlungsfähigkeit und Zahlungswilligkeit von Privatpersonen und Unternehmen sammeln, auswerten und als Bonitätsinformationen Dritten gegen Entgelt zur Verfügung stellen.[11] Das Phänomen der Digitalisierung und das rasant steigende Daten-

---

3 Vgl. Fries/Scheufen MMR 2019, 721 (722) in Anlehnung an OECD, Exploring Data-Driven Innovation as a New Source of Growth: Mapping the Policy Issue Raised by „Big Data", OECD Digital Economy Papers, No. 222, OECD Publishing, Paris 2013, abrufbar unter: https://doi.org/10.1787/5k47zw3fcp43-en.

4 Peitz/Schweitzer NJW 2018, 275 (276); Schweitzer GRUR 2019, 569 (571).

5 Laut OECD haben sich die realen Kosten für Rechenleistung und Datenspeicherung in der zweiten Hälfte des letzten Jahrhunderts alle 15 Monate halbiert, vgl. OECD, Measuring the Value of Data and Data Flows, OECD Digital Economy Papers, No. 345, 2022, S. 12, abrufbar unter: https://doi.org/10.1787/923230a6-en; zur Bedeutung der Datenwirtschaft vgl. auch Czychowski/Winzek ZD 2022, 81 (82).

6 Allg. zu Daten vgl. Zech GRUR 2015, 1151 (1153).

7 Allg. zu Daten vgl. Zech GRUR 2015, 1151 (1153); Hacker ZfPW 2019, 148 (151); davon unbeschadet bleibt die Relevanz der semantischen Ebene im datenschutzrechtlichen Kontext bei den vorgelagerten Prozessstufen.

8 Podszun/Pfeifer GRUR 2022, 953, (961) mwN.

9 In diese Richtung Paal/Kumkar ZfDR 2021, 97 (116).

10 So im arbeitsrechtlichen Kontext zB Holthausen RdA 2021, 19 (20) mwN.

11 Zur Datenverarbeitung im Auskunfteiwesen aus datenschutzrechtlicher Sicht vgl. Gola/Heckmann DS-GVO/Schulz Art. 6 Rn. 99–107.

wachstum[12] vergrößerten stetig die technische und gegenständliche Analysebasis von Daten, so dass anhand der gleichzeitig geschaffenen Analysemethoden fortlaufend **neue Anwendungsfelder und Geschäftsmodelle auf Basis der Echtzeitanalyse von Daten** entstanden sind und fortlaufend entstehen.[13] Dies betrifft etwa **rein unternehmensinterne Datenanalysen** zur Erbringung oder Überprüfung interner Produktions- und Geschäftsabläufe, zwecks Effizienzsteigerungen und/oder Produktverbesserungen.[14] Zur Erweiterung der zu analysierenden Datenbasis werden Daten von Unternehmen zunehmend auch in gemeinsame **Datenpools** (→ § 16 Rn. 92 ff.) eingebracht und zu Analysezwecken geteilt.[15] Außerdem ermöglicht Big Data das Angebot von **Wirtschaftsdatenbanken** und **(Informations-)Plattformen** sowie von **datenbasierten Beratungsleistungen**, die weit über bloße Bonitätsangaben hinausgehen.[16] Zunehmend werden viele der hierin genannten Leistungen cloud-basiert und KI-gestützt über sog. „**Data-as-a-Service**" Modelle angeboten.[17] Vor allem KI-Systeme gelten als rasanter Treiber zukünftiger neuer Geschäftsmodelle.[18] Beim **Produktvertrieb** ermöglicht die Datenanalyse spezielle Zusatzangebote, zB in Form von Wartungs- und Supportverträgen, die sog. **Predictive Maintenance** Elemente beinhalten. Diese vorausschauende Wartung basiert auf einer kontinuierlichen Überwachung der dem Endnutzer überlassenen Produkte, im Zuge derer Leistungs- und Verschleißdaten erhoben und ausgewertet werden.[19] Die hieraus gewonnenen Muster und Erkenntnisse erlauben die Vorhersage von Ausfällen oder Störungen sowie die Einleitung von präventiven Gegenmaßnahmen, wie den Austausch defekter Teile und die Einplanung der dafür benötigten Wartungsfenster im Betrieb des Nutzers.[20] Im Bereich von **Online-Angeboten** fördert die Echtzeitanalyse von Nutzerdaten eine verbesserte und effektivere Produktvermarktung. Ein klassischer Anwendungsbereich ist das sog. **Online Behavioral Advertising**, wobei die bei einem Webseitenbesuch eingeblendeten Werbeanzeigen sich möglichst individualisiert nach den über den jeweiligen Webseitennutzer gewonnenen Erkenntnissen bestimmen.[21] Nach gleichem Prinzip erlaubt das sog. **Webtracking** eine nutzerorientiertere Gestaltung von Websites, indem Nutzerprofile von Webseitenbesuchern erstellt werden, ua anhand von Daten über Hardware- oder Softwarekonfiguration sowie über die nutzerseitig aufgerufenen Webseiten.[22]

---

12 Stender-Vorwachs/Steege NJOZ 2018, 1361 (Steigerung des weltweiten Datenvolumens jährlich um 50 %); Czychowski/Winzek ZD 2022, 81 (Anstieg des globalen Datenvolumens von 33 Zettabytes im Jahr 2018 auf voraussichtlich 175 Zettabytes bis 2025) jew. mwN.

13 Vgl. dazu auch Schuster/Grützmacher, IT-Recht//Dorner § 2 GeschGehG Rn. 16 mwN; für einen groben Überblick zu verschiedenen Analysemethoden vgl. https://www.lexisnexis.de/begriffserklaerungen/data-integration/methoden-der-datenanalyse (Abruf: 04.10.2023).

14 Im Kontext der sog. Industrie 4.0 vgl. bereits BITKOM, Leitlinien für Big Data Einsatz, 2015, S. 42 ff., abrufbar unter https://www.bitkom.org/sites/main/files/file/import/150901-Bitkom-Positionspapier-Big-Data-Leitlinien.pdf (Abruf: 04.10.2023).

15 Krüger/Wiencke/Koch GRUR 2020, 578 (580).

16 Weiterführend Schuster/Grützmacher, IT-Recht/Dorner § 2 GeschGehG Rn. 16, 33 und 42.

17 Dazu Hartl/Daum CR 2022, 485 (486).

18 Vgl. Erwägungsgrund 3 Gesetz über künstliche Intelligenz, Abänderungen des Europäischen Parlaments v. 14.6.2023 zu dem Vorschlag für eine Verordnung des Europäischen Parlaments und des Rates zur Festlegung harmonisierter Vorschriften für künstliche Intelligenz (Gesetz über künstliche Intelligenz) und zur Änderung bestimmter Rechtsakte der Union (COM(2021)0206 - C9-0146/2021 - 2021/0106(COD)).

19 Sassenberg/Faber Industrie 4.0 und Internet-HdB/Kuss § 12 Rn. 71; Leupold/Wiebe/Glossner IT-R/Leupold/Wiebe/Glossner Teil 1 Rn. 58.

20 Sassenberg/Faber Industrie 4.0 und Internet-HdB/Kuss § 12 Rn. 71.

21 Ausführlich, auch zu den technischen Grundlagen, vgl. Moos/Schefzig/Arning DS-GVO/Arning/Hansen-Oest/Strassemeyer, A. Web Tracking und Online Advertising.

22 Hoeren/Sieber/Holznagel MMR-HdB/Uphues, Teil 15.3 Rn. 54, 55; ausführlich, auch zu den technischen Grundlagen, vgl. Moos/Schefzig/Arning DS-GVO/Arning/Hansen-Oest/Strassemeyer, A. Web Tracking und Online Advertising.

2. Emanzipation zum eigenständigen Geschäftsfeld

4   Gemäß ihrer Funktion als **transformative Zwischenstufe** bei der Wertschöpfung aus Daten ist die Datenanalyse naturgemäß bloßes **Werkzeug** und **Mittel zum Zweck**. Die Anwendungsfelder, innerhalb derer die Datenanalyse im europäischen Markt zum Einsatz kommt sowie entsprechende Serviceangebote, sind nach dem Befund der EU Kommission infolge einer unzureichenden Datenverfügbarkeit[23] derzeit (noch) unterentwickelt. Kernanliegen der Europäischen Datenstrategie sind daher ua die Förderung einer innovativen Weiterverwendung von Daten in Form von Massendatenanalysen sowie die Schließung von Qualifikationslücken in Bezug auf Analysekapazitäten.[24] Regelungstechnisch wird dies im Wesentlichen umgesetzt durch verschiedene Datenzugangsgewährungspflichten[25] der einschlägigen europäischen Rechtssetzungsakte[26] des Data Governance Act[27], des Digital Markets Act[28], des Digital Services Act[29] sowie des Vorschlags für einen Data Act (nachfolgend: „Data Act“)[30]. Speziell die Vorschriften des Data Act zugunsten der Nutzer von Produkten und/oder Dienstleistungen auf Zugang zu den bei der Nutzung erzeugten Daten und auf deren Nutzung (Art. 4 Data Act) sowie auf Weitergabe von Daten an Dritte (Art. 5 Data Act) – inklusive enger Vorgaben für die Vertragsgestaltung (Art. 8 und 13 Data Act) (→ Rn. 21 ff.) – sind darauf angelegt, nachgelagerte Märkte für fortschreitende datenbasierte Serviceangebote (sog. *advanced data-driven services*[31]) zu schaffen. Dies bedeutet einen grundlegenden **Paradigmenwechsel** in Form einer Abkehr von der Verleihung exklusiver Nutzungsrechte an Daten hin zu einer Fokussierung auf Datenzugang und

---

23 Laut EU Kommission werden 80 % der Industriedaten nie genutzt, vgl. Pressemitteilung EU Kommission „Datengesetz: Kommission schlägt Maßnahmen für eine faire und innovative Datenwirtschaft vor“ v. 23.2.2022, abrufbar unter: https://ec.europa.eu/commission/presscorner/detail/de/ip_22_1113 (zuletzt besucht am 04.10.2023); Mitteilung der Kommission an das Europäische Parlament, den Rat, den Europäischen Wirtschafts- und Sozialausschuss und den Ausschuss der Regionen: Eine europäische Datenstrategie, COM(2020) 66 final, S. 7.

24 Mitteilung der Kommission an das Europäische Parlament, den Rat, den Europäischen Wirtschafts- und Sozialausschuss und den Ausschuss der Regionen: Eine europäische Datenstrategie, COM(2020) 66 final, S. 6, 16, 24.

25 Vgl. dazu v. a. aus kartellrechtlicher Sicht Picht, Caught in the Acts, S. 1 ff.; zum vorbestehenden Ansatz der EU Kommission zur Förderung der Selbstregulierung im Hinblick auf die Datenmigration zwischen unterschiedlichen Anbietern von IaaS, PaaS uns SaaS vgl. Art. 6 der Verordnung (EU) 2018/1807 des Europäischen Parlaments und des Rates vom 14. 11. 2018 über einen Rahmen für den freien Verkehr nicht personenbezogener Daten in der Europäischen Union (DatenverkehrVO); dazu Sassenberg/Faber Industrie 4.0 und Internet-HdB/Sattler § 2 Rn. 122 ff.; außerdem mit einer Analyse der des Datenzugangs unter dem Data Act und dem DMA sowie unter Wettbewerbsrecht vgl. Schweitzer/Metzger GRUR Int. 2023, 337. ff.

26 Siehe außerdem die Verordnung (EU) 2019/1150 des europäischen Parlaments und des Rates vom 20. Juni 2019 zur Förderung von Fairness und Transparenz für gewerbliche Nutzer von Online-Vermittlungsdiensten mit der Festlegung von Transparenzverpflichtungen über erzeugte Daten für gewerbliche Nutzer sowie Datenzugangsgewährungspflichten (Art. 9) (ABl. L 186 vom 11.07.2019, S. 57) sowie die Richtlinie über offene Daten mit Mindestvorschriften für die Weiterverwendung von im Besitz des öffentlichen Sektors befindlichen Daten und von öffentlich finanzierten Forschungsdaten, die über Archive öffentlich zugänglich gemacht werden (ABl. L 172 vom 26.06.2019, S. 56).

27 Betreffend Daten des öffentlichen Sektors: Verordnung (EU) 2022/868 des europäischen Parlaments und des Rates vom 30.5.2022 über europäische Daten-Governance und zur Änderung der Verordnung (EU) 2018/1724 (Daten Governance-Rechtsakt).

28 Art. 6 Abs. 8–10 Verordnung (EU) 2022/1925 des europäischen Parlaments und des Rates vom 14.9.2022 über bestreitbare und faire Märkte im digitalen Sektor und zur Änderung der Richtlinien (EU) 2019/1937 und (EU) 2020/1828 (Gesetz über digitale Märkte).

29 Für Forschungszwecke vgl. Art. 40 Abs. 4 Verordnung (EU) 2022/2065 des europäischen Parlaments und des Rates vom 19.10.2022 über einen Binnenmarkt für digitale Dienste und zur Änderung der Richtlinie 2000/31/EG (Gesetz über digitale Dienste).

30 Vorschlag für eine Verordnung des europäischen Parlaments und des Rates über harmonisierte Vorschriften für einen fairen Datenzugang und eine faire Datennutzung (Datengesetz) vom 23.2.2022, COM(2022) 68 final.

31 Commission Staff Working Document, Impact Assessment Report, Proposal for a Regulation of the European Parliament and of the Council on harmonised rules on fair access to and use of data (Data Act)SWD(2022) 34 final, S. 11 ff., 23, 63 f.

-verfügbarkeit,[32] der einen signifikanten **Bedeutungswandel und -anstieg der Datenanalyse** verspricht.[33]

B. Rechtliche Grundlagen[34]

I. Regelungsgegenstand und Regelungsbedarf

Die für die Datenanalyse jeweils einschlägigen Rechtsgrundlagen sowie die zu treffenden vertraglichen Regelungen hängen maßgeblich vom **Analysegegenstand**, den **Analysemodalitäten** und vom **Zweck der Datenanalyse** ab. Ganz wesentlich dabei ist, dass mangels eines Eigentumsschutzes von Daten über ein originäres Ausschließlichkeitsrecht (→ § 3 Rn. 27 ff.) weder der zu analysierende Datenbestand noch das Analyseergebnis selbst *de lege lata* exklusiv einem Rechtsträger zugewiesen sind.[35] Beim Generieren von (Roh-)Daten entsteht lediglich eine tatsächliche Hoheitsposition[36] in primärer Abhängigkeit zu den faktisch-technischen Zugriffsmöglichkeiten[37] auf die betreffenden Daten.[38] An dieser faktischen Zuordnungslogik ändert auch die Weiterverarbeitung von Daten im Rahmen einer Analyse nichts, unbeschadet potenzieller immaterialgüterrechtlicher Schutzrechte an der Datenhülle (→ Rn. 19 f.). Selbst wenn die Daten hiernach (oder bereits ursprünglich) ggf. Geschäftsgeheimnisse darstellen (→ Rn. 12 ff.), basiert ihr gesetzlicher Rechtsschutz nach Maßgabe des Geschäftsgeheimnisgesetzes (→ § 11 Rn. 14 ff.) nicht auf einer eigentumsrechtlich fundierten Zuweisungsentscheidung, sondern hat lediglich den Charakter eines besitzrechtsähnlichen Zugangsschutzes[39].

Jeder der bei einer Datenanalyse involvierten Akteure ist daher gehalten, dieses gesetzliche *non liquet*[40] **durch vertragliche Maßnahmen zu seinen Gunsten zu überschreiben:** sei es durch vertragliche Perpetuierung einer bereits bestehenden eigenen faktischen Hoheitsposition, sei es mittels vertraglicher Durchbrechung der einem anderen Akteur zustehenden faktischen Hoheitsposition (→ Rn. 50 f. und 52 f.).[41] Im Hinblick auf die Analyse „eigener" Datenbestände ist dies vor allem ökonomisch geboten, um diese überhaupt einer Analyse

5

6

---

32 Vgl. ausdrücklich Erwägungsgrund 6 Data Act (allgemeiner Ansatz für die Zuweisung von Zugangs- und Nutzungsrechten für Daten der Gewährung anstatt ausschließlicher Zugangs- und Nutzungsrechte); aus dem Schrifttum Hennemann/Steinrötter NJW 2022, 1481; Holm-Hadulla/Bug/Pollmeier DSB 2022, 108 (111); Bomhard/Merkle RDi 2022, 168 (175).

33 Allg. dazu Vorschlag für eine Verordnung des europäischen Parlaments und des Rates über harmonisierte Vorschriften für einen fairen Datenzugang und eine faire Datennutzung (Datengesetz) vom 23.2.2022, COM(2022) 68 final, S. 3; Podszun/Pfeifer GRUR 2022, 953 (955).

34 Die Ausführungen gelten ausschließlich für Vertragsverhältnisse, an welchen kein Verbraucher iSd § 13 BGB als primär handelnder Akteur beteiligt ist.

35 Vgl. etwa Dorner CR 2014, 617 (626); Zech CR 2015, 137 (146); Specht CR 2016, 288 (289); Denga NJW 2018, 1371 (1372).

36 Fries/Scheufen MMR 2019, 721 mwN; Martini/Kolain/Rehorst/Wagner MMR Beil. 2021, 3 (7) („Datenhoheit als Chiffre für eine rechtliche Zuordnung").

37 Adam NJW 2020, 2063 (2065 ff.).

38 Zu den Ansätzen einer (besitz-)rechtlichen Zuordnung über den sog. Skripturakt vgl. Hoeren MMR 2019, 5 (7); Riehm VersR 2019, 714 (722); Westermann WM 2018, 1205 (1207); Michl NJW 2019, 2729 ff.; Adam NJW 2020, 2063 (2064 f.).

39 Schuster/Grützmacher, IT-Recht/Dorner § 2 GeschGehG, Rn. 8; Schuster CR 2020, 726 (727); zum Paradigmenwechsel in der allgemeinen Diskussion weg vom „Dateneigentum" in Richtung „Datenbesitz" vgl. etwa Hoeren MMR 2019, 5 ff.; Michl NJW 2019, 2729 mwN.

40 Im Falle der Beibehaltung bzw. Umsetzung der letztgültigen Fassung des § 4 Abs. 6 S. 1 Data Act droht eine Durchbrechung dieses gesetzlichen *non liquet*, indem Dateninhaber i.S.d. Data Act zum Abschluss entsprechender vertraglicher Vereinbarungen mit dem Nutzer nach den Vorgaben des Data Act gezwungen sind, sofern Dateninhaber die nicht personenbezogenen Daten nutzen wollen, die bei der Nutzung eines Produktes oder verbundenen Dienstes erzeugt werden (→ Rn. 23).

41 Grundlegend zum Begriff der „Datenhoheit" vgl. Martini/Kolain/Rehorst/Wagner MMR Beil. 2021, 3 ff.

zuführen zu können, die nur durch Dritte wirtschaftlich sinnvoll durchgeführt werden kann oder um kostenmäßig unwirtschaftliche technische Schutzmaßnahmen zu vermeiden.[42]

7   Indem also Schürf- und Förderrechte an Daten gesetzlich nicht speziell ausgestaltet sind (→ Rn. 10 ff.) und vertraglich abgesichert bzw. ausgestaltet werden müssen, **kommt der Vertragsgestaltung eine herausragend wichtige Bedeutung bei der Datenanalyse zu.**[43] Denn während der **Vertrag gemeinhin als „Hebel" für das gesetzlich verbürgte Eigentum angesehen wird**[44], **muss er im Kontext von Daten beides sein: Grundlage und Hebel zugleich.**[45] In Kombination mit den gebotenen technischen Absicherungen sind vertragliche Regelungen die Grundlage für das Geschäft der Datenanalyse.[46] Das gerade für die Datenwirtschaft immer noch hochaktuelle[47] **Prinzip des „code is law"**[48] **wird durch den Zusatz „contract is king"**[49] **komplementiert**, indem zunehmend vor allem auch anhand von Verträgen faktische Rechtspositionen geschaffen werden können[50]. Bei Umsetzung des Data Act und der damit einhergehenden gesetzlichen Zuweisungsentscheidungen gelten hierfür zukünftig neue Spielregeln, die gesondert vertraglich zu berücksichtigen sind (→ Rn. 23).

II. Verhältnis zur Datenüberlassung[51]

8   Je mehr die Datenanalyse sich zu einem eigenständigen Geschäftsfeld entwickelt, desto ausdifferenzierter ist der Gestaltungsbedarf bei der dafür erforderlichen Datenüberlassung. Außer im Falle einer rein unternehmensinternen Datenanalyse (innerhalb ein und desselben Rechtssubjekts) bedingt diese zwangsläufig eine dafür notwendige Überlassung von Daten. Die vertragliche Grundlage hierfür wird bei unbeschränkter, dauerhafter Überlassung als Datenkauf eingeordnet (entweder direkt iSd §§ 433 ff. BGB oder entsprechend über § 453 Abs. 1 Alt. 2 BGB)[52].[53] Zeitlich befristete Überlassungen werden rechtsdogmatisch teilweise als Pachtvertrag[54] eingeordnet, und in jüngerer Zeit zunehmend als (unechter) Lizenzvertrag[55]. Letztere Einordnung

---

42   Vgl. etwa Fries/Scheufen MMR 2019, 721 (726); zum Phänomen der technischen Abschottung durch große datenfokussiert agierende Unternehmen wie Google oder Facebook vgl. Kerber GRUR Int. 2016, 989 (993); Krüger/Wiencke/Koch GRUR 2020, 578 (579 f.) mwN; grundlegend zur rechtsökonomischen Analyse von Schutzmaßnahmen vgl. Dorner, Know-how-Schutz, S. 424 ff.

43   Kraus DSRITB 2015, 537 (544); Krätzschmar DSITRB 2015, 753 (768); Fries/Scheufen MMR 2019, 721; Piltz/Zwerschke GRUR-Prax 2021, 11 (zur vertraglichen Zuweisung von Daten); Hennemann/Steinrötter NJW 2022, 1481 („Das Vertragsrecht übernimmt die Führung im Datenwirtschaftsrecht"); Czychowski/Winzek ZD 2022, 81.

44   Wesel, S. 119.

45   Aufgrund der Relativität von Schuldverhältnissen freilich in den Grenzen der inter-partes Wirkung von Verträgen (→ Rn. 25 f.).

46   Sassenberg/Faber Industrie 4.0 und Internet-HdB/Sattler § 2 Rn.1; Für den „Datenhandel" vgl. Hornung Rechtsfragen der Industrie 4.0/Hornung/Hofmann, S. 24 mwN; außerdem Krüger/Wiencke/Koch GRUR 2020, 578 (579) mwN.

47   Honsel Heise Online v. 20.9.2021, „Code is law".

48   Lessig, S. 3. ff.

49   Berger ZGE 2017, 340 (341).

50   Steinrötter RDi 2021, 480 (484) (Eröffnung des Zugangs zu Daten über Schuldvertragsrecht); Czychowski/Winzek ZD 2022, 81 (83); zum Data Act vgl. Podszun/Pfeifer GRUR 2022, 953 (960) („Vertrag statt Technik").

51   Der hier verwendete Begriff der Datenüberlassung umfasst sowohl die dauerhafte als auch die zeitlich limitierte Überlassung von Daten.

52   Czychowski/Winzek ZD 2022, 81 (84); Beck'sche Online-Formulare IT- und Datenrecht/Datenkaufvertrag/Apel, Form. 3.6 Anm. 1, Rn. 1.

53   Gegen eine kaufrechtliche Einordnung spricht, dass trotz zeitlich unbegrenzter Überlassung weder ein Eigentum, noch sonstige Rechte an Daten selbst übertragen werden können.

54   Patzak/Beyerlein MMR 2007, 687 (690); Schur GRUR 2020, 1142 (1144) mwN.

55   Grundlegend Hilty, Lizenzvertragsrecht, S. 40; im speziellen Kontext vgl. Kraus DSRITB 2015, 537 (544 ff.); Schefzig DSRITB 2015, 551 (556 f.); Schur GRUR 2020, 1142 (1144).

hat sich in der Praxis als **Vertragstyp _sui generis_** weitgehend etabliert (→ § 16 Rn. 8 ff.).[56] Für einen eigenen Vertragstypus sprechen nicht nur die Besonderheiten und die Mannigfaltigkeit der zugrunde liegenden Lebenssachverhalte und Vertragsinhalte bei limitierten gesetzlichen Vorgaben[57] (→ Rn. 27 ff.). Ein eigenständiger (Lizenz-)Vertragstypus ist auch insofern sachgerecht, indem der Lizenzgegenstand nicht durch ein Ausschließlichkeitsrecht geschützt wird (→ Rn. 5),[58] es also an dem für einen echten Lizenzvertrag erforderlichen rechtlichen Monopol[59] als Grundlage für eine Gestattung fehlt.[60] Bei Vereinbarungen über Daten kann der Datenhalter als „Lizenzgeber" weder auf die Geltendmachung eines Ausschließungsrechts verzichten, noch den Empfänger durch Übertragung eines dinglichen Nutzungsrechts an seiner Rechtsstellung teilhaben lassen.[61] Stattdessen werden, wie bei der Know-how-Lizenz[62], lediglich **schuldrechtliche Vereinbarungen im Hinblick auf ein Realobjekt getroffen, das sich in der faktischen Herrschaftssphäre des Datenhalters befindet.**[63]

Dem Umstand, dass der Datenhalter sich nach Öffnung seiner faktischen Herrschaftssphäre nicht auf ein absolutes Recht zum Schutz seiner Daten als gesetzliche Rückfallposition stützen kann, ist auch bei der Vertragsgestaltung Rechnung zu tragen. Denn es gibt **keine Übertragungszweckregel für Daten**, wonach keine weitergehenden Nutzungsrechte eingeräumt würden, als es der Zweck des Vertrages unbedingt erfordert und Zweifel zulasten des Verwerters gehen.[64] Sollen bestimmte (Verwertungs-)handlungen verhindert werden, muss dies ausdrücklich vereinbart werden,[65] wobei sich der konkrete Inhalt nach Art, Umfang und Ziel der Datenanalyse bestimmt. Insofern steckt in jeder Datenanalyse typischerweise eine **zweckgebundene Datenüberlassung** (→ Rn. 46).[66]

9

III. Gesetzlicher Rahmen und Herausforderungen

Das **Fehlen eines auf die Datenwirtschaft zugeschnittenen Vertragsrechts**[67] bedeutet Chance und Risiko zugleich für die involvierten Akteure. Einerseits können die sich aus der Privatautonomie ergebenden Freiheiten genutzt werden, um vertragliche Regelungen flexibel an neue oder sich schnell wandelnde Geschäftsmodelle anzupassen.[68] Andererseits gibt es eine Reihe von Herausforderungen, die vertraglich überwunden werden müssen. So ist der originäre Datenhalter gefordert, Risiken vertraglich bestmöglich einzudämmen, die mit der Aufgabe seiner faktischen Hoheitsposition verbunden sind (→ Rn. 5, 40 und 41 sowie 50 f. und 52 f.). Nur so können Rechtsunsicherheiten vermieden werden im Hinblick auf Zuordnungsfragen

10

---

56   Von Baum/Appt/Schenk DB 2017, 1824 (1827); Schur GRUR 2020, 1142 (1145); Hennemann RDi 2021, 61 (64) mwN.
57   Schur GRUR 2020, 1142 (1144); Hennemann RDi 2021, 61 (63).
58   Schefzig DSRITB 2015, 551 (55).
59   Hilty, Lizenzvertragsrecht, S. 41 und 293; Schur GRUR 2020, 1142 (1144).
60   Gegen die Einstufung als typengemischter Vertrag, bestehend aus pacht-, miet- und dienstvertraglichen Elementen mangels einschlägiger gesetzlicher Regelungen vgl. Hennemann RDi 2021, 61 (64).
61   Vgl. zur Know-how Lizenz bereits Hilty, Lizenzvertragsrecht, S. 40–43; übertragen auf Daten vgl. Schur GRUR 2020, 1142 (1144) mwN.
62   Es besteht allerdings keine Identität, indem nicht alle Daten als Know-how einzuordnen sind. So auch Czychowski/Winzek ZD 2022, 81 (86); vgl. außerdem Schur GRUR 2020, 1142 (1144 f.); allg. zur Know-how-Lizenz vgl. Dorner, Know-how-Schutz, S. 83 f. und 291 mwN.
63   Sassenberg/Faber Industrie 4.0 und Internet-HdB/Sattler § 2 Rn. 1; Hennemann RDi 2021, 61 (64); Czychowski/Winzek ZD 2022, 81 (85 f.).
64   Vgl. auch Hennemann RDi 2021, 61 (67) (mit Bedenken hinsichtlich der Anwendbarkeit des § 31 Abs. 5 UrhG); für eine „umgekehrte Zweckübertragungslehre: Czychowski/Winzek ZD 2022, 81 (86); allg. in Bezug auf die urheberrechtliche Zweckübertragungsregel vgl. Wandtke/Bullinger/Wandtke UrhG § 31 Rn. 41 mwN.
65   Dorner CR 2014, 617 (628); Schefzig DSRITB 2015, 551 (556 f.); von Baum/Appt/Schenk DB 2017, 1824 (1827); Fries/Scheufen MMR 2019, 721 (724); Schur GRUR 2020, 1142 (1144).
66   Ähnlich Kraus DSRITB 2015, 537 (546) („mögliche Vertragsinhalte von Datenlizenzverträgen").
67   Dazu Leupold/Wiebe/Glossner IT-R/Schur Teil 6.9 Rn. 1; Czychowski/Winzek ZD 2022, 81 (83).
68   Steinrötter FS Taeger, S. 491 (450); Czychowski/Winzek ZD 2022, 81 (83).

sowie daraus abgeleitete Zugriffs-, Weiterleitungs- und Verwertungsbefugnisse (→ Rn. 5 ff.).[69] Im Falle einer Nichtregelung können außerdem ungewollte Rechtsfolgen drohen, etwa durch schuldrechtliche Regelungen, die auf körperliche Güter zugeschnitten sind (→ Rn. 27 ff.)[70] oder durch immaterialgüterrechtliche Regelungen, die Rechtspositionen entstehen lassen, die nicht zum eigentlichen Vertragszweck passen (→ Rn. 19 f.). Schließlich liegt es offensichtlich stets im gemeinsamen Interesse aller Parteien, etwaige gesetzliche Anforderungen zu erfüllen, um Rechtsverstöße ebenso zu vermeiden, wie die Unwirksamkeit vertraglicher Regelungen. Dies führt zu einer Reihe gesetzlicher Prüfpunkte bei Verträgen über Datenanalyse.

1. Datenschutz[71]

11   Von grundlegender Bedeutung ist, ob die zu analysierenden Rohdaten oder das Analyseergebnis personenbezogene Daten iSd Art. 4 Nr. 1 DS-GVO enthalten (→ § 6 Rn. 9 ff.). Die Beantwortung dieser Frage hat **weitreichende Folgen im Hinblick auf die Möglichkeiten und die Ausgestaltung von Verarbeitungen** iSd Art. 4 Nr. 1 DS-GVO, welche (auch) die Ergebung, Übermittlung und Verwendung der betreffenden Daten umfassen. Liegt ein Personenbezug vor,[72] muss die datenschutzrechtliche Rechtmäßigkeit der Verarbeitung gem. Art. 5 Abs. 1 lit. a) iVm Art. 6 DS-GVO sichergestellt werden (→ Rn. 54). Besondere Hürden stellen dann vor allem auch die gesetzlichen Anforderungen der Zweckbindung (Art. 5 Abs. 1 lit. b) DS-GVO) und der Datenminimierung (Art. 5 Abs. 1 lit. c) DS-GVO) dar, die naturgemäß in diametralem Widerspruch zu den Big Data Grundcharakteristika der zweck- und ergebnisoffenen Analyse möglichst großer Datenbestände stehen.[73] Auch die Norm des Art. 22 DS-GVO mit dem Schutz von Betroffenen vor vollständig automatisiert generierten Einzelentscheidungen setzt bestimmten Big Data Datenanalysen Grenzen.[74] Datenschutzverstöße können empfindliche Bußgelder gem. Art. 83 DS-GVO auslösen, von bis zu 4 % des gesamten weltweit erzielten Jahresumsatzes des vorangegangenen Geschäftsjahrs eines Unternehmens.[75] Die zivilrechtlichen Rechtsfolgen bei Vereinbarungen über Datenanalysen, welche gegen anwendbares Datenschutzrecht verstoßen, sind mangels einschlägiger Rechtsprechung aktuell noch schwer absehbar. Denkbar ist eine Nichtigkeit gem. § 134 BGB[76] und ein Ausschluss von Rückforderungsansprüchen gem. § 817 S. 2 BGB, abhängig von den konkreten Umständen.[77]

2. Geheimnisschutz

12   Der Rechtsschutz von Geschäftsgeheimnissen (→ § 11) ist der insgesamt wichtigste Gradmesser zur Beurteilung von Schutz- und Zugangsfragen an Daten.[78] Das Eingreifen des Rechtsschutzes vermittelt dem Geheimnisinhaber gesetzliche Ansprüche (§§ 6 ff. GeschGehG) im Verletzungs-

---

69   Dorner CR 2014, 617 (628); in diese Richtung auch Krüger/Wiencke/Koch GRUR 2020, 578 (579).
70   Leupold/Wiebe/Glossner IT-R/Schur Teil 6.9 Rn. 1 mwN.
71   Der vorliegende Beitrag setzt den Schwerpunkt auf Datenanalysen anhand von Daten ohne Personenbezug.
72   Zum Personenbezug bei Big Data Analysen vgl. Werkmeister/Brandt CR 2016, 233 (234 f.); Moos/Schefzig/Arning DS-GVO/Meyerdierks, E. Big Data, Rn. 222; Sassenberg/Faber Industrie 4.0 und Internet-HdB/ Mantz/Spittka § 6 Rn. 16–20; zum Risiko der „Infizierung" eines Datensatzes durch Verknüpfung mit Bezugsinformationen und der Empfehlung im Zweifel einen Personenbezug anzunehmen vgl. Wagner/Brecht/ Raabe PinG 2018, 229 (231) mwN.
73   Moos/Schefzig/Arning DS-GVO/Meyerdierks, E. Big Data, Rn. 224–231; eingehend Specht GRUR Int. 2017, 1040 (1043–1045); zur Rechtslage vor der DS-GVO vgl. Dorner CR 2014, 617 (627 f.) mwN.
74   Allg. Paal/Pauly DS-GVO/Martini, Art. 22 Rn. 1; vgl. die aktuelle Vorlage an den EuGH im Kontext negativer Schufa Scores: VG Wiesbaden CR 2022, 162–166; speziell zu Data-as-a-Service Modellen vgl. Hartl/Daum CR 2022, 485 (495).
75   Zu den stark gestiegenen Bußgeldrisiken vgl. etwa Holthausen RdA 2021, 19 (21).
76   Zur Nichtigkeit eines Vertrags zum Erwerb von Adressen gem. § 134 BGB wegen Datenerhebung ohne gesetzliche Grundlage vgl. OLG Frankfurt NJW-RR 2018, 887.
77   Zum Datenkauf vgl. Leupold/Wiebe/Glossner IT-R/Schur Teil 6.9 Rn. 14.
78   Schuster/Grützmacher, IT-Recht/Dorner § 2 GeschGehG Rn. 16.

fall sowohl gegenüber Dritten (§ 4 Abs. 1 und Abs. 2 Nr. 1 GeschGehG), als auch gegenüber Vertragspartnern (§ 4 Abs. 2 Nr. 2 und 3 GeschGehG).

a) Schutzfähigkeit von Daten als Geschäftsgeheimnisse

Rohdaten und Analyseergebnisse sind grundsätzlich als Geschäftsgeheimnisse iSd § 2 Nr. 1 **13** **GeschGehG schutzfähig.**[79] Aufgrund der Konzeption des Geheimnisschutzes als besitzrechtsähnlichen Zugangsschutz, kommt es nicht darauf an, ob die gesetzlich geschützten Informationen als „Wissen" vorliegen, welches der bewussten (inhaltlichen) Kenntnis eines Unternehmens unterliegt.[80] Schutzgegenstand des Geheimnisschutzes ist die unternehmerische Geheimsphäre, weshalb nicht bestimmte Informationsinhalte selbst Schutzgegenstand sind, sondern lediglich deren „Aggregatszustand" als Geheimnis geschützt wird.[81] Ob die gesetzlichen Voraussetzungen jeweils erfüllt sind, ist abhängig von den Umständen des Einzelfalls.

b) Geheimnisanforderung

Grundlegend ist erforderlich, dass die betreffenden Daten **geheim** sind, also „weder insgesamt **14** noch in der genauen Anordnung und Zusammensetzung ihrer Bestandteile den Personen in den Kreisen, die üblicherweise mit dieser Art von Informationen umgehen, allgemein bekannt oder ohne Weiteres zugänglich ist und daher von wirtschaftlichem Wert" sind (§ 2 Nr. 1 lit. a) GeschGehG). Die in der unternehmerischen Sphäre erhobenen und analysierten Daten (zB über Maschinen) werden diese Anforderungen typischerweise erfüllen,[82] solange der Geheimnisherr den Kreis der Mitwisser unter **Kontrolle** hat.[83] Gewährleistet werden kann jene **durch rechtliche und/oder technisch-organisatorische Maßnahmen**, welche gerade bei Datenanalysen in vernetzten Umgebungen besondere Herausforderungen bedeuten können.[84] Bei Daten, die Information beinhalten, welche für sich genommen ggf. auch aus allgemein zugänglichen Quellen erstellt oder geschöpft werden könnten, kann sich eine Geheimniseigenschaft des Analyseergebnisses aus den für Big Data charakteristischen Korrelationen und Aggregationen nach Auswertung ergeben.[85] Aufgrund der gebotenen großzügigen Auslegung der Anforderung des „wirtschaftlichen Werts"[86] fallen hierunter auch maschinengenerierte Rohdaten, deren Handelbarkeit nicht ausgeschlossen ist.[87]

c) Geheimhaltungsmaßnahmen und berechtigtes Interesse

Des Weiteren erfordert der gesetzliche Geheimnisschutz, dass der rechtmäßige Inhaber den **15** Umständen nach angemessene Geheimhaltungsmaßnahmen ergreift (§ 2 Nr. 1 lit. b) GeschGehG) und ein berechtigtes Geheimhaltungsinteresse hat (§ 2 Nr. 1 lit. c) GeschGehG). Die letztgenannte Anforderung ist lediglich als normatives Korrektiv zum Ausschluss von Will-

---

79 Vgl. etwa BeckOK IT-Recht/Renner GeschGehG § 2 Rn. 8; Schuster/Grützmacher, IT-Recht/Dorner § 2 GeschGehG, Rn. 23–25; Krüger/Wiencke/Koch GRUR 2020, 578 (580); Sassenberg/Faber Industrie 4.0 und Internet-HdB/Sattler § 2 Rn. 56; Schuster CR 2020, 726 (727); Grapentin, RDi 2023, 173 (174 f.); differenzierend, u.a. in Abhängigkeit vom semantischen Gehalt und der Kontrollierbarkeit: Drexl JIPITEC 2017, 257 (263 und 269); Wiebe/Schur GRUR Int. 2019, 746 (747); Leupold/Wiebe/Glossner IT-R/Schur Teil 6.8 Rn. 12 („Einzelfallfrage").
80 Schuster/Grützmacher, IT-Recht/Dorner § 2 GeschGehG Rn. 24.
81 Zu dieser „Inhalt/Geheimnis-Dichotomie" vgl. Dorner CR 2014, 617 (623); Dorner, Know-how-Schutz im Umbruch, S. 112 und 117 ff.
82 Drexl JIPITEC 2017, 257 (269); Wiebe/Schur GRUR Int. 2019, 746 (747); Krüger/Wiencke/Koch GRUR 2020, 578 (581).
83 Vgl. nur Harte-Bavendamm/Ohly/Kalbfus, GeschGehG/Harte-Bavendamm § 2 Rn. 26; Schuster/Grützmacher, IT-Recht/Dorner § 2 GeschGehG Rn. 27.
84 Müllmann WRP 2018, 1177 (1179); Bräutigam/Kraul IoT-HdB/Wiebe/Schur § 6 Rn. 49.
85 Drexl JIPITEC 2017, 257 (269); Wiebe/Schur GRUR Int. 2019, 746 (747).
86 Harte-Bavendamm/Ohly/Kalbfus, GeschGehG/Harte-Bavendamm § 2 Rn. 37 mwN.
87 Schuster/Grützmacher, IT-Recht/Dorner § 2 GeschGehG Rn. 34 mwN.

kür und von Bagatellfällen einzuordnen[88], dem lediglich klarstellende Funktion beigemessen wird[89]. Die als Obliegenheit geforderten Geheimhaltungsmaßnahmen können gleichgerichtet mit den vorgenannten Kontrollmaßnahmen über ein Gesamtschutzkonzept[90] implementiert werden. Welche Geheimhaltungsmaßnahmen im Einzelfall angemessen sind, bestimmt sich laut der obergerichtlichen Rechtsprechung anhand eines **objektiven Maßstabs**, wobei das Gesetz keinen „optimalen Schutz" oder „extreme Sicherheit" verlangt.[91] Zu berücksichtigen sind insoweit unter anderem insbesondere die Art des Geschäftsgeheimnisses, dessen Wert und Bedeutung für das Unternehmen, die Größe des Unternehmens, die üblichen Geheimhaltungsmaßnahmen in dem Unternehmen, branchenübliche Sicherheitsstandards[92] und die konkreten Umstände der Nutzung.[93] Die Umstände der Nutzung werden bei Datenanalysen wiederum maßgeblich durch den jeweils einschlägigen „Vernetzungsgrad" bestimmt, also der Art der Datenerhebung- und verarbeitung zwischen den beteiligten Akteuren.

d) Geheimnisinhaber

16 Auf den gesetzlichen Rechtsschutz berufen kann sich nur der Inhaber[94] eines Geschäftsgeheimnisses, also jede natürliche oder juristische Person, die die rechtmäßige Kontrolle über ein Geschäftsgeheimnis hat (§ 2 Abs. 2 GeschGehG). Die Kontrolle über Geschäftsgeheimnisse ist so lange gegeben, als der potenzielle Inhaber die Herrschaft über die in Frage stehende Geheimsphäre ausüben kann.[95] Die vorgenannten Charakteristika der vernetzten Big Data basierten Wertschöpfung werfen geheimnisschutzrechtlich komplexe Zuordnungsfragen auf, indem typischerweise gleich mehrere Akteure Einfluss auf die Generierung und Verarbeitung von Daten haben.[96] Ohne konkrete vertragliche Absprache und zusätzliche Maßnahmen könnte bei der Datenanalyse auf Basis des datenzuordnungsrechtlich häufiger bemühten Abgrenzungskriteriums des Skripturakts (→ Rn. 5) etwa argumentiert werden, die Geheimnisinhaberschaft liege bei demjenigen Akteur, welcher die faktische Kontrolle über die technische Generierung und Speicherung des Analyseergebnisses hat,[97] obwohl dies ggf. nicht mit dem Parteiwillen bei Vertragsschluss (§§ 133, 157 BGB) übereinstimmen mag.

e) Implikationen

17 Um den gesetzlichen Rechtsschutz nutzen und aufrecht erhalten zu können, muss bei der vertraglichen und technisch-organisatorischen Ausgestaltung von Datenanalysen sichergestellt werden, dass die jeweiligen Geheimhaltungsanforderungen erfüllt sind. Von elementarer Bedeutung ist dabei die hinreichend eindeutige Zuordnung der Geschäftsgeheimnisinhaberschaft nach dem gemeinsamen Parteiwillen. Umgekehrt sind auch Vorkehrungen zu treffen, um Rechtsverletzungen fremder Geschäftsgeheimnisse zu vermeiden (→ Rn. 48).

3. Strafrechtlicher Schutz

18 Der Zugriff und die Verwendung fremder Datenbestände ist relevant im Hinblick auf eine Reihe von Straftatbeständen, die vor dem Ausspähen und Ausleiten von Daten sowie vor

---

88 Schuster/Grützmacher, IT-Recht/Dorner § 2 GeschGehG Rn. 41.
89 Harte-Bavendamm/Ohly/Kalbfus, GeschGehG/Harte-Bavendamm § 2 Rn. 69.
90 Harte-Bavendamm/Ohly/Kalbfus, GeschGehG/Harte-Bavendamm § 2 Rn. 57–60.
91 OLG Düsseldorf MMR 2022, 68 (70); OLG Stuttgart GRUR-RS 2020, 35613 Rn. 167–169.
92 OLG Hamm MMR 2021, 506; BeckOK IT-Recht/Renner GeschGehG § 2 Rn. 24.
93 OLG Düsseldorf MMR 2022, 68 (70); OLG Stuttgart GRUR-RS 2020, 35613 Rn. 169.
94 Zur Kritik an dieser Terminologie vgl. Schuster/Grützmacher, IT-Recht/Dorner § 2 GeschGehG Rn. 42 mwN.
95 Schuster/Grützmacher, IT-Recht/Dorner § 2 GeschGehG Rn. 43.
96 Schuster/Grützmacher, IT-Recht/Dorner § 2 GeschGehG Rn. 45–50; Bräutigam/Kraul IoT-HdB/Wiebe/Schur, § 6 Rn. 54; Leupold/Wiebe/Glossner IT-R/Schur Teil 6.8 Rn. 61–63.
97 In Anlehnung an Krüger/Wiencke/Koch GRUR 2020, 578 (582).

Dorner

Datenhehlerei und Datenveränderung schützen (§§ 202a, 202b, 202c, 202d und 303a StGB). Die vertragliche Regelung von Datenanalysen hat einerseits die Aufgabe zivilrechtliche Befugnisse zu schaffen[98], um ungewollte Strafbarkeitsrisiken[99] zu vermeiden – und andererseits den strafrechtlichen Schutz gegenüber Dritten über die Bewahrung von Zugangssicherungen aufrecht zu erhalten.

4. Urheber- und Datenbankrecht

Mangels Vorliegens einer individuellen geistigen Schöpfung bleibt maschinengenerierten Rohdaten ein urheberrechtlicher Schutz gem. § 2 Abs. 2 UrhG versagt. Gleiches gilt auch für Analyseergebnisse, sofern diese rein durch Big Data Technologien generiert wurden. Nur in besonderen Ausnahmefällen kommt ein Schutz über § 2 Abs. 1 Nr. 7 UrhG (Tabelle) oder als Datenbankwerk gem. § 4 Abs. 2 UrhG in Betracht.[100] Für einen Schutz als „kleine Münze"[101] kann ggf. ausreichen, wenn die Darstellung des Analyseergebnisses selbst auf eine schöpferische Leistung zurückgeht, wobei sich eine individuelle Prägung aus Art der Sammlung, Auswahl, Einteilung und Anordnung – jeweils basierend auf einer individuellen Entscheidung – ergeben muss.[102] Vergleichsweise aussichtsreicher ist ein Schutz über das Datenbankherstellerrecht gem. §§ 87a ff. UrhG, sofern die Beschaffung, Überprüfung oder Darstellung der Datenbank eine wesentliche Investition erfordert.[103] Zu beachten ist jedoch, dass hierüber nicht die jeweiligen Daten selbst geschützt werden, sondern ausschließlich die Investition in die Datenbank.[104] Das Entstehen möglicher Urheber- oder Datenbankrechte und damit verbundene Zuordnungsfragen müssen bei der Ausgestaltung von Datenanalyseverträgen zwangsläufig ebenfalls berücksichtigt werden (→ Rn. 50 f.).

Aus urheberrechtlicher Sicht ist im Vorfeld von Datenanalysen außerdem zu klären, ob diese tatsächlich ausschließlich auf der Grundlage nicht schutzfähiger Rohdaten erfolgen oder auf Basis von Informationen aus urheberrechtlich geschützten Werken, wie Texten, Bildern oder Videos. Dies kann insbesondere beim Analyseverfahren des sog. **Text und Data Mining**[105] der Fall sein, also der automatisierten Analyse von einzelnen oder mehreren digitalen oder digitalisierten Werken, um daraus Informationen insbesondere über Muster, Trends und Korrelationen zu gewinnen (vgl. § 44b Abs. 1 UrhG). Auch wenn die bei der Analyse verarbeiteten Daten per se ebenso wenig urheberrechtlich geschützt sind,[106] wie die dafür ggf. verwendeten Algorith-

---

98 Der Vertrag dient insofern als dokumentiertes Einverständnis des Berechtigten, dass die Daten für den Analysierenden bestimmt sind. Vgl. dazu etwa Spindler/Schuster/Gercke StGB § 202a Rn. 3 und 9; Czychowski/Winzek ZD 2022, 81 (85) mwN.

99 Zu ähnlichen Strafbarkeitsrisiken bei Penetrationstests vgl. Kipker/Rockstroh ZRP 2022, 240 (240–242).

100 Dem urheberrechtlichen Schutz von Datenbanken wird im Kontext von Industriedaten keine große Bedeutung beigemessen, vgl. zB Wiebe GRUR 2017, 338.

101 Wandtke/Bullinger/Bullinger UrhG § 2 Rn. 24.

102 Wandtke/Bullinger/Bullinger UrhG § 2 Rn. 137; Sassenberg/Faber Industrie 4.0 und Internet-HdB/Sattler § 2 Rn. 28; Sassenberg/Faber Industrie 4.0 und Internet-HdB/Kuss/Sassenberg § 13 Rn. 53 (computerassistiertes Werk); für KI Daten soll dies nahe liegen, diese unter Zuhilfenahme von bereichsspezifischem Expertenwissen einzeln annotiert werden, so Hacker GRUR 2020, 1025 (1028).

103 Investitionen in die Erzeugung der Datenbankinhalte selbst sind dabei nicht berücksichtigungsfähig, vgl. Schuster/Grützmacher, IT-Recht/Zech UrhG, § 87a Rn. 37.

104 Vgl. etwa Wiebe GRUR 2017, 338 (345).

105 Spezielle Varianten hiervon sind die sog. Screen Scraping, Web Scraping oder Web Mining, bei welchen auf große Datenmengen zugegriffen wird, die sich auf Websites oder Plattformen befinden. Vgl. Gausling CR 2021, 609.

106 Der Inhalt eines (Sprach-)Werks ist nur geschützt, wenn er selbst eine individuelle geistige Schöpfung des Urhebers darstellt, vgl. Wandtke/Bullinger/Bullinger UrhG § 2 Rn. 38; zur Dichotomie von Form und Inhalt vgl. auch Hilty GRUR Int 2006, 179 (181).

men[107], kann jedoch die „Informationshülle" urheberrechtlich geschützt sein.[108] Auf Grundlage der Schrankenregelung des § 44b Abs. 2 UrhG sind hiervon Vervielfältigungen zum Zwecke des Text und Data Mining erlaubt, sofern ein rechtmäßiger Zugang besteht, nach Zweckerreichung wieder eine Löschung derselben erfolgt und kein Vorbehalt des Rechteinhabers gem. § 44b Abs. 3 UrhG vorliegt.[109] Die letztgenannten Voraussetzungen können dementsprechend relevanter Bestandteil von Datenanalyse-Verträgen sein (→ Rn. 50 f.).

5. Recht der Allgemeinen Geschäftsbedingungen und Data Act

21   Werden vertragliche Regelungen zur Datenanalyse vorformuliert einseitig gestellt, unterliegen diese der AGB-Kontrolle nach Maßgabe der § 305 ff. BGB (→ § 15 Rn. 111 ff.), wenn auch in den vorliegend betrachteten B2B-Konstellationen nur in eingeschränktem Umfang gem. § 310 Abs. 1 BGB. Der **AGB-Inhaltskontrolle entzogen** sind gem. § 307 Abs. 3 S. 1 BGB jedoch Klauseln, welche Art, Inhalt und Umfang des Leistungsgegenstands oder die Gegenleistung festlegen[110].[111] Dieser Aspekt sollte gerade bei der Vertragsgestaltung besondere Berücksichtigung finden, zumal das Nichtvorhandensein eines speziellen Vertragsrechts zur Datenanalyse zusätzliche Gestaltungsspielräume mangels einschlägig typisierter Kontrollmaßstäbe eröffnet. Davon unbeschadet bleiben die **Unwirksamkeit überraschender Klauseln** gem. § 305c Abs. 1 BGB (→ § 15 Rn. 128 ff.) sowie die Obliegenheit zur klaren und verständlichen Formulierung von AGB-Klauseln zwecks Erfüllung des **unverändert anwendbaren Transparenzgebots** gem. § 307 Abs. 1 S. 2 BGB und um zu vermeiden, dass **mehrdeutige Klauseln zulasten des Verwenders** gehen gem. § 305c Abs. 1 BGB.

22   Insgesamt abzuwarten bleibt die weitere Rechtsentwicklung im Bereich der Datenwirtschaft, wo eine **Zunahme der AGB-Regulierungsdichte** zu beobachten ist,[112] wie vor allem auch der Data Act zeigt (→ § 15 Rn. 140 ff.). Jener verfolgt generell einen vertragsrechtlichen Regelungsansatz,[113] indem die darin vorgesehenen Pflichten der „Dateninhaber" zur Bereitstellung von Daten nicht etwa hoheitlich über Regulierungsbehörden oder unter Einbindung von Datenintermediären[114] durch- und umgesetzt werden. Stattdessen sind (mitunter verpflichtende) vertragsrechtliche Vereinbarungen zwischen den handelnden Akteuren vorgesehen, die engen Vorgaben unterliegen.[115] Bei Vertragsgestaltung und Abschluss[116] zukünftig zu beachten ist insoweit nicht nur die vorvertragliche Informationspflicht gem. Art. 3 Abs. 2 Data Act bei Kauf-,

---

107   Wandtke/Bullinger/Grützmacher UrhG § 69a Rn. 28–32.

108   In Betracht kommen dabei sämtliche Werkarten wie Datenbankwerke, Datenbanken sui generis (§ 87c Abs. 1 Nr. 4 UrhG), Computerprogramme (§§ 69a Abs. 4, 69d Abs. 4 UrhG) sowie auch sonstige Schutzgegenstände wie Leistungsschutzrechte; vgl. Wandtke/Bullinger/Bullinger UrhG § 44b Rn. 5 und 7.

109   Davon unberührt bleibt die übrigen ggf. einschlägigen Schrankenregelungen, wie insbesondere die gesetzliche Erlaubnis gem. § 44a UrhG, nur flüchtige oder begleitende Vervielfältigungen (zB vorübergehende Speicherungen im Arbeitsspeicher) anzufertigen, sofern dies für die Datenanalyse ausreicht oder die Text und Data Mining Schranke gem. § 60d UrhG für wissenschaftliche Zwecke. Vgl. dazu etwa Raue ZUM 2021, 793 (795 und 797–802).

110   Vgl. etwa Ulmer/Brandner/Hensen/Fuchs BGB § 307 Rn. 14; speziell zur Verwertung maschinengenerierter Daten vgl. Sassenberg/Faber Industrie 4.0 und Internet-HdB/Sattler § 2 Rn. 117.

111   Art. 13 Abs. 7 Data Act enthält eine weitgehend gleichartige Regelung. Das Klauselverbot des Art. 13 Abs. 3 lit. c Data Act betreffend Regelungen mit dem einseitigen Recht zur Bestimmung der Vertragsgemäßheit von Daten wirft die Abgrenzungsfrage auf, inwieweit die Vertragsmäßheit von Daten im Einzelfall den Hauptgegenstand des in Frage stehenden Vertrags berührt.

112   Vgl. Sassenberg/Faber Industrie 4.0 und Internet-HdB/Sattler § 2 Rn.118; für eine Flexibilisierung und Rücknahme der Kontrollschärfe des AGB-Rechts im B2B Bereich etwa Schlinkert ZRP 2017, 222 (224); Fries/Scheufen MMR 2019, 721 (723 und 726).

113   Funk CR 2023, 421 (422); Schweitzer/Metzger GRUR Int. 2023, 337 (345) („the aim is to redesign the basic private law structure"); Witzel CR 2022, 561 (562).

114   Für diese Alternative etwa Schweitzer/Metzger GRUR Int. 2023, 337 (355).

115   Funk CR 2023, 421 (422).

116   Bereits bei der Produktentwicklung muss der Anforderung einer Zugangsmöglichkeit durch den Nutzer Rechnung getragen werden durch die „data access by design"-Regelung des Art. 3 Abs. 1 Data Act; vgl.

Miet- oder Leasingverträgen über Produkte, wonach der Nutzer ua zu informieren ist über Art und Umfang der voraussichtlich erhobenen Daten (lit. a), Möglichkeiten des Zugriffs auf diese Daten (lit. c), die ggf. beabsichtige Datenverwendung durch den Hersteller oder einen Dienstleister einschließlich der jeweiligen Verwendungszwecke (lit. d) und wie der Nutzer veranlassen kann, dass die Daten an einen Dritten weitergegeben werden (lit. g).

Bemerkenswert ist vor allem der **Vertragsabschlussvorbehalt für Datennutzungen** gem. Art. 4 Abs. 6 S. 1 Data Act, wonach der Dateninhaber nicht personenbezogene Daten, die bei der Nutzung eines Produktes oder verbundenen Dienstes erzeugt werden, nur auf der Grundlage einer vertraglichen Vereinbarung mit dem Nutzer nutzen darf.[117] Die Regelung geht hiermit teilweise sogar über die Anforderungen hinaus, die für personenbezogene Daten gelten[118] und schafft **ein fragwürdiges pauschales Präjudiz für die Zuordnung von Daten zum Nutzer**[119]. Vorgesehen ist außerdem der **Abschluss weiterer Verträge**, die in der Praxis Voraussetzung für eine Datenanalyse sein können, wie Bedingungen für einen Vertrag zwischen dem Nutzer und jedem Dritten, der Daten auf Verlangen des Nutzers erhält (Art. 6 Data Act) sowie einen **Vertrag zwischen dem Dateninhaber und einem Datenempfänger zu fairen, angemessenen und nichtdiskriminierenden Bedingungen** (Art. 8 und 9 Data Act).[120] Bei den letztgenannten Bestimmungen handelt es sich um zwingendes Recht, indem Vertragsklauseln, die zum Nachteil einer Partei oder gegebenenfalls zum Nachteil des Nutzers die Anwendung des einschlägigen Kapitels IV ausschließt, davon abweicht oder seine Wirkung abändert, gem. Art. 12 Abs. 2 Data Act für diese Partei nicht bindend ist, was im Ergebnis einen **Kontrahierungszwang unter FRAND-Bedingungen**[121] bedeutet. Ebenfalls nicht abdingbar sind die Vorschriften zur Unwirksamkeit einseitig gestellter und missbräuchlicher Klauseln gem. Art. 13 Data Act in Verträgen in Bezug auf den Datenzugang und die Datennutzung.[122] Unterschieden wird dabei zwischen Regelungen, die einem konkreten Klauselverbot gem. Art. 13 Abs. 3 Data Act unterfallen und in jedem Falle missbräuchlich sind (sog. Schwarze Liste) und solchen Klauseln, deren Missbräuchlichkeit vermutet wird, wenn sie eine oder mehrere der abstrakt gefassten, unerwünschten Folgen des Art. 13 Abs. 4 Data Act bezwecken oder bewirken (sog. Graue Liste) (→ § 15 Rn. 144 ff.).[123] Im Wesentlichen handelt es sich hierbei um bereichsspezifisches **AGB-Recht**[124] **für Datenverträge**.[125] Die Missbrauchsprüfung gilt gem.

Podszun/Pfeifer GRUR 2022, 953 (956); Hennemann/Steinrötter NJW 2022, 1481 (1483) („data access by default").

117 Kritisch zu dieser Regelung Drexl, u.a., MPI Position Statement Data Act, S. 22 Rn. 54; Funk CR 2023, 421 (422 ff.); Grapentin, RDi 2023, 173 (179); Schweitzer/Metzger GRUR Int. 2023, 337 (345).

118 Hennemann/Steinrötter NJW 2022, 1481 (1483); aA offensichtlich Specht-Riemenschneider MMR 2022, 809 (816) („Ebenso wie die datenschutzrechtliche Einwilligung [...] eine allzu leicht zu überwindende Hürde" mangels konkreter Vorgaben, insbes. zum Verbraucherschutz).

119 Vgl. Hennemann/Steinrötter NJW 2022, 1481 (1483) (de facto Zuordnung); etwa Bomhard/Merkle RDi 2022, 168 (175) („Dateneigentum durch die Hintertür"); Funk CR 2023, 421 (424) („fehlende Rechtfertigung der Nutzerzentriertheit"); Grapentin, RDi 2023, 173 (179); a.A. offensichtlich Specht-Riemenschneider MMR 2022, 809 (816).

120 Vgl. dazu auch Erwägungsgrund 41 Data Act, mit der bemerkenswerten Beweislastregel, wonach es Sache des Dateninhabers sein soll, nachzuweisen, dass eine Vertragsbedingung nicht diskriminierend ist.

121 Bomhard/Merkle RDi 2022, 168 (171); zur Einordnung der FRAND (fair, reasonable and non-discriminatory) Anforderung auch innerhalb der anderen aktuellen europäischen Rechtssetzungsakte zur Umsetzung der EU Datenstrategie vgl. Picht/Richter GRUR Int. 2022, 395 (397 f.).

122 Jedenfalls nach der letzten offiziellen Fassung des Data Act sollen diese nur in Bezug auf Verträge gelten, die Kleinstunternehmen oder KMU einseitig auferlegt werden.

123 Ausführlicher dazu Witzel CR 2022, 561 (564 f.).

124 Podszun/Pfeifer GRUR 2022, 953 (958) („AGB-Recht für Lizenzverträge").

125 Die AGB-rechtlichen Vorschriften zum Schutz von Verbrauchern bleiben davon unberührt; vgl. Erwägungsgrund 26 Data Act; ebenso Bomhard/Merkle RDi 2022, 168 (173). Nicht ausdrücklich geregelt ist das Verhältnis zu den im B2B-Bereich anwendbaren AGB-rechtlichen Anforderungen nach nationalem Recht gem. § 310 Abs. 1 BGB. Der Lex specialis Grundsatz spricht für eine vorrangige Anwendung der Vorschriften des Data Act in dessen Anwendungsbereich und im Übrigen für eine unveränderte Geltung der AGB-Vorschriften nach deutschem Recht.

Art. 13 Abs. 7 Data Act jedoch weder für Vertragsklauseln, in denen der Hauptgegenstand des Vertrags festgelegt wird, noch für Vertragsklauseln, in denen der zu zahlende Preis festgelegt wird, sondern nur für diejenigen Bestandteile eines Vertrags, die sich auf die Bereitstellung von Daten beziehen, dh Vertragsklauseln über den Datenzugang und die Datennutzung sowie die Haftung oder Rechtsbehelfe bei Verletzung und Beendigung datenbezogener Pflichten.[126] Entsprechend gelten für die Vertragsgestaltung auch insoweit die vorgenannten Erwägungen zu § 310 Abs. 3 S. 1 BGB. Allgemein zu beachten sind auch **zukünftige unverbindliche Mustervertragsbedingungen** für den Datenzugang und die Datennutzung gem. Art. 34 Data Act, deren Erstellung und Empfehlung durch die EU Kommission vorgesehen ist.[127]

C. Vertragsparteien und Vertragstypus

24 Die Veränderung der industriellen Produktion mit sequenziellen Wertschöpfungsketten hin zu digitalen Geschäftsmodellen auf der Basis von Wertschöpfungsnetzwerken und mannigfaltigen Kooperationsformen bei gleichzeitiger Aufweichung der vormals klaren Grenzen zwischen Unternehmen,[128] hat zwangsläufig Auswirkung auf die Zusammensetzung der vertragsschließenden Parteien (→ § 15 Rn. 30 ff.) und die möglichen Vertragskonstellationen[129].

I. Vertragsparteien

25 Die einfachste Kooperationsform bei einem Datenanalyse-Vertrag beschränkt sich auf das bilaterale Verhältnis zwischen derjenigen Partei, welche die Analyse beauftragt und derjenigen Partei, welche die Analyseleistung erbringt. Die Herkunft der zu analysierenden Daten und die geplante Verwendung des Analyseergebnisses können dazu führen, dass weitere Akteure involviert sind, die ggf. vertraglich eingebunden werden müssen. Dies ist insbesondere der Fall, wenn die zu analysierenden Rohdaten nicht nur auftraggeberseitig beigestellt oder auftragnehmerseitig unmittelbar innerhalb der betrieblichen Sphäre des Auftraggebers erhoben werden. So können die zu analysierenden Daten auch durch den Auftragnehmer unabhängig vom Auftraggeber selbst erhoben werden (zB Webtracking[130]) oder über einen oder mehrere Dritte(n) direkt geliefert werden (zB Marktdaten oder Adressdaten[131] oder Auskunfteidaten[132]) oder über separate Technologie (zB Sensoren) Dritter beim Auftraggeber erhoben werden. Als weitere Akteure können Hersteller von Produkten (zB von Maschinen, die der Auftraggeber nutzt) hinzukommen, welche als „Dateninhaber" nach der Definition gem. Art. 2 Nr. 6 Data Act durch die Kontrolle über die technische Konzeption des Produktes und damit verbundener Dienste in der Lage ist, bestimmte Daten bereitzustellen.

26 Die Relativität der Schuldverhältnisse sowie der Umstand, dass die jeweiligen Daten nicht Gegenstand von Ausschließlichkeitsrechten sind (→ Rn. 5 ff.), kann für eine Datenanalyse den Abschluss mehrerer Verträge zwischen unterschiedlichen Parteien erfordern, unter „Weiterreichung" spezieller Vertragspflichten zu Verwendung und Schutz der jeweiligen Daten – oder gleich den Abschluss eines Vertrags mit mehreren Parteien, je nach Konstellation und dafür erforderlichem Aufwand.

---

126 Vgl. Erwägungsgrund 53 Data Act.
127 Kritisch hierzu Rosenkranz/Scheufen ZfDR 2022, 159 (196 f.).
128 Vgl. dazu Drexl JIPITEC 2017, 257 (265 f.); Wiebe/Schur GRUR Int. 2019, 746 (748).
129 Czychowski/Winzek ZD 2022, 81 (83); Schur GRUR 2020, 1142 (1143); zu den Akteuren einer automobilen Daten-Wertschöpfungskette vgl. etwa Leupold/Wiebe/Glossner IT-R/Koehler Teil 6.2 Rn. 20–27.
130 Vgl. hierzu etwa Moos, Datenschutz und Datennutzung/Hansen-Oest, Vertrag zur Durchführung von Webanalysen („Webtracking"), § 17 Rn. 1 ff.
131 Vgl. hierzu etwa Moos, Datenschutz und Datennutzung/Feldmann/Höppner, Adressenkauf- und -überlassungsvertrag § 14 Rn. 1 ff.
132 Vgl. hierzu etwa Moos, Datenschutz und Datennutzung/Sperling-Fröhlich § 13 Rn. 1 ff. (Auskunfteivertrag).

Dorner

II. Vertragstypus

De lege lata gibt es **keinen speziellen gesetzlichen Vertragstypus**, der unmittelbar oder 27
entsprechend auf Datenanalysen anwendbar wäre.[133] Die Vielgestaltigkeit und Entwicklungs-
geschwindigkeit der einschlägigen Geschäftsmodelle erschweren die Vereinheitlichung der
Vertragspraxis bei Datenanalysen mindestens in ähnlichem Ausmaß, als dies bei sonstigen Datenverträgen[134] der Fall ist. Im Ergebnis hängt die vertragstypologische Einordnung maßgeblich
von der Leistungsbeschreibung ab, mit ggf. weitreichenden Konsequenzen.[135]

1. Werk- oder Dienstvertrag

Mit der Erwägung, dass es sich bei der Datenanalyse um eine tätigkeitsbezogene Leistungs- 28
pflicht handelt, fokussieren *Wiebe/Schur*[136] auf die Einordung von Datenauswertungsverträgen
als Werk- oder Dienstvertrag. Ein Werkvertrag soll dann vorliegen, wenn die Erstellung konkreter Analyseergebnisse und deren Mitteilung geschuldet ist, die Auswertung einmalig gestaltet
ist und eine erfolgsorientiere Vergütung vereinbart wird, so dass das Risiko für das **Erreichen
des Erfolgs** beim Auswertenden liegt.[137] Eine Einordung als Dienstvertrag wird in Betracht
gezogen, „wenn wiederkehrend Analyseergebnisse erzielt werden sollen, hierbei nur die Tätigkeit nach wissenschaftlichen und technischen Standards geschuldet ist und die Vergütung nach
feststehenden Zeitabschnitten erfolgt"[138]. Diese Logik passt zur reichsgerichtlichen Einordnung
des **Auskunfteivertrags** (über die Beschaffung von Kredit- und sonstigen Auskünften) als
Werkvertrag.[139] Gleichermaßen ordnet der BGH die fehlerfreie **Erfassung und Auswertung
vorhandener Daten zwecks Ausführung von Buchhaltungsarbeiten und des Entwurfs von
Jahresabschlüssen** als eine Tätigkeit ein, die auf bestimmte Arbeitsergebnisse und einen Erfolg
im Sinne des Werkvertragsrechts (§ 631 Abs. 2 BGB) gerichtet ist.[140]

a) Werkvertrag (§§ 631 ff. BGB)

Das für die Abgrenzung der Vertragstypen gewählte **Unterscheidungskriterium des „Erfolgs"** 29
verdient besonderes Augenmerk bei der Anwendung auf Big Data Datenanalysen. Im Hinblick
auf die Gesamtwertschöpfung bei Daten bedeuten Datenanalysen wie gezeigt (→ Rn. 1) lediglich einen transformativen Zwischenschritt für den auf dieser Grundlage dann ggf. erzielbaren ökonomischen Erfolg (oder wissenschaftlichen Erkenntnisgewinn). Die Analyseergebnisse
stellen – wie Daten generell[141] – insoweit lediglich eine Beschreibung der Realität dar und

---

133 Dies gilt auch für die gesetzlichen Vorschriften zu Verbraucherverträgen über digitale Produkte der §§ 327
– 327s BGB. Weder die zugrunde liegende Richtlinie (EU) 2019/770 des Europäischen Parlaments und des
Rates vom 20.5.2019 über bestimmte vertragsrechtliche Aspekte der Bereitstellung digitaler Inhalte und digitaler Dienstleistungen (Digitale-Inhalte-RL), noch das Umsetzungsgesetz sind auf eine Vertragstypisierung
angelegt. Vgl. Erwägungsgrund 12 Digitale-Inhalte-RL sowie S. 25, 28, 53 des Regierungsentwurfs v. 13.1.2021
eines Gesetzes zur Umsetzung der Richtlinie über bestimmte vertragsrechtliche Aspekte der Bereitstellung
digitaler Inhalte und digitaler Dienstleistungen; vgl. auch BeckOK IT-Recht/Föhlisch BGB § 327 Rn. 7; ebenso zum Referentenentwurf Hennemann RDi 2021, 61 (64 f.). Im Übrigen sind die Regelungen für die hier im
Fokus stehenden Konstellationen ohne unmittelbare Beteiligung von Verbrauchern nicht einschlägig.
134 Zum Datenlizenzvertrag vgl. etwa Kraus DSRITB 2015, 537 (546); Schefzig DSRITB 2015, 551 (555); Henne-
mann/v. Ditfurth NJW 2022, 1905 (1906).
135 Vgl. auch Bräutigam/Kraul IoT-HdB/Wiebe/Schur § 6 Rn. 76; ähnlich zu Softwareentwicklungsprojekten
Welkenbach CR 2017, 639 (643).
136 Vgl. Bräutigam/Kraul IoT-HdB/Wiebe/Schur § 6 Rn. 72–83.
137 Bräutigam/Kraul IoT-HdB/Wiebe/Schur § 6 Rn. 74.
138 Bräutigam/Kraul IoT-HdB/Wiebe/Schur § 6 Rn. 74 (mit der Klarstellung, dass die Pflicht, Analyseergebnisse
abzuliefern, auch werkvertragliche Elemente begründen kann).
139 RGZ 115, 122–128; wobei die Dauerversorgung mit Nachrichten zu einer Einordnung als Dienstvertrag
führen soll, vgl. Staudinger/Peters (2019) BGB Vorbem. zu §§ 631 ff. Rn. 34.
140 BGH NJW 2002, 1571 (1573).
141 Vgl. dazu auch die originäre Wortbedeutung von „Daten" als „Gegebenes"; im Kontext von Rohdaten und
Immaterialgüterrechtsschutz dazu Dorner CR 2014, 617 (625).

sind typischerweise per se nicht unmittelbar nutzenstiftend, sondern erst bei nachgelagerter Verwendung (insbesondere als Entscheidungsgrundlage). Anders als bei klassischen Datenauswertungen, wie zB für Buchhaltungszwecke, wo verhältnismäßig einfache Rechenoperationen mathematische eindeutige Ergebnisse liefern, **kennzeichnet Big Data Datenanalysen das Erkennen von Gesetzmäßigkeiten, Kausalitäten, Korrelationen, und Wahrscheinlichkeiten.**[142] Eine Kategorisierung von Daten in „richtig" oder „falsch" wird bei Big Data mithin generell als nicht sachgerecht erachtet,[143] was auch auf Big Data Datenanalysen zutrifft, solange diese ergebnisoffen erfolgen und zu Beginn nicht feststeht, ob und was das Ergebnis der Analyse sein wird.[144]

30 Die vorgenannten Grundcharakteristika werfen Zweifel auf, ob es bei Big Data Datenanalysen regelmäßig möglich und sinnvoll sein kann, einen Erfolg im Sinne des Werkvertragsrechts (gem. § 632 Abs. 2 BGB) sach- und interessengerecht vertraglich zu fixieren. Daran ändert nichts, dass es für den werkvertraglichen Charakter einer Vereinbarung unschädlich sein soll, wenn das Ziel der Tätigkeit des Unternehmers einstweilen noch offen ist,[145] indem die vertragliche Beschreibung eines Ziels allein noch kein hinreichendes Indiz für die Annahme eines Werkvertrags liefert.[146] Letztlich kommt es darauf an, ob und unter welchen Voraussetzungen die Risikoverteilung nach dem gesetzlichen Leitbild des Werkvertrags auf Datenanalysen anwendbar ist. Dreh- und Angelpunkt bleibt der vertraglich vereinbarte Erfolg, nach welchem sich die Abnahmereife des Werks bemisst.[147] Indem die Vergütung unter dem Vorbehalt der Abnahme steht (vgl. § 641 Abs. 1 BGB), trägt der Werkunternehmer letztlich das Risiko des Ausbleibens verwertbarer Erfolge.

31 Im Schrifttum wird diese Risikotragung in Bezug auf **Forschungs-und Entwicklungsverträge** mitunter als kaum zumutbar erachtet[148] und auch für **Datenanalysen unter dem Einsatz künstlicher Intelligenz (KI)** wird eine Erfolgsverantwortung für richtige Vorhersagen und Analyseergebnisse abgelehnt.[149] Der BGH[150] stellt für Forschungs-und Entwicklungsverträge auf die **Wahrscheinlichkeit des Erfolgseintritts nach Vorstellung der Parteien** ab, eingedenk des Umstands, dass es weder logisch noch rechtlich ausgeschlossen sein mag, dass der Werkunternehmer das Erfolgsrisiko auch dann übernimmt, wenn der Eintritt des Erfolgs ungewiss ist. Je größer die mit der Tätigkeit erkennbar verbundenen Unwägbarkeiten sind, umso ferner kann es aus Sicht eines verständigen Bestellers liegen, dass der Werkunternehmer das Erfolgsrisiko dennoch übernehmen will.[151]

32 Wie im vorliegenden Abschnitt gezeigt, liegen die Unwägbarkeiten für den Erfolgseintritt von Big Data Datenanalysen ein Stück weit in der Natur der Sache. Umso mehr Sorgfalt und Trennschärfe erfordern demnach die Beschreibung des vertraglich bezweckten Erfolgs und die dazugehörige Risikotragung, sofern eine werkvertragliche Ausgestaltung erfolgen soll. Zu berücksichtigen ist dabei auch die **Eigenschaft von Datenanalysen als Werkzeug und Mittel zum Zweck** (→ Rn. 4). Auch wenn daraus eine Zielkomplementarität der Datenanalyse mit

---

142 Gola/Heckmann DS-GVO/Schulz Art. 6 Rn. 151.
143 So im Kontext von Standards zu Datenqualität Hoeren/Pinelli, IT-Vertragsrecht, Neuntes Kapitel, Abschn. 3.
144 Anschaulich Mayer-Schönberger/Cukier, Big Data, S. 29 („An investigation using big data is almost like a fishing expedition: it is unclear at the outset not only whether one will catch anything but what one may catch.").
145 Staudinger/Peters (2019) BGB § 631 Rn. 7.
146 BGH NJW 2002, 3323.
147 Zu IT-Projekten vgl. etwa Witzel CR 2017, 213.
148 So Staudinger/Peters (2019) BGB Vorbem. zu §§ 631 ff. Rn. 32.
149 Sassenberg/Faber Industrie 4.0 und Internet-HdB/Kuss/Sassenberg § 13 Rn. 63; Malcher MMR 2022, 617 (619).
150 BGH NJW 2002, 3323 (3324).
151 So für KI Analysedaten Malcher MMR 2022, 617 (619); offensichtlich in Anlehnung daran auch Bräutigam/Kraul IoT-HdB/Wiebe/Schur § 6 Rn. 74 und 76 (Unwägbarkeiten, die das Erreichen des Erfolgs unabhängig von den Bemühungen des Auswertenden verhindern können, und die Risikoverteilung des Werkvertrags unangemessen erscheinen lassen).

den wirtschaftlichen Zielen des Auftraggebers folgt, ist für die Vertragszwecke klar zu trennen, welcher Erfolg konkret erreicht werden soll. Eine Vermischung der Ziele kann zur Folge haben, dass das Risiko des Verwendungserfolgs für das Analyseergebnis (ganz oder teilweise) auf den Werkunternehmer abgewälzt wird. Je nach Ausgestaltung der Vergütung kann dies – eingedenk der zusätzlichen Gewährleistungs- und Haftungsrisiken (§§ 633 ff. BGB) – eine weitreichende und höchst einseitige Risikoverlagerung begründen, sofern der Werkunternehmer ohne Erfolgsbeteiligung oder „Risikoprämie"[152] bleibt.

b) Dienstvertrag (§§ 611 ff. BGB)

Sofern der Auftragnehmer einer Datenanalyse vertraglich kein Erfolgsrisiko trägt, kann die 33
Datenanalyse Gegenstand eines Dienstvertrags sein.[153] Der Vertragstyp des Werkvertrags ist im Hinblick auf die vertraglich vereinbarte Tätigkeit (Datenanalyse) selbst unproblematisch durch denjenigen des Dienstvertrags **austauschbar**.[154] Das Verwendungsrisiko der Leistung liegt dann beim Auftraggeber als Dienstberechtigten.[155] Dies passt zur typischen Fremdnützigkeit[156] von Dienstverträgen in Anbetracht des Werkzeugcharakters der Datenanalyse als Mittel zur Erreichung der wirtschaftlichen Zwecke des Auftraggebers (→ Rn. 4).

Bei dienstvertraglicher Einordnung trägt der **Auftraggeber das Kostenrisiko** für sämtliche 34
Mehraufwendungen und Nachbesserungen, die nicht vom vereinbarten Leistungsumfang erfasst sind.[157] Werden keine speziellen ausdrücklichen Abreden zum genauen Inhalt, Umfang und Qualität der vereinbarten Datenanalyse getroffen, ist der geschuldete Leistungsmaßstab durch Vertragsauslegung unter Berücksichtigung aller Umstände, einschließlich der Verkehrserwartung und des Vertragszwecks zu ermitteln.[158] Zur Vermeidung von Unklarheiten empfiehlt sich daher jedenfalls aus Auftraggebersicht eine vertragliche Festlegung dieser Leistungsmaßstäbe, auch wenn dieser mit dem Datenanalyse-Vorgang selbst ggf. nicht in Berührung kommt und sein Kerninteresse im Analyseergebnis liegen mag.

2. Bestandteil gemischter Verträge

Abhängig von Anlass, Art und Zweck der Datenanalyse, kann diese mit weiteren Vertragskom- 35
ponenten kombiniert sein (→ Rn. 3), wie etwa mit Beratungs-, Wartungs-, oder Plattformvertragsleistungen, deren vertragstypologische Einordnung regelmäßig ebenfalls nicht eindeutig ist.[159] Dies führt zu der im IT-Bereich häufig auftretenden Frage[160], welcher BGB-Vertragstyp auf die jeweiligen Leistungselemente derart gemischter Verträge Anwendung finden soll. Während nach dem **Kombinationsprinzip** das Recht des jeweils betroffenen Vertragsteils einschlägig sein soll, ordnet das **Absorptionsprinzip** sämtliche Vertragselemente demjenigen Vertragstyp unter, der insgesamt den Schwerpunkt bildet.[161] Die hM bestimmt den anzuwendenden Vertragstyp nach dem **mutmaßlichen Parteiwillen**, unter Berücksichtigung der Gesamtheit der

---

152 Dazu BGH NJW 2002, 3323 (3324).
153 Dafür im Kontext von KI Datenanalysen Sassenberg/Faber Industrie 4.0 und Internet-HdB/Kuss/Sassenberg § 13 Rn. 63; Malcher MMR 2022, 617 (619).
154 Allg. vgl. Ermann BGB/Edenfeld § 611 Rn. 16; dazu auch Staudinger/Peters (2019) BGB Vorbem. zu §§ 631 ff. Rn. 27 und 29 („Einordnung von Verträgen ist vielfach eine Frage der schlichten Konvention").
155 Denga ZHR 2022, 543 (557) (im Kontext von Beraterverträgen).
156 Nach umstrittener Ansicht soll die Fremdnützigkeit keine zwingende Voraussetzung für Dienstverträge sein, vgl. etwa Staudinger/Latzel (2020) BGB § 611 Rn. 75.
157 Vgl. Staudinger/Peters (2019) BGB Vorbem. zu §§ 631 ff. Rn. 31.
158 Staudinger/Latzel (2020) BGB § 611 Rn. 77, 229 und 230.
159 Zum Unternehmensberatervertrag als gemischtem Vertrag vgl. etwa Denga ZHR 2022, 543 (552 ff.); zur möglichen dienst- oder werkvertraglichen Einordnung von Software und Hardwarewartungsverträgen vgl. etwa Schuster/Grützmacher, IT-Recht/Schuster BGB § 631 Rn. 108–116 und 119–120); zu Plattform-/Cloudverträgen vgl. Boehm ZEuP 2016, 358 (363–366).
160 Vgl. dazu Schuster/Grützmacher, IT-Recht/Schuster BGB § 631 Rn. 8–13.
161 Vgl. etwa Staudinger/Feldmann (2018) BGB, § 311 Rn. 38 mwN.

vertraglich zusammengefassten Lebensvorgänge und der gleichzeitig in Betracht kommenden Normen.[162] Welchem Vertragstypus eine Datenanalyse hiernach untergeordnet wird, hängt insofern von den Umständen des jeweiligen Einzelfalls ab. Bei der werk- und dienstvertraglichen Abgrenzung stellen sich auch in diesem Kontext die zuvor aufgezeigten Probleme.

3. Schlussfolgerungen

36   Bei Behandlung der Datenanalyse im Kontext gemischter Verträge ist stets zu berücksichtigen, dass in jeder Datenanalyse typischerweise auch eine zweckgebundene Datenüberlassung steckt und letztere gemeinhin als Vertragstyp *sui generis* eingeordnet wird (→ Rn. 9). Auch wenn diese Einordnung lizenzdogmatisch veranlasst sein mag, legt sie den Gedanken nahe, dass die in tatsächlicher Hinsicht mindestens gleichermaßen ausgeprägten **Besonderheiten der Datenanalyse zukünftig ggf. ebenfalls einen Vertragstyp *sui generis* rechtfertigen.** Auch wenn durch diese dogmatische Einordnung *per se* für die Rechtspraxis unmittelbar noch nichts gewonnen sein mag, hat eine zukünftige inhaltlich typisierte Ausgestaltung das Potenzial Friktionen im Interesse der Rechtssicherheit zu beseitigen, welche aktuell die Rechtsanwendung erschweren.[163]

37   Ein genauerer Blick auf die für die Datenanalyse relevanten Vertragstypen deckt Herausforderungen und Risikopotentiale auf, die sich aus ggf. anwendbaren schuldrechtlichen Regelungen ergeben. Auch wenn eine werkvertragliche Typenzuordnung der Datenanalyse aus Auftraggebersicht Vorteile v. a. im Hinblick auf die Auslagerung von Erfolgs- und Kostenrisiken verspricht, darf diese keine falsche Sicherheit vermitteln.[164] Wie gezeigt besteht die Gefahr, dass eine werkvertragliche Einordnung gerichtlich nicht als solche anerkannt wird, bei nur unzureichender vertraglicher Ausgestaltung und nicht hinreichend genauer Identifizierung und Beschreibung des geschuldeten Erfolgs.[165] Gleichermaßen drohen weitere Rechtsstreitigkeiten bei gemischten Verträgen, wenn die tatsächlichen Interessen einer Partei der Datenanalyse vertraglich nicht korrekt wiedergegeben werden und dann nicht mit dem (gerichtlich) ermittelten hypothetischen Parteiwillen und den sich daraus ergebenden Rechtsfolgen übereinstimmen.[166] Selbst wenn die Beschreibung der Leistung und des ggf. geschuldeten werkvertraglichen Erfolgs hinreichend trennscharf gelingen mag, tun die Parteien gut daran, es hierbei nicht bewenden zu lassen (→ Rn. 38 ff.).

D. Vertragsgestaltung

38   Zur Vermeidung unbeabsichtigter gesetzlicher Rechtsfolgen und von Rechtsunsicherheit sowie zur Sicherstellung der wirtschaftlichen Zielerreichung bei Datenanalysen sind die jeweils handelnden Akteure zur sorgfältigen Vertragsgestaltung gehalten. Dies gilt nicht nur zwecks Wahrung des Transparenzgebots bei Formularverträgen (→ Rn. 21). Grundlegende Aspekte der Vertragsgestaltung für Datenanalyse-Verträge leiten sich aus nachfolgend beschriebenen allgemeinen Parametern ab und sind in den anschließend behandelten speziellen Regelungsgegenständen konkret zu berücksichtigen.

---

162   Vgl. etwa Staudinger/Feldmann (2018) BGB, § 311 Rn. 41 mwN.
163   Abzuwarten bleibt hierbei auch die finale Fassung der von der EU Kommission in Art. 34 Data Act in Aussicht gestellten Mustervertragsbedingungen (→ Rn. 23).
164   Vgl. dazu auch Bräutigam/Kraul IoT-HdB/Wiebe/Schur § 6 Rn. 75 und 77 (die eine werkvertragliche aus Sicht des Auftraggebers als jedenfalls vorzugswürdig erachten, allerdings ohne Spezifizierung des Erfolgs, jedoch mit dem Hinweis auf die Risiken einer unsachgemäßen Leistungsbeschreibung).
165   Zwingt der Auftraggeber den Auftragnehmer in ein werkvertragliches Korsett, wird sich jener im Gegenzug veranlasst sehen, Umfang, Inhalt und Zielsetzung der Leistungsbeschreibung möglichst gering zu halten, wodurch das rechtliche „Setup" den potenziellen wirtschaftlichen Erfolg künstlich und zum Nachteil des Auftraggebers limitiert.
166   Vgl. in Bezug auf IT Verträge Schuster/Grützmacher, IT-Recht/Schuster BGB § 631 Rn. 11.

I. Allgemeine Parameter

Wesentliche Determinante für die Vertragsgestaltung der Datenanalyse sind weniger die vorhandenen gesetzlichen Regelungen, als vielmehr – wie in der Datenwirtschaft generell[167] – das Nichtvorhandensein einschlägiger Regelungen. 39

1. Gesetzliche Rückfallpositionen

a) Ausfüllen

In zentralen Aspekten der Datenanalyse gibt es **de lege lata keine gesetzlichen Rückfallpositionen**, auf welche die Akteure sich verlassen können: Das gilt nicht nur im Hinblick auf die rechtliche Zuordnung der involvierten Rohdaten und Analyseergebnisse, an welchen keine der Parteien ein originäres Ausschließlichkeitsrecht gelten machen kann (→ Rn. 5 ff.). Ein vertragliches „Schweigen" hierzu hat Rechtsunsicherheit auf Basis faktischer Hoheitspositionen (→ Rn. 6) zur Folge. Insoweit müssen **fehlende gesetzliche Rückfallpositionen durch vertragliche Regelungen ausgefüllt werden**, wie etwa mittels einer Vereinbarung vertraglicher Rechtezuweisungen und Nutzungsverboten im Hinblick auf Daten.[168] Gleiches gilt entsprechend für gesetzlich ggf. nicht verbürgte Qualitäts- und Sicherheitsstandards. 40

b) Aktivieren

Bestimmte **gesetzliche Rückfallpositionen müssen im Wege der Vertragsgestaltung aktiviert werden**, wie etwa die Implementierung von „den Umständen nach angemessenen Geheimhaltungsmaßnahmen" für Geschäftsgeheimnisse (vgl. § 2 Nr. 1 lit. b) GeschGehG), um in den Genuss des gesetzlichen Rechtsschutzes zu kommen. Gleiches gilt bei Herstellung einer Datenbank für Analyseergebnisse mit Blick auf das Datenbankherstellerrecht gem. §§ 87a ff. UrhG (→ Rn. 19), wo klargestellt werden sollte, wer als Träger der Herstellerinitiative und des Herstellerrisikos anzusehen ist[169]. 41

c) Ausschließen

Im Kontext der potenziell anwendbaren Vertragstypen können einschlägige schuldrechtliche Regelungen zu einer ungewollten Risikoallokation führen, wie eine nähere Betrachtung der dienst- und werkvertraglichen Einordnung zeigt (→ Rn. 28 ff.). Je nach Parteirolle kann es geboten sein, die Anwendung der für sie **ungünstigen gesetzlichen Rückfallpositionen kautelarjuristisch auszuschließen**. Insbesondere Gewährleistungs- und Haftungsfragen (→ Rn. 56 ff.) sollten vertraglich hinreichend geklärt werden. 42

2. Daten

Weitere essenzielle Weichenstellungen für die Vertragsgestaltung hängen von der Art, Herkunft und Verwendung der involvierten Daten ab.[170] Vor allem bei der Analyse personenbezogener Daten muss die Einhaltung zwingender datenschutzrechtlicher Bestimmungen sichergestellt werden, was wesentliche Auswirkungen auf Inhalt, Umfang, Zwecksetzung und Verwendungsmöglichkeiten der Datenanalyse haben kann (→ Rn. 11). Im Falle von Geschäftsgeheimnissen sind spezielle Maßnahmen zur Vertraulichkeit zu vereinbaren, insbesondere Geheimhaltungsmaßnahmen zur Aktivierung des gesetzlichen Schutzes (→ Rn. 15, 41 und 53). Stammen die zu analysierenden Daten aus der (urheber-)rechtlich geschützten Hülle eines Dritten, aus fremden Datenbeständen oder werden diese in der Hoheitssphäre von Dritten erhoben, ist das erforder- 43

---

167 Zu Datennutzungsverträgen vgl. Czychowski/Winzek ZD 2022, 81 (82 f.).
168 I.E. auch Czychowski/Winzek ZD 2022, 81 (88).
169 Vgl. Krekel WRP 2011, 436 (440).
170 Zur Kategorisierung von Daten vgl. auch Schweitzer GRUR 2019, 569 (571 f.).

liche Rechtsmäßigkeitserfordernis vertraglich zu verankern oder der jeweilige Dritte ggf. direkt vertraglich einzubinden (→ Rn. 26, 47 f. und 50).

3. Synallagma und Risikoallokation

44 Indem es für die Datenanalyse keinen speziellen Vertragstypus gibt, welcher die für das Schuldverhältnis charakteristischen (Haupt-)leistungspflichten vorzeichnet, liegt es an den Parteien, das vertragliche Leistungsprogramm sowie den hierüber zu erreichenden Vertragszweck selbst zu definieren.[171] Sorgfältig zu überlegen ist dabei, welche Pflichten zum Gegenstand des vertraglichen Synallagma iSd §§ 241 Abs. 1, 320 ff. BGB gemacht werden.[172] Die Einordnung kann etwa Auswirkung haben auf die Einklagbarkeit von Ansprüchen, die Geltendmachung von Zurückbehaltungsrechten, Lösungsmöglichkeiten vom Vertrag und den Umfang von Schadensersatzansprüchen.[173] Konkret zu überlegen ist daher, welche Pflichten den vertraglich vereinbarten Leistungserfolg (Äquivalenzinteresse) sichern und welche Pflichten lediglich einer Erhaltung des *status quo* (Integritätsinteresse) des Vertragspartners dienen.[174] Je nach Vertragsgegenstand verdienen einige für IT Verträge typische Neben- und Schutzpflichten daher eine Hochstufung zur (Haupt-)leistungspflicht. Auftraggeberseitig kann bei Analyse von dessen Daten eine bloße Verschaffung des Zugangs zu den betreffenden Daten[175] als reine Mitwirkungspflicht ebenso unangemessen sein, wie eine Einordnung der Pflicht zur Datensicherung als reine Nebenpflicht.[176] Umgekehrt gilt dies für typische IT-vertragliche Nebenpflichten des Auftragnehmers zur Prüfung und Beratung[177], Datenherausgabe oder Geheimhaltung,[178] die regelmäßig Kardinalpflichten bei Datenanalysen darstellen.

45 Bei der konkreten Ausgestaltung des im Verhältnis der involvierten Vertragsparteien zu vereinbarenden Bündels an Rechten und Pflichten empfiehlt sich eine klare Aufteilung und Zuweisung von Hoheits- und Verantwortungsbereichen. Was die Zielsetzung und den Erfolg von Datenanalysen anbelangt, ist es sachgerecht, die Risikoallokation an Kriterien zu orientieren, wie zumutbaren Einfluss- und Kontrollmöglichkeiten auf den Erfolg, einschließlich der Qualität und Quantität der zu analysierenden Daten sowie der Ausgestaltung und relativen Höhe der Gegenleistung.[179]

II. Spezielle Regelungsgegenstände

1. Ziel und Zweckbestimmung

46 Eine klare Bestimmung der vertraglich vereinbarten Ziele und Zwecke dient nicht nur der Eingrenzung des Vertragsgegenstandes sowie als generelle Auslegungshilfe[180] iSd §§ 133, 157 BGB, sondern vor allem auch der Bestimmung des Inhalts und Umfangs der jeweils vorgesehenen

---

171 Zu Haupt und Nebenpflichten beim Datenauswertungsvertrag als Werk- oder Dienstvertrag vgl. auch Bräutigam/Kraul IoT-HdB/Wiebe/Schur § 6 Rn. 78–79.
172 Im Wahrnehmung ihrer Privatautonomie steht es den Vertragsparteien frei, das Gegenseitigkeitsverhältnis nach ihren Bedürfnissen vertraglich zu gestalten, vgl. Erman BGB/Ulber Vorbem. § 320 Rn. 12 und 16.
173 Zur Abgrenzung bei IT Verträgen vgl. Schuster/Grützmacher, IT-Recht/Schuster BGB § 241 Rn. 9.
174 Vgl. Staudinger Ergbd./Bach Kap. F Rn. 2–3.
175 Für eine Regelung im Rahmen der Datenlizenz beim Datenauswertungsvertrag als Werkvertrag vgl. Bräutigam/Kraul IoT-HdB/Wiebe/Schur § 6 Rn. 78.
176 Zu diesen Nebenpflichten allgemein im IT-Bereich vgl. Schuster/Grützmacher, IT-Recht/Schuster BGB § 241 Rn. 14 und 17 und speziell in Bezug auf Daten und Geschäftsgeheimnisse Schuster CR 2020, 726 (728 f.).
177 Im Kontext der Datenauswertung als Werkvertrag vgl. Bräutigam/Kraul IoT-HdB/Wiebe/Schur § 6 Rn. 78.
178 Zu diesen Nebenpflichten allgemein im IT-Bereich vgl. Schuster/Grützmacher, IT-Recht/Schuster BGB § 241 Rn. 19–21 und 45.
179 Vgl. dazu auch Sassenberg/Faber Industrie 4.0 und Internet-HdB/Kuss/Sassenberg § 13 Rn. 63; Bräutigam/Kraul IoT-HdB/Wiebe/Schur § 6 Rn. 77.
180 Rosenkranz/Scheufen ZfDR 2022, 159 (171).

Datenüberlassung und den darauf gerichteten Vertraulichkeitsvereinbarungen (→ Rn. 52 f.).[181] Aufgrund der Eigenschaft von Datenanalysen als Mittel zur Erreichung eines nachgelagerten Zwecks, sollte für eine angemessene und sachgerechte Risikoallokation differenziert und spezifiziert werden, zu welchem konkreten Zweck die zu analysierenden Daten sowie das Analyseergebnis überlassen und verwendet werden dürfen und sollen. Was die Ausgestaltung der Datenanalyse selbst angeht, stellt sich im Falle von personenbezogenen Daten die Herausforderung, dass die Big Data Grundcharakteristika der zweck- und ergebnisoffenen Analyse möglichst großer Datenbestände im diametralen Widerspruch zur datenschutzrechtlichen Zweckbindung (Art. 5 Abs. 1 lit. b) DS-GVO) stehen (→ Rn. 11 und 54). Bei Festlegung der Zielsetzung sind vor allem auch Beschaffenheit, Verfügbarkeit und Quantität des Analysegegenstands zu berücksichtigen, die maßgeblich über den (Aussage-)Wert des Analyseergebnisses bestimmen.[182]

2. Analysegegenstand

Quantität und Beschaffenheit des Analysegegenstands sind nicht nur bei der Zielsetzung zu berücksichtigen, sondern auch bei den technischen Analysemodalitäten (→ Rn. 46 und 49). In rechtlicher Hinsicht muss eine vertragliche Zuordnung von Befugnissen und Verantwortlichkeiten erfolgen. Relevant sind dabei vor allem Herkunft und Quelle des Analysegegenstands. Stammen die zu analysierenden Daten aus der Sphäre des Auftraggebers, bedarf es einer vertraglichen Regelung (Datenlizenz) im Hinblick auf die Überlassung oder Zugangsgewährung an den Auftragnehmer einschließlich zweckgebundener (→ Rn. 9) und abschließend definierter Nutzungsbefugnisse zum Ausschluss unerwünschter Verwertungshandlungen sowie eventueller Löschpflichten.[183] Umgekehrt ist eine Datenlizenz nur erforderlich, wenn der Auftraggeber während der Analyse Zugriff auf die zu analysierenden Daten aus der Sphäre des Auftragnehmers erhält.

Es sollten nur solche Daten zum Gegenstand einer Analyse gemacht werden, die erfolgreich einen **Clearing Prozess**[184] (**Data Due Diligence**) durchlaufen haben. Im Wesentlichen geht es darum, sicherzustellen, dass der geplanten Datenanalyse und nachfolgenden Verwendung des Analyseergebnisses keine rechtlichen Hindernisse entgegenstehen. Dabei ist vor allem die rechtmäßige Erlangung des Analysegegenstands zu prüfen, um etwa Verletzungen von Geschäftsgeheimnissen Dritter zu vermeiden (vgl. § 4 Abs. 3 GeschGehG)[185] oder eine Datenhehlerei (iSd § 202d StGB) auszuschließen. Entscheidend ist dabei vor allem auch, ob personenbezogene Daten iSv Art. 4 Nr. 1 DS-GVO vorliegen (→ Rn. 43 und 54) sowie zukünftig, ob eine Nutzungsbefugnis nach Maßgabe der Bestimmungen des Data Act (→ Rn. 23) besteht,[186] wobei speziell im datenschutzrechtlichen Kontext zu berücksichtigen ist, dass der Data Act selbst keine Rechtsgrundlage iSv Art. 6 Abs. 1 DSGVO darstellen soll (Art. 5 Abs. 6 Data Act und Erwägungsgrund 24 Data Act)[187]. Abhängig von Veranlassung und Beherrschbarkeit liegt es nahe, dass die Verantwortung für den Clearing Prozess im Ausgangspunkt jeweils bei derjenigen Partei liegt, welche auch den Analysegegenstand bereitstellt.[188] Rechtsunsicherheit hierüber kann durch vertragliche Vereinbarungen vermieden werden, die Aussagen treffen zur

47

48

---

181 Zu Zweckbindungen in Vertraulichkeitsvereinbarungen vgl. Harte-Bavendamm/Ohly/Kalbfus, GeschGehG/Harte-Bavendamm/Kalbfus Einl. B Rn. 46 f.
182 Vgl. auch De Wachter CRi 2014, 1 (2); Mayer-Schönberger/Cukier, Big Data, S. 39 ff.
183 Zur drohenden Zweitverwertung der Daten vgl. Hornung Rechtsfragen der Industrie 4.0/Hornung/ Hofmann, S. 14. f.
184 Dorner CR 2014, 617 (627); zur Daten Due Diligence in M&A Transaktionen vgl. Schippel ITRB 2022, 185 ff.
185 Vgl. dazu Schuster/Grützmacher IT-Recht/Dorner § 2 GeschGehG Rn. 33.
186 Vor allem relevant dabei sind die Nutzungsbeschränkungen gem. Art. 6 Data Act sowie ggf. ergänzend dazu oder anderweitig geschlossene Verträge nach Maßgabe des Data Act.
187 Vgl. dazu etwa Schneidereit CR 2023, 9 (12).
188 Dorner CR 2014, 617 (628); weitergehend im Hinblick auf das gesamte wirtschaftliche Risiko Kraus DSRITB 2015, 537 (546).

Gesamtverantwortung oder dedizierten Verantwortungsbereichen, einschließlich Bestimmungen dazu, wer für die Durchführung des Clearing Prozesses und die hierfür erforderlichen Kosten und Aufwände verantwortlich sein soll, einschließlich ggf. zu ergreifender Maßnahmen zur Sicherstellung der **Big Data Compliance** (zB den Abschluss zusätzlicher Lizenzverträge mit Dritten).[189] Dabei besteht auch die Option, Teile hieraus zum Gegenstand vorgeschalteter vertraglicher Beratungsleistungen durch den Auftragnehmer zu machen (→ Rn. 49).[190]

3. Analysemodalitäten

49   Die Analysemodalitäten richten sich nach dem Vertragszweck und dem Analysegegenstand. Vor allem sofern kein konkreter Erfolg vereinbart wird, ist die Beschreibung der im einzelnen geschuldeten Leistungen, der Datenauswahl und -quantität, der eingesetzten Analysemethodik und des zeitlichen Leistungsumfangs umso relevanter. In technischer Hinsicht kommt es unter anderem auf die Datenformate und -qualität an.[191] Je nach Art der Daten sind gesonderte technische und organisatorische Maßnahmen zur Datensicherheit bei Datentransfers sowie bei Verarbeitung und Speicherung zu vereinbaren, um Datenverlusten[192], unberechtigten Zugriffen und einem Verlust des Geheimnisschutzes vorzubeugen (→ Rn. 54). Das Vorliegen personenbezogener Daten kann die Vereinbarung einer Pflicht zur Anonymisierung oder Pseudonymisierung veranlassen, die mitunter aufwändig und kostenintensiv sein kann, was entsprechend wirtschaftlich in Rechnung gestellt werden muss.[193]

4. Analyseergebnis

50   Hinsichtlich des Analyseergebnisses müssen Beschaffenheit[194], Datenqualität[195] (→ § 16 Rn. 15 ff.) und Übergabemodalitäten[196] feststehen. Vor allem entscheidend ist auch die Frage der rechtlichen Zuordnung, bei der es mangels übertragbarer Ausschließlichkeitsrechte an Daten nicht um die Einräumung dinglicher Rechte gehen kann (→ Rn. 5 ff. und 8 ff.). Gleichwohl steht es den Parteien frei, bi- oder multilaterale[197] Abreden mit Wirkung *inter partes* zu treffen, die der immaterialgüterrechtlichen Lizenzgestaltung entsprechen[198] – jedoch mit umgekehrten Vorzeichen (→ Rn. 9 und 40): Ergänzend zur vertraglichen Zuweisung einer übergeordneten Dateninhaberschaft an eine Partei als Ausgangspunkt ist konkret festzulegen, ob und welchen Nutzungsverboten jede der Parteien unterliegt.[199] Auf dieser Basis kann der

---

189   Dorner CR 2014, 617 (627 f.); zum potenziellen zukünftigen Erfordernis des Abschlusses von Datenverträgen nach Art. 6 Data Act siehe oben (→ Rn. 23).
190   Vgl. dazu Bräutigam/Kraul IoT-HdB/Wiebe/Schur § 6 Rn. 78.
191   Kraus DSRITB 2015, 537 (546).
192   Zur schwer bestimmbaren Haftung in Fällen ohne vertragliche Zuweisung von Verantwortungsbereichen vgl. Riehm VersR 2019, 714 (724).
193   Zu den Herausforderungen hierbei vgl. Schefzig DSRITB 2014, 103 (112 ff.); Dorner CR 2014, 617 (628); Czychowski/Winzek ZD 2022, 81 (85).
194   Krätzschmar DSITRB 2015, 753 (761 f.).
195   Mit Bezugnahme auf den allgemeinen Standard von fünf Qualitätsebenen „availability, usability, reliability, relevance, and presentation quality" vgl. Hoeren/Pinelli, IT-Vertragsrecht, Neuntes Kapitel, Abschn. 3; Hennemann RDi 2021, 61 (68).
196   Zu dabei relevanten Aspekten vgl. Rechtshandbuch Industrie 4.0 und Internet of Things/Sattler § 2 Rn. 125.
197   In diesem Falle kann auch eine Gemeinschaft zu Bruchteilen nach § 745 Abs. 2 BGB zur Anwendung gebracht werden, vgl. Ensthaler NJW 2016, 3473 (3477 f.); Rosenkranz/Scheufen ZfDR 2022, 159 (172). Bei Hinzuziehung weiterer Parteien wird es jedoch häufig (auch) darum gehen, die vertraglichen Nutzungsverbote und Pflichten zum Schutz der betreffenden Daten auch auf diese auszuweiten.
198   So zu den in der Praxis regelmäßig anzutreffenden Regelungen zur „Dateninhaberschaft" Kraul GRUR-Prax 2019, 478 (479); Rosenkranz/Scheufen ZfDR 2022, 159 (172).
199   Im Entwurf eines vertraglichen Leitbilds für Datenlizenzverträge spricht sich Hennemann dafür aus, dass im Regelfall davon auszugehen sei, „dass dem Lizenznehmer etwaige Ergebnisse seiner Datenanalyse allein zustehen und er diese wirtschaftlich verwerten darf". Dahinter steht die Erwägung, dass der Datenlizenzvertrag „in seinem Grundfall gerade kein Kooperations- oder ähnliches Rechtsverhältnis" begründet. Entgegenstehende vorformulierte Klauseln des Lizenzgebers für seine pauschale Beteiligung an den Analyseergebnissen

vertraglich gekürte Dateninhaber selbst auf bestimmte Nutzungsrechte (bzw. Nutzungsarten) am Analyseergebnis verzichten bzw. sich einem vertraglichen Nutzungsverbot unterwerfen und gleichzeitig der oder den anderen Parteien bestimmte Nutzungsrechte gewähren, wobei im Bedarfsfall Beschränkungen aufzunehmen sind auf Basis der typischen Regelungsthemen zu Exklusivität, Übertragbarkeit, Unterlizenzierbarkeit sowie zu zeitlichen und geographischen Limitierungen. Hierzu bietet sich die **vertragliche Nachbildung einer Übertragungszweck-regel** (→ Rn. 9) an, mit positiver Beschreibung eines Nutzungszwecks und der darauf gerichteten, abschließenden Nutzungshandlungen, verbunden mit der Vereinbarung, dass alle übrigen Nutzungs- und Verwertungshandlungen im Hinblick auf das Analyseergebnis ausgeschlossen sind.[200] Aus Transparenzgründen kann zur Vermeidung von Unklarheiten über Grenzfälle eine nicht-abschließende Aufzählung der Verbote erfolgen, wie zB im Hinblick auf das unbefugte Anfertigen von Kopien, eine Weiterleitung oder Zugänglichmachung an Dritte oder spezielle nicht-autorisierte Verwertungshandlungen, wie Zweit- oder Mehrfachverwertungen[201]. Dazu zählt insbesondere auch ein **Abtretungsverbot**[202] gem. § 399 S. 2 iVm § 413 BGB,[203] sofern die Weitergabe an Dritte ausgeschlossen und potenzielle Unklarheit hierüber trotz Geheimhaltungsregelung[204] vermieden werden soll. Der vertragliche Abtretungsausschluss kann auch nur beschränkt oder unter Zustimmungsvorbehalt vereinbart werden[205] und bewirkt die Unwirksamkeit[206] zuwiderlaufender Abtretungen (Lizenzeinräumungen) an Dritte.[207]

Wichtig ist, dass die datenbezogenen Nutzungsrechteregelungen eine vertragliche Entsprechung im Hinblick auf eine immaterialgüterrechtlich ggf. geschützte „Datenhülle" finden. Zur Vermeidung von Widersprüchen müssen insbesondere etwaige Urheber- und Datenbankrechte am Analyseergebnis im Gleichlauf eingeräumt bzw. vereinbart werden (→ Rn. 43). Dies kann die vertragliche Vereinbarung der Aufnahme eines Nutzungsvorbehalts bei online zugänglichen Werken in maschinenlesbarer Form zum Schutz des Rechteinhabers gem. § 44b Abs. 3 UrhG veranlassen (→ Rn. 20). Gleichermaßen muss vor allem auch vertraglich eine Harmonisierung mit den übrigen zu vereinbarenden Regelungen zum Schutz und zur Geheimhaltung der Daten sichergestellt werden. 51

---

werden als unangemessene Benachteiligung (§ 307 Abs. 1, 2 BGB) oder als überraschende Klausel (§ 305c Abs. 1 BGB) eingeordnet vgl. Hennemann RDi 2021, 61 (65). Dieser weitgehende Eingriff in die Privatautonomie der Parteien stößt jedenfalls im unternehmerischen Verkehr auf Bedenken, zumal es de lege lata kein gesetzliches Leitbild für Datenlizenzen gibt und ungeachtet dessen auch Inhalt und Umfang des Leistungsgegenstands sowie Gegenleistung (Vergütung und/oder auch Beteiligung am Analyseergebnis) einer AGB-Kontrolle entzogen sind (§ 307 Abs. 3 S. 1 BGB und ähnlich Art. 13 Abs. 7 Data Act); siehe dazu auch oben (→ Rn. 21).

200 Mit einer Kategorisierung der Verwertungsbefugnisse vgl. Schefzig DSRITB 2015, 556 (560).
201 Vgl. dazu Rechtsfragen der Industrie 4.0/Hornung/Hofmann, S. 14. f.
202 Vgl. dazu Schur GRUR 2020, 1142 (1149); Hennemann RDi 2021, 61 (70).
203 Staudinger/Busche (2022) BGB § 399 Rn. 64.
204 Nach verbreiteter Meinung begründet die Vereinbarung einer vertraglichen Verschwiegenheitspflicht einen konkludenten Ausschluss der Forderungsübertragung, vgl. Staudinger/Busche (2022) BGB § 399 Rn. 54 mwN Die einschlägige Rechtsprechung behandelt Abtretungsverbote speziell im Kontext besonderer gesetzlicher, berufsrechtlicher oder vertraglicher Verschwiegenheitspflichten (vgl. OLG Düsseldorf MDR 1993, 1175; OLG Frankfurt ZIP 2004, 1449 (1450 f.)). Mit den vorgenannten Konstellationen vergleichbare Umstände könnten auch im Kontext der Datenanalyse und entsprechender Geheimhaltungsvereinbarung vorliegen, abhängig von den Umständen des Einzelfalls. Die typischerweise vorliegenden Geheimhaltungsinteressen des Lizenzgebers sprechen daher auch gegen Bestrebungen, die Vereinbarkeit von Abtretungsverboten für Datenlizenzen nach dem Vorbild des § 354a HGB auszuschließen (so aber Schur GRUR 2020, 1142 (1149 f.); dagegen ebenfalls Hennemann RDi 2021, 61 (70).
205 Staudinger/Busche (2022) BGB § 399 Rn. 53, 62.
206 Staudinger/Busche (2022) BGB § 399 Rn. 51, 65.
207 Umstritten ist, ob hierdurch eine Durchbrechung des in § 137 S. 1 BGB aufgestellten Grundsatzes liegt, wonach die Befugnis zur Verfügung über ein veräußerliches Recht nicht durch Rechtsgeschäft ausgeschlossen oder beschränkt werden kann oder ob der Anwendungsbereich von des in § 137 S. 1 BGB schon nicht eröffnet ist, weil es in der Regelung des § 399 Alt. 2 BGB um eine Inhaltsbestimmung des Rechts selbst geht. Hierzu und im Sinne der letzteren Auffassung mwN Staudinger/Busche (2022) BGB § 399 Rn. 52.

5. Geheimnisschutz

52 Das stärkste spezialgesetzlich verankerte Instrument zur rechtlichen Untermauerung und Absicherung von Datenüberlassungen bietet der Geheimnisschutz (→ Rn. 12 ff.). Für eine konsistente Ausgestaltung der Datenüberlassung müssen die vertraglichen Regelungen zur Datenlizenz und zum Geheimnisschutz zumindest aufeinander abgestimmt sein und sollten idealerweise direkt ineinandergreifen.[208] Die Zuordnung der „Geheimnisinhaberschaft" wird dabei regelmäßig derjenigen der Dateninhaberschaft entsprechen, soweit keine entgegengesetzten oder zusätzlichen anderweitigen Geheimhaltungsinteressen der übrigen involvierten Akteure (über sonstige vertrauliche Informationen) bestehen, denen Rechnung getragen werden muss.

53 Eine bloße Festlegung der „Geheimnisinhaberschaft" ist nicht ausreichend für die Aktivierung des gesetzlichen Geheimnisschutzes, sondern muss konzeptionell über konkrete rechtliche, technische und organisatorische Maßnahmen vertraglich ausgestaltet und tatsächlich umgesetzt werden (→ Rn. 15). Die an der Datenüberlassung orientierten und rechtlich klar zu definierenden[209] Nutzungs-, Offenlegungs- und Weitergabebeschränkungen sowie Abtretungsverbote (welche auch für das Geheimhaltungsinteresse relevant sind)[210] sollten durch Herausgabe-, Kontroll- und Weisungsbefugnisse des Geheimnisherrn ergänzt werden.[211] **Auditrechten** kommt hierbei eine **Doppelfunktion** zu: einerseits als Überprüfungsmöglichkeit für die Einhaltung der Datenlizenz (→ § 16 Rn. 84 ff.),[212] andererseits als weiterer Baustein zur Verankerung der „Geheimnisinhaberschaft". In technischer Hinsicht sollten neben Maßnahmen zur Datensicherheit (insbesondere Schutz gegen Verluste und unerlaubte Zugriffe)[213] auch Zugangsbeschränkungen zu den involvierten Daten implementiert werden, etwa nach dem Maßstab des Need-to-Know-Prinzips[214], wonach der Geheimnisinhaber allen übrigen Akteuren einen Zugriff auf die jeweiligen Daten nur erlaubt, soweit dies zur Erfüllung ihrer vertraglichen Verpflichtungen erforderlich ist (→ Rn. 46). Des Weiteren kann der Geheimnisinhaber seine Kontrolle über physische oder virtuelle Zugangsbeschränkungen, wie Passwörter oder Verschlüsselungen etablieren.[215]

6. Datenschutz

54 Das Vorliegen personenbezogener Daten hat signifikanten Einfluss auf die inhaltliche und vertragliche Ausgestaltung von Big Data Datenanalysen, weshalb bereits für die Konzeptionierung und vor Beginn eines Datenanalyse Projekts zu empfehlen ist, eine datenschutzrechtliche Prüfung und Prognose vorzunehmen,[216] die Grundlage für eine ggf. erforderliche Datenschutz-Folgeabschätzung (Art. 35 DS-GVO) sein kann. Dabei sind auch die (typischerweise limitierten) Möglichkeiten und der (erwartungsgemäß hohe) Aufwand einer Anonymisierung zu prüfen (→ Rn. 49). Liegen personenbezogene Daten vor, sind der Datenanalyse rechtliche Grenzen gesetzt durch die datenschutzrechtlichen Prinzipien der Zweckbindung (Art. 5 Abs. 1 lit. b) DS-GVO), Datenminimierung (Art. 5 Abs. 1 lit. c) DS-GVO) und Speicherbegrenzung (Art. 5

---

208 Dies entspricht der generellen Vertragspraxis, wonach Nutzungsverbote ohnehin regelmäßig mit Vertraulichkeitspflichten verbunden werden, vgl. Harte-Bavendamm/Ohly/Kalbfus, GeschGehG/Ohly § 4 Rn. 31; Harte-Bavendamm/Ohly/Kalbfus, GeschGehG/Harte-Bavendamm/Kalbfus Einl. B Rn. 46 f.

209 Nur so kann wie wirksamer Schutz gegenüber Dritten auf Basis von § 4 Abs. 3 GeschGehG erzielt werden, welche Geschäftsgeheimnisse über einen Vertragspartner unter Verstoß gegen ein vertragliches Offenlegungsverbot erhalten haben. Vgl. dazu Krüger/Wiencke/Koch GRUR 2020, 578 (582 f.).

210 Vgl. dazu Hennemann RDi 2021, 61 (70).

211 Leupold/Wiebe/Glossner IT-R/Schur Teil 6.8 Rn. 63; Bräutigam/Kraul IoT-HdB/Wiebe/Schur § 6 Rn. 54.

212 Schefzig DSRITB 2015, 556 (562).

213 Schuster CR 2020, 726 (728 und 730).

214 Maaßen GRUR 2019, 352 (357).

215 Schuster/Grützmacher, IT-Recht//Dorner § 2 GeschGehG Rn. 39; ausführlich zu Verschlüsselungstechnologien vgl. Leupold/Wiebe/Glossner IT-R/Schur Teil 6.8 Rn. 43–49.

216 Schefzig DSRITB 2014, 103 (116 und 117); Moos/Schefzig/Arning DS-GVO/Meyerdierks E. Big Data, Rn. 222.

Dorner

Abs. 1 lit. e) DS-GVO) (→ Rn. 11). Essenziell ist die klare Zuweisung datenschutzrechtlicher Verantwortlichkeiten. Der Verantwortliche iSd Art. 4 Nr. 7 iVm Art. 24 DS-GVO hat im Rahmen eines risikobasierten Ansatzes einzustehen für die Sicherstellung der zulässigen Datenverarbeitung durch den Einsatz von technischen und organisatorischen Maßnahmen, die regelmäßigen Überprüfungen unterliegen.[217] Im Falle einer gemeinsamen Verantwortung der involvierten Parteien gem. Art. 26 DS-GVO ist vertraglich transparent zu vereinbaren, wer von ihnen welche gesetzlichen Verpflichtung (insbesondere der DS-GVO) erfüllen soll, vor allem auch, was die Wahrnehmung der Rechte der betroffenen Person angeht (vgl. Art. 26 Abs. 1 S. 2 DS-GVO). Andernfalls ist eine Vereinbarung zur Verarbeitung der personenbezogenen Daten zwischen dem Auftraggeber als verantwortlicher Stelle und dem Auftragnehmer als Auftragsverarbeiter abzuschließen, die den gesetzlichen Anforderungen des Art. 28 DS-GVO genügt. Der Vertrag muss dabei insbesondere die speziellen Voraussetzungen des Art. 28 Abs. 3 DS-GVO umsetzen, wofür insbesondere technische und organisatorische Maßnahmen zur Datensicherheit zu vereinbaren sind (Art. Art. 28 Abs. 3 S. 2 lit. c) iVm Art. 32 DS-GVO). Vertraglich und in der Projektumsetzung ist dabei sicherzustellen, dass die Datenanalyse nur innerhalb der Grenzen der datenschutzrechtlichen Rechtmäßigkeit der Verarbeitung erfolgt, also nur soweit jeweils ein Erlaubnistatbestand gemäß Art. 6 DS-GVO vorliegt. Bei Datenübermittlungen in Drittländer außerhalb der EU ist den zusätzlichen Anforderungen der Art. 44 DS-GVO Rechnung zu tragen,[218] was insbesondere bei Speicherungen von Daten in der Cloud relevant werden kann. Datenanalysen innerhalb von Unternehmen mit Verarbeitungen von Beschäftigtendaten eines Unternehmens können den Abschluss einer Betriebsvereinbarung veranlassen.[219]

7. Vergütung

Eine monetäre Vergütung der Datenanalyse kann aufwandsabhängig oder in einem Festpreis **55** vereinbart werden. Auch variable Vergütungsmodelle sind denkbar, mit einer Beteiligung des Auftragnehmers am nachgelagerten wirtschaftlichen Erfolg des Auftragnehmers[220]. Stets zu berücksichtigen sind etwaige weitere Vertragselemente, sofern die Datenanalyse mit weiteren Leistungen kombiniert wird (→ Rn. 35). Schließlich kann auch eine nicht-monetäre Gegenleistung für die Datenanalyse vereinbart werden, wie die Überlassung und Nutzungsmöglichkeit der Analysedaten und/oder des Analyseergebnisses zugunsten des Auftragnehmers.[221]

8. Gewährleistung und Haftung

a) Beschaffenheitsmängel

Ob und inwieweit eine Gewährleistung für eine bestimmte Beschaffenheit des Analyseergeb- **56** nisses sinnvoll und möglich ist, hängt von den in der Leistungsbeschreibung festgelegten Standards, Zielen und Erfolgsvereinbarungen ab. Maßgeblich hierfür sind unter anderem Quantität und Qualität der Rohdaten, Komplexität der Analyseaufgabe, die bereitstehenden Analysemittel sowie die Einfluss- und Kontrollmöglichkeiten der jeweiligen Partei. Der Charakter von Big Data Datenanalysen veranlasst eine kritische Hinterfragung, ob typischerweise naheliegende Beschaffenheitsmaßstäbe wie Zweckgeeignetheit, Richtigkeit, Verlässlichkeit, Vollständigkeit und Aktualität sowie die gesetzlichen Rechtsfolgen des Werkvertrags im jeweiligen Einzelfall sachgerecht sind (→ Rn. 29).[222] Umgekehrt sind pauschale Gewährleistungsausschlüsse ggf. ebenso wenig interessengerecht und in Formularverträgen ohnehin AGB-rechtlich unwirksam,

---

217 Gola/Heckmann DS-GVO/Schulz Art. 4 Rn. 65.
218 Vgl. etwa Holthausen RdA 2021, 19 (30 f.); allg. für einen Überblick mit Checkliste vgl. Wybitul/Ströbel/Ruess ZD 2017, 503 ff.
219 Ausführlich dazu Holthausen RdA 2021, 19 (26 ff.).
220 Hennemann RDi 2021, 61 (64).
221 Allg. zu „Daten als Gegenleistung" vgl. Hacker ZfPW 2019, 148 ff.
222 Vgl. Hoeren/Pinelli, IT-Vertragsrecht, Neuntes Kapitel, Abschn. 3; Malcher MMR 2022, 617 (619).

sofern Werkvertragsrecht zur Anwendung kommt.[223] Zur Vermeidung von Rechtsunsicherheit und von potenziellen Rechtsstreitigkeiten empfiehlt sich daher – soweit nicht auf passende etablierte Marktstandards zurückgegriffen werden kann – eine vertraglich abschließende Vereinbarung eines detaillierten, auf die jeweilige Datenanalyse abgestimmten Leistungsprogramms mit realistisch erfüllbaren und nachprüfbaren Beschaffenheitsparametern unter Berücksichtigung der vorgenannten Umstände. Vor allem bei „Data-as-a-Service" Modellen kommt dabei eine Ausgestaltung über Service Level Agreements (SLA) in Betracht.[224]

b) Rechtsmängel

57 Rechtsmängel liegen vor, wenn das Analyseergebnis nicht vereinbarungsgemäß genutzt werden kann, weil Rechte Dritter dem entgegenstehen oder während der Datensammlung der Rohdaten oder der Datenanalyse verletzt wurden. Dies kann etwa der Fall sein, wenn bei personenbezogenen Daten die Rechtmäßigkeit der Verarbeitung (§ 6 DSG-VO) für die Datenanalyse nicht gegeben war oder für die weitere Verwendung nicht sichergestellt ist, zB wegen einer entgegenstehenden Zweckbindung (§ 5 Abs. 1 lit. b) DS-GVO). Gleiches gilt bei einer Verletzung fremder Geschäftsgeheimnisse (§ 4 Abs. 3 GeschGehG) oder der rechtswidrigen Nutzung eines urheberrechtlich geschützten Werks bei der Datenentnahme (→ Rn. 12 ff. und 19 f.). Machen Dritte Ansprüche gegen den Auftraggeber geltend, hängen dessen Rückgriffsmöglichkeiten beim Auftragnehmer davon ab, wer für die Rechtsverletzungen im Innenverhältnis der Vertragspartner verantwortlich ist. Rechtsunsicherheiten über Bestehen und Umfang derartiger Haftungs- und Freistellungsansprüche lassen sich anhand der Vereinbarung eines Clearing Prozesses mit klarer Zuweisung von Verantwortungsbereichen vermeiden (→ Rn. 48).

c) Haftungsausschlüsse und -begrenzungen

58 Neben den vorgenannten Aspekten der Haftungsbegründung, verdienen auch die Möglichkeiten und Anforderungen an die wirksame Vereinbarung von Haftungsausschlüssen und -begrenzungen besonderes Augenmerk bei Festlegung der Leistungsinhalte und des Vertragszwecks von Datenanalysen. **Im AGB-rechtlichen Kontext** ist zu berücksichtigen, dass nach ständiger Rechtsprechung des BGH auch im unternehmerischen Verkehr solche Klauseln gem. § 307 Abs. 2 BGB unwirksam sind, die darauf angelegt sind, eine(n) Haftungsbegrenzung oder -ausschluss zu bewirken, für die zum Zeitpunkt des Vertragsschlusses vorhersehbaren und vertragstypischen Schäden im Falle der fahrlässigen Verletzung wesentlicher Vertragspflichten.[225] Die Wirksamkeit der betreffenden Klauseln kann nur auf Basis einer Auslegung nach dem vereinbarten **Vertragszweck** beurteilt werden (→ Rn. 46).[226] Deshalb kommt es auch im haftungsrechtlichen Kontext darauf an, welche Zwecksetzung der Datenanalyse die Parteien vereinbart haben (§§ 133, 157 BGB) – insbesondere, ob auch die nachgelagerten Zwecke des Auftraggebers dabei Vertragsbestandteil wurden. Dies gilt entsprechend – auch individualvertraglich – bei dem in der (internationalen) IT Vertragspraxis regelmäßig verwendeten Haftungsausschluss für „mittelbare Schäden" oder „indirekte Schäden", für die es weder eine im BGB verankerte, noch eine von der Rechtsprechung entwickelte oder in der Literatur allgemein anerkannten Definition gibt.[227] Laut BGH sind die Inhalte betreffender Klauseln vertragsspezifisch[228] und

---

223 Schuster/Grützmacher, IT-Recht/Schuster BGB § 634 Rn. 25.
224 Dazu Hartl/Daum CR 2022, 485 (489 f.).
225 BGH Urt. v. 23.2.1984 – VII ZR 274/82, NJW 1985, 3016 ff.; Auer-Reinsdorff/Conrad IT- und DatenschutzR-HdB/Redeker § 16 Rn. 99.
226 Brandi-Dohrn CR 2014, 417 (421).
227 BGH Urt. v. 8.6.1994 – VIII ZR 103/93, NJW 1994, 2228 (2229); Staudinger/Höpfner (2021) BGB Vorbem. zu §§ 249 ff. Rn. 43.
228 BGH Urt. v. 8.6.1994 – VIII ZR 103/93, NJW 1994, 2228 (2229); Urt. v. 20.7.2011 – IV ZR 291/10, VersR 2011, 1392 (1394).

grundsätzlich eng[229] auszulegen. Dies ist nicht nur bei Vereinbarung des Vertragszwecks von Datenanalysen zu berücksichtigen, sondern legt auch eine beispielhafte ausdrückliche Benennung derjenigen Schäden nahe, die als mittelbare oder Folgeschäden ausgeschlossen werden sollen.[230]

9. Vertragsstrafen und Schadenspauschalen

Aufgrund der zentralen Bedeutung vertraglicher Nutzungsverbote und Geheimhaltungspflichten zum Schutz von Daten (→ Rn. 12 ff., 50 und 52 f.) sollte die Aufnahme von Vertragsstrafen bei Datenanalyse-Verträgen in Betracht gezogen werden.[231] In Vertraulichkeitsvereinbarungen sind Vertragsstrafen traditionell weit verbreitet,[232] indem sie gleich in zweifacher Hinsicht Schutz bieten: einerseits aufgrund ihrer **Abschreckungs- und Präventionsfunktion**, als Druckmittel gegen den Schuldner zur ordnungsgemäßen Erbringung der versprochenen Leistung; andererseits aufgrund ihrer **Kompensationsfunktion**, indem der Gläubiger im Verletzungsfall so die Möglichkeit einer erleichterten Schadloshaltung hat und den typischen Schwierigkeiten entgeht, den durch die Geheimnisschutzverletzung eingetretenen Schaden darlegen und beweisen zu müssen.[233]

59

Auch wenn Vertragsstrafen in der Verhandlungspraxis typischerweise schwer durchsetzbar sind,[234] bieten sie speziell bei Datenanalysen einen transparenten und klar definierten Lösungsansatz im Hinblick auf die Herausforderungen bei der Bestimmung angemessener Haftungsbegrenzungen und -ausschlüsse (→ Rn. 58). Außerdem gibt es je nach Vertragskonstellation unterschiedliche Ausgestaltungsmöglichkeiten der Zahlungsverpflichtung einer Vertragsstrafe, die verschuldensabhängig oder verschuldensunabhängig sein kann.

60

Eine Alternative mit vergleichsweise weniger Druck auf den Schuldner[235] kann auch die Vereinbarung von **Schadenspauschalen** sein. Während Vertragsstrafen einen selbstständigen Anspruch begründen und unabhängig davon greifen, ob beim Gläubiger ein Schaden eingetreten ist, setzen pauschalierte Schadensersatzansprüche einen dem Grunde nach bestehenden Schadensersatzanspruch voraus, dessen Durchsetzung über die Pauschalierung erleichtert wird.[236]

61

Im Hinblick auf **AGB-rechtliche Anforderungen** ist von der grundsätzlichen Zulässigkeit einer Vertragsstrafenklausel auszugehen, indem § 309 Nr. 9 BGB im unternehmerischen Verkehr auch über § 307 BGB schon keine Anwendung findet und auch tatbestandlich auf andere Konstellationen abstellt.[237] Rechnung zu tragen ist aber dem gesetzlichen Leitbild der §§ 339 ff.

62

---

229 BGH Urt. v. 23.2.1984 – VII ZR 274/82, ZIP 1984, 971 (972).

230 Funk/Wenn CR 2004, 481 (487).

231 Primär für Daten(lizenz-)verträge vgl. ebenso Fries/Scheufen MMR 2019, 721 (724); Krätzschmar DSITRB 2015, 753 (765 f.); von Baum/Appt/Schenk DB 2017, 1824 (1827); Krüger/Wiencke/Koch GRUR 2020, 578 (582); Czychowski/Winzek ZD 2022, 81 (89); für eine Vertraulichkeitsvereinbarung speziell zum Schutz von Daten vgl. etwa BeckOF IT-R/Heusel, 3.4 Vertraulichkeitsvereinbarung.

232 Nach einer strengen Ansicht müssen Vertraulichkeitsverstöße sogar vertragsstrafenbewehrt sein, weil ansonsten keine „angemessene Geheimhaltungsmaßnahmen" § 2 Nr. 1 lit. b GeschGehG vorlägen; so Apel/Walling DB 2019, 891 (895); Otte-Gräbener/Kutscher-Puis ZVertriebsR 2019, 288 (292); aA Hille WRP 2020, 824 (830 ff.) aus Erwägungen der rechtspraktischen Durchsetzbarkeit und AGB-Wirksamkeit. Für letztere Ansicht spricht außerdem, dass der Schutzbereich des GeschGehG ansonsten unangemessen weit eingeschränkt würde, zumal Vertraulichkeitspflichten als Grundlage für Verletzungen gem. § 4 Abs. 2 GeschGehG auch als Nebenpflichten iSd § 241 Abs. 2 BGB konkludent vereinbart werden können oder sich aus ergänzender Vertragsauslegung ergeben können, vgl. etwa Harte-Bavendamm/Ohly/Kalbfus/Ohly GeschGehG § 4 Rn. 32.

233 BGH NJW 1983, 385 (387); BGH NJW 2017, 3145 (3146); vgl. dazu Harte-Bavendamm/Ohly/Kalbfus GeschGehG/Kalbfus/Harte-Bavendamm Einl. B Rn. 78.

234 Vgl. auch Söbbing GWR 2010, 237 (239); Hille WRP 2020, 824 (830).

235 Vgl. BGH NJW 1983, 1542.

236 BGH, NJW 1983, 1542; Söbbing GWR 2010, 237 (239); Harte-Bavendamm/Ohly/Kalbfus GeschGehG/Kalbfus/Harte-Bavendamm Einl. B Rn. 78.

237 Vgl. Staudinger/Coester-Waltjen (2022) BGB § 309 Nr. 6 Rn. 28; Harte-Bavendamm/Ohly/Kalbfus GeschGehG/Kalbfus/Harte-Bavendamm Einl. B Rn. 82; aA Hoeren/Münker MMR 2021, 523 (526).

BGB, weshalb Aspekte wie der Ausschluss der Anrechnung der Vertragsstrafe auf eventuelle zusätzliche Schadensersatzansprüche, die Höhe der Vertragsstrafe und die Verschuldensunabhängigkeit eine Unwirksamkeit begründen können.[238] Bei der **Pauschalierung von Schadensersatzansprüchen** sind die Anforderungen des § 309 Nr. 9 BGB zu berücksichtigen, der nach Maßgabe von §§ 310 Abs. 1, 307 BGB grundsätzlich auch im unternehmerischen Verkehr Anwendung findet.[239]

10. Sonstige Regelungen

63 **Rücktritts- und Kündigungsrechte** sollten vertragsspezifisch und im gesetzlich zulässigen Umfang abschließend festgelegt werden, um ein planwidriges Eingreifen gesetzlicher Regelungen zu vermeiden.[240] Für den Fall der **Beendigung der Datenanalyse** sind typischerweise eine nachlaufende Wirkung der vereinbarten Nutzungsverbote sowie der Regelungen zum Schutz und zur Vertraulichkeit von Daten vorzusehen, soweit diese nicht ohnehin zu löschen sind.

64 Der **Einsatz von Subunternehmern** sollte mit Hinblick auf die dadurch entstehende Gefährdungslage für die Daten und den Geheimnisschutz ergänzend zu vertraglichen Abtretungsausschlüssen (→ Rn. 53) und entsprechend dem Rechtsgedanken des § 664 BGB im Grundsatz ausgeschlossen oder eng limitiert werden, unter dem Vorbehalt des Abschlusses mindestens gleich strenger Vereinbarungen und einer uneingeschränkten Übernahme der Verantwortung und Haftung.

65 Eine zusätzliche Absicherung von Datenbeständen kann über ein **Daten-Escrow**[241] erreicht werden, also der Hinterlegung bestimmter Daten bei einem Datentreuhänder unter Festlegung der jeweiligen Herausgabetatbestände. Neben der Absicherung von Insolvenzrisiken bietet sich hierüber ein zusätzliches Instrument zur Manifestation der Datenhoheit bzw. Geheimnisinhaberschaft (→ Rn. 50 f. und 52 f.).

66 Im Falle grenzüberschreitender Datenanalysen sollte die Parteien eine **Regelung zum anwendbaren Recht** treffen, um Rechtsunsicherheit bei Eingreifen des Kollisionsrechts zu vermeiden.[242] Im Übrigen gelten die allgemeinen Erwägungen zum anwendbaren Recht und Gerichtsstand bei Big Data Verträgen (→ § 15 Rn. 82 ff., 100 und 103 ff.).

---

238 Ausführlich im Einzelnen mwN Staudinger/Coester-Waltjen (2022) BGB § 309 Nr. 6 Rn. 22, 23, 24–24c, 28a und 28b; Harte-Bavendamm/Ohly/Kalbfus GeschGehG/ Kalbfus/Harte-Bavendamm Einl. B Rn. 82, 83.
239 Staudinger/Coester-Waltjen (2022) BGB § 309 Nr. 5 Rn. 25–26b; Ermann BGB/Roloff/Looschelders § 309 Nr. 5 Rn. 51.
240 Dies gilt etwa im Hinblick auf die §§ 620 f. BGB für Dienstverträge.
241 Vgl. Sassenberg/Faber Industrie 4.0 und Internet-HdB/Sattler § 2 Rn. 125.
242 Zur Anwendung der Rom-I-VO bei Datennutzungsverträgen ohne vertragliche Regelung zum anwendbaren Recht vgl. Czychowski/Winzek ZD 2022, 81 (83).

Stichwortverzeichnis

Die **fetten** Zahlen verweisen auf den Paragrafen (Beitrag), die mageren auf die Randnummer.